terschiedlichen biografischen und beruflichen Hintergründen. So persönliche Lebenserfahrungen und Lebensumstände oder auch wissenschaftliche Forschungen und persönlichen Begegnungen, ebenso intensive Beschäftigung mit dem Islam. Viele Zitate signalisieren zugleich begründete Sorgen und Befürchtungen angesichts der problematischen *„Aussichten"* im Zusammenhang mit der Islam-Frage.

In diesem Buch werden neben den Zitaten Materialien vorgelegt, die als persönliche *„Wortmeldungen"* des Herausgebers in eher einfacher Weise ebenfalls zur argumentativen Auseinandersetzung mit dem Islam beitragen möchten.

Udo Hildenbrand (Hg.)
Wortmeldungen zum Islam
Erfahrungen – Einsichten –Aussichten
Kleines Zitaten-Lexikon
160 Seiten, Euro 9,80
ISBN 978-3-87336-559-9
www.gerhard-hess-verlag

Ich bin als Frau
nach Europa gekommen,
um hier meine Menschenrechte
wahrnehmen zu können.
Aber ich musste feststellen,
dass es hier auch nicht mehr geht.
Ich kann mich wie viele andere Islamkritiker
nicht mehr frei bewegen in Deutschland.
Und damit ist die Meinungsfreiheit
faktisch nicht mehr existent.

Sabatina James (Pseudonym)
Exmuslima, Autorin

Ein Begleitbuch zur Veröffentlichung
„Freiheit und Islam"

Wortmeldungen zum Islam
Erfahrungen-Einsichten-Aussichten

von Udo Hildenbrand (Hg.)

Dieses Buch ist ein „Nebenprodukt" der im Gerhard Hess Verlag erschienenen umfangreichen Buchveröffentlichung *„Freiheit und Islam. Fakten-Fragen-Forderungen"*. Zahlreiche der darin notierten Zitate finden sich auch in diesem Buch *„Wortmeldungen"*, erweitert jedoch durch eine noch weitaus größere Zitatenanzahl. Dieses Zitaten-Lexikon versteht sich so als kleines Begleitbuch zum großen Bruder „Freiheit und Islam". Es will zu dessen vertiefender Lektüre animieren und für die Islam-Problematik sensibilisieren.

Den alphabetisch geordneten Stichwörtern zum Thema Islam sind jeweils mehrere Zitate zugeordnet. Die unkommentierten Zitate in breiter Themenauswahl beantworten das jeweilige Stichwort aus ganz unterschiedlichen Perspektiven. In ihrer oft bildhaften und ansprechenden Sprache können diese Zitate wertvolle Denkanstöße für anregende und weiterführende Gespräche, Diskussionen und Vortragsveranstaltungen usw. geben.

Diese *„Wortmeldungen"* in Form von Zitaten sind vor allem Leitartikeln, Kommentaren, Essays und Leserbriefen von Zeitungen und Zeitschriften recht unterschiedlicher politischer, gesellschaftlicher und kirchlicher Provenienz entnommen. Sie stammen aus der Feder von Historikern, Islamwissenschaftlern, Journalisten, Juristen, Orientalisten, Philosophen, Politikern, Politologen, Soziologen und Theologen, von gesellschaftlichen und kirchlichen Verantwortungsträgern, ebenso von Verfassern von Leserbriefen, deren Berufe nicht bekannt sind. Insbesondere kommen in dieser Zitatenwelt auch die Stimmen kritischer Muslime und Ex-Muslime ausführlich zu Wort.

In diesen *„Wortmeldungen"* spiegeln sich persönliche *„Erfahrungen"* und gewonnene *„Einsichten"* der Autoren mit deren recht un-

Herausgeber

Dr. theol. Udo Hildenbrand: Spiritual in einem Frauenkloster. Zuvor langjähriger Gemeindepfarrer, auch Wissenschaftlicher Assistent am Lehrstuhl für Liturgiewissenschaft an der Universität Freiburg im Breisgau, Referent für Priesterfortbildung, Diözesanpräses des Allgemeinen Cäcilienverbandes der Erzdiözese Freiburg, Generalpräses des deutschsprachigen Cäcilienverbandes. Dozent im Fach Liturgik an der Staatlichen Hochschule für Musik in Freiburg und an anderen Ausbildungsstätten. Herausgeber einiger Bücher und Zeitschriftenartikel mit Schwerpunkt Liturgie und Kirchenmusik. Seit etwa 20 Jahren intensive Beschäftigung mit der Islam-Problematik, verbunden mit einer Reihe themenbezogener Vorträge.

Dr. phil. Friedrich Rau: Studium der Geschichte und Philosophie (Analytische Philosophie, Wissenschaftstheorie) in Münster, Würzburg, Berlin und München. Zusatzstudien in Politischer Wissenschaft u. a. am Otto-Suhr-Institut der FU Berlin. Magister Artium (MA) an der FU Berlin, Dr. phil. an der LMU München. Einige Jahre Tätigkeit in freier Wirtschaft und öffentlicher Verwaltung. 1975-2000 Abteilungsleiter am Zentralarchiv für empirische Sozialforschung an der Universität zu Köln. Mitglied in einer Gesellschaft für Menschenrechte.

Ass. jur., Dipl. Theol. Reinhard Wenner: Einige Jahre Referent und Dozent für Erwachsenenbildung in einer Akademie, danach im Sekretariat der Deutschen Bischofskonferenz zuständig für Kirchenrecht und Kirchenrechtliche Dokumentation. Herausgeber des Loseblattwerks „Beschlüsse der Deutschen Bischofskonferenz" und der „Leitsätze-Sammlungen" zu kirchlichen Ehenichtigkeitsverfahren im deutschsprachigen Raum; mehrere Artikel im „Lexikon für Kirchen- und Staatskirchenrecht" sowie Veröffentlichungen zu (staats-)kirchenrechtlichen Themen. Seit 15 Jahren verstärkt beschäftigt mit Menschenrechtsfragen, Christenverfolgungen und mit dem Islam.

Verehrung, nur für Allah 678

Vergeltung
Täter und Rächer im Feuer 686
Wahl zwischen Rache, Verzeihung und Blutgeld 686

Vergewaltigung
im Krieg erlaubt 759
Strafe, wenn Ehefrau ihre Magd zur Verfügung gestellt hat 685
Todesstrafe sowohl für verheirateten als auch ledigen Mann 735
Vergewaltigung von Männern 474, 709
Vergewaltigung einer Sklavin .... 468, 707 ff.

Verstümmelung
abgeschlagene Hand an den Hals hängen 732
auf Unheil Bedachte 730
bei Diebstahl 456, 730
bei Mord 733
nicht wegen Wegnahme bei Raubzug 732

Verstoßen der Ehefrau, nach Beendigung des Studiums 823

Vertreiben, Ungläubige von arabischer Halbinsel 727

Vorherbestimmung 172, 180, 478, 576

Wahrheitspflicht .... 551 ff., 811 f.

Zeugenbeweis, minderer
Beduine 752
Ungläubige 310, 754

Zeugin, Zeugnis einer Frau
unzulässig bei Strafmaß Todesstrafe 754
vollwertiges, bei Frauenangelegenheiten 754
Zeugnis in Familienangelegenheiten strittig 754

Züchtigung
Vorgehensweise bei widerspenstiger Ehefrau 731, 739
Züchtigung bei vermutetem Ungehorsam 445, 567

Zwang
kein Glaubenszwang .... 37 f., 125 f., 214, 606, 787 f.
keine Freiheit, den Islam zu verlassen .... 212, 214, 787 f., 800
mit Ketten am Hals den Übertritt zum Islam erzwingen 773
zum Gebet bei Jungen ab 10 Jahren 735, 794
zur Annahme des Islam 696

von Männern im Gebiet des Unglaubens erlaubt 687
wegen Beleidigung Mohammeds .... 684 f.
zur Vergeltung (ius talionis) 686, 739

Tötungsmittel
bei gottlosen Gefangenen 695
Schwert und Schusswaffe erlaubt 695

Tribut (Kopfsteuer)
allgemein .... 252 ff., 288, 291, 304, 308, 351, 453, 476,
.... 489, 683, 688, 692, 727, 750 f., 755 f., 766, 788 f.
bei Weigern der Zahlung für Männer Todesstrafe 253, 683

Ungehorsam
Ehefrau ohne Unterhaltsanspruch 798
Verstoßen der Ehefrau 446, 798

Ungläubige
bei weiterer Geschlechtsgemeinschaft Prostitution 785
erniedrigen 726
Härte und Herablassung gegen sie 726
Kontakt zu ihnen vermeiden 87, 174, 207, 530, 552, 601
Kriegsbeute 291, 476, 727, 759
Pflicht, Möglichkeit Ungläubige zu töten 229, 427, 450, 464,
.... 475, 478 f., 496, 498, 521, 679, 687, 695, 725, 727
schlimmste Tiere 175, 450, 525, 534, 570, 651, 724
Ungültigkeit der Ehe 779
Ungültigkeit der guten Werke 785
unrein .... 162, 524, 548 f., 559 f., 727, 779
vertreiben 51, 498, 727, 755, 773
von Allah gehasst 207
wer Unglauben eines Lästerers infrage stellt 785

Unreinheit
Essgeschirr von Ungläubigen 524, 727
durch Christen verunreinigte Friedhofserde 524, 549

Unterhalt verwirkt, bei Verweigern des Geschlechtsverkehrs 762

Unzucht
Begnadigung bei Reue 735
Steinigung 566, 615, 685, 734, 737, 753
Strafe für Minderjährigen .... 735 f.
unterschiedliche Strafen für Mann und Frau 753
Wahl der Strafe .... 736 f.

Täuschung (Takiyya, Lüge)
allgemein: 27, 75, 211, 551-565, 815
durch Lächeln 818
im Krieg 818, 820
über geplante Ehedauer 822
Wortspiel 815, 817, 819
zur Versöhnung 820
zwischen Eheleuten 820

Terroranschlag, Verbot 698

Terrorist, für Hölle bestimmt 698

Todesstrafe
allgemein .... 14, 37, 214, 352, 455 ff., 460, 477,
.... 520, 546, 596, 695, 781, 790, 793 f., 802, 805
bei Abfallen vom Islam 66, 140, 214, 785
bei Ablehnen der Polygamie .... 444 (Fn 47)
bei Beschimpfung Allahs, Mohammeds,
des Koran und des Islam .... 627 (Fn 1), 784
bei Homosexualität 58, 60, 92, 265, 459,
.... 555, 566, 571, 578, 615, 736, 765
für Unterlassen des Gebets 697
nur bei Abfallen vom Islam erlaubt,
nicht bei Abfallen vom Christentum .... 786 f., 799
wegen Verteidigung eines Lästerers 784

Tötung
bei Abfallen vom Islam. 122 f., 214, 445, 464, 477, 786 f., 792 f., 800
bei Ehebruch, Mord und Abfallen vom Islam 210, 457, 566, 684,
.... 734, 737 f., 764, 781, 802
bei Eintreten für gemeinsamen Arbeitsplatz von Mann und Frau .. 804
bei Festhalten an Meinung über Religionsfreiheit 803
im Gebiet der Ungläubigen erlaubt 688
bei Nichtanerkennung Mohammeds als Prophet 627, 776
bei Unzucht 685, 694, 753
bei Verweigern der Pflichtgebete 780
bei Weigerung, zum Islam überzutreten, ... 772
Homosexuelle 92, 265, 459, 736
Juden .... 724 f.
Juden, Charta der Hamas 725
Tötung wegen nicht erfolgter Niederwerfung 774
Verweigern des Gebets 698
Verweigern des Tributs 253, 687

Scheidungsabsicht
Verheimlichen bei Eheschließung 821

Schlagen
der Ehefrau .... 461 f., 739 f.
nicht ins Gesicht und nicht auf die Hand .... 739 ff.

Schwert
Paradies im Schatten 682, 686
zur Problemlösung 696
Schwertrede Jesu .... 224 f.

Selbstmordattentäter
allgemein .... 52, 57, 87, 139, 449, 462, 478 f., 495, 542, 696
für die Hölle bestimmt 698
„Märtyrer" .... 27, 52, 139 f., 225, 229, 287, 293 f., 478, 681
Unterstützer sind Kriminelle 698, 798

Sexuelle Verfügbarkeit der Ehefrau
Pflicht zum Geschlechtsverkehr 733
Verfluchung durch Engel bei Weigerung 733

Sklaven/Sklaverei
allgemein .... 653 (Fn 219)
auch gegen weltliche Gesetze erlaubt 710
christliche Sex-Sklavinnen .... 469 f., 710 f.
Frauen als Kriegsbeute 166, 468, 533, 682, 709, 759
Geschlechtsverkehr auch ohne Ehevertrag .... 708 f.
nackt präsentierbare Sklavin 469, 711
Selbstverständlichkeit der Sklaverei .... 291, 653 (Fn 219)
Vergewaltigung 52, 314, 427, 468, 472, 567, 660
Vergewaltigung auch von Männern 468, 709

Steinigung
der Frau bei Unzucht mit einsichtsfähigem Minderjährigen 735
Eingraben zum Strafvollzug 737
Fluchtversuch 737
nach Abfallen vom Islam 774
wegen Ehebruchs 734, 737, 753

Strafe, gesetzliche
angeordnet im Koran 458
bei Unzucht unterschiedlich für Mann und Frau 736
Vollstreckung besser als Regen 738
Vollstreckung vor Zeugen 759

Päpste
allgemein 40, 54, 76, 85, 90, 92, 102, 136, 170,180, 218,
.... 236 f., 248, 265 f., 275, 304, 313, 316, 319-322, 324-335,
.... 338, 346, 356, 370, 374 ff., 382 ff., 390 ff., 409, 431,
.... 451, 494, 539, 583, 585, 590 f., 600 f., 608,
.... 610, 623, 630, 634, 645, 654

Polygamie
Ablehnung todeswürdig 445
Aspekt der Islamisierung 104
schariakonform 566

Prügelstrafe
bei Ehebruch 737, 760
bei Verleumdung 731
für ungehorsame Ehefrau 731
Homosexuelle 736
Vorgehensweise gegen ungehorsame Ehefrau .... 739 f.
Wein trinken 456

Rache
allgemein 169, 185, 485, 550, 680, 690
Recht auf Rache, Vorgehensweise .... 738 f.

Ramadan
allgemein 507, 689
Tötung für Missachten des Fastengebots 776

Raub, Wegnahme erlaubt bei Naturnutzung in Mekka 746

Reichtum der Welt, besonders für Muslime 746

Religionsfreiheit
allgemein .... 636 (Fn 191)
de facto verboten 799

Religionswechsel
Frage der Registrierung 799
Gefängnisstrafe 800
Recht und Freiheit zum Übertritt zum Islam .... 125 f., 525
Todesstrafe 66, 140, 596, 785
zum Christentum rechtswidrig 799

Sabotage, erlaubt 486, 694

Scharia .... 51, 555 ff., 581, 589, 596, 603, 605, 614, 621,
.... 637, 640 f., 643, 658 f., 712, 739, 780, 802, 830

durch Lächeln 818
durch Takiyya .... 551 (Fn 56)
durch Wortspiel 815, 817, 819
erlaubt gegenüber Behörden in einem westlichen Staat 822, 826
im Krieg 818, 820
über geplante Ehedauer .... 822 f.
um zu versöhnen .... 821 f.
zwischen Eheleuten .... 820 f.

Mann
höherrangig als die Frau 441, 494, 750

Mekka
Betretungsverbot für muslimische Nichtbeter 774
Betretungsverbot für Nichtmuslime 10, 513

Mekka-Muslime .... 47, 139 f., 232

Medina-Muslime 47, 232

Menschenrechte
allgemein .... 636 (Fn 191)
gelten nur im Rahmen der Scharia 65, 74, 124, 581,
.... 589, 603, 697, 803
Verletzung durch Abfallen vom Islam 793

Mohammed
als Gnade für die Menschheit gesandt .... 793 f.
Anweisungen .... 681, 685, 730, 750, 758, 772 f., 811 f.
Tötung wegen seiner Nichtanerkennung als Prophet 784
verleibliche Antithese zu Jesus Christus 228
verschiedene Aussagen .... 282, 287, 289 f., 300, 305, 681
zur gesamten Menschheit gesandt 784

Muslim
bester, wahrer Mensch 211, 367, 545, 773
hartherziges Verhalten gegen sog. Ungläubige 726

Organisation Islam. Konferenz (OIC) 77, 79, 81, 126,
.... 482, 520, 544, 589

Paradies
allgemein 165, 172, 179, 209, 229, 438,
.... 461 f., 478, 532, 534, 542, 772 f.
Märtyrer .... 27, 52, 139 f., 229, 287, 293, 478, 681
Tor der Kämpfer .... 286 f., 293, 682, 686

Kampf, (Dschihad, Krieg)
auf dem Weg Allahs 677
bei Weigerung, Muslim zu werden 696, 772
gegen Polytheisten Befehl und Gnade Allahs 235, 696
gegen Ungläubige, Polytheisten 228, 770, 791
Muslime derzeit dazu nicht in der Lage .... 688, 691 f.
Pflicht jedes Muslims.. 691
Sabotage erlaubt .... 693 f.
wirtschaftlicher Boykott 694
zur Vertreibung der Ungläubigen............................... 287, 638

Kirchengebäude
Neubau/Renovierung nicht erlaubt .... 781 f.
Schließen bzw. Zerstören kein Unrecht .... 51 f., 302, 372,
.... 777 f., 781 f., 804

Kirchen, Kirchenführer
allgemein............... 29, 60, 76, 99, 104, 118, 290, 379, 381,
.... 428, 448, 472, 506, 520 522, 562, 570,
.... 583, 587, 604, 606 f., 609, 640, 652 f.

Kleidung wie bei Ungläubigen vermeiden 547

Krieg (Dschihad)
allgemein..573 (Fn 93)
als Pflicht 688
Frauen, Kinder, Hab und Gut, Beute für Muslime 291, 301,
.... 310, 683, 727
heiliger Krieg.. 202, 252
Ursache für Reichtum der Muslime 687
Wirtschaftssabotage erlaubt 694

Kreuzzüglerstaaten ....624 (Fn 165)

Koran
allgemein... 829 f.
Änderungen 172
Doppelgesichtigkeit... 142, 428, 567
Zitierungen nach Bedarf.. 118, 143, 428

Krawall
Aufruf und Mitmachen erlaubt 694
Wirtschaftssabotage erlaubt 694
Zerstören fremden Eigentums erlaubt 694

Lüge (Takiyya)
drei erlaubte Fälle 822

Gottlosigkeit
Vernachlässigen des Gebets 796
wer einen Gottlosen nicht als solchen bezeichnet
ist ebenfalls gottlos 796

Heirat
muslimische Frauen dürfen nur einen Muslim heiraten . 474, 550, 726
muslimische Männer dürfen Christinnen und Jüdinnen heiraten .. 726

Homosexualität
allgemein .... 566 f.
Arten der Bestrafung 736, 764
Begnadigung 737
Homophobie 88, 90, 612
Strafe wie für Ehebrecher 736, 764
Todesstrafe 92, 265, 459, 736

Islam
befugt zum Angriff .... 231, 289 f., 475, 542, 688
beste Kultur.. 367, 545
Desinformationen 63, 67, 70
dominierende, beste, überlegene Religion 477, 545, 668, 793, 651
Euro-Islam .... 73 ff., 131, 146, 434, 558 f.
Islamkritik.. 626 ff.
keine überwiegende Verbreitung durch Schwert 315, 695
löscht alle vorhergehenden Religionen 524
Verlassen mit Tötung bestrafen............................. 126, 478, 790, 793
wahre, vollendete Religion............... 41, 214, 256, 354, 444, 535, 657

Islamophobie .... 612 (Fn 146)

Islamverbände, Moscheegemeinden, Zentralrat
allgemein............................... 17, 36, 51, 60, 75, 106, 385 f., 437, 454,
.... 501 f., 518, 555, 579, 592, 594, 611, 650

Juden
Baum, Strauch rufen zum Töten von Juden auf 174, 725
bekämpfen und töten, Charta der Hamas 725
Feinde Allahs 173
Gottlose 796
keine Rasse 174, 726
Todesstrafe für Bestreiten, dass Juden gottlos sind 796
unrein 524, 727
Verfälschen der Tora 11
Verfluchen und Töten durch Muslime erlaubt .... 725 f.
verhasste Ungläubige 174, 541, 726

Frauentausch 446

Freiheit, nicht zum Verlassen des Islam .... 37 f., 214, 476, 555

Freiheitsberaubung, Einsperren der Ehefrau 462, 474

Gebet
Anleitung von siebenjährigen Jungen 735, 794
Auffordern zum Gebet und ggf. Zwang................................. 778
(gesellschaftliche) Folgen für Verweigerer............................. 779
Hass auf Verweigerer 797
Nichtbeter beruflich benachteiligen...................................... 778
Nichtbeter: Heiratsverbot und Eheauflösung 779
Unterlassen, Vernachlässigen als Zeichen des
Unglaubens 460, 697, 780
Zwang bei Jungen ab 10 Jahren 735, 794

Gehorsam
hinsichtlich Geschlechtsverkehr... 797 f.
Verfluchen/Verstoßen wegen verweigerten Geschlechtsverkehrs...... 798

Geschlechtsverkehr
bei Verweigerung Fluch der Engel 733, 798
mit gefangen genommener Frau 759
mit Sklavin, Sklave .... 472 f., 708 ff.
Pflicht der Ehefrau 733
Strafe für sexuelles Handeln eines Minderjährigen 435
Strafe für Vergewaltigung 736

Geschlechtertrennung
am Arbeitsplatz .... 667, 803 f.
Tötung dessen, der das ablehnt 803

Glaubensabfall
Freiheit für Nichtmuslime, Islam anzunehmen 696
für Muslime nicht vorgesehen 791

Glaubensfreiheit
keine Freiheit zum Unglauben................................... 213 f., 789
nach Bekenntnis zum Islam kein Wechsel möglich 491, 789
nicht für andere Religionen .... 607 f., 792
nicht im Islam vorgesehen .... 791 f.

Glaubenszweifel
hervorrufen strafbar... 35, 84, 802
kein Raum und Ort... 30, 213 f., 680

Gräber besuchen, Frauen verboten................................... 763

Eid
Aufrichtigkeit nur gegenüber Allah, islamische Obrigkeit,
Muslime 812
Einschränkung bei religiöser Formel................................ 425, 814
gegenüber Ehemann.. 820 f.
Schwören nur bei Allah.. 813
Sühneleistung bei Abweichen zugunsten von Besserem............ 811

Ehrenmorde 81, 87, 567, 615, 631

Euro-Islam .... 73 ff., 131, 146, 434, 558 f.

Fatwa
allgemein................ 11 ff., 36, 52, 55, 59, 120, 174, 292, 427,
.... 439, 444, 451, 457, 459, 468, 477 f., 481, 488, 494,
........................520 f., 562, 614, 622, 627, 629, 660, 677-826, 829
gegen islamische Terroristen 698
gegen Kritiker.. 292

Frau
anfällig für Hysterie.. 754
Benachteiligung im Erbrecht 750
Demonstrationsverbot... 794
Ehefrau gleichsam eine Gefangene.. 752
Gebetsverbot während Menstruation und nach Entbindung 764
Geschlechtsverkehr mit Nichtmuslimin beim Feldzug erlaubt 761
keine freie Wahl des Ehepartners 441
keine Freiheit bei der Wahl des Lebensstandes 441, 445
Kontakt zu anderem Mann nur bei Anwesenheit eines
Familienangehörigen 760
Mangel an Intelligenz .... 439 f., 752, 763 f.
mangelnde Allahfurcht 752
mindere Rechtsstellung 441, 448
Minderwertigkeit .... 447 f.
Verbot, Gräber zu besuchen... 763
vergesslicher als ein Mann 754
Verheiratung Minderjähriger 443, 446, 474
Verweigern des Geschlechtsverkehrs: kein Recht auf
Lebensunterhalt 798
Vorgehensweise bei Züchtigung wegen Widerspenstigkeit 739
Zeugnis in Fällen drohender Todesstrafe ungültig 754
Zeugnis in Familienangelegenheiten strittig 754
Zeugnis mit eingeschränkter Beweiskraft .... 449, 750 f., 761
Zeugnis, vollwertiges, bei Frauenangelegenheiten 754
Züchtigung bei vermutetem Ungehorsam 796

bei Verweigern Strafe Allahs 30
gegen alle Völker 681
Indien erobern.. 277, 298, 681
Kampf, bis alle Menschen Allah verehren 251, 683
Kriegsbeute oder Paradies als Lohn 682
Lohn für Unterstützer 682
ohne Fördern Heuchelei 682
Pflicht .... 539 f., 688 ff.
Tribut erzwingen 252, 288, 291, 308, 687
Versklaven von Frauen und Kindern 134
Vertreiben der Bewohner 683

Demonstrieren, gegen islamische Obrigkeit unerlaubt 494

Diebstahl
abgeschlagene Hand an den Hals hängen 730
Gleichbehandlung aller Diebe 730
Handabhacken .... 309, 731 f.
Handabhacken wegen eines Eies oder Seils 732

Ehe
auf Zeit mit kriegsgefangenen Frauen 760
aufgelöst bei Abfallen vom Islam 521, 785
Eingehen ohne „Sachwalter" ungültig... 775
Genuss-Ehe, Ehe auf bestimmte Zeit 567, 761, 824
Genuss-Ehe, Frage der Berechtigung .... 813 f.
mit Andersgläubigen 526, 770
mit Minderjähriger.. 442
Trennung der Eheleute 785
Verbot für muslimische Frauen mit Andersgläubigen............ 756, 772
Verbot für nichtmuslimische, mit einem Muslim
verheiratete Frau, ihre Kinder im eigenen
Glauben zu erziehen .... 525 f., 544
Verheimlichen der Scheidungsabsicht .... 823 f.
Zustimmung zur Ehe durch Schweigen 441

Ehebruch
Mohammeds Gebet für gesteinigte Ehebrecherin............... 457, 734
Steinigung .... 210, 457 f., 566, 615, 685, 737, 753

Ehefrau
Erlaubnis für Verlassen des Hauses 762
Fasten nur mit Erlaubnis des Ehemannes 733
Friedhofsbesuch verboten 763
Schlagen erlaubt.. 739 ff.
sklavenähnlicher Status nichtmuslimischer Ehefrau 756

Säule des Islam 794
Schläge bis Rückkehr zum Gebet....................................... 795
Unterlassen aus Faulheit .... 794 f.
Verbrennen der Häuser von Verweigerern möglich 775
Verweigerer als Gottlose töten 780

Blutgeld
bei Mord und Verletzung.. 687
entfällt bei Töten des Beleidigers 684, 687
für Muslime 687
Hälfte für getöteten Nichtmuslim 751
reduziert bei getöteter Frau... 751

Christen
als Sex-Sklaven .... 470, 653 ff., 709, 712
beiseite treten, Platz machen für Muslime 766
Erkennungszeichen tragen............................... 309, 395, 766
erniedrigte Stellung im Islam........... 254, 309, 501, 560, 765
Evangelium verfälscht.. 175, 491
gottlos 488, 451, 533, 765, 796
Häuser nicht höher als die ihrer muslimischen
Nachbarn 309, 489, 766
keine Freundschaft mit Muslimen 530, 552, 570, 601
nicht grüßen, allenfalls ihren Gruß erwidern 36, 452
Todesstrafe für Bestreiten, dass Christen gottlos sind, ... 796
Töten bei Weigerung, zum Islam überzutreten, ... 772
unrein 524, 549, 559
Verbot, islamische Länder zu betreten 765
Verbot, muslimische Namen zu tragen 309, 766

Christentum
durch Islam überholt... 486, 789
keine Weltreligion 786
Tritheismus .... 176 ff., 535

Demokratie und Islam
allgemein.. 12, 15, 72, 74 f., 90, 111,
.... 125, 143, 415-502, 509, 550,
....553-564 f.,594, 628, 633, 644, 652, 666, 803
Dissidenten/Kritiker........................ 47, 72, 84, 94, 118, 136, 517,
.... 521, 547, 613, 616, 626 f., 629

Dschihad (Eroberungskrieg, Krieg)
allgemein ....573 (Fn 93)
Ausbreitung des Glaubens ....539 (Fn 33)
bei Aussicht auf Erfolg geboten 229, 691

833

Allah
Erfüllen des Rachewunsches 685
Kämpfen um seinetwillen .... 678 f.

Arabische Halbinsel
Bleiberecht nichtmuslimischer Frau bei Ehe mit Muslim 756
Islamisierung.. 539 (Fn 33)
kein Eigentumserwerb durch Nichtmuslim 782
keine Kirche neben Moschee .... 782 f.
Kirchen in Dubai und Arabischen Emiraten................................. 804
Mekka, Betretungsverbot für Nichtmuslime 14, 546
Mohammed: Vertreibung der Ungläubigen 541
Nichtmuslime, Aufenthalt nur für drei Tage 765
Vertreibung von Juden und Christen 498, 727, 755, 733
zeitweilige Duldung... 755, 782
Zerstören von Kirchen erlaubt .... 51 f., 804

Arbeitsplatz
Geschlechtertrennung 55, 669, 803
Töten dessen, der Geschlechtertrennung ablehnt........................ 803 f.

Atheist/Polytheist
allgemein...651 (Fn 214)
Frauen und Nachkommen als Beute von Muslimen 708
Lebensbedrohung.. 235 f., 682, 708
Todesstrafe in 13 islamischen Staaten 805

Auge ausstechen bei Blick in fremdes Haus................................ 733

Beduine als Zeuge minderwertig.. 752

Beleidigung Allahs, Mohammeds, Islam
allgemein.. 83, 89, 459, 550, 622, 647
Beleidiger kann straffrei getötet werden .... 685 f., 753 f.
Beleidiger/Beschimpfer gilt als Ungläubiger...................... 230, 783 f.
Beleidigtsein als islamische Grundhaltung.................................... 116
Beleidigung von Christen 550
Ehe des Beleidigers nichtig 785
Ehe ist und bleibt ungültig 785
Opfertier annehmen nicht erlaubt.. 785

Beten
mit 7 Jahren Hinführung,
mit 10 Jahren Verpflichtung für Jungen.............................. 735, 794
nicht betende Ehefrau zu ändern suchen 797
nicht betende Familienmitglieder hassen 797
rechtliche und gesellschaftliche Folgen der Unterlassung 780

Findex

Die Stichwörter weisen insbesondere auf Hadithe und Fatwas hin, die im Dokumententeil zitiert sind, aber auch in Auswahl auf jene Beiträge des Buches, in denen das Thema zur Sprache kommt. Zusätzlich ist eine Reihe wichtiger Stichwörter in diesen Findex eingefügt. Die Stichwörter sollen helfen, zügig jene Texte zu finden, in denen islamische Positionen für das Verhalten in Staat, Gesellschaft und Privatbereich auch für die heutigeZeit verdeutlicht werden.

Aus den Dokumenten geht hervor, dass als führend angesehene islamische Gelehrte keinen Zweifel am Absolutheitsanspruch des Islam haben bzw. aufkommen lassen.

Abfallen vom Islam

allgemein	520 (Fn 8)
Abgefallener gilt als korrupt	781
Anzeichen für politische Unzuverlässigkeit	786, 802
Aufforderung zur Rückkehr	775 f.
Ausschluss von Almosen-Fürsorge	779
bei staatlicher Registrierung Bestrafung des Beamten	801
bei Übertritt zum Christentum Gefängnis	776, 800
Bekehrung zum Christentum rechtswidrig	799
Bestrafung/Todesstrafe	37, 140, 477, 785
	477 (Fn 105), 684, 697, 773, 775 f., 778,
	781, 785 f., 790, 792, 794, 800, 802, 805, 850
Gefährdung der umma	787
Gefängnisstrafe für abtrünnige Frau	776
Hinrichtung als Bewahren der Menschenrechte	793
Konfiszieren des Vermögens	785
löst Ehe auf	214, 491, 779
Loyalitäts-, Identitäts- und Zugehörigkeitswechsel	779
Personenstandsbücher ändern verboten	801
schweres Verbrechen	791
Todesstrafe für Religionswechsel nur im Islam erlaubt	785
Tötung kein Verstoß gegen Menschenrechte	793
Tötungsgebot	793
Verletzen der Staatsordnung	799
Verlust des Erbrechts	214
Vernachlässigen des Gebets als Anzeichen	795
Wechsel von höherer zu niedrigerer Religion unerlaubt	799

Abrogation 229, 283, 397

hammed. Der Koran erhebt den Anspruch, überall und jederzeit nicht nur in religiösen Fragen maßgeblich zu sein, sondern auch in höchst persönlichen sowie in gesellschaftlichen, staatlichen und internationalen Angelegenheiten.

„Das oft zu Lesende", wie das Wort „Koran" erklärt wird, ist nicht thematisch geordnet und auch nicht nach der zeitlichen Reihenfolge der Offenbarungen, sondern vorwiegend der Länge nach. Von der Längen-„Ordnung" ausgenommen ist z. B. die erste Sure.

Scharia

Die Scharia umfasst Forderungen und Weisungen, die im Koran stehen und sich aus Hadithen ergeben sowie aus Rechtsgutachten (Fatwas) insbesondere der bei Muslimen allgemein anerkannten Rechtsschulen. Hinzu kommen ggf. noch Stammestraditionen und Bräuche des jeweiligen islamischen Staates. Deshalb gibt es auch nicht eine einzige Scharia, sondern jeder islamische Staat hat seine eigene Scharia.

Sunna

Die Grundlage fast aller religiöser Praktiken und jener Verhaltensregeln, die von den Muslimen zu befolgen sind, bilden gemeinsam Hadih und Sira (Mohammed-Biographie), zusammengefasst in der Sunna. Die Sunna betrifft Dinge, die Moham-med getan, befohlen, empfohlen oder auch einfach nur kommentarlos hingenommen haben soll. Mohammeds Verhalten gilt bei den Muslimen als vorbildlich, unantastbar und als nachahmenswert. Neben dem Koran ist die Sunna die autoritative Quelle für die Auslegung des islamischen Glaubens und für das islamische Recht.

> Die Muslime müssen sich der Frage
> „Islam und Gewalt" stellen.
> Der Zusammenhang ist ein Faktum,
> in der Geschichte und in den Schriften.
> Wir haben es mit einem Propheten zu tun,
> der selber getötet und zum Töten aufgerufen hat.
>
> Abdelwahab Meddeb, tunesisch. Islamwissenschaftler

Glossar

Fatwa

Mit „Fatwa" wird ein Rechtsgutachten einer islamischen Autorität bezeichnet. Eine Fatwa ergeht gewöhnlich auf eine Anfrage zu einem religiösen, gesellschaftlichen oder staatlichen Problem. Fatwas spiegeln gleichsam die Situation von Muslimen in der jeweiligen Zeit wider.

Eine Fatwa kann man befolgen, ist dazu rechtlich aber nicht verpflichtet. Die Bedeutung einer Fatwa ergibt sich daraus, welchen Rang der Verfasser bzw. das Verfasser-Gremium in einer islamischen Gesellschaft bzw. in einem islamischen Staat hat und wie weit sich Machthaber das Ergebnis einer Fatwa zu eigen machen, die sie eventuell selbst in Auftrag gegeben haben.

Hadith

Über Mohammed gibt es viele, auch heroisierende Erzählungen, Hadithe genannt. Diese Berichte über Mohammeds angebliche Worte, Taten und Unterlassungen haben im Lauf der Zeit stark zugenommen. Orientalische Erzählkunst sowie politische und theologische Erfordernisse haben offensichtlich eine Flut von Geschichten und Legenden hervorgebracht. Bereits in den ersten Jahrhunderten nach Mohammeds Tod (632 n. Chr.) galt selbst unter Muslimen nicht jede dieser „Begebenheiten" als tatsächlich geschehen.

Die mündlichen Überlieferungen über Mohammed sind schließlich von einigen Muslimen gesammelt und einer kritischen Prüfung unterzogen worden. Al-Buhari , (gestorben um 870 n. Chr.), soll mehr als 600.000 (in Worten: sechshunderttausend) Hadithe vorgefunden, aber nur etwa 7.400 (in Worten: siebentausendvierhundert) als echt befunden und übernommen haben. Seine Hadithe-Sammlung gilt bei Muslimen als authentisch und „sahih", als heilig. Auch die Hadithe-Sammlung von Muslim, wird dazu gezählt. Bedeutsam sind weiter die Hadith-Sammlungen von Tirmidhi, Abu Dawud und Nasa'i.

Die Hadith-Sammler haben, um die Spreu vom Weizen zu trennen, bei jeder dieser „Geschichten" vermerkt, wer sie erlebt bzw. berichtet und wer sie überliefert hat. Daher werden zu Beginn der einzelnen Hadithe der Name des Überlieferers und am Ende die Namen derer genannt, die den Hadith in ihre Sammlung aufgenommen haben.

Koran

Der Koran besteht aus 114 Kapiteln, Suren genannt. Muslime sehen im Koran die endgültige, auf arabisch diktierte Offenbarung Allahs an Mo-

Rassoul, Abu-r-Ridah' Muhammad ibn Ahmed ibn Rassoul, Die ungefähre Bedeutung des Qur'an Karim in deutscher Sprache, 5. überarbeitete Auflage, Köln, März 2012.

Strafgesetze der Islamischen Republik Iran, übersetzt und eingeleitet von Dr. Sylvia Tellenbach, Max-Planck-Institut für ausländisches und internationales Strafrecht, Freiburg i. Br., Berlin, New York 1996.

Völkerstrafgesetzbuch, „Gesetz zur Einführung des Völkerstrafgesetzbuches" vom 26. Juni 2002, Bundesgesetzblatt, Teil l, Nr. 42, vom 29. Juni 2002, Seite 2254, zum 30. Juni 2002 in Deutschland in Kraft getreten.

www.islaminstitut.de [der Evangelischen Allianz in Deutschland, Österreich, Schweiz]

Deutschland hat
eine Rechtsgrundlage,
auf der man Papst,
Jesus und die Kirche
kritisieren darf.
Warum nicht den Islam?
Ich möchte als Muslim
keine Extra-Behandlung.
Man muss klar sagen:
Für viele ist Mohammed
eine historische Persönlichkeit,
kein Prophet. Es ist also eine
unsinnige Erwartung von Gläubigen,
dass alle ihn so verehren, wie sie selbst.
So viel Überheblichkeit ist krank.

Ednan Aslan, Professor für islamische Religionspädagogik

Literatur

Die Bundesgestze und Rechtsverordnungen der Bundesrepublik Deutschland werden im „Bundesgesetzblatt" veröffentlicht.
Im Teil I. des Bundesgesetzblattes stehen z. B. alle Bundesgesetze, im Teil II. u. a. die völkerrechtlichen Übereinkünfte und Verträge. Die Gesetze und völkerrechtlichen Verträge sind auch im Internet zugängig.

Bibel, Einheitsübersetzung der Heiligen Schrift, Altes und Neues Testament, Aschaffenburg, 1980.

Buhari, Sahih al-, Nachrichten von Taten und Aussprüchen des Propheten Muhammad, Ausgewählt, aus dem Arabischen übersetzt und herausgegeben von Dieter Ferchl, Stuttgart 1991.

Internationaler Pakt über wirtschaftliche, soziale und kulturelle Rechte (ICESCR), vom 19. Dezember 1966, (BGBl. 1973 II, S. 1569), abgedruckt in: Menschenrechte – Dokumente und Deklarationen, hrsg. von der Bundeszentrale für politische Bildung, Schriftenreihe Band 397, 4. aktualisierte und erweiterte Auflage, Bonn 2004, S. 59.

Khoury, Adel Theodor, So sprach der Prophet, Worte aus der islamischen Überlieferung, ausgewählt und übersetzt von Adel Theodor Khoury, Gütersloh 1988.

Khoury, Adel Theodor, Der Hadith, Urkunde der islamischen Tradition,
Band I, Der Glaube, Gütersloh 2008.
Band II, Grundpflichten und Rechtschaffenheit, Gütersloh 2008.
Band III, Ehe und Familie, Soziale Beziehungen, Einsatz für die Sache des Islam, Gütersloh 2009.
Band IV, Traumgesichte und Gleichnisse, Vorzüge besonderer Personen, Vorzüge der Propheten, Jesus Christus, Gütersloh 2010.
Band V, Aus der schiitischen Überlieferung, Gütersloh 2011.

Konvention zum Schutze der Menschenrechte und Grundfreiheiten (Europäische Menschenrechtskonvention), vom 04. November 1950, abgedruckt in: Menschenrechte – Dokumente und Deklarationen, hrsg. von der Bundeszentrale für politische Bildung, 4. aktualisierte und erweiterte Auflage, Bonn 2004, S. 346.

Newton, P. – Rafiqul-Haqq, M., Ist Allah Gott?, Frauen im Islam, Toleranz im Islam, 2. Auflage, Uhldingen 1997.

Paret, Rudi, Der Koran, Stuttgart, Berlin, Köln, Mainz 1979.

IV. Rechtsnormen, Internationale Erklärungen und Verträge

Strafgesetzbuch

§ 153 StGB   Falsche uneidliche Aussage

Wer vor Gericht oder vor einer anderen zur eidlichen Vernehmung von Zeugen oder Sachverständigen zuständigen Stelle als Zeuge oder Sachverständiger uneidlich falsch aussagt, wird mit Freiheitsstrafe von drei Monaten bis zu fünf Jahren bestraft.

§ 154 StGB   Meineid

(1) Wer vor Gericht oder vor einer anderen zur Abnahme von Eiden zuständigen Stelle falsch schwört, wird mit Freiheitsstrafe nicht unter einem Jahr bestraft.

(2) In minder schweren Fällen ist die Strafe Freiheitsstrafe von sechs Monaten bis zu fünf Jahren.

§ 155 StGB   Eidesgleiche Bekräftigungen

Dem Eid stehen gleich:
1. die den Eid ersetzende Bekräftigung,
2. die Berufung auf einen früheren Eid oder auf eine frühere Bekräftigung.

§ 156 StGB   Falsche Versicherung an Eides Statt

Wer vor einer zur Abnahme einer Versicherung an Eides Statt zuständigen Behörde eine solche Versicherung falsch abgibt oder unter Berufung auf eine solche Versicherung falsch aussagt, wird mit Freiheitsstrafe bis zu drei Jahren oder mit Geldstrafe bestraft.

trennen, eventuell nach Beendigung seines Studiums oder Kurses. Was ist der Unterschied zwischen dieser Ehe und der „Genussehe"? [Einer vorwiegend von Schiiten praktizierten und von den meisten Sunniten verurteilten Zeitehe mit Entlohnung der Ehefrau] Und wie ist die Situation, falls die Frau ein Kind bekommt? Darf der Mann die Frau in diesem Fall mit ihrem Kind verlassen?"

Antwort: „Ja, eine Fatwa wurde von einem Stammesgremium erlassen, die erlaubt, dass ein Mann mit der Absicht, die Frau zum späteren Zeitpunkt zu verstoßen, heiraten darf. Dies ist erlaubt, falls diese Absicht nur dem Ehewilligen bekannt ist.

Wenn jemand im Ausland heiratet und nach der Beendigung des Studiums seine Frau verlassen möchte, darf er dies tun. Die (muslimischen) Rechtsgelehrten sind sich darüber einig. Hauptsache ist, dass die Absicht (der Trennung) nur dem Ehemann und Allah bekannt ist. Bei der „Genussehe" wird die Dauer der Ehe bei der Eheschließung festgelegt, z. B. auf einen oder zwei Monate, ein Jahr oder länger. Nach Ablauf dieser Frist gilt die Ehe als beendet. Dies ist die nicht erlaubte „Genussehe". Wenn er (der Ehemann) jedoch islamisch heiratet und im Herzen (im Geheimen) beabsichtigt, die Frau später zu verstoßen, nachdem sein Aufenthalt in diesem (ausländischen) Land beendet ist, nimmt er keinen Schaden."

Quelle: www.ibnbaz.org.sa/index.php

> Der Koran ändert sich nicht.
> So wie ihr nicht fordert,
> dass sich die Bibel ändern muss,
> fordert bitte auch nicht,
> dass sich der Koran ändern muss.
>
> Ahmad M. Tayyeb
> Großscheich der Kairoer
> Al-Azhar-Universität

die Absicht der zukünftigen Scheidung nur dem Ehemann und Allah bekannt ist. Es bleibt [juristisch betrachtet] eine Absicht und nicht eine Bedingung. Diese Art Ehe wurde von der Mehrheit der [muslimischen] Gelehrten erlaubt."

„Der Unterschied zwischen dieser Art Ehe und der Genussehe [einer für einen bestimmten Zeitraum geschlossenen Ehe, die vor allem von Schiiten anerkannt wird] ist folgender: Bei der letztgenannten Ehe [der Genussehe] wird die Ehe auf eine bestimmte Zeit befristet, z. B. auf einen Monat, zwei Monate, ein Jahr, zwei Jahre, usw. Nach Ablauf dieser Frist wird die Ehe automatisch ungültig [also aufgelöst]. Diese [Genussehe] ist [aus islamischer Sicht] nicht erlaubt [so die überwiegende sunnitische Auffassung]. Wenn jedoch ein Mann eine Frau nach dem Gesetz Allahs und seines Propheten heiratet und nimmt sich insgeheim vor, die Frau später zu verstoßen – wenn er z. B. nicht mehr in ihrem Land leben möchte – verursacht dieser Schritt keinen Schaden. Diese Absicht [der zukünftigen Scheidung] kann sich später ändern, und sie ist auch keine Bedingung, sondern eine geheime Angelegenheit zwischen ihm [dem Ehemann] und seinem Gott. Dadurch vermeidet der Mann Unzucht.

So urteilt die Mehrheit der [muslimischen] Schriftgelehrten. Diese [Beurteilung] wurde von Ibn Qudama in seinem 'al-Mughni' niedergeschrieben."

Quelle: www.binbaz.orq.sa/mat/26Q

Institut für Islamfragen der Deutschen Evangelischen Allianz
dh, 13. 09. 2006

Fatwa über den Unterschied zwischen einer sogenannten Genussehe und einer Heirat auf Zeit im Ausland
Solange die Absicht zur Trennung geheim bleibt, ist eine Heirat auf Zeit erlaubt.
Von Scheich Abdul Aziz Ibn Baz, dem vor wenigen Jahren verstorbenen Vorsitzenden des Rechtsgutachtergremiums in Saudi-Arabien

Frage: „Über eine Kassette habe ich von einem Rechtsgutachten gehört, das einem Mann erlaubt, eine Frau im Ausland zu heiraten, wenn der Mann im Geheimen vor hat, sich von dieser Frau später zu

ren, weil diese offiziell dann nur noch eine Geliebte sei. Al-Banna empfahl muslimischen Ehemännern, die mit mehr als zwei Ehefrauen verheiratet sind, sich an die Gesetze der nicht-islamischen Länder zu halten. Da diese Gesetze die Polygamie verbieten, kann ein Muslim dort offiziell nur eine Frau als seine Ehefrau benennen, während die andere als Geliebte gelten muss. Auf diese Weise kann er seine zwei Ehefrauen behalten, ohne gegen das Gesetz zu verstoßen.

Al-Banna unterstrich, dass ein solches Verhalten nicht gegen die Lehren des Islam verstößt, denn: „Ursprünglich wurde der Heiratsvertrag nur in mündlicher Form und nicht in schriftlicher Form geschlossen."

Quelle: www.alarabiya.net/articles/2008/08/24/55382.html

Institut für Islamfragen der Deutschen Evangelischen Allianz
dh, 20. 09. 2008

Fatwa zur Beurteilung einer Heirat in einem fremden Land, während gleichzeitig die heimliche Absicht zu einer späteren Scheidung besteht

Ist diese Absicht nur dem Ehemann und Allah bekannt, ist dies erlaubt.

Vom Rechtsgutachter Abdul-Aziz bin Abdullah Ibn Baz, dem ehemaligen offiziellen Rechtsgutachter Saudi-Arabiens, einem der prominentesten muslimischen Gelehrten des 20. Jahrhunderts
Ein Rechtsgutachten wurde vom Stammgremium [der wissenschaftlichen Forschung und religiösen Rechtsgutachten] zu einem früheren Zeitpunkt erlassen, bei dem ich Vorsitzender bin. Es bezieht sich auf die Frage der Legalität einer Heirat mit der [heimlichen] Absicht zu einer späteren Scheidung.

„Diese Art Ehe ist [islamisch] erlaubt, wenn die Absicht zur späteren Scheidung lediglich dem Ehemann und Allah bekannt ist."

„Wenn ein Student oder ein Angestellter im Ausland heiratet und dabei [von vorneherein] die Absicht hat, sich von seiner Frau zu einem späteren Zeitpunkt wieder scheiden zu lassen – z. B. nach dem Ende seines Studiums oder nach Ablauf seines Arbeitsvertrags – ist das [islamisch] erlaubt. Entscheidend ist dabei, dass

das gar nicht unbedingt der Fall ist. Das gleiche mache ich umgekehrt auch mit meinem Mann. Es ist nur meine Absicht dabei, die beiden miteinander zu versöhnen, weil sie sich sehr miteinander gestritten haben. Darüber hinaus erzähle ich meiner Mutter, dass mein Mann mir Dinge schenkt und er mich gut behandelt, obwohl das ebenfalls nicht unbedingt der Wahrheit entspricht. Das tue ich aus oben genannter Absicht. Gelte ich damit als Lügnerin?"
Antwort: „Das ist erlaubt. Das Ziel [Ihres Handelns] ist die Versöhnung zwischen zwei Menschen. Deshalb ist die Lüge erlaubt, wenn dabei niemand zu Schaden kommt und so lange die Sache Sie allein betrifft. Allah möge Sie dafür reich belohnen."
Quelle: www.binbaz.org.sa/mat/9272

Kommentar: In vielen von muslimischen Hadithwissenschaftlern als authentisch beurteilten Aussagen Muhammads wird die Lüge in drei Fällen erlaubt: wenn zwischen einem Ehemann und seiner Ehefrau oder zwischen Menschen allgemein Versöhnung erreicht werden kann sowie zur Zeit eines Krieges (vgl. z. B. Sahih Muslim Nr. 3273, Sunan at-Tirmidh Nr. 1862, Musnad Ahmad Ibn Hanbal Nr. 26289, Maute' Malik Nr. 1570).

Institut für Islamfragen der Deutschen Evangelischen Allianz
dh, 26. 09. 2008

Fatwa zu der Frage, ob man Behörden im Notfall belügen darf

Eine Scheintrennung ist von der Ehefrau erlaubt, wenn in einem nicht-islamischen Land dadurch das Verbot der Polygamie umgangen werden kann.

Von dem ägyptischen Theologen Jamal al-Banna, dem Bruder des Gründers der ägyptischen Muslimbruderschaft Hassan al-Banna. Der einflussreiche ägyptische Theologe und Intellektuelle Jamal al-Banna hat sich nach einem Bericht von „alarabiya.net" Ende August 2008 zu der Frage geäußert, ob ein Muslim, der in einem westlichen Land lebt und mit zwei Frauen verheiratet ist, sich von einer dieser Frauen zum Schein trennen darf, so dass er offiziell nur eine Ehefrau hat und damit nicht gegen das dortige Gesetz verstößt. Auf diese Weise, so al-Banna, kann der Ehemann sein Eheleben mit der pro forma geschiedenen Ehefrau weiterfüh-

erlaubt: ... Um Menschen miteinander zu versöhnen, ... im Krieg und wenn der Mann mit seiner Frau spricht und die Frau mit ihrem Ehemann ... Es ist nicht weise, dass die Ehefrau ihrem Ehemann von der Vergangenheit ihres Gefühlslebens erzählt, was in Vergessenheit geraten ist. Falls sie dies tut, zerstört sie ihr Eheleben wegen der [sie] bindenden 'Ehrlichkeit'... Was ich hier betone, ist, dass die Ehefrau, wenn sie ihr Ehemann auf diese Weise unter Druck setzt, einen falschen Schwur leisten darf, um die Ehe zu retten ... Das Gleiche gilt, wenn der Ehemann sie fragt, ob sie ihn liebt oder nicht und verlangt, darauf einen Schwur zu leisten [um die Richtigkeit ihrer Antwort zu bestätigen]. In diesem Fall darf sie einen falschen Schwur leisten. Danach muss sie Allah um Vergebung bitten ...
'Umar Ibn al-Khattab [der zweite Kalif nach Muhammad] fragte die Ehefrau Abi Uthra ad-Du'lis: 'Sagst du tatsächlich, dass du deinen Ehemann [ad-Du'li] hasst?' Sie antwortete: 'Er hat mich bei Allah gebeten [einen Schwur auf die Liebe zu leisten]. Soll ich lügen, o Führer der Gläubigen?' Er ['Umar] sagte: 'Ja, lüge! Wenn eine von euch [Frauen] einen von uns [Männern] nicht liebt, soll das nicht mitgeteilt werden. Die wenigsten Häuser [Ehepaare] basieren auf Liebe. Vielmehr leben die Menschen zusammen, basierend auf dem Islam und der Verwandtschaft.' Ich schwöre, dass dies eine der herausragenden Eigenschaften von 'Umar war. Er war nicht nur ein Staatslenker, sondern auch ein weiser Erzieher, Schriftgelehrter und Rechtsgutachter."
Quelle: www.qaradawi.net/site/topics/article.asp?cu_no=2&item_no=354&version=1&template_id=8&parent_id=12

Institut für Islamfragen der Deutschen Evangelischen Allianz
dh, 22. 09. 2008

Fatwa zu der Frage, ob Lügen unter bestimmten Umständen erlaubt sind
Lügen sind im Fall eines Versöhnungswunsches gestattet.
Vom Rechtsgutachter Scheich Abdul-Aziz Ibn Baz, dem ehemaligen offiziellen Rechtsgutachter Saudi-Arabiens
Frage: „Manchmal erzähle ich meiner Mutter, dass mein Mann sie sehr mag und er Gutes über sie erzählt. Ich tue dies, obwohl

Heil seien auf ihm – nur in drei Fällen erlaubt wurde. Dies [die entsprechende Aussage Muhammads] wurde in den zwei authentischen Überlieferungssammlungen erwähnt [arab. as-sahihain, d.i. in der Überlieferung Sahih Muslim und Sahih al-Bukhari]. Dort sagt Umm Kulthum bint Amr: 'Ich habe niemals Allahs Propheten Erlaubnis zur Lüge gehört, außer in drei Fällen:

Im Krieg, denn der Krieg ist ein Trick, [zweitens] wenn man [durch Lüge] Menschen sich miteinander versöhnen lässt [oder] einer [durch die Lüge] zwei Gruppen miteinander versöhnt [und drittens], wenn ein Ehemann mit seiner Ehefrau spricht oder eine Ehefrau mit ihrem Ehemann spricht, indem der eine dem anderen z. B. sagt: 'Ich liebe Dich', obwohl das so nicht stimmt, [damit] der andere auf diese Weise zufrieden gestellt wird."

Von dem Rechtsgutachter, dem ägyptischen Scheich Muhammad Hassan, einem populären Verkünder des Islam (arab. da'iya), der in mehreren arabischen Fernsehsendern auftritt

Quelle: www.youtube. com/watch?v=VUcTJPS2po4&NR= 1

Institut für Islamfragen der Deutschen Evangelischen Allianz
dh, 29. 01. 2009

Fatwa zu der Frage, ob eine Ehefrau einen falschen Schwur leisten darf, um ihre Ehe zu retten

Erscheinungsdatum: 05. Juli 2001
Von Dr. Yusuf al-Qaradawi

Frage: „Darf eine Muslima einen falschen Schwur leisten, um ihren Ehemann zufrieden zu stellen? Ein Ehemann verlangte von seiner Frau, mit einem Schwur zu bestätigen, dass sie mit keinem anderen Mann außer ihm vor oder während ihrer Ehe verbunden war."

Antwort: „Der Islam verbietet das Lügen, denn es verursacht Schaden gegen den Einzelnen, die Familie und die Gesellschaft. Der Islam erlaubt in Sonderfällen, gegen dieses Prinzip zu verstoßen, wie wir in einem vorigen Rechtsgutachten erklärt haben. Diese Ausnahme gilt in Sonderfällen und in bestimmtem Maß. Dieser Sachverhalt wurde in der prophetischen Überlieferung bei Sahih Muslim [einem Überlieferer] erwähnt. Umm Kulthum [eine der Töchter des Propheten] sagte: 'Der Prophet hat das Lügen lediglich in drei Fällen

Institut für Islamfragen der Deutschen Evangelischen Allianz
21. 06. 2011

Fatwa zur Frage, welche Alternative es zur Lüge im Islam gibt

Von Rechtsgutachter Scheich Muhammad Hassan
Fatwa zur Frage, welche Alternative es zur Lüge im Islam gibt. Das Wortspiel [al-ma'arid] gilt als solche Möglichkeit und hilft, Lüge zu vermeiden.

Frage: „Wie wird das Wortspiel [arab. al-ma'arid] beurteilt und wo liegt der Unterschied zwischen al-ma'arid und der Lüge?"
Antwort: „Die Lüge ist eindeutig. Sie beinhaltet die Mitteilung von etwas, was der Wahrheit widerspricht. Das ist Lüge, al-ma'arid bedeutet Wortspiel: 'Das ma'arid ist eine Alternative zur Lüge.' D. h. falls man notgedrungen eine Wortwahl verwendet, die [für den Zuhörer] eine Bedeutung darstellt, die der Sprechende [innerlich] nicht meint und auf diese Weise die Lüge vermeidet, gilt al-ma'arid als [islamisch] erlaubt.

Sie möchten beispielsweise nicht mit einer Person zusammentreffen, die bei Ihnen klingelt. Die sunna (die vorbildhafte Gewohnheit Muhammads) empfiehlt zu sagen: 'Gehen Sie wieder. Dies ist besser für Sie!'... [das ist eine Möglichkeit]. Aber vermutlich würde in dieser Situation ein großes Problem entstehen: Falls ich bei Ihnen klingeln würde, und Sie würden mir sagen: 'Gehen Sie wieder. Dies ist besser für Sie!', würde ich ein großes Theater machen. Allah ist der einzige Helfer und Unterstützer.

In diesem Fall ist es Ihnen erlaubt, al-ma'arid anzuwenden. Jemand würde beispielsweise bei Ihnen klingeln. Sie wollten jedoch diese Person nicht treffen, da Sie gerade auf einem Sitzmöbel säßen und schliefen. D. h., Sie suchten die Ruhe und würden Ihrem Sohn sagen: 'Sag dem Besucher: Mein Vater schläft gerade.' So würden Sie nicht sündigen.

Eine andere Möglichkeit ist: Sie gehen in ein Zimmer hinein und sagen Ihrem Kind: 'Sag der Person an der Tür: Mein Vater ist nicht da.' Dabei zeigen Sie auf eine Stelle an der Haustür oder auf eine Stelle, wo sich gerade niemand befindet. In diesem Fall würden Sie die Wahrheit sagen, denn Sie sind tatsächlich nicht dort.

Also, al-ma'arid ist eine Alternative zum Lügen, während das Lügen verboten ist, und von Allahs Propheten – Allahs Segen und

ihr – : „Ein Mann wollte sich mit dem Propheten Allahs treffen -Allahs Segen und Heil seien auf ihm – als ich dort [bei Muhammad] war. Nachdem Muhammad ihm die Haustür öffnen ließ und ihn gesehen hatte, sagte er: [Dieser Mann ist] „der schlimmste aus diesem Stamm." Als sich Muhammad mit ihm zusammen setzte, lächelte er [Muhammad] ihn an und behandelte ihn freundlich.

Als der Besucher gegangen war, wunderte sich Aischa: „Allahs Prophet, als Du den Besucher getroffen hast, hast Du ihn angelächelt!" Er [Muhammad] antwortete: :'Aischa, wann hast Du mich grob erlebt? Der schlimmste Mensch am jüngsten Tag ist für Allah jemand, den die Menschen meiden, um damit seiner Bosheit zu entgehen." ... Abu ad-Darda sagte: Wir [Muslime] lächeln Menschen an, während wir diese im Herzen [innerlich] verfluchen. Das ist die Bedeutung der Rücksichtnahme (oder Verstellung) [arab. al-mudara].

4. Die Lüge [arab. al-kadhib]: Es ist bekannt, dass das Lügen [im Islam] verboten ist. Es wird jedoch in Fällen erlaubt, die einige muslimische Gelehrte gemäß der authentischen Überlieferungen definiert haben, um einen Vorteil zu erlangen: „Man darf im Krieg lügen, denn der Krieg ist ein Betrug. Man darf lügen, um Menschen miteinander zu versöhnen. Ein Ehepaar darf sich gegenseitig belügen, z. B. in Sachen der Liebe, um das weitere Zusammenleben zu ermöglichen."

Einige muslimische Gelehrte erlaubten das Lügen über diese [genannten drei Fälle] hinaus, und zwar, wenn man nur durch Lüge sein Ziel erreichen kann. Allerdings darf das Lügen hier keinem Menschen Schaden zufügen. Diese [Gelehrten] erlauben das Lügen auch, um einen Menschen vor etwas Bösem zu bewahren. Z. B. hat Allahs Prophet – Allahs Segen und Heil seien auf ihm – den Mördern von Ka'b b al-Ashraf erlaubt, sagen zu können, was sie wollten. Auch Ibn Hat hat die Einwohner Mekkas belogen [mit der Erlaubnis Muhammads], um an ihr Geld kommen zu können.

Quelle: www.al-eman.com/Ask/ask3.asp?id=19876&hide1=2&Next=&select1=*&select2=*&rad1=&dbegin=&mbegin=&ybegin=&dend=&mend=&yend=&rad2=MOF&idser=&wordser=%E3%DA%C7%D1%ED%D6

verwendet. Gottesfurcht und Vorbeugung sind gleichbedeutend, denn beide Worte stammen von einem Substantiv ab. So wie man der Kälte mit Hilfe dicker Kleidung vorbeugt oder sie verhindert, beugt man Allahs Qualen mit Gottesfurcht vor und wehrt die Pfeile mit einem Schutzschild ab. In diesem Sinne bedeutet die Vorbeugung [arab. wiqaya] eine Maßnahme, die etwas Schlimmeres abwehrt oder verhindert. Allah sagte über die Vorbeugung: 'Die Gläubigen sollen sich nicht Ungläubige zu Freunden nehmen anstelle der Gläubigen – und wer das tut, der hat nichts mehr mit Allah zu tun – es sei denn, dass ihr euch vorsichtig vor ihnen hütet.' (Sure 3,28).

Die „taqiya" wird angewandt, wenn es notwendig ist. Ibn Abbas [ein Cousin Muhammads, prominenter Ausleger des Koran und Überlieferer der Aussprüche Muhammads] erklärte die „taqiya" folgendermaßen: „Man spricht Worte [der Verleugnung des Islam], während man innerlich fest [an den Islam] glaubt." Dies wurde von Allah auch [im Koran] erwähnt: „Derjenige, der Allah verleugnet, nachdem er geglaubt hatte – außer wenn jemand gezwungen wird, während sein Herz im Glauben Frieden gefunden hat – nein, derjenige, der seine Brust dem Unglauben öffnet, über den kommt Gottes Zorn." (Sure 16,106)

2. Das Wortspiel [arab. al-ma'arid] bezeichnet eine Art der Lüge. Es beinhaltet das Aussprechen eines Wortes, das mehrere Bedeutungen haben kann. Damit stellt eine Bedeutung den Feind zufrieden, während er [der Redende] innerlich eine der andere Bedeutungen dieses Wortes meint. Z. B.: Würde jemand von einem Muslim verlangen, den Propheten [Muhammad] – Allahs Segen und Heil seien auf ihm, zu verleugnen – dann könnte er sagen: „Ich verleugne den Propheten (an-nabiy)." Hier meint er jedoch [als zweite Bedeutung von nabiy] eine erhöhte Stelle der Erde.

3. Die Verstellung [arab. al-mudara]: Das bedeutet die Aufopferung des diesseitigen Lebens zugunsten des Jenseits ... Im Gegensatz dazu bedeutet die Schmeichelei [arab. al-mudahana] die Aufopferung des Islam zugunsten des diesseitigen Leben. Die Rücksichtnahme ist erlaubt, die Schmeichelei ist verboten. In der authentischen Überlieferungssammlung von al-Bukhari und Muslim überlieferte Aischa – Allahs Wohlgefallen sei auf

fand Gefallen an ath-Thauri. Als Ath-Thauri sich verabschieden wollte, sagte al-Mahdi zu ihm, er solle bleiben. Ath-Thauri schwor, er würde wiederkommen. Er ging fort und ließ seine Schuhe an der Tür von al-Mahdi stehen. Eine Weile später kam er zurück, nahm jedoch nur seine Schuhe und verschwand. Als al-Khalifa nach ihm fragte, wurde ihm gesagt: 'Er (ath-Thauri) hatte geschworen, er würde zurückkommen. Er kam (ja) zurück und nahm seine Schuhe' [aber setzte nicht das Gespräch fort] ...

Eines Tages saß Imam Ahmad [der Gründer einer der wichtigsten Rechtsschulen des Islams und Sammler der Aussprüche Muhammads] mit einigen seiner Schüler beisammen, unter denen auch al-Marusi war. Eine Person rief von draußen nach al-Marusi [im Haus]. Imam Ahmad wollte jedoch nicht, dass al-Marusi das Haus verließ. Imam Ahmad antwortete [daher dem Rufer]: 'Al-Marusi ist nicht hier. Was hat al-Marusi [überhaupt] hier zu suchen?' Dabei zeigte Imam Ahmad mit seinem Zeigefinger in seine Handfläche, was aber der Rufer nicht sehen konnte [D. h. Imam Ahmad hatte damit gesagt, dass al-Marusi nicht dort sei, also nicht in seiner Handfläche. So wurde der Rufer veranlasst, zu glauben, dass sich al-Marusi nicht im Haus befände.] ...

Quelle: www.islamqa.info/ar/ref/27261

Institut für Islamfragen der Deutschen Evangelischen Allianz
dh, 04. 01. 2011

Fatwa zu verschiedenen Arten der erlaubten Lüge im Islam
Von dem offiziellen ägyptischen Rechtsgutachtergremium der al-Azhar zur Erstellung von Rechtsgutachten
Rechtsgutachten-Nr. 19876 vom 22.07.2004

Frage: „Wie steht der Islam zum Thema Lüge?"

Antwort:
1. Die Vorbeugung oder Verhinderung [arab. al-wiqaya]: „al-waqy", „al-waqiya" und „al-waqa" sind alles Ableitungen aus dem Stamm „waqa" [bewahren, vorbeugen]. Allah sagte im Koran: „O die ihr glaubt, fürchtet Allah, wie man ihn wahrhaft fürchten soll! Und sterbt nicht, außer ihr seid Allah ergeben" (Sure 3,102). Hier wird „ittaqa" [im Sinne von Gottesfurcht]

nur in Notfällen verwenden darf, wie wird ein Notfall (islamisch) definiert?"
Antwort: „Das Wortspiel (arab. tauriya) bedeutet 'Das Verdecken von Dingen.'

Sprachlich betrachtet bedeutet das, dass der Sprecher eine Aussage macht, die vom Hörer [in einem bestimmten Sinn] verstanden wird, während der Sprecher jedoch eine andere Aussage meint, die ebenfalls in dem Gesagten enthalten sein könnte. Der Sprecher könnte z. B. sagen: 'Ich habe keinen einzigen Dirham [eine kleine Geldmünze] in meiner Tasche.' Dann versteht man den Sprecher so, dass er gar kein Geld dabei hat. Jedoch könnte der Sprechende meinen, dass er zwar keinen Dirham in seiner Tasche hat, aber z. B. einen Dinar [ein größeres Geldstück]. Dieses Wortspiel wird (auf arabisch) 'tauriya' oder 'ta'rid' genannt.

Solch ein Wortspiel gilt islamisch als eine der Lösungen, die in kritischen Situationen verwendet werden dürfen, um diese zu bewältigen. Es wird verwendet, wenn man um eine Information gebeten wird, die man nicht geben möchte. Einerseits möchte man nicht die Wahrheit sagen, andererseits aber auch nicht lügen.

Das Wortspiel gilt als erlaubt, wenn notwendig ist, oder wenn man dadurch ein (vom Islam erlaubtes) Ziel erreichen kann. Man darf nicht oft so handeln, als ob das eine Richtschnur für das eigene Handeln wäre. Das Wortspiel darf auch nicht verwendet werden, um etwas auf eine ungerechte Weise zu erlangen oder etwas Gerechtes zu beseitigen...

Es gibt Fälle, in denen Allahs Prophet (Muhammad) – Allahs Segen und Heil seien auf ihm – die Verwendung des Wortspiels (also die Täuschung) erlaubt hat ... Folgende sind einige Beispiele für das Wortspiel, wie es von den frühen Muslimen und den geistlichen Führern (arab. a'imma) verwendet wurde, und wie es von dem prominenten Rechtsgelehrten Ibn al-Qayyim in seinem Werk 'Igatha al-lahfan', erwähnt worden ist:

Er wurde über Hammad – Allah möge ihn begnadigen – berichtet: Wenn er von jemandem besucht wurde, den er nicht mochte, sagte er schmerzverzerrt: 'Oh, mein Zahn, mein Zahn.' Infolgedessen verließ ihn der andere ... [weil er dachte, er könnte gerade jetzt keinen Besuch ertragen].

Sufyan ath-Thauri [aus der ersten Generation der Muslime] wurde zu einer Sitzung bei al-Khalifa al-Mahdi eingeladen. Er (al-Mahdi)

dinisch. Und deine Überlieferung ist unzutreffend und schlecht.

Da sagte Abu Hanifa zu ihm: Und auch der Vers über die Erbschaft spricht für die Aufhebung der Genuss-Ehe?

Da sagte Abu Dja'far: Es steht fest, dass es eine Ehe ohne Erbberechtigung gibt.

Abu Hanifa sagte: Woher kannst du es sagen? Da sagte Abu Dja'far: Wenn ein Mann aus den Reihen der Muslime eine Frau von den Schutzbürgern heiratet und stirbt, während sie noch am Leben ist. Was sagst du über sie?

Er sagte: Sie erbt nicht von ihm. Er sagte: Damit steht fest, dass es eine Ehe gibt ohne Recht auf Erbe. Dann gingen die beiden auseinander. (V, S. 456-457, 8)

Khoury, Adel Theodor, Der Hadith, Band V, Nr. 355, S. 145.

III. Fatwas

Institut für Islamfragen der Deutschen Evangelischen Allianz
dh, 25. 04. 2013

Frage: Wann darf ein Muslim durch ein Wortspiel (arab. tauriya) andere täuschen?

Rechtsgutachten Nr. 27261
Datum der Aktualisierung des Rechtsgutachtens: 10. 02. 2013
Die Website www.islamqa.info dient der Verkündigung des Islam in Saudi-Arabien und steht unter der Leitung des islamischen Gelehrten, Autors und Verkündigers des Islam, Muhammad Salih al-Munajjid. Das Zentrum definiert seine Ziele folgendermaßen:

1. Die Verbreitung und Verkündigung des Islam,

2. die Verbreitung des Islamwissens und die Bekämpfung des Unwissens über den Islams unter Muslimen,

3. der Erlass von Rechtsgutachten, die die Fragen von Muslimen auf Grundlage des Islam beantworten und 4. die Aufklärung der Menschen über ihre alltäglichen Angelegenheiten durch wissenschaftliche, pädagogische und soziale Beratung.

Frage: „Wann gilt das Wortspiel (bzw. die Täuschung mit Worten) (arab. tauriya) als (islamisch) erlaubt? Falls man die Täuschung

Nach 'Amir
Der Muslim ist derjenige, der den Muslimen weder mit seiner Zunge noch mit seiner Hand schadet.
(Abu Dawud, Nasa'i)

Khoury, Adel Theodor, So sprach der Prophet, Nr. 700, S. 346.

Nach Ibn 'Umar
Der Prophet sagte: Wer einen Eid schwört und sagt: So Allah will, der hat eine Ausnahme eingeführt. [Anmerkung Khoury: „die ihn von der Erfüllung des Eides befreien kann."] (Abu Dawud, Tirmidhi, Nasa'i)

Khoury, Adel Theodor, Der Hadith, Band II, Nr. 2813, S. 370.

Hadithe aus schiitischer Überlieferung

Von Abu 'Abdallah
Es soll nur bei Allah geschworen werden. Den Juden, den Christen und den Magier, lasst sie nur bei Allah schwören. (VII, S. 492,5)

Khoury, Adel Theodor, Der Hadith, Band V, Nr. 421, S. 164.

Von Abu Dja'far Muhammad ibn al-Nu'man
Abu Hanifa fragte Abu Dja'far: O Abu Dja'far, was sagst du über die Genuss-Ehe? Behauptest du, dass sie erlaubt ist?

Er sagt: Ja. Er sagte: Was hindert dich dann daran, deinen Frauen zu gebieten, Genuss-Ehen einzugehen und für dich zu verdienen?

Da sagte Dja'far: Nicht alle Taten sind erwünscht, auch wenn sie erlaubt sind. Und die Menschen haben Bestimmungen und Stufen, die ihre Bestimmungen erhöhen. Nun, was sagst du, o Hanifa über den Wein? Behauptest du, dass er erlaubt ist?

Da sagte er: Ja. Er sagte: Was hindert dich dann daran, deine Frauen in den Geschäften als Weinverkäuferinnen sitzen zu lassen und für dich zu verdienen?

Da sagte Abu Hanifa: Eins zu eins. Dein Pfeil ist wirksamer. Dann sagte er zu ihm: O Abu Dja'far, der Vers in der Sure »Ein Fragesteller fragt ... « spricht für das Verbot der Genuss-Ehe. Hat die Überlieferung über den Propheten ihn aufgehoben?

Da sagte Abu Dja'far: O Abu Hanifa, die Sure »Ein Fragesteller fragt ... « ist mekkanisch, und der Vers über die Genuss-Ehe ist me-

Rs. (16,105:) Wer Allah verleugnet, nachdem er geglaubt hat – den allein ausgenommen, der (dazu) gezwungen wird, während sein Herz im Glauben Frieden findet; auf jenen aber, die ihre Brust dem Unglauben öffnen, lastet Allahs Zorn; und ihnen wird ein Strenge Strafe zuteil sein.

Sure 19,26

Pa: Und wenn du (irgend)einen von den Menschen siehst [und auf die nichteheliche Herkunft des Jesusknaben angesprochen wirst], dann sag: 'Ich habe dem Barmherzigen ein Fasten gelobt. Darum werde ich heute mit keinem menschlichen Wesen sprechen.'

Rs.: (19,25:) Und wenn du einen Menschen siehst [und auf die nichteheliche Herkunft des Jesusknaben angesprochen wirst], dann sprich: >>Ich habe dem Allerbarmer zu fasten gelobt, darum will ich heute mit keinem Menschen reden.<<

II. Hadithe

Hadithe aus sunnitischer Überlieferung

Nach Tamim al-Dari
Der Prophet sagte: Die Religion besteht in der Aufrichtigkeit.
Wir sagten: Wem gegenüber? Er sagte: Gegenüber Allah, seinem Buch, seinem Gesandten und den Vorstehern der Muslime sowie ihrem ganzen Volk. (Bukhari, Muslim, Abu Dawud, Tirmidhi, Nasa'i)
Khoury, Adel Theodor, So sprach der Prophet, Nr. 11, S. 54.

Nach 'Abd al-Rahman ibn Samura
Der Prophet sagte zu mir: O 'Abd al-Rahman, bemühe dich nicht um einen Gouverneursposten. Wenn er dir aufgrund eines Ersuchens zugewiesen wird, wirst du damit allein gelassen. Wenn er dir aber ohne Ersuchen zugewiesen wird, erhältst du dabei Beistand. Und wenn du einen Eid schwörst und dann etwas Besseres siehst, so leiste Sühne für deinen Eid und vollbringe das, was besser ist. (Bukhari, Muslim, Abu Dawud, Tirmidhi, Nasa'i)
Khoury, Adel Theodor, So sprach der Prophet, Nr. 521, S. 276.

I. Umgang mit der Wahrheit

I. Koran

Sure 5,89

Pa: Allah belangt euch (beim Gericht?) nicht wegen des (leeren) Geredes in euren Eiden. Er belangt euch vielmehr, wenn ihr eine (regelrechte) eidliche Bindung eingeht (und diese dann nicht haltet). Die Sühne dafür besteht darin, dass man zehn Arme beköstigt, so wie ihr gewöhnlich (wörtlich: im Durchschnitt) eure (eigenen) Angehörigen beköstigt, oder sie kleidet oder einen Sklaven in Freiheit setzt. Und wenn einer keine Möglichkeit (zu derartigen Sühneleistungen) findet, hat er (dafür) drei Tage zu fasten. Das ist die Sühne für eure Eide, wenn ihr schwört (und hierauf eidbrüchig werdet).

Rs: *(5,88:) Allah wird euch für ein unbedachtes Wort in euren Eiden nicht zur Rechenschaft ziehen, doch Er wird von euch für das Rechenschaft fordern, was ihr mit Bedacht geschworen habt. Die Sühne dafür sei dann die Speisung von 10 Armen in jenem Maß, wie ihr die Eurigen im Durchschnitt speist, oder ihre Bekleidung oder die Befreiung eines Sklaven. Wer es aber nicht kann, dann (soll er) drei Tage fasten. Das ist die Sühne für eure Eide, wenn ihr sie geleistet habt.*

Sure 66,2

Pa: Allah hat für euch angeordnet, ihr sollt eure (unbedachten?) Eide (durch eine Sühneleistung?) annullieren (wörtlich: lösen).

Rs: *(66,1:) Wahrlich, Allah hat für euch die Lösung eurer Eide angeordnet ...*

Sure 16,106

Pa: Diejenigen, die an Allah nicht glauben, nachdem sie gläubig waren – außer wenn einer (äußerlich zum Unglauben) gezwungen wird, während sein Herz (endgültig) im Glauben Ruhe gefunden hat, – nein, diejenigen, die (frei und ungezwungen) dem Unglauben in sich Raum geben, über die kommt Allahs Zorn (w. Zorn von Allah), und sie haben (dereinst) eine gewaltige Strafe zu erwarten.

Artikel 3

Die Diskriminierung zwischen Menschen aufgrund der Religion oder der Überzeugung stellt eine Beleidigung der Menschenwürde und eine Verleugnung der Grundsätze der Charta der Vereinten Nationen dar und ist als Verletzung der in der Allgemeinen Erklärung der Menschenrechte verkündeten und in den Internationalen Menschenrechtspakten im Einzelnen niedergelegten Menschenrechte und Grundfreiheiten sowie als Hindernis für freundschaftliche und friedliche Beziehungen zwischen den Nationen zu verurteilen.

Artikel 6

Im Einklang mit Artikel 1 und vorbehaltlich von Artikel 1 Absatz 3 dieser Erklärung schließt das Recht auf Gedanken-, Gewissens-, Religions- und Überzeugungsfreiheit unter anderem die folgenden Freiheiten ein:

a) im Zusammenhang mit einer Religion oder Überzeugung einen Gottesdienst abzuhalten oder sich zu versammeln sowie hierfür Versammlungsorte einzurichten und zu unterhalten; ...

e) an hierfür geeigneten Orten eine Religion oder Überzeugung zu lehren; ...

i) in religiösen oder weltanschaulichen Fragen auf nationaler und internationaler Ebene Beziehungen zu Einzelpersonen und Gemeinschaften aufzunehmen und zu unterhalten.

Europäisierter Islam
oder islamisiertes Europa?

Überschrift in
„Christ in der Gegenwart"

6. Erklärung über die Beseitigung aller Formen von Intoleranz und Diskriminierung aufgrund der Religion oder Überzeugung[13]

Resolution 36/55
der Generalversammlung der Vereinten Nationen
vom 25. November 1981

Artikel 1

1. Jedermann hat das Recht auf Gedanken-, Gewissens- und Religionsfreiheit. Dieses Recht umfasst die Freiheit, eine Religion oder jedwede Überzeugung eigener Wahl zu haben, und die Freiheit seiner Religion oder Überzeugung allein oder in Gemeinschaft mit anderen, öffentlich oder privat, durch Gottesdienst, Brauchtum, Praxis und Lehre Ausdruck verleihen.
2. Niemand darf durch Zwang in seiner Freiheit beschränkt werden, eine Religion oder Überzeugung seiner Wahl zu besitzen.
3. Die Freiheit zur Äußerung einer Religion oder Überzeugung unterliegt nur jenen Beschränkungen, die vom Gesetz vorgeschrieben und notwendig sind, um die öffentliche Sicherheit, Ordnung, Gesundheit oder Moral oder die Grundrechte und Freiheiten anderer zu schützen.

Artikel 2

1. Niemand darf durch einen Staat, eine Institution, eine Gruppe von Personen oder eine Einzelperson aufgrund seiner Religion oder Überzeugung diskriminiert werden.
2. Für die Zwecke dieser Erklärung gilt als >>Intoleranz und Diskriminierung der Religion oder der Überzeugung<< jegliche Unterscheidung, Ausschließung, Beschränkung oder Bevorzugung aufgrund der Religion oder der Überzeugung, deren Zweck oder Wirkung darin besteht, die Anerkennung, Inanspruchnahme oder Ausübung der Menschenrechte und Grundfreiheiten auf der Grundlage der Gleichberechtigung zunichte zu machen oder zu beeinträchtigen.

---

13 Menschenrechte – Dokumente und Deklarationen, hrsg. von der Bundeszentrale für politische Bildung, 4., aktualisierte und erweiterte Auflage, Bonn 2004, S. 114.

6. als Befehlshaber anordnet oder androht, dass kein Pardon gegeben wird, oder
7. einen Angehörigen der gegnerischen Streitkräfte oder einen Kämpfer der gegnerischen Partei meuchlerisch tötet oder verwundet,

wird mit Freiheitsstrafe nicht unter drei Jahren bestraft. In minder schweren Fällen der Nummer 2 ist die Strafe Freiheitsstrafe nicht unter einem Jahr.

4. Allgemeine Erklärung der Menschenrechte der UN
vom 10. Dezember 1948

Artikel 18
Jeder hat das Recht auf Gedanken-, Gewissens- und Religionsfreiheit; dieses Recht schließt die Freiheit ein, seine Religion oder Weltanschauung zu wechseln, sowie die Freiheit, seine Religion oder Weltanschauung allein oder in Gemeinschaft mit anderen, öffentlich oder privat durch Lehre, Ausübung, Gottesdienst und Kulthandlungen zu bekennen.

5. Charta der Grundrechte der EU
vom 18. Dezember 2000

Artikel 10 EU-GrundR Gedanken-, Gewissens- und Religionsfreiheit
(1) Jede Person hat das Recht auf Gedanken-, Gewissens- und Religionsfreiheit. Dieses Recht umfasst die Freiheit, seine Religion oder Weltanschauung zu wechseln, und die Freiheit, seine Religion oder Weltanschauung einzeln oder gemeinsam mit anderen öffentlich oder privat durch Gottesdienst, Unterricht, Bräuche und Riten zu bekennen.

3. Völkerstrafgesetzbuch

(Durch „Gesetz zur Einführung des Völkerstrafgesetzbuches"
vom 26. Juni 2002,
Bundesgesetzblatt, Teil l, Nr. 42, vom 29. Juni 2002, Seite 2254,
zum 30. Juni 2002 in Deutschland in Kraft getreten.)

§ 11 Kriegsverbrechen des Einsatzes verbotener Methoden der Kriegsführung

(1) Wer im Zusammenhang mit einem internationalen oder nichtinternationalen bewaffneten Konflikt
1. mit militärischen Mitteln einen Angriff gegen die Zivilbevölkerung als solche oder gegen einzelne Zivilpersonen richtet, die an den Feindseligkeiten nicht unmittelbar teilnehmen,
2. mit militärischen Mitteln einen Angriff gegen zivile Objekte richtet, solange sie durch das humanitäre Völkerrecht als solche geschützt sind, namentlich Gebäude, die dem Gottesdienst, der Erziehung, der Kunst, der Wissenschaft oder der Wohltätigkeit gewidmet sind, geschichtliche Denkmäler, Krankenhäuser und Sammelplätze für Kranke und Verwundete, unverteidigte Städte, Dörfer, Wohnstätten oder Gebäude oder entmilitarisierte Zonen sowie Anlagen und Einrichtungen, die gefährliche Kräfte enthalten,
3. mit militärischen Mitteln einen Angriff durchführt und dabei als sicher erwartet, dass der Angriff die Tötung oder Verletzung von Zivilpersonen oder die Beschädigung ziviler Objekte in einem Ausmaß verursachen wird, das außer Verhältnis zu dem insgesamt erwarteten konkreten und unmittelbaren militärischen Vorteil steht,
4. eine nach dem humanitären Völkerrecht zu schützende Person als Schutzschild einsetzt, um den Gegner von Kriegshandlungen gegen bestimmte Ziele abzuhalten,
5. das Aushungern von Zivilpersonen als Methode der Kriegsführung einsetzt, indem er ihnen die für sie lebensnotwendigen Gegenstände vorenthält oder Hilfslieferungen unter Verstoß gegen das humanitäre Völkerrecht behindert,

V. Rechtsnormen, Internationale Erklärungen und Verträge

1. Grundgesetz

Artikel 4 GG Glaubens-, Gewissens- und Bekenntnisfreiheit
(1) Die Freiheit des Glaubens, des Gewissens und die Freiheit des religiösen und weltanschaulichen Bekenntnisses sind unverletzlich.
(2) Die ungestörte Religionsausübung wird gewährleistet.

Artikel 2 GG Persönliche Freiheitsrechte
(1) Jeder hat das Recht auf die freie Entfaltung seiner Persönlichkeit, soweit er nicht die Rechte anderer verletzt und nicht gegen die verfassungsmäßige Ordnung oder das Sittengesetz verstößt.
(2) Jeder hat das Recht auf Leben und körperliche Unversehrtheit. Die Freiheit der Person ist unverletzlich. In diese Rechte darf nur auf Grund eines Gesetzes eingegriffen werden.

2. Strafgesetzbuch

§ 130 StGB Volksverhetzung
(1) Wer in einer Weise, die geeignet ist, den öffentlichen Frieden zu stören,
   1. gegen eine ... religiöse ... Gruppe, gegen Teile der Bevölkerung oder gegen einen Einzelnen wegen seiner Zugehörigkeit zu eine vorbezeichneten gruppe oder zu einem Teil der Bevölkerung zum Hass aufstachelt, zu Gewalt- und Willkürmaßnahmen auffordert, oder
   2. die Menschenwürde anderer dadurch angreift, dass er eine vorbezeichnete Gruppe, Teile der Bevölkerung oder einen Einzelnen wegen seiner Zugehörigkeit zu einer der vorbezeichneten Gruppe oder zu einem Teil der Bevölkerung beschimpft, böswillig verächtlich macht oder verleumdet, wird mit Freiheitsstrafe von drei Monaten bis zu fünf Jahren bestraft.

ten ist es mittlerweile üblich, dass die Behörden Predigtlizenzen erteilen. Damit wollen sie Fundamentalisten und Hinterhof-Predigern einen Riegel vorschieben. (adnkronos)

Newsletter von Europe News
10.12.2013

Studie: Todesstrafe für Atheisten in 13 (muslimischen) Ländern
EuropeNews, 10. Dezember 2013

In 13 Ländern auf der ganzen Welt, alle sind muslimisch, werden Menschen, die sich öffentlich dazu bekennen Atheisten zu sein, oder die die offizielle Staatsreligion Islam ablehnen, nach Recht und Gesetz exekutiert.

Grandforksherald berichtet, dass darüber hinaus auch einige demokratische Regierungen des Westens solche Bürger diskriminieren, die nicht an Gott glauben, und sie im schlimmsten Fall mit Gefängnisstrafen bestrafen, wenn sie gegen das Blasphemiegesetz verstoßen.

Der Freethought Report 2013 wird von der International Humanist and Ethical Union herausgegeben, einer weltweiten Körperschaft, in der Atheisten, Agnostiker und andere religiöse Skeptiker vereinigt sind.

In der Studie werden 60 Länder aufgelistet, in denen im letzten Jahr sieben Länder die Todesstrafe, oft durch öffentliches Köpfen, durchgeführt haben, eine Strafe entweder wegen Blasphemie oder wegen Apostasie – dem Widerrufen des Glaubens, oder dem Wechsel zu einer anderen Religion, die nach den Statuten der UN ebenfalls geschützt ist.

In diesem Jahr kamen sechs Länder hinzu, die vollständige Liste umfasst: Afghanistan, Iran, Malaysia, Malediven, Mauretanien, Nigeria, Pakistan, Katar, Saudi Arabien, Somalia, Sudan, Vereinigte Arabische Emirate und den Jemen.
Posted Dezember 10th, 2013 by hd

er, wegen ihrer korrupten, ungläubigen Veröffentlichungen boykottiert werden. Dies seien al-Watan, ar-Riyad und Ukas.
Quelle: www.youtube.com/watch?v=ieLyF4H9-wo

Im Februar 2010 hatte al-Barrak einen Aufruf zur Tötung derjenigen gestartet, die die [in Saudi-Arabien strikt verbotene] Geschlechtermischung an Arbeitsplätzen und in Lehrinstitutionen vertraten: „Wer die Meinung vertritt, die Geschlechtermischung sei erlaubt, ist damit vom Islam abgefallen. Er muss verhört werden. Falls er auf dieser Meinung beharrt, muss er hingerichtet werden."
Quelle: www.elaph.com/Web/NewsPapers/2010/2/536972.htm l

Newsletter von Radio Vatikan
29. 09. 2013

Saudi-Arabien

Der Großmufti des Landes befürwortet die Zerstörung von Kirchen auf der arabischen Halbinsel. Scheich Abdul Aziz bin Abdullah sagte nach Angaben der katholischen Agentur Fides, es entspreche dem islamischen Recht, solche Kirchen in dieser Region abzureißen, da allein der Islam dort legitime Religion sei. Der Mufti äußerte sich gegenüber einer Delegation aus Kuwait, wo – anders als in Saudi Arabien – christliche Kirchen existieren. Kuwaitische Politiker forderten jüngst ein Gesetz gegen den Bau neuer Kirchen. In letzter Zeit waren neue Kirchen in Dubai und in den Vereinigten Arabischen Emiraten eingeweiht worden. In Saudi-Arabien hingegen gibt es keine Kirchen, trotz der schätzungsweise drei bis vier Millionen christlichen Gastarbeiter. (apic/fides)

Newsletter von Radio Vatikan
10. 12. 2013

Jordanien

Er ist erst neun Jahre alt, hat aber schon eine Predigt in der Moschee gehalten: Anas al Shatti ist der jüngste Prediger, der jemals von den Behörden des Haschemitischen Königreiches eine entsprechende Lizenz bekommen hat. ... In islamisch geprägten Staa-

lam" im Artikel 25, dass die islamische Scharia die einzige zuständige Quelle für die Auslegung der islamischen Menschenrechte ist. Vergleiche auch: Das westliche und muslimische Demokratieverständnis ist total unterschiedlich.
http://jerusalemimpulse.wordpress.com/2013/04/13/das-westliche-und-muslimische-demokratieverstandnis-ist-total-unterschiedlich/

Institut für Islamfragen der Deutschen Evangelischen Allianz
13. 04. 2010

Aufruhr um Scheich Abdur-Rahman bin Nasser al-Barrak unter Muslimen
**Aufruf zur Hinrichtung von Menschen,
die für die Geschlechtermischung am Arbeitsplatz plädieren.**
Der prominente muslimische Gelehrte Muhammad al-Barrak gilt als einer der einflussreichsten Rechtsgutachter Saudi-Arabiens. Seit einigen Jahren ist er immer wieder Gesprächsthema in Zeitungen islamisch geprägter Länder, in Fernsehsendern, Foren u. a.. Im März 2008 unterstützten einige muslimische Gelehrte in einer Internetpublikation ein Rechtsgutachten al-Barraks. Es handelte sich um einen Aufruf al-Barraks zur Tötung zweier saudischer Schriftsteller wegen ihrer Meinungsäußerungen in der saudischen Zeitung „al-Watan" (Das Vaterland). Diese Schriftsteller vertraten die Auffassung, dass Anhänger anderer Religionen außerhalb des Islam nicht als Ungläubige angesehen werden dürften. Al-Barrak lehnte diese Meinung als nichtislamisch ab: „Diese Position geht davon aus, dass Muslime anderen Religionen angehören dürften und der Islam eine Religion sei, die mit anderen Religionen gleichzusetzen sei." Er verlangte das Verhör dieser Schriftsteller und ihre Hinrichtung, falls sie bei ihrer Meinung blieben.
Quelle: www.alarabiya.net/articles/2008/03/19/47178.html
[Anmerkung:]
In einem Fernsehinterview äußerte sich al-Barrak kritisch gegenüber den Massenmedien im Allgemeinen, weil diese Fotos und Berichte von und über Ungläubige veröffentlichten. Dies gelte indirekt als Werbung für Unglauben, denn: „diese dienen dem Anliegen der Juden". Vor allem drei Zeitschriften müssten, so sagte

obrist-impulse.net

Marokko: Fatwa zur Tötung von Ex-Muslimen
Veröffentlicht am 24. April 2013 von obrist-impulse.net

Ein islamisches Rechtsgutachten (Fatwa), das von Marokkos Oberstem Rat der Religionshüter (CSO) veröffentlicht wurde und die Todesstrafe für vom Glauben abgefallene Muslime fordert, hat eine Kontroverse ausgelöst.

Die Gelehrten, die den offiziellen Islam in Marokko repräsentieren, erklären in der arabischen Tageszeitung Akhbar al-Youm vom 16. April 2013, dass Muslime, die ihren Glauben ablegen, „zum Tode verurteilt" werden sollten. Die umstrittene Fatwa datiert schon vom April 2012 wurde aber nach Nachrichtenn damals nicht öffentlich bekannt gemacht.

Die Fatwa ist nun in einem kürzlich vom CSO veröffentlichten Buch enthalten. Sie erklärt, dass die Aussage im Koran „es gebe keinen Zwang zur Religion" (Sure 2:256), nicht für gebürtige Moslems – Kinder muslimischer Eltern – gelten, sondern nur für Angehörige nichtmuslimischer Minderheiten in islamischen Ländern.

Die Fatwa basiert auf den Hadiths von Sahih al Bukhari, die als zuverlässigste Überlieferung über das Leben des Propheten Mohammed anerkannt werden: „Der Prophet sagte: 'Wenn jemand seine Religion ablegen will, töte ihn.'" (Bukhari 52:260), „Bei Allah, Allahs Apostel tötete nie jemanden, mit Ausnahme der folgenden drei Situationen: Eine Person, die jemanden unrechtmäßig getötet hatte, eine verheiratete Person, die Ehebruch beging oder einen Mann, der gegen Allah und seinen Apostel kämpfte, den Islam aufgab und ein Abtrünniger wurde." (Bukhari 83:37), „Aussage von Allahs Apostel: 'Wer immer seine islamische Religion ändern will, töte ihn'" (Bukhari 84:57), sowie weitere Zitate.

Marokkos Staatsreligion ist der Islam. Während Artikel 3 der Verfassung die Freiheit der Religion garantiert, werden Atheisten und Ungläubige nicht anerkannt. Abfall vom Glauben ist zwar keine Straftat nach dem Strafgesetzbuch, aber „Anstiftung, um den Glauben eines Moslems zu erschüttern" ist strafbar. Es genügt, eine missliebige Person als abtrünnig zu bezeichnen, um einen Mord zu rechtfertigen.

Menschenrechte gelten nur solange sie der Scharia nicht widersprechen. So heißt es in der „Erklärung der Menschenrechte im Is-

regierung auf, nachdrücklich vom ägyptischen Präsidenten Mursi die Freilassung der Familie zu fordern. „Verträge müssen eingehalten werden", betonte IGFM-Vorstandssprecher Martin Lessenthin, „auch dann, wenn sie mit archaischen Auslegungen des islamischen Rechts kollidieren."

Nadia Mohamed Ali, Mutter von sieben Kindern, war nach Information der IGFM ursprünglich Christin und konvertierte vor 23 Jahren zum Islam. Als sie sich nach dem Tod ihres 1991 verstorbenen Ehemannes entschloss, wieder zum Christentum zurückzukehren, halfen ihr von 2004 bis 2006 sieben Beamte, Namen und ihre Religionszugehörigkeit der gesamten Familie in den Dokumenten zu ändern.

Nach Angaben des arabischen Nachrichtenportals „moheet" wurden diese sieben Beamten ebenfalls zu einer fünfjährigen Freiheitsstrafe verurteilt. Nabil Adly Hana, Ayad Naguib Ayad, Hany Bebawy Reyad, Amgad Awad Bebawy, Shehata Wahba Ghobrial, Mohamed Oweis Abdel-Gawad und Mohamed Abdel-Fatah El-Berawy hatten dabei geholfen, die neuen christlichen Namen der Familienmitglieder in deren Geburtsurkunden zu ändern und so neue ID-Karten zu erstellen. Nadia Mohamed Ali sah es nach dem Tod ihres Ehemannes Mohamed Abdel-Wahab im Jahr 1991 als ihre Pflicht an, mit ihren Kindern wieder zum Christentum zurückzukehren.

„De facto kein Recht auf Religionsfreiheit"

Nach Angaben der IGFM seien in Ägypten de facto alle Religionen außer Islam, Christentum und Judentum verboten, ebenso Religionslosigkeit. Durch die Anfeindungen von Islamisten sei die früher große und bedeutende jüdische Gemeinde in Ägypten praktisch erloschen. Die alteingesessene Minderheit der Bahai sei ganz offiziell verboten und insbesondere Konvertiten vom Islam zum Christentum müssten Verhaftungen, Misshandlungen und sogar mit ihrer Ermordung rechnen, so die IGFM.

Weitere Informationen zur Menschenrechtslage in Ägypten unter: http://www.igfm.de/Menschenrechte-in-AEgypten.575.0.html
Facebook-Seite der Internationalen Gesellschaft für Menschenrechte: https://www.facebook.com/igfmdeutschland

ben, sondern ihnen dabei auch nur drei Möglichkeiten offen zu lassen.
Quelle: CSI-Schweiz - info@csi-schweiz.ch - www.csi-schweiz.ch_Medienmitteilung von Heinz Gstrein

Newsletter von Radio Vatikan
25. Dezember 2014

Mauretanien

In dem nordwestafrikanischen Staat ist ein Muslim wegen Glaubensabfalls zum Tode verurteilt worden. Wie die Gesellschaft für bedrohte Völker berichtet, sei der Mann bei der Verkündung des Urteiles in Ohnmacht gefallen. Dem 29-jährigen Mohamed Cheikh Ould Mohamed wurde vorgeworfen, in einem im Internet veröffentlichten Artikel den Propheten Mohammed kritisiert zu haben. Er war daraufhin am 2. Januar 2014 festgenommen worden, obgleich er beteuerte, seine Kritik sei falsch verstanden worden. Er habe nicht das Ansehen Mohameds beeinträchtigen, sondern nur auf die sozialen Missstände im Land aufmerksam machen wollen. (pm)

Medieninformation
Internationale Gesellschaft für Menschenrechte

Arabische Republik Ägypten

15 Jahren Gefängnis wegen Übertritts zum Christentum
IGFM: Regierung Mursi bricht internationale Menschenrechtsverträge

Beni Suef/Frankfurt am Main (14. Januar 2013) – In der oberägyptischen Stadt Biba im Gouvernement Beni Suef wurde am gestrigen Sonntag eine 8-köpfige Familie zu 15 Jahren Gefängnis verurteilt, weil sie vom Islam zum Christentum konvertiert ist.

Die Internationale Gesellschaft für Menschenrechte (IGFM) kritisierte das Urteil als „eklatanten Bruch völkerrechtlich bindender Menschenrechtsverträge" und forderte die deutsche Bundes-

IV. Nachrichten

kopten ohne grenzen
26. 07. 2010

Ägyptens oberstes Verwaltungsgericht entscheidet:
Jede Bekehrung zum christlichen Glauben ist rechtswidrig.
Kairo – Die ägyptische Tageszeitung Al-Ahram vom 29. Januar 2008:

Das Oberste Verwaltungsgericht der Arabischen Republik Ägypten hat entschieden: Ein prominenter Moslem, der zum Christentum übergetreten ist, darf seinen Religionswechsel nicht registrieren lassen. Begründung des Gerichts: Es sei nicht statthaft, von der „höheren Religion" des Islam zur „niedrigen Religion" des Christentums zurückzukehren.

Das Oberste Verwaltungsgericht der Arabischen Republik Ägypten hat es verboten, die Konversion eines prominenten Moslems zum Christentum zu registrieren: Der erst 25 Jahre alte, aber bekannte politische Aktivist Mohammed Ahmed Higazi war Christ geworden und strengte einen Modellprozess an, um auch rechtlich als solcher anerkannt zu werden.

Das wurde ihm aber von mehreren Instanzen und schließlich auch vom Höchstgericht der Republik unter Berufung auf den islamischen Rechtsgrundsatz verweigert: „Allah hat die monotheistischen Religionen in aufsteigender Ordnung herab gesandt. Es ist daher nicht statthaft, von einer späteren und höheren Religion zu einer alten und niedrigen, vom Islam zum Christentum zurückzukehren"! Weiter hieß es in dem Spruch des Verwaltungsgerichtes: „Wer den rechten Weg verlässt, wer die Prinzipien, Werte und Gebote des Islam verleugnet, der verletzt auch die ägyptische Staatsordnung".

Es wurde Higazi damit höchstgerichtlich verboten, sich als Christ registrieren zu lassen. Auf den neuen ägyptischen Identitätskarten wird die Religionsangabe vorgeschrieben. Es ist aber dabei nur möglich, sich als Moslem, Christ oder Jude zu bekennen. Amnesty International hat schon letztes Jahr auf diese doppelte Verletzung der Religionsfreiheit durch Ägypten hingewiesen: Allen Bürgern nicht nur die Offenlegung ihrer Religion vorzuschrei-

„'Im Geschlechtverkehr liegt [zugleich] die Gabe von Almosen (arab. sadaqa).' Es wird berichtet: 'O Prophet Allahs, 'Wenn wir sexuell befriedigt werden, erhalten wir dann Allahs Wohlgefallen (arab. hassana)?' Muhammad antwortete: ..., wenn ihr in der Ehe sexuelle Befriedigung findet, erlangt ihr Allahs Wohlgefallen (arab. hassanat).'"
Al-Qaradawi erklärt weiter:
„... Der Islam hat jedoch die Tatsache berücksichtigt, dass der Mann aus angeborenen wie sozialen Gründen derjenige ist, der nach Sex verlangt. Nach der Frau wird verlangt. Der Mann hat mehr Verlangen nach Sex als die Frau und er hat weniger Geduld [darin, keinen Verkehr zu haben] als sie ... Deshalb muss die Frau ihrem Ehemann gehorchen, wenn er mit ihr verkehren möchte. Sie darf nicht zögern [sondern hat ihm sofort zu gehorchen]."
Al-Qaradawi belegt diesen Ausspruch Muhammads aus al-Tirmidhis Überlieferungssammlung:
„Wenn ein Mann mit seiner Ehefrau verkehren möchte, muss sie ihm gehorchen, selbst wenn sie beim Backen ist [selbst wenn das Gebäck im Ofen verbrennt]."
Dr. Qaradawi warnt die Frauen davor, sich in dieser Frage anders zu verhalten, sonst würden sie von Allah hart bestraft. Er belegt diese Warnung mit der Aussage Muhammads:
„Falls ein Mann seine Ehefrau in sein Bett ruft und sie ihm nicht gehorcht und ihn (dadurch) ärgert, wird sie bis zum Sonnenaufgang (die ganze Nacht) von den Engeln verflucht werden."
Al-Qaradawi erklärt weiter, eine Ausnahme von dieser Regel wäre gegeben, wenn die Frau krank oder erschöpft sei oder einen religiösen Grund habe [also z. B. Fastentage nachholte].
Quelle: www.alkhaleej.ae/articles/show_article.cfm

Kommentar: Der Gehorsam der Ehefrau – insbesondere im sexuellen Bereich – ist ebenso wie die Unterhaltspflicht des Ehemannes eine der unstrittigen Säulen des islamischen Eherechts. Der Gehorsam ist eine im Ernstfall gerichtlich einklagbare Größe: Verweigert die Frau den Gehorsam, kann der Ehemann sie verstoßen oder den Unterhalt aussetzen, setzt er den Unterhalt aus, hat sie ein Recht auf Ungehorsam. Als „Ungehorsam" wird in erster Linie die Abwesenheit der Ehefrau aus der ehelichen Wohnung interpretiert, denn wenn die Ehefrau nicht mehr im Haus des Ehemanns lebt, ist sie sexuell nicht mehr für ihn verfügbar.

Ägypten

Vom Rechtsgutachtergremium der Al-Azhar Moschee aus Ägypten

Frage: „Ich ermahne meine Familie, vor allem meine Frau, dass sie beten sollen. Sie beten jedoch nicht. Wie soll ich mich aus islamischer Sicht verhalten?"

Antwort: „... Der Muslim soll in solch einer Lage seine Familie, die trotz Ermahnung nicht betet, im Herzen hassen ..., sein Hass muss Früchte in der Realität tragen, d. h. er soll ausziehen ... Falls er nicht ausziehen kann, soll er weiterhin mit ihnen zusammen wohnen, darf jedoch keine Gemeinschaft mit ihnen haben. Das bedeutet, dass er sich nicht mit ihnen in einen Raum setzen darf, er ihnen keine Hilfe leisten soll und vieles mehr ... Lediglich die Eltern sind von dieser Behandlung ausgenommen." ...

„Die Ehefrau, die nicht betet, muss wie jeder anderer Muslim, der die Pflichten Allahs vernachlässigt, behandelt werden ... Der Ehemann muss diese Sünde der Frau mit seiner Hand ändern (mit materiellen/körperlichen Mitteln), mit seiner Zunge (durch Reden) oder mit seinem Herzen (Hass)."

Quelle: www.alkhaleej.ae/articles/show_article.cfm

Institut für Islamfragen der Deutschen Evangelischen Allianz
dh, 12. 04. 2006

Fatwa über die Gehorsamspflicht der Ehefrau zum ehelichen Verkehr

Verweigerung wird von Allah hart bestraft.
Von Dr. Youssef al-Qaradawi

Frage: „Oft möchte mein Ehemann mit mir ehelich verkehren, aber ich weigere mich, weil ich psychisch oder physisch nicht in der entsprechenden Verfassung bin. Wie soll ich mich verhalten, was ist richtig?"

Antwort: Dr. Qaradawi zitiert die folgende Aussage Muhammads aus der „gesunden" [d. h. von allen namhaften Autoritäten anerkannten] Überlieferung (arab. hadith as-sahih) von Muslim [einem der maßgeblichen Autoritäten für Überlieferungstexte], die den Geschlechtsverkehr mit der Anbetung Allahs gleichstellt:

Institut für Islamfragen der Deutschen Evangelischen Allianz
dh, 17. 01. 2009

Fatwa zur Vernachlässigung des Gebets

Das Vernachlässigen des Gebetes ist Gottlosigkeit
Von dem berühmten ehemaligen offiziellen Rechtsgutachter Saudi-Arabiens, Scheich Abdul-Aziz Ibn Baz

Frage: „Wie ist eine Vernachlässigung des Betens islamisch zu beurteilen?"

Antwort: „Das Vernachlässigen des Gebets seitens derer, die dazu verpflichtet sind [rechtlich gesehen alle Muslime, die in der Lage sind, das Gebet zu verrichten], ist eine gravierende Gottlosigkeit und ein Abfall von der [islamischen] Gemeinschaft. Es spielt keine Rolle, ob diese Beurteilung bekannt ist oder nicht. Entscheidend für die [islamische] gesetzliche Beurteilung einer Frage ist nicht, was der Beurteilte weiß. Dasselbe Prinzip gilt für andere Gottlose wie diejenigen, die die Religion [den Islam] verspotten, Allah kein Opfer darbringen, gegenüber Allah keine Gelübde erfüllen oder Hilfe von Verstorbenen ersuchen u. a.)."

„Die authentische Überlieferung [arab. hadith sahih] sagt: 'Was einen Menschen von der Gottlosigkeit und dem Polytheismus fernhält, ist das Gebet." [Sahih Muslim] und: „Der Bund zwischen uns und ihnen ist das Gebet. Wer dies vernachlässigt, ist gottlos' [eine authentische Überlieferung]".

„Wer einen Gottlosen nicht als gottlos bezeichnet, gilt ebenfalls als gottlos, so z. B. jemand, der Juden, Christen, Kommunisten u. a. nicht für gottlos erklärt, denn die Gottlosigkeit dieser ist selbst für denjenigen klar, der den geringsten Verstand hat."

Quelle: www.binbaz.org.sa/mat/228

Institut für Islamfragen der Deutschen Evangelischen Allianz
dh, 22. 12. 2005

Fatwa über Familienmitglieder, die ihre geistlichen Pflichten nicht erfüllen wollen

Muslime müssen solches Verhalten hart bestrafen.

sondern als Ruchloser. Falls er Buße tut, darf er am Leben bleiben. Falls er keine Buße tut, wird er getötet, genau wie ein verheirateter Ehebrecher. Sie sagten, er wird vermutlich [nach Meinung der Mehrheit] mit dem Schwert getötet.

Eine Gruppe von muslimischen Rechtsgelehrten sagte, dieser [derjenige, der das Gebet aus Faulheit nicht praktiziert], werde als Ungläubiger betrachtet. Diese Meinung vertrat auch Imam Ali bin Abi Talib [Muhammads Cousin, Schwiegersohn und vierter Kalif nach Muhammad] – Allah möge sein Gesicht verherrlichen ... Wichtige Anhänger der Rechtsschule von Imam ash-Shafi'i vertreten ebenfalls diese Meinung.

Imam Abu Hanifa, eine Gruppe der Bewohner von al-Kufa/Irak und al-Masni, der Weggefährte von Imam ash-Shafi'i, sind der Meinung, dieser wird nicht als Ungläubiger angesehen, und er darf nicht getötet werden. Er wird bestraft und inhaftiert werden. Er muss solange im Gefängnis bleiben, bis er betet. Einige meinen, er soll solange geschlagen werden, bis er betet. Andere meinen, er wird solange geschlagen, bis sein Blut fließt.

Jede der oben genannten Gruppen hat ihre Meinung mit Quellen belegt. Einige Auffassungen werden mit Koranversen, andere mit authentischen Überlieferungen begründet (arab. hadith sahih).

Wir sind der Meinung, dass man in dieser Angelegenheit nach der Auffassung von Imam Abu Hanifa handeln muss. Es wird betont, dass jemand, der das Beten aus Faulheit vernachlässigt, obwohl er diese Verpflichtung zugibt, nicht als Ungläubiger gilt. Dieser darf nicht getötet werden, sondern wird anders bestraft und solange in Haft gehalten, bis er betet. Denn diese Meinung ist die mildeste und menschlichste.

Ob die Regierung die Einhaltung der Pflicht zum Gebet gegenüber ihrem Volk einfordern muss, bleibt die Entscheidung der Machthaber."

Quelle: www.al-eman.com/fatwa/fatwa-display.htm?id=11020&parent=fatwa.new

Jude und Christ, der von mir erfährt und nicht an mich nicht glaubt, wird in die Hölle eingehen.' Allahs Prophet, Allahs Segen und Heil seien auf ihm, hat sich diese Angelegenheit geordnet. Er sagte: 'Wer seine Religion [den Islam] wechselt, den tötet!' Denn dieser [der den Islam verlässt] wird verlieren. Er wird im diesseitigen und jenseitigen Leben verlieren."
Quelle: www.youtube.com/watch?v=fUotK7AP6T8

Institut für Islamfragen der Deutschen Evangelischen Allianz
10. 03. 2011

Fatwa zur Frage, wie die Vernachlässigung des Betens islamisch beurteilt wird
Von dem Rechtgutachtergremium an der al-Azhar Moschee in Kairo/Ägypten
Frage: „Wie beurteilt der Islam die Vernachlässigung des Betens?"
Antwort: „Die Beurteilung der Vernachlässigung des Betens wurde in 'Ad-Dur al-Mukhtar', in 'Radd al-Mukhtar' und in 'Ash-Shaukani[1] abgehandelt. Muslimische Kinder müssen im Alter von 7 Jahren das Beten lernen. Falls sie dies im Alter von 10 Jahren nicht tun, müssen sie dazu durch Schläge gezwungen werden.

Dabei werden sie mit der Hand, nicht mit einem Knüppel geschlagen. Denn dies wurde in der [authentischen] Überlieferung [Muhammads] erwähnt: '[Muhammad sagte]: Bringt euren Kindern das Beten im Alter von sieben Jahren bei. Schlagt sie, falls sie dies nicht tun, im Alter von 10 Jahren und lasst sie [Jungen und Mädchen] in getrennten Betten schlafen.'

Wer das Beten ablehnt, gilt als Ungläubiger. Denn das Beten ist eine der Säulen des Islam. Die Pflicht des Betens ist ohne jeden Zweifel bewiesen. Die muslimischen Rechtsgelehrten sind sich darüber einig.

Andererseits wird derjenige, der die Pflicht des Betens zwar zugesteht, aber aus Faulheit nicht ausübt, wie viele Leute es tun, unterschiedlich beurteilt. Der enge Kreis [um Muhammad] und die Mehrheit der früher lebenden und zeitgenössischen Muslime, u. a. die zwei muslimischen Führer, Imam Malik und Imam ash-Shafi'i, sind der Meinung, dass dieser nicht als Ungläubiger gilt,

des Abgefallenen ist kein Verstoß gegen die Menschenrechte oder der Glaubensfreiheit. Ganz im Gegenteil, der Islam garantiert die Menschenrechte und die Glaubensfreiheit ... Die Tötung eines vom Islam Abgefallenen ist eine Bewahrung der Menschenrechte, denn der Abgefallene begeht ein gravierendes Verbrechen durch seinen Abfall von Allahs Religion. Allahs Religion ist das Beste für die Menschheit ... Allahs Prophet ist von Allah als Gnade für die Menschheit geschickt worden ..."
Quelle: www.islamweb.net/ver2/Fatwa/ShowFatwa.php

Institut für Islamfragen der Deutschen Evangelischen Allianz
dh, 20. 02. 2015

Fatwa zu der Frage, warum jemand, der den Islam verlässt, getötet werden muss

Der Glaube an eine andere Religion führt in die Hölle
Von dem Rechtsgutachter Dr. Adel al-Mterat, u. a. Dozent an der Universität Kuweit für Islamisches Gesetz und Islamische Studien

Frage des Moderators einer Fernsehsendung: „Jemand fragt kritisch: 'Eure Religion [der Islam] schreibt die Todesstrafe für denjenigen vor, der seine Religion [den Islam] verlässt'. Was ist der Sinn der Todesstrafe für den vom [Islam] Abgefallenen?"

Antwort von Dr. al-Mterat: „Schauen Sie, wir sind Muslime, Allah sei Dank dafür! Die islamische Religion ist die vollendende Religion. Daran müssen alle Menschen glauben, seien diese Muslime oder Nicht-Muslime. Allah, er sei erhoben, sagt: 'Und wer eine andere Religion als den Islam begehrt: nimmer soll sie von ihm angenommen werden, und im Jenseits wird er unter den Verlierern sein.' (Sure 3,85)

Wer sagt diese Worte? Allah, er sei erhoben, sagt: 'Die Religion bei Allah ist der Islam' (Sure 3,19). Deshalb müssen wir Allahs Befehl gehorchen. Allah sagte uns: Jetzt ist Schluss! Alle vorigen [vor dem Islam geoffenbarten] Religionen sind vergangen [ungültig geworden]. Die Religion des Islam ist jedoch noch da [gültig]. 'Wer eine andere Religion als den Islam begehrt: nimmer soll sie von ihm angenommen werden' (Sure 3,85). Der Prophet [Muhammad], Allahs Segen und Heil seien auf ihm, sagt: 'Jeder

im Herzen zu glauben. Dies kann nur Allah bewirken: 'du kannst dem den Weg nicht weisen, den du liebst; Allah aber weist dem den Weg, dem Er will' (Sure 28,56). Nur Allah kann die Herzen rechtleiten. Dies kann nicht durch Zwang geschehen, sondern nur durch freien Willen. Wir kämpfen jedoch gegen die Ungläubigen und die Polytheisten, denn Allah hat uns das vorgeschrieben. Wir laden zum Guten ein und verbieten das Unrecht. Wir erklären das und sagen nicht 'Es gibt keinen Zwang in der Religion'.

Wir zwingen die Menschen nicht zum Glauben, aber wir bestrafen denjenigen, der die Religion [des Islam] verlassen hat. Wer aber seinen Unglauben im Herzen versteckt, der wird Allah überlassen. Nur Allah kann solche Menschen [die rein äußerlich den Gesetzen des Islam folgen] besiegen. Dies ist die Bedeutung des Verses 'Es gibt keinen Zwang in der Religion'. Allah sagt: 'Du kannst dem den Weg nicht weisen, den du liebst; Allah aber weist dem den Weg, dem Er will[1] (Sure 28, 56).

Wer sagt: 'Es gibt keinen Zwang in der Religion' sagt ebenfalls: 'Und kämpft gegen sie, bis es keine Verwirrung [mehr] gibt und die Religion Allah gehört.' (Sure 2, 192)'. Also, warum nennen Sie einen Koranvers und übersehen einen anderen?"

Quelle: www.youtube.com/watch?v=8UcdG2nXO3U&feature=related

Institut für Islamfragen der Deutschen Evangelischen Allianz
dh, 21. 07. 2005

Fatwa über die Hinrichtung für vom Islam abgefallene Menschen

Tötung des „Abgefallenen" ist eine „Bewahrung" der Menschenrechte.

Von dem Fatwa-Gremium

Frage: Ein Muslim fragt, wie der Islam die Frage der Hinrichtung sieht und ob die Tötung eines vom Islam abgefallenen Menschen als Hinrichtung betrachtet werden müsse.

Antwort: „Der Islam hat die Hinrichtungsstrafe vorgeschrieben, um das Unheil gewisser Verbrechen zu verhindern. Der Abfall vom Islam fällt unter diese Art Verbrechen. ... Ein Mensch gilt als vom Islam abgefallen, wenn er den Islam verlässt oder einen Teil des muslimischen Glaubens aufkündigt. Die Hinrichtung

Von dem Rechtsgutachter Scheich Saleh al-Fawsan, Mitglied des Vorstands der muslimischen Gelehrten Saudi-Arabiens

Frage: „Wir hören neuerdings öfter die Aussage: 'Der Islam garantiert Glaubensfreiheit'. Diejenigen, die das behaupten, beziehen sich dabei auf den Koranvers 'Es gibt keinen Zwang im Glauben' (Sure 2, 256). Nun, stimmt diese Behauptung?"

Antwort: „Das ist eine Lüge, die Allah zugeschrieben wird. Der Islam hat nicht die Glaubensfreiheit verkündigt. Der Islam verkündigte das Verbot des Polytheismus und Unglaubens und schrieb den Kampf gegen die Polytheisten vor. Falls der Islam die Glaubensfreiheit verkündigt hätte, hätte die Menschheit weder die Sendung der Gesandten, noch die Herabsendung der Bücher [der Offenbarungen] benötigt. Die Menschheit hätte weder [die Anweisung zum] Djihad noch zum Kampf nach Allahs Willen benötigt. Wenn dem so wäre, könnte jeder leben wie er wollte, jeder wäre frei. Nein, ganz im Gegenteil sagt Allah: 'Und Ich habe die Dschinn und die Menschen nur darum erschaffen, damit sie Mir dienen' (Sure 51,56). Allah sagte nicht, dass jeder nach seinem [eigenen] Willen leben dürfe, sondern nur, 'damit sie Mir dienen.'

Allah sagte auch: 'Und kämpft gegen sie, bis es keine Verwirrung [mehr] gibt und die Religion Allah gehört' (Sure 2,192). Derjenige, der sich weigert, Allah anzubeten, wird bekämpft. Er darf nicht sich selbst überlassen werden, sondern muss solange bekämpft werden, bis er entweder zur Religion [des Islam] zurückkehrt oder getötet wird.

Der Islam hat nicht die Glaubensfreiheit der falschen [wörtlich: ungläubigen] Religionen verkündigt. Dies ist eine Lüge, die Allah zugeschrieben wird. Allah sendet die Bücher herab, sendet die Gesandten, schreibt den Djihad vor und schreibt die Bestrafungsmethoden und die Strafen vor, um die Menschen vor dem falschen Glauben und dem korrupten Denken zu schützen. Allah möchte die Menschen auf diese Weise schützen, weil sie Allahs Knechte sind. Deshalb müssen die Menschen lediglich Allah allein anbeten, ohne ihm etwas beizugesellen [etwas anderes neben ihm zu verehren]. Andernfalls müssen die abschreckenden Strafen vollzogen werden; also die Strafen, die Allah vorgeschrieben hat.

Die Aussage Allahs 'Es gibt keinen Zwang in der Religion' meint keine Meinungsfreiheit, sondern, dass dieser Koranvers nicht die Menschen zwingen kann, an die Religion [des Islam]

nicht zum Islam übertritt. Solange man kein Muslim ist, ist man frei. Keiner zwingt jemand, dem Islam anzugehören oder zum Islam überzutreten.

Wenn du Christ bist, sei ein Christ. Wenn du ein Jude bist, sei ein Jude. Wenn du irgendeiner Religion angehörst, tu dies. Aber eines muss dir klar sein: Der Islam ist eine Religion, die ihre Vorschriften und Grenzen [d.i. Strafen] hat. Eine der festen Vorschriften des Islam ist, über die alle muslimischen Religionsgelehrten sich einig sind: Wer freiwillig zum Islam konvertiert und nicht gezwungen wurde, darf den Islam nicht [wieder] verlassen. Falls er das tut, gilt für ihn die Todesstrafe.

Falls du bei Geltung dieser Vorschrift [als Summe der gesamten Vorschriften des Islam] übertreten möchtest, herzlich willkommen! Falls du es nicht möchtest [zum Islam übertreten], brauchen wir ... dich nicht. Das ist die Vorschrift des Islam.

Einige propagieren die Freiheit zum Unglauben [indem sie behaupten]: Ein Muslim kann ungläubig werden, er ist frei in seiner Entscheidung, denn [angeblich] gibt es keinen Zwang im Glauben. Ein Mensch [ein Muslim] braucht nicht zu beten – es gibt ja keinen Zwang im Glauben. Ein Muslim braucht keine Almosen zu geben, keine Pilgerfahrt zu verrichten und muss nicht fasten, denn es gibt ja keinen Zwang im Glauben.

Nun, welcher muslimische Religionsgelehrte hat denn das gesagt?

Gar keiner hat diese Falschheiten [falsche Auslegungen des o.g. Koranverses] je behauptet und keiner darf sie aussprechen. Diejenigen, die diese Falschheiten von sich geben, sind Betrunkene und Drogenabhängige [die unter dem Einfluss von Alkohol oder Haschisch stehen].

Quelle: www.youtube.com/watch?v=NiJ0DT6LMSg

Institut für Islamfragen der Deutschen Evangelischen Allianz
27. 07. 2011

Fatwa zur Frage der Religionsfreiheit:
„Es gibt keinen Zwang im Glauben" (Sure 2, 256)

Der Islam verkündet keine Glaubensfreiheit, da die Menschen von Allah zum Dienst für ihn geschaffen wurden.

Bekenntnis folgen, bis sie aus freien Stücken den Tribut entrichten und ihre Unterwerfung anerkennen' (Sure 9,29). Außerdem hat Allahs Prophet, Allahs Segen und Heil seien auf ihm, Tribut von den Bewohnern von Hadjr angenommen. Deshalb bietet dieser Koranvers denjenigen nichts, die meinen, man müsse nicht für Allah [den Jihad] kämpfen.

Dies wird auch durch die Überlieferung von Barida bin al-Hussaib bestätigt, wie es in Sahih Muslim [einer authentischen Überlieferung] geschrieben steht. Er [Barida] berichtet, dass immer, wenn Allahs Prophet [Muhammad] – Allahs Segen und Heil seien auf ihm – einen Führer für eine Armee oder Truppe ernannt hat, er [Muhammad] diesem empfahl, Allah zu fürchten und sich um seine muslimischen Begleiter zu kümmern und ihm sagte: 'Falls die Ungläubigen sich weigern, zum Islam überzutreten, verlange Tribut von ihnen. Falls sie Tribut zahlen, lass sie in Ruhe. Falls sie keinen Tribut zahlen, bitte Allah um Hilfe und kämpfe gegen sie.'

Diese Vorschrift [Muhammads] meint die Juden, Christen und Magier. Die Mehrheit der muslimischen Theologen vertritt diese Meinung."
Quelle: www.binbaz.org.sa/mat/1872 (...)

Institut für Islamfragen der Deutschen Evangelischen Allianz
dh, 05. 03. 2014

Fatwa zur Bedeutung des Koranverses „Es ist kein Zwang im Glauben" (Sure 2,256)
Kein „Zwang im Glauben" bedeutet nicht, den Islam verlassen zu dürfen.

Von dem in Ägypten geborenen Rechtsgutachter Abi Ishak al-Huwaini, einem in arabischsprachigen Ländern sehr populären muslimischen Religionsgelehrten, Prediger und Rechtsgutachter

Frage: „Was bedeutet es, dass es 'keinen Zwang im Glauben' bei Muslimen gibt?"

Antwort: „'Kein Zwang im Glauben' (Sure 2, 256) – ja, das ist richtig. Und ebenso: 'Darum lass den gläubig sein, der will, und den ungläubig sein, der will.' (Sure 18, 29). Ja, das stimmt ebenfalls, allerdings nur unter einer Bedingung: Es gilt, solange man

„Es wird manchmal behauptet, Muhammad habe die Abgefallenen nicht getötet. Jedoch widerspricht der „Gelehrte des Islam" (arab. Sheich al-Islam) Ibn Taimiya dieser Behauptung."
Quelle: www.qaradawi.net/site/topics/article.asp?cu_no=2&item_no=4231&version=1&template_id=130&parent_id=17

Institut für Islamfragen der Deutschen Evangelischen Allianz
28. 01. 2011

Fatwa zur Frage, ob Zwang durch den muslimischen Glauben ausgeübt werden darf und wenn ja, bei wem man den Zwang anzuwenden hat

Von dem Rechtsgutachter Abdul-Aziz bin Baz, dem ehemaligen offiziellen Staatsrechtsgutachter Saudi-Arabiens, einem der einflussreichsten Gelehrten des sunnitischen Islam im 20. Jahrhundert

Frage: Allah sagt: „Es gibt keinen Zwang im Glauben (Sure 2,256)". Gilt dieser Koranvers nur für Juden und Christen oder hat er allgemeine Geltung?

Antwort: „Die muslimischen Gelehrten sind bei diesem Koranvers in zwei Gruppen mit unterschiedlichen Meinungen geteilt.

Die erste Gruppe vertritt die Meinung, dieser Koranvers, und andere vergleichbare Koranverse seien durch den Koranvers „des Schwertes" ausgetilgt worden. Dieser Koranvers lautet: 'Und wenn die verbotenen Monate verflossen sind, dann tötet die Götzendiener, wo immer ihr sie findet, und ergreift sie, und belagert sie, und lauert ihnen auf in jedem Hinterhalt.' (Sure 9,5). Ein anderer, ähnlich lautender Koranvers besagt: 'Und kämpfet wider sie, bis keine Verfolgung mehr ist und aller Glaube auf Allah gerichtet ist.' (Sure 8,39)

Die zweite Gruppe vertritt die Meinung, dieser Koranvers gelte für Juden, Christen und diejenigen, für die dieselben Vorschriften [des Islam] gelten, wie z. B. die Magier. Falls diese Tribut [an Muslime] zahlen, werden sie nicht gezwungen, zum Islam überzutreten. Denn Allah hat gesagt: 'Kämpfet wider diejenigen aus dem Volk der Schrift, die nicht an Allah und an den Jüngsten Tag glauben und die nicht als unerlaubt erachten, was Allah und Sein Gesandter als unerlaubt erklärt haben, und die nicht dem wahren

Institut für Islamfragen der Deutschen Evangelischen Allianz
dh, 08. 11. 2006

Fatwa über die Bestrafung für Muslime, die sich vom Islam abwenden

Alle muslimischen Rechtsschulen fordern die Hinrichtung.
Von Dr. Yussuf al-Qaradawi

Frage: „Ein Muslim ist vom Islam abgefallen. Ein Bekannter, der davon erfahren hat, hat den Abgefallenen getötet ..., obwohl der Getötete zuvor nur mit seinem Freund darüber gesprochen hatte. Die Frage ist: Muss ein Abgefallener vom Islam mit dem Tod bestraft werden?"

Antwort: „... Der Abfall vom Islam ist die größte Gefährdung der islamischen Gemeinschaft. Deshalb ist die größte Intrige der Feinde des Islam die, den Abfall vom Islam zu veranlassen, sei es durch Gewalt, Waffen, Listigkeit oder andere Mittel wie dies in Sure 2;217 steht."

„Die muslimische Gesellschaft ist verpflichtet, alle Formen des Abfalls zu bekämpfen ..., dies wurde von den Nachfolgern Muhammads so durchgeführt ... So handelten z. B. Abu Bakr und die Gefährten des Propheten. Diese kämpften gegen diejenigen, die vom Islam abfielen und die an falsche Propheten glaubten."

„Es ist äußerst gefährlich, wenn der Abfall vom Islam sich in der muslimischen Gesellschaft verbreitet, ohne dass dagegen gekämpft wird ... Deshalb muss der Abgefallene bestraft werden ... Alle vier Rechtsschulen des Islam ... sind sich einig, dass der Abgefallene hingerichtet werden muss."

„Es gibt zwei Sorten von Abgefallenen. Die schlimmste Sorte von Abgefallenen sind die, die zum Abfall vom Islam aufrufen. Diese Sorte ist in Sure 5,33 aufgelistet. Diese Menschen gehören zu denjenigen, die gegen den Islam kämpfen. Der Kampf gegen den Islam hat verschiedene Formen, wie von Ibn Taimiya erklärt wird. So gibt es den Kampf mit der Hand und den Kampf mit der Zunge. Der Kampf mit der Zunge kann schlimmer als der Kampf mit der Hand sein. Deshalb hat Muhammad diejenigen getötet, die gegen ihn (Muhammad) mit der Zunge gekämpft haben, während er einige, die gegen ihn mit der Hand gekämpft haben, am Leben ließ ... Der Stift (das Schreiben) ist Ausdruck der Zunge."

Frage: „Wie beantworten wir folgende Frage: Falls es im Christentum die Hinrichtungsstrafe für den Abfall von Christentum gäbe, könnte kein Mensch in Europa zum Islam übertreten."
Antwort: „Das ist korruptes Gerede. Denn das Christentum ist keine Weltreligion, überhaupt keine Weltreligion. Der Prophet [Muhammad] – Allahs Segen und Heil seien auf ihm – sagte: 'Die Propheten vor mir wurden lediglich zu ihren Völkern gesandt. Im Gegensatz dazu bin ich zu der ganzen Menschheit gesandt.'

Zweitens: Das Christentum ist nicht die abschließende Religion, sondern eine Religion, die vom Islam ausgelöscht wurde, ja, ausgelöscht. Die Hinrichtungsstrafe für den Abfall zeichnet lediglich die abschließende Religion aus. Es gibt überhaupt keine Religion, die die Hinrichtungsstrafe für den Abfall vorschreibt. Denn jede Religion wird von einer anderen [darauf folgenden] Religion ausgelöscht. Jedes Gesetz wird von einem anderen [darauf folgenden] Gesetz ausgelöscht. Deshalb dürfen Christen zum Beispiel Allah nicht anbeten nach der Religion oder dem Gesetz des Hud [einem der Propheten im Islam]. Denn Christen haben ein eigenes Gesetz: 'Einem jeden von euch haben wir eine klare Satzung und einen deutlichen Weg vorgeschrieben.' (Sure 5,48)

Jeder Prophet hat sein Gesetz. Und jedes Gesetz hat die vorigen Gesetze ausgelöscht. Wenn jedes Gesetz [jede Religion] die Hinrichtungsstrafe für den Abfall vorgeschrieben hätte, könnten die Menschen nicht die neuen Gesetze [Religionen] annehmen [zu den neuen Religionen übertreten]. Deshalb wurde die Hinrichtungsstrafe für den Abfall von der Religion zur Besonderheit der Religion des Propheten Muhammads – Allahs Segen und Heil seien auf ihm – als Ehrung der abschließenden Religion [des Islam], die alle anderen vorigen Religionen ausgelöscht hat. Das ist das Gesetz des Islam.

Deshalb gibt es auf der ganzen Erde keine Religion, die die Hinrichtungsstrafe für den Abfall von der Religion vorschreibt, ausgenommen der Islam. Die Antwort auf die Frage, warum das so ist, lautet: Weil der Islam die abschließende, vollständige und vollkommene Religion ist, die alle anderen vorigen Religionen ausgelöscht hat."
Quelle: www.youtube.com/watch?v=a7n6s_HYZeo

Al-Khattabi sagte: 'Ich kenne keinen [muslimischen Gelehrten], der die Verpflichtung zur Tötung [des „Ungläubigen"] in Frage stellte.'

Vorschriften und Folgen des Beschimpfens:
1. Die Tötung des Abgefallenen. Dies wurde erklärt in den schon erwähnten Quellen und in Allahs Aussage: 'bekämpft die Führer des Unglaubens' (Sure 9,12).
2. Die Ungültigkeit seiner Werke. D. h. die Belohnung seiner guten, vorigen Taten entfällt [wie Beten, Fasten, die Verrichtung der Pilgerfahrt, die Almosen, etc.]. Dies ist an Allahs Aussage abzulesen: 'Wer aber unter euch von seinem Glauben abtrünnig wird und als Ungläubiger stirbt – das sind diejenigen, deren Taten eitel sein werden in dieser und in jener Welt. Sie sind Bewohner des Feuers; darin müssen sie bleiben.' (Sure 2,217)
3. Die Ungültigkeit seiner Ehe. Das Ehepaar muss voneinander getrennt werden. Es spielt dabei keine Rolle, ob nur ein Ehepartner geschimpft hat oder ob beide Ehepartner dies getan haben. Falls der Schimpfende Buße tut, darf er trotzdem nicht mehr mit seinem Ehepartner weiterleben. Das Gleiche gilt für die Ehepartnerin. Es sei denn, ein neuer Ehevertrag wird geschlossen. Falls ein/eine Ehepartner/in keine Buße tut, wird sein/ihr Eheleben als Prostitution, bzw. verboten betrachtet.
4. Die Besitztümer des Abgefallenen werden für die [muslimische] Staatskasse beschlagnahmt. Er darf weder erben, noch etwas vererben.
5. Das Opfertier des Schimpfenden ist nicht erlaubt [ist ein ungültiges Opfer und darf nicht verzehrt werden]. Denn dieser [Opfernde] ist ein Ungläubiger. Dies gilt selbst dann, wenn das Opfertier im Namen Allahs geschlachtet wurde."

Quelle: www.fatawah.com/Fatawah/349.aspx

Institut für Islamfragen der Deutschen Evangelischen Allianz
dh, 26. 03. 2011

Fatwa zu der Frage, warum nur der Islam die Todesstrafe für den Abfall vorschreiben darf – im Gegensatz zum Christentum
Rechtsgutachter: Der ägyptische Gelehrte und Verkünder des Islam, Dr. Ahmad an-Naqib

[Muslim] hatte eine Ehefrau, die den Propheten [Muhammad] – Allahs Segen und Heil seien auf ihm – beschimpfte und mit Worten herabsetzte. Er hatte ihr dies verboten. Sie schimpfte jedoch weiter.

In einer Nacht beschimpfte sie den Propheten – Allahs Segen und Heil seien auf ihm – und setzte ihn mit Worten herab. Er [der blinde Muslim] nahm sein Schwert, stach ihr in den Bauch und stütze sich darauf. Er tötete sie. Am darauffolgenden Morgen erzählte er dem Propheten – Allahs Segen und Heil seien auf ihm – dieses Ereignis.

Er [Muhammad] versammelte die Menschen und sagte: 'Ich verlange von demjenigen, der etwas Strafbares getan hat, aufzustehen.' Der Blinde stand auf und ging zu dem Propheten – Allahs Segen und Heil seien auf ihm. Er sagte: 'Allahs Prophet, ich habe dies getan. Sie [seine getötete Ehefrau] hatte Dich beschimpft und herabgesetzt. Ich verbat ihr dies, aber sie gehorchte nicht. Von ihr habe ich zwei Kinder, sie sehen wie zwei Perlen aus. Mir gegenüber war sie freundlich. Gestern beschimpfte sie dich und setzte dich herab. Ich nahm mein Schwert, stach ihr in den Bauch und stützte mich solange darauf, bis ich sie tötete.'

Allahs Prophet – Allahs Segen und Heil seien auf ihm – sagte: 'Bezeugt, dass ihr Blut nicht zu bestrafen ist.'

3. Der Konsens: Imam Ishaq, einer der prominentesten muslimischen Rechtsgelehrten, sagte: 'Ein Mensch gilt als Ungläubiger, wenn er Allah beschimpft – Allahs Propheten, Allahs Segen und Heil seien auf ihm – einen Teil von Allahs eingegebenem Wort verleugnet oder einen der Propheten Allahs tötet. Dies gilt selbst, wenn dieser an alles glaubt, was Allah eingegeben hat.'

Muhammad bin Sahnun sagte: 'Die muslimischen Rechtsgelehrten sind sich darüber einig, dass derjenige, der den Propheten Allahs [Muhammad] – Allahs Segen und Heil seien auf ihm – beschimpft oder herabsetzt, als Ungläubiger gilt. Gegen sie gilt [als Strafe] die versprochene Qual Allahs [im jenseitigen Leben]. Der islamische Konsens verurteilt diesen zur Todesstrafe [im diesseitigen Leben]. Derjenige, der den Unglauben dieses [Lästerers] in Frage stellt, ist ebenfalls ungläubig.'

bischen Halbinsel. Allahs Prophet sagte: 'Es dürfen auf der Arabischen Halbinsel nicht zwei Religionen zusammen existieren'. Kirchen dürfen auf der Arabischen Halbinsel nicht neben Moscheen errichtet werden. Dies heißt jedoch nicht, dass ein Ungläubiger die Arabische Halbinsel nicht betreten darf, wenn er dies als Gastarbeiter oder Geschäftsmann tut. Ein Ungläubiger darf die Arabische Halbinsel betreten, wenn er sich dort nur vorübergehen aufhält. D. h., er darf dort keine unbefristete Aufenthaltserlaubnis bekommen. Ebenfalls darf er kein Eigentum [keine Eigentumswohnung] besitzen."
Quelle: ww.alfawzan.ws/AlFawzan/FatawaSearch/tabid/70/Default.aspx?PageID=5106

Institut für Islamfragen der Deutschen Evangelischen Allianz
dh, 11. 04. 2011

Fatwa zu der Frage, wie der Islam mit Beschimpfungen gegen Allah, den Propheten Muhammad, den Koran oder den Islam umgeht

Rechtsgutachten-Nr.: 349 vom 29. 11. 2009
Rechtsgutachter: Das islamische Gremium für Rechtsgutachten

Frage: „Wie geht der Islam mit Beschimpfungen gegen Allah, Muhammad, den Koran oder den Islam um?"
Antwort: „Wer einen der vier Genannten beschimpft, sei dies aus Spaß oder im Ernst, gilt als Ungläubiger und muss infolge dessen getötet werden. Dies wurde im Koran und in as-Sunna [den Aussprüchen und Gewohnheiten Muhammads] erklärt. Dies ist ein Konsens [unter muslimischen Rechtsgelehrten].
Die Beweise dafür:

1. Der Koran: 'Wenn sie aber nach ihrem Vertrag ihre Eide brechen und euren Glauben angreifen, dann bekämpft die Führer des Unglaubens – sie halten ja keine Eide – auf dass sie ablassen.' (Sure 9,12) Was diese Tatsache in diesem Koranvers zeigt, ist der Ausdruck: 'Euren Glauben angreifen'. Es zeigt: Wer Muslime beschimpft, gilt als Ungläubiger.
2. As-Sunna: Abu Dawud und an-Nis'a überlieferten die Erzählung von Ibn Abbas [einem Cousin Muhammads]: Ein Blinder

Antwort: „Ihre Behauptung [die Behauptung der ägyptischen Christen], dass sie von den Muslimen auf ungerechte Weise behandelt wurden, weil diese [die Muslime] ihre Kirchen geschlossen haben, ist eine Lüge, die dem Konsens der Muslime widerspricht.

Die Schriftgelehrten der vier Rechtsschulen [des sunnitischen Islam] Abu Hanifa, Malik, ash-Shafi'i, Ahmad ibn Hanbal und die anderen Führer [der Muslime] ... und die Weggefährten [Muhammads] vorher und ihre Nachfolger, alle diese sind sich darüber einig: Falls der [muslimische] Machthaber Kirchen in dem [von Muslimen] beherrschten Land abreißt wie in Ägypten, fast überall im Irak, in Syrien, etc., kann dies nicht als ungerecht angesehen werden. Hier spielt es keine Rolle, ob seine Tat eine rein individuelle Entscheidung oder der Vollzug von Empfehlungen anderer ist. Diesem Machthaber muss dabei [beim Abriss der Kirchen] gehorcht und geholfen werden von jedem, der dies für richtig hält."
Quelle: www.coptichistory.org/new_page_2692.ht

Institut für Islamfragen der Deutschen Evangelischen Allianz
dh, 05. 11. 2009

Fatwa zu der Frage, ob muslimische Machthaber den Bau von Kirchen ermöglichen dürfen

Rechtsgutachten-Nr.: 5106
Von dem Rechtsgutachter Scheich Saleh bin Fauzan bin Abdullah al-Fauzan

Frage: „Wie wird [aus islamischer Sicht] ein Mensch beurteilt, der Christen ermöglicht, Kirchen in Ländern der Muslime zu bauen oder Schulen zu eröffnen, in denen [christlich] missioniert wird?"
Antwort: „Dies ist [aus islamischer Sicht] nicht erlaubt. Muslime dürfen Christen weder den Bau von Kirchen noch die Renovierung dieser Kirchen ermöglichen, falls sie baufällig geworden sind. Falls jedoch Muslime ein Land einnehmen, in dem sich bereits Kirchen befinden, müssen sie diese [Kirchen stehen] lassen, bis sie baufällig werden und verschwunden sind. Sie dürfen nicht erneut aufgebaut werden.

Muslime dürfen nicht den Ungläubigen den Bau von neuen Kirchen im Lande des Islam erlauben, insbesondere auf der Ara-

Frage: „Muss ein vom Islam Abgefallener hingerichtet werden? Falls nein, wieso sagt man, dass das Image des Islam dadurch herabgesetzt wird?"

Antwort: „Es ist zweifellos so, dass der Prophet des Islam sagte: 'Ein Muslim darf nur in drei Fällen getötet werden:
1. Wenn eine verheiratete Frau Ehebruch begeht oder
2. die Person ein Totschläger oder
3. eine von der Religion (Islam) Abgefallener ist, bzw. er eine (muslimische) Gruppe verlässt.'"

„Anhand dieser und anderer Belege waren und sind sich die muslimischen Gelehrten einig, dass die Strafe für den (vom Islam) Abgefallenen die Todesstrafe ist. Alle vier Rechtsschulen (des Islam) stimmen dieser Tatsache zu. Diese (Vorschrift) wird in der Überlieferung (den Aussagen Muhammads) klar so ausgedrückt."

„Wer vom Islam abfällt, entwickelt sich dadurch zu einem korrupten Glied in der Gesellschaft. Er muss von dieser (Gesellschaft) entfernt werden, so dass sein Unheil sich nicht in der Gesellschaft verbreiten kann."

„Der Abfall vom Islam ist keine rein geistige Einstellung. Viel mehr ist er ein Loyalitäts-, Identitäts- und Zugehörigkeitswechsel. Der Abgefallene widmet seine Loyalität und Zugehörigkeit einer anderen Nation und einer neuen Heimat."

Quelle: www.islamweb.net/ver2/Fatwa/ShowFatwa.php

Institut für Islamfragen der Deutschen Evangelischen Allianz
20. 11. 2009

Fatwa zu der Frage, ob die Schließung oder der Abriss einer Kirche in einem muslimischen Land als Unrecht gewertet werden darf

Rechtsgutachten aus: Rechtsgutachtensammlung von Ibn Taymiyya (arab. majmu'a al-fatawa Ibn Taymiyya), Band 28/ 547-645
Von dem Rechtsgutachter Taqi ud-Din Ahmad bin Taymiyyaa, einem der einflussreichsten Schriftgelehrten des sunnitischen Islam

Frage: „Darf die Schließung oder der Abriss einer Kirche in einem muslimischen Land als Unrecht bezeichnet werden?"

befiehlt ihm zu beten und erklärt ihm, dass derjenige, der nicht betet, als Ungläubiger gilt. Falls er zu der nächsten Gebetszeit nicht betet, wird er getötet. Er darf keine Bedenkzeit [arab. istitaba] bekommen. Einige Gelehrte des sunnitischen Islam erlauben ihm eine dreimalige Bedenkzeit. Jedoch ist die Meinung [ihm keine Bedenkzeit zu geben] die der meisten Rechtsgelehrten."

Quelle: www.islamadvice.com/nasiha/nasiha8.htm

Institut für Islamfragen der Deutschen Evangelischen Allianz
dh, 18. 07. 2006

Fatwa über das tägliche Gebet

Jeder Muslim, der nicht täglich betet, solle getötet werden.
Von dem somalischen Geistlichen Abdullah Ali
Der somalische muslimische Geistliche Abdullah Ali verkündete am Mittwoch, den 05. 07. 2006, dass jeder Muslim, der das verpflichtende tägliche Gebet des Islam nicht verrichte, getötet werden müsse. Ali ist Mitgründer des „Höchsten Muslimischen Gremiums in Somalia". Er soll die Fatwa während der Eröffnung eines neuen muslimischen Gerichts im Süden von Somalia erlassen haben. Dazu erklärte er: „Jede Person, die das tägliche Gebet des Islam nicht verrichtet, ist ein Gottloser. Das islamische Gesetzt (Scharia) ordnet die Hinrichtung solcher Menschen an."

Ali setzte fort, jeder Somali müsse nach dem islamischen Gesetz leben. Wenn die Somalis dies tun, würden sie in Freude und Reichtum leben.

Quelle: www.raya.com/site/topics/article.asp

Institut für Islamfragen der Deutschen Evangelischen Allianz
dh, 20. 09. 2006

Fatwa über die Strafe für vom Islam Abgefallene

Vom Rechtsgutachterzentrum unter Leitung von Dr. Abdullah al-Faqih

Institut für Islamfragen der Deutschen Evangelischen Allianz
dh, 28. 11. 2009

Fatwa zu der Frage, wie die Strafe für denjenigen aussieht, der das Beten absichtlich vernachlässigt

Ein Muslim, der nicht betet, gilt als Ungläubiger und muss als solcher behandelt werden.
Von Rechtsgutachtern auf www.islamadvice.com

Frage: „Welche Strafen erhält derjenige, der das Gebet absichtlich aufgibt oder vernachlässigt?"

Antwort:

„1. Er darf weder gegrüßt, noch darf sein Gruß beantwortet werden. Der Gelehrte des Islam, Ibn Taymiyya, sagte: 'Man darf denjenigen, der nicht betet, weder grüßen noch seinen Gruß beantworten.'
2. Seine Einladung wird nicht angenommen.
3. Er darf keine Muslima heiraten. Falls er verheiratet wird, ist seine Ehe ungültig. Allah sagte: 'Wenn ihr sie dann gläubig erfindet, so schickt sie nicht zu den Ungläubigen zurück. Diese Frauen sind ihnen nicht erlaubt, noch sind sie diesen Frauen erlaubt' (Sure 60,10). Falls er das Beten nach der Eheschließung und dem Ehevollzug aufgibt, wird seine Eheschließung rückgängig gemacht. Seine Frau wird für ihn als verboten erklärt.
4. Er darf nicht in seiner Wohnung besucht werden.
5. Er darf nicht besucht werden, wenn er krank ist.
6. Keiner darf mit ihm in einer Wohnung zusammen wohnen.
7. Er darf Mekka nicht betreten. Allah sagte: 'Die Götzendiener sind unrein. Darum sollen sie sich nicht nach diesem Jahr der Heiligen Moschee nähern.' (Sure 9,28).
8. Ihm darf nichts von der Almosenabgabe zukommen.
9. Das Fleisch seines Opfertieres darf nicht verzehrt werden.
10. Er darf sein Eigentum nicht selbst verwalten.
11. Er darf kein Erbe von Verwandten annehmen. Allahs Prophet, Muhammad, sagte: 'Ein Ungläubiger darf keinen Gläubigen [Muslim] beerben'.
12. Er darf weder seine Tochter noch eine andere Frau verheiraten.
13. Er wird als Ungläubiger hingerichtet, nachdem man ihn vor den [muslimischen] Machthaber oder Richter bringt. Dieser

Von dem Rechtsgutachter Scheich Saleh al-Fawsan, dem Mitglied des Vorstands der muslimischen Gelehrten Saudi-Arabiens

Frage: „Ein Arbeitskollege von mir betet nicht. Ich habe ihn zurechtgewiesen, aber er hat nicht gehört. Ich habe unseren Vorgesetzten darüber informiert und ihm mitgeteilt, dass mein Kollege Angst davor hat, versetzt zu werden. [Daher sagte ich meinem Vorgesetzten], dass er meinem Kollegen empfehlen sollte, zu beten und ihm mit der Versetzung drohen. Aber mein Kollege ärgerte sich über mich.

Meine Frage ist: Habe ich mich falsch verhalten? Wie gehe ich mit der Sache richtig um, und wie muss ich mich einem nicht Betenden [der Muslim ist] gegenüber verhalten?"

Antwort: „Derjenige, der nicht betet, gilt nicht [mehr] als Muslim.

Allahs Prophet – Allahs Segen und Heil seien auf ihm – sagte: 'was Gerechtigkeit, Unglaube und Polytheismus voneinander unterscheiden, ist das Verlassen des Gebets.' Und er – Allahs Segen und Heil seien auf ihm – sagte: 'Der Bund zwischen uns [den Muslimen] und ihnen [den Nichtmuslimen] ist das Gebet. Wer das Gebet aufgibt, entwickelt sich zum Ungläubigen.'

Die Belege für den Unglauben desjenigen, der das Beten aufgibt, sind sowohl im Koran als auch in der Überlieferung vielfältig vorhanden. Dieser [nicht betende Arbeitskollege] darf nicht nur versetzt, sondern darf gar nicht angestellt werden. Er muss zudem getötet werden. Falls er nicht zu Allah zurückkehrt und die Verrichtung der Gebete nicht einhält, wird ihm eine Besinnungsfrist gegeben. Falls er nicht [zum Islam] zurückkehrt, wird er getötet.

Was Sie mit ihm getan haben, ist Ihre Pflicht; also Zurechtweisung und Erinnerung an das Gebet. Falls er nicht betet, muss er getötet werden. Es reicht nicht, ihn zu versetzen. Solche Menschen anzustellen, ist grundsätzlich falsch. Er darf keine Arbeiten von Muslimen übernehmen, denn er wird als Vorbild für andere betrachtet."

Quelle: www.youtube.com/watch?v=HwEfNMIm3As&feature=grec_index

III. Fatwas

Institut für Islamfragen der Deutschen Evangelischen Allianz
dh, 15. 08. 2011

Fatwa zur Beurteilung desjenigen, der Unrecht nicht unterbindet
Rechtsgutachten-Nr. 7543
Von dem Rechtsgutachter Scheich Saleh al-Fawsan, dem Mitglied des Vorstands des muslimischen Gelehrtengremiums Saudi-Arabiens
Frage: „Gilt ein Mensch als sündig, wenn er zur Moschee geht, dort aber Menschen trifft [die nicht beten] und an ihnen vorbeigeht, ohne sie zum Gebet aufzufordern?"
Antwort: „Allah sei Dank! Ein Muslim muss zum Guten einladen und das Unrecht verbieten, so gut er kann. Dies geschieht entweder mit der Hand [durch Taten], mit der Zunge [durch Worte] oder im Herzen [durch die richtige Einstellung].

Ein Muslim darf das Verbieten von Unrecht nicht vernachlässigen. Wenn er Menschen sieht, die nicht beten, muss er ihnen das Gebet befehlen. Falls sie dann beten, gilt seine Aufgabe als erfüllt. Falls sie nicht beten, und er hat die Macht dazu, muss er sie zum Beten zwingen und sie züchtigen. Falls er die Macht dazu nicht hat, muss er den Staat darüber informieren. Er darf das Unrecht nicht verschweigen. Denn Allahs Prophet – Allahs Segen und Heil seien auf ihm – hat gesagt: 'Wer von Euch ein Unrecht sieht, muss dies mit der Hand, der Zunge oder im Herzen unterbinden. Das Dritte [im Herzen] ist die kleinste Stufe des Glaubens.' Diese Aussage wurde zitiert in Sahih Muslim, Nr. 69/1."
Quelle: www.al-eman.com/fatwa/fatwa-display.htm?parent=button.search&id=7543

Institut für Islamfragen der Deutschen Evangelischen Allianz
dh, 07. 08. 2011

Fatwa zu der Frage, wie mit einem Muslim umgegangen werden muss, der nicht betet
Falls ein Muslim sich weigert, zum Gebet zurückzukehren, muss er getötet werden.

Die Frau, wenn sie vom Islam abfällt, wird aufgefordert umzukehren. Wenn sie umkehrt und zurückkommt, (dann ist es gut), sonst wird sie für immer ins Gefängnis gebracht, und sie wird streng behandelt in ihrem Gefängnis. (VII, S. 280, 3)

Khoury, Adel Theodor, Der Hadith, Band V, Nr. 417, S. 163.

Von Abu l-Hasan Musa
Er wurde nach einem Muslim, der Christ wird, gefragt. Er sagte: Er wird getötet, und er wird nicht aufgefordert, umzukehren.
Es wurde gesagt: Was ist mit einem Christen, der Muslim wurde, der aber dann vom Islam abgefallen ist. Er sagte: Er wird aufgefordert, umzukehren. Wenn er zurückkehrt, (ist es gut). Sonst wird er getötet. (VII, S. 282, 10)

Khoury, Adel Theodor, Der Hadith, Band V, Nr. 419, Seite 163.

Von Abu 'Abdallah
Man brachte dem Befehlshaber der Gläubigen [Khoury merkt an: Das ist der Khalif und Imam 'Ali ibn Abi Talib.], als er in der Moschee in Kufa saß, Leute, die man fand, als sie am Tag im Monat Ramadan beim Essen waren. Da sagte der Befehlshaber der Gläubigen zu ihnen: Ihr habt gegessen und ihr habt das Fasten gebrochen? Sie sagten: Ja. ...
  Bezeugt ihr, dass es keinen Allah gibt außer Allah, und das Muhammad der Gesandte Allahs ist?
  Sie sagten: Wir bezeugen, dass es keinen Allah gibt außer Allah. Aber wir kennen Muhammad nicht.
  Er sagte: Er ist doch der Gesandte Allahs. Sie sagten: Wir kennen ihn nicht als solchen. Er ist nur ein arabischer Beduine, der zu sich selbst gerufen hat. Er sagte: Ihr bezeugt (es), sonst werde ich euch bestimmt töten. Sie sagten: Auch wenn du es tust.
  Da übergab er sie der Polizei der Armee und ließ sie zur Einöde bringen, zur Einöde von Kufa. Er befahl, zwei Gruben auszugraben, die eine neben der anderen. Dann ließ er ein großes Loch zwischen beiden ausschlagen, so groß wie eine Nische. Dann sagte er zu ihnen: Ich werde euch in eine dieser Gruben stellen und in der anderen Feuer anzünden, so dass ich euch durch den Rauch töte. ... Sie antworteten: Vollziehe, was du vollziehen willst. Bis sie starben. (IV, S. 186-188, 7)

Khoury, Adel Theodor, Der Hadith, Band V, Nr. 321, S. 126-128.

Der Prophet Allahs sagte:
Töte jene, die ihre Religion wechseln. (Abu Dawud: Vol 3, 4337)
Zitiert von Michael Steiner, in: Die islamischen Eroberer, Langen 2001, S. 169.

Nach Abu Hurayra
Der Gesandte Allahs vermisste Leute bei einigen Gebeten. Da sagte er: Ich hätte bald einen Mann beordert, dass er für die Leute dem Gebet vorsteht, dann wäre ich zu den Männern gegangen, die dabei zurückbleiben, und in Bezug auf sie befohlen, dass man ihnen ihre Häuser mit Holzbündeln verbrennt. ... (Bukhari, Muslim, Abu Dawud, Tirmidhi, Nasa'i)
Khoury, Adel Theodor, Der Hadith, Band II, Nr. 1683, S. 110.

Nach 'A'isha
Wenn eine Frau ohne die Erlaubnis ihres Sachwalters heiratet, so ist ihre Heirat ungültig ... ungültig ... ungültig.
Wenn er zu ihr eingeht, dann gehört ihr die Morgengabe (als Lohn) für das, was er von ihr erhalten hat. Wenn sie [die Familien beider Partner] miteinander streiten, so ist der Sultan der Sachwalter dessen, der keinen Sachwalter hat. (Abu Dawud, Tirmidhi)
Khoury, Adel Theodor, So sprach der Prophet, Nr. 456, S. 252.

Nach Abu Hurayra
Die ältere verheiratete Frau darf nur mit ihrem eigenen Einverständnis verheiratet werden. Die Jungfrau darf nur verheiratet werden, nachdem sie nach ihrer Erlaubnis gefragt worden ist.
Sie sagten: O Gesandter Allahs, wie gibt sie ihre Erlaubnis? Er sagte: Indem sie schweigt. (Bukhari, Muslim, Abu Dawud, Tirmidhi, Nasa'i)
Khoury, Adel Theodor, So sprach der Prophet, Nr. 454, S. 252.

Hadithe aus schiitischer Überlieferung

Von Abu Dja'far und von Abu 'Abdallah
Der Abtrünnige wird aufgefordert umzukehren. Wenn er umkehrt, (dann ist es gut), sonst wird er getötet.

Nach 'Abdallah ibn Mas'ud
Der Prophet rezitierte in Mekka die Sure »Der Stern«, dabei vollzog er die Niederwerfung. Diejenigen, die mit ihm waren, warfen sich nieder, außer einem Greis: Der hat eine Handvoll Steinchen bzw. Erde, trug sie zu seiner Stirn und sagte: Mir reicht dies. Ich habe ihn später gesehen, er wurde als Ungläubiger getötet. (Bukhari, Muslim, Abu Dawud, Tirmidhi, Nasa'i)
Khoury, Adel Theodor, Der Hadith, Band II, Nr. 1607, S. 93.

Nach Abu Burda
Der Gesandte Allahs sandte Abu Musa und Mu'adh ibn Djabal in den Jemen. Er sandte jeden von ihnen zu einer besonderen Region. Dann sagte er: Macht es den Leuten leicht, macht es ihnen nicht schwer. Verkündet Gutes, nicht widerliche Nachricht.

Jeder ging zu seiner Aufgabe hin. Wenn einer von ihnen durch seine Region umherging und in die Nähe seines Gefährten kam, dann begrüßte er ihn.

Da ging Mu'adh in seiner Region umher in der Nähe seines Gefährten Abu Musa, dann kam er auf seiner Mauleselin, bis er bei ihm ankam. Der saß da, und die Leute hatten sich um ihn versammelt.

Da war ein Mann, dessen Hände an seinem Nacken gebunden waren. Da sagte Mu'adh: O 'Abdallah ibn Qays [Anmerkung Khoury: Das ist der Name von Abu Musa.], was ist denn das? Er sagte: Das ist ein Mann, der ungläubig geworden ist, nachdem er den Islam angenommen hatte. Er sagte: Ich steige nicht ab, bis er getötet wird. Er sagte: Man hat ihn doch deswegen hierher gebracht. So steig ab. Er sagte: Ich steige nicht ab, bis er getötet wird. Da befahl er, und er wurde getötet. Dann stieg er ab. Und dann sagte er: O 'Abdallah, wie liest du den Koran?

Er sagte: Ich lese ihn von Zeit zu Zeit. – Und er sagte: Wie liest du (ihn), o Mu'adh? Er sagte: Ich schlafe zu Beginn der Nacht, dann stehe ich auf, als ich genug geschlafen habe, und lese, was Allah mir geschrieben hat. So wird mir mein Schlaf angerechnet, wie mir auch mein Aufstehen angerechnet wird. (Bukhari)
Khoury, Adel Theodor, Der Hadith, Band III, Nr. 4222, S. 316.

Rs: *(2,220:) Und heiratet keine Götzenanbeterinnen, ehe sie glauben. Und eine gläubige Dienerin ist besser als eine Götzenanbeterin, mag sie euch auch noch so gut gefallen. Und verheiratet nicht (gläubige Frauen) mit Götzenanbetern, ehe sie glauben. Und ein gläubiger Diener ist besser als ein Götzenanbeter, mag er euch auch noch so gut gefallen. Jene rufen zum Feuer, doch Allah ruft zum Paradies und zur Verzeihung mit seiner Erlaubnis und macht den Menschen Seine Zeichen klar, damit sie Seiner gedenken mögen.*

II. Hadithe

Hadithe aus sunnitischer Überlieferung

Nach Abu Hurayra
Ihr seid die besten Menschen für die Menschen, ihr bringt sie mit Ketten am Hals, bis sie den Islam annehmen. (Tirmidhi)
Khoury, Adel Theodor, So sprach der Prophet, Nr. 793, S. 320.

Ibn 'Umar berichtet, der Gesandte Allahs (S) habe gesagt: Ich wurde angewiesen, die Menschen zu bekämpfen, bis sie bezeugen, dass es keinen Allah außer Allah gibt und Muhammad der Gesandte Allahs ist, bis sie das Gebet verrichten und die gesetzliche Abgabe bezahlen.
   Kommen sie diesen Forderungen nach, so sind ihr Leben und ihre Habe vor mir sicher. Sie unterstehen dann einzig dem Gesetz des Islam, und Allah wird sie richten.
Sahih al-Buchari, Nachrichten von Taten und Aussprüchen des Propheten Muhammad, Stuttgart 1991, S. 36.

Nach 'Umar
Er hörte den Propheten sagen: Ich werde die Juden und die Christen aus der Arabischen Halbinsel vertreiben, bis nur noch Muslime darin bleiben. (Bukhari, Abu Dawud, Tirmidhi, Nasa'i)
Khoury, Adel Theodor, Der Hadith, Band III, Nr. 4163, S. 293.

H. Verweigern der Glaubensfreiheit

I. Koran

Sure 2,191

Pa: Der Versuch (Gläubige zum Abfall vom Islam) zu verführen, ist schlimmer als Töten.

Rs: *(2,190:) ... denn die Verführung (zum Unglauben) ist schlimmer als Töten.*

Sure 2,217

Pa: Und der Versuch (Gläubige zum Abfall vom Islam) zu verführen, wiegt schwerer als Töten.

Rs: *(2,216:) Und die Verführung ist schwerwiegender als Töten.*

Sure 4,89

Pa: Und wenn sie sich abwenden (und eurer Aufforderung zum Glauben kein Gehör schenken), dann greift sie und tötet sie, wo (immer) ihr sie findet.

Rs: *(4,88:) Und wenn sie sich abwenden, dann ergreift sie und tötet sie, wo immer ihr sie auffindet; ...*

Sure 47,8

Pa: Diejenigen aber, die ungläubig sind, – nieder mit ihnen!

Rs: *(47,7:) Die aber ungläubig sind – nieder mit ihnen!*

Sure 2,221

Pa: Und heiratet nicht heidnische Frauen, solange sie nicht gläubig werden! Eine gläubige Sklavin ist besser als eine heidnische Frau, auch wenn diese euch gefallen sollte. Und gebt nicht (gläubige Frauen) an heidnische Männer in die Ehe, solange diese nicht gläubig werden! Ein gläubiger Sklave ist besser als ein heidnischer Mann, auch wenn dieser euch gefallen sollte. Jene (Heiden) rufen zum Höllenfeuer (indem sie zum Unglauben und zu sündigen Handlunge auffordern). Allah aber ruft zum Paradies und zur Vergebung durch seine Gnade (w. mit seiner Erlaubnis). Und Er macht den Menschen seine Verse (w. Zeichen) klar. Vielleicht würden sie sich mahnen lassen.

Sie haben bei der Eheschließung, während der Ehe und bei deren Auflösung gleiche Rechte.
(2) Eine Ehe darf nur bei freier und uneingeschränkter Willenseinigung der künftigen Ehegatten geschlossen werden.

Artikel 4
Niemand darf in Sklaverei oder Leibeigenschaft gehalten werden; Sklaverei und Sklavenhandel in allen ihren Formen sind verboten.

5. Konvention zum Schutze der Menschenrechte und Grundfreiheiten
(Europäische Menschenrechtskonvention)
vom 04. November 1950

Artikel 12 EuMRK   Recht auf Eheschließung
Mit Erreichung des Heiratsalters haben Männer und Frauen das Recht, eine Ehe einzugehen und eine Familie nach den nationalen Gesetzen, die die Ausübung dieses Rechtes regeln, zu gründen.

6. Charta der Grundrechte der EU
vom 18. Dezember 2000

Artikel 9 EU-GrundR   Recht, eine Ehe einzugehen und eine Familie zu gründen
Das Recht, eine Ehe einzugehen, und das Recht, eine Familie zu gründen, werden nach den einzelstaatlichen Gesetzen gewährleistet, welche die Ausübung dieser Rechte regeln.

7. Internationaler Pakt über wirtschaftliche, soziale und kulturelle Rechte (ICESCR)
vom 19. Dezember 1966
BGBl. 1973 II, S. 1569

Artikel 10 ICESCR
Nr. 1 Satz 2: Eine Ehe darf nur im freien Einverständnis der künftigen Ehegatten geschlossen werden.

4. eine nach dem humanitären Völkerrecht zu schützende Person sexuell nötigt oder vergewaltigt, sie zur Prostitution nötigt, ...

6. gegen eine nach dem humanitären Völkerrecht zu schützende Person eine erhebliche Strafe, insbesondere die Todesstrafe oder eine Freiheitsstrafe verhängt oder vollstreckt, ohne dass diese Person in einem unparteiischen ordentlichen Gerichtsverfahren, das die völkerrechtlich erforderlichen Rechtsgarantien bietet, abgeurteilt worden ist, ...

9. eine nach dem humanitären Völkerrecht zu schützende Person in schwerwiegender Weise entwürdigend oder erniedrigend behandelt,

wird in den Fällen der Nummer 1 mit lebenslanger Freiheitsstrafe, in den Fällen der Nummer 2 mit Freiheitsstrafe nicht unter fünf Jahren, in den Fällen der Nummern 3 bis 5 mit Freiheitsstrafe nicht unter drei Jahren, in den Fällen der Nummern 6 bis 8 mit Freiheitsstrafe nicht unter zwei Jahren und in den Fällen der Nummer 9 mit Freiheitsstrafe nicht unter einem Jahr bestraft.

(6) Nach dem humanitären Völkerrecht zu schützende Personen sind
1. im internationalen bewaffneten Konflikt: geschützte Personen im Sinne der Genfer Abkommen und des Zusatzprotokolls 1 (Anlage zu diesem Gesetz), namentlich Verwundete, Kranke, Schiffbrüchige, Kriegsgefangene und Zivilpersonen;
2. im nichtinternationalen bewaffneten Konflikt: Verwundete, Kranke, Schiffbrüchige sowie Personen, die nicht unmittelbar an den Feindseligkeiten teilnehmen und sich in der Gewalt der gegnerischen Partei befinden; ...

4. Allgemeine Erklärung der Menschenrechte der UN
vom 10. Dezember 1948

Artikel 16
(1) Heiratsfähige Männer und Frauen haben ohne jede Beschränkung auf Grund der Rasse, der Staatsangehörigkeit oder der Religion das Recht, zu heiraten und eine Familie zu gründen.

gen stellt, die geeignet sind, deren Zerstörung ganz oder teilweise herbeizuführen,
3. Menschenhandel betreibt, insbesondere mit einer Frau oder einem Kind, oder wer auf andere Weise einen Menschen versklavt und sich dabei ein Eigentumsrecht an ihm anmaßt, ...
4. einen Menschen, der sich in seinem Gewahrsam oder in sonstiger Weise unter seiner Kontrolle befindet, foltert, indem er ihm erhebliche körperliche oder seelische Schäden oder Leiden zufügt, die nicht lediglich Folge völkerrechtlich zulässiger Sanktionen sind, ...
6. einen anderen Menschen sexuell nötigt oder vergewaltigt, ihn zur Prostitution nötigt, ...
8. einem anderen Menschen schwere körperliche oder seelische Schäden, insbesondere der in § 226 des [deutschen] Strafgesetzbuches bezeichneten Art, zufügt,
9. einen Menschen unter Verstoß gegen eine allgemeine Regel des Völkerrechts in schwerwiegender Weise der körperlichen Freiheit beraubt oder
10. eine identifizierbare Gruppe oder Gemeinschaft verfolgt, indem er ihr aus ... religiösen Gründen ... grundlegende Menschenrechte entzieht oder diese wesentlich einschränkt,

wird in den Fällen der Nummern 1 und 2 mit lebenslanger Freiheitsstrafe, in den Fällen der Nummern 3 bis 7 mit Freiheitsstrafe nicht unter fünf Jahren und in den Fällen der Nummern 8 bis 10 mit Freiheitsstrafe nicht unter drei Jahren bestraft.

§ 8 VStGB Kriegsverbrechen gegen Personen
(1) Wer im Zusammenhang mit einem internationalen oder nichtinternationalen bewaffneten Konflikt
1. eine Person nach dem humanitären Völkerrecht zu schützende Person tötet,
2. eine nach dem humanitären Völkerrecht zu schützende Person als Geisel nimmt,
3. eine nach dem humanitären Völkerrecht zu schützende Person grausam oder unmenschlich behandelt, indem er ihr erhebliche körperliche oder seelische Schäden oder Leiden zufügt, insbesondere sie foltert oder verstümmelt,

findlichen Übel oder durch List in ein Gebiet außerhalb des räumlichen Geltungsbereiches dieses Gesetzes verbringt oder veranlasst, sich dorthin zu begeben, oder davon abhält, von dort zurückzukehren.

(3) Der Versuch ist strafbar.

§ 239 StGB   Freiheitsberaubung

(1) Wer einen Menschen einsperrt oder auf andere Weise der Freiheit beraubt, wird mit Freiheitsstrafe bis zu fünf Jahren oder mit Geldstrafe bestraft.

(2) Der Versuch ist strafbar.

(3) Auf Freiheitsstrafe von einem Jahr bis zu zehn Jahren ist zu erkennen, wenn der Täter
   1. das Opfer länger als eine Woche der Freiheit beraubt ...

§ 177 StGB   Sexuelle Nötigung; Vergewaltigung

(1) Wer eine andere Person
   1. mit Gewalt,
   2. durch Drohung mit gegenwärtiger Gefahr für Leib oder Leben oder
   3. unter Ausnutzung einer Lage, in der das Opfer der Einwirkung des Täters schutzlos ausgeliefert ist,

nötigt, sexuelle Handlungen des Täters ... an sich zu dulden oder an dem Täter ... vorzunehmen, wird mit Freiheitsstrafe nicht unter einem Jahr bestraft.

3. Völkerstrafgesetzbuch

(Durch „Gesetz zur Einführung des Völkerstrafgesetzbuches" vom 26. Juni 2002, Bundesgesetzblatt, Teil l, Nr. 42, vom 29. Juni 2002, S. 2254, zum 30. Juni 2002 in Deutschland in Kraft getreten.)

§ 7 Abs. 1 VStGB   Verbrechen gegen die Menschlichkeit

(1) Wer im Rahmen eines ausgedehnten oder systematischen Angriffs gegen eine Zivilbevölkerung
   1. einen Menschen tötet,
   2. in der Absicht, eine Bevölkerung ganz oder teilweise zu zerstören, diese oder Teile hiervon unter Lebensbedingun-

V. Rechtsnormen, Internationale Erklärungen und Verträge

1. Grundgesetz

Artikel 2 GG Persönliche Freiheitsrechte
(1) Jeder hat das Recht auf die freie Entfaltung seiner Persönlichkeit, soweit er nicht die Rechte anderer verletzt und nicht gegen die verfassungsmäßige Ordnung oder das Sittengesetz verstößt.
(2) Jeder hat das Recht auf Leben und körperliche Unversehrtheit. Die Freiheit der Person ist unverletzlich. In diese Rechte darf nur auf Grund eines Gesetzes eingegriffen werden.

Artikel 3 GG Gleichheit vor dem Gesetz
(3) Niemand darf wegen seines Geschlechtes, ... seines Glaubens, seiner religiösen ... Anschauungen benachteiligt oder bevorzugt werden.

Artikel 6 GG Ehe und Familie, nichteheliche Kinder
(1) Ehe und Familie stehen unter dem besonderen Schutz der staatlichen Ordnung.

2. Deutsches Strafgesetzbuch

§ 172 StGB Doppelehe
Wer eine Ehe schließt, obwohl er verheiratet ist, oder wer mit einem Verheirateten eine Ehe schließt, wird mit Freiheitsstrafe bis zu drei Jahren oder mit Geldstrafe bestraft.

§ 237 StGB Zwangsheirat
(1) Wer einen Menschen rechtswidrig mit Gewalt oder durch Drohung mit einem empfindlichen Übel zur Eingehung der Ehe nötigt, wird mit Freiheitsstrafe von sechs Monaten bis zu fünf Jahren bestraft. Rechtswidrig ist die Tat, wenn die Anwendung der Gewalt oder die Androhung des Übels zu dem angestrebten Zweck als verwerflich anzusehen ist.
(2) Ebenso wird bestraft, wer zur Begehung einer Tat nach Absatz 1 den Menschen durch Gewalt, Drohung mit einem emp-

2. Die Gruppe [der Christen], die sich außerhalb der Arabischen Insel befindet, kann man in drei Untergruppen aufteilen:
Die sich im Kriegszustand mit den Muslimen befindlichen Christen, die einen Friedensvertrag [quasi Waffenstillstand] mit Muslimen geschlossen haben und daher Schutzbefohlene sind. Der Schutzbefohlene ist derjenige, der in al-Shaam [also Syrien, Jordanien, Libanon, Palästina und evtl. Jemen und Teilen Saudi-Arabiens] oder Ägypten geboren ist [also derjenige, der in diesen Ländern seine Heimat hat] ... Er muss Tribut zahlen [an Muslime] und ist erniedrigt ... In muslimischen Ländern müssen diese festgesetzten Regeln eingehalten werden. Z. B.:

— Sie [die Nichtmuslime] dürfen weder muslimische Vornamen noch Nachnamen haben.

— Ihre Häuser dürfen nicht höher als die Häuser der Muslime sein. Ein Christ darf nicht ein dreistöckiges Haus bauen, wenn sein muslimischer Nachbar ein zweistöckiges Haus besitzt.

— Man [ein Muslim] darf sie [die Christen] nicht grüßen [d. h., er darf nicht mit der Begrüßung beginnen, sondern muss warten, bis er von ihnen begrüßt wird].

— Auf Wegen müssen sie [Juden und Christen] abgedrängt werden [nach Muhammads Vorschriften müssen Muslime auf Wegen so gehen, dass für Juden und Christen kaum ein Durchgang gelassen wird], weil Muslime das Vorrecht [d.h. mehr Recht auf die Benutzung von Straßen] auf Straßen haben.

— Sie müssen Kleider tragen, die zeigen, dass sie erniedrigte Schutzbefohlene sind. Selbst ein Kind muss leicht als schutzbefohlenes Christenkind erkennbar sein. Deshalb müssen sie [die Christen] bestimmte Gürtel und Kleider tragen.

— Man [d.h. die Muslime] darf sie [die Christen] nicht ehren, wie man einen Muslim ehrt.

Quelle: www.alhawali.com/index.cfm?method=home.SubContent&contentID=4153

Die [islamischen] Rechtsschulen sind sich bezüglich der Bestrafung der Homosexualität nicht einig. Einige unterscheiden [bei der Bestrafung] zwischen einem verheirateten und unverheirateten [Homosexuellen]. Andere schreiben vor, Homosexuelle von einem hoch gelegenen Ort hinunter zu stoßen, genauso wie Allah es mit dem Volk Lots getan hat. Andere Gelehrte schreiben vor, Homosexuelle zu verbrennen. Wir können von diesen Strafen diejenigen einsetzen, die zu unserer Zeit am besten passen."

Quelle: www.qaradawi.net/site/topics/article.asp?cu_no=2&item_no=5812&version=1&template_id=211&parent_id=16

Institut für Islamfragen der Deutschen Evangelischen Allianz
dh, 11. 06. 2007

Fatwa zu der Frage: Wie müssen Muslime mit Christen umgehen?

Christen haben in muslimischen Ländern nichts verloren oder eine erniedrigte Stellung.

Von Dr. Sheich Safr Bin Abdur-Rahman al- Hawali

Frage: „Wer siegen will, soll sich Christen und andere Gottlose nicht als Freunde nehmen [dies ist ein Hinweis auf Sure 5,51]. Wie sollen wir (Muslime) mit Christen umgehen, die sich in muslimischen Ländern befinden?"

Antwort: „Christen können in zwei Gruppen eingeordnet werden:
1. Die erste Gruppe sind Christen, die (bestimmte) muslimische Länder nicht betreten dürfen. Es ist unnötig, die relevanten Vorschriften zu erwähnen. Diese Länder befinden sich auf der Arabischen Halbinsel. Auf der Arabischen Halbinsel dürfen sich weder Juden noch Christen befinden, d. h. in den (Ländern, die sich dort befinden) zwischen al-Busra (dem Irak) – wie einige meinen –, Jordanien und Adnan (dem Jemen). Diese (Länder) sind ein Tabu für Juden und Christen. Falls es nötig ist, dass sich ein Christ in einem dieser Länder aufhält, wird er eine dreitägige Aufenthaltserlaubnis bekommen, genau wie Umar [der dritte Nachfolger und Kalif Muhammads] es gehandhabt hat.

hören und wehren sich dagegen. Ausgenommen davon sind Frauen, die rechtgeleitet und weise sind.

Dieses Urteil des Propheten Allahs – Allahs Segen und Heil seien auf ihm – ist bewiesen und wurde in den zwei authentischen Überlieferungssammlungen von al-Bukhari und Muslim überliefert.

Die Bedeutung von 'Die Frauen leiden an einem Mangel an Intelligenz' wurde von Allahs Prophet – Allahs Segen und Heil seien auf ihm – folgendermaßen erklärt: 'Das Zeugnis [im Gericht] von einer [Frau] zählt [nur] wie das halbe Zeugnis eines Mannes. Zwei Frauen zählen wie ein Mann. Dies ist die Folge des Mangels an Intelligenz'.

Er [Muhammad] erklärte ebenfalls die Bedeutung des Mangels an Gottesverehrung: 'Tage und Nächte vergehen, ohne dass die Frau beten darf, weil sie ihre Menstruation hat. Das gleiche gilt während der Tage nach der Geburt'.

Dieser Mangel bei den Frauen lag in der Absicht Allahs. Die Frauen müssen diese Tatsache anerkennen. Es ändert sich auch nichts, wenn eine Frau über viel Intelligenz, Scharfsinn oder Wissen verfügt."
Quelle: www.binbaz.org.sa/mat/19950

Institut für Islamfragen der Deutschen Evangelischen Allianz
dh, 03. 07. 2009

Fatwa zum Thema „Strafe für Homosexualität"
Unterschiedliche Strafen können angeordnet werden.
Von einer der obersten sunnitischen Rechtsgutachterautoritäten, Dr. Yusuf al-Qaradawi

Frage: „Sieht der Koran eine Bestrafung für Homosexualität vor?"
Antwort: „Jeder, der sexuell abnorme Verhaltensweisen zeigt, wird mit der Strafe für Ehebruch belegt, wie es im Koran vorgeschrieben ist: 'Und kommt der Unzucht nicht nahe; seht, das ist eine Schändlichkeit und ein übler Weg' (Sure 17,32).

Allah nannte die Tat von Lots Volk ebenfalls eine Schandtat: 'Wollt ihr eine Schandtat begehen, wie sie keiner in der Welt vor euch je begangen hat?' (Sure 7,80) Die Schändlichkeit ist verboten: 'Ihr sollt euch nicht den Schändlichkeiten nähern, seien sie offenkundig oder verborgen' (Sure 6,151).

Institut für Islamfragen der Deutschen Evangelischen Allianz
dh, 12. 08. 2010

Fatwa zu der Frage, ob Frauen Gräber besuchen dürfen

Nur Männern ist der Besuch erlaubt, weil Frauen eine Versuchung für den Mann darstellen.

Von dem sehr einflussreichen muslimischen Geistlichen Abdul Aziz bin Baz. [Er ist der ehemalige Staatsrechtgutachter Saudi-Arabiens und einer der prominentesten Gelehrten des sunnitischen Islam im 20. Jahrhundert]

Frage: „Dürfen Frauen Gräber besuchen?"
Antwort: „Frauen dürfen Gräber nicht besuchen, denn Allahs Prophet – Allahs Segen und Heil seien auf ihm – verfluchte die Frauen, die Gräber besucht haben.

Diese [Aussage Muhammads] wurde von Abu Huraira, ibn Abbas und Hassan bin Thabit – Allahs Wohlgefallen sei auf ihnen – überliefert. Deshalb dürfen Frauen keine Gräber besuchen, Männern ist es erlaubt. Denn Allahs Prophet – Allahs Segen und Heil seien auf ihm – sagte: 'Besucht die Gräber, weil diese euch an den jüngsten Tag erinnern.' Dies wurde in der authentischen Überlieferungssammlung von Muslim überliefert.

Der Sinn dieser Anordnung liegt darin – Allah weiß, wodurch – dass Frauen eine Versuchung [für Männer] darstellen und ungeduldig sind."
Quelle: www.binbaz.org.sa/mat/339

Institut für Islamfragen der Deutschen Evangelischen Allianz
dh, 16. 04. 2010

Rechtsgutachten zum Thema
„Mangel an Intelligenz und Gottesverehrung bei Frauen"

Von dem 1999 verstorbenen Rechtsgutachter Abdul-Aziz bin Baz, dem ehemaligen offiziellen Staatsrechtgutachter Saudi-Arabiens und einem der prominentesten Gelehrten des sunnitischen Islam im 20. Jahrhundert

„Allahs Prophet – Allahs Segen und Heil seien auf ihm – hat erklärt, dass Frauen einen Mangel an Intelligenz und Gottesverehrung haben. In der Regel wollen die Frauen diese Tatsache nicht

III. Code du Statut Personnel
(Ägyptisches Gesetzbuch)[12]

Artikel 67
Eine Frau verliert ihr Recht auf Unterhalt, wenn sie sich ohne legitimen Grund ihrem Ehemanne verweigert.

IV. Fatwas

Institut für Islamfragen der Deutschen Evangelischen Allianz
dh, 01. 08. 2015

Fatwa zu der Frage, ob die Ehefrau ihren Ehemann um Erlaubnis bitten muss, ihre Wohnung verlassen zu dürfen
Die Ehefrau benötigt eine Genehmigung ihres Ehemannes
Von dem Rechtsgutachtergremium des kuwaitischen Religionsministeriums
Rechtsgutachten-Nr.: 10429
Datum des Rechtsgutachtens: 13.02.2010
Frage: „Wie beurteilt das islamische Gesetz [arab. Shar'] die Pflicht der Ehefrau, ihren Ehemann um Erlaubnis zu bitten, wenn sie ausgehen möchte oder wenn sie wegfahren möchte? Gilt diese Bitte um Erlaubnis als eine gesetzliche Pflicht oder ist es einfach eine Information [für den Ehemann]? Wie sieht die göttliche Weisheit in diesen zwei Fällen aus? Falls diese Bitte um Erlaubnis zum Ausgehen eine gesetzliche Pflicht ist: Gilt sie auch, wenn die Frau sich auf die Pilgerfahrt begeben möchte?"
Antwort: „Eine Ehefrau darf ihre Wohnung nur dann verlassen, wenn sie dafür eine Erlaubnis von ihrem Ehemann bekommt, oder wenn es notwendig ist, z. B. wenn sie die Pilgerfahrt verrichten möchte, zu der sie verpflichtet ist. Die Sachlage ist genauso wie bei einem Bürger, der sein Land nur mit einem Reisepass verlassen darf, d. h. nur dann, wenn er dafür die Erlaubnis vom jeweiligen Machthaber erhält."
Quelle: site.islam.gov.kw/Pages/ar/FatwaItem.aspx?itemId=3029

---

12 Zitiert von: Ibn Warraq, Warum ich kein Muslim bin, Aus dem Amerikanischen übersetzt von Abu Al-Adjnabi, Berlin 2004, S. 412.

Er sagte: Es besteht für euch keine Pflicht, es nicht zu tun. Allah beschließt nicht die Erschaffung eines Menschen, der bis zum Tag der Auferstehung entstehen wird, ohne dass es geschieht. (Bukhari, Muslim, Abu Dawud, Tirmidhi, Nasa'i)
Khoury, Adel Theodor, So sprach der Prophet, S. 259, Nr. 474.

'Abdullah berichtet
Wir waren mit dem Gesandten Allahs (S) auf einem Kriegszug und hatten keine Frauen dabei. Daher sagten wir zum Propheten (S): Ist es nicht besser, wenn wir uns kastrieren lassen? Er verbot uns das, erlaubte aber, Frauen für eine begrenzte Zeit zu ehelichen. In diesem Zusammenhang rezitierte er: Ihr Gläubigen! Verwehrt euch nicht die guten Dinge, die Allah euch erlaubt hat! Und begeht keine Übertretung. Allah liebt die nicht, die Übertretungen begehen. (al-ma'ida - 5,87)
Sahih al-Buhari, Nachrichten von Taten und Aussprüchen des Propheten Muhammad, Stuttgart 1991, S. 329.

Gabir Ibn 'Abdullah und Salama Ibn al-Akwa berichten:
Wir waren auf einem Feldzug, als der Gesandte Allahs (S) zu uns kam und sagte: Es ist euch gestattet, eine Zeitehe einzugehen. Nehmt diese Möglichkeit wahr.
Sahih al-Buhari, Nachrichten von Taten und Aussprüchen des Propheten Muhammad, Stuttgart 1991, S. 338.

Hadith aus schiitischer Überlieferung

Von Abu 'Abdallah
Wenn ein Mann und eine Frau unter einer Decke gefunden werden und wenn der Beweis gegen sie feststeht, aber von ihnen nichts Weiteres festgestellt wird, dann werden jedem von ihnen hundert Peitschenhiebe verabreicht. (VII, S. 194, 4)
Khoury, Adel Theodor, Der Hadith, Band V, Nr. 408, S. 158.

II. Hadithe

Hadithe aus sunnitischer Überlieferung

Nach Sahl ibn Sa'd

Ein Mann kam zum Propheten und gestand, dass er Unzucht begangen habe mit einer Frau, die er nannte. Der Prophet schickte nach ihr und fragte sie danach. Sie leugnete es. Da ließ er ihn nach dem Maß der gesetzlichen Strafe geißeln, sie aber ließ er unbestraft.

In einer anderen Version: Er war unverheiratet. Da ließ er ihm hundert Hiebe verabreichen. Er forderte von ihm den Nachweis gegen die Frau. Er mochte ihn nicht zu erbringen. Sie aber bezichtigte ihn der Lüge. Da ließ er ihm zur Strafe für die Verleumdung achtzig Hiebe verabreichen. (Abu Dawud, Nasa'i),

Khoury, Adel Theodor, Der Hadith, Band II, Nr. 2873, S. 385.

Nach Ibn 'Abbas

Ich hörte den Propheten eine Ansprache halten. Er sagte: Kein Mann darf sich allein mit einer Frau befinden, es sei denn, es befindet sich bei ihr jemand, der (ihr gegenüber) mit Verbot belegt ist [D. h.: ein naher Verwandter, dem es verboten ist, sie zu heiraten (vgl. Koran 4,22-23), und der sie beschützt.] Eine Frau darf nicht (allein) reisen, es sei denn in Begleitung von jemandem, der (ihr gegenüber) mit 'Verbot' belegt ist. (Bukhari, Muslim, Abu Dawud, Tirmidhi)

Khoury, Adel Theodor, So sprach der Prophet, Nr. 410, S. 227.

Nach Abu Sa'id

Wir waren auf einem Feldzug mit dem Gesandten Allahs in Mustaliq und raubten vornehme Frauen unter den Arabern. Wir hatten lange Enthaltsamkeit üben müssen, aber wir suchten, ein Lösegeld zu erzielen. So wollten wir uns (ihrer) erfreuen und Verkehr mit Unterbrechung [Anmerkung: 'azl: d.h., der Samenerguss erfolgt außerhalb des Geschlechtsteils der Frau, oder der Mann zieht sich vor dem Samenerguss zurück (coitus interruptus).] üben.

Wir sagten: Wollen wir es tun, während der Gesandte Allahs in unserer Mitte ist und wir ihn aber nicht (danach) fragen? Wir fragten ihn also.

Rs: *(33,35:) Und es ziemt sich nicht für einen gläubigen Mann oder eine gläubige Frau, dass sie – wenn Allah und sein Gesandter eine Angelegenheit beschlossen haben – eine andere Wahl in ihrer Angelegenheit treffen.*

Sure 33,50

Pa: Prophet! Wir haben dir zur Ehe erlaubt: deine Gattinnen, denen du ihren Lohn gegeben hast; was du (an Sklavinnen) besitzt, (ein Besitz, der) dir von Allah (als Beute) zugewiesen (worden ist); die Töchter deines Onkels und deiner Tanten väterlicherseits und deines Onkels und deiner Tanten mütterlicherseits, die mit dir ausgewandert sind; (weiter) eine (jede) gläubige Frau, wenn sie sich dem Propheten schenkt und er (seinerseits) sie heiraten will. Das (letztere?) gilt in Sonderheit für dich im Gegensatz zu den (anderen) Gläubigen.

Rs: *(33,49:) O Prophet! Wir erlauben dir deine Gattinnen, denen du ihre Brautgabe gegeben hast, und jene, die du von Rechts wegen aus (der Zahl) derer besitzt, die Allah dir als Kriegsbeute gegeben hat, und die Töchter deines Vaterbruders und die Töchter deiner Vaterschwestern und die Töchter deines Mutterbruders und die Töchter deiner Mutterschwestern, die mit dir ausgewandert sind, und jedwede gläubige Frau, die sich dem Propheten schenkt, vorausgesetzt, dass der Prophet sie zu heiraten wünscht; (dies gilt) nur für dich und nicht für die Gläubigen.*

Sure 60,10

Pa: Die gläubigen Frauen (wörtlich: Sie) sind diesen (wörtlich: ihnen, d. h. den ungläubigen Männern) nicht (zur Ehe) erlaubt und umgekehrt.

Rs: *(60,9:) Diese (Frauen) sind ihnen nicht erlaubt, noch sind sie (als Ehemänner) diesen (Frauen) erlaubt.*

G. Verstoß gegen allgemeine Persönlichkeitsrechte

I. Koran

Sure 2,223

Pa: Eure Frauen sind euch ein Saatfeld. Geht zu (diesem) eurem Saatfeld, wo immer ihr wollt.

Rs: *(2,222:) Eure Frauen sind ein Saatfeld für euch; darum bestellt euer Saatfeld, wie ihr wollt.*

Sure 4,15

Pa: Und wenn welche von euren Frauen etwas Abscheuliches begehen, so verlangt, dass vier von euch (Männern) gegen sie zeugen! Wenn sie (tatsächlich) zeugen, dann haltet sie im Haus fest, bis der Tod sie abberuft oder Allah ihnen eine Möglichkeit schafft, (ins normale Leben zurückzukehren)!

Rs: *(4,14:) Und wenn einige eurer Frauen eine Hurerei begehen, dann ruft vier von euch als Zeugen gegen sie auf; bezeugen sie es, dann schließt sie in die Häuser ein bis der Tod sie ereilt oder Allah ihnen einen Ausweg gibt.*

Sure 24,3

Pa: Und ein Mann, der Unzucht begangen hat, kann nur eine ebensolche oder eine heidnische Frau heiraten. Und eine Frau, die Unzucht begangen hat, kann (ihrerseits) nur von einem ebensolchen oder einem heidnischen Mann geheiratet werden. Für die (übrigen) Gläubigen ist dies (d.h. die Heirat mit jemand, der Unzucht gegangen hat) verboten.

Rs: *(24,2:) Ein Unzüchtiger darf nur eine Unzüchtige oder eine Götzendienerin heiraten, und eine Unzüchtige darf nur einen Unzüchtigen oder einen Götzendiener heiraten; den Gläubigen aber ist das verwehrt.*

Sure 33,36

Pa: Und weder ein gläubiger Mann noch eine gläubige Frau dürfen, wenn Allah und sein Gesandter eine Angelegenheit (die sie betrifft) entschieden haben, in (dieser) ihrer Angelegenheit (frei) wählen.

3. Konvention zum Schutze der Menschenrechte und Grundfreiheiten
(Europäische Menschenrechtskonvention)
vom 04. November 1950

Artikel 14 EuMRK   Verbot der Benachteiligung
Der Genuss der in der vorliegenden Konvention festgelegten Rechte und Freiheiten muss ohne Unterschied des Geschlechts, der ... Religion ... gewährleistet werden.

4. Charta der Grundrechte der EU
vom 18. Dezember 2000

Artikel 20 EU-GrundR   Gleichheit vor dem Gesetz
Alle Personen sind vor dem Gesetz gleich.

Artikel 21 EU-GrundR   Nichtdiskriminierung
(1) Diskriminierungen insbesondere wegen des Geschlechts, ... der Religion oder Weltanschauung, ... sind verboten.

5. Internationaler Pakt über wirtschaftliche, soziale und kulturelle Rechte (ICESCR)[11]
vom 19. Dezember 1966
BGBl. 1973 II, S. 1569

Artikel 2 ICESCR
(2) Die Vertragsstaaten verpflichten sich, zu gewährleisten, dass die in diesem Pakt verkündeten Rechte ohne Diskriminierung hinsichtlich ... des Geschlechts ... der Religion ... ausgeübt werden.

Artikel 3 ICESCR
Die Vertragsstaaten verpflichten sich, die Gleichberechtigung von Mann und Frau bei der Ausübung der in diesem Pakt festgelegten wirtschaftlichen, sozialen und kulturellen Rechte sicherzustellen.

---

[11] Abgedruckt in: Menschenrechte – Dokumente und Deklarationen, hrsg. von der Bundeszentrale für politische Bildung, Schriftenreihe Band 397, 4. aktualisierte und erweiterte Auflage, Bonn 2004, S. 59.

Frage: Der Prophet des Islam hat diese (Juden und Christen) Tribut zahlen lassen (er hat sie nicht vertrieben). Warum?
Antwort: Diese Vorgehensweise (der Zwang, Tribut zu entrichten) war vor dem Befehl zur Vertreibung gültig, die Muhammad vor seinem Tod veranlasst hat.
Frage: Warum dürfen Jüdinnen und Christinnen, die mit Muslimen verheiratet sind, auf der Arabischen Halbinsel (wohnen) bleiben?
Antwort: Wenn jüdische oder christliche Frauen mit Muslimen verheiratet sind, gelten sie wie Sklavinnen und Konkubinen, die muslimische Männer früher hatten. Die Männer haben in diesem Fall das Fürspracherecht (wilaya) ... 'Umar ibn al-Khattab (der zweite Kalif nach Muhammad) befahl (Muslimen), jüdische und christliche Ehefrauen zu verstoßen.
Quelle: www.asserat.net/report.php?linkid=6776

IV. Rechtsnormen, Internationale Erklärungen und Verträge

1. Grundgesetz

Artikel 3 GG   Gleichheit vor dem Gesetz
(1) Alle Menschen sind vor dem Gesetz gleich.
(2) Männer und Frauen sind gleichberechtigt.
(3) Niemand darf wegen seines Geschlechtes, ... seines Glaubens, seiner religiösen ... Anschauungen benachteiligt oder bevorzugt werden.

2. Allgemeine Erklärung der Menschenrechte der UN
vom 10. Dezember 1948

Artikel 2
Jeder hat Anspruch auf alle in dieser Erklärung verkündeten Rechte und Freiheiten, ohne irgendeinen Unterschied, etwa nach ... Geschlecht, ... Religion, ...

Institut für Islamfragen der Deutschen Evangelischen Allianz
25. 11. 2010

Fatwa zur Frage, Zeugenaussage eines Nichtmuslims vor Gericht: Muslimische Zeugenaussagen sind vorzuziehen.
Von dem Rechtsgutachter Scheich Ya'qub al-Bahseen, dem Mitglied des Vorstands der muslimischen Gelehrten Saudi-Arabiens
Frage: „Wie ist die Zeugenaussage eines Nichtmuslims vor Gericht zu bewerten?"
Antwort: „Das Zeugnis eines Nichtmuslims darf vor Gericht nicht akzeptiert werden, solange es muslimische Zeugen gibt, deren Zeugnisse ausreichen. Solange Muslime Zeugenaussagen tätigen können, darf die Zeugenaussage eines Nichtmuslims nicht angenommen werden. Erst wenn keine muslimische Zeugenaussage möglich ist, darf man Nichtmuslime bei Gericht aussagen lassen. Dies entspricht dem islamischen Gesetz nach dem Prinzip 'Notwendigkeit erfordert die Erlaubung des Verbotenen'".
Quelle: www.alarabiva.net/articles/2010/10/07/121508.html (...)
Posted November 25th, 2010 by hd Kategorie: Fatawa (Rechtsgutachten)

Institut für Islamfragen der Deutschen Evangelischen Allianz
dh, 08. 01. 2007

Fatwa zum Thema: Juden und Christen auf der Arabischen Halbinsel
Muhammad hatte den Befehl zur Vertreibung von Juden und Christen gegeben.
Von dem muslimischen Geistlichen Scheich Ahmad Bawadi
Frage: Warum hat Abu Bakr (Muhammads Schwiegervater und der erste Kalif nach Muhammad) die Juden und Christen auf der Arabischen Halbinsel geduldet? Warum hat er einen Friedensvertrag mit den Juden vom Stamm Khaibar unterzeichnet?
Antwort: Abu Bakr war damals mit seinem Krieg gegen diejenigen, die vom Islam abfielen und diejenigen, die keinen Tribut gezahlt hatten, beschäftigt. Er hatte keine Zeit, die Juden und Christen zu vertreiben. 'Umar (der zweite Kalif nach Muhammad) hat jedoch diese Aufgabe erfüllt. Er hat die Juden und Christen vertrieben.

Keine Religion oder ein von Menschen entworfenes Gesetz verleiht Männern und Frauen dieselben Rechte, weil diese unterschiedlich geschaffen sind. Diese Sure nennt den Grund des Unterschieds in der Berechnung des weiblichen und männlichen Zeugnisses; und zwar ist die Frau vergesslicher als der Mann ... Die Wissenschaft hat diese Tatsache bewiesen.
Dr. Sayed aj-Jamili hat dazu ... veröffentlicht.
Die Hysterie sucht Frauen viel häufiger heim als Männer. Diese Psychose verursacht abrupte Stimmungsschwankungen und Reizbarkeit. Dies kann sogar zu Schizophrenie führen. Obwohl Männer auch von einer Psychose betreffen werden können, sind Frauen viel häufiger davon betroffen ...
Die [muslimischen] Schriftgelehrten haben die Regeln für das Zeugnis von Frauen folgendermaßen aufgeschlüsselt:
1. In [juristischen] Fällen, die sich lediglich auf Frauen beziehen, z. B. Fragen zu Geburt und Jungfräulichkeit, reicht das Zeugnis einer Frau. Hier ist das Zeugnis eines Mannes nicht nötig. Einige [muslimische Schriftgelehrte] meinen, in diesen Fällen reicht das Zeugnis einer Frau, während andere darauf beharrten, dass das Zeugnis zweier Frauen notwendig sei. Andere [muslimische Schriftgelehrte] meinen, das Zeugnis von vier Frauen sei Pflicht.
2. In [juristischen] Fällen, die sich auf Familienangelegenheiten beziehen, ist die Mehrheit [der muslimischen Schriftgelehrten] der Meinung, dass das Zeugnis einer Frau ungültig ist. Es ist notwendig, dass mindestens zwei Männer Zeugnis ablegen müssen. 'O ihr, die ihr glaubt! Wenn der Tod an einen von euch herantritt, liegt die Zeugenschaft zum Zeitpunkt der Testamentseröffnung bei euch: [bei] zwei Redlichen unter euch, oder zwei anderen, die nicht zu euch gehören, wenn ihr gerade im Land herumreist und euch das Unglück des Todes trifft.' (Sure 5,106).
3. In finanziellen Angelegenheiten darf eine Frau mit Männern Zeugnis ablegen, wie in der schon erwähnten Sure (Sure 2,282) beschrieben wird.
4. Bei Strafsachen und in Fällen, in denen ein Hinrichtungsurteil ausgesprochen werden kann, ist das Zeugnis einer Frau ungültig. Das ist Konsens unter muslimischen Schriftgelehrten."
Quelle:www.aleman.com/ask/ask3..asplid=19723&hide1 =2&Next=160&select1 =*&select2 =*&rad1 =&dbegin=&mbegin=&ybegin =&dend=&mend=&yend=&rad2=MQF&idser=&wordser=%C8%E6%E1

Der Gegner, der besser Bescheid wusste als er, sagte: Ja, entscheide zwischen uns nach dem Buch Allahs. Und gib mir die Erlaubnis (zu reden).

Der Gesandte Allahs gab ihm die Erlaubnis (dazu). Er sagte: Mein Sohn war Diener bei diesem da. Er beging Unzucht mit dessen Frau. Mir wurde mitgeteilt, dass für meinen Sohn die Steinigung fällig sei, so kaufe ich ihn mit hundert Schafen und einer Magd los. Ich fragte die Gelehrten, da teilten sie mir mit, dass für meinen Sohn hundert Hiebe und die Verbannung für ein Jahr fällig seien, und dass für die Frau dieses (Mannes) die Steinigung fällig sei.

Da sagte der Gesandte Allahs: Ich werde gewiss zwischen euch nach dem Buch Allahs entscheiden. Die Magd und die Schafe werden zurückgegeben. Für deinen Sohn sind hundert Hiebe und die Verbannung für ein Jahr fällig. Und, o Unays, geh bei Tag zu der Frau dieses (Mannes). Wenn sie gesteht, dann steinige sie. Er ging bei Tag zu ihr. Sie gestand, und er steinigte sie. (Bukhari, Muslim, Abu Dawud, Tirmidhi, Nasa'i)

Khoury, Adel Theodor, Der Hadith, Band II, Nr. 2861, S. 381.

III. Fatwas

Institut für Islamfragen der Deutschen Evangelischen Allianz
dh, 30. 01. 2009

Fatwa zu der Frage, wie viel Gewicht das Zeugnis einer Frau im Islam hat

Erscheinungsnummer und Datum: 19723, erschienen am 18. 07. 2004

Vom Rechtsgutachtergremium Ägyptens 1619

Frage: „Einige behaupten, der Islam diskriminiere die Frau, indem er ihr Zeugnis nur halb so viel gelten lasse wie das Zeugnis eines Mannes. Was lehrt der Islam?"

Antwort: „Allah sagt: 'Und lasst es zwei Zeugen unter euren Männern bezeugen, und wenn es keine zwei Männer gibt, dann einen Mann und zwei Frauen von denen, die euch als Zeugen geeignet erscheinen, damit, wenn sich eine der beiden irrt, die andere sich von beiden erinnert.' (Sure 2,282).

Nach 'Amr ibn al-Ahwas

Der Prophet sagte: Denkt daran, den Frauen Gutes zu tun, denn sie sind bei euch wie Gefangene, und ihr könnt nichts anderes von ihnen erreichen als dies, es sei denn, sie begehen eindeutig Unzucht. Wenn sie es tun, dann »entfernt euch von ihnen in den Schlafgemächern und schlagt sie«, wobei die Schläge nicht hart und schwer sein dürfen. »Wenn sie euch gehorchen, dann wendet nichts Weiteres gegen sie an« (Koran 4,34). (Tirmidhi),
Khoury, Adel Theodor, Der Hadith, Band III, Nr. 3010, S. 42.

Allahs Apostel sprach einst zu einer Gruppe von Frauen: 'Noch nie habe ich Geschöpfe mit weniger Intelligenz und weniger Gottesfurcht als euch gesehen. Etlichen von euch ist es sogar zuzutrauen, dass ihr einen vorsichtigen, sensiblen Mann zu Abwegen verleitet.' Die Frauen fragten: 'O, du Apostel Allahs, was ist denn an unserer Intelligenz und an unserer Religiosität so mangelhaft?' Er sprach: 'Ist es nicht also: erst die Aussage von zwei Frauen kommt dem Zeugnis eines Mannes gleich?' Sie bejahten. Da sprach er: 'Hier haben wir einen Mangel an eurer Intelligenz. Ist es nicht eine Tatsache, dass eine Frau während ihrer unreinen Tage weder beten noch fasten kann?' Wieder stimmten sie zu.

Und er sprach: 'Darin sieht man, wie unzureichend eure Fähigkeit zur Religionsausübung ist.' (Sahih Buhari, arabisch-englische Übersetzung, Band l, Hadith Nr. 301. Siehe auch Band 3, Hadith Nr. 826)
Newton, P., Rafiqul-Haqq, M., Ist Allah Gott?, Frauen im Islam, Toleranz im Islam, Uhldingen, 2. Auflage 1997, S. 81.

Nach Abu Hurayra

Der Gesandte Allahs sagte: Das Zeugnis eines Beduinen gilt nicht gegen den Bewohner einer Ortschaft. (Abu Dawud),
Khoury, Adel Theodor, Der Hadith, Band III, Nr. 3215, S. 95.

Nach Zayd ibn Khalid al-Djuhani

Ein arabischer Beduine kam zum Gesandten Allahs und sagte: O Gesandter Allahs, ich beschwöre dich bei Allah, du sollst für mich nach dem Buch Allahs entscheiden.

Rs: *(9,28:) Kämpft gegen diejenigen, die nicht an Allah und an den jüngsten Tag glauben, und die das nicht für verboten erklären, was Allah und sein Gesandter für verboten erklärt haben, und die nicht dem wahren Glauben folgen – von denen, die die Schrift erhalten haben, bis sie eigenhändig den Tribut in voller Unterwerfung entrichten.*

Sure 63,8
Pa: Doch die Macht kommt (allein) Allah und seinem Gesandten und den Gläubigen zu.
Rs: *(63,7:) ... obwohl die Würdigkeit nur Allah und seinem Gesandten und den Gläubigen zusteht; ...*

II. Hadithe

Hadithe aus sunnitischer Überlieferung

Nach 'Amr ibn Shu'ayb nach seinem Vater nach dessen Großvater
Das Blutgeld betrug zur Zeit des Gesandten Allahs 800 Dinar bzw. 800 Drachmen. Das Blutgeld für Leute des Buches war damals die Hälfte des Blutgeldes für die Muslime. (Abu Dawud; Nasa'i)
Khoury, Adel Theodor, So sprach der Prophet, Nr. 577, S. 299.

Nach 'Ali
Das Blutgeld für eine Frau ist soviel wie das Blutgeld für einen Mann, bis es ein Drittel seines Blutgeldes erreicht. [Anmerkung Khoury: Wenn es das Drittel erreicht oder darüber hinausgeht, dann gilt es, die Hälfte dessen zu entrichten, was für einen Mann fällig wäre. (Nasa'i)
Khoury, Adel Theodor, So sprach der Prophet, Nr. 580, S. 300.

Nach 'Ali
Das Blutgeld für einen Ungläubigen ist so viel wie die Hälfte des Blutgeldes für einen Gläubigen. (Abu Dawud, Tirmidhi)
Khoury, Adel Theodor, So sprach der Prophet, Nr. 581, S. 300.

F. Verstoß gegen den Gleichheitssatz

I. Koran

Sure 2,228

Pa: Und die Männer stehen (bei alledem) eine Stufe über ihnen [den Frauen].

Rs: *(2,227:) Doch die Männer stehen eine Stufe über ihnen [den Frauen].*

Sure 2,282

Pa: Und nehmt zwei Männer von euch zu Zeugen! Wenn es nicht zwei Männer sein können, dann sollen es ein Mann und zwei Frauen sein, solche, die euch als Zeugen genehm sind, – (zwei Frauen) damit (für den Fall), dass die eine von ihnen sich irrt, die eine (die sich nicht irrt) die andere (die sich irrt, an den wahren Sachverhalt) erinnere.

Rs: *(2,281:) Und lasst zwei Zeugen unter euren Männern es bezeugen, und wenn es keine zwei Männer gibt, dann (sollen es bezeugen) ein Mann und zwei Frauen von denen, die euch als Zeugen geeignet erscheinen, damit, wenn sich eine der beiden irrt, die andere von ihnen sie (daran) erinnert.*

Sure 4,11

Pa: Auf (ein Kind) männlichen Geschlechts kommt (bei der Erbteilung) gleichviel wie auf zwei weiblichen Geschlechts.

Rs: *(4,10:) Allah schreibt euch hinsichtlich eurer Kinder vor: Auf eines männlichen Geschlechts kommt gleichviel wie auf zwei weiblichen Geschlechts.*

Sure 9,29

Pa: Kämpft gegen diejenigen, die nicht an Allah und den jüngsten Tag glauben und nicht verbieten (oder: für verboten erklären), was Allah und sein Gesandter verboten haben, und nicht der wahren Religion angehören – von denen, die die Schrift erhalten haben – (kämpft gegen sie), bis sie kleinlaut aus der Hand (?) Tribut entrichten!

4. Konvention zum Schutze der Menschenrechte und Grundfreiheiten
(Europäische Menschenrechtskonvention)
vom 04. November 1950

Artikel 8 EuMRK   Recht auf Achtung des Privat- und Familienlebens

(1) Jeder hat Anspruch auf Achtung seines Privat- und Familienlebens, seiner Wohnung ...

5. Charta der Grundrechte der EU
vom 18. Dezember 2000

Artikel 7 EU-GrundR   Achtung des Privat- und Familienlebens
Jede Person hat das Recht auf Achtung ... ihrer Wohnung ...

> Wer den Islam in seiner
> derzeitigen Verfassung
> für nicht kompatibel mit einer
> offenen, demokratischen
> Gesellschaft hält,
> wird als islamophob und
> fremdenfeindlich diffamiert.
>
> Monika Maron Autorin

1. zur Ausführung der Tat in ein Gebäude, einen Dienst- oder Geschäftsraum oder in einen anderen umschlossenen Raum einbricht, einsteigt, ...

§ 244 StGB   Diebstahl mit Waffen; Bandendiebstahl; Wohnungseinbruchdiebstahl
(1) Mit Freiheitsstrafe von sechs Monaten bis zu zehn Jahren wird bestraft, wer ...
    1. einen Diebstahl begeht, bei dem er zur Ausführung der Tat in eine Wohnung einbricht, einsteigt ... oder mit einem anderen nicht zur ordnungsgemäßen Öffnung bestimmten Werkzeug eindringt ...

3. Völkerstrafgesetzbuch

(Durch „Gesetz zur Einführung des Völkerstrafgesetzbuches"
vom 26. Juni 2002,
Bundesgesetzblatt, Teil l, Nr. 42, vom 29. Juni 2002, Seite 2254,
zum 30. Juni 2002 in Deutschland in Kraft getreten.)

§ 9 VStGB   Kriegsverbrechen gegen Eigentum und sonst Rechte
(1) Wer im Zusammenhang mit einem internationalen oder nichtinternationalen bewaffneten Konflikt plündert oder, ohne dass dies durch die Erfordernisse des bewaffneten Konflikts geboten ist, sonst in erheblichem Umfang völkerrechtswidrig Sachen der gegnerischen Partei, die der Gewalt der eigenen Partei unterliegen, zerstört, sich aneignet oder beschlagnahmt, wird mit Freiheitsstrafe von einem Jahr bis zu zehn Jahren bestraft.
(2) Wer im Zusammenhang mit einem internationalen bewaffneten Konflikt völkerrechtswidrig anordnet, dass Rechte und Forderungen aller oder eines wesentlichen Teils der Angehörigen der gegnerischen Partei aufgehoben oder ausgesetzt werden oder vor Gericht nicht einklagbar sind, wird mit Freiheitsstrafe von einem Jahr bis zu zehn Jahren bestraft.

Bei Abu Dawud heißt es: Ich hörte den Gesandten Allahs sagen: Wenn jemand etwas von den Bäumen Medinas abschneidet, dann ist dem, der ihn erwischt, erlaubt, ihn zu berauben." (Muslim, Abu Dawud)

Khoury, Adel Theodor, Der Hadith, Band II, Nr. 2341, S. 265.

III. Rechtsnormen, Internationale Erklärungen und Verträge

1. Grundgesetz

Artikel 13 GG   Unverletzlichkeit der Wohnung
(1) Die Wohnung ist unverletzlich.

Artikel 14 GG   Eigentum, Erbrecht, Enteignung
(1) Das Eigentum und das Erbrecht werden gewährleistet. Inhalt und Schranken werden durch die Gesetze bestimmt.

2. Deutsches Strafgesetzbuch

§ 123 StGB   Hausfriedensbruch
(1) Wer in die Wohnung, in die Geschäftsräume oder in das befriedete Besitztum eines anderen oder in abgeschlossene Räume, welche zum öffentlichen Dienst oder Verkehr bestimmt sind, widerrechtlich eindringt, ... wird mit Freiheitsstrafe bis zu einem Jahr oder mit Geldstrafe bestraft.

§ 242 StGB   Diebstahl
(1) Wer eine fremde bewegliche Sache einem anderen in der Absicht wegnimmt, die Sache sich oder einem Dritten rechtswidrig zuzueignen, wird mit Freiheitsstrafe bis zu fünf Jahren oder mit Geldstrafe bestraft.

§ 243 StGB   Besonders schwerer Fall des Diebstahls
(1) In besonders schweren Fällen wird der Diebstahl mit Freiheitsstrafe von drei Monaten bis zu zehn Jahren bestraft. Ein besonders schwerer Fall liegt in der Regel vor, wenn der Täter

E. Billigung von Hausfriedensbruch und Diebstahl

I. Koran

Sure 24,29

Pa: Es ist (aber) keine Sünde für euch, Häuser zu betreten, die nicht (eigentlich) bewohnt sind, und in denen etwas ist, das ihr benötigt.

Rs: *(24,28:) Es ist für euch keine Sünde, wenn ihr in unbewohnte Häuser eintretet, die euch von Nutzen sind.*

Sure 7,32

Pa: Sag: Wer hat (etwa) den Schmuck Allahs verboten, den er für seine Diener hervorgebracht hat, und die guten Dinge, die (euch von Allah) beschert sind? Sag: Sie stehen im diesseitigen Leben denen zu, die glauben (oder: Sie stehen denen zu, die im diesseitigen Leben geglaubt haben?).

Rs: *(7,31:) Sprich: „Wer hat die schönen Dinge Allahs verboten, die Er für Seine Diener hervorgebracht hat und die guten Dinge der Versorgung?" Sprich: „Sie sind für die Gläubigen in diesem Leben (und) ausschließlich (für sie) am Tage der Auferstehung".*

II. Hadithe

Hadith aus sunnitischer Überlieferung

<u>Nach einem Knecht von Sa'd ibn Abi Waqqas</u>
Sa'd ibn Abi Waqqas ritt zu seinem Schloss im 'Apiq. Er traf einen Sklaven, der einen Baum fällte bzw. schnitt. Da raubte er ihn aus. Die Herren des Sklaven kamen und sprachen mit ihm, er möge zurückgeben, was er dem Knecht weggenommen hat. Da sagte er: Allah behüte, dass ich etwas zurückgebe, das mir der Gesandte Allahs als Beute gab. Und er lehnte es ab, ihnen etwas zurückzugeben.

Artikel 3 EU-GrundR Recht auf Unversehrtheit
(1) Jede Person hat das Recht auf körperliche und geistige Unversehrtheit.

Artikel 4 EU-GrundR Verbot der Folter oder unmenschlicher oder erniedrigender Strafe oder Behandlung
Niemand darf der Folter oder unmenschlicher oder erniedrigender Strafe oder Behandlung unterworfen werden.

> Die Gewaltebene
> der Scharia ist in
> ihrem Sanktionssystem
> im Namen des Islam so hoch,
> dass es erstaunlich ist,
> dass die islamische Gemeinschaft
> auch hier im Lande keine
> Probleme damit zu haben scheint.
> Gerade die stereotype Abwehr
> im Sinne von
> „das ist nicht unser Verständnis",
> oder – wie es inzwischen so
> gern akademisch heißt –
> „das ist ein anderes Narrativ",
> wird als „Hintertür" benutzt,
> jede kritische Auseinandersetzung
> abzuwehren.
>
> Gunnar Schanno, Journalist

oder Leiden zufügt, die nicht lediglich Folge völkerrechtlich zulässiger Sanktionen sind, ...
8. einem anderen Menschen schwere körperliche oder seelische Schäden, insbesondere der in § 226 des [deutschen] Strafgesetzbuches bezeichneten Art, zufügt,

wird ... in den Fällen der Nummern 3 bis 7 mit Freiheitsstrafe nicht unter fünf Jahren und in den Fällen der Nummern 8 bis 10 mit Freiheitsstrafe nicht unter drei Jahren bestraft.

4. Allgemeine Erklärung der Menschenrechte der UN
vom 10. Dezember 1948

Artikel 3
Jeder hat das Recht auf Leben, Freiheit und Sicherheit der Person.

Artikel 5
Niemand darf der Folter oder grausamer, unmenschlicher oder erniedrigender Behandlung oder Strafe unterworfen werden.

5. Konvention zum Schutze der Menschenrechte und Grundfreiheiten
(Europäische Menschenrechtskonvention)
vom 04. November 1950

Artikel 3 EuMRK   Verbot der Folter
Niemand darf der Folter oder unmenschlicher oder erniedrigender Strafe oder Behandlung unterworfen werden.

6. Charta der Grundrechte der EU
vom 18. Dezember 2000

Artikel 2 EU-GrundR   Recht auf Leben
(1) Jede Person hat das Recht auf Leben.
(2) Niemand darf zur Todesstrafe verurteilt oder hingerichtet werden.

§ 227 StGB   Körperverletzung mit Todesfolge
(1) Verursacht der Täter durch die Körperverletzung (§§ 223 bis 226) den Tod der verletzten Person, so ist die Strafe Freiheitsstrafe nicht unter drei Jahren.

§ 111 StGB   Öffentliche Aufforderung zu Straftaten
(1) Wer öffentlich, in einer Versammlung oder durch das Verbreiten von Schriften (§ 11 Abs. 3) zu einer rechtswidrigen Tat auffordert, wird wie ein Anstifter (§ 26) bestraft.

3. Völkerstrafgesetzbuch
(Durch „Gesetz zur Einführung des Völkerstrafgesetzbuches"
vom 26. Juni 2002,
Bundesgesetzblatt, Teil l, Nr. 42, vom 29. Juni 2002, Seite 2254,
zum 30. Juni 2002 in Deutschland in Kraft getreten.)

§ 6 Abs. 1 Nr. 2 VStGB   Völkermord
(1) Wer in der Absicht, eine ... religiöse ... Gruppe als solche ganz oder teilweise zu zerstören,
1. ein Mitglied der Gruppe tötet,
2. einem Mitglied der Gruppe schwere körperliche oder seelische Schäden, insbesondere der in § 226 des [deutschen] Strafgesetzbuches bezeichneten Art, zufügt,
3. die Gruppe unter Lebensbedingungen stellt, die geeignet sind, ihre körperliche Zerstörung ganz oder teilweise herbeizuführen, ...

wird mit lebenslanger Freiheitsstrafe bestraft.

§ 7 Abs. 1 VStGB   Verbrechen gegen die Menschlichkeit
(1) Wer im Rahmen eines ausgedehnten oder systematischen Angriffs gegen eine Zivilbevölkerung ...
3. Menschenhandel betreibt, insbesondere mit einer Frau oder einem Kind, oder wer auf andere Weise einen Menschen versklavt und sich dabei ein Eigentumsrecht an ihm anmaßt, ...
5. einen Menschen, der sich in seinem Gewahrsam oder in sonstiger Weise unter seiner Kontrolle befindet, foltert, indem er ihm erhebliche körperliche oder seelische Schäden

V. Rechtsnormen, Internationale Erklärungen und Verträge

1. Grundgesetz

Artikel 2 GG   Persönliche Freiheitsrechte
(2) Jeder hat das Recht auf Leben und körperliche Unversehrtheit ... .

Artikel 3 GG   Gleichheit vor dem Gesetz
(2) Männer und Frauen sind gleichberechtigt.

2. Deutsches Strafgesetzbuch

§ 223 StGB   Körperverletzung
(1) Wer eine andere Person körperlich misshandelt oder an der Gesundheit schädigt, wird mit Freiheitsstrafe bis zu fünf Jahren oder mit Geldstrafe bestraft.
(2) Der Versuch ist strafbar.

§ 224 StGB   Gefährliche Körperverletzung
(1) Wer die Körperverletzung ...
  2. mittels einer Waffe oder eines gefährlichen Werkzeugs,
  3. mittels eines hinterlistigen Überfalls,
  4. mit einem anderen Beteiligten gemeinschaftlich ...
begeht, wird mit Freiheitsstrafe von sechs Monaten bis zu zehn Jahren ... bestraft.
(2) Der Versuch ist strafbar.

§ 226 StGB   Schwere Körperverletzung
(1) Hat die Körperverletzung zur Folge, dass die verletzte Person
  1. das Sehvermögen ..., das Gehör, das Sprechvermögen oder die Fortpflanzungsfähigkeit verliert,
  2. ein wichtiges Glied des Körpers verliert oder dauernd nicht mehr gebrauchen kann,
  3. in erheblicher Weise dauernd entstellt wird oder in Siechtum, Lähmung oder geistige Krankheit oder Behinderung verfällt,
so ist die Strafe Freiheitsstrafe nicht unter drei Jahren.

bitte Kamel, bitte Esel, bitte Schaf, ich möchte diesen Gefallen von Dir.' Das Tier versteht das nicht. Es versteht nur durch Schläge. Ein Esel versteht nur durch Schläge. Aber die Frau, der Mann oder das Kind verstehen durch Gefühle. Du schlägst sie [deine Ehefrau] daher mit einem dünnen Zweig, leicht mit deiner Hand usw. Damit sagst du ihr: 'Frau, ich kann es nicht mehr ertragen. Es reicht mir. Es ist genug!'

Also, so ist das Schlagen [der Ehefrauen] gemeint. Er schlägt sie leicht. Das leichte Schlagen bedeutet, dass er ihr Gesicht nicht verletzen darf. Er schlägt sie an Körperstellen, wo keine Spuren zurückbleiben, er schlägt sie nicht auf die Hand, sondern an Körperstellen, an denen kein Schaden entstehen kann, so dass sein Handeln nicht als Angriff auf sie betrachtet werden kann. Er [der Ehemann] darf sie [die Ehefrau] nicht wie ein Tier oder ein Kind schlagen, bei denen man überall hinschlägt.

Leider schlagen viele Ehemänner ihre Frauen, wenn sie verärgert sind. Wenn er mit dem Schlagen anfängt, schlägt er so, als ob er eine Wand schlagen würde. Er schlägt vielleicht mit der linken und rechten Hand oder wird sie vielleicht sogar mit dem Fuß treten.

Oh, mein Bruder, du prügelst dabei einen Menschen. Es ist Dir verboten [die Frau auf diese Weise zu schlagen]."

Quelle: www.youtube.com/watch?v=PJGjC1rsQXs

Der Islam bedroht alles,
wofür unser Gemeinwesen steht:
Freiheitsrechte, Individualismus,
Gleichberechtigung
– und ich kann nicht erkennen,
dass Aussicht besteht,
ihn zu demokratisieren.
Wenn das so wäre,
müsste der Euro-Islam
großen Zuspruch haben,
nicht die Salafisten.

Nicolaus Fest, Journalist

während er durch Anschreien das bekommt, wonach er verlangt, bekommt sie, was sie möchte, durch Weinen und Gefühle. Manchmal empfinden die Männer vielleicht das Weinen einer Frau härter als das Schlagen mit Schwertern.

Die erste Stufe ist: Ermahnt sie einmal, zweimal, dreimal usw.. Falls das nichts bringt, meidet sie im Ehebett, d. h., dass der Ehemann nicht mehr mit seiner Ehefrau verkehren soll. Er ignoriert sie. Er achtet nicht auf ihre Worte, z. B., wenn er nach Hause kommt und isst. Wenn sie ihn fragt: 'Wie geht's dir?', antwortet er nicht. Wenn sie ihn fragt: 'Möchtest du einen Tee?', antwortet er ihr nicht. Er meidet sie im Ehebett, bei Gesprächen, er verkehrt nicht mit ihr, er schläft in einem anderen Zimmer. Damit zeigt er ihr: 'Ich bin sauer auf dich.'

Vielleicht sagt sie sich: 'Allah sei Dank. Jetzt habe ich das ganze Bett für mich allein. Nun kann ich mich im Bett hin- und herdrehen, wie ich möchte'. Also, falls diese zwei Schritte bei ihr nicht helfen, was muss er [gemäß Sure 4,34] tun? Jetzt kommt der letzte Schritt: 'und schlagt sie.'

... Schläge ins Gesicht sind verboten, selbst wenn es um ein Tier geht. Wenn z. B. ein Kamel oder ein Esel das Laufen verweigert, darfst du ihn nicht ins Gesicht schlagen. Wenn man ein Tier nicht ins Gesicht schlagen darf, wie verhält es sich dann mit einem Menschen? Leichtes Schlagen bedeutet, dass man nicht ins Gesicht schlagen darf. Einige muslimische Gelehrte raten, dass er [der Ehemann] sie [die Ehefrau] mit einem dünnen Zweig schlagen soll [arab. miswak: Teile dieses Zweiges werden auf der Arabischen Halbinsel noch heute zum Zähneputzen benutzt. Oft hat dieser Zweig einen Durchmesser zwischen 5 mm und 2 cm]. Ein Mann könnte z. B. zu seiner Frau sagen: 'Das Kind ist neben den Ofen gefallen. Hol es weg davon', oder 'Das Kind spielt mit dem Strom [der Steckdose], hol es weg davon!' Die Frau würde antworten: 'Ich habe jetzt keine Zeit'. Er entgegnet ihr: 'Ich sage dir, hol es dort weg!' Dann schlägt er sie mit einem dünnen Zweig [arab. miswak], nicht mit einer Wasserflasche, einem Teller oder einem Messer. Nein, das darf er nicht tun. Die muslimischen Gelehrten sagen, dass er sie mit einem dünnen Zweig schlagen soll. ... Das zeigt, dass das Ziel nicht ist, ihr weh zu tun.

Wenn du ein Tier schlägst, tust du das, damit es ihm weh tut, so dass es dir gehorcht. Du kannst ein Tier nicht ansprechen: 'Oh,

Frage: „Wer darf nach Allahs Aussage wiedervergelten und sich rächen? In Sure 5,45 geht es ja um die vorgeschriebene Vergeltung Verletzter. Darf man die Strafe als Verwundeter selbst übernehmen?"
Antwort: „Die Verwundungen, die auf dieselbe Art wiederzuvergelten sind, sind diejenigen, die bis zu den Knochen reichen, z. B. ein Stich ins Bein, in den Oberschenkel, in die Schulter, in den Rücken ... In diesem Fall darf der Verletzte sich selbst rächen. Er muss im Verborgenen bleiben und muss darauf achten, sich dadurch nicht selbst in Gefahr zu bringen. Die Spitze des Messerklinge wird auf den Kopf (des zu Bestrafenden) gestellt und (mit Hilfe eines Hammers) hineingestoßen. Das gleiche kann mit dem Oberschenkel und Bein durchgeführt werden."
[**Anmerkung:** Bei Totschlag und Körperverletzung sieht die Scharia Vergeltung vor, auf die die betroffene Familie auch zugunsten von Blutgeld verzichten kann. Verzichtet sie nicht, soll dem Schuldigen unter Aufsicht des Richters genau dieselbe Verletzung zugefügt werden, die er selbst bei seinem Opfer verursachte. Bei Totschlag kann ein direkter männlicher Nachfahre des Toten die Tötung des Täters verlangen.]
Quelle: www.ibn-jebreen.com:9090/controller?action=FatwaView&fid=3107

Institut für Islamfragen der Deutschen Evangelischen Allianz
dh, 15. 01. 2010

Fatwa zu der Frage der Art und Weise, wie eine Frau geschlagen werden darf

Schläge ins Gesicht sind verboten.
Von dem prominenten muslimischen Gelehrten, Rechtsgutachter und Verkünder des Islam, Muhammad al-Arifi
Frage: „In welcher Art und Weise darf oder muss eine Frau nach dem islamischen Gesetz gezüchtigt werden?" [Scheich al-Arifi bezieht sich auf Sure 4,34: 'Und jene [die Ehefrauen], von denen ihr Widerspenstigkeit befürchtet, ermahnt sie, meidet sie im Ehebett und schlagt sie.']
Antwort: „Ein Ehemann kann bisweilen seine Ehefrau mit Schlägen züchtigen, während sie ihn mit ihrem Weinen züchtigt. Und

von einigen Steinen getroffen worden ist, dann soll er nicht zurückgebracht werden. Aber wenn der Beweis gegen ihn erbracht wurde, während er verleugnete, wenn er dann flieht, dann wird er zurückgebracht, wobei er erniedrigt wird, damit die gesetzliche Strafe gegen ihn vollstreckt wird.

Dies gilt, da Ma'iz ibn Malik bei dem Gesandten Allahs einen Ehebruch bekannt hat und dieser daraufhin befohlen hat, ihn zu steinigen. Er floh aus der Grube. Aber al-Zubayr ibn al-'Awamm schlug ihn mit einem Kamelbein und hielt ihn fest ... Er fiel zu Boden. Die Leute erreichten ihn und töteten ihn. Dann benachrichtigten sie den Gesandten Allahs darüber.

Da sagte er zu ihnen: Hättet ihr ihn doch, wenn er geflohen ist, laufen lassen, denn er hat es ja gegen sich selbst zugegeben. Und er sagte zu ihnen: Wäre 'Ali bei euch anwesend gewesen, wäret ihr nicht irregegangen. Und der Gesandte Allahs beerdigte ihn aus dem Geldhaus der Muslime. (VII, S. 198-199, 5)

Khoury, Adel Theodor, Der Hadith, Band V, Nr. 410, S. 158.

Von Abu 'Abdallah
Der Gesandte Allahs sagte: Die Vollstreckung der gesetzlichen Strafe ist besser als Regen an vierzig Morgen. (VII, S. 187,2)

Khoury, Adel Theodor, Der Hadith, Band V, S. 157, Nr. 402.

IV. Fatwas

Institut für Islamfragen der Deutschen Evangelischen Allianz
dh, 07. 11. 2006

Fatwa über das Recht, sich selbst zu rächen

Vergeltung ist im Fall von Verwundungen, die bis zu den Knochen gehen, erlaubt.
Von Scheich Abdullah bin Abdur-Rahman bin Jabrin, einem ehemaligen Dozenten des Instituts für islamische „Propaganda" (arab. imam ad-da'wa) in Saudi-Arabien, einem Dozenten der islamischen Universität von König Fahd und berühmten Prediger in Moscheen

Ein Schlag mit dem Schwert auf deinen Hals, gleichgültig was es bewirkt. Oder von einem Berg hinabstürzen mit gebundenen Händen und Füßen. Oder im Feuer verbrennen. Er sagte: O Befehlshaber der Gläubigen, welche von ihnen ist härter für mich? Er sagte: Das Verbrennen im Feuer. Er sagte: Dann habe ich es gewählt, o Befehlshaber der Gläubigen. ...

Dann stand er auf, weinend, bis er sich in die Grube hinsetzte, die der Befehlshaber der Gläubigen für ihn ausgegraben hatte. Er sah das Feuer um ihn herum lodern. Da weinte der Befehlshaber der Gläubigen, und alle seine Gefährten weinten. Der Befehlshaber der Gläubigen sagte: Du da, du hast die Engel des Himmels und die Engel auf der Erde weinen lassen. So hat Allah sich dir gnädig zugewandt. Steh auf und kehre nie wieder zu irgend etwas von dem zurück, was du getan hast. (VII, S. 215-216, 1)
Khoury, Adel Theodor, Der Hadith, Band V, Nr. 414, S. 162.

Von Abu 'Abdallah
Wenn ein unverheirateter Mann und eine unverheiratete Frau Ehebruch begehen, dann werden jedem von ihnen hundert Peitschenhiebe verabreicht. Bei einem verheirateten Mann und einer verheirateten Frau ist die Steinigung fällig. (VII, S. 189, 2)
Khoury, Adel Theodor, Der Hadith, Band V, Nr. 403, S. 157.

Von Abu 'Abdallah
Über die Steinigung: Die Frau wird bis zu ihrer Körpermitte begraben, dann wirft zuerst der Imam, und die (übrigen) Menschen werfen dann kleine Steine. Der Mann aber, wenn er gesteinigt wird, wird nur bis zu seinen Hüften begraben. (VII, S. 198, 4)
Khoury, Adel Theodor, Der Hadith, Band V, Nr. 409, S. 158.

Von Abu l-Hasan
Al-Husayn ibn Khalid erzählt: Ich sagte zu Abu l-Hasan: Berichte mir über den gesetzlich verheirateten Mann, wenn er aus der Grube wegflieht: Soll man ihn zurückbringen, damit man an ihm die gesetzliche Strafe vollstreckt?

Er sagte: Er wird zurückgebracht oder nicht zurückgebracht. Ich sagte: Wie geht das? Er sagte: Wenn er gegen sich selbst zugegeben hat und dann aus der Grube geflohen ist, nachdem er

sagte: Der Junge wird geschlagen, jedoch unter dem gesetzlichen Maß. Der Frau wird das Strafmaß verabreicht.

Ich sagte: Eine Magd, die noch nicht erwachsen geworden ist, wird mit einem gefunden, der an ihr lasterhaft handelt?

Er sagte: Die Magd wird geschlagen, jedoch unter dem gesetzlichen Maß. Dem Mann wird das (volle) Strafmaß verabreicht. (VII, S. 189, 2)

Khoury, Adel Theodor, Der Hadith, Band V, Nr. 406, S. 157.

Von Abu 'Abdallah
Das Maß der Auspeitschung bei Unzucht ist fällig, wenn sie beide sich unter einer Decke befinden: dass beide Männer sich unter einer Decke befinden, und dass beide Frauen sich unter einer Decke befinden. (VII, S. 194, 3)

Khoury, Adel Theodor, Der Hadith, Band V, Nr. 407, S. 158.

Von Abu 'Abdallah
Die gesetzliche Strafe für den, der Homosexualität begeht, ist wie die Strafe des Ehebrechers. Wenn er verheiratet ist, soll er gesteinigt werden, sonst werden ihm Peitschenhiebe verabreicht. (VII, S. 212-213,1)

Khoury, Adel Theodor, Der Hadith, Band V, Nr. 413, S. 161.

Von Abu Dja'far
Er wurde gefragt nach einem Mann, der eine Frau vergewaltigt hat. Er sagte: Er soll getötet werden, ob er nun verheiratet ist oder nicht verheiratet. (VII, S. 203, 1)

Khoury, Adel Theodor, Der Hadith, Band V, Nr. 412, S. 161.

Von Abu 'Abdallah
Als der Befehlshaber der Gläubigen sich mit einer Gruppe seiner Gefährten befand, da kam ein Mann zu ihm und sagte: O Befehlshaber der Gläubigen, ich bin über einen Jungen hergefallen, so reinige mich. Er sagte zu ihm: Du, geh nach Hause. Vielleicht hat sich bei dir nur eine Begierde geregt. ... [Nach der vierten Selbstbezichtigung wird der Mann verurteilt. Er kann unter drei Strafen eine wählen.] ...

denn eine bessere Reue als die, dass sie ihr Leben Allah geschenkt hat? (Muslim; Abu Dawud; Tirmidhi; Nasa'i)

Khoury, Adel Theodor, So sprach der Prophet, Nr. 596, S. 307.

<u>Nach Abu Hurayra</u>
Der Prophet sagte: Wenn jemand ins Haus von Leuten ohne ihre Erlaubnis hineinschaut, dann ist es ihnen erlaubt, seine Augen auszustechen. (Muslim, Abu Dawud)

Khoury, Adel Theodor, Der Hadith, Band III, Nr. 3816, S. 216.

<u>Nach Sabra</u>
Der Prophet sagte: Befehlt dem Knaben zu beten, wenn er das Alter von sieben Jahren erreicht hat. Wenn er zehn Jahre alt geworden ist, sollt ihr ihn durch Schläge dazu zwingen. (Abu Dawud, Tirmidhi)

Khoury, Adel Theodor, Der Hadith, Band II, Nr. 1404, S. 54.

<u>Hadithe aus schiitischer Überlieferung</u>

<u>Von Abu 'Abdallah</u>
Über einen kleinen Jungen von zehn Jahren, der noch nicht voll bewusst ist, wenn er mit einer Frau Unzucht begeht.

Er sagte: Dem Jungen werden Peitschenhiebe verabreicht, jedoch unter dem gesetzlichen Maß. Der Frau werden Peitschenhiebe im vollen Maß verabreicht. [Anmerkung Khoury: „Es sind nach dem Koran hundert Peitschenhiebe: 24,2."]

Es wurde gesagt: Wenn sie aber gesetzlich verheiratet ist? Er sagte: Sie wird nicht gesteinigt, denn derjenige, der sie beschlafen hat, ist nicht voll bewusst. Sollte er voll bewusst sein, dann wird sie gesteinigt. (VII, S. 193, 1)

Khoury, Adel Theodor, Der Hadith, Band V, Nr. 405, S. 157.

<u>Von Abu 'Abdallah</u>
Ibn Bakir erzählt: Ich fragte Abu 'Abdallah das letzte Mal, dass ich ihn getroffen habe, nach einem Jungen, der noch nicht das Unterscheidungsalter erreicht hat, der aber über eine Frau herfällt oder an einer Frau lasterhaft handelt: Was soll man mit ihm machen? Er

Nach Ibn 'Abbas
Wenn ihr jemanden ertappt, während er das tut, was das Volk des Lot tat, dann sollt ihr den Täter und den, dem es angetan wird, töten. (Abu Dawud, Timidhi)
Khoury, Adel Theodor, So sprach der Prophet, Nr. 597, S. 307.

Nach Wisha
Die Quarayshiten waren bekümmert wegen einer Frau aus der Sippe der Makhzum, die gestohlen hatte. Sie sagten: Wer spricht in ihrer Sache mit dem Gesandten Allahs? Sie sagten: Wer wagt es, ein Wort bei ihm einzulegen außer Usama ibn Zayd, dem Liebling des Gesandten Allahs? Da sprach Usama mit ihm.

Der Gesandte Allahs sagte: Du legst Fürsprache ein in einer Straftat, die von Allah selbst mit einer gesetzlichen Strafe belegt ist? Dann stand er auf und hielt eine Ansprache. Dann sagte er: Was diejenigen, die vor euch lebten, ins Verderben gestürzt hat, ist die Tatsache, dass sie den Vornehmen, wenn er gestohlen hatte, laufen zu lassen und den Schwachen, wenn er gestohlen hatte, der gesetzlichen Strafe zu unterziehen pflegten. Bei Allah, würde Fatima, die Tochter Muhammads, stehlen, so würde ihre Hand abgehackt werden.

In einer anderen Version: Dann gab er seinen Befehl in Bezug auf die Frau und ihre Hand wurde abgehackt. (Bukhari, Muslim, Abu Dawud, Tirmidhi, Nasa'i)
Khoury, Adel Theodor, Der Hadith, Band II, Nr. 2895, S. 389.

Nach 'Imran ibn al-Husayn
Eine Frau kam zum Propheten. Sie war infolge eines Ehebruchs schwanger. Sie sagte: O Gesandter Allahs, ich habe eine gesetzliche Strafe verdient, so verhänge sie über mich. Der Gesandte Allahs rief ihren Sachwalter zu sich und sagte: Sei gut zu ihr. Und sobald sie ihre Niederkunft gehabt hat, bringe sie zu mir.

Er tat so. Da befahl der Prophet, und ihre Kleider wurden um sie festgebunden. Dann befahl er, und sie wurde gesteinigt. Dann hielt er das Gebet für sie. Da sagte 'Umar zu ihm: Du betest für sie, o Prophet Allahs, wo sie doch Ehebruch begangen hat!

Da sagte er: Sie hat eine Reue gezeigt, die, wenn sie auf siebzig Leute aus Medina verteilt würde, sie alle umfassen würde. Gibt es

Der Prophet Allahs sagte: Wenn ein Mann seine Frau zu sich ruft, damit er seine Begierde befriedigen kann, so soll sie zu ihm kommen, auch wenn sie gerade am Herd beschäftigt ist. (Mischkat al-Masabih, Englisch-Arabisch, Buch l, Abschnitt „Pflichten von Mann und Frau", Hadith Nr. 61.)
Newton, P., Rafiqul Haqq, M., Ist Allah Gott?, Frauen im Islam, Toleranz im Islam, Uhldingen, 2. Auflage 1997, S. 55.

Eine Frau beklagte sich bei Mohammed darüber, dass ihr Mann ihre Fastenzeit breche, weil er sexuellen Kontakt mir ihr haben wolle. Der Mann klagte ebenfalls und sagte: „Sie macht weiter mit Fasten und ich bin ein jugendlicher Mann und kann deshalb keine Geduld haben." Der Prophet sprach: „Keine Frau soll ein Fasten halten, nur wenn ihr Ehemann es ihr gestattet." (Mischkat al-Masabih, Buch l, Pflichten von Mann und Frau, Hadith Nr. 72)
Newton, P., Rafiqul-Haqq, M., Ist Allah Gott?, Frauen im Islam, Toleranz im Islam, Uhldingen, 2. Auflage 1997, S. 55.

Der Bote Allahs sagte: Wenn ein Mann seine Frau zu sich ins Bett ruft und sie sich weigert, und wenn er dann diese Nacht in schlechter Laune verbringt, so steht sie unter dem Fluch der Engel, bis sie am Morgen wieder aufsteht. (Mischkat al-Masabih, englische Übersetzung, Buch l, Abschnitt „Pflichten von Ehemann und Frau", Hadith Nr. 54. Siehe auch Al-Buchari, arabisch-englische Übersetzung, Band VII, Hadith Nr. 121)
Newton, P., Rafiqul-Haqq, M., Ist Allah Gott?, Frauen im Islam, Toleranz im Islam, Uhldingen, 2. Auflage 1997, S. 55.

<u>Nach Anas</u>
Einige in Medina hatten Bauchschmerzen. Da befahl ihnen der Prophet, seinem Hirten mit den Kamelen nachzulaufen und von ihrer Milch und ihrem Harn zu trinken. Sie liefen seinem Hirten nach und tranken von ihrer Milch und ihrem Harn, bis ihre Leiber gesund wurden. Da ermordeten sie den Hirten und trieben die Kamele. Dies erreichte den Propheten. Er schickte nach ihnen. Sie wurden herbeigebracht. Da ließ er ihre Hände und ihre Füße abhacken und ihre Augen ausstechen. (Bukhari, Muslim, Abu Dawud, Tirmidhi, Nasa'i)
Khoury, Adel Theodor, Der Hadith, Band III, Nr. 3758, S. 203.

Fusalah-lbn-Obaid erzählte, dass man einen Dieb vor den Propheten brachte, der ließ ihm die Hand abhacken und gab dann die zusätzliche Anordnung, dass man die Hand dem Dieb um den Hals hängen solle. Sahih Muslim 4157, 4185
Mischkat al-Masabih, Buch II, Abschnitt 11, 1210 Diebstahl, Hadith Nr. 130. Auch erwähnt bei Tirmidi, Abu Dawud, al-Nisa'i, Ibn Madschah (824-886),
Newton, P., Rafiqul-Haqq, M., Ist Allah Gott?, Frauen im Islam, Toleranz im Islam, Uhldingen, 2. Auflage 1997, S. 11.

Aischah berichtet, dass der Gesandte Allahs einem Dieb für einen Vierteldinar und darüber die Hand abhacken ließ. (Sahih Muslim, Kitab AI-Hudud, Hadith Nr. 4157)
Newton, P., Rafiqul-Haqq, M., Ist Allah Gott?, Frauen im Islam, Toleranz im Islam, Uhldingen, 2. Auflage 1997, S. 11.

Abu Hureira erzählt, Allahs Gesandter habe gesagt: 'Der Fluch Allahs sei über jedem Dieb, der ein Ei stiehlt, und man hacke ihm die Hand ab. Ebenso, wenn er ein Seil stiehlt, und man hacke auch ihm die Hand ab.' (Sahih Muslim, Kitab Al-Hudud, Hadith Nr. 4185)
Newton, P., Rafiqul-Haqq, M., Ist Allah Gott?, Frauen im Islam, Toleranz im Islam, Uhldingen, 2. Auflage 1997, S. 11.

Nach Busr ibn Artat
Ich hörte den Gesandten Allahs sagen: Die Hand wird bei Raubzügen nicht abgehackt. (Abu Dawud, Tirmidhi, Nasa'i)
Khoury, Adel Theodor, Der Hadith, Band II, Nr. 2857, S. 380.

Ibn Kathir erwähnt in seinem Kommentar einen Hadith über al Aschath Ibn al Kais, der Omar besuchte und miterlebte, wie Omar seine Frau nahm und sie schlug und dann zu Aschath sagte: „Merke dir drei Dinge von mir, die ich von dem Propheten gelernt habe, als er sprach: Der Mann darf nicht gefragt werden, weshalb er seine Frau schlägt ..." (Ibn Kathir, Kommentar zu Koran 4,34; dieser Hadith wird erwähnt auch bei Abu Dawud, al-Nisa'i und Ibn Madschah)
Newton, P., Rafiqul-Haqq, M., Ist Allah Gott?, Frauen im Islam, Toleranz im Islam, Uhldingen, 2. Auflage 1997, S. 52.

Sure 24,4

Pa: Und wenn welche ehrbare Frauen in Verruf bringen und hierauf keine vier Zeugen beibringen, dann verabreicht ihnen 80 Hiebe ...

Rs: *(24,3:) Und denjenigen, die ehrbaren Frauen (Unkeuschheit) vorwerfen, jedoch nicht vier Zeuge (dafür) beibringen, verabreicht achtzig Peitschenhiebe.*

Sure 4,34

Pa: Die Männer stehen über den Frauen ... Und wenn ihr fürchtet, dass Frauen sich auflehnen, dann vermahnt sie, meidet sie im Ehebett und schlagt sie.

Rs: *(4,33:) Die Männer stehen den Frauen in Verantwortung vor ... Und jene, deren Widerspenstigkeit ihr befürchtet: Ermahnt sie, meidet sie im Ehebett und schlagt sie!*

II. Hadithe

Hadithe aus sunnitischer Überlieferung

<u>Nach 'A'isha</u>
Der Prophet sagte: Die Hand des Diebes darf nur bei einem Wert von einem Viertel Dinar oder mehr abgehackt werden. (Bukhari, Muslim, Abu Dawud, Tirmidhi, Nasa'i)
Khoury, Adel Theodor, Der Hadith, Band II, Nr. 2852, S. 379.

<u>Nach Ibn 'Umar</u>
Der Gesandte Allahs ließ einem Dieb wegen eines Schildes im Wert von drei Drachmen (die Hand) abhacken. (Bukhari, Muslim, Abu Dawud)
Khoury, Adel Theodor, Der Hadith, Band II, Nr. 2853, S. 379.

<u>Nach Ibn 'Abbas</u>
Der Gesandte Allahs ließ wegen eines Schildes im Wert von einem Dinar bzw. zehn Drachmen (die Hand) abhacken. (Abu Dawud, Nasa'i),
Khoury, Adel Theodor, Der Hadith, Band II, Nr. 2854, S. 379.

D. Anweisung zu Verstümmelungen und Züchtigungen

I. Koran

Sure 5,33

Pa: Der Lohn derer, die gegen Allah und seinen Gesandten Krieg führen und (überall) im Land eifrig auf Unheil bedacht sind (?), soll darin bestehen, dass sie umgebracht oder gekreuzigt werden, oder dass ihnen wechselweise (rechts und links) Hand und Fuß abgehauen wird, oder dass sie des Landes verwiesen werden.

Ra: *(5,32:) Der Lohn derer, die gegen Allah und Seinen Gesandten Krieg führen und Verderben im Lande zu erregen trachten, soll sein, dass sie getötet oder gekreuzigt werden oder dass ihnen Hände und Füße wechselseitig abgeschlagen werden oder dass sie aus dem Lande vertrieben werden.*

Sure 5,38

Pa: Wenn ein Mann oder eine Frau einen Diebstahl begangen hat, dann haut ihnen die Hand ab.

Rs: *(5,37:) Dem Dieb und der Diebin schneidet ihr die Hände ab, als Vergeltung für das, was sie begangen haben, und als abschreckende Strafe von Allah.*

Sure 24,2

Pa: Wenn eine Frau und ein Mann Unzucht begehen, dann verabreicht jedem von ihnen 100 (Peitschen-)Hiebe! Und lasst euch im Hinblick darauf, dass es (bei dieser Strafverordnung) um die Religion Allahs geht, nicht von Mitleid mit ihnen erfassen, ... Und bei ihrer Bestrafung soll eine Gruppe der Gläubigen (als Zeugen) anwesend sein.

Rs: *(24,1:) Peitscht die Unzüchtige und den Unzüchtigen gegebenenfalls jeweils mit hundert Peitschenhieben aus; und lasst euch angesichts dieser Vorschrift Allahs nicht von Mitleid mit den beiden ergreifen, ...Und eine Anzahl der Gläubigen soll ihrer Pein beiwohnen.*

Einzelnen wegen seiner Zugehörigkeit zu einer vorbezeichneten Gruppe oder zu einem Teil der Bevölkerung beschimpft, böswillig verächtlich macht oder verleumdet,
wird mit Freiheitsstrafe von drei Monaten bis fünf Jahren bestraft. ...

§ 130 a StGB   Anleitung zu Straftaten
(1) Wer eine Schrift (§ 11 Abs. 3), die geeignet ist, als Anleitung zu einer in § 126 Abs. 1 genannten rechtswidrigen Tat zu dienen, und nach ihrem Inhalt bestimmt ist, die Bereitschaft anderer zu fördern oder zu wecken, eine solche Tat zu begehen, verbreitet ... oder sonst zugänglich macht, wird mit Freiheitsstrafe bis zu drei Jahren oder mit Geldstrafe bestraft.

3. Allgemeine Erklärung der Menschenrechte der UN
vom 10. Dezember 1948

Artikel 1
Alle Menschen sind frei und gleich an Würde und Rechten geboren.

Artikel 7 Satz 2
Alle haben Anspruch auf gleichen Schutz gegen jede Diskriminierung, die gegen diese Erklärung verstößt, und gegen jede Aufhetzung zu einer derartigen Diskriminierung.

4. Europäische Menschenrechtskonvention

Artikel 9 EuMRK   Gedanken-, Gewissens- und Religionsfreiheit
(1) Jedermann hat Anspruch auf Gedanken-, Gewissens- und Religionsfreiheit; dieses Recht umfasst die Freiheit des Einzelnen zum Wechsel der Religion oder der Weltanschauung sowie die Freiheit, seine Religion oder Weltanschauung einzeln oder in Gemeinschaft mit anderen öffentlich oder privat, durch Gottesdienst, Unterricht, durch die Ausübung und Beachtung religiöser Gebräuche auszuüben.

V. Rechtsnormen, Internationale Erklärungen und Verträge

1. Grundgesetz

Artikel 1 Menschenwürde
(1) Die Würde des Menschen ist unantastbar.

Artikel 4 Glaubens-, Gewissens- und Bekenntnisfreiheit
(1) Die Freiheit des Glaubens, des Gewissens und die Freiheit des religiösen und weltanschaulichen Bekenntnisses sind unverletzlich.

2. Deutsches Strafgesetzbuch

§ 166 StGB Beschimpfung von Bekenntnissen, Religionsschaften und Weltanschauungsvereinigungen

(1) Wer öffentlich oder durch Verbreiten von Schriften (§ 11 Abs. 3) den Inhalt des religiösen oder weltanschaulichen Bekenntnisses anderer in einer Weise beschimpft, die geeignet ist, den öffentlichen Frieden zu stören, wird mit Freiheitsstrafe bis zu drei Jahren oder mit Geldstrafe bestraft.

(2) Ebenso wird bestraft, wer öffentlich oder durch Verbreiten von Schriften (§ 11 Abs. 3) eine im Inland bestehende Kirche oder andere Religionsgesellschaft oder Weltanschauungsvereinigung, ihre Einrichtungen oder Gebräuche in einer Weise beschimpft, die geeignet ist, den öffentlichen Frieden zu stören.

§ 130 StGB Volksverhetzung

(1) Wer in einer Weise, die geeignet ist, den öffentlichen Frieden zu stören,
1. gegen eine ... religiöse ... Gruppe, gegen Teile der Bevölkerung oder gegen einen Einzelnen wegen seiner Zugehörigkeit zu einer vorbezeichneten Gruppe oder zu einem Teil der Bevölkerung zum Hass aufstachelt, zu Gewalt- oder Willkürmaßnahmen auffordert oder
2. die Menschenwürde anderer dadurch angreift, dass er eine vorbezeichnete Gruppe, Teile der Bevölkerung oder einen

Der Islam hat uns befohlen, die Juden und Christen von der Arabischen Halbinsel zu vertreiben. Sie dürfen dort nicht bleiben, denn die Arabische Halbinsel ist das Land der Botschaft [des Islam]. Deshalb dürfen wir das Land nicht mit den unreinen Juden und Christen verschmutzen.

Allahs Prophet – Allahs Segen und Heil seien auf ihm – sagte: 'Vertreibt die Polytheisten von der Arabischen Halbinsel' (Sahih al-Bukhari 2932 und Sahih Muslim 3089).

Der Islam hat uns verboten, von dem Geschirr der Juden und Christen zu essen, es sei denn, es besteht ein Zwang, das zu tun. In diesem Fall müssen wir zuerst das Geschirr gründlich abwaschen. Als Allahs Prophet – Segen und Heil seien auf ihm – nach dem Essen über das Geschirr der Juden und Christen befragt wurde, antwortete er: 'Falls ihr [Muslime] anderes Geschirr [als das von Juden oder Christen] findet, benutzt es nicht. Falls ihr nichts anderes findet, dann esst davon, aber wascht es zuerst gründlich.' (al-Bukhari 5056 und Muslim 3567).

Der Islam hat uns verboten, uns ähnlich wie die Ungläubigen zu kleiden oder ähnlich wie sie zu essen und zu trinken. Denn wir sind die Überlegenen und die Ungläubigen sind die Unterlegenen. Der Überlegene ahmt nicht den Unterlegenen nach. Allahs Prophet, Allahs Segen und Heil seien auf ihm, hat denjenigen, der die Ungläubigen nachahmt, die Hölle versprochen: 'Wer ein Volk nachahmt, wird einer von ihnen.'

Diese [Aussage Muhammads] wurde von Abu Dawud (3412) überliefert. Al-Albani stufte diese Überlieferung als authentisch ein [also als hadith sahih]. Die Überlieferung kann (unter Sahih Abu Dawud. 3401) aufgefunden werden. Unser Prophet [Muhammad] hat uns befohlen, gegen die Ungläubigen zu kämpfen, wenn wir in der Lage sind, sie in ihren Ländern zu erobern und sie vor die Wahl zu stellen, bevor wir ihre Länder erobern:

1. Zum Islam überzutreten. In diesem Fall werden sie [die Ungläubigen] wie wir betrachtet, sie haben unsere Pflichten und Rechte;
2. Tribut [an Muslime] im erniedrigten Zustand zu zahlen;
3. Sich für den Krieg [gegen uns Muslime] zu entscheiden. In diesem Fall werden uns [im Falle unseres Sieges] ihr Eigentum, ihre Frauen, Kinder und Ländereien gehören. Sie gelten den Muslimen als Kriegsbeute.

Quelle: www.islam-qa.com/ar/ref/13759

Religion[sgemeinschaft] sind und keine Rasse. Selbstverständlich sind alle Juden Ungläubige. Habe ich mich dadurch versündigt?"
Antwort: „Sie haben dadurch nichts Falsches getan. Denn die Juden, die die Botschaft Muhammads – Allahs Segen und Heil seien auf ihm – erreicht hat und die nicht daran [an den Islam] glauben, sind verhasste Ungläubige und dem Feuer versprochen. Im Gegensatz dazu sind diejenigen von ihnen, die an Muhammad glauben – Allahs Segen und Heil seien auf ihm – nicht mehr Juden, sondern Muslime geworden.

Dass die Juden eine Rasse sind, ist eine falsche Behauptung. Denn sie stammen von verschiedenen Rassen ab, wie wir im Rechtsgutachten Nr. 49581 geschildert haben."
Quelle: www.islamweb.net/fatwa/index.php?page=showfatwa&Option=FatwaId&Id=156641

Institut für Islamfragen der Deutschen Evangelischen Allianz
dh, 31. 08. 2010

Fatwa zu der Frage, wie der Islam die Ungläubigen ansieht: Der Islam ist die überlegene Religion
Von dem prominenten saudischen Rechtsgutachter und Verkündiger des Islam Muhammad Salih al-Munajjid
Rechtsgutachten-Nr.: 13759

Frage: „Wie sieht der Islam die Ungläubigen?"
Antwort: „... Der Islam hat uns [Muslimen] befohlen, gegeneinander barmherzig zu sein. Den Ungläubigen gegenüber müssen wir herablassend und hart sein.

Allah beschrieb die Weggefährten [von] Allahs Propheten – Allahs Segen und Heil seien auf ihm – folgendermaßen: 'Muhammad ist der Gesandte Allahs. Und die, die mit ihm sind, sind hart gegen die Ungläubigen, doch barmherzig gegeneinander.' (Sure 48,29) Der Islam erlaubt uns [Muslimen], die Frauen der Juden und Christen zu heiraten. Diese dürfen jedoch unsere Frauen nicht heiraten, denn die Juden und Christen sind uns unterlegen, unsere Frauen sind ihnen überlegen. Der Niedrige darf nicht über dem Hohen stehen. Der Islam ist überlegen. Nichts darf dem Islam überlegen sein. Wir glauben an ihre Propheten, sie glauben aber nicht an unsere Propheten.

Nach Abu Hurayra
Die Stunde wird nicht erst eintreffen, bis die Muslime die Juden bekämpfen. Da töten die Muslime die Juden, bis sich die Juden hinter den Steinen und den Bäumen verstecken. Da sagt der Stein oder der Baum: O Muslim, du Diener Allahs, dieser ist ein Jude hinter mir. Komm und töte ihn. Mit Ausnahme des Stachelbaums, denn er gehört zu den Bäumen der Juden. (Muslim, Tirmidhi)
Khoury, Adel Theodor, Der Hadith, Band l, Nr. 381, S. 155.

III. Charta der Palästinenserorganisation „Hamas" [10]
vom 18. August 1988

Artikel 7
Das jüngste Gericht wird nicht kommen, solange Moslems nicht die Juden bekämpfen und sie töten. Dann aber werden sich die Juden hinter Steinen und Bäumen verstecken, und die Steine und Bäume werden rufen: „Oh Moslem, ein Jude versteckt sich hinter mir, komm' und töte ihn."

IV. Fatwas

Institut für Islamfragen der Deutschen Evangelischen Allianz
dh, 12. 08. 2011

Fatwa zur Verfluchung der Juden
Die Verfluchung der Juden ist kein Fehler.
Von dem Rechtsgutachtergremium des qatarischen Religionsministeriums unter www.islamweb.net
Rechtsgutachten-Nr: 156641

Frage: „Vor einiger Zeit habe ich die Juden verflucht. Aber als ich dies tat, hatte ich unüberlegt erst gedacht, die Juden wären eine Rasse. Allerdings hatte ich die Juden, die zum Islam übergetreten sind, von der Verfluchung ausgenommen, weil ich dachte, diese wären ebenfalls eine Rasse, nicht eine Religion. Später habe ich meinen Fehler eingesehen und erkannt, dass die Juden eine

---
10 Veröffentlicht von der Botschaft des Staates Israel in Deutschland.

C. Volksverhetzung, Beschimpfung von Bekenntnissen

I. Koran

Sure 8,55

Pa: Als die schlimmsten Tiere gelten bei Allah diejenigen, die ungläubig sind und (auch) nicht glauben werden (?).

Rs: *(8,54:) Wahrlich, schlimmer als das Vieh sind bei Allah jene, die ungläubig sind und nicht glauben werden; ...*

Sure 47,12

Pa: Die Ungläubigen aber genießen (ihr kurz befristetes Dasein) und verleiben sich (gedankenlos) ihre Nahrung ein (wörtlich: essen), wie das Vieh es tut. Sie werden ihr Quartier im Höllenfeuer haben.

Rs: *(47,11:) ... die aber, die ungläubig sind, genießen und fressen wie das Vieh, und das Feuer wird ihre Wohnstatt sein.*

Sure 63,4

Pa: Sie [die zuerst gläubig waren, dann aber wieder ungläubig geworden sind,] sind die (wahren) Feinde. Darum nimm dich vor ihnen in acht! Diese allahverfluchten (Leute) (wörtlich: Allah bekämpfe sie)!

Rs: *(63,3:) Sie sind der Feind, darum nimm dich vor ihnen in Acht. Allahs Fluch über sie!*

II. Hadithe

Hadithe aus der sunnitischen Überlieferung

'Abdullah Ibn 'Umar (R a) berichtet, der Gesandte Allahs (S) habe gesagt:
Ihr werdet die Juden bekämpfen, bis einer von ihnen Zuflucht hinter einem Stein sucht. Und dieser Stein wird rufen: „Komm herbei! Dieser Jude hat sich hinter mir versteckt! Töte ihn!"
Sahih al-Buhari, Nachrichten von Taten und Aussprüchen des Propheten Muhammad, Stuttgart 1991, Nr. 18, S. 310.

der Gesundheit eines in ihrem Gewahrsam befindlichen Kriegsgefangenen zur Folge hat, ist verboten und als schwere Verletzung des vorliegenden Abkommens zu betrachten. ...
Die Kriegsgefangenen müssen ferner jederzeit geschützt werden, namentlich auch vor Gewalttätigkeit oder Einschüchterung, Beleidigungen und der öffentlichen Neugier.
Vergeltungsmaßnahmen gegen Kriegsgefangene sind verboten.

Artikel 14
Die Kriegsgefangenen haben unter allen Umständen Anspruch auf Achtung ihrer Person und ihrer Ehre. Frauen sind mit aller ihrem Geschlecht geschuldeten Rücksicht zu behandeln und müssen auf jeden Fall die gleich günstige Behandlung erfahren wie die Männer.

In keiner anderen Kultur
geschweige denn Religion
findet sich die Kodifizierung
von Mord, Raub, Versklavung und
Tributabpressung als religiöse Pflicht.
In keiner anderen Religion findet
sich die geheiligte Legitimation
von Gewalt als Wille Gottes
gegenüber Andersgläubigen,
wie sie der Islam als integralen
Bestandteil seiner Ideologie
im Koran kodifiziert und in der
historischen Praxis bestätigt hat.

Hans-Peter Raddatz, Orientalist, Autor

9. Genfer Abkommen über die Behandlung der Kriegsgefangenen[9]

Abgeschlossen in Genf am 12. August 1949

Artikel 3

Im Falle eines bewaffneten Konflikts, der keinen internationalen Charakter aufweist und der auf dem Gebiet einer der Hohen Vertragsparteien entsteht, ist jede der am Konflikt beteiligten Parteien gehalten, wenigstens die folgenden Bestimmungen anzuwenden:
1. Personen, die nicht direkt an den Feindseligkeiten teilnehmen, einschließlich der Mitglieder der bewaffneten Streitkräfte, welche die Waffen gestreckt haben, und der Personen, die infolge Krankheit, Verwundung, Gefangennahme oder irgendeiner anderen Ursache außer Kampf gesetzt wurden, sollen unter allen Umständen mit Menschlichkeit behandelt werden, ohne jede Benachteiligung aus Gründen der Rasse, der Farbe, der Religion oder des Glaubens, Geschlechts, der Geburt oder des Vermögens oder aus irgendeinem ähnlichen Grunde.

   Zu diesem Zwecke sind und bleiben in Bezug auf die oben erwähnten Personen jederzeit und jedenorts verboten:
   a. Angriffe auf Leib und Leben, namentlich Mord jeglicher Art, Verstümmelung, grausame Behandlung und Folterung;
   b. die Gefangennahme von Geiseln;
   c. Beeinträchtigung der persönlichen Würde, namentlich erniedrigende und entwürdigende Behandlung;
   d. Verurteilungen und Hinrichtungen ohne vorhergehendes Urteil eines ordnungsmäßig bestellten Gerichtes, das die von den zivilisierten Völkern als unerlässlich anerkannten Rechtsgarantien bietet.
2. Die Verwundeten und Kranken sollen geborgen und gepflegt werden.

Artikel 13

Die Kriegsgefangenen sind jederzeit mit Menschlichkeit zu behandeln. Jede unerlaubte Handlung oder Unterlassung seitens des Gewahrsamsstaates, die den Tod oder eine schwere Gefährdung

---

9 Veröffentlichung der Schweizer Bundesbehörden; Stand: 08. März 2013. http://www.admin.ch/ch/d/sr/c0_518_42.html

oder zugefügt werden kann, einschließlich der Androhung derartiger Handlungen, der Nötigung und der willkürlichen Freiheitsberaubung, gleichviel ob im öffentlichen oder im privaten Bereich.

Artikel 2
Unter Gewalt gegen Frauen sind, ohne darauf beschränkt zu sein, die folgenden Handlungen zu verstehen:
a) körperliche, sexuelle und psychologische Gewalt in der Familie, einschließlich körperlicher Misshandlungen, des sexuellen Missbrauchs von Mädchen im Haushalt, Gewalttätigkeit im Zusammenhang mit der Mitgift, Vergewaltigung in der Ehe, weibliche Beschneidung und andere für Frauen schädliche, traditionelle Praktiken, Gewalt außerhalb der Ehe und Gewalttätigkeit im Zusammenhang mit Ausbeutung;
b) körperliche, sexuelle und psychologische Gewalt im Umfeld der Gemeinschaft, einschließlich Vergewaltigung, sexueller Missbrauch, sexuelle Belästigung und Einschüchterung am Arbeitsplatz, in Bildungseinrichtungen und andernorts, Frauenhandel und Zwangsprostitution;
c) staatliche oder staatlich geduldete körperliche, sexuelle und psychologische Gewalt, gleichviel wo sie vorkommt.

Artikel 3
Frauen haben gleichberechtigten Anspruch auf den Genuss und den Schutz aller politischen, wirtschaftlichen, sozialen, kulturellen, bürgerlichen und sonstigen Menschenrechte und Grundfreiheiten. Dazu gehören unter anderem die folgenden Rechte:
a) das Recht auf Leben;
b) das Recht auf Gleichberechtigung; ...
e) das Recht auf Freiheit von jeder Form der Diskriminierung; ...
h) das Recht, nicht der Folter oder anderer grausamer, unmenschlicher oder erniedrigender Behandlung oder Strafe unterworfen zu werden.

(2) Niemand darf gezwungen werden, Zwangs- oder Pflichtarbeit zu verrichten.
(3) Menschenhandel ist verboten.

7. Konvention zur Unterbindung des Menschenhandels und der Ausnutzung der Prostitution anderer[7]
vom 2. Dezember 1949

Artikel 1
Die Vertragsparteien dieser Konvention kommen überein, jede Person zu bestrafen, die, um die Leidenschaften einer anderen zu befriedigen:
(1) eine andere Person, selbst mit deren Einwilligung, zu Zwecken der Prostitution beschafft, sie dazu verleitet oder verführt;
(2) die Prostitution einer anderen Person, selbst mit deren Einwilligung, ausnutzt.

8. Erklärung über die Beseitigung der Gewalt gegen Frauen[8]
Resolution 48/104 der Generalversammlung der Vereinten Nationen vom 20. Dezember 1993

Artikel 1
Im Sinne dieser Erklärung bedeutet der Ausdruck »Gewalt gegen Frauen« jede gegen Frauen auf Grund ihrer Geschlechtszugehörigkeit gerichtete Gewalthandlung, durch die Frauen körperlicher, sexueller oder psychologischer Schaden oder Leid zugefügt wird

---

7   In Deutsch veröffentlicht in: Menschenrechte, Dokumente und Deklarationen, hrsg. von der Bundeszentrale für Politische Bildung, Schriftenreihe Band 397, 4. aktualisierte und erweiterte Auflage, Bonn 2004, Nr. 15, S. 154.
8   Vgl. Menschenrechte – Dokumente und Deklarationen, hrsg. von der Bundeszentrale für politische Bildung, Schriftenreihe Band 397, 4. aktualisierte und erweiterte Auflage, Bonn 2004, S. 161.

3. Allgemeine Erklärung der Menschenrechte der UN
vom 10. Dezember 1948

Artikel 4
Niemand darf in Sklaverei oder Leibeigenschaft gehalten werden; Sklaverei und Sklavenhandel in allen ihren Formen sind verboten.

4. Internationaler Pakt über bürgerliche und politische Rechte
vom 19. Dezember 1966

Artikel 8
(1) Niemand darf in Sklaverei gehalten werden; Sklaverei und Sklavenhandel in allen ihren Formen sind verboten.
(2) Niemand darf in Leibeigenschaft gehalten werden.

5. Internationale Konvention zum Schutz der Rechte aller Wanderarbeiter und ihrer Familienangehörigen (MWC)[6]
Resolution 45/158 der Generalversammlung der Vereinten Nationen
vom 18. Dezember 1990

Artikel 11
1. Wanderarbeiter und ihre Familienangehörigen dürfen nicht in Sklaverei oder Leibeigenschaft gehalten werden, ...

6. Charta der Grundrechte der EU
vom 18. Dezember 2000

Artikel 5 EU-GrundR Verbot der Sklaverei und der Zwangsarbeit
(1) Niemand darf in Sklaverei oder Leibeigenschaft gehalten werden.

---

6 Menschenrechte – Dokumente und Deklarationen, hrsg. von der Bundeszentrale für politische Bildung, Schriftenreihe Band 397, 4. aktualisierte und erweiterte Auflage, Bonn 2004, Nr. 18, S. 204.

9. einen Menschen unter Verstoß gegen eine allgemeine Regel des Völkerrechts in schwerwiegender Weise der körperlichen Freiheit beraubt oder
10. eine identifizierbare Gruppe oder Gemeinschaft verfolgt, indem er ihr aus ... religiösen Gründen ... grundlegende Menschenrechte entzieht oder diese wesentlich einschränkt,

wird in den Fällen ... der Nummern 3 bis 7 mit Freiheitsstrafenicht unter fünf Jahren und in den Fällen der Nummern 8 bis 10 mit Freiheitsstrafe nicht unter drei Jahren bestraft.

§ 8 VStGB   Kriegsverbrechen gegen Personen

(1) Wer im Zusammenhang mit einem internationalen oder nichtinternationalen bewaffneten Konflikt ...
2. eine nach dem humanitären Völkerrecht zu schützende Person als Geisel nimmt,
3. eine nach dem humanitären Völkerrecht zu schützende Person grausam oder unmenschlich behandelt, indem er ihr erhebliche körperliche oder seelische Schäden oder Leiden zufügt, insbesondere sie foltert oder verstümmelt, ...
4. eine nach dem humanitären Völkerrecht zu schützende Person sexuell nötigt oder vergewaltigt, sie zur Prostitution nötigt, der Fortpflanzungsfähigkeit beraubt oder in der Absicht, die ethnische Zusammensetzung einer Bevölkerung zu beeinflussen, eine unter Anwendung von Zwang geschwängerte Frau gefangen hält, ...
9. eine nach dem humanitären Völkerrecht zu schützende Person in schwerwiegender Weise entwürdigend oder erniedrigend behandelt,

wird in den Fällen ... der Nummer 2 mit Freiheitsstrafe nicht unter fünf Jahren, in den Fällen der Nummern 3 bis 5 mit Freiheitsstrafe nicht unter drei Jahren, in den Fällen der ... Nummer 9 mit Freiheitsstrafe nicht unter einem Jahr bestraft.

Gefahr aussetzt, aus politischen Gründen verfolgt zu werden und hierbei im Widerspruch zu rechtsstaatlichen Grundsätzen durch Gewalt- oder Willkürmaßnahmen Schaden an Leib oder Leben zu erleiden, der Freiheit beraubt oder in seiner beruflichen oder wirtschaftlichen Stellung empfindlich beeinträchtigt zu werde, wird mit Freiheitsstrafe nicht unter einem Jahr bestraft. ...

(3) Wer eine solche Tat vorbereitet, wird mit Freiheitsstrafe bis zu fünf Jahren oder mit Geldstrafe bestraft.

§ 235 StGB Entziehung Minderjähriger

(1) Mit Freiheitsstrafe bis zu fünf Jahren oder mit Geldstrafe wird bestraft, wer
1. eine Person unter achtzehn Jahren mit Gewalt, durch Drohung mit einem empfindlichen Übel oder durch List ...

den Eltern, einem Elternteil, dem Vormund oder dem Pfleger entzieht oder vorenthält.

2. Völkerstrafgesetzbuch

(durch „Gesetz zur Einführung des Völkerstrafgesetzbuches" vom 26. Juni 2002,
Bundesgesetzblatt, Teil l, Nr. 42, vom 29. Juni 2002, Seite 2254, um 30. Juni 2002 in Deutschland in Kraft getreten.)

§ 7 VStGB Verbrechen gegen die Menschlichkeit

(1) Wer im Rahmen eines ausgedehnten oder systematischen Angriffs gegen eine Zivilbevölkerung ...
3. Menschenhandel betreibt, insbesondere mit einer Frau oder einem Kind, oder wer auf andere Weise einen Menschen versklavt und sich dabei ein Eigentumsrecht an ihm anmaßt, ...
6. einen anderen Menschen sexuell nötigt oder vergewaltigt, ihn zur Prostitution nötigt, der Fortpflanzungsfähigkeit beraubt ...
8. einem anderen Menschen schwere körperliche oder seelische Schäden, insbesondere der in § 226 des [deutschen] Strafgesetzbuches bezeichneten Art, zufügt,

tigt, um sie zur Aufnahme oder Fortsetzung der Prostitution oder zu den sonst in Absatz 1 Satz 1 bezeichneten sexuellen Handlungen zu bringen.

§ 233 StGB   Menschenhandel zum Zweck der Ausbeutung der Arbeitskraft

(1) Wer eine andere Person unter Ausnutzung einer Zwangslage oder der Hilflosigkeit, die mit ihrem Aufenthalt in einem fremden Land verbunden ist, in Sklaverei, Leibeigenschaft oder Schuldknechtschaft oder zur Aufnahme oder Fortsetzung einer Beschäftigung bei ihm oder einem Dritten zu Arbeitsbedingungen, die in einem auffälligen Missverhältnis zu den Arbeitsbedingungen anderer Arbeitnehmerinnen und Arbeitnehmer stehen, welche die gleiche oder eine vergleichbare Tätigkeit ausüben, bringt, wird mit Freiheitsstrafe von sechs Monaten bis zu zehn Jahren bestraft. Ebenso wird bestraft, wer eine Person unter einundzwanzig Jahren in Sklaverei, Leibeigenschaft oder Schuldknechtschaft oder zur Aufnahme oder Fortsetzung einer in Satz 1 bezeichneten Beschäftigung bringt.

(2) Der Versuch ist strafbar. ...

§ 233 a StGB   Förderung des Menschenhandels

(1) Wer einem Menschenhandeln nach § 232 oder § 233 Vorschub leistet, indem er eine andere Person anwirbt, befördert, weitergibt, beherbergt oder aufnimmt, wird mit Freiheitsstrafe von drei Monaten bis zu fünf Jahren bestraft.

§ 234 StGB   Menschenraub

(1) Wer sich einer anderen Person mit Gewalt, durch Drohung mit einem empfindlichen Übel oder durch List bemächtigt, um sie in hilfloser Lage auszusetzen oder dem Dienst in einer militärischen oder in einer militärähnlichen Einrichtung im Ausland zuzuführen, wird mit Freiheitsstrafe von einem Jahr bis zu zehn Jahren bestraft.

§ 234 a StGB   Verschleppung

(1) Wer einen anderen durch List, Drohung oder Gewalt in ein Gebiet außerhalb des räumlichen Geltungsbereichs dieses Gesetzes verbringt oder veranlasst, sich dorthin zu begeben, oder davon abhält, von dort zurückzukehren, und dadurch der

§ 180 a StGB Ausbeutung von Prostituierten

(1) Wer gewerbsmäßig einen Betrieb unterhält oder leitet, in dem Personen der Prostitution nachgehen und in dem diese in persönlicher oder wirtschaftlicher Abhängigkeit gehalten werden, wird mit Freiheitsstrafe bis zu drei Jahren oder mit Geldstrafe bestraft.

(2) Ebenso wird bestraft, wer
1. einer Person unter achtzehn Jahren zur Ausübung der Prostitution Wohnung, gewerbsmäßig Unterkunft oder gewerbsmäßig Aufenthalt gewährt oder
2. eine andere Person, der er zur Ausübung der Prostitution Wohnung gewährt, zur Prostitution anhält oder im Hinblick auf sie ausbeutet.

§ 232 StGB Menschenhandel zum Zweck der sexuellen Ausbeutung

(1) Wer eine andere Person unter Ausnutzung einer Zwangslage oder der Hilflosigkeit, die mit ihrem Aufenthalt in einem fremden Land verbunden ist, zur Aufnahme oder Fortsetzung der Prostitution oder dazu bringt, sexuelle Handlungen, durch die sie ausgebeutet wird, an oder vor dem Täter oder einem Dritten vorzunehmen oder von dem Täter oder einem Dritten an sich vorzunehmen zu lassen, wird mit Freiheitsstrafe von sechs Monaten oder bis zu zehn Jahren bestraft. Ebenso wird bestraft, wer eine Person unter einundzwanzig Jahren zur Aufnahme oder Fortsetzung der Prostitution oder zu den sonst in Satz 1 bezeichneten sexuellen Handlungen bringt.

(2) Der Versuch ist strafbar. ...

(3) Auf Freiheitsstrafe von einem Jahr bis zu zehn Jahren ist zu erkennen, wenn
1. das Opfer der Tat ein Kind (§176 Abs. 1) ist, ...

(4) Nach Absatz 3 wird auch bestraft, wer
1. eine andere Person mit Gewalt, durch Drohung mit einem empfindlichen Übel oder durch List zur Aufnahme oder Fortsetzung der Prostitution oder zu den sonst in Absatz 1 Satz 1 bezeichneten sexuellen Handlungen bringt oder
2. sich einer anderen Person mit Gewalt, durch Drohung mit einem empfindlichen Übel oder durch List bemäch-

3. der Täter das Kind durch die Tat in die Gefahr einer schweren Gesundheitsschädigung oder einer erheblichen Schädigung der körperlichen oder seelischen Entwicklung bringt. ...

§ 176 b StGB Sexueller Missbrauch von Kindern mit Todesfolge

Verursacht der Täter durch den sexuellen Missbrauch (§§ 176 und 176 a) wenigstens leichtfertig den Tod des Kindes, so ist die Strafe lebenslange Freiheitsstrafe oder Freiheitsstrafe nicht unter zehn Jahren.

§ 177 StGB Sexuelle Nötigung; Vergewaltigung

(1) Wer eine andere Person
   1. mit Gewalt,
   2. durch Drohung mit gegenwärtiger Gefahr für Leib oder Leben oder
   3. durch Ausnutzung einer Lage, in der das Opfer der Einwirkung des Täters schutzlos ausgeliefert ist,

nötigt, sexuelle Handlunge des Täters oder eines Dritten an sich zu dulden oder an dem Täter oder einem Dritten vorzunehmen, wird mit Freiheitsstrafe nicht unter einem Jahr bestraft.

(2) In besonders schweren Fällen ist die Freiheitsstrafe nicht unter zwei Jahren. Ein besonders schwerer Fall liegt in der Regel vor, wenn
   1. der Täter mit dem Opfer den Beischlaf vollzieht oder ähnliche sexuelle Handlungen an dem Opfer vornimmt oder an sich von ihm vornehmen lässt, die dieses besonders erniedrigen, insbesondere, wenn sie mit einem Eindringen in den Körper verbunden sind (Vergewaltigung), oder
   2. die Tat von mehreren gemeinschaftlich begangen wird.

§ 178 StGB Sexuelle Nötigung und Vergewaltigung mit Todesfolge

Verursacht der Täter durch die sexuelle Nötigung oder Vergewaltigung (§ 177) wenigstens leichtfertig den Tod des Opfers, so ist die Strafe lebenslange Freiheitsstrafe oder Freiheitsstrafe nicht unter zehn Jahren.

V. Rechtsnormen, Internationale Erklärungen und Verträge

1. Deutsches Strafgesetzbuch

§ 176 StGB   Sexueller Missbrauch von Kindern[5]

(1) Wer sexuelle Handlungen an einer Person unter vierzehn Jahren (Kind) vornimmt oder an sich von dem Kind vornehmen lässt, wird mit Freiheitsstrafe von sechs Monaten bis zu zehn Jahren bestraft.

(2) Ebenso wird bestraft, wer ein Kind dazu bestimmt, dass es sexuelle Handlungen an einem Dritten vornimmt oder von einem Dritten an sich vornehmen lässt. ...

(4) Mit Freiheitsstrafe von drei Monaten bis zu fünf Jahren wird bestraft, wer
1. sexuelle Handlungen vor einem Kind vornimmt,
2. ein dazu Kind bestimmt, dass es sexuelle Handlungen vornimmt,
   soweit die Tat nicht nach Absatz 1 oder Absatz 2 mit Strafe bedroht ist, ...

(6) Der Versuch ist strafbar; dies gilt nicht für Taten nach Absatz 4 Nr. 3 und 4 und Absatz 5.

§ 176 a StGB   Schwerer sexueller Missbrauch von Kindern

(1) Der sexuelle Missbrauch von Kindern wird in den Fällen des § 176 Abs. 1 und 2 mit Freiheitsstrafe nicht unter einem Jahr bestraft, wenn der Täter innerhalb der letzten fünf Jahre wegen einer solchen Straftat rechtskräftig verurteilt worden ist.

(2) Der sexuelle Missbrauch von Kindern wird in den Fällen des § 176 Abs. 1 und 2 mit Freiheitsstrafe nicht unter zwei Jahren bestraft, wenn
1. eine Person über achtzehn Jahren mit dem Kind den Beischlaf vollzieht oder ähnliche sexuelle Handlungen an ihm vornimmt oder an sich von ihm vornehmen lässt, die mit einem Eindringen in den Körper verbunden sind, ...

---

[5] Nach der Auffassung einiger Muslime gelten Mädchen bereits mit neun Jahren als ehefähig. Sie berufen sich dabei auf Mohammed, der Aischa geheiratet haben soll, als sie sechs Jahre alt war, und mit der er Geschlechtsverkehr gehabt haben soll, als sie neun Jahre alt war.

El-Matyri wird gleich konkret: Aus Tschetschenien dürfte es „sicherlich" möglich sein, „Kriegsgefangene zu kaufen".

Der Zynismus der Moslemin hat noch immer eine Steigerungsform: „Ist es nicht besser, wenn diese Sklaven gesetzlich geregelt über kuwaitische Händler gekauft werden statt über illegale?"

Für die islamische „Frauenrechtlerin" Salwa el-Matayri sind Sklaverei, die Versklavung von christlichen Frauen und die Haltung von Sex-Sklavinnen durch moslemische Männer „ganz normal", denn die Geschichte des Islam biete zahlreiche Beispiele dafür, weiß el-Matayri zu berichten. Ein „sicheres Beispiel eines Besitzers von Sex-Sklavinnen" sei zum Beispiel der Kalif Harun al-Rashid gewesen, so el-Matayri: „Als er starb, wurde bekannt, dass er 2000 Sexsklaven hatte."

El-Matayri brüstet sich mit dieser Erkenntnis sogar: „Es ist etwas, worauf wir stolz sein können! Unsere Scharia erlaubt es! Und Allah sei dank, hat unser Land viele fromme Händler, die an dieser Art von Geschäft interessiert sind. Ich wünsche mir immer die beste Zukunft für Kuwait!"

Text: L'Observatoire de la Christianophobie/Giuseppe Nardi
Article printed from Katholisches.info: http://www.katholisches.info
URL to article: http://www.katholisches.info/2013/08/16/islamische-frauenrechtlerin-fordert-christliche-sex-sklavinnen-fuer-moslems/
URLs in this post:
[1] Image: http://www.katholisches.info/wp-content/uploads/Dok41.jpg
[2] Helfen Sie uns bitte, damit auch weiterhin interessante und detailierte Artikel erscheinen können.: http://www.katholisches.info/ein-kleiner-beitrag-zu-einem-grossen-projekt/
© 2010 by *Katholisches*-Magazin für Kirche und Kultur. Alle Rechte vorbehalten.

Die Freiheit,
die Muslime
in Europa genießen,
nimmt sie in die Pflicht,
sich auch für die Freiheit von Christen
in islamischen Ländern einzusetzen.

Ednan Aslan, islam. Religionspädagoge

dunkle Seite der koranischen Religion bekannt. Nicht etwa als Anklage, sondern als begeisterte Verfechterin, christliche Frauen als Sex-Objekte für moslemische Männer zu versklaven. Salwa el-Matayri trat mit ihrer frauen- und christenverachtenden Meinung mit einem Video an die Öffentlichkeit. Darin beruft sich el-Matayri, die selbst Moslemin ist, auf sunnitische Religionsgelehrte.

Die „Frauenrechtlerin" berichtet von einem moslemischen Geschäftsmann, der ihr erzählte, dass ihm sein Vater eine Sex-Sklavin geschenkt hatte und dass er diese zu behalten gedenke, denn der Islam erlaube Sex-Sklavinnen. Die Enthüllung schockierte die Moslemin ganz und gar nicht.

Salwa el-Matayri hatte bereits einige Jahre zuvor wegen der starken sexuellen Begierde eines verheirateten moslemischen Mannes nach Frauen einen Mufti, einen sunnitischen Religionsgelehrten aufgesucht, um eine islamkonforme Lösung für den Mann zu finden. Vom Mufti wollte el-Matayri Auskunft über Sex-Sklavinnnen im Islam erhalten.

Der Mufti erklärte ihr, es war das Jahr 2009, am Beginn des 21. Jahrhunderts: Die Art und Weise, um im Islam Sklaven zu bekommen, ist es, ein christliches Land oder ein anderes nichtmuslimisches Land anzugreifen und Gefangene zu machen, die als Sklaven mitgenommen werden. Im Islam bekommt eine Frau einen Ehevertrag. Eine Sklavin aber wird gekauft und verkauft und ist daher ein Gegenstand. Während eine moslemische Frau sich in der Öffentlichkeit nicht zeigen darf und nur ganz nahestehende Personen ihr Gesicht und andere Körperteile sehen dürfen, können Sklavinnen der Öffentlichkeit auch nackt präsentiert werden.

Auf die Nachfrage von el-Matayri versicherte der Mufti, dass der einzige Weg des Islam, um einen Mann vom Ehebruch abzuhalten, es ist, ihm eine Sex-Sklavin zu kaufen. El-Matayri selbst spricht sich begeistert für diese Lösung aus und fordert, dass Kuwait die Haltung von Sex-Sklavinnen auch per Staatsgesetz erlauben soll. Wörtlich sagt el-Matayri: „Persönlich hoffe ich, dass Kuwait die sexuelle Sklaverei legalisiert". Die islamische „Frauenrechtlerin" begründet ihre Forderung damit, dass es „nicht toleriert werden kann, dass unsere Männer in die Falle des ekelhaften Ehebruchs geraten". Aus diesem Grund sei es „besser, ihnen Sex-Sklaven zu kaufen".

sein. Der Ausdruck 'was im Besitz eurer rechten Hand ist' (Sure 3,4) meint Frauen, die im Besitz [von Muslimen] sind und versklavt wurden. [Der betreffende Koranvers in Sure 4,3 lautet: „Und wenn ihr fürchtet, sonst den Waisen nicht gerecht werden zu können, nehmt euch als Frauen, was euch gut erscheint, zwei oder drei oder vier. Doch wenn ihr fürchtet, ihnen nicht gerecht werden zu können, heiratet nur eine oder diejenigen, die eure rechte Hand besitzt."]

Der [muslimische] Besitzer dieser oben erwähnten Sklavinnen darf mit diesen Frauen verkehren, ohne sie zu heiraten. Er darf mit ihnen ohne Ehevertrag sexuellen Umgang haben, ohne Zeugen [für die Eheschließung] und ohne Brautgabe. Diese [versklavten Frauen] gelten nicht als [eigentliche] Ehefrauen. Wenn ihr Besitzer mit ihnen verkehrt, werden sie 'Sarari' genannt.

Aus uns bekannten Gründen existiert die Sklaverei in unserer Zeit kaum noch. Das bedeutet jedoch nicht, dass die Sklaverei [im Islam] für ungültig erklärt worden ist. [Wenn die passenden Umstände dafür existieren, dürfen Muslime bestimmte Frauen als „Besitz der rechten Hand" nehmen]. Hier ein Beispiel: Wenn Muslime gegen Ungläubige kämpfen, gelten die Frauen der Ungläubigen [für muslimische Männer] in diesem Fall als „Besitz der rechten Hand", selbst wenn die weltlichen Gesetze dies verbieten würden. Wenn diese religiösen Gründe [für den „Besitz der rechten Hand"] nicht existieren, gelten die Menschen als frei [nicht als Sklaven].
Quelle: www.al-eman.com/Ask/ask3.asp?id=23261&hide1=4&Next=10 &select1=&select2=&rad1=&dbegin=&mbegin=&ybegin=&dend=& mend=&yend=&rad2=&idser=&wordser=

IV. Nachrichten

Katholisches.info - http://www.katholisches.info -

Islamische „Frauenrechtlerin" fordert christliche Sex-Sklavinnen für Moslems

Posted By GN On 16. August 2013 @ 16:00

Der Islam erlaubt es, sich Sex-Sklavinnen zu halten. Oder besser gesagt: der Islam erlaubt es Moslems, sich christliche Sex-Sklavinnen zu halten. Eine kuwaitische „Frauenrechtlerin" machte diese

tinnen oder denen, die sie von Rechts wegen besitzen, denn dann sind sie nicht zu tadeln." (Sure 23,5-6 und Sure 70,30)

Der Ausdruck 'malakatul-yamin' [von Rechts wegen besitzen] meint Sklaven oder Sklavinnen, die ein Sklavenbesitzer rechtmäßig besitzt. Hier [in dem o. g. Koranvers] sind Sklavinnen gemeint. Ihr Besitzer darf mit ihnen ohne Ehevertrag, ohne [die für einen Ehevertrag notwendigen] Zeugen oder eine Morgengabe verkehren. Sie gelten nicht als Ehefrauen. Wenn er mit ihnen verkehrt, werden sie 'Sarari' genannt.

In unserer Zeit gibt es kaum noch den Rechtsumstand 'von Rechts wegen besitzen'. Infolgedessen gibt es keine Sklavinnen oder Sklaven mehr. Dies bedeutet jedoch nicht, dass das [koranische] Prinzip zum Besitz von Sklaven oder Sklavinnen aufgehoben wurde, d. h. es kann in Kraft treten, wenn die Bedingungen dafür vorhanden sind, z. B. in einem Krieg zwischen Muslimen und Ungläubigen. Denn die Frauen der kämpfenden Ungläubigen sind [für Muslime] eine Kriegsbeute nach dem Prinzip der Sklavinnen und dem Besitz 'von Rechts wegen'. Dieses Prinzip gilt selbst, wenn die weltlichen Gesetze es verbieten.

Quelle: www.islamweb.net/ver2/fatwa/ShowFatwa.php?Option=FatwaI d&lang=A&Id=8747

Institut für Islamfragen der Deutschen Evangelischen Allianz
dh, 26. 03. 2008

Rechtsgutachten Nr. 23261 vom 23. 06. 2005

Fatwa zu der Frage: Was bedeutet der Ausdruck „Was eure rechte Hand besitzt"?

[Dieser Ausdruck bezieht sich auf die Versklavung von Männern und Frauen]
Vom Rechtsgutachter Abdullah al-Faqee
Frage: „Ich bitte um Erklärung des feststehenden Ausdrucks 'was eure rechte Hand besitzt'. Was bedeutet er und welche Regeln sind dafür bedeutsam?"
Antwort: „Der Ausdruck 'was eure rechte Hand besitzt' bezieht sich auf Sklaven, die zu irgend einer Zeit von einer Person versklavt worden sind. Es können sowohl Männer als auch Frauen

Rs: (24,32:) Und jene, die ihr von Rechts wegen besitzt – wenn welche von ihnen eine Freilassungsurkunde begehren, (so) stellt sie ihnen aus, falls ihr von ihnen Gutes wisst; und gebt ihnen von Allahs Reichtum, den er euch gegeben hat. Und zwingt eure Sklavinnen nicht zur Prostitution, wenn sie ein ehrbares Leben führen wollen, nur um die Güter des irdischen Lebens zu erlangen. Werden sie aber (zur Prostitution) gezwungen, dann wird Allah gewiss nach ihrem erzwungenen Tun Allvergebend und Barmherzig (zu ihnen) sein.

II. Hadithe

Hadith aus sunnitischer Überlieferung

Nach al-Sa'b ibn Djaththama

Der Prophet wurde gefragt nach den Hausbewohnern, die von den Polytheisten zusammengebracht werden und von denen dann einige von ihren Frauen und ihren Nachkommen erbeutet werden. Er sagte: Sie gehören ihnen." (Bukhari, Muslim, Abu Dawud, Tirmidhi)

Khoury, Der Hadith, Band III, Nr. 4090, S. 273.

III. Fatwas

Institut für Islamfragen der Deutschen Evangelischen Allianz
dh, 04.08.2009

Fatwa zu der Frage, ob ein Muslim mit einer Sklavin verkehren darf, auch wenn es nicht seine rechtmäßige Frau ist

Rechtsgutachten-Nr.: 8747 vom 20. 06. 2001
Von der Webseite des Rechtsgutachtergremiums „Islamweb.de", einer theologischen, staatlichen Institution Qatars

Frage: „Darf ein Muslim mit einer Sklavin verkehren, auch wenn es nicht seine rechtmäßige Frau ist?"
Antwort: Der Koran besagt: „Selig sind die Gläubigen, die ... sich des Geschlechtsverkehrs enthalten ... außer gegenüber ihren Gat-

B. Sklaverei

I. Koran

Sure 4,36

Pa: Und zu den Eltern (sollt ihr) gut sein, und (ebenso) zu den Verwandten, den Waisen und den Armen und zu dem, was ihr an Sklaven besitzt.

Rs: *(4,35:) ... und seid gut zu den Eltern, und zu den Verwandten, den Waisen, den Armen, dem Nachbar, sei er verwandt oder aus der Fremde, dem Begleiter an der Seite, dem Sohn des Weges und zu dem (Sklaven), den ihr von Rechts wegen besitzt.*

Sure 23,1 ff.

Pa: Selig sind die Gläubigen (wörtlich: Wohl ergeht es den Gläubigen), die sich des Geschlechtsverkehrs enthalten (wörtlich: ihre Scham bewahren), außer gegenüber ihren Gattinnen, oder was sie (an Sklavinnen) besitzen, (denn) dann sind sie nicht zu tadeln.

Rs: *Wahrlich, erfolgreich sind die Gläubigen, die in ihren Gebeten voller Demut sind, und die sich von allem leeren Gerede fernhalten, und die die Zakah entrichten und ihre Schamteile bewahren; außer gegenüber ihren Gattinnen oder denen, die sie von Rechts wegen besitzen; denn dann sind sie nicht zu tadeln.*

Sure 24,33

Pa: Und wenn welche von euren Sklaven (wörtlich: von dem, was ihr (an Sklaven) besitzt) einen Freibrief haben wollen, dann stellt ihnen einen solchen aus, falls ihr eine gute Meinung von ihnen habt (wörtlich: wenn ihr etwas Gutes an ihnen wisst), und gebt ihnen etwas von dem Vermögen Allahs, das er (d.h. Allah) euch gegeben hat (d.h. von den öffentlichen Geldern?)! Und zwingt nicht eure Sklavinnen, wenn sie ein ehrbares Leben führen wollen, zur Prostitution, um (auf diese Weise) den Glücksgütern des diesseitigen Lebens nachzugehen! Wenn (jedoch) jemand sie (wirklich dazu) zwingt, ist Allah, nachdem dies (nun einmal) geschehen ist, (wörtlich: man sie (dazu) gezwungen hat), barmherzig und bereit zu vergeben.

Artikel 13

Die Kriegsgefangenen sind jederzeit mit Menschlichkeit zu behandeln. Jede unerlaubte Handlung oder Unterlassung seitens des Gewahrsamsstaates, die den Tod oder eine schwere Gefährdung der Gesundheit eines in ihrem Gewahrsam befindlichen Kriegsgefangenen zur Folge hat, ist verboten und als schwere Verletzung des vorliegenden Abkommens zu betrachten. Insbesondere dürfen an den Kriegsgefangenen keine Körperverstümmelungen oder medizinische oder wissenschaftliche Versuche irgendwelcher Art vorgenommen werden, die nicht durch die ärztliche Behandlung des betreffenden Kriegsgefangenen gerechtfertigt sind und nicht in seinem Interesse liegen.

Die Kriegsgefangenen müssen ferner jederzeit geschützt werden, namentlich auch vor Gewalttätigkeit oder Einschüchterung, Beleidigungen und der öffentlichen Neugier.

Vergeltungsmaßnahmen gegen Kriegsgefangene sind verboten.

Artikel 14

Die Kriegsgefangenen haben unter allen Umständen Anspruch auf Achtung ihrer Person und ihrer Ehre. Frauen sind mit aller ihrem Geschlecht geschuldeten Rücksicht zu behandeln und müssen auf jeden Fall die gleich günstige Behandlung erfahren wie die Männer.

> Wer
> ein Gewaltproblem
> im Islam konstatiert,
> läuft bereits
> Gefahr, als Extremist
> gemoppt zu werden.
>
> Markus Reder,
> Theologe, Chefredakteur

Artikel 4 EU-GrundR Verbot ... erniedrigender Strafe oder Behandlung
(1) Niemand darf ... unmenschlicher oder erniedrigender Strafe oder Behandlung unterworfen werden.

**8. Genfer Abkommen
über die Behandlung der Kriegsgefangenen**[4]

Abgeschlossen in Genf am 12. August 1949

Artikel 3
Im Falle eines bewaffneten Konflikts, der keinen internationalen Charakter aufweist und der auf dem Gebiet einer der Hohen Vertragsparteien entsteht, ist jede der am Konflikt beteiligten Parteien gehalten, wenigstens die folgenden Bestimmungen anzuwenden:
1. Personen, die nicht direkt an den Feindseligkeiten teilnehmen, einschließlich der Mitglieder der bewaffneten Streitkräfte, welche die Waffen gestreckt haben, und der Personen, die infolge Krankheit, Verwundung, Gefangennahme oder irgendeiner anderen Ursache außer Kampf gesetzt wurden, sollen unter allen Umständen mit Menschlichkeit behandelt werden, ohne jede Benachteiligung aus Gründen der Rasse, der Farbe, der Religion oder des Glaubens, Geschlechts, der Geburt oder des Vermögens oder aus irgendeinem ähnlichen Grunde.
Zu diesem Zwecke sind und bleiben in Bezug auf die oben erwähnten Personen jederzeit und jedenorts verboten:
   a. Angriffe auf Leib und Leben, namentlich Mord jeglicher Art, Verstümmelung, grausame Behandlung und Folterung;
   b. die Gefangennahme von Geiseln;
   c. Beeinträchtigung der persönlichen Würde, namentlich erniedrigende und entwürdigende Behandlung;
   d. Verurteilungen und Hinrichtungen ohne vorhergehendes Urteil eines ordnungsmäßig bestellten Gerichtes, das die von den zivilisierten Völkern als unerlässlich anerkannten Rechtsgarantien bietet.
2. Die Verwundeten und Kranken sollen geborgen und gepflegt werden.

---
[4] Veröffentlichung der Schweizer Bundesbehörden; Stand: 08. März 2013. http://www.admin.ch/ch/d/sr/c0_518_42.html

der Wohltätigkeit gewidmet sind, ... Krankenhäuser ... wird mit Freiheitsstrafe nicht unter drei Jahren bestraft. ...

5. Allgemeine Erklärung der Menschenrechte der UN
vom 10. Dezember 1948

Artikel 3
Jeder hat das Recht auf Leben, Freiheit und Sicherheit der Person.

Artikel 5
Niemand darf der Folter oder grausamer, unmenschlicher oder erniedrigender Behandlung oder Strafe unterworfen werden.

6. Konvention zum Schutze der Menschenrechte und Grundfreiheiten
(Europäische Menschenrechtskonvention)
vom 04. November 1950

Artikel 2 EuMRK   Recht auf Leben
(1) Das Recht jedes Menschen auf das Leben wird gesetzlich geschützt.

Artikel 3 EuMRK   Verbot der Folter
Niemand darf der Folter oder unmenschlicher oder erniedrigender Strafe oder Behandlung unterworfen werden.

7. Charta der Grundrechte der EU
vom 18. Dezember 2000

Artikel 2 EU-GrundR   Recht auf Leben
(1) Jede Person hat das Recht auf Leben.
(2) Niemand darf zur Todesstrafe verurteilt oder hingerichtet werden.

Artikel 3 EU-GrundR   Recht auf Unversehrtheit
(1) Jede Person hat das Recht auf körperliche und geistige Unversehrtheit.

4. eine nach dem humanitären Völkerrecht zu schützende Person sexuell nötigt oder vergewaltigt, sie zur Prostitution nötigt, ...

7. gegen eine nach dem humanitären Völkerrecht zu schützende Person eine erhebliche Strafe, insbesondere die Todesstrafe oder eine Freiheitsstrafe verhängt oder vollstreckt, ohne dass diese Person in einem unparteiischen ordentlichen Gerichtsverfahren, das die völkerrechtlich erforderlichen Rechtsgarantien bietet, abgeurteilt worden ist, ...

9. eine nach dem humanitären Völkerrecht zu schützende Person in schwerwiegender Weise entwürdigend oder erniedrigend behandelt,

wird in den Fällen der Nummer 1 mit lebenslanger Freiheitsstrafe, in den Fällen der Nummer 2 mit Freiheitsstrafe nicht unter fünf Jahren, in den Fällen der Nummern 3 bis 5 mit Freiheitsstrafe nicht unter drei Jahren, in den Fällen der Nummern 6 bis 8 mit Freiheitsstrafe nicht unter zwei Jahren und in den Fällen der Nummer 9 mit Freiheitsstrafe nicht unter einem Jahr bestraft. ...

(6) Nach dem humanitären Völkerrecht zu schützende Personen sind

1. im internationalen bewaffneten Konflikt: geschützte Personen im Sinne der Genfer Abkommen und des Zusatzprotokolls 1 (Anlage zu diesem Gesetz), namentlich Verwundete, Kranke, Schiffbrüchige, Kriegsgefangene und Zivilpersonen;

2. im nichtinternationalen bewaffneten Konflikt: Verwundete, Kranke, Schiffbrüchige sowie Personen, die nicht unmittelbar an den Feindseligkeiten teilnehmen und sich in der Gewalt der gegnerischen Partei befinden; ...

§ 11 VStGB Kriegsverbrechen des Einsatzes verbotener Methoden der Kriegsführung

(1) Wer im Zusammenhang mit einem internationalen oder nichtinternationalen bewaffneten Konflikt ...

2. mit militärischen Mitteln einen Angriff gegen zivile Objekte richtet, solange sie durch das humanitäre Völkerrecht als solche geschützt sind, namentlich Gebäude, die dem Gottesdienst, der Erziehung, der Kunst, der Wissenschaft oder

3. Menschenhandel betreibt, insbesondere mit einer Frau oder einem Kind, oder wer auf andere Weise einen Menschen versklavt und sich dabei ein Eigentumsrecht an ihm anmaßt, ...
5. einen Menschen, der sich in seinem Gewahrsam oder in sonstiger Weise unter seiner Kontrolle befindet, foltert, indem er ihm erhebliche körperliche oder seelische Schäden oder Leiden zufügt, die nicht lediglich Folge völkerrechtlich zulässiger Sanktionen sind,
6. einen anderen Menschen sexuell nötigt oder vergewaltigt, ihn zur Prostitution nötigt, der Fortpflanzungsmöglichkeit beraubt ...
8. einem anderen Menschen schwere körperliche oder seelische Schäden, insbesondere der in § 226 des [deutschen] Strafgesetzbuches bezeichneten Art, zufügt,
9. einen Menschen unter Verstoß gegen eine allgemeine Regel des Völkerrechts in schwerwiegender Weise der körperlichen Freiheit beraubt oder
10. eine identifizierbare Gruppe oder Gemeinschaft verfolgt, indem er ihr aus ... religiösen Gründen ... grundlegende Menschenrechte entzieht oder diese wesentlich einschränkt,

wird in den Fällen der Nummern 1 und 2 mit lebenslanger Freiheitsstrafe, in den Fällen der Nummern 3 bis 7 mit Freiheitsstrafe nicht unter fünf Jahren und in den Fällen der Nummern 8 bis 10 mit Freiheitsstrafe nicht unter drei Jahren bestraft.

§ 8 VStGB Kriegsverbrechen gegen Personen
(1) Wer im Zusammenhang mit einem internationalen oder nichtinternationalen bewaffneten Konflikt
1. eine nach dem humanitären Völkerrecht zu schützende Person tötet,
2. eine nach dem humanitären Völkerrecht zu schützende Person als Geisel nimmt,
3. eine nach dem humanitären Völkerrecht zu schützende Person grausam oder unmenschlich behandelt, indem er ihr erhebliche körperliche oder seelische Schäden oder Leiden zufügt, insbesondere sie foltert oder verstümmelt,

3. Gesetz über die Verbreitung jugendgefährdender Schriften und Medieninhalte

§ 1
(1) Schriften, die geeignet sind, Kinder oder Jugendliche sittlich zu gefährden, sind in eine Liste aufzunehmen. Dazu zählen vor allem unsittliche, verrohend wirkende, zu Gewalttätigkeit, Verbrechen oder Rassenhass anreizende sowie den Krieg verherrlichende Schriften. ...
(2) Eine Schrift darf nicht in die Liste aufgenommen werden
   1. allein wegen ihres politischen, sozialen, religiösen oder weltanschaulichen Inhalts; ...

4. Völkerstrafgesetzbuch
(Durch „Gesetz zur Einführung des Völkerstrafgesetzbuches"
vom 26. Juni 2002,
Bundesgesetzblatt, Teil l, Nr. 42, vom 29. Juni 2002, Seite 2254,
zum 30. Juni 2002 in Deutschland in Kraft getreten.)

§ 6 VStGB Völkermord
(1) Wer in der Absicht, eine ... religiöse ... Gruppe als solche ganz oder teilweise zu zerstören,
   1. ein Mitglied der Gruppe tötet,
   2. einem Mitglied der Gruppe schwere körperliche oder seelische Schäden, insbesondere der in § 226 des [deutschen] Strafgesetzbuches bezeichneten Art, zufügt,
   3. die Gruppe unter Lebensbedingungen stellt, die geeignet sind, ihre körperliche Zerstörung ganz oder teilweise herbeizuführen, ...
   wird mit lebenslanger Freiheitsstrafe bestraft.

§ 7 VStGB Verbrechen gegen die Menschlichkeit
(1) Wer im Rahmen eines ausgedehnten oder systematischen Angriffs gegen eine Zivilbevölkerung
   1. einen Menschen tötet,
   2. in der Absicht, eine Bevölkerung ganz oder teilweise zu zerstören, diese oder Teile hiervon unter Lebensbedingungen stellt, die geeignet sind, deren Zerstörung ganz oder teilweise herbeizuführen,

§ 211 StGB Mord
(1) Der Mörder wird mit lebenslanger Freiheitsstrafe bestraft.
(2) Mörder ist, wer aus Mordlust ... aus Habgier oder sonst aus niedrigen Beweggründen, heimtückisch oder grausam ... einen Menschen tötet.

§ 212 StGB Totschlag
(1) Wer einen Menschen tötet, ohne Mörder zu sein, wird als Totschläger mit Freiheitsstrafe nicht unter fünf Jahren bestraft.

§ 223 StGB Körperverletzung
(1) Wer eine andere Person körperlich misshandelt oder an der Gesundheit schädigt, wird mit Freiheitsstrafe bis zu fünf Jahren oder mit Geldstrafe bestraft.

§ 224 StGB Gefährliche Körperverletzung
(1) Wer die Körperverletzung ...
  2. mittels einer Waffe ...
  3. mittels eines hinterlistigen Überfalls,
  4. mit einem anderen Beteiligten gemeinschaftlich ...
begeht, wird mit Freiheitsstrafe von sechs Monaten bis zu zehn Jahren ... bestraft.

§ 226 StGB Schwere Körperverletzung
(1) Hat die Körperverletzung zur Folge, dass die verletzte Person
  1. das Sehvermögen ..., das Gehör, das Sprechvermögen oder die Fortpflanzungsfähigkeit verliert,
  2. ein wichtiges Glied seines Körpers verliert oder dauernd nicht mehr gebrauchen kann,
  3. in erheblicher Weise dauernd entstellt wird oder in Siechtum, Lähmung oder geistige Krankheit oder Behinderung verfällt,
so ist die Strafe Freiheitsstrafe von einem Jahr bis zu zehn Jahren.

§ 227 StGB Körperverletzung mit Todesfolge
(1) Verursacht der Täter durch die Körperverletzung (§§ 223 bis 226) den Tod der verletzten Person, so ist die Strafe Freiheitsstrafe nicht unter drei Jahren.

V. Rechtsnormen, Internationale Erklärungen und Verträge

1. Grundgesetz

Artikel 2 GG   Persönliche Freiheitsrechte
(2) Jeder hat das Recht auf Leben und körperliche Unversehrtheit. ...

Artikel 26 GG   Verbot der Vorbereitung eines Angriffskrieges
(1) Handlungen, die geeignet sind und in der Absicht vorgenommen werden, das friedliche Zusammenleben der Völker zu stören, insbesondere die Führung eines Angriffskrieges vorzubereiten, sind verfassungswidrig. Sie sind unter Strafe zu stellen.

Artikel 92 GG   Gerichtsorganisation
Die rechtsprechende Gewalt ist den Richtern anvertraut; ...

Artikel 102 GG   Abschaffung der Todesstrafe
Die Todesstrafe ist abgeschafft.

2. Deutsches Strafgesetzbuch

§ 80 StGB   Vorbereitung eines Angriffskrieges
Wer einen Angriffskrieg (Artikel 26 Abs. 1 des Grundgesetzes), an dem die Bundesrepublik Deutschland beteiligt sein soll, vorbereitet und dadurch die Gefahr eines Krieges für die Bundesrepublik Deutschland herbeiführt, wird mit lebenslanger Freiheitsstrafe oder mit Freiheitsstrafe nicht unter zehn Jahren bestraft.

§ 80 a StGB   Aufstacheln zum Angriffskrieg
Wer im räumlichen Geltungsbereich dieses Gesetzes öffentlich, in einer Versammlung oder durch Verbreiten von Schriften (§ 11 Abs. 3) zum Angriffskrieg (§ 80) aufstachelt, wird mit Freiheitsstrafe von drei Monaten bis zu fünf Jahren bestraft.

§ 111 StGB   Öffentliche Aufforderung zu Straftaten
(1) Wer öffentlich, in einer Versammlung oder durch Verbreiten von Schriften (§ 11 Abs. 3) zu einer rechtswidrigen Tat auffordert, wird wie ein Anstifter (§ 26) bestraft.

wenn er nur den Entschluss fasst, das Beten aufzugeben. Auch dann muss er getötet werden."
www.qaradawi.net/site/topics/article.asp?cu_no=2&item_no= 5528&version =1&template_id=108&parent_id=15

IV. Nachrichten

Radio Vatikan, Newsletter, 04. 03. 2010

Großbritannien

Ein britischer Islamgelehrter hat eine Fatwa gegen islamistische Terroristen verfasst.
In dem 600-seitigen Rechtsgutachten verurteilt Muhammad Tahir al-Kadri jegliche Gewalt. Selbstmordattentäter seien „für die Hölle bestimmt". Das berichten britische Medien am Mittwoch. Weiter fordert der Islamgelehrte britische Imame auf, radikale Tendenzen zu verurteilen.
Eine Fatwa ist ein islamisches Rechtsgutachten. Diejenige al-Kadris ist den Berichten zufolge eine der wenigen, die auf Englisch verfasst und im Internet zugänglich sei. (kipa)

Radio Vatikan, Newsletter, 14. 04. 2010

Saudi-Arabien

In dem wahabitischen Königreich haben erstmals die Mitglieder des Obersten Rates der Religionsgelehrten eine gemeinsame Erklärung gegen den Terrorismus unterzeichnet.
Wie die Nachrichtenagentur „Sda" meldet, tagten zwanzig Mitglieder des saudischen Klerus unter der Leitung von Scheich Abdulasis Al-Alscheich, dem Mufti des islamischen Königreichs, drei Tage hinter verschlossenen Türen zum Thema Terrorismus, um anschließend die erste offizielle und gemeinsame Fatwa zu unterzeichnen. Auszüge aus dem Dokument wurden am Dienstag in arabischen Medien veröffentlicht. Das Rechtsgutachten hält fest, dass nicht nur kriminell handelt, wer einen Terroranschlag verübt, sondern jeder Muslim, der Terroristen finanziell oder moralisch unterstützt. (kipa)

Institut für Islamfragen der Deutschen Evangelischen Allianz
17. 04. 2012

Fatwa zu der Frage der Unantastbarkeit des Blutes eines Muslim

Es darf nur in festgelegten Fällen angetastet werden.
Von dem Rechtsgutachter Dr. Yusuf al-Qaradawi
Erscheinungsdatum: 25.10.2007

Frage: „Al-Bukhari und Muslim [zwei der höchsten Autoritäten für Überlieferungstexte] haben von Ibn Mas'ud – Allahs Wohlgefallen sei auf ihm – überliefert:

'Allahs Prophet – Allahs Segen und Heil seien auf ihm – hat gesagt: Ein Muslim darf nur in den folgenden drei Fällen getötet werden: Ein Ehemann oder eine Ehefrau, der/die eine uneheliche sexuelle Beziehung hat, ein Totschläger/Mörder und derjenige, der seine Religion [den Islam] und die (muslimische) Gemeinschaft verlässt.'"

Antwort: „... Die dritte Gruppe der Muslime, die getötet werden dürfen, betrifft diejenigen, die ihre Religion [den Islam] und die islamische Gemeinschaft verlassen. Derjenige, der den Islam verlässt und von der Religion Allahs [vom Islam] abfällt, muss getötet werden. Er ist ein Abtrünniger. Die Strafe für den Abfall vom Islam ist seine Tötung.

In der authentischen Überlieferung heißt es [Muhammad sagte]: 'Wer seine Religion [den Islam] verlässt, den tötet.'

Der Islam zwingt niemanden, zum Islam zu übertreten. Wer jedoch zu dieser Religion [des Islam] übertritt und die Gesetze und Vorschriften dieser Religion einhält, darf diese Religion nicht zum Spielzeug machen. D. h., er darf sich nicht jeden Tag einer anderen Religion anschließen, indem er einmal zu dieser Religion übertritt und sie dann wieder verlässt, um zu einer anderen Religion überzutreten, genau wie die Juden früher sagten: 'Glaubt in der ersten Hälfte des Tages an das, was den Gläubigen offenbart worden ist, und leugnet es später; vielleicht werden sie umkehren.' (Sure 3,72)

Nein, die Religion [der Islam] ist weder ein Zeitvertreib noch ein Spielzeug. Wer so handelt, muss getötet werden.

Imam Ahmad sagte: 'Derjenige, der das Beten unterlässt, ist ungläubig.' Deshalb darf derjenige getötet werden, sogar dann,

697

tragt wurde. Die Weggefährten [Muhammads] und die Muslime gingen überall hin und luden zum Islam ein. Wenn einer ihre Einladung zum Islam nicht angenommen hatte, haben sie gegen ihn gekämpft. Denn das Schwert ist eine Lösung.

Allah sagte: 'Und wir schufen das Eisen, worin [Kraft zu] gewaltigem Krieg wie auch zu [vielerlei anderem] Nutzen für die Menschheit liegt' (Sure 57,25). Und Allah sagte: 'Und kämpft gegen sie, bis es keine Verwirrung [mehr] gibt und die Religion Allah gehört.' (Sure 2,192).

Wer die Einladung zum Islam nicht angenommen hat, wurde [von Muslimen] bekämpft. Dies geschah für ihn und seine Errettung. Wenn es legitim ist, einen Menschen zu zwingen, seine Verpflichtungen anderen Menschen gegenüber zu erfüllen, selbst wenn dies durch Schläge und Freiheitsstrafe geschieht, ohne dass diese Methoden für ungerecht gehalten werden, wie steht es dann mit den Verpflichtungen der Menschen gegenüber ihrem Gott? Wie ist es dann mit den allerwichtigsten und zwingenden Verpflichtungen, d. h. dem monotheistischen Glauben und dem Verlassen des Polytheismus?

Es ist ein Teil der Gnade Allahs, dass er den Kampf gegen die Polytheisten und den Krieg gegen sie vorgeschrieben hat, so dass diese lediglich Allah anbeten und alle anderen [Götter] verlassen. Dadurch gelingt es ihnen, zur Freude und Errettung im diesseitigen und jenseitigen Leben hin zu gelangen."

Von dem Rechtsgutachter Abdul-Aziz bin Baz, dem ehemaligen, offiziellen Staatsrechtsgutachter Saudi-Arabiens und einem der einflussreichsten Gelehrten des sunnitischen Islam im 20. Jahrhundert.

Quelle: www.al-eman.com/fatwa/fatwa-display..htm?parent=button. search&id =990

Institut für Islamfragen der Deutschen Evangelischen Allianz
dh, 06.11.2006

Fatwa über den Gebrauch von Schwert und Gewehr

Beides ist im Kampf gegen die Gottlosen erlaubt.
Von Scheich Abdullah bin Abdur-Rahman bin Jabrin, einem ehemaligen Dozenten des Instituts für islamische „Propaganda" (arab. imam ad-da'wa) in Saudi-Arabien, einem Dozenten der islamischen Universität von König Fahd und berühmten Prediger in Moscheen

Frage: „Darf man ein Gewehr anstelle eines Schwertes verwenden, um jemanden hinzurichten? Ist dies Verstümmelung? Darf man ein Gewehr benutzen, um die gottlosen Häftlinge zu töten?"
Antwort: „Es könnte sein, dass man durch ein Gewehr schneller stirbt als durch ein Schwert. Dies wird dann nicht als Verstümmelung angesehen. Nichts verbietet die Anwendung eines Gewehres, um damit gegen die Gottlosen zu kämpfen und um gottlose Häftlinge zu töten, falls dies erlaubt wird [also die Todesstrafe gegen sie verhängt wird]."
Quelle: www.ibn-jebreen.com:9090/controller?action=FatwaView&fid=3059

Institut für Islamfragen der Deutschen Evangelischen Allianz
16.03.2011

Fatwa zu der Frage, ob der Islam mit dem Schwert verbreitet wurde

Von Abdul-Aziz bin Baz, ehemaliger Staatsrechtsgutachter Saudi-Arabiens

Frage: „Was halten Sie von demjenigen, der behauptet, dass der Islam mit dem Schwert verbreitet wurde? Wir wollen solchen Menschen auf eine nachvollziehbare Weise antworten."
Antwort: „Im Großen und Ganzen stimmt diese Behauptung nicht. Denn der Islam wurde durch die Einladung zu Allah verbreitet und mit dem Schwert unterstützt. Der Prophet [Muhammad] hat in Mekka 13 Jahre lang zum Islam eingeladen. Danach hatte er das in al-Medina getan, bevor er [von Allah] zum Kampf beauf-

Al-Buḫārī und Muslim überliefern, dass Abdullah Ibn 'Umar (Allāhs Wohlgefallen auf beide) sagte: „Der Gesandte Allāhs, Frieden und Segen auf ihm, verbrannte und fällte die Dattelpalmen von Banī An-Nadīr in Al-Buwayra, so sandte Allāh diesen Vers hinab: „Was an Palmen ihr umgehauen habt oder auf ihren Wurzeln habt stehenlassen, so geschah es mit Allāhs Erlaubnis, und damit Er die Frevler in Schande stürze." [Al-Ḥašr: 5]

Ibn Katīr sagte über den Grund der Offenbarung dieses Verses: „Als der Gesandte Allāhs – Allahs Segen und Frieden auf ihm – Banī An-Nadīr belagerte, befahl er, ihre Dattelpalmen zu fällen, um sie zu erniedrigen und Angst und Terror in ihre Herzen zu legen.

So überlieferte Muhammad Ibn Isḥāq von Yazīd Ibn Rūmān, Qatāda und Muqātil Ibn Hayyān, dass sie sagten: »Banū An-Nadīr sandten eine Nachricht an den Gesandten, die besagte, dass er doch das Unheil auf der Erde verbot, also warum habe er befohlen, dass ihre Palmen gefällt werden sollten.

Allāh sandte (dann) diesen ehrenwerten Vers hinab, welcher besagt, dass was auch immer an Dattelpalmen seitens der Muslime gefällt oder stehen gelassen wurde, so geschah dies allesamt durch Seine Erlaubnis, Seinen Willen, Seiner Macht und Seinem Gefallen. Und darin ist ein Schaden für den Feind sowie eine Erniedrigung und Schande für ihn.«"*1 So sollte jeder Muslim am Sabotieren der Wirtschaft der Kreuzzügler-Staaten teilnehmen und dazu beitragen, sei es durch wirtschaftlichen Boykott oder durch das Anzielen ihres Eigentums durch Sabotage oder Verbrennen.

Was heutzutage in Britannien*2 durch die Krawalle passiert, mag Auswirkungen auf das Schwächen (dieses Staates) haben und seine Wirtschaft beeinflussen. So sollten die Muslime diese Gelegenheit nutzen und an der Beständigkeit dieser Krawalle arbeiten, indem sie daran teilnehmen und dazu aufrufen.

Und Allāh weiß am besten und aller Lob gebührt Allāh dem Herrn der Welten.
Šayh Abū Mundir Aš-Šanqītī (möge Allāh ihn bewahren)
Shariah Komitee in Minbar At-Tawhed wal Jihad
*1 Tafsīr Ibn Katīr (8/61)
*2 Und anderen Kreuzzügler-Staaten in Europa und weltweit"
Eingestellt von Musab Al-Gharib um 07:13

entsprechen. Wer sich jedoch in einer Position der Stärke befindet, muss sich gemäß den Texten verhalten, die seiner starken Situation entsprechen.

Dieses Prinzip gilt für einen einzigen Menschen sowie für eine ganze Gruppe, abgesehen von der allgemeinen Lage der gesamten Gemeinschaft der Muslime.

Quelle: mareb.org/showthread.php?p=7717

Aus den News der „Bürgerbewegung Pax Europa" (BPE)
27.05.2013
Von: Ansar Al-Shahid, 20. November 2012

Fatwa
Ist es erlaubt mit der Absicht des Ǧihād an den Krawallen in Europa teilzunehmen?

(SOLL KEIN AUFRUF ZUR GEWALT DARSTELLEN)
von Šayh Abū Mundir Aš-Šanqītī (möge Allāh ihn bewahren)

Frage: „As-Salāmu 'Alaykum Wa Rahmatullāhi Wa Barakātuhu. Sicherlich habt ihr von den Krawallen in Britannien gehört und darüber, was in Frankreich vor ein paar Jahren geschah. Es gibt Leute, welche die muslimische Jugend dazu aufrufen, daran teilzunehmen, mit der Absicht des Ǧihād auf dem Wege Allāhs und um die Wirtschaft jener Kreuzzügler-Staaten zu zerstören, welche an der Besetzung der muslimischen Länder wie Irak und Afghanistan beteiligt sind und welche die Schätze der Muslime, seit der Zeit der Kolonialisierung, plündern. So, ist dies erlaubt? Ǧazākum Allāhu Hayran."

Antwort: „Im Namen Allāhs, des Allerbarmers, des Barmherzigen. Alles Lob gebührt Allāh und Frieden und Segen seien auf dem Gesandten Allāhs, seiner Familie und seinen Gefährten. So dann: Es gibt keinen Zweifel an der Legitimität der Bekämpfung der Kreuzzügler-Staaten, welche den Islām und die Muslime bekämpfen und ihnen soviel wie möglich an Schaden zuzufügen. Wenn also das Bekämpfen dieser kriegerischen Länder erlaubt ist, dann ist dies (erst recht) ein Beweis dafür, dass es erlaubt ist, ihnen jeglichen Schaden zuzufügen und ihr Eigentum zu sabotieren, mit allem, was geringer ist, als das Bekämpfen.

dann tötet die Götzendiener, wo immer ihr sie findet' (Sure 9,5), und: 'Kämpft gegen diejenigen, die nicht an Allah und an den Jüngsten Tag glauben, und die das nicht für verboten erklären, was Allah und Sein Gesandter für verboten erklärt haben, und die nicht dem wahren Glauben folgen – von denen, die die Schrift erhalten haben, bis sie eigenhändig den Tribut in voller Unterwerfung entrichten.' (Sure 9,29).

Ibn Taymiyya erklärte, dass der Koranvers (Sure 3,186) für Muslime gilt, die in einer Position der Schwäche sind, die also nicht in der Lage sind, für Allah und Allahs Propheten [Muhammad] mit der Hand oder Zunge zu handeln. Der [Muslim] handelt [für Allah und Muhammad in dieser Situation nur] mit dem Herzen [nicht offen erkennbar]. Der Koranvers zur Erniedrigung derjenigen, die einen Vertrag [mit Muslimen] geschlossen haben (z. B. Sure 9,29) gilt für jeden Muslim, wenn er in einer Position der Stärke ist. Der [Muslim] muss für Allah und seinen Propheten [Muhammad] mit der Hand oder der Zunge handeln.

Muslime in der Endphase des Lebens des Propheten Muhammads haben sich gemäß dieser Koranverse verhalten. Das [oben beschriebene] Prinzip wurde weiter während der Zeit der Nachfolger Muhammads eingehalten und es gilt bis zum jüngsten Tag.

Ein Muslim, der sich in einem Land befindet, in dem er in einer Position der Schwäche ist, muss sich gegenüber Juden, Christen und Polytheisten tolerant und vergebend verhalten, wenn diese Allah und seinem Propheten gegenüber verletzende Äußerungen machen.

Ein Muslim, der sich jedoch in einer Position der Stärke befindet, muss sich gemäß den Koranversen verhalten, die zum Kampf gegen die Ungläubigen aufrufen. Dies gilt gegenüber denjenigen, die Allahs Religion [den Islam] angreifen. Die [Muslime] müssen sich ebenfalls gemäß dem Koranvers (Sure 9,29) verhalten, der zum Kampf und der Erniedrigung von Juden und Christen aufruft.

Infolge dessen ist klar, dass man zwischen der Position der Stärke und der Schwäche unterscheiden muss.

Die mekkanischen und medinensischen Abschnitte spielen an sich keine Rolle, sondern es ist nur entscheidend, ob es um eine Position der Stärke oder Schwäche geht, und ob [durch das Handeln] Vorteile oder Nachteile [für Muslime] entstehen ... Wenn [ein Muslim] sich in einer Position der Schwäche befindet, muss er sich gemäß der Texte verhalten, die seiner schwachen Situation

Vorschriften [aus der mekkanischen Zeit] befolgen dürfen" [damit wäre der Djihad dann doch eine Pflicht, da viele Gebote aus der Frühzeit des Islam in Mekka durch die in Medina geoffenbarten Verse als abrogiert/aufgehoben gelten.] ...

Es wird behauptet, dass die Vorschriften zu Toleranz und Duldung gegenüber Ungläubigen und Polytheisten mit dem 'Schwertvers' (Sure 9,5) ausgetilgt worden seien, diese [die Polytheisten und anderen Ungläubige] deshalb bekämpft werden müssen und dass die mekkanischen Vorschriften mit der Offenbarung der medinensischen Vorschriften [ebenfalls] aufgehoben worden seien.

Diese [veränderte Handlungsweise] gilt, wenn die Muslime die Oberhand haben [die politische oder/und militärische Hoheit] und wenn keine verderblichen Folgen befürchtet werden müssen. Wenn die Muslime schwach sind [politisch bzw. militärisch] – so wie die Lage derzeit ist – müssen sie sich gemäß der Koranverse, die zur Toleranz und Duldung aufrufen, verhalten. Diese [Anweisungen] beruhen auf zwei grundlegenden Fakten:

1. Allah beauftragt nur denjenigen, der in der Lage ist [den Auftrag auch auszuführen]. Die Beweise dafür wurden genannt. Die Muslime sind derzeit nicht in der Lage, gegen die anderen [nämlich die Nichtmuslime] zu kämpfen.
2. Der Gelehrte des Islam, Ibn Taymiyya, erkannte diese Tatsache. Er erwähnte, dass sich ein Muslim in einer Situation der Schwäche gemäß der Texte zu verhalten hat, die zu Toleranz, Vergebung und Geduld aufrufen. Wenn der Muslim jedoch in einer starken Position sei, müsse er sich gemäß der Texte verhalten, die zum Kampf gegen die Ungläubigen aufrufen.

Ibn Taymiyya kommentierte den Koranvers: 'Wahrlich, ihr sollt geprüft werden an eurem Vermögen und an euch selber, und wahrlich, ihr sollt viele verletzende Äußerungen von denen hören, welchen die Schrift vor euch gegeben wurde und von denen, die Allah Gefährten [zur Seite] stellten [Polytheisten sind]. Wenn ihr jedoch geduldig und gottesfürchtig seid, [dann ist] dies wahrlich ein Zeichen von fester Entschlossenheit' (Sure 3,186).

Geduldig und gottesfürchtig gegenüber diesen zu sein, heißt nicht, dass diese nicht bekämpft werden müssten, wenn die Muslime in der Lage dazu sind. Ibn Taymiyya erklärte, dass dieser Koranvers und andere ähnliche Koranverse durch die Aussage Allahs abrogiert seien: 'Und wenn die heiligen Monate abgelaufen sind,

versammelt. Sie kamen aus 50 Ländern hierher, in das Land der Ehre, das Land der Heldentaten ... nach Ägypten, um die syrische Frage zu beraten. Sie haben darüber beraten und diskutiert.

Sie sind zum Ergebnis gekommen: Der Kampf für Allah ist eine Pflicht! Die [muslimische] Nation kann nicht ohne Kampf [arab. Jihad] leben. Wir können ohne Kampf nicht leben. Ich schwöre bei Allah, wir können uns nur durch den Kampf von der Erniedrigung befreien. Jedes Volk, das den Kampf aufgibt, wird erniedrigt und von den ungläubigen, niedrigen Nationen beherrscht. Die [muslimischen] religiösen Gelehrten sind sich über die Pflicht zum Kampf in unserer Zeit einig. Hier ist der Kampf gemeint, der nach den islamischen Vorschriften und unter der eindeutigen Fahne vonstatten geht ...

Ich bitte Allah, den Allmächtigen, Erhabenen darum, die Fahne des Kampfes zu erheben. Allah, ermögliche den Kämpfern in Syrien den Sieg. Allah, zeige uns ihre Werke [d.i. die Rache] gegen Bashar [al-Assad, den syrischen Präsidenten] und die Safawiden [eine verachtende Bezeichnung für Iraner]..."
Quelle: www.youtube.com/watch?v=W-VSURH-Ffk

Institut für Islamfragen der Deutschen Evangelischen Allianz
dh, 25. 05. 2010

Fatwa zu der Frage, wann Muslime den Kampf für den Islam (arab. Djihad) aufnehmen sollen

Die politisch-militärischen Machtverhältnisse, die einen Sieg ermöglichen oder nicht, sind für diese Frage entscheidend.
Von dem salafitischen Rechtsgutachter Scheich Abu l-Hassan as-Sulaimani.

„Einige muslimische Gelehrte beziehen sich auf Quellen [des Islam], die besagen, dass der Kampf in unserer Zeit keine Pflicht mehr sei, weil wir [Muslime] nicht in einer vorteilhaften [militärischen] Lage sind. Wenn wir nicht fähig sind [den Kampf zu führen, so die Argumentation], müssten wir uns an die Vorschriften aus der mekkanischen Zeit halten. Damals ist der Kampf [arab. Djihad] noch nicht als Pflicht vorgeschrieben gewesen. Allerdings ist es gleichzeitig eine Tatsache, dass wir keine der abrogierten

Frage: „Falls der Angriff eine Pflicht ist: Würde das bedeuten, dass wir die Länder [der Ungläubigen] angreifen müssen?"
Antwort: „Ja. Falls wir in der [günstigen militärischen] Lage sein sollten, würden wir sie [die Ungläubigen] in ihren Hauptstädten und Ländern angreifen. Wir bitten Allah darum, uns dies zu ermöglichen."
Quelle: audio.islamweb.net/audio/index.php?page=FullContent&audioid = 112943

Institut für Islamfragen der Deutschen Evangelischen Allianz
dh[3], 22.02.2014

Fatwa zu der Frage, ob der Kampf [arab. Jihad] für Muslime in unserer Zeit Pflicht ist

Ägypten gilt als Vorbild in diesem Kampf
Von dem Rechtsgutachter Dr. Muhammad al-Arifi, dem sehr populären muslimischen Gelehrten, Prediger, Rechtsgutachter, promovierten Islamwissenschaftler, Dozent an der Lehrerfakultät der König Sa'ud Universität in Saudi-Arabien
Auszug aus einer öffentlichen Predigt in Ägypten

„... Nun spreche ich zu dem Heldenvolk, zu dem großartigen Volk von Ägypten, um es zu motivieren. Ich bin zu diesem Volke der Heldentaten und der Hilfsbereitschaft gekommen. Ihr, die Helden der Überquerung [des Suezkanals 1973], Ihr, die Männer des Ramadan-Krieges [des Oktober-Krieges 1973], ... die [muslimische] Nation verlässt sich auf Euch als Führer und Leiter. Obwohl meine Rede allgemein ist, beziehe ich mich dennoch dabei speziell auf Euch, Ihr Ägypter.

Gestern haben sich in Ägypten Hunderte von [muslimischen] religiösen Gelehrten [arab. ulama'] und Kämpfern [arab. mujahidun] versammelt. Ich schwöre bei Allah, gestern habe ich Kämpfer getroffen, die von kämpfenden Truppen aus Syrien kamen. Sie kamen aus [Syrien], verkleidet, um sich mit uns treffen zu können. Hunderte von [muslimischen] religiösen Gelehrten, die über 70 Organisationen und Körperschaften angehören, haben sich gestern

---

3   „dh" ist möglicherweise ein Hinweis auf die Übersetzerin/den Übersetzer.

III. Fatwas

Institut für Islamfragen der Deutschen Evangelischen Allianz
22.02.2010

Fatwa zu Fragen von Angriff und Verteidigung des Islam

Der Islam ist eine dominierende Religion, die angreifen darf, wenn sie sich in der Lage dazu sieht.

Von dem saudischen Rechtsgutachter Scheich Muhammad bin Saleh al-Uthaimin, einem der einflussreichsten muslimischen Gelehrten des sunnitischen Islam des 20. Jahrhunderts.

Frage: „Ist der Islam eine Religion der Verteidigung oder des Angriffs?"

Antwort: „Was bedeutet 'Angriff'? Allah sagte im Islam: 'Und kämpft gegen sie, bis es keine Verwirrung [mehr] gibt und bis nur noch Allah verehrt wird' (Sure 2,193). Das ist das Prinzip. Deshalb erlaubt der Islam Nichtmuslimen, ihre Religion beizubehalten, wenn sie einen Tribut [an Muslime] zahlen. Das bedeutet, dass der Islam eine dominierende, öffentliche Religion ist."

Frage: „Diese Vorschriften [bezüglich der Nichtmuslime] werden jedoch nicht beachtet."

Antwort: „Doch, doch, sie werden beachtet. Momentan haben wir mit ihnen [den Nichtmuslimen] Vereinbarungen geschlossen, allgemeine Vereinbarungen und Sonderabkommen. Haben Muslime etwa heutzutage kein Potenzial, um den Jihad zu kämpfen? Ich sage: Nein! Muslime sind derzeit nicht in der Lage, zu kämpfen. Das hat zwei Gründe:

Erstens: Die Muslime sind selbst unterentwickelt. Einige von ihnen möchten sogar gegeneinander kämpfen.

Zweitens: Muslime haben keine ausreichenden Materialien und Mittel, die ihnen den Sieg über die Ungläubigen ermöglicht. Aus diesem Grund sagen wir nicht, dass der Jihad eine Pflicht für Muslime ist: Muslime sind nicht in der Lage, Erfolg darin zu haben [zu siegen]. Allah hat seinem Propheten, Muhammad, nicht befohlen, gegen die Ungläubigen zu kämpfen, als er in Mekka war, weil er damals [militärisch] schwach war. Er [Allah] hat Muhammad erst befohlen zu kämpfen, als er in al-Medina einzog und einen Staat gründete.

Religion. Allah hat ja meine Gemeinschaft reich gemacht durch die Hufe ihrer Pferde und die Stellungen ihrer Lanzen. (V, S. 5, 2)
Khoury, Adel Theodor, Der Hadith, Band V, Nr. 336, S. 139.

Von Abu 'Abdallah
Hafsibn Ghiyath sagte: Ich fragte Abu 'Abdallah in Bezug auf eine Stadt von den Städten der Leute des Krieges, ob es erlaubt ist, sie mit Wasser zu überfluten, sie mit Feuer zu brennen oder mit Steinen aus dem Katapult zu bewerfen, bis sie getötet werden, wobei es bei ihnen Frauen gibt und Kinder und ältere Menschen und Gefangene aus den Reihen der Muslime und Händler.

Er sagte: Man darf es ihnen antun, man muss nicht von ihnen ablassen wegen dieser Personen. Und man muss nicht Blutgeld für die Muslime [Khoury: „Die dort mit getötet werden."] oder eine Wiedergutmachung bezahlen.

Ich fragte ihn, wieso der Tribut für die Frauen weggefallen ist und für sie aufgehoben worden ist.

Da sagte er: Weil der Gesandte Allahs es verboten hat, die Frauen und die Kinder im Gebiet des Krieges zu bekämpfen, es sei denn, sie kämpfen selbst. Und wenn eine von ihnen kämpft, so halte dich von ihr fern, soviel du kannst und solange du kein Durcheinander fürchtest.

Da er nun verboten hat, sie im Gebiet des Krieges zu töten, so ist dies eher fällig im Gebiet des Islams. Und wenn sie sich weigert, den Tribut zu zahlen, so ist es weiter nicht möglich, sie zu töten.

Wenn aber die Männer sich weigern, den Tribut zu zahlen, dann haben sie die Abmachung gebrochen. Ihr Blut und ihre Tötung sind dann erlaubt. Denn das Töten der Männer im Gebiet des Unglaubens ist erlaubt.

So verhält es sich ähnlich mit dem Gelähmten aus den Reihen der Schutzbürger, dem Blinden, dem gebrechlichen Alten, der Frau und den Kindern im Gebiet des Krieges. Deswegen wurden sie vom Tribut befreit. (V, S. 25-26, 6).
Khoury, Adel Theodor, Der Hadith, Band V, Nr. 338, S. 139.

danach. Er gestand es. Da übergab er ihn dem Rechtsnachfolger des Getöteten. Er zog mit ihm weg, wobei er einen Riemen am Hals hatte. Als er den Rücken kehrte, sagte der Gesandte Allahs: Der tötet und der getötet wird, beide befinden sich im Feuer. Der Spruch des Gesandten Allahs gelang zum Rechtsnachfolger. Da verzieh er ihm. (Muslim, Abu Dawud, Tirmidhi, Nasa'i)
Khoury, Adel Theodor, So sprach der Prophet, Nr. 615, S. 313.

Nach Abu Shurayh al-Khuza'i
Wer einen Mord oder eine Verletzung erlitten hat, darf eine von drei Möglichkeiten wählen: Entweder übt er Wiedervergeltung, oder er verzeiht, oder er nimmt das Blutgeld. Wenn er eine vierte Alternative sucht, dann verwehrt es ihm. »Und wer danach Übertretungen begeht, für den ist eine schmerzhafte Pein bestimmt« (Koran 2,178). (Abu Dawud, Bukhari, Tirmidhi)
Khoury, Adel Theodor, So sprach der Prophet, Nr. 618, S. 314.

Hadithe aus schiitischer Überlieferung

Von Abu 'Abdallah
Der Gesandte Allahs sagte: Das Gute befindet sich ganz im Schwert und unter dem Schatten des Schwertes. Nichts stützt die Menschen außer dem Schwert. Die Schwerter sind die Schlüssel des Paradieses und des Feuers. (V S. 5, 1)
Khoury, Adel Theodor, Der Hadith, Band V, Nr. 335, S. 139.[2]

Von Abu 'Abdallah
Der Gesandte Allahs sagte: Das Paradies hat ein Tor, das man >das Tor der Kämpfer< nennt. Sie gehen dorthin, da ist es offen, und sie sind umgürtet mit ihren Schwertern. Die Versammlung findet an der Stelle statt, und die Engel heißen sie willkommen. Dann sagte er: Wer den Einsatz verlässt, den kleidet Allah mit Erniedrigung und Armut bei seinem Lebensunterhalt und mit Vernichtung in seiner

---

[2] Im Neuen Testament heißt es unter anderem: „Selig, die keine Gewalt anwenden; denn sie werden das Land erben." (Matthäus 5,5), Einheitsübersetzung der Heiligen Schrift, Altes und Neues Testament, Aschaffenburg, 1980, Teil NT, S. 7.

Nach Ibn 'Abbas
Ein blinder Mann wurde dem Propheten übergeben, der die Mutter eines Kindes von ihm getötet hatte. Der Prophet versammelte die Menschen in seiner Sache und fragte ihn. Er sagte: O Gesandter Allahs, sie pflegte dich zu beschimpfen und anzugreifen. Ich verbot es ihr mehrmals und wies sie zurecht. Sie hörte nicht darauf. Da legte ich den Dolch an ihren Bauch und tötete sie. Er sagte: Bezeugt es, ihr Blut ist wertlos. (Abu Dawud)
Khoury, Adel Theodor, So sprach der Prophet, Nr. 566, S. 295.

Nach Abu Umama
Ich hörte den Gesandten Allahs in der Ansprache im Jahre der Abschiedswallfahrt sagen: ... und der Unzüchtige verdient die Steinigung." (Tirmidhi, Abu Dawud, Nasa'i)
Khoury, Adel Theodor, Der Hadith, Band III, Nr. 3117, S. 68.

Nach al-Bara
Ich traf meinen Onkel, er trug eine Flagge. Ich sagte: Wo willst du hin? Er sagte: Der Gesandte Allahs hat mich zu einem Mann geschickt, der die Ehefrau seines Vaters beschlafen hat. Er befahl mir, ihm auf den Nacken zu hauen und seinen Besitz zu beschlagnahmen. (Abu Dawud, Tirmidhi, Nasa'i)
Khoury, Adel Theodor, Der Hadith, Band II, Nr. 2869, S. 384.

Nach al-Bara
Ein Mann fiel über die Magd seiner Frau [her]. Er wurde zu al-Nu'man ibn Bashir, er war Gouverneur von Kufa, gebracht. Er sagte: Ich werde bestimmt über dich urteilen nach dem Urteil des Gesandten Allahs. Wenn sie (deine Frau) sie dir erlaubt hat, verabreiche ich dir hundert Hiebe. Wenn sie sie dir nicht erlaubt hat, bewerfe ich dich mit Steinen. Man fand heraus, dass sie sie ihm erlaubt hatte. Da verabreichte man ihm hundert Hiebe. (Abu Dawud, Tirmidhi, Nasa'i)
Khoury, Adel Theodor, Der Hadith, Band II, Nr. 2870, S. 384.

Nach 'Alqama ibn Wa'il nach seinem Vater
Es wurde zum Gesandten Allahs ein Mann gebracht, der einen (anderen) Mann getötet hatte. Der Gesandte Allahs fragte ihn

nicht meine Seele weg, bis ich mir an der Qurayza-Sippe Genugtuung verschaffe. Da hörte seine Ader auf, es kam kein Tropfen mehr, bis sie sein Urteil angenommen haben.

Er urteilte, dass ihre Männer getötet werden, ihre Frauen am Leben erhalten bleiben, so dass die Muslime sich von ihnen helfen lassen können. Da sagte er: Ich habe das Urteil Allahs über sie vollstreckt. Sie zählten vierhundert. Als man mit ihrer Tötung fertig war, öffnete sich seine Ader. Da starb er zufrieden mit dem Wohlwollen (Allahs). (Tirmidhi)
Khoury, Adel Theodor, Der Hadith, Band III, Nr. 4193, S. 303.

Nach Abu Musa
Ein Mann kam zum Propheten und sagte: Der eine Mann kämpft wegen der Beute, der andere Mann kämpft wegen des Ruhmes, der andere Mann kämpft, damit seine Stellung gesehen wird. Wer befindet sich auf dem Weg Allahs? Er sagte: Wer kämpft, damit das Wort Allahs die Oberhand gewinnt, der befindet sich auf dem Weg Allahs. (Bukhari; Muslim; Abu Dawud; Tirmidhi; Nasa'i)
Khoury, Adel Theodor, So sprach der Prophet, Nr. 552, S. 288.

'Abdullah berichtet, der Gesandte Allahs (S) habe gesagt:
Ein Muslim, der bekennt, dass es keinen Allah außer Allah gibt und ich der Gesandte Allahs bin, darf nicht getötet werden, es sei denn, es handelt sich um die Wiedervergeltung Leben um Leben, oder eine verheiratete Person hat Ehebruch begangen, oder jemand ist vom Islam abgefallen und hat sich von der muslimischen Gemeinschaft losgesagt.
Sahih al-Buhari, Nachrichten von Taten und Aussprüchen des Propheten Muhammad, Stuttgart 1991, S. 458.

Nach 'Ali
Eine Jüdin pflegte den Propheten zu beschimpfen und anzugreifen. Ein Mann drückte ihr den Hals, bis sie starb. Da erklärte der Gesandte Allahs ihr Blut für nichtig. [Anmerkung Khoury: D. h. wertlos, daher ist weder eine Wiedervergeltung noch ein Blutgeld fällig.] (Abu Dawud)
Khoury, Adel Theodor, So sprach der Prophet, Nr. 565, S. 295.

- Rufe sie auf zur Annahme des Islam. Wenn sie sich einverstanden erklären, nimm es von ihnen entgegen und höre auf, sie zu bekämpfen.
- Dann rufe sie dazu, ihr Gebiet zu verlassen und zum Gebiet der Auswanderer herüber zu gehen. Und teile ihnen mit, dass, wenn sie es tun, sie dann die Rechte haben, die den Auswanderern zustehen, und die Pflichten, die den Auswanderern auferlegt sind. Wenn sie sich weigern, sich zu bewegen, dann teile ihnen mit, dass sie dann wie die arabischen Beduinen unter den Muslimen gelten: Sie sind dem Rechtsentscheid Allahs unterworfen, die für die Gläubigen gilt, und sie erhalten nichts von der Beute und den Erträgen, es sei denn, sie setzen sich ein mit den Muslimen. Wenn sie sich weigern, dann fordere von ihnen Tribut. Wenn sie das annehmen, dann nimm es von ihnen an und höre auf, sie zu bekämpfen. Wenn sie sich weigern, dann suche Hilfe bei Allah und kämpfe gegen sie.
- Und wenn du die Bewohner einer Festung belagerst und sie darin einwilligen, dass du sie unter den Treueschutz Allahs und den Treueschutz seines Propheten stellst, dann leiste es ihnen nicht, sondern biete ihnen deinen Treueschutz und den Treueschutz deiner Gefährten. Denn wenn ihr euren Treueschutz [und] den Treueschutz eurer Gefährten nicht einhaltet, dann ist das leichter, als wenn ihr den Treueschutz Allahs und den Treueschutz seines Gesandten nicht einhaltet. Und wenn du die Bewohner einer Festung belagerst und sie einwilligen, dass du auf sie die Rechtsentscheide Allahs anwendest, dann nimm es von ihnen nicht an, sondern unterwirf sie deinen Rechtsentscheiden. Denn du weißt nicht, ob du ihnen gegenüber die richtigen Rechtsentscheide [Allahs] triffst oder nicht. (Muslim, Abu Dawud, Tirmidhi, Nasa'i)
Khoury, Adel Theodor, Der Hadith, Band III, Nr. 4071, S. 269.

<u>Nach Abu Sa'id</u>
Sa'id ibn Mu'adh wurde am Tag der Parteien angeschossen, es wurde bei ihm eine dicke Ader am Arm geschnitten. Der Prophet brandmarkte sie mit Feuer, da schwoll seine Hand an. Er ließ von ihm ab, da floss das Blut wieder. Er brandmarkte sie noch einmal, da schwoll seine Hand an. Als er das sah, sagte er: O Allah, nimm

Nach Ibn 'Aun
Der Gesandte Allahs stürmte gegen die Mustaliq-Sippe, als sie ahnungslos waren und während ihre Tiere am Wasser getränkt wurden. Er tötete ihre Kämpfer und verschleppte die, die man verschleppen kann. An jenem Tag bekam er Djuwayriya, die Tochter von al-Harith. (Bukhari, Muslim, Abu Dawud, Tirmidhi, Nasa'i)
Khoury, Adel Theodor, Der Hadith, Band III, Nr. 4194, S. 304.

Nach 'Abd Allah ibn Abi Aufa
Ihr sollt wissen: Das Paradies liegt im Schatten der Schwerter. (Bukhari, Muslim, Tirmidhi)
Khoury, Adel Theodor, So sprach der Prophet, Nr. 542, S. 285.

Nach 'Abdallah ibn 'Amr
Der Prophet sagte: Wer ausrückt, erhält seinen Lohn. Und wer dies ermöglicht hat, erhält seinen Lohn und den Lohn dessen, der ausrückt. (Abu Dawud)
Khoury, Adel Theodor, Der Hadith, Band III, Nr. 4002, S. 255.

Nach Abu Huryra
Der Prophet sagte: Wer stirbt, ohne an einem Feldzug teilgenommen zu haben und ohne sich damit im Gedanken zu befassen, stirbt in einer Art Heuchelei. (Muslim, Abu Dawud, Nasa'i)
Khoury, Adel Theodor, Der Hadith, Band III, Nr. 541, S. 284.

Nach Burayda
Wenn der Prophet einen Befehlshaber an die Spitze einer Armee oder eines Trupps bestellte, pflegte er ihm eigens aufzutragen, die Allahfurcht zu pflegen und denen von den Muslimen, die mit ihm sind, Gutes zu tun.

Dann sagte er: Führt den Feldzug aus im Namen Allahs auf dem Weg Allahs. Kämpft gegen die, die an Allah nicht glauben. Führt den Feldzug aus und seid nicht ungerecht, seid nicht hinterhältig, verstümmelt (die Toten) nicht, tötet kein Kind. Und wenn du deinen Feind aus den Reihen der Polytheisten triffst, dann rufe sie zur Annahme dreier Dinge. Wenn sie dir gegenüber mit einem davon einverstanden sind, dann nimm es von ihnen entgegen und höre auf, sie zu bekämpfen:

Sure 66,9

Pa: Prophet! Führe Krieg gegen die Ungläubigen und die Heuchler (oder: Setze den Ungläubigen und Heuchlern heftig zu) und sei hart gegen sie!

Rs: *(66,8:) O Prophet! Bekämpfe die Ungläubigen und die Heuchler; und sei streng gegen sie.*

II. Hadithe

Hadithe aus sunnitischer Überlieferung

Ich habe Befehl, alle Völker zu bekämpfen, bis sie zustimmen und anerkennen, dass kein anderer das Recht hat, sich verehren zu lassen als nur Allah allein und dass Mohammed der Apostel Allahs ist; bis sie die Gebete richtig verrichten und die vorgeschriebene Abgabe entrichten. Wenn sie dies alles tun, so retten sie damit ihr Leben und ihr Eigentum von meiner Hand, nicht aber von den Gesetzen des Islam, und die Abrechnung wird Allah mit ihnen halten. (Sahih Buhari)

Newton, P., Rafiqul-Haqq, M., Ist Allah Gott? Frauen im Islam, Toleranz im Islam, Uhldingen, 2. Auflage 1997, S. 139.

<u>Nach Abu Hurayra</u>

Der Prophet sagte: Mir wurde befohlen, gegen die Menschen zu kämpfen, bis sie sagen: Es gibt keinen Allah außer Allah. Wer sagt: Es gibt keinen Allah außer Allah, schützt sein Leben und sein Vermögen vor mir, bis auf das anderweitige Recht (des Islam). Und Allah obliegt es, ihn zur Rechenschaft zu ziehen. (Bukhari, Muslim, Abu Dawud, Tirmidhi, Nasa'i)

Khoury, Adel Theodor, Der Hadith, Band III, Nr. 3998, S. 255.

<u>Nach Abu Hurayra</u>

Der Gesandte Allahs hat uns versprochen, Indien zu erobern. Wenn ich es erreiche, werde ich meine Seele und mein Vermögen dafür ausgeben. Wenn ich getötet werde, werde ich der Beste unter den Märtyrern sein. Und wenn ich zurückkehre, dann werde ich Abu Hurayra der Befreite sein. (Nasa'i)

Khoury, Adel Theodor, Der Hadith, Band l, Nr. 351, S. 145.

Sure 9,123

Pa: Ihr Gläubigen! Kämpft gegen diejenigen von den Ungläubigen, die euch nahe sind! Sie sollen merken, dass ihr hart sein könnt.

Rs: *(9,122:) O die ihr glaubt, kämpft gegen jene, die euch nahe sind unter den Ungläubigen, und lasst sie euch hart vorfinden; ...*

Sure 17,33 [siehe auch 2,178]

Pa: Und tötet niemand, den (zu töten) Allah verboten hat, außer wenn ihr dazu berechtigt seid! Wenn einer zu Unrecht getötet wird, geben wir seinem nächsten Verwandten Vollmacht (zur Rache).

Rs: *(17,32:) Und tötet nicht das Leben, das Allah unverletzlich gemacht hat, es sei denn zu Recht. Und wer da ungerechter Weise getötet wird – dessen Erben haben Wir gewiss Ermächtigung (zur Vergeltung) gegeben; ...*

Sure 47,35

Pa: Lasst nun (in eurem Kampfeswillen) nicht nach und ruft (die Gegner) nicht (vorzeitig) zum Frieden, wo ihr doch (letzten Endes) die Oberhand haben werdet!

Rs: *(47,34:) So lasst (im Kampfe) nicht nach und ruft nicht zum Waffenstillstand auf, wo ihr doch die Oberhand habt.*

Sure 49,15

Pa: Die (wahren) Gläubigen sind diejenigen, die an Allah und seinen Gesandten glauben und hierauf nicht (wieder unsicher werden und) Zweifel hegen, und die mit ihrem Vermögen und in eigener Person um Allahs willen Krieg führen (wörtlich: sich abmühen).

Rs: *(49,14:) Die Gläubigen sind nur jene, die an Allah und Seinen Gesandten glauben und dann nicht (am Glauben) zweifeln und sich mit ihrem Vermögen und ihrem eigenen Leben für Allahs Sache einsetzen.*

Sure 61,4

Pa: Allah liebt diejenigen, die um seinetwillen in Reih und Glied kämpfen (und) fest (stehen) wie eine Mauer (wörtlich: wie wenn sie ein festgefügter Bau wären).

Rs: *(61,3:) Wahrlich, Allah liebt diejenigen, die für seine Sache kämpfen, (in eine Schlachtordnung) gereiht, als wären sie ein fest gefügtes Mauerwerk.*

Sure 8,60

Pa: Und rüstet für sie, soviel ihr an Kriegsmacht und Schlachtrossen (?) (aufzubringen) vermögt, um damit Allahs und eure Feinde einzuschüchtern, und andere außer ihnen, von denen ihr keine Kenntnis habt, (wohl) aber Allah!

Rs: *(8,59:) Und rüstet gegen sie auf, soviel ihr an Streitmacht und Schlachtrossen aufbieten könnt, damit ihr Allahs Feind und euren Feind – und andere außer ihnen, die ihr nicht kennt – abschreckt; Allah kennt sie (alle).*

Sure 8,67

Pa: Kein Prophet darf (Kriegs-)Gefangene haben (und sie gegen Lösegeld freigeben) solange er nicht (die Gegner überall) im Land vollständig niedergekämpft hat.

Rs: *(8,66:) Einem Propheten geziemt es nicht, Gefangene zu (be-)halten, sofern er nicht heftig auf dieser Erde gekämpft hat.*

Sure 9,5

Pa: Und wenn die heiligen Monate abgelaufen sind, dann tötet die Heiden, wo ihr sie findet, greift sie, umzingelt sie und lauert ihnen überall auf.

Rs: *(9,4:) Und wenn die heiligen Monate abgelaufen sind, dann tötet die Götzendiener, wo immer ihr sie findet, und ergreift sie und belagert sie und lauert ihnen aus jedem Hinterhalt auf.*

Sure 9,36

Pa: Und kämpft allesamt gegen die Heiden, so wie sie allesamt gegen euch kämpfen.

Rs: *(9,35:) Und bekämpft die Götzendiener allesamt, wie sie euch allesamt bekämpfen; ...*

Sure 9,111

Pa: Nun müssen sie (die Gläubigen) um Allahs willen kämpfen und dabei töten oder den Tod erleiden.

Rs: *(9,110:) Sie kämpfen für Allahs Sache, sie töten und werden getötet; ...*

Sure 4,74

Pa: Und wenn einer um Allahs willen kämpft, und er wird getötet – oder er siegt –, werden wir ihm (im Jenseits) gewaltigen Lohn geben.

Rs: *(4,73:) Und wer für Allahs Sache kämpft, alsdann getötet wird oder siegt, dem werden Wir einen gewaltigen Lohn geben.*

Sure 4,76

Pa: Diejenigen, die gläubig sind, kämpfen um Allahs willen, diejenigen, die ungläubig sind, um der Götzen willen. Kämpft nun gegen die Freunde des Satans!

Rs: *(4,75:) Die da glauben, kämpfen für Allahs Sache, und die nicht glauben, kämpfen für die Sache des Teufels; darum kämpft gegen die Anhänger des Satans!*

Sure 4,104

Pa: Und lasst nicht nach in eurer Bereitschaft, den Feind aufzusuchen und zum Kampf zu stellen.

Rs: *(4,103:) Und lasst nicht nach, die Schar (der Ungläubigen) aufzuspüren.*

Sure 5,35

Pa: Ihr Gläubigen! Fürchtet Allah und trachtet danach, ihm nahe zu kommen, und führt um seinetwillen Krieg.

Rs: *(5,34:) O die ihr glaubt, fürchtet Allah und trachtet danach, Ihm nahe zu kommen und kämpft auf Seinem Wege, auf dass ihr Erfolg haben möget.*

Sure 8,12 [siehe auch Sure 47,4]

Pa: Haut (ihnen [den Ungläubigen] mit dem Schwert) auf den Nacken und schlagt zu auf jeden Finger von ihnen!

Rs: *(8,11:) Trefft (sie) oberhalb des Nackens und schlagt ihnen jeden Finger ab!*

Sure 8,39 [textgleich mit Sure 2,193]

Pa: Und kämpft gegen sie, bis niemand (mehr) versucht, (Gläubige zum Abfall vom Islam) zu verführen, und bis nur noch Allah verehrt wird!

Rs: *(8,38:) Und kämpft gegen sie, damit keine Verführung mehr stattfinden kann und (kämpft,) bis sämtliche Verehrung auf Allah allein gerichtet ist.*

A. Aufruf zu Mord, Totschlag, Körperverletzung, Krieg

I. Koran[1]

Sure 2,178 [siehe auch Sure 17,33]

Pa: Ihr Gläubigen! Bei Totschlag ist euch die Wiedervergeltung vorgeschrieben: ein Freier für einen Freien, ein Sklave für einen Sklaven und ein weibliches Wesen für ein weibliches Wesen.

Rs: *(2,177:) O die ihr glaubt! Es ist euch die Wiedervergeltung vorgeschrieben für die Getöteten: der Freie für den Freien, der Sklave für den Sklaven, das Weibliche für das Weibliche.*

Sure 2,191

Pa: Und tötet sie (d.h. die heidnischen Gegner), wo (immer) ihr sie zu fassen bekommt und vertreibt sie, von wo sie euch vertrieben haben!

Rs: *(2,190:) Und tötet sie, wo immer ihr auf sie stoßt, und vertreibt sie, von wo sie euch vertrieben haben; ...*

Sure 2,193

Pa: Und kämpft gegen sie, bis niemand (mehr) versucht, (Gläubige zum Abfall vom Islam) zu verführen, und bis nur noch Allah verehrt wird!

Rs: *(2,192:) Und kämpft gegen sie, bis es keine Verwirrung (mehr) gibt und die Religion Allah gehört.*

Sure 2,216

Pa: Euch ist vorgeschrieben, (gegen die Ungläubigen) zu kämpfen, obwohl es euch zuwider ist.

Rs: *(2,215:) Zu kämpfen ist euch vorgeschrieben, auch wenn es euch widerwärtig ist.*

Sure 2,244

Pa: Und kämpft um Allahs willen!

Rs: *(2,243:) Und kämpft auf dem Weg Allahs ...*

---

1 Die Koranverse, vor denen ein „Pa" steht, stammen aus der Übersetzung von Paret, Rudi, Der Koran, Stuttgart, Berlin, Köln, Mainz, 1979.
Die Koranverse, vor denen ein „Rs" steht, stammen aus der Übersetzung von Rassoul, Muhammad Ahmad, Die ungefähre Bedeutung des Qur'an Karim, in deutscher Sprache, 5. überarbeitete Auflage, Köln, März 2012.

Wäre die Mehrheitsgesellschaft sicher,
dass alle Muslime die Grundwerte
der westlichen Gesellschaft teilen
und die Menschenrechte bejahten,
dann könnten sie tun und lassen,
was sie wollten. Mit anderen Worten:
Nicht in der Sprache liegt das Problem.
Es liegt an den Widerständen gegen die Integration,
es liegt an dem Machtwahn nicht weniger Muslime,
die ihre gesellschaftlichen Ideen
der Mehrheitsgesellschaft aufdrücken zu wollen.

Jacques Schuster, Journalist

Koranverse, Hadithe, Gesetze, Fatwas, contra Deutsches Grundgesetz, Deutsches Strafrecht und Internationales Strafrecht Internationale Verträge, Deklarationen

* * *

Nachrichten

zusammengestellt

von

Reinhard Wenner

A. Aufruf zu Mord, Totschlag, Körperverletzung, Krieg 677
B. Sklaverei 707
C. Volksverhetzung, Beschimpfung von Bekenntnissen 724
D. Anweisung zu Verstümmelungen und Züchtigungen 730
E. Billigung von Hausfriedensbruch und Diebstahl 746
F. Verstoß gegen den Gleichheitssatz 750
G. Verstoß gegen allgemeine Persönlichkeitsrechte 758
H. Verweigern der Glaubensfreiheit 772
I. Umgang mit der Wahrheit 811
Literatur 827

Wir haben es immer noch mit
einem gespaltenen Weltbild
bei vielen, vielen Muslimen zu tun.
Wir hören, wie Imame und Vorstände
von muslimischen Verbänden
hier in Deutschland und in Europa
die Taten von Paris verabscheuen.
Dieselben Prediger
verlieren jedoch kein Wort darüber,
dass in fast der gesamten islamischen Welt,
von Pakistan über Iran bis zum Maghreb,
Tausende Karikaturisten, Regisseure, Dichter,
Journalisten, Schriftsteller bedroht werden,
verhaftet, misshandelt, mundtot gemacht.

Ahmad Mansour, Psychologe, Autor

Teil II
Aus Dokumenten

Wagner, Joachim, Richter ohne Gesetz. Islamische Paralleljustiz gefährdet unseren Rechtsstaat – Wie Imame in Deutschland die Scharia anwenden, 3. Auflage, Berlin 2014.

Zehetmair, Hans (Hg.), Der Islam. Im Spannungsfeld von Konflikt und Dialog, Wiesbaden 2005.

>Das Werk der islamischen Texte und Ideen,
>die wir über Jahrhunderte als heilig erklärt haben,
>erzürnt die gesamte Welt.
>Es kann nicht sein, dass 1,6 Milliarden Muslime
>die restliche Weltbevölkerung töten wollen,
>nur um selbst leben zu können.
>Die islamische Weltgemeinschaft (Umma)
>wird zerrissen und ist verloren
>durch unsere eigenen Hände.
>Es ist unfassbar, dass das, was die Muslime
>als ihr religiöses und heiliges Erbe betrachten,
>für sie selbst und den Rest
>der Welt als Quelle der Angst,
>der Gefahr des Mordens und der Zerstörung
>wahrgenommen wird. Unmöglich!
>Wir brauchen eine religiöse Revolution.
>Und Ihr Imame seid dafür verantwortlich.
>Die ganze Welt wartet
>auf Euren nächsten Schritt.
>
>Abd el-Sisi, ägyptischer Staatspräsident (2015)

Khoury, Adel Theodor, Christen unterm Halbmond. Religiöse Minderheiten unter der Herrschaft des Islam, Freiburg, Basel, Wien 1994.

Köster, Barbara, Der missverstandene Koran. Warum der Islam neu begründet werden muss, Berlin 2010.

Kraus, Hartmut, Islam, Islamismus, muslimische Gesellschaft. Eine kritische Bestandsaufnahme, 3. Auflage, Osnabrück 2012.

Küng, Hans, Der Islam. Geschichte, Gegenwart, Zukunft, 3. Auflage, München, Zürich 2004.

Maul, Thomas, Sex, Djihad und Despotie. Zur Kritik des Phallozentrismus, Freiburg 2010.

Müller, Michael, (Hg.), Die leise Diktatur. Das Schwinden der Freiheit, 3. Auflage, Aachen 2011.

Nagel, Tilmann, Angst vor Allah? Auseinandersetzungen mit dem Islam, Berlin 2014.

Plasger, Georg/Stobbe, Heinz-Günther (Hgg.), Gewalt gegen Christen. Formen, Gründe, Hintergründe, Leipzig 2014.

Rhonheimer, Martin, Christentum und säkularer Staat. Geschichte – Gegenwart – Zukunft, 3. Auflage, Freiburg, Basel, Wien 2014.

Sarrazin, Thilo, Der neue Tugendterror. Über die Grenzen der Meinungsfreiheit in Deutschland, München 2014.

Sekrtetariat der Deutschen Bischofskonferenz (Hg.), Christen und Muslime in Deutschland, Arbeitshilfen 172, Bonn 2003.

Sorg, Eugen, Die Lust am Bösen. Warum Gewalt nicht heilbar ist, München 2011.

Spuler-Stegemann, Ursula, Muslime in Deutschland. Nebeneinander oder Miteinander?, Freiburg, Basel, Wien 1998.
–, Feindbild Christentum im Islam. Eine Bestandsaufnahme, Freiburg 2004.

Tellia, Bruno/Löffler, Berthold, Deutschland im Werte-Dilemma. Kann der Islam wirklich zu Europa gehören?, München 2013.

Tibi, Bassam, Euro-Islam. Die Lösung eines Zivilisationskonfliktes, Darmstadt 2009.

–, Der Islam in Deutschland. Muslime in Deutschland, Stuttgart, München 2001.

Tück, Jan-Heiner (Hg.), Sterben für Gott – Töten für Gott? Religion, Martyrium und Gewalt, Freiburg, Basel, Wien 2015.

Literatur

Abdel-Samad, Hamed, Der islamische Faschismus. Eine Analyse, München 2014.

Afschar, Moussa, Der Islam. Wie er wirklich ist, Villach 2001.

Basileo, Elias, Zeitzeugen der Christenverfolgung. Sukzessives Verschwinden des Christentums in den islamisch geprägten Staaten. Ausbreitung des Islam im Westen. Zeitzeugen berichten, Bad Schussenried 2014.

Benedikt XVI., Die Ökologie des Menschen. Die großen Reden des Papstes, München 2012.

Brague, Rémi, Europa – seine Kultur, seine Barbarei. Exzentrische Identität und römische Sekundarität, 2. Auflage, hrsg. von Christoph, Böhr, Wiesbaden 2012.

Breuer, Rita, Im Namen Allahs? Christenverfolgung im Islam, Freiburg, Basel, Wien 2012.

Brunner, Rainer, Mohammed. Wissen, was stimmt, Freiburg 2011.

Buschkowsky, Heinz, Neukölln ist überall, 4. Auflage, Berlin 2012.
–, Die andere Gesellschaft, Berlin 2014.

Flaig, Egon, Weltgeschichte der Sklaverei, München 2009.

Heine, Peter, Terror in Allahs Namen. Hintergründe der globalen islamistischen Gewalt, Freiburg 2015.

Heinzmann, Richard, (hrsg. in Zusammenarbeit mit Peter Antes u. a.), Lexikon des Dialogs. Grundbegriffe aus Christentum und Islam, Bde. 1 u. 2, Freiburg, Basel, Wien 2013.

Hermann, Rainer, Endstation Islamischer Staat? Staatsversagen und Religionskrieg in der arabischen Welt, München 2015.

Huntington, Samuel P., Kampf der Kulturen. The Clash of Civilizations. Die Neugestaltung der Weltpolitik im 21. Jahrhundert, 5. Auflage, München, Wien 1997.

Hirsi Ali, Ayaan, Reformiert euch! Warum der Islam sich ändern muss. Aus dem Englischen von Michael Beyer u. a., München 2015.

Johannes Paul II., Die Schwelle der Hoffnung überschreiten, hrsg. von Vittorio Messori, 2. Auflage, Hamburg 1994.

Kauder, Volker (Hg.), Verfolgte Christen, Einsatz für die Religionsfreiheit, Holzgerlingen 2012.

e)) ihrer Nutzung als Kampfinstrument zur Unterdrückung der Frau und ihrer symbolischen Bedeutung als „Ausdruck fundamentalistischen Wahnsinns",
f) der Freiheitsbeschränkung der Burkaträgerin,
g) der mit der Verschleierung verbundenen Provokation für den gewohnten Umgang der Menschen miteinander in den verschiedenen Kulturen weltweit?

430. Inwiefern war das bisherige Kopftuchverbot
a) die institutionelle Diskriminierung einer Religionsgemeinschaft,
b) die Missachtung des Gleichberechtigungsgrundsatzes etwa im Blick auf das erlaubte Tragen einer Ordenstracht,
c) hilfreich hinsichtlich der Verhinderung der Aufwertung der strengen Auslegung des Islam,
d) sinnvoll im Blick auf das Kopftuch als Symbol des Islamismus und der Unterdrückung der Frau,
e) notwendig im Blick auf die Verhinderung von (familiärem) Druck und Zwang auf muslimische Frauen und Mädchen zum Kopftuchtragen,
f) ein Symbol gegen die Geschlechtertrennung,
g) sinnvoll und legitim, da der Rechtsstaat, in dem die Gleichheit aller Bürger vor dem Gesetz eine Grundrecht ist, auch für Muslima ein viel größerer Schutz und „eine viel wirkungsvollere Absicherung gegen tatsächliche Übergriffe" ist als das Kopftuch (so die gläubige Muslima Nahed Selim),
h) (nicht) menschenrechtskonform und mit der Religionsfreiheit (nicht) vereinbar?

Die Debatte über
den politischen Islam
muss konsequent
weitergeführt werden,
weil sie unsere Freiheit betrifft.

Necla Kelec, Soziologin, Autorin

n) eine „eklatante Infragestellung der Würde von Männern" (Emel Zeynelabidin), die pauschal als „triebhaft" diffamiert werden,
o) ein Instrument, um muslimischen Frauen und Mädchen noch weniger Rechte einzuräumen,
p) eine Vernachlässigung des Schutzes muslimischer Frauen und Kinder,
q) eine Erschwernis für liberale Muslime,
r) keine Lösung, sondern Ursache von Problemen,
s) ein Hinweis auf den Kampf um die islamische Präsenz und Dominanz im öffentlichen Leben,
t) ein Zeichen der kulturellen Bereicherung?

428. Welche Unterschiede gibt es zwischen
a) einer Ordensfrau mit Schleier und einer muslimischen Kopftuchträgerin,
b) einem Kreuz im Klassenzimmer, das auf Wunsch eines Schülers in Berufung auf das Grundrecht abgehängt werden muss, und einer Lehrerin, die mit ihrem Kopftuch grundrechtgeschützt[235] ihren islamischen Glauben bekunden kann, ohne dass jemand dagegen vorgehen kann?

429. Inwiefern ist die Vollverschleierung (Burka[236]) (il)legitim hinsichtlich
a) der Problematik von Sicherheit und Kriminalität,
b) des Rechts der Menschen, ihr Gegenüber eindeutig zu identifizieren,
c) des Rechts der Menschen, sich als Individuum dem Gegenüber zu zeigen,
d) des mit dieser Verschleierung angezeigten intoleranten, abwertenden und rückständigen Frauenbildes und der „Negation der weiblichen Identität und der menschlichen Individualität",

---

235 Vgl. dazu Buschkowsky, Heinz, in: „Die Welt", 21.3.2015, S. 24, mit der Interviewaussage: „Das Kopftuchurteil ist eine weitere Dimension der Landnahme einer religiösen Minderheit im Alltag Deutschlands."
236 Vgl. „Die Welt", 13.11.2014, S. 4, mit der Burka-Verbotsforderung des CDU-Abgeordneten Jens Spahn; auch die Fußnote zur Frage Nr. 112.

XXVIII. Verschleierung[234]

427. Inwiefern ist das (erlaubte) Kopftuch
   a) ein Kleidungsstück, das vor Blicken und Berührungen schützt (vgl. Sure 33,59),
   b) ein Zeichen der Ablehnung der Nichtmuslime, der Desintegration,
   c) ein demonstratives Signal der „bewussten kulturellen Abgrenzung zur christlich-jüdischen Tradition unseres Landes",
   d) ein Bekenntnis zum politischen Islam und ein Gradmesser muslimischer Gläubigkeit,
   e) eine kulturtypische Kopfbekleidung der Frau,
   f) lediglich ein modisches Accessoire,
   g) „ein Kampfinstrument zur Durchsetzung eines Menschenbildes, das in Teilen nicht vereinbar ist mit dem Grundgesetz",
   h) ein Hinweis auf das Leben der Kopftuchträgerin in einer patriarchalischen Familienstruktur,
   i) ein Symbol der Ungleichheit und Unfreiheit,
   j) „ein besitzanzeigendes Stück Stoff" (Necla Kelek),
   k) ein weltweites Symbol der Geschlechter-Apartheid,
   l) eine nonverbale Aussage, dass Frauen sich vor den Blicken der Männer verhüllen und schützen sollen, da „westliche Frauen schamlos und Männer triebhaft sind",
   m) eine Manifestation der Akzeptanz der ungleichen Behandlung von Männern und Frauen durch die nichtmuslimische Gesellschaft als Widerspruch zum Grundgesetz (Art. 3. Abs. 2),

---
234 Vgl. dazu „Die Tagespost", 25.11.2014, S. 3, mit einem Bericht über das iranische „Gesetz zum Schutz der Sittsamkeit und der Verschleierung", das „die Zusammenarbeit von Frauen und Männern am Arbeitsplatz ... zwischen sieben und 22 Uhr" verbietet; „Frauen, die gegen die Verschleierungsordnung in der Öffentlichkeit verstoßen, werden in Erziehungskurse geschickt und mit einem hohen Bußgeld bestraft"; ihnen kann „im Dienstleistungsbereich 30 Prozent ihres Gehalts gekürzt werden"; dieses Gesetz „erlaubt den Vollstreckern alles, was ihnen als unsittlich erscheint, zu durchsuchen, in Häuser, Geschäftsräume, Autos einzudringen ..."; ebenso S. 87, 92, 444, 564, 564 f., 558.

424. Inwiefern sind die oft blutigen innerislamischen, innerarabischen Kämpfe[233] und Auseinandersetzungen islamischer Gruppierungen und Glaubensrichtungen, rivalisierender Familien, Stämme und Dynastien seit Beginn der islamischen Geschichte bis auf den heutigen Tag entsprechend der jüngsten Schlagzeile „Islamisten jagen Muslime"

    a) (k)ein spezifischer Gegenbeweis für die Toleranz und Friedfertigkeit des Islam,

    b) (k)ein eklatanter Widerspruch zur islamischen Zielsetzung von der Einheit der gesamten Menschheit in der vom Islam angezielten sogenannten „umma"?

425. Was ist von der (utopisch klingenden) These zu halten, dass erst dann der Islam als tatsächlich friedfertig bezeichnet werden kann, wenn die Autoritäten der unterschiedlichen islamischen Konfessionen die Vielzahl jener Koransuren für zeitbedingt und ohne Relevanz für die heutige Zeit erklären, die Gewalt und Ungleichheit unter den Menschen in den verschiedensten Formen proklamieren?

426. Inwiefern ist die These richtig/falsch, dass für das Verhältnis der Demokratien wie auch der Religionen und Weltanschauungen untereinander eine uneingeschränkt gewährte Toleranz die eigenen Voraussetzungen untergräbt und sich letztlich selbst aufgibt entsprechend auch der folgenden Sentenz: „Wer den Feinden der Freiheit unbegrenzte Freiheiten einräumt, hat seine Freiheit schon verloren"?

---

233 Vgl. dazu Broder, H. M., in: „Die Welt", 14.7.2014, S. 2, mit der Aussage: „Im Irak ... fließt das Blut in Strömen, Schiiten und Sunniten massakrieren sich gegenseitig im Namen desselben barmherzigen Gottes."

421. Inwieweit ist folgenden Meinungen (nicht) zuzustimmen:

a) Keine „Religion darf Toleranz für sich beanspruchen, wenn sie die Gleichberechtigung anderer Religionen in Frage stellt?"[229]

b) Im Rahmen der Toleranz gibt es kein Recht darauf, nicht hinterfragt, nicht kritisiert und auch nicht (mit seiner Überzeugung) abgelehnt zu werden?

c) Die Forderung „Null Toleranz gegenüber Fremdenhass"[230] (in Deutschland) muss korrespondieren mit der Forderung „Null Toleranz gegen Deutschenhass und gegen Hass auf alles Nichtmuslimische"?

d) „Es gibt keine Toleranz gegenüber denen, die die Würde anderer Menschen infrage stellen?"[231]

422. Inwiefern könnte in bestimmten Demokratien Europas das Zusammenspiel von falsch verstandener Toleranz gegenüber intoleranten (religiösen) Weltanschauungen einerseits sowie die Relativierung bzw. Missachtung oder gar die Verächtlichmachung der eigenen Kultur[232] andererseits zur allmählichen Aushöhlung ihrer freiheitlich-demokratischen Verfassungen führen?

423. Wie ist der latente und z. T. auch ganz offene Antisemitismus seitens vieler Muslime, auch islamischer Regierungen, zu verstehen vor dem Hintergrund ihrer ständig betonten Friedensliebe und der Toleranzbereitschaft des Islam?

---

229 Tibi, B., Der Islam in Deutschland, S. 247; vgl. auch ebd., S. 322-324.
230 „Die Welt", 27.8.2015, S. 1, mit dieser Überschrift.
231 Ebd.
232 Vgl. dazu Tellia, B./Löffler, B. Deutschland im Werte-Dilemma, S. 94 f., mit der Feststellung: „Eine historische Rückschau zeigt, dass die entscheidende Stärke Europas im Kampf gegen eine tausendjährige Bedrohung durch die islamische Welt in seinem Willen zur Selbstbehauptung und zur Verteidigung seiner Kultur und Lebensform lag ... Ohne diesen Willen wären die osmanischen Welteroberungspläne 1683 nicht an den Mauern Wiens zerschellt. Erneut ist der Islam zur existentiellen Herausforderung Europas geworden. Doch dieses Mal hat Europa dem Islam die Tore ganz freiwillig geöffnet. Ob Europa am Ende des 21. Jahrhunderts tatsächlich islamisch sein wird, kann heute niemand wirklich sagen. Aber so viel ist gewiss: Europa kann nur islamisch werden, wenn dem Kultur- und Werterelativismus die Rolle des Türöffners überlassen wird."

a) jedoch zeitlich, insbesondere geographisch vergleichsweise äußerst begrenzt war,

b) hinsichtlich dieses viel gerühmten islamischen Toleranzverhaltens also keine Parallele kennt in allen anderen, viel größeren Ländern und Regionen, die zu damaliger Zeit im Vorderen Orient, in Afrika und Asien bereits islamisiert waren?

418. Inwiefern sind auch die beiden folgenden „Beweise" – ebenfalls häufig für islamische Humanität, Toleranz und Großzügigkeit herangezogen – in sich sehr/keineswegs fragwürdig:

a) die mittelalterliche islamische Zwangseinrichtung der Dhimmitude, in der Juden und Christen als (euphemistisch bezeichnete) „Schutzbefohlene" lebten, die in Wirklichkeit aber als „minderwertig", als Menschen zweiter Klasse in vielen Lebensbereichen benachteiligt, entrechtet und als Unterdrückte ständig der Willkür ihrer Unterdrücker ausgesetzt waren,

b) der im Westen (auch literarisch) glorifizierte und zum Mythos gewordene angeblich so tolerante, „aufgeklärte" und humane Sultan Saladin (1138-1193), der „größte aller Helden der muslimischen Welt", der jedoch auch viele „Ungläubige" gefangen nehmen, als Sklaven verkaufen oder hinrichten ließ bzw. eigenhändig umbrachte?

419. Aus welchen Gründen übersehen „Islam-Apologeten" offensichtlich bewusst die zahlreichen antichristlichen, antijüdischen und antiatheistischen Aussagen des Koran und anderer muslimischer Schriften, die in der Geschichte allzu häufig zur Quelle feindseliger, fanatischer und gewalttätiger Handlungen gegen Nichtmuslime wurden?

420. Inwieweit könnten sich die islamischen Rechtsschulen und andere Autoritäten des Islam auf der Grundlage ihrer Theologie und ihres Rechtsverständnisses den Grundsatz für ihr eigenes Handeln gegenüber Andersgläubigen und Andersdenkenden zu Eigen machen: „Keine Toleranz den Intoleranten!"?

Beziehungen, die unsere Gesellschaft benötigt, sollten nicht im Mittelalter gesucht werden. Denn was man dort findet, ist die Kehrseite: eine Politik der Ausgrenzung, die schließlich in Gewalt und Vertreibung mündete."

gekehrt war die Ehe zwischen einem christlichen Mann und einer muslimische Frau untersagt. Es ließen sich weitere Beispiele für diskriminierende Sanktionen und entehrende Bilder aufzählen – manchmal wurden Christen und Juden etwa mit Aussätzigen verglichen. Auch wenn viele dieser diskriminierenden Gesetze nicht strikt befolgt wurden: Die pure Existenz dieser Vorschriften zeugt von einem grundsätzlichen Mißtrauen, von Geringschätzung, Feindseligkeit und Vorurteil der Muslime gegenüber dem „Anderen". ...

Als weiteres Argument für die Vorstellung, dass es im mittelalterlichen Spanien eine tolerante und offene Gesellschaft gegeben habe, gelten die Kulturleistungen. Zwischen iberischen Christen und Muslimen, und in geringerem Umfang zwischen diesen und der jüdischen Bevölkerung hat es einen intensiven kulturellen Austausch gegeben. Dazu gehören der fruchtbare Einfluss des Arabischen auf die kastilische Sprache sowie der Einfluß der islamischen Kunst auf die christliche, der zu einer eigenen Kunstrichtung führte, dem sogenannten „Mudejar-Stil". Doch es ist ein Irrtum, kulturellen Austausch mit „convivencia" und Toleranz gleichzusetzen. Gleichheit oder Respekt sind dafür keine zwingende Voraussetzung. Die Herrschaft einer Gemeinschaft über eine andere, Marginalisierung, Intoleranz oder sogar Verfolgung und Versklavung einer Gruppe waren niemals ein Hindernis für kulturellen Austausch ... Wenn es friedliche Vermittlungsinstanzen gab, dann eben deshalb, weil Aggression, Raub, Verschleppung und Versklavung sowie Mordtaten an der Tagesordnung waren. Von daher erscheinen jene Institutionen viel weniger ein Argument für die Existenz guter nachbarschaftlicher Beziehungen, als vielmehr für die gewalttätige Natur der Beziehungen, die sie zu regeln versuchten.

Zwar sind nur wenige offizielle, von den Herrschern erklärte Kriege überliefert. Aber es gab immer wieder militärische Kampagnen zur systematischen Zerstörung und Verwüstung ganzer Landstriche, mit denen die spätere Eroberung von Städten und Befestigungen vorbereitetet wurden. Dies war kein offener Krieg, aber ein dauerhafter Zustand von Gewalt, der ohne Zweifel dazu beitrug, den Groll und den Hass zwischen den Parteien zu vertiefen. Sicherlich war nicht alles zwischen Muslimen und Christen von Konfrontation geprägt, und die friedlichen Beziehungen zwischen den Religionsgemeinschaften hatten ein spezifisches Gewicht. Aber man darf ihre Bedeutung nicht idealisieren ... Aus alledem lässt sich schließen, dass die Beziehungen zwischen Christen, Muslimen und Juden in ihrer Gesamtheit kaum von Toleranz zeugen, zumindest nicht im Sinne des Verständnisses, das wir heutzutage von diesen Konzepten haben. Unbestreitbar hat es kulturelle Anleihen und Einflüsse und friedliche wirtschaftliche Beziehungen gegeben, aber keine Beziehungen auf der Basis von Gleichheit und voller Akzeptanz der Unterschiede ... Vor diesem Hintergrund wirkt die idyllische Vorstellung eines muslimischen Spaniens als Treffpunkt dreier Kulturen eher wie die Antwort auf ein aktuelles Bedürfnis. Die Modelle für interkulturelle

417. Wie überzeugend wirkt es, wenn als Beweis für die praktizierte Toleranz des Islam permanent auf die islamische Herrschaftszeit in Andalusien[228] verwiesen wird, die

---

[228] Vgl. dazu in dieser Veröffentlichung den Beitrag von Eugen Sorg; ebenso Abdel-Samad, H., Der islamische Faschismus, S. 86-90, mit Ausführungen zum „Mythos Andalusien", bzw. zum „Mythos als Hort von Toleranz und gegenseitiger Befruchtung der arabischen und jüdischen Kultur"; in islamischen Ländern kann weder heute noch in früheren Zeiten von Toleranz gesprochen werden. Angebliche Toleranz war immer nur Scheintoleranz. Im Islam gilt bestenfalls die Devise: Übertritt zum Islam – Zahlung der Steuer – Vertreibung;
vgl. *www.welt.de/print-welt/article220620/Auf-dem-Weg-zum-Djihad.html* mit der Feststellung von Francisco Garcia Fitz, Professor für Mittelalterliche Geschichte an der Universität von Extremadura in Cáceres, dass Toleranz im islamischen Spanien nur ein multikultureller Mythos sei. Heute „herrscht die weit verbreitete Vorstellung, dass sich im mittelalterlichen Spanien eine solche geradezu ideale multikulturelle und gemischtreligiöse Gesellschaft herausgebildet habe, in der drei Kulturen – die christliche, die muslimische und die jüdische – in relativer Harmonie zusammenlebten. Dort habe es, anders als im homogenen und monolithischen christlichen Europa nördlich der Pyrenäen, Toleranz und Verständnis füreinander gegeben. Nicht wenige Politiker und Intellektuelle sehen darin ein Modell, um den wachsenden Problemen der Integration von Einwanderern aus anderen Kulturkreisen zu begegnen. Obwohl es Ansätze dafür auch in den christlichen spanischen Reichen gegeben hat, glaubt man dieses geradezu idyllische Profil vor allem im muslimischen Andalusien vorzufinden. Doch diese Vorstellung einer Gesellschaft dreier verschiedener, sich gegenseitig respektierender Kulturen ist ein Mythos oder ein Gemeinplatz, der nicht der historischen Realität entspricht ... Der politische, gesellschaftliche und wirtschaftliche Status der Christen und der Juden in al-Andalus war aber ... von Ausgrenzung und Minderwertigkeit geprägt. Entscheidende Positionen ... blieben Christen und Juden verwehrt. Wenn gegen diese Regel verstoßen wurde, kam es mitunter zu Protesten der muslimischen Bevölkerung, die zur Absetzung, manchmal sogar zum Tod des Emporkömmlings führen konnten. Insbesondere das Steuerrecht spiegelte die gesellschaftliche Benachteiligung wider: Christen und Juden zahlten spezifische Steuern – eine Individualsteuer, und eine Grundsteuer –, die sehr viel drückender waren als diejenigen Steuern, die den Muslimen auferlegt waren. Hinzu kamen allerlei Herabsetzungen und Schikanen ... Jede auch nur äußerliche Unterordnung eines Muslimen gegenüber einem Christen oder Juden war verboten, wie sich auch Christen und Juden keinerlei Zeichen eines höheren Ranges wie z. B. Waffentragen oder auf einem Pferd Reiten anmaßen durften. Ehen zwischen muslimischen Männern und christlichen Frauen waren erlaubt, aber die Kinder dieser Verbindung galten als Muslime. Um-

i) der verbrecherischen Handlungen der IS-Kämpfer nach dem Muster der vom Koran gerechtfertigten und sogar postulierten kriegerischen Expansionen,

j) der Teilnahme von Muslimen an nahezu allen bewaffneten Konflikten dieser Welt,

k) der zu Unfriede führende Mangel an Gerechtigkeit und Gleichheit im Islam,

l) das Verbot für Muslime zum Glaubensabfall?

415. Inwieweit ist die These richtig bzw. schönfärberisch/falsch, dass

a) es in der Geschichte der islamischen Herrscher selbstverständliche Regel war, die Minderheitsrechte zu respektieren und kritisches Denken zu fördern,

b) die friedliche Koexistenz islamischer Mächte mit andersgläubigen Nachbarn ebenfalls ganz selbstverständlich war,

c) derjenige, der nicht toleranzbereit ist, keine Toleranz erwarten oder gar fordern kann?

416. Inwieweit sind die Thesen richtig/falsch, dass

a) die gesamte Geschichte des Islam eine einzige Eroberungs-, Unterwerfungs-, Versklavungs- und Drangsalierungsgeschichte ist, die im Wesen und im Selbstverständnis dieser Religion gründet,

b) wahre Toleranz dem Islam grundsätzlich fremd ist, da Toleranz die Anerkennung der Gleichwertigkeit verschiedener Personen oder gesellschaftlichen Gruppen voraussetzt,

c) der Islam nur dort tolerant ist, wo er nicht an der Macht, sondern in der Minderheit ist und wo er es sich leisten kann,

d) die islamische Toleranz, die in Überlegenheitssituationen gewährt wird, nur taktisch motiviert ist,

e) der Islam von Natur aus intolerant ist, weil der die Wesensmerkmale der Toleranz nicht kennt: Gegenseitigkeit und Universalität?

Frieden unter den Menschen nur erreichbar ist durch deren Unterwerfung unter den angeblich im Koran geoffenbarten Willen Allahs, unter dessen Gesetz und Ordnung?

414. Mit welchen Argumenten ist die heute so oft proklamierte Friedensliebe und Toleranzbereitschaft des Islam zu begründen angesichts der folgenden religiösen bzw. (zeit-)geschichtlichen Ereignisse, aber auch islamischer Verhaltensweisen, nämlich

a) der rund 200 zu Gewalt, Feindschaft und Krieg gegen Nichtmuslime aufrufenden Koranverse,

b) der 27 Feldzüge, die Mohammed persönlich als Feldherr angeführt und weitere 47 initiiert haben soll, ohne selbst mitzuziehen,

c) der über Jahrhunderte dauernden, ausdrücklich auch religiös legitimierten militärischen Eroberungskriege (Dschihads) und Landokkupationen des Islam in Afrika, (Vorder-)Asien und Europa mit den horrenden Opferzahlen, vielfach verbunden auch mit Zwangsbekehrungen, Entführungen, Vergewaltigung und Sklaverei,

d) des „Scharia-Vorbehalts" bei der Anerkennung der universalen Menschenrechte durch islamische Staaten, wodurch die UN-Charta insgesamt ad absurdum geführt wird,

e) der eklatanten Ungleichbehandlung von Angehörigen religiöser Minderheiten durch die religiösen und staatlichen Instanzen und Institutionen islamischer Länder auch in heutiger Zeit, angefangen von einzelnen administrativen Maßnahmen über die Verweigerung der Lebensperspektiven bis hin zu Verfolgung und Mord,

f) der aktuellen Fatwas mit ihren menschenverachtenden, gegen die Freiheit, Gleichheit und Selbstbestimmung aller Menschen gerichteten Aussagen,

g) der regelmäßigen medialen Berichterstattung aus allen Erdteilen über die verschiedensten Formen „islamistischer" Gewalt bzw. Gewaltversuche,

h) der Berichte über hasserfüllte Zerstörungen nationaler und religiöser Symbole westlicher Staaten bzw. des Christentums, aber auch von Kulturdenkmälern aus früheren Zeiten in zwischenzeitlich islamisch gewordenen Ländern,

410. Wie können Muslime, die sich selbst als „friedliebend" u. ä. bezeichnen,

   a) ihre Selbsteinschätzung glaubwürdig in Übereinstimmung bringen mit den Aufrufen und Handlungsanweisungen im Koran zu Gewalt,
   b) nicht verstehen, dass Nichtmuslime auch persönlich besorgt sind und sich bedroht fühlen angesichts dieser Gewalttexte, die für die meisten Muslime – wie alle Koransuren – uneingeschränkte Gültigkeit haben?

411. Inwiefern ist die Meinung richtig/falsch, dass die Behauptung, „die weit überwiegende Mehrheit der bei uns lebenden Muslime ist friedfertig", logischerweise nur dann zutreffend ist, wenn diese Muslime die zu Gewalt aufrufenden Koransuren

   a) inhaltlich überhaupt nicht kennen, da ihnen z. B. nur der arabische Wortlaut dieser Suren bekannt ist,[227]
   b) auch inhaltlich kennen, aber als zeitbedingt betrachten, wobei sie bei dieser Einstellung gegen das eherne islamische Gesetz der ewig gültigen Unveränderbarkeit des Koran verstoßen,
   c) als sogenannte „Kulturmuslime", die keinerlei Bindung an ihre Religion mehr haben oder ihren Glauben nur selten und/oder selektiv praktizieren, diese einfach ignorieren,
   d) in der aktuellen Minderheitensituation nach eigenem Verständnis legaliter bewusst verschweigen oder leugnen,
   e) als menschenunwürdig und ihrer Lebenseinstellung zutiefst widersprechend ablehnen?

412. Inwieweit ist nach heutiger islamischer Lehre Toleranz und Friede auch in der islamischen Welt ohne Scharia-Vorbehalt möglich bei gegenseitiger Akzeptanz der unterschiedlichen Religionen und Weltanschauungen?

413. Welche Konsequenzen hätte die Realisierung der islamischen Lehrmeinung für die nichtmuslimische Welt, dass wahrer

---

[227] Für manche Muslime ist nur die hocharabische Fassung des Koran autorisiert. Da sie aber diese Sprache nicht beherrschen, können sie auch den Koran nicht verstehen.

allermeisten Muslime sind friedlich", * *„Der Islam ist eine Religion des Friedens,* * *„Der Islam ist eine Kultur des Friedens",* * *„Der Islam hat mit Terrorismus nichts zu tun"* so lange unglaubwürdig und pure Worthülsen, wie

    a) sich islamisch geprägte Staaten und islamische Autoritäten insbesondere in islamisch dominierten Staaten unter Berufung auf den Koran intolerant und repressiv gegenüber Andersglaubenden und Andersdenkenden verhalten und damit gegen die universalen Menschenrechte verstoßen,

    b) die radikal-islamischen Terroristen im Namen Allahs und des Islam ihre verbrecherischen Handlungen vollziehen und diese mit dem Koran und der Sunna begründen können,

    c) die meisten Terroristen in einer Moscheegemeinde aktives Mitglied waren,

    d) die islamischen Autoritäten keine Schulderklärungen ablegen bzgl. der die islamische Geschichte bestimmenden grausamen Eroberungsfeldzüge,

    e) die zahlreichen Passagen in den islamischen Hauptquellen, die zu Gewalthandlungen aufrufen und diese legitimieren, von den islamischen Autoritäten nicht als ausschließlich historisch interpretierbar qualifiziert werden?

408. Inwiefern könnte dennoch die ständig wiederholte pauschalisierende Behauptung der Muslime, *der Islam* sei friedliebend und tolerant, aus islamischer Perspektive subjektiv durchaus ehrlich und zutreffend sein, weil sie Frieden und Toleranz tatsächlich zu verwirklichen suchen – allerdings immer nach Maßgabe und nach den Vorgaben ihrer jeweiligen Scharia?

409. Mit welchen Koransuren kann „die friedliebende und tolerante Grundhaltung" des Islam gegenüber den sogenannten Ungläubigen, den Andersdenkenden und den Islam-Abtrünnigen bewiesen werden?

    übersieht Özdemir: Die Fußball-Hooligans können sich nicht auf Regeln und Vorschriften der Fußballverbände zum Verhalten in den Fußballstadien berufen, wohl aber die islamischen Fundamentalisten und deren Unterstützer auf die etwa 200 Gewaltaufrufe im Koran.

407. Inwiefern sind die permanent zitierten Stereotypen, Beteuerungen und islamischen Quasi-Dogmen: * *„Es gibt keinen Zwang in der Religion"*[225], * *„Der Islam ist friedfertig und tolerant"*[226], * *„Die*

---

225 Vgl. dazu den muslimischen Theologen Ourghi in einem Interview, in: „Herder Korrespondenz", März 2015, S. 128, zur Sure 2,256: „Besonders von den Apologeten wird ja immer wieder der Koranvers angeführt, dass es keinen Zwang in der Religion gebe. Das ist eine schöne Koranstelle, aber der Rest des Verses wird schlicht ausgeblendet. Unmittelbar danach heißt es, dass der Islam die wahre Religion ist. Wer an etwas Anderes glaubt, steht nach der Auffassung dieses Verses außerhalb der wahren Religion"; Sure 2,256 sagt jedenfalls nicht aus, dass Muslime den Glauben anderer respektieren sollen, sondern dass sie das Herz der Menschen nicht zwingen können, zum Islam zu konvertieren.

226 Vgl. dazu Flaig, E., Der Islam will die Welteroberung, in: „FAZ", 16.09.2006, S. 35, mit der These: „Wer weiterhin das Märchen von der islamischen Toleranz verbreitet, behindert jene muslimischen Intellektuellen, die ernsthaft an jener Reform des Islam arbeiten, die im 19. Jahrhundert so erfolgreich begann. Denn er beraubt sie der Chance, eine Vergangenheit zu überwinden, die ansonsten zur abscheulichen Gegenwart zu werden droht"; auch Abdel-Samad, H., Heuchlerische Funktionäre, in: „Die Welt", 7.10.2014, S. 2, mit den Feststellungen: „Es wird oft behauptet, dass 99,9 Prozent aller Muslime friedlich seien ... Misst man diese Friedfertigkeit an der Nichtteilnahme an Terroranschlägen oder an Kämpfen der IS ..., könnte die Rechnung stimmen. Nach diesen Kriterien war auch die Mehrheit der Deutschen während des Dritten Reiches friedlich. Doch Frieden heißt nicht Abwesenheit von Gewalt, sondern von der Geisteshaltung, die zu Gewalt führt ... Die friedliche Mehrheit der Muslime bleibt irrelevant, wenn sie Fehlentwicklungen in den eigenen Reihen allenfalls anspricht, aber nicht aktiv dagegensteuert. Sie wird sogar kontraproduktiv, wenn sie Probleme kleinredet und Menschen, die diese Probleme thematisieren, als islamophobe Hetzer bezeichnet"; ebenso „Die Tagespost", 25.10.2014, in einem Interview die Aussage des syrisch-orthodoxen Erzbischofs von Mossul, Nicodemus D. Sharaf: „... es ist eine große Lüge zu behaupten, der Islam sei eine Religion des Friedens. Das stimmt nicht. Dazu muss man nur in den Koran und die Hadithen blicken, die Wort und Beispiel Mohammeds überliefern"; auch „Die Welt", 5.11.2014, S. 2, mit einem Vergleich von Cem Özdemir: Rechtsextreme Fußball-Hooligans – muslimische Minderheiten, die sich mit islamischen Terroristen identifizieren. Indirekt vergleicht Özdemir die Minderheit der Muslime in Deutschland, die sich mit den brutalen Schreckenstaten der islamischen Fundamentalisten identifizieren, mit den rechtsextremen Fußballhooligans und deren unseligem Treiben. Ein äußerst fragwürdiger Vergleich im Blick auf die unvergleichbare Grausamkeit etwa der islamischen IS-Kämpfer. Dabei suggeriert Özdemir: Die überwiegende Mehrheit der Muslime verhält sich in unserer Gesellschaft wie die Mehrzahl der problemlos-begeisterten Fans in den Fußballstadien. In seinem Vergleich

405. Inwiefern ist es verständlich, dass die meist mit der Nennung von Mohammeds Namen verbundene Segensbitte „Friede und Segen Allahs auf ihm"[224] als islamische Respekts- und Verehrungsbezeigung in nichtmuslimischen Ohren insbesondere dann religiös äußerst befremdlich, heuchlerisch und provozierend widersprüchlich klingt, wenn im Kontext z. B. Drohungen gerade auch gegenüber Nichtmuslimen ausgesprochen werden und zu Gewalthandlungen aufgerufen wird?

406. Inwiefern ist die These richtig/falsch, dass nach islamischem Verständnis

   a) Friede im sogenannten „Haus des Islam" (also in islamisch geprägten Ländern) zugleich auch „Herrschaft über alle Nichtmuslime" bedeutet,
   b) der Friede im sogenannten „Haus des Krieges" (also in nichtislamischen Ländern) immer nach Befriedung durch Missionierung verlangt, dabei jedoch nur auf vorübergehenden Waffenstillständen basiert, die so lange aufrechtzuerhalten sind, bis sich für Muslime günstigere Konstellationen zur Machtübernahme ergeben,
   c) der Friede im sogenannten „Haus des Friedens" bzw. „Haus des Vertrages" (z. B. in Deutschland) den Muslimen ermöglicht, unbehelligt ihre Religion zu praktizieren und auch zu missionieren,
   d) echter Friede nur zwischen Muslim und Muslim möglich ist?

---

[224] Die Segensbitte für Mohammed, dessen Name täglich allein 40 mal von Hunderttausenden von Minaretten ausgerufen wird, basiert auf der Sure 33,56: „Siehe, Allah und Seine Engel segnen den Propheten. O ihr, die ihr glaubt, segnet ihn und begrüßet ihn mit dem Friedensgruß"; diese ritualisierte Segensbitte folgt bei Muslimen im gedruckten Text wie im gesprochenen Wort quasi verpflichtend, wenn Mohammeds Name genannt wird; nach christlichem Verständnis bedeutet Segen bzw. segnen: 1. einer Person von Gott her alles erdenklich Gute sowie dessen Schutz wünschen und zusagen, 2. anderen/einander zum Segen sein; zur Verehrung Mohammeds im Islam, vgl. Jamal J. Elias, Islam, S. 42 ff.

402. Inwiefern sind die Feststellungen (nicht) zutreffend, dass

a) es bis heute unter den Muslimen insbesondere der arabischen Völker keine Einsicht gibt, dass Sklaverei höchstes Unrecht ist und dort auch noch in heutiger Zeit der Sklaverei ähnelnde Rechtsverhältnisse und unmenschliche Zustände herrschen,

b) der Islam „schon im achten Jahrhundert die größte Sklavenhaltergesellschaft der Weltgeschichte" war, die „eine ständige Zufuhr immer neuer Sklaven" benötigte, und sich die Welt des Islam „zum größten und langlebigsten sklavistischen System" entwickelte und die Massenversklavung „das beliebteste Kriegsziel"[221] der Muslime war (Egon Flaig)?

XXVII. Toleranz[222] und Frieden[223]

403. Inwiefern stimmt die These, dass es zwei legitime Lesarten des Koran und der Sunna gibt, wobei sich eine für die Verse entscheidet, die zur Toleranz gegenüber Andersgläubigen aufrufen, und eine zweite, die jene Verse bevorzugt, die zusätzlich Konflikt, Gewalt und Kampf befürworten bzw. ihnen „nur" ewige Höllenstrafen androhen?

404. Inwiefern ist es richtig (falsch), den islamischen Begriff „Dar-al-Islam" mit „Haus des Friedens" zu übersetzen, wobei mit diesem Begriff nach islamischer Lehrmeinung nur jene Länder bezeichnet werden, in denen der Islam herrscht, der jedoch zugleich auch im Krieg ist gegen den anderen Teil der Welt?

---

221 15.9.2006 *www.faz.net* › Feuilleton › Medien
222 Toleranz vgl. S. 26, 49 f., 55 f., 62, 69, 71 f., 79, 84, 92, 112, 125, 128, 134, 239, 247 ff., 253, 256, 349, 355, 691, 809.
223 Vgl. S. 13, 26, 40, 43, 51, 56, 86, 238, 251, 283, 299, 397, 400 f., 452, 495, 521, 621, 680.

398. Inwieweit konnten sich die Sklavenjäger auf den Koran und auf muslimische Rechtsordnungen berufen, wenn sie von Anfang an legitimierte Versklavung praktizierten und Sklavenhandel betrieben, dabei also raubten, gefangen nahmen, verkauften oder für sich arbeiten ließen, die Versklavten ggf. auch sexuell missbrauchten?

399. Inwiefern liegt für die Tatsache, dass im Gegensatz zu den arabisch-muslimischen Staaten z. B. in den Vereinigten Staaten von Amerika heute viele Nachkommen schwarzafrikanischer Menschen anzutreffen sind, (k)ein Grund darin, dass die männlichen Sklaven in den muslimischen Herrschaftsbereichen vor ihrem Verkauf kastriert wurden?

400. Inwieweit sind die mittelalterlichen Gründungen geistlicher Ordensgemeinschaften wie jene der Trinitarier und der Mercedarier[220], in denen die Ordensangehörigen für die Freilassung bzw. den Austausch christlicher Sklaven aus der Hand muslimischer Sklavenjäger auch bereit waren, ihr eigenes Leben einzusetzen, eine aufgrund der immensen Opferzahlen letztlich nur begrenzt wirksame Reaktion der Kirche auf die jahrhundertelang andauernde Sklavenjägerei von Muslimen im gesamten Mittelmeerraum, in Afrika, Asien und im übrigen Europa?

401. Inwieweit sind die Feststellungen (nicht) stimmig, dass

a) es auch im Raum des Christentums gemilderte Formen von Sklaverei gab,

b) Missionare und Päpste jedoch ein großes Verdienst haben bei der Ächtung der Sklaverei,

c) die Abschaffung der Sklaverei eine Errungenschaft des Christentums ist,

d) die Sklaverei in muslimischen Staaten durch die kolonisatorische Einflussnahme europäischer und somit christlich geprägter Staaten ab dem frühen 19. Jahrhundert schrittweise abgeschafft wurde, diese Aufhebung aber niemals und nirgendwo aufgrund islamischer Doktrin initiiert wurde?

---

220 Vgl. dazu Jaspert, Nikolas, Gefangenenloskauf in der Krone Aragón und die Anfänge des Mercedarierordens. Institutionelle Diversität, religiöse Kontexte, mediterrane Verflechtungen, in: Heike Grieser, Nicole Priesching (Hg.), Gefangenenloskauf im Mittelmeerraum, Hildesheim, Zürich, New York 2015, S. 99-121.

396. Warum ist die Meinung richtig/falsch, dass islamistischer (IS-)Terror nichts mit dem Islam zu tun hat, jedoch die im Namen des Christentums ausgeübten Verbrechen von Christen mit dem Christentum, sodass nur die Christen bzw. die Kirchen Schulderklärungen ablegen müssten?

XXVI. Sklaverei[219]

397. Inwieweit entsprechen die von Tidiane N'Diaye dargelegten Feststellungen (nicht) der geschichtlichen Wahrheit, dass

a) arabische und türkische Muslime und ihre Verbündeten regelmäßig auf Sklavenjagd gingen und im Laufe von 1.300 Jahren etwa 17 Millionen Menschen gefangen nahmen, oft auch, um sie zu verkaufen oder zu verschenken,

b) auf jeden Sklaven drei bis vier weitere Opfer aus verschiedenen Gründen noch hinzukamen?

---

[219] Im Christentum blieb die Sklaverei zunächst bestehen (vgl. Epheser 6,5-9). Die Naherwartung dürfte einer der Gründe dafür sein (vgl. 1 Thess 4,15; Röm 13,11-13). Zugleich hat aber die christliche Lehre die menschliche und die christliche Würde auch der Sklaven betont. Damit wurde die Sklaverei im Christentum allmählich von innen her überwunden. In Epheser 6,8 wird der Sklave im Blick auf den Lohn Gottes parallelisiert mit dem freien Mann. Dass es bei Gott „kein Ansehen der Person" gibt, verdeutlicht Epheser 6,9; vgl. dazu auch Frage 401, ebenso Flaig, Egon, Weltgeschichte der Sklaverei, München 2009, S. 84 f., 87, 97, 108; schließlich „Die Welt", 15.10.2014, S. 6, mit dem Hinweis: „Die Sklaverei wurde erst durch den Einfluss der europäischen Kolonialreiche zurückgedrängt, in manchen Teilen der islamischen Welt hält sie sich aber hartnäckig im Untergrund, in Mauretanien etwa oder im Sudan wird sie weiter praktiziert"; hier auch die Schilderung von der Versklavung von Jesidenmädchen als Konkubinen durch die IS-Terrormiliz und das Vorgehen der islamischen Terrororganisation Boko Haram, die Mitte April 2014 276 Mädchen aus einer Schule in Chibok, Nigeria, entführet hat, von denen noch 223 in der Gewalt dieser Muslime sind. Der Chef der Boko Haram soll in einer Video-Botschaft erklärt haben: „Ich habe eure Töchter entführt ... Allah hat mich beauftragt, sie zu verkaufen, und ich werde seine Ausführungen ausführen, so Allah will"; ebenso S. 54 f., 66, 81, 124, 134, 210 f., 216, 250 f., 255, 279, 291, 304 f., 310, 338, 360, 364, 401, 463 f., 467-474, 525, 567, 571, 596, 652, 677, 707-723, 746, 771, 811.

391. Wo gibt es weltweit eine Religion, die derart grundsätzlich Andersgläubige und Andersdenkende ablehnt bzw. anderen Religionen bestenfalls einen untergeordneten Duldungsstatus zubilligt, wie es in der Geschichte und in der Gegenwart des Islam zu beobachten ist?

392. Wie kann erklärt werden, dass nichtreligiöse und atheistische Einzelpersonen und Gruppierungen, die mehr noch als Juden und Christen durch die islamische Ideologie Gefährdungen ausgesetzt sind, dieses Gefahrenpotenzial offensichtlich weithin nicht erkennen, dadurch nicht artikulieren und entsprechend auch kaum aktiv werden?

393. Wie ist in freiheitlichen Demokratien mit Religionsgemeinschaften und Ideologien umzugehen, die gegen andere Religionen und Weltanschauungen Vernichtungsbefehle aussprechen?

XXV. Schuldeingeständnisse[218]

394. Inwiefern ist die These richtig/falsch, dass sich islamische Staaten und religiöse Autoritäten deswegen weigern, Schuld und Versagen in der eigenen Geschichte einzugestehen, weil

    a) es im traditionellen Islam keine Schuld-Geständniskultur wie etwa im Christentum gibt,

    b) das islamische Überlegenheitsdenken keine Schuldeingeständnisse zulässt?

395. Welche islamischen Institutionen, Regierungen und Parlamente haben je – analog demokratischer Staaten und christlicher Kirchen – ein Schuldeingeständnis öffentlich abgelegt angesichts

    a) der grausamen Massaker, Eroberungs- und Vertreibungskriege des Islam in langen Jahrhunderten,

    b) des islamischen Sklavenhandels seit dem 7. Jahrhundert,

    c) des armenischen Genozids im 20. Jahrhundert,

    d) der jüngsten terroristischen Anschläge, z. B. in New York, Madrid, London und Paris (2015), bei denen viele unschuldige Menschen im Namen des Islam umgebracht wurden?

---

218 Vgl. S. 55, 238, 349, 382-386, 389, 539, 602.

XXIV. Rangordnung der Religionen[214] und Weltanschauungen

386. Welche Forderungen und Rechte können Muslime (unter keinen Umständen) ableiten aus dem Selbstverständnis ihrer Religion als der „besten aller Religionen"?

387. Warum ist die These richtig/falsch, dass keine Religion Toleranz für sich beanspruchen kann, wenn sie selbst die Gleichberechtigung anderer Religionen und Weltanschauungen ablehnt?

388. Inwiefern haben polytheistische Religionen wie etwa der Hinduismus oder Buddhismus sowie atheistische Ideologien wie der Kommunismus oder Atheismus[215] nach islamischer Lehre noch weniger Existenzberechtigung als Christen und Juden, die von Mohammed selbst immerhin noch als Angehörige von Buchreligionen anerkannt wurden?[216]

389. Weshalb sind die Juden nach dem Koran noch geringer zu achten als die Christen?[217]

390. Warum wird bei der Reflexion über das bedrückende Schicksal der Juden und Christen unter den Muslimen als „Menschen zweiter oder dritter Klasse" (dhimmis) meist das Schicksal der Angehörigen aller anderen Religions- und Weltanschauungsgemeinschaften als Menschen „dritter Klasse" und ohne jegliche Rechte bewusst übersehen oder einfach vergessen?

---

214 Zu Andersgläubigen: vgl. S. 14, 24, 36, 42, 50, 53, 73, 104, 113, 117, 168, 172, 210, 231, 281, 396, 402, 453, 475, 478 f., 486, 488, 498, 526, 545; zu Atheisten: S. 36, 67, 427, 449, 487, 498, 640, 802, 805.

215 Vgl. ebd., 20.12.2014, S. 23, mit der Feststellung des seit zwei Jahrzehnten in Kairo wirkenden Msgr. Joachim Schroedel: „Wer in Ägypten als Ausländer den Fehler begeht, sich selbst als Atheist zu outen, wird sehr schnell Folgen zu spüren bekommen ... Ein Atheist ... steht ... für die meisten Ägypter auf der Stufe eines Tieres, das keinen Verstand hat. Manche Lehrer an den deutschen Schulen in Kairo haben schon erfahren müssen, was es heißt, sich zum Atheisten zu erklären."

216 Nach muslimischer Version gibt es eine Dreiklassengesellschaft: Rechtgläubige (Muslime) – Schriftbesitzer (Christen, Juden, Zoroastrier) – Ungläubige (Polytheisten); im heutigen Islam gibt es (nur in nichtmuslimischen Ländern?) allerdings auch die Meinung, dass Anhänger anderer Religionen grundsätzlich nicht als „Ungläubige" bezeichnet werden können.

217 Vgl. dazu Breuer, R., Im Namen Allahs?, S. 23.

b) Hilfsangebote bzw. Hilfeleistungen bei Katastrophen in Ländern mit islamischer Mehrheitsbevölkerung von nichtmuslimischen Staaten, christlichen Organisationen usw.?

383. Warum suchen die zahlreichen, vor allem islamischen Kriegs- und Armutsflüchtlinge aus Afrika und dem Vorderen Orient im angeblich so ausländerfeindlichen Deutschland bzw. im vielfach verhassten und verteufelten Europa mit „Paradieserwartungen" und unter oft lebensgefährlichen Bedingungen Asyl, nicht jedoch in ihren islamischen Bruderländern Kuwait, Bahrain, Saudi-Arabien, Katar, Vereinigte Arabische Emirate, obwohl nach der Kairoer Erklärung (1990) die weltweite Gemeinschaft der Muslime (umma) das Ziel hat, „den Menschen vor Ausbeutung und Verfolgung zu schützen"?

384. Welche Informationen liegen vor, dass

a) manche islamische Länder untereinander keine muslimischen Asylanten akzeptieren mit der Begründung, dass muslimische Asylanten und Emigranten den Auftrag haben, den Islam in der ganzen Welt ausbreiten zu helfen,

b) bestimmte muslimische Länder aus demselben Grunde Emigranten falsche Papiere ausstellen mit der „Bestätigung", dass jene von ihren Regierungen unterdrückt und verfolgt werden,

c) auch „relativ stabile muslimische Staaten wie Indonesien, Malaysia, Dubai und Katar z. T. sich kategorisch weigern, Flüchtlinge aufzunehmen",[212]

d) in Deutschland im Jahr 2015 Islamverbände und Moscheegemeinden bzgl. Flüchtlingshilfe „kein Interesse an der Flüchtlingshilfe" zeigen und „kollektiv abgetaucht"[213] sind?

385. Inwiefern trifft der Vorwurf (nicht) zu, dass die westliche Welt immer wieder ökonomisch und militärisch einspringt, wenn in der muslimischen Welt totalitärer Terror um sich greift, während sich die von Reichtum strotzenden arabischen Ölstaaten „vornehm zurückhalten", jedoch „großzügig" den Bau von 200 Moscheen in Deutschland für die muslimischen Flüchtlinge anbieten?

---

212 „ideaSpektrum", 12.8.2015, S. 7.
213 Ebd.

a) oftmals keine adäquate theologische Ausbildung haben,
b) hinsichtlich der deutschen Sprache häufig nur ungenügende oder gar keine Sprachkompetenz[209] aufweisen,
c) meist mit der Lebenswirklichkeit und der Kultur des Gastlandes kaum oder nicht vertraut sind,
d) nach drei bis fünf Jahren wieder in ihre Heimat zurück müssen,
e) von einem ausländischen Staat eingesetzt und finanziert werden und diesem gegenüber auch noch weisungsgebunden sind,
f) nicht für einen europäisierten Islam, sondern für ein islamisiertes Europa eintreten?

XXIII. Muslimische Katastrophen- und Bruderhilfe[210]

382. Welche Informationen liegen vor über

a) Hilfsangebote bzw. Hilfeleistungen bei Katastrophen, z. B. in der christlich oder hinduistisch oder buddhistisch geprägten Welt, durch muslimische Staaten/Institutionen[211],

---

209 Vgl. dazu die Aussage von Bundestagspräsident Norbert Lammert in einem Interview, in: „Die Welt", 28.2.2015, S. 4: „Dass jemand, der in Deutschland tätig ist, auch Deutsch spricht, halte ich für eine schiere Selbstverständlichkeit. Das sollte auch für Imame gelten."

210 Vgl. dazu auch Afschar, M., Der Islam, S. 42 f., mit Hinweisen auf das Almosengeben, die Almosensteuer (zakat) für z. B. die Eintreiber dieser Steuer, für ärmere Familien, mittellose Waisen, soziale Einrichtungen, aber auch für Kämpfer des Dschihad. Das Almosengeben, eine der Anbetungspflichten, gilt im Islam als eine besonders verdienstvolle Handlung, ist jedoch ausschließlich bestimmt für muslimische Empfänger ebenso die S. 77, 104 f.

211 Vgl. dazu „Die Tagespost", 2.5.2015, S. 5, mit der Interviewfrage an Kardinal Vinko Puljic, Sarajevo, wieviel Einfluss verschiedene islamische Länder auf die Imame in Bosnien-Herzegowina nehmen: „Ich weiß sehr gut, dass, verknüpft mit der humanitären Hilfe, verlangt wurde, dass die Frauen den Schleier tragen, wenn sie Hilfe bekommen möchten. Auf den humanitären Paketen stand ausdrücklich geschrieben, dass es verboten sei, den Christen etwas davon zu geben."

377. Inwiefern ist der Muezzin-Ruf (k)ein unverzichtbarer Bestandteil des islamischen Gebetes?

378. Wie kann in unserem Land verhindert werden, dass die freitäglichen Moscheepredigten sowie auch der Unterricht in den Koranschulen zur islamistischen Indoktrination und die Moscheen zu Orten der Radikalisierung vorwiegend jugendlicher Muslime missbraucht werden?

379. Inwiefern ist die Wahl der Muslime in Deutschland, den jährlichen „Tag der offenen Moschee" ausgerechnet auf den „Tag der Deutschen Einheit" (3. Oktober), den deutschen Nationalfeiertag, zu legen

    a) ein Beispiel ihres Integrationswillens,
    b) ein Zeichen ihrer Verbundenheit mit Deutschland,
    c) ein Mangel an Verständnis für Symbolwerte,
    d) ein Defizit an Einfühlungsvermögen,
    e) eine Rücksichtslosigkeit gegenüber kulturellen und nationalen Empfindlichkeiten,
    f) ein Ausdruck der Vereinnahmung,
    g) ein Beleg der Insensibilität und Instinktlosigkeit,
    h) eine Form der Respektlosigkeit,
    i) ein Hinweis auf Überheblichkeit und Anmaßung,
    j) ein Symbol der „Eindeutschung" des Islam
    k) ein Signal der Islamisierung Deutschlands,
    l) ein Ausdruck des Willens der verantwortlichen Muslime, den deutschen Nationalfeiertag in einen „Tag des Islam" umzufunktionieren,
    m) ein Hinweis auf das Nichternstnehmen deutscher Behörden auf die jedem Volk zustehende nationale Symbolik, die durch den „Tag der offenen Moschee" bei uns herabgesetzt wird?

380. Wie würden wohl muslimische Autoritäten z. B. in der islamisch dominierten Türkei reagieren, würden Christen am Nationalfeiertag dieses Landes auch die muslimische Öffentlichkeit zu einem „Tag der offenen Kirchen" einladen?

381. Inwiefern ist es für ein demokratisches Land wie Deutschland (nicht) akzeptabel, dass in Moscheevereinen „importierte Imame" tätig sind, die

unzulänglich vorgetragenen und dem westlichen Musikempfinden meist fremden Rufe und Gesänge mit ihren ständigen Wiederholungen eine zusätzliche massive und regelmäßige Belastung und Belästigung für die nichtislamische Bevölkerungsmehrheit darstellen?

376. Inwieweit ist es möglich, dass die staatliche Religionsbehörde in der Türkei (Diyanet) in den sogenannten DITIB-Moscheen in Deutschland die vorformulierten Freitagspredigten vorschreibt, wodurch der türkische Staat auch versucht, über die DITIB als „Instrument der türkischen Außenpolitik" direkten politischen Einfluss in einem fremden Land zu nehmen[207], auf Angelegenheiten türkischstämmiger Migranten[208] in Deutschland politisch einzuwirken und Kontrolle auf sie auszuüben?

---

207 https://de-de.facebook.com/welt/posts/10153333215083115
Seinen jubelnden Anhängern rief der türkische Premier in Dortmund am 3.5.2015 zu: „Niemand kann unsere Kinder mit Lehrplänen behelligen, die unsere Geschichte beleidigen. Und wenn dies jemand versucht, dann, meine Brüder und Schwestern, ist eure Aufgabe, diese Lehrpläne zu verhindern": eine Aufforderung eines ausländischen Politikers mitten in Deutschland zum Schulkampf!; vgl. a http://www.trend.infopartisan.net/trd0200/t210200.html:
„In regelmäßigen Abständen veranstaltet der türkische Geheimdienst in den Räumlichkeiten der DITIB interne Versammlungen und Tagungen, in der die jeweiligen Strategien und Aktivitäten festgelegt werden. Die meisten Imame und Islambeauftragten, die für die DITIB-Moscheen im Dienst sind, werden von der Türkei aus staatlich für diesen Dienst beauftragt. Diese Personen werden strengen Auswahlkriterien unterzogen und müssen der Zusammenarbeit mit dem türkischen Staat und seinen Institutionen zustimmen, also sich sozusagen auch als freiwillige Agenten verpflichten. Bedienstete, die sich nicht an diese Abmachung halten, werden aus ihrem Dienst entlassen und in die Türkei zurückgeschickt."
208 Vgl. das Interview mit dem islamischen Theologen Khorchide, Mouhanad, in: „Der Spiegel", 28.2.2015, S. 40: „Der Einfluss ausländischer Regierungen und anderer Gruppierungen auf Muslime ist in vielen Ländern Europas ein Problem. Etwa 60 der 300 islamischen Prediger in Österreich sind aus der Türkei entsandt ... Die türkische Regierung übt auf diese Weise eine Kontrolle über Muslime aus ... Und ohne die Finanzierung aus Saudi-Arabien würden militant-salafistische Vereine in Österreich kaum überleben"; auch der muslimische Theologe Ourghi, Abdel-Hakim, in einem Interview, in: „Herder Korrespondenz", Heft 3, März 2015, S. 126: „Die deutschen Politiker schauen oft nur zu, wie die Zukunft einer Religion ihrer Mitbürger im Ausland entschieden wird."

a) keinen religiös definierten Charakter hat,
b) keine inhaltliche Botschaft proklamiert,
c) kein Teil eines Gebetes und
d) nichtwortgebunden, rein musikalisch ist,
e) zum kulturellen Erbe Europas zählt,

währenddessen der Ruf des Muezzin

a) eine Proklamation der islamischen Religion und
b) ein exklusives islamisches Glaubensbekenntnis[206] darstellt, das sich öffentlich Gehör schaffen will,
c) ausdrücklich gegen Andersgläubige gerichtet ist, die sich gegen das öffentliche Bekenntnis nicht wehren können,
d) in einer weit überwiegend nichtislamisch geprägten Öffentlichkeit von einer absoluten Minderheit verkündet wird,
e) ein wortgebundener islamischer Bekenntnisgesang ist,
f) von der Bevölkerungsmehrheit abgelehnt wird.

375. Inwiefern ist der vom Muezzin im Tagesablauf in der Regel fünffach und in großer Öffentlichkeit ständig wiederholte „Allahu-Akbar-Ruf" auch dadurch besonders (bzw. nicht) problematisch, weil

a) darin ein Bekenntnis auf Allah als dem Größeren bzw. dem Größten abgelegt wird, das dezidiert u. a. gegen die Gottesvorstellung der christlichen Mehrheitsbevölkerung gerichtet ist und den Kern des christlichen Glaubens in Frage stellt,
b) dieser Ruf auch noch ausdrücklich ein Glaubensbekenntnis zu Mohammed enthält,
c) dieser Ruf zusätzlich ein islamischer Kampfruf ist, der z. B. auch bei Angriffen gegen Christen (in Ägypten, Syrien usw.) aggressiv und lautstark geschrien wurde,
d) diesem islamischen Bekenntnisruf nicht direkt widersprochen werden kann,
e) alle Nichtmuslime zur indirekten Teilnahme an einer Art gottesdienstlichen Handlung gezwungen werden,
f) die per Lautsprecherverstärkung musikalisch oft recht

---

206 Schahāda (Das Glaubensbekenntnis): Es gibt keinen Gott außer Allah und Mohammed ist sein Gesandter.

land unausgesprochen ein dezidiert islam-ideologisches, auch gegen das Christentum gerichtetes aggressives Programm zur Ausbreitung des Islam steht und mit der Namensnennung auch das Ende der christlichen Herrschaft symbolisiert werden soll, so u. a. etwa hinter

a) den Tarik-Moscheen (z. B. in Frankfurt a. M.), die den Beginn der Eroberung Spaniens im Jahr 711 durch den islamischen Berberfürsten Tarik Ben Ziad im Bewusstsein halten,

b) Moscheen mit dem Beinamen „fatih" (= „Eroberer", z. B. in Pforzheim, etwa 50 weitere Moscheen) in Erinnerung an Fatih Sultan Mehmet, der 1453 das früher christliche Konstantinopel gewaltsam eroberte,

c) den Ayasofya-Moscheen (etwa 25), die an die im Jahre 532 erbaute christliche, dann 1453 in eine Moschee umgewandelte Hagia-Sophia-Kirche in Istanbul (heute Museum) erinnern, die für die Muslime ein Symbol für den Islam ist, der über das Christentum siegte,

d) den Yavuz-Sultan-Selim-Moscheen in Essen und Mannheim, die auf Yavuz, genannt „der Grausame", zurückgehen, der innerhalb von acht Jahren 70.000 Aleviten angeblich ermorden lassen haben soll?

373. Mit welchen Konsequenzen müssten wohl christliche Gemeinschaften in islamischen Ländern beim (nicht denkbaren) Versuch rechnen, kirchliche Räume in Erinnerung an die Kreuzzüge etwa nach Papst Urban II., Bernhard von Clairvaux oder nach Gottfried von Bouillon zu benennen?

374. Inwiefern ist die Feststellung richtig/falsch, dass das Glockengeläut auf Kirchtürmen

---

orthodoxen Christenheit, die Hagia Sophia, in eine Moschee verwandelte. Wenn es überhaupt die Möglichkeit freien Kirchenbaus in der Dar al-Islam gäbe, wie würden die Muslime darauf reagieren, wenn ein christliches Gotteshaus in einem islamischen Land nach dem Apostel Santiago (Schutzheiliger der spanischen Reconquista) oder berühmten Kreuzfahrern, z. B. Gottfried von Bouillon oder Richard Löwenherz, benannt würde? Den heutigen Christen fällt indessen – entweder aus Unkenntnis oder Unbekümmertheit – eine dermaßen provokante Benennung eines islamischen Gebetshauses in ihrem eigenen Land gar nicht mehr auf."

369. Inwiefern wird der Muezzin-Ruf auf dem Minarett – ein islamisches „Herrschaftssymbol"[204] (Necla Kelek) – nach islamischer Vorstellung als Proklamation islamischen Hoheitsgebietes bzw. als Teil des politisch-religiösen Eroberungsprogramms des Islam verstanden?

370. Inwiefern werden die „Feindbilder vom Islam ... von in Deutschland wirkenden türkischen Islamisten neu belebt, wenn sie deutsche Moscheen nach großen osmanischen *Djihad*-Eroberern benennen"? (B. Tibi)

371. Wie ist es möglich, dass eine wachsende Anzahl von Moscheen mit dem Beinamen „fatih" (= Eroberer), also nach Eroberern der türkisch-osmanischen Geschichte benannt werden können – meist nicht hinterfragt von staatlichen Behörden und vor allem auch schweigend hingenommen werden insbesondere von jenen Parteien und Gruppierungen, die in vergleichbaren nichtmuslimischen Fällen vehement protestieren und z. B. die Umbenennung von Straßen- und Kasernennamen bei politisch unliebsamen Namensgebern fordern, auch gegen die Mehrheit der Anwohner?

372. Inwieweit kann die Vermutung entkräftet bzw. bestätigt werden, dass hinter den Namen zahlreicher Moscheen[205] in Deutsch-

---

Islam-Verständnis, das sie in den Moscheen und von ihren Eltern erlernt haben an die Hochschule ... Wenn wir dann offen über Tabuthemen wie die Gewalttaten Mohammeds diskutieren und einen kritischen Umgang anmahnen, erleiden die Studenten einen Identitätsschock."

204 Das Wort Minarett bedeutet „Leuchtturm", denn in den dem Islam unterworfenen Gebieten wurden Leuchttürme errichtet. Sie dienten ursprünglich der Überwachung des eroberten Gebietes und als Signaltürme für die Karawanen, ebenso wurde die Bevölkerung von Wächtern im Morgengrauen geweckt; zum Verständnis der Minarette als „Siegessäulen des Islam" vgl. das bekannte Zitat des derzeitigen türkischen Staatspräsidenten Tayyip Erdogan: Der Islamist als Modernisierer, in: Weltonline, 5.5.2007: „Die Demokratie ist nur der Zug, auf den wir aufsteigen, bis wir am Ziel sind. Die Moscheen sind unsere Kasernen, die Minarette unsere Bajonette, die Kuppeln unsere Helme und die Gläubigen unsere Soldaten."

205 Vgl. dazu Glagow, Rainer, Die Dschihad-Tradition im Islam, in: „Ein Blick in die Islamgeschichte beweist eindeutig, dass der Glaubenskampf, der Dschihad auf dem Wege Allahs, immer zum Ideal der Gläubigen gehörte. So werden auch heute noch viele Moscheen nach den Helden der Islamgeschichte benannt, z. B. in Deutschland die Fatih-Moscheen zum Gedenken an den Eroberer des christlichen Konstantinopel, der die Hauptkirche der

mit dieser Überdimensionierung zugleich der vermeintlichen Überlegenheit des Islam auch einen architektonischen Ausdruck zu verleihen?

366. In welchem Umfang nehmen die meist ausländischen islamischen Geldgeber der Moscheebauten Einfluss auf die jeweiligen Moscheegemeinden?

367. Inwieweit sind die immensen ausländischen Geldmittel, die in den Bau von Moscheen in europäischen Ländern fließen, (k)ein Hinweis auf die Bedeutung der Moscheen als wesentliches „Instrument der Islamisierung Europas"?

368. Inwiefern ist die Bezeichnung „Multifunktionshaus" für eine Moschee zutreffend im Blick auf die multifunktionale (variable) Verwendung von Moscheen als

- a) Kultgebäude,
- b) Gebetshäuser,
- c) Reisebüros,
- d) Geschäfte, in denen alles Lebensnotwendige erhältlich ist,
- e) Zentren islamischer Rechtsprechung, „Gerichtssäle"[202] (!),
- f) Zentren der Verwaltung,
- g) Versammlungsorte für politische Aktivitäten,
- h) Versammlungsorte z. T. auch militärischer Aktivitäten mit Waffenlagern,
- i) rein islamische Kindergärten, Koranschulen als Zentren der Indoktrination bzw. „Stätten der Verkündigung und Reproduktion grundrechtswidriger Aussagen, Werturteile und Normen",[203]
- j) Symbole des islamischen Machtanspruches?

---

202 Vgl. dazu Popp, Maximilian, Allahs Richter, in: „Der Spiegel" 29.8.2011: „Ihre Gerichtssäle sind Moscheen, und ihr Gesetz ist die Scharia: Islamische Friedensrichter unterlaufen den Rechtsstaat. Die Justiz weiß sich nicht zu wehren."

203 Vgl. dazu „Welt am Sonntag", 9.8.2015, S. 5, der Islamwissenschaftler A.-H. Ourghi mit den Feststellungen: „Niemand weiß genau, was eigentlich in deutschen Grundschulen im Islamunterricht passiert"; über muslimische Studenten bemerkt er: „Viele kommen mit ihrem

360. Welche Folgen ergeben sich für ein menschenwürdiges Zusammenleben in einem Staat bei sich widersprechenden und die Ungleichheit der Menschen voraussetzenden Gesetzesnormen?

361. Inwiefern ist die Möglichkeit, jederzeit sanktionsfrei auch die islamische Religion wechseln zu können, (k)ein entscheidendes Kriterium für Religionsfreiheit?

362. Welche Initiativen müssten von allen demokratischen Staaten ergriffen werden bei ihren Kontakten mit Staaten, in denen die Religions-, Glaubens- und Gewissensfreiheit verletzt, behindert oder gar abgelehnt wird?

363. Warum ist die Meinung richtig/falsch, dass es im Zeitalter der Globalisierung und der universellen Menschenrechte mit Berufung auf die Religionsfreiheit durchaus legitim ist, den Bau von Moscheen z. B. in Deutschland und von Kirchen in einem islamischen Land nach dem Prinzip der Reziprozität gegenseitig aufzurechnen und zur wechselseitigen Bedingung zu machen?

XXII. Moscheen[199] und Muezzin-Rufe

364. Inwieweit verbinden Muslime mit einer in einem z. B. christlich geprägten Land errichteten Moschee[200] den Anspruch: „Dieses Land ist islamisches Territorium"[201], das u. a. als Ort des Gebetes somit selbstverständlich zur islamischen Weltgemeinschaft gehört?

365. Inwieweit sind die Erfahrungen (nicht) zu bestätigen, dass viele Moscheen überdimensioniert konzipiert und gebaut werden, manchmal unter Umgehung von Bauvorschriften und Täuschung der zuständigen Behörde und der betroffenen Bevölkerung, um

---

199 Vgl. dazu S. 14, 17, 39, 52, 55, 60, 76 f., 87, 91, 103, 250, 259, 283, 336, 381, 384, 452, 458, 475, 509, 518, 543, 571 f., 578, 584, 595, 597, 604, 607, 610, 637, 650, 658, 695, 738, 776 f., 779, 783, 804.

200 Das Wort „Moschee" bedeutet: „Ort der Niederwerfung"; „Muslim" bedeutet: „Der sich Unterwerfende".

201 Vgl. dazu *www.welt.de/.../welt/.../Jedem-einen-Koran-eine-Fahne-ein-Woerterbuch ...*, 5.05.2015, mit der bezeichnenden Feststellung des türkischen Premiers Davutoglu „Wo diese Fahne weht, ist für uns die Türkei. Für uns ist überall die Türkei"; man fragt sich schon angesichts dieser Aussage: Wo bleiben die Reaktionen der verantwortlichen Politiker gegen diesen unverblümten Aufruf zur Landnahme der Türken und des Islam?

Islam" vom 5. August 1990, nach der die Scharia als Maßstab für die allgemeinen Menschenrechte zu dienen hat?[198]

355. Inwiefern ist die Hypothese, die Mehrheit der Muslime sei in Deutschland/Europa integriert und bekenne sich zu den (internationalen) Menschenrechten, kritisch zu hinterfragen im Blick auf

    a) das islamische Verständnis von Menschenrechten, das sich inhaltlich deutlich unterscheidet vom Verständnis der Menschenrechte der UN und von unseren zivilisatorischen Werten,

    b) die derzeitig (noch) bestehende Minderheitensituation der Muslime. die nach islamischem Selbstverständnis flexible, auch in sich gegenläufige Denk- und Verhaltensweisen erlaubt?

356. Mit welchen Lehren des Koran können die gravierenden Einschränkungen der universalen Menschenrechte, wie sie gerade in islamisch dominierten Ländern zu beobachten sind (Religions- und Meinungsfreiheit, Gleichheit vor dem Gesetz usw.), begründet bzw. abgelehnt werden?

357. Inwiefern ist es (nicht) diskriminierend, rassistisch und gegen die internationalen Menschenrechte gerichtet, wenn in einem islamischen Land 1,5 Millionen christliche Arbeitsmigranten daran gehindert werden, ihren Glauben zu leben und Gotteshäuser zu bauen?

358. Welche Konsequenzen und Auswirkungen hätte es für den freiheitlich-demokratischen Rechtsstaat mit seiner offenen, pluralen Gesellschaft, würden die in sich stark divergierenden und sich teilweise widersprechenden Vorstellungen der Menschenrechte (universales Menschenrecht versus islamisches Menschenrecht mit Scharia-Vorbehalt) nebeneinander Anwendung finden?

359. Inwiefern kann eine Religionsgemeinschaft (unter keinen Umständen) den Anspruch erheben, dass sich Angehörige anderer Religionen und Weltanschauungen ihrem eigenen religionsspezifischen Verständnis der Menschenrechte zu beugen haben?

---

198 Vgl.. Tellia, B./Löffler, B., Deutschland im Werte-Dilemma, S. 152-156.

a) christlicher Kirchen,
b) islamischer Autoritäten,
c) hinduistischer bzw. buddhistischer Religionsgemeinschaften,
d) Atheistenvereinigungen?

351. Inwiefern ist die Feststellung richtig/falsch, dass der Islam nach bestimmten Vorgaben des Koran dem Judentum und dem Christentum als Buchreligionen zumindest eingeschränkte Freiheiten zugesteht, dagegen denen keinerlei Freiheiten gewährt, die sich als Polytheisten oder als Atheisten bekennen?

352. Welche Bedeutung haben nach islamischer Lehre die Prinzipien der Freiheit der Meinungsäußerung[197] und der Selbstbestimmung, der Religions-, Versammlungs-, Presse-, Rede- und Organisationsfreiheit sowie auch das Prinzip der Freiheit der Kunst als fundamentale Rechte aller Menschen und als tragende Pfeiler aller echten Demokratien?

353. Warum dürfen die Menschenrechte der UN-Deklaration von 1948, die ohne die christlich-jüdische Tradition undenkbar sind, (niemals) der islamischen Scharia unterworfen werden?

354. Wo liegen die entscheidenden, unüberbrückbaren Unterschiede zwischen der Allgemeinen Erklärung der Menschenrechte von 1948 (UN), nach der die Menschenrechte als Individual- und Kollektivrechte universal und unteilbar sind, und der „Allgemeinen Erklärung der Menschenrechte im Islam" vom 19. September 1981 sowie auch der „Kairoer Erklärung der Menschenrechte im

---

erkennung der Religionsfreiheit als unveräußerliches Menschenrecht" die Religionen von innen her befriede. Aus diesem Grunde liege „der Glaubwürdigkeitstest für jede Religion darin, für Religionsfreiheit auch dann einzutreten, wenn sie nicht selbst, sondern andere Religionen betroffen sind". Dies treffe insbesondere dann zu, wenn die entsprechende Religion im jeweiligen Staat nur mit einer Bevölkerungsminderheit vertreten ist.

197 Der 31-jährige Blogger Ralf Badawi wurde im Sommer 2014 von Gerichten in Saudi-Arabien zu zehn Jahren Gefängnis, einer hohen Geldstrafe und zu archaischen 1000 Peitschenhieben verurteilt. Im Januar 2015 wurden unter dem Jubel der Menge: „Allahu Akbra – Gott ist groß" die ersten 50 Peitschenhiebe öffentlich vollstreckt. Der Grund seiner Verurteilung: Die Forderung nach Meinungsfreiheit als Gefährdung des öffentlichen Friedens.

die Religions-, Glaubens- und Gewissensfreiheit verletzt, behindert oder gar abgelehnt wird[195]?

346. Inwiefern müsste die Förderung und der Schutz der Religions-, Glaubens- und Gewissensfreiheit zur unaufgebbaren politischen Doktrin aller demokratischen Staaten und Parteien werden, nicht zuletzt, um in nichtdemokratischen Staaten demokratische und menschenrechtliche Initiativen und Bemühungen zu unterstützen und voranzubringen?

347. Inwiefern besteht in einem Land nur dann Religionsfreiheit, wenn das Recht besteht
  a) auf Glaubenswechsel,
  b) für einen Glaubenswechsel zu werben,
  c) keinen Glauben anzunehmen, ganz nach der Devise: „Religionsfreiheit ist immer auch die Freiheit, keine Religion zu haben"?

348. Inwiefern muss es unzweifelhaft in jeder freien Gesellschaft möglich sein, dass z. B. Christen auch Muslimen gegenüber ihren Glauben bezeugen – und umgekehrt?

349. Welche konkreten Schritte helfender Solidarität müssten insbesondere die nach ihrem eigenen Selbstverständnis christlich geprägten Parteien in den freien, demokratischen Ländern unternehmen, um den bedrängten und verfolgten Christen in den entsprechenden Ländern wirksam beizustehen?

350. Welche Belege liegen vor, dass religiöse Gemeinschaften, auch Atheistenvereinigungen, in ihrer Doktrin sowie in ihrem Reden und Handeln auch für die Religionsfreiheit anderer Religionsgemeinschaften[196] bzw. für die Weltanschauungsfreiheit eintreten seitens

---

195 Vgl. dazu Markwort, Helmut, Welcher Islam soll zu Deutschland gehören?, in: „Focus", 17.1.2015, S. 130, mit einer Beschreibung der Karikaturen-Demonstration in Paris: „44 Staatsmänner marschierten Seite an Seite durch Paris ..." Einigen Politikern „war es offenbar nicht peinlich, dass sie in einer Demonstration mitliefen, die sie in ihrem eigenen Land nicht zugelassen hätten. Sie solidarisierten sich mit Millionen Franzosen für die Freiheit der Presse, die sie daheim brutal bekämpfen"; zu nennen sind z. B. Türkei, Russland, Bahrain, Saudi-Arabien.
196 Vgl. dazu „Die Tagespost", 20.11.2014, S. 4, mit der Feststellung des Theologen und Friedensforschers Heinz-Günther Stobbe, dass „die An-

a) über antiislamische Vorurteile und Verhaltensweisen in westlichen Ländern klagen, während in ihren eigenen (Herkunfts-)Ländern die Rechte nichtislamischer Minderheiten rücksichtslos eingeschränkt sind,
b) ihren Abscheu über verbrecherische Taten von Islamisten in Europa zum Ausdruck bringen – wie etwa beim Attentat 2015 in Paris – ohne gleichzeitig entsprechende Verbrechen in islamischen Ländern anzuprangern,[193]
c) volle Religionsfreiheit für Muslime in nichtmuslimischen Ländern fordern, während für nichtmuslimische Religionen und Weltanschauungen keine oder nur eine eingeschränkte Religions- und Meinungsfreiheit für nichtmuslimische Religionen bzw. Weltanschauungen in Ländern mit muslimischer Dominanz gewährt wird,[194]
d) unter Meinungsfreiheit die Freiheit verstehen, unbehindert für den Islam zu werben, aber keineswegs ihn kritisch zu hinterfragen oder gar gegen ihn zu agieren?

344. Wie müssen sich die Christen in islamisch dominierten Ländern wohl fühlen, wenn sie davon hören, dass in christlich geprägten Staaten den dort lebenden Muslimen durch ihre Mitchristen bzw. durch ihre eigene Kirche zahlreiche Forderungen, Wünsche usw. erfüllt werden, die ihnen selbst von den muslimischen Autoritäten ihres Landes auch unter Androhung von Strafen verwehrt werden?

345. Welche Initiativen müssen von allen demokratischen Staaten ergriffen werden bei ihren Kontakten mit Staaten, in denen

---

193 Vgl. dazu Mansour, Ahmad, Jetzt mal unter uns, in: „Der Spiegel", 17.1.2015, S. 133: „Wir haben es immer noch mit einem gespaltenen Weltbild bei vielen, vielen Muslimen zu tun. Wir hören, wie Imane ... hier in Deutschland und in Europa die Taten von Paris verabscheuen. Dieselben Prediger verlieren jedoch kein Wort darüber, dass in fast der gesamten islamischen Welt ... Tausende Karikaturisten, Regisseure, Dichter, Journalisten, Schriftsteller bedroht werden, verhaftet, misshandelt, mundtot gemacht werden. In dieser Welt gehören Märtyrer der Meinungsfreiheit wie der Blogger Raif Badawi, der vor einigen Tagen in Dschidda, Saudi-Arabien, öffentlich ausgepeitscht wurde, zur geheiligten Tradition."
194 Vgl. dazu Aslan, Ednan, islamischer Religionspädagoge, Wien: „Die Freiheit, die Muslime in Europa genießen, nimmt sie in die Pflicht, sich auch für die Freiheit von Christen in islamischen Ländern einzusetzen".

c) ganz grundsätzlich und ohne räumlich-zeitliche Einschränkung auch für das Verhältnis des Islam zu den anderen Religionen und Weltanschauungen und für deren Verhältnis untereinander?

339. Inwiefern steht

a) die Sure 2,192 mit dem Wortlaut: „Und kämpft gegen sie, bis es keine Verwirrung (mehr) gibt und die Religion Allah gehört", sowie auch

b) die „Erklärung der Menschenrechte im Islam" (Kairo 1990), in der die Religionsfreiheit dem Scharia-Vorbehalt untergeordnet ist und diese nur im negativen Sinn versteht, nämlich als Verbot, sich selbst oder einen anderen zu einer nichtmuslimischen Religion zu bekehren, gegen das universale Prinzip der Religionsfreiheit, d. h. gegen das Grundrecht der Freiheit eines jeden Menschen, seine Religion und Weltanschauung in freier Entscheidung zu wählen, in Freiheit nach ihr zu leben und diese auch ggf. sanktionsfrei zu wechseln?

340. Wie reagieren Muslime auf die Information, dass muslimische Bürger und Bürgerinnen Birmas durch radikale buddhistische Kräfte benachteiligt, verfolgt und ihre Moscheen in Brand gesetzt oder zerstört werden, im Vergleich zu den Protesten auf die Mohammed-Karikaturen?

341. Inwiefern ist es (nicht) unabdingbar notwendig, dass die Länder mit islamischischer Staatsreligion anderen Religionen und Weltanschauungen volle Freiheit, also das Recht auf selbstständige und freie Entfaltung von Lehre und Praxis, gewähren als untrüglicher Beweis der Glaubwürdigkeit und Ernsthaftigkeit der islamischen Rede von der Friedensliebe des Islam bzw. von der friedlichen Koexistenz der Religionen und Weltanschauungen?

342. Inwiefern wird die Grenze der Religions-, Weltanschauungs- und Meinungsfreiheit verletzt bzw. überschritten, wenn im Namen einer Religion oder Weltanschauung zu Gewalt aufgerufen wird?

343. Wie passt es zusammen, dass islamische Politiker, Imame und Verbandsvertreter

335. Welche Voraussetzungen müssen erfüllt werden, damit das kostbare Erbe der verschiedenen Kulturen in einem freien, offenen Gemeinwesen keine desintegrative, sondern eine belebende und bereichernde, eine kreative und innovative Wirkung erzielt?

XXI. Menschenrechte[191]

336. Inwiefern ist nach christlichem Verständnis die Religionsfreiheit als unverzichtbares Menschenrecht keinesfalls nur ein „Christenrecht", vielmehr ein Recht aller Religionsgemeinschaften auf freie Ausübung ihres Glaubens, allerdings unter Berücksichtigung des gegenseitigen Toleranzgebotes?

337. Warum darf es keinen Gegensatz zwischen dem Recht auf Meinungsfreiheit und dem Recht auf Religionsfreiheit[192] geben und warum sind beide Rechte aufeinander angewiesen?

338. Inwiefern ist die koranische Feststellung, im Islam gäbe es keinen Zwang im Glauben, zu verstehen

    a) nur im innerislamischen Kontext,

    b) nur im Verhältnis zu den in einem islamischen Land lebenden Christen und Juden, von denen eine besondere Kopfsteuer erhoben werden konnte/kann,

---

191 Vgl. dazu S. 422 ff., 428 f., 433, 440, 478, 494, 498, 500; zu Meinungsfreiheit: S. 49, 62, 74, 87, 94, 114, 126, 214, 216, 516, 638, 640, 791; zu Religionsfreiheit: S. 28, 33, 38, 61, 109, 111, 126, 214, 516, 638, 640, 791; zu Pluralismus: S. 26, 74 f., 554, 562, 603; zu Pressefreiheit: S. 62, 66, 214.

192 Vgl. dazu Brunner, Rainer, Mohammed. Wissen, was stimmt, Freiburg, Basel, Wien 2011, S. 99 f., mit der Frage: „Religionsfreiheit im Koran?" und mit antwortgebenden Hinweisen: „Gerne wird heutzutage bei Debatten ... auf jenen Beginn von Koranvers 2:256 verwiesen, dessen angemessenste Übersetzung kein Zwang in der Religion lautet und der denen, die ihn zitieren, als Nachweis für umfassende und kategorische Religionsfreiheit im Islam gilt"; ders. verdeutlicht, dass sich in „nahezu allen Kommentaren des zwanzigsten Jahrhunderts" eine Sichtweise erhalten habe, die er wie folgt wiedergibt: „Das Verbot, Zwang auszuüben, beziehe sich auf die Schriftbesitzer, die nach Entrichtung der Kopfsteuer nicht zur Konversion zum Islam gezwungen würden, sondern ihre nichtswürdige Religion behalten dürften ..." Der „Wechsel der Religion hin zum Islam war ja nie ein Problem. Für diejenigen aber, die den umgekehrten Weg einschlugen, sah es nicht gut aus. Ihnen drohte die Todesstrafe ..."

und kulturellen Zustände in den meisten islamisch geprägten Ländern?[187]

332. Inwiefern sind Fragen dieser Art legitim angesichts des ständig von Muslimen artikulierten Überlegenheits- und Elitedenkens, das

    a) in der Lehre des Islam grundgelegt ist,
    b) mit der Devise „Der Islam ist die Lösung" verbunden wird,
    c) für das Leben vieler Muslime prägend ist,
    d) aber gleichzeitig alle Nichtmuslime permanent diskreditiert?

333. Inwieweit führt dieses Überlegenheits- und Elitedenken auch zur islamisch-subjektivistischen Beurteilung eigener kultureller Leistungen, die einer objektiven Betrachtungsweise der geschichtlichen Wirklichkeit nicht standhält?

334. Welche geistigen Kräfte sind zu mobilisieren zur Verteidigung der kulturellen und sozialen Errungenschaften der christlich-abendländisch geprägten Gesellschaftssysteme gegenüber allen Formen der Verwässerung und Missachtung, des Lächerlichmachens, der Demontage und Preisgabe der eigenen Werte[188] durch Kultur-Relativisten oder Kultur-Nihilisten[189] bzw. durch eine fast blind gewordene Multikulti-Ideologie und (Un-)Kultur der kulturellen „Gleichmacherei?"[190]

---

187 Vgl. dazu Tellia, B./Löffler, B., Deutschland im Werte-Dilemma, S. 202 f.: „Ein weiteres Problem der islamischen Länder sind die Massen von Analphabeten; Schul- und Hochschulwesen befinden sich geradezu in einem archaischen Zustand ... Ein Bericht der Weltbank zur Bildungsreform in Nordafrika und im Nahen Osten ist im Februar 2008 zu der Schlussfolgerung gekommen, dass der Bildungssektor in der arabischen Welt im Vergleich zu anderen Regionen weit zurückgeblieben ist."
188 Vgl. dazu Benedikt XVI., Die Ökologie des Menschen, S. 153: Es gibt „einen merkwürdigen und nur als pathologisch zu bezeichnenden Selbsthass des Abendlandes, das sich zwar lobenswerterweise fremden Werten verstehend zu öffnen versucht, aber sich selbst nicht mehr mag, von seiner eigenen Geschichte nur noch das Grausame und Zerstörerische sieht, das Große und Reine aber nicht mehr wahrzunehmen vermag".
189 Vgl. dazu Lewis, Bernard, Drei Phasen des islamischen Kampfes, in: „Die Welt", 20.4.2013, mit der Feststellung: „Bei manchen Europäern wiegt der Selbsthass schwerer als die Loyalität der eigenen Gesellschaft gegenüber."
190 Vgl. dazu. Sarrazin, T., Der neue Tugendterror, S. 226-237, 340-343.

329. Wie ist das islamische Selbstverständnis von der eigenen Überlegenheit gegenüber allen anderen Religionen und Weltanschauungen zu bewerten angesichts der letztlich doch erheblichen Defizite in den islamischen Kulturkreisen an nachweisbaren kulturellen, wissenschaftlichen, sozialen, wirtschaftlichen, künstlerischen und technischen Errungenschaften von weltweiter Bedeutung im Vergleich etwa allein zum christlich-jüdisch[184] geprägten abendländischen Kulturraum?[185]

330. Wie ist die verschwindend geringe Anzahl muslimischer Nobelpreisträger zu erklären im Vergleich etwa zur außerordentlich hohen Anzahl jüdischer Nobelpreisträger?[186]

331. Mit welchen Argumenten können Muslime ihre Behauptung belegen, ihre Religion und ihr Gesellschaftsmodell sei die wahre Antwort auf die Probleme der Menschheit angesichts der offenkundigen Diskrepanz zwischen diesem religiös-politischen Anspruch des Islam und seiner Realisierung, d. h. angesichts der feststellbaren Rückständigkeit und Unterlegenheit von weiten Teilen der islamischen Welt gegenüber z. B. dem Westen und der damit verbundenen problematischen sozialen, ökonomischen

---

184 Zum Beitrag des Alten Israel und des Judentums zu Europa vgl. Brague, R. Europa – seine Kultur, seine Barbarei, S. 58-63.

185 Vgl. dazu „Die Tagespost", 27.11.2014, S. 6, mit der Feststellung von Papst Franziskus im Europäischen Parlament in Straßburg am 25.11.2014, dass das europäische Denken „gekennzeichnet ist durch ein reichhaltiges Zusammenfließen, dessen vielfältige, weit zurückliegende Quellgründe aus Griechenland und aus Rom, germanischem und slawischem Boden und aus dem Christentum (stammen), das sie tief geprägt hat ... "; auch S. P. Huntington, Kampf der Kulturen, S. 350, mit der These, dass der Islam eine andere Kultur sei, „deren Menschen von der Überlegenheit ihrer Kultur überzeugt und von der Unterlegenheit ihrer Macht besessen sind"; ebenso Elias, Jamal J., Islam, Freiburg, Basel, Wien 2000, S. 132: „Im 19. Jahrhundert anerkannten viele Muslime, dass die europäische Welt ein Niveau an Technologie und wissenschaftlicher Erkenntnis hatte, das alles, was man diesbezüglich in der islamischen Welt finden konnte, bei weitem übertraf"; ebenso Sarrazin, T., Der neue Tugendterror, S. 306-310.

186 „Bisher hat noch kein Muslim je einen Nobelpreis in den Naturwissenschaften, der Chemie oder der Medizin erhalten. 8 Muslime erhielten Nobelpreise für ihre Arbeit mit nicht-muslimischen Wissenschaftlern in nichtmuslimischenLändern. Noch nie wurde jedoch ein Nobelpreis an einen Muslim und seine wissenschaftliche Arbeit in einem muslimischen Land gegeben" (Bill Warner).

327. Welche zivilisatorischen, kulturellen und sozialen Leistungen von universeller Bedeutung, welche substantiellen Beiträge und Errungenschaften für die Weiterentwicklung der Menschheitsfamilie auf den Gebieten etwa von

- Philosophie, Mathematik und Astronomie
- Religion und Recht,
- Medizin, Krankenwesen und Alchemie,
- schulischer und universitärer Bildung,
- Ökonomie, Verwaltung und Ökologie,
- Bildhauerei, Zeichnung und Malerei,
- Musik, Grafik und Buchkunst,
- Literatur, Theater und Schauspiel,
- Infrastruktur, Geographie und Verkehr
- sowie auch in den großen Bereichen der Erfindungen, Entwicklungen, Innovationen sind auf islamische Denker, Wissenschaftler, Forscher, Künstler, Techniker und Erfinder

zurückzuführen,[183] auch im Vergleich zu entsprechenden Persönlichkeiten in der außerislamischen Welt?

328. Welche Hinweise, Belege und Erfahrungen gibt es zu freiheitlich-demokratischen Entwicklungslinien innerhalb der Geschichte des Islam, die vergleichbar sind mit entsprechenden Vorgängen in der europäischen oder auch in der amerikanischen Demokratiegeschichte?

---

jüdischer Gelehrter, die unter syrischen Christen florierende griechische Bildung und die im damaligen Irak existierenden christlichen Schulen und Klöster ... hätte der mittelalterliche Islam seine großen Wissenschaftler und Philosophen kaum hervorbringen können. Diese befruchteten zwar dann ihrerseits wieder die christlichen Philosophen und Theologen des Mittelalters, standen aber oft ... mit den Vertretern der islamischen Orthodoxie ... im Streit oder wurden gar verfolgt (,) ... mussten ... zuweilen mit dem Leben bezahlen ... Vor allem aber gelang es dem Islam nicht, ein dem christlichen Abendland ähnliches Universitätswesen und ein gegenüber den religiösen Autoritäten institutionell unabhängiges akademisches Leben ... ins Leben zu rufen."

183 Vgl. ebd., insbesondere die S. 361-381; ebenso ders. mit der Aussage, in: „Die Tagespost", 30.9.2014, S. 9, „Dass uns die islamische Welt kulturell, wissenschaftlich oder technisch je überlegen war, ist eine Legende, die wir uns selber gern erzählen."

XX. Kultureller Beitrag des Islam zur Weltkultur[179]

323. Inwiefern ist die These richtig/falsch, dass die mittelalterliche islamische Kultur auf dem Fundament der Erkenntnisse und Errungenschaften der klassischen Antike und der persischen Kultur aufbaute, die ihr von meist ausschließlich christlichen und jüdischen Gelehrten übermittelt wurde, aber auch von Elementen insbesondere der arabischen Völker, dann auch der Turkvölker Zentralasiens[180] geprägt ist?

324. Inwieweit sind die Forschungsergebnisse (nicht) nachvollziehbar, dass

a) der Felsendom in Jerusalem (687-691/92 n. Chr.) in Konzeption und Ausführung byzantinisch ist,

b) das Minarett von der Architektur syrischer Kirchtürme abgeleitet ist?

325. Wie kann erklärt werden, dass die Blütezeit des kulturellen Schaffens im Bereich des Islam, der heute zahlenmäßig zweitgrößten Religion nach dem Christentum, im Wesentlichen auf das 8. bis 13. Jahrhundert[181] beschränkt ist, mit dem Mongolenangriff auf Bagdad 1258 zu Ende ging und danach keine entsprechende Weiterentwicklung mehr möglich war?

326. In welchem Umfang und in welchen Bereichen wurden in der „Begegnung" mit der arabisch-islamischen Kultur im Mittelalter die Natur- und Geisteswissenschaften im christlichen Abendland gefördert und auf welche Weise haben sich beide Kulturen zu damaliger Zeit gegenseitig inspiriert und bereichert?[182]

---

179 Vgl. dazu S. 367.
180 Grube, Ernst, Welt des Islam. Architektur, Keramik, Malerei, Teppiche, Metallarbeiten, Schnitzkunst, in der Reihe Schätze der Weltkunst, Bd. 7, Gütersloh 1968, S .8.
181 Die arabisch-persische Hochkultur des Abbasiden-Reiches (749-1258) wird gewöhnlich als „Blütezeit des Islam" bezeichnet; vgl. auch R. Brague, Europa – seine Kultur, seine Barbarei, S. 131-133, mit Ausführungen zur islamischen Kultur ohne „Renaissance".
182 Vgl. Rhonheimer, M. Christentum und säkularer Staat, S. 353: Einer „der zahlreichen Mythen erzählt uns, das Abendland verdanke die Kenntnis der antiken Kultur weitgehend dem Islam"; dazu die Antwort, ebd., S. 355 f.: „Ohne die Übersetzungsleistung arabisch sprechender christlicher und

schaft der muslimischen Türken Hunderttausende bis 1,5 Millionen hingemordet wurden, in der Türkei bis heute geleugnet bzw. tabuisiert?

321. Inwieweit kann die Meldung (nicht) bestätigt werden, dass Muslime neuerdings versuchen, Islamkritik als „Rassismus" zu kriminalisieren und islamische Staaten in diktatorischer Manier verlangen, Kritik an Mohammed oder am Islam weltweit zu verbieten?

322. Was sind die Gründe dafür, dass Vertreter der deutschen Schwulen- und Lesbenszene sowie auch Repräsentanten bestimmter parteipolitisch geprägter, „jederzeit empörungsbereiter" Gruppierungen, die sich in ähnlich gelagerten Fällen immer lautstark insbesondere z. B. gegen die katholische Kirche zu Wort melden,

a) Islamkritik trotz ihres Wissens auch um die Schwulenproblematik und zahlreicher Menschenrechtsverletzungen in islamischen Ländern offensichtlich weithin tabuisieren,

b) bei den Problemen Zwangsheirat, Burka, Ausgehverbot von Frauen, bei Ehrenmorden, Paralleljustiz usw. auch in unserem Land „verständnisvoll" Rücksicht nehmen auf die „andere Kultur",

c) einer spezifischen Form von Kulturrelativismus das Wort reden, „bei dem die Menschenrechte zwar für uns gelten – aber nicht für muslimische Männer und schon gar nicht für muslimische Frauen" (Alice Schwarzer)?

d) sich dadurch den Vorwurf zuziehen, sich antidemokratischen „Political-Correctness-Regelungen" zu unterwerfen?

---

des Themas sind ebenso unverständlich und fatal wie das Thema brisant ist ... Für die bestialischen Verbrechen des Holocaust trägt Deutschland die Verantwortung. Dieser unbegreifliche Frevel lässt sich auch nicht durch Aufrechnung mit anderen historischen Verbrechen moralisch relativieren. Dennoch darf der Begriff historische Gräueltaten nicht auf die deutsche Geschichte verkürzt werden."; auch Hofmann, Tessa, Christenverfolgung in Armenien (1894-1941), in: Plasger, G./Stobbe, H.-G., Gewalt gegen Christen, S. 161-193, bes. S. 175 ff.; auch Hesemann, Michael, Keine Umsiedlung, sondern Völkermord, in: „Die Tagespost", 23.2.2015. S. 13, mit der Feststellung: „ ... die Armenier wurden vor 100 Jahren Opfer einer gezielten Vernichtung."

Jesus Christus oder Mohammed wie über jeglichen Wahrheitsgehalt der Religionen und Weltanschauungen hinterfragt,[177] auch publiziert und diskutiert werden?

318. Wie kann an den Hochschulen in Deutschland, in denen islamische Theologie gelehrt wird, die Freiheit der Forschung und Lehre garantiert werden mit freiem Zugang zu den islamischen Quellen?

319. Inwiefern kann die selbstkritische Auseinandersetzung der Muslime mit der von Gewalt gezeichneten Geschichte ihrer Religion sowie mit den islamischen Machtansprüchen zu den wesentlichen Voraussetzungen für ein friedliches Miteinander der Religionen und Weltanschauungen auf der Grundlage der universalen Menschenrechte werden?

320. Warum wird der Genozid an der christlichen Minderheit der Armenier[178] in den Jahren 1915/16, bei dem unter der Herr-

---

177 Vgl. dazu „Hannoversche Allgemeine Zeitung", 6. 3. 2002, mit der Äußerung von Bundesinnenminister Otto Schily: „Es muss erlaubt sein zu sagen, dass der muslimische Glaube eine Verirrung ist"; auch Köster, Barbara, Der missverstandene Koran. Warum der Islam neu begründet werden muss, Berlin 2010, S. 121: Die Islamwissenschaftlerin bezweifelt die historische Authentizität vieler Aussagen zur Frühgeschichte des Islam und spricht von historischen Legenden: „Die Geschichtlichkeit seiner Entstehung, auf die er sich ausdrücklich beruft, ist widerlegt. Die Tradition ist nicht Geschichte, sondern besteht aus Geschichten und Anekdoten aus einem Erzähler-Repertoire. Das Leben des Propheten ist ein Produkt dichterischer Freiheit. ... Die Auswanderung von Mekka nach Medina hat nicht stattgefunden. Die vier rechtgeleiteten Kalifen hat es nicht gegeben. Es gab keine arabischen Eroberungen unter dem Banner des Islams'. Auf S. 243 heißt es: „Die Hauptaussagen des Islams sind zweifelhaft. Koran und Sunna ... sind auf andere Weise entstanden als geglaubt. Die Person eines arabischen Propheten mit dem Namen Mohammed ist unhistorisch, dafür der Koran historisch. Die koranische Botschaft ist nicht arabisch. Die Sunna basiert auf der Interessenpolitik verschiedener Personen und Gruppierungen. Der Islam entstand nicht auf der Arabischen Halbinsel."

178 Vgl. dazu „Die Welt", 15.4.2015, S. 7, mit der Überschrift „Türken drohen Papst Franziskus mit Mord" wenige Tage, nachdem der Papst den Genozid der osmanischen Regierung 1915 als Völkermord bezeichnet hat. Er wurde deshalb auch sinngemäß als Hassprediger bezeichnet, der den Rassismus in Europa fördere; ebenso: Tod im Namen Allahs, Die Ausrottung der christlichen Armenier. Augenzeugenberichte, Aachen 2005, (ein Augenzeugenbericht des Dominikaners Hyazinth Simon), S. 8 f., mit den Bemerkungen: „Das öffentliche Schweigen über diese Untaten und die totale Tabuisierung

rechtsradikal – rechtsextremistisch – nationalistisch – Panikmache – Gefahr für die Demokratie – Störung des sozialen Friedens – christlicher Fundamentalist?[175]

316. Inwieweit kann die Erfahrung (nicht) bestätigt werden, dass zur Vermeidung kritischer Diskussionspunkte oftmals geäußerte Islamkritik[176]

    a) reflexartig mit dem Einwand „Pauschalisierung" abgetan, zugleich aber vehement pauschalisiert wird,

    b) mit Islamfeindlichkeit gleichgesetzt wird, zugleich aber gegen „den Staat", „den Westen", „die Kreuzzügler", „Kreuzzüglerstaaten" usw. heftig polemisiert wird?

317. Inwiefern muss es in einer offenen Gesellschaft möglich sein, dass wissenschaftliche Thesen z. B. auch über die Historizität von

---

175 Zur Klärung dieses Begriffes vgl. www.agenturfuerworte.de/tl_files/.../VonderTrennunschaerfe.pdf

176 Vgl. dazu die Zitate aus einer Antwort von H. B. Broder auf die gegen Islamkritiker gerichtete Streitschrift von Bahner, Patrick, in: www.welt.de › Feuilleton: „In seiner Welt ist es nicht der militante Islam beziehungsweise der Islamismus, der das friedliche Zusammenleben der Menschen bedroht, es ist die Spezies der Islamkritiker – lauter Panikmacher, Paranoiker und Politkasper, die sich aufgemacht haben, um eine so friedliche, harmlose und tolerante Weltanschauung wie den Islam in Verruf zu bringen. Er nennt viele Namen und zitiert viele Beispiele, nur eine Information verkneift er sich: wie die Islamkritik als Diskursgegenstand in die Welt gekommen ist ... Ich war öfter versucht, zum Telefon zu greifen, den Kollegen anzurufen und zu fragen: Haben Sie wirklich nichts von London, Madrid, Bali und Djerba gehört? Waren Sie gerade beim Kritikerempfang, als Daniel Pearl vor laufender Kamera geköpft wurde? Wurde Theo van Gogh von einem herabfallenden Dachziegel erschlagen? Hat ein frustrierter Konkurrent versucht, Kurt Westergaard zu ermorden? War es ein katholischer Kardinal, der die Fatwa gegen Salman Rushdie unterschrieben hat? Und glauben Sie wirklich, das alles hat nichts mit dem Islam zu tun?"; ebenso Oliver Jeges, Islamophobie? Aufklärung!, in: „Die Welt", 28.10.2014, S. 2: „Es muss in einer modernen Gesellschaft ohne Einschränkung erlaubt sein, Ideen und Ideologien schlecht zu finden und zu kritisieren. Ob Kommunismus oder Kapitalismus, ... ob Christentum oder eben Islam. Hunderte von Jahren gingen unsere Vorfahren durch die Hölle, damit wir heute das Recht der freien Meinungsäußerung genießen. Und nun sollen wir es revidieren? Weil Muslime sich beleidigt fühlen?"

d) zur Straftat erklären zu lassen,[173]
e) eine rigorose Selbstanalyse offensichtlich zu verweigern?

314. Inwiefern ist die These richtig/falsch, das in einer freiheitlichen Demokratie die eindeutigen Grenzen legitimer, auch satirischer Kritik in den Auseinandersetzungen mit den unterschiedlichen Religionen und Weltanschauungen in der Bewahrung von Ehre und Würde der Menschen[174] auch vor Zerstörung durch Lug und Trug liegen?

315. Aus welchen Gründen wird seitens „islamisch korrekter" Zeitgenossen allzu häufig versucht, islamkritische Stellungnahmen und Publikationen sowie begründete „islamophobe" Positionen sofort mit wahlweise folgenden Totschlagbegriffen zum Schweigen zu bringen:

Religiös intolerant – rigoristisch – fundamentalistisch – rassistisch – islamophobisch – ausländerfeindlich –(rechts)populistisch –

---

173 Vgl. dazu Engels, David, Aufbruch zum Imperium, in: „Die Welt", 8.7.2014, S. 2, mit der These, dass dort, „wo das Christentum nach Belieben beschimpft werden darf, während die Islamkritik zur Straftat wird, ... wir uns bereits mit mehr als einem Fuß mitten im autoritären Staat" befinden; der Althistoriker Engels (Brüssel) begründet seine These mit noch weiteren gesellschaftlichen Phänomenen: die geringe Wahlbeteiligung bei der Europawahl, das Regiertwerden ganzer Staaten durch Brüsseler Statthalter, die Forderung nach Abbau demokratischer Grundrechte durch Finanzinstitute, der Ruf nach einem „starken Mann" in einigen Ländern Europas.
174 Vgl. dazu Benedikt XVI., Die Ökologie des Menschen, S. 153: „In unserer gegenwärtigen Gesellschaft wird gottlob jemand bestraft, der den Glauben Israels ... verhöhnt. Es wird auch jemand bestraft, der den Koran und die Grundüberzeugungen des Islam herabsetzt. Wo es dagegen um Christus und um das Heilige der Christen geht, erscheint die Meinungsfreiheit als das höchste Gut, das einzuschränken die Toleranz und die Freiheit überhaupt gefährden oder gar zerstören würde. Meinungsfreiheit findet aber ihre Grenze darin, dass sie Ehre und Würde des anderen nicht zerstören darf; sie ist nicht Freiheit zur Lüge oder zur Zerstörung der Menschenrechte"; auch der Bundestagsabgeordnete Jens Spahn, Rabatt für Rassisten? (Kommentar), in: „Die Welt", S. 2: „Die katholische und evangelische Kirche ... müssen sich hierzulande, so wollen es Freiheit der Meinung und der Kunst, Spott und Häme gefallen lassen – aber wehe der Islam und sein Gott werden karikiert. Da müsse man doch verstehen, wenn sich Muslime gekränkt fühlen. Hat sich die Linke je um gekränkte Katholiken gesorgt?"

aufrufen in gegen sie gerichteten Todesfatwas;[170] die gelegentlich auch noch mit horrenden Kopfgeldzahlungen verbunden sind?[171]

313. Wie ist die Tatsache zu erklären, dass Muslime dazu neigen, auf publizistische und auch wissenschaftlich fundierte Kritik an ihrer Religion
    a) mit dem Verdikt der „Islamophobie" zu reagieren,
    b) Gewaltanwendung gegen die Kritiker gutzuheißen,
    c) mit eigenen Gewalthandlungen zu drohen,[172]

---

170 Vgl. dazu. Bürgel, Johann Ch., Der Islam und die Menschenrechte, in: Roland Kley, Silvano Möckli (Hgg.), Geisteswissenschaftliche Dimensionen der Politik, FS Alois Riklin, Bern u. a. 2000, S. 31-60, insbesondere S. 34, mit der Bemerkung: „Für den Muslim selber ist Kritik an Muhammad tabu und gilt als ketzerischer Frevel, der unter Umständen mit dem Tod zu bestrafen ist, wie das Beispiel Salman Rushdies drastisch gezeigt hat"; ebenso Ahmad Mansour, Jetzt mal unter uns, in: „Der Spiegel", 17.1.2015, S. 133, mit der Erwähnung auch von „Ayaan Hirsi Ali, Hamed Abdel-Samad, Sabatina James, Kacem El Ghazzali, Theo van Gogh, Malala Yousafzai" und der Feststellung: „Die Liste ist unvollständig, der Platz würde hier fehlen. sie in Gänze aufzustellen"; ebenso. Brunner, R. Mohammed, S. 66 f., mit der Überschrift: „Kein Wort wider den Propheten"; auch ebd., S. 112, unter der Überschrift „Glaube als politische Waffe" die Feststellung: „Die über die Jahrhunderte ins unermessliche gesteigerte Prophetenverehrung ist vollends zu einer politischen Waffe geworden", und damit verbunden der Wortlaut eines aktuellen pakistanischen Blasphemie-Gesetzes: Wer durch geschriebene oder gesprochene Worte, durch sichtbare Zeichen, eine mittelbare oder unmittelbare Unterstellung, versteckte Anspielung oder Andeutung den geheiligten Namen des heiligen Propheten Mohammed besudelt, ist mit dem Tod oder einer lebenslangen Freiheitsstrafe sowie gegebenenfalls auch durch Verhängung einer Geldbuße zu bestrafen"; ebenso: „Die Tagespost", 20.12.2014, S. 28, verbunden mit dem Hinweis, dass für „Christen in Pakistan der Missbrauch des Blasphemie-Gesetzes tödlich" ist: „Das pakistanische Strafgesetzbuch sieht – neben weiteren Tatbeständen – für die Verunglimpfung des Propheten Mohammed die Todesstrafe, für die Verunglimpfung des Korans lebenslange Haftstrafen vor"; schließlich Rita Breuer, Im Namen Allahs?, insbesondere die S. 113-130.
171 www.spiegel.de/spiegel/print/d-94139362.html. Gegen den in Deutschland lebenden iranischen Rapper Shahin Najafi wurde 2012 eine Fatwa verhängt und dabei ein Kopfgeld von 100.000 Dollar ausgesetzt.
172 Vgl. auch der sog. „Karikaturenstreit" (Febr. 2006) mit etwa 130 Toten bei Ausschreitungen in zahlreichen Ländern, verursacht durch die Veröffentlichung von 12 Mohammed-Zeichnungen in einer dänischen Tageszeitung.

XIX. Kritik am Islam[166]

310. Inwiefern ist die Beobachtung richtig/falsch, dass in Gesprächen und Diskussionen viele Muslime und muslimische Verbände
   a) auf sachlich begründete Islamkritik, Korankritik und Mohammedkritik[167] häufig beleidigt,[168] empört und/oder aggressiv reagieren und sich Kritik verbitten,
   b) alle Kritikpunkte reflexartig und kategorisch ablehnen, gelegentlich auch noch den Vorwurf der Blasphemie erheben,
   c) zwar Gleichbehandlung einfordern, wenn es um ihre eigenen Interessen geht, aber kräftig Kritik üben, wenn Widerstand gegen diese Interessen artikuliert wird, dabei aber selbst noch so berechtigte kritische Äußerungen gegenüber dem Islam bzw. dem Verhalten von Muslimen als Ausdruck von „Islamophobie" brandmarken, die es mit einem eigenen Straftatbestand zu bekämpfen gilt?

311. Inwieweit kann und darf zusammen mit allen anderen Religionen und Weltanschauungen auch der Islam und dessen Vertreter mit Recht, ggf. sogar mit Karikaturen, mit Satire und Spott, kritisch hinterfragt werden?

312. Wie ist es zu erklären, dass weltweit (prominente) Islamkritiker, darunter religionskritische Schriftsteller, Künstler und Satiriker,[169] in ständiger Lebensgefahr leben aufgrund von Mord-

---

166 Vgl. dazu S. 69, 74, 81, 84, 88, 94, 116, 133, 495, 613, 616.
167 Vgl. dazu Tellia, B./Löffler, B., Deutschland im Werte-Dilemma, S. 104-113.
168 Vgl. Broder, H. M., Beleidiger und Beleidigte, in: „Welt am Sonntag", 26.10.2014, S. 13: „Wer hat eigentlich einen Grund, sich beleidigt zu fühlen? Gläubige Muslime durch die Schriften von ... Rushdie, die Karikaturen von ... Westergaard und die Witze von ... Nuhr? Oder alle anderen: Agnostiker, Atheisten, Christen, Heiden, Juden und säkulare Muslime, durch eine Barbarei, die im Namen einer barmherzigen Religion begangen wurde?"
169 Zum Karikaturenstreit im Jahre 2005 vgl. ausführlich die Dissertation: Piasecki, Stefan, Das Schaufenster des Schreckens. Eine inhaltliche Analyse der Darstellung von Islam, Islamismus und islamischer Religiosität in der Berichterstattung über den Karikaturenstreit in Spiegel, Stern und Focus sowie ihre Wirkung auf eine säkularisierte Gesellschaft und ihre Tradition von christlicher bzw. islamischer Religiosität, Mülheim 2008; ebenso „Die Welt", 25.10.2014, S. 5, mit dem Artikel „Muslim zeigt Dieter Nuhr wegen Islamhetze an."

307. Inwiefern ist der Vorwurf der Traumatisierung der islamischen Welt seit der Zeit der Kreuzzüge bis auf den heutigen Tag ohne nachvollziehbaren Realitätsbezug, im Blick auf die Tatsache, dass

a) die mittelalterlichen islamischen Chronisten kaum Interesse an der Kreuzzugsbewegung hatten,

b) die erste islamische Geschichte der Kreuzzüge erst im Jahre 1899 erschien,

c) der Begriff „Kreuzzug" selbst erst im 19. Jahrhundert durch einen arabischen Christen ins Arabische übersetzt wurde?

308. Wie kann erklärt werden, dass häufig die pauschalisierende Meinung vertreten wird, die Kreuzfahrer hätten aus einem unverzeihlichen religiösen Fanatismus heraus gehandelt, ohne diesen Vorwurf gleichzeitig auch den Dschihad-Kriegern zu machen?

309. Inwiefern erscheint die permanente Beschimpfung der Christen als „Kreuzzügler" und der westlichen Länder als „Kreuzzüglerstaaten" auch seitens muslimischer staatlicher und religiöser Verantwortungsträger als eine Form der Ablenkung von eigener Schuld angesichts der unvergleichbaren immensen Opferzahlen, die von den Muslimen in der Geschichte ihrer gewaltsamen Missionierungen und Annexionen in Afrika, Asien und in Europa als religiöse „Expansions- und Eroberungskriege" von Anfang ihrer Geschichte an über Jahrhunderte hinweg zu verantworten sind?

> Es kann gar nicht deutlich genug betont werden,
> dass die Kreuzzüge für die Teilnehmer
> mühselige, verwirrende, Furcht einflößende,
> gefahrenträchtige und teure Unternehmungen waren,
> weshalb die Jahrhunderte währende Begeisterung
> für sie nicht leicht zu erklären ist.
>
> Jonathan Riley-Smith, Historiker

XVIII. Kreuzzüge[165]

302. Inwiefern sind die Thesen richtig/falsch, dass

a) der Koran selbst „die Wiege der islamischen Gewalt" und somit auch der Wurzelgrund der Kreuzzüge ist, da in ihm die Verpflichtung zum bewaffneten Kampf zur Verteidigung, aber auch zur ggf. gewaltsamen Ausbreitung des Glaubens grundgelegt ist,

b) die Kreuzzüge der Christen zeitlich und geografisch begrenzt waren, die Dschihads der Muslime dagegen keinerlei zeitliche und geografische Begrenzung kennen?

303. Warum wohl wurden alle Kreuzzugsprediger darauf verpflichtet, den Koran zu lesen und die Religion Mohammeds kennenzulernen?

304. Warum machen sich auch viele Nichtmuslime, darunter Wissenschaftler und Autoren entsprechender Veröffentlichungen unterschiedlicher Art, vielfach keine oder nur äußerst ansatzhaft Gedanken über die Frage, wie es dazu kommen konnte, dass Länder und Regionen, die ursprünglich vom Christentum oder von anderen Religionen geprägt waren, innerhalb kürzester Zeit gewaltsam „durchislamisiert" wurden?

305. Inwiefern waren die Kreuzzüge kein militärischer Angriffsschlag der Christen gegen die angeblich zuvor nicht provozierende islamische Welt, sondern die not-wehrende Reaktion der Christen auf die vorausgegangenen jahrhundertelangen islamischen Aggressionen, die insbesondere auch gegen ihre Religionsgemeinschaft gerichtet waren?

306. Wie kann erklärt werden, dass auch viele Nichtmuslime die großräumig durchgeführten jahrhundertelangen Dschihads der Muslime gleichsam für selbstverständlich halten, während sie die not-wehrende Reaktion auf diese gewaltsamen Expansionen in Gestalt der zeitlich begrenzten Kreuzzüge immer noch pauschalisierend als ein Verbrechen betrachten?

---

165 Vgl. dazu S. 259-412, ebenso Rhonheimer, Martin, Töten im Namen Allahs. Gewalt und theologische Tradition im Islam und Christentum, in: Tück, Jan-Heiner (Hg.), Sterben für Gott – Töten für Gott?, S. 33.

297. Was ist unter einer „angemessenen" (Papst Franziskus) und liberalen sowie unter einer orthodoxen, reaktionären, auch fundamentalistischen oder extremistischen Koranexegese zu verstehen?

298. Wie unterscheidet sich ein säkularer und laizistischer, ein liberaler sowie ein moderater oder ein frommer Muslim von einem radikalen bzw. extremen und fundamentalistischen bzw. extremistischen Glaubensbruder im Blick auf die Frage nach dem jeweils uneingeschränkten Befolgen der Vorschriften des Koran, der doch *die eine und gemeinsame religiös-ethische Hauptquelle* aller Muslime mit ihren unterschiedlichen Glaubensrichtungen ist?

299. In welchem Umfang gibt es koranische Aussagen, Handlungsanweisungen und Aufrufe, die nach islamischem Verständnis keineswegs nur für eine geschichtlich begrenzte Zeit Geltung hatten, vielmehr aktuelle und zugleich zeitlose Gültigkeit beanspruchen, die jedoch nach der deutschen Gesetzgebung strafrechtlich relevant sind?

300. Inwieweit werden Korantexte mit entsprechendem Inhalt durch das Prinzip der Religionsfreiheit gedeckt und dadurch der Strafbarkeit entzogen?

301. Inwiefern ist die These richtig/falsch, dass die Lösung der Problematik „Zeitgebundenheit" bzw. „Übergeschichtlichkeit" bzw. „dauerhafte Gültigkeit" des Koran eine der entscheidenden Anfragen an den Islam von heute ist im Blick

    a) insbesondere auf die ungeklärte Gewaltfrage im Islam,
    b) aber auch auf die Tatsache, dass durch das islamische Verständnis der „Überzeitlichkeit" des Koran auf Fragen des 21. Jahrhunderts Antworten aus dem 7. Jahrhundert gegeben werden?

Die Osmanen sind vor Wien
zweimal besiegt worden,
aber jetzt sind wir da,
in Berlin, London.

Serman Somuncu
türk. Kabarettist

der „Mekka-Zeit" aufheben, in denen auch von Freundlichkeit, Liebe und Toleranz die Rede ist,

b) etwa 60 Prozent der Koranverse vom Dschihad mit seinen ganz unterschiedlichen Bedeutungsinhalten handeln?

295. Mit welchen strafrechtlichen Konsequenzen hätten muslimische Vereinigungen in einem Rechtsstaat zu rechnen, wären sie zahlenmäßig nur unbedeutende Gruppierungen und würden dennoch in ihren Grundsatzerklärungen bzw. rechtlichen Weisungen (Koran, Hadithen, Fatwas)

a) abwertende, beleidigende, kämpferisch-aggressive Passagen gegen alle Nichtmuslime vertreten,

b) demokratische Prinzipien wie Gleichberechtigung und Meinungsfreiheit nur aus opportunistischen, zweckorientierten Gründen bejahen,

c) als Fernziel die Überwindung der rechtsstaatlichen demokratischen Ordnung anstreben?

296. Inwiefern ist die Einschätzung richtig/falsch, dass von den Muslimen in der Regel gleichsam in opportunistischer, doch religiös legitimierter Manier

a) in der nichtmuslimischen Welt, wo die Muslime (politisch und militärisch) „schwach" bzw. „in schwacher Position" sind, ausschließlich die „friedfertigen", zu Toleranz und Vergebung und Geduld aufrufenden Koransuren bei entsprechenden Veröffentlichungen und in Diskussionsforen usw. herangezogen werden,

b) in den islamisch geprägten Ländern, wo die Muslime „die Oberhand haben", d. h. wo sie die politische, gesellschaftliche und militärische Macht besitzen, jedoch primär jene Suren, die zur scharfen Abgrenzung bzw. zur Ablehnung alles Nichtmuslimischen aufrufen, vor allem auch zu religiös und politisch legitimer Gewalt in den unterschiedlichsten individuellen und sozial-kollektiven Formen?

Medina-Phase (622-632): Mohammed hat versucht, die Menschen mit dem Schwert unter das Gesetz Allahs zu zwingen, er führte als Feldherr 27 Angriffe an, heiratete ungefähr 12 Frauen innerhalb von zehn Jahren und kämpfte gegen die „Völker des Buches" (Juden, Christen).

290. Inwieweit besteht seitens der islamischen Theologie die Möglichkeit, den Koran historisch-kritischen zu lesen, ihn also zeitgeschichtlich zu interpretieren und dabei auch einen Weg zur Neuinterpretation der Scharia zu finden?

291. Inwiefern ist die Forderung der als liberal geltenden muslimischen Islamwissenschaftlerin Lamya Kaddor, die in Deutschland lebt und arbeitet, im Raum der islamischen Theologie

a) hier in Deutschland,
b) in islamisch geprägten Ländern
c) eine Exotenansicht, dass „wir" beim Lesen und Verstehen des Koran „den historischen Kontext in unserem Urteil und in unserer Interpretation berücksichtigen müssen", und dass man den Koran „fürs alltägliche Leben heute nicht mehr buchstäblich verstehen kann"?

292. Inwieweit ist der Behauptung (nicht) zuzustimmen, dass der Kern sowohl heutiger als auch künftiger Schwierigkeiten zwischen der islamischen und der nichtislamischen Welt in der ewigen, zeitlosen und unabänderlichen Gültigkeit des Koran zu sehen ist, insbesondere im Blick auf dessen Gewaltaussagen, die nach allgemeinem islamischem Selbstverständnis nicht als zeit- und situationsbedingt relativiert oder gar eliminiert werden können?

293. Inwiefern ist der Vorwurf der Ambivalenz, bzw. der Mehrdeutigkeit, bzw. der Doppelzüngigkeit, bzw. der Janusköpfigkeit[163] des Islam (nicht) berechtigt gerade auch im Blick auf

a) die Fülle konträrer Aussagen und eklatanter Widersprüche im Koran,
b) das „sowohl friedensstiftende als auch aggressionsfördernde Potenzial" des Islam?

294. Inwiefern sind die Thesen richtig/falsch, dass

a) Koranverse über den Dschihad aus der Spätzeit des Islam, der „Medina-Zeit",[164] jene früheren Koranverse aus

---

163 Vgl. diese Gegebenheit mit den unterschiedlichen Lebensweisen Mohammeds in Mekka und Medina.
164 **Die friedliche Mekka-Phase** (570-622): Mohammed soll durch Predigten Menschen zum Islam eingeladen, ein Leben des Gebetes, des Fastens und der Anbetung geführt, während der 12 Jahre nur eine Frau gehabt und gegen den Götzendienst gekämpft haben. **Die kämpferisch-kriegerische**

285. Inwieweit ist die Feststellung islamisches Allgemeingut, der Koran
  a) sei ein unübertreffliches, wortwörtlich zu nehmendes Kunstwerk,
  b) sei das unerschaffene letzte Wort Allahs,
  c) sei das ewig gültige, unfehlbare an Mohammed ergangene Offenbarungswort,
  d) habe schon längst vor dem Alten und Neuen Testament existiert,
  e) wurde in vollem Umfang unverändert bis heute bewahrt?

286. Inwieweit dienen zahlreiche Koranaussagen (zusammen mit den tradierten Worten und Taten Mohammeds) als ideologisch-religiöse Grundlage und Legitimation für alle Gewalthandlungen, die im Namen Allahs bzw. des Islam in der Geschichte ausgeführt wurden und heute noch ausgeführt werden?

287. Inwieweit sind die islamischen Autoritäten berechtigt, fähig und bereit,
  a) theologische Inhalte und ethische Handlungsanweisungen des „verbalinspirierten" Koran neu zu überdenken, Raum zu geben für eine historisch kritische Auslegung,
  b) „die moralisch unakzeptablen Texte und Lehren des Korans zu verbieten oder in radikal neu interpretierter Form" ihren Gemeinden „als verbindliche und ursprüngliche islamische Lehre autoritativ vorzuschreiben"?[161]

288. Inwiefern wird der Koran in bestimmten Aussagen von „schlecht ausgebildeten Imamen" oder Extremisten lediglich falsch bzw. extremistisch interpretiert, oder ist er nicht vielmehr in sich selbst extremistisch angelegt, so z. B. auch an den 67 Stellen, die vom (legitimen) Kampf mit der Waffe reden?

289. Warum werden die zahlreichen Suren, die zu Gewalt gegen die „Ungläubigen" aufrufen oder diese Gewalt legitimieren,[162] nicht einfach im Koran gestrichen, da ja nach islamischem Verständnis Allah selbst gesagt hat, er könne Koranverse auch ändern bzw. aufheben, und was macht die Muslime so sicher, dass Allah keine weiteren Koranverse abgeändert oder aufgehoben hat?

---

161 Troll, Ch. W., Koran, Gewalt, Theologie, S. 486.
162 Vgl. ebd.

gen nicht selten versucht wird, die Diskussion mit dem Totschlagargument reflexartig abzuwürgen: „*Den* Islam gibt es nicht! – Eine Pauschalisierung ist nicht legitim!",

b) in anderem Kontext aber gefordert wird: „*Der* Islam gehört zu Deutschland!"¹⁵⁸?

283. Warum ist die These richtig/falsch, dass dieses Diktum „Den Islam gibt es nicht!" in diesem Kontext schon deshalb zumindest fragwürdig bzw. irrelevant ist, weil

a) sich doch alle islamischen Strömungen und Glaubensrichtungen trotz ihrer großen Unterschiedlichkeit gemeinsam und (offiziell) uneingeschränkt auf *den einen Koran* berufen und zwar in der Ganzheit und in der Unabänderlichkeit seiner Aussagen als der letztgültigen Offenbarung, als nicht mehr ablösbare Botschaft Allahs, von diesem selbst diktiert als göttliches, unerschaffenes Werk mit Ewigkeitswert,

b) es selbstverständlich auch nicht z. B. „*das* Christentum" oder „*das* Judentum" usw. gibt?

284. Wie sind die zahlreichen, in sich gegensätzlichen Aussagen des Koran und dessen „Wirrtextur" zu erklären angesichts der Tatsache, dass nach islamischer Dogmatik der verbalinspirierte, also von Allah wortwörtlich diktierte Koran¹⁵⁹

a) als „das unerschaffene Wort Allahs von Ewigkeit her" existiert und „unvergleichlich", zugleich „edel, wahr und unfehlbar" ist¹⁶⁰,

b) das unveränderliche, universal gültige und ultimative Wort Allahs ist?

---

158 Vgl. dazu Papier, H.-J., früherer Präsident des Bundesverfassungsgerichtes, in: „Die Welt", 17.1.2015, S. 6: „Mit diesem Satz kann nicht gesagt werden, dass der Islam die deutsche Staatsordnung, Rechtsordnung, Gesellschaftsordnung und Kultur geprägt hat."

159 Nach der christlichen Bibelwissenschaft sind die alt- und neutestamentlichen Schriften unter dem Einfluss Gottes verfasst. Der jeweilige Verfasser wird als der literarische Urheber betrachtet.

160 Vgl. dazu den Hinweis, dass der Koran in der arabischen Sprache nicht als „heilig" bzw. als „heiliges Buch" bezeichnet wird mit Verweis auf die alleinige Heiligkeit Allahs, in: „FAZ", 22. März 2012, S. 12.

278. Inwieweit ist die Feststellung islamisches Allgemeingut, dass gläubige Muslime

   a) den Koran im arabischen Original und somit in einer Sprache „lesen", die sie meist selbst nicht verstehen,[155]
   b) keineswegs den Koran so „lesen", wie man gewöhnlich ein Buch liest,
   c) die Schriftzeichen des Koran studieren und sie richtig aussprechen, rezitieren lernen?

279. Inwieweit können die meisten Muslime den Koran inhaltlich überhaupt verstehen, da sie das für sie sprachlich unverständliche hocharabische Original lediglich rezitieren und auswendig lernen?

280. Inwieweit erwarten und erwünschen die islamischen Autoritäten von den gläubigen Muslimen über das Rezitieren, Meditieren und Memorieren des Koran und über dessen hohe Wertschätzung[156] hinaus auch das (kritische) Reflektieren, Durchdenken und Hinterfragen des Koraninhalts?

281. Inwiefern ist der Islam eine „flexible, situationsbezogene" Religion, eine utilitaristische Religion der ethischen Zweigleisigkeit und Widersprüchlichkeit, nach deren Wertesystem es korankonform für die einzelnen Muslime und muslimischen Gemeinschaften legitim ist, je nach persönlicher oder politisch-gesellschaftlicher Situation moralisch unterschiedlich, auch gegesätzlich zu handeln?[157]

282. Inwiefern kann (nicht) bestätigt werden, dass

   a) bei skeptischen Äußerungen über den Islam, bei islamkritischen Analysen, Stellungnahmen und Fragestellun-

---

155 www.islaminstitut.de › Deutsch › Publikationen › Artikel mit Ausführungen zu früher im Islam bestehenden Verbot von Koranübersetzungen.

156 www.islaminstitut.de › Deutsch › Publikationen › Artikel: „Der Koran wird als Zeichen besonderer Hochachtung geküsst und mit besonderer Sorgfalt behandelt. Frauen dürfen ihn zur Zeit ihrer Unreinheit (Menstruation) nicht berühren. Der Koran darf auf keinen Fall beschmutzt, verbrannt, zerrissen oder auf andere Weise minderwertig behandelt werden, da man sonst der Apostasie (des Abfalls vom Glauben) angeklagt werden kann: Das bedeutet, dass ein respektloser Umgang mit dem gedruckten Wort einer Beleidigung Gottes gleichkommt."

157 Vgl. dazu die Stichworte: Minderheitensituation, Taqiyya.

XXVII. Koran[152]

276. Inwiefern ist es eine unabdingbare Voraussetzung, um in Gesprächen, Diskussionen usw. zu Fragen und Problemen im Kontext der Islam-Thematik legitimerweise „mitreden", Stellung nehmen, urteilen und beurteilen zu können:

a) die möglichst intensive Beschäftigung und Auseinandersetzung mit dem Koran, dem Gründungsdokument des Islam,

b) gleicherweise mit der Bibel, insbesondere dem Neuen Testament, dem Gründungsdokument des Christentums,

c) die Kenntnis der Grundzüge der Geschichte beider Religionen?

277. Wie kann angesichts der Fülle von ethisch äußerst problematischen Koraninhalten, inhaltlichen Widersprüchen und bis heute ungeklärten Bedeutungen (z. B. von Buchstaben, Konsonanten, zu Beginn einiger Koransuren), die Begeisterung der muslimischen Welt – auch vieler Nichtmuslime – über den Koran verstanden und nachvollzogen werden im Hinblick auf

a) dessen angeblich literarische, ästhetische, musikalische, kalligraphische Schönheit und Qualität, dessen unübertreffliche Harmonie und Vollkommenheit,[153]

b) die angeblich „überwältigende Wirkung der koranischen Rezitation",

c) dessen Verständnis als „göttlicher Komposition" sowie als „ästhetischer Gottesbeweis", als gewaltiges „Dokument göttlicher Einmaligkeit"[154] durch die muslimische Theologie?

Rassismus zum Strafbestand zu erklären. Mir ist nicht geläufig, dass es einen Strafbestand für antichristlichen, antibuddhistischen oder antihinduistischen Rassismus gibt. Was immer das auch sein mag, wir stehen hier einer ausgeprägten Kritikunfähigkeit gegenüber."

152 Neben der Fülle der Aussagen des Korans und über den Koran vlg. auch insbesondere S. 11 f., 55, 614, 829 f., 838.

153 Vgl. Kermani, Navid, Gott ist schön. Das ästhetische Erleben des Koran, München 1999, S. 15-20, 94 f., 104, 113.

154 Berque, Jacques, muslimischer Islamwissenschaftler (1910-1995).

272. Inwieweit dürfte wenigstens ein Teil jener Muslime, der den Koran auch inhaltlich kennt, Verständnis aufbringen für die Befürchtungen und Ängste vieler Nichtmuslime angesichts

    a) der koranischen Aufrufe und Handlungsanweisungen zu den unterschiedlichen Formen von Gewalt gegen die „Ungläubigen",

    b) der aktuellen durch radikal-religiöse Islamgläubige verursachten Problemlage überall in der Welt?

273. Inwiefern ist die These richtig/falsch, dass von der Ethik und dem Selbstverständnis des Christentums her Fremdenhass grundsätzlich keinen Platz im Leben der Christen haben kann, auch wenn deren Lebenswirklichkeit diesem Axiom keineswegs immer entsprach und entspricht?

274. Inwieweit kann diese These auch begründet werden mit den Hinweisen auf

    a) die Tatsache, dass keine Form von Hass christlicher Haltung entsprechen kann,

    b) die Lehre Jesu, die keine nationalen, ethnischen und rassischen Grenzen kennt,

    c) das Faktum, dass gläubige Christen aufgrund dieser Lehre gleichsam von ihrer geistlichen Natur aus „Internationalisten" und „Multikulturalisten" sind?

275. Inwieweit werden die beiden Begriffe Islamophobie und Xenophobie (im Sinne von Islam- bzw. Fremdenfeindlichkeit) zunehmend auch als „Totschlagbegriffe" eingesetzt, wenn seitens islamischer Interessensvertreter die Artikulation durchaus berechtigter Kritik, Sorge und Angst aufgrund tatsächlicher Probleme unterbunden oder auch eine Pathologisierung bzw. eine Kriminalisierung der Islam-Kritiker[151] erreicht werden soll?

---

151 Vgl. dazu Buschkowsky, H. Die andere Gesellschaft, S. 255: „Auf den Kern reduziert geht es (ergänze: beim Begriff Islamophobie) um Feindseligkeit gegenüber Muslimen bzw. ihrer Religion, deren kategorische Abwertung, Diskriminierung und Benachteiligung. Die Friedrich-Ebert-Stiftung definierte es so: Islamophobie ist ein diffuser Begriff, der alle möglichen tatsächlichen oder eingebildeten Feindseligkeiten gegen Muslime einschließt. Ich glaube, dass man mit dieser Begründung sogar jedwede Form von kritischer Anmerkung sofort als islamophob diskreditieren und abstempeln kann. Ich hatte ja schon von ... der Forderung berichtet, antimuslimischen

269. Inwiefern sind die Thesen richtig/falsch,

a) dass Islamophobie, also Angst vor dem Islam, eine reale Basis im real existierenden Islam hat und bei Nichtmuslimen, vor allem auch in muslimischen Gesellschaften, aufgrund der dort bedrängenden Situationen ein reales Problem darstellt,

b) dass aber islamischer Antisemitismus und islamischer Christenhass unter Muslimen überall in der Welt weit verbreitet ist[150] und von Muslimen als selbstverständlich angesehen wird?

270. Woran liegt es, dass in Europa weder der Buddhismus oder Hinduismus noch eine der anderen Religionsgemeinschaften solche angstbesetzten Emotionen freisetzen wie der Islam?

271. Inwiefern ist die Beobachtung (nicht) zutreffend, dass gerade auch kirchliche Vertreter, die gewöhnlich mit großem Nachdruck fordern, die Sorgen und Ängste der Menschen ernst zu nehmen, vehement versuchen,

a) die tatsächlich vorhandenen, vielfach begründeten Verunsicherungen und Ängste der Menschen vor dem Islam zu ignorieren,

b) diese Ängste beschwichtigend klein- oder sie ihnen gänzlich auszureden?

---

150 Vgl. dazu www.welt.de › Meinung › H. M. Broder, 12.1.2010, mit der Feststellung: „Basiert der Antisemitismus also auf hysterischen Ängsten, Erfindungen, Projektionen und Neidgefühlen, hat die Islamophobie eine reale Basis. Es sind die Terroranschläge islamischer Terroristen, die sich auf ihren Glauben berufen, es sind die in der Tradition verwurzelten Ehrenmorde, die mit den üblichen Familiendramen nicht zu vergleichen sind, es ist das Wüten der Taliban in Afghanistan, es sind die von Muslimen begangenen Anschläge in Pakistan und im Irak, denen vor allem Muslime zum Opfer fallen, es sind die Kinderehen, die in Saudi-Arabien geschlossen werden, und die Ehen auf Zeit, die im Iran die Prostitution ersetzen; es sind die Steinigungen von Ehebrecherinnen, und es ist das Aufhängen von Homosexuellen; es ist das Beharren darauf, dass Islam Frieden bedeutet, entgegen allem Augenschein; es ist die Mischung aus Barbarei und Hightech, derer sich Geiselnehmer bedienen, wenn sie die Hinrichtungen ihrer Geiseln als Video ins Netz stellen"; auch „Die Welt", 23.6.2014, S. 8, mit der Überschrift: „Vertrieben aus dem Iran. Der Antisemitismus der Mullahs lässt Juden aus der alten Heimat fliehen ..."; ebenso Anmerkung 92.

hinsichtlich ihres religiösen Lebens entgegengebracht wird, dort vielmehr z. T. Christenverfolgungen stattfinden,

b) der Koran zeitlos gültige Aufrufe zu Tötung und Mord, zu Verstümmelung und Prügelstrafen enthält, in bestimmten Situationen Hausfriedensbruch und Diebstahl billigt sowie gegen den Gleichheitssatz und allgemeine Persönlichkeitsrechte verstößt,

c) die 57 Mitgliedsstaaten der Islamischen Konferenz alle 30 Artikel der Deklaration der Allgemeinen Menschenrechte (UN-Resolution 1948) unter den „Scharia-Vorbehalt" gestellt haben, wie es in der Kairoer Menschenrechtserklärung von 1990 dargelegt wird,

d) (Todes-)Fatwas muslimischer Rechtsgelehrter veröffentlicht werden, die unserem Denken und Rechtsempfinden, aber auch den deutschen Gesetzen massiv zuwiderlaufen,

e) Bilder und Berichte von anti-westlichen/-europäischen/-amerikanischen/-christlichen/-jüdischen Demonstrationen in islamischen Ländern mit fanatischen, hasserfüllten Muslimen immer wieder die zivilisierte Welt schockieren,

f) im Internet Videos und Filme zu sehen sind, in denen Islamisten ihren Opfern z. B. die Kehle durchschneiden oder den Kopf abschlagen und dabei rufen: „Allah ist groß",

g) sich die Befragten offensichtlich keinesfalls eine Zukunft für sich selbst und für ihre Kinder bzw. für die nachfolgenden Generationen wünschen und vorstellen wollen, in der diese in rechtlichen und gesellschaftlichen Verhältnissen leben müssen, wie sie in den islamischen Ländern herrschen mit ihren schwerwiegenden Verstößen gegen die Menschenrechte, gegen die Freiheit und Selbstbestimmung des Menschen,

h) die Gefahr besteht, dass in unserer freien Gesellschaft auch nach den Normen der islamischen Scharia „Recht" gesprochen werden könnte,

i) in Publikationen unterschiedlicher Art (ehemalige) Muslime bedrückende Einblicke geben in ihr früheres Leben in einem vom Islam geprägten (familiären) Umfeld?

tem, an Kultur und Zivilisation des Islam „krankhaft und boshaft" denunziert und Islamkritiker in die Nähe von psychisch gestörten Menschen gerückt und zugleich mundtot gemacht werden sollen,

b) auch von einer bestimmten politischen Seite in unserem Land bei ihrem „Kampf gegen Rechts" eingesetzt wird?

265. Inwiefern ist die These richtig/falsch, dass Antisemitismus in seiner letzten Konsequenz von physischen Vernichtungsvorstellungen bestimmt wird, Islamophobie dagegen eine eher diffuse Angst der „Islamkritiker", „der Feinde des Islam" vor den Folgen der islamischen Religion, Kultur und Zivilisation darstellt?

266. Wie sind die Äußerungen seitens auch deutscher Islam-Interessenvertreter zu bewerten, Islamophobie (im Sinne von Islamhass, -feindlichkeit), Antisemitismus und Rassismus seien verwandte, sogar gleichzusetzende gesellschaftliche Phänomene – auch angesichts der Tatsache, dass „Christianophobie" (hier: Christenhass, -feindlichkeit) insbesondere auf Seiten von Muslimen ein weltweit bedrückend-reales Problem ist?

267. Durch welche Maßnahmen und Verhaltensweisen müssten die auf den Islam bezogenen individuellen oder kollektiven Gefühle der Verunsicherung, der Bedrohung und Angst, der Abwehr und Ablehnung von Seiten derer abgebaut bzw. verhindert werden, die für diese angstbesetzten psychischen Zustände verantwortlich sind?

268. Inwieweit ist es verständlich und nachvollziehbar, dass nach Umfragen aus dem Jahr 2013 jeder zweite Deutsche den Islam als angstbesetzte, realitätsbezogene Bedrohung empfindet,[149] also „islamophobe" Gefühle und Denkweisen entwickelt, angesichts der Tatsache, dass

a) in jenen Ländern, in denen der Islam die Mehrheitsgesellschaft darstellt, den Angehörigen anderer Religionen, insbesondere auch den Christen, kaum bzw. keine Toleranz

---

nist ... ebenso sein. Ja, jede Frauenrechtlerin, jeder Totalitarismus-Kritiker und Antifaschist müsste es sein. Jeder Menschenrechtler und Friedensapostel auch."

149 Vgl. die Angaben: Spanien 60 Prozent, Schweiz 50 Prozent, USA 42 Prozent, in:. Buschkowsky, H., Die andere Gesellschaft, S. 251.

und Augenwischerei Saudi-Arabiens ist, wodurch offensichtlich versucht werden soll, von den äußerst massiven Einschränkungen der Religionsfreiheit für alle nichtmuslimischen Glaubensrichtungen im eigenen Land abzulenken,

b) eine Chance darstellt, „selbst ein streng wahabitisches Reich wie Saudi-Arabien zu schrittweiser Öffnung und behutsamem Wandel zu führen"?

263. Warum wohl wurde dieses Zentrum, das die Vision von der Religion als Wegbereiterin zu Respekt und Versöhnung unter den Menschen hat, nicht etwa in Saudi-Arabien selbst gegründet, wo ausschließlich nur Muslimen das Menschenrecht der Religionsfreiheit gewährt wird und darüber hinaus nach der derzeitigen Staatsideologie das bisherige Verbot für Andersgläubige zum Betreten von Mekka und Medina auf den ganzen Staat ausgedehnt werden soll?

XVI. Islamophobie[146]: Islamangst, Islamfeindlichkeit[147]

264. Inwiefern stimmt die These (nicht), dass der Begriff „Islamophobie"

a) ein vor über 30 Jahren von Ayatollah Khomeini kreierter Kampfbegriff ist, mit dem missliebige, auch wissenschaftlich fundierte Kritik[148] am Islam als Religionssys-

---

146 Vgl. dazu S. 78 f., 83, 85, 88 f., 495, 512, 516, 544, 571, 626 f., 629.
147 Phobien (griechisch phóbos = Furcht) sind Ängste und Störungen. Insbesondere in der Medizin, Psychologie und Psychiatrie gibt es lange Listen mit Angststörungen bzw. -krankheiten. In bestimmten Bereichen wird dieser Begriff „Phobie" jedoch als Synonym für „Feindlichkeit/Hass" verwendet: Islamophobie (Islamfeindlichkeit), Homophobie (Schwulen- und/oder Lesbenfeindlichkeit), Xenophobie (Fremdenfeindlichkeit), Einwandererphobie (Einwandererfeindlichkeit). Bei den hier vorliegenden Fragestellungen wird dieser Begriff auch in seiner ursprünglichen Bedeutung als „Furcht/Angst vor" verwendet; vgl. auch: www.fes.de/BerlinerAkademiegespraeche/.../Islamophobie.pdf.
148 Vgl. dazu Tellia B./Löffler, B., Deutschland im Werte-Dilemma, S. 241-244; auch Jeges, O., Islamophobie? Aufklärung!, in: „Die Welt", 28.10.2014, S. 2: „Wenn ... Khomeini einst unverschleierte Frauen als islamophob (... persisch: gegen den Islam) bezeichnete, dann muss man es als aufgeklärter Huma-

Beifall quittieren, obwohl diese muslimischen „Komplimente" unausgesprochen den genuin christlichen Glauben leugnen?

256. Welche Erfahrungen liegen vor, die (nicht) bestätigen, dass von christlicher Seite her offensichtlich allzu selten nach dieser „großzügigen Geste" der muslimischen Gesprächsteilnehmer höflich, aber bestimmt auf deren falsche, dem christlichen Glauben grundsätzlich widersprechende Darstellung von Jesus Christus und Maria hingewiesen wird?

257. Wie kann beim Dialog mit Muslimen, die sich allzu gern in der Rolle der Opfer sehen, verhindert werden, dass dieser Dialog nicht nur aus Anklagen und Forderungen besteht?[144]

258. In welchem Land mit muslimischer Bevölkerungsmehrheit gibt es etwa in Flughäfen interreligiöse Gebetsräume, in Krankenhäusern Kapellen, wo gibt es dort christliche Feiertage, wo christliche Friedhöfe?

259. In welchem islamischen Staat gibt es für die Kinder der dort arbeitenden christlichen Migrantenfamilien die staatliche Förderung eines christlichen Religionsunterrichts?

260. Von welchen Dialogveranstaltungen kann berichtet werden, in denen den muslimischen Teilnehmern eine Bibel, den christlichen Teilnehmern ein Koran überreicht wurde?

261. Inwieweit ist die Beobachtung (nicht) zutreffend, dass in islamischen Ländern die Teilnahme von Muslimen an kirchlichen Veranstaltungen in der Regel gesellschaftlich geächtet, z. T. auch staatlich kontrolliert und streng sanktioniert wird?

262. Welche der beiden gegensätzlichen Einschätzungen ist wohl eher zutreffend, dass das vom saudi-arabischen König gegründete Zentrum für interreligiösen und interkulturellen Dialog[145] in Wien im Jahre 2011, bei dem der Vatikan Beobachterstatus hat,

---

144 *www.focus.de › Politik› Cicero exklusiv*: „Da wird ein Prinzip sichtbar, das über allen Aktivitäten muslimischer Verbände steht, eingeschlossen den Zentralrat der Muslime in Deutschland (ZDM) oder die Islamische Gemeinschaft in Deutschland (IGD): zu fordern, fordern, fordern, ohne jeden Sinn für eine Bringschuld" (Ralph Giordano), vgl. auch die Anmerkungen zu den Fragen 61, 66, 141.

145 „King Abdullah Bin Abdulazis International Centre for Interreligious and Intercultural Dialogue" (KAICHIID).

b) christliche Gemeinden für die Ausstattung von Moscheen zu Geldspenden aufrufen und diesen z. B. kostspielige Kronleuchter zum Geschenk machen,
c) sich der EKD-Vorsitzende und bayrische Landesbischof Prof. Dr. Heinrich Bedford-Strohm, im Jahre 2015 von einem Imam berufen ließ zum führenden Mitglied eines Moscheebau-Vereins, der den Bau einer Großmoschee in München plant,
d) z. B. evangelikale Christen von ihren Mitchristen „in einen Topf geworfen" werden mit islamischen Radikalen?[143]

252. Inwieweit ist die Feststellung berechtigt, dass Muslime nur so lange Offenheit und Entgegenkommen zeigen, wie sie in der Minderheit sind, angesichts der Tatsache, dass in muslimisch dominierten Ländern tatsächlich deren gegenteiliges Verhalten allzu häufig zur leidvollen Alltagserfahrung der nichtmuslimischen „Ungläubigen" zählt?

253. Inwiefern ist ein Religionsdialog mit muslimischen Theologen nur dann sinnvoll, wenn dabei auf der Grundlage eines gemeinsam zu erarbeitenden Wertekanons Wege aufgezeigt werden, die das Zusammenleben der Angehörigen verschiedener Religionen und Weltanschauungen nach den Regeln der universalen Menschenrechte auch in islamischen Ländern ermöglichen?

254. Welche Haltung zum interreligiösen Dialog steckt wohl hinter der folgenden jüngst veröffentlichten Aussage eines Beraters der Kairoer Al-Azhar-Universität, die auf einen möglichen dortigen Besuch von Papst Franziskus bezogen ist: „Wenn er in einer Rede sagt, dass der Islam eine Religion des Friedens sei, dass Muslime weder Krieg noch Gewalt suchen, wäre das schon ein Fortschritt"?

255. Was nützt es den Christen in islamischen Ländern, die unter Restriktionen unterschiedlichster Art leiden, deren Menschenwürde missachtet und denen die Menschenrechte vorenthalten werden, wenn bei hiesigen Dialogveranstaltungen mit Berufung auf den Koran oft mit der Pose großzügigen Entgegenkommens seitens der Muslime betont wird, dass Jesus als „einer der fünf Propheten" sowie dessen Mutter Maria von den Muslimen besonders hoch geschätzt werden, was die anwesenden Christen sodann dankerfüllt und mit

---

143 Vgl. ebd., S. 137.

eingeladen wurde, hörte ich keinen einzigen Hinweis auf die Gottessohnschaft Jesu, ... trinitarische Wortanklänge wurden offensichtlich vermieden"?

248. Inwieweit sind die christlichen Kirchen in Gefahr, bei ihrem Bemühen um einen „geduldigen und achtungsvollen Dialog" zwischen den Völkern und Religionen in einem

- konturlosen interreligiösen „Gefälligkeitsdialog",
- „Harmonisierungsdialog",
- Dialog der „multireligiösen Schummelei" (der ehemalige ev. Bischof W. Huber) falsche Konzessionen zu machen, nicht zuletzt gerade zulasten auch jener Christen und Andersgläubigen, die in entsprechenden Ländern in der Wahrnehmung ihrer Menschenrechte eingeschränkt oder gänzlich daran gehindert werden?

249. Welcher Erfahrungshintergrund liegt wohl in der Aussage, dass im interreligiösen Dialog keineswegs der Versöhnung der Religionsgemeinschaften gedient ist durch die „illegitime Anmaßung" christlicher Theologen in der „plumpe(n) Aufgabe des genuin Christlichen" bzw. in der „Kapitulation, Feigheit, Anbiederung oder Aufgabe der christlichen Identität"?

250. Inwieweit können die Erfahrungen (nicht) bestätigt werden, dass das Verhalten von Christen im interreligiösen Dialog gelegentlich gekennzeichnet ist durch ein „würdeloses Sich-Anbiedern, ...oberflächliches synkretistisches Gerede", begleitet von den Worten: „Wir glauben doch alle an den selben Gott", verbunden mit „euphorischen Verbrüderungsszenen"[142]?

251. Was ist davon zu halten, wenn

a) in christlichen Rundfunkandachten undifferenziert und unkritisch „die Schönheit und die Friedfertigkeit des Koran" gepriesen wird,

---

den oberen Teil des Klub-Wappens zierte. Real Madrid will die „islamische Sensibilität" respektieren. Dahinter steht auch die Haltung, die mit dem unschönen Begriff „Selbstvergleichgültigung" umschrieben werden kann.

142 Thomas, H., Die multikulturelle Gesellschaft, die Kirchen und die Deutschen, S. 136.

a) seitens der christlichen Teilnehmer/innen ausdrücklich darauf verzichtet wird, im Namen Jesu zu sprechen bzw. zu ihm zu beten,

b) zuvor alle christlichen Symbole wie Kreuze und Bilder mit Hinweisen auf die Trinität entfernt worden sind?[141]

245. Inwiefern ist die These richtig/falsch, dass aus christlicher Perspektive Christen und Muslime deshalb nicht miteinander beten können, weil

a) Muslime dadurch in ihrer Auffassung bestärkt werden, dass die mit ihnen betenden Christen nicht mehr an Jesus Christus glauben,

b) Christen immer nur „trinitarisch" beten, selbst wenn sie nicht bei jedem Gebet alle drei göttlichen Personen bewusst im Blick haben,

c) sich die Gottesvorstellung der Christen ganz entschieden von der Gottesvorstellung der Muslime unterscheidet?

246. Inwieweit kann die Feststellung eines evangelischen Theologen (nicht) bestätigt werden, Christen neigten „heute dazu, als ... Softies im Dialog der Religionen aufzutreten"?

247. Inwieweit stellen folgende drei „Beispiele aus der Praxis", die dieser Theologe aufzeigt, nur Ausnahmefälle dar:
„Ein Bischof, im Gespräch mit Muslimen, versteckt sein Kreuz hinter den Knöpfen des Lutherrocks; Gemeinden fragen, ob sie nicht das Kreuz abnehmen müssen, wenn Muslime zu einem Dialog eingeladen werden. In einem Gottesdienst, in den ein Rabbi

---

141 Das ursprünglich im päpstlichen Haus in Rom geplante Friedenstreffen mit dem jüdischen und dem muslimischen Präsidenten von Israel bzw. Palästina konnte am 8.6.2014 wegen der christlichen Symbole dort nicht stattfinden und wurde deshalb in die Vatikanischen Gärten verlegt. Hier betete ein Imam ein zuvor nicht abgesprochenes Gebet „für den Sieg über die Ungläubigen", letztlich also für einen Sieg der Muslime über alle Nichtmuslime; vgl. auch „Jewish voice from Germany", Deutsche Ausgabe, August 2014, S. 1, mit der Feststellung von Michael Rutz: „Die Idee von Papst Franziskus, mit dem israelischen und palästinensischen Präsidenten im Vatikan ein Friedensgebet abzuhalten, erweist sich rückwirkend als rührende, aber wirkungslose Geste"; ebenso: Im Jahre 2014 ließ der traditionsreiche spanische Fußballklub Real Madrid für Geld das Kreuz aus dem Klublogo auf der neuen Kreditkarte der National Bank des Emirats Abu Dhabi entfernen, das bislang auf einer Krone

d) islamische Gemeinden, die jüdische und/oder christliche Mitbürger/innen offiziell zu gemeinsamen Festen einladen, so wie es islamische Gemeinden in nichtislamischen Ländern praktizieren?

242. Welche Erfahrungen liegen vor, dass

a) muslimische Gemeinden in Deutschland der Einladung zum Besuch christlicher Kirchen folgen, um sich dort z. B. über den christlichen Glauben und das christliche Leben, über die christliche Architektur, Kunst und Musik zu informieren, auch in Korrespondenz zur eigenen Einladung etwa am „Tag der offenen Moschee",

b) muslimische Kinder eine christliche Kirche besuchen, so wie christliche Kinder im Rahmen des Unterrichts eine Moschee besuchen,

c) Muslime Kenntnisse vom Alten und Neuen Testament haben?

243. Inwiefern sollten/müssten islamische Verbands- und Interessensvertreter, die sich etwa in Deutschland bei ihren Forderungen an Gesellschaft und Staat auf das Recht zur freien Religionsausübung berufen, ihre Glaubwürdigkeit auch dadurch unter Beweis stellen, dass sie nachweislich in ihren muslimischen Herkunftsländern entsprechenden Einfluss wahrnehmen zugunsten der Freiheit, der Gleichheit und Gleichberechtigung sowie des gegenseitigen Respekts, die ihre Religion auch anderen Religionen und Weltanschauungen gegenüber zu gewähren hat?[140]

244. Inwieweit ist die Beobachtung (nicht) zutreffend, dass die Teilnahme an christlich-islamischen Gebetsveranstaltungen für Muslime nur dann möglich ist, wenn dabei

---

140 Vgl. dazu „Die Tagespost", 17.6.2014, mit der Aussage des protestantischen Politikers Volker Kauder, dass Muslime in Deutschland das Recht hätten, „ihren Glauben zu leben und Moscheen zu bauen", womit er jedoch zugleich die Forderung verbindet: „Von den Regierungen der Länder, wo sie oder ihre Vorfahren herkommen, verlange ich dann aber auch, dass Christen dort ihre Kirchen bauen dürfen"; auch: „Welt am Sonntag", 6.7.2014, mit der Aussage von H. M. Broder: „Ich bin für das Prinzip der Reziprozität. Ich meine: politisches Handeln auf der Basis der Gegenseitigkeit."

e) christliche Theologen zerknirscht die Fehler der kirchlichen Vergangenheit meaculpistisch bekennen, muslimische Teilnehmer jedoch keineswegs die entsprechenden massiven Fehler der islamischen Vergangenheit zugeben und bereuen?

237. Wie kann erklärt und auch verhindert werden, dass bei diesen Anklagen und Verhaltensweisen gleichzeitig z. B. der Völkermord an den Armeniern sowie das Reden über die Dschihad-Eroberungen, bei denen viel Blut geflossen und Nichtmuslimen oftmals der islamische Glaube brutal aufgezwungen worden ist, seitens der muslimischen Gesprächsteilnehmer einfach für tabu erklärt wird?

238. Inwiefern ist ein Religionsdialog für Muslime überhaupt grundsätzlich von Interesse, da doch nach ihrem Selbstverständnis alle Erkenntnisse im Besitz der Muslime sind – es sei denn, dieser Dialog dient der Bekehrung der „Ungläubigen"?

239. Inwiefern sind gerade auch die in der „Sache Islam" engagierten Christen aufgerufen, die biblische Botschaft, den eigenen Glauben und die Lehre der Kirche möglichst gut zu kennen, um stets willens und bereit zu sein, „jedem Rede und Antwort zu stehen, der nach der Hoffnung fragt, die euch erfüllt" (1 Petrus 3,15)?

240. Inwieweit ist die Beobachtung (nicht) zutreffend, dass sich die christlichen Kirchen teilweise recht intensiv um einen christlich-islamischen Dialog mühen, während entsprechendes Engagement auf muslimischer Seite in den islamischen Ländern kaum oder überhaupt nicht feststellbar ist, da ja Muslime von der Überlegenheit ihres Glaubens überzeugt sind, davon nicht abrücken und sich „vom Westen" keine Neuinterpretationen des Islam aufdrängen lassen wollen?

241. In welchen muslimischen Ländern, wie etwa in Indonesien, in der Türkei, in Saudi-Arabien oder in Kuwait, gibt es
  a) offizielle Institutionen mit einem Veranstaltungs-, Forschungs- und/oder Lehrauftrag zum interreligiösen Dialog,
  b) ein jüdisches oder christliches Studienzentrum/Institut,
  c) eine „Anwaltschaft" muslimischer Autoritäten für die Minderheitsgruppe der Christen, so wie es bei uns eine „Anwaltschaft der Kirchen für Muslime" gibt,

234. Aus welchen Gründen sollten beim interreligiösen Dialog dennoch die allerdings recht begrenzte Anzahl theologischer, spiritueller und ethischer Gemeinsamkeiten[138] zwischen Christentum und Islam auch entsprechend benannt und gewürdigt werden?

235. Inwiefern wird durch das Ignorieren und Verwischen theologischer, ethischer und politischer Gegensätze zwischen Christentum und Islam durch im Wunschdenken verhaftete Islam-Romantiker letztlich den missionarischen Absichten glaubensbewusster Muslime, aber auch dem in der Scharia begründeten Machtstreben islamistischer Bewegungen Vorschub geleistet?

236. Inwiefern kann die Erfahrung (nicht) bestätigt werden, dass in vielen Dialogveranstaltungen

    a) von islamischer Seite oft nur Anklagen und Forderungen[139] erhoben werden,

    b) Muslime ständig beleidigt sind und in die Opferrolle schlüpfen,

    c) den christlichen bzw. nichtmuslimischen Gesprächsteilnehmern die Kreuzzüge, der Kolonialismus und die „deutsche Vergangenheit" vorgeworfen werden,

    d) versucht wird, den Nichtmuslimen ein schlechtes Gewissen zu machen, z. B. wegen ihrer (angeblichen) Nazi-Vergangenheit,

---

138 Vgl. Schirrmacher, Christine, Der Islam. Geschichte-Lehre, Unterschiede zum Christentum, Band 2, Neuhausen/Stuttgart 1994, S. 262-267, mit einer Übersicht über theologische Gemeinsamkeiten und Unterschiede von Christentum und Islam; ebenso II. VATIKANISCHES KONZIL, Erklärung über das Verhältnis der Kirche zu den nicht christlichen Religionen „Nostra Aetate", mit der Aussage, dass die Kirche nichts von dem ablehnt, was „ wahr und heilig" in nichtchristlichen Religionen ist, deren Gebote und Lehren „doch nicht selten einen Strahl jener Wahrheit erkennen lassen, die alle Menschen erleuchtet."

139 Vgl. dazu www.tagesspiegel.de/medien/wie...monika-maron.../9421846.html 2.2.2014, mit dem Hinweis auf den nach Meinung der Schriftstellerin Monika Maron „absurden" Anspruch der Muslime auf einen muslimischen Feiertag in Deutschland, wobei sie sich fragt, „wie die muslimischen Verbände es anstellen, dass ihre absurdesten Forderungen die ganze Republik regelmäßig in Aufruhr versetzen, so dass man den Eindruck haben könnte, wir lebten tatsächlich schon in einem halbislamischen Staat, dessen säkulare Verfassung unter den religiösen Forderungen der Muslime nach und nach begraben werden soll"; ebenso die Anmerkungen zu den Fragen 61, 66, 141.

229. In welchen Bereichen und in welchen Ländern sind die von der Konzilserklärung „Nostra Aetate" in Artikel 3 vor bereits 50 Jahren formulierten Ziele des christlich-muslimischen Dialogs jenseits theologischer und dogmatischer Unterschiede wenigstens ansatzhaft realisiert, nämlich: „ ... gemeinsam einzutreten für den Schutz und die Förderung der sozialen Gerechtigkeit, der sittlichen Güter und nicht zuletzt des Friedens und der Freiheit für alle Menschen"?

230. Wie ist es zu erklären, dass sich viele Nichtmuslime offensichtlich weigern oder auch Angst bzw. kein Interesse haben, den Islam und den Koran näher kennenzulernen, obwohl mindestens eine entsprechende Grundkenntnis als Voraussetzung für den Dialog mit den Muslimen zu betrachten ist?

231. Inwieweit „dienen nicht wenige, insbesondere protestantische Kirchenfunktionäre, als *Multiplikatoren* nicht nur des Islam, sondern auch noch dessen politischer und höchst-problematischer Ausrichtung"? (Ursula Spuler-Stegemann)

232. Inwieweit sind folgende Feststellungen zutreffend oder lediglich antiislamische Stimmungsmache:
„Es sind Kirchen, in denen Korane ausgelegt werden, und nicht Moscheen, in denen Bibeln liegen. Es sind Christen, die den Bau von Moscheen in Europa fördern, und nicht Muslime, die den Kirchenbau im Orient unterstützen. Es sind Christen, die in europäischen Moscheen beten, und Muslime, die in ihren Ländern Christen töten"[137]?

233. Inwiefern ist es aus christlicher Perspektive unabdingbar notwendig, dass die Grundvoraussetzungen für Religionsgespräche mit Muslimen sind

a) die klare Benennung der fundamentalen Glaubensunterschiede zwischen Christentum und Islam sowie das ungehinderte Aufzeigen der geschichtlichen Wahrheiten,
b) das Vermeiden von Mehrdeutigkeiten,
c) kein Zulassen von Kompromissen im Glauben und der Deformierung unseres Wertesystems?

Weltethos zu gelangen".
137 Raddatz, Hans-Peter, Von Allah zum Terror? Der Djihad und die Deformierung des Westens, München 2002, S. 239.

lich andere, verschiedene, häufig gar gegensätzliche Bedeutung haben als nach dem Verständnis der universalen Menschenrechte,[133] so etwa die Begriffe Frieden, Freiheit, Gleichheit, Gerechtigkeit, Toleranz, Wahrhaftigkeit usw.,
c) die Aneignung eines vorurteilsfreien theologischen und historischen Wissens über den Glauben des jeweils anderen,
d) die Akzeptanz des religiösen Pluralismus?

227. Inwieweit muss entsprechend der Erkenntnis, dass man die Menschen an ihren Früchten erkennt (vgl. Matthäus 7,16) bei den Dialoggesprächen der allgemeingültige Grundsatz eingefordert werden, dass Menschen letztlich nach ihren Taten und nicht nach ihren Worten zu messen sind?

228. Inwiefern ist für die Religionsgemeinschaften der „Informationsdialog" sowie der an der Lebenspraxis orientierte „Dialog des Lebens, des Handelns und der praktischen Zusammenarbeit"[134] – die „Orthopraxie" – in der Wahrnehmung der gemeinsamen gesellschaftlichen Aufgaben und im Ringen um ein besseres menschliches Miteinander und Verstehen weitaus vorrangiger und dringlicher als der „Dialog des intellektuell-theologischen und des spirituellen Austausches", als „das Religionsgespräch",[135] als der „interreligiöse Konsensdialog"[136]?

---

133 Vgl. dazu Spuler-Stegemann, U., Feindbild Christentum im Islam, S. 173, mit der Feststellung: „Der im Prinzip unentbehrliche Dialog ist längst zu einem Selbstläufer geworden, der gnadenlos durchgezogen wird, ohne Rücksicht auf die Einstellung der muslimischen Gesprächspartner zu unserem Grundgesetz mitsamt den Menschenrechten, zu Anti-Judaismus und anti-christlicher Haltung."

134 So etwa über Bildungs- und Arbeitsplatzfragen, Schwierigkeiten und Spannungen im Alltagsleben, Probleme, die sich aus einer Religion für Angehörige anderer Religionen ergeben, Umweltprobleme, Bewahrung der Schöpfung, Suche nach Konsens auf der Ebene der Ethik, unterschiedliches Brauchtum, Eheschließungen, Begräbnisfragen.

135 So z. B. über Fragen der Frömmigkeit, die Sehnsucht nach dem Transzendenten, das Gebet, Darstellung der Unterschiede und der Gemeinsamkeiten im Glauben, im Gottes- und Menschenbild.

136 Vgl. dazu Rhonheimer, M., Antithese zum Christentum, in: „Die Tagespost", 30.9.2014, S. 9, mit der Bemerkung, „dass es sich bei diesem interreligiösen Dialog um eine Illusion handelt. Zumindest wenn man dabei bezweckt, zu theologischer Gemeinsamkeit oder einem gemeinsamen

j) der Wille zu sachlicher Auseinandersetzung und zur nüchternen, vorurteilsfreien Betrachtung des jeweiligen Sachkerns,
k) der Versuch, sich in den/die Dialogpartner hineinzuversetzen, ihn richtig verstehen zu wollen,
l) das Unterlassen von Bevormundung, Polemik, Pauschalurteilen und Drohungen,
m) die Akzeptanz der historischen Wahrheit,
n) die Bereitschaft zum Schuldeingeständnis,
o) das Wahrnehmen und Zulassen von Fremdheitserfahrung,
q) die Akzeptanz, dass die andere Religion für den Gesprächspartner die gleiche Wahrhaftigkeit und Authentizität beanspruchen kann wie die eigene,
r) die Suche nach einem gemeinsamen Wertekanon, nach gemeinsamen Zielen,
s) die Möglichkeit jedes Gesprächspartners, Zeugnis für seinen Glauben abzulegen,
t) Verzicht auf Machtmittel zur Durchsetzung eigener Wahrheitsansprüche,
u) Verzicht auf Missbrauch der Religion für politische Ziele,
v) Verzicht, eine Welteinheitsreligion anzustreben,
w) die gemeinsame entschiedene Ablehnung aller Kräfte, die auf religiösen Fanatismus, Extremismus und Gewalt setzen,
x) das Verhalten nach der „Spielregel des Dialogs", der universal verbreiteten und bekannten, jedoch nicht im Koran beinhalteten „Goldenen Regel"?

226. Warum ist es eine unaufgebbare Bedingung für eine ehrliche und fruchtbare Dialogkultur mit den Muslimen,
a) darauf zu achten, dass formale Gemeinsamkeiten allzu leicht den Blick für fundamentale Unterschiede verdecken können,
b) immer zuvor bestimmte Begriffe zu klären, die im Islam durch den Scharia-Vorbehalt grundsätzlich eine inhalt-

---

eigenen Identität ausgeht. Ohne Identität kann es keinen Dialog geben. Das wäre ein Scheindialog, ein Dialog in den Wolken ... er ist nutzlos."

c) das Ziel der muslimischen Bestrebungen die Unterwerfung der Nichtmuslime unter das Gesetz Allahs ist,

d) Christen verflucht werden und mit ihnen keine Freundschaft eingegangen werden darf?

224. Weshalb muss gerade auch in Gesprächen mit Muslimen darauf geachtet werden, dass

 a) im Christentum und im Islam ähnliche oder gleiche Begriffe keineswegs immer für gleiche Inhalte stehen,

 b) von beiden Religionen namentlich genannten Personen unter keinen Umständen generell die gleiche (theologische) Bedeutung und Würde zugemessen wird,

 c) nicht zu leugnende theologische Unterschiede z. B. aus taktischen Gründen verwischt werden?

225. Inwieweit ist für das Gelingen des interreligiösen/interkulturellen Dialogs in einem Prozess, der auf Gegenseitigkeit beruht, zwischen zwei oder mehreren Personen das Beachten etwa der folgenden dialogischen Grundhaltungen von Bedeutung:

 a) das Verständnis des Dialogs als diskursiver Austausch ohne missionarische Intention,

 b) die Wahrung der Identität des Dialogpartners,[132]

 c) die Gleichwertigkeit und die Gleichberechtigung des Gegenübers,

 d) der Respekt vor dem Menschsein des anderen,

 e) die Haltung der Ehrlichkeit und Wahrhaftigkeit ohne Duckmäuserei, Tabus und Selbstzensur,

 f) das Unterlassen, eigene Werte und Überzeugungen anderen aufzudrängen,

 g) das Vermeiden von Vertuschung und fragwürdiger Harmonisierung,

 h) die Möglichkeit zu kritischer Fragestellung,

 i) Kenntnis über der andere Religion bzw. Kultur und Toleranz ihr gegenüber ohne Religions- bzw. Kulturrelativismus,

---

132 Vgl. dazu Papst Franziskus mit der Feststellung, in: „Die Tagespost", 23.9.2014, S. 7: „Man kann keinen Dialog führen, wenn man nicht von der

XV. Interreligiöser, interkultureller Dialog[130]

221. Warum ist folgenden Auffassungen (nicht) zuzustimmen, dass

a) aufgrund der heutigen Weltlage der Dialog der Religionen und Kulturen eine notwendige Bedingung für den Frieden in der Welt und darum eine Pflicht (auch) für alle Religionsgemeinschaften ist,

b) alle „Religionen ... den unbeendlichen Streit um Wahrheit aufgeben und ... ihre eigentliche innere Zielsetzung in der Orthopraxie erkennen, ... im Dienst für Frieden, Gerechtigkeit und Bewahrung der Schöpfung,"[131]

c) nach christlichem Verständnis Dialog niemals Missionsersatz sein kann,

d) von den Gesprächspartnern des interreligiösen Dialogs keine Relativierung ihres Glaubens, keine Marginalisierung des eigenen religiösen Selbstverständnisses, auch nicht die Anerkennung der Gleichwertigkeit der unterschiedlichen Lebensentwürfe verlangt werden kann und darf,

e) der interreligöse Dialog keine Welteinheitsreligion anstrebt?

222. Inwiefern ist die Meinung richtig/falsch, dass aus muslimischer Sicht unter Dialog weithin zu verstehen ist

a) „Missionierung", d. h. „Einladung zum Islam" („dawa"),

b) Bezeugung der (islamischen) Wahrheit,

c) Ruf zur Annahme des „wahren" muslimischen Glaubens?

223. Welche Bedeutung haben angesichts der angeblichen Unveränderbarkeit des Koran jene Koranverse für Muslime etwa im christlich-islamischen Dialog, die zum Ausdruck bringen, dass

a) keine andere Ordnung als die Ordnung Allahs akzeptiert werden kann,

b) allein den Muslimen das Recht zusteht, über Recht und Unrecht zu befinden,

---

130 Vgl dazu S. 21-43, 70 ff., 78, 84, 93, 181, 238, 244, 266, 378, 384.
131 Benedikt XVI., Die Ökologie des Menschen. Die großen Reden des Papstes, München 2012, S. 413.

den Sozialismus und die deutsche Zweistaatlichkeit sprach, und schließlich in heutiger Zeit nicht „up to date" ist, wenn man nicht blauäugig für „Multikulti" schwärmt?[127]

217. Welche Relevanz haben im Hinblick auf die finanzielle Belastung des Sozialstaates und das gesellschaftliche Miteinander die Fakten, dass

- a) jeder dritte Arbeitslose in Deutschland Migrant ist oder Migrationshintergrund hat,
- b) jeder „zweite junge ... Türke ohne Berufsabschluss"[128] ist?

218. Welche Konsequenzen bringt es mit sich, dass jeder fünfte Türke nur sehr mangelhaft die deutsche Sprache beherrscht bzw. überhaupt kein Deutsch spricht?

219. Inwieweit können Schulen ihrer pädagogischen Verantwortung überhaupt noch gerecht werden, wenn der Ausländeranteil in einer Schulklasse zwischen 50 und 80 Prozent beträgt und manche Schüler/innen die deutsche Sprache kaum oder überhaupt nicht sprechen?[129]

220. Aus welchen Gründen ist es sozial äußerst problematisch und keineswegs so ehrenhaft, weder ausländerfreundlich noch durchdacht, wenn gerade jene Ausländer, die in ihren z. T. armen Heimatländern eine qualifizierte Ausbildung erhalten haben, von den sogenannten reichen Ländern als „qualifizierte Arbeitskräfte" durch entsprechende Anreize an- bzw. abgeworben werden?

---

127 Vgl. Thomas, Hans, Die multikulturelle Gesellschaft, die Kirchen und die Deutschen. Ein Zwischenruf, Berlin 2008, S. 135.
128 „Die Welt", 14.6.2014, verbunden mit dem Hinweis im Untertitel: „Bildungsbericht präsentiert erschreckende Zahlen für die Gruppe der Deutschtürken."
129 Vgl. dazu. Buschkowsky, H., Die andere Gesellschaft, S. 275 f., mit der Schilderung einer Schulsituation.

212. Inwiefern ist der These (nicht) zuzustimmen, dass *vor* allen staatlichen Integrationsbemühungen zunächst die Integrationsaufgabe der Immigranten darin besteht, „*sich* zu integrieren als Muslime, Atheisten, Orthodoxe jeder Couleur, Hindus, Juden, Katholiken, Protestanten, jeder nach seiner Fasson"? (Monika Maron)

213. Wie ist deren Beobachtung im Blick auf mittel- und langfristige Folgen zu bewerten, dass die Politiker aller Parteien frei werdende Posten in der Integrationspolitik am liebsten mit einer Person islamischen Glaubens besetzen und nicht etwa mit einem Juden, Hindu oder Buddhisten?

214. Wie ist die Feststellung zu bewerten, dass einige Verantwortungsträger in unserem Land dazu neigen, eher eine Anpassung an die muslimische Minderheit als deren Integration anzustreben und Politiker Muslime dazu aufrufen, als Richter, Staatsanwälte, Polizisten, Schulleiter usw. in den öffentlichen Dienst zu gehen?

215. Was ist im Hinblick auf Vereinnahmung, aber auch hinsichtlich kultureller Nivellierung von folgenden „politisch korrekten", angeblich fremdenfreundlichen „Losungen" zu halten, die zur „Lösung" der Ausländerproblematik beitragen sollen:

„Bleiberecht für alle"[126] *– „Wir alle sind Afrikaner" –*
„Kein Mensch ist illegal" – „Jeder Mensch ist Ausländer –
fast überall"?

216. Inwiefern trifft die Beobachtung (nicht) zu, dass man zu „Beginn der Nazizeit ... in der Evangelischen Kirche geradezu verfemt war (Karl Barth), wenn man nicht dem Nationalsozialismus gegenüber aufgeschlossen war...", sich in „den späten Sechzigern bis in die 90er Jahre ... unbeliebt" machte, wenn man negativ über

---

des Doppelpasses fordert die Integrationsbeauftragte der Bundesregierung ... eine Verbesserung der **Kultur der Teilhabe** der Immigranten am Leben und so auch an den Vorteilen der deutschen Gesellschaft ... Inwiefern müsste diese Forderung notwendigerweise ergänzt werden durch eine an die Migranten gerichteten Forderung, ihr weithin mangelndes Engagement in unserer Gesellschaft zu verbessern durch eine verbesserte **Kultur der Teilnahme** am gesellschaftlichen und kulturellen Leben? Was aber geht wem voraus? Die Kultur der Teilhabe der Kultur der Teilnahme – oder nicht doch eher umgekehrt?" (Hervorgehoben. U. H.)

126 Vgl. dazu. Sarrazin, T., Der neue Tugendterror, S. 331-334.

c) ihre politische Loyalität nicht (mehr) ihrem jeweiligen Heimatland gilt, sondern der deutschen Rechtsordnung,

d) sie gleichwohl (nach Wunsch) auch die Kultur und das Brauchtum ihrer Herkunftsländer pflegen?

208. Mit welchen konkreten Beispielen kann belegt werden, dass die Moscheegemeinden bzw. die muslimischen Organisationen in Deutschland

a) zur „kulturellen Bereicherung" unseres Landes in den vergangenen etwa fünf Jahrzehnten beigetragen haben,

b) relevante kulturelle Beiträge in unsere Kommunen einbringen?

209. Inwiefern ist die Beobachtung richtig/falsch, dass unter Muslimen in Deutschland kaum Interesse besteht, die Kultur unseres Landes kennenzulernen, das sie selbst bzw. ihre unmittelbaren Vorfahren aufgenommen hatte und in dem sie heute leben?

210. Wie kann verhindert werden, dass in den (Koran-)Schulen und in anderen islamischen Bildungseinrichtungen in Deutschland

a) die auch integrationsfeindliche, jedoch korankonforme Aussage gelehrt wird, es könne keinen Frieden geben, ehe der Islam triumphiert,

b) auch zahlreiche andere islamische Bildungsinhalte vermittelt werden, die mit unseren Bildungs- und Erziehungszielen nicht übereinstimmen bzw. diesen entgegengesetzt sind?

211. Inwiefern müsste die an den Staat gerichtete Forderung der Integrationsbeauftragten der Bundesregierung, Aydan Özoguz, nach einer Verbesserung der *„Kultur der Teilhabe"* der Immigranten am Leben und so auch an den Vorteilen der deutschen Gesellschaft notwendigerweise ergänzt werden durch eine an diese gerichtete Forderung, ihr weithin mangelndes Engagement in unserer Gesellschaft zu „verbessern" durch eine verbesserte *„Kultur der Teilnahme"*[125] am hiesigen gesellschaftlichen und kulturellen Leben?

---

125 Vgl. dazu Basileo, Elias, Integration. Aus der Sicht eines Migranten – ein authentischer Fall, Bad Schussenried 2012, mit der Überzeugung des Autors, dass der Integrationssuchende selbst verantwortlich ist für den Erfolg seiner Integration; ebenso einen Leserbrief des Verfassers dieses Beitrages, in: „Die Welt", 21.3.2014, S. 2: „Im Zusammenhang mit der Einführung

204. Warum wird der umstrittene Ausspruch: „Der Islam gehört zu Deutschland" von möglicherweise vielen Muslimen entsprechend ihrer spezifischen Denkart nicht so verstanden, dass sie jetzt zur deutschen Gesellschaft gehören, sondern umgekehrt: dass Deutschland jetzt zur islamischen Welt gehört?

205. Inwiefern ist die nachfolgende Stellungnahme zur These „Der Islam gehört zu Deutschland" zutreffend: „Der Satz ist dann richtig, wenn er besagen soll, dass die Millionen Muslime, die in Deutschland leben, ... zu Deutschland gehören. Mit diesem Satz kann nicht gesagt sein, dass der Islam die deut-sche Staatsordnung, Rechtsordnung, Gesellschaftsordnung und Kultur geprägt hat"?[124]

206. Inwiefern ist diese These: „Der Islam gehört zu Deutschland" nur dann richtig, wenn

a) gleicherweise gilt: „Das Christentum gehört zur Türkei bzw. zu Indonesien bzw. zu Saudi-Arabien", weil jeweils ein gewisser Prozentsatz der Bevölkerung dieser Länder sogar einheimische Christen sind und ein Teil der heute islamischen Länder sogar ursprünglich christlich geprägt war,

b) logischerweise auch die These gilt: „Die Scharia gehört zu Deutschland"?

207. Inwiefern ist die These zutreffend, dass Muslime zu Deutschland gehören, wenn

a) sie nicht – den deutschen Gesetzen widersprechend – nach Erlangung der deutschen Staatsangehörigkeit ihre vorausgegangene Staatsbürgerschaft wiedererworben haben,

b) sie die deutsche Rechts- und Werteordnung anerkennen,

---

[124] Papier, Hans-Jürgen, ehem. Präsident des Bundesverfassungsgerichtes, in: „Die Welt, 17.1.2015, S. 6; vgl. auch https://de-de.facebook.com/hamed.abdelsamad/ /10152970550030979 mit dessen Fragen: „Gehört die Aufteilung der Welt in Gläubige und Ungläubige auch zu Deutschland? Was ist mit Dschihad? Was ist mit Polygamie? Was ist mit der Todesstrafe für Apostaten? Was ist mit Körperstrafen für Diebe und Ehebrecher und Alkoholtrinker und anderes Denkende? Was ist mit Frauenrechten, die im Islam kaum vorhanden sind? Was ist mit Sklaverei, die im Islam nicht verboten ist? Was ist mit dem Recht der Kinder, angstfrei erzogen zu werden und nicht mit der Drohung mit Höllenqual aufzuwachsen? Gehört das alles auch zu Deutschland oder Europa?"

198. Wie kann verhindert werden, dass – nach Heinz Buschkowsky – künftig der deutsche Doppelpass zum „Pass vom Abreißblock" bzw. zur „Rückfahrkarte" ins attraktive deutsche System wird, wenn in der zweiten Heimat Probleme auftauchen?

199. Mit welchen Mitteln kann unterbunden werden, dass Asylanten und Zuwanderer den Sozialstaat ausnutzen, die Sozialsysteme missbrauchen, wenn sie beispielsweise nach einer kurzen Scheinselbstständigkeit Sozialleistungen beziehen oder Kindergeld in ihre Heimat überweisen, um dort ein Haus bauen zu können?

200. Inwieweit trifft der Vorwurf (nicht) zu, dass sich islamische Glaubensgemeinschaften in nicht-islamischen Ländern eher abschotten als integrieren, indem sie für sich selbst Sonderrechte[123] verlangen, sich in Ghettos zurückziehen, Parallelgesellschaften bilden und in ihren Moscheen nicht in der Landessprache gepredigt wird?

201. Welche demokratischen Verhaltensweisen werden in welchem Umfang in den muslimischen Verbänden und Vereinen in Deutschland praktiziert?

202. Inwiefern kann Integration (keineswegs) bedeuten, dass Muslime

    a) in jenen Glaubens- und Denkmustern verbleiben, in denen Freiheit und Gleichberechtigung, Individualität und Rationalität keinen Platz haben,

    b) sich nur dann in die (deutsche) Aufnahmegesellschaft einfügen, wenn deren Gesetzgebung nicht im Widerspruch zum Koran steht?

203. Inwiefern ist der Zugewinn von Sprachkompetenz für Einwanderer

    a) der Schlüssel schlechthin für die Teilnahme und die Teilhabe am gesellschaftlichen, beruflichen und wirtschaftlichen Leben in einem Aufnahmeland,

    b) eine absolute Voraussetzung für eine gelungene Integration,

    c) eine wesentliche Bedingung für eine Aufenthaltsgenehmigung?

---

123 Vgl. Anm. 61.

191. Inwiefern wird die Integration von Immigranten durch die Überlassung eines Doppelpasses erleichtert oder erschwert?

192. Welche Bedeutung für die Integration hat die Forderung des türkischen Ministerpräsidenten Erdogan bei einer Rede in Deutschland im Jahre 2008, die Augen und Ohren der ausgewanderten Türken sollten unverwandt auf die Türkei gerichtet sein; man könne nicht erwarten, dass sie sich der aufnehmenden Gesellschaft anpassten; hierauf hinzuarbeiten, sei ein Verbrechen?[122]

193. Inwiefern führt die doppelte Staatsbürgerschaft (nicht) zur gespaltenen Loyalität, vor allem im Konfliktfall?

194. Warum ist die doppelte Staatsbürgerschaft und das Wahlrecht für ausländische Muslime (nicht) problematisch angesichts

    a) des ungeklärten Demokratieverständnisses in manchen Staaten und im Blick auf die Unvereinbarkeit verschiedener Staats- und Verfassungsgrundsätze,

    b) der problemhaften Distanz mancher Muslime zu Rechtsstaatlichkeit und Demokratie,

    c) der Unmöglichkeit, straffällig gewordene (ehemalige) Ausländer in ihre Heimat abzuschieben?

195. Inwiefern ist es ebenso (nicht) problematisch, in zwei unterschiedlich und z. T. gegensätzlich geprägten Staaten und Kulturen mit ihren stark divergierenden Rechts- und Werteordnungen politische Rechte und Pflichten zu haben?

196. Welche Konsequenzen hat die Aussage von Vertretern der Islamverbände, sie hätten keine Probleme mit der Integration, solange die deutsche Gesetzgebung mit dem Koran übereinstimmt und nicht im Widerspruch steht?

197. Inwiefern bedeutet die Gewährung der doppelten Staatsbürgerschaft (k)ein Verstoß gegen das demokratische Prinzip der Gleichheit aller vor dem Gesetz und damit auch die staatlich legitimierte Zementierung der Ungleichheit der Bürger/innen zugunsten der Mehrstaater durch den demokratischen Staat selbst, indem diese gegenüber den einheimischen Bürgern/innen privilegiert sind?

---

122 Vgl. Nagel, Tilman, Angst vor Allah?, Auseinandersetzungen mit dem Islam, Berlin 2014, S. 35.

187. Inwieweit berücksichtigt die deutsche Integrationspoliti dass es nicht nur etwa 4 Millionen muslimische Einwanderer[119] gibt, sondern auch die größere Anzahl von weiteren zehn Millionen Einwanderern?

188. Wie kann das Faktum erklärt werden, dass die Muslime (in Deutschland) mit Abstand jene Gruppe von Immigranten sind, die sich am schlechtesten integriert?[120]

189. Inwieweit ist auch in Deutschland unter Muslimen die „unternehmerische Philosophie" im Blick auf den „Aufbau einer infrastrukturell und kommunikativ selbstgenügsamen Parallelwelt"[121] verbreitet, dass

    a) muslimische Unternehmen gegründet werden, die nur miteinander Geschäfte machen,

    b) Muslime nur in diesen Geschäften einkaufen?

190. Welche Angebote zur Integration unterbreiten muslimische Vereine etwa in Deutschland ihren Mitgliedern, um ihnen die europäische bzw. die deutsche Kultur nahezubringen?

---

119 Vgl. dazu Tibi, Bassam, Islamische Zuwanderung. Die gescheiterte Integration, Stuttgart, München 2002, S. 193, mit folgender Feststellung und Vorhersage: „Nach Ende des Zweiten Weltkrieges lebten etwa 800.000 Muslime in Westeuropa, zu Beginn des 21. Jahrhunderts sind es bereits 15 Millionen. Schätzungen zufolge wird sich die Zahl der Muslime in Westeuropa bis zur Mitte des neuen Jahrhunderts verdreifachen."

120 Vgl. jedoch Buschkowsky, H., a. a. O., S. 77 f., mit dem Bericht: Es wurde die Frage gestellt, „ob sich türkische Flüchtlinge in Deutschland anders verhalten, je nachdem, ob sie christlichen oder muslimischen Glaubens sind. Das Ergebnis war ..., dass die christlichen Flüchtlinge sich innerhalb kürzester Zeit besser integriert hatten und zum Teil deutscher waren als die Deutschen selbst. Sie standen mit einer weit überdurchschnittlichen Quote im Erwerbsleben bei einer Kriminalitätsrate unter der Nachweisgrenze"; auch *e.wikiquote.org/wiki/Bassam_Tibi*, mit der Frage nach dem Willen zur Integration „Man muss offen sagen, die Religion des Islams erlaubt die Integration nicht. Ein Muslim darf sich einem Nicht-Muslim nicht fügen. Wenn er in der Diaspora lebt, ist das eine Notsituation und er kann sich absondern. Das besagt die normale Religion und nicht die fundamentalistische Variante."

121 Kraus, Hartmut, Islam, Islamismus, muslimische Gesellschaft. Eine kritische Bestandsaufnahme, 3. Auflage, Osnabrück 2012, S. 307, vgl. auch ebd., S. 306.

wird, dass „man ... nicht als Liebesgabe anbieten (darf), was schon aus Gerechtigkeit geschuldet wird"?

184. Welche Bedeutung hat im Kontext der Islamproblematik in heutiger Zeit der bekannte Satz des Kirchenlehrers Augustinus[115] im Blick auf die durchaus legitime Möglichkeit, einer bestimmten Ideologie, Weltanschauung oder auch Religion gegenüber ablehnend, gar pointiert feindlich gesinnt zu sein, ohne gleichzeitig die Anhänger[116] dieser Religion oder Ideologie als Feinde zu betrachten und entsprechend zu behandeln:

„Diligite homines, interficite errores." –
„Liebt die Menschen, aber hasst den Irrtum!"?
(vgl. Johannes 7,53-8,11)

XIV. Integration[117] – Doppelte Staatsbürgerschaft

185. Von welchem islamischen Staat werden die Vertreter der im Land lebenden und arbeitenden Christen, Juden und anderer Religions- und Weltanschauungsgemeinschaften zur Verbesserung ihrer Lebensbedingungen zu einer Art „Integrationsgipfel" von und mit den höchsten staatlichen Repräsentanten eingeladen?

186. Warum gibt es in Deutschland im Hinblick auf Integrationsfragen nur eine „Islam-Konferenz", warum nicht auch etwa eine „Russen-, Polen-, Spanier-, Italiener-, Griechen-, Hindu-, Buddhisten-, Vietnamesen- und Afrikaner-Konferenz" angesichts der Tatsache, dass unter den 15 Millionen Einwanderern doch „nur" etwa 4,5 Millionen Muslime in unserem Land leben?[118]

---

115 Nordafrika, die christliche Heimat des hl. Augustinus (354-430), wurde im 7. Jahrhundert islamisiert.
116 Es gilt hier wie überall, wo es um Überzeugungen von Menschen geht, zu unterscheiden zwischen dem Respekt, der Achtung vor dem einzelnen Muslim und seinem religiösen Engagement einerseits und dem Inhalt seines Glaubens, der islamischen Lehre andererseits.
117 Vgl. dazu S. 12, 17, 70, 79, 93, 97, 110, 112, 286, 597, 648, 662, 667.
118 Vgl. dazu entsprechend Buschkowsky, H., Die andere Gesellschaft, S. 64: „Es gibt auf Bundesebene eine Islamkonferenz. Warum eigentlich? Gibt es auch eine Katholikenkonferenz, eine jüdische Konferenz oder eine protestantische? Mit welcher Berechtigung wird der Religion einer Minderheit im Lande ein solcher Sonderstatus beigemessen? Selbst wenn es eine Weltreligion ist."

(1) In welcher islamischen Konfession wurde/wird „der authentische Islam" gelebt?[114]

(2) Wo und in welcher islamischen Gruppierung lebten früher oder leben heute die „authentischen Anhänger des Islam"?

(3) Welche islamischen Gemeinschaften leben dadurch den „wahren Islam", dass sie zugleich „jeder Gewalt" entgegenstehen?

(4) Was ist unter einer „angemessenen Interpretation des Korans" zu verstehen, die „jeder Gewalt" entgegen steht?

(5) Sind Formen der Gewaltausübung (etwa zur Ausbreitung des Glaubens) integraler und nicht disponibler Bestandteil der islamischen Religion?

(6) Von welchen islamischen Konfessionen/Strömungen wird der Koran „angemessen" interpretiert?

(7) Glauben nicht alle der in sich sehr unterschiedlichen islamischen Strömungen von sich selbst, dass nur sie allein die „authentischen, wahren Anhänger des Islam" sind, die natürlich auch den Koran „angemessen" interpretieren?

(8) Inwieweit können grundsätzlich Angehörige einer Religion Fragen der Authentizität und der Angemessenheit einer anderen Religion bewerten und beurteilen, wenn schon von den unterschiedlichen Strömungen dieser Religion selbst unterschiedliche, auch gegenläufige Einschätzungen vorgenommen werden?

183. Warum wohl wählte Papst Franziskus in diesem Schreiben die außergewöhnliche, sehr persönliche Höflichkeitsform der demütigen Bitte an die Muslime („Bitte! Ich ersuche diese Länder demütig darum, ..."), den Christen die Freiheit zur Ausübung ihres Glaubens zu gewähren, wenn doch im Artikel 8,5 des Laiendekrets des II. Vatikanums (indirekt) auch das Recht der Religionsfreiheit als Selbstverständlichkeit betrachtet und dabei festgestellt

---

114 Vgl. dazu Toprak, Cigdem, (Deutsche mit türkisch-zazaischen Wurzeln), Erst Bürger, dann Muslim, in: „Die Welt", 16.10.2014, S. 2, mit der Feststellung: „Seit der Islam existiert, haben die Muslime folgende Eigenart: Wenn ihnen das islamische Verständnis ihrer Glaubensbrüder ... nicht passt, dann werden sie exkommuniziert. Jeder Muslim beansprucht die Wahrheit für sich selbst und meint, den wahren Islam auszuleben. Die anderen, das sind keine Muslime"; gerade in dieser Willkürlichkeit der diesbezüglich individualisierten Form islamischer Religiosität steckt eine große Gefahr.

letzten fünf Jahrzehnte eine korrespondierende Form der „Hochachtung vor den Christen" zum Ausdruck gebracht haben,

b) den Christen der unterschiedlichen Konfessionen in islamischen Ländern gleichsam als Beweis dieser vom Konzil dem Islam gegenüber zum Ausdruck gebrachten „Hochachtung" in den vergangenen 50 Jahren größere Freiräume, bessere Lebensbedingungen ermöglicht wurden?

178. Inwieweit stimmt die Beobachtung, dass verschiedene kirchliche, politische und andere Repräsentanten in unserem Land, darunter insbesondere auch viele Bildungsträger den Islam in politisch korrekter Sprache oftmals idealisieren und verharmlosen, gelegentlich sogar glorifizieren, und dabei vor allem auch aufgrund eines falsch verstandenen Toleranzverständnisses bestimmte Problemfelder verschleiern oder einfach ausblenden?

179. Inwieweit sind die Vorwürfe (nicht) zutreffend, dass Papst Johannes Paul II. durch das Küssen einer Koranausgabe in Damaskus im Jahre 2000

a) die gegen Juden, Christen und andere „Ungläubigen" gerichteten Koransuren anerkannte,

b) damit seine „Ahnungslosigkeit und Ignoranz" zum Ausdruck brachte,

c) dem Relativismus Vorschub leistete?

180. Inwieweit ist der Meinung (nicht) zuzustimmen, der Papst habe mit dieser Geste lediglich seinen Respekt gegenüber der islamischen Religion Ausdruck verliehen und damit ein Zeichen der Versöhnung und der Verständigungsbereitschaft setzen wollen?

181. Inwieweit ist der von Papst Johannes Paul II. geäußerte „Respekt vor dem authentischen Islam" bzw. die von Papst Franziskus empfohlene „Zuneigung zu den authentischen Anhängern des Islam" dem Engagement der Kirche zugunsten der Christen im Orient geschuldet?[113]

182. Wie sind die nachfolgenden acht Fragen zu beantworten, die sich insbesondere aufgrund von Nr. 253 des päpstlichen Schreibens EVANGELII GAUDIUM (2014) stellen?

---

113 Vgl. „Tagespost", 20.01.14., mit einem entsprechenden Leserbrief von U. H.

des Glaubens in der Welt unterscheidet und sich u. a. dezidiert auch gegen die Christen, Andersgläubige und „Ungläubige" richtet?

174. Wie ist die Behauptung des Autors eines Exkurses „zum Konzilstext über die Muslim" in einer renommierten katholischen Publikation[111] zu bewerten, der zu dieser hier angezeigten Problematik vielsagend und verblüffend offen feststellt, „dass in einer Erklärung, die dem Beginn eines Dialogs sympathisch gegenüberstehen wollte, nicht schwerwiegende Schwächen hervorgehoben werden durften, weil damit die Gefahr entstand, dass die Gesprächspartner überhaupt kein Verlangen nach dem Dialog mehr hätten"?

175. Inwiefern ist in dieser offensichtlich doch wirklichkeitsnahen Interpretation, die zugleich Befremden, Kopfschütteln und Verwunderung hervorruft, (k)ein Schlüssel zu sehen für die heute weithin übliche Form des problemausklammernden Dialogisierens zwischen Christen und Muslimen, denen damals möglicherweise ein Dialog aufgedrängt wurde?

176. Inwiefern erscheint der Aufruf dieser Konzilserklärung zum gegenseitigen aufrichtigen Verständnis (zwischen Christen und Muslimen), auch zum gemeinsamen Eintreten für soziale Gerechtigkeit, für Frieden und Freiheit unter den Menschen als ein von vornherein fragwürdiges Bemühen seitens der Konzilsväter, wenn doch diese zentralen Werte des menschlichen Miteinanders im Islam völlig anders verstanden und gelebt werden als im Christentum, gleicherweise nach dem Verständnis der universalen Menschenrechte – nämlich immer unter Scharia-Vorbehalt?[112]

177. Mit welchen Dokumenten/Informationen kann belegt werden, dass

a) anerkannte islamische Autoritäten in einem islamischen Land in der Intention des II. Vatikanum im Laufe der

---

111 Anawati, Georges C., Exkurs zum Konzilstext über die Muslim, in: Lexikon für Theologie und Kirche, zweite Auflage, Das Zweite Vatikanische Konzil. Konstitutionen, Dekrete und Erläuterungen, Lateinisch und Deutsch, Kommentare, Teil II, Freiburg, Basel, Wien 1967, S. 486.

112 Den Konzilsvätern war 1965 offensichtlich unbekannt, in welchem Ausmaß Koran und Scharia die Menschenrechte ablehnen. Die „Kairoer Erklärung der Menschenrechte im Islam" von 1990, die von der aus 57 Mitgliedsstaaten bestehenden „Organisation der Islamischen Konferenz" (OIC) unterzeichnet wurde, hat nach dem Konzil insofern Klarheit gebracht.

c) der damalige Einfluss von muslimischer Seite auf die Konzilsväter sei offensichtlich noch nicht umfassend untersucht worden?

171. Inwiefern ist diese Hochachtungsformel ausschließlich dem gut gemeinten Bestreben seitens der Kirche nach gegenseitigem Verstehen und friedlichem Umgang der Religionen und Weltanschauungen geschuldet, trotz der

    a) jahrhundertelang dauernden Eroberungszüge des Islam, die mit der Ausrottung einst blühender christlicher Regionen verbunden waren,

    b) späteren mehrfachen Bedrohung des insbesondere christlich geprägten Europas durch den Islam,

    c) heute weltweit feststellbaren Unterdrückungs-, auch Verfolgungsmaßnahmen in islamischen Ländern, unter denen insbesondere auch Christen zu leiden haben,

    d) bislang keineswegs von den islamischen Religionsführern und Rechtsschulen zurückgenommenen korankonformen Degradierung und Verächtlichmachung u. a. auch des Christentums?

172. Wie kann erklärt und geklärt werden, dass in diesem Konzilstext

    a) zahlreiche problematische Merkmale der muslimischen Moral schweigend übergangen werden wie z. B. Gewalt, Polygamie, Verstoßung der Frau durch bloße Willenserklärung des Mannes,

    b) beim Benennen der zentralen Wahrheiten des christlichen Glaubens (trinitarisches Gottesbild, Christologie, Eschatologie) – von Mohammed im Koran sachlich und polemisch verfälscht wiedergegeben bzw. theologisch gänzlich anders interpretiert – lediglich eine Andeutung zu finden ist auf die gravierenden theologischen Unterschiede und auf das in vielen Aspekten divergierende Glaubensverständnis, das im unterschiedlichen Gottes- und Menschenbild gegründet ist?

173. Warum steht in den Konzilsaussagen kein einziges kritisches Wort über den auch mit Gewalt verbundenen, wesentlich zum Islam gehörenden Sendungsauftrag Mohammeds, der sich ganz grundsätzlich vom Sendungsauftrag der Christen zur Ausbreitung

168. Inwieweit wird durch diese Hochachtungsformel der Islam bestätigt und bestärkt in der Realisierung gerade auch jener ethischen Vorstellungen, die dem christlichen Glauben und den Menschenrechtsvorstellungen diametral entgegenstehen?

169. Mit welchen Gedanken und Gefühlen lesen oder vernehmen wohl (katholische) Christen diese Konzilsaussage von der den Muslimen undifferenziert attestierten „Hochachtung", die in islamisch dominierten Ländern als Menschen zweiter bzw. dritter Klasse durch tägliche Drangsalierung und Diskriminierung, durch demütigende Ausgrenzung, Benachteiligung oder gar unter Verfolgung zu leiden haben, die vor dem Islam somit nur Respekt im Sinne von Angst haben?[110]

170. Inwieweit können auch kirchlich engagierte katholische Christen diese „den Muslimen" von höchster kirchlicher Autorität in einem Pastoralkonzil pauschal entgegengebrachte „Hochachtung" (als der gesteigerten Form von „Achtung") kritisch hinterfragen, gar in dieser Form ablehnen mit der Begründung

a) es handle sich bei diesem Konzilstext zwar um eine gewichtige, aber keineswegs um eine dogmatisch verbindliche Aussage,

b) niemand könne gezwungen werden, einer Religion gegenüber Respekt im Sinne von Hochachtung zu bekunden, die auch heute noch bei Konversion die Tötung von Menschen legitimiert, in einer langen Vergangenheit schwersten menschlich-religiösen, auch kirchlichen Schaden angerichtet hat und vor allem auch heute noch anrichtet, sowie aufgrund ihres (bislang grundsätzlich unkorrigierten) religiös-politischen Selbstverständnisses aller Erwartung nach auch in Zukunft noch anrichten wird,

---

110 Diese Frage stellt sich auch im Zusammenhang mit der nicht geringen Anzahl an Grußworten von Verantwortlichen christlicher Kirchen etwa zum islamischen Fastenmonat, die sich allzu oft auszeichnen eher durch Anbiederei als durch Signale der Solidarität mit den weltweit gerade auch von Muslimen benachteiligten und verfolgten Christen.

XIII. „Hochachtung"[109] vor wem? – Eine problematische Formel

165. Inwieweit ist die vom christlichen Menschenbild geprägte Forderung unstrittig, dass grundsätzlich und ausnahmslos jedem Menschen als einem Ebenbild Gottes entsprechend menschliche „Achtung" gebührt, er selbst auf seine Menschenwürde nicht verzichten und diese ihm auch unter keinen Umständen aberkannt werden kann?

166. Inwieweit ist die in der „Erklärung über das Verhältnis der Kirche zu den nichtchristlichen Religionen" des Zweiten Vatikanischen Konzils in Artikel 3 undifferenziert zum Ausdruck gebrachte „Hochachtung" gegenüber „den Muslimen" (keineswegs nur) vor dem spezifischen zeitgeschichtlichen Hintergrund zu verstehen (1965), in dem die heutige weltweit mit dem Islam gerade auch für viele Christen verbundene Problemlage noch nicht ausreichend im Blick war bzw. sein konnte?

167. Inwiefern wird der islamischen Welt gerade auch heutzutage durch diese undifferenzierte „Hochachtungsformel" (unbeabsichtigt) suggeriert und von dieser möglicherweise gerne gehört, es gäbe seitens der Kirche keinerlei Probleme in den Beziehungen zum Islam?

Nur weil der Papst den Koran küsst,
lösen sich gewaltgebietende Verse
des Korans nicht in Luft auf.

Thomas M. Adam

---

109 Vgl. dazu S. 609, 618.

163. Inwiefern ist die Überzeugung

a) mit *der Botschaft des Evangeliums* kompatibel, dass Christen und Muslime „den einen Gott anbeten" und deswegen auch keine Missionierung der Muslime durch Christen erfolgen sollte/dürfte,

b) mit *der Botschaft des Koran* kompatibel, dass Muslime und Christen „den einen Allah anbeten" und deswegen auch keine Missionierung der Christen durch Muslime erfolgen sollte/dürfte,

c) mit *dem Glauben der Muslime* kompatibel, dass (nach dem „Gloria" der Liturgie) Jesus Christus „allein ... der Heilige, ... allein der Höchste (ist): ... mit dem Heilige Geist, zur Ehre Gottes des Vaters"?

164. Warum sind die Thesen richtig/falsch, dass

a) Christen und Muslime als Monotheisten zwar „einen" bzw. *einen einzigen Gott* („unicum deum"), aber nicht *„denselben einen Gott"* anbeten[107],

b) Christen und Muslime den gemeinsamen Glauben *„an einen einzigen Gott"* teilen (Papst Franziskus),

c) Christen und Muslime deshalb nicht miteinander beten und gemeinsam Gottesdienst feiern können, weil sie nicht *„denselben Gott"* anbeten und Christen immer (ausgesprochen oder unausgesprochen) „trinitarisch" beten,

d) gläubige Muslime wohl keineswegs glauben, dass sie gemeinsam mit den Christen *„denselben einen Allah"* anbeten?[108]

---

[107] Vgl. dazu den Beitrag des Verf. S. 61 f.
[108] Vgl. dazu Johannes Paul II., Die Schwelle der Hoffnung überschreiten, S. 121, mit der Differenzierung zwischen dem „wahren Gott" und dem „Gott des Koran" (S. 120): „Das Bild des Menschen, der an Allah glaubt und ohne Rücksicht auf Raum und Zeit niederkniet und im Gebet versinkt, kann allen ein Vorbild sein, die den wahren Gott bekennen ..."

personeller als auch in organisatorischer und finanzieller Hinsicht,[104]

b) die Forderung der Muslime nach Öffnung der deutschen Gesellschaft in Richtung Islam nur glaubwürdig ist, wenn sich die Vertreter der muslimischen Verbände und Institutionen auch entschieden für die Glaubensfreiheit anderer Religionen in ihren Heimatländern einsetzen?

XII. Gottesbild: Der eine Gott in drei Personen[105]

162. Warum ist die von Christen mit Blick auf die Muslime beliebte, sympathie-heischende relativistische Standardformulierung: „Wir glauben doch alle an denselben Gott"[106]

a) (k)eine Form der Vertuschung bzw. der Leugnung des zentralen christlichen Glaubensbekenntnisses vom „einen Gott in drei Personen",
b) hinsichtlich der gänzlich unterschiedlichen Gottesbilder recht/keineswegs abwegig,
c) von muslimischer Seite (in muslimischen Ländern) Anlass zu schärfster Zurückweisung?

Muslime im Land einzusetzen, würden sich diese nicht dafür einsetzen, „dass Christen auch in muslimisch geprägten Ländern Kirchen bauen und Gottesdienste abhalten können"; vgl. auch „Die Welt", 7.1.2015, S. 6: „Als Freudenbotschaft verkündete es die türkische Presse ... und internationale Medien jubelten mit: In der Türkei werde **erstmals seit Gründung der Republik eine neue Kirche** gebaut, mit dem Segen der türkischen Regierung ... **Nun konnte bis heute nicht einmal der Grundstein gelegt werden, weil die türkischen Behörden reihenweise Einsprüche erhoben** ... Zuletzt verlangten die Behörden, dass sie (erg. die christliche Kirche) von den geplanten 900 Quadratmetern auf die Hälfte verkleinert werden solle. **Die neue Moschee ist dagegen 30.000 Quadratmeter groß**," (Hervorgehoben: U.H.)

104 Vgl. dazu auch die Frage 161 mit Anmerkung.
105 Vgl. in diesem Beitrag die Fragen unter den Nummern 14-16; auch S. 63 f., 170, 206, 535, 588, 608 f.
106 Vgl. dazu „ideaSpektrum" 12.8.2015, S. 18, mit der Auffassung des neuen Landesbischofs der Evangelisch-Lutherischen Landeskirche Sachsens Carsten Rentzing: „Ich halte einen Gottesdienst in einer Kirche mit Beteiligung von Vertretern anderer Religionen für nicht möglich. Denn wir glauben nicht an den einen Gott und wir beten nicht zu dem einen Gott."

b) auf die im Koran wiederholt nachzulesende Behauptung, die Schriften der Juden und Christen seien fehlerhaft und voller Irrtümer,

c) auf die Einschränkung auf den muslimischen Glaubensbruder?

160. Inwieweit verhindert der auch von hiesigen Kirchenvertretern geforderte Verzicht auf ein Handeln nach dem Prinzip der Wechsel- und Gegenseitigkeit[103] mit der Begründung, dass Muslime in Europa nicht einfach verantwortlich gemacht werden können für ungerechtes Verhalten islamischer Staaten, den dort lebenden Christen zusammen mit allen Nichtmuslimen wirksame Erleichterungen ihres Lebens?

161. Inwiefern ist diese Verzichtsforderung auf Reziprozität auch deswegen in sich mehr als fragwürdig, da doch

a) islamische Staaten auf die hiesigen islamischen Verbände erheblichen Einfluss nehmen sowohl in ideeller und

---

103 Vgl. Johannes Paul II:, Orientierung für das dritte Jahrtausend. Der Papst zu den großen Themen der Zukunft, 2. Auflage, Graz, Wien, Köln 1998, S. 231, mit den Aussagen: „Ich wünsche lebhaft, dass, wenn die muslimischen Gläubigen heute mit Recht in den Ländern christlicher Tradition die wesentlichen Hilfen finden, um den Ansprüchen ihrer Religion nachzukommen, die Christen sich einer vergleichbaren Behandlung in allen Ländern islamischer Tradition erfreuen könnten. Die religiöse Freiheit ... ist eine zivile und soziale Realität, verbunden mit bestimmten Rechten, die es den Gläubigen und ihren Gemeinschaften gestatten, ohne Furcht ihren Glauben zu bezeugen und all seine Anforderungen zu leben"; auch www.cibedo.de/tauran_gegen_scharia_in_europa.html mit der Aussage von Kardinal Tauran, die Christen müssten in den muslimischen Staaten ihren Glauben genauso frei ausüben können, wie es den Muslimen im Westen möglich ist; ebenso www.focus.de › Politik › Cicero exklusiv: „Buchstäblich rot sehe ich auch, wenn die Ditib und andere Verbände wieder einmal penetrant auf Religionsfreiheit pochen – womit ich die Religionsfreiheit hier nicht aufgehoben wissen will, wohl aber darauf hinweise, um wie viel glaubwürdiger diese Berufung wäre, wenn auch nur die kleinsten parallelen Bemühungen für Religionsfreiheit in der Türkei erkennbar sein würden. Sie sind es nicht" (Ralph Giordano); auch *aktuell.evangelisch.de/.../muslime-setzen-zeichen-gegen-gewalt-und-unr ...* mit einer Aussage der alevitischen Integrationsministerin Bilkay Öney (SPD, Baden-W.): „Wie könnte ich mich überzeugend für die Muslime im Land einsetzen, wenn diese sich nicht umgekehrt für die Religionsfreiheit der anderen einsetzen würden." Es sei ihr kaum möglich, sich überzeugend für die

Muslime wünscht, dass künftig in unserem Land mehr Muslime leben als Christen?[100]

XI. Goldene Regel[101]

157. Welche Bedeutung hat im Islam im Blick auf das Zusammenleben von Muslimen und Nichtmuslimen die sogenannte „Goldene Regel" im Wortlaut eines gereimten Sprichwortes: „Was du nicht willst, das man dir tu, das füg auch keinem anderen zu" – einem Grundsatz der praktischen Ethik, der bereits im Alten und Neuen Testament sowie auch in Texten verschiedener Kulturkreise[102] aus dem 7. Jahrhundert vor Christus publiziert ist und Universalitätscharakter hat?

158. Inwiefern könnte die konsequente Befolgung der „Goldenen Regel" durch alle Religionen und Weltanschauungen – unter striktem Ausschluss religiös-missionarischer oder polit-ideologischer Zwangsbekehrungsversuche – zum tatsächlichen Frieden und zur Toleranz unter den Menschen und Völkern beitragen?

159. Inwiefern ist die Meinung (nicht) zutreffend, dass die Anwendung der im Koran inhaltlich nicht erwähnten „Goldenen Regel" in islamischen Kulturkreisen irrelevant ist für die Beziehung der Religionen untereinander im Blick

   a) auf das im Islam propagierte und allgemein vorhandene Überlegenheits- und Absolutheitsdenken gegenüber Anders- und Ungläubigen,

---

100 Vgl. Sarrazin, T., Der neue Tugendterror, S. 302, mit weiteren entsprechenden Umfrageergebnissen.
101 Vgl. dazu S. 70, 147, 215 f., 429, 477.
102 Vgl. dazu Küng, H., Der Islam, S. 780, mit dem Hinweis, dass die Goldene Regel auch in der Sunna überliefert ist (40 Hadithe von an-Nawawi Nr. 13): „Keiner von euch ist ein Gläubiger, solange er nicht seinem Bruder wünscht, was er sich selber wünscht"; von dieser Formulierung her ist diese Regel – ganz dem islamischen Selbstverständnis entsprechend – ausschließlich innerislamisch zu verstehen, was Küng offensichtlich wieder einmal ideologiebedingt geflissentlich übersieht; auch ebd., S. 778, wo er die Goldene Regel „als ersten großen **gemeinsamen** (?: hervorgehoben und Fragezeichen: U. H.) ethischen Wert der Menschheit" bezeichnet.

und mit der Forderung des Umdenkens gegenüber den islamischen Autoritäten, aber auch gegenüber radikal-dschihadistischen Strömungen unmissverständlich zum Ausdruck bringt:
a) Die zahlreichen Gewaltsuren im Koran sind als zeitbedingt zu verstehen;
b) Gewalt und Krieg sind als Mittel zur Ausbreitung des islamischen Glaubens illegitim;
c) wir setzen uns für das Existenzrecht Israels ein;
d) weltweit haben allein und ausschließlich Geltung: die internationalen Menschenrechte (1948), nicht jedoch die islamische Kairoer Menschenrechtserklärung (1990), in der ausdrücklich und unmissverständlich festgehalten wird, dass Koran und Scharia Vorrang haben vor jedem anderen Recht auf der Welt?

155. Inwiefern ist die Begründung der Friedfertigkeit des Islam mit dem stereotypen Hinweis auf die Friedfertigkeit „der allermeisten Muslime in unserem Land" zumindest auch insofern fragwürdig, als nach Ausweis der (Zeit-)Geschichte der Mehrheitswille einer durchaus friedlichen Bevölkerung eines Landes keineswegs die Garantie gibt für den Erhalt von Frieden und Freiheit in diesem Land, wenn die Ideologie der Staatsführung gegenläufig ausgerichtet ist/war zum Mehrheitswillen des Staatsvolkes?

156. Welche Bedeutung ist dem Umfrageergebnis beizumessen, dass nahezu die Hälfte der in Deutschland lebenden türkischen

---

Frage: Wie „kann man im Namen des Islam Verbrechen begehen, die nichts mit dem Islam zu tun haben, die nicht auf den Islam zurückfallen? Glauben Sie mir, die Terroristen sind keine Muslime, sagte ein junger Mann am Rande einer der Kundgebungen ... Woher will er das wissen? Beten sie nicht fünf Mal am Tag? Verneigen sie sich nicht in Richtung Mekka? Essen sie vielleicht Schweinefleisch und spülen den üblen Nachgeschmack mit einer Flasche Jack Daniels runter? Und könnte es sein, dass die Kämpfer des IS sich für die wahren Muslime halten und alle anderen, die nicht in der Lage sind, einem Ungläubigen den Kopf abzuschlagen, für Weicheier, die dasselbe Schicksal verdienen? Hat irgendjemand einen Lackmustest oder eine Urinprobe entwickelt, um wahre von unwahren Muslimen zu unterscheiden? Wenn der IS nicht islamisch ist, dann war die Inquisition nicht christlich. Dann ließ Tomás de Torquemada nur im Namen des Christentums foltern, während die wahren Christen sich schon auf den nächsten ökumenischen Kirchentag vorbereiteten."

b) die tradierten geschichtlichen Berichte über Gewalthandlungen, Kämpfe und Kriege für heute und in Zukunft keine verbindlichen Handlungsanweisungen sind,

c) die Doktrin des Dschihad im Sinne der militanten Ausbreitung des islamischen Glaubens widerrufen und in heutiger Zeit irrelevant ist?

152. Wie wird in den Koranschulen (auch in Deutschland) den muslimischen Kindern und Jugendlichen die Fülle der Aufrufe des Koran zum Kampf gegen die „Ungläubigen" erklärt, die nach islamischem Verständnis immer Gültigkeit haben und damit auch zu jeder Zeit aktiviert werden können?[98]

153. Inwieweit sind die Thesen richtig/falsch, der islamistische Terrorismus, der sich vom Koran her legitimiert weiß, sei

a) ein Missbrauch des ansonsten doch friedliebenden/friedlichen Islam[99],

b) eine nur militant-dschihadistische Interpretation des Islam?

154. Wo ist die viel zitierte „übergroße Mehrheit der friedliebenden Muslime" bei uns in Deutschland und überall in der Welt, die aufsteht

---

98 Vgl. dazu. Abdel-Samad, H., Der islamische Faschismus, S. 113-117, mit entsprechenden Auszügen aus saudischen, jemenitischen und jordanischen Schulbüchern; ebenso „Die Welt", 11.6.2014, S. 6, mit dem ausführlichen Artikel: „Islamisten unterwandern Schulen in Großbritannien". Darin finden sich verschiedene Informationen, so u. a., dass in „muslimisch dominierten Einrichtungen ... Nicht-Muslima als Prostituierte bezeichnet" werden.

99 Vgl. Mansour, Ahmad, ein palästinensischer Muslim, in: *www.spiegel.de* › DER SPIEGEL *8.9.2014*, zum Protest von muslimischen Vereinen anlässlich der IS-Terrorakte: „Die Distanzierung kommt zu spät – daran ist nun nichts mehr zu ändern –, und sie reicht in ihrer Deutlichkeit noch immer nicht aus. Die Muslime, die da ihre Distanz beteuern, haben tatsächlich nichts zu tun mit dem Grauen des Islamischen Staats. Aber ohne dass es ihnen bewusst ist, haben viele von ihnen selber jahrelang den Nährboden für Ideologien wie die der IS-Truppe geschaffen. Denn die Islamisten haben ja im Prinzip nichts Neues erfunden. Sie haben schlicht die Inhalte des gängigen Islamverständnisses überspitzt und radikalisiert. Ihre Haltung zum Umgang mit Ungläubigen, ihre Haltung zur Umma, zur religiösen Gemeinschaft der Muslime, oder zur Rolle von Mann und Frau unterscheidet sich nur graduell, nicht prinzipiell. Die Basis ist die gleiche, beide, der Imam von nebenan und der IS-Ideologe, teilen miteinander viele Worte, Ängste, Tabus, Abwehrstrategien. Es sind diese veralteten, verkrusteten Inhalte, die mit der aufgeklärten Moderne derart in Kollision geraten, dass aus der Reibung eine Truppe wie der IS entstehen kann"; ebenso Broder, H. M., Zeichen setzen reicht nicht, in: „Die Welt", 11.6.2014, mit der

und Krieg auch nur einen einzigen mahnenden Aufruf zum Frieden unter den Völkern mit ihren unterschiedlichen Religionen, der nicht als ein Frieden unter islamischen Vorzeichen und Bedingungen zu verstehen ist?

148. Welche grundlegenden ethischen Unterschiede sind erkennbar bei der Betrachtung der Lebenspraxis und des Lebensbeispiels von Jesus Christus sowie auch des Lebensweges, der Charakterzüge und der ethischen Praktiken Mohammeds hinsichtlich ihrer jeweiligen Gewaltbereitschaft bzw. ihrer Friedensgesinnung und dem daraus entspringenden Handeln?

149. In welchem Umfang können Muslime der unterschiedlichen Glaubensrichtungen die nachfolgende „polit-religiöse" Wegweisung, Kampfansage und Zielsetzung der Muslimbruderschaft von ihrer eigenen Glaubensüberzeugung her bestätigen:

„Allah ist unser Ziel, der Koran ist unsere Verfassung, der Prophet ist unser Führer, der Heilige Krieg ist unser Weg und der Tod im Namen Allahs ist unsere höchste Erfüllung"?

150. Welche Reaktionen wären zu erwarten seitens
   a) muslimischer Staaten,
   b) muslimischer Gemeinden, Organisationen und Dachverbände in Deutschland,
   c) hiesiger nichtmuslimischer Islamprotagonisten,
   d) der deutschen Staatsanwaltschaft,

wenn die große Zahl der (nach islamischem Verständnis zeitlos-übergeschichtlichen und auch heute universal gültigen) Koransuren mit ihren Aufrufen zur Gewalt gegen Christen, Juden und sonstige „Ungläubige" über die Medien wortwörtlich verbreitet würden, allerdings in puncto Adressatenschaft verändert, nämlich als Aufrufe zur Gewalt gegen Muslime?

151. Welche muslimischen Autoritäten sagen unzweideutig, dass
   a) die zu Gewalt aufrufenden 67 kriegerischen Passagen des Koran, in denen vom Kampf mit der Waffe die Rede ist, zeitbedingt sind und sich ausschließlich auf die damaligen Kriege zwischen Mekka und Medina beziehen und dabei nur auf ganz konkrete Kampfszenen zwischen den Mekkanern und Medinensern im 7. Jahrhundert,

145. Aus welchen Gründen werden bei Gesprächen und Diskussionen die zahlreichen gegen die „Ungläubigen" gerichteten und „schwarz auf weiß" im Koran nachlesbaren Gewaltsuren bei Diskussionen und in schriftlichen Erörterungen von (auch korankundigen) Muslimen und Nichtmuslimen häufig einfach verschwiegen, ausgeblendet, ignoriert oder gar geleugnet?

146. Inwieweit müssten jene Muslime, die sich selbst als friedliebend bezeichnen und die zugleich um die gegen alle Nichtmuslime gerichteten Gewaltsuren im Koran wissen, Verständnis dafür haben, dass informierte Nichtmuslime

    a) sich durch diese zeitlos gültigen Suren bedroht fühlen,
    b) Sorgen und Ängste haben im Blick auf künftige Entwicklungen,
    c) auf die Klärung der Gewaltfrage im Islam drängen,
    d) die Glaubwürdigkeit der islamischen Friedensliebe mit Recht bezweifeln?

147. Wo gibt es im Koran und in der Sunna neben den darin enthaltenen zahlreichen Aufrufen zu Gewalt und Kampf, zu Töten

---

ist das zu kompliziert. Ich blick da nicht durch. Vielleicht kann mir jemand helfen, ein wenig Klarheit herzustellen: Fallen die Anschläge vom 11. September in die Zuständigkeit des Islam oder des Islamismus? Das Aufhängen von Homosexuellen an Baukränen, das Steinigen von Ehebrecherinnen und das Abhacken von Händen und Füßen als Strafen bei Diebstahl – entspricht so etwas den Geboten des Islam oder der Praxis des Islamismus? Weisen die Anschläge von London, Madrid, Bali, Pune, Mumbai, Djerba, Ankara, Amman und Nairobi – nur um ein paar zu nennen – in die Richtung Islam oder Islamismus? Wenn die Hamas ein Dutzend vermeintliche Verräter im Hof einer Gaza-Moschee standrechtlich erschießt – geschieht das im Einklang mit den Regeln des Islam oder nach dem Gusto der Islamisten? Wenn Millionen von Muslimen in der ganzen Welt gegen ein paar Mohammed-Karikaturen demonstrieren, die sie nur vom Hörensagen kennen, und wenn bei diesen Umzügen über 100 Menschen zu Tode kommen, muss man das unter Islam oder Islamismus verbuchen? Und wenn in einer Berliner Moschee ein aus Dänemark zugeflogener Imam dazu aufruft, die zionistischen Juden bis zum Letzten zu jagen und zu töten, artikuliert sich darin die Nächstenliebe des Islam oder vielmehr der raue Sound des Islamismus?"

141. Inwieweit wurden und werden die Angriffs- und Eroberungskriege der Muslime (Dschihad) durch den Koran und jene, die Christen (Kirchen, christlich geprägte Staaten) zu verantworten hatten, durch das Neue Testament legitimiert?

142. Was ist unter den nachfolgenden, recht divergierenden Bezeichnungen zu verstehen:

a) Muslim, Kulturmuslim, Reformmuslim,
b) Traditionsmuslim, Volksmuslim,
c) liberaler, laizistischer, säkularer, orthodoxer Muslim,
d) radikal-islamischer Muslim, (radikal-)islamistischer Muslim,
e) islamischer Fundamentalist, (radikaler) Salafist,
f) (radikaler) Islamist, islamischer bzw. islamistischer Extremist,
g) islamischer bzw. islamistischer Terrorist,
h) moderater, streng gläubiger und fanatischer Islamist,

und inwiefern sind diese Unterscheidungen berechtigt, wenn sich doch alle Muslime gemeinsam auf *den einen Koran* mit seinen diversen Gewaltaufrufen und -androhungen sowie entsprechenden Handlungsanweisungen berufen?

143. Was sind die entscheidenden Unterschiede im Denken und Handeln zwischen einem muslimischen und einem christlichen „Fundamentalisten"?

144. Von welchen staatlichen oder religiösen islamischen Instanzen wird die Bezeichnung „Islamist"[97] verwendet?

---

97 Vgl. dazu *derprophet.info/inhalt/das-bild-unglaeubigen.html* mit einer Aussage von R. Erdogan, ehemaliger türkischer Ministerpräsident im Jahre 2008, derzeit türkischer Staatspräsident: „Es gibt keinen Islam und Islamismus. Es gibt nur einen Islam. Wer etwas anderes sagt, beleidigt den Islam"; ebenso Tilman Nagel, Islam oder Islamismus? Probleme einer Grenzziehung, in: Zehetmair, H. (Hg.), Der Islam, S. 19-35, mit den Hinweisen, dass von „muslimischer Seite ... die Unterscheidung von Islam und Islamismus meistens verworfen und als Hirngespinst der Okzidentalen gebrandmarkt" wird (S. 20) bzw., dass diese Unterscheidung „in Wahrheit ins Leere" geht (S. 30), bzw. „ohne Erkenntniswert" ist (S. 32); auch Broder, H. M., Zeichen setzen reicht nicht, in: „Die Welt", 23.9.2014, S. 2, mit Ausführungen zu seinen „Schwierigkeiten", zwischen Islam und Islamismus zu unterscheiden: „Ehrlich gesagt, mir

b) islamische Regierungen keinen verdeckten oder offenen islamistischen Terror finanzieren,

c) islamischen „Gotteskriegern" bei ihrer Rückkehr aus dem Dschihad die (Wieder-)Einreise unmöglich gemacht wird,

d) durch ihre Zuwanderungspolitik islamistischer Terror nicht begünstigt wird und dadurch auch die vitalen Sicherheitsinteressen ihres Landes nicht vernachlässigt werden?

139. Womit rechtfertigen Islam-Apologeten die Diskriminierungen, Verfolgungen und Ermordungen von Juden, Christen und Mitgliedern anderer Religionen sowie die Zerstörungen von Kirchen, Synagogen, Pagoden und anderen Kultstätten während der Zeit der muslimischen Eroberungen, aber auch in unserer Zeit?

140. Inwieweit sind die 67 „Kampfbefehle Allahs", die in 49 Koransuren verzeichnet sind und unter den hier nachfolgend notierten sieben Überschriften[96] subsumiert werden können, der Wurzelgrund aller intoleranten, feindseligen und kriegerischen Verhaltensweisen und Handlungen von Muslimen gegen Anders- und „Ungläubige"?

„Allahs Befehle zur Islamisierung der ganzen Welt – Die Vorherbestimmung aller Muslime zum bewaffneten Kampf für Allah (Dschihad) – Uneingeschränkte Kampfbefehle Allahs an Muhammad und die Muslime – Der Vergeltungskrieg: Wie Allah Angriffe gegen Ungläubige im Koran rechtfertigt – Wie die Kampfbefehle Allahs ausgeführt werden sollen – Belohnungen für die Ausführung der Kampfbefehle Allahs – Was Allah zögernden und kampfunwilligen Muslimen sagt."

---

sident des Verfassungsschutzes: „Deutschland ist nicht weit entfernt vom Terrorismus. Wir sind weiterhin Ziel von Anschlagsplanungen"; ebenso Röser, Johannes, Der Gott des Gemetzels in der Stadt ohne Gott, in: „Christ in der Gegenwart, 18.1.2015, S. 32: „Der Dschihad jedenfalls wird uns vermutlich noch lange begleiten. Das verlangt Sofortmaßnahmen: mit rechtsstaatlicher Radikalität die Radikalen bekämpfen und dafür die ganze Bandbreite des Gesetzes nutzen, notfalls neue Gesetze schaffen, um die schwer Terrorverdächtigen und ihre offenkundigen Sympathisanten rechtzeitig aus der offenen Gesellschaft zu ziehen, wie einst die Terroristen der Roten Armee Fraktion."

96 Falaki, Salam, Kampfbefehle Allahs im Koran, in: www.efg-hohenstaufenstr.de/.../texte/kampfbefehle_allahs_im_koran.pdf

135. Inwiefern sind die Feststellungen richtig/falsch, dass

    a) der weitaus größte Teil des internationalen Terrorismus heute von Muslimen zu verantworten ist, die sich bei ihren Untaten auf den Koran und ihren muslimischen Glauben berufen, ihr verbrecherisches Handeln also religiös begründen,

    b) im Namen des Islam ausgeübte Gewalt- und Terrorhandlungen mit dem Koran, mit der islamischen Religion oder wenigstens mit dem traditionellen Verständnis des Islam zu tun hat,

    c) Terrorismus christlicher Prägung de facto nicht existiert, obwohl weltweit wesentlich mehr Christen (etwa 2,2 Milliarden) als Muslime (etwa 1,6 Milliarden) leben?

136. Warum werden Muslime, die zu religiös motivierter Gewalt oder zur Teilnahme an entsprechenden kriegerisch-terroristischen Handlungen, d. h. zum Dschihad aufrufen oder an diesem teilnehmen, (nicht) aus der islamischen Gemeinschaft ausgeschlossen?

137. Inwiefern müssen islamische Autoritäten die von Muslimen durchgeführten Terrorakte gegen westliche Menschen und Objekte rechtfertigen und legitimieren, die von den Attentätern als „Akte der Verteidigung des Islam" bezeichnet werden?

138. Welche Maßnahmen müssen demokratische Staaten ergreifen, dass

    a) sogenannte islamische „Gotteskrieger", die in der Form des individualisierten Dschihad als Einzeltäter oder auch als Kleinstgruppen auftreten, daran gehindert werden, ihre Kampfaufträge in Form von Anschlägen vorzubereiten und durchzuführen,[95]

    Gruppen heute – ist 'Das Koran-Konzept des Krieges', ein Buch, geschrieben Mitte der 1970er-Jahre vom pakistanischen General S. K. Malik. Er argumentiert, weil Gott – Allah – selbst jedes Wort im Koran geschaffen hat, sind die Regeln des Krieges im Koran von höherem Gewicht als die Regeln, die von Sterblichen aufgestellt wurden."

95 Vgl. dazu „Die Welt", 19.6.2014, mit einer Aussage des nicht zu Übertreibung, gar zu Hysterie neigenden Innenministers Thomas de Maizière zu islamistischen Rückkehrern aus Syrien und dem Irak: „Aus einer abstrakten Gefahr ist eine konkrete tödliche Gefahr geworden in Europa – mit Deutschland-Bezug"; auch ebd. zur gleichen Problematik: Hans-Georg Maaßen, Prä-

132. Inwieweit ist die Meinung islamischer Theologen (in islamisch geprägten Staaten) religiöses und politisches Allgemeingut, dass nach Vorstellungen bei klassischen muslimischen Rechtsgelehrten des Mittelalters bis heute in der Welt so lange prinzipiell der Kriegszustand herrscht, bis alle Staaten zum „Haus des Islam" gehören, d. h. sich dem Koran untergeordnet haben bzw. der Herrschaftsordnung des Islam unterworfen bzw. endgültig „durchislamisiert" sind?

133. Inwieweit ist der Islam mit seinen verschiedenen Gruppen, Glaubensrichtungen und Denkschulen auch heute noch von seiner religiösen und gesellschaftspolitischen Zielsetzung her auf eine vollständige religiös-politische Herrschaft über die ganze Welt aus?

134. Inwieweit besteht im Islam ein Konsens über die folgende Definition des Dschihad als „ein Glaubenskrieg gegen die, die nicht an die Sendung Muhammads glauben. Er ist eine verbindliche religiöse Pflicht, die im Quran und in den Überlieferungen als göttliche Einrichtung verankert ist, die insbesondere zum Zweck der Verbreitung des Islams und dem Abwenden von Übel von den Muslimen angeraten ist"[94]?

---

94 Zitiert aus dem offensichtlich weithin anerkannten Dictionary of Islam, in: Warraq, Ibn, Warum ich kein Muslim bin, Berlin 2004, S. 34; vgl. auch Afschar, Moussa, Der Islam, S. 55 f., mit den dort quellenbelegten Informationen: „Zu den Anbetungspflichten gehört auch der sogenannte Heilige Krieg (djihad). Nach Mohammed übertrifft der Heilige Krieg alle anderen Anbetungspflichten an Bedeutung. Denn er beseitigt den Schmutz, versühnt die Sünden und erhöht den Rang der Muslime im Jenseits. Oder: Jemand, der auf dem Weg Allahs kämpft, ist wie ein Muslim, der fleißig betet und fastet. Der Heilige Krieg sei auch die höchste Opfergabe. Als Mohammed einen seiner Genossen tadelte, weil dieser unbedingt zusammen mit Mohammed in der Moschee beten wollte, anstatt sich einem Feldzug anzuschließen, sagte er zu ihm: Ich schwöre bei Allah, wenn du die ganze Welt als Almosen hergeben würdest, käme dies nicht einem eintägigen Marsch der Kämpfer gleich. Der Islam verwirft das Mönchtum. Mohammed sagt dazu: Das Mönchtum meiner Gemeinde ist der Heilige Krieg auf dem Weg Allahs"; ebenso Wolffsohn, Michael, Krankhafte Klischees, in: „Die Welt", 10.11.2014: „Keine Wortakrobatik ändert die Tatsache, dass mit Dschihad eindeutig Krieg gemeint ist"; auch Hirsi Ali, Ayaan, Ende des Appeasements, in „Die Welt", 9.1.2015, S. 2: „Es gibt im Koran zahlreiche Aufrufe zu einem gewaltsamen Dschihad. Aber der Koran steht da keineswegs allein da. In zu großen Teilen des Islam ist der Dschihad ein durch und durch modernes Konzept. Die Bibel des Dschihads im 20. Jahrhundert – und ein inspirierendes Werk für viele islamistische

lich und moralisch akzeptabel, auch angesichts der „Ausrottungsphantasien" unter Muslimen und muslimischen Regierungen im Kampf gegen die Juden?

128. Inwiefern werden die antichristlichen Feindbilder des Islam als in konkrete Handlungen umgesetzt erfahren, insbesondere z. B. in

   a) der Ungleichbehandlung (auch) der Christen,
   b) den Apostasie-Gesetzen (Gesetze gegen Glaubensabtrünnige),
   c) den psychischen und physischen Angriffen gegen Christen und in den Christenverfolgungswellen?

129. Mit welchen Koransuren oder sonstigen maßgeblichen Schriften des Islam kann die Behauptung des muslimischen Verbandsvertreters A. Mazyek belegt werden, dass der Islam „Hetzparolen oder Judenhass, Enthauptungen oder Christenverfolgungen zur Todsünde" erkläre?

130. Wie ist das nahezu vollständige Schweigen über das (im Koran artikulierte) „Feindbild Christentum im Islam" zu erklären sowohl in der islamischen als auch weithin in der nichtislamischen Welt, insbesondere bei den nichtmuslimischen (christlichen) Islam-Protagonisten?

X. Gewalt – Heiliger Krieg (Dschihad)[93]

131. Inwiefern ist es richtig/falsch, dass

   a) nach muslimischen Verständnis wahrer Frieden nur zwischen Muslimen bestehen kann,
   b) ein Land, das wie Deutschland nicht vom Islam kontrolliert bzw. nicht mehrheitlich von Muslimen bewohnt wird, von islamischen Theologen als ein „Dar al-Harb", also als ein „Haus des Krieges" bezeichnet wird?

---

93 Vgl. zu Dschihad insbesondere S. 26, 34, 50, 57 f., 66, 68, 70, 76, 81, 89, 91, 103, 106, 114, 121, 133 f., 139, 185, 219, 128 f., 232, 236, 251, 253, 270, 283, 286 f., 289, 292 f., 295, 297, 305, 329, 342, 353, 370, 394, 396, 404, 475, 479, 622, 624, 649.

a) historisch/zeitgeschichtlich haltbar,
b) von der Sache her gerechtfertigt, angesichts des weltweit insbesondere im Islam verbreiteten, für viele islamische Bewegungen identitätsstiftenden Antisemitismus[92] ehr-

---

politische Bewegungen im Nahen Osten das Auftreten, die Uniformierung und teilweise auch den Jargon von Faschismus und Nationalsozialismus"; ebenso Kelek, Nekla, Himmelsreise, Mein Streit mit den Wächtern des Islam, München 2011, S. 266, unter der Überschrift „Der Teufelspakt": „In Hitler fanden die arabischen Muslime einen aufgeschlossenen Partner. Die Hakenkreuzfahne wurde in den palästinensischen Gebieten populär und Hitler von Kairo bis Bagdad als Heilsbringer verehrt. Manche hielten ihn gar für den verborgenen 12. Imam, den „Mahdi" (Erlöser)."

92 Mit Bezug auf Sure 7,166-168 beschimpfte 2013 der damalige ägyptische Präsident Mursi, ein Muslimbruder, die Juden als Affen; vgl. dazu auch Poschardt, Ulf, Feinde der Toleranz (Kommentar), in: „Die Welt", 22.7.2014, S. 1: „Bürger und Politiker, die Solidarität mit dem bedrohten Israel bekunden, müssen damit rechnen, von muslimischen Jugendlichen angegriffen zu werden. Es ist eine Schande für Deutschland ... Teile der muslimischen Community erkennen das Gewaltmonopol des Staates nicht an und respektieren die fundamentalen Spielregeln einer pluralistischen Gesellschaft nicht ... Dazu passt, dass ein Imam ... in Berlin zum Töten der zionistischen Juden aufrief ... Die Konsequenz des Judenhasses der muslimischen Migranten ist fatal: Immer mehr Juden verlassen Frankreich ... Wenn die feinen Grenzen unseres Zivilisationsstandards überschritten werden, muss eine liberale Gesellschaft den Feinden der Toleranz mit Härte und Konsequenz begegnen. Leider ist es jetzt soweit"; ebenso ein Zitat des syrischstämmigen deutschen Muslim Bassam Tibi, in: ebd., 23.7.2014, S. 2: „Der Inhalt vieler antisemitischer Schriften in islamischen Sprachen weist offensichtliche Parallelen mit der NS-Ideologie auf. Warum empören sich die Deutschen nicht ebenso heftig über den islamischen Antisemitismus wie über den neonazistischen? Warum reden deutsche Islam-Experten, die unablässig Verständnis für die islamische Kultur predigen, nicht auch von den Gefahren des Judenhasses?"; ebenso Böhmer, Daniel-Dylan, Die Stille der Muslime (Kommentar), in: „Die Welt", 26.7.2014, S. 1: „Es geht um die Frage, ob im Zuge einer politischen Auseinandersetzung Religionen und ihre Anhänger dämonisiert werden dürfen. Dagegen kämpfen muslimische Verbandsvertreter jeden Tag lauthals, wenn es um den Islam geht. Zu Recht. Doch nun, wenn es um die Juden geht, sind sie viel zurückhaltender, fast stumm"; ebenso *www.sueddeutsche.de/.../antisemitismus-deutschlands-fuerchterliches-schwe.* „Auch das ist Deutschland: Juden, die eine Kippa tragen, werden angepöbelt. Israelis, die in Kreuzberg leben, werden von Palästinensern krankenhausreif geschlagen. Auf Demonstrationen wird Jude, Jude, feiges Schwein, komm heraus und kämpf allein skandiert. In einer Moschee ruft ein Prediger dazu auf, Juden zu töten. Synagogen werden in Brand gesetzt, und auf Schulhöfen ist das Wort Jude ein Schimpfwort."

f) die Dämonisierung der westlichen, christlich geprägten Nationen,
g) die christliche Missionsarbeit und die westliche Orientalistik,
h) die Benennung vieler Moscheen (auch in Deutschland) nach Dschihad-Eroberern?

127. Inwieweit sind die von muslimischer Seite mit der Instrumentalisierung der deutschen Geschichte verbundenen Behauptungen: „Erst waren es die Juden, jetzt sind es wir" – „Was früher das Judentum war, ist jetzt der Islam"[90] – „Die Islamophobie ist genauso wie Antisemitismus[91] und Rassismus ein Verbrechen gegen die Menschlichkeit" (Erdogan)

---

90 Vgl. dazu Hendryk M. Broder mit einer Antwort auf diesen von der SPD-Politikerin Gesine Schwan bei einer Talk-Show zitierten Satz, in: „Die Welt", 16.12.2014, S. 22: „Der Satz gehört ... zu jenen Weisheiten, die so falsch sind, dass nicht einmal das Gegenteil richtig ist ... Sieht sie wirklich Parallelen zwischen dem Judentum von früher und dem Islam von heute? Plant hier jemand die Endlösung der Moslemfrage? ... Sind die anderthalb Milliarden Moslems ... so machtlos, wie es die Juden in den Dreißigerjahren waren? Gibt es irgendwo einen jüdischen Staat, in dem Dieben die Hände abgehackt, Ehebrecherinnen gesteinigt und Homosexuelle aufgehängt werden? In dem die Konversion zum Islam oder die Konversion zum Christentum mit dem Tode bestraft wird? ... Wann hat zuletzt ein jüdisches Terrorkommando 200 Mädchen entführt, um sie auf Sklavenmärkten zu verkaufen? Oder wann hat ein solches Kommando Ungläubige enthauptet, die den Übertritt zum Judentum verweigerten? ... Das, was früher der Nationalsozialismus war, ist heute der Islamismus."

91 Vgl. dazu die Ausführungen von Schütz, Mathias, unter: *www.christundwelt.de/detail/artikel/herrn-hitlers-spaete-liebe-zum-islam/*: „In den ersten Monaten des Jahres 1945, als die Niederlage des Deutschen Reiches im Zweiten Weltkrieg offensichtlich wurde, diktierte Adolf Hitler seinem Stellvertreter Martin Bormann sein politisches Testament. Hitlers Gedanken waren eine umfassende Rechtfertigung nationalsozialistischer Politik, besonders der Vernichtung der europäischen Juden. In einem Punkt legte Hitler jedoch Selbstkritik an den Tag: Er bereute, aus Rücksicht auf die Kolonialinteressen Italiens und Frankreichs keine 'weitschauende Freundschaftpolitik mit dem Islam' durchgesetzt zu haben. Die Araber bezeichnete er als 'unsere treuen Verbündeten'. Das Reich hätte sie in den Weltkrieg einbinden können: 'Die islamische Welt bebte in Erwartung unserer Siege. Die Völker Ägyptens, des Irak und des ganzen Nahen Ostens waren bereit zum Aufstand.' Seine Beobachtung traf zu. Schon früh imitierten

durch die Geschichte hindurch tradiert wird, mit etwa folgenden Lehren Mohammeds (in den Jahren nach 622), dass z. B.

a) vor Freundschaft zwischen Muslimen und Andersgläubigen gewarnt wird (vgl. Suren 3,28; 3,118; 5,51; 5,57),

b) die Menschen, die nicht an Allah glauben, „die schlimmsten Tiere" sind (Sure 8,55),

c) alle Lehren der Christen falsch und diese von der Botschaft Gottes abgewichen sind (vgl. Sure 5,13),

d) die Christen die Wahrheit verdunkeln, sie „mit Lug und Trug" verheimlichen (vgl. Sure 3,71),

e) die Christen Lügner, Ungläubige sind, die mit Höllenstrafen bedroht werden (vgl. Sure 5,72 u. a.), „Insassen der Hölle" sind (Suren 98,6; 33,65),

f) alle, die sich gegen Allah und seinen Gesandten auflehnen, „umgebracht oder gekreuzigt oder dass ihnen wechselweise (rechts und links) Hand und Fuß abgehauen wird, oder dass sie des Landes verwiesen werden" (Sure 5,33),

g) zur Tötung der „Ungläubigen" aufgerufen wird (vgl. z. B. Suren 2,191; 4,89)?

126. Inwiefern können folgende im Islam verbreiteten antichristlichen Feindbildproduktionen (nicht) bestätigt werden, nämlich

a) die Bezeichnung der Christen als „Ungläubige", solange sie sich den islamischen Dogmen über den Propheten und den Offenbarungen des Koran verschließen,

b) die permanente Beschimpfung westlicher Staaten als „Kreuzzügler-Staaten", auch der Christen als „Kreuzzügler" bzw. als aggressive, tumbe „Kreuzritter" usw., verbunden z. B. mit dem Vorwurf, die Kreuzzüge seien eine Vorübung auf den späteren Imperialismus der westlichen Welt gewesen,

c) die Pauschalanschuldigung, dass die Verbrechen der europäischen Geschichte von den Kirchen geduldet und gefördert worden seien,

d) der Pauschalvorwurf, dass Fremdenhass und Rassismus ein typisches „europäisch-christliches Gemeinschaftssymptom" sei,

e) die Gleichsetzung von Nationalsozialismus mit Christentum,

122. Inwiefern sind die Thesen von Personen der (Kirchen-)Geschichte richtig/falsch,

  a) der Islam sei (so Johannes v. Damaskus) „keine eigenständige Religion, Muhammed kein echter Prophet und seine Offenbarungen seien ein Phantasieprodukt",[85]
  b) dass man bei Mohammed (so der byzantinische Kaiser Manuel II.) „nur Schlechtes und Inhumanes finden" kann „wie dies, dass er vorgeschrieben hat, den Glauben, den er predigte, durch das Schwert zu verbreiten",[86]
  c) der Koran sei (so Martin Luther) ein „verfluchtes, schändliches, verzweifeltes Buch voll von Lügen, Fabeln und allerlei Gräuel!"; Mohammed sei ein „triebgesteuerter Pseudoprophet", die Muslime seien „Diener des Teufels" und der Islam „eine antichristliche Gegenmacht"[87],
  d) Mohammed sei (so Voltaire) ein „skrupelloser Machtmensch" gewesen?[88]

123. Inwieweit kann sich ein in den beiden letzten Fragen skizziertes Islambild als „sich selbst erfüllende Prophezeiung" erweisen sowie bestehende Konflikte verschärfen, die Eskalation fördern und militärischen Konflikten den Boden bereiten?[89]

124. Inwieweit sind die Beschreibungen in den Nummern 121-122 nichts anderes als „Gräuelpropaganda der religiösen Gegner des Islam", oder entsprechen sie vielmehr den Schilderungen im Koran und in den Hadithen und ebenso der breiten Erfahrungswirklichkeit in heutiger Zeit?

125. Inwiefern ist die These richtig/falsch, dass das „Feindbild Christentum im Islam" bereits im Koran grundgelegt und so auch

---

85 Ebd.
86 Aus der Islamkritik des Kaisers, zitiert von Benedikt XVI. in Regensburg (2006) mit der Folge von z. T. militanten Gewaltausbrüchen von Muslimen, u. a. der Ermordung der katholischen Ordensfrau Leonella und ihres „Bodyguards" in Mogadischu; zur Polemik gegen Mohammed bzw. gegen den Islam seit dem Mittelalter vgl. Rainer Brunner, Mohammed. Wissen, was stimmt, Freiburg 2011, S. 104-109; ebenso Tellia, B./Löffler, B., Deutschland im Werte-Dilemma, S. 222-224.
87 Küng, H. Der Islam, S. 38.
88 Ebd., S. 40.
89 Vgl. ebd., S. 33.

mischen Rechts[80] definiert werden, die sich grundsätzlich an den ethischen Vorgaben aus dem 7. Jahrhundert orientieren?

120. Nach welchen islamischen Rechtsschulen ist das nicht im Koran erwähnte, nach verschiedenen Hadithen jedoch durchaus mögliche und in vielen islamischen Ländern auch heute noch praktizierte „brutale Ritual" der weiblichen und männlichen Genitalverstümmelung[81]

    a) religiöse Pflicht,
    b) vorbildhafte Prophetentradition,
    c) eine freiwillige, doch „ehrenhafte" Tat,
    d) kulturelle Tradition?

IX. Feindbildproduktionen auf beiden Seiten[82]

121. Inwieweit stimmt das von Nichtmuslimen mit den Begriffen „Militanz, Intoleranz und Rückständigkeit", auch „Übersexualisierung"[83] beschriebene „Feindbild Islam" mit der Wirklichkeit des Islam überein oder ist dieses Bild lediglich eine Chimäre?[84]

---

80 Vgl. dazu die umfassende Darstellung von Khoury, A. Th., Christen unterm Halbmond.
81 Wettig, Hannah /. Piecha, Oliver M., Der schwierige Kampf gegen ein brutales Ritual, in: „Die Welt" vom 26.02.2014, S. 8; insbesondere auch Maul, T., Sex, Djihad und Despotie, S. 81-84.
82 Die nachfolgenden drei Fragen sind formuliert nach Küng, H. Der Islam, S. 32; die wichtige, mit viel Leid verbundene Feindbildproduktion „Judentum im Christentum und im Islam" wird in diesem Kontext nicht artikuliert, dennoch sei hier verwiesen auf: Abdel-Samad, H., Der islamische Faschismus, S. 81, mit der These: „Nirgendwo ist der Antisemitismus so stark ausgeprägt wie in der arabischen Welt"; vgl. zum Antisemitismus unter Muslimen auch Sarrazin, T., Der neue Tugendterror, S. 299 f.; ebenso das Interview mit Israels stellvertretendem Außenminister Hanegbi in: „Die Welt", 12.11.2014, S. 8, mit der Feststellung: „ ... die Auswüchse von Antisemitismus, die wir unlängst in Europa gesehen haben, sind inakzeptabel ... Sie sind Resultat muslimischer Feindseligkeit in den Staaten der EU. Aus diesen Kreisen kommen die schärfsten Beispiele von Antisemitismus, einschließlich von Übergriffen auf Personen und Einrichtungen ..."
83 Vgl. dazu die themenumfassende Darstellung von Maul, T., Sex, Djihad und Despotie.
84 Küng, H., Der Islam, S. 32 f.

h) Vergewaltigung in der Ehe,
i) die Frau als Objekt der Befriedigung des Mannes,
j) Kinderprostitution,
k) sogenannte „Ehrenmorde,"[79]
l) Sklaverei,
m) häusliche Gewalt gegen Frauen und Kinder,
n) Benachteiligung der Frauen beim Erbe,
o) Genussehe, Zeitehe,
p) Züchtigungsrecht des Ehemannes,
q) Umgang mit Homosexualität,
r) die Ungleichstellung und Unterdrückung der Frauen,
s) mangelnde Geschlechtergerechtigkeit,
t) der Ausschluss von Frauen vom öffentlichen Leben in zahlreichen islamischen Gesellschaften,
u) der islamische Patriarchalismus,
v) der opportunistische, utilitaristische Moralcharakter des Islam mit seiner Doppelgesichtigkeit?

118. Wie kann seitens der heutigen islamischen Theologie mit ihren unterschiedlichen Interpretationsrichtungen die Ethik des 7. Jahrhunderts, wie sie sich in zahlreichen Koranversen und in den Handlungen Mohammeds spiegelt, in Übereinstimmung gebracht werden mit den ethischen Vorstellungen des 21. Jahrhunderts, die sich grundsätzlich an den von der UNO bereits im Jahre 1948 proklamierten universalen Menschenrechten orientieren?

119. Wie kann ein freiheitlich-demokratischer Staat verhindern, dass ethische Aspekte des Lebens und des Zusammenlebens eines Teiles seiner Bevölkerung ausschließlich im Rahmen des isla-

---

mit der Information, dass auch Jungen und Männer von Zwangsverheiratungen betroffen sind.
79 Vgl. dazu Wagner, J., Richter ohne Gesetz, S. 26, mit der Feststellung: „Nach einer Umfrage unter türkischen Studenten ... 2009 sehen bis zu 30 Prozent der Befragten in einem Ehrenmord eine legitime Reaktion auf die Verletzung der Familienehre"; ebenso Oberwittler, Dietrich/Kasselt, Julia, Ehrenmorde in Deutschland 1996-2005. Eine Untersuchung auf der Basis von Prozessakten, Köln 2011, S. 195-219, mit Kurzbeschreibungen von 78 Fällen; ebenso: Kraus, H., a. a. O., S. 315; auch „Die Welt", 25.11.2014, S. 8, mit dem Hinweis auf junge Frauen oder Mädchen in der Türkei, „die von ihren eigenen Familien umgebracht werden, weil sie beispielsweise Jeans tragen oder mit einem Mann gesprochen haben."

a) die scharia-konforme Polygamie,
b) die Verstoßung der Frau durch die bloße Willenserklärung in Form der Verstoßungsformel (talaq) des Mannes (etwa auch durch einfaches persönliches Absenden einer SMS),
c) die drakonische Strafe der Steinigung von des Ehebruchs bezichtigten Frauen,
d) erzwungene Kinderehen,
e) Verwandtenehen,
f) erzwungene sexuelle Beziehungen,
g) Zwangsverheiratungen,[78]

Ländern als Gesetzesbruch vor den Richter käme, gilt in Nuakschozz, Täbris oder Labore als normal. Kopfnüsse, Ohrfeigen, Stockschläge, Fußtritte gehören zum Erziehungsstil in Durchschnittsfamilien sowie in den Madrassas, wo die Schüler die arabischen Koransuren auswendig lernen müssen, auch wenn sie kein Wort davon verstehen. Auspeitschen, Verstümmeln, Köpfen, Hängen, unter einer einstürzenden Steinmauer Begraben – das sind in vielen Ländern traditionsgeichte Strafen für so unterschiedliche Delikte wie Fluchen, Diebstahl, Hexerei, Glaubensabfall, Homosexualität. Die Frau ist Besitz des Ehemanns und ist ihm absoluten Gehorsam schuldig. Er darf sie verprügeln, wenn ihm das Essen nicht schmeckt, wenn sie ihm widerspricht, wenn sie keinen Sex haben will, wenn es ihm darum ist, sie zu verprügeln. ... Lebt sie im Iran oder in ... Saudi-Arabien, verliebt sich in einen anderen Mann oder begeht Ehebruch, wird sie bis zur Brust eingegrabenund von den versammelten Männern mit Steinen beworfen, bis ihr Kopf eine blutige Masse und sie tot ist. Das islamische Recht kennt keine mildernde Umstände"; ebenso Maul, T., Sex, Djihad und Despotie. Zur Kritik des Phallozentrismus, Freiburg 2010; es handelt sich um eine umfassende kritische Analyse „des klassisch-schariatischen Geschlechterverhältnisses und der ihm entsprechenden Sexualpolitik im Spannungsfeld von Religion ... und Gesellschaft ..." (Klappentext); ebenso Kraus, Hartmut, Der Islam als grund- und menschenrechtswidrige Weltanschauung. Ein analytischer Leitfaden, 2. Auflage, Osnabrück 2013, insbesondere die S. 65-83.

78 Vgl. dazu www.emma.de/... /necla-kelek-jede-zweite-tuerkin-einer-zwangsehe-2653 ... auch mit dem Hinweis, dass mindestens „jede zweite Türkin, die in Deutschland einen Türken heiratet ... Opfer einer Zwangsehe" ist; ebenso Balci, Güner, Flucht aus Neukölln. Eine Braut fürchtet die Zwangsehe, in: „Die Welt", 21.10.2014, S. 24; auch Kraus, Hartmut, Islam, Islamismus, muslimische Gesellschaft. Eine kritische Bestandsaufnahme, 3. Auflage, Osnabrück 2012, S. 307 f., 315; ebenso „Die Welt", 11.8.2015. S. 5, unter der Überschrift: „In den Ferien verheiratet": „Jedes Jahr sind in Deutschland rund 3000 Mädchen bedroht ... Die Dunkelziffer ist hoch ... Etwa zehn Mal im Jahr müssen Betroffene in Neukölln wegen drohender Zwangsverheiratung aus ihren Familien herausgeholt werden"; vgl. ebd.,

Religion, von Staat und Religion gibt, die Demokratiefähigkeit dieser Religion?

114. Inwiefern ist die vom Koran angezielte „umma", die als beste menschliche Gemeinschaft unter der Leitung eines Kalifen alle Lebensbereiche (Religion, Familie, Gesellschaft, Wirtschaft, Wissenschaft, Staat) nicht nur der Muslime, sondern aller Menschen regeln will, (keinesfalls)

    a) ein die Demokratie bedrohendes, verfassungsfeindliches Ziel,

    b) ein Beleg für die Unverträglichkeit von Demokratie und Islam,

    c) eine Erklärung für nur rudimentär bzw. nicht vorhandene Demokratieformen in islamisch geprägten Ländern?

VIII. Ethische Probleme spezieller Art

115. Wie kann nach dem heutigen islamischen Verständnis die rechtliche Gleichstellung der Geschlechter erreicht werden, da die Frauen im Islam in mehrfacher Hinsicht rechtlich benachteiligt sind?

116. Inwiefern ist die These richtig/falsch, dass sowohl im Koran wie in der islamischen Rechtstradition die Frau besitzrechtlich ganz vom Mann her definiert wird und ihr „nicht einmal in Ansätzen eine autonome Selbstbestimmung ihres Lebens, ihrer Sexualität (und) ihrer Partnerschaft" (Karl-Heinz Ohlig) gewährt wird?

117. Inwieweit haben bestimmte signifikante Ausprägungen der islamischen Moral sowie der Gesellschafts- und Strafordnung mit ihren problematischen gesellschaftspolitischen Anweisungen[77] auch heute noch Geltung wie etwa

---

    Kultur oder Religion zu uns gekommen ist, die Rechte von Frauen, Schwulen oder Juden infrage stellt, relativiert oder im wahrsten Sinne des Wortes mit Füßen tritt ... Es kann gar nicht genug gegendert werden, der Feminismus setzt sich bis zu den Quoten in den Aufsichtsräten politisch korrekt durch, aber bei Zwangsheirat, Burka und Ausgehverbot werden Frauenrechte dann auf einmal relativ." Er sei irritiert, „wie blind viele sonst jederzeit empörungsbereite Linke und Linksliberale auf diesem Gebiet sind".

77 Vgl. dazu Sorg, Eugen, Die Lust am Bösen. Warum Gewalt nicht heilbar ist, München 2011, S. 138 f. mit folgender Darstellung: „Was in westlichen

111. Inwiefern ist die These richtig/falsch, dass der Islam nicht zu Deutschland gehört, vielmehr einen „reaktionären Fremdkörper" darstellt angesichts der Problematik, dass

    a) diese Religion in vielfacher Hinsicht nicht kompatibel ist mit der deutschen Kultur, dem deutschen Rechtsstaat und seiner Rechts-, Gesellschafts- und Werteordnung,[75]

    b) der Islam jahrhundertelang gegen Europa ankämpfte und keinen wesentlichen Beitrag zu dessen Entwicklung leistete,

    c) sich die in sich vielfältige europäische Kultur nur entwickeln konnte in der ständigen und letztlich erfolgreichen Abwehr islamischer Angriffe und Eroberungsversuche,

    d) ein hoher Anteil der hier lebenden Muslime in Deutschland nicht ihre Heimat sieht?

112. Inwiefern ist es in einer demokratischen Gesellschaft auch im Hinblick auf den Rechtsfrieden (nicht) vertretbar, dass in bestimmten Bereichen Rechtsverletzungen aufgrund kultureller und/oder religiöser Unterschiede sanktionslos akzeptiert werden, bzw. dass es einen kulturellen, rechtlichen, bildungsmäßigen oder religiösen „Rabatt", z. B. einen „Islam-Rabatt" bzw. einen „Kulturbonus" bzw. „Islam-Bonus"[76] gibt für Muslime, die das Strafrecht oder Menschenrechte missachten?

113. Inwiefern behindert bzw. verhindert das Selbstverständnis des Islam als eine (politische) Religion, die für das gesamte menschliche Handeln im Alltag die moralischen Anleitungen und in der es keine oder nur eine mangelnde Trennung von Politik und

---

75 Vgl. dazu Rhonheimer, M., Christentum und säkularer Staat, S. 344: „Nicht nur extreme oder fundamentalistische Versionen des Islam, ... sondern der Islam als solcher bildet seinem innersten Selbstverständnis gemäß eine radikale kulturelle und politische Alternative zur säkularen politischen Kultur des demokratischen Verfassungsstaates und zu den Gestaltungskräften der mehrtausendjährigen Geschichte, welche diesen hervorgebracht hat."

76 Vgl. die Ausführungen zu den Begriffen „Religions-Rabatt" und „ Islam-Bonus", in: „Die Tagespost", 1.4.2014, S. 1; ebenso *www.welt.de › Politik › Deutschland:* der Abgeordnete Jens Spahn (CDU): „Burka geht gar nicht. Dass Frauen sich nur komplett verhüllt im öffentlichen Raum bewegen dürfen, kann ich nicht akzeptieren." Aus einer „falsch verstandenen Liberalität" gäbe es in Deutschland „zu oft Rabatt auf unsere eigenen Werte ... Ich will kein Verständnis dafür haben müssen, dass jemand, der aus einer anderen

einen Bruchteil an Rechten, medizinischer Vorsorge und Sozialversorgung haben, obwohl sie ständig ihre Abneigung auf die westliche Lebensart und Demokratie zum Ausdruck bringen und dabei aber gleichzeitig die sozialen „Wohltaten" des von ihnen abgelehnten, gehassten und bekämpften Staates skrupellos ausnutzen?[73]

107. Inwiefern könnte unsere freiheitlich-demokratische Rechts- und Werteordnung gefährdet werden durch eine signifikante Veränderung der Bevölkerungsstruktur, die über den Weg der muslimischen Einwanderung mit dem entsprechenden Bevölkerungszuwachs durch Nachwuchs, praktizierte Polygamie und Familiennachzug erreicht werden kann?[74]

108. Welche Voraussetzungen muss jede einzelne Religions- oder Weltanschauungsgemeinschaft in einem demokratisch verfassten Staat mitbringen, um in einem guten Miteinander, zumindest aber in einem erträglichen Nebeneinander mit anderen entsprechenden Gruppierungen gleichberechtigt und ungestört leben zu können?

109. Inwiefern müssen alle freiheitsliebenden Kräfte in jeder Demokratie bereit sein, die errungenen Freiheiten und die eigenen kulturellen Wertvorstellungen zu verteidigen und dabei eindeutige und klare Grenzen zu setzen gerade auch gegenüber den radikalen Muslimen, die sich mit ihren totalitären Absichten als erbitterte Gegner der Demokratie ausweisen?

110. In welchem Umfang gab es in der muslimischen Welt in den letzten 100 Jahren ernsthafte Versuche zur Förderung der Säkularisierung, Liberalisierung und Individualisierung ihrer jeweiligen Gesellschaft?

---

73 Vgl. dazu Buschkowsky, H., Neukölln ist überall, S. 380, mit der Empfehlung: „Die Ordnungsprinzipien des täglichen Lebens gelten auch für Einwanderer. Wer mit den Gesetzen des Landes nicht leben kann oder leben will, wem das Leben zu liberal oder zu gottlos ist und wer sich nach feudalen Lebensverhältnissen sehnt, dem sei viel Erfolg bei der Suche nach einem Ort irgendwo auf der Welt gewünscht, der seinen Idealen besser entspricht."

74 Vgl. dazu Rotter, E., Mit dem Islam in die Unfreiheit, S. 429, mit dem Hinweis: „Laut dem letzten Gutachten des Bundesinnenministeriums zur Bevölkerungsentwicklung werden Muslime im Jahre 2045 in Deutschland die Mehrheit bilden."

den Kirchen und anderen gesellschaftlichen Gruppierungen in unserem Land?

103. Inwieweit schließt die Verteidigung von Demokratie, Pluralismus und Toleranz ein, dass auch Muslime ihren Glauben ungehindert praktizieren können unter der Voraussetzung, dass sie die demokratischen Grundprinzipien und „Spielregeln" (nicht nur taktisch und vorübergehend in der jetzigen Minderheitensituation) akzeptieren?

104. Wo waren/sind die sonst üblichen Proteststimmen und Demonstrationen seitens muslimischer und nichtmuslimischer Vertreter und Sympathisanten des „friedliebenden Islam" bei den

    a) mehrfachen Vernichtungsandrohungen eines ehemaligen islamischen Staatspräsidenten gegen den demokratischen Staat Israel, den er als „Krebsgeschwür" beschimpfte, der „bald von der Weltkarte verschwinden müsse",[72]

    b) verschiedensten Todesfatwas und Hinrichtungsurteilen in islamischen Ländern?

105. Mit welchen strafrechtlichen Konsequenzen muss jeder Bürger bzw. Bewohner eines Rechtsstaates rechnen, der zu Gewalt in verschiedensten Formen aufruft oder Aussagen publiziert, die den Tatbestand der Volksverhetzung oder der Beschimpfung von Bekenntnissen beinhalten?

106. Warum wohl kehren jene Muslime, die in der Regel grundsätzlich freiwillig nach Deutschland gekommen sind, nicht in ihre islamischen Herkunftsländer zurück, in denen sie allerdings nur

---

„Dieses Symbol garantiert nicht, dass der Sender unparteiisch ist"; ebenso Becker, Claudia, Ärger an St. Martin, in: „Die Welt", 11.11.2014, S. 23: „Die Telecom ... lud im vergangenen Jahr ihre Mitarbeiter in der Bonner Zentrale nicht zum Weihnachts-, sondern zum „Winterfest" ein. In Berlin-Kreuzberg findet ein „Kreuzberger Wintermarkt" statt ... Ganz in der Nähe gibt es an einem Adventssonntag einen „Naschmarkt", der mit dem Slogan „Anders Weihnachten" wirbt ..."

72 Abdel-Samad, H., Der islamische Faschismus, S. 157; vgl. auch www.n-tv.de › Politik, 26.10.2005: „Die islamische Welt wird ihren historischen Feind nicht in ihrer Mitte leben lassen." Eine neue Welle palästinensischer Anschläge werde „dieses Brandmal auslöschen." Viele der 3.000 Konferenzteilnehmer, meist konservative Studenten, riefen daraufhin 'Tod für Israel' und 'Tod für Amerika'."

100. Wie kann verhindert werden, dass „extremistischen Islamisten" in Deutschland sowie auch in anderen europäischen Staaten Asyl gewährt wird?

101. Inwiefern ist die These richtig/falsch, dass ein traditioneller (frommer, orthodoxer) Muslim durchaus ein loyaler, glaubwürdiger Bürger einer säkularen freiheitlichen Demokratie sein kann, ohne dabei auf seinen Glauben zu verzichten und den spirituellen Sinn, auch die Vielzahl der Glaubensriten preiszugeben?

102. Inwiefern führt jene islamfreundliche, gleichsam entschuldigende Aussage, der Islam lasse sich „nicht in das Schema einer Kirche pressen", zum freiwilligen kulturellen Rückzug der nichtmuslimischen Mehrheitsgesellschaft, letztlich zur undemokratischen Vorzugsbehandlung der Muslime[71] und ihrer Verbände gegenüber

---

71 Vgl. dazu Rotter, Ekkehard, Mit dem Islam in die Unfreiheit, in: Müller, M. (Hg.), Die leise Diktatur, S. 429-454, auch S. 440, mit anschaulichen Hinweisen auf falsche Rücksichtnahmen und Rückzugsmaßnahmen, die auch mit den Begriffen von der „kulturellen Selbstaufgabe" oder der „vorauseilenden Entchristlichung" umschrieben werden können, hier verkürzt wiedergegeben und ergänzt: 1. Prüfung von Ausstellungsplakaten auf „Islamverträglichkeit" – 2. Absetzung von Opern, Nichtaufführung von Theaterstücken „aus Rücksicht auf Muslime, auch wenn diese gar nicht ins Theater gehen". – 3. Die Weigerung eines Bürgermeisters in Bayern, „einen Bildstock mit einem Kreuz aufstellen zu lassen, weil es Muslime provozieren könnte". – 4. In den Alpen sollten neben Gipfelkreuzen auch „Gipfelhalbmonde" aufgestellt werden. – 5. In Schulkantinen, in Uni-Mensen usw. soll kein Schweinefleisch angeboten werden, um Muslime vom Übertreten eines ihrer Speisegebote zu bewahren; mit einem „Schweinefleischesser" darf man sich als Muslim grundsätzlich nicht an einen Tisch setzen. – 6. In Kindergärten soll das Martinsfest in „Laternenfest" umbenannt, keine Weihnachtslieder (mit Jesusbezug) mehr gesungen, keine Krippen aufgestellt werden. – 7. In Sparkassen sollen die Sparschweine entfernt werden mit der Begründung, dass sich Muslime bei deren Anblick beleidigt fühlen. – 8. In Metzgereien sollen Plastikschweine entfernt werden, weil sich Muslime von Schweinen provoziert und diffamiert fühlen, weil die Schweine-Deko blasphemisch sei. – 9. Ein Verlag lehnt die Veröffentlichung eines Romans mit problematischen Bezügen zu Mohammed ab; vgl. auch ebd., S. 442-448: „Freiwillige Vorleistungen zur Islamisierung"; weitere Beispiele: die Feier des Geburtstages von Mohammed in christlichen Kirchen; die Entfernung von Kreuzen aus Gerichtssälen; ebenso die Information, dass Vertreter einer islamischen Organisation in Norwegen 2013 protestierten, weil eine Fernsehnachrichtensprecherin eine Halskette mit einem Kreuzchen trug: „Dieses Kreuzchen beleidigt den Islam" und

c) „faschistoides Gedankengut" nicht erst mit dem Aufstieg des Islamismus Eingang in den Islam gefunden hat, sondern bereits in dessen Urgeschichte begründet ist[69],

d) der Scharia-Islamismus nach dem Althistoriker Egon Flaig „getrost als Islamofaschismus bezeichnet werden ..." kann bzw. „als der momentan gefährlichste Rechtsradikalismus der Welt",[70]

c) der globale Islam genau den gesellschaftspolitischen Gegenentwurf zu unserer freiheitlich-demokratischen Grundordnung darstellt,

d) die Islamisierung einer demokratischen Gesellschaft ein Weg ihrer Entdemokratisierung ist?

99. Worin liegt der Unterschied zwischen den Begriffen „Islam" und „politischer Islam" (Islamismus), wenn doch der Islam selbst als umfassende Glaubens-, Lebens-, Werte- und Rechtsordnung nach eigenem Verständnis alle Dimensionen des menschlichen Lebens der Muslime bestimmt, diese Religion also ein religiöses und sozio-politisches, soziales und wirtschaftliches, kulturelles und auch militärisches System darstellt?

---

teile, ein Nicht-Moslem und eine Nicht-Moslemin, Wein, Bier und der Atem eines Kamels ... Der ganze Körper eines Nichtmoslems ist unrein, auch sein Haar, seine Nägel und alle Ausscheidungen seines Körpers. Ein Kind vor der Reife ist unrein, wenn seine Eltern und Großeltern keine Moslems sind."

69 Abdel-Samad, H., Der islamische Faschismus, S. 11; vgl. auch ebd., S. 27, mit einer Beschreibung der islamischen Welt als „eine multiple Diktatur" im anschaulichen Bild einer aus mehreren Schichten bestehenden „Diktatur-Zwiebel", nämlich: Klan-Diktatur (z. B. Gaddafi, Hussein, Assad) – Militärdiktatur – Religiöse Diktatur (Bildung, Erziehung) – Soziale Diktatur (archaische Rollenvorstellungen in den Familien).

70 „Focus", 25.06.2012, S. 38; vgl. auch Schuster, Jacques, Kampf um die Seelen, in: „Die Welt", 7.10.2014, S. 3, mit der Feststellung: „Faschismus, Kommunismus und Islamismus haben Vieles miteinander gemein. So verschieden die drei Ideologien auch sein mögen, zum einen erfüllt von den besten abend- und morgenländischen Traditionen, zum anderen beseelt von einer abstoßenden Vulgarität, alle drei teilen einen gemeinsamen Gedanken. Er gipfelt in der Idee der Ausmerzung des angeblich Schädlichen und Überflüssigen zugunsten des reibungslosen Ablaufs einer Bewegung, aus der schließlich ... eine neue Art Mensch entstehen soll. Wollte man Faschismus, Kommunismus und Islamismus eine Regel verschaffen, so gipfelte sie in dem allen dreien gemeinsamen Gebot: Du sollst töten."

95. Inwieweit beurteilen die religiösen und staatlichen Instanzen in islamischen Ländern, aber auch die Vertreter der hiesigen muslimischen Verbände, dieses demokratiekompatible „Religionsprojekt Euro-Islam" als eine – aus ihrer Sicht – abzulehnende sektiererische Außenseiter- bzw. Exotenposition innerhalb des Islam?

96. Welche islamischen Verbände und Vereine in Deutschland
   a) setzen sich nachweislich für das friedliche Zusammenleben der Menschen mit unterschiedlichen Glaubens- und Lebensüberzeugungen auch in ihren islamischen Herkunftsländern ein,
   b) distanzieren sich gleichzeitig offiziell von der Scharia als Schattenjustiz[67],
   c) bekennen sich uneingeschränkt zur Rechts- und Werteordnung des deutschen Grundgesetzes – ganz grundsätzlich und nicht nur begrenzt auf die Zeit der Minderheitensituation,
   d) stehen hinter dem Projekt „Euro-Islam"?

97. Inwiefern würden/müssten die in Deutschland lebenden, von ihrem Glauben überzeugten Muslime nach den Vorgaben und dem Selbstverständnis ihrer Religion im Falle einer künftigen möglichen muslimischen Mehrheitsbevölkerung konsequenterweise versuchen, unsere heutige demokratische Grundordnung „auszuhebeln" und unseren demokratischen Staat in einen islamisch geprägten „Gottesstaat", in eine absolutistische, „allah-kratische" Gesellschaftsordnung zu verwandeln?

98. Inwiefern sind die Thesen richtig/falsch, dass
   a) der Islam eine „Herren- und Kriegerreligion" (Max Weber) ist,
   b) der Islam als Polit-Religion bzw. als Polit-Ideologie eine totalitäre Ideologie[68] ist,

---

67 Vgl. dazu Bundeskanzlerin Angelika Merkel in ihrer Bundestagsrede am 15.1.2015: „Toleranz bedeutet nicht, das die Scharia im Zweifelsfall über dem Grundgesetz steht."

68 Vgl. dazu Gopal, Jaya, Gabriels Einflüsterungen. Eine historisch-kritische Bestandsaufnahme des Islam, 2. Auflage, Freiburg 2006, S. 338, mit einem menschenverachtenden, äußerst diskriminierenden rassistischen Zitat von Ayatollah Khomeini, dem Begründer der islamistischen „Allah-Diktatur" im Iran: „Elf Dinge sind unrein: Urin, Kot, Samen, Hunde, Schweine, Leichen-

94. Wie kann der Verdacht ausgeräumt werden, dass es neben den glaubwürdigen Vertretern eines „Euro-Islam"[66] auch eine Reihe solcher Muslime gibt, die

    a) dieses demokratiekonforme „Religionsprojekt" nur so lange anstreben, wie der Islam in Europa in der Minderheitssituation, also nach eigenem Verständnis noch „schwach" ist,

    b) demokratische Spielregeln nur so lange akzeptieren und ausnutzen, wie sie der allmählichen Etablierung der islamischen Rechtsordnung nützen, so wie es in dem vom Staatspräsidenten der Türkei gern zitierten Gedicht zum Ausdruck kommt: „Die Demokratie ist nur der Zug, auf den wir aufsteigen, bis wir am Ziel sind ... "?

---

66 Vgl. dazu Tibi, Bassam, Euro-Islam. Die Lösung eines Zivilisationskonfliktes, Darmstadt 2009; der Begriff „Euro-Islam" als Brücke zwischen Islam und Europa wurde von Tibi in den 1990er-Jahren geprägt: („Entweder kommt es zu einer Europäisierung des Islam oder zu einer Islamisierung Europas"); sein „Euro-Islam", kritisch auch als „Ein-Mann-Projekt" bzw. als „Ein-Mann-Sekte" bezeichnet, sieht als Politik-Konzept folgende Akzeptanzen vor: Trennung von Religion und Politik – Bejahung der säkularen Demokratie – Einlassung auf eine europäische Leitkultur – Religionsfreiheit, individuelle Menschenrechte – Gleichwertigkeit – Toleranz – Abschied von Scharia und Dschihad; zwischenzeitlich ist dieser Projekttraum „Euro-Islam" (leider) ausgeträumt: der syrisch-stämmige Politologe und Islamwissenschaftler mit deutscher Staatsbürgerschaft Prof. B. Tibi ist offensichtlich enttäuscht und resigniert nach Amerika ausgewandert; auch Broder, H. M., Fest des Wahnsinns, in: „Die Welt", 20.12.2014, S. 2, mit Hinweisen auf bestimmte Entwicklungen: „Der Berliner ... Heinz Buschkowsky, SPD, redet seit Jahren darüber, was in seinem Stadtteil passiert ... Vor allem in den Schulen läuft der Versuch einer allmählichen Landnahme des Fundamentalismus mit dem Ziel, eine andere Gesellschaftsordnung zu schaffen als die, die wir westliche Demokratie nennen. Und wenn er aus dem Fenster seines Bürgermeister-Büros schaut, dann dominiert bei den Passantinnen ... eindeutig klassisch traditionell muslimische Kleidung, sprich: Verschleierung. Dabei sah es noch vor fünf Jahren in Neukölln deutlich anders aus." Vgl. den Hinweis auf die Forderung des Koordinationsrates der Muslime zur Abberufung des liberalen muslimischen Theologen Prof. Mouchanad Khorchide wegen „mangelnder Orthodoxie", in: „Herder Korrespondenz", Monatshefte für Gesellschaft und Religion, 68. Jahrgang, Heft 6, Juni 2014, S. 295; ebenso Tellia, B./Löffler, B., Deutschland im Werte-Dilemma, S. 143-145.

88. Inwiefern ist es (nicht) notwendig, dass von den islamischen Verbänden in Deutschland die Distanzierung von der Scharia verlangt wird, weil sie

    a) eine Paralleljustiz ist und immer auch eine Parallel- bzw. eine Gegengesellschaft hervorbringt, die ein offenkundiges Zeichen der Desintegration ist,

    b) die Integration von Muslimen in die Demokratie verhindert,

    c) das Strafmonopol des Rechtsstaates systematisch unterläuft?

89. Welche Gefahren würden für eine säkulare und offene Gesellschaft hinsichtlich z. B. der Frauen- und der Minderheitenrechte entstehen, würde die Scharia – nach muslimischer Auffassung gleichsam das Maß aller Menschenrechte – als paralleles Sonderrechtssystem eingeführt werden?

90. Inwieweit gibt es in der Rechtsprechung in unserem Land bereits Tendenzen der Entdemokratisierung durch richterliche Urteile, in denen die auf dem Koran und anderen Normsetzungen Mohammeds basierende Scharia als Parallel- und Gegenjustiz berücksichtigt wird?

91. Inwiefern muss dort, wo in Deutschland das staatliche Recht durch intraislamisch bestimmte oder selbsternannte „Friedensrichter" umgangen wird, die meist ohne juristische Ausbildung tätig sind und von der Politik und der Justiz lange Zeit ignoriert wurden, sofort ein Ermittlungsverfahren wegen Strafvereitelung eingeleitet werden?

92. Inwiefern ist die Scharia als Teil einer Religion, die sich auch als eine vom koranischen Gott Allah verordnete Gesellschaftsordnung versteht, eine der Hauptgefahren für das friedliche Zusammenleben unterschiedlicher Religionen, Weltanschauungen und Kulturen in einer demokratischen Zivilgesellschaft?

93. Wie können von der Demokratie überzeugte (Reform-)Muslime ihre freiheitlich-demokratische Einstellung mit dem Koran in Übereinstimmung bringen, ohne dabei die demokratie-inkompatiblen Aussagen des „edlen Koran" bzw. das islamische Unveränderlichkeitsdogma einfach zu ignorieren oder abzulehnen?

85. Warum ist die absolutistische Scharia, die alle, auch die alltäglichsten, unbedeutendsten Verrichtungen bis in die intimsten Lebensbereiche der Muslime hinein[64] umfasst und die sich mit ihrem Totalitätsanspruch über die demokratischen Rechts- und Werteordnungen stellt, mit dem deutschen Grundgesetz bzw. nach dem Urteil des Europäischen Gerichtshofes für Menschenrechte vom 13. 2. 2013 auch mit den fundamentalen Prinzipien der Demokratie in großen und entscheidenden Teilen (nicht) vereinbar?

86. Inwiefern ist die These richtig/falsch, dass das schleichende Vordringen der archaischen Scharia mit ihrer Parallelrechtsprechung eine Gefahr für jeden Rechtsstaat und jede demokratische Rechtskultur darstellt, auch hinsichtlich der von Muslimen intendierten Umwandlung der säkularen Demokratien in islamische Staats-, Gesellschafts- und Familienordnungen?[65]

87. Welche Islam-Verbände in Deutschland halten

   a) die Scharia-Normen wegweisend auch für die moderne demokratische Gesellschaft,

   b) an der Vision fest, dass auch unser Staat mit seinen Dekadenzerscheinungen, wie Spaßgesellschaft, Sexismus und Materialismus, einmal vom Islam „befreit" und dominiert werden soll und wird,

   c) an der „Kairoer Erklärung der Menschenrechte im Islam" (1990) fest, die im fundamentalen Widerspruch zur UN-Menschenrechtserklärung (1948) steht?

---

64 Vgl. dazu Maul, Thomas, Sex, Djihad und Despotie. Zur Kritik des Phallozentrismus, Freiburg 2010.

65 Vgl. dazu Tellia, B./Löffler, B., a. a. O. S. 93, mit der Feststellung: „Die islamische Minderheit beschränkt ihren Kampf um die Durchlöcherung der kulturellen Hegemonie nicht auf das eigene Milieu. Sie agiert ebenso in die Gesamtgesellschaft hinein, um auch ihr schrittweise ihre Werte, Regeln und Normen aufzuzwingen. Beschleunigt wird die Erosion der kulturellen Dominanz der Einheimischen dadurch, dass das islamische Hegemoniestreben mit der kulturellen Selbstverleugnung der Europäer Hand in Hand geht"; ebenso „FAZ", 22.01.2004, S. 4: „Wir appellieren an die Richter, die Gefahren falsch verstandener Toleranz nicht aus den Augen zu verlieren und weiterhin konsequent allen Aktionen entgegenzutreten, die eine fundamentalistische Parallelgesellschaft zum Ziel haben."

84. Inwiefern wäre die Einführung der nach islamischem Selbstverständnis universal und unveränderbar geltenden Scharia (=Weg, Pfad) als alleiniges und letztes Maß aller Menschenrechte[62] mit Scharia-Gerichten und sogenannten Friedensrichtern/Schlichtern

  a) vereinbar mit unserer freiheitlich-demokratischen Werte- und Rechtsordnung,[63]
  b) ein Verstoß gegen elementare Grundsätze des Grundgesetzes der Bundesrepublik Deutschland und die Verfassungsprinzipien anderer Demokratien,
  c) der Versuch, einen „Staat im Staat" zu etablieren, und deshalb auch rechtswidrig?

Problematik zutreffend veranschaulicht wird: Eigene Gesetze: Schlichtung, Wiedergutmachung, Selbstjustiz – Imame im Zwielicht – Islamische Dachverbände und Vereine – Paralleljustiz – eine Folge fehlgeschlagener Integration – Hohe Kriminalitätsraten in den Parallelgesellschaften – Die Folgen der Schlichtung für die Strafjustiz – Der Missbrauch der Strafjustiz durch die Opfer – Polizei und Streitschlichter – Anwälte an der Grenze der Strafvereitelung – Die Kapitulation der Strafjustiz – Der wehrhafte Rechtsstaat – Schlichtung bei Familienkonflikten: männerfreundlich und frauenfeindlich; auch Wolfgang Günter Lerch, Die Reform des gesetzesförmigen Islams - Möglichkeiten und Grenzen, in: Zehetmair, H. (Hg.), Der Islam, S. 293-302.

62 Vgl. dazu Broder, H. M., Normaler Wahnsinn, in: „Die Welt", 28.1.2015, S. 2: mit der ironischen Bemerkung: „Wenn Homosexuelle aufgehängt, Ehebrecherinnen gesteinigt, Dissidenten ausgepeitscht, Gotteslästerer zum Tode verurteilt und kritische Journalisten eingekerkert werden, liegen keine Verstöße gegen Menschenrechte vor, denn diese Strafen werden im Einklang mit der Scharia verkündet und vollstreckt. Und die ist die Grundlage der Menschenrechte."

63 Vgl. www.cibedo.de/tauran_gegen_scharia_in_europa.html mit der Feststellung von Kardinal Tauran, Leiter des vatikanischen Dialogrates: Die Scharia sei „nicht wirklich mit dem bürgerlichen Recht zu vereinbaren"; ebenso: Tellia, B./Löffler, B., Deutschland im Werte-Dilemma, S. 152, mit dem Aufweis von sieben zentralen Wertedifferenzen mit dem Islam: „1. Unvereinbarkeit der Scharia mit den Menschenrechten und den Verfassungsprinzipien der europäischen Länder, also etwa dem deutschen Grundgesetz; 2. fehlende oder nur mangelnde Trennung von Politik und Religion, von Staat und Religion im traditionellen Islam; 3. europäischer Individualismus versus islamischer Kollektivismus; 4. Ungleichheitsvorstellungen; fehlende Gleichberechtigung von Mann und Frau; 5. dualistisches Verständnis von Religionsfreiheit, volle Religionsfreiheit für Muslime in nichtmuslimischen Ländern, keine oder nur eingeschränkte Religionsfreiheit für nichtmuslimische Religionen in islamisch dominierten Ländern; 6. Meinungsfreiheit als Freiheit, den Islam zu propagieren, aber keine Freiheit, gegen ihn zu agieren; 7. ungeklärtes Verhältnis des Islam zur Gewalt."

universalen Menschenrechte gemäß der UN-Menschenrechtsdeklaration von 1948?

81. Wo gibt es weltweit einen Staat mit islamischer Bevölkerungsmehrheit[59], der gekennzeichnet ist durch
   a) reguläre Wahlen, frei beschließende Parlamente,
   b) Demokratie und Rechtsstaatlichkeit mit Gewaltenteilung (Legislative, Exekutive und Judikative),
   c) Pluralismus und Gleichberechtigung der Geschlechter sowie auch Gleichberechtigung für alle religiösen oder weltanschaulichen Minderheiten,
   d) Geistesfreiheit und das Recht auf freie Meinungsäußerung,
   e) gleiche Rechte und gleiche Pflichten seiner Bürger, unabhängig von deren Religion oder Weltanschauung,
   f) die Anerkennung der 1948 von den Vereinten Nationen verkündeten Menschenrechte?

82. Inwieweit ist es richtig/falsch, dass viele Muslime
   a) die Demokratie als „westliche Erfindung" kategorisch ablehnen,
   b) nur durch Lippenbekenntnisse zur Demokratie stehen,[60]
   c) den Islam mit seinem Verständnis der untrennbaren Verbundenheit von islamischer Religion und Gesellschaft als das beste Gesellschaftsmodell betrachten?

83. Inwiefern stellt die Gedankenkonstruktion (k)einen unlösbaren Widerspruch in sich dar, dass nämlich in einer Demokratie, die gekennzeichnet ist durch die Beachtung der universalen Menschenrechte, der Rechtsstaatlichkeit mit Gewaltenteilung und Gewährung der individuellen Freiheit, das antidemokratische, islamisch-orientalische Rechtssystem der Scharia[61] etabliert wird, die nach orthodox-islamischem Verständnis über jedem weltlichen Recht steht?

---

59 Vgl. dazu „Christ in der Gegenwart", 18.1.2015, S. 32: „Sämtliche funktionierenden Demokratien befinden sich – bis auf wenige Ausnahmen – in (ehemals) christlichen Kulturen."
60 Vgl. Rhonheimer, M., Antithese zum Christentum, in: „Die Tagespost", 30.9.2014, S. 9: „Nur äußere Befolgung unserer Rechtsordnung, solange man (noch) in der Minderheit ist, ist keine echte Integration."
61 Vgl. dazu Wagner, Joachim, Richter ohne Gesetz, Islamische Paralleljustiz gefährdet unseren Rechtsstaat – Wie Imame in Deutschland die Scharia anwenden, 3. Auflage, Berlin 2014, mit u. a. folgenden Themen, in denen die

75. Inwieweit können Nichtmuslime vor dem Hintergrund der Taqiyya-Problematik darauf vertrauen, dass die Beantwortung ihrer Fragen durch muslimische Gesprächs- bzw. Interview- bzw. Geschäfts- oder Dialogpartner auch wahrheitsgemäß erfolgt, d. h. ohne die mit Täuschung verbundenen Zweideutigkeiten bzw. ohne die „doppelte Sprache", nämlich eine Sprache nach innen (an die eigene islamische Gemeinde) und eine Sprache nach außen für die westliche Öffentlichkeit?

76. Inwiefern trifft die Beobachtung (nicht) zu, dass islamische Gruppierungen versuchen, den Islam für die westliche Welt geschönt zu verpacken, etwa durch (legitimierte) Fehlinformationen etwa über die Friedfertigkeit ihrer Religion oder auch sogar durch die vorgetäuschte Übernahme von Ritualen anderer Religionen?

VII. Demokratie und Scharia

77. Inwieweit müssten die zuständigen islamischen Autoritäten zahlreiche Koran-Aussagen außer Kraft setzen, die z. B. zur Gewaltanwendung aufrufen oder den absoluten Geltungsanspruch ihrer Religion betonen, um eine Übereinstimmung zwischen dem deutschen Grundgesetz und dem Islam herbeizuführen?

78. Inwieweit ist eine radikale Entpolitisierung des Islam mit der Trennung von „Moschee und Staat", von Religion und Politik bei gleichzeitig stärkerer Spiritualisierung überhaupt denkbar als notwendige Voraussetzung zur Demokratiefähigkeit dieser Religion angesichts der Untrennbarkeit von Religion und Staat nach islamischem Verständnis bzw. der islamischen Zielvorstellung von der Verschmelzung von Staat und Religion?

79. Welche Maßnahmen muss jeder demokratische Staat ergreifen, um Parallel-, Sub- und Gegengesellschaften mit islamischer Parallelrechtsprechung zu verhindern, in denen gerade auch Gewalttäter und Feinde der Demokratie Unterschlupf finden können?

80. Inwieweit stellt der Islam selbst und nicht nur der sogenannte „islamische Fundamentalismus" auch nach muslimischem Verständnis einen unüberbrückbaren Gegensatz zur Demokratie dar hinsichtlich der in islamisch regierten Staaten nicht gewährten

b) verschiedene Suren (vgl. 3,28; 6,119; 16,106; auch verschiedene Fatwas),

c) die von Mohammed vorgelebten und als beispielhaft geltenden Verhaltensweisen?

72. Inwieweit gehört die List, die Täuschung der Ungläubigen sogar bis hin zur Verleugnung der eigenen Religion, des eigenen Glaubens etwa zum eigenen Vorteil immer noch bzw. nicht mehr zur islamischen Pflicht und Geisteshaltung, insbesondere in der muslimischen Minderheitensituation?

73. Inwiefern ist es richtig/falsch, dass nach koranischer Vorgabe seitens der Muslime gegenüber „Ungläubigen" grundsätzlich kein Vertrauensverhältnis, keine Freundschaft, jedoch (in der Minderheitsituation) Freundlichkeit, scheinäußerliche Loyalität und scheinheilige Offenheit bestehen kann/darf?

74. Wie kann seitens der muslimischen Theologie, auch muslimischer Politiker und Vertragspartner, glaubhaft versichert werden, dass bei Verhandlungen und Vereinbarungen in den Bereichen von Politik, Wirtschaft, Kultur, Religion usw. Täuschung und Verschleierungstaktik zum Vorteil und Nutzen des Islam sowie auch im Eigeninteresse heute keinerlei Bedeutung mehr haben, vielmehr als unethische Haltung[58] gebrandmarkt und verurteilt werden?

---

58 Vgl. dazu Küng, H., Der Islam, S. 779, mit dem Hinweis auf einen indischen Muslimgelehrten, der erklärte, „dass die Erklärung zum Weltethos ganz in Übereinstimmung mit dem Geist des Islam steht"; Küng spricht auf S. 778-780 von „vier elementaren ethischen Verpflichtungen", die auch im Koran begründet seien: „Eine **Kultur der Gewaltlosigkeit** und der **Ehrfurcht vor dem Leben** ... Eine **Kultur der Solidarität** und **einer gerechten Wirtschaftsordnung** ... Eine **Kultur der Toleranz** und **des Lebens in Wahrhaftigkeit** ... Eine **Kultur der Gleichheit** und der **Partnerschaft von Mann und Frau** ..."; in diesem Zusammenhang stellen sich jedoch die Fragen: Wo sind diese von Küng aufgezeigten kulturellen Werte als universale, also nicht auf Muslime beschränkte Werte im Koran und vor allem auch in der heutigen islamischen Lebensrealität nachweisbar? Wird hier nicht von dem genannten muslimischen Gelehrten und so auch von Küng ein Phantom-Islam, ein Islam im „Land Utopia" gezeichnet?; zur Kritik an H. Küng durch den Islamwissenschaftler Tilman Nagel und den Theologen M. Rhonheimer; vgl. auch Rhonheimer, M., Christentum und säkularer Staat. Geschichte-Gegenwart-Zukunft, S. 397, Anm. 148, mit den bezeichnenden, auf Küngs Islam-Sicht bezogenen Stichworten: Unterschätzen, Banalisieren, Ausklammern, Hohnsprechen.

chen können, als sich dem Islam zuzuwenden, das einzige Mittel, den wahren Frieden auf dieser Welt aufzurichten und aufrechtzuerhalten"?

70. Inwiefern kann mit den Begriffen der *Gegenseitigkeit* (Reziprozität) und der *Universalität,* den zentralen und fundamentalen Aspekten des Toleranzbegriffes, das ständig proklamierte Verständnis des Islam als einer toleranten Religion, die keine Überlegenheit gegenüber anderen Religionen, Rassen und Kulturen kennt, ganz grundsätzlich in Frage gestellt werden?

VI. Betrug und Täuschung (Taqiyya)[56]

71. Inwiefern ist die These richtig/falsch, dass das im Islam praktizierte Verhalten der „Taqiyya,"[57] das zweckdienliche Lügen, Verleugnen, Verstellen, Betrügen, Verschleiern, Verheimlichen, auch das arglistige Täuschen, Heucheln usw. aus persönlichen, religiösen sowie auch aus politstrategischen Absichten und Erwägungen begründet und legitimiert ist durch

    a) das islamische Gottesbild von Allah, dem Listenreichen (vgl. Sure 3,54),

---

[56] Basierend auf dem 8. Gottesgebot (Exodus 20,16; vgl. auch Leviticus 19,11) und nach zahlreichen anderen alt- und neutestamentlichen Stellen, sind Lüge, Betrug, Täuschung usw. nach jüdischer und christlicher Lehre unethische Haltungen und Verhaltensweisen; nach Jesus ist der Teufel ein Lügner ... und der Vater der Lüge" (Johannes 8,44); vgl. zu Täuschung: insbesondere S. 26, 63, 75, 211, 233, 642, 815; zu Taqiyya: S. 131, 211, 530, 551, 553, 618.

[57] Arabisch: „Furcht", „Vorsicht", doch bei für Muslime ungünstigen Machtverhältnissen: die Kunst „der Täuschung durch Verstellung, Verleugnen, Lügen"; vgl. auch Taheri, Amir, Morden für Allah, München 1993, S. 56, mit einem Zitat des Moslemführers Nawab Safavi: „Es heißt: Du sollst nicht lügen! Dienen wir allerdings dem Willen Allahs, so gilt ein anderes Prinzip. Er lehrt uns zu lügen, auf dass wir uns in heiklen Situationen retten und unsere Feinde verwirren. Sollten wir ehrlich bleiben auf Kosten einer Niederlage und einer Gefahr für den Glauben? Wir sagen NEIN"; ebenso Spuler-Stegemann, Ursula, Muslime in Deutschland. Nebeneinander oder Miteinander?, Freiburg, Basel, Wien 1998, S. 65-68; auch Al-Masin, Abd, Der Islam auf dem Prüfstand des Evangeliums, 2. Auflage, Villach 1998, S. 100 f., mit Ausführungen zur legitimen Möglichkeit für Muslime, Schwüre zu brechen.

c) ihrem beleidigten Stolz, ihrem Unterlegenheitswissen bzw. ihrem Unterlegenheitskomplex hinsichtlich weltweiter, nicht realisierbarer Machtansprüche?

65. Inwiefern kann die Meinungsfreiheit in der Demokratie beeinträchtigt werden durch
   a) eine falsche Rücksichtnahme auf den Islam, der sich in seiner Politik über demokratische Rechtsprinzipien erhebt,
   b) die Angst, Muslime angeblich zu beleidigen,
   c) die Befürchtung, sie in ihrem Stolz zu kränken, der letztlich durch den islamischen Ausschließlichkeitsanspruch, durch Gefühle und Denkweisen der Überheblichkeit sowie in der Folge auch durch Allmachtsfantasien und Rachegedanken hervorgerufen wird,
   d) den Machtwahn nicht weniger Muslime, ihre gesellschaftlichen Vorstellungen der Mehrheitsbevölkerung aufzwingen zu wollen?

66. Inwieweit sind die gelegentlich artikulierten Unterlegenheits- und Minderwertigkeitskomplexe zu erklären mit der Rückständigkeit bzw. den z. T. katastrophalen Zuständen in weiten Teilen der islamischen Welt, insbesondere in jenen islamischen Staaten, die z. B. keine umfangreichen Öleinnahmen haben und zu den ärmsten Ländern der Welt zählen?

67. Woher nehmen sich die Muslime das Recht, für ihren Glauben überall in der Welt zu missionieren, Gleiches jedoch in Ländern mit islamischer Bevölkerungsmehrheit anderen Religionsgemeinschaften unter Androhung strenger Strafen zu bestreiten bzw. zu verbieten?

68. Was geschieht, wenn Christen in einem islamischen Land (wie etwa in Saudi-Arabien) z. B.
   a) die Bibel zeigen,
   b) ein kleines Kreuz offen tragen,
   c) einem Muslim das Christentum nahebringen möchten,
   d) eine muslimische Frau heiraten wollen?

69. Inwiefern verbirgt sich (nicht) sowohl das islamische Überlegenheitsdenken als auch die islamische Zielsetzung zur Welteroberung sowie der globale Herrschaftsanspruch des Islam hinter der anmaßenden Aussage: „Letztlich wird die Welt nichts anderes ma-

- z. T. als Sichtschutz dienende Sträucher und Bäume gepflanzt werden, die muslimische Grabfelder von den anderen trennen,
- die durch Christen (und andere „Ungläubige") verunreinigte Friedhofserde (!!) ausgetauscht wird,
- diese „unreine Erde" auf eine Bauschuttdeponie gebracht wird,
- das Grab mit „sauberer" Erde aufgefüllt wird?

64. Inwiefern entspringt das schnelle Beleidigt- und Gekränktsein vieler Muslime[55]

a) ihrer temperamentvollen z. B. arabischen oder türkischen Mentalität,
b) ihrem religiös motivierten Überlegenheitskomplex bzw. ihrem Überlegenheitsdenken und -fühlen, das allerdings dem Resultat ihres Denkens und Handelns in den vielen realen Unzulänglichkeiten des (Zusammen-)Lebens oftmals nicht entspricht,

---

http://wwwkl28.com/fat 1 r.php?search=3819, Mufti Sheikh Attiya Sakar, Datum: Mai 1997: „... Die Beerdigung darf weder in einem islamischen noch auf einem Nazarener/Christen-Friedhof stattfinden, weil die Frau eine Ungläubige ist. Die toten Muslime werden dann gequält, wenn sie in einem islamischen Friedhof begraben werden. Auch nicht im Friedhof der Ungläubigen, weil das Baby ein Muslim ist und durch ungläubige Tote gequält würde. Falls kein anderer passender Friedhof gefunden wird, dann darf ihr Bauch aufgeschlitzt werden und jeder wird dann in seinem Friedhof begraben."

55 Das Gekränkt- und Beleidigtsein ist ein Grundgefühl vieler Muslime. Der Anspruch des Islam, in allen Lebensbereichen (wie Religion, Recht, Gesellschaft, Kultur, Politik) sich als überlegen beweisen zu müssen, scheitert oft an der harten Wirklichkeit. So können Minderwertigkeitsgefühle entstehen, die dann sogar in Aggressivität umschlagen; vgl. dazu auch Sorg, Eugen, Die Lust am Bösen. Warum Gewalt nicht heilbar ist, München 2011, S. 132: „Die Kluft zwischen grandiosem Selbstentwurf und Wirklichkeit der Moderne begünstigt ein geistig-emotionales Klima, das zwischen Apathie, Beleidigtsein, Wut und Allmachtsphantasien wechselt. Man stilisiert sich zum Opfer, weist jede Verantwortung für seine Lage von sich, empfindet die Welt als feindliches Komplott. Wohl nirgendwo wuchern die Verschwörungstheorien üppiger als im arabischen Raum, wo Realitätsverachtung, Unfreiheit und Erzähltalent eine besonders fruchtbare Verbindung eingegangen sind."

63. Inwiefern ist die These berechtigt/unberechtigt, der Islam sei eine „Herrenreligion" (Max Weber) bzw. eine „rassistische" Religion, die alle Nichtmuslime in ihrem Menschsein diskriminiert, angesichts

- a) des universalen Herrschafts- und Totalitätsanspruches und der Unterwerfungsideologie des Islam,
- b) der im Islam vorherrschenden Haltung der Glorifizierung und der Selbsterhöhung, die in ihren realen Auswirkungen die Angehörigen anderer Religionen (insbesondere die Juden) als „minderwertig"[51] degradiert und ausgrenzt sowie deren jeweilige Religion als degenerierte Variante des Islam ansieht,
- c) der nicht tolerablen, im Koran verankerten Diskriminierung, dass z. B. ein Muslim seiner Tochter die Ehe mit einem „unreinen" Nichtmuslimen verbietet,[52]
- d) die Weigerung der Muslime, bei Bestattungen die hierzulande üblichen Hygienevorschriften[53] hinsichtlich Sarg- und Urnenzwang zu beachten und neben der Tuchbestattung auch noch zu fordern, dass
  - die übliche Bestattungsfrist von mindestens 48 Stunden verkürzt wird,
  - eigene muslimische Grabfelder eingerichtet werden, da es sich für religiöse Muslime verbiete, neben „Ungläubigen" zu liegen,[54]

---

51 Vgl. dazu Aslan, Ednan, islamischer Religionspädagoge, mit der Feststellung: „Solange Juden und Christen als minderwertig angesehen werden, solange wird auch die Christenverfolgung in islamischen Staaten nicht enden".

52 Vgl. dazu. Buschkowsky, H., Die andere Gesellschaft, S. 76, mit zwei Bemerkungen zur (islamischen) Doppelmoral: „Wenn ein Deutscher dagegen ist, dass seine Tochter einen Muslim heiratet, dann ist er als Rassist enttarnt. Möchte ein Muslim nicht, dass seine Tochter einen Deutschen heiratet, dann pflegt er seine kulturelle und religiöse Identität"; und ebd., S. 148: „Für den jungen Muslim sei es in Ordnung, einer Deutschen die Frage zu stellen, ob sie Sex haben möchte. Sollte aber ein Deutscher der Schwester dieses Muslims dieselbe Frage stellen, würde ihm als Minimum das Messer gezeigt."

53 Mitglieder anderer Religionsgemeinschaften, wie etwa die Hindus, respektieren hierzulande, dass sie ihre Toten nicht auf Holzscheiten öffentlich verbrennen oder in einem Fluss „beisetzen" können.

54 Vgl. dazu die Fatwa zur Beerdigung einer Christin, die ein Kind in ihrem Leib trägt, das von einem muslimischen Mann gezeugt wurde, in: Fatwa von Al-Azhar, Nr. 3819,

d) das im Islam bewusst eingesetzte Instrument des Beleidigt-Seins,
e) das völlig respektlose Verhalten insbesondere jugendlicher muslimischer Migranten z. B. der Polizei,[49] Lehrern/innen oder Frauen gegenüber,
f) die Erwartung auf einen „Islam-Rabatt", „Islam-Bonus" für muslimische Straftäter?

62. Wie ist die Meinung türkischer Muslime einzuordnen,
a) muslimische Migranten aus der Türkei hätten nach dem Zweiten Weltkrieg Deutschland wiederaufgebaut,
b) muslimische Seefahrer hätten nach Meinung „vieler Gelehrter" bereits 1178, also 314 Jahre vor Kolumbus, Amerika entdeckt?[50]

---

mische Seelsorge bei Militär und Polizei, in Altenheimen und Krankenhäusern. 2. Zulassung islamischer Beerdigungen, Friedhöfe, Grabfelder. 3. Gebetsräume in Schulen, Hochschulen, Krankenhäusern, Bahnhöfen usw. 4. Rechtsanspruch auf Moscheebau und lautsprecherverstärktem fünfmaligem Muezzinruf. 5. Uneingeschränkte Anerkennung des islamischen Schächtens. 6. Strikte Respektierung islamischer Bekleidungsvorschriften. 7. Befreiung muslimischer Schüler von der Teilnahme an: Schwimm-, Sport- und Sexualkundeunterricht, an Schullandheimaufenthalten, Klassenfahrten. 8. Besondere Beachtung der islamischen Feiertage. 9. Beteiligung islamischer Verbände in den Aufsichtsratsgremien der Medien. 10. Anerkennung des islamischen Familienrechtes; zu diesem Forderungskatalog die Frage: Können nichtmuslimische Religionsgemeinschaften in muslimisch dominierten Ländern auch nur eine dieser Forderungen für ihre Ansprüche stellen mit der Aussicht, überhaupt ernst genommen zu werden?; vgl. auch die Anmerkung zur Frage 236.

49 Vgl. dazu Frigelj, Kristian, Zielscheiben in Uniform, in: „Die Welt", 16. April 2014, S. 8, mit der Aussage einer 30-jährigen griechisch stämmigen Polizistin Tanja Kambouri, sie und ihre Kollegen würden „täglich mit straffälligen Migranten, darunter größtenteils Muslimen (Türken, Araber, Libanesen) konfrontiert, welche nicht den geringsten Respekt vor der Polizei haben. Dabei fängt die Respektlosigkeit bereits im Kindergarten an"; in diesem fast ganzseitigen Artikel ist auch die Rede von bewusstem Regelbruch, Feindseligkeit, Aggression, großem Hass auf die Polizei, von Beleidigungen, übelsten Beschimpfungen, Behinderung der Arbeit sowie von Angriffen auf die Beamten und von Bedrohung (auch ihrer Angehörigen bis hin zur Vergewaltigungsandrohung).

50 Vgl. dazu „Die Welt", 19.11.2014, S. 7, auch mit dem Vorwurf des türkischen Präsidenten Erdogan, die Kritiker seiner Aussage trauten den Muslimen nicht zu, Amerika erobert zu haben.

58. Inwiefern trifft der Vorwurf des „islamischen Religionsrassismus" (nicht) zu hinsichtlich z. B. des strengen, mit Höchststrafen bis hin zur Todesstrafe belegten Verbotes zum Betreten der „Heiligen Stadt" Mekka durch alle Nichtmuslime („haram"), für Autofahrer angekündigt auf riesigen Tafeln mit der Aufschrift: „Muslims only" („Nur für Muslime") und „Obligatory for non muslims" („Obligatorisch für Nichtmuslime")?[47]

59. Inwiefern ist die Ausgrenzung der „ungläubigen" Nichtmuslime aus Mekka und Medina (k)ein vielsagendes Symbol für die religiöse Intoleranz als korankonforme Denk- und Verhaltensweise der Muslime gegenüber Andersdenkenden bzw. Andersgläubigen?

60. Welche Vorwürfe würden Muslime wohl erheben, wenn ihnen der Zutritt etwa zum jüdischen Heiligtum der „Klagemauer" (= „Westmauer") in Jerusalem oder in die „Heilige Stadt" Rom, dem Zentrum der katholischen Weltkirche, unter Androhung schwerer Strafen verwehrt würde?

61. Inwiefern entspringen dem islamischen Überlegenheitsdenken und Führungsanspruch nicht selten auch

    a) die Haltung hochmütiger Herablassung und der Selbstgerechtigkeit,

    b) die Abwertung der „Ungläubigen", die Verachtung Andersdenkender,

    c) das fordernde und oft nicht nachvollziehbare Anspruchsverhalten so mancher Muslime, auch muslimischer Verbände, gegenüber der (deutschen) Gesellschaft[48],

---

47 Vgl. dazu Khoury, Adel Theodor, Christen unterm Halbmond, S. 113 f.; auch Noll, Chaim, Was ist „neuer Antisemitismus"?, in: Müller, Michael (Hg.), Die leise Diktatur. Das Schwinden der Freiheit, 3. Auflage, Aachen 2011, S. 229, mit der These: „Die generelle Unterteilung der Menschheit in zwei Klassen, Gläubige und Ungläubige, die der Koran vornimmt, bedeutet die Zurücknahme der biblischen Gleichheit aller Menschen vor dem Schöpfer-Gott und macht den Islam zur einzigen der weltweiten Religionen, die offen Apartheid predigt."

48 Zu den Hauptforderungen des Koordinierungsrates der Muslime in Deutschland (KRM) vgl. Tellia, B./Löffler, B., Deutschland im Werte-Dilemma, S.182-185, hier verkürzt wiedergegeben: 1. Gleichbehandlung mit anderen Religionen mit Anerkennung des Islam als Religionsgemeinschaft mit folgenden flächendeckenden Einrichtungen; Religionsunterricht, isla-

b) die Berechtigung ableiten zu können, Andersgläubigen bzw. Andersdenkenden diesen Weg mit Druck oder Gewalt jedweder Art aufzuzwingen?

55. Inwieweit entspricht bzw. widerspricht folgende Aussage eines Christen dem Geist des Evangeliums, der Mitmenschlichkeit und der Toleranz: „Ich kann jemanden lieben, ohne ihm zu erlauben, sich zum Herrn in meinem Haus aufzuschwingen"?

V. Ausgrenzung – Islamisches Überlegenheitsdenken[45]

56. Inwieweit glauben auch heute noch Muslime, dass
   a) alle Menschen als Muslime geboren werden,
   b) der Koran alles Wissen dieser Welt enthält,
   c) die Muslime das „beste Volk [sind], das die Erde je hervorgebracht hat" (Sure 3,110),
   d) die muslimische Kultur die beste aller Kulturen ist,
   e) allein die Muslime über Recht und Unrecht zu entscheiden haben?[46]

57. Inwiefern kann/darf/soll/muss jeder (gläubige) Muslim nach islamischer Lehre
   a) einem Nichtmuslim mit den Verhaltensweisen der Überlegenheit, der bewussten Herabwürdigung und Demütigung begegnen,
   b) zum Ausdruck bringen, dass der Islam allen und allem überlegen ist,
   c) dieser Religion nichts übergeordnet werden darf, vielmehr ihr alles und jedes unterzuordnen ist?

---

45 Vgl. insbesondere S. 51, 116, 147, 216, 254, 315, 336, 366, 402, 582, 606, 634, 643, 652.

46 Vgl. dazu die vom Verf. dieses Beitrages notierten „Islamischen Superlative": IMMER GANZ OBEN – Wirklich? Mohammed größer als Jesus – Der Koran allen „heiligen Büchern" anderer Religionen überlegen – Die Ausbreitung des Islam schneller als alle anderen Religionen – Muslimsein als das wahre Menschsein – Muslime die beste aller Gemeinschaften – Muslimische Kultur die beste aller Kulturen – Scharia über allen anderen Rechtssystemen – Der Islam die Lösung aller Probleme – Die Minarette höher als die Kirchtürme – Die Häuser der Muslime höher als die der Nichtmuslime – WIE ABER SIEHT DIE WIRKLICHKEIT AUS?

50. Inwieweit besteht für Muslime auch heute noch nach dem Vorbild Mohammeds und der klassischen friedlichen Verbreitung des Islam durch Migration die religiöse Pflicht zur Auswanderung etwa nach Europa, um dort den Islam zu verbreiten?

51. Aus welchen Gründen emigrierten Muslime aus armen Ländern und aus Kriegsgebieten bereits vor Jahren nicht z. B. in die reichen islamischen Bruder-Länder am Persischen Golf, in die islamischen Königreiche, Sultanate und Emirate oder auch in die vergleichsweise reiche Türkei?[44]

52. Inwiefern ist die Meinung richtig/falsch, dass das Öl in diesen reichen islamischen Ländern eine entscheidende materielle Grundlage für die Islamisierung der Welt ist?

53. Inwieweit ist auch das islamische Eherecht als ein ganz erheblicher Missionsfaktor zu verstehen, da in jedem Fall die Zugehörigkeit der Kinder zum Islam geregelt ist?

54. Warum ist die These richtig/falsch, dass es jeder Religions-, Glaubens- und Weltanschauungsgemeinschaft möglich sein muss, ihre jeweilige (Glaubens-)Überzeugung als den allein wahren und richtigen Weg des Menschen zu erklären, ohne daraus jedoch

    a) für sich einen besonderen Rechtsstatus beanspruchen oder gar

---

ich immer wieder gefragt worden, worauf ich stets geantwortet hatte, dass ich nicht die Stärke des Orients fürchtete, sondern die Schwäche des Okzidents ... Die wirkliche Bedrohung, die die Europäer ... an der Gurgel packt, ist die demographische Explosion im islamisch geprägten Nachbarraum, der dramatische Bevölkerungszuwachs, der unweigerlich massive Migration in Richtung auf das im Wohlstand schwelgende, im Hedonismus erschlaffte Abendland in Bewegung setzen dürften."

44 Vgl. dazu Broder, H. M., Nicht jedes Elend ist unsere Schuld, in: „Die Welt", 21.10.2014, S. 2: Die Arabische Liga und die OIC „veranstalten ... pompöse Konferenzen und rufen zum Widerstand gegen die um sich greifende Islamophobie in Europa auf. Umso unverständlicher ist es, dass sie den Opfern der Kriege in Syrien und im Irak eine gefährliche Flucht nach Europa zumuten, statt sich ihrer anzunehmen". Man „sollte doch überlegen, ob man die Arabische Liga und die OIC nicht eindringlich bitten sollte, sich des Problems anzunehmen, um es regional und nachhaltig zu lösen – nämlich dort, wo es generiert wurde. Wer findet, das sei nicht genug, der möge sein Häuschen in Bogenhausen oder im Grunewald einer Flüchtlingsfamilie zur Verfügung stellen. Und garantieren, dass er sich die nächsten zehn Jahre um sie kümmern wird."

nach ihrem heutigen Selbstverständnis illegitim und vor Allah sogar sündhaft sind?

48. Inwieweit ist die Hypothese wirklichkeitsnah, dass die Türkei nicht zuletzt auch deshalb Mitglied der EU werden will bzw. wollte (?), um auf diesem Weg den Islam in Europa leichter und ungehinderter verbreiten zu können?

49. Inwiefern ist die These richtig/falsch, dass die Muslime heutzutage zur Verbreitung ihres Glaubens bzw. zur quantitativen Stärkung des Islam an Stelle der früheren kriegerischen Auseinandersetzungen die „sanfte" Strategie der Einwanderung[40] z. B. in europäische Länder wählen, aber auch die Strategie der Geburtenfreudigkeit, des Familienzuzugs[41] und der Polygamie[42], wodurch die Bevölkerungsstrukturen bereits mittelfristig signifikant verändert werden?[43]

---

40 Vgl. dazu Gerl-Falkovitz, H.-B., Koranlesung, in: „Die Tagespost", 31.1. 2015, S. 11: „Die klassische friedliche Verbreitung des Islam geschieht ... durch Migration."; ebenso Tibi, Bassam, Der Islam und Deutschland. Muslime in Deutschland, Stuttgart, München, S. 347; auch Huntington, S. P., Kampf der Kulturen, S. 187; schließlich *www.faz.net/.../grossbritannien-die-islamische-republik-von-tower-hamlets-* ... 22.7.2014, über einen Stadtteil Londons: „Im Laufe der vergangenen dreißig Jahre machten die Bengalen den Stadtteil zu einer Hochburg des Islam. Laut einer offiziellen Statistik aus dem Jahr 2011 bekennen sich 35 Prozent der Bewohner zum Propheten Mohammed ... In Tower Hamlets, das mit gut 270.000 Einwohnern die Größe Wiesbadens hat, stehen heute mehr als fünfzig Moscheen. Ihren folgenreichsten Siegeszug traten die Bengalen in der Politik an. Von den 45 Stadträten, die heute den Bezirk regieren, stammen 25 aus Bangladesch. Bürgermeister Lutfur Rahman wurde im Mai wiedergewählt – erstmals direkt vom Volk."

41 Vgl. dazu der britisch-amerikanische Historiker und Publizist Bernard Lewis, Drei Phasen des islamischen Kampfes, in: „Die Welt", 20.4.2013; auch Sarrazin, T., Der neue Tugendterror, S. 304, mit der Feststellung: „Zum verbreiteten Wunschdenken rund um den Islam gehört ... die Behauptung, dass die Muslime in Deutschland als Folge ihrer kulturellen Anpassung alsbald so geburtenarm seien wie die Deutschen selber"; ebenso Klonovsky, M., Ein Glaube zum Fürchten, in: „Focus", 3.11.2014, S. 24: „Der Unternehmer Vural Öger, der bis 2009 für die SPD im EU-Parlament saß, kündigte mit Hinweis auf die unterschiedlichen Geburtenraten bei Einheimischen und muslimischen Zuwanderern an: Was Sultan Suleiman 1529 mit der Belagerung Wiens begonnen hat, werden wir über die Einwohner, mit unseren kräftigen Männern und gesunden Frauen verwirklichen."

42 Vgl. Sure 4,3; 4,12.

43 Vgl. dazu Scholl-Latour, Peter, Allahs Schatten über Atatürk. Die Türkei in der Zerreißprobe, Berlin 1999, S. 293: „Wie gefährlich ist der Islam? war

b) dort, wo sich der Islam bisher verbreitet hat, das Christentum verkümmerte oder ganz verschwand,[38]
c) nach islamischer Lehre jeder, der sich den „Boten Allahs" widersetzt, gleichsam automatisch zum Angreifer wird, wodurch jeder Eroberungskrieg zum Verteidigungskrieg deklariert werden kann,[39]
d) sich auch viele Nichtmuslime überhaupt keine Gedanken zu machen scheinen über die Frage, wie es dazu kommen konnte, dass ursprünglich christliche Länder und Regionen innerhalb weniger Jahrzehnte bzw. Jahrhunderte gewaltsam „durchislamisiert" wurden?

43. Wie sehen die grundsätzlich unterschiedlichen Wege aus bei der Ausbreitung des Glaubens:
  a) in den ersten vier Jahrhunderten des Christentums,
  b) in den ersten vier Jahrhunderten des Islam?

44. Inwieweit wurden und werden die geschichtlichen Angriffs- und Eroberungskriege der Muslime (Dschihad) durch den Koran, jene der Christen durch das Neue Testament legitimiert?

45. Inwieweit wird auch in der heutigen islamischen Lehre dem Muslim, der seinen Glauben mit Waffengewalt verbreiten möchte, nach dem Martyrium – auch durch Selbstmordattentate – das Paradies im Himmel mit den altbekannten Annehmlichkeiten versprochen?

46. Worin liegen die fundamentalen Unterschiede zwischen dem christlichen und dem islamischen Verständnis von Martyrium hinsichtlich Erlaubnis, Verbot und Verpflichtung, Motivation und Paradiesverheißung?

47. Inwiefern können weltliche und geistliche Instanzen des Islam mit seinen verschiedenen Glaubensrichtungen und Rechtsschulen zum Beweis der viel zitierten Friedfertigkeit des Islam vor dem Hintergrund der überzeitlichen Gültigkeit des Koran glaubhaft und ohne jede Einschränkung versichern, dass Gewalt und Terror, Kampf und Krieg als Mittel zur Verbreitung ihrer Religion

---

[38] Vgl. dazu Rhonheimer, M., Christentum und säkularer Staat, S. 342, mit der Feststellung: „Alle historische Erfahrung zeigt: Je stärker die Muslime zahlenmäßig sind, umso mehr prägen sie islamisches Bewusstsein und Identität aus und umso dünner wird die Luft für Andersgläubige."

[39] Vgl. ders., Antithese zum Christentum, in: „Die Tagespost", 30.9.2014, S. 9.

b) von der „(Selbst-)Verteidigung" gegenüber der Zersetzung und Unterdrückung durch die sogenannten „Ungläubigen" (in nichtmuslimischen Territorien)?

38. Warum wohl wird in oftmals selektiver und parteiischer Betrachtungsweise in historischen Darstellungen, Schulbüchern, (Dokumentar-)Filmen usw. die Verbreitung des Islam in Form der Jahrhunderte andauernden blutigen Feldzüge und Eroberungskriege „mit Feuer und Schwert" meist völlig ignoriert, z. T. auch bewundert oder beschönigt, die christliche Seite dagegen einseitig und pauschalisierend als die der barbarischen und gewalttätigen Aggressoren charakterisiert?

39. Inwiefern werden durch solche einseitigen Darstellungen die Täter allzu oft zu Opfern stilisiert und die eigentlichen Opfer als Täter stigmatisiert?

40. Womit rechtfertigen Muslime, auch nichtmuslimische Islam-Apologeten

a) die Verfolgungen und Diskriminierungen, die Massaker und Zerstörungen von Kirchen, Synagogen, Tempeln und anderen für den Kult bestimmten Gebäuden, auch das Zerstören von unersetzbaren Kulturgütern während der muslimischen Eroberungskriege im Laufe der Jahrhunderte sowie auch in unserer Zeit,

b) die Anweisung, die Mohammed auf dem Totenbett gegeben haben soll, die gesamte Arabische Halbinsel von allen Ungläubigen zu befreien?

41. Inwieweit kann die These (nicht) bestätigt werden, dass die intoleranten, feindseligen, gegen Juden, Christen und „Heiden" gerichteten Koranverse in der gesamten islamischen Geschichte allzu häufig zum Wurzelgrund für alle intoleranten und feindseligen Verhaltensweisen und Handlungen gegen Nichtmuslime wurden?

42. Inwiefern sind die Feststellungen (nicht) zutreffend, dass

a) die von Gewalt geprägte Ausbreitungsgeschichte des Islam vielfach tabuisiert oder verschleiert wird,

Glaubenskrieg[35] gegen alle, die nicht an die Sendung Mohammeds glauben, mit dem Ziel, den islamischen Glauben zu verbreiten und die Menschen und Völker weltweit dem Islam zu unterwerfen?

36. Inwiefern ist die These richtig/falsch, dass die als Islamisten bzw. Fundamentalisten/Extremisten bezeichneten Muslime, die neben dem religiösen auch den politischen, ggf. auch den gewaltsamen Anspruch des Islam betonen, die eigentlichen, die „wahren Muslime" sind, die logisch denken und konsequent handeln, indem sie die koranischen Vorstellungen und Forderungen und in der Orientierung am Leben Mohammeds sowohl zum Umgang mit „Ungläubigen" und Konvertiten wie auch zur Ausbreitung ihres islamischen Glaubens „eins zu eins" und rücksichtslos in die Tat umsetzen?[36]

37. Welche islamischen Rechtsschulen geben der gewaltsamen Ausbreitung ihrer Religion *nicht* den Anstrich einer Legitimation durch die Verwendung eines nicht nachvollziehbaren islam-ideologischen Konstrukts, das die Schuldlosigkeit der Angreifenden suggeriert und zugleich alle Mittel rechtfertigt, verbunden mit den Denkweisen und Begriffen

    a) vom „Hinein-Verteidigen" (= gewaltsames Eindringen in nichtmuslimische Territorien),[37]

---

35 Vgl. ebd., S. 333 f., mit der Aussage: „Der islamische Jihad ist ... seinem traditionellen Verständnis gemäß nicht Mission im christlichen Sinne, sondern Ausweitung der islamischen Herrschafts-, Sozial- und Rechtsordnung und damit des Hauses des Islam, wozu ... die wichtigsten Mittel Krieg und gewaltsame Eroberung waren. Darin besteht die dem Islam ...innewohnende strukturelle Intoleranz."

36 Vgl. dazu Broder, Hendryk M., in: „Die Welt", 14.7.2014, S. 2: „Wer die Ordnung und die Herrschaftsverhältnisse wiederherstellen möchte, wie sie zu Zeiten des Propheten, also im 7. Jahrhundert, waren, der sollte anständigerweise sein Ziel mit Feuer und Schwert und zu Pferde verfolgen, nicht aber mithilfe von Funktelefonen, Navigationsgeräten und Laptops von einem mobilen Kommandostand auf der Ladefläche eines Toyota-Pick-ups. Das sind alles Errungenschaften einer Zivilisation, die der Gotteskrieger verachtet. Er bedient sich der Produkte, ohne darüber nachzudenken, unter welchen Voraussetzungen sie entstanden sind – der Freiheit, zu denken und zu forschen, Fragen zu stellen und nach Antworten zu suchen, die in keiner heiligen Schrift stehen."

37 Dieser Denkweise entsprechend, diente z. B. auch die Eroberung Spaniens durch die Muslime zu nichts anderem als der „Verteidigung" des Islam; Vgl. auch S. 288, 382, 400.

IV. Ausbreitung des Glaubens[33]

30. Worin liegen die fundamentalen Unterschiede zwischen den christlichen und islamischen Wegen und Methoden zur universalen Ausbreitung des Glaubens gemäß ihrem jeweiligen Sendungsauftrag/-befehl bzw. zwischen dem christlichen und dem islamischen Universalitäts- und Absolutheitsanspruch?[34]

31. Inwieweit besteht auch im heutigen Islam weiterhin der universale Auftrag,

a) die gesamte Menschheit entweder freiwillig oder gezwungen zur Religion des Islam zu bekehren,

b) alle Nichtmuslime dem Herrschaftsanspruch des Islam zu unterwerfen,

c) die Welt im Sinne des Islam politisch und religiös ganzheitlich umzugestalten?

32. Mit welchen Mitteln und Methoden und auf welchen Wegen kann/darf/soll/muss der Glaube in der Welt verbreitet werden

a) nach den Vorgaben des Neuen Testaments im Christentum,

b) nach den Vorgaben des Koran im Islam?

33. Inwieweit hat sich die nach muslimischem Verständnis legitime Methode ggf. auch der gewaltsamen Ausbreitung des Islam in heutiger Zeit bei Muslimen grundlegend geändert?

34. Von welcher islamischen Autorität wurde – analog päpstlicher Schuldbekenntnisse – jemals ein Schuldbekenntnis wegen der unmenschlichen Methoden der Ausbreitung des islamischen Glaubens abgelegt?

35. In welchem Umfang besteht eine im Koran und in den islamischen Überlieferungen verankerte verbindliche religiöse Pflicht zum

---

33 Vgl. insbesondere S. 68, 77, 102, 104, 138, 186, 202 f., 228, 233, 283, 295, 314, 347, 369, 373, 382, 392, 399, 400 f., 403, 500, 502, 648.

34 Vgl. auch Rhonheimer, M., Christentum und säkularer Staat, S. 329, mit der Feststellung: „Mit dem Christentum teilt der Islam zwar den religiösen Absolutheits- und Universalanspruch; er unterscheidet sich jedoch vom Christentum wesentlich darin, zudem einen Totalitätsanspruch zu erheben."

g) der Islam keiner Aufklärung bedarf, weil seine Lehre alles Wissen der Welt in sich birgt?

27. Inwieweit entsprechen die säkularen Errungenschaften, die zentralen Werte und Ideale der Aufklärung und der Französischen Revolution wie Freiheit, Gleichheit und Brüderlichkeit wesentlichen Elementen des christlichen Humanismus und christlicher Prinzipien und gehen damit als „Säkularisate" in ihrem Kern auf die Botschaft des Neuen Testamentes zurück?[32]

28. Inwieweit können diese christlichen Ursprungsimpulse auch im Koran nachgewiesen werden, ohne sie allerdings dort z. B. auf islamische Religionszugehörigkeit oder auf das männliche Geschlecht begrenzen zu dürfen?

29. Inwiefern kann (nicht) behauptet werden, dass der Einfluss der Aufklärung auf das Christentum insbesondere darin bestand, dass das Christentum durch diese Geistesströmung seine eigenen biblisch grundgelegten Wurzeln, Werte und Ziele für sich wieder verstärkt bzw. neu entdeckt hat, die diese „Bewegung der Rationalität und Humanität" des 18. Jahrhunderts als ihre ureigenen ausgab, wie etwa Vernunft und Toleranz, Freiheit, Gleichheit und Brüderlichkeit?

---

32 Vgl. ebd., S. 349, ein Zitat von Jürgen Habermas, der durch seine kritische Haltung gegenüber Kirche und Christentum in diesem Aussagekontext völlig unverdächtig ist: „Das Christentum ist für das normative Selbstverständnis der Moderne nicht nur eine Vorläufergestalt oder ein Katalysator gewesen. Der egalitäre Universalismus, aus dem die Ideen von Freiheit und solidarischem Zusammenleben, von autonomer Lebensführung und Emanzipation, von individueller Gewissensmoral, Menschenrechten und Demokratie entsprungen sind, ist unmittelbar ein Erbe der jüdischen Gerechtigkeits- und der christlichen Liebesethik. In der Substanz unverändert, ist dieses Erbe immer wieder kritisch angeeignet und neu interpretiert worden. Dazu gibt es heute keine Alternative. Auch angesichts der aktuellen Herausforderungen einer postnationalen Konstellation zehren wir nach wie vor von dieser Substanz. Alles andere ist postmodernes Gerede."

III. Aufklärung im Christentum und Islam[29]

26. Inwiefern sind folgende fünf Thesen als (nicht) zutreffend zu bezeichnen, dass

a) sich die Aufklärung selbst wesentlich dem Christentum verdankt,[30] „ein Kind", eine „Neuinterpretation des Christentums" ist,

b) im Gegensatz zum Islam das Christentum bereits „die Schule der Aufklärung" durchlaufen hat,

c) die Aufklärung nicht das Ende, sondern nur eine Epoche der christlichen Geschichte ist,

d) das Christentum selbst eine „vernunftgeleitete Aufklärung" ist,

e) im Raum des Islam eine „Aufklärung" nicht bzw. nur sehr schwer möglich ist im Hinblick auf die (im Christentum und in der Aufklärung) *universal* bestimmten Prinzipien von Freiheit, Gleichheit und Brüderlichkeit,

f) „individuelle Freiheitsrechte, Gewissensfreiheit und Menschenrechte die Menschheit dem Christentum verdankt"(L. Siedentop)[31],

---

29 Vgl. insbesondere S. 26, 148, 248, 351 f., 354, 537 f.

30 Vgl. dazu. Rhonheimer, M., Christentum und säkularer Staat, S. 350, mit der Feststellung: „Wer heute noch behauptet, erst die Aufklärung und nur sie allein habe dem freiheitlich-demokratischen Rechtsstaat Pate gestanden, der zeigt, dass er immer noch überholten, von der Geschichtswissenschaft schon längst als Mythen entlarvten Geschichtsbildern einer vergangenen Epoche verhaftet und auch mit den Ergebnissen heutiger Geschichtswissenschaft wenig vertraut ist. Gerade die europäische Aufklärung verdankt sich wesentlich dem Christentum"; vgl. ebd., S. 352, mit Ausführungen zu islamischen Aufklärungen, „die es ansatzweise immer wieder gab, ..." , die „hingegen stets zum Scheitern verurteilt (waren), weil sie sich letztlich immer gegen zentrale Wesensbestände der religiösen Substanz des Islam richteten."

31 Vgl. dazu die Feststellung des amerikanischen Politikwissenschaftlers und politischen Philosophen Siedentop, Larry, im Magazin „factum", Nr. 2, 2015, S. 19: „Die meisten von uns denken bei der Idee der Menschenrechte an die Aufklärung des 17. und 18. Jahrhunderts. Die jüngere Forschung aber hat überzeugend nachgewiesen, dass die frühesten Fassungen von Menschenrechten tatsächlich im kanonischen Recht des 12. und 13. Jahrhunderts zu finden sind. Die frühen Gelehrten des kanonischen Rechts stützten sich auf zwei Dinge: das römische Recht auf der einen Seite, die Bibel und christliches moralisches Denken auf der anderen."

22. Inwiefern kann berechtigterweise die „abrahamitische Dreiheit als verbindende Einheit" von Judentum, Christentum und Islam als bloße „Fiktion und Formel" (Michael Wolffsohn) oder auch schlichtweg als ein unfruchtbares theologisches Konstrukt bezeichnet werden, das zudem noch die Theologie aller drei Religionen nivelliert?

23. Inwiefern kann nach islamischem Verständnis das Christentum ein Weg zum ewigen Heil sein, wie – umgekehrt – nach christlichem Verständnis der Islam (wie alle Religionen) als ein möglicher Heilsweg betrachtet wird?

24. Inwiefern ist das grundlegend konträre Verständnis vom „universalen Geltungsanspruch" der Muslime und dem „universalen Sendungsauftrag" der Christen mit der Feststellung richtig/falsch umschrieben,

    a) dass der Missionsauftrag Jesu darin besteht, alle Völker zur Taufe und zum christlichen Glauben zu führen, ihnen aber die politische Ordnung zu belassen,

    b) während der Islam das Ziel hat, alle Nichtmuslime auch mit Gewalt zu unterwerfen und ihnen die islamische Herrschaftsordnung aufzuzwingen, den Angehörigen der Buchreligionen allerdings ihre Religion gegen Zahlung einer Steuer zu belassen?

25. Inwiefern ist die mit drei Begründungen verbundene Forderung[28] von Rémi Brague „Schluss mit den drei Monotheismen!" berechtigt:

    a) eine Gleichsetzung von Jahwe, der Trinität (Vater, Sohn, Heiliger Geist) und Allah ist „als Wunschdenken weder historisch noch textgemäß", das Verhalten der drei Religionen „zur Gestalt Jesu" ist „höchst uneinheitlich",

    b) durch eine „Harmonie an der Oberfläche" wird „die Kraft der Unterscheidung ... verdeckt, ja zerstört ..."?

---

28 Die Begründungen dieser Forderung des Spezialisten für arabische Philosophie sind notiert in: Gerl-Falkovitz, Hannah-Barbara, Friede unter den Religionen? in: „Die Tagespost", 9.10.2014, S. 9; Rémi Brague war u. a. von 2002 bis 2012 Inhaber des Lehrstuhls für Philosophie der Religionen Europas (Guardini-Lehrstuhl) an der Ludwig-Maximilians-Universität München.

z) die islamische Vorstellung vom ewigen Leben, verbunden mit ewigen sexuellen Freuden mit 72 Jungfrauen, im eindeutigen Widerspruch zur christlichen Verheißungsbotschaft steht?

17. Inwiefern handelt es sich bei den oben aufgezeigten theologischen und ethischen Divergenzen lediglich um Meinungsunterschiede oder doch viel eher um substanzielle Differenzen, um nicht überbrückbare Gegensätze, die

a) den Islam als „absolute Antithese zum Christentum" (M. Rhonheimer) beschreiben und

b) die Begriffe „Abrahamitische Religionen", „Abrahamitische Ökumene" u. ä. als nicht tragfähig und unglaubwürdig erscheinen lassen?

18. In welchem Umfang müssten christliche Theologen die für das Christentum konstitutiven christologischen und trinitarischen Bekenntnisaussagen sowie auch bestimmte ethische Prinzipien schlichtweg ignorieren, um Juden und Muslimen im „Trialog" den Begriff „Abrahamitische Religionen" wenigstens einigermaßen „schmackhaft" machen zu können?

19. Inwiefern kann aus dem Blickwinkel des Islam das Christentum überhaupt als „monotheistisch" bezeichnet werden, da doch der Koran die Christen als „Tritheisten" der Vielgötterei bezichtigt und sie in bestimmten Suren zur Kategorie der „Ungläubigen" zählt, die von Allah am Tag des Jüngsten Gerichtes keine Vergebung erwarten können?

20. Inwiefern ist der Allah des Koran (nicht) identisch mit dem dreieinigen Gott der Christenheit

a) nach muslimischer Lehre,

b) nach christlicher Lehre?

21. Warum widersprechen auch die Aussagen Mohammeds, dass Juden und Christen vom rechten Weg Allahs abgewichen und ihre Schriften verfälscht hätten und daher die wahre Religion Abrahams wiederherzustellen sei, aus der Perspektive aller drei Weltreligionen ganz grundlegend und überdeutlich der Vorstellung von den drei „Abrahamitischen Religionen"?

durch die muslimischen eschatologischen Vorstellungen vom zu erwartenden Anbruch der islamischen Weltherrschaft, nachdem alle „Ungläubigen" und Feinde des Islam bekehrt oder ausgelöscht sein werden, auch durch die Vorstellung vom Paradies als einer totalen „Entfesselung und Befriedigung des männlichen Sexualtriebes"[27],

q) wegen des „eindeutigen" Monotheismus und der ähnlichen Speise- und Reinheitsgebote Juden und Muslime theologisch und religiös einander näher sind als den Christen, und dennoch Juden und Christen miteinander weitaus mehr Gemeinsamkeiten des Glaubens und des Handelns haben als im Hinblick auf die Muslime,

r) die männliche körperliche Beschneidung (Zirkumzision) im Judentum und im Islam im Gegensatz zum Christentum zum Bestandteil dieser beiden Religionen gehört und dabei als Zeichen der Zugehörigkeit verstanden wird,

s) die zentralen und unaufgebbaren christlichen Glaubenslehren insgesamt aus islamischer Sicht gotteslästerliche Verirrungen sind,

t) der Islam durch eine dogmatisch begründete Neuerungs- und Wissenschaftsfeindlichkeit gekennzeichnet ist,

u) das Leben und Wirken, das Reden und Verkündigen der beiden Religionsstifter Jesus Christus und Mohammed von unüberbrückbarer Gegensätzlichkeit gekennzeichnet ist,

v) Juden und Christen durch die Zehn Gebote gemeinsame Grundwerte haben, die von den Muslimen nicht geteilt werden,

w) der Islam kein Naturrecht kennt, das unterschiedslos für alle Menschen verbindlich ist,

x) im Gegensatz zum Islam die fundamentale Gleichheit und Gleichwertigkeit aller Menschen von Anfang an im Mittelpunkt der christlichen Lehre steht,

y) nach koranischer Lehre jene Menschen den Tieren gleichen, die Allah den Glauben verweigern,

---

27 Abdel-Samad, Hamed, Der islamische Faschismus. Eine Analyse, München 2014, S. 130; vielsagend ist das Faktum, dass der deutsch-ägyptische Politologe und Publizist Abdel-Samad wegen seiner islamkritischen Aussagen mit dem Tod bedroht wird.

k) Muslimen die christliche Vorstellung von der Gottesmutterschaft Mariens undenkbar und absolut lächerlich erscheint,

l) die Muslime Mohammed als den Propheten Allahs verehren, nach christlicher Lehre jedoch die Offenbarung mit dem Tod des letzten Apostels abgeschlossen und nicht mehr von einem neuen Propheten weitergeführt, somit der islamische Religionsstifter nicht als Prophet anerkannt werden kann[26],

m) der Koran dem Menschen nur eine eingeschränkte Freiheit und Autonomie des Willens und des eigenständigen Handelns zugesteht,

n) der Weg zur Erlösung von den Muslimen gesucht wird durch den mechanischen Ritenvollzug und die Zugehörigkeit zu einem religiös-politisch-rechtlich verfassten Kollektiv, von den Christen jedoch durch den persönlichen Glauben an Jesus Christus,

o) bei den Muslimen die Annahme oder Nicht-Annahme des ausdrücklichen islamischen Glaubens über das ewige Heil des Menschen entscheidet, während nach christlicher Lehre auch für den nach seinem Gewissen lebenden Menschen außerhalb des Christentums der Weg zum Heil offen ist,

p) die christlichen und muslimischen Erwartungen vom Leben in der Heilsvollendung Gottes grundverschieden sind,

---

26 Vgl. dazu Ebertz, Magdalena, mit der Fragestellung: Kann Mohammed auch ein Prophet für Christen sein?, in: „Christ in der Gegenwart", 14.9.2014, S. 413 f.; dazu die Gegenfrage: Wie kann ein Christ diese Frage überhaupt ernsthaft stellen? Bei diesem Artikel gewinnt man den Eindruck, die Biographie Mohammeds sei völlig unbekannt. Hat dieser nicht zahlreiche Kriege geführt, ursprünglich christliche Regionen unterworfen und islamisiert, jüdische Stämme aus Medina vertrieben und ihr Vermögen an sich gerissen, Frauen als Kriegsbeute in seinen Harem aufgenommen u. a. m.? Hat er nicht zentrale Inhalte des christlichen Glaubens geleugnet und bekämpft? Hat er nicht Juden und Christen als gottlos und als Lügner bezeichnet, sie (bestenfalls) zu Menschen zweiter Klasse deklassiert? Gibt es so nicht die Fülle unüberbrückbarer theologischer und ethischer Divergenzen zwischen Bibel und Koran, zwischen Christentum und Islam? Wird bei der Diskussion dieser Frage nicht auch die kirchliche Lehrmeinung völlig ignoriert, dass nämlich die Heilssendung der alttestamentlichen Propheten mit Jesus Christus abgeschlossen und in ihm vollkommen erfüllt ist?

16. Wie kann die Religion des Christentums und jene des Islam zu einer Art Gemeinschaft der sogenannten „Abrahamitischen Religionen" zählen, wenn doch

   a) der Koran vom Islam zum alleingültigen Maßstab der geoffenbarten göttlichen Wahrheit gemacht wurde und damit alles, was nicht mit dem Koran übereinstimmt, Lüge und Fälschung ist,
   b) nach Ausweis des Neuen Testamentes der Vater Jesu Christi ein völlig anderer ist als der Allah Mohammeds,
   c) die Vorstellung von der Gottesebenbildlichkeit des Menschen für den Islam völlig unannehmbar ist,
   d) die Christen nach der Lehre Jesu – im scharfen Gegensatz zu den Muslimen – Gott als ihren gemeinsamen Vater bekennen,
   e) zum Glaubensbekenntnis der Christen die zentrale Botschaft von der Menschwerdung des Gottessohnes zählt, der Islam jedoch ausdrücklich lehrt, Gott habe keinen Sohn,
   f) zum christlichen Glaubensbekenntnis gleicherweise zentral der Erlösertod Christi am Kreuz zählt, die Muslime jedoch den Kreuzestod Jesu kategorisch leugnen, das Zeichen des Kreuzes bekämpfen und die gesamte christliche Erlösungslehre radikal ablehnen,
   g) nach dem Koran alle, die Christus als den Messias Gottes, als Gottessohn bekennen, Ungläubige sind, die unvergebbare Sünde der Blasphemie begehen und dadurch für die Hölle bestimmt sind und nur diejenigen ins Paradies gelangen, die an den Koran und an Mohammed als Wahrheit glauben,
   h) nach islamischem Verständnis das Alte und Neue Testament verfälscht und so nicht verlässlich sind, wobei Paulus eine Schlüsselfigur für diese Verfälschungen sei,
   i) die Dreieinigkeit nach den Vorstellungen des Koran aus Gott, Maria und Jesus besteht,
   j) in der verfälschenden Darstellung des Koran Maria von den Christen angeblich als Göttin verehrt, der Heilige Geist mit dem Engel Gabriel gleichgesetzt und der Apostel Paulus als Begründer des Christentums bezeichnet wird,

fälscht, Tempel auf Prophetengräbern gebaut hätten und schriftwidrig den Propheten Ezra als Gottessohn anbeteten,

n) im zeitlich und örtlich uneingeschränkt geltenden Koran die Muslime expressis verbis zur Gegnerschaft und Feindschaft auch mit Juden und Christen aufgerufen werden,

o) zwischen Islam und Christentum fundamentale Unterschiede im Gottes- und Menschenbild vorliegen, die in der Gegenüberstellung von Koran und Evangelium überaus deutlich werden, auch im Vergleich der Lebenspraxis von Jesus Christus und Mohammed, und so der Islam „die absolute Antithese zum Christentum" ist (M. Rhonheimer),

p) die Heiligenverehrung in der katholischen und orthodoxen Christenheit sowie die christlichen Sakralbilder vom Judentum und vom Islam gleicherweise als ein eindeutiger Verstoß gegen das Bilderverbot betrachtet werden,

q) der islamische „Heilige Krieg" (Dschihad) – legitimiert zur Ausbreitung des Glaubens auch mit Gewalt – dem abrahamitischen, auch dem jüdischen und ebenso dem biblischneutestamentlichen Geist widerspricht und die religiös legitimierten Methoden der Glaubensverbreitung im Christentum und im Islam voneinander grundverschieden sind,

r) entscheidende Unterschiede vorliegen zwischen jüdischchristlichem Dialog und christlich-islamischem Dialog im Blick auf die jeweilige Gemeinsamkeit des Glaubens und des Handelns,

s) nach islamischer Vorstellung alle Nichtmuslime eigentlich „Abtrünnige" sind, da Allah die Menschen als Muslime geschaffen habe,

t) christlicher Universalismus mit seinem auf alle Menschen bezogenen Verständnis von Nächstenliebe, Solidarität, Toleranz und Gleichberechtigung dem exklusiv orientierten Universalismus-Verständnis des Islam zutiefst widerspricht,

u) die Bibel ein Buch der Heilsgeschichte, ein „Geschichtsbuch" ist, während der Koran ein Gesetzesbuch ist, in dem das Leben der Muslime, aber auch das der Nichtmuslime bis in die intimsten Details hinein geregelt wird?

i) in grundlegenden ethischen Fragen, insbesondere etwa hinsichtlich des Verhältnisses von *Mann und Frau* sowie hinsichtlich des menschlichen Zusammenlebens *unterschiedlicher Ethnien und Religionen,* ebenso im Blick auf *Wahrheit und Wahrhaftigkeit (Taqiyya)* zwischen dem Judentum und dem Christentum einerseits und dem Islam andererseits vielfach recht unterschiedliche Prinzipien, zahlreiche Unstimmigkeiten, z. T. auch eklatante Widersprüche und unüberbrückbare Gegensätze vorliegen, gerade auch in der Frage nach der Berechtigung nichtreligiöser Norm- und Wertbegründungen,

j) die islamische Dualität der ethischen Zweigleisigkeit,[25] des Utilitarismus und des Opportunismus, nach denen „der Zweck die Mittel heiligt" bzw. die Zweckmäßigkeit über der Grundsatztreue steht (z. B. Minderheitensituation, Taqiyya), a-christliches Denken ist,

k) die von Jesus geforderte Feindesliebe dem Koran vollkommen fremd ist,

l) der Koran die Christen z. T. als „Ungläubige" sowie als „verstandeslos" und als „gottverfluchte Leute" brandmarkt, als die schlechtesten aller Geschöpfe (Sure 98,6), als Feinde Allahs und seines Propheten (Sure 2,98), die wie das Vieh sind und noch schlimmer (Sure 8,22-23), die versuchen, die Muslime von ihrem Glauben abzubringen (Sure 4,89), mit denen Muslime keine Freundschaft pflegen dürfen (vgl. Sure 5,51; 3,118; 60,13), für die man nicht beten oder an ihrem Grab stehen darf (Sure 9,84),

m) vom Koran die Juden als Feinde der Muslime betrachtet werden, welche die Propheten umgebracht, die Bibel ver-

---

25 Vgl. dazu „Die Tagespost", 18.12.2014, S. 12, mit einem Leserbrief von H. H. Y. Law, der vier Jahre in Saudi-Arabien gearbeitet hat: „Auffallend war die Doppelmoral, die auf keinen Fall ein Monopol Saudi-Arabiens oder des Mittleren Ostens oder dieser bestimmten Gesellschaft ist, die aber dort ohne Wimpernzucken im Alltag ... praktiziert wurde. Ich fragte mich oft, ob sie in ihrem Innern diese Widersprüche nicht verspüren. Mit der Zeit erkannte ich, dass sie einer Logik folgen, die mit unserer Logik, welche zurück zu jüdischen, römischen und christlichen Traditionen führt, nichts gemein hat. Die Folge war, eine ernsthafte Diskussion über Glaube und Werte ... war kaum möglich."

t) „Wer bekennt, dass Jesus der Sohn Gottes ist, in dem bleibt Gott, und er bleibt in Gott" (ebd., 4,15).

15. Warum ist die These richtig/falsch, dass die Rede von den „drei Abrahamitischen Religionen" weder dem Christentum noch dem Judentum, auch nicht dem Islam gerecht wird angesichts der Tatsache, dass

a) für Christen und Juden der von Mohammed überbrachte Koran keineswegs als eine göttliche Botschaft verstanden werden kann, und der Wahrheitsanspruch des Islam dem Judentum und Christentum rundheraus widerspricht,

b) die „Abrahams-Geschichte" keine wirklich verbindende und tragfähige Brücke darstellt zwischen diesen drei Religionen aufgrund der deutlich divergierenden Interpretationen der Abrahams-Gestalt im Alten und im Neuen Testament sowie im Koran,

c) der gemeinsame Glaube von Juden und Christen, dass Gott mit seinem Volk einen Bund geschlossen hat, im Islam fehlt,

d) im Koran bestimmte Prophetengestalten fehlen, die für das Judentum und Christentum besonders wichtig sind, wie Jesaja, Jeremia und Ezechiel,

e) nach christlichem Verständnis engste Beziehungen zwischen Alten und Neuen Testament bestehen, vom Islam jedoch beide Testamente diskreditiert werden[24],

f) für den christlichen Glauben die letztgültige Offenbarung Gottes Jesus Christus als Person ist, für den Muslim dagegen der (arabische) Koran,

g) im Christentum die prophetische Offenbarung in Jesus Christus ihren Höhepunkt findet, während nach islamischem Verständnis Mohammed „das Siegel der Propheten" ist,

h) zentrale christliche Glaubensaussagen (der Heilige Geist als dritte göttliche Person, Trinität) vom Judentum „naturgemäß" abgelehnt werden, gleichfalls vom Islam, von diesem jedoch noch verbunden mit einer abwertenden und verfälschenden Darstellung,

---

24 Vgl.Brague, R., Europa – seine Kultur, seine Barbarei, S. 68 ff.

f) „Denn wie der Vater die Toten auferweckt und lebendig macht, so macht auch der Sohn lebendig, wen er will" (ebd., 5,21).
g) „Denn wie der Vater das Leben in sich hat, so hat er auch dem Sohn gegeben, das Leben in sich zu haben" (ebd., 5,26).
h) „... damit alle den Sohn ehren, wie sie den Vater ehren. Wer den Sohn nicht ehrt, ehrt auch den Vater nicht, der ihn gesandt hat" (ebd., 5,23).
i) „Denn es ist der Wille meines Vaters, dass alle, die den Sohn sehen und an ihn glauben, das ewige Leben haben..." (ebd., 6,40).
j) „Ehe Abraham ward, bin ich" (ebd., 8,58).
k) „Ich und der Vater sind eins" (ebd., 10,30).
l) „Wer an mich glaubt, glaubt nicht an mich, sondern an den, der mich gesandt hat, und wer mich sieht, sieht den, der mich gesandt hat" (ebd., 12,44).
m) „Wenn ihr mich erkannt habt, werdet ihr auch meinen Vater kennen. Jetzt kennt ihr ihn und habt ihn gesehen" (ebd., 14,7).
n) „Ich bin der Weg und die Wahrheit und das Leben; niemand kommt zum Vater außer durch mich" (ebd., 14,6).
o) „Wer mich gesehen hat, hat den Vater gesehen" (ebd., 14,9).
p) „Glaubt mir, dass ich im Vater bin und der Vater in mir ist" (ebd., 14,10).
q) „Alles, was der Vater hat, ist mein" (ebd., 16,15).
r) „... traut nicht jedem Geist, sondern prüft die Geister, ob sie aus Gott sind; denn viele falsche Propheten sind in die Welt hinausgezogen. Daran erkennt ihr den Geist Gottes: Jeder Geist, der bekennt, Jesus Christus ist im Fleisch gekommen, ist aus Gott. Und jeder Geist, der Jesus nicht bekennt, ist nicht aus Gott" (1 Johannes 3,1-3).
s) „Wer ist der Lügner – wenn nicht der, der leugnet, dass Jesus der Christus ist? Das ist der Antichrist: wer den Vater und den Sohn leugnet. Wer leugnet, dass Jesus der Sohn ist, hat auch den Vater nicht; wer bekennt, dass er der Sohn ist, hat auch den Vater" (ebd., 4,22 f.).

von dieser Welt" (Johannes.18,36), und: „Gebt dem Kaiser, was dem Kaiser gehört" (Matthäus 22,21),

y) die im Islam fehlende Unterscheidung von geistlicher und weltlicher Gewalt durch die untrennbare Verknüpfung von Religion und Politik,

z) die islamische Heroisierung des Todes und das keineswegs übereinstimmende, sogar grundverschiedene Verständnis von Martyrium im Christentum und im Islam[23]?

14. Inwiefern scheitert die Vorstellung von den „Abrahamitischen Religionen" allein schon durch den Glauben der Christen an Jesus Christus, den Retter und Erlöser der Welt, durch den Glauben an die Göttlichkeit Jesu Christi als den vom Vater geoffenbarten Gottessohn (vgl. Matthäus 17,1-9), als „Urheber und Vollender unsers Glaubens" (Hebräer 12,2), als „Gott von Gott, Licht vom Licht, wahrer Gott vom wahren Gott" (Das Große Glaubensbekenntnis) und damit auch an der Fülle neutestamentlicher Bekenntnisaussagen über Jesus bzw. an seinen Selbstbezeichnungen, die z. B. bei Lukas oder Johannes aufgezeichnet und hier nur in Auswahl und zur Veranschaulichung notiert sind?

a) „Wer nicht für mich ist, der ist gegen mich; wer nicht mit mir sammelt, der zerstreut" (Lukas 11,23).

b) „...und wir haben seine Herrlichkeit geschaut, eine Herrlichkeit als des Eingeborenen vom Vater, voll Gnade und Wahrheit" (Johannes 1,14).

c) „Denn so sehr hat Gott die Welt geliebt, dass er seinen eingeborenen Sohn dahingegeben hat, damit jeder, der an ihn glaubt, nicht verloren gehe, sondern das ewige Leben habe" (ebd., 3,16).

d) „Darum waren die Juden noch mehr darauf aus, ihn zu töten, weil er ... Gott seinen Vater nannte und sich damit Gott gleichstellte" (ebd., 5,18).

e) „Was nämlich der Vater tut, das tut in gleicher Weise der Sohn" (ebd., 5,19).

---

23 Vgl. dazu Tück, Jan-Heiner (Hg.), Sterben für Gott – Töten für Gott? Religion, Martyrium und Gewalt, Freiburg, Basel, Wien 2015, mit einer umfassenden Darstellung verschiedener Autoren; ebenso Heine, Peter, Terror in Allahs Namen. Hintergründe der globalen islamistischen Gewalt, Freiburg 2015, S. 38-54.

r) das Gesetz in manchen islamischen Ländern wie z. B. Syrien, dass nach der Konversion eines Vaters vom Christentum zum Islam dessen Kinder automatisch Muslime sind und damit gleichzeitig die Ehen der Töchter mit ihren christlichen Männern nach staatlichem Recht ungültig werden,
s) die in islamischen Quellen und in der Scharia festgelegte Rechtsungleichheit von Muslimen und Nichtmuslimen,
t) der islamische Ausschluss einer gleichberechtigten Koexistenz mit Andersgläubigen,
u) der absolute Herrschaftsanspruch des Islam,
v) der überdeutliche Gegensatz zwischen dem vom christlichen Gottesbild abgeleiteten christlichen Menschenbild,[22] das auf der Würde des Menschen als individueller Persönlichkeit beruht, und dem kollektivistischen Verständnis des koranischen Menschenbildes, in dem es kein Individuum gibt, also keinen einzelnen Gläubigen, sondern nur „die Gläubigen" als Kollektiv,
w) das unterschiedliche Verständnis von Vernunft, die im christlichen Sinn dem Ziel der verantwortlichen Weltgestaltung dient, im islamischen Sinn jedoch der Erkenntnis der im Koran geoffenbarten göttlichen Gesetze und deren gläubige Befolgung,
x) die gegensätzliche christliche und islamische Weltsicht, markiert durch die dem islamischen Denken entgegenstehenden christologischen Aussage: „Mein Reich ist nicht

---

geboren, muss nun, in Freiheit, weiter um ihr Leben fürchten. Ihr Martyrium, so wird es der Sudanesin Meriam Jahia Ibrahim Ischag in diesen Tagen wohl vorkommen, nimmt kein Ende ... Dabei hat die 27 Jahre alte Frau den Islam nie wirklich praktiziert. Gerade einmal fünf Jahre alt war sie, als der muslimische Vater die Familie verließ. Ihre Mutter, eine Äthiopierin, erzog sie im christlich-orthodoxen Glauben. Laut Gesetz gelten Kinder eines muslimischen Vaters jedoch automatisch als Muslime, der Übertritt zu einem anderen Glauben ist illegal. Ischag aber hatte Daniel Wani, einen amerikanischen Christen südsudanesischer Abstammung, geheiratet und sich öffentlich zur gemeinsamen Religion bekannt."

22 Vgl. dazu „Die Tagespost", 30. September 2014, S. 9, mit der These von M. Rhonheimer: „Obwohl der Islam monotheistisch ist und an einen barmherzigen Gott glaubt, der allerdings nur für Muslime barmherzig ist, ist der Islam aufgrund seines Menschen- und Gottesbildes doch die absolute Antithese zum Christentum."

m) der im Islam verwurzelte, in der religionsgesetzlichen Theorie geregelte und in der historischen Praxis realisierte *Leitgedanke der Ungleichheit bzw. der Ungleichwertigkeit und der Dualisierung* der Menschheit in
   – Mann und Frau,
   – „Gläubige" und „Ungläubige"[19],
   – Sklaven und Freie,
   wodurch die biblische Sicht der fundamentalen Gleichheit und Gleichwertigkeit aller Menschen vor dem Schöpfer-Gott sowie die Würde der Gottesebenbildlichkeit aller Menschen[20] zurückgenommen wird,
n) die islamische Zweiteilung der Welt in das „Haus des Islam" bzw. „Haus des Friedens" (= islamische Länder) einerseits und in das „Haus des Krieges" (= nichtislamische Länder) andererseits,
o) das Recht und die Freiheit zum Religionswechsel, das in islamischen Staaten allerdings immer und ausnahmslos nur als das Recht und die Freiheit zum Übertritt zum Islam verstanden wird,
p) das Verbot, dass eine nichtmuslimische Frau, die mit einem Muslim verheiratet ist, ihren Glauben an ihre Kinder weitergibt,
q) das Verbot, dass eine muslimische Frau einen nichtmuslimischen, z. B. christlichen Mann heiratet,[21]

---

19 Eigentlich vermittelt der Koran ein dreigestuftes Menschenbild: Der Muslim als vollgültiger Mensch – Der „Schriftbesitzer" als Mensch zweiter/dritter Klasse – Der Polytheist (auch Atheist) als Unmensch (= „die übelsten Tiere vor Gott", vgl. Sure 8,22).

20 Vgl. dazu Küng, Hans, Der Islam. Geschichte, Gegenwart, Zukunft, 3. Auflage, München, Zürich 2004, S. 707, mit seinem an der Realität des monotheistischen Islam zum Scheitern verurteilten Versuch, die Toleranz unter den Menschen zu begründen mit dem Verweis auf die Einzigkeit Gottes für alle Menschen: „Weil Gott ein einziger ist für alle Menschen, sind alle, ist jeder Mensch – auch der Nichtjude, Nichtchrist, Nichtmuslim – sein Abbild und verdient als solches Respekt seiner Würde." Wie kann Küng (bewusst?) übersehen, dass im Islam diese gleiche, allen Menschen zukommende Würde allein schon durch die Unterteilung der Menschheit in „Gläubige" und „Ungläubige" grundsätzlich missachtet wird?

21 Vgl. dazu „Die Welt", 28.6.2014, S. 8, mit folgender Nachricht aus dem Sudan: Die Christin Ischag „war wegen ihres christlichen Glaubens zum Tode verurteilt worden, hatte in Gefangenschaft in Ketten ihre Tochter

die ihre Anhänger ausdrücklich und bewusst von seinen Anfängen an bis zum heutigen Tag gegen die biblische Botschaft immunisieren möchte?

13. Inwiefern widerspricht der Wahrheitsanspruch des Islam mit dem Bündel folgender Gegebenheiten (nicht) dem verqueren religionsideologischen Konstrukt von den „Drei Abrahamitischen Religionen" bzw. der „abrahamitischen Ökumene":

- a) der ewige, absolute, globale und totale Gültigkeitsanspruch des Islam,
- b) der islamische Überlegenheitsanspruch gegenüber allen anderen Religionen,
- c) der antibiblische Geist des Islam,
- d) die nach islamischem Verständnis wortwörtlich diktierte, fehlerlose Offenbarung Allahs im Koran als die Summe dessen, was er der Welt offenbaren wollte,
- e) der Islam als Fortführung, Vervollkommnung und als Korrektiv der Vorläuferreligionen Judentum und Christentum, wobei sich nur der Islam „auf den Glauben und die religiöse Praxis Abrahams berufen darf"[18],
- f) die Betrachtung anderer Religionen nur als Versuche der einzig wahren und realen Religion des Islam,
- g) die islamische Auffassung, dass die rechte Vernunft islamisch sei und diese die Menschen automatisch dem Islam zuführe,
- h) das Judentum sowie das Christentum als nur degenerierte Varianten des Islam,
- i) der Auftrag der muslimischen Gemeinschaft zur Befreiung der ganzen Welt von den Irrlehren der Christen und Juden,
- j) die Feststellung des Koran, die Ursprungsreligion Abrahams sei der Islam, der damit die einzig wahre Lehre für alle Menschen,
- k) die *dogmatische Disqualifikation* der Juden, Christen und aller nichtmuslimischen gläubigen Menschen als „Ungläubige" durch den Islam,
- l) die *menschliche Disqualifikation* der Juden und Christen als „unrein", die das Land (Arabische Halbinsel) bzw. die Friedhofserde „beschmutzen" und von deren Geschirr Muslime nicht essen dürfen,

---

18 Ebd., S. 48.

11. Wie kann legitimerweise von „den drei monotheistischen Offenbarungsreligionen"[15] im Sinne einer tatsächlich gemeinsamen Grundlage gesprochen werden, wenn sich die „Vater-, Bruder- oder Schwesterreligionen" Judentum, Christentum und Islam zwar jeweils auf göttliche Offenbarungen berufen,

   a) diese jedoch untereinander in theologischer und anthropologischer Hinsicht von eklatanten Widersprüchen sowie von ausdrücklicher und unüberbrückbarer Gegensätzlichkeit[16] gekennzeichnet sind,

   b) der Koran aber einen antibiblischen, antijüdischen und antichristlichen Grundcharakter hat[17]?

12. Inwieweit ist die These zu bestätigen, dass der Islam als eine im theologisch-inhaltlichen wie auch im chronologischen Sinne nach-biblische und nach-christliche Religion zu bezeichnen ist,

---

15 Vgl. dazu Brague, Rémi, Europa – seine Kultur, seine Barbarei. Exzentrische Identität und römische Sekundarität, hrsg. von Christoph Böhr, 2. Auflage, Wiesbaden 2012, S. 72, mit einer Beschreibung der unterschiedlichen Beziehungsebenen dieser drei Religionen: „Man muss sich ... hüten, zwischen den drei monotheistischen Religionen, wie sie recht oberflächlich bezeichnet werden, eine Analogie herzustellen. Der Islam verhält sich zum Christentum (beziehungsweise zum Christentum und Judentum) nicht wie das Christentum zum Judentum. Sicher ist, dass in beiden Fällen die Mutterreligion die Legitimität der Tochterreligion nicht anerkannte. Und in beiden Fällen wandte sich die Tochterreligion gegen die Mutterreligion. Die Haltung gegenüber der Mutterreligion ist jedoch nicht bei beiden grundsätzlich dieselbe: Während der Islam die Authentizität der Dokumente, auf die sich Judentum und Christentum stützen, verwirft, anerkennt das Christentum zumindest, dass die Juden die treuen Wächter eines Textes sind, den es für ebenso heilig hält wie denjenigen, den es selbst besitzt."

16 Vgl. dazu Johannes Paul II., Die Schwelle der Hoffnung überschreiten, hrsg. von Vittorio Messori, 2. Auflage, Hamburg 1994, S. 120, mit folgenden Aussagen: „Wer das Alte und das Neue Testament kennt und den Koran liest, sieht klar, dass sich ein Prozess der Einschränkung der Göttlichen Offenbarungen vollzogen hat ... Dieser ganze Reichtum der Selbstoffenbarung Gottes, der das Erbe des Alten und Neuen Testaments ausmacht, wurde im Islam hintangestellt. Dem Gott des Koran werden die schönsten Namen verliehen, ... doch ist er letzten Endes ein Gott, der außerhalb der Welt steht, ein Gott, der nur Herrlichkeit, aber nie Emmanuel, der Gott-mit-uns, ist. Der Islam ist keine Religion der Erlösung ... Daher ist nicht nur die Theologie, sondern auch die Anthropologie des Islam sehr weit entfernt von der christlichen."

17 Khoury, Adel Theodor, Christen unterm Halbmond. Religiöse Minderheiten unter der Herrschaft des Islam, Freiburg, Basel, Wien 1994, S. 41-54.

d) Von welchen islamischen Gruppierungen gehen für Betroffene in Deutschland entsprechende Gefahren aus?

8. Was tun die Kirchen in Deutschland und in den mehrheitlich christlich geprägten Ländern weltweit für (ehemalige) Muslime, die sich für den christlichen Glauben interessieren, konvertieren wollen oder bereits konvertiert sind, um sie vor religiös-diktatorischen, auch lebensbedrohenden Zugriffen zu schützen[12]?

II. „Abrahamitische Religionen"?[13]

9. Inwiefern ist die Rede von den „drei abrahamitischen Religionen"[14], mit der offensichtlich eine gemeinsame Wurzel wie auch die Gleichberechtigung und Partnerschaft zwischen den drei Religionen Judentum, Christentum und Islam als den „drei Zweigen ein und desselben Baumes" suggeriert werden sollen,

a) wirklich stimmig und berechtigt – oder doch eher verdunkelnd und irreführend,

b) dem Prozess der eigentlichen, nämlich der christlichen Ökumene abträglich?

10. Von welchen islamischen Instanzen irgendeines islamischen Landes liegen Stellungnahmen vor, insbesondere auch positive Bewertungen der Begriffe „Abrahamitische Religionen", „Abrahamitische Ökumene", „Trialog" u. ä. verbunden mit einer entsprechenden theologischen Reflexion?

---

12 Vgl. dazu Bischof Martin Schindehütte, Christliche Verantwortung für die Verfolgten, in: Kauder, Volker (Hg.), Verfolgte Christen, S. 59-76; auch Rhonheimer, Martin, Antithese zum Christentum, in: „Die Tagespost", 30.9.2014, S. 9: „Christ zu werden ist für einen Muslim ein enormer Schritt voller Gefahren".

13 Vgl. insbesondere S. 149-181.

14 Im Blick auf die Ausweitung des innerchristlichen „Dialogs" zum „Trialog" mit den Muslimen wurde dieses theologische Konstrukt geprägt von Kuschel, Karl-Josef, Was Juden, Christen und Muslime trennt und was sie eint, Düsseldorf 2001; vgl. auch Küng, Hans, Projekt Weltethos, München 1990.

religiöse Eiferer ermächtigt fühlen, Apostaten weltweit zu töten, zum integrierten, korankonformen Bestandteil der von Mohammed verbreiteten Religion?

4. Inwiefern bleibt die Toleranz- und Friedensrhetorik von Vertretern des Islam in nicht-muslimischen Ländern so lange unglaubwürdig, wie religiöse Minderheiten in islamischen Ländern ihres Glaubens und ihrer Überzeugung wegen – je nach Situation – permanent eingeschüchtert, gedemütigt, ihres Besitzes beraubt, diskriminiert, entrechtet und unterdrückt oder auch verfolgt und sogar getötet werden?

5. Inwiefern tritt auch nach dem heutigen islamischen Scheidungsrecht beim Abfall eines Ehegatten vom Islam automatisch die Scheidung ein?

6. Welche Erkenntnisse liegen vor, dass heutzutage irgendwo in der Welt eine relevante jüdische oder christliche Gruppierung[11] ihre Mitglieder aufgerufen hat, einen Menschen zu verfolgen, der sich vom Judentum bzw. Christentum abgewandt hat und zum Islam oder zu einer anderen Religion konvertiert ist, und bei der Verfolgung nicht eher zu ruhen, bis sie ihn getötet haben?

7. Inwieweit haben die vier folgenden Fragen einen realen Hintergrund?

   a) Mit welchen persönlichen Einschränkungen muss ein Dissident, ein ehemaliger, jetzt zu einer anderen Religion konvertierter oder atheistisch gewordener Muslim auch in Deutschland rechnen?

   b) Welche Vorsichtsmaßnahmen sind von ihm und staatlicherseits für ihn wegen seiner Gefährdung zu treffen?

   c) Warum müssen (ehemalige) Muslime als islamkritische Autoren aus Sicherheitsgründen unter einem Pseudonym publizieren und/oder im mehr oder weniger sicheren Ausland leben, warum sind andere in ihren Heimatländern mit ihren Familien Repressalien ausgesetzt?

---

durch eine Fatwa von drei bedeutenden ägyptischen Gelehrten; schließlich die zum Katholizismus konvertierte Exmuslima Sabatina James (Pseudonym), die bedroht und verfolgt wird.

11 Vgl. dazu die normsetzende Haltung Jesu bzgl. der freien Entscheidung des Judas zum Verrat (Matthäus 26, 20-25).

B. Die Anfragen

I. Abfall vom Islam[8]

1. Wie kann seitens des angeblich so „friedfertigen und toleranten Islam" gerechtfertigt werden, dass Glaubensabtrünnige (Apostaten) wegen ihrer Konversion nach islamischer Tradition

  a) in bestimmten islamischen Ländern als Staats- oder Hochverräter geächtet, ihres Besitzes beraubt, enterbt, zu Gefängnis, Folter und anderen qualvollen Behandlungen bis hin zur Todesstrafe verurteilt werden,[9]
  b) auch in nichtislamischen Ländern häufig aus ihren Familien ausgeschlossen werden,
  c) sogar in Ländern wie Deutschland zu ihrer Sicherheit unter Polizeischutz gestellt werden müssen?

2. Inwieweit kann die Information (nicht) bestätigt werden, dass heute in elf der 56 OIC-Länder (Organisation für Islamische Zusammenarbeit) ein Glaubenswechsel mit Hinrichtung und in den meisten anderen islamischen Ländern mit Gefängnis von vielen Jahren bestraft wird?

3. Inwiefern zählen die von Muftis als den offiziellen Verfassern von islamischen Rechtsgutachten (Fatwas) bzw. die von islamischen Geistlichen erlassenen Todesfatwas[10], durch die sich auch

---

8 Vgl. dazu Spuler-Stegemann, Ursula, Feindbild Christentum im Islam. Eine Bestandsaufnahme, Freiburg 2004, S. 37, mit der Bemerkung: „Zweifellos sind die Kirchen in ihrer Geschichte mit sogenannten Ketzern und Abtrünnigen nicht allzu zimperlich umgegangen, doch bietet das Neue Testament keine Rechtfertigung oder gar Anweisung hierfür; ebenso die S. 30, 124 f., 137, 145, 214, 225, 500, 520, 531, 573, 618, 658, 697, 775, 785, 787, 793, 796, 800, 802, 805.

9 Nach einem Hadith soll Mohammed gesagt haben: „Diejenigen, die ihre Religion wechseln, tötet sie!" Allerdings gibt es im Koran keine Stelle, die von einer irdischen Bestrafung der Abtrünnigen, wohl aber von einer ewigen spricht (vgl. Sure 16, 106-108).

10 Vgl. dazu z. B. die Vita von Salman Rushdie, aus Indien stammender Muslim, der 1988 aufgrund der ironischen und satirischen Passagen über den Islam und seinen Propheten in seinem Roman „Die Satanischen Verse" wegen Blasphemie zum Tode verurteilt wurde; ebenso das Schicksal von Theo van Gogh und aktuell von Hamed Abdel-Samad, ehemaliger Muslimbruder, Politologe, Publizist und Muslimkritiker, dessen Leben bedroht ist

etabliert, der nicht in der Lage ist, kritisch mit seiner Vergangenheit umzugehen."⁶ Der Vorsitzende der DITIB ist als Diplomat einer ausländischen Regierung verpflichtet.

Hier ist der Kreis der „Angefragten" jedenfalls keineswegs auf einen islamischen Verband beschränkt. Wünschenswert wäre es, würde das persönliche und gemeinsame Nachdenken und die *offene und angstfreie Diskussion* über den Islam der vorliegenden, gewiss noch zu ergänzenden Fragen zu hilfreich-klärenden Antworten führen – und dann auch zu adäquatem Handeln im Dienst an der Freiheit und am friedlichen Miteinander der Menschen in Übereinstimmung von „Wort und Tat",⁷ unabhängig von ihrer ethnischen, religiösen und weltanschaulichen Herkunft und Zugehörigkeit.

---

6 „Welt am Sonntag" , 9.8.2015, S. 5, mit der Beurteilung des Islamwissenschaftlers Abdel-Hakim Ourghi.
7 Zu zwei Beispielen vom Auseinanderklaffen von „Wort und Tat" aus jüngster Zeit vgl. „Die Welt", 16. 1. 2014, mit dem Hinweis auf die Anwesenheit des türkischen Ministerpräsidenten A. Davutoglu (in erster Reihe) sowie auch des Vertreters des wahabitischen Königshauses in Paris am 11.1.2015 beim Trauerakt der internationalen Politiker, der verbunden war mit einer Demonstration für die Meinungsfreiheit und gegen die im Namen der Religion begangene Gewalt: In Saudi-Arabien aber soll ein Blogger mit 1000 Peitschenhieben („Mord auf Raten") bestraft werden wegen „Beleidigung des Islam" und „Auflehnung gegen die Autoritäten" (ebd., S. 3 u. 5); auch der Bericht (ebd., S. 5): das EU-Parlament ist besorgt über den Druck auf Journalisten in der Türkei, in der es eine „freie und pluralistische Presselandschaft" fast nicht mehr gebe.

noch überbietet mit dem Gebot der Feindesliebe (vgl. Matthäus 5,43 f.). In seinem Denken und Handeln weiß er sich zugleich der Wahrheit verpflichtet, denn „die Wahrheit wird euch frei machen" (Johannes 8,32). Zugleich orientiert er sich an der auf das Wort Gottes bezogenen Anweisung des Apostels Paulus: „Tritt dafür ein, es sei gelegen oder ungelegen!" (2 Timotheus 4,2). Ohne Überheblichkeitsdenken wird er möglichst unvoreingenommen, offen und respektvoll, aber auch kritisch und selbstbewusst Angehörigen anderer Nationen, Religionen und Kulturen begegnen. Seine eigene Religion, Glaubensgemeinschaft und Herkunft wird er dabei keineswegs verleugnen, ohne dabei blind zu sein für Selbstkritik und Schulderkenntnis.

IV. Hoffnung auf weiterführende Antworten

Bereits im Jahre 1997 (!) legte der Verfasser dieses Beitrages im Zusammenhang mit dem Bau einer Moschee dem islamischen Dachverband DITIB[4] einen vergleichsweise recht kleinen Katalog von etwa 20 Fragen vor mit der Bitte um Beantwortung. Trotz mehrfacher Nachfrage und einer späteren Zusage wurde jener „Mini-Fragenkatalog" letztlich *nicht beantwortet,* gerade so, als habe dieser islamische Dachverband auf Bundesebene keine Fachleute, die entsprechende Fragen beantworten können.[5] Doch keine Antwort ist oft auch eine Antwort. Dabei ist längst bekannt: „Die Ditib untersteht der Kontrolle der Regierung in Ankara und 'verfolgt in Deutschland religiöse und politische Ziele' ... Durch die Macht der Dachverbände hat sich ein konservativer Islam in Deutschland

---

4   Vgl. dazu der muslimische in Freiburg lehrende Islamwissenschaftler Ourghi, Abdel-Hakim: „Sich dem unangenehmem Thema stellen", in: „Herder Korrespondenz", Heft 3, 2015. S. 125, mit der Feststellung: „Fragwürdig bleibt ..., ob die hier im Lande agierenden Dachverbände tatsächlich die richtigen Ansprechpartner des Staates sind. Mir scheint, dass sie weit entfernt von der modernen Erschließung eines humanistischen Islams sind. Auch die Frage danach, ob sie eine wissenschaftliche und theologische Redlichkeit vertreten, bleibt zu klären."
5   Vgl. dazu Mertensacker, Adelgunde, Moscheen in Deutschland. Stützpunkte islamischer Eroberung, Lippstadt 2001, S. 48-55, mit dem Artikel Schwarzwald-Moschee in Gengenbach, auch mit diesen 20 Fragen.

weder ein Rechtsradikaler noch ein Rechtspopulist, er ist weder „herzlos und dumm" noch „rigide fromm", er ist auch kein „Störenfried, Eiferer, Scharfmacher und Hetzer", der „gehässige Verallgemeinerungen" verbreitet. Erst recht ist er keineswegs einer, der Vorurteile und Hass gegen Ausländer oder gegen Muslime schürt, kein „Panikmacher", auch kein „bösartiger Fundamentalist", kein „Islamophobiker" bzw. „islamophober Neurotiker"[2] und auch kein „politischer Paranoiker". Ebensowenig hegt er fremdenfeindliche Ressentiments bzw. ist er ein Ausländerfeind.[3] Oft genug gewinnt man den Eindruck: Wer keine Argumente hat, versucht es mit Beschimpfungen, verbunden auch mit den Vorwürfen, unwissenschaftlich und voller Vorurteile gegenüber dem Islam zu sein. Der Verfasser dieses Beitrages versteht sich allerdings selbst im Hinblick auf den Islam als engagierter Islam-Realist.

Als gläubiger Christ kann einer, der auch in Richtung Islam unliebsame Fragen stellt, ohnehin nie ausländerfeindlich oder ein Rassist sein, wenn er sein Christsein nicht verraten will. Denn von seinem christlichen, religiös-kirchlichen Selbstverständnis, gleichsam von seiner geistlichen Natur her ist er immer ein *„Universalist"* und *„Internationalist"*, so auch ein wahrer *„Multikulturalist"*, geprägt vom Gedanken der Gottesebenbildlichkeit aller Menschen und somit auch vom Gedanken echter Multikulturalität, des gleichberechtigten Miteinanders der verschiedensten Kulturen. So sind auch dem Verfasser dieses Fragenkataloges unterschiedslos Rechts-wie Linksradikale, Rechts- wie Linksfaschisten sowie jegliche Art von Religionsfaschisten gleicherweise zuwider, schlichtweg ein Gräuel. Denn alle Formen von Faschismus sind vereint im Hass auf Andersdenkende.

Wenn auch nicht gänzlich, so geht ein bewusster Christ doch in der Regel vergleichsweise angstfrei *im Vertrauen auf Gottes Beistand* seinen Weg. Er kennt das Gebot der Nächstenliebe, das Jesus

---

2   Mit diesen u.ä. Begriffen wird von interessierter Seite her versucht, eine Pathologisierung, sogar eine Kriminalisierung von Islamkritikern zu erreichen.
3   Vgl. dazu Wolfgang Kubicki (FDP) in einem Interview in: „Die Welt", 5.1.2015, S. 9: „Wenn man ... durch die öffentlich artikulierte Sorge, dass der Rechtsstaat sich aus der Bekämpfung von salafistischen Umtrieben zurückziehen könnte, als ausländerfeindlich diskreditiert wird, bekommen wir ein riesiges Problem."

tyrannisieren, seinen Glauben einschränken, bekämpfen oder gar verbieten, ohne dass er sich nach Möglichkeit und Kräften dagegen wehrt. Mit dieser Einstellung akzeptiert und toleriert er zugleich auch die Überzeugung anderer Menschen, erwartet aber im selben Maße, dass seine eigene Überzeugung akzeptiert und toleriert wird. Er setzt wechselseitige Toleranz voraus. Denn zweifellos gilt das Wort von Bassam Tibi: „Toleranz ist keine Einbahnstraße".

Der Islam ist eine Herrschaftsordnung, die das persönlich-individuelle, soziale, politische und religiös-kultische Leben der Muslime bestimmt und regelt, aber auch nach Möglichkeit in das Leben der Nichtmuslime mit Vorschriften und freiheitseinschränkender Bevormundung eingreifen möchte, wie die Geschichte und die Gegenwart bedrückend lehren. Wer jedoch als gläubiger Christ kritische Fragen zum Islam stellt und dabei konkrete Konfliktfelder sowie unbequeme Wahrheiten benennt, muss *mit Unverständnis*, mit dem Vorwurf der Unsachlichkeit und Unwissenheit, gar mit der bunten Palette von *Beschimpfungen und Anfeindungen* nicht nur von muslimischer Seite, sondern auch „aus den eigenen Reihen" rechnen. Von manchen muslimischen Autoritäten und Verbandsvertreten, auch von Islam-Apologeten, die gewöhnlich keinerlei Schwierigkeiten haben, das Christentum auch äußerst kritisch, z. T. auch sehr gehässig anzugehen, wird die kritische Darstellung des Islam sofort mit dem Etikett „Islamophobie" versehen und „Respekt" eingefordert. Schon werden muslimischerseits Gesetze gegen „Diskriminierung" gefordert, was letztendlich auf nichts anderes hinausläuft als auf die im Islam praktizierte Einschränkung der Meinungsfreiheit.

Wer in der hier vorliegenden Art auch inopportune Fragen stellt, ist also keineswegs gefeit etwa gegen die Drohung mit der Nazi- oder Rassismuskeule und gegen Beschimpfungen mit spezifischen Titeleien. Doch er ist weder ein Nazi, noch ein Rassist[1],

---

1 Vgl. dazu Schuster, Jacques, Europas Antwort, in: „Die Welt", 21.1.2015, S. 3: „Auch hierzulande ist die Neigung noch immer groß, über Probleme hinwegzudiskutieren und diejenigen, die sie beschreiben, als rechte Rassisten zu verunglimpfen. Auf diese Weise werden die Probleme nicht gelöst. Sie verstärken sich noch. Es wird Zeit, die New Yorker Strategie der Null-Toleranz auf den Kampf gegen den radikalen Islam und all diejenigen anzuwenden, die die Zivilgesellschaft in Frage stellen ... Die erste Waffe auf diesem Schlachtfeld ist die schonungslose Offenheit. Noch ist selbst sie nicht ergriffen ... Es wird Zeit."

formation, die häufig in die jeweilige Frage eingeflossen ist. Beim mündlichen Vortrag sollten in diesen Fällen zunächst die Fakten benannt werden. Erst am Schluss wären dann die entsprechenden Fragen zu formulieren.

Diese Fragen sollen im Hinblick auf den Islam *weder beschönigen noch abwerten* und zugleich einen möglichst objektiv-kritischen Charakter haben. Manche Fragen werden gewiss auch als *Suggestivfragen* wahrgenommen werden, hinter denen sich die Meinung und/oder auch das Wunschdenken des Fragestellers verbirgt.

Aufgrund der Fragenfülle wurden keineswegs bei allen Fragen mögliche *Belegstellen und Verweise* notiert, zumal sie in der Literatur auch relativ leicht auffindbar sind. Auch die anderen Beiträge dieser Publikation wollen auf eine Reihe der hier aufgeworfenen Fragen Antworten geben. In der Regel fehlen auch hier entsprechenden *Querverweise*. *Inhaltliche Überschneidungen*, auch *Wiederholungen* sind bei den einzelnen Themenkreisen nicht gänzlich zu vermeiden, da einige Themen auch von unterschiedlichen Seiten fragend angegangen werden.

III. Scharf munitionierte, ausländerfeindliche Fragen?

Der Verfasser dieses Beitrages ist bei seinem entschiedenen Engagement für die christliche Botschaft im Raum der katholischen Kirche von der Einstellung geprägt: Jeder Mensch hat die Freiheit, „irgendeine oder gar keine Religion auszuüben" (UN-Menschenrechtserklärung). Jeder darf also glauben, was er will. Er hat dabei auch die Freiheit, mit einem *subjektiven Absolutheitsanspruch* überall zu behaupten, sein eigener Glaube, seine Religion oder seine Weltanschauung sei die einzig wahre. Überall darf er auch dafür werben, dass jenes Gesellschaftsmodell das beste ist, das mit seiner persönlichen Überzeugung übereinstimmt.

Keiner darf allerdings mit seiner Religion oder Weltanschauung unter Berufung auf einen angeblich *objektiven Absolutheitsanspruch* besondere, gegen Andersglaubende/-denkende gerichtete Rechtsansprüche reklamieren, Forderungen an sie stellen oder gar Zwang ausüben. Den so Denkenden darf allerdings niemand mit seiner Religion bzw. Weltanschauung täuschen, drangsalieren und

reflexion jener dienen, die sich zum Thema „Islam" Gedanken machen. Auch für alle, die sich aus unterschiedlichen Gründen erstmals mit dem Islam näher beschäftigen wollen/sollen/müssen, kann dieser Fragenkatalog durchaus eine *„Einstiegshilfe"* sein, ebenso als Grundlage und Orientierungshilfe dienen, z. B. für interreligiöse Gespräche, für den schulischen Unterricht oder für Gemeindeseminare zum Thema Islam.

Darüber hinaus lassen sich diese Fragen *in Diskussionsforen* mit Vertretern der unterschiedlichen islamischen Glaubensrichtungen einbringen, ebenso *in Gesprächen* mit staatlichen, kommunalen und kirchlichen Verantwortungsträgern. Umgekehrt sind diese Fragestellungen möglicherweise auch für Politiker und andere gesellschaftliche Meinungsführer eine kleine Hilfe. Nicht zuletzt stehen diese Fragen insbesondere auch der muslimischen Bevölkerung zur Verfügung.

Eine Reihe der hier formulierten Fragen dürfte für manche Ohren recht naiv klingen, da die Antwort eigentlich unmöglich erscheint bzw. umgekehrt die Antwort klar auf der Hand liegt. Dennoch sind auch diese Fragen nicht unwichtig, da hinter ihnen jeweils bestimmte Problemfelder erkennbar werden.

Nur wenige Fragen können grundsätzlich *nicht* beantwortet werden, da ihre Beantwortung erst in der Zukunft möglich sein wird. Sie erscheinen jedoch im Kontext der jeweiligen Fragestellung ebenfalls von Interesse. Die hier vorgelegten Fragen können jedenfalls nur *„Spuren legen"*. Den Weg zum Ziel, d. h. zur Beantwortung der Fragen, sollten/müssen die Leser/-innen bzw. die Diskutanten selbst gehen durch „Nachlesen", Hinhören, Sich-weiterinformieren, eigenes Überprüfen, Beurteilen usw.

Die in diesen „Anfragen" sich ständig wiederholenden *„W-Fragen"*, d. h. die *„Was-Warum-Wer-Wie-Inwiefern-Inwieweit-Fragen"*, können zwar ermüdend wirken, zielen aber auf möglichst begründete Antworten. Als sogenannte „offene Fragen" verhindern sie – anders als „geschlossenen Fragen" – schnelle Ja-Nein-Antworten, die keiner weiteren Begründung bedürfen.

Zahlreiche Fragen sind als *„Alternativfragen"* formuliert, erkennbar etwa durch die gegensätzlichen Adverbien „richtig/falsch". Die teilweise auch überlangen Frageformulierungen sind entstanden aus dem Bemühen um eine möglichst umfassende In-

A Zu diesem Fragenkatalog

I. Die Bedeutung des Fragens

"Leute, die fragen, sind Narren für den Augenblick. Leute, die nicht fragen, bleiben Narren ihr Leben lang" (nach Konfuzius).

Im Folgenden sind *28 alphabetisch geordneten Themenkreisen 430 Fragen* zugeordnet, die das Thema „Islam" umkreisen, wobei viele dieser Einzelfragen als (unbeliebte) Doppel- oder Mehrfachfragen zu kennzeichnen sind. Insgesamt liegt hier also ein Mehrfaches an Fragen vor, die unter den 430 Nummern subsumiert sind.

Wer fragt, zeigt Interesse am befragten Objekt. Der Fragende ist immer zugleich auch ein Wissender. Entsprechend dem Motto: „Ich weiß, dass ich noch viel zu wenig weiß", hat er zumindest eine minimale Kenntnis vom Frageninhalt. Gleichzeitig will er auch andere dazu motivieren, sich mit seinem Anliegen zu beschäftigen.

Fragen sind unerlässlich *für jegliche Form der Kommunikation*. Sie können das Problembewusstsein schärfen, auf Schwierigkeiten und Konfliktpotenziale hinweisen, vor allem auch Denkanstöße geben sowie Klärungs- und Handlungsprozesse auslösen. Ebenso können sie Hintergründe aus- und in Abgründe hineinleuchten. Zudem haben sie den Zweck, Informationen und Kenntnisse zu erhalten und weiter zu transportieren.

Hinter vielen Fragen stehen häufig bestimmte Bedenken, Befürchtungen und Ängste, ebenso Hoffnungen und Wünsche. Auch Erwartungshaltungen und Forderungen gehören zum Fragenhintergrund, verbunden mit Kritik an der jeweiligen Situation. Bei den hier vorliegenden „Anfragen" ist wohl da und dort zu spüren: Es gibt auch Fragen, die dem Fragesteller selbst nicht behagen – und doch gestellt werden müssen/sollten.

II. Hinweise zu den vorliegenden Anfragen

In den hier formulierten Fragen kommt ein *breites Spektrum der problembehafteten Islam-Thematik* in den Blick. Die Fragen richten sich einmal eher an Muslime, dann wiederum an Menschen anderer Glaubens- und Lebenseinstellungen. Sie können der *Selbst-*

XIV.	Integration – Doppelte Staatsbürgerschaft	185-220	592
XV.	Interreligiöser, interkultureller Dialog	221-263	600
XVI.	Islamophobie: Islamangst, Islamfeindlichkeit	264-275	612
XVII.	Koran	276-301	617
XVIII.	Kreuzzüge	302-309	624
XIX.	Kritik am Islam	310-322	626
XX.	Kultureller Beitrag des Islam zur Weltkultur	323-335	632
XXI.	Menschenrechte	336-363	636
XXII.	Moscheen, Muezzin-Rufe und Glockengeläut	364-381	642
XXIII.	Muslimische Katastrophen- und Bruderhilfe	382-385	649
XXIV.	Rangordnung der Religionen und Weltanschauungen	386-393	651
XXV.	Schuldeingeständnisse	394-396	652
XXVI.	Sklaverei	397-402	653
XXVII.	Toleranz und Frieden	403-426	655
XXVIII.	Verschleierung	427-430	667

Literatur 670

Integration ist nicht
ohne Ausgrenzung
von solchen möglich,
welche diese Kultur
nicht anerkennen.
Wer nicht toleranzbereit ist,
kann nicht selbst Toleranz
erwarten oder gar fordern.

Walter Kasper, Kardinal

Ohne Tabus: 430 Fragen zum Islam

Zur Reflexion und Diskussion in 28 Themenfeldern

von

Udo Hildenbrand

A	**Zu diesem Fragenkatalog**		513
I.	Die Bedeutung des Fragens		513
II.	Hinweise zu den vorliegenden Anfragen		513
III.	Scharf munitionierte, ausländerfeindliche Fragen?		515
IV.	Hoffnung auf weiterführende Antworten		518
B	**Die Anfragen**		520
		Nummer	
I.	Abfall vom Islam	1-8	520
II.	„Abrahamitische Religionen"?	9-25	522
III.	Aufklärung im Christentum und Islam	26-29	537
IV.	Ausbreitung des Glaubens	30-55	539
V.	Ausgrenzung – Islamisches Überlegenheitsdenken	56-70	545
VI.	Betrug und Täuschung (Taqiyya)	71-76	551
VII.	Demokratie und Scharia	77-114	553
VIII.	Ethische Probleme spezieller Art	115-120	565
IX.	Feindbildproduktionen	121-130	568
X.	Gewalt – Heiliger Krieg (Dschihad)	131-156	573
XI.	Goldene Regel	157-161	582
XII.	Gottesbild: Der eine Gott in drei Personen	162-164	584
XIII.	„Hochachtung" vor wem? – Eine problematische Formel	165-184	586

Es hat unter seiner Herrschaft
nie Religionsfreiheit gegeben.
Für andere Religionen herrscht
Missionierungsverbot.
Man kann zum Islam konvertieren,
aber der umgekehrte Schritt ist
ein todeswürdiges Verbrechen.
In keinem muslimischen Land
sind Christen gleichberechtigte Bürger,
vielerorts gelten sie als Menschen
zweiter Klasse, sogenannte Dhimmis.

Michael Klonovsky Journalist

Wurzelgrund entfernen. Von Einigen mag gerade das angestrebt werden. Die Folge wäre, dass sich in Deutschland etwa 47 Millionen Christen zugunsten von etwa 4,7 Millionen Muslimen einzuschränken hätten.

Muslime und Politiker, die fordern, islamische Festtage staatlich anzuerkennen, sind im Blick auf islamische Staaten zu fragen, in welchem islamischen Staat auf uralte jüdische und christliche Feiertage Rücksicht genommen wird. Haben sie, die für islamische Festtage in Deutschland plädieren, schon in islamischen Staaten für Juden und Christen jüdische bzw. christliche Feiertage eingefordert? Wer das eine tut, sollte das andere nicht lassen.

Bemerkenswert ist, wie etliche Muslime und Moschee-Gemeinden in Deutschland mit einem staatlichen Feiertag umgehen, dem „Tag der Deutschen Einheit". Sie haben ihn zum „Tag der Moschee" erklärt und werben für den Islam statt für die freiheitlich-demokratische Grundordnung in der Bundesrepublik Deutschland. Dabei böte sich gerade der „Tag der Deutschen Einheit" an, die Demokratiefähigkeit des Islam zu verdeutlichen – also eine große Chance für jene Muslime und Moschee-Gemeinden, die den Islam für demokratiefähig halten bzw. erklären.

ne Kompetenz für die Feiertagsregelung liegt, anerkennen auch keine jüdischen Ruhetage, weder den Sabbat noch andere religiös vorgeschriebene jüdische Feste. Auch buddhistische und hinduistische Festtage sind in Deutschland keine staatlich anerkannten Tage der Arbeitsruhe.

Die von der römisch-katholischen Kirche gebotenen Feiertage werden ebenfalls nicht alle in jedem Bundesland berücksichtigt. So sind weder der Dreikönigstag (6. Januar), noch Fronleichnam, weder alle Marienfeste noch das Fest des heiligen Josef (19. März) und auch nicht das Fest der Apostel Petrus und Paulus (29. Juni) in allen deutschen Bundesländern als staatliche Feiertage anerkannt, ebenso nicht das kirchenrechtlich gebotene Fest Allerheiligen (1. November). Das Kirchenrecht sieht denn auch ausdrücklich vor, dass kirchliche Feiertage, die staatlich nicht anerkannt sind, auf den darauf folgenden Sonntag verlegt werden können, vgl. can. 1246 § 2 CIC und can. 880 § 3 CCEO.

Auch das für evangelische Christen bedeutsame „Reformationsfest" ist nur in fünf Bundesländern ein staatlich anerkannter Feiertag.

Was den Juden, Buddhisten, Hindus hinsichtlich aller und den Christen hinsichtlich einiger ihrer gebotenen Festtage staatlicherseits „zugemutet" wird, kann auch von den Muslimen verlangt werden, nämlich ihre vom Koran ohnehin nicht vorgeschriebenen religiösen Feste mit Arbeitsruhe am nächstfolgenden staatlich anerkannten Ruhetag, zum Beispiel an einem Sonntag, zu begehen. Außerdem steht es jedem Muslim frei, in seinem Arbeits- bzw. Dienstvertrag zu vereinbaren, dass er am Freitagsgebet teilnehmen und an muslimischen Festtagen Urlaub erhalten kann. Insbesondere muslimische Arbeitgeber können sogar noch einen Schritt weitergehen und ihre muslimischen Mitarbeiterinnen und Mitarbeitern an allen „islamischen Festtagen" von sich aus von der Arbeit freistellen.

Wenn künftig islamische Festtage sowie Festtage weiterer Religionen und auch Gedenktage von Weltanschauungsgemeinschaften staatlich anerkannt und zu Tagen der Arbeitsruhe erklärt werden sollten, würden aus ökonomischen Gründen dafür wahrscheinlich christliche Feiertage gestrichen. Staat und Gesellschaft würden sich dadurch noch weiter von ihrem christlich geprägten

breitet euch im Land aus) und strebt danach, dass Allah euch Gunst erweist (indem ihr eurem Erwerb nachgeht)!" Koranverse 62,9-10[4]
Vor dem „Freitagsgebet" und nach dessen Beendigung können und sollen also die Muslime eifrig auf Gewinn sinnen und durch erfolgreiches Wirtschaften gleichsam Allahs Huld bestätigen. Somit ist der Tag der Arbeitsruhe, den Juden am Sabbat und Christen am Sonntag aus religiösen Gründen einzuhalten verpflichtet sind, im Islam weitgehend seines Sinnes und Zweckes entleert. In einigen islamischen Staaten sollen aber Schulen und Behörden freitags geschlossen sein.

Eine ähnliche Situation liegt für den Fastenmonat Ramadan vor. Der Ramadan gilt als religiös geboten (vgl. Koranvers 9,5). Jeder Muslim hat vom Sonnenaufgang bis zum Sonnenuntergang auf Speise und Trank zu verzichten. Während des Ramadans soll kein Krieg geführt, aber es darf gearbeitet werden.

Islamische Festtage wie das Opferfest, das Fest am Ende des Ramadan (Fastenbrechen/Zuckerfest), Mohammeds Geburtstag (Maulid) oder das Aschurafest sind meines Wissens durch den Koran nicht zu Festtagen mit Pflicht zur Arbeitsruhe erklärt worden. Der Anspruch auf Freizeit am Tag des Opferfestes und am Tag des Fastenbrechens sind möglicherweise durch Jahrhunderte langen Brauch zum Gewohnheitsrecht erstarkt. Wenn solche Tage in einem islamischen Staat zu arbeitsfreien Tagen erklärt worden sein sollten, handelt es sich um ein staatliches Gesetz, dem keine religiöse Verpflichtung zugrunde liegt.

4. Resumee

Die Bundesrepublik Deutschland ist aus rechtlichen Gründen nicht gehalten, islamische Festtage anzuerkennen. Der Gleichheitssatz des Art. 3 GG wird schon deswegen nicht tangiert, weil der Koran weder am Freitag noch an einem islamischen Fest „knechtliche Arbeiten" verbietet.

Wenn in Deutschland keine „islamischen Festtage" als staatliche Feiertage anerkennt werden, geschieht außerdem nichts Ungewöhnliches. Die deutschen Bundesländer, bei denen die allgemei-

---

4   Koran-Übersetzung: Rudi Paret. Das Wort „Gott" ist in „Allah" rückübersetzt.

2. Verpflichtungen im Christentum

Im Christentum gibt es ebenfalls gebotene Tage zur Arbeitsruhe, nämlich alle Sonntage und dazu noch Feiertage. An ihnen darf nicht gearbeitet werden. Rechtlich geregelt ist das für die lateinische Kirche derzeit in can. 1246 § 1 CIC[2] und für die mit dem Apostolischen Stuhl in Rom unierten orientalischen Kirchen in can. 880 § 3 CCEO.[3]

Alle zum Vernunftgebrauch gelangten Katholiken sind gemäß can. 1247 CIC bzw. can. 881 §§ 1, 4 CCEO verpflichtet, an den Sonn- und Feiertagen an einer Eucharistiefeier teilzunehmen und alle Tätigkeiten zu unterlassen, welche „die dem Sonntag eigene Freude oder die Geist und Körper geschuldete Erholung hindern".

Die Sonntage und die christlichen Feiertage sollen also der Gottesverehrung dienen, für die geistige und körperliche Erholung genutzt werden und Tage sein, an denen die Familienmitglieder Zeit füreinander haben sowie Zeit für freundschaftliche, nachbarschaftliche und gesellschaftliche Aktivitäten.

Gemäß Art. 140 Grundgesetz in Verbindung mit Art. 139 Weimarer Reichsverfassung bleiben der Sonntag und die staatlich anerkannten Feiertage „als Tage der Arbeitsruhe und der seelischen Erhebung gesetzlich geschützt". Einzelheiten sind in den Gesetzen der Bundesländer geregelt.

3. Situation im Islam

Eine entsprechende religiöse Forderung nach Arbeitsruhe wie bei Juden und Christen gibt es meines Wissens im Islam nicht, auch nicht für den Freitag, der bekanntlich als mit Sabbat und Sonntag vergleichbar angesehen wird. Im Koran lautet vielmehr die entsprechende Weisung:

> „Ihr Gläubigen! Wenn am Freitag (wörtlich: am Tag der Versammlung) zum Gebet gerufen wird, dann wendet euch mit Eifer dem Gedenken Allahs zu und lasst das Kaufgeschäft (so lange ruhen)! Das ist besser für euch, wenn (anders) ihr (richtig zu urteilen) wisst. Doch wenn das Gebet zu Ende ist, dann geht eurer Wege (wörtlich:

---

[2] Codex Iuris Canonici – Codex des kanonischen Rechtes, Lateinisch-deutsche Ausgabe, 7. Auflage, Kevelaer 2012.
[3] Codex Canonum Ecclesiarum Orientalium, Vatican City 1990.

Vorbemerkung

In Deutschland wird seit einigen Jahren wiederholt von Muslimen, aber auch von Mitgliedern politischer Parteien gefordert, islamische Festtage staatlich anzuerkennen.

Die Forderung klingt im Hinblick auf die Sonntage und christlichen Feiertage wie selbstverständlich. Unerwähnt bleibt, dass der Koran weder wöchentliche Ruhetage noch Festtage mit Arbeitsruhe vorschreibt und somit im Islam eine ganz andere religiöse Situation gegeben ist als im Judentum und im Christentum.

1. Forderungen im Judentum

Im Judentum gilt der siebte Tag der Woche, der Sabbat, als ein von Gott gebotener Tag der Gottesverehrung und der Arbeitsruhe. Das dritte Gebot des Dekalogs lautet:

> „Gedenke des Sabbats: Halte ihn heilig! Sechs Tage darfst du schaffen und jede Arbeit tun. Der siebte Tag ist ein Ruhetag, dem Herrn, deinem Gott, geweiht. An ihm darfst du keine Arbeit tun" Exodus 20,8 f.; siehe auch Deuteronomium 5,12 f..

Außerdem gibt es im Judentum neben dem Sabbat noch Feiertage wie Jom Kippur, Pessach, Rosch Haschama, Sukkot, Simchat Tora, an denen ebenfalls nicht gearbeitet werden darf, vgl. Deuteronomium 16,8; Numeri 29,35.

Insbesondere strenggläubige Juden gehen am Sabbat und an den jüdischen Feiertagen in die Synagoge und widmen sich dem Gebet und der Schriftlesung. Sie halten sich nicht nur von beruflichen, sondern möglichst auch von häuslichen Tätigkeiten fern. Sie suchen sogar einfache Handgriffe zu vermeiden wie das Ein- und Ausschalten von Elektrogeräten. Für diese „Arbeiten" setzen sie Zeitschaltuhren ein.

Am Sabbat und an den religiösen jüdischen Feiertagen gehen strenggläubige Juden nur eine bestimmte Zahl von Schritten aus dem Haus. Der „Sabbatweg", die am Sabbat als erlaubt geltende Wegstrecke beträgt 2.000 Ellen. Das ist etwa ein Kilometer.[1] Vom „Sabbatweg" ist z. B. in der Apostelgeschichte 1,12 die Rede.

---

[1] Früher soll es in Deutschland in Orten mit jüdischer Bevölkerung durchaus üblich gewesen sein, an Straßenbäumen außerhalb des Ortes Zeichen anzubringen, die den Juden signalisierten, dass hier die halbe Strecke des „Sabbatweges" erreicht sei und es damit Zeit sei umzukehren.

Mir scheint, dass die hier im Land agierenden Dachverbände weit entfernt von der Erschließung eines humanistischen Islams sind.
Auch die Frage danach, ob sie eine wissenschaftliche und theologische Redlichkeit vertreten, bleibt zu klären.

Abdel-Hakim Ourghi, islam. Theologe

Islamische Festtage staatlich anerkennen?

Forderung ohne religiöse Verpflichtung

von

Reinhard Wenner

Vorbemerkung 505
1. Forderungen im Judentum 505
2. Verpflichtungen im Christentum..................................... 506
3. Situation im Islam... 506
4. Resümee.. 507

Sein wahres Gesicht
zeigt der Islam besonders dort,
wo er die Mehrheit und die Macht hat.

Thomas M. Adam

„Zur Scharia gehört auch das Straf-, das Staats- und das Wirtschaftssystem. Nur in einer Mehrheitsgesellschaft, die sich zum Islam bekennt, gehört das politische System zum verpflichtenden Teil der Scharia. Die Pflicht, das politische System durchzusetzen, also einen islamischen Staat zu errichten, ist Konsens (unter allen Muslimen)."

Prof. Kuhlmann merkt dazu an:

„Hier ist die Katze aus dem Sack gelassen, und es gibt keinen Grund mehr, den Islam (wenigstens nach Lesart eines Hauptmitglieds des Koordinierungsrates) nicht als verfassungsfeindlich zu verbieten! Oder warten wir, bis diese islamische Mehrheitsgesellschaft auch in Deutschland erreicht wird?"

Alle, die die freiheitlich-demokratische Grundordnung Deutschlands schätzen, sind aufgerufen, sie zu verteidigen. Das wird gelingen, wenn viele sich kundig machen. Daher als Erstes die Bibel lesen, dann die UN-Menschenrechtserklärung von 1948 und erneut das Grundgesetz, danach den Koran.

Und wer wissen möchte, wodurch eine Demokratie gewöhnlich scheitert, lese in Platons Schrift „Politeia" den Abschnitt „Auflösung der Demokratie durch ihre Unersättlichkeit nach Freiheit".[140]

---

140 Platon, Sämtliche Werke 3, Phaidon, Politeia, in der Übersetzung von Friedrich Schleiermacher, hrsg. von Otto, Grassi, Plamböck, Hamburg 1959, S. 261 ff..

titutionen und Begriffe nicht grundsätzlich ablehnen, sondern mit neuem Inhalt füllen."[137]

Der türkische Staatspräsident Erdogan hat, als er Oberbürgermeister von Istanbul war, aus einem religiösen Gedicht zitiert, das Ziya Gökalp zugeschrieben wird:

„Die Demokratie ist nur der Zug, auf den wir aufsteigen, bis wir am Ziel sind. Die Moscheen sind unsere Kasernen, die Minarette unsere Bajonette, die Kuppeln unsere Helme und die Gläubigen unsere Soldaten."[138]

„SPIEGEL online" veröffentlichte am 23. Oktober 2014 ein Interview, das Hasnain Kazim mit einem Mitglied des IS geführt hat. Das IS-Mitglied habe sich Abu Sattar genannt und gesagt:

„Demokratie ist etwas für Ungläubige. Ein echter Muslim ist kein Demokrat, weil ihn die Meinung von Mehrheiten oder Minderheiten nicht interessiert. Ihn interessiert, was der Islam zu sagen hat. Im Übrigen ist Demokratie ein Herrschaftsinstrument des Westens und das Gegenteil des Islam. Warum tun Sie so, als bräuchte die ganze Welt Demokratie?"

Der frühere Vorsitzende des Zentralrats der Muslime in Deutschland, Ayyub Axel Köhler, schreibt in seinem Buch „Islam: Leitbilder der Wirtschafts- und Gesellschaftsordnung" (Köln 1981):

„Die Glaubensgrundsätze (des Islam) und das islamische Recht (Scharia) zeigen den quasi-totalen Anspruch der Religion auf Mensch und Gesellschaft" (S. 28).

Und auf S. 33 heißt es:

„Das islamische Gesellschaftssystem wird damit aber keineswegs zu einer Demokratie. Diese Staatsform ist dem Islam fremd."

In einem Leserbrief im „Rheinischen Merkur"[139] zitiert Prof. Dr. Karl-Heinz Kuhlmann Dr. Nadeem Elyas, den ehemaligen Vorsitzenden des Zentralrats der Muslime in Deutschland e.V., mit den Worten:

---

137 www.orientdienst.de/muslime/analyse/islam-und-rechtsstaatliche-demokratie/ Hinweis im „Orientdienst": Der vollständige Artikel steht zum Download bereit unter: http://islaminstitut.de/ Menüpunkt „Pressemitteilungen" Pressemeldung zu Islam und rechtsstaatlicher Demokratie.
138 Wikipedia, 04.09.2012, 10.24 Uhr.
139 Rheinischer Merkur, Nr. 24/2007, S. 26.

umma und Scharia hinarbeiten zu können. Wer aber von umma und Scharia aus eine demokratische Staatsform abendländisch-christlicher Art fordert, der verneint Allahs Herrschaftsanspruch und ist aus streng koranischer Sicht bereits ein Abtrünniger.

Zum Thema „Islam und rechtsstaatliche Demokratie?", heißt es in einem Kommentar des Instituts für Islamfragen der Deutschen Evangelischen Allianz, 2012 im „Orientdienst":

> „Im Islam gibt es verschiedene Strömungen, die von der totalen Ablehnung der Demokratie bis hin zur klaren Trennung von Staat und Religion reichen."

Demokratie werde als „Satanswerk" und „Lehre des ungläubigen Westens" bezeichnet. So habe

> „Abu al-Ala al-Maududi (1903-1979), der Gründer der bis heute vor allem in Pakistan einflussreichen islamistischen Bewegung 'Jama'at-i Islami', die Demokratie als 'Satanswerk' beschrieben. 'Einer der bis heute einflussreichsten Vordenker der ägyptischen Muslimbrüder, Sayyid Qutb (1906-1966), definierte islamische Freiheit als 'Ablehnung aller Arten und Formen von Systemen, die auf dem Konzept der Souveränität des Menschen basieren'. Nach seiner Interpretation steht ein solches System im krassen Widerspruch zum Islam, in dem die Menschen allein Gott und nicht anderen Menschen dienen sollen. Auch Ali Benhadj, einer der Führer der algerischen 'Front Islamique du Salut' lehnt die Demokratie vor allem deshalb ab, weil sie 'auf der Meinung der Mehrheit beruht'. Sein Fazit lautet: 'Wir verwerfen die Demokratie, die die Lehre des ungläubigen Westens ist!'"

Und weiter:

> „Laut Carsten Polanz vom Institut für Islamfragen hat das Ganze allerdings einen entscheidenden Haken: Al-Qaradawi [ein bekannter ägyptischer Fernsehprediger und Internetmufti] schlägt vor, dass 'jedes Gesetz, das den unanfechtbaren Bestimmungen des Islam widerspricht, null und nichtig ist.' Damit hält auch er am Ideal der Einheit von Staat und Religion aus der Zeit Muhammads in Medina fest. Die von ihm und anderen Islamisten geforderten Freiheiten und Menschenrechte stehen von vornherein unter dem Vorbehalt der Scharia. Im Grunde propagiert al-Qaradawi also eine Islamisierung des westlichen Demokratie- und Menschenrechtsverständnisses, indem die muslimischen Aktivisten die westlichen Ins-

Während in der Bibel nichts über die beste Staatsform mitgeteilt wird, verkünden Koran und Hadithe, dass die umma die beste Gemeinschaft und damit auch die beste „Staatsform" sei. Zur politisch verstandenen umma gehören nur die muslimischen Männer. Alle Frauen sowie alle nichtmuslimischen Männer sind ausgeschlossen. Aus Koran und Sunna geht hervor, dass alle anderen Staatsformen und somit auch die Demokratie allenfalls Durchgangsformen zur umma sein können.

Der Allah des Koran hat nach muslimischer Meinung bereits für alle wichtigen Angelegenheiten in Staat und Gesellschaft Weisung erteilt. Eine Gewaltenteilung in Legislative, Exekutive und Judikative ist nicht nur überflüssig, sondern kann sogar kontraproduktiv sein. Oppositionsparteien sind, sofern sie sich gegen Forderungen des Koran und Entscheidungen Mohammeds und seiner Nachfolger richten, nicht zulässig. Wer gegen Entscheidungen Mohammeds und wohl auch der Kalifen opponiert, kann nach islamischer Lehre als Apostat bezeichnet und eliminiert werden.

Wenn Forderungen des Koran mit staatlichem Recht nicht zu vereinbaren sind, hat jeder Muslim Allahs Weisungen zu befolgen und nicht etwa Menschenwerk wie das Grundgesetz oder die UN-Menschenrechtserklärung.

Insgesamt zeigt sich: Das religiös (oder auch atheistisch) geprägte bzw. mitbestimmte Menschenbild ist maßgeblich für das, was dem Menschen in Staat und Gesellschaft zukommt oder zugestanden wird.

Der Koran ist meines Erachtens für eine demokratische Staatsform nicht offen. Er ist nicht demokratiefähig, und damit ist es auch der Islam nicht, ganz gleich, in welcher Ausprägung.

Einzelne Muslime können durchaus gute Demokraten sein. Je stärker Muslime und islamische Gemeinschaften sich aber am Koran orientieren, desto weniger sind sie in der Lage, auf Dauer aus innerer Überzeugung demokratische Verhaltensweisen zu akzeptieren und zu praktizieren. Sogenannte strenggläubige Muslime lehnen die Demokratie denn auch ab. Aber sie nutzen die Demokratie. Sie bietet ihnen gewöhnlich den Freiraum, ungestört auf

---

(muslimischen) Feiertage nicht an. Die islamischen Riten werden nicht in der Öffentlichkeit praktiziert. ..."
Quelle: new.meshkat.net/contents.php?catid=10&artid=10353

C Zusammenfassung

Das Grundgesetz für die Bundesrepublik Deutschland hat sich bewährt. Aber immer wieder wird um den Kernbereich und den Umfang von Grundrechten gerungen. Das beginnt schon im vorrechtlichen Bereich, wenn Begriffsinhalte angereichert, verkürzt oder umgedeutet werden.

Wenn es um die Menschenwürde und um die Menschenrechte geht, ist es bedeutsam, von welchem Verständnis des Menschen ausgegangen wird. Nach biblischer Auffassung beruht die Würde von Mann und Frau, ihre Gleichwertigkeit und daraus folgend die Forderung nach rechtlicher Gleichstellung auf ihrer Gottebenbildlichkeit. Nach dem Koran dagegen steht die Frau unter dem Mann. Sie hat nur mindere Rechte. Auch alle Andersgläubigen und Atheisten grenzt der Koran aus und gewährt ihnen allenfalls mindere Rechte. Andersgläubige und Atheisten sind aufzufordern, Muslime zu werden. Lehnen sie das ab, gelten sie als moralisch minderwertig, weil sie die angeblich so einleuchtende Botschaft des Koran ablehnen. Sie sind zu bekämpfen, nämlich zu unterwerfen oder zu vertreiben oder zu töten. Aus islamischer Sicht ist mit Nichtmuslimen kein Staat zu machen. Alle Staaten, die nicht islamisch sind, gelten als „Haus des Krieges", islamische Staaten dagegen, als „Haus des Friedens".[136]

---

[136] Nach Medienberichten hat US-Präsident Obama am 19. Februar 2015 auf einer Antiterror-Konferenz („Countering Violent Extremism") in Washington gesagt, die westliche Welt befinde sich nicht im Krieg gegen den Islam. Dem ist zuzustimmen, ändert aber nichts daran, dass im Islam „der Westen" als „Haus des Krieges" angesehen und von Muslimen entsprechend behandelt wird. Eine Fatwa belegt das, die das Institut für Islamfragen der Evangelischen Allianz am 22. 04. 2004 ins Internet gestellt hat (aufgerufen am 26. Februar 2015):
Fatwa: Dürfen Muslime in den USA leben? USA sei „Kriegsgebiet" – Auswanderung in islamisches Land empfohlen Fatwa (Rechtsgutachten) von Dr. Abdul Hay Yussef, übersetzt von Daniel Hecker (Institut für Islamfragen, 05.09.2004). ...
Antwort: „Amerika ist Kriegsgebiet. Es hat Muslimen in der ganzen Welt Schaden zugefügt. Daher gehört es zum „Haus des Krieges" (arab. *bait al-harb*). Muslime dürfen dort nicht leben, wenn sie die Möglichkeit haben, auszuwandern (Sure 4, 97). ... Amerika ist kein islamisches Land. Man hört dort keinen Ruf zum Gebet, und man erkennt den Freitag und die

Auf Grund der Lehren des Koran und der Weisungen in Hadithen zur staatlichen und gesellschaftlichen Ordnung wäre es verständlich, wenn bei einigen Vertretern islamischer Staaten sowie internationaler und innerstaatlicher muslimischer Organisationen und bei einigen muslimischen Privatpersonen eine Abneigung gegen demokratische Verfassungen und Lebensweisen bestehen sollte. Etliche Muslime dürften eine Demokratie-Phobie haben.

> Der Koran rechtfertigt Gewalt gegen Nichtmuslime.
> Die Rechtsschulen sind sich einig, dass der Abfall vom Glauben oder das Schmähen des Propheten Mohammed Unheil stiften und deshalb todeswürdige Verbrechen sind.
>
> Friedman Eißler, Islamwissenschaftler

Wie aber soll sich ein Gemeinwesen zum Guten hin entwickeln, wenn „Schwachstellen" bei einem Teil der Mitbürger nicht einmal angesprochen werden dürfen?

Zur Zeit gibt es keinen in der islamischen Welt allseits anerkannten Kalifen.[133] Einige Muslime scheinen daraus den Schluss zu ziehen, dass deswegen jeder Muslim aufgefordert sei, die Weisungen Allahs umzusetzen – bis hin zum Töten von angeblich Ungläubigen.

Oppositionsparteien können nach dem Koran nur in der Weise zugelassen werden, dass sie nicht wirklich opponieren, sondern allenfalls kosmetische Korrekturen fordern. Denn was im Blick auf Mohammed gilt, dürfte auch für Mohammeds Nachfolger, die Kalifen, gelten: Wer gegen sie opponiert, gehört zu den Ungläubigen.

Damit wird erneut deutlich, dass auf Grund der Weisungen des Koran und den Mitteilungen in Hadithen eine Demokratie im abendländisch-christlichen Sinne nicht möglich ist. Vielmehr stellt der Islam mit seinem koranisch-theologischen Wahrheitsanspruch, seiner sozialen Kontrolle und seinem machtpolitischen Herrschaftsanspruch das genaue Gegenteil zur freiheitlich-demokratischen Grundordnung dar.[134]

Der aus Ägypten stammende Hamed Abdel-Samad zitiert in seinem Buch „Der islamische Faschismus" Hani Fahs mit den Worten:

> „Viele Gelehrte sagen, der Islam sei eine Religion und ein Staat zugleich. Doch der Islam hat nicht das Zeug, einen Staat aufzubauen, zumindest nicht einen modernen funktionierenden Staat. ... Grundsätzlich kann ein auf Religion aufgebauter Staat nicht für alle seine Bürger da sein, sondern nur für diejenigen, die der Konfession der Machthaber folgen."[135]

---

133 Nach Medienberichten hat die islamische Terror-Organisation „Islamischer Staat" in Teilen Syriens und des Irak am 29. Juni 2014 ein Kalifat ausgerufen, und im August 2014 ebenfalls die islamische Terror-Organisation „Boko Haram" (~ Westliche Bildung ist Sünde), die derzeit hauptsächlich in Nigeria ihr Unwesen treibt.
134 So Thomas M. Adam in „Die Tagespost", vom 24.2.2015, Nr. 23, S. 12.
135 Abdel-Samad, Hamed, Der islamische Faschismus – Eine Analyse, München 2014, S. 161 f..

habe, also ein natürliches Produkt. Möglicherweise soll damit indirekt die umma ebenfalls als natürliche Gemeinschaft hingestellt werden.

„Nach Abu Hurayra: Als der Prophet in der Nachtreise nach Jerusalem gebracht wurde, wurden ihm zwei Trinkschalen mit Wein und Milch angeboten. Er schaute sie an und nahm die Milch. Da sagte [der Engel] Gibriel: Lob sei Allah, der dich zur Schöpfungsordnung geleitet hat. Hättest du den Wein genommen, wäre deine Gemeinschaft in die Irre gegangen." (Bukhari, Muslim)[131]

Dass diese Prophezeiung nicht eingetreten ist, wird zur Zeit fast jede Woche deutlich. Sunniten und Schiiten, die beiden größten islamischen Gemeinschaften, terrorisieren sich gegenseitig und verüben Selbstmordattentate, denen immer wieder etliche Muslime zum Opfer fallen. Mit dem Islam ist nicht einmal unter den Muslimen Frieden eingekehrt. Vielmehr bewahrheitet sich Koranvers 30,28, dass sich die Muslime gegenseitig zu fürchten haben.

Wie in allen Gesellschaften und Staaten gab und gibt es auch bei Muslimen Missstände, und zwar bereits zu Mohammeds Zeit. Denn wenn ein Hadith stimmt, hat Mohammed sich veranlasst gesehen, seine Anhänger vor berechtigter Kritik zu schützen. Er soll gesagt haben, dass alle, die bei Muslimen Schwachstellen sehen und darauf hinweisen, mit Allahs Strafe zu rechnen hätten.

„Nach Abu Barza al-Aslami: Der Prophet sagte: O ihr, die ihr mit der Zunge glaubt, während der Glaube keinen Einzug in eure Herzen gefunden hat, sagt den Muslimen nichts Böses nach, verfolgt nicht ihre Schwachstellen. Denn wer ihre Schwachstellen verfolgt, dessen Schwachstellen werden von Allah verfolgt. Und wessen Schwachstellen Allah verfolgt, den wird er in seinem Haus bloßstellen. (Abu Dawud, Tirmidhi)."[132]

---

131 Khoury, Adel Theodor, Der Hadith, Urkunde der islamischen Tradition, Band III, Ehe und Familie, Soziale Beziehungen, Einsatz für die Sache des Islam, Gütersloh 2009, Nr. 3547, S. 162.
132 Khoury, Adel Theodor, Der Hadith, Urkunde der islamischen Tradition, Band II, Religiöse Grundpflichten und Rechtschaffenheit, Gütersloh 2008, Nr. 2768, S. 361. Der Hadith könnte Vorbild sein für das Bestreben von Muslimen, Kritik am Islam als Islamophobie und damit als Geisteskrankheit zu diffamieren und Kritik am Islam allgemein unter Strafe zu stellen.

haben der Regierung zu protestieren. Nach einer Fatwa gibt es dieses Recht im Islam nicht.[130]

Absoluter Gehorsam in staatlichen Angelegenheiten gegenüber einer religiösen Instanz widerspricht der Demokratie. Denn dann bestimmt nicht die Debatte zwischen den gesellschaftlichen Gruppen und Organisationen auf der Grundlage der Verfassung und der Menschenrechte den Fortgang der staatlichen Entwicklung, das Ringen um Wahrheit und den richtigen Weg, sondern eine Religionsgemeinschaft – letztlich ein Hoher Priester, ein Papst, ein Imam bzw. Ayatollah, ein Guru, ein Druide, ein Schamane – oder „Großer Vorsitzender" oder ein Politbüro, welche Rechte und Pflichten dem Staat, der Gesellschaft und dem Einzelnen zukommen.

In einem Hadith wird den Muslimen außerdem mitgeteilt, ihre Gemeinschaft, die umma, gehe nicht in die Irre, weil Mohammed auf seiner angeblichen Himmelsreise Milch statt Wein getrunken

---

130 Das Institut für Islamfragen, dh, 20. 05. 2011, 09.00 Uhr, veröffentlichte eine Fatwa zu der Frage, ob Demonstrationen und Proteste im Islam erlaubt sind. Demonstrationen sind auf keinen Fall erlaubt.
Von dem Rechtsgutachter Scheich Uthman al-Khamis, einem der prominentesten Prediger des sunnitischen Islam unserer Zeit
Frage: „Wie beurteilt der Islam Demonstrationen und Proteste, und dürfen Frauen daran auch teilnehmen?"
Antwort: „Das Demonstrieren ist nicht erlaubt. Es ist auf keinen Fall erlaubt. Dies ist ein Verstoß [gegen das islamische Gesetz, die Scharia]. Dies ist eine der verwerflichen Neuerungen [arab. bid'a; zugleich der Begriff für „Ketzerei"], die heutzutage erfunden werden. Die Demonstrationen werden von Männern und Frauen besucht, dabei werden schmutzige Worte ausgesprochen. Manchmal werden Autos, Geschäfte und das Eigentum anderer demoliert. Dieses Urteil ist gültig, wobei das Demonstrieren gegen einen muslimischen Machthaber sowieso nicht erlaubt ist. Vor allem, weil die Unterschicht der Menschen daran teilnimmt.
Außerdem ist die gemeinsame Teilnahme von Männern und Frauen an Demonstrationen nicht erlaubt. Hinzu kommt, dass es passieren könnte, dass Regierungen Unruhestifter unter die Demonstranten schicken, so dass die Regierungen die Rechtfertigung erhalten, gegen die Demonstranten zu agieren. Allahs Prophet – Allahs Segen und Heil seien auf ihm – hätte zu seiner Zeit gegen die Ungläubigen von Quraisch demonstrieren können. Er hat jedoch nichts in dieser Richtung getan. Da das für den Propheten Allahs zwar machbar gewesen wäre, aber er [Muhammad] das nicht genutzt hat, zeigt das, dass das Demonstrieren nicht erlaubt ist. Infolge dessen sind Demonstrationen und Streiks nicht erlaubt."
Quelle: www.youtube.com/watch?v=T6c10OH96d0&feature=related

Bereits im Koran heißt es, dass Gehorsam neben Mohammed auch denen zu leisten ist, die Befehlsgewalt haben.

> „Ihr Gläubigen! Gehorchet Allah und dem Gesandten und denen unter euch, die zu befehlen haben (oder zuständig sind)!" Koranvers 4,59; siehe weiter Koranvers 4,83

Nach einem weiteren Hadith aus der schiitischen Überlieferung ist der vom Koran geforderte Gehorsam nach Mohammeds Tod den rechtleitenden Imamen zu leisten.

> „Von Abu 'Abdallah: ... Und er sagte: Ihr, die Gemeinschaft, ... folgt den Spuren des Gesandten Allahs und nach ihm den Spuren der rechtleitenden Imame ... Denn wer dem folgt, befindet sich auf dem rechten Weg ... Denn sie sind diejenigen, über die Allah befohlen hat, ihnen zu gehorchen und ihre Autorität anzuerkennen. (VIII, S. 5-17, 1)"[129]

Entscheidungen gegen Mohammed und sogenannte rechtleitende Imame bzw. Kalifen sind somit illegal, auch wenn sie mit 99 % der umma-Mitglieder erfolgt sein sollten. Wer gegen den erklärten Willen Mohammeds und seiner Nachfolger dennoch an solch einem Beschluss festhält, missachtet koranische Weisungen sowie Erläuterungen Mohammeds. Er muss damit rechnen, zum Ungläubigen erklärt zu werden. Er gehört dann nicht mehr zur umma, seine Ehe gilt als aufgelöst, ein weiteres Zusammenleben mit seiner Frau/seinen Frauen als strafwürdiges Verhalten. Er kann mit der Waffe bekämpft und sogar getötet werden.

Zwar gibt es im Koran auch einen Vers, in dem die Rede ist von „sich unter einander beraten" – nämlich 42,38 – , aber aus einer Beratung, einem „Recht" auf Anhörung folgt keine Entscheidungsbefugnis.

Zur Meinungsbildung und zur Meinungsäußerung gehört in einer Demokratie das Recht, sich zu versammeln, sich zu informieren und zu demonstrieren. Daher haben nach Art. 8 Grundgesetz alle Deutschen das Recht, sich zu Demonstrationen zu versammeln und gegen die Regierung oder einzelne Gesetzesvor-

---

[129] Khoury, Adel Theodor, Der Hadith, Urkunde der islamischen Tradition, Band V, Aus der schiitischen Überlieferung, Gütersloh 2011, Nr. 436, S. 179 [185], Nr. V., erster Absatz.

„Wenn ihr ihm [Mohammed] aber gehorchet, seid ihr rechtgeleitet." Koranvers 24,54

Die wahren Allahgläubigen ihrerseits bekennen:

„'Wir glauben an Allah und an den Gesandten und sind bereit zu gehorchen (wörtlich: und (wir) gehorchen)'." Koranvers 24,47

Dieser Gehorsam erstreckt sich bis in den privaten Bereich.

„Und weder ein gläubiger Mann noch eine gläubige Frau dürfen, wenn Allah und sein Gesandter eine Angelegenheit (die sie betrifft) entschieden haben, in (dieser) ihrer Angelegenheit (frei) wählen." Koranvers 33,36

Im Koran heißt es weiter:

„Ihr Gläubigen! Gehorchet Allah und seinem Gesandten und macht eure Werke nicht (durch Akte des Ungehorsams) zunichte!" Koranverse 47,33; 24,56; 9,71

„Diejenigen, die Allah und dem Gesandten gehorchen, sind (dereinst im Paradies) zusammen mit den Propheten, den Wahrhaftigen, den Zeugen und den Rechtschaffenen, denen (allen) Allah (höchste) Gnade erwiesen hat." Koranvers 4,69

„Wenn einer dem Gesandten gehorcht, gehorcht er damit Allah." Koranvers 4,80

Der Gehorsam gegenüber Allah und seinem Gesandten ist also nicht etwa auf religiöse Bereiche begrenzt, sondern wird auch im staatlichen, gesellschaftlichen, und privaten Bereich verlangt.
Der umfassende Gehorsam ist maßgeblich für das ewige Heil. Allah hat gemäß Koran den Mohammed „mit der Rechtleitung und der wahren Religion geschickt", „um ihr zum Sieg zu verhelfen über alles, was es (sonst) an Religion gibt" (Koranvers 9,33).
In einem Hadith der schiitischen Überlieferung wird erläutert:

„Von Abu Dja'far: Allah hat nichts ausgelassen, was die Gemeinschaft braucht, ohne es in seinem Buch herabzusenden und es seinem Gesandten deutlich zu machen. Er hat zu jedem Ding eine Definition festgelegt, und er hat dafür einen Anführer, der darauf hinweist. Und er hat für den, der diese Definition übertritt, eine Strafe festgelegt. (I S. 113, 2)."[128]

---

128 Khoury, Adel Theodor, Der Hadith, Urkunde der islamischen Tradition, Band V, Aus der schiitischen Überlieferung, Gütersloh 2011, Nr. 59, S. 30.

ter gelangt sind, und sich veranlasst sehen, dem Allah des Koran zu gehorchen und korangemäß agieren statt den Anforderungen der freiheitlich-demokratischen Rechtsordnung zu entsprechen?

4. Umfassende Zuständigkeit Mohammeds und seiner Nachfolger

Eine echte Demokratie lebt vom Austausch der Ideen und Konzepte und dem Ringen um den besten Weg zum Wohl des Gemeinwesens. Denn gewöhnlich gibt es mehrere legitime Wege und Formen, ein Gemeinwesen im Rahmen der Verfassung zu gestalten. Um die unterschiedlichen Vorstellungen von Wegen und Zielen zu bündeln, werden Parteien und andere gesellschaftliche Gruppen und Organisationen als notwendig angesehen. Parteien haben in Deutschland gemäß Art. 21 Abs. 1 Grundgesetz ausdrücklich die Aufgabe, „bei der politischen Willensbildung des Volkes" mitzuwirken. Nach dem Koran und islamischer Lehre dagegen hat Allah im Koran alle wesentlichen Wahrheiten und Anweisungen für ein gerechtes Staatswesen und für die beste Gesellschaftsordnung mitgeteilt.

„Und wir [!] haben die Schrift auf dich hinabgesandt, um alles (was irgendwo umstritten ist) klarzulegen, und als Rechtleitung, Barmherzigkeit und Frohbotschaft für die, die sich (uns) ergeben haben." Koranvers 16,89

„Wir haben in der Schrift (in der alles, was ist und sein wird, verzeichnet ist) nichts übergangen." Koranvers 6,38

Die Muslime sind aufgefordert, die Weisungen des Koran-Allah zu erkennen und sich dem entsprechend zu verhalten. Sie sollen sich dabei an Mohammed orientieren. Ihm ist ohne Widerspruch zu gehorchen. Allah weist Mohammed an:

„Sag: Wenn ihr Allah liebt, dann folgt mir, damit (auch) Allah euch liebt ... Sag: Gehorchet Allah und dem Gesandten! Wenn ihr euch abwendet (seid ihr eben ungläubig). Allah liebt die Ungläubigen nicht." Koranvers 3,31 f, siehe auch Koranvers 58,13

„Und gehorchet Allah und dem Gesandten!" Koranvers 3,132[127]

„Ihr Gläubigen! Gehorchet Allah und seinem Gesandten." Koranvers 8,20

---

127 Weitere Koranverse, in denen die Muslime zum Gehorsam aufgefordert werden: 5,92; 8,1; 8,46; 24,54; 49,14.

Seine Aufgabe sei es (lediglich), dafür zu sorgen, dass alle Menschen ihre Religion oder Weltanschauung im Rahmen der verfassungsmäßigen Ordnung ausüben könnten, vgl. Art. 136 Abs. 1 Weimarer Reichsverfassung in Verbindung mit Art. 140 Grundgesetz. Der Staat habe also Straftaten zu verhindern, ansonsten aber jeder Gemeinschaft, die behaupte, durch eine Religion oder Weltanschauung konstituiert zu sein, das Recht zu gewährleisten, ihre – ggf. auch verfassungsfeindlichen – Lehren zu verkündigen.

Was werden solche Leute sagen, wenn Kommunisten und Nationalsozialisten unter Hinweis auf ihre weltanschaulichen Grundlagen ebenfalls Lehrstühle an Hochschulen fordern, damit die kommunistische bzw. nationalsozialistische Weltanschauung gelehrt werden könne? Was werden sie antworten, wenn Kommunisten und Nationalsozialisten ihre Weltanschauung in den staatlichen Schulen vermitteln wollen und wenn sie Stadtverwaltungen auffordern, ihnen bei der Suche nach zentral gelegenen Grundstücken zu helfen, um darauf repräsentative Bauten zu errichten? Nach Art. § 3 Grundgesetz gilt bekanntlich, dass niemand „wegen ... seiner religiösen oder politischen Anschauungen benachteiligt ... werden" darf.

Ist eine Religion, die nach ihrem Selbstverständnis Angehörigen anderer Religionen und Weltanschauungen das Recht auf Glaubens- und Weltanschauungsfreiheit verweigern kann, sobald sie die Macht dazu hat, eine Religion im Sinne des Art. 4 Grundgesetzes? Es gäbe dann mit Art. 4 Grundgesetz ein Menschenrecht, mit dem die Abschaffung dieses Menschenrechts für andere Religionen und Weltanschauungen gefordert werden könnte.

Durch eine Beschränkung des Staates auf Aufgaben als „Linienrichter" können viele Ressourcen des Staates gebunden werden und damit für den weiteren Aufbau und Ausbau des Staates fehlen. Ob und wie weit Art. 18 Grundgesetz (Verwirken von Grundrechten) und Art. 19 Grundgesetz (Einschränkung von Grundrechten) weiterhelfen können, bleibt abzuwarten.

Und was geschieht, wenn mehr und mehr Muslime die verfassungsmäßige Rechtsordnung beiseite und sogenannte Scharia-Gerichte über ihre zivilrechtlichen und sogar strafrechtsrelevanten Sachverhalte entscheiden lassen und damit das Rechtsprechungsmonopol des Staates nach und nach aushöhlen? Was geschieht, wenn Angehörige solch einer „Religion" in sicherheitsrelevante Staatsäm-

Die sich im Kriegszustand mit den Muslimen befindlichen Christen, die einen Friedensvertrag [quasi Waffenstillstand] mit Muslimen geschlossen haben und daher Schutzbefohlene sind.
Der Schutzbefohlene ist derjenige, der in al-Shaam [also Syrien, Jordanien, Libanon, Palästina und evtl. Jemen und Teilen Saudi-Arabiens] oder Ägypten geboren ist [also derjenige, der in diesen Ländern seine Heimat hat] ... Er muss Tribut [an Muslime] zahlen und ist erniedrigt. ...

In muslimischen Ländern müssen diese festgesetzten Regeln eingehalten werden. Z. B.:
- Sie [die Nichtmuslime] dürfen weder muslimische Vornamen noch Nachnamen haben.
- Ihre Häuser dürfen nicht höher als die Häuser der Muslime sein. Ein Christ darf nicht ein dreistöckiges Haus bauen, wenn sein muslimischer Nachbar ein zweistöckiges Haus besitzt.
- Man [ein Muslim] darf sie [die Christen] nicht grüßen [d. h., er darf nicht mit der Begrüßung beginnen, sondern muss warten, bis er von ihnen begrüßt wird].
- Auf Wegen müssen sie [Juden und Christen] abgedrängt werden [nach Muhammads Vorschriften müssen Muslime auf Wegen so gehen, dass für Juden und Christen kaum ein Durchgang gelassen wird], weil Muslime das Vorrecht [d. h. mehr Recht auf die Benutzung von Straßen] auf Straßen haben.
- Sie müssen Kleider tragen, die zeigen, dass sie erniedrigte Schutzbefohlene sind. Selbst ein Kind muss leicht als schutzbefohlenes Christenkind erkennbar sein. Deshalb müssen sie [die Christen] bestimmte Gürtel und Kleider tragen.
- Man [d. h. die Muslime] darf sie [die Christen] nicht ehren, wie man einen Muslim ehrt.[126]

Gewöhnlich heißt es, der deutsche Staat habe sich im Blick auf Religionen und Weltanschauungen mit Regelungen zurückzuhalten.

---

126 Quelle:www.alhawali.com/index.cfm?method=home.SubContent&contentID=4153

offenbar auch heute noch und zwar auf allen staatlichen Ebenen, angefangen vom Stadtrat bis hin zum Parlament des Staates sowie für Volksbegehren und Volksentscheid.

Die Frage der Gleichberechtigung aller Bürger stellt sich allerdings dann nicht, wenn die andersgläubigen und atheistischen Männer und Frauen nicht Staatsbürger werden können, sondern allenfalls dhimmis sind, Menschen minderen Rechts.

Aus einer Fatwa, die im Institut für Islamfragen der Deutschen Evangelischen Allianz übersetzt und am 11. Juni 2007 veröffentlicht worden ist, geht hervor, welch unwürdiges Leben für „Christen und andere Gottlose" der Scheich Dr. Safr Bin Abdur-Rahman al-Hawaii aufgrund der Lehren des Koran und der Sunna für geboten hält. Seine Meinung: Christen haben in muslimischen Ländern nichts verloren oder eine erniedrigte Stellung.

Frage [an Dr. Safr Bin Abdur-Rahman al-Hawaii]: Wer siegen will, soll sich Christen und andere Gottlose nicht als Freunde nehmen [dies ist ein Hinweis auf Koranvers 5,51]. Wie sollen wir (Muslime) mit Christen umgehen, die sich in muslimischen Ländern befinden?

Antwort: „Christen können in zwei Gruppen eingeordnet werden:

1. Die erste Gruppe sind Christen, die (bestimmte) muslimische Länder nicht betreten dürfen. Es ist unnötig, die relevanten Vorschriften zu erwähnen. Diese Länder befinden sich auf der Arabischen Halbinsel. Auf der Arabischen Halbinsel dürfen sich weder Juden noch Christen befinden, d. h. in den (Ländern, die sich dort befinden) zwischen al-Busra (dem Irak) – wie einige meinen –, Jordanien und Adnan (dem Jemen). Diese (Länder) sind ein Tabu für Juden und Christen. Falls es nötig ist, dass sich ein Christ in einem dieser Länder aufhält, wird er eine dreitägige Aufenthaltserlaubnis bekommen, genau wie 'Umar [der dritte Nachfolger und Kalif Muhammads] es gehandhabt hat.

2. Die Gruppe [der Christen], die sich außerhalb der Arabischen Insel befindet, kann man in drei Untergruppen aufteilen:

verbieten, was im Koran als geboten und verboten gilt.[123] Dieser Grundsatz wird allerdings in den Verfassungen islamischer Staaten nicht überall strikt durchgeführt. In einigen islamischen Staaten werden den Angehörigen anderer Religionen einige Parlamentssitze zugestanden so z. B. in Ägypten[124] und in der islamischen Republik Iran.[125] Angehörige anderer Religionen bzw. Atheisten werden aber auf Grund gesetzlicher Bestimmungen wohl nie die Mehrzahl der Abgeordnetenmandate gewinnen und somit etwa für eine Wahlperiode den Premierminister stellen und die Richtlinien der Politik bestimmen können. Denn aus koranischer Sicht ist mit Nichtmuslimen im wahrsten Sinn des Wortes „kein Staat zu machen". Die Ungläubigen sind vielmehr, wie es im Koranvers 4,101 heißt, für die Muslime „ein ausgemachter Feind".

Im Koranvers 63,8 wird im Blick auf die Situation in Medina festgestellt: „Die Macht kommt (allein) Allah und seinem Gesandten und den Gläubigen zu." Diese Devise gilt bei Muslimen

---

123 Lediglich christliche Mönchsgemeinschaften kämen den koranischen Forderungen nahe. Sie glauben lt. Koran „an Allah und den jüngsten Tag, gebieten, was recht ist, verbieten, was verwerflich ist und wetteifern (im Streben) nach den guten Dingen." (Koranvers 3,114) Aber ohne den Glauben an Mohammed als Prophet bzw. Gesandten Allahs gehören sie dennoch nicht zur umma.

124 Radio Vatikan berichtete am 1. Februar 2015 in seinem Newsletter: „Ägypten: Die salafistische Partei al-Nour sucht nach christlichen Kandidaten, die in die Listen der konservativen salafistischen Partei aufgenommen werden sollen. Das berichtet der vatikanische Fidesdienst. Grund dafür sei das neue ägyptische Wahlrecht. Es legt fest, dass mindestens 24 Christen auf den Listen der Parteien, die landesweit an der Wahl teilnehmen, aufgelistet werden. Das ist auch eine Voraussetzung für die Zulassung einer Partei zu den kommenden Parlamentswahlen. Ein koptischer Politiker hat sich schon bereit erklärt, auf der Liste der al-Nour-Partei anzutreten. Der Kritik von Glaubensbrüdern begegnet er mit dem Hinweis, dass die koptische Kirche sich nie ablehnend zu einer Mitgliedschaft von Christen in islamischen Parteien geäußert habe. Führende Vertreter der Salafisten in Ägypten hatten ihre Anhänger immer wieder aufgerufen, Christen keine Weihnachts- oder Osterglückwünsche zu übermitteln, da eine solche Höflichkeitsgeste „die Religion der Ungläubigen" verherrliche. (fides)"

125 In das aus 86 Personen bestehende „Experten"-Parlament des Iran, das für acht Jahre gewählt wird und die Amtstätigkeit des Staatspräsidenten begleitet, dürfte ein Nichtmuslim nicht gewählt werden können, weil die Kandidatinnen und Kandidaten sowohl Islamgelehrte als auch Rechtskundige sein müssen.

ihnen gegeben hat, in der Lage, in Gesellschaft und Staat mitzuberaten.[121] Den Frauen dagegen fehlt es laut Koran an ausreichendem Verstand, siehe die Koranverse 2,228 und 4,34. Sie sind nicht einmal befähigt, für ihre eigenen Angelegenheiten zu sorgen. Erst recht sind sie folglich aus muslimischer Sicht auch nicht in der Lage, in öffentlichen Angelegenheiten mitzureden.

Vielleicht wird jemand einwenden: In den abendländisch-christlichen Demokratien sei Verstandesreife ebenfalls ein Kriterium für staatsbürgerliche Rechte und Pflichten. So habe ein Deutscher, der noch nicht 18 Jahre alt sei, kein Wahlrecht zum Bundestag (§ 12 Bundeswahlgesetz) und könne auch nicht als Abgeordneter in den Bundestag gewählt werden (§ 15 Bundeswahlgesetz). In der Tat wird vorausgesetzt, dass erst ab einem Mindestalter allgemein die Verstandeskräfte und das Verantwortungsbewusstsein hinreichend ausgebildet sind.[122] Aber das wird nicht vom Geschlecht abhängig gemacht. Im Islam dagegen können Frauen noch so alt werden, reich an Lebenserfahrung und weise sein, sie gehören nie – von Ausnahmen abgesehen (siehe oben) – zur umma im staatsrechtlichen Sinn.

Ein islamischer Staat, der aus religiösen Gründen allen Frauen und damit etwa 50 % seiner erwachsenen Staatsbürger die Mitwirkung in Staat und Gesellschaft zu verweigern hat und verweigert, ist nach abendländisch-christlichem Verständnis keine Demokratie.

b) umma ohne Nichtmuslime

Eine weitere Gruppe von Menschen kann nicht Mitglied der staatsrechtlich verstandenen umma werden: die andersgläubigen und die atheistischen Männer. Sie glauben nicht an den Allah des Koran, sie anerkennen Mohammed nicht als Propheten bzw. Gesandten Allahs und sind nicht bereit, alles zu gebieten bzw. zu

---

121 Welche Bedeutung die verschiedenen islamischen Gemeinschaften (Sunniten, Schiiten usw.) für die umma haben, ist hier nicht zu erörtern.

122 Außerdem kann das aktive und passive Wahlrecht als Folge einer Straftat aberkannt werden, §§ 45 ff. StGB; siehe weiter § 101 StGB (Landesverrat), § 108 c StGB (Wahlbehinderung, Wahlfälschung, Wählernötigung, Wählerbestechung), § 108 e StGB (Abgeordnetenbestechung), § 109 i StGB (Sabotage an Verteidigungsmitteln und wegen sicherheitsgefährdenden Nachrichtendienstes).

Der Journalist Marcel Pott zitiert Abdallah Sharif, einen in den USA promovierten Wirtschaftswissenschaftler, mit den Worten: „Der Islam ist eine Religion, gewiss, aber er ist ebenfalls ein politisches System, das den Gläubigen vorschreibt, auf eine ganz bestimmte Art zu leben – heute und für alle Zeit."[119]

Prof. Dr. Tilman Nagel ist der Ansicht: „Der Daseinszweck des islamischen Gemeinwesens ist die Aufrechterhaltung der Glaubenspraxis."[120]

Im Blick auf die Vielzahl islamischer Terror-Organisationen sind die Muslime zu fragen, ob die angeblichen „Gotteskrieger" von Boko Haram, dem Islamischen Staat, al Kaida, Hizbullah, Hamas und wie sie alle heißen, ebenfalls zur umma gehören.

3. Mitglieder der islamischen umma

In abendländisch-christlichen Demokratien ist Religion kein Kriterium für die Zugehörigkeit zum Staatsvolk und ebenso nicht das Geschlecht. Solche Kriterien wären vielmehr ein Verstoß gegen den Gleichheitsgrundsatz wie er im Grundgesetz in Art. 3 Abs. 1 und 3 zum Ausdruck kommt. Im Islam dagegen wird, wie sich aus Koranvers 3,110 ergibt, durch religiöse Kriterien bestimmt, wer zur umma gehört: Maßgeblich ist der Glaube an den Allah des Koran und das Befolgen seiner Weisungen sowie der Glaube daran, dass Mohammed Allahs Gesandter ist.

a) umma ohne Frauen

Mit dem Begriff umma können zwei verschiedene muslimische Gruppen bezeichnet werden: Aus religiöser Sicht gehören alle Menschen islamischen Glaubens zur umma, also Männer, Frauen und Kinder (vgl. Koranvers 9,71). Aus staatsrechtlicher Sicht dagegen gehören zur umma nur erwachsene muslimische Männer. Nur sie sind nach dem Koran auf Grund der Gaben, die Allah

---

Regeln und Gesetze gelten, die notfalls mit dem Schwert durchzusetzen sind.", in: Himmelsreise – Mein Streit mit den Wächtern des Islam, Taschenbuchausgabe, München 2011, S. 44.

119 Pott, Marcel, Allahs falsche Propheten – Die arabische Welt in der Krise, 3. Auflage, Bergisch Gladbach 2001, S. 159.

120 Nagel, Tilman, Kann es einen säkularisierten Islam geben?, Beitrag in einem Sammelband der Hanns-Seidel-Stiftung, München 2001, S. 9-21, [14].

Ungläubige aber tun nach dem Koran genau das Gegenteil: „Sie gebieten, was verwerflich ist, und verbieten, was gerecht ist" (Koranvers 9,67). Solche Personen werden als die eigentlichen Frevler bezeichnet:

> „Diejenigen, die nicht nach dem entscheiden, was Allah (in der Schrift) herabgesandt hat, sind die (wahren) Frevler." Koranvers 5,45

Allah teilt im Koran weiter mit: „Und wir haben (schließlich) die Schrift (d. h. den Koran) mit der Wahrheit zu dir [Mohammed] herabgesandt." Koranvers 5,48

Die umma ist nach der Darstellung im Koran nicht Menschenwerk, nicht Ergebnis von Beratungen in einem Verfassungskonvent. Sie benötigt auch keine Zustimmung durch das Volk, etwa im Rahmen einer Abstimmung, sondern sie ist hervorgebracht worden. Im Koranvers 3,110 wird nicht gesagt, wer diese Gemeinschaft hervorgebracht hat. Für Muslime dürfte aber kein Zweifel daran bestehen, dass es der Allah des Koran ist und die umma all jene umfasst, die an den Allah des Koran glauben.

Im Koran heißt es an anderer Stelle:

> „Heute habe ich euch eure Religion vervollständigt (so dass nichts mehr daran fehlt) und meine Gnade an euch vollendet, und ich bin damit zufrieden, dass ihr den Islam als Religion habt." Koranvers 5,3

Damit ist die umma nicht nur zur idealen Gemeinschaft erklärt worden, sondern sie hat aus muslimischer Sicht sogar ein göttliches Gütesiegel erhalten. Eine demokratische Staatsform kann daher für koranfixierte Muslime allenfalls zweite Wahl sein. Solche Muslime sehen sich aufgerufen, die vom Allah des Koran zur besten Gemeinschaftsform erklärte umma zu verwirklichen, nämlich ihre Glaubensgeschwister unter der Leitung eines Kalifen zu vereinigen.[118]

---

helfen, die Soldaten zum Kämpfen anzuspornen, aber darüber hinaus ist eine sicherere und feste Einkommensquelle notwendig. Dies wird durch das Gesetz der Armensteuer sichergestellt." (S. 102)
Die „Armensteuer" kann bei Bedarf also auch eine „Armee-Steuer" sein.

118 Necla Kelek schreibt: „Nicht mehr der Stamm soll künftig das Ordnungsprinzip sein, das Schutz gewährt, sondern der Glaube, zu dem sich die zunächst lokale, später globale Gemeinschaft der Gläubigen, die Umma, zusammenfindet. Sie wird ermächtigt, nach den Geboten Gottes über Gut und Böse zu richten und die Einhaltung des Gesetzes zu überwachen. Über alle ethnischen Grenzen hinweg sollen von dem einen Gott bestimmte

bliken, Militärdiktaturen bis zu Parteistaaten. In 12 Staaten, d. h. [fast] einem Viertel, sind Parteien völlig verboten. Nationalismus ist in der muslimischen Welt weit verbreitet, und nationale Aspekte haben die gleiche Bedeutung wie in westlichen Staaten, obwohl der Koran den Begriff Nation nicht kennt, sondern nur die Umma, die Gemeinschaft aller Gläubigen. In nur wenigen muslimischen Ländern gibt es Demokratieansätze westlicher Prägung."[115]
Der Islamwissenschaftler Prof. Dr. Tilman Nagel kommt zu dem Ergebnis: „Es gibt keine islamische Theorie des Staatsaufbaus".[116]

2. Die umma, die von Allah vorgegebene Gemeinschaft

Der Allah des Koran erklärt die umma, die Gemeinschaft der muslimischen Männer unter der Leitung Mohammeds bzw. seiner Nachfolger, den Kalifen, zur besten Form des Gemeinwesens und damit indirekt zur besten Staatsform. Die umma wird im Koran folgendermaßen umschrieben:

> „Ihr (Gläubigen) [gemeint sind die Muslime] seid die beste Gemeinschaft, die unter den Menschen entstanden ist (wörtlich: die den Menschen hervorgebracht worden ist). Ihr gebietet, was recht ist, verbietet, was verwerflich ist und glaubt an Allah." Koranvers 3,110; siehe weiter 3,104

Alle Gemeinschafts- und Staatsformen, die dahinter zurückbleiben, sind aus der Sicht des Koran folglich defizitär.
Auch in Koranvers 9,71 wird festgestellt:

> „Und die gläubigen Männer und Frauen ... gebieten, was recht ist, und verbieten, was verwerflich ist, verrichten das Gebet, geben die Almosensteuer und gehorchen Allah und seinem Propheten."[117]

---

115 Kilian, Dieter, „Islam und westliche Welt", in der Verbandszeitschrift AUFTRAG der Gemeinschaft katholischer Soldaten, Sonderdruck, Die Welt des Islam aus westlich demokratischer Sicht, hrsg. von Paul Schulz und Klaus Brandt, Bonn 2003, S. 49.
116 Nagel, Tilman, Kann es einen säkularisierten Islam geben?, Beitrag in einem Sammelband der Hanns-Seidel-Stiftung, München 2001, S. 9-21, [16].
117 Nach Ali Dashti, „23 Jahre – Die Karriere des Propheten Muhammad", Aschaffenburg 2003, ist die sogenannte Armensteuer nicht in erster Linie als Hilfe für arme Muslime bestimmt. „Eine kampfbereite Armee zu unterhalten, in der jeder taugliche Mann zum Dienst verpflichtet ist, ist eine kostspielige Angelegenheit. Eroberungen und Beutegut können dabei

ein beschlossenes Gesetz mit dem Koran bzw. der Scharia vereinbar ist, kann es in Kraft gesetzt werden. Gerichtsurteile dürfen ggf. erst dann verkündet und vollstreckt werden, wenn eine religiöse Autorität sie gebilligt hat.[114]

Die Gewaltenteilung, die z. B. das deutsche Grundgesetz in Art. 20 Abs. 2 zu den unabänderbaren Grundsätzen der Verfassung zählt, ist also nicht in allen islamischen Staaten mit einem Parlament verwirklicht.

Im Blick auf die Veränderungen, die in den letzten Jahren in islamischen Staaten durch den sogenannten Arabischen Frühling entstanden sind, dürfte weiterhin Dieter Kilians Bemerkung zutreffen:

„Fragt man allerdings, wie ein idealer islamischer Staat aussehen sollte, erhält man keine klare Antwort. Weder der Blick in die Geschichte noch die heutige Struktur islamischer Staaten sind hilfreich, denn die Bandbreite jener 56 Staaten der 'Organisation Islamischer Konferenz' (OIC) reicht von theokratischen Ansätzen über absolute Monarchien, Präsidialrepubliken, Republiken, Volksrepu-

---

114 Radio Vatikan berichtete im Newsletter vom 29. Januar 2013 aus Ägypten: „Sieben koptische Christen, die in den USA leben, sind in Ägypten in Abwesenheit zum Tode verurteilt worden. Das entsprechende Urteil wurde an diesem Dienstag [29.01.2013] vom Obersten Strafgericht in Kairo bestätigt, nachdem es die Zustimmung des Mufti Ali Gomaa eingeholt hatte. Den Verurteilten wird vorgeworfen, den Islam beleidigt und die nationale Einheit bedroht zu haben. Einer der Angeklagten ist Nakoula Basseley, dessen Internet-Film „Innocence of Muslims" im September vergangenen Jahres zu vielfachen Protesten bei Muslimen geführt hat. Auch die weiteren Verurteilten standen offenbar mit diesem Film in Zusammenhang. (ansa)"
Als der ehemalige ägyptische Staatspräsident Mursi am 16. 5. 2015 zum Tod verurteilt worden war, konnte das Berufungsverfahren erst begonnen werden, nachdem der Mufti von Ägypten, die höchste religiöse Autorität, das Urteil der 1. Instanz bestätigt hatte.
Marcel Pott schreibt, der iranische Religionsführer Ajatollah Khomeini habe gesagt: „Die Gerechtigkeit im Islam ist einfach und leicht. Es genügt völlig, dass sich ein islamischer Richter – der von zwei oder drei Henkern begleitet wird – mit Federhalter und Tintenfass in eine Stadt begibt, um Recht zu sprechen. Er kann über jeden anliegenden Fall das Urteil fällen und auch sofort vollstrecken lassen. Was für ein Zeitgewinn und welche Geldersparnis im Vergleich zum westlichen Rechtssystem, das zudem auf Grundsätzen beruht, die dem Islam völlig fremd sind.", in: Allahs falsche Propheten – Die arabische Welt in der Krise, 3. Auflage, Bergisch Gladbach 2001, S. 164.

die jeweilige islamische Scharia[111] Grenzen gezogen, die in einigen Fällen in einer abendländisch-christlich geprägten Demokratie verfassungswidrig sind. Die Einschränkungen können damit beginnen, dass die Personen, die sich um einen Parlamentssitz bewerben wollen, zuvor von einer religiösen Autorität auf ihre „Rechtgläubigkeit" überprüft werden.[112] Die religiöse Instanz entscheidet, ob jemand kandidieren darf. Die Letztentscheidung, ob parlamentarische Beschlüsse in Kraft treten können, kann einer religiösen Autorität zugewiesen sein.[113] Erst wenn sie erklärt, das

---

staatliche Gericht in der abendländisch-christlichen Welt würde wohl bei einer jüdischen oder christlichen Autorität anfragen, ob einem geplanten Strafurteil zugestimmt werde?

111 „Scharia" ist ein Sammelbegriff für die Rechts- und Gesellschaftsordnung in einem islamisch geprägten Staat. Sie umfasst all das, was sich aus Koran, Sunna und Fatwas (Rechtsgutachten) und zusätzlich aus all dem ergibt, was bei den einzelnen Völkern und Stämmen traditionell gilt. Die Scharia ist also nicht überall gleich, entspricht aber wohl in allen wesentlichen Punkten dem Koran und der Sunna.

112 Am 22. Mai 2013 berichteten die Medien, so auch der „General-Anzeiger", Bonn, der Wächterrat des Iran habe die Kandidatur des ehemaligen Staatspräsidenten Rafsandjani abgelehnt und ebenso die des Politikers Maschaei, einem Vertrauten des derzeitigen Präsidenten Ahmadinedschad. Es sei aber noch eine Berufung an den obersten Führer Ajatollah Ali Chamenei möglich. Marcel Pott schreibt über die Situation im Iran um das Jahr 2000: „Der 'Wächterrat' nimmt nicht nur die Gesetze der 'Majlis' unter die Lupe, sondern er durchleuchtet auch jeden Kandidaten, der sich ins Parlament wählen lassen will. Rund die Hälfte der Bewerber wurde vor der letzten 'Majlis'-Wahl 1996 von den Wahllisten gestrichen ...", in: Allahs falsche Propheten – Die arabische Welt in der Krise, 3. Auflage, Bergisch Gladbach 2001, S. 212.

113 Das Institut für Islamfragen der Evangelischen Allianz in Deutschland, Österreich, Schweiz, dh, 02.02.2007 veröffentlichte die
„Fatwa über den Posten des Präsidentenamtes – Frauen dürfen keine Präsidentinnen werden.
Vom ägyptischen offiziellen Staatsrechtsgutachter Ali Jum'a
Jum'a belegt die Richtigkeit seiner Fatwa mit den Quellen des Islam. Eine Frau könne kein Staatsoberhaupt werden, weil einer der Verantwortungsbereiche eines muslimischen Präsidenten sei, Muslime im Gebet anzuleiten. Frauen dürfen nach den Lehren des Islam nicht Vorbeterinnen sein. Jum'a bestätigt aber, dass Frauen andere führende Positionen übernehmen dürften, wie z. B. Richterin, Parlamentsabgeordnete und vieles mehr. Allerdings dürften diese Aufgaben nicht dazu führen, die Rechte des Ehemannes und der Kinder zu vernachlässigen." Quelle: www.raya.com/site/topics/article.asp?cu_no=2&item_no=218682&version=1&

Ein Diskurs und Mehrheitsentscheidungen über die Staatsziele und die besten Wege dorthin sind nicht vorgesehen. Vielmehr kommt dem als Prophet bzw. als Gesandten verehrten Mohammed und seinen Nachfolgern, den Kalifen, in allen Bereichen des staatlichen und gesellschaftlichen Lebens die letzte Entscheidung zu – bis in den familiären Bereich hinein. Dennoch gibt es in islamischen Staaten Parlamente und aktives und passives Wahlrecht, sogar für Frauen. In wohl allen Parlamenten islamischer Staaten dürften inzwischen auch weibliche Abgeordnete vertreten sein. Die Musliminnen Benasir Bhutto (Pakistan) und Hasina Wajed (Bangladesch) sind sogar jeweils für zwei Amtsperioden Premierministerin gewesen.[109]

Aber welche Befugnisse haben Parlamente in islamischen Staaten? In einigen islamischen Staaten haben sie möglicherweise Befugnisse, die den Parlamenten in abendländisch-christlichen Demokratien vergleichbar sind oder nahe kommen. In anderen Staaten haben sie eher den Status einer „Loja Dschirga", einer Großen (Rats-)Versammlung. Denn in islamischen Staaten sind den Parlamenten sowie den Regierungen und der Justiz[110] durch

---

109 Weiter ist daran zu erinnern, dass Tansu Ciller von 1993 bis 1996 türkische Premierministerin war. In Jordanien soll es derzeit (2015) vier Ministerinnen geben. Frau Sahindokt Molaverdi ist derzeit (2015) Vizepräsidentin des Iran.
Radio Vatikan berichtete im Newsletter vom 7. April 2014 unter Berufung auf die Gründerin der Organisation „Freies Afghanistan", Chekeba Hachemi, bei der Kandidatur zur Wahl des neuen afghanischen Staatspräsidenten am 05. April 2014 seien „Anwärterinnen ... aus fadenscheinigen Gründen abgelehnt worden".
Am 2. Mai 2014 berichtete Radio Vatikan im Newsletter, in Syrien bewerbe sich erstmals ein Christ für die am 3. Juni 2014 stattfindende Wahl zum Staatspräsidenten. Auch zwei Frauen hätten sich um das Amt beworben.
Und weiter heißt es bei Radio Vatikan: „Die geltende syrische Verfassung schreibt vor, dass der syrische Präsident ein sunnitischer Muslim sein muss, doch das vom Parlament im März 2013 verabschiedete Wahlrecht für die Wahl 2014, enthält keine verpflichtenden Bestimmung zur Religion der Kandidaten für das Präsidentenamt. (fides)"
110 So berichtet Radio Vatikan im Newsletter vom 29. Januar 2013: „Ägypten: Sieben koptische Christen, die in den USA leben, sind in Ägypten in Abwesenheit zum Tode verurteilt worden. Das entsprechende Urteil wurde an diesem Dienstag vom Obersten Strafgericht in Kairo bestätigt, nachdem es die Zustimmung des Mufti Ali Gomaa eingeholt hatte. ..." Welches

Allah befolgt und Ungläubige bekämpft und tötet, ist nach dem Koran daher kein Extremist oder Islamist[108], sondern ein Muslim, der Allah gehorcht.

Werden Muslime und islamische Gemeinschaften, die solche angeblich göttlichen Weisungen für verbindlich halten, eine Verfassungsordnung als maßgebend anerkennen (können), die Religionsfreiheit gewährt, das Töten von Andersgläubigen verbietet und Abstinenz von jeder Religion und Weltanschauung schützt?

VII. Religiös vorgegebene staatliche Strukturen

Ein weiteres Charakteristikum jeder abendländisch geprägten Demokratie ist das Verteilen der Staatsaufgaben auf Parlament, Regierung und Gerichte. Was das Parlament beschließt, kann Gesetz werden. In Deutschland prüft der Bundespräsident vor der Ausfertigung eines Gesetzes, ob das neue Gesetz mit der Verfassung übereinstimmt und ob die Vorschriften des Gesetzgebungsverfahrens eingehalten worden sind, vgl. Art. 82 Grundgesetz. Er prüft nicht, ob ein Gesetz mit Forderungen der Bibel oder einer anderen für heilig oder edel gehaltenen Schrift vereinbar ist.

Die Regierung hat entsprechend der Verfassung und den Gesetzen die Staatsgeschäfte zu führen. Die Gerichte haben gemäß den Gesetzen Recht zu sprechen (vgl. Art. 97 Abs. 1 Grundgesetz) und Gesetze immer verfassungskonform anzuwenden.

1. Gewaltenteilung im Islam überflüssig

Der Koran sieht das Aufteilen der Staatsgewalt auf Legislative, Exekutive und Judikative nicht vor und hält es wohl auch für riskant.

---

108 Wenn es um Muslime geht, die aus religiösen Gründen Verbrechen verüben, überbieten sich einige Politiker und Medien gleichsam in Differenzierungen. Selbstmordattentäter und Kriegsverbrecher werden als Islamisten bezeichnet und die wiederum unterschieden in gewaltbereite, bewaffnete, extreme, radikalisierte, gewalttätige, militante oder dschihadische Islamisten. Weiter ist von Radikal-Islamisten, Salafisten und islamistischen Salafisten, al-Kaida-Anhängern, IS- und Boko-Haram-Kämpfern die Rede. Berufen sich etwa nicht alle diese Muslime für ihr Handeln auf den Koran und auf Mohammed? Warum werden die Muslime, die mit „Allahu akbar!"-Rufen (Allah ist größer!) andere töten, nicht „muslimische Mörder" genannt?

Nach abendländischem Verständnis gehört die Glaubens- und Gewissensfreiheit zu den wesentlichen Grundlagen jeder echten Demokratie. In der Fatwa aber wird nicht nur das Recht bestritten, den Islam zu verlassen, sondern das Abwenden vom Islam als Verbrechen bezeichnet und das Töten von Apostaten sogar „eine Bewahrung der Menschenrechte" genannt. Personen, die solch ein Verständnis von den Menschenrechten haben, verneinen einen wesentlichen Teil der UN-Menschenrechtsdeklaration[106] und auch der deutschen Rechtsordnung.

Schon zu Mohammeds Zeit haben Muslime gespürt, dass das mit den Kriegs- und Vernichtungsbefehlen des koranischen Allah nicht richtig sein kann. Allahs Antwort lautet:

„Euch ist vorgeschrieben, (gegen die Ungläubigen) zu kämpfen, obwohl es euch zuwider ist." Koranvers 2,216

Allah will mit den Muslimen sogar eine entsprechende Vereinbarung getroffen haben:

„Allah hat den Gläubigen ihre Person und ihr Vermögen dafür abgekauft, dass sie das Paradies haben sollen. Nun müssen sie um Allahs willen kämpfen und dabei töten oder (wörtlich: und) (selber) den Tod erleiden. (Dies ist) ein Versprechen, das (einzulösen) ihm obliegt ..." Koranvers 9,111

Der Islam soll die einzige Religion sein, in der jemand durch das Töten von Andersgläubigen und Atheisten das Wohlwollen seines Gottes und das Paradies erlangen kann.

Der Koranvers 9,111 gibt gleichzeitig einen Hinweis darauf, warum immer wieder Muslime zu Selbstmord-Attentaten bereit sind. Da sie Allahs Vorherbestimmung für Himmel oder Hölle nicht kennen, können sie diese existentielle Unsicherheit dadurch beenden, dass sie sich in den Kampf begeben und in diesem Kampf sterben. Denn dann ist ihnen das koranische Paradies mit seinem, einem Schlaraffenland vergleichbaren Komfort sicher – einschließlich sexueller Vergnügungen, vgl. Koranverse 47,4-6; 55,46-77; 56,27-40.[107] Wer die Aufforderungen des koranischen

---

[106] Wer meint, es handele sich um eine Einzelmeinung, sollte prüfen, ob alle oder doch der größere Teil der islamischen Rechtsschulen und der Fatwa-Gremien diese Fatwa unisono zurückgewiesen haben.

[107] Es heißt, getötete Dschihadis würden in ihrer blutigen Kleidung begraben, damit Allah sofort sehe, dass da ein „Märtyrer" komme.

Wer sich vom Islam abwendet, steht auch heutzutage in Gefahr, von der eigenen muslimischen Familie oder von anderen Muslimen getötet zu werden.[105]

Das Institut für Islamfragen der Deutschen Evangelischen Allianz hat am 21. Juli 2005 folgende Fatwa veröffentlicht:

Fatwa über die Hinrichtung für vom Islam abgefallene Menschen – Tötung des „Abgefallenen" ist eine „Bewahrung" der Menschenrechte.
Von dem Fatwa-Gremium
Frage: Ein Muslim fragt, wie der Islam die Frage der Hinrichtung sieht und ob die Tötung eines vom Islam abgefallenen Menschen als Hinrichtung betrachtet werden müsse.
Antwort: „Der Islam hat die Hinrichtungsstrafe vorgeschrieben, um das Unheil gewisser Verbrechen zu verhindern. Der Abfall vom Islam fällt unter diese Art Verbrechen. ... Ein Mensch gilt als vom Islam abgefallen, wenn er den Islam verlässt oder einen Teil des muslimischen Glaubens aufkündigt. Die Hinrichtung des Abgefallenen ist kein Verstoß gegen die Menschenrechte oder die Glaubensfreiheit. Ganz im Gegenteil, der Islam garantiert die Menschenrechte und die Glaubensfreiheit ... Die Tötung eines vom Islam Abgefallenen ist eine Bewahrung der Menschenrechte, denn der Abgefallene begeht ein gravierendes Verbrechen durch seinen Abfall von Allahs Religion. Allahs Religion ist das Beste für die Menschheit ... Allahs Prophet ist von Allah als Gnade für die Menschheit geschickt worden ..."
Quelle: www.islamweb.net/ver2/Fatwa/ShowFatwa.php

---

105 Am 30. März 2006 berichtete die Zeitung „General-Anzeiger" (Bonn) über Abdul Rahman, einen zum Christentum konvertierten ehemaligen Muslim, der nach 16 Jahren verhaftet worden war und dem wegen der Konversion die Todesstrafe drohte:
„Parlamentssprecher Junus Kanuni sagte in der afghanischen Hauptstadt, die Freilassung Rahmans aus der Haft habe gegen geltende Gesetze verstoßen. Abgeordnete forderten, der Konvertit dürfe sein Heimatland nicht verlassen. Die Parlamentarierin Safia Seddiqi sagte: 'Die meisten Abgeordneten bestehen auf einer Hinrichtung (Rahmans), weil er nach unserer Religion nicht am Leben sein sollte.' Nach der Scharia, der islamischen Rechtsordnung, auf der das afghanische Rechtssystem basiert, steht auf Abfall vom islamischen Glauben die Todesstrafe."

Beim Thema „Religionswechsel" wird gern auf den Koranvers 2,256 verwiesen, der da lautet: „Es gibt keinen Zwang in der Religion." Aber damit ist keine Freiheit für andere Religionen gemeint oder das Recht, den Islam zu verlassen, sondern allenfalls die Freiheit, sich zum Islam zu bekehren.[102] Denn auch das soll es gegeben haben: Nicht alle islamischen Herrscher seien daran interessiert gewesen, dass die unterworfenen Völker Muslime wurden, weil dann die Möglichkeit entfiel, von ihnen eine Sondersteuer (Tribut) zu erheben, vgl. Koranvers 9,29.[103]

Nach dem Islamwissenschaftler Prof. Dr. Tilman Nagel aber ist im Koranvers 2,256 überhaupt nicht die Religionsfreiheit im eigentlichen Sinne angesprochen, sondern die Ritualpraxis und erst indirekt die Religionsfreiheit. Er schreibt:

> „Indem man aus Vers 256 die Formulierung ... 'kein Zwang in der Ritualpraxis' (din) herauslöst und so begreifen möchte, als lautete sie: '...kein Zwang zu einem (bestimmten) Glauben', gewinnt man einen Scheinbeleg für eine in der koranischen Botschaft angeblich enthaltene Religionsfreiheit. Weder sonst im Koran noch im Hadith oder in den Überlieferungen zur Prophetenvita findet man einen Hinweis darauf, dass Mohammed mit diesem Gedanken gespielt habe. Er sah sich vielmehr berufen, mit allen denkbaren Mitteln die Befolgung der von ihm für wahr erkannten Riten durchzusetzen, die, da erstmals von Abraham verkündet, älter als Judentum und Christentum seien und schon allein deshalb richtig (Koranvers 3,64 f.)"[104]

---

[102] Nagel, Tilman, Kämpfen bis zum endgültigen Triumph, Neue Zürcher Zeitung, 25. November 2006.

[103] Necla Kelek merkt an: „Denn wer Muslim war, wurde an der Kriegsbeute beteiligt und erhielt Steuern von den dhimmis, den Ungläubigen, die sowohl mit einer Kopfsteuer, jizya, sowie einer Grundsteuer, haraj, belegt wurden. Wer zum Islam übertrat, hatte nur die Ertragssteuer, den Zehnten, zu zahlen.", in: Himmelsreise – Mein Streit mit den Wächtern des Islam", München 2011, S. 53 f.

[104] Nagel, Tilman, Kämpfen bis zum endgültigen Triumph, Neue Zürcher Zeitung, 25. November 2006.
Unter https://de.wikipedia.org/wiki/Weltethos Islam ist auf der ersten Seite zu lesen: *„Keiner von Euch ist ein Gläubiger, solange er nicht seinem Bruder wünscht, was er sich selber wünscht. – An-Nawawi, Kitab Al-Arba'in (Vierzig Hadithe), 13. 256. Kein Zwang in der Religion*: „In der Religion gibt es keinen Zwang." (10. Dezember 2014, 14.30 Uhr). „Bruder" aber ist für den Muslim nur ein Muslim, alle anderen sind „Kuffar", Ungläubige,.

VI. Unterdrückung und Krieg gegen „Ungläubige" gemäß Koran

Nach Art. 26 Grundgesetz ist das Vorbereiten eines Angriffskrieges verboten. Im Koran dagegen werden die Muslime ausdrücklich aufgefordert, sich zum Kampf zu rüsten, und zwar gegen die Ungläubigen, also gegen alle Menschen, die nicht den Allah des Koran verehren.

> „Und rüstet für sie [gegen die Ungläubigen], soviel ihr an Kriegsmacht und Schlachtrossen (?) (aufzubringen) vermögt, um damit Allahs und eure Feinde einzuschüchtern." Koranvers 8,60

Allah fordert Mohammed und die Muslime an etlichen Stellen im Koran zum Kampf gegen die Ungläubigen auf. Andersgläubige zu töten ist ein Handeln auf dem Weg Allahs.

> „Kämpft gegen diejenigen, die nicht an Allah und den jüngsten Tag glauben." Koranvers 9,29

> „Prophet! Führe Krieg gegen die Ungläubigen und die Heuchler (oder: Setze den Ungläubigen und Heuchlern heftig zu) und sei hart gegen sie!" Koranvers 66,9

> „Und wenn die heiligen Monate abgelaufen sind, dann tötet die Heiden, wo ihr sie findet, greift sie, umzingelt sie und lauert ihnen überall auf." Koranvers 9,5[100]

Muslime können und sollen also jeden bekämpfen, der ihren Allah und den Koran ablehnt.[101] In diesem Zusammenhang ist auch der Koranvers 8,67 zu nennen:

> „Kein Prophet darf (Kriegs-)Gefangene haben (und sie gegen Lösegeld freigeben), solange er nicht (die Gegner überall) im Land vollständig niedergekämpft hat."

---

100 Weitere Koranverse zum Thema „Töten der Ungläubigen": 2,191; 2,193; 2,216; 4,76; 4,104; 5,35; 8,12; 8,39; 9,111; 9,123; 47,35; 48,16; 49,15.

101 Vor dem Hintergrund ist die Meldung von Radio Vatikan, Newsletter vom 09. Juli 2014, bemerkenswert:
„Marokko: König Mohammed VI. verbietet religiösen Führern, Imamen und Predigern jedwede politische oder gewerkschaftliche Aktivität. Das Dekret mit dem Datum 1. Juli soll islamischen Extremismus im Maghreb-Königreich eindämmen. Das Ministerium für islamische Angelegenheiten kontrolliert fast alle der über 50.000 Moscheen in Marokko. Prediger sollen daran gehindert werden, junge Moscheebesucher zur Teilnahme am Dschihad aufzurufen. (apic)"

teordnung", die aus abendländisch-demokratischer Sicht weitgehend inakzeptabel ist. Denn nach dem Koran geschieht kein Unrecht, wenn Muslime minderjährige Töchter verheiraten, wenn den Musliminnen Ehen mit sogenannten Ungläubigen verboten sind, wenn Töchter nur die Hälfte von dem erben was die Söhne bekommen. Nach koranischer Ansicht geschieht auch kein Unrecht, wenn Muslime ihre Ehefrauen aus der Ehe entlassen und sie ohne ihre Kinder wegschicken, wenn sie Frauen tauschen oder sie schlagen, einsperren und verhungern und verdursten lassen, wenn sie Nichtmuslime mit der Waffe bekämpfen und die angeblich ungläubigen Männer, Frauen und Kinder versklaven und sexuell missbrauchen und wenn Nichtmuslime eine Sondersteuer zahlen müssen und insgesamt Menschen minderen Rechts sind. Nach dem Koran ist es vielmehr Unrecht, die entsprechenden Lehren des Koran abzulehnen.

Erneut ist zu fragen, ob Muslime nicht nur in Deutschland, sondern weltweit mehrheitlich willens sind, zugunsten einer freiheitlich-demokratischen Rechtsordnung auf solche Lehren einschließlich der Sklaverei endgültig zu verzichten,[98] und zwar ohne taqiya-Vorbehalt. Muslime, die nicht dazu bereit sind, sind schon allein aus diesem Grund im abendländisch-demokratischen Sinn nicht demokratiefähig.[99]

Das Missliche ist, dass ein geheimer Scharia-Vorbehalt nicht erkennbar ist.

---

98 Saudi Arabien soll die Sklaverei 1968 offiziell verboten haben.
99 Radio Vatikan berichte am 17. März 2014 im Newsletter:
Eine beispiellose religionsübergreifende Initiative gegen Menschenhandel hat an diesem Montag im Vatikan begonnen. Der Heilige Stuhl, die islamische Al-Azhar-Universität in Kairo und die Anglikanische Kirche wollen gemeinsam gegen moderne Sklaverei in allen ihren Formen vorgehen. Sie gründeten zu diesem Zweck gemeinsam mit einer einschlägigen australischen Stiftung, der „Walk Free Foundation", ein Aktions-Netzwerk mit dem Namen „Global Freedom Network". In der gleichzeitig abgegebenen gemeinsamen Erklärung heißt es: „Die körperliche, wirtschaftliche und sexuelle Ausbeutung von Männern, Frauen und Kindern verurteilt 30 Millionen Menschen zur Entmenschlichung und Verwahrlosung. Jeder Tag, an dem wir diese Situation länger hinnehmen, tun wir unserer gemeinsamen Menschlichkeit Gewalt an und beleidigen das Gewissen aller Völker". (rv) Es bleibt abzuarten, wie weit sich die Al-Azhar-Universität befugt sieht, von Koran-Vorgaben abzuweichen.

Zwar empfiehlt der Allah des Koran den Muslimen, jene Sklaven auf Wunsch freizulassen, von denen sie eine gute Meinung haben, vgl. Koranvers 24,33, aber wird ein Sklavenherr gerade jene Sklavinnen und Sklaven freigeben, die er als nützlich einschätzt, und sei es auch nur als Konkubine oder Lustknabe? Erforderlich ist, dass die gesamte islamische Welt von der Sklaverei Abstand nimmt und sie ohne Wenn und Aber verbietet. Genau das aber geschieht weder in der „Allgemeinen Erklärung der Menschenrechte im Islam" vom 19. 9. 1981 noch in der „Kairoer Erklärung über Menschenrechte im Islam" vom 5. 8. 1990. Zwar heißt es in Art. 2 Buchstabe a der Erklärung aus dem Jahr 1981:

> „Die Freiheit des Menschen ist wie sein Leben geheiligt. ... >>Wenn ihr auch die Menschen versklavt, so haben ihre Mütter sie doch als Freie geboren<< (nach 'Umar) ... Nur durch die Scharia ... dürfen sie eingeschränkt oder begrenzt werden."

Und in der Kairoer Erklärung von 1990 wird in Art. 11 mitgeteilt:

> „a) Die Menschen sind frei geboren, niemand hat das Recht, sie zu versklaven ..."
>
> „b) Kolonialismus jeder Art ist als eine der teuflischsten Formen der Versklavung gänzlich verboten."

All das gilt aber eben nur im Rahmen der islamischen Scharia, vgl. auch die bereits zitierten Artikel 24 und 25 der Kairoer Erklärung, und damit ist den Muslimen nach diesen beiden „Erklärungen" die Sklaverei weiterhin erlaubt.[96]

In der „Arabischen Charta der Menschenrechte", am 15. 9. 1994 vom Rat der Liga der arabischen Staaten verabschiedet,[97] werden ebenfalls Menschenrechte aufgezählt, die zu gewähren und zu garantieren sind. Aber bereits in der Präambel wird klargestellt, dass das unter anderem gemäß den Grundsätzen der „Kairoer Erklärung der Menschenrechte im Islam" geschehen soll. Und die betont, dass alle Menschenrechte nur im Rahmen der islamischen Scharia gelten.

Zwar heißt es im Koran: „Allah will nicht, dass irgend jemandem in der Welt Unrecht geschieht" (Koranvers 3,108). Aber zu beachten ist, dass auch das lediglich im Rahmen der Scharia gilt, einer „Wer-

---

96 Fundstellen: Siehe Fußnote 14.
97 In Deutsch abgedruckt in: Menschenrechte – Dokumente und Deklarationen, hrsg. von der Bundeszentrale für politische Bildung, Schriftenreihe Band 397, 4. aktualisierte und erweiterte Auflage, Bonn 2004, S. 568.

Die fatale und grausame Situation der Sklavinnen und Sklaven wird im Islam religiös noch verstärkt. In einem Hadith heißt es, das Gebet eines entlaufenen Sklaven dringe nicht bis zu Allah.[94,95]

---

schaft oder wurden, sofern es sich um Knaben handelte, kastriert. Arabische Konkubinen scheuten sich nicht, ein geborenes Mischlingskind von eigener Hand zu töten: eine gängige und als 'normal' empfundene Praxis."
N'Diaye schätzt, dass die arabisch-muslimischen Sklavenhändler im Verlauf der 1.300 Jahre etwa 17 Millionen Schwarzafrikaner versklavt haben. Auf jeden verkauften Sklaven kämen zusätzlich etwa 3 bis 4 Personen, die bei der Gegenwehr oder wegen ihres hohen Alters gleich getötet worden oder auf den langen Märschen zu den Sklavenmärkten an Erschöpfung oder durch Krankheiten usw. zugrunde gegangen seien, siehe a.a.O. S. 214. N'Diaye meint, im Blick auf den immensen Blutzoll sei von einem Völkermord an der schwarzen Bevölkerung Afrikas zu sprechen, vgl. a.a.O. S. 208 und S. 214.

94 „Nach Abu Umama: Drei Menschen geht ihr Gebet nicht über die Ohren hinaus. Das sind der flüchtige Sklave, bis er zurückkehrt; die Frau, die die Nacht verbringt, während ihr Mann zornig auf sie ist; und der Vorbeter von Leuten, der ihnen zuwider ist.", Tirmidhi, Abu Dawud, vgl. Khoury, Adel Theodor, So sprach der Prophet, Nr. 262, Seite 162.

95 Erstaunlich ist, dass bei Frauenorganisationen und politisch linken Gruppierungen in Deutschland und in den anderen Staaten Europas diese islamische Sicht auf die Frauen noch nicht zu einem Dauerthema geworden zu sein scheint.
In Deutschland können der vom Allah des Koran festgelegte mindere Rechtsstatus der Frau und auch das im Koran gestattete Recht zur Versklavung offiziell verbreitet werden. Denn nicht nur Politiker, sondern auch röm.-katholische Bischöfe, Präsides evangelischer Landeskirchen sowie Pfarrer beider Kirchen plädieren dafür, an staatlichen Hochschulen Lehrstühle für Islamkunde einzurichten, Lehrer für den Islamunterricht auszubilden und an staatlichen Schulen Islamunterricht zu erteilen. Vom Staat gefördert können somit auch all jene islamischen Lehren verkündigt werden, die der UN-Menschenrechtsdeklaration von 1948 widersprechen und nach deutschem und internationalem Recht zu Straftaten führen können.
Die Lehrpläne für den schulischen Islamunterricht lassen sich selbstverständlich grundgesetzkonform gestalten. Aber wer bürgt dafür, dass nicht doch der gesamte Koran, die gesamte islamische Überlieferung gelehrt wird? Wenn Kultusministerien – irgendwann darauf aufmerksam geworden – einen verfassungskonformen Islamunterricht einfordern sollten, wird es wohl heißen, der Staat dürfe nicht vorschreiben, was aus dem Glaubensfundus des Islam gelehrt werden dürfe. Die muslimischen Schülerinnen und Schüler hätten Anspruch darauf, den gesamten Glaubensinhalt des Islam kennen zu lernen, also auch die von Allah angeordnete mindere Rechtsstellung der Frau und der Ungläubigen, die Prügel- und Verstümmelungsstrafen, die Kreuzigung und die Steinigung sowie die erlaubte Versklavung von Männern und Frauen einschließlich ihrer Vergewaltigung.

Sklavinnen und Sklaven sogar verheiraten.[88] Wie häufig das geschieht bzw. geschehen ist, wird sich wohl nie feststellen lassen. Wenn es aber üblich gewesen sein sollte, Sklaven, die für den Verkauf in die islamische Welt vorgesehen waren, vorher zu kastrieren, erübrigt sich die Frage.[89] Den Jungen und Männern seien oftmals nicht nur die Hoden zerquetscht oder abgeschnitten oder herausgerissen worden,[90] auch der Penis sei abgeschnitten worden. Lediglich „maximal ein Viertel der 'Patienten'" habe diese Verstümmelungen überlebt, 75 bis 80 Prozent seien verblutet oder an Wundinfektionen gestorben.[91]

Etliche schwarzafrikanische Mädchen und Frauen seien vor dem Verkauf „systematisch geschändet [worden], um sie moralisch und psychisch zu brechen, und sie ihren künftigen Herren gegenüber gefügig zu machen".[92] Die Kinder schwarzafrikanischer Harem-Sklavinnen seien durchweg getötet worden.[93]

Epheserbrief 6,5 ff. und Philemonbrief Vers 16. Hinsichtlich hebräischer Sklaven siehe: Exodus 21,2-11.
Siehe auch Flaig, Egon, Weltgeschichte der Sklaverei, München 2009, S. 79 ff..

88 „Und verheiratet diejenigen von euch, die (noch) ledig sind, und die Rechtschaffenen von euren Sklaven und Sklavinnen!" Koranvers 24,32
89 In Amerika sind viele Nachkommen afrikanischer Sklaven zu finden, erkennbar an der Hautfarbe. In islamischen Gesellschaften scheint das nicht der Fall zu sein – eine Folge der Kastrationen? Zu Einzelheiten über das „größte und langlebigste sklavistische System der Weltgeschichte" siehe Egon Flaig, Weltgeschichte der Sklaverei, München 2009, S. 83 ff..
Siehe weiter: N'Diaye, Tidiane, Der verschleierte Völkermord. Die Geschichte des muslimischen Sklavenhandels in Afrika. Aus dem Französischen von Christiane und Radouane Belakhdar, Reinbek, 2. Auflage 2011.
90 Vgl. N'Diaye, a.a.O. S. 187.
91 N'Diaye, a.a.O. S. 182.
92 N'Diaye, a.a.O. S. 155.
93 N'Diaye a.a.O. S. 190 f. schreibt:
„Die Nachkommenschaft dieser [schwarzafrikanischen] Frauen in der arabomuslimischen Welt ist jedoch zahlenmäßig eher unbedeutend. In einem Bericht des 'Anti-Slavery Reporter', des Sprachrohrs der am 1. September 1856 gegründeten britischen Gesellschaft gegen Sklaverei, hieß es hingegen, dass in Konstantinopel jeder ehrenwerte Mann zahlreiche schwarze Konkubinen hatte. Gleichwohl waren Mischlinge höchst selten zu sehen, weil die aus solchen Beziehungen geborenen Kinder im Allgemeinen getötet wurden oder weil die schwarzen Frauen ihre Schwangerschaft im Allgemeinen nicht austragen durften. Dennoch geborene Kinder gerieten sofort in Knecht-

Muslime könnten darauf aufmerksam machen, dass Allah im Koran ausdrücklich fordert, auch zu den Sklaven gut zu sein.[86]

Sklavinnen und Sklaven werden diese Forderung Allahs wohl als Verhöhnung empfinden. Denn was ist das für ein Gott, der seinen Anhängern die Sklaverei gestattet und lediglich verlangt, mit den Sklaven pfleglich umzugehen?! Das wird jeder vernünftige Mann schon deswegen tun, weil er sich so die Arbeitskraft seiner Sklavinnen und Sklaven erhalten kann, so wie ein vernünftiger Mensch ja auch seine Tiere und Gerätschaften pfleglich behandelt.[87] Nach Koranvers 24,32 soll der Sklavenherr rechtschaffene

---

ich, dass Kuwait die sexuelle Sklaverei legalisiert". Die islamische „Frauenrechtlerin" begründet ihre Forderung damit, dass es „nicht toleriert werden kann, dass unsere Männer in die Falle des ekelhaften Ehebruchs geraten". Aus diesem Grund sei es „besser, ihnen Sex-Sklaven zu kaufen".

El-Matyri wird gleich konkret: Aus Tschetschenien dürfte es „sicherlich" möglich sein, „Kriegsgefangene zu kaufen". Der Zynismus der Moslemin hat noch immer eine Steigerungsform: „Ist es nicht besser, wenn diese Sklaven gesetzlich geregelt über kuwaitische Händler gekauft werden statt über illegale?"

Für die islamische „Frauenrechtlerin" Salwa el-Matyri sind Sklaverei, die Versklavung von christlichen Frauen und die Haltung von Sex-Sklavinnen durch moslemische Männer „ganz normal", denn die Geschichte des Islam biete zahlreiche Beispiele dafür, weiß el-Matyri zu berichten. Ein „sicheres Beispiel eines Besitzers von Sex-Sklavinnen" sei zum Beispiel der Kalif Harun al-Rashid gewesen, so el-Matyri: „Als er starb, wurde bekannt, dass er 2000 Sexsklaven hatte." El-Matyri brüstet sich mit dieser Erkenntnis sogar: „Es ist etwas, worauf wir stolz sein können! Unsere Scharia erlaubt es! Und Allah sei dank, hat unser Land viele fromme Händler, die an dieser Art von Geschäft interessiert sind. Ich wünsche mir immer die beste Zukunft für Kuwait!"

86 „Und zu den Eltern (sollt ihr) gut sein, und (ebenso) zu den Verwandten, den Waisen und den Armen ... und zu dem, was ihr an Sklaven besitzt." Koranvers 4,36

87 Biblische Texte zum Thema Sklaverei: 1. Korintherbrief 7,21: „Wenn du als Sklave berufen wurdest, soll dich das nicht bedrücken; auch wenn du frei werden kannst, lebe lieber als Sklave weiter. Denn wer im Herrn als Sklave berufen wurde, ist Freigelassener des Herrn. Ebenso ist einer, der als Freier berufen wurde, Sklave Christi." (Anmerkung in der Einheitsübersetzung der Bibel zu 7,21: „Der griechische Wortlaut des Verses und der Zusammenhang des Abschnitts empfehlen diese Übersetzung. Es gibt aber auch Gründe für das Verständnis: Ergreif lieber die Gelegenheit (frei zu werden)."

Im Galaterbrief 4,7 heißt es: „Daher bist du nicht mehr Sklave, sondern Sohn; bist du aber Sohn, dann auch Erbe, Erbe durch Gott." Siehe weiter

Damit wird von diesem Gutachtergremium deutlich gesagt, welchen Rang staatliche Gesetze und internationale Deklarationen wie die UN-Menschenrechtserklärung ihrer Meinung nach im Islam haben.

Am 20. August 2013 berichtete das Internet-Portal „Katholisches", die angebliche muslimische Frauenrechtlerin Salva el-Matayri aus Kuweit habe gefordert, muslimischen Männern gefangene christliche Frauen als Sex-Sklavinnen zur Verfügung zu stellen. Der Koran erlaube das.[85]

---

85 Katholisches.info vom 20. 08. 2013:
Islamische „Frauenrechtlerin" fordert christliche Sex-Sklavinnen für Moslems.
(Kuwait) Der Islam erlaubt es, sich Sex-Sklavinnen zu halten. Oder besser gesagt: der Islam erlaubt es Moslems, sich christliche Sex-Sklavinnen zu halten. Eine kuwaitische „Frauenrechtlerin" machte diese dunkle Seite der koranischen Religion bekannt. Nicht etwa als Anklage, sondern als begeisterte Verfechterin, christliche Frauen als Sex-Objekte für moslemische Männer zu versklaven. Salwa el-Matayri trat mit ihrer frauen- und christenverachtenden Meinung mit einem Video an die Öffentlichkeit. Darin beruft sich el-Matayri, die selbst Moslemin ist, auf sunnitische Religionsgelehrte. Die „Frauenrechtlerin" berichtet von einem moslemischen Geschäftsmann, der ihr erzählte, dass ihm sein Vater eine Sex-Sklavin geschenkt hatte und dass er diese zu behalten gedenke, denn der Islam erlaube Sex-Sklavinnen. Die Enthüllung schockierte die Moslemin ganz und gar nicht.
Salwa el-Matayri hatte bereits einige Jahre zuvor wegen der starken sexuellen Begierde eines verheirateten moslemischen Mannes nach Frauen einen Mufti, einen sunnitischen Religionsgelehrten aufgesucht, um eine islamkonforme Lösung für den Mann zu finden. Vom Mufti wollte el-Matayri Auskunft über Sex-Sklavinnnen im Islam erhalten. Der Mufti erklärte ihr, es war das Jahr 2009, am Beginn des 21. Jahrhunderts: Die Art und Weise, um im Islam Sklaven zu bekommen, ist es, ein christliches Land oder ein anderes nicht-muslimisches Land anzugreifen und Gefangene zu machen, die als Sklaven mitgenommen werden. Im Islam bekommt eine Frau einen Ehevertrag. Eine Sklavin aber wird gekauft und verkauft und ist daher ein Gegenstand. Während eine moslemische Frau sich in der Öffentlichkeit nicht zeigen darf und nur ganz nahestehende Personen ihr Gesicht und andere Körperteile sehen dürfen, können Sklavinnen der Öffentlichkeit auch nackt präsentiert werden.
Auf die Nachfrage von el-Matayri versicherte der Mufti, dass der einzige Weg des Islam, um einen Mann vom Ehebruch abzuhalten, es ist, ihm eine Sex-Sklavin zu kaufen. El-Matayri selbst spricht sich begeistert für diese Lösung aus und fordert, dass Kuwait die Haltung von Sex-Sklavinnen auch per Staatsgesetz erlauben soll. Wörtlich sagt el-Matayri: „Persönlich hoffe

> „Prophet! Wir haben dir zur Ehe erlaubt: deine (bisherigen) Gattinnen, denen du ihren Lohn (d. h. ihre Morgengabe) gegeben hast; was du (an Sklavinnen) besitzt, (ein Besitz, der) dir von Allah (als Beute) zugewiesen (worden ist)". Koranvers 33,50

Was ist das für ein Gott, der persönlich Menschen der Sklaverei preisgibt und ihre sexuelle Nutzung gestattet?

Das Recht auf sexuelle Nutzung von Sklavinnen und damit ggf. ihrer Vergewaltigung wird auch heute noch von Muslimen vertreten. Ein Gremium für Rechtsgutachten einer theologischen, staatlichen Institution Katars hat auf „Islamweb.de" am 20. Juni 2001 eine Fatwa (Rechtsgutachten-Nr. 8747) zur Frage veröffentlicht, ob ein Muslim ein Verhältnis mit Sklavinnen haben darf, ohne sie zu heiraten.[84] Die Antwort lautet:

> „Wenn die Bedingungen zur Versklavung der Frau gegeben sind, ist es erlaubt, weil die Frau dann als Besitz gilt".

Im Hinblick auf Koranvers 23,1-7 heißt es in dieser Fatwa zum Begriff „Sklave" weiter:

> „Gemeint sind Knechte, die als Besitz ihres Herrn und als seine Sklaven gelten. Das können Männer und Frauen sein."

Der Geschlechtsverkehr wird dann jedoch auf „weibliche Knechte, nämlich auf Sklavinnen" eingeschränkt. Im Koran steht davon aber nichts, sodass wohl auch homosexuelle Beziehungen des Sklavenherrn zu seinen Sklaven erlaubt sein dürften.

In der Fatwa wird noch angefügt:

> „In unserer Zeit ist die Sklaverei fast verschwunden. Es gibt mittlerweile weder Sklaven noch Knechte, die Gründe dafür sind bekannt. Das heißt jedoch nicht, dass die Vorschrift zur Versklavung ausgetilgt ist, falls die passenden Bedingungen dafür gegeben sind, z. B. im Fall eines Krieges zwischen Muslimen und Ungläubigen. Die Frauen derjenigen, die [gegen die Muslime] kämpfen, gelten als Kriegsbeute [für Muslime]. Für diese Frauen gelten die Vorschriften der Sklavinnen und das 'von Rechts wegen besitzen', selbst wenn weltliche Gesetze dies verbieten würden."

---

84 Veröffentlicht vom Institut für Islamfragen der Evangelischen Allianz in Deutschland, Österreich, Schweiz am 30. 06. 2011.

V. Islamische Sklaverei einschließlich sexuelle Nutzung von Sklavinnen und Sklaven

Einer der übelsten Verstöße gegen die Menschenwürde, die Freiheit der Person sowie des Rechts auf Selbstbestimmung ist die Sklaverei.[82] Im deutschen Strafrecht wird die Sklaverei unter dem Begriff „Freiheitsberaubung" (§ 239 StGB) als verwerflich bestraft (siehe auch § 180 b f StGB Menschenhandel und § 234 StGB Menschenraub). Im Koran dagegen wird Sklaverei nicht nur gebilligt, sondern Allah teilt mit, dass der Sklavenbesitzer seine Sklavinnen und Sklaven auch sexuell nutzen kann.[83] Nach dem Koran hat Allah sogar selbst dem Mohammed Frauen als Kriegsbeute zugewiesen.

---

drei prominenten amerikanischen Evangelikalen gefordert, weil diese den Islam kritisiert haben. Ausgelöst wurden die Reaktionen im Iran, im Libanon und im Jemen durch Äußerungen des Baptistenpastors Jerry Falwell. Im Fernsehen hatte er Mohammed, den Stifter des Islam, als 'Terroristen' und 'Mann des Krieges' bezeichnet. Falwell bezog sich auf die Aufforderung Mohammeds zum Kampf gegen 'Ungläubige'. In der Frühzeit des Islam wurde unter anderem das blühende Christentum in Nordafrika durch Moslems fast völlig ausgemerzt.
Inzwischen hat sich Falwell für seine Worte entschuldigt. Gleichwohl betonte der iranische Ayatollah Moshen Mujtahed Schabestari – ein Vertrauter von Staatspräsident Ayatollah Sayed Ali Khamenei – , es sei aus islamischer Sicht nötig, Falwell sowie den Fernsehprediger Pat Robertson und Franklin Graham, Sohn des Evangelisten Billy Graham, zu töten. Robertson hatte den Islam als eine Religion beschrieben, die darauf aus sei, 'zu dominieren und, wenn nötig, zu zerstören'. Von einer 'bösartigen' Religion sprach Graham, ..."

82 In der Bibel wird die Sklaverei nicht verboten. Nach Exodus 21,2-11 gilt für Sklaven aus dem eigenen Volk: „Wenn du einen hebräischen Sklaven kaufst, soll er sechs Jahre Sklave bleiben, im siebten Jahr soll er ohne Entgelt als freier Mann entlassen werden." Siehe auch die Bestimmungen in Levitikus 25,39 ff.. Im Neuen Testament wird darauf hingewiesen, dass es nicht mehr darauf ankommt, ob jemand Freier oder Sklave ist, vgl. 1. Korintherbrief 7,21 f.. Alle Getauften sind Söhne bzw. Töchter Gottes und damit Erben des Himmelreiches, Galaterbrief 4,7; Römerbrief 8,16 f.. Siehe weiter Epheserbrief 6,5 ff. und Philemonbrief Vers 16.

83 An fünf Stellen im Koran wird angemerkt, dass Sklaven auch sexuell genutzt werden können: 4,24; 23,6; 33,50; 33,52; 70,30. Siehe weiter: Koranvers 16,71 und 24,33.

heil bedacht sind" (Koranvers 5,64) sowie Juden, die sich maßlos gebärden und schließlich alle, die den Islam ablehnen. Aber auch die Bewohner von Sodom und Gomorrha haben Unheil angerichtet. Die einschlägigen Koranverse lauten:

> „Und wenn er sich ... (wieder unter seinesgleichen befindet), ist er eifrig darauf bedacht, auf der Erde Unheil anzurichten und Saat und Nachkommenschaft (der Herden?) zu vernichten." Koranvers 2,205

> „Und unsere Gesandten sind doch (im Lauf der Zeit) mit klaren Beweisen zu ihnen (d.h. den Kindern Israels) gekommen. Aber viele von ihnen gebärden sich nach (alle)dem maßlos (indem sie) auf der Erde (Unheil anrichten). Der Lohn derer, die gegen Allah und seinen Gesandten Krieg führen und (überall) im Land eifrig auf Unheil bedacht sind (?), soll darin bestehen, dass sie umgebracht oder gekreuzigt werden, oder dass ihnen wechselweise (rechts und links) Hand und Fuß abgehauen wird, oder dass sie des Landes verwiesen werden." Koranvers 5,32 f.

> „Und unter ihnen [den Juden?] gibt es welche, die daran glauben. Und unter ihnen gibt es welche, die nicht daran glauben. Dein Herr weiß sehr wohl über die Bescheid, die Unheil anrichten." Koranvers 10,40

> „Und er [Lot] sagte: 'Herr! Hilf mir gegen die Leute, die Unheil anrichten!'" Koranvers 29,30

Unter „Unheil anrichten" lassen sich also aus koranischer Sicht verschiedene Verhaltensweisen subsumieren: Um bestraft werden zu können, reicht es bereits, auf Unheil bedacht zu sein. Es reicht, sich maßlos zu gebärden. Es reicht, angeblich klare Beweise von Propheten abzulehnen oder eifrig darauf bedacht zu sein, Saaten und Nachwuchs zu vernichten, und es kann sexuelles Fehlverhalten a la Sodom und Gomorrha bestraft werden.

Möglicherweise ist der Straftatbestand „Unheil anrichten" in Strafgesetzen islamischer Staaten bzw. durch ständige Rechtsprechung inzwischen präzisiert worden.[81] Aber nach dem Koran ist es ein unbestimmter Straftatbestand.

---

81 ideaSpektrum berichtete in Nr. 43/2002, S. 11:
   „Islamische Gelehrte fordern Tod von drei US-Evangelikalen – 'O Allah, zerstöre Juden und Christen' – Islamische Gelehrte haben den Tod von

„Ein Muslim, der bekennt, dass es keinen Gott außer Allah gibt und ich der Gesandte Allahs bin, darf nicht getötet werden, es sei denn, ... jemand ist vom Islam abgefallen und hat sich von der muslimischen Gemeinschaft losgesagt."[78]

Wer sich vom Islam abwendet, verlässt die umma, die Gemeinschaft der Muslime. Das wird von Muslimen als Hochverrat gewertet. Denn der Betreffende schwäche damit die muslimische Gemeinschaft. Hier zeigt sich, welche Folgen es haben kann, wenn Staat und Religion nicht getrennt werden (dürfen).

Nach deutschem Strafrecht kann niemand durch einen Glaubenswechsel oder durch das Aufgeben jeglicher Religion Hochverrat begehen.[79,80]

5. Keine Strafe ohne Gesetz

Zur Würde des Menschen gehört nach abendländisch-christlichem Verständnis, dass niemand für etwas bestraft werden darf, was nicht vorher als Straftat genau beschrieben und verboten und bekannt gemacht worden ist (vgl. Art. 103 Abs. 2 Grundgesetz). Nach dem Koran kann bestraft werden, wer Unheil anrichtet.
Nach dem Koran richten jene Leute Unheil an, die Saaten und Nachwuchs vernichten, die gegen Allah und seinen Gesandten Krieg führen, aber auch bereits solche Personen, die „eifrig auf Un-

---

78 Al-Buhari, Sahih, Nachrichten von Taten und Aussprüchen des Propheten Muhammad, Ausgewählt, aus dem Arabischen übersetzt und herausgegeben von Dieter Ferchl, Stuttgart 1991, S. 458.
79 Gemäß § 81 StGB begeht in Deutschland Hochverrat, wer mit Gewalt oder durch Drohen mit Gewalt den Bestand der Bundesrepublik zu beeinträchtigen oder die auf dem Grundgesetz beruhende verfassungsmäßige Ordnung zu ändern sucht.
80 Wie aktuell die Strafandrohung für das Verlassen des islamischen Glaubens heute noch ist, geht aus dem Newsletter von Radio Vatikan vom 9. September 2013 hervor:
„Afghanistan: Ein Mitglied des afghanischen Parlaments fordert die Hinrichtung von islamischen Gläubigen, die sich zum Christentum bekehren. Damit solle auf der Grundlage der „Scharia" verhindert werden, dass die Zahl der afghanischen Bürger, die sich innerhalb und außerhalb des Landes zum Christentum bekehren, weiter zunimmt. Nach Angaben des vatikanischen Fidesdienstes hat der muslimische Abgeordnete Nazir Ahmad Hanafi diese Forderung vorgetragen, nachdem die afghanische Presse einen Bericht über einen Anstieg der Zahl von Christen in Afghanistan veröffentlicht hatte. (fides)"

„Wenn einer zu Unrecht getötet wird, geben wir seinem nächsten Verwandten Vollmacht (zur Rache). Er soll (aber) dann im Töten nicht maßlos sein (und sich mit der bloßen Talio begnügen)." Koranvers 17,33.

Wie irrsinnig das vom Allah des Koran erlaubte bzw. anbefohlene ius talionis ist, wird deutlich, wenn ein Muslim, dessen Sklavin getötet worden ist, den Täter dadurch bestrafen darf, dass er eine von dessen Sklavinnen tötet, also eine völlig unschuldige Frau umbringt.

Das ius talionis des Koran zeigt, dass Sklaven zu den Sachen zählen. Vom Menschenbild des Grundgesetzes her ist weder das Töten erlaubt noch dürfen Menschen versklavt und zu den Sachen, nämlich zum Hab und Gut gezählt werden.

4. Töten von Apostaten

Für Muslime gibt es einen weiteren Grund zum Töten, nämlich dann, wenn sich jemand vom Islam abgewandt hat. Das steht zwar nicht im Koran, soll aber nach einem Hadith von Mohammed angeordnet worden sein und wird bekanntlich in einigen islamischen Staaten auch heutzutage praktiziert. Insofern gilt: Einmal Muslim, immer Muslim. Als Muslim scheint bereits jeder zu gelten, der einen muslimischen Vater hat.[77] Für sie alle gilt der Hadith:

Als er den Rücken kehrte, sagte der Gesandte Allahs: Der tötet und der getötet wird, beide befinden sich im Feuer. Der Spruch des Gesandten Allahs gelang[te] zum Rechtsnachfolger. Da verzieh er ihm."
Muslim, Abu Dawud, Tirmidhi, Nasa'i, Khoury, Adel Theodor, So sprach der Prophet, Gütersloh 1988, Nr. 615, S. 313.
In der Bibel dagegen wird bereits die Blutrache an Kain verboten, Genesis 4,14 f..

77 Die „Internationale Gesellschaft für Menschenrechte, Deutsche Sektion e.V., Frankfurt/Main, berichtete Anfang Juni 2014: „Mariam Yahia Ibrahim Ishag, eine sudanesische Christin, ist am 15. Mai 2014 wegen 'Abfall vom Islam' zum Tod durch den Strang verurteilt worden. Da ihr Vater Muslim war, betrachtet die sudanesische Regierung ... sie als Muslimin."
Necla Kelek schreibt in ihrem Buch „Himmelsreise – Mein Streit mit den Wächtern des Islam", Taschenbuchausgabe, München 2011, auf Seite 20: „... üblicherweise wird jeder, der einen muslimischen Vater hat, zur Umma gezählt, und so kommt man auf inzwischen 4,3 Millionen Muslime in Deutschland".

zelnen bedeutet, wird im Koran nicht mitgeteilt. Denn „im Haus festsetzen" – rechtlich gesehen eine Freiheitsberaubung – lässt sich ja nicht verdoppeln oder halbieren, es sei denn, damit soll die Zahl der Räume gemeint sein, die die „Festgesetzte" betreten darf. Auch der völlige Entzug von Speise und Trank kann nicht verdoppelt werden. Wenn dagegen eine Sklavin noch eine halbe Ration bekäme, würde damit allenfalls das Verhungern und Verdursten hinausgezögert. Möglicherweise gibt es aber in allen Fällen eine gewisse Variationsbreite, damit Allah einer Frau, die sich aus muslimisch-männlicher Sicht schandbar verhalten hat, den Weg zurück ins normale Leben eröffnen kann (Koranvers 4,15).

Wenn der Verdacht besteht, eine weibliche Person habe etwas Abscheuliches begangen, halten sich einige muslimische Ehemänner bzw. Väter wohl nicht damit auf, vier Zeugen zu befragen. Sie oder der Familienrat befinden darüber, ob ein „Ehrenmord" angesagt ist und welches Familienmitglied ihn ggf. zu vollstrecken hat. Nach deutschen Recht ist jeder „Ehrenmord" Totschlag, wenn nicht sogar Mord, vgl. §§ 211, 212 StGB.

3. Recht auf Rache (ius talionis)

Der Koran erlaubt das ius talionis,[76] die Vergeltung.

> „Ihr Gläubigen! Bei Totschlag ist euch die Wiedervergeltung vorgeschrieben: ein Freier für einen Freien, ein Sklave für einen Sklaven und ein weibliches Wesen für ein weibliches Wesen." Koranvers 2,178

---

76 In einem Hadith wird das bestätigt:
„Nach 'Amr ibn Shu'ayb nach seinem Vater nach dessen Großvater: Wer einen Gläubigen vorsätzlich tötet, soll den Rechtsnachfolgern des Getöteten übergeben werden. Wenn sie wollen, töten sie (ihn), und wenn sie wollen, nehmen sie ein Blutgeld entgegen ... Was sie darüber hinaus vereinbaren, gehört ihnen. Tirmidhi, Abu Dawud", Khoury, Adel Theodor, So sprach der Prophet – Worte aus der islamischen Überlieferung, Gütersloh 1988, Nr. 576, S. 299.
Ein weiterer Hadith schränkt das Vergeltungsrecht – hoffentlich – ein:
„Nach 'Alqama ibn Wa'il nach seinem Vater: Es wurde zum Gesandten Allahs ein Mann gebracht, der einen (anderen) Mann getötet hatte. Der Gesandte Allahs fragte ihn danach. Er gestand es. Da übergab er ihn dem Rechtsnachfolger des Getöteten. Er zog mit ihm weg, wobei er einen Riemen am Hals hatte.

ein."⁷⁴ Der Gehorsam gegenüber ihrem Mann wird damit für die Ehefrau zur Pforte ins ewige Leben erklärt. Solch eine Aussage steht konträr zu anderen Mitteilungen im Koran und in Hadithen über den Zugang zum Paradies.

Muslime können Ehefrauen entlassen, die etwas Abscheuliches begangen haben (Koranvers 65,1). Mit „Abscheuliches" soll sexuelles Fehlverhalten gemeint sein. Eine Frau, die sich diesbezüglich etwas zu schulden kommen lassen hat, muss aber nicht aus der Ehe entlassen werden, ihr Mann kann sie stattdessen einsperren. Das Einsperren soll bis zum Einmauern gehen können, sodass die Frau in südlichen Ländern alsbald verdurstet und verhungert. Denn eine Frau, die ihrem Mann nicht gehorche, habe keinen Anspruch auf Speise und Trank. Allerdings scheint die Großfamilie darauf zu achten, dass kein Muslim in solch einer Situation allzu weit ausrastet.

Der Koranvers zu dieser ggf. tödlich verlaufenden Selbstjustiz lautet:

„Und wenn welche von euren Frauen etwas Abscheuliches begehen, so verlangt, dass vier von euch (Männern) gegen sie zeugen! Wenn sie (tatsächlich) zeugen, dann haltet sie im Haus fest, bis der Tod sie abberuft oder Allah ihnen eine Möglichkeit schafft, (ins normale Leben zurückzukehren)! Und wenn zwei von euch (Männern) es begehen, dann züchtigt(?) sie (wörtlich: tut ihnen Ungemach an)!" Koranvers 4,15 f.⁷⁵

Sklavinnen, die Abscheuliches getan haben, erhalten die halbe Strafe (Koranvers 4,25). Für Mohammeds Frauen dagegen soll die Strafe verdoppelt werden (Koranverse 33,28-31). Was das im Ein-

---

Ein Blick ins Neue Testament ergibt: Jesus erlaubt dem Ehemann nicht, seine Frau zu schlagen. In der Arbeitshilfe der Deutschen Bischofskonferenz aber wird angemerkt, dass auch in christlichen Ehen der Umgang der Eheleute miteinander nicht von einem einzigen Schriftwort abhänge. Das klingt verständnisvoll, ist aber ein typischer Fall von Verharmlosung. Denn Körperverletzung ist und bleibt auch in der Ehe moralisch verwerflich und strafrechtsrelevant.

74 Khoury, Adel Theodor, Der Koran, 3. durchgesehene Auflage, Gütersloh 2001, S. 539.
75 Dr. Necla Kelek sieht in dem Koranvers eine Umschreibung der Aufforderung an die Frau zum Suizid. Sie schreibt in: Chaos der Kulturen, 3. Auflage, Köln 2015, S. 108: „Das wird nur zu oft als Aufforderung zum Selbstmord gelesen, obwohl der Suizid im Koran an anderer Stelle verdammt wird."

rufen und sie sogar zu schlagen, wenn er befürchtet (!), dass sie sich gegen ihn auflehnt.[73] Damit erlaubt der Allah des Koran eine Körperverletzung, nach der deutschen Rechtsordnung also eine Straftat, vgl. §§ 223 ff. StGB.

Die Bedeutung des Gehorsams der Ehefrau gegenüber ihrem Mann wird durch einen Hadith noch verstärkt. „Jede Frau, die stirbt, während ihr Mann mit ihr zufrieden ist, geht ins Paradies

---

[73] Es gibt Muslime, die darauf antworten, zwar dürfe der Mann seine unbotmäßige Frau schlagen, aber nur mit einem Zahnhölzchen. Im Koran steht diese Einschränkung nicht. Das Schlagen mit einem Zahnhölzchen wäre zudem banal im Hinblick auf den Ausschluss vom Eheleben. Der Koran aber sieht eine Steigerung der Maßnahmen vor: erst Ermahnen, dann Ausschluss vom Eheleben, schließlich Schlagen.
Erstaunlich ist, was die Deutsche Bischofskonferenz zum Thema „Schlagen der Ehefrau" schreibt. In ihrer Arbeitshilfe Nr. 172 „Christen und Muslime in Deutschland" vom 23. September 2003 heißt es auf Seite 192 zum Züchtigungsrecht im Koran:
„Die Frau schuldet dem Mann Gehorsam; die Fortsetzung des eben zitierten Koranverses [4,34] ermächtigt den Mann für den Fall, dass er sich dieses Gehorsams nicht sicher genug sein zu können meint, zu einer abgestuften Folge von Züchtigungsmaßnahmen, die bis zur Anwendung körperlicher Gewalt reichen.
Dort [im Koranvers 4,34] heißt es wörtlich: >Und wenn ihr fürchtet (!), dass Frauen sich auflehnen, dann vermahnt sie, meidet sie im Ehebett und schlagt sie!< Trotz dieses Textes, der die Gefahr birgt, von gewalttätigen Ehemännern als religiöse Rechtfertigung ihres Tuns benutzt zu werden, hängt allerdings das tatsächliche Geschehen in der Ehe bei Muslimen genau wie bei Christen nicht nur von einem einzigen Schriftwort ab.
Ob es zu entsprechenden Übergriffen kommt oder nicht, entscheidet sich in der Realität nicht primär an dem Züchtigungsrecht, das die Scharia im Anschluss an den Koran dem Manne traditionell einräumt, sondern am Maß der Kultiviertheit und der Harmonie, das die Partner erreicht haben."
Mit dem Hinweis, zu Übergriffen komme es ja nur, wenn in der Ehe kein entsprechendes Maß an Kultiviertheit und Harmonie bestehe, lässt sich für jede Straftat um Verständnis werben, auch für Mord, Versklavung, Folter, Vergewaltigung, Kindesmissbrauch. Denn diese Straftaten kommen ebenfalls nur deswegen vor, weil es beim Täter an Kultiviertheit und zwischen Täter und Opfer an Harmonie fehlt.
Und was soll die Anmerkung in der Arbeitshilfe, der Koranvers 4,34 berge die Gefahr, „von gewalttätigen Ehemännern als religiöse Rechtfertigung ihres Tuns benutzt zu werden"? Gibt der Koranvers den muslimischen Männern etwa keine „Gebrauchsanweisung" zum Umgang mit ihren Ehefrauen und zwar bereits bei Verdacht des Ungehorsams?

Ein Muslim, der die vom Allah des Koran angeordneten Strafen ablehnt, verweigert Allah den Gehorsam. Wer von Muslimen den Verzicht auf diese angeordneten Strafen verlangt, fordert sie aus koranischer Sicht zum Ungehorsam gegen Allah auf.

Werden in Deutschland lebende Muslime zugunsten der Regelungen im Grundgesetz auf die Todesstrafe und auf Verstümmelungs- und Prügelstrafen dauerhaft verzichten (dürfen)?

2. Selbstjustiz

In Deutschland ist die Rechtsprechung den staatlichen Gerichten vorbehalten. Der Koran dagegen erlaubt bzw. schreibt dem Mann in einigen Fällen vor, sich selbst Recht zu verschaffen. Nach Koranvers 4,34 steht der Mann nicht nur über der Frau, sondern er hat auch das Recht, seine Frau bereits dann zur Ordnung zu

---

Frage: „Ein Arbeitskollege von mir betet nicht. Ich habe ihn zurechtgewiesen, aber er hat nicht gehört. Ich habe unseren Vorgesetzten darüber informiert und ihm mitgeteilt, dass mein Kollege Angst davor hat, versetzt zu werden. [Daher sagte ich meinem Vorgesetzten], dass er meinem Kollegen empfehlen sollte, zu beten und ihm mit der Versetzung drohen. Aber mein Kollege ärgerte sich über mich. Meine Frage ist: Habe ich mich falsch verhalten? Wie gehe ich mit der Sache richtig um, und wie muss ich mich einem nicht Betenden [der Muslim ist] gegenüber verhalten?"

Antwort: „Derjenige, der nicht betet, gilt nicht [mehr] als Muslim. Allahs Prophet – Allahs Segen und Heil seien auf ihm – sagte: 'Was Gerechtigkeit, Unglaube und Polytheismus voneinander unterscheiden, ist das Verlassen des Gebets.' Und er – Allahs Segen und Heil seien auf ihm – sagte: 'Der Bund zwischen uns [den Muslimen] und ihnen [den Nichtmuslimen] ist das Gebet. Wer das Gebet aufgibt, entwickelt sich zum Ungläubigen.'

Die Belege für den Unglauben desjenigen, der das Beten aufgibt, sind sowohl im Koran als auch in der Überlieferung vielfältig vorhanden. Dieser [nicht betende Arbeitskollege] darf nicht nur versetzt, sondern darf gar nicht angestellt werden. Er muss zudem getötet werden. Falls er nicht zu Allah zurückkehrt und die Verrichtung der Gebete nicht einhält, wird ihm eine Besinnungsfrist gegeben. Falls er nicht [zum Islam] zurückkehrt, wird er getötet.

Was Sie mit ihm getan haben, ist Ihre Pflicht; also Zurechtweisung und Erinnerung an das Gebet. Falls er nicht betet, muss er getötet werden. Es reicht nicht, ihn zu versetzen. Solche Menschen anzustellen, ist grundsätzlich falsch. Er darf keine Arbeiten von Muslimen übernehmen, denn er wird als Vorbild für andere betrachtet."

Quelle: www.youtube.com/watch?v=HwEfNMIm3As&feature=grec_index

„Und lasst euch im Hinblick darauf, dass es (bei dieser Strafverordnung) um die Religion Allahs geht, nicht von Mitleid mit ihnen erfassen." Koranvers 24,2[69]

Menschen können also von Mitleid erfasst werden, der Allah des Koran aber verbietet ihnen solch eine Regung. Dabei bezeichnet sich Allah zu Beginn von 113 der 114 Koransuren als barmherzig und gnädig.[70]

Im Koranvers 24,2 wird außerdem bestimmt, dass bei der Bestrafung Zeugen anwesend sein sollen. In Saudi Arabien und beim „Islamischen Staat" soll das bei Hinrichtungen und beim Vollzug von Prügelstrafen auch derzeit befolgt werden.[71]

Nach einer Fatwa eines saudi-arabischen Islamgelehrten aus dem Jahr 2011 soll auch jemand, der das Gebet zu Allah ablehnt, getötet werden.[72]

---

69 Vgl. dazu das Neue Testament. Als eine Ehebrecherin zu Jesus gebracht wird, und ihre Ankläger – durch Jesu Worte beschämt – gegangen sind, verurteilt er sie nicht, sondern sagt zu ihr: „Hat dich keiner verurteilt? Sie antwortete: Keiner, Herr. Da sagte Jesus zu ihr: Auch ich verurteile dich nicht. Geh und sündige von jetzt an nicht mehr!" Johannes 8,10 f..

70 113 der 114 Koransuren beginnen mit den Worten: „Im Namen des barmherzigen und gnädigen Allah", Ausnahme: Koransure 9.

71 In einem Interview mit der Zeitung „General-Anzeiger" (Bonn) vom 4. Februar 2015, S. 3, teilt Prof. Dr. Ednan Aslan mit: „Ich verstehe Leute nicht, die die Position vertreten, die Gewalttaten hätten nichts mit dem Islam zu tun. Sie haben sehr wohl etwas mit dem Mainstream-Islam zu tun! In den vier prägenden Rechtsschulen, von den Sunniten bis zu den Schiiten, heißt es, man muss jene töten, die Gott und seinen Gesandten beleidigen. In Saudi-Arabien gibt es jede Woche auf ordentlicher Rechtsgrundlage Auspeitschungen und Enthauptungen, und es hat sie immer gegeben. ... Die Tötung von Homosexuellen wird in jedem Rechtsgrundwerk des Islams gefordert. Es heißt, man solle sie von einem Berg stoßen oder von einer Wand begraben lassen. Wenn in diesen Tagen Homosexuelle von Hochhäusern in Syrien geschmissen werden, dann werden dort genau diese tradierten Rechtsvorschriften in die Praxis umgesetzt."

72 Institut für Islamfragen, dh, 07.08.2011, 12.50 Uhr:
Fatwa zu der Frage, wie mit einem Muslim umgegangen werden muss, der nicht betet
Falls ein Muslim sich weigert, zum Gebet zurückzukehren, muss er getötet werden.
Von dem Rechtsgutachter Scheich Saleh al-Fawsan, dem Mitglied des Vorstands der muslimischen Gelehrten Saudi-Arabiens

Allerdings können auch bereits 80 Hiebe und erst recht 100 Hiebe einem Todesurteil gleichkommen.[68] Es kommt darauf an, ob die Hiebe mit einem Stock, einer Peitsche oder einer Stahlrute erfolgen und mit welcher Wucht sie erteilt werden. Mitleid wird abgelehnt. Bei der Strafanordnung von 100 Hieben für Unzucht heißt es im Koran:

> kommen' (Koranvers 4, 25); aber die Steinigung kann nicht halbiert werden. Was halbiert werden kann, ist das Auspeitschen. Die Hälfte von 100 Hieben sind 50 Hiebe. Die Steinigung jedoch kann nicht halbiert werden. Da sie nicht halbiert werden kann, muss der o.g. Koranvers so verstanden werden. Ist das richtig?"
> **Antwort:** „Wir sagen solchen Menschen: 'Ihr habt nicht aufgepasst.' Spricht der Koranvers von nur 'der Hälfte der Qualen' und sagt nichts weiter? 'Die Hälfte der Qualen der ehrbaren Frauen', nicht die Hälfte der Strafe für ehrbare Frauen. [Der arabische Korantext beinhaltet hier das Wort 'Athab', was das Zufügen von Schmerzen durch Folter beschreibt].
> Nun, was bedeuten 'Qualen'? Dies bedeutet: einem Lebewesen Schmerzen zufügen, aber die Steinigung ist Tötung. Einem Lebewesen werden durch die Auspeitschung Schmerzen zugefügt, d. h. sie (z. B. eine Frau, die eine uneheliche sexuelle Beziehung hatte] wird 50 Mal statt 100 Mal ausgepeitscht. Aber was keine Qualen beinhaltet, ist die Steinigung. Der Koranvers spricht [lediglich] von der Hälfte der Qualen [nicht von der Hälfte der Tötung/Steinigung.
> [Die Lösung ist:] Der muslimische Geistliche spricht hier von zwei verschiedenen Strafen für Muslime bei unehelichen sexuellen Beziehungen: Auspeitschung und schließlich Steinigung. Die Sklavinnen müssen dagegen nur durch Auspeitschung/Qualen bestraft werden und zwar nur halb so viel wie Muslime].
> Sie fragen: 'Bereitet die Steinigung keine Qualen?' Nein, sie ist die Beendigung des Lebens derer, denen Schmerzen zugefügt wurden."
> [Sowohl in diesem Video als auch in anderen vertritt ash-Sharawi die Meinung, die Steinigung sei eine vom Islam vorgeschriebene Strafe mit ewiger Geltung].
> Quelle: www.youtube.com/watch?v=KBgNeF6UQts
> 68 Am 9.1.2015 berichtete die „Deutsche Welle" unter Berufung auf Amnesty International, der Blogger Raif Badawi sei von einem saudischen Berufungsgericht zu sieben Jahren Haft, 1.000 Peitschenhieben und einer Geldstrafe von umgerechnet fast 200.000 € verurteilt worden.
> Die ersten 50 Hiebe habe er am 9.1.2015 nach dem Freitagsgebet vor einer Moschee in Dschidda erhalten. Jeden Freitag solle er weitere 50 Peitschenhiebe bekommen – 20 mal.
> Badawi sei verurteilt worden, weil er auf seiner Internetseite religiöse Instanzen seines Landes kritisiert habe. Am 8.6.2015 verlautete, das höchste Gericht Saudi Arabiens habe das Urteil bestätigt.

Eine weitere Strafe im Islam ist die Steinigung wegen Ehebruchs. Sie steht ebenfalls nicht im Koran. Dennoch soll bereits Mohammed eine Frau wegen Ehebruchs steinigen lassen haben. Der entsprechende Hadith lautet:

> „Eine Frau kam zum Propheten. Sie war infolge eines Ehebruchs schwanger. Sie sagte: 'O Gesandter Allahs, ich habe eine gesetzliche Strafe verdient, so verhänge sie über mich.' Der Gesandte Allahs rief ihren Sachwalter zu sich und sagte: 'Sei gut zu ihr. Und sobald sie ihre Niederkunft gehabt hat, bringe sie zu mir.'
> Er tat so. Da befahl der Prophet, und ihre Kleider wurden um sie festgebunden. Dann befahl er, und sie wurde gesteinigt.
> Dann hielt er das Gebet für sie."[66]

Wenn in diesem Hadith eine wahre Begebenheit berichtet wird, hat Mohammed mit dem Verhängen der Todesstrafe gegen Allahs Strafanweisung für Unzucht gehandelt und die Frau koranwidrig hinrichten lassen. Erstaunlich ist, dass der Allah des Koran das nicht gerügt zu haben scheint.

Bekanntlich werden in einigen islamischen Staaten auch heutzutage noch Frauen wegen Ehebruchs bzw. außerehelicher Schwangerschaft gesteinigt, auch wenn sie vergewaltigt worden sein sollten. Jedesmal wird dabei gegen die Weisung im Koran verstoßen.[67]

---

66 Vgl. Khoury, Adel Theodor, Der Koran, 3. Auflage 2001. Der Hadith ist im Anhang der Koranübersetzung auf S. 550 abgedruckt; er stammt lt. Khoury aus der Hadithe-Sammlung von Muslim. Vgl. zu dem Thema auch Hiltrud Schröter, Das Gesetz Allahs – Menschenrechte, Geschlecht, Islam und Christentum, Königstein/Taunus 2007.

67 Diese Ansicht wird in einer Fatwa nicht geteilt.
Fatwa zu der Frage, ob die Steinigung eine islamische Bestrafung mit ewiger Wirkung ist.
Von dem Rechtsgutachter Muhammad Mitwalli ash-Shi'rawi, einem sehr prominenten muslimischen Geistlichen, Prediger und früherem Religionsminister Ägyptens.
(Institut für Islamfragen, dh, 24.02.2015)
Frage (aus einer Fernsehsendung): „Viele Berater, Richter, usw. haben debattiert und sind zu der Meinung gekommen: 'Es gibt keinen Koranvers, der die Steinigung vorschreibt. Es gibt nur das Auspeitschen [als Bestrafung für eine uneheliche sexuelle Beziehung].' Nun, warum [meinen diese so etwas]? Sie übernehmen die Argumente der Aufklärer, der Feinde des Islam. Ihr Argument ist: 'Unser Herr meint: 'Soll ihnen die Hälfte der Strafe zu-

1. Prügel- und Verstümmelungsstrafen, Todesstrafe einschließlich Steinigung

Im Koran werden verschiedene Körperstrafen nicht etwa lediglich erlaubt, sondern angeordnet – bis hin zur Todesstrafe. So soll, wer ehrbare Frauen in Verruf bringt, 80 Hiebe erhalten (Koranvers 24,4). Wer Unzucht begeht, ist mit 100 Hieben zu bestrafen (Koranvers 24,2). Dem Dieb ist die rechte Hand abzuschlagen (Koranvers 5,38). Die Verstümmelung wegen Diebstahls geschieht offensichtlich aber nur, wenn das Diebesgut mehr als einen Dinar wert ist und besonders gesichert war. Im Koran stehen diese Bedingungen allerdings nicht.

Verstümmelungsstrafen sind auch vorgesehen für Opponieren[62] und für Unheil stiften. Wer Unheil stiftet, kann sogar gekreuzigt werden[63] oder ihm werden die rechte Hand und der linke Fuß abgehauen oder er wird des Landes verwiesen (Koranvers 5,33).[64]

Auch das Trinken von Alkohol soll bestraft werden. Im Koran (Vers 5,90 f.) wird das Trinken von Wein zwar verboten, für Zuwiderhandelnde jedoch keine Strafe festgelegt. In einem Hadith aber heißt es, dass derjenige, der Alkohol trinkt, gegeißelt werden und, wenn er zweimal rückfällig wird, getötet werden soll.

> „Nach Ibn 'Umar: Der Prophet sagte: Wer Wein trinkt, den sollt ihr geißeln. Wenn er danach wieder trinkt, dann geißelt ihn. Wenn er danach wieder trinkt, dann tötet ihn."[65]

---

62 „Ich [Allah] werde denjenigen, die ungläubig sind, Schrecken einjagen. Haut (ihnen mit dem Schwert) auf den Nacken und schlagt zu auf jeden Finger von ihnen. Das (wird ihre Strafe) dafür (sein), dass sie gegen Allah und seinen Gesandten Opposition betrieben haben (?). Wenn jemand gegen Allah und seinen Gesandten Opposition treibt (?), (muss er dafür büßen). Allah verhängt schwere Strafen." Koranvers 8,12 f.

63 Der Verurteilte werde nicht angenagelt, sondern am Kreuz festgebunden. Wenn er nach drei Tagen noch lebe – was in südlichen Ländern wegen der Hitze selten vorkomme – sei er frei zu lassen.

64 „Der Lohn derer, die gegen Allah und seinen Gesandten Krieg führen und (überall) im Land eifrig auf Unheil bedacht sind (?), soll darin bestehen, dass sie umgebracht oder gekreuzigt werden, oder dass ihnen wechselweise (rechts und links) Hand und Fuß abgehauen wird, oder dass sie des Landes verwiesen werden." Koranvers 5,33

65 Siehe Khoury, Adel Theodor, Der Hadith, Band II, Gütersloh 2008, S. 387, Nr. 2884. In einem weiteren Hadith heißt es, Abu Bakr habe 40 Hiebe erteilen lassen, und 'Umar 80 Hiebe, siehe Khoury, a.a.O., Nr. 2885, S. 387.

nicht etwa auch in gleicher Weise Musliminnen und schon gar nicht „Ungläubige". Denn nur Muslime handeln bzw. gestalten die Welt angeblich gemäß den Weisungen Allahs. Die von Allah verliehene Würde ist aber mit jener Würde nicht vergleichbar, mit der der Gott der Bibel Mann und Frau in gleicher Weise ausgestattet hat: Es fehlt das Wesentliche, die „Gottebenbildlichkeit".

IV. Menschenwürde und Strafbestimmungen im Koran

Aus der biblisch grundgelegten Würde des Menschen ergibt sich, dass niemand an Leib oder Seele geschädigt werden darf, ausgenommen bei Notwehr und Nothilfe gegen einen rechtswidrigen Angriff, vgl. §§ 32 ff. StGB. Der Staat hat die Würde und die seelische und körperliche Unversehrtheit der Person durch seine Rechtsordnung zu gewährleisten und durch Polizei und Militär zu sichern. Der Sicherung dienen desweiteren Einrichtungen der sozialen Vorsorge sowie Krisenmanagement in Katastrophenfällen.

Zu den Regelungen zum Schutz der Person und ihrem Hab und Gut gehören auch das Justizmonopol des Staates (Art. 92 Grundgesetz), der Anspruch auf den gesetzlichen Richter (Art. 101 Grundgesetz) und auf rechtliches Gehör (Art. 103 Abs. 1 Grundgesetz) sowie der Grundsatz „Keine Strafe ohne Gesetz", Art. 103 Abs. 2 Grundgesetz.

Niemand darf Richter in eigener Sache sein. Außerdem legt Art. 102 Grundgesetz fest: „Die Todesstrafe ist abgeschafft."[61]

Im Koran ist hinsichtlich des Strafrechts Etliches grundlegend anders. Der Koran ordnet für einige Taten Prügel- und Verstümmelungsstrafen an, für andere die Todesstrafe. Er erlaubt die Kreuzigung und gestattet Selbstjustiz.

---

61 In einigen westlichen Demokratien gibt es ebenfalls die Todesstrafe, auch in einigen Bundesstaaten der USA. In bestimmten Situationen kann in der Europäischen Union die Todesstrafe eingeführt werden, vgl. Lissabon-Vertrag (in Kraft getreten zum 1.12.2009). Darauf macht Prof. Dr. jur. Albrecht Schachtschneider aufmerksam. Wer im Internet-Suchprogramm „EU Todesstrafe Schachtschneider" eingibt, gelangt zu den entsprechenden Darlegungen des Staatsrechtlehrers Schachtschneider.
Die Problematik, die sich aus dieser Regelung im EU-Vertrag ergibt, kann hier nicht erörtert werden.

Nach Nr. 10 der bereits erwähnten „Grundsatzerklärung des Zentralrats der Muslime in Deutschland" verpflichtet

> „das islamische Recht ... Muslime in der Diaspora, sich grundsätzlich an die lokale Rechtsordnung zu halten. In diesem Sinne gelten Visumerteilung, Aufenthaltsgenehmigung und Einbürgerung als Verträge, die von der muslimischen Minderheit einzuhalten sind."

Die deutsche Rechtsordnung ist also nur „grundsätzlich" zu beachten. Im rechtlichen Bereich besagt „grundsätzlich" nämlich: Ausnahmen sind möglich. Mit anderen Worten: Muslime nehmen sich das Recht, bei Bedarf z. B. das Grundgesetz und damit auch Art. 4 und Art. 140 Grundgesetz mit Art. 136 Weimarer Reichsverfassung als irrelevant beiseite zu schieben und ebenso den Gleichheitsgrundsatz des Art. 3 Grundgesetz.

In Nr. 10 der „Grundsatzerklärung" des Zentralrates der Muslime wird auf die Minderheitensituation abgestellt. Folglich gilt nach dieser Meinung die Verpflichtung, sich an die deutsche Rechtsordnung zu halten, nicht mehr, wenn Muslime die Mehrheit erlangt haben. Das wird durch die Ansicht unterstrichen, Visumerteilung, Aufenthaltsgenehmigung und Einbürgerung seien Verträge. Verträge können bekanntlich gekündigt werden. Nach deutschem Recht handelt es sich aber in den genannten Fällen nicht um Verträge, sondern um hoheitliche Akte. So darf nach Art 16 Abs. 1 Grundgesetz die deutsche Staatsangehörigkeit nicht entzogen bzw. „gekündigt" werden, es sei denn auf Grund eines Gesetzes und „wenn der Betroffene dadurch nicht staatenlos wird".

Der Zentralrat der Muslime in Deutschland lässt in Nr. 10 seiner „Grundsatzerklärung" erkennen, dass sich Muslime an den Machtverhältnissen orientieren und nicht an den Grundsätzen der freiheitlich-demokratischen Verfassungsordnung in Deutschland und sie sich, wenn ihr Minderheitenstatus beendet sein sollte, nicht mehr unbedingt an die „lokale Rechtsordnung" halten werden.

Auch aus dem Koran soll sich ergeben, dass Allah die Kinder Adams mit Würde ausgestattet habe. In diesem Zusammenhang werden die Koranverse 2,30 und 17,70 genannt. Die Würde der Menschen ergebe sich daraus, dass Allah sie zu Kalifen seiner Schöpfung gemacht habe. Wer dieser Auslegung folgt, sollte beachten, dass aus islamischer Sicht aber nur Muslime „Kalifen" sind bzw. sein können, und zwar in erster Linie muslimische Männer,

Eine demokratische Staatsform verlangt natürlich nicht, dass die Staatsbürger sich mögen oder gar miteinander befreundet sind oder dass jemand an der Beerdigung eines Andersgläubigen teilnimmt. Wer aber Personen anderen Glaubens sowie Atheisten pauschal unterstellt, sie lehnten die Wahrheit ab und seien darauf aus, ihre muslimischen Mitbürgerinnen und Mitbürger um das ewige Heil zu bringen, erschwert bzw. untergräbt den in jedem Staatswesen erforderlichen Grundkonsens für ein gutes Miteinander.

Der Allah des Koran befiehlt den Muslimen, die Ungläubigen zu bekämpfen und sie entweder zu verstümmeln oder zu töten oder zu Untergebenen (dhimmis) zu machen, nämlich zu Menschen minderen Rechts, die demütig und unterwürfig Tribut zu entrichten haben (vgl. Koranverse 8,12 f.; 66,9; 9,73; 9,123; 9,5; 58,5; 47,8 f.; 48,29; 9,14). Der Koran schließt ein gleichberechtigtes Miteinander von Muslimen und Nichtmuslimen aus, und zwar in Gesellschaft und Staat.[59] Nach dem Koran sind nämlich diejenigen Leute der Schrift und der Heiden, die ungläubig sind, „die schlechtesten Geschöpfe".[60]

In abendländisch-christlich geprägten Demokratien aber gilt: Die Religion, die Weltanschauung darf kein Kriterium für Teilhabe- und Mitwirkungsrechte sein (vgl. für Deutschland die Art. 3 und 4 sowie Art. 140 Grundgesetz in Verbindung mit Art. 136 Weimarer Reichsverfassung).

Können Muslime, die unter entgegengesetzten religiösen Forderungen stehen, Forderungen, die ihnen in den Freitagspredigten und religiösen Unterweisungen immer wieder nahegebracht werden, dauerhaft echte Demokraten sein bzw. werden?

---

59 Jaya Gopal schreibt dazu: „Der Koran trieft von Hass, Verachtung und Rachegelüsten gegen die Ungläubigen. ... Es gibt ca. 70 Passagen im Koran, die zu Gewalt gegen Nicht-Moslems anstacheln, Hass und Feindschaft gegen andere Religionen schüren und sie mit Beleidigungen überhäufen.", in: Gabriels Einflüsterungen, Eine historisch-kritische Bestandsaufnahme des Islam, Übersetzt und herausgegeben von Fritz Erik Hoevels, 2. Auflage, Freiburg i. Breisgau 2006, S. 217.

60 „Diejenigen von den Leuten der Schrift und den Heiden, die ungläubig sind, (oder: Diejenigen, die ungläubig sind, die Leute der Schrift und die Heiden?) werden (dereinst) im Feuer der Hölle sein und (ewig) darin verweilen. Sie sind die schlechtesten Geschöpfe." Koranvers 98,6

Nach einer Fatwa soll ein Muslim einen Ungläubigen nicht einmal zuerst grüßen.[58]

---

58 Das Institut für Islamfragen der Evangelischen Allianz in Deutschland, Österreich, Schweiz, dh, veröffentlichte am 18.04.2011 eine >>Fatwa zu der Frage, ob ein Muslim Juden und Christen grüßen darf, Rechtsgutachten-Nr.: 9252. Von dem Rechtsgutachtergremium Ägyptens, einer Körperschaft der al-Azhar Moschee zum Erlass von Gutachten
Frage: „Darf ich einen Nichtmuslim mit der Begrüßung des Islam grüßen und darf ich auf seinen Gruß antworten?"
Antwort: „Al-Bukhari und Muslim zitieren [die authentische] Aussage Allahs des Propheten [Muhammads] – Allahs Segen und Heil seien auf ihm -: 'Falls die Juden und Christen euch grüßen, antwortet mit: [Frieden sei] auch auf euch.' Muslim hat ebenfalls [den Ausspruch Muhammads] zitiert: 'Seid nicht die ersten mit dem Gruß, wenn ihr Juden oder Christen begegnet.'
Imam ibn Qayyim sagte, die früheren und zeitgenössischen Muslime verstehen diese Aussagen unterschiedlich. Die meisten von ihnen sind der Meinung, dass man nicht mit dem Gruß beginnen darf, wenn man Juden oder Christen begegnet. Andere sind der Meinung, man dürfe sie grüßen und auf ihren Gruß antworten. Ibn Abbas ... und andere haben dies gesagt. Diese Meinung wird in der Rechtsschule von Imam ash-Shafi'i [dem Vater der islamischen Rechtswissenschaft] vertreten; allerdings ist es nur erlaubt, wenn die Begrüßung den Ausdruck 'Frieden sei auf dir' beinhaltet, aber nicht 'Und Allahs Gnade sei auf euch', und nur, wenn der Gruß in Singularform ausgesprochen wird [d. h. 'Frieden sei auf dir' und nicht: 'Frieden sei auf euch'].
Eine andere Gruppe ist der Meinung, ein Muslim dürfe nur mit dem Gruß beginnen, wenn dadurch ein Vorteil [für den grüßenden Muslim] entstehe oder wenn er [der grüßende Muslim] Angst vor dem zu Begrüßenden [Juden oder Christen] hat oder wenn es eine andere Notwendigkeit gibt.
In 'al-Adkar' von Imam an-Nawawi wird etwas Ähnliches erwähnt. Dort wird Abu Sa'd zitiert. Wenn er einen Juden oder Christen grüßen wollte, hat er ihn nicht mit dem Friedensgruß gegrüßt. Z. B. sagte er zu ihm: 'Möge Allah dich rechtleiten' oder 'Möge Allah dir einen guten Morgen verleihen.' Imam an-Nawawi sagte: 'Dieser Spruch von Abu Sa'd ist geeignet, wenn ein Gruß nötig ist. Man [ein Muslim] darf Aussprüche tun: 'Mögest du diesen Morgen Güte, Freude oder gute Gesundheit haben' oder: 'Allah möge dir an diesem Morgen Freude, Frohsinn, Gnade usw. verleihen'. Wenn er [der grüßende Muslim] denjenigen [der gegrüßt werden soll] nicht braucht, soll er ihn nicht grüßen.
Da die Frage, ob man [als Muslim] mit der Begrüßung anfangen soll oder nicht, eine umstrittene Frage ist, und ebenso, ob man auf den Gruß antworten soll oder nicht, sollte diese [Entscheidung] den Umständen nach gehandhabt werden; also [muss der Muslim entscheiden], ob sein Gruß einen Vorteil bringt oder eine Gefahr [von dem grüßenden Muslim] fernhält."<<
Quelle:www.al-eman.com/fatwa/fatwa-display.htm?parent=button.search&id=9252

Nach dem Koran haben die Ungläubigen außerdem einen fiesen Charakter. Allah teilt nämlich mit, die Ungläubigen ärgerten sich, wenn Mohammed etwas Gutes erlebe, und sie freuten sich, wenn ihn ein Unglück treffe.[56] Sie ärgerten sich sogar darüber, dass die Muslime zu Allah beten (vgl. Koranvers 40,14, siehe auch Koranvers 5,59 und 9,32). Über die Ungläubigen will der Allah des Koran zudem Satane gesandt haben (vgl. Koranvers 19,83).

Da Allah die Ungläubigen verdammt hat, ist es konsequent, wenn er seinen Gläubigen verbietet, Ungläubige zu Vertrauten zu nehmen (Koranverse 3,118; 58,22). Wer sich nicht daran hält, gibt Allah sogar einen Grund, gegen ihn vorzugehen, zieht sich also Allahs Strafgericht zu (Koranverse 4,144 und 5,57).

Mohammed wird im Koran angewiesen, weder an der Beerdigung eines Ungläubigen teilzunehmen, noch das Totengebet über ihn zu sprechen.[57]

---

56 „Wenn dich etwas Gutes trifft, tut es ihnen leid. Wenn dich aber ein Unglück trifft, sagen sie: 'Wir haben unsere Angelegenheit (schon) vorher (selber in die Hand) genommen', und wenden sich erfreut ab." Koranvers 9,50.

57 „Und sprich niemals, wenn einer von ihnen stirbt, das (Toten-)Gebet (oder: den Segen?) über ihn und stell dich (dann bei der Beerdigung) nicht an sein Grab! Sie haben (ja) an Allah und seinen Gesandten nicht geglaubt und sind als Frevler gestorben." Koranvers 9,84.
Zum Thema Gebet für einen Verstorbenen hat das Institut für Islamfragen der Evangelischen Allianz in Deutschland, Österreich, Schweiz, dh, am 07. November 2005, 9.13 Uhr folgende Fatwa veröffentlicht:
Fatwa von Scheich Nasser Ibn Sulaiman al-'Umar über Papst Johannes Paul II., Wie Muslime zu dem verstorbenen Papst stehen sollen
Frage: Ein Muslim fragt, ob
1. der Papst (Johannes Paul II.) als Gottloser oder Gläubiger gestorben ist;
2. Muslime für ihn beten dürfen;
3. Muslime ihn verfluchen dürfen.
Antwort:
1. Der Papst ist zweifellos als Gottloser gestorben.
2. Man darf nicht für ihn beten (Sure 9,113 und 84) ... Er ist gottlos gewesen, weil er an Jesus Christus geglaubt hat (Sure 9,30).
3. Man darf ihn verfluchen, weil er als Gottloser gestorben ist ... Ob man dies in der Öffentlichkeit tun sollte, ist abhängig von den Vor- und Nachteilen, die dadurch entstehen könnten.
Scheich al-'Umar betont, dass ein Mensch, der auch nur die geringste Kenntnis von der Lehre des Islam habe, diese Fragen nicht stellen würde.
Quelle: saaid.net/fatwa/f55.htm

Christen, Hindus, Juden, Konfuzianer, Zoroastrier, die Anhänger sogenannter Naturreligionen – eben alle Mitglieder anderer Religionen und alle Nichtglaubenden – den „Rest" der Menschheit. Derzeit gibt es etwa 7,3 Milliarden Menschen, etwa 1,7 Milliarden davon sind Muslime. Folglich haben diese ca. 1,7 Milliarden Muslime gegen circa 5,6 Milliarden Menschen zu kämpfen.

Die Muslime sollen ihre Väter und Brüder, die keine Muslime sind, nicht zu Freunden nehmen, und nicht einmal für sie beten (Koranvers 9,113). Muslime, die sich einem Nichtmuslim anschließen, werden zu den eigentlichen Frevlern erklärt (vgl. Koranvers 9,23; siehe auch 5,51; 5,57; 5,28).

Der Allah des Koran teilt mit, die „Ungläubigen" ständen mit der Wahrheit auf Kriegsfuß, weil sie die so einleuchtende Botschaft des Koran nicht annehmen wollten, siehe z. B. die Koranverse 43,78; 33,66 ff.; 37,154 f.. Die Ungläubigen werden als die schlimmsten Tiere und als vertragsbrüchig bezeichnet:

> „Als die schlimmsten Tiere gelten bei Allah diejenigen, die ungläubig sind und (auch) nicht glauben werden (?) (oder: und (um alle Welt) nicht glauben wollen?) – (besonders) diejenigen von ihnen, mit denen du [Mohammed] eine bindende Abmachung eingegangen hast, und die dann jedes Mal (wenn es darauf ankommt) ihre Abmachung in gottloser Weise (wörtlich: ohne gottesfürchtig zu sein) brechen." Koranverse 8,55 f.[55]

Im Widerspruch dazu steht die Mitteilung, dass der Allah des Koran selbst festgelegt habe, wer den Islam annehmen dürfe und somit zu den Gläubigen gehört (Koranvers 10,100). Er selbst sei es, der die Menschen irreführe oder rechtleite (vgl. Koranverse 7,178; 9,19; 39,23; 35,8; 2,272; 28,56; 62,5; 16,93). Auf Grund seiner eigenen Entscheidungen ist es unverständlich, dass der Allah des Koran die Ungläubigen als die schlimmsten Tiere bezeichnet und die Juden für ihren „Unglauben" sogar verflucht (Koranverse 2,88 f.; 33,64; 2,89).

Koran zum Töten der angeblich Ungläubigen animiert, berechtigt und gerechtfertigt sehen.

55 Sonderbar ist, dass derselbe Allah des Koran zwei Koranverse weiter dem Mohammed den Rat gibt: „Und wenn du von (gewissen) Leuten Verrat fürchtest, dann wirf ihnen (den Vertrag) ganz einfach (?) hin." Koranvers 8,58

Staatsrechtliche und bürgerlich-rechtliche Diskreditierungen der Frau und daraus folgend ihre Benachteiligung im gesellschaftlichen Leben hat es auch in christlich geprägten Gesellschaften gegeben. Aber niemand kann sich dafür zu recht auf Jesus Christus und das Neue Testament berufen. Im Islam dagegen wird die mindere Rechtsstellung der Frau, die im Koran mitgeteilt wird, durch Aussagen des bei Muslimen als recht geleitet geltenden Propheten Mohammed noch verfestigt.[53]

Die Ansichten des Koran zum Wesen der Frau und daraus folgend ihre mindere Rechtsstellung sind mit den Grundsätzen abendländisch-christlicher Demokratien nicht zu vereinbaren. Aber werden alle oder doch viele Muslime, die den Koran für die endgültige göttliche Offenbarung halten, gegen die Festlegungen des koranischen Allah für die rechtliche Gleichstellung der Frauen in Staat und Gesellschaft eintreten? Sind jene Muslime, die das tun, bereits Abtrünnige und damit zu töten?

3. Mindere Rechtsstellung des „Ungläubigen"

Die Lehren und Weisungen des Koran haben für eine weitere Personengruppe erhebliche Auswirkungen in Staat und Gesellschaft: für alle Ungläubigen. Zu den Ungläubigen zählt im Islam, wer nicht den Allah des Koran verehrt und Mohammed nicht als Allahs Prophet anerkennt. Wenn solche Leute trotz Aufforderung keine Muslime werden wollen, sind sie zu bekämpfen (vgl. Koranvers 9,5 und 4,89).[54] Das Verdikt trifft somit Atheisten, Buddhisten,

---

53 Wenn es richtig sein sollte, dass der Koran die Rechtsstellung der Frau verbessert hat, mag das für die Zeit um 630 n. Chr. für die arabische Halbinsel vielleicht zutreffen. Aber alle „Verbesserungen", die der Koran und Mohammed gebracht haben sollen, sind, da es sich nach muslimischer Ansicht um Allahs endgültige Offenbarung handelt, damit für alle Zeiten festgeschrieben und weitere Verbesserungen nicht möglich. Falls den Frauen in einem Staat doch weitere Rechte gewährt worden sind, können sie, sobald die Machtverhältnisse das zulassen, von sogenannten strenggläubigen Muslimen jederzeit als unislamisch wieder kassiert werden.

54 In Deutschland haben Muslime im Jahr 2012 damit begonnen, kostenlos den Koran zu verteilen. Die aus muslimischer Sicht überwiegend ungläubigen Deutschen werden dadurch indirekt aufgefordert, den Islam anzunehmen. Tun sie es nicht, können sie nach koranischer Lehre bekämpft werden. Muslimische Selbstmord-Attentäter können sich dann durch den

„Seid gütig zu den Frauen; denn die Frau wurde aus einer krummen Rippe geschaffen, und wahrlich, die stärkste Krümmung der Rippe ist in ihrem Oberteil. Wenn du die Rippe geraderichten willst, brichst du sie; und wenn du sie so lässt, bleibt sie immer krumm. Seid also gütig zu den Frauen."[50]

In einem weiteren Hadith soll es heißen:

„Ein billiger Teppich ist wertvoller im Haus eines Mannes als eine Frau."[51]

Ganz gleich, ob es sich bei diesen beiden Hadithen um Aussagen Mohammeds handelt oder nicht, schon dass sie zum „Erzählgut" gehören, spricht Bände über die Stellung der Frau im Islam.

Zum Rechtsstatus der Frau im Islam ist festzuhalten: Frauen haben nach dem Koran und damit nach muslimischem Verständnis kraft göttlicher Weisung kein Recht auf ein selbstbestimmtes Leben.[52]

---

50 Zitiert von Christa und Dr. Ahmed Ginaidi, Die Situation der Frau im Islam und im Christentum – Psychologisch-ethnologische und historisch-theologische Hintergründe, Stuttgart 2005, S. 37. Das Buch bietet keine wissenschaftliche Auseinandersetzung zum Thema Frau im Islam und im Christentum. Meine ausführliche Stellungnahme zu dem Buch ist abrufbar unter: *www.kritiknetz.de/.../870-die-situation-der-frau-im-islam-und-im-christentum*

51 Siehe: Gabriel, Mark A., Islam und Terrorismus, 2. Auflage, Gräfelfing 2005, S. 66.

52 Wer auf die mindere Rechtsstellung der Frau im Koran hinweist, dem wird schon mal geantwortet, dass auch in der römisch-katholischen Kirche und in orthodoxen Kirchen (Griechisch-Orthodoxe Kirche, Russisch-Orthodoxe Kirche, Koptische Kirche und weiteren) die Frau dem Mann ebenfalls rechtlich nicht gleichgestellt sei. Der Apostel Paulus teile z. B. mit, die Frauen sollten in der Kirche schweigen: „Es ist ihnen nicht gestattet zu reden", vgl. 2. Korintherbrief 14,34. Außerdem werde den Frauen der Zugang zu den Weiheämtern (Diakon, Priester, Bischof) verwehrt. Wer den Passus im Brief an die Korinther liest, stellt fest, dass Paulus einen geordneten Gottesdienst gewährleistet sehen will, aber den Frauen keine staatsbürgerlichen Rechte verweigert.
Ein Recht auf die Priesterweihe hat nach dem Recht der römisch-katholischen Kirche auch kein katholischer Mann, siehe cc. 241, 1024, 1025 Codex Iuris Canonici (CIC); für die mit dem Apostolischen Stuhl in Rom unierten orthodoxen Kirchen siehe cc. 342, 754, 758 Codex Canonum Ecclesiarum Orientalium (CCEO). Aber auch dabei geht es ja nicht um staatsbürgerliche Rechte.

d) Minderer Status der Frau als Zeugin

Ein weiterer Verstoß gegen die Menschenwürde der Frau und gegen den Gleichheitssatz besteht im Hinblick auf die Eignung der Frau als Zeugin. In Anlehnung an Koranvers 2,282 gilt in Rechtsangelegenheiten die Zeugenaussage einer Frau nur halb so viel wie die Zeugenaussage eines muslimischen Mannes.

In einem iranischen Strafgesetz in der Fassung von 1991 wird daran festgehalten. Art. 74 bestimmt: „Der unerlaubte Geschlechtsverkehr wird durch vier rechtschaffene männliche Zeugen oder durch drei rechtschaffene männliche und zwei rechtschaffene weibliche Zeugen bewiesen." In Art. 76 dieses iranischen Strafgesetzes wird klargestellt: „Das Zeugnis von Frauen allein oder zusammen mit dem Zeugnis eines einzigen unbescholtenen Mannes beweist den unerlaubten Geschlechtsverkehr nicht."[49]

e) Benachteiligung der Tochter im Erbrecht

Das im Koran festgelegte Erbrecht verstößt gegen den Gleichheitssatz des Art. 3 Grundgesetz. Denn Töchter erhalten gemäß Koranvers 4,11 nur halb so viel wie ihre Brüder.

> „Allah verordnet euch hinsichtlich eurer Kinder: Auf eines männlichen Geschlechts kommt (bei der Erbteilung) gleichviel wie auf zwei weiblichen Geschlechts."

Muslime halten das für berechtigt, weil der Sohn ggf. für seine Eltern sorgen müsse und auch für die Schwestern, die von ihrem Mann aus der Ehe entlassen ins Elternhaus zurückkehrten. Aber nicht nur der ggf. versorgungspflichtige Sohn erhält das Doppelte von dem, was seiner Schwester zusteht, sondern nach dem Koran steht allen Söhnen das Doppelte zu.

Witwen gehören gleichsam zur Erbmasse, können aber von einem Erben nicht gegen ihren Willen übernommen werden (Koranvers 4,19). Witwen gibt der Koran das Recht, sich selbst um eine neue Heirat zu bemühen (Koranvers 2,234).

Die Minderwertigkeit der Frau wird durch Hadithe unterstrichen. So soll Mohammed gesagt haben:

---

49 Vgl.: Strafgesetze der Islamischen Republik Iran, übersetzt und eingeleitet von Dr. Silvia Tellenbach, Berlin, New York 1996, S. 48. In Iran soll im Jahr 2013 ein neues Strafgesetz in Kraft getreten sein.

c) Verstoßen der Ehefrau(en) und Frauentausch

Der Allah des Koran erlaubt dem Mann, seine Ehefrau(en) zu verstoßen (vgl. Koranvers 2,229). Auch ein Frauentausch kommt infrage. Beim Frauentausch soll der Mann aber nicht knauserig sein.

> „Und wenn ihr eine Gattin an Stelle einer anderen eintauschen wollt und der einen von ihnen (vorher) einen Qintar gegeben habt, dann nehmt nichts davon (wieder an euch)!" Koranvers 4,20

Frauen können also – aus muslimischer Sicht mit Allahs Erlaubnis – zum Tauschobjekt zwischen Männern werden. Wo bleibt da die Würde der Person?

Wenn eine Frau nicht getauscht werden will, kann sie versuchen, sich aus der Ehe loszukaufen (vgl. Koranvers 4,128). Sie hat dann ggf. auf die Morgengabe zu verzichten und steht ohne finanzielle Absicherung da. Frauen sind zudem nicht in allen islamischen Staaten geschäftsfähig und können deswegen ggf. weder eine Wohnung mieten noch einen Arbeitsvertrag schließen – ein eklatanter Verstoß gegen das Recht auf freie Entfaltung der Person gemäß Art. 2 Abs. 1 Grundgesetz.

Bei jedem Frauentausch, bei jeder Verstoßung und bei jedem Freikauf dürfte für eine Mutter wohl am Schwersten sein, dass sie ggf. ohne ihre Kinder zu gehen hat. Denn die Kinder gehören dem Vater (vgl. Koranvers 65,6 f.). Es heißt, Jungen blieben bei ihrer Mutter bis sie 7 Jahre alt seien, Mädchen bis zur Pubertät. Das dürfte aber wohl kaum gelten, wenn die Mutter keine Muslimin ist. Denn dann wäre die Erziehung bzw. Sozialisation im Islam nicht sichergestellt. Außerdem müsste der Vater wirtschaftlich in der Lage sein, der Mutter die erforderlichen Mittel, z. B. eine eigene Wohnung zur Verfügung zu stellen und ihr und den Kindern Unterhalt zu zahlen. Es gilt weiter nicht, wenn der Vater für seine minderjährige Tochter einen Ehemann gefunden hat und sie verheiraten will.

Überall dort, wo eine Mutter wegen „Ehescheidung" von ihren unmündigen Kindern getrennt wird, wird gegen das Menschenrecht auf Erziehung verstoßen. Denn „Pflege und Erziehung der Kinder sind das natürliche Recht der Eltern", also auch der Mutter, vgl. Art. 6 Abs. 2 Grundgesetz.

---

verweigert und er deswegen verärgert ist, steht ihr ewiges Heil auf dem Spiel; weitere Belege im Dokumententeil dieses Buches unter „G Verstoß gegen allgemeine Persönlichkeitsrechte".

Der nicht selbst wählbare Stand der Ehe oder der Ehelosigkeit, der nicht selbst gewählte Ehepartner, das Verheiraten von Kindern sind ein immenser Eingriff in das Recht auf freie Entfaltung der Persönlichkeit gem. Art. 2 Abs. 1 Grundgesetz. Sie verletzen die Menschenwürde der Mädchen und Frauen und auch jener Männer, die von ihren Familien zu solchen Heiraten gedrängt bzw. genötigt werden.

b) Recht des Mannes auf sexuelle Nutzung der Frau

Der Mann erhält durch den Ehevertrag das Recht zur sexuellen Nutzung der Frau, ihrer Gebärfähigkeit. Allah erklärt die Frau zum Saatfeld, zu dem der Mann jederzeit gehen kann (vgl. Koranvers 2,223). Der Mann kann die Gebärfähigkeit seiner Frau(en) ausnutzen bis zu ihrem gesundheitlichen Ruin. Auch dadurch wird die Würde der Frau(en) missachtet.[48]

Frage: „Ist die Polygamie im Islam nicht eine Bedrohung für die islamische Gesellschaft und muss deshalb verboten werden?"
Antwort: „Die vorgeschlagene Lösung von Ibn as-Sirah [dem Leser] stammt von einer Person, die keine Ahnung vom islamischen Gesetz [arab. shari'a] und seinen Vorschriften hat. Er kritisiert die Polygamie und behauptet, sie sei eine gefährliche Krankheit, die wir mit allen Mitteln bekämpfen müssen, um diese ansteckende böse Krankheit, die die Stabilität unserer Gesellschaft bedroht, zu stoppen. Er rief die Regierung auf, die Polygamie zu verbieten. Er behauptet auch, derjenige, der die Polygamie anstrebe, sei ein Ahnungsloser [hat keine Ahnung von Islam]. Wir sollten, so seine Meinung, zusammenarbeiten, um die Praxis der tierischen Triebe des [Mannes] zu hemmen und um diese Krankheit mit den Wurzeln auszureißen. Er behauptet auch, jede Familie, die die Polygamie erlebt, werde dadurch zersplittert und zerstört.
Ich sage, solches Gerede kann nicht von einer Person stammen, die an Allah und den Jüngsten Tag glaubt. Wir wissen, dass sowohl das geliebte Buch [der Koran] als auch die reine Sunna [die Lehren des Propheten Muhammads] die Polygamie befürworten. ... Daher lautet die [islamische] Beurteilung der Äußerungen Ibn as-Sirah's:
Ohne Zweifel ist das, was er zum Thema Polygamie gesagt hat, eine Degradierung des Islam, des islamischen Gesetzes [arab. Shari'a]; er hat sich über das islamische Gesetz und den Propheten [Muhammad] lustig gemacht. Dies ist eine Form des Abfalls vom Islam. Die [muslimischen] Machthaber müssen ihn wegen seiner Äußerungen zur Buße rufen. ... Falls er keine Buße tut, muss er als Abfallender vom Islam getötet werden. Sein Eigentum gehört in diesem Fall nicht seinen Verwandten, sondern der Staatskasse. "
Quelle: www.alifta.net/Fatawa

48 Allah lässt zwischen Eheleuten aber durchaus auch Liebe entstehen, vgl. Koranvers 30,21. Wenn aber eine Ehefrau ihrem Mann den Geschlechtsverkehr

Jeder Muslim kann mit bis zu vier Frauen gleichzeitig verheiratet sein, vgl. Koranvers 4,3. Er ist nach dem Koran gehalten, seine Ehefrauen gerecht zu behandeln (4,3 und 2,129). Ein Muslim, der das Recht auf Polygamie kritisiert, ist nach einer Fatwa ein Abtrünniger. Wenn er nicht bereut, er ist zu töten.[47]

---

mischen Ehemann weiter leben darf, und dass sie sich von ihm trennen muss, sobald sie das Glaubensbekenntnis des Islam ausspricht. Aber meine Situation ist etwas anders. Denn mein Mann ist bettlägerig, seitdem er vor einigen Jahren einen Autounfall erlitten hatte. Zwar wohne ich mit ihm in einer Wohnung, jedoch führen wir nur dem Namen nach ein Eheleben. D. h. wir haben keine sexuelle Gemeinschaft. Ich bleibe bei ihm, einfach, um ihn als kranken Menschen zu pflegen.

Ich habe schon einmal überlegt, ihn zu verlassen. Aber ich konnte ihm das nicht antun, zum einen wegen seines gesundheitlichen Zustands, und zweitens, weil ich aus einer armen Familie stamme, die mich nicht unterhalten kann. Außerdem verfüge ich über keine Ausbildung, was mich befähigen könnte, eine Arbeitsstelle zu bekommen, um mich selbst zu finanzieren.

Das Problem liegt darin, dass mein Mann das Kopftuch nicht mag. Jedes Mal, wenn wir zusammen ausgehen, zwingt er mich, das Kopftuch abzulegen. Ich kann ihm nur gehorchen. Wenn ich jedoch allein bin, trage ich das Kopftuch, und ich habe keine Probleme damit. Gilt mein Handeln, wenn ich das Kopftuch ablege, als eine gravierende Sünde? [Der Islam unterscheidet zwischen leichten und gravierenden Sünden]. Was soll ich tun?"

Antwort: „Wir danken Allah – er sei erhoben – dafür, dass er Ihnen die Gnade des Islam verliehen hat. Wir hoffen, dass er Sie und uns die wahre Religion [den Islam] beibehalten lassen wird.

Wenn eine Ehefrau den Islam annimmt, während ihr Ehemann dies ablehnt, gilt sie für ihren Ehemann als Tabu. Denn Allah hat [im Koran] gesagt: 'Wenn ihr sie dann gläubig findet, so schickt sie nicht zu den Ungläubigen zurück' (Sure 60, 10).

Eine Muslimin darf auf keinen Fall weiter mit einem Ungläubigen verheiratet bleiben. Sie muss von ihm getrennt werden, sobald sie den Islam annimmt ...

Da Sie erwähnt haben, dass Sie vor 6 Jahren den Islam angenommen haben, sind Sie für Ihren Ehemann schon seit langer Zeit tabu. Sie müssen sich sofort von ihm trennen. Sie dürfen keineswegs mit ihm zusammen wohnen. Sie müssen Allah dafür um Vergebung bitten." Quelle: islamqa.info/ar/152778

47 Das Institut für Islamfragen der Evangelischen Allianz (dh) veröffentlichte am 02. März 2015 die
Fatwa zu der Frage, wie Polygamie im Islam beurteilt wird
Sie ist islamisch erlaubt und bringt Vorteile
Von dem Rechtsgutachter Abdul-Aziz bin Baz, dem früheren obersten Rechtsgutachter Saudi-Arabiens und damit einem der einflussreichsten Rechtsgutachter des sunnitischen Islam

Muslimische Männer können jede Frau in ihren Harem aufnehmen. Muslimischen Frauen aber ist es verboten, einen Nichtmuslim zu heiraten, vgl. Koranvers 60,10. Eine Frau, die als Verheiratete zum Islam übergetreten ist, darf nicht mehr mit ihrem andersgläubigen oder atheistischen Mann zusammenleben.[46]

Und Allah – er sei erhoben – hat [im Koran] gesagt: 'Und wenn ihr fürchtet, nicht gerecht gegen die Waisen zu sein, so heiratet, was euch an Frauen gut ansteht, zwei, drei oder vier; und wenn ihr fürchtet, nicht billig zu sein, [heiratet] eine oder was im Besitz eurer rechten [Hand ist].' (Sure 4,3). Im Lichte dieses Koranverses wurde die Sache so aufgefasst, dass eine verwaiste Frau heiraten darf, ohne zu warten, bis sie ihre Menstruation bekommt.
Usama bin Said [einer der Weggefährten Muhammads] hat geheiratet, als er noch jünger als 18 Jahre war. Umar [der zweite Kalif nach Muhammad] hat Umm Kulthum, die Tochter von Ali [dem vierten Kalifen nach Muhammad], geheiratet, als sie noch jung [minderjährig] war. Der Konsens, der darüber besteht, ist komplett, wie von Ibn Hashar in 'Fath al-Bari' überliefert wurde. Die Bedingungen der Heirat wurden ebenfalls von [dem vielleicht bedeutendsten Juristen des sunnitischen Islam] ash-Shafi'i, at-Tabari, Malik, Abu Hanifa, Ahmad und allen anderen [d.h., Gründern der Rechtsschulen des Islam und bedeutenden Juristen der Frühzeit] erläutert.
Infolge dessen ist dieses Gesetz, das die Heirat vor dem 18. Lebensjahr verbietet, ungültig, ungültig, ungültig und muss mit den Füßen zertreten werden."
Quelle: www.youtube.com/watch?v=vaQ-n0FJ-F8

46 Das Institut für Islamfragen der Evangelischen Allianz veröffentlichte am 13. Februar 2014 die
Fatwa zu der Frage, ob eine Frau, die den Islam angenommen hat, weiter mit ihrem nicht-muslimischen Ehemann zusammenleben darf: Das ist auf keinen Fall erlaubt, die Trennung muss umgehend vollzogen werden.
Von dem Rechtsgutachtergremium „www.islamqa.info", einem Zentrum zur Verkündigung des Islam in Saudi-Arabien unter der Leitung des muslimischen Geistlichen, Autors und Verkündigers des Islam, Muhammad Saleh al-Munajjid. Das Zentrum definiert seine Ziele folgendermaßen:
Die Verbreitung und Verkündigung des Islam und die Verbreitung eines angemessenen Wissens über den Islam, der Erlass islamischer Rechtsgutachten, die die Fragen von Muslimen auf der richtigen islamischen Basis beantworten und die Aufklärung von Menschen in ihren alltäglichen Angelegenheiten durch eine wissenschaftliche, pädagogische und soziale Beratung.
Frage: „Vor 6 Jahren bin ich, Allah sei Dank, Muslimin geworden. Als ich den Islam angenommen habe, war ich schon 20 Jahre verheiratet. Mittlerweile habe ich ein Kind, das 11 Jahre alt ist. Er ist ebenfalls Muslim, Allah sei Dank. Ich tue mein Bestes, um ihn islamisch zu erziehen. Jedoch ist sein Vater kein Muslim, er glaubt sogar an gar keine Religion. Mir ist schon bewusst, dass eine muslimische Frau keinesfalls mit einem nicht-musli-

vers 65,4 hervor. Denn nicht nur gebärfähige Frauen können nach einer entsprechenden Wartezeit aus der Ehe entlassen werden, sondern auch jene „Frauen", die wegen ihres jugendlichen Alters noch keine Menstruation gehabt haben, also noch Kinder sind.

> „Und wenn ihr bei denjenigen von euren Frauen, die keine Menstruation mehr erwarten, (irgendwelche) Zweifel hegt, soll ihre Wartezeit (im Fall der Entlassung) drei Monate betragen. Ebenso (w. Und) bei denen, die (ihres jugendlichen Alters wegen noch) keine Menstruation gehabt haben." Koranvers 65,4

(Institut für Islamfragen, dh, 16.03.2014)

Frage: „Das Mindestheiratsalter ist in Ägypten auf 18 Jahre festgelegt worden. Ist das islamisch gerechtfertigt?"

Antwort: „Man erkundigt sich nach dem jetzigen ägyptischen Zivilrecht, das das Mindestheiratsalter auf 18 Jahre festgelegt hat. Es wird gefragt, ob dieses Gesetz [islamisch gesehen] richtig ist und ob es im islamischen Gesetz [arab. Shari'a] dafür eine Grundlage gibt.

Wir sagen, dass dieses Gesetz [islamisch gesehen] ungültig ist. Derjenige, der dieses Gesetz erlassen hat, wird von Allah zur Rechenschaft gezogen werden, denn dieses Gesetz verbietet Muslimen, was Allah ihnen erlaubt hat. Dieses Gesetz entbehrt jeder Grundlage, es ist weder im Buch Gottes [im Koran], des Erhabenen, begründet, noch in der nachzuahmenden Verhaltensweise und den Lehren seines Propheten, Muhammad [arab. sunna] – Allahs Segen und Heil seien auf ihm.

Diejenigen, die dieses Gesetz erlassen haben, sind Anhänger des Unglaubens, darunter sind Europäer, Amerikaner und ihre Anhänger und Vertreter unter den Ägyptern. ... Die Vormünder, Richter und alle Muslime müssen dieses Gesetz, d. h. das Gesetz zur Festsetzung des Mindestheiratsalters auf 18 Jahre, aufheben.

Unser vertrauenswürdiger Prophet, Muhammad – Allahs Segen und Heil seien auf ihm – hat unsere Mutter Aisha geheiratet, als sie 6 Jahre alt war, und die Ehe mit ihr vollzogen als sie 9 Jahre alt wurde.

Allah – erhoben sei sein Name – sagt in seinem heiligen Buch [dem Koran]: 'Wenn ihr Zweifel hegt [über] jene eurer Frauen, die keine Menstruation mehr erhoffen, [dann wisset, dass] ihre Frist drei Monate beträgt, und [das gleiche gilt für] diejenigen, die noch keine Menstruation gehabt haben.' (Sure 65, 4). Der Ausdruck 'Die noch keine Menstruation gehabt haben' weist auf Frauen hin, die geschieden werden, ohne die Menstruation gehabt zu haben. Dieser Koranvers besagt, dass eine Frau, die geschieden wurde und keine Menstruation gehabt hat, 3 Monate warten muss, bis sie erneut heiraten darf. Im Bezug auf diesen Koranvers besteht Konsens [im Islam], dass eine Frau, die noch keine Menstruation gehabt hat, heiraten darf.

hergehen, können sie sein Pflichtgebet ungültig machen, so dass er es von vorn beginnen muss. Frauen werden in dieser Hinsicht einem Hund, einem Esel, einem Schwein gleichgestellt.[43]

Zur Rechtsstellung der Frau im Einzelnen:

a) Kein Recht auf Wahl des Lebensstandes und auf Wahl des Ehepartners

Im Islam werden Frauen verheiratet. Gewöhnlich schließt der Vater oder ein anderer männlicher Familienangehöriger für die Frau den Ehevertrag. Mit einer älteren Frau muss die Verheiratung besprochen werden. Sie muss der Verheiratung zustimmen. Und wie äußert eine Jungfrau ihre Zustimmung? Nach einem Hadith hat Mohammed gesagt: „Sie gibt dadurch ihr Jawort, dass sie schweigt."[44] Was aber soll ein sechsjähriges oder neunjähriges Mädchen sagen, wenn ihr Vater beschlossen hat, sie zu verheiraten – zumal der Koran solche „Heiraten" erlaubt?[45] Das geht aus Koran-

---

[43] „Nach Ibn 'Abbas: Der Gesandte Allahs sagte: Wenn einer von euch ohne Abschirmung betet, dann unterbricht sein Gebet der Hund, der Esel, das Schwein, der Jude, der Magier, die Frau.
Dies widerfährt ihm nicht, wenn sie vor ihm in der Entfernung eines Steinwurfes vorbeigehen. (Abu Dawud, Nasa'i)", Khoury, Adel Theodor, Der Hadith, Band II, Grundpflichten und Rechtschaffenheit, Nr. 1456, S. 64.

[44] Al-Buhari, Sahih, Nachrichten von Taten und Aussprüchen des Propheten Muhammad, Ausgewählt, aus dem Arabischen übersetzt und herausgegeben von Dieter Ferchl, Stuttgart 1991, Nrn. 20 und 21, S. 344.
Adel Theodor Khoury zitiert den Hadith: „Die ältere unverheiratete Frau darf nur mit ihrem eigenen Einverständnis verheiratet werden. Die Jungfrau darf nur verheiratet werden, nachdem sie nach ihrer Erlaubnis gefragt wurde.", siehe: Khoury, Der Koran, 3., durchgesehene Auflage, Gütersloh 2001, S. 538.

[45] Zur Situation insbesondere türkischer Mädchen und Frauen siehe: Cileli, Serap, Eure Ehre – unser Leid, Ich kämpfe gegen Zwangsehe und Ehrenmord, München 2010.
Zum Thema „Kinder-Ehen" in Ägypten im Jahr 2014 ist folgende Fatwa bezeichnend, die das Institut für Islamfragen der Evangelischen Allianz am 6. März 2014 ins Internet gestellt hat:
Fatwa: Kann die Festlegung des Mindestheiratsalters auf 18 Jahre im ägyptischen Zivilrecht islamisch begründet werden?
Ägyptischer Religionsgelehrter: Dieses Gesetz ist islamisch ungültig.
Von dem Rechtsgutachter Mustafa al-Adawi, einem muslimischen Religionsgelehrten, Fernsehprediger, Autor und Rechtsgutachter. Seine Schwerpunkte sind Überlieferungswissenschaften (hadith-Wissenschaften) und die Auslegung des Korans.

Durch die religiös festgelegten „Fakten" ist es im Islam möglich, die Frau in rechtlicher Hinsicht herabzustufen und ihr Menschenrechte nicht oder nur in geminderter Form zu gewähren. Denn die Unterordnung der Frau ist aus islamischer Sicht „gottgegeben".[42] In religiöser Hinsicht können Frauen für Männer zum Störfaktor werden. Allein dadurch, dass sie nahe vor einem betenden Muslim

---

Die Bedeutung von 'Die Frauen leiden an einem Mangel an Intelligenz' wurde von Allahs Prophet – Allahs Segen und Heil seien auf ihm – folgendermaßen erklärt: 'Das Zeugnis [im Gericht] von einer [Frau] zählt [nur] wie das halbe Zeugnis eines Mannes. Zwei Frauen zählen wie ein Mann. Dies ist die Folge des Mangels an Intelligenz'.
Er [Muhammad] erklärte ebenfalls die Bedeutung des Mangels an Gottesverehrung: 'Tage und Nächte vergehen, ohne dass die Frau beten darf, weil sie ihre Menstruation hat. Das gleiche gilt während der Tage nach der Geburt'. Dieser Mangel bei den Frauen lag in der Absicht Allahs. Die Frauen müssen diese Tatsache anerkennen. Es ändert sich auch nichts, wenn eine Frau über viel Intelligenz, Scharfsinn oder Wissen verfügt."
Quelle: www.binbaz.org.sa/mat/19950
Siehe weiter die Fatwa des Instituts für Islamfragen der Evangelischen Allianz, dh, 15.04.2014:
Fatwa zu der Frage, ob eine Frau während ihrer Menstruation den Koran mit Hilfe technischer Geräte lesen darf
Das ist islamisch erlaubt.
Von dem Rechtsgutachter Dr. Muhammad al-Arifi, ein sehr populärer muslimischer Religionsgelehrter, Prediger, Rechtsgutachter, promovierter Islamwissenschaftler und Dozent an der Lehrerfakultät der König Sa'ud Universität in Saudi-Arabien
Frage: „Darf eine Muslimin während ihrer Menstruation den Koran mit elektronischen Geräten 'berühren'?" [Laut Sharia ist das Berühren des Korans im Zustand der 'Unreinheit', wie etwa während Menstruation und Wochenbett, untersagt.]
Antwort: „Es wird gefragt, ob eine Frau während ihrer Menstruation den Koran mit Hilfe elektronischer Geräte, wie z. B. ein Handy oder ein Computer, lesen darf. Dies ist [islamisch] erlaubt. Denn eine Frau darf während der Menstruation den Koran nicht berühren. Allerdings darf sie den Koran lesen, denn derjenige, der den Koran berühren möchte, muss sich zuerst rituell waschen, während derjenige, der den Koran nicht berühren möchte, sich nicht rituell waschen muss. Deshalb darf solch eine Frau [während ihrer Menstruation] den Koran von einem Handy, Computer oder Ähnlichem ablesen."
Quelle: www.youtube.com/watch?v=dGigB61hMzI

42 Kelek, Necla: „Die Unterordnung der Frauen infrage zu stellen, ist nicht möglich. Die Hierarchie ergibt sich nicht aus einer natürlichen Autorität, sondern ist gottgegeben.", in: Himmelsreise – Mein Streit mit den Wächtern des Islam, Taschenbuchausgabe, München 2011, S. 68.

teren Mitteilungen des Koran über die Männer und Frauen wird verdeutlicht, dass der Mann über der Frau steht und die Ungläubigen zu bekämpfen sind – mit den entsprechenden Auswirkungen für die Rechtsstellung der Frauen und der sogenannten Ungläubigen in Staat und Gesellschaft.

2. Mindere Rechtsstellung der Frau

Schlüsseltexte für die wesensmäßige und rechtliche Unterordnung der Frau unter den Mann sind die Koranverse 2,228 und 4,34. Im Koranvers 2,228 heißt es ohne Begründung:

> „Und die Männer stehen (bei alledem) eine Stufe über ihnen [den Frauen]."

Der Koranvers 4,34 lautet:

> „Die Männer stehen über den Frauen, weil Allah sie (von Natur vor diesen) ausgezeichnet hat und wegen der Ausgaben, die sie von ihrem Vermögen (als Morgengabe für die Frauen?) gemacht haben."

Zwei Gründe werden in 4,34 für den minderen Rechtsstatus der Frauen genannt: Einerseits habe Allah die Männer besser ausgestattet als die Frauen, ihnen nämlich mehr Verstand und mehr Körperkraft gegeben, andererseits habe der Mann Aufwendungen für seine Frau(en) gemacht und komme für ihren Unterhalt auf. Ein theologischer und ein wirtschaftlicher Grund sind Ursache für die mindere Rechtsstellung der Frauen. In einer Fatwa wird ein dritter Grund genannt: Die Frauen seien wegen ihrer Unreinheit während der Menstruation und nach einer Entbindung nicht zum Gebet und zum Koran-Studium zugelassen.[41]

---

41 Siehe auch: Institut für Islamfragen der Evangelischen Allianz in Deutschland, Österreich, Schweiz, dh, 16.04.2010:
>> Rechtsgutachten zum Thema „Mangel an Intelligenz und Gottesverehrung bei Frauen", von dem 1999 verstorbenen Rechtsgutachter Abdul-Aziz bin Baz, dem ehemaligen offiziellen Staatsrechtsgutachter Saudi-Arabiens und einem der prominentesten Gelehrten des sunnitischen Islam im 20. Jahrhundert.
„Allahs Prophet – Allahs Segen und Heil seien auf ihm – hat erklärt, dass Frauen einen Mangel an Intelligenz und Gottesverehrung haben. In der Regel wollen die Frauen diese Tatsache nicht hören und wehren sich dagegen. Ausgenommen davon sind Frauen, die rechtgeleitet und weise sind. Dieses Urteil des Propheten Allahs – Allahs Segen und Heil seien auf ihm – ist bewiesen und wurde in den zwei authentischen Überlieferungssammlungen von al-Bukhari und Muslim überliefert.

Nach dem Koran hat Allah aber die Menschheit nicht nur aus Adam und Eva hervorgehen lassen, sondern auch aus den Kindern Adams und sich dabei einer weiteren Methode bedient.

„Und (damals) als dein Herr aus der Lende (wörtlich: aus dem Rücken) der Kinder Adams deren Nachkommenschaft nahm und sie gegen sich selber zeugen ließ!" Koranvers 7,172

In einem Hadith wird der Koranvers 7,172 folgendermaßen erläutert:

„Nach 'Umar ibn Khattab: 'Umar wurde nach diesem Vers gefragt. Er sagte: Ich habe gehört, wie der Gesandte Allahs danach gefragt wurde. Da sagte er [Mohammed]: Allah hat Adam geschaffen. Dann strich er ihm auf den Rücken mit seiner rechten Hand, holte daraus Nachkommenschaft und sagte: Ich habe diese da fürs Paradies geschaffen; sie werden auch die Werke der Bewohner des Paradieses tun. Dann strich er ihm auf den Rücken, holte daraus seine Nachkommenschaft und sagte: Diese da habe ich fürs Feuer geschaffen, sie werden die Werke der Bewohner des Feuers tun.

Ein Mann sagte: O Gesandter Allahs, warum soll man noch etwas tun? Da sagte der Gesandte Allahs: Wenn Allah den Diener für das Paradies schafft, lässt er ihn die Werke der Bewohner des Paradieses tun, bis er stirbt, während er ein Werk der Bewohner des Paradieses tut, und so lässt er ihn ins Paradies eintreten. Und wenn er den Diener fürs Feuer schafft, lässt er ihn Werke der Bewohner des Feuers tun, bis er stirbt, während er ein Werk der Bewohner des Feuers tut, und so lässt er ihn ins Feuer eintreten. (Tirmidhi, Abu Dawud)"[40]

In dieser „Erklärung" ist ebenfalls keine Rede von einer rechtlichen Gleichstellung von Mann und Frau und ihrer Ebenbildlichkeit mit dem Schöpfer und kann es auch nicht sein. Denn welches Abbild des Schöpfers könnten jene Menschen sein, die durch Allahs Vorausbestimmung „Werke der Bewohner des Feuers tun" und in die koranische Hölle kommen?! Auch im Koranvers 7,179 heißt es: „Wir haben ja viele von den Dschinn und Menschen für die Hölle geschaffen."

Nach dem genannten Hadith hat Allah auch nicht aus Eva weitere Nachkommen hervor-„geholt", sondern aus Adam. Hadith und Koranvers stimmen in diesem Punkt nicht überein. In wei-

---

40 Khoury, Adel Theodor, Der Hadith, Urkunde der islamischen Tradition, Band I, Der Glaube, Gütersloh 2008, Nr. 891, S. 351.

Die Würde aller Menschen und die rechtliche Gleichheit von Männern und Frauen lässt sich daher aus den genannten Schöpfungsgeschichten des Koran nicht begründen.

In der „Grundsatzerklärung des Zentralrats der Muslime in Deutschland e.V. (ZMD) zur Beziehung der Muslime zum Staat und zur Gesellschaft" vom 20. Februar 2002[38] kommt dieser Sachverhalt meines Erachtens treffend zum Ausdruck. In Nr. 6 dieser Erklärung heißt es:

> „Der Muslim und die Muslima haben die gleiche Lebensaufgabe. Der Muslim und die Muslima sehen es als ihre Lebensaufgabe, Gott zu erkennen, Ihm zu dienen und seinen Geboten zu folgen. Dies dient auch der Erlangung von Gleichheit, Freiheit, Gerechtigkeit, Geschwisterlichkeit und Wohlstand."[39]

Gleichheit, Freiheit, Gerechtigkeit kommen dem Menschen also nicht auf Grund seines Menschseins oder auf Grund seiner Erschaffung durch Allah zu, sondern er kann sie erlangen, wenn er Allahs Geboten folgt. Damit wird indirekt gesagt: Nichtmuslime können, weil sie ja den Geboten des Koran-Allah (im Grunde) nicht folgen, solche Rechte auch nie erlangen. Sie haben folglich keinen Anspruch auf Gleichheit, Freiheit, Gerechtigkeit, Geschwisterlichkeit und Wohlstand. Sie werden auf Grund ihrer Religionswahl bzw. weil sie jegliche Religion ablehnen, zu dhimmis, nämlich zu Menschen minderen Rechts erklärt. Solch eine Auffassung ist abendländisch-christlich geprägten Demokratien wesensfremd.

Im Koran gibt es noch weitere Hinweise auf die Erschaffung des Menschen. Im Koranvers 49,13 wird mitgeteilt:

> „Ihr Menschen! Wir [!] haben euch erschaffen (indem wir euch) von einem männlichen und einem weiblichen Wesen (abstammen) ließen)".

---

38 Abgedruckt in: öarr (Österreichisches Archiv für Recht und Religion), Ö-4240 Freistadt, Ausgabe 2002, S. 477.

39 Der erste Teil der Nr. 6 erinnert an die Antwort auf die frühere Katechismusfrage: „Wozu sind wir auf Erden?" Die Antwort im Katechismus lautet:
„Wir sind auf Erden, um Gott zu erkennen, ihn zu lieben, ihm zu dienen und einst ewig bei ihm zu leben.", in: Katholischer Katechismus der Bistümer Deutschlands, Münster 1957, S. 6.
Möglicherweise soll mit der Nr. 6 der Grundsatzerklärung eine Gemeinsamkeit mit dem Christentum angedeutet werden. Allerdings fehlt in der Erklärung des Zentralrats der Muslime die Liebe des Menschen zu Gott.

In Koranvers 16,70-73 heißt es allgemein:
> „Und Allah hat euch Menschen geschaffen. ... Und Allah hat euch aus euch selber Gattinnen gemacht ... Und aus euren Gattinnen hat er euch Söhne und Enkel (?) gemacht."

Der Koranvers klingt wegen des Plurals diffus, ebenso der folgende:
> „Und zu seinen Zeichen gehört es, dass er euch aus euch selber Gattinnen geschaffen hat (indem er zuerst ein Einzelwesen und aus ihm das ihm entsprechende Wesen machte), damit ihr bei ihnen wohnt (oder: ruhet)."[34] Koranvers 30,21

Nach den Koranversen 21,30-33 hat Allah „alles, was lebendig ist, aus Wasser gemacht". Nach Koranvers 23,12 dagegen hat er den Menschen aus einer Portion Lehm geformt bzw. aus Erde geschaffen (siehe auch Koranvers 3,59), – so wie es auch in der zweiten Schöpfungsgeschichte der Bibel (Genesis 2,7) über Adam erzählt wird.

An einer weiteren Stelle, nämlich im Koranvers 39,6, wird ebenfalls bei der zweiten Schöpfungsgeschichte der Genesis angeknüpft: Eva sei aus Adam erschaffen worden. Von diesem Menschenpaar stammten alle anderen ab.[35]

Im Koranvers 78,8 ist davon die Rede, dass Allah die Menschen „in Paaren" (!) gemacht habe.

In den Koranversen 2,28-39 wird ebenfalls von der Erschaffung der Menschen und der Welt berichtet.[36] An dieser Stelle ist auch von einem Sündenfall die Rede[37] und ebenfalls im Koranvers 20,115, allerdings ohne einen Hinweis auf Eva. Nach Koranvers 7,19 ff. haben Adam und seine Gattin Früchte von dem verbotenen Baum gegessen.

Meines Wissens wird im Koran nirgends gesagt, dass Adam und Eva als Abbild Allahs erschaffen worden und sein Ebenbild sind oder dass Adam seine Frau als ihm gleichwertig anerkennt.

---

34 Möglicher Weise wird auch mit diesem Koranvers das Recht auf Polygamie begründet.

35 „Er [Allah] hat euch aus einem einzigen Wesen (d.h. aus dem ersten Menschen (Adam)) geschaffen und hierauf aus ihm das ihm entsprechende andere Wesen (als seine Gattin) gemacht." Koranvers 39,6

36 Siehe auch Koranverse 79,27 ff..

37 In den Koranversen 41,9-12 wird nur von der Erschaffung der Erde und den sieben Himmeln berichtet.

verdeutlicht. Als Ungläubige[33] gelten im Islam alle Menschen, die nicht an den Allah des Koran und an Mohammed als seinen letzten Propheten glauben.

1. Schöpfungsgeschichten

Im Koran wird an mehreren Stellen berichtet, dass Allah die Menschen erschaffen habe. Dabei werden unterschiedliche Akzente gesetzt. Ausgangspunkt ist durchweg die zweite Schöpfungsgeschichte der Genesis, nämlich Evas Erschaffung aus Adam.

In Koranvers 4,1 heißt es:

> „Fürchtet euren Herrn, der euch aus einem einzigen Wesen (d. h. aus dem ersten Menschen, nämlich Adam) geschaffen hat, und aus ihm das ihm entsprechende andere Wesen, und der aus ihnen beiden viele Männer und Frauen hat (hervorgehen und) sich (über die Erde) ausbreiten lassen!"

Ähnliches steht in Koranvers 7,189:

> „Er ist es, der euch aus einem einzigen Wesen (d. h. aus dem ersten Menschen, nämlich aus Adam) geschaffen und aus ihm das ihm entsprechende andere Wesen (als seine Gattin) gemacht hat, damit er bei ihr wohne (oder: ruhe)."

---

33 In einigen Koranversen werden die Ungläubigen unterteilt in Buchbesitzer (Juden, Christen, Zoroastrier), denen ein dhimmi-Status zuerkannt werden kann, und sonstigen Ungläubigen, denen kein Daseinsrecht zusteht.
Vor diesem Hintergrund verwundert die Meldung von Radio Vatikan vom 21. Juli 2015. Unter Berufung auf KNA heißt es über die Vereinigten Arabischen Emirate: „Das Land stellt religiöse Diskriminierung und Beleidigung von Glaubensbekenntnissen unter Strafe. Ein entsprechendes Dekret erließ Präsident Scheich Khalifa bin Zayed Al Nahyan am Montag, wie die staatliche Nachrichtenagentur WAM meldete. Verboten ist demnach jede Diskriminierung auf Grundlage von Religion, Glaubenszugehörigkeit, Kaste, Rasse, Hautfarbe oder Ethnie. Ebenso werden Aufstachelung zu religiösem Hass und die Beleidigung von Glaubensrichtungen in Schrift und Wort rechtlich verfolgt. Den Angaben zufolge macht sich bereits strafbar, wer andere als Ungläubige bezeichnet. Übertretern drohen Haftstrafen von sechs Monaten bis zehn Jahren und hohe Geldstrafen.
Besonders geschützt werden durch das neue Gesetz auch religiöse Stätten, Zeremonien und Symbole. In den größtenteils sunnitisch dominierten Emiraten leben Hunderttausende christlicher Gastarbeiter, vor allem aus den Philippinen. (kna)"

III. Aussagen über den Menschen im Koran und in Hadithen

Zu den Glaubensgrundlagen der Muslime gehört, dass Allah dem Mohammed in den Jahren von etwa 610 bis 632 n. Chr. durch den Engel Gibril (Gabriel?) nach und nach – auch anlassbezogen – seine Botschaft mitgeteilt hat, anfangs in Mekka und ab 622 n. Chr. in Medina. Der Koran sei das endgültige Wort Allahs und gelte daher überall und für alle Zeit.[31]

Das Menschenbild des Koran weicht erheblich vom Menschenbild der Bibel ab. Der Koran unterscheidet drei Kategorien von Menschen:

a) Gläubige,
b) (muslimische) Frauen und
c) Ungläubige

und weist ihnen jeweils einen besonderen rechtlichen Status zu.

Wenn im Koran von Gläubigen die Rede ist, sind in erster Linie die muslimischen Männer gemeint, nämlich jene Personen, die mindestens dreierlei glauben:

- dass es nur einen Gott gibt, im Arabischen Allah genannt,
- dass Mohammed sein letzter Prophet ist und
- dass Allah diesem Mohammed seine endgültige Botschaft mitgeteilt hat.

Für (muslimische) Frauen gibt es etliche Besonderheiten, für Nichtmuslime auch.[32]

Hinsichtlich der Frauen wird das bereits in den Schöpfungsgeschichten des Koran grundgelegt und manches in Hadithen, den Berichten über Mohammeds Worte und Verhaltensweisen

---

31 Die Urfassung des Koran liege bei Allah. Sonderbar ist aber, dass Allah den angeblich ewigen Koran selbst immer mal wieder geändert haben will, in ihm also auch „nachgebesserte Wahrheiten" stehen, vgl. Koranvers 2,106. Muslime gehen dennoch davon aus, dass der Koran Wort für Wort für alle Zeit gilt. Ein sogenannter Euro-Islam – ganz gleich wie er ausgestaltet sein sollte – ist nach dieser Ansicht nicht möglich. Die Bibel dagegen gilt als von Gott inspiriert. Sie ist in Fragen des Glaubens und der Sitten maßgebend, nicht aber, wenn es um historische, pädagogische oder naturwissenschaftliche Angelegenheiten geht.

32 Einzelheiten werden in diesem Beitrag unter B III 2 und 3 genannt.

4. Unverlierbare und unverzichtbare Menschenwürde

Aus dem skizzierten Menschenbild der Bibel, nämlich der Gottebenbildlichkeit von Mann und Frau, aus dem gemeinsamen Auftrag, den Gott Adam und Eva erteilt hat, sowie aus der Erlösungstat Jesu Christi ergibt sich nach christlicher Ansicht die Würde des Menschen. Diese Würde kann, da sie nach biblischem Verständnis von Gott geschenkt worden ist, dem Menschen nicht entzogen werden, und kein Mensch kann rechtswirksam auf sie verzichten. Er kann seine Menschenwürde auch durch kriminelles Handeln nicht verspielen. Diese Menschenwürde ist zudem nicht abhängig von der Zugehörigkeit zu einer bestimmten Religion oder Rasse oder gesellschaftlichen Gruppe.

Im „Grundgesetz für die Bundesrepublik Deutschland" wird die Würde des Menschen verdeutlicht in den Bestimmungen zum Recht auf freie Entfaltung der Persönlichkeit, dem Gleichheitssatz, dem Recht auf Glaubens-, Gewissens- und Kultusfreiheit, der Informationsfreiheit, dem Recht auf den gesetzlichen Richter – um einige Grundrechte zu nennen. Das Geschlecht, die Rasse, die Religion scheiden als Maßstab aus.[30]

Bekanntlich haben sich Juden und Christen im Lauf der Geschichte in der Praxis keineswegs immer am Menschenbild der Bibel orientiert. Auch in unserer Zeit gibt es Verhaltensweisen, die den Forderungen der Bibel widersprechen. Aber es ist auch bekannt, dass mit den Schöpfungsgeschichten des Alten Testaments und durch die Botschaft Jesu Maßstäbe vorliegen, an Hand derer immer wieder Gewaltherrscher und Unrechtssysteme kritisiert worden sind und kritisiert werden.

---

30 Die Menschenrechte stehen allen Personen zu, den Bürgerinnen und Bürgern darüber hinaus noch weitere Rechte (und Pflichten) wie Versammlungsfreiheit (Art. 8 GG), Vereinigungsfreiheit (Art. 9 GG), Freizügigkeit (Art. 11 GG) Berufsfreiheit (Art. 12 GG), Wahlrecht (Art. 20 Abs. 2 GG), Zugang zu öffentlichen Ämtern (Art. 33 GG). Ein Grundrecht nur für Ausländer ist das Asylrecht, Art 16 a GG.

mit dem weltlichen Machthaber als Summepiskopus. Diese Form besteht derzeit noch in Großbritannien; sie ist aber weitgehend auf repräsentative Aufgaben beschränkt.

Immer wieder hat sich bei solchen „Personalunionen" gezeigt, dass sie sich über kurz oder lang zum Nachteil der „Untertanen" ausgewirkt haben. Insbesondere Christen hätten allzeit beherzigen sollen: „Gebt dem Kaiser, was dem Kaiser gehört, und Gott, was Gott gehört!" (Matthäus 22,21; vgl. auch Markus 12,17; Lukas 20,25). Das „Königtum" Jesu Christi „ist nicht von dieser Welt" (Johannes 18,36; siehe auch die Weisungen im Brief an die Römer, 13,1 ff.). Der weltliche Bereich (ordo temporalis) und der geistliche Bereich (ordo spiritualis) sind zwar auf einander hingeordnet, aber eigenständig. Um der Gewissens- und Entscheidungsfreiheit des Menschen willen muss das auch so sein und bleiben.

3. Verhältnis von Mann und Frau

Nach der Bibel ist durch Adams und Evas Sündenfall, den ihre Nachkommen durch eigenes schuldhaftes Versagen gleichsam von Generation zu Generation nachvollziehen, im Verhältnis der Geschlechter Einiges durcheinander geraten. Die schöpfungsmäßige Würde von Mann und Frau bleibt zwar bestehen, aber faktisch kommt es immer wieder dazu, dass der Mann über die Frau herrschen wird (vgl. Genesis 3,16), und es Eva immer wieder gelingt, dem Adam gleichsam eine verbotene Frucht zu reichen. Die christliche Botschaft aber lautet: Durch Jesus Christus ist die Welt erneuert worden, so dass auch die ursprüngliche Form des Miteinanders von Mann und Frau wieder lebbar ist.[29]

Paulus schreibt den Galatern (3,28), wer im Namen Jesu Christi getauft sei, habe gleichsam Christus als Gewand angelegt. Für alle Getauften gelte: „Es gibt nicht mehr Juden und Griechen, nicht Sklaven und Freie, nicht Mann und Frau; denn ihr alle seid ›einer‹ in Christus Jesus."

---

29 In der Liturgie der römisch-katholischen Kirche zur Osternacht heißt es in einem Gebet: „Allmächtiger Gott, du hast den Menschen wunderbar erschaffen und noch wunderbarer erlöst. Hilf uns, den Verlockungen der Sünde durch die Kraft des Geistes zu widerstehen, damit wir zu den ewigen Freuden gelangen." Messbuch für die Bistümer des deutschen Sprachgebietes, Authentische Ausgabe für den liturgischen Gebrauch, Kleinausgabe, Freiburg im Breisgau 1975, S. [87].

"Am Tag, da Gott den Menschen erschuf, machte er ihn Gott ähnlich. Als Mann und Frau erschuf er sie, er segnete sie und nannte sie Mensch an dem Tag, da sie erschaffen wurden."[28]

Die Gleichwertigkeit und der gleiche Auftrag verlangen entsprechende rechtliche Konsequenzen.

Die bereits im Alten Testament konstatierte Würde von Mann und Frau und ihre Gleichwertigkeit wird im Neuen Testament weiter verdeutlicht. Dem Gott der Bibel sind die Menschen so wichtig, dass er ihnen nach dem Sündenfall schließlich seinen Sohn sendet. Im Johannesevangelium (3,16) heißt es: „Denn Gott hat die Welt so sehr geliebt, dass er seinen einzigen Sohn hingab, damit jeder, der an ihn glaubt, nicht zugrunde geht, sondern das ewige Leben hat", (siehe weiter Hebräerbrief 1,1 ff.). Jesus Christus verkündigt die Liebe Gottes zu allen Menschen, zu Männern und Frauen gleichermaßen, und verdeutlicht sie auch durch seinen Tod am Kreuz.

Der Gott der Bibel lässt seine Sonne aufgehen über Gute und Böse und lässt regnen über Gerechte und Ungerechte (vgl. Matthäus 5,45). Die „Abrechnung" (Belohnung oder Strafe) erfolgt im endzeitlichen Gericht.

Wer die biblische Schöpfungsordnung – auch im Hinblick auf Mann und Frau – missachtet, sollte bedenken: „Wer aber sündigt, ist der Feind seines eigenen Lebens." (Tobit 12,10)

2. „Gebt dem Kaiser, was dem Kaiser gehört."

Ein Blick in die Geschichte zeigt: Immer wieder sind religiöse und weltliche Macht in einer Hand oder einer Institution vereinigt gewesen. Es hat „Priesterkönige" gegeben wie z. B. die Pharaonen im Alten Ägypten. Im Mittelalter ist die Zwei-Schwerter-Theorie vertreten worden, nach der der Papst zu Rom über das weltliche und das geistliche Schwert verfügt, aber gewöhnlich nur das geistliche selbst führt und das weltliche verleiht oder auch entzieht. Nach der Reformation gab es das Bündnis von Thron und Altar

---

28 Siehe auch Psalm 8,5-7: „Was ist der Mensch, dass du an ihn denkst, des Menschen Kind, dass du dich seiner annimmst? Du hast ihn nur wenig geringer gemacht als Gott, hast ihn mit Herrlichkeit und Ehre gekrönt. Du hast ihn als Herrscher eingesetzt über das Werk deiner Hände, hast ihm alles zu Füßen gelegt."

1. Mann und Frau als Ebenbild Gottes

Die Bibel in der uns bekannten Buchform beginnt mit zwei Schöpfungsgeschichten. In der ersten Erzählung von der Erschaffung der Welt und der Menschen heißt es, Gott habe Adam und Eva (gleichzeitig) erschaffen, und zwar als sein Abbild (vgl. Genesis 1,26). Adam und Eva erhalten von Gott den Auftrag:

> „Seid fruchtbar, und vermehrt euch, bevölkert die Erde, unterwerft sie euch, und herrscht über die Fische des Meeres, über die Vögel des Himmels und über alle Tiere, die sich auf dem Land regen." Genesis 1,28.[25]

Nirgends aber steht in dieser Schöpfungsgeschichte: Macht euch andere Menschen untertan, auch nicht die Ehefrau, den Ehemann, die Kinder. Eine herrschende Rasse, Klasse oder ein Adelsstand mit Privilegien ist ebenfalls nicht vorgesehen.[26] Als die israelitischen Stämme sich von Jahwe einen König erbitten, weist Samuel ausdrücklich darauf hin, welche Folgen das hat (vgl. 1 Samuel 8).

In der zweiten Schöpfungsgeschichte – beginnend mit Genesis 2,4 b – wird erzählt, dass Gott den Adam aus Erde geformt und später aus einer Rippe Adams die Eva gebildet hat, nicht etwa aus Adams Hirnmasse.[27] Theologisch bedeutet das: Eva ist nicht Adams Kommandozentrale. Eva wird aber auch nicht aus Adams Füßen gebildet, so dass sie für ihn zu laufen hätte. Die Rippen sitzen in der Nähe des Herzens. Am Herzen des Mannes ist daher – biblisch gesehen – der Platz der Ehefrau.

In der zweiten Schöpfungsgeschichte erkennt Adam ausdrücklich Eva als ihm ebenbürtig an. Er sagt zu Eva, nachdem er alle Tiere erfolglos auf eine Partnerin hin gemustert hat: „Das endlich ist Bein von meinem Bein und Fleisch von meinem Fleisch." (Genesis 2,23) Es sind die ersten Worte, die in der Bibel von Adam berichtet werden.

Mann und Frau sind nach den beiden biblischen Schöpfungsgeschichten Abbild Gottes und damit gleichwertig. In Genesis 5,1 f. heißt es gleichsam zusammenfassend:

---

25 Vgl. auch Gottes Bund mit Noach, Genesis 9,17: „Seid fruchtbar, und vermehrt euch; bevölkert die Erde, und vermehrt euch auf ihr!"
26 „Als Adam grub und Eva spann, wo war denn da der Edelmann?" (John Ball).
27 In der griechischen Mythologie heißt es, die Göttin Athene sei dem Kopf ihres Vaters Zeus entsprungen.

nach ihrer Meinung aus dem Koran und aus Mohammeds Worten und Verhaltensweisen ergeben. In einer Demokratie ist das zulässig. Die Frage ist aber: Darf der Deutsche Bundestag koranische Vorstellungen vom Menschen, vom Staat und von der Gesellschaft zur Richtschnur für seine Gesetzgebung machen? Darf das Bundesverfassungsgericht muslimisches Rechtsverständnis (islamisches Scharia-„Recht") zur Interpretation unserer Grundrechte heranziehen?[24]

Der deutschen Verfassung liegt ein Menschenbild zugrunde, das vom biblischen Verständnis des Menschen herkommt, durch griechische Philosophie, römisches Recht und geschichtliche Erfahrungen mitgestaltet worden ist und sich an der UN-Deklaration der Menschenrechte von 1948 orientiert.

Manchmal ist zu hören, einen passablen Maßstab für ein gutes Miteinander in Gesellschaft und Staat und auf internationaler Ebene biete die sogenannte „Goldene Regel". Nach dem Grundsatz „Was du nicht willst, das man dir tu, das füg auch keinem anderen zu!" sei ein friedliches Miteinander zu erzielen. Aber auch die „Goldene Regel" setzt bereits einen Konsens über das voraus, was als gut und richtig anzuerkennen ist. So werden wohl Hindus protestieren, wenn eine Kuh geschlachtet werden soll. Andererseits dürften Muslime, die sich strikt an Koran und Sunna orientieren, wohl nichts dagegen haben, wenn ein vom Islam Abgefallener getötet wird. Die „Goldene Regel" kann daher allenfalls innerhalb eines Kulturkreises zu einem akzeptablen Interessenausgleich führen. Anzustreben ist, dass die „Goldene Regel" überall durch die UN-Menschenrechtserklärung von 1948 präzisiert wird.

Insbesondere die biblischen Grundlagen der UN-Menschenrechtserklärung und des Grundgesetzes sollten wieder in den Blick genommen werden. Denn mehr und mehr wird versucht, Begriffe mit anderen Wertvorstellungen zu füllen, auch im Blick auf den Menschen.

---

24 Art. 6 des Einführungsgesetzes zum deutschen Bürgerlichen Gesetzbuch legt fest:
„Art. 6 Öffentliche Ordnung (ordre public)
Eine Rechtsnorm eines anderen Staates ist nicht anzuwenden, wenn ihre Anwendung zu einem Ergebnis führt, das mit wesentlichen Grundsätzen des deutschen Rechts offensichtlich unvereinbar ist. Sie ist insbesondere nicht anzuwenden, wenn die Anwendung mit den Grundrechten unvereinbar ist."

Auf die Grundlagen aber kommt es an, nämlich auf das Menschenbild, das der abendländischen Werteordnung und auch dem deutschen Grundgesetz zugrunde liegt, und auf jenes Menschenbild, das im Koran und in der Sunna sichtbar wird und auf das sich islamische Staaten und islamische Organisationen, aber auch einzelne Muslime je nach politischer Machtkonstellation berufen.

II. Biblische Aussagen über den Menschen

Die Frage nach dem Menschenbild und nach der Würde des Menschen und damit nach den Menschenrechten[22] führt zur Frage: Was ist der Mensch und was kommt ihm als Mensch zu? Bekanntlich geben Religionen und Weltanschauungen darauf Antworten. Man mag diese Antworten für unzulänglich halten, sie teilweise oder ganz ablehnen – aber sie bestimmen weitgehend jedes gesellschaftliche und staatliche Leben. Denn von dem her, was der Mensch seinem Wesen nach ist bzw. wie es allgemein verstanden oder postuliert wird, bestimmen sich seine Würde, seine Rechte und Pflichten.[23]

Parteien, Gewerkschaften, Arbeitgeberverbände, Kirchen, Atheistenvereinigungen usw. verkünden ihr Verständnis von den Menschenrechten. Mehr und mehr versuchen auch Muslime, ihre Ansichten vorzutragen und einzufordern – nämlich so, wie sie sich

---

Widersprüche im Koran bestehen, wird auch von Mohammed eingestanden. Es stehe ihm aber nicht zu, sagt er, dies zu ändern; er gäbe nur wieder, was ihm geoffenbart worden sei. Diese Sowohl-als-auch-Argumentation erlaubt den Islamgelehrten bis heute, den Koran mal wörtlich, mal im historischen Kontext, mal dem Sinn nach, auf jeden Fall aber ganz nach Belieben oder Interesse zu deuten."

22 Die Menschenrechte sind zuerst als Abwehrrechte gegen den Staat formuliert worden. Dann kamen die Teilhaberechte hinzu wie das Recht auf Wahlen zur politischen Mitgestaltung, Recht auf Informationen, wirtschaftliche Tätigkeit, menschenwürdiges Leben. Als dritte Gruppe von Menschenrechten gelten Forderungen auf Teilhabe am Reichtum der Erde wie auf Nahrung, sauberes Wasser, saubere Luft, auf Frieden.

23 Manfred Kleine-Hartlage schreibt in seinem Buch „Das Dschihadsystem – Wie der Islam funktioniert", Gräfelfing 2010, auf S. 50: „Sie [die Religionen] prägen unsere Vorstellungen davon, was gut und böse, was gerecht und ungerecht, was wahr und unwahr ist, welchen Sinn und welchen Wert das Leben hat und in welchem Verhältnis wir uns zu unseren Mitmenschen und zur Welt insgesamt sehen."

scher Rechtsschulen sowie alle von Allah rechtgeleiteten Muslime meinen, dass jene Muslime durch ihre Morde, Vergewaltigungen, Vertreibungen Verbotenes tun und den Islam diskreditieren, dann müssten alle diese islamischen Autoritäten Fatwas erlassen, in denen über diese Verbrecher die im Islam vorgesehenen Strafen z. B. für Mord und Vergewaltigung verhängt werden.

Den Koran selbst kann man doppelgesichtig nennen. Die Koranverse, die aus Mohammeds Zeit in Mekka stammen – damals hatte Mohammed noch keine politische und militärische Macht –, gelten als gemäßigt, die Koranverse, die aus Mohammeds Zeit in Medina stammen, als vielfach von Gewalt geprägt. Wenn Muslime sich in einer „Mekka-Situation" sehen, also keine Macht haben, zitieren sie offenbar gern die als moderat geltenden Koranverse aus Mohammeds Zeit in Mekka. Wenn sie aber Macht haben, also gleichsam in einer „Medina-Situation" sind, bevorzugen sie die Koranverse, die in Medina geoffenbart worden sein sollen. Dann ist Gewalt angesagt bis hin zur Unterwerfung und Versklavung, zum Verstümmeln und zum Töten der angeblich Ungläubigen und der Atheisten. Die in Mekka geoffenbarten Koranverse seien – so heißt es dann – durch die Offenbarungen in Medina überholt und geändert (abrogiert) worden. Die Soziologin und Muslimin Dr. Necla Kelek schreibt: „Zitiert man den Koran, wird ein anderslautender Vers gegengehalten oder behauptet, die Sure sei falsch zitiert, falsch übersetzt worden oder anders gemeint."[21]

„Vereinigte Staaten: Mehr als 120 Islamgelehrte aus aller Welt haben die Terrormiliz 'Islamischer Staat' (IS) verurteilt. In einem 18-seitigen Schreiben legen sie dar, dass die Gruppe in eklatantem Widerspruch zum Koran stehe.
Zu den Unterzeichnern zählen der ägyptische Großmufti Schawki Ibrahim Allam und hohe Vertreter der Al-Azhar-Universität in Kairo, der Jerusalemer Mufti Muhammad Ahmad Hussein sowie Gelehrte und Geistliche aus Arabien, Nordafrika, Asien, Europa und den USA.
Das namentlich an den IS-Führer Abu Bakr Al-Baghdadi gerichtete Schreiben spricht den Islamisten die Kompetenz für Religionsurteile ab. Die Ausrufung eines Kalifats sei unzulässig. Unter den 24 Punkten des Dokuments bekräftigen die Gelehrten den vom Koran geforderten Schutz von Christen und anderen religiösen Minderheiten. Akte wie Folter und Leichenschändung, Versklavung, Zwangsbekehrungen und Unterdrückung von Frauen seien im Islam verboten. (kna)"

21 Kelek, Necla, Himmelsreise – Mein Streit mit den Wächtern des Islam, Taschenbuchausgabe, München 2011, S. 22. Auf S. 58 schreibt sie: „Dass

Islamische Staaten und Organisationen und Sprecher islamischer Vereinigungen, die sich von den Morden, den Versklavungen, dem sexuellem Missbrauch von Mädchen und Frauen des „Islamischen Staates" (Irak/Syrien) und „Boko Haram" (Nigeria), den Morden an Redaktionsmitgliedern des religionskritischen französischen Satiremagazin „Charlie Hebdo" (Frankreich) einschließlich der zwei Polizisten distanzieren und selbsternannte „Scharia-Polizisten" ablehnen, sollten nach ihren Beweggründen gefragt werden. Denn immer wieder wird behauptet, die islamische Religion werde von bestimmten muslimischen Personen und Gruppierungen missbraucht.[18] Wer aber den Koran liest, stellt fest, dass z. B. Mitglieder des „Islamischen Staates" und des „Boko Haram" bei ihrem brutalen Vorgehen jenen „Weisungen" folgen, die im Koran stehen.

Wenn islamische Staaten und Organisationen und einzelne Muslime den „Islamischen Staat" und andere islamische Terror-Organisationen[19] ablehnen und mitteilen, dass deren brutale Vorgehensweisen unislamisch seien, sollten sie und insbesondere alle islamischen Rechtsschulen deutlich sagen, wie sie die Kampf-Aufrufe und Verstümmelungsstrafen im Koran und in den Hadithen verstehen und warum in etlichen islamischen Staaten von Religionsfreiheit für alle zu oft wenig bis nichts zu bemerken ist. Die Muslime sollten sagen, wer ihren Koran und Mohammeds Verhalten für alle verbindlich interpretiert. Bisher besteht der Eindruck, als wendeten sich Vertreter islamischer Staaten und Organisationen und einzelne Muslime nur deswegen gegen Terrororganisationen wie den „Islamischen Staat", „Boko Haram", die „Taliban", „al Kaida", weil sie befürchten, dass sie bei deren Erfolg ihre eigene Macht verlieren und ebenfalls geköpft werden könnten.[20] Wenn aber die große Mehrheit der Imame, Ayatollahs, Leiter islami-

---

18 Diese Personen sind unter anderem zu fragen, woher die Tausende von Raketen stammen, die allein im Jahr 2014 vom Gazastreifen aus auf Israel gefeuert worden sind, und von welchen islamischen Staaten aus Muslime aus Europa problemlos zu den Terroristen des „Islamischen Staates" nach Syrien und in den Irak gelangen können.

19 Zu erinnern ist weiter an die Verbrechen von Anhängern islamischer Organisationen wie Al Khaida, Al Shabaab (Somalia), Hamas, Hisbollah, Islamischer Dschihad (Gaza/Palästina) und andere.

20 Das gilt auch hinsichtlich der Meldung im Newsletter von Radio Vatikan vom 26. September 2014. Darin heißt es:

wenn sich ein Muslim für Gerechtigkeit, Frieden, Gleichheit, Glaubensfreiheit ausspricht, sollte er gefragt werden, was genau er damit meint. Vor allem sollte nicht übersehen werden: Wenn ein Muslim befürchtet, wegen seines Glaubens oder aus anderen Gründen einen Nachteil zu erleiden, ist es ihm erlaubt, taqiya zu praktizieren,[17] nämlich zu täuschen, zu verschleiern, vgl. Koranverse 16,106 und 3,28.

Der Koordinationsrat der Muslime in Deutschland (KRD), ein nichtrechtsfähiger Zusammenschluss von muslimischen Organisationen, hat in seiner Geschäftsordnung (Stand: 28. 03. 2007) in „§ 1 Grundlagen", Absatz 4 festgelegt: „Der Koordinationsrat bekennt sich zur freiheitlich-demokratischen Grundordnung der Bundesrepublik Deutschland." In § 1 Absatz 5 aber steht: „Koran und Sunna des Propheten Mohammed bilden die Grundlagen des Koordinationsrats. Dieser Grundsatz darf auch durch Änderungen dieser Geschäftsordnung nicht aufgegeben oder verändert werden." Und wie wird der Koordinationsrat der Muslime entscheiden, wenn Koran und Sunna etwas fordern, was das Grundgesetz und das deutsche Strafrecht verbieten? Welche Bedeutung hat dann noch das Bekenntnis zur freiheitlich-demokratischen Grundordnung?

---

ten sollten, in der Präambel des Grundgesetzes sei mit „Gott" selbstverständlich auch der Allah des Koran gemeint. Auch in Verantwortung vor ihm habe sich das deutsche Volk das Grundgesetz gegeben. Irgendwann wird dann wohl von interessierter Seite behauptet werden, in der Präambel des Grundgesetzes sei mit „Gott" nicht auch, sondern nur der Allah des Koran gemeint, weil es ja andere Gottheiten oder Götter nicht gebe, auch nicht den Gott der Juden und nicht den dreieinigen Gott der Christen.

17 Der Koran legt auch Maria, der Mutter Jesu, nahe, sie solle, wenn sie nach der Herkunft des Jesuskindes gefragt werde, antworten, sie könne derzeit keine Auskunft geben, weil sie ein Schweigegelübde abgelegt habe, Koranverse 19,22-29. Im Neuen Testament dagegen sagt Jesus: „Wer sich nun vor den Menschen zu mir bekennt, zu dem werde auch ich mich vor meinem Vater im Himmel bekennen." (Matthäus 10,32). Außerdem heißt es: „Euer Ja sei ein Ja, euer Nein ein Nein" (Matthäus 5,37).
Diese und alle anderen Bibelzitate in diesem Beitrag stammen aus: Die Bibel, Einheitsübersetzung der Heiligen Schrift, Altes und Neues Testament, Stuttgart 1980.

Wenn es um das Verständnis der Menschenrechte geht, ist es ähnlich. Vertreter islamischer Staaten haben am 19. September 1981 die „Allgemeine Erklärung der Menschenrechte im Islam" und am 9. August 1990 „Die Kairoer Erklärung über Menschenrechte im Islam"[14] beschlossen. In beiden Erklärungen werden das Recht auf Leben, Gleichbehandlung, freie Entfaltung der Persönlichkeit, Glaubensfreiheit und viele andere Freiheiten genannt. Aber in der Erklärung von 1981 wird für den Umfang dieser Freiheiten 76 mal auf den Koran als Maßstab verwiesen und 20 mal auf die Scharia. Und die beiden Schluss-Artikel der „Kairoer Erklärung" von 1990 lauten:

Artikel 24: Alle in dieser Erklärung aufgestellten Rechte und Freiheiten unterliegen der islamischen Scharia.

Artikel 25: Die islamische Scharia ist der einzige Bezugspunkt für die Erklärung oder Erläuterung eines jeden Artikels in dieser Erklärung.

Damit wird in den beiden Erklärungen das abendländisch-christliche Verständnis der Menschenrechte unmissverständlich abgelehnt. Bei der Frage der Religionsfreiheit kann das so weit gehen, dass eine Person, die sich vom Islam abgewandt hat, zu töten ist und Muslime dieses Töten eines Abtrünnigen sogar als „Bewahren der Menschenrechte" bezeichnen.[15]

Wer diese „Interpretation", dieses Umdeuten von Menschenrechten bis in ihr Gegenteil nicht kennt, kann bei Diskussionen mit Muslimen leicht Einvernehmen darüber erzielen, dass die Menschenrechte jedem zustehen und jeden Staat verpflichten, aber dennoch einem grandiosen Missverständnis erliegen.[16] Denn

---

14 In Deutsch abgedruckt in: Menschenrechte – Dokumente und Deklarationen, hrsg. von der Bundeszentrale für politische Bildung, Schriftenreihe Band 397, 4. aktualisierte und erweiterte Auflage, Bonn 2004, S. 546 und S. 562.

15 Einzelheiten unter VI dieses Beitrags.

16 Nicht nur auf politischer und juristischer Ebene gibt es dieses Ringen, sondern auch im vorrechtlichen Bereich. So mag das arabische Wort „Allah" korrekt mit „Gott" ins Deutsche übersetzt sein. Vom Wesen her unterscheidet sich der Gott des Koran aber erheblich vom Gott der Bibel. Wer daher im Blick auf Religionen undifferenziert von Gott spricht, vernachlässigt bzw. verschweigt die unterschiedlichen Vorstellungen, die mit dem Begriff „Gott" bzw. „Allah" jeweils verbunden sind.
Niemand sollte z. B. überrascht sein, wenn irgendwann Muslime behaup-

wenn sie diese Freiheit anderen Religionen und Weltanschauungen auf Grund ihrer eigenen Lehre zu verweigern hat?

In all diesen Fällen geht es darum, welche Freiheiten jedem Menschen zukommen und welcher Schutz jedem zu gewähren ist. Die Frage ist: Woher ist der Maßstab zu nehmen?

Weiter ist zu beachten, dass manche Verhaltensweisen und Worte in einem anderen Kulturkreis etwas Anderes besagen können als z. B. in Deutschland. So bekräftigt in Deutschland nach wohl überwiegender Ansicht derjenige seinen Eid, der hinzufügt: „So wahr mir Gott helfe." (vgl. auch Art. 56 Grundgesetz). Ein Muslim dagegen, der seinem Eid hinzufügt „so Allah will" relativiert nach einem Hadith seine eidliche Zusage:

> „Nach Ibn 'Umar: Der Prophet sagte: Wer einen Eid schwört und sagt: So Allah will, der hat eine Ausnahme eingeführt. [Anmerkung des Übersetzers Prof. Khoury: die ihn von der Erfüllung des Eides befreien kann.] (Abu Dawud, Tirmidhi, Nasa'i)"[12]

Wenn sich daher ein Muslim später nicht in der Lage sieht, seinen mit Berufung auf Allah geleisteten Eid zu halten, hat Allah das eben nicht gewollt. Ein Eid mit religiöser Beteuerung kann daher in einer islamischen Gesellschaft das Öffnen eines Hintertürchens sein.[13] Niemand sollte aber Muslimen vorwerfen, sie seien beim Schwören mit religiöser Beteuerung unehrlich. Es ist lediglich zu beachten, dass es für Muslime eine religiöse Rechtfertigung gibt, wenn sie sich an einen religiös bekräftigten Eid nicht halten. Strafrechtlich ist eine religiöse Wahrheits-Beteuerung in Deutschland sowieso irrelevant, vgl. §§ 153 ff. StGB.

---

12 Khoury, Adel Theodor, Der Hadith, Urkunde der islamischen Tradition, Band II, Religiöse Grundpflichten und Rechtschaffenheit, Gütersloh 2008, Nr. 2813, S. 370.

13 Im Koranvers 16,94 klingt es so als wenn Muslime eidliche Zusagen nur gegenüber Allah und den eigenen Leuten einzuhalten hätten: „Und intrigiert nicht mit euren Eiden untereinander (?), damit ihr nicht nachträglich einen Fehltritt tut, (wörtlich: damit nicht ein Fuß ausgleitet, nachdem er festgestanden hat) und (zur Vergeltung) dafür, dass ihr (eure Mitmenschen) vom Weg Allahs abgehalten habt, etwas Böses zu spüren bekommt! Eine gewaltige Strafe habt ihr zu erwarten." Außerdem weist Allah den Muslimen sowohl im Koranvers 5,89 als auch 66,2 einen Weg, wie sie Eide lösen können: Sie haben zu fasten oder eine Vermögensabgabe zu leisten.

Art. 19 Abs. 2 Grundgesetz: „In keinem Fall darf ein Grundrecht in seinem Wesensgehalt angetastet werden."

Um die menschliche Würde zu achten und zu schützen, bekennt sich das deutsche Volk „zu unverletzlichen und unveräußerlichen Menschenrechten als Grundlage jeder menschlichen Gemeinschaft, des Friedens und der Gerechtigkeit in der Welt." (Art. 1 Abs. 2 Grundgesetz). Die Würde des Menschen zu schützen und die freie Entfaltung der Persönlichkeit zu ermöglichen, ist „Verpflichtung aller staatlichen Gewalt" (Art. 1 Abs. 1 Grundgesetz). Dazu dienen die Grundrechte, die Justizhoheit, das Machtmonopol des Staates sowie das Sozialstaatsgebot.

3. Ringen um Begriffe und Inhalte

Die Deutschen haben mit ihrem Grundgesetz gute Erfahrungen gemacht. Einige sind wohl der Ansicht, sie könnten sich daher vorwiegend ihren privaten Angelegenheiten widmen. Zudem gebe es ja noch das Bundesverfassungsgericht als Hüter unserer Verfassung.

In Wirklichkeit ist unsere Werte- und Rechtsordnung kein Fels in der Brandung der Meinungen. Es gibt ein andauerndes Ringen um den Umfang und den Inhalt der Grundrechte. Die vielen Entscheidungen des Bundesverfassungsgerichts und anderer Gerichte – auch aus neuerer Zeit – zeigen das.

- Gehört die Behauptung „Soldaten sind Mörder" noch zur freien Meinungsäußerung?[9]
- Gehört das Veranstalten von Peep-Shows noch zur Berufsfreiheit?[10]
- Durfte dem mutmaßlichen Entführer eines Kindes Folter angedroht werden, damit er den Aufenthaltsort des entführten Kindes mitteile?[11]
- Ist die Beschneidung von Jungen im Säuglings- oder Kindesalter aus religiösen Gründen erlaubt?
- Darf einer Lehre, die sich als Religion oder Weltanschauung versteht, Verkündigungs- und Kultfreiheit gewährt werden,

---

9 Siehe BVerfG 1 BvR 1476/91 vom 10.10.1995.
10 Siehe BVerfG 1 BvR 413/86 vom 9.7.1986.
11 Es handelt sich um Magnus Gäfgen, der am 27. September 2002 den 10jährigen Jakob von Metzeler entführt und getötet hat. Magnus Gäfgen ist wegen Mordes verurteilt worden.

Der aus dem Griechischen stammende Begriff „Demokratie" meint „Herrschaft des Volkes". Wenn im Folgenden von Demokratie die Rede ist, ist aber nicht die Männerherrschaft gemeint, die zur Zeit des Perikles (444 bis 429 v. Chr.) in Athen geherrscht hat. Denn damals sollen nur etwa 10 Prozent der Bewohner Athens in den Angelegenheiten der Stadt Mitspracherecht gehabt haben. Gemeint sind auch nicht die sogenannten Volksdemokratien kommunistischer Art, sondern die aus abendländisch-christlichem Gedankengut entstandenen Demokratieformen.[8]

Die Forderung nach Beteiligung aller Staatsangehörigen an der politischen Willensbildung beruht auf der Ansicht, dass Männer und Frauen rechtlich gesehen gleich sind und folglich allen im Staat auch ein Mitbestimmungsrecht zukommt. Alle Bürgerinnen und Bürger sollen durch Wahlen und Abstimmungen, Volksbegehren und Volksentscheide das Gemeinwesen mitgestalten können.

Im Lauf der Geschichte hat sich gezeigt, dass dort, wo eine Position, ein Amt mit Macht ausgestattet ist, alsbald auch der Machtmissbrauch einsetzt. Um dem Machtmissbrauch so gut wie möglich vorzubeugen, werden in echten Demokratien die verschiedenen Formen staatlicher Macht auf unterschiedliche Gremien verteilt – auf Parlament(e), Regierung(en), Gericht(e).

2. Schutz der Würde des Menschen

Demokratie besagt nicht, dass das Staatsvolk über alle Angelegenheiten entscheiden kann. Einige als wesentlich angesehene Bereiche gelten als nicht verhandelbar. Sie können nicht durch Mehrheitsentscheid geändert werden. Dazu gehören in Deutschland gemäß Art. 79 Abs. 3 Grundgesetz die in den Artikeln 1 und 20 (nicht 1 bis 20) der Verfassung niedergelegten Grundsätze, nämlich die Würde des Menschen, die Demokratie und die Gewaltenteilung sowie die Strukturgrundsätze unseres Staates. „Gegen jeden, der es unternimmt, diese Ordnung zu beseitigen, haben alle Deutschen das Recht zum Widerstand, wenn andere Abhilfe nicht möglich ist." (Art. 20 Abs. 4 Grundgesetz) Außerdem heißt es in

---

8 Einen Eindruck von der Vielfalt vermittelt Lorenz Stucki in seinem Buch „Gebändigte Macht – gezügelte Freiheit, Ein Leitfaden durch die Demokratien", 2. Auflage, Bremen 1960, auch wenn sich inzwischen Einiges geändert hat.

B Die freiheitlich-demokratische Grundordnung Deutschlands und islamische Gebote

Für die Antwort auf die Frage „Ist der Islam demokratiefähig?" sind die Grundlagen unserer Demokratie in den Blick zu nehmen und mit den Weisungen des Koran und den Berichten über Mohammeds Worte und Taten zu vergleichen. Denn wenn gesellschaftliche und verfassungsrechtliche Grundentscheidungen anstehen, geht es nicht in erster Linie darum, wie das „Bodenpersonal" eines Gottes/einer Gottheit mit göttlichen Weisungen (zeitweilig) umgeht, sondern es kommt wesentlich auf den Wortlaut der (geoffenbarten) Texte bzw. auf deren verbindliches Verständnis an. Eine „Rechtsordnung" wiederum ist nicht zu verstehen, wenn nicht bekannt ist, welches Menschenbild ihr zugrunde liegt. Deswegen sind, wenn es um die Gestaltung des Zusammenlebens in Staat und Gesellschaft geht, immer wieder auch die religiösen bzw. weltanschaulichen Grundlagen und Forderungen mit einzubeziehen.

I. Bedeutung des Menschenbildes für die Rechtsordnung

Eine Staatsordnung und eine Gesellschaftsordnung wird allgemein dann als angemessen und gerecht empfunden, wenn sie allen Mitgliedern eines Gemeinwesens gleiche Rechte gibt und grundsätzlich gleiche Pflichten auferlegt sowie dafür sorgt, dass alle auch ihre Rechte wahrnehmen und ihre Pflichten erfüllen können.

Was als gerecht empfunden wird, hängt maßgeblich davon ab, was nach allgemeiner Meinung dem Menschen als vernunftbegabtem und verantwortungsfähigem Wesen zukommt.

1. Beteiligung aller erwachsenen Staatsbürger und Gewaltenteilung

Im Grundgesetz für die Bundesrepublik Deutschland zählen zu den wesentlichen Grundsätzen unserer Staats- und Gesellschaftsordnung die Demokratie einschließlich Gewaltenteilung und der Schutz der Menschenwürde.

Im Folgenden geht es um Grundlagen der freiheitlich-demokratischen Ordnung in Deutschland und um Weisungen im Koran und in der Sunna zur Gestaltung von Staat und Gesellschaft, insbesondere um das von ihnen favorisierte bzw. geforderte Gemeinwesen mit dem Ziel zu prüfen, ob der Islam,[7] wie er von Koran und Sunna gefordert wird, demokratiefähig ist.

Indem sich die Mehrheit unserer politisch-medialen Klasse
auf die politische Korrektheit beruft, verbittet sie sich
die kritische Auseinandersetzung mit dem Islam.
Ein solcher Versuch der Einschränkung
der Wissenschafts-und Meinungsfreiheit
ist nur damit zu erklären,
dass man sehr wohl weiß, dass die Kritiker
einen wunden Punkt ansprechen.

Tilman Nagel, Islamwissenschaftler

---

7 Zum Islam gehören alle Personen, Gemeinschaften und Staaten, die sich auf den Koran und auf Mohammeds Verhalten (Sunna) als ihre Glaubensgrundlage und ihre Lebensweise berufen. Muslime behaupten zwar hin und wieder, *den* Islam gebe es nicht. Wer dem zustimmt, hat auch anzuerkennen, dass es die Demokratie, die Monarchie, die Republik nicht gibt und ebenso nicht das Christentum, den Buddhismus und den Hinduismus. Denn auch bei ihnen gibt es vielfältige Formen.

politischen Druck ausüben und in Stadtbezirken, in denen sie die Mehrheit bilden, das Beachten islamischer Sitten und Gebräuche faktisch erzwingen. Wie werden sie sich entscheiden, wenn Grundsätze der freiheitlich-demokratischen Verfassung mit den Geboten des Koran nicht zu vereinbaren sind?[4]

Die Muslime gehören verschiedenen islamischen Gemeinschaften an.[5] Alle berufen sich für ihr Verständnis von einer guten Rechts- und Gesellschaftsordnung auf den Koran. Eine weitere wichtige Quelle für die Lebensgestaltung von Muslimen in Ehe, Familie, Gesellschaft und Staat ist die Sunna, das Erzählgut über Mohammeds Leben. Denn der Koran ist an etlichen Stellen nicht eindeutig, manchmal sogar widersprüchlich. In Zweifelsfragen gelten bei Muslimen deshalb Mohammeds Worte und sein Verhalten als die beste Interpretation der Lehren und Weisungen des Koran. Denn Allah habe Mohammed rechtgeleitet.[6] Im Koran heißt es:

> „Im Gesandten Allahs habt ihr doch ein schönes Beispiel – (alle haben in ihm ein schönes Beispiel), die auf Allah hoffen und sich auf den jüngsten Tag gefasst machen und Allahs ohne Unterlass (wörtlich: viel) gedenken."
> Koranvers 33,21

---

[4] Die „Frankfurter Allgemeine Zeitung" (FAZ) berichtete am 11. 12. 2013 im Artikel „Fundamentalismus unter Muslimen weit verbreitet": Der niederländische Migrationsforscher Ruud Koopmans, Leiter der Abteilung „Migration" am Wissenschaftszentrum Berlin, der auch Soziologie an der Humboldt-Universität lehre, habe in sechs westeuropäischen Staaten 9.000 Einwanderer mit türkischen oder marokkanischen Wurzeln befragt. Ergebnis laut FAZ: „65 Prozent der befragten Muslime gaben an, dass ihnen religiöse Regeln wichtiger seien als weltliche Gesetze. 75 Prozent meinten, dass es nur eine mögliche Auslegung des Koran gebe, an die sich alle Muslime halten sollten. 60 Prozent waren der Ansicht, dass die in Europa lebenden Muslime zu ihren Wurzeln zurückkehren müssten. 44 Prozent stimmten allen diesen drei Aussagen zu und gelten damit als Fundamentalisten".

[5] Zu den Sunniten wird die Ahmadiyya, zu den Schiiten werden Alawiten, Ibaditen, Imaniten, Ismailiten, Sufiten, Wahhabiten und Zaiditen gezählt; außerdem gibt es die Gemeinschaft der Aleviten, vgl. Elger, Ralf (Hrsg.), Kleines Islam-Lexikon, 5. Auflage, München 2008. Einige dieser islamischen Gemeinschaften bekämpfen sich mit Worten und ggf. auch mit Waffen.

[6] Unfehlbar scheint Mohammed deswegen nicht gewesen zu sein, denn im Koranvers 48,2 heißt es: „Allah wollte (oder: möchte) dir (auf diese Weise?) deine frühere und deine spätere [!] Schuld vergeben, seine Gnade an dir vollenden und dich einen geraden Weg führen." Siehe weiter Koranvers 47,19. Alle Koranzitate in diesem Beitrag stammen aus der Koranübersetzung von Rudi Paret, Der Koran, Stuttgart 1979.

A Muslime in Deutschland

In den letzten Jahrzehnten sind mehr und mehr Muslime nach Deutschland gekommen, insbesondere Türken. Die meisten sind offenbar gekommen, um in Deutschland ihren Lebensunterhalt zu verdienen, andere, um den Forderungen der Scharia des Heimatstaates zu entgehen und in einer freiheitlichen Gesellschaft zu leben[1] oder sich und ihre Familien vor (Bürger-)Kriegswirren in Sicherheit zu bringen. Wieder andere sind gekommen, um der Armut zu entfliehen oder auch, um in Deutschland die Gemeinschaft der Muslime zu stärken und für den Islam zu werben und ggf. zu kämpfen.

Eine beträchtliche Anzahl der eingewanderten Muslime hat die deutsche Staatsangehörigkeit erhalten;[2] Deutsche sind zum Islam konvertiert. Sie alle können an Wahlen und Abstimmungen teilnehmen, in den öffentlichen Dienst treten und als Beamte und Angestellte auch in sensiblen Bereichen wie Polizei, Bundeswehr und Verfassungsschutz tätig werden (Art. 33 Grundgesetz).[3] Sie können als Abgeordnete in den Stadträten und Kreistagen, in den Parlamenten der Bundesländer und im Bundestag über Satzungs- und Gesetzesvorlagen abstimmen und somit über Entwicklungen in Gesellschaft und Staat mit entscheiden. Sie können durch Demonstrationen und Unterschriftenaktionen gesellschaftlichen und

---

1 Muslime aus islamischen Staaten, in denen Krieg oder kriegsähnliche Zustände und Armut herrschen, streben offensichtlich nicht in erster Linie in die reichen islamischen Staaten am Persischen Golf, sondern in die USA, nach Kanada, Australien, in die EU-Staaten – Staaten mit einer freiheitlichen Staats- und Gesellschaftsordnung.

2 Am 23. Juni 2014 ist auf der Internetseite des Statistischen Bundesamtes (Wiesbaden) zu lesen, im Jahr 2012 hätten 112.348 Ausländer die deutsche Staatsbürgerschaft erhalten; darunter seien 33.246 Türken. Damit ist aber nicht gesagt, dass diese Türken alle Muslime sind. Auch türkische Christen und türkische Jesiden können darunter sein.

3 Die Tageszeitungen „Westdeutsche Allgemeine Zeitung" und „DIE WELT" berichteten am 19. März 2013, dass der Deutsch-Türke Koray D., der beschuldigt wird, mit drei anderen Muslimen geplant zu haben, Hartmut Beisicht, den Vorsitzenden der Partei „Pro NRW" zu ermorden, sich für den Polizeidienst im Bundesland Bremen beworben habe. Dank sorgfältiger Recherche sei aber entdeckt worden, dass Koray D. zu den Salafisten zu zählen sei; siehe auch die Tageszeitung „General-Anzeiger", Bonn, vom 20. März 2013.

IV. Menschenwürde und
   Strafbestimmungen im Koran..................................455
   1. Prügel- und Verstümmelungsstrafen,
      Todesstrafe einschließlich Steinigung 456
   2. Selbstjustiz..460
   3. Recht auf Rache (ius talionis).............................463
   4. Töten von Apostaten...464
   5. Keine Strafe ohne Gesetz...................................465
V. Islamische Sklaverei einschließlich
   sexueller Nutzung von Sklavinnen und Sklaven.......467
VI. Unterdrückung und Krieg gegen „Ungläubige"
   gemäß Koran..475
VII. Religiös vorgegebene staatliche Strukturen 479
   1. Gewaltenteilung im Islam überflüssig.................479
   2. Die umma, die von Allah
      vorgegebene Gemeinschaft..................................483
   3. Mitglieder der islamischen umma 485
      a) umma ohne Frauen..485
      b) umma ohne Nichtmuslime 486
   4. Umfassende Zuständigkeit Mohammeds
      und seiner Nachfolger 491
C Zusammenfassung..498

Die größte Gefahr für Europa ist seine Trägheit,
seine Zuflucht in eine Kultur der Gleichgültigkeit
und des allgemeinen Relativismus.

Slavoj Zizek, Philosoph

Demokratie und Islam

Unvereinbarkeiten

von

Reinhard Wenner

A Muslime in Deutschland 417
B Die freiheitlich-demokratische Grundordnung
    Deutschlands und islamische Gebote 420
    I.   Bedeutung des Menschenbildes für die
         Rechtsordnung...420
         1. Beteiligung aller erwachsenen Staatsbürger
            und Gewaltenteilung..420
         2. Schutz der Würde des Menschen........................421
         3. Ringen um Inhalte und Ziele 422
    II. Biblische Aussagen über den Menschen...................428
         1. Mann und Frau als Ebenbild Gottes 430
         2. „Gebt dem Kaiser, was dem Kaiser gehört." 431
         3. Verhältnis von Mann und Frau 432
         4. Unverlierbare und unverzichtbare
            Menschenwürde...433
    III. Aussagen über den Menschen im Koran
         und in Hadithen 434
         1. Schöpfungsgeschichten 435
         2. Mindere Rechtsstellung der Frau........................439
            a) Kein Recht auf Wahl des Lebensstandes
               und auf Wahl des Ehepartners 441
            b) Recht des Mannes
               auf sexuelle Nutzung der Frau........................445
            c) Verstoßen der Ehefrau(en)
               und Frauentausch 446
            d) Minderer Status der Frau als Zeugin 447
            e) Benachteiligung der Tochter im Erbrecht........447
         3. Mindere Rechtsstellung des „Ungläubigen".........449

Runciman, Steven, Geschichte der Kreuzzüge, 4. Auflage, München 2003.

Schirrmacher, Christine, Der Islam. Geschichte – Lehre, Unterschiede zum Christentum, Bde. 1+2, Neuhausen, Stuttgart 1994.

Spuler-Stegemann, Ursula, Feindbild Christentum im Islam. Eine Bestandsaufnahme, Freiburg, Basel, Wien 2004.

Stark, Rodney, Gottes Krieger. Die Kreuzzüge in neuem Licht, Berlin 2013.

Stolz, Rolf, Die Mullahs in Deutschland. Der Sprengstoff von morgen, Frankfurt/M, Berlin 1996.

Stückelberger, Hansjürg, Europas Aufstieg und Verrat. Eine christliche Deutung der Geschichte, Aachen 2001.

Tibi, Bassam, Der Islam und Deutschland. Muslime in Deutschland, Stuttgart, München 2001.

Thorau, Peter, Die Kreuzzüge, 4. Auflage, München 2012.

Warraq, Ibn, Warum ich kein Muslim bin, Berlin 2004.

Wieczorek, Alfried, u. a. (Hg.), Saladin und die Kreuzfahrer, Mainz 2005.

Woods, Thomas E., Sternstunden statt dunkles Mittelalter. Die katholische Kirche und der Aufbau der abendländischen Zivilisation, Aachen 2006.

Ye'or, Bat, Der Niedergang des orientalischen Christentums unter dem Islam, 7.–20. Jahrhundert. Zwischen Dschihad und Dhimmitude, Gräfelfing 2002.

–, Europa und das kommende Kalifat. Der Islam und die Radikalisierung der Demokratie. Übersetzung, Hintergründe und Kommentierung von Hans-Peter Raddatz, Berlin 2012.

Der Grundgedanke der Toleranz
ist die Idee der gleichen elementaren Rechte.
Die Grenze der Toleranz ist die Intoleranz
gegenüber dem Metaprinzip der Toleranz,
also die Unantastbarkeit der Würde und des Lebens.

Josef Bordat

Knopp, Guido * Brauburger, Stefan * Arens, Peter, Der Heilige Krieg. Mohammed, die Kreuzritter und der 11. September, in Zusammenarbeit mit Alexander Berkel u. a., München 2013.

Kotzur, Hans-Jürgen (Hg.), Die Kreuzzüge. Kein Kriegt ist heilig, bearbeitet von Brigitte Klein und Winfried Wilhelmy, Mainz 2004.

Küng, Hans, Der Islam. Geschichte, Gegenwart, Zukunft, 3. Auflage, München 2004.

Läpple, Alfred, Report der Kirchengeschichte, München 1968.

Lauster, Jörg, Die Verzauberung der Welt. Eine Kulturgeschichte des Christentums, München 2014.

Mayer, Hans Eberhard, Geschichte der Kreuzzüge, 10. Auflage, Stuttgart 2005.

Meiser, Hans, Völkermorde vom Altertum bis zur Gegenwart, Tübingen 2009.

Möhring, Hannes, Saladin. Der Sultan und seine Zeit 1138-1193, 2. Auflage, München 2012.

Müller, Michael (Hg.), Plädoyer für die Kirche. Urteile über Vorurteile, 2. Auflage, Aachen 1992.

–, Die leise Diktatur. Das Schwinden der Freiheit, 3. Auflage, Aachen 2011.

Nagel, Tilman, Die islamische Welt bis 1500, in der Reihe Oldenbourg-Grundriss der Geschichte, hg. von Jochen Bleiken, Lothar Gall, Hermann Jakobs, Bd. 24, München 1998.

–, Angst vor Allah?. Auseinandersetzungen mit dem Islam, Berlin 2014.

Pernoud, Regine, Die Kreuzzüge in Augenzeugenberichten, Düsseldorf 1961.

Phillips, Jonathan, Heiliger Krieg. Eine neue Geschichte der Kreuzzüge, München 2011.

Raddatz, Hans-Peter, Von Gott zu Allah? Christentum und Islam in der liberalen Fortschrittsgesellschaft, München 2001.

–, Von Allah zum Terror? Der Djihad und die Deformierung des Westens, München 2002.

Rhonheimer, Martin, Christentum und säkularer Staat, Geschichte – Gegenwart – Zukunft, 4. Auflage, Freiburg, Basel, Wien 2014.

Riley-Smith, Jonathan, Die Kreuzzüge. Kriege im Namen Gottes, aus dem Englischen von Michaela Diers, Freiburg, Basel, Wien 1999.

–, (Hg.), Illustrierte Geschichte der Kreuzzüge, übersetzt von Christian Rochow, Frankfurt, New York 1999.

– ,Wozu heilige Kriege? Anlässe und Motive der Kreuzzüge, 2. Auflage, Berlin 2005.

Literatur

Angenendt, Arnold, Toleranz und Gewalt. Das Christentum zwischen Bibel und Schwert, 5. Auflage, Münster 2009.

Antes, Peter u. a., Der Islam. Religion – Ethik – Politik, Stuttgart 1991.

Beinert, Wolfgang, Das Christentum. Atem der Freiheit, Freiburg, Basel, Wien 2000.

Brandmüller, Walter, Licht und Schatten. Kirchengeschichte zwischen Glaube, Fakten und Legenden, Augsburg 2008.

Bürgel, Johann Christoph, Der Islam und die Menschenrechte, in: Roland Kley, Silvano Möckli (Hgg.), Geisteswissenschaftliche Dimensionen der Politik, FS Alois Riklin, Bern, Stuttgart, Wien 2000.

Elm, Kaspar, Die Kreuzzüge. Kriege im Namen Gottes?, in der Reihe „Kirche und Gesellschaft", hg. von der Katholischen Sozialwissenschaftlichen Zentrale, Nr. 231, Mönchengladbach 1996.

Flaig, Egon, Der Islam will die Welteroberung, (Essay) in: „FAZ", 16.09.2006, Nr. 216, S. 35.

Franzen, August, Kleine Kirchengeschichte, hg. von Remigius Bäumer, durchgesehen und erweitert bis in die Gegenwart von Roland Fröhlich, 5. Auflage, Freiburg, Basel, Wien 2000.

Hagemann, Ludwig, Christentum contra Islam. Eine Geschichte gescheiterter Beziehungen, Darmstadt 1999.

Hesemann, Michael, Die Dunkelmänner. Mythen, Lügen und Legenden um die Kirchengeschichte, 2. Auflage, Augsburg 2008.

–, Völkermord an den Armeniern. Mit unveröffentlichten Dokumenten aus dem Geheimarchiv des Vatikans über das größte Verbrechen des Ersten Weltkriegs, München 2015.

Housley, Norman, Die Kreuzritter, Darmstadt 2004.

Horst, Guido, Gott ja, Kirche nein. Antworten auf 66 x Kirchenkritik, Aachen 2001.

Huntington, Samuel P., Der Kampf der Kulturen. The Clash of Civilizations. Die Neugestaltung der Weltpolitik im 21. Jahrhundert, 5. Auflage, München, Wien 1997.

Kelek, Necla, Himmelsreise. Mein Streit mit den Wächtern des Islam, München 2011.

Khoury, Adel Theodor, Christen unterm Halbmond. Religiöse Minderheiten unter der Herrschaft des Islams, Freiburg, Basel, Wien 1994.

Kleine-Hartlage, Manfred, Das Dschihadsystem. Wie der Islam funktioniert, Gräfelfing 2010.

Entwicklung eines freiheitlichen Europas und der *gesamten westlichen Welt* geleistet hat. Im Übrigen haben die Christen zu jenen Zeiten versucht, zurückzuerobern, was ihnen die Muslime zuvor gewaltsam entrissen und sich widerrechtlich angeeignet hatten.

Der Kreuzzugsbewegung als „bedeutender Faktor der europäischen Geschichte" (J. Riley-Smith) sind nach den oben zitierten Historikern stichwortartig jedoch noch *weitere positive Charakteristika* zu verdanken: Stärkung des abendländischen Gemeinschaftsbewusstseins und des Selbstbewusstwerdens – Entwicklung der Fähigkeit zur Lösung organisatorischer und technischer Probleme – Aufschwung der Wissenschaft, der abendländischen Philosophie und Theologie – Kulturelle Horizonterweiterung – Das Zeugnis hoher menschlicher Leistungen.

Im gedanklichen Einbezug der oben notierten Antworten auf konkrete Fragen, Ergebnisse und Feststellungen, auch der Thesen und Wertungen soll in der Schlussbemerkung zu diesem Beitrag nochmals dessen Überschrift anklingen: Die Kreuzzugsbewegung war eine **not-wehrende**, aber auch eine **not-wendige** und zugleich eine **not-volle Reaktion** auf die jahrhundertelang vorausgegangenen islamischen Aggressionen, Expansionen und Invasionen. Dabei ist ausdrücklich festzuhalten: Auch berechtigte Verteidigungskriege bewahren nicht vor Versagen und vor schrecklicher Schuld, die sich Einzelne oder auch viele Beteiligte im Zuge der Umstände und Handlungen auflasten.

So wird sich wohl mit dem mittelalterlichen Großereignis der Kreuzzugsbewegung für immer neben der Reihe positiver, ja sogar entscheidender Gegebenheiten und Entwicklungen die bedrückende Hypothek von menschlichem und religiösem Versagen verbinden. Denn allzu oft stand das Handeln und Verhalten von Christen im eklatanten Widerspruch zur Botschaft Jesu und zur Lehre der Kirche. Auch ohne Anerkennung einer Kollektivschuld tragen so die „heute lebenden Glieder der Kirche ... die Last der Irrtümer und der Schuld jener, die uns vorausgegangen sind, mit diesen mit."[387]

---

387 Brandmüller, W., Licht und Schatten, S. 213.

4. Schlussbemerkung

Beim Versuch, das historische Phänomen der Kreuzzugsbewegung und dabei auch die Rolle der Christen zu beleuchten, kommen wie in einem Spiegel *grundlegende menschliche Verhaltensweisen* in den Blick, einerseits begleitet von Bewunderung, andererseits gleichzeitig aber auch von Unbehagen und allzu oft auch von völligem Unverständnis: Gutes und Böses, Licht und Dunkel, Ideale und Verrat von Idealen, Opferbereitschaft und purer Egoismus, Freiheit und Unterdrückung, menschliche Solidarität und menschliche Grausamkeit, unfassbare Widersprüche im religiösen und moralischen Verhalten.

Bei aller Kritik und Skepsis, bei allem Unverständnis und Unbehagen sei hier jedoch auch um der Gerechtigkeit und der Wahrheit willen ausdrücklich und mit *hohem Respekt* festgehalten: Viele Kreuzfahrer haben sich immense *Opfer an Leib und Leben, an Hab und Gut* abverlangt, ohne schuldig zu werden im Sinne der gegen alle Kreuzfahrer pauschal erhobenen Vorwürfe. Wären sie daheim geblieben, hätten die meisten von ihnen wohl ein viel angenehmeres Leben in größerer Sicherheit und Bequemlichkeit führen können. Stattdessen sind sie unter enormen Opfern, Strapazen und Entbehrungen ausgezogen, um den um Hilfe rufenden christlichen Glaubensbrüdern im Osten beizustehen. Jahrelang lebten sie fern ihrer Familien, ihren Besitz haben sie z. T. verpfändet oder verkauft. Mit vielfältigen Risiken, mit schweren gesundheitlichen Schäden mussten sie rechnen, den Tod hatten sie immer vor Augen. Ihre Entscheidungen und ihr Tun waren vielfach von höheren *religiösen und menschlich-solidarischen Beweggründen* geleitet als von jenen, die ihnen oft pauschaliter, ungerechter- und auch böswilligerweise unterschoben werden.

In Anlehnung vor allem an die oben zitierte Auffassung von Egon Flaig liegt nach Meinung des Verfassers dieser Ausführungen die wichtigste und entscheidenste Bedeutung der umstrittenen Kreuzzugsbewegung darin, dass sie (zusammen mit der Reconquista in Spanien) in der Abwehr und im Zurückweisen des aggressiven und expansiven Islam unter kulturellen und religiösen wie auch geo- und militärstrategischen Aspekten einen wichtigen, ja sogar einen überaus wertvollen *und unverzichtbaren Beitrag zur*

von Papst Urban II., die für die europäische Geschichte zu einer entscheidenden Weichenstellung wurde, kann aus ihr auch abgeleitet werden: Bei den Kreuzzügen handelt es sich um eine gewichtige „Etappe auf dem Weg zur Selbstfindung Europas"[385] – eine Etappe, die sehr leidvoll verlief und so, wie sie in allzu vielen Bereichen und Ereignissen verlief, aus christlicher Perspektive auch keineswegs gewünscht sein konnte.

(5) Die Sicht der Kreuzzugsbewegung **des britischen Historikers Norman Housley** ist in ihrer Kürze zugleich Wertung und Forderung nach gerechter Beurteilung:

„Ablehnung der Massaker bei gleichzeitiger Würdigung der menschlichen Leistungen auf allen Ebenen, die aus dieser Bewegung hervorgegangen sind."[386]

Aus dieser Wertung lässt sich noch ein weiteres Fazit zur Kreuzzugsbewegung ableiten:

Weg von einer *pauschalisierenden Verurteilung*,
hin zu einer differenzierten und *ausgewogenen Beurteilung*.

Völkermorde, S. 418-420; auch Elm, K., Die Kreuzzüge, S. 14; vgl. auch Brandmüller, W., Licht und Schatten, S. 98; vgl. dazu Runciman, S., Geschichte der Kreuzzüge, S. 1251, mit der Bezeichnung des ersten Kreuzzuges als „eine völkerumspannende christliche Bewegung."
Franzen, A., Kleine Kirchengeschichte, S. 199; Thorau, P., Die Kreuzzüge, S. 112 f., Ilustrierte Geschichte der Kreuzzüge, S. 111-133, mit den Themen Liebe, ritterliche Tugenden, Gemeinschaft, Sorgen, Nöte, schlechte Verwaltung, Ungerechtigkeit, dargestellt in den Formen etwa von Lehrsätzen, Protesten, Informationen und Propaganda (vgl. ebd., S. 133).
385 Elm, K., a. a. O., S. 15.
386 Housley, Norman, Die Kreuzritter, Darmstadt 2004, S. 196.

(3) **Jonathan Riley-Smith, der international anerkannte Spezialist** auf dem Gebiet der Kreuzzüge, betont deren Bedeutung für die europäische Geschichte:

> „Wie immer man dazu stehen mag, die Kreuzzugsbewegung bleibt unzweifelhaft ein bedeutender Faktor der europäischen Geschichte. Die emotionale Mobilisierung der Massen, das ertragene und zugefügte Leid, Unsummen an Geldern, die Sorgen der zurückgebliebenen Familien, die Unruhe durch die aufbrechenden Kreuzfahrerheere, die unerhörten Anstrengungen, die Siedlungen im Nahen Osten, ... und vieles mehr verbinden sich untrennbar mit den Kreuzzügen. Große Distanzen waren zu überwinden, politische und militärische Entscheidungen zu treffen und technische und organisatorische Probleme zu lösen"[382].

(4) **Nach dem Althistoriker Egon Flaig** sind die Kreuzzüge im Blick auf geostrategische Aspekte und die kulturelle Entwicklung eines freiheitlichen Europas grundlegend als legitim und als eine durchaus zu rechtfertigende und richtige Maßnahme mit weitreichenden Folgen zu betrachten:

> „Urban II. sah richtig. Wäre Konstantinopel schon 1100 gefallen, dann hätte die enorme militärische Kraft der türkischen Heere Mitteleuropa vierhundert Jahre früher heimgesucht. Dann wäre die vielfältige europäische Kultur wahrscheinlich nicht entstanden: keine freien städtischen Verfassungen, keine Verfassungsdebatten, keine Kathedralen, keine Renaissance, kein Aufschwung der Wissenschaften: denn im islamischen Raum entschwand das freie griechische Denken eben in jener Epoche. Jacob Burckhardts Urteil – 'Ein Glück, dass Europa sich im Ganzen des Islams erwehrte' – heißt eben auch, dass wir den Kreuzzügen ähnlich viel verdanken wie den griechischen Abwehrsiegen gegen die Perser."[383]

Bei dieser Aufzählung könnten noch zahlreiche weitere europäische Kulturerrungenschaften benannt werden, so z. B. die mehrstimmige Musik sowie auch die unterschiedlichen Formen der bildenden Kunst.[384] Folgt man der These von Egon Flaig über die Initiative

---

382 Riley-Smith, J., Die Kreuzzüge, S. 7.
383 Flaig, Egon, Der Islam will die Welteroberung, in: „FAZ", 16.09.2006, Nr. 216, S. 35.
384 Zum Einfluss der Kirche auf Kunst und Architektur vgl. auch Woods, T. E., Sternstunden statt dunkles Mittelalter, S. 155-175; vgl. Meiser, H.,

außer Acht gelassen werden. Die Züge haben das abendländische Gemeinschaftsbewusstsein[379] gewaltig gestärkt, den europäischen Gesichtskreis erweitert und durch die Begegnung mit der byzantinischen und orientalischen, insbesondere islamischen Kultur die Wissenschaft gefördert. Ein lebhafter Austausch aller Art von Zivilisations- und Wirtschaftsgütern setzte ein; der glänzende Aufstieg der abendländischen Philosophie und Theologie in der Scholastik ist ohne diese Begegnung mit dem Orient nicht denkbar. Am tiefsten und nachhaltigsten hat sie das abendländische Frömmigkeitsleben geprägt ... Man las die Schrift mit neuen Augen. Die Armutsbewegung erwachte."[380]

(2) **Peter Thorau,** Professor für Mittelalterliche Geschichte, setzt bei der Bewertung der Kreuzzüge den Akzent auf die europäische Horizonterweiterung:

„In Europa ... hatten die Kreuzzüge zu einer wesentlichen Erweiterung des intellektuellen und geographischen Horizontes beigetragen. Schon seit der Spätantike hatten Pilgerführer als Handbuch für Wallfahrer die heiligen Stätten beschrieben. Im Verlauf der Kreuzzüge gewannen diese Schilderungen immer größeren Umfang; dazu trat eine wachsenden Flut von Reiseberichten, die sich nun nicht mehr auf das Heilige Land und den Weg dorthin beschränkten, sondern den gesamten Vorderen Orient von Damaskus über Bagdad bis nach Kairo erfassten. Sie beschäftigten sich mit der Fauna und Flora, der Landesnatur, aber auch mit den Bewohnern, ihrer Kultur, Religion und Lebensweise und stillten so den Wissensdurst der Europäer hinsichtlich des fremden Morgenlandes ... Auf beiden Seiten bewirkten die Kreuzzüge eine verstärkte Selbstbewusstwerdung durch die Konfrontation mit den kulturell und religiös fremden Gegnern".[381]

---

379 Vgl. dazu Runciman, S., Geschichte der Kreuzzüge, S. 1251, mit der Bezeichnung des ersten Kreuzzuges als „eine völkerumspannende christliche Bewegung."
380 Franzen, A., Kleine Kirchengeschichte, S. 199; vgl. auch Elm, K., Die Kreuzzüge, S.14, mit dem Hinweis, „dass die Christenheit – die Gläubigen und die Theologen – durch die Begegnung mit den hl. Stätten und dem Hl. Land ein stärkeres Sensorium für die Menschwerdung Gottes, die irdische Existenz, die Passion und die Auferstehung Christi entwickelt hätten."
381 Thorau, P., Die Kreuzzüge, S. 112 f.

Nicht alle Handlungsweisen, Mentalitäten und Umstände der mittelalterlichen Zeit der Kreuzzüge dürfen mit heutigen Maßstäben beurteilt werden.[376] Schließlich müssen sich die Menschen des 20./21. Jahrhunderts, die schnell bereit sind, „von der hohen Warte der Gnade der späten Geburt aus" geschichtliche Ereignisse zu verurteilen, schon jetzt auf folgendes Szenario einstellen: Künftige Generationen könnten vernichtende Urteile fällen über diese Generationen angesichts der Grausamkeiten und der unvergleichbaren Schreckenszahlen von Abermillionen wehrloser Opfer, die in dieser Zeitepoche zu verzeichnen sind. Die Angaben über Großverbrechen im 20./21. Jahrhundert[377] dürften jene der Kreuzzugszeit noch um ein Vielfaches übersteigen. In dieser Hinsicht könnte unser Zeitalter wohl einmal gekennzeichnet werden mit „dunkler" als das dunkelste Mittelalter.

3. Fünf Wertungen aus Historiker-Sicht

Aus der Perspektive von fünf Historikern erfolgt nun am Ende dieser Darlegung eine Bewertung der Kreuzzugsbewegung mit ihren religiösen, sozialen und politischen, kulturellen, wissenschaftlichen und wirtschaftlichen, militärischen, organisatorischen und technischen Dimensionen:

(1) *Der Freiburger Kirchenhistoriker August Franzen* spricht vom geringen militärischen Erfolg der Kreuzzüge. Zugleich betont er die ideellen Werte der Stärkung des europäischen Gemeinschaftsbewusstseins sowie der kulturellen, wissenschaftlichen, wirtschaftlichen und theologisch-religiösen Bereicherung durch die Begegnung der Kulturen[378] während der Kreuzzugsbewegung:

„Mag auch der militärische Erfolg angesichts der Opfer an Blut und Gewalt gering gewesen sein, so darf ihr ideeller Gewinn doch nicht

---

376 Vgl. dazu einen der angesehensten Kreuzzugsforscher unserer Zeit: Jonathan Riley-Smith, Wozu heilige Kriege?, Anlässe und Motive der Kreuzzüge, Berlin 2003, S. 176, mit der nachdenkenswerten Feststellung, „dass wir nicht tief in das Denken von Männern und Frauen, die in einer fernen Vergangenheit gelebt haben, einzudringen vermögen. Ich habe die Kreuzfahrer als das akzeptiert, was sie waren, und ich habe mich geweigert, ein Urteil über sie zu fällen."
377 Vgl. Meiser, H., Völkermorde, S. 418-420; auch Elm, K., Die Kreuzzüge, S. 14.
378 Vgl. auch Brandmüller, W., Licht und Schatten, S. 98.

Die schweren Anschuldigungen insbesondere gegen die katholische Kirche, gelegentlich auch verbunden mit Mea-Culpa-Forderungen, verweisen auf das Problem der *Kollektivschuld bzw. der Kollektivverantwortung*: Ist eine kollektive Schuld/Verantwortung den Christen bzw. der katholischen Kirche im Zeitalter der Kreuzzüge wie auch der heutigen Zeit insgesamt anzulasten?[375] Wäre dies so, müssten sich konsequenterweise auch das deutsche Volk und viele andere Völker unter das Joch der Kollektivschuld beugen für *noch weitaus schlimmere Verbrechen ihrer Geschichte* als jene, die während der Zeit der Kreuzzüge begangen worden sind. Ebenso wären gerade auch viele muslimische Völker und Staaten mit einer besonders schweren Kollektivschuld zu belasten. Auch wenn es keine generationenübergreifende Kollektivschuld gibt: Moralische Hypotheken der Vergangenheit jedoch müssen entsprechend Betroffene übernehmen, ohne jedoch dabei die Verantwortung für das Handeln früherer Generationen anerkennen zu müssen.

These X: *Ohne die bei den Kreuzzügen gleicherweise auf allen Seiten zu verzeichnenden Kriegsverbrechen zu relativieren oder gar zu bagatellisieren, gilt es, beim Beurteilen des Verhaltens aller an den Auseinandersetzungen und Kampfhandlungen Beteiligten auch schuldmildernde Fakten zu berücksichtigen.*

In Kriegen und kriegerischen Auseinandersetzungen ist jeder Kriegsteilnehmende in den *körperlichen und/oder seelischen Leiderfahrungen* von Hunger, Durst und Entbehrung, von Todesängsten und Verwundungen, gleicherweise durch das Miterleben von sterbenden und getöteten Kameraden, aber auch durch falsche Beurteilung von brenzligen Situationen immer in einer *Ausnahmesituation*. Darin steht er in der Gefahr zur Überreaktion, indem er sich auch zu menschenrechtswidrigen Handlungen hinreißen lässt, gar Verbrechen begeht, die auch den Kriegsregeln seiner Zeit widersprechen, die er jedoch unter normalen Lebensbedingungen niemals begehen würde.

These XI: *Bei der Beurteilung von Handlungen aus vergangenen Geschichtsepochen gilt es, immer auch die Zeitumstände zu berücksichtigen und dabei auch die eigenen, jeweils aktuellen Verhaltensweisen der Menschen nicht zu übersehen.*

---

375 Zur scheinbaren „Kollektivverantwortung" der katholischen Kirche vgl. Brandmüller, W., Licht und Schatten, S. 212 f.

Im Blick auf den ständig und rasant durch Eroberungen expandierenden Islam standen die Ost- und die Westkirche jedoch viele Jahrhunderte vor und nach der Kreuzzugsbewegung immer wieder vor den schwierigen Herausforderungen: Entweder Unterwerfung oder Ab- und Gegenwehr. Entweder immer längere und massiver werdende Unterdrückung oder Befreiung. Ohne die Abwehr- oder Rückeroberungskriege durch christliche Heere wäre Europa zweifellos schon seit Jahrhunderten gewaltsam islamisiert. Die den Kreuzzügen nachfolgenden Zeitepochen hätten hinsichtlich der kulturellen und zivilisatorischen Entwicklung in Europa einen völlig anderen Verlauf genommen.

These VII: Auch wenn die Kreuzzüge von ihrem historischen Ursprung her als eine berechtigte, menschlich und religiös motivierte Reaktion auf die Eroberungszüge des Islam zu verstehen sind, werden mit dieser Feststellung Schandtaten und Verbrechen von Kreuzfahrern keineswegs geleugnet oder gar gerechtfertigt.

Innerhalb der Kreuzzugsbewegung gab es als bedrückendes Gegenzeugnis zum Leben Jesu und zu seiner Lehre Massaker und Formen des Unrechts, Episoden grausamer und willkürlicher Gewalt, die weit über die Maßnahmen der legitimen Verteidigung und des Schutzes hinausgingen. Doch diese widerchristlichen Verhaltensweisen waren weder Initialzündung noch Antrieb dieses mittelalterlichen Phänomens. Da die Kreuzzüge auf die beiden drängenden Hilferufe der morgenländischen Kirche hin von der abendländischen Kirche initiiert und autorisiert wurden, ist die Kreuzzugsbewegung insgesamt und damit auch die westliche Kirche durch Kreuzfahrer selbst in hohem Maße bleibend mit einer schweren Hypothek belastet.

These VIII: Im Gegensatz zur Dschihad-Geschichte ist die Geschichte der Kreuzzugsbewegung umfassend analysiert.

Die westliche Welt hat *die Kreuzzugsgeschichte* beinahe bis zum Überdruss analysiert, wohingegen die unvergleichlich zeitlich und geografisch weitaus umfassendere islamische Eroberungsgeschichte weder in der islamischen noch in der nichtislamischen Welt bislang Gegenstand bemerkenswerter Untersuchung war.

These IX: Auch in der Geschichte der Kreuzzugsbewegung gibt es keine Kollektivschuld.

These V: *Der islamische Kampf gegen die nichtmuslimische Welt seit den Anfängen dieser Religion mit dem Ziel der Eroberung und der Islamisierung kann in drei große Zeitphasen eingeteilt werden:*
Phase 1: Von Mohammed bis zu den Kreuzzügen. Phase 2: Nach der Kreuzzugsbewegung bis ins 19. Jahrhundert. Phase 3: Seit Ende des 20. Jahrhunderts. Die beiden ersten Phasen waren bestimmt von kriegerischen Auseinandersetzungen. Diese dritte aktuelle Phase ist von den Formen des Terrors und der Migration gekennzeichnet. Migration war in früheren Zeiten für Muslime nicht erlaubt, da der Abfall vom Islam befürchtet wurde.[371] Der Islam kennt aber durchaus auch die Tradition der Islamisierung durch islamische Migration,[372] ein Instrument zur Verbreitung des Islam, das zeitaktuell ganz offensichtlich wieder bewusst eingesetzt wird.

These VI: *Hätten die kirchlichen und weltlichen Autoritäten auf die islamischen Aggressionen im langen Zeitraum von insgesamt über 1000 Jahren*[373] *nicht **verantwortungsethisch** nach den Prinzipien des biblisch begründbaren gerechten Krieges reagiert, sondern **gesinnungsethisch** nach den Prinzipien der vollkommenen Gewaltlosigkeit, wäre das Christentum in Europa schon seit Jahrhunderten marginalisiert. Das christliche Abendland wäre „entweder gar nicht entstanden oder längst untergegangen..."*[374]

Die Kreuzzüge entsprechen in ihrer ursprünglichen Intention der solidarischen Verteidigung, des Schutzes und der Befreiung der Lehre Jesu. Sie haben somit „in toto" nicht das Christentum verraten. Mit der biblisch-neutestamentlichen Botschaft waren jedoch Angriffskriege zur Verbreitung des christlichen Glaubens und ebenso die auch im Raum der Christenheit nachweisbaren Zwangsbekehrungen – wie etwa jene bei Karl dem Großen (768-814) – unter keinen Umständen vereinbar. Im Gegensatz zum Islam waren Zwangsbekehrungen im Christentum grundsätzliche Ausnahmen, die immer bibelwidrig waren, der Lehre und Botschaft Jesu widersprachen.

---

371 Lewis, B., Drei Phasen des islamischen Kampfes, S. 1 f.
372 Vgl. dazu Tibi, B., Der Islam und Deutschland, S. 347.
373 Vgl. Angenendt, A., Toleranz und Gewalt, S. 440.
374 Stückelberger, H., Europas Aufstieg und Verrat, S. 162; vgl. dazu auch Elm, K., Die Kreuzzüge, S. 15 f.

Zur Illustration dieser Feststellungen sei auf folgende aktuelle Beschreibung vom 20.4.2015 hingewiesen: „Wie gebannt starrt der Westen auf die unerhörten Grausamkeiten des 'Islamischen Staates' – und läuft dabei Gefahr, den größeren Zusammenhang aus den Augen zu verlieren. Die Schlächter des IS handeln nicht im archaischen Blutrausch, sondern gehen gezielt vor. Als Salafisten folgen sie einerseits strikt dem Vorbild des Propheten. Die Massenenthauptungen, Kreuzigungen, Versklavungen und Steinigungen sind exakte Neuinszenierungen historischer Ereignisse, wie sie im Koran und in den sakralen Berichten über Mohammed aufgeschrieben wurden."[368]

Schließlich sei an dieser Stelle noch Siegfried Kohlhammer mit folgender Erwartungshaltung zitiert: „Angesichts der endlosen Reihe von Demütigungen, Erpressungen, Vertreibungen und Pogromen, denen die Andersgläubigen unterm Islam ausgesetzt waren (und sind), darf man vielleicht auf eine detaillierte und präzise Widerlegung der einschlägigen kritischen Werke durch jene Islamwissenschaftler hoffen, die unermüdlich den Gebetsruf von der islamischen Toleranz in den Medien und von ihren Lehrstühlen erschallen lassen."[369]

These IV: *Die intra-muslimischen Auseinandersetzungen seit Beginn der islamischen Geschichte zählen zu den Merkmalen der Religion Mohammeds.*

Auch wenn von muslimischer Seite her die Epoche des Frühislam als „Goldenes Zeitalter" glorifiziert wird, ist festzuhalten, dass der Islam bereits in dieser Zeit in verfeindete Stämme und Sippen gespalten war. „Das Erbe der sakralen Gewaltanwendung hatte begonnen, in die eigenen Reihen zurückzuschlagen."[370] Die intraislamischen Auseinandersetzungen, Feindseligkeiten, Rebellionen, Revolten und blutigen Kämpfe setzten sich in der Geschichte fort und sind derzeit in einem neuen Höhepunkt von der Weltöffentlichkeit unmittelbar und bedrückend mitzuerlebten, auch mit den dramatischen Folgen der aktuellen Flüchtlingsströme.

---

368 www.faz.net › Politik › Ausland › Naher Osten
369 *www.taz.de/1/archiv/?dig=2002/09/21/a0331*
370 Bürgel, J. Chr., Allmacht und Mächtigkeit, S. 77.

Die blutige und an Gewalttaten reiche Geschichte und die Gegenwart des Islam sind ein historischer und aktueller Beweis dafür, dass die ständig wiederholte Behauptung, der Islam sei eine Religion des Friedens, der Toleranz und der Barmherzigkeit äußerst fragwürdig ist bzw. der Wirklichkeit und Wahrheit widerspricht. So stehen fünf Fakten im Raum, die gegen die Behauptung von der Friedfertigkeit, Toleranz und Gewaltlosigkeit des Islam im Sinne von Frieden und Gewaltlosigkeit nach der UN-Menschenrechtscharta sprechen:

1. der Koran mit seinen Gewaltpassagen,
2. das Leben und Wirken Mohammeds, der für Muslime unantastbar ist und eine einzigartige Vorbildfunktion hat, festgehalten in der Sunna,
3. die Geschichte des Islam mit der Zerstrittenheit, dem Brudermord, den blutigen Auseinandersetzungen innerhalb der islamischen Denominationen in Geschichte und Gegenwart,
4. die islamischen Aggressionen, Expansionen und gewaltsamen Eroberungen in langen Jahrhunderten in Afrika, Asien und Europa,
5. die heute weltweit von Muslimen zu verantwortenden aktuellen Spannungen, terroristischen Anschläge und Kriege.

Islamisierung heißt in der Geschichte: Raub, Eroberung, Imperialismus, Kolonialismus, Versklavung, Apartheid, Gewalt bis in die extremsten Formen. Wer daher behauptet, der Islam sei eine Religion des Friedens, der Toleranz und der Barmherzigkeit,

- verhöhnt die zig *Millionen Opfer islamischer Kriege* einschließlich der Opfer der jahrhundertelangen *Sklavenjagden* von Muslimen in Schwarzafrika und anderen Ländern,
- beleidigt die Urteilsfähigkeit all jener, die den *Koran* mit seinen Aufrufen zu Gewalt und Krieg gelesen haben und um die brutalen *Expansionskriege der Muslime* wissen,
- versucht, die *Gräueltaten heutiger Muslime* als dem Islam widersprechende Auswüchse darzustellen, obschon jeder die menschenverachtenden „Gebrauchsanweisungen" zum Umgang mit den Juden und den angeblich Ungläubigen im Koran und in der Sunna nachlesen kann.

Im 14. Jahrhundert überfielen die Muslime auch den Balkan mit Gewalt und standen mit ihrem Eroberungsdrang im 16. und im 17. Jahrhundert vor den Toren Wiens. Dort wurde das kriegerisch-militärische Vordringen des Islam nach Europa im Jahre 1683 endgültig gebrochen. „Die Auseinandersetzung mit dem Islam durchzieht ... die gesamte europäische Geschichte...",[366] so Kardinal Walter Kasper.

In der Zeit vor, während und auch nach der Kreuzzugsbewegung wurde diese Geschichte lediglich unterbrochen von kleinen und/oder örtlich begrenzten Zeitabschnitten, die unter der Vorherrschaft des Islam von einem eher gemäßigten und pragmatischen Ausnahmeverhalten der Muslime gegenüber den Nichtmuslimen, sogar auch von einer friedlichen und fruchtbaren Koexistenz der Religionen gekennzeichnet waren. Grundsätzlich bleibt aber für die Muslime bis auf den heutigen Tag die Pflicht bestehen, ihre Religion nach Möglichkeit bzw. Notwendigkeit auch mit Waffengewalt durchzusetzen. Festzuhalten ist in diesem Kontext: Perioden von mehr oder weniger friedlicher und toleranter Koexistenz waren immer nur vorübergehende Ruhezeiten.

Für Muslime ist die auch gewaltsame Ausbreitung ihres Glaubens keineswegs eine aggressive Eroberung, sondern *eine legitime Selbstverteidigung* bzw. ein legitimes „Hinein-Verteidigen", zumal dann, wenn der muslimische Glaube bzw. die Unterwerfung unter den Islam zwar angeboten, aber nicht angenommen wird.

„Der Dschihad wird als reiner Verteidigungskrieg beschrieben, doch das Kriterium für Verteidigung bleibt unklar. Traditionelle islamische Lehre besagt doch, wer sich den 'Boten Allahs' widersetzt, wird damit automatisch zum Angreifer, so dass an sich jeder Eroberungskrieg als Verteidigungskrieg gerechtfertigt werden kann."[367]

Gleicherweise gilt: Der Islam hat ein *taktisches Verhältnis zur Gewalt*. Wenn Gewalt der Sache des Islam dient, wird sie bejaht, wenn nicht, wird die Friedens- und Barmherzigkeitskarte gezückt, auf der in schönen Farben aufgemalt ist: „Islam heißt Frieden", „Islam heißt Barmherzigkeit", „Islam heißt Toleranz".

---

366 18.9.2006 www.spiegel.de › DER SPIEGEL
367 So Rhonheimer, Martin, in einem Interview zu einem offenen Brief von über 100 muslimischen Gelehrten und Religionsführern, in: „Die Tagespost", 29.9.2014.

auch die ersten vier Jahrhunderte der islamischen Geschichte auch zur *Vorgeschichte der Kreuzzugsbewegung*. Ohne diese islamische Vorgeschichte ist die Kreuzzugsgeschichte undenkbar. In diesem Sinne kann gesagt werden: Die Kreuzzüge beginnen anfanghaft, d. h. „in nuce" („im Kern"), mit Mohammed.

These III: *Dem Wesen und Selbstverständnis des Islam sowie dem Lebensbeispiel seines Stifters entsprechend kann die gesamte Geschichte dieser Religion mit Recht als eine die Jahrhunderte umfassende Expansions- und Unterwerfungsgeschichte bezeichnet werden.*

„Der Islam ist eine Religion des Kampfes. Bürgerkriege nach innen und Angriffskriege nach außen prägen seine Entstehung und Ausbreitung."[364] Mit Mohammed persönlich begann die blutige Ausbreitung des Islam.

> „Schlachten und Niederlagen Muhammads, vor allem aber der Endsieg des neuen Glaubens über die Heiden, der Einzug an der Spitze des siegreichen Heeres der Muslime in Mekka, gehören zur geheiligten Tradition des Islam. So wurde der Islam von Beginn an zu einer 'Religion des Kampfes' (Imam Khumaini) ... Jüdische Stämme in Medina, die sich weigerten, die Wahrheit des Islam zu akzeptieren und den Propheten, wie er glaubte, verspotteten, wurden gewaltsam vertrieben bzw. liquidiert. Der Prophet schickte, wenn er es für notwendig erachtete, Meuchelmörder aus, um missliebige Kritiker und Gegner zu beseitigen."[365]

Mit Gewalt eroberten Muslime den östlichen Mittelmeerraum. Die Konfrontationen des Islam waren aber keineswegs nur gegen den Westen gerichtet. In Afrika und Asien wurden Völker und Kulturen von islamischen Heeren bekämpft. Auf dem indischen Subkontinent gab es die Kriegszüge gegen die hinduistische Kultur. Im christlich geprägten Westen drangen muslimische Heere gewaltsam bis an die Loire vor, bis sie von Karl Martell in der Schlacht von Tours und Poitiers 732 zurückgeworfen wurden. *Die Kreuzzugsbewegung konnte den islamischen Expansionsdrang für 200 Jahre aufhalten.*

---

364 Glagow, R., Die Dschihad-Tradition im Islam, in: Meier-Walser, R. C./ Glagow, R., Die Islamische Herausforderung – eine kritische Bestandsaufnahme von Konfliktpotenzialen, S. 40.

365 Ebd., S. 41.

„Ungläubigen". Gegen Kritiker ging er rücksichtslos vor. Vor persönlicher Gewaltanwendung scheute er nicht zurück (vgl. unten).

Im Vergleich der beiden Religionsstifter Jesus Christus und Mohammed kann somit festgestellt werden: Ihre jeweilige Person, ihr Tun und Handeln ist die Verleiblichung auch ihrer jeweiligen Botschaft und Lehre.[362] Oder anders ausgedrückt: Ihre Botschaft und Lehre stimmen mit ihrer jeweiligen Person und deren Tun und Handeln vollkommen und unüberholbar überein. Hochverehrt von der eigenen Glaubensgemeinschaft, sind so beide für deren Anhänger zugleich höchstes Vorbild, normbildender Orientierungspunkt und Maßstab für das eigene individuelle und soziale Leben, Reden und Handeln.

Dabei gilt gleicherweise festzuhalten: Christen als Anhänger Jesu Christi wie auch Muslime als Anhänger Mohammeds haben immer auch im Widerspruch zu den Lehren und zum Lebensbeispiel ihres jeweiligen Religionsstifters gehandelt mit jeweils wiederum entgegengesetzten Handlungsergebnissen. D. h. Christen haben ungerechte Gewalt ausgeübt und Muslime haben gewaltfrei und friedfertig gelebt. Was für die Vergangenheit galt, ist zutreffend auch für die Gegenwart sowie auch für die Zukunft.

Gewalt und Gewaltanwendung allgemein und speziell der „Heilige Krieg" waren für Mohammed, den „ersten Kämpfer des Islam", ein selbstverständliches Mittel bei der Expansion des Islam und der Vernichtung der „Ungläubigen". In den kriegerischen Worten und Taten Mohammeds liegt somit indirekt ein weiterer originärer Grund für die Kreuzzüge.

Die Eroberungs- und Unterwerfungsgeschichte des Islam, unter dem insbesondere auch die Christen zu leiden hatten und haben, ergibt sich aus dem Koran und korrespondiert zugleich mit dem Leben und den Worten des Stifters dieser Religion.[363] So zählen

---

362 Vgl. dazu „Christ in der Gegenwart", 21.12.2014, S. 1: „Jesus Christus war ein gewaltfreier, herrschaftskritischer Religionsstifter. Er war kein Kriegsherr und kein Kriegstreiber wie Mohammed. Der Geburtsfehler des Islam liegt in seiner Gründungsfigur, seinem 'Propheten'".

363 Vgl. die These von Kleine-Hartlage, M., Das Dschihadsystem, S. 148, „dass sowohl die gewaltsame Eroberung als auch die anschließende islamische Durchdringung dieser riesigen Gebiete nichts anderes darstellt als die praktische Verwirklichung dessen, was im Koran theoretisch vorgedacht ist und vom Propheten selbst vorgelebt wurde ..."

Der Islam hat das Überleben auch der primär christlich-jüdisch geprägten abendländischen Kultur mehrmals in der Geschichte fraglich erscheinen lassen.

Grundsätzlich ist festzuhalten: Der Koran ist mit seinem universalistischen Anspruch der auch gewaltsamen Weltbeherrschung eine permanente Kriegserklärung des Islam an die nichtmuslimische Welt (vgl. Sure 9,29). Diese Kriegserklärung bleibt solange unwiderrufen, bis die islamischen theologischen und rechtlichen Autoritäten und Institutionen jeglicher Couleur weltweit ausdrücklich und uneingeschränkt erklären, dass die Vielzahl der gerade auch gegen Nichtmuslime gerichteten Gewaltpassagen der islamischen Basistexte nur noch unter historischen Aspekten zu verstehen und zu interpretieren sind.

These II: Wie das Leben Jesu Christi für das persönliche und gemeinschaftliche Leben der Christen gleichsam die ideale verleibliche Umsetzung der theologischen, religiösen sowie der ethischen Vorgaben seiner Botschaft vom Reich Gottes ist, so ist auch das Leben Mohammeds für das individuelle und kollektive Leben der Muslime die entsprechende Verleiblichung des Koran.[360]

Das unantastbare Lebensbeispiel Mohammeds ist wohl für die meisten Muslime eine wirkungsvolle Bestätigung der koranischen Vorgaben und wichtigster Orientierungspunkt für das eigene Leben, einschließlich der entsprechenden zahlreichen Aussagen zu Gewalt, Kampf und Krieg. „Gehorcht Allah und seinem Gesandten" (Sure 3,32; vgl. 3,132, 4,59, 5,92 u. a. m.). Hinter der Aufforderung, Allah zu gehorchen, stehen dessen mehr als 20 Kampf- und Tötungsbefehle. Nach dem Prinzip der Abrogation haben sie die Friedensverse aus der Frühzeit Mohammeds aufgehoben. Im Gegensatz zu Jesus Christus „entschied sich Muhammad für den Einsatz von Gewalt zur Durchführung seiner Sendung".[361] Um den islamischen Machtbereich auszudehnen, hat er so etwa 60 Kriege geführt gegen Juden, Christen und Polytheisten, gegen die

---

360 Vgl. dazu das Interview mit Schneider, Nikolaus, EKD-Vorsitzender, in: „Die Welt", 6.11.2014, S. 4, unter der Überschrift: „Krieg hat Ansatzpunkte im Koran", in dem er „eine Debatte fordert über Traditionen der Gewalt im Islam."

361 Bürgel, Johann Christoph, Allmacht und Mächtigkeit. Religion und Welt im Islam, München 1991, S. 73.

2. Elf Thesen mit Kurzerläuterungen

These I: *Die Erstursache der Kreuzzüge ist im Koran verortet.*
Im Islam ist ein Expansionsdrang angelegt mit dem Ziel der Weltherrschaft. Damit ist verbunden der dieser Religion innewohnende Charakter der Intoleranz gegenüber Andersgläubigen bzw. Andersdenkenden, insbesondere auch gegenüber Konvertiten/Apostaten. Die wichtigste Basisschrift des Islam, der Koran, fordert und rechtfertigt in 206 Passagen Gewalt und Krieg, somit auch die islamischen Eroberungskriege. Gewalt und Krieg können als urislamische Konstitutive bezeichnet werden. Der Dschihad entspringt dem innersten Kern der islamischen Glaubensdoktrin. Mit Recht kann man von daher auch von einer gewaltlegitimierenden Religion sprechen. Die frühen und später permanenten Bürgerkriege, die auch aktuell wieder entbrannt sind, mit ihren blutigen Machtkämpfen innerhalb des Islam bestätigen auf eigene Weise diese These.

Schon Jahrhunderte vor Beginn der Kreuzzugsbewegung waren die islamischen Expansionskriege primär gegen die morgenländischen Christen gerichtet. Auch andere Religionen in Asien wie Hinduismus und Buddhismus sowie das christliche Westeuropa waren von den kriegerischen Invasionen des Islam schon zu jener Zeit leidvoll betroffen. So dürfte die folgende aus diesem historischen Faktum abgeleitete Formel stimmig und legitim sein:

– Ohne die Gewaltsuren des Koran keine islamischen Eroberungskriege.
– Ohne die kriegerischen Feldzüge der Muslime auch keine Kreuzzüge der Christen.
– Ohne die Kreuzzüge der Christen zur Abwehr der islamischen Eroberungskriege bzw. zur Rückgewinnung von verlorenen Territorien keine Weiterentwicklung der jüdisch-christlich-abendländischen Kultur und Geschichte.[359]

---

359 Der Kern auch heutiger, ebenso künftiger Schwierigkeiten zwischen der islamischen und der nichtislamischen Welt dürfte in der „Ewig-Gültigkeit" des Koran zu sehen sein, insbesondere im Blick auf dessen Gewaltaussagen, die nach dem Verständnis der vermutlich weit überwiegenden Mehrheit der Muslime niemals als zeit- und situationsbedingt relativiert oder gar eliminiert werden können.

(14) Der Status der Dhimmis („Schutzbefohlene") ist nichts anderes als eine Form der institutionalisierten **Schutzgelderpressung,** der ständigen **Diffamierung** und der religiös motivierten **Apartheid.**

(15) Juden und Christen mussten sich als „Dhimmis" durch besondere Farben oder Kleidungsstücke kenntlich machen. Die Christen mussten blaue, die Juden gelbe Gürtel tragen. Diese Form der **Diskriminierung der Juden** führte zum gelben Judenstern.

(16) Mit ihren unzähligen Expansionskriegen (Dschihads) und enormen Landokkupationen seit dem 7. Jahrhundert zählen die Muslime mit Recht zu den erfolgreichsten **Imperialisten und Kolonialisten der Geschichte.**

> Die Kreuzfahrer handelten
> nach gängigem Kriegsrecht;
> muslimische Eroberer taten
> derlei unentwegt und überall:
> 698 traf es Karthago, 838 Syrakus;
> der berüchtigte Wesir des
> Kalifats von Cordoba führte
> in siebenundzwanzig Jahren
> fünfundzwanzig Feldzüge gegen
> die christlichen Reiche Nordspaniens,
> versklavend, vernichtend und verwüstend;
> es traf Zamora (981), León, zweimal Barcelona
> (985 und 1008), dann Santiago de Compostela (997).
>
> Egon Flaig, Historiker

Vor allem ist in diesem Kontext auch auf eine bestätigende Erkenntnis der islamkritischen Muslima Necla Kelek zu verweisen: „Die Kreuzzüge vom 11. bis zum Ende des 14. Jahrhunderts waren ein nur kurzzeitig wirkungsvoller Entlastungsangriff Europas gegen die hegemonialen Ansprüche des Islam gewesen; dessen Eroberungszug gen Westen hielt noch Jahrhunderte an."[355]

(12) Den sechs bzw. sieben Kreuzzügen stehen „bis auf den heutigen Tag unzählige, unaufhörliche und weltweite Dschihads gegenüber ... Also nicht die Christen waren die Aggressoren, sondern Türken und Araber."[356] Grundsätzlich ist damit auch festzuhalten: Die **Kreuzzüge** waren ein **temporäres Phänomen**, sie blieben zeitlich und geografisch vergleichsweise eng begrenzt und waren so im Vergleich zu den islamischen Eroberungszügen eine historische Randepisode. Die Kreuzzüge wurden vor über 700 Jahren beendet. Die **islamischen Eroberungskriege** dagegen waren und sind **zeitlich und räumlich unbegrenzt**. Der Dschihad im Sinne der kriegerischen Auseinandersetzung zählt seit 1400 Jahren zu den bis auf den heutigen Tag immer schon gültigen Glaubensidealen des Islam, verbunden mit den ununterbrochen stattfindenden Unternehmungen. „Da der Dschihad ein wesentlicher Bestandteil des Islam ist, wird er nie verschwinden, doch die Zeit der Kreuzzüge ist vorbei."[357]

(13) Die Kreuzzüge wurden/werden regelmäßig und meist auch erstplatziert in der sogenannten „Chronique scandaleuse" der katholischen Kirche in einem Atemzug mit den historischen Phänomenen der **Hexenprozesse** und **Ketzerverbrennungen**, des **Antijudaismus** und der **Zwangsmissionierungen** sowie anderer kirchlicher Verfehlungsformen genannt.[358] Eine vergleichende Untersuchung dieser geschichtlichen Realitäten dürfte bemerkenswerte religiöse und ethische Bewertungsunterschiede zugunsten der Kreuzzugsbewegung aufzeigen, zugleich aber auch erhebliche Anteile nichtkatholischer bzw. weltlicher Institutionen an diesen hier beschriebenen historischen Vorgängen, insbesondere an den Hexenprozessen, an der Inquisition und am Antisemitismus.

---

355 Kelek, Necla, Himmelsreise. Mein Streit mit den Wächtern des Islam, München 2011, S. 233.
356 Meiser, H., Völkermorde, S. 76.
357 Phillips, J., Heiliger Krieg, S. 573.
358 Vgl. dazu „Die Tagespost", 21. 2. 2015, S. 4.

züge der Muslime voraus. Der Begriff „Kreuzzüge" wurde dabei erst 100 Jahre nach Beginn der Kreuzzugsbewegung geprägt.

(8) Die ersten **Pogrome an Christen und Juden** auf europäischem Boden (in Spanien) haben Muslime zu verantworten: An Christen in Elvira (889) und in Sevilla (891), an Juden in Granada (1066).

(9) Die Veröffentlichungen sowie das (ver)öffentlichte Meinungsbild zur Geschichte der Kreuzzüge zeigen sich als eine **Mischung von Fakten und Mythen.**

(10) Zur **tragischen Seite** der Kreuzzugsbewegung zählen:
a) das nicht zu rechtfertigende unchristliche Verhalten vieler Kreuzfahrer,
b) das nicht erreichte grundsätzliche Ziel der Befreiung des Heiligen Landes aus muslimischer Herrschaft,[352]
c) die nicht gelungene Wiedervereinigung von Ost- und Westkirche nach dem großen Schisma von 1054.[353]

(11) Ohne die schwerwiegenden Kritikpunkte an den Kreuzzügen auszublenden, sind dieser Bewegung im Blick auf die historische Entwicklung Europas, so auch des Christentums in verschiedener Hinsicht durchaus auch **positive, sogar wichtige Aspekte** zuzuerkennen. So kam es zu regen Handelsbeziehungen zwischen den Kreuzfahrerstaaten und Europa. Auf Schiffen wurden die Handelswaren zu den italienischen Hafenstädten und von dort aus über die Alpen ins Deutsche Reich gebracht. Im Gegenzug lieferten die Europäer Leinengewebe, Woll- und Metallwaren nach Asien. Insbesondere ist auf die Bedeutung der Kreuzzüge im Blick auf die freiheitliche Entwicklung Europas zu verweisen (siehe unten). Der pauschalisierenden Negativwertung, dass „die Kreuzzugsbewegung ein einziger riesiger Fehlschlag"[354] gewesen sei, kann deshalb unter keinen Umständen zugestimmt werden.

---

352 Vgl. dazu Runciman, S., Geschichte der Kreuzzüge, S. 1249, mit der Aussage: „Die Kreuzzüge wurden ins Leben gerufen, um die Christenheit des Ostens von den Muselmanen zu retten. An ihrem Ende befand sich die gesamte östliche Christenheit unter muselmanischer Herrschaft."
353 Vgl. dazu Mayer, H. E., Geschichte der Kreuzzüge, S. 60, mit der Feststellung: „Von allem Anfang an war die Zusammenarbeit zwischen den Kreuzfahrern und Byzanz mit einer Hypothek des gegenseitigen Misstrauens belastet."
354 Runciman, S., a. a. O., S. 1249.

sie Papst Johannes Paul II. forderte, sollte allerdings nichts im Wege stehen.

(6) Die Angaben christlicher, jüdischer und muslimischer Chronisten jener Zeit bzgl. etwa Einwohner- und Opferzahlen sind nur **mit Vorbehalt als realitätsbezogen** zu betrachten. Die Gründe für maßlose Übertreibungen sind jeweils unterschiedlicher und auch gegensätzlicher Art. Zudem ist die Schilderung etwa kriegerischer Ereignisse grundsätzlich kritisch zu hinterfragen.[351]

(7) Eine Beurteilung der Kreuzzugsbewegung, in der **Ursache und Wirkung verdreht** und so auch die Opfer als Täter stigmatisiert und die Täter zu Opfern stilisiert werden, wird der geschichtlichen Realität in keiner Weise gerecht. Es ist unverständlich, die Kreuzzüge undifferenziert als Verbrechen zu bezeichnen, nicht jedoch gleichzeitig auch **die islamischen Raub-, Eroberungs- und Versklavungskriege**, die der Kreuzzugsbewegung jahrhundertelang vorausgingen und auch noch jahrhundertelang folgten. Die Kreuzzüge waren die späte, vielleicht auch zu späte Reaktion auf die Hilferufe der in ihrem eigenen Land misshandelten und unterjochten morgenländischen Christen.

Es ist weiterhin unverständlich, dass die jahrhundertelangen Eroberungen der Muslime gewöhnlich kritiklos akzeptiert, gelegentlich auch noch bewundert werden, die **Rückeroberungen** der Christen jedoch, die versuchten, zu Unrecht in Besitz genommenes christliches Gebiet zurückzugewinnen, meist verurteilt werden. Es ist schließlich auch völlig unverständlich, den Kreuzfahrern die unverzeihlichen **Haltungen des religiösen Fanatismus**, der Habgier und Brutalität vorzuwerfen, nicht jedoch gleicherweise auch den Islam-Kriegern.

Die weithin gewaltsame Ausbreitung des Islam legte eine entsprechende militärische Gegenwehr nahe. So gesehen waren die Kreuzzüge keineswegs „wie vom Himmel gefallen" bzw. „ein militärischer Angriffsschlag gegen die Muslime", sie waren vielmehr eine mit viel Leid und Not verbundene Reaktion auf eine seit Jahrhunderten gewachsene existentielle Bedrohung durch eine Religion, die sich mittels Gewalt und Krieg ausgebreitet hatte. *Den Kreuzzügen der Christen gingen jahrhundertelang Kriegs- und Raub-*

---

351 Vgl. dazu Brandmüller, W., a. a. O., S. 99 f.

tet wurde, konnte die Glaubens- und Kirchenspaltung des Jahres 1054 zwischen der morgen- und abendländischen Kirche nicht verhindert werden. Sie wurde vielmehr durch die Kreuzzüge endgültig zementiert.[347] Dazu haben den entscheidenden Beitrag geleistet: Die Errichtung des Lateinischen Patriarchats in Jerusalem und des Lateinischen Kaiserreiches in Konstantinopel mit dem gegen den Willen des Papstes von den Venezianern errichteten Patriarchat sowie auch das Wüten der Kreuzfahrer bei der Plünderung des Zentrums der orthodoxen Christenheit. Die Schwächung des griechisch-byzantinischen Reiches durch die fatale Eroberung von Konstantinopel beim 4. Kreuzzzug war der größte Fehler der abendländischen Christen. Diese Schwächung ebnete den Weg für die Eroberung von Byzanz durch den Islam. Der schuldhafte Anteil der orientalischen Christen bei der Rückeroberung Jerusalems durch Saladin[348] sowie auch die Schuld der Herrscher in Konstantinopel an den schrecklichen Ereignissen des 4. Kreuzzuges sollen hier lediglich erwähnt werden[349].

(5) Die Geschichte der Kreuzzüge ist eine bleibend „schwere Hypothek"[350] der abendländischen Kirche, deren moralische Reputation durch das Versagen vieler Kreuzfahrer erheblich beschädigt wurde. Europäischen Christen unterliefen **schwerwiegende Fehler.** Teilweise haben sie sich auch **großer Verbrechen** schuldig gemacht. Wo sie stattfanden, handelten sie nicht im Namen Gottes, sondern in ihrem eigenen Namen. Sie handelten nicht im Geiste Jesu und nicht als Christen. Dennoch fällt der dunkle Schatten dieser Zeit auf die gesamte Christenheit, auch auf die westliche Welt. Eine päpstliche bzw. kirchliche Schuldanerkennung im Sinne einer „Verursacherschuld" *gegenüber der islamischen Welt* wäre jedoch unter keinen Umständen angebracht. Sie käme dem Akt einer von der höchsten kirchlichen Autorität bestätigten Geschichtsfälschung gleich. Einer ***gegenseitigen Vergebung***, wie

---

347 Vgl. Elm, K., Die Kreuzzüge, S. 5.
348 Stark, R., Gottes Krieger, S. 284-287.
349 Vgl. Brandmüller, W., Licht und Schatten, S. 100 f; ebenso H. Stückelberger, Europas Aufstieg und Verrat, S. 258 f., auch mit der These, dass die Kreuzfahrer die orthodoxen Mitchristen „schwer geschädigt und so den Vormarsch des Islam begünstigt" hätten (ebd., S. 259).
350 Angenendt, A., Toleranz und Gewalt, S. 435.

I Eine Art Resümee

1. Sechzehn Feststellungen

(1) Die ursprüngliche Intention der Kreuzzugsbewegung war die einer **„humanitären Intervention"** aus dem Geist der christlichen Nächstenliebe und Solidarität gegenüber den bedrängten orthodoxen Mitchristen. Es ging um Schutz und Abwehr, Notwehr und Verteidigung, nachdem der christlich geprägte Mittlere Osten von den Muslimen überfallen und erobert wurde. Päpste, Bischöfe und weitere kirchliche Verantwortungsträger suchten Exzesse von Kreuzfahrern, auch Judenpogrome, zu verhindern. Verantwortlich für die Judenpogrome waren Kreuzfahrergruppen, nicht die Kirchenleitung auf den verschiedenen Ebenen. So ist festzuhalten: Die römische Kirche stellte sich gegen die Judenpogrome der Kreuzzugszeit, (wie sie später auch den inhumanen Umgang der Kolonialmächte mit den Indios verurteilte).

(2) Die **Missionierung der Muslime** zählte ursprünglich **nicht zur Intention der Kreuzzugsbewegung.** Die Kreuzzüge waren also von ihrem Ursprung her zweifelsohne **kein** „Re-Christianisierungsprojekt", wie Bassam Tibi behauptet, vielmehr die Verwirklichung des Bemühens um die „Herstellung eines früheren Rechtszustandes, der durch die Heiden zerstört worden war" (H. H. Schrey). Spätere Missionierungsbemühungen unter den Muslimen blieben zu jener Zeit erfolglos.

(3) Hätte die abendländische Kirche nach dem zweimaligen Hilferuf aus Byzanz nicht gehandelt, wäre dieses **Nichtreagieren als Unterlassen einer Hilfeleistung** und Verweigern der Solidarität gegenüber Mitchristen in die Annalen der Geschichte eingegangen. Massive, gegen die Kirche gerichtete Vorhaltungen wären die Folge gewesen. Jene, die heute die katholische Kirche wegen der Kreuzzüge anprangern, würden es in diesem Falle wohl wegen unchristlicher, grob fahrlässig unterlassener Hilfeleistung tun. Im Übrigen dürfte es auch heute der UN-Menschenrechtserklärung durchaus entsprechen, wenn z. B. ein Staat einem mit ihm verbündeten, befreundeten Staat gegen Angreifer zu Hilfe kommt.

(4) Obwohl **zwei byzantinische Kaiser von der römischen Kirche in drängender Weise militärischen Beistand** gegen die Muslime erbaten und auch eine militärische Gegenreaktion eingelei-

katholischen Kirche die Schuldanerkennung wegen Vergehen und Schuld in der Geschichte. Offizielle islamische Schuldbekenntnisse zur Tätergeschichte der Muslime, die lange Jahrhunderte umfasst, liegen nicht vor.

Grausamkeiten und Unmenschlichkeiten, Unrechts- und Gräueltaten gab es während der Zeit der Kreuzzüge bei Christen und Muslimen gleicherweise. Für die Christen haben sie jedoch keinerlei Legitimationsgrundlage im Neuen Testament, dem entscheidenden Ursprungsdokument des christlichen Glaubens. Darin findet sich *keinerlei Rechtfertigung* und erst recht keine Anweisung für ihr Verhalten. Deshalb liegt auch subjektiv bei jenen Christen, die in den Konfrontationen mit dem Islam diesbezüglich persönlich schwere Schuld auf sich geladen haben, ein größeres Maß an schuldhaftem Versagen vor als bei jenen Muslimen, die Gleiches gegenüber Christen getan haben. Das Handeln der Muslime stimmte mit der Lehre ihrer Religion überein.

Denn zu deren Entlastung waren dem Koran und dem Vorbild ihres Religionsstifters entsprechend Krieg und Gewalt „im Namen Allahs" und um des islamischen Glaubens willen legitimiert, erwünscht und befohlen. Die Muslime waren in ihren Handlungen aus nichtmuslimischer Sicht also „fehlgeleitet" bzw. „irregeleitet" durch die Vorgaben ihrer Religion. Die Christen hatten demgegenüber in ihrem Handeln *gegen den Glauben und die Ethik ihrer Religion* schwer verstoßen. So gilt im Blick auf die Christen festzuhalten: Das historische Versagen von Christen ereignete sich nicht *wegen* ihres Glaubens, sondern *trotz* ihres Glaubens und *gegen* ihren Glauben, das historische Versagen von Muslimen jedoch in Übereinstimmung mit ihrem Glauben.

ter dieser Feststellung stehe jedoch keineswegs ein „historisches, soziologisches oder politisches Urteil, sondern der Blick, der im Sünder noch das Abbild Gottes sieht"³⁴⁶ –was auch immer diese Feststellung bedeuten mag. Von den Kreuzzügen ist jedenfalls auch hier keine Rede.

3. Die Gräueltaten von Christen und Muslimen und deren subjektive Schuld

Weit verbreitet ist nicht nur unter Muslimen die Denkweise: Gräueltaten, die im Namen des Islam ausgeübt wurden/werden, hätten *nichts mit dem Islam zu tun*. Im gleichen Atemzug werden jedoch jene Verbrechen, die Christen in der Geschichte zu verantworten haben, ganz selbstverständlich *dem Christentum bzw. der/ den Kirche(n) kollektiv angelastet*. So fordern ausgerechnet Muslime mit ihrer schuldbelasteten Geschichte ständig etwa von der

---

schen islamischen Glauben anzugehören? Ist dieser 'wahre, authentische Islam' möglicherweise der von allen koranischen Gewaltsuren befreite Islam? Gab es in früheren Zeiten möglicherweise einen 'authentischen, wahren' Ur-Islam? Welche Voraussetzungen müssten erfüllt werden, dass es vielleicht in Zukunft einmal einen 'authentischen, wahren' Islam geben wird? Was ist 'eine angemessene Interpretation des Korans' und welche muslimischen Autoritäten/Schulen interpretieren das Urkundenbuch der Muslime auf angemessene Weise? Inwieweit können Nichtmuslime überhaupt definieren, was der 'wahre, authentische Islam' ist, bzw. wer die 'authentischen Anhänger des Islam' sind und schließlich: Wie und von wem wird der Koran „angemessen" interpretiert? Umgekehrt ist zu fragen: Gibt es irgendwo eine islamische Autorität, die vom 'wahren, authentischen Christentum' spricht, ohne jedoch ihr Verständnis von Christentum aus dem Koran abzuleiten? Geht es dem Heiligen Vater lediglich um eine freundliche Geste gegenüber der islamischen Welt, die schon seit Jahren durch entsprechende Repräsentanten die Bestätigung der Friedfertigkeit des Islam seitens der Kirche fordert? Welche theologischen und (kirchen-)politischen, historischen und zeitgeschichtlichen Begründungen mögen wohl hinter diesen Aussagen von Papst Franziskus stehen? Diese päpstliche Aussage lässt jedenfalls viele Fragen (bislang?) offen."

346 Baier, Stephan, Der letzte Kreuzzug, in: „Die Tagespost" vom 21.12.2013, S. 26; doch differenziertere Interpretationen dieser päpstlichen Aussagen wären wünschenswert und sind auch zur Vermeidung von Missverständnissen unbedingt erforderlich; nachvollziehbare Deutungen dieser päpstlichen Aussagen liegen nach Kenntnisstand des Verfassers dieses Beitrages auch nach zwei Jahren nicht vor.

Spaniens bisher von keinem modernen Theologen oder Würdenträger des Islam bedauert oder auch nur als offensiv kriegerische Handlung anerkannt."³⁴²

Kurze Zeit später stellte ein Berater dieser Universität, die mit Papst Benedikt angeblich „Probleme" hatte, nun an Papst Franziskus, mit dessen Wahl „die Türen der Al-Azhar wieder offen" stünden, wiederum eine konditionierte, wenn auch leicht verdeckte Forderung: „Wenn er in einer Rede sagt, dass der Islam eine Religion des Friedens (sei), dass die Muslime weder Krieg noch Gewalt suchen, wäre dies schon ein Fortschritt."³⁴³

In seinem Apostolischen Schreiben „*EVANGELII GAUDIUM*" spricht Papst Franziskus (ohne Konkretionen und Begründungen) allerdings von den „authentischen Anhängern des Islam"³⁴⁴ sowie auch davon, dass „der wahre Islam und eine angemessene Interpretation des Korans ... jeder Gewalt"³⁴⁵ entgegenstehen. Hin-

---

342 Glagow, R., Die Dschihad-Tradition im Islam, in: R. C. Meier-Walser/R. Glagow, Die Islamische Herausforderung – eine kritische Bestandsaufnahme von Konfliktpotenzialen, S. 38.

343 Vgl. „Die Tagespost" vom 27. August 2013, mit dem Hinweis, die von Muslimen ständig wiederholte Aussage, der Islam sei friedfertig und tolerant, werde durch die in der Geschichte nachweisbaren und in der Gegenwart miterlebbaren Fakten schlichtweg widerlegt. Diese Aussage kann noch wie folgt verdeutlicht werden: Nur bei folgender Einschränkung entspricht die muslimische Stereotype von der Friedfertigkeit des Islam tatsächlich der Wahrheit: Der Islam ist wirklich friedfertig und tolerant, allerdings nur nach dessen eigenem Verständnis, nämlich nach den Vorgaben der Scharia von Frieden und Toleranz, die jedoch *nicht* im Einklang stehen etwa mit der UN-Menschenrechtsdeklaration.

344 Apostolisches Schreiben EVANGELII GAUDIUM des Heiligen Vaters Papst Franziskus an die Bischöfe, an die Priester und Diakone, an die Personen geweihten Lebens und an die christgläubigen Laien über die Verkündigung des Evangeliums in der Welt von heute, 24. November 2013, Libreria Editrice Vaticana/hrsg. vom Sekretariat der Deutschen Bischofskonferenz, Bonn 2013, (Verlautbarungen des Apostolischen Stuhls 194), Nr. 253, S. 171.

345 Ebd.; diese Feststellung löste beim Verfasser dieses Beitrages folgende Fragen aus, veröffentlicht in einem Leserbrief am 30. Januar 2014 in: „Die Tagespost": In welcher islamischen Gemeinschaft wird/wurde 'der wahre Islam' gelehrt und gelebt? Wer sind/waren und wo leben/lebten die 'authentischen Anhänger des Islam'? Nehmen nicht alle Muslime, auch die Fundamentalisten, Salafisten und so weiter jeweils für sich in Anspruch, 'die authentischen Anhänger des Islam' zu sein und dem wahren, authenti-

Schuld gegenüber den Muslimen zu bekennen. Es sei an der Zeit, dass sich die römisch-katholische Kirche in einem „Mea culpa" für die Kreuzzüge entschuldige.[340]

b) Der frühere Sprecher der bedeutsamen Bildungsinstitution der islamischen Welt, der *Kairoer Al-Azhar-Universität,* Muhammad Rifa al-Tahtawi, stellte 2011 folgende konditionierte Forderung an das Oberhaupt der katholischen Weltkirche: Benedikt XVI. solle sich zuerst bei den Muslimen für die Kreuzzüge entschuldigen, so wie er sich bei den Juden für den Holocaust entschuldigt habe, bevor die Al-Azhar-Universität den Dialog zwischen dem Vatikan und seiner Institution wieder aufnehme.[341] In den Jahren 2005 und 2011 wurde somit muslimischerseits in Form von Vorwürfen indirekt bestätigt, dass keine päpstlichen Schuldbekenntnisse zu den Kreuzzügen vorliegen.

Dieser Forderung hätten durchaus die Rückfragen folgen können: Sollten sich nicht erst einmal die verschiedenen muslimischen Autoritäten gemeinsam (?) entschuldigen allein für 1000 Jahre islamischer Expansions- und Eroberungspolitik im Namen Allahs mit ihren Massakern, Plünderungen, Versklavungen und Eroberungen, auch mit der Zerstörung angestammter Kulturen? Gingen nicht alle diese kriegerisch-expansiven Unternehmungen des Islam den Kreuzzügen der Christen zeitlich längst voraus? Müsste nicht auch die islamische Welt zur wirkungsvollen Vergangenheitsbewältigung die Methode des Vergessens und Tabuisierens ablegen und jene des Erinnerns wählen, also bereit sein zur Aufarbeitung der eigenen Geschichte?

R. Glagow stellt dazu fest: „Im Gegensatz zu den Bußübungen der politisch korrekten deutschen Öffentlichkeit und der Kirchen wurde die mitnichten gewaltfrei verlaufene Expansion des Islam auf Kosten der christlichen Ostprovinzen des Byzantinischen Reiches, der blühenden christlichen Gebiete Nordafrikas, des christlichen

---

340 www.ariva.de/.../Muslime-fordern-Entschuldigung-fuer-Kreuzzuege-235...27.10.2005
341 blog.derherralipius.com/2011_02_01_archive.html

diesem Kontext keine Schuldvergebungsbitte von Johannes Paul II. vor, in der die Kreuzzüge erwähnt werden.

Im vielseitigen Dokument der Internationalen Theologischen Kommission mit dem Titel „Erinnern und Versöhnen. Die Kirche und die Verfehlungen in ihrer Vergangenheit" aus dem Jahr 2000[337] wird an die biblische Tradition der Schuldbekenntnisse erinnert:

> „Sündenbekenntnisse und Vergebungsbitten finden sich in der ganzen Heiligen Schrift, in den Geschichtserzählungen des Alten Testaments ebenso wie in den Psalmen, den Propheten und in den Evangelien. Dies gilt gleichfalls ... für die Weisheitsliteratur und die neutestamentlichen Briefe."

In diesem Dokument wird an einer einzigen Stelle, nämlich im Vorwort, auf die Kreuzzüge verwiesen, jedoch keineswegs – wie behauptet wird[338] – in Form einer Klage von Johannes Paul II. über die Verfehlungen in der Kreuzzugszeit. Vielmehr wird in diesem Dokument lediglich konstatiert: Von den fundamentalistischen Kirchenkritikern werde der katholischen Kirche „eine aus immer den gleichen Punkten bestehende Kurzlitanei vorgehalten: Kreuzzüge, Inquisition und Hexenwahn, Wissenschaftsfeindlichkeit und Intoleranz." Auch in diesem wichtigen kirchlichen Dokument ist also *kein Schuldbekenntnis* bzgl. Kreuzzüge nachweisbar, auch nicht andeutungsweise.

Die Feststellung, dass entgegen zahlreichen Veröffentlichungen *keine ausdrückliche Schuldanerkennung* von Johannes Paul II. gegenüber der islamischen Welt vorliegt, somit auch keine im Blick auf die tragische, für die Christenheit schuldbelastete Epoche der Kreuzzüge vorliegt,[339] wird durch folgende beiden Gegebenheiten überzeugend bestätigt:

a) Einige Monate *nach dem Tod von Johannes Paul II.* im Jahre 2005 hat der Vorsitzende des Zentralrats der Muslime, Nadeem Elyas, die katholische Kirche aufgefordert, ihre historische

---

337 www.vatican.va/...documents/rc_con_cfaith_doc_20000307_memory-re...
338 Vgl. dazu die Rezension von Delgado, Mariano, Der Kampf um Jerusalem, in: „Christ in der Gegenwart", 17. Mai 2015, S. 218.
339 Vgl. dazu Bernard, L., Drei Phasen des islamischen Kampfes, S. 2: Für seine Feststellung, „ein Papst" habe sich bei den Muslimen für die Kreuzzüge entschuldigt", legt er keinen Beleg vor. Sie trifft auch nicht zu.

weis auf die Kreuzzüge.³³³ Die Kreuzzüge wurden einfach „hineininterpretiert". Demgegenüber sind tief bedauernde Aussagen des Papstes aus dem Jahr 2001 dokumentiert, die ausdrücklich von der Schuld sprechen, die sich die katholische Kirche *gegenüber der griechisch-orthodoxen Kirche* im Zusammenhang mit der unfassbaren Plünderung und Eroberung von Konstantinopel durch das Kreuzfahrerheer beim 4. Kreuzzug in den Jahren 1203/1204 aufgeladen hat.³³⁴ Aus durchaus nachvollziehbaren Gründen verwies der Papst bei diesem Schuldbekenntnis nicht auf „die jahrhundertelangen Gräueltaten gegen lateinische Christen", auch nicht „auf den Verrat der Byzantiner während der ersten drei Kreuzzüge und die Zehntausende von Toten, die *er die Kreuzfahrer kostete.*"³³⁵

Bei seinem anschließenden Besuch einer Moschee in Damaskus drückte der Papst die (bisher nicht erfüllte) Hoffnung aus, dass „muslimische und christliche Führer und Lehrer unsere beiden großen Religionen im respektvollen Dialog und nie wieder als Gemeinschaften im Konflikt darstellen werden". Er sprach auch von einer **gegenseitigen** Vergebungsbitte: „Wann immer Muslime und Christen einander gekränkt haben, müssen wir den Allmächtigen dafür um Vergebung bitten und einander die Vergebung anbieten."

Der Direktor des Bischöflichen Dom- und Diözesanmuseums Mainz, Hans-Jürgen Kotzur, spricht in seinem Vorwort zum großen Ausstellungskatalog mit dem Thema „Kreuzzüge" vom öffentlichen Eingeständnis und von der Bitte des Papstes „um Vergebung für das von der Kirche mitverschuldete Unrecht während der Kreuzzüge"³³⁶. Entgegen dieser Feststellung liegt jedoch auch in

---

333 Vgl. auch Knopp, G., u. a., Der Heilige Krieg, S. 144, mit einem Zitat aus diesem Gebet des Papstes, das auch hier in den Zusammenhang mit der Kreuzzugsthematik gebracht wird, obwohl dieses Thema keineswegs vom Papst angesprochen wurde; gleichfalls Lauster, J., Die Verzauberung der Welt, S. 191, mit der Vermittlung eines nicht zutreffenden Eindrucks, als habe Johannes Paul II. bei seinem Schuldbekenntnis anlässlich dieser Milleniumsfeierlichkeit im Petersdom ausdrücklich auch von den Kreuzzügen gesprochen.

334 Vgl. dazu Phillips, J., Heiliger Krieg, S. 569, mit dem Auszug einer Ansprache des orthodoxen Erzbischofs v. Athen anlässlich eines Besuches von Johannes Paul II. (2001) in Athen.

335 Stark, R., Gottes Krieger, S. 296.

336 Kotzur, H.-J. (Hg.), Die Kreuzzüge, S. 13.

sprache vom 12. Februar 1995, überschrieben mit dem Titel „Das Drama der Kreuzzüge". Unter dieser pointierten Überschrift sucht man vergeblich nach einem konkreten Hinweis auf die Kreuzzüge und den Islam. Beide werden vom Papst nicht ausdrücklich angesprochen, die Kreuzzugszeit nur indirekt im Zusammenhang mit einer Aussage über „die Verteidigung der Heiligen Stätten" erwähnt. Werbewirksam werden jedoch auf der Rückseite dieses Buches unter der Überschrift „DIE SCHULD DER KIRCHE" die Kreuzzüge als Erstes genannt, obwohl sie in der päpstlichen Ansprache überhaupt nicht erwähnt wurden.

Auch aus dem nachfolgend zitierten Auszug der Predigt von Johannes Paul II. am „Tag der Vergebung" anlässlich der oben bereits erwähnten Feier des Heiligen Jahres am 12. März 2000 im Petersdom ist kein einziger Hinweis auf das Faktum der Kreuzzüge zu erkennen und erst recht keine auf die Kreuzzüge bezogene Entschuldigung gegenüber den Muslimen:

> „Wir müssen einfach die Treulosigkeiten gegenüber dem Evangelium, die von einigen unserer Brüder im Glauben besonders im zweiten Jahrtausend begangen worden sind, zur Kenntnis nehmen. Lasst uns um Vergebung bitten für die Spaltungen unter den Christen, für die Gewalt, die einige in ihrem Dienst an der Wahrheit angewendet haben, und für die misstrauische und feindselige Haltung, die bisweilen gegen die Anhänger anderer Religionen eingenommen wurde."[331]

Bei diesem Gottesdienst legte Johannes Paul II. in einer symbolträchtigen Geste zusammen mit sieben Mitgliedern der römischen Kurie ein *großes Schuldbekenntnis* ab.[332] Dieser Bußakt war in sieben Abschnitte eingeteilt. Darunter war der Abschnitt über die Verfehlungen „gegen die Liebe, den Frieden, die Rechte der Völker, die Achtung der Kulturen und Religionen". In einem eigenen Abschnitt wurde auch ein „Schuldbekenntnis im Verhältnis zu Israel" abgelegt.

Im gesamten Schuldbekenntnis findet sich ebenfalls *kein einziger namentlicher Bezug* auf die Muslime und erst recht kein Ver-

---

331 Zitiert von Robert Spencer in einem Interview, in: http//www.kath.net/detail.php?id=13393; vgl. auch W. Brandmüller, a. a. O., S. 210.
332 Abgedruckt in: Horst, G., Gott ja, Kirche nein. Antworten auf 66 x Kritik, Aachen 2001, S. 307-312.

oben beschriebenen „Hineinverteidigen" in ein fremdes Territorium, wenn es in Wahrheit um nichts anderes ging/geht als um Angriff und Eroberung, um gewaltsame Ausbreitung des islamischen Glaubens bzw. um die Vorherrschaft des Islam, um das Aufoktroyieren der islamischen Herrschaftsordnung.

So haben die maßgeblichen Autoritäten der Religion Mohammeds mit hoher Wahrscheinlichkeit wohl auch keinen Freiraum, auch kein Interesse für ein aus ihrer Sicht derart „erniedrigendes" Schuldbekenntnis. Wie befreiend wäre jedoch eine anderslautende Erfahrung gerade auch auf dem Hintergrund der menschlichen Erfahrung: Uneingestandene Schuld der Vergangenheit hat das Potenzial, die Gegenwart zu vergiften.

2. Kein Schuldbekenntnis von Johannes Paul II. zu den Kreuzzügen

Im Kontext der Diskussionen und Reflexionen über die Zeit der Kreuzzugsbewegung wird gelegentlich *ohne konkreten Aussagebeleg* behauptet, Papst Johannes Paul II., der sich mehrfach unter dem Schlüsselbegriff „Reinigung des Gedächtnisses" über die geschichtliche Schuld der Kirche geäußert hat,[329] habe auch ein auf die Kreuzzüge bezogenes Schuldbekenntnis der katholischen Kirche gegenüber den Muslimen abgelegt. So gehört zu den verschiedenen Irrtümern und verfälschenden Darstellungen über die Kreuzzüge auch die Behauptung, Johannes Paul II. habe sich für die Kreuzzüge entschuldigt.

In einer *Buchveröffentlichung* eines renommierten Verlages[330] sind zahlreiche Auszüge aus Ansprachen und Predigten von Johannes Paul II. über die Schuld der Kirche und der Menschen zusammengetragen. Darin findet sich auch ein Auszug einer An-

---

329 Vgl. dazu ausführlicher Brandmüller, W., Licht und Schatten, S. 207-222; ebenso Rhonheimer, M., Christentum und säkularer Staat, S. 413; der Wortlaut der sieben päpstlichen Vergebungsbitten im Petersdom am 12.3.2000 mit Auszügen der päpstlichen Ansprache findet sich auf *stjosef. at/dokumente /vergebungsbitte papst_2000.htm*.

330 Johannes Paul II., Wir fürchten die Wahrheit nicht. Der Papst über die Schuld der Kirche und der Menschen, Graz, Wien, Köln 1997, S. 120 f.; vgl. auch Lauster, J., Die Verzauberung der Welt, S. 191, mit dem Hinweis auf das große päpstliche Schuldbekenntnis, das auch hier in Zusammenhang gebracht wird mit den dort nicht erwähnten Kreuzzügen.

„Im Gegensatz zu den Bußübungen der politisch korrekten deutschen Öffentlichkeit und der Kirchen wurde die mitnichten gewaltfrei verlaufene Expansion des Islam auf Kosten der christlichen Ostprovinzen des Byzantinischen Reiches, der blühenden christlichen Gebiete Nordafrikas, des christlichen Spaniens bisher von keinem modernen Theologen oder Würdenträger des Islam bedauert oder auch nur als offensiv kriegerische Handlung anerkannt. Die Heldentaten von muslimischen Feldherren wie z. B. Khalid bin al-Walid oder 'Amr bin al-As, Salah ad-Din (Saladin) oder Mehmet der Eroberer dienen den Gläubigen auch heute noch als Vorbild. Weshalb tragen so viele Moscheen auch in Europa, in Deutschland, den Namen 'Eroberer (Fatih)- Moschee'? Wieso sagt ein türkischstämmiger Abgeordneter des Deutschen Bundestages, der als sozial integriertes, laizistisch gesonnenes und gutmenschlich motiviertes Beispiel für eine erfolgreiche Integration gilt, sinngemäß, dass die Türken heute (wohl durch massenhafte Einwanderung) erreichen werden, was ihre Vorfahren 1683 vor Wien nicht geschafft haben?"[327]

Doch ist es realistisch, eine Schuldanerkennung dieser Art zu erwarten? Aus nichtmuslimischer Perspektive entspringt dem Wesen, dem Selbstverständnis und Sendungsauftrag des Islam der erhebliche Mangel der Muslime an diesbezüglichem Gerechtigkeits- und Schuldbewusstsein.[328] Vergangenheitsbewältigung geschieht im Islam mit der Methode des Vergessens und Tabuisierens. Die Methode des Erinnerns als Form der Vergangenheitsbewältigung ist dem Islam offensichtlich fremd. Dazu kommt das eigenartig und schönfärberisch klingende muslimische Selbstverständnis vom

---

327 Glagow, R., Die Dschihad-Tradition im Islam, in : Meier-Walser, R. C./ Glagow, R., Die Islamische Herausforderung – eine kritische Bestandsaufnahme von Konfliktpotenziale, S. 38.
328 Vgl. dazu Krauss, Hartmut, Islam, Islamismus, muslimische Gesellschaft. Eine kritische Bestandsaufnahme, 3. Auflage, Osnabrück 2012, mit der Feststellung: „Während im europäischen Westen vielfach eine von einem christlichen Modell der 'Feindesliebe' degenerierte ... und bisweilen 'masochistisch' anmutende 'Selbstgeißelung' vorherrscht, dominiert auf islamischer Seite eine absolut selbstgerechte, von der eigenen Verursacherlast völlig unbeeindruckte ideologische Inszenierung, welche die Kreuzzugserfahrung als permanentes Munitionsdepot für antiwestliche Propaganda ausbeutet."

zigen plausiblen Grund für eine gleichsam vorausgehende meaculpistische Schuldanerkennung der Christenheit gerade gegenüber der islamischen Welt. Denn der Islam war – wie oben dargestellt – bereits Jahrhunderte vor Beginn der Kreuzzüge (und auch noch Jahrhunderte nach deren Ende) gekennzeichnet von permanenten Aggressionen und Repressionen. Ziel und Opfer waren dabei insbesondere die Christen.

Wenn überhaupt eine *ehrliche und auch ehrenhafte Bitte um Schuldvergebung* im Geist des gegenseitigen Verzeihens und Versöhnens möglich sein sollte, dann der Wahrheit wegen nur unter folgender Bedingung: Die Muslime bekennen sich als *Erstverursacher* dieser historischen Tragödie ausdrücklich auch zur Erstverantwortung ihres beispiellosen aggressiv-grausamen Schuldverhaltens.[324] Dieses hatten ihre Vorfahren im Glauben mit Berufung auf den Koran sowie auf ihr Glaubensvorbild Mohammed in nahezu einem halben Jahrtausend angehäuft.

Das muslimische Schuldverhalten ist als *die originäre und alleinige historische Ursache für das Entstehen der Kreuzzüge zu* bewerten. Darüber hinaus müsste ein Schuldbekenntnis seitens der Muslime den gesamten Zeitraum von etwa 1.000 Jahren umfassen. Denn bis zur Schlacht bei Wien im Jahre 1683 ging von dem aggressiv-expansiven Islam auch weiterhin eine permanente, Angst verursachende Bedrohung der Christenheit in Europa aus.[325] Ebenso müsste sich die islamische Welt auch noch für die Versklavung insbesondere von afrikanischen Menschen entschuldigen. Auf die Schuld, die den Muslimen in heutiger Zeit durch die weltweite Missachtung der Menschenrechtsdeklaration der UN anzurechnen ist, soll hier nur andeutend hingewiesen werden.[326]

---

324 Zum Problem der Kollektivschuld siehe S. 404.
325 Vgl. Angenendt, A., Toleranz und Gewalt, S. 440.
326 Vgl. dazu „Die Welt", 23.1.2015, S. 2, mit einer Forderung der Soziologin und Publizistin Necla Kelek: „Alle Deutschen haben sich mit den Verbrechen des Nationalsozialismus auseinandersetzen müssen. Sie mussten sich der Schuldfrage stellen, mussten lernen, zu trauern und anzunehmen, was in ihrem Namen geschehen war. Anders wird es auch für Muslime nicht gehen. Sie müssen sich mit der Tätergeschichte des Islam auseinandersetzen, denn sie können nicht verleugnen, was gestern und heute im Namen des Islam geschieht."

Religionen zu diskriminieren ... Zweitens: die gesinnungsethisch verordnete Fremdenliebe der Deutschen, die es ihnen verbietet, zwischen demokratischen und undemokratischen Ausländern und Kulturen zu unterscheiden. Drittens: die Angst der christlichen Kirchen vor Machtverlust ... Wer den Monopolanspruch der orthodoxen Muslime bestreitet, gefährdet das entsprechende christliche Monopol."[320]

Leider meinen also auch manche Vertreter christlicher Konfessionen, sie müssten sich der obligatorischen Verpflichtung zur pauschal verurteilenden Distanzierung von den Kreuzzügen anschließen. Sie fühlen sich in einer moralisch überlegenen Position und nehmen für sich sogar in Anspruch, sich gegenüber den Muslimen gleichsam „in vorauseilender Unterwerfung" und stellvertretend im Namen der gesamten Christenheit für die von Christen an den Muslimen begangenen Verbrechen entschuldigen zu müssen. So machten sich auch zum 900. Jahrestag der Eroberung Jerusalems im Jahre 1999 christliche Teilnehmer eines „Versöhnungsmarsches" auf den Weg von Köln ins Heilige Land. Auf ihren T-Shirts war in arabischer Sprache der Schriftzug: „Ich entschuldige mich" aufgedruckt.[321]

Auch in diesem Kontext gilt die Feststellung: „Die Dauer-Selbstbeschuldigungsmechanismen der Deutschen sind absurd und grenzen mittlerweile ans Zwanghafte."[322] Den „Meaculpismus", die einseitigen Selbstanklagen sowie die unterschiedlichen Formen von Entschuldigungsriten und Ritualen der Betroffenheit dürften wohl alle in der Sache Informierten entschieden ablehnen. Zweifellos ist die abendländische Kirche durch die Geschichte der Kreuzzüge von einer schweren Hypothek belastet. Doch diese Schuld ist keineswegs allen Kreuzfahrern in gleicher Weise anzulasten, auch nicht allen Verantwortlichen der damaligen Kirche und erst recht nicht der Kirche insgesamt.[323]

Vor allem aber gilt: Trotz eigener *Schuld-Erkenntnis* und daraus folgender *Schuld-Anerkennung* gibt es im Blick auf diese tragische Geschichte der etwa 200-jährigen Kreuzzugsbewegung keinen ein-

---

320 www.efg-hohenstaufenstr.de/downloads/.../selig_sind_die_belogenen.ht...
321 Vgl. Stark, R., Gottes Krieger, S. 13 f.
322 „Christ in der Gegenwart", 19.4.2015, S. 1.
323 Vgl. dazu Brandmüller, W., Licht und Schatten, S. 212 f.

H Die Kreuzzüge und die Schuldfrage bei Christen und Muslimen

1. Ein Schuld-VERWEIGERUNGS-Bekenntnis gegenüber den Muslimen

In Verbindung mit massiven Vorhaltungen und Anschuldigungen wird seitens muslimischer Autoritäten und Repräsentanten immer wieder die Forderung erhoben, die katholische Kirche müsse im Blick auf die Kreuzzüge endlich ihre historische Schuld gegenüber den Muslimen bekennen. Denn die Kreuzzüge seien ein unprovozierter Angriff der westlichen Kirche bzw. von Seiten Europas gegen die islamische Welt gewesen. Die Kirche hätte sich in einem „Mea culpa" für die Kreuzzüge zu entschuldigen. Ein wenig erinnert diese faktenverdrehende Mea-Culpa-Forderung schon an jene Geschichte vom Dieb, der lautstark ruft: „Haltet den Dieb!"

> Der muslimische Islamologe B. Tibi entnimmt dem Dialog mit den Muslimen folgende Beobachtung: „Den christlichen Vertretern wurde nicht nur die deutsche Vergangenheit vorgehalten, sie wurden auch für die Kreuzzüge und für den Kolonialismus mitverantwortlich gemacht. Zugleich verbaten es sich die Muslime, mit der Geschichte des Dschihad konfrontiert zu werden. Bei den islamischen Dschihad-Eroberungen ist jedoch viel Blut geflossen, und Muslime haben Nichtmuslimen ihren Glauben oftmals brutal aufgezwungen. Doch darüber zu reden gilt als tabu. Lieber reden auch die Christen von ihrer eigenen dunklen Vergangenheit. Ein solches Ritual einseitiger Schuldzuweisungen ist kein Beitrag zur Verständigung zwischen den Zivilisationen. Es kommt dabei nur ein verlogener Dialog heraus.
>
> Die ernüchternde Wahrheit lautet: Nicht nur Islamisten, auch orthodoxe Muslime halten die Christen für 'Kreuzzügler', Salibiyyun – und zwar auch dann, wenn diese sich vor dem Islam anbiedernd verbeugen. Christen müssen sich mit dieser feindseligen Einstellung offen auseinander setzen, statt sie weiterhin zu verdrängen. Warum geschieht dies nicht? Ich sehe dafür drei Gründe: Erstens: die Schuldgefühle der Christen, vor allem der deutschen Protestanten, in Bezug auf die unrühmliche Vergangenheit ihrer Kirche im Dritten Reich. Nie wieder will man in die Gefahr kommen, andere

und Skrupellosigkeit sind Berlin auf jeden Fall vorzuwerfen."[317] Die Frage der deutschen Mitschuld an diesem menschlichen, religiösen und kulturellen Verbrechen durch Schweigen und Dulden ist bis heute noch nicht deutlich genug erörtert worden. „Im Fall des Armenozids sind wir Deutschen zwar keine Mittäter, aber Augenzeugen und Mitwisser der ersten Stunde."[318]

Nach dem „Eiertanz des politischen Berlins um den Begriff 'Völkermord'" titelte vor Beginn der Gedenkfeiern am 24.4.2015 eine Tageszeitung: „Merkel nennt Massaker an Armeniern Genozid. Union und SPD sprechen erstmals von 'Völkermord'. Bundespräsident teilte (mit anderen Staatspräsidenten) diese Einschätzung. Die Beziehungen zur Türkei dürften dadurch nicht erleichtert werden." Der türkische Außenminister drohte dem Bundespräsidenten, dass das türkische Volk dessen Aussagen nicht verzeihen werde. Ohne Rücksicht auf diplomatische Erwägungen bezeichnen seit dem 24. April 2015 nun endlich alle Fraktionen des Deutschen Bundestages die Massaker am armenischen Volk als Völkermord. Solange aber der türkische Staat dieses Faktum bestreitet, fehlt bei ihr auch eine der wesentlichen Voraussetzungen für die Mitgliedschaft in der Europäischen Union.

Das türkische Tabu zum Völkermord an den Armeniern korrespondiert mit der muslimischen Ablehnung jener Schuld, die sich die Anhänger Mohammeds seit dem Bestehen des Islam durch eine Vielzahl von Eroberungskriegen vor und nach der Zeit der Kreuzzüge aufgeladen hat. Bemerkenswert ist im Blick auf die Tragödie der Armenier der seit Jahren feststellbare „unerträgliche Versuch" der türkischen Regierung, „auf demokratische Staaten und ihre unabhängigen Gremien Druck auszuüben"[319].

---

317 Schirmers, Martin, Die Schreie des Großvaters, ebd., S. 192.
318 Hesemann, M., Völkermord an den Armeniern, S. 28; vgl. ebd., S. 314-322, bes. S. 321 mit Ausführungen zur deutschen Verantwortung für diesen Völkermord: Sind die Deutschen ein „Mit-Tätervolk" oder (nur) ein „Mit-Wisservolk"?
319 Ebd., S 23.

mit einer *offenen Morddrohung* gegen den Papst. Darin wird Bezug genommen zum Mordanschlag auf Papst Johannes Paul II. im Mai 1981 auf dem Petersplatz durch einen türkischen Attentäter.

Drei Tage nach der Ansprache des Papstes am 12. April 2015 wurde die Türkei auch vom *Europaparlament* aufgefordert, den Völkermord endlich anzuerkennen, was erneut von Ankara in scharfer Form zurückgewiesen wurde. Den Abgeordneten wurden dabei religiöser und kultureller Fanatismus vorgeworfen.

Deutsche Wissenschaftler forderten jüngst von der Bundesregierung, den Massenmord an den Armeniern deutlich als Völkermord zu benennen, wie es inzwischen auch *22 nationale Parlamente* tun.[316] In einem UN-Dokument wird bereits im Jahre 1985 den Begriff „Armenische Völkermord" verwendet. Die Feststellung von Papst Franziskus zum Völkermord an den Armeniern – die seit 301 n. Chr. weltweit erste christliche Nation – ist mithin keine Einzelmeinung des Papstes, sondern eine Form der Solidarisierung mit den Opfern, aber auch ein Bekenntnis zur Gerechtigkeit und zur historischen Wahrheit, wie sie zwischenzeitlich von vielen Historikern, Politikern und Vertretern anderer Kirchen und gesellschaftlicher Gruppen zum Ausdruck gebracht wird.

Die deutsche Bundesregierung dagegen weigerte sich bis ins Jahr 2015 hinein, den Begriff „Völkermord" für das systematische Vernichten der armenischen Bevölkerung im Osmanischen Reich zu verwenden. Offensichtliche Gründe für diese Verweigerung waren: Die Rücksicht auf „die guten Beziehungen zur Türkei" bzw. auf die Empfindsamkeiten „des Bündnispartners am Bosporus", möglicherweise aber auch die Rücksicht auf die Millionen von möglicherweise beleidigten und provozierten Türken in Deutschland, unter denen viele potentielle Wähler sind.

Doch wenige Tage vor der Gedenkfeier anlässlich des Beginns dieses Massenmordes vor 100 Jahren kritisierten Abgeordnete verschiedener im Bundestag vertretener Parteien diese Haltung. Die Vernichtung der Armenier sollte als das zu bezeichnen, was es ist: *Völkermord*. Ebenso sollte auch das Verhalten des Deutschen Kaiserreiches, im 1. Weltkrieg Hauptverbündeter des Osmanischen Reiches, angesprochen werden. Es habe nämlich zu dem gezielten Vernichtungswillen der Türken geschwiegen. „Moralische Ignoranz

---

316 Hesemann, M., ebd., S. 23.

Als *Papst Franziskus* nach seinem Amtsantritt 2013 das Wort seines Vorgängers vom „ersten Genozid des 20. Jahrhunderts" aufgriff, hieß es aus Ankara: Diese Äußerung sei „absolut inakzeptabel"[313].

In seiner Ansprache beim Empfang im Vatikan am 8. Mai 2014 sagte Papst Franziskus in Anwesenheit des armenisch-orthodoxen Katholikos Karkin II: „Tatsächlich ist die Zahl der Jünger, deren Blut für Christus während der tragischen Ereignisse des letzten Jahrhunderts vergossen wurde, gewiss größer als die der Märtyrer der ersten Jahrhunderte und in diesem Martyrologium nehmen die Kinder der armenischen Nation einen Ehrenplatz ein. Das Mysterium des Kreuzes, das so kostbar in der Erinnerung ihres Volkes ist und sich ausdrückt in den wundervollen Steinkreuzen, die jeden Winkel ihres Landes schmücken, wurde von so vielen Söhnen und Töchtern ihres Volkes in der direkten Teilhabe am Leidenskelch des Herrn gelebt. Ihr Zeugnis, gleichermaßen tragisch und edel, darf nie vergessen werden."[314]

Trotz türkischer Interventionen hat sich Papst Franziskus nicht davon abhalten lassen, erneut am 12.4.2015 bei einem Gottesdienst im Petersdom vom Genozid zu sprechen: „Mit seiner Ansprache … hat Franziskus türkischen Protest in Kauf genommen".[315] Der Gottesdienst fand zur Erinnerung an den Beginn des Genozids an den Armeniern am 24.4.1915 statt. Der Papst zitierte dabei das Apostelwort: „Wir können unmöglich schweigen über das, was wir gesehen und gehört haben" (Apostelgeschichte 4,2).

Nach den jüngsten Äußerungen von Papst Franziskus kamen dann auch prompt die „ungehaltenen bis unverschämten Reaktionen" *türkischer Regierungsstellen* und *regierungsnaher Zeitungen*: Der Papst verhalte sich wie ein Papagei. Seine Aussagen seien rassistisch und islamophob, unsachlich und falsch, Unsinn, haltlose Vorwürfe, eine Frechheit, eine Lüge, sie würden Feindschaft und Hass schüren und den Rassismus in Europa stärken. Auch würden sie den „Friedensbotschaften" seines letzten Türkeibesuches widersprechen. Zugleich würde er das türkische Volk der Kollektivschuld bezichtigen. Diese Beschimpfungen und Äußerungen der von der Regierung geschürten Empörung verbanden sich sogar

---

313 Ebd., S. 21.
314 Zitiert in: Hesemann, M., Völkermord an den Armeniern (vor dem Vorwort, ohne Seitenangabe).
315 „KNA Katholische Nachrichten-Agentur", 15.5.2015, S. 7.

Papst Benedikt XV. (1914-1922) hatte im September 1915 auf diplomatischem Weg versucht, das Massaker „des schwerbedrängten armenischen Volkes, das an den Rand der Vernichtung gebracht wurde", zu beenden[307]: „Doch trotz seines guten Willens und seiner unermüdlichen Bemühungen war die vatikanische Diplomatie in der Armenischen Frage bedauerlicherweise gescheitert".[308]

In Deutschland versuchte der evangelische Pfarrer und Orientalist Dr. Johannes Lepsius[309] in Konstantinopel vergeblich, weiteres Unheil von den Armeniern abzuwenden. Er wird als eine „deutsche Ausnahme" bezeichnet. Dass diese Tragödie des von der türkischen Regierung tabuisierten Völkermordes für das armenische Volk bis heute als Trauma erlebt wird, ist Faktum im Gegensatz zu dem scheinbaren Trauma, das den Muslimen durch die Kreuzzüge zugefügt worden sein soll.

Adolf Hitler hat sich 1939 bei seinen Plänen zur Vernichtung der Juden und anderer ihm missliebiger Volksgruppen auf die „Armenier-Endlösung" berufen und gefragt: „Wer redet heute noch von der Vernichtung der Armenier?" Die „Armenier-Endlösung" wurde gleichsam zum Modell für die „Endlösungen", die durch die Nationalsozialisten und Stalinisten/Kommunisten ins Werk gesetzt wurden. „Die Idee, ein ganzes Volk auszurotten, wurde in der Türkei geboren."[310]

Papst Johannes Paul II. hat die Tragödie des armenischen Volkes bereits im Jahre 2001 als „ersten Genozid des 20. Jahrhunderts" bezeichnet, dem ein zweiter Genozid durch den Nationalsozialismus und ein dritter durch den Stalinismus gefolgt seien. „Die Türkei tobte."[311] Eine türkische Zeitung attestierte dem Papst „senile Demenz"!![312] Im Jahre 2011 hat die *Französische Nationalversammlung* die Leugnung des Völkermordes an den Armeniern unter Strafe gestellt. Die türkische Regierung reagierte mit einem heftigen Protest gegen den Vorwurf der Völkermordabsicht.

5.2015, S. 191.
307 Hesemann, M., Völkermord an den Armeniern, S. 265, mit dem Wortlaut des von Benedikt XV. handschriftlich an den Sultan geschriebenen Briefes.
308 Ebd., S. 302.
309 Ebd., S.71 f.;148 f.; 321.
310 Ebd., S. 28; auch S. 320.
311 Ebd., S. 322; auch mit dem Wortlaut der gemeinsamen Erklärung von Johannes Paul II. und dem Katholikos Karekin II.
312 Ebd.

Neuzeit"[305] Denn als Völkermord (= Genozid) wird die vollständige bzw. teilweise Vernichtung einer nationalen, ethnischen, rassischen oder religiösen Gruppe bezeichnet. Dieser Straftatbestand des Völkerstrafrechts verjährt nicht. Mit seinem anhaltenden Verleugnen der Völkermordabsicht wehrt der türkische Staat Wiedergutmachungs- und Restitutionsansprüche der Armenier bis heute ab.

Außerdem ist eine „beinahe beispiellose historische Abwehrschlacht" zu beobachten. Türkischerseits wird nämlich behauptet, es habe sich um kriegsbedingte Umsiedlungsmaßnahmen gehandelt. Zudem habe es eine armenische Kollaboration mit dem Feind, den Russen, sowie verschiedene Aufstände gegeben. Es seien auch nicht 1,5 Millionen Personen ums Leben gekommen, sondern nur 300.000, und zwar durch Krankheiten und Missstände bei der Versorgung. Die Deportationen seien zwar eine Tragödie gewesen, eine Vernichtungsabsicht habe aber nicht bestanden. Die Opfer werden gleichsam als „Kollateralschäden der Umsiedlungspolitik" bezeichnet.

Trotz heftigster Ablehnung des Begriffes Völkermord wird in der heutigen offiziellen Türkei im Gegensatz zu früheren Zeiten das Leid der Armenier wenigstens in den Blick genommen und nicht geleugnet. Offensichtlich scheint allmählich auch eine öffentliche Diskussion über diese tragische Geschichte einzusetzen.

Der Genozid an den Armeniern, auch „Armenozid" genannt, ist jedoch durch Berichte und Fotomaterial dokumentiert, nämlich durch Augenzeugenberichte und Berichte aus Konsulaten verschiedener Regierungen, durch Dokumente von Missionaren und geistlichen Verantwortungsträgern mehrerer christlicher Konfessionen. In Berichten aus deutschen Konsulaten ist die Rede von der „Vernichtung oder der Islamisierung eines ganzen Volkes", auch von der „Erledigung der armenischen Frage durch die Vernichtung der armenischen Rasse" bzw. von der „Vernichtung der letzten Reste der Armenier". In einer Anweisung der damaligen Pressezensur in Deutschland wird empfohlen: über die „Armeniergräuel" bzw. über „die armenische Frage wird am besten geschwiegen". Es wird festgestellt, „dass sich die Akten im Politischen Archiv des Auswärtigen Amtes wie ein Protokoll der Vernichtung lesen".[306]

---

305 Ebd. S. 255.
306 Dabag, Mihran, in einem Interview, in: „Christ in der Gegenwart", 3.

3. Das Leugnen historischer Fakten – Der Armenier-Genozid[302]: Ein eklatantes Beispiel

In Gesprächen mit Muslimen wird das schuldhaft *schwere Versagen der Christen* in bestimmten historischen Situationen immer wieder betont und mit drastischen Worten geschildert. Kommt dann aber die Rede auf *die islamischen Gewalttaten und Eroberungskriege* mit zig Millionen von Toten, lehnen muslimische Gesprächsteilnehmer gewöhnlich eine Diskussion darüber vehement ab oder bagatellisieren die jahrhundertelangen Kriege und Raubzüge ihrer Vorfahren im Glauben. Dabei lassen sie anklingen: Die abendländische Wertung islamischer Kriege sei falsch oder ungenau bzw. nicht vorurteilsfrei. Eine weitere Erörterung sei daher sinnlos und kontraproduktiv, andernfalls werde das Gespräch einfach abgebrochen. Diese Taktik findet leider auch bei „wohlmeinenden" Nichtmuslimen allzu oft Akzeptanz und Zustimmung.

Ein aktuelles Beispiel für das Abstreiten und Tabuisieren historischer Tatsachen bietet seit nahezu einem Jahrhundert das Osmanische Reich und dessen Nachfolger, die Türkei. Im Jahr 1915 begannen die Türken die alteingesessenen Armenier unter dem Vorwand einer angeblichen Verschwörung gegen das Osmanische Reich systematisch auszurotten[303]. Zahlreiche andere Christen wie Syrer, Assyrer, Chaldäer und Griechen wurden ebenfalls umgebracht. Nach Schätzungen sind etwa 1,5 Millionen Christen durch Massaker, Hinrichtungen, Vertreibung, Todesmärsche, Hunger, Seuchen usw. getötet worden. Über das Eigentum der Vertriebenen bzw. Getöteten haben sich die muslimischen Mitbürger hergemacht. Außerdem sind hunderte Klöster und tausende Kirchen entweiht und zerstört und damit eine der eindrucksvollen christlichen Kulturlandschaften dem Untergang preisgegeben worden. Was die Türken im Osmanischen Reich ihren christlichen Mitbürgern angetan haben, ist Völkermord: „Der Holocaust vor dem Holocaust" (Elie Wiesel)[304], die „größte Christenverfolgung der

---

302 Vgl. dazu insbesondere Hesemann, Michael, Völkermord an den Armeniern, mit unveröffentlichten Dokumenten aus dem Geheimarchiv des Vatikans über das größte Verbrechen des Ersten Weltkriegs, München 2015.
303 Vgl. ebd., S. 140-157, insbesondere S. 152 f. mit dem Aufruf zum „Heiligen Krieg" (Dschihad).
304 Ebd., S. 19; zum Vergleich zwischen dem singulären Völkermord an den Juden und dem Völkermord an den Armeniern vgl. ebd., S. 27 f.

Ungewöhnlich hoch ist jedenfalls die Anzahl jener Menschen in der langen Geschichte des (ehemals) primär christlichen Europas, die sich durch Begabung und Kreativität auszeichneten. Dadurch haben sie auf ganz unterschiedlichen Gebieten vielfach zum zivilisatorischen, sozialen und kulturellen Fortschritt der Menschheit insgesamt einen wichtigen Beitrag geleistet. Im jüdisch[299]-christlich geprägten europäischen Kulturkreis wurden auf dem Fundament einer entsprechenden Geisteshaltung dazu vom frühen Mittelalter an *die entsprechenden kirchlichen und weltlichen Rahmenbedingungen* geschaffen. Vor diesem Hintergrund haben die europäischen Völker also keinerlei Veranlassung, sich hinter anderen Kulturen gleichsam „zu verstecken". Zur Prägung Europas durch das Christentum bemerkt der kirchenkritische Schriftsteller Martin Walser: „Mich wundert, dass die Kirchen nicht dauernd darauf aufmerksam machen, wo Europa ohne die christliche Kunst und Kultur wäre"[300].

Auch wenn sich hinter diesen Feststellungen kein Deut von „westlicher Überheblichkeit", von „Euro-Arroganz" verbergen soll, dürfte jedenfalls ein islamisches Überlegenheitsdenken hinsichtlich der eigenen kulturellen Errungenschaften gegenüber „dem Rest der Welt" auf einer Fata Morgana beruhen.[301] Eine falsche Rücksichtnahme auf die von Stolz geprägte Mentalität der muslimischen Araber und Türken ist in diesem Kontext um der historischen Wahrheit und der Gerechtigkeit willen in keiner Weise angebracht.

---

299 Brague, R., Europa – seine Kultur, seine Barbarei, S. 58-61, mit dem Abschnitt: Der jüdische Beitrag zu Europa.
300 www.zeit.de › News 27.4.2015
301 Vgl. dazu Hoodbhoy, Pervez, Muslim, pakistanischer Atomphysiker, in einem Interview in der Zeitschrift „Komma", Nr. 102-103, 2013, S. 42: „Es gibt rund 1,5 Milliarden Muslime in der ganzen Welt – aber sie können in keinem Bereich eine substantielle Errungenschaft vorweisen. Nicht im politischen Bereich, nicht in gesellschaftlicher Hinsicht, weder in den Naturwissenschaften noch in der Kunst oder in der Literatur. Alles, was sie mit großer Hingabe tun, ist beten und fasten"; ebenso der türkischstämmige Schriftsteller Akif Pirincci in seinem Bestseller: Deutschland von Sinnen, Der irre Kult um Frauen, Homosexuelle und Zuwanderer, Waltrop, Leipzig 2014, S. 39, mit den rhetorischen Fragen: „Hat man im letzten Jahrtausend je von einer Erfindung, gar einer epochemachenden, aus einem islamischen Land gehört? Gibt es nur einen einzigen Staat, über dem Allah schwebt, der es mit der Wirtschaftskraft des so unscheinbaren Norwegen aufnehmen könnte? ... Geben sie [die islamischen Länder] wenigstens kulturell den Ton an, bei der Veröffentlichung von Büchern, bei der Musik, beim Film, im Philosophischen?"

Abwehr der islamischen Religion, die jahrhundertelang die Länder Europas bedrängte und z. T. auch beherrschte.

> Papst Benedikt XVI. beschrieb vor dem Deutschen Bundestag im September 2011 das historischen Entstehen der europäischen Kultur mit den Worten: „Die Kultur Europas ist aus der Begegnung von Jerusalem, Athen und Rom – aus der Begegnung zwischen dem Gottesglauben Israels, der philosophischen Vernunft der Griechen und dem Rechtsdenken Roms entstanden."

Der bestimmte Probleme des Islam nicht selten ignorierende Hans Küng beantwortet die Frage nach den Ursachen der Stagnation und dem Zurückbleiben der „aufs Ganze gesehen eher politisch schwachen, wirtschaftlich armen und geistig-kulturell vielfach stagnierenden Zivilisation ..."[297] des Islam mit folgender Feststellung:

> „Es waren ... nicht, wie Muslime lange Zeit meinten, nur äußere Kräfte, Kreuzzüge, Mongoleninvasionen, Kolonialismus, die den Niedergang des Islam im Spätmittelalter zur Folge hatten. Es war wesentlich ein Austrocknen von innen und der Sieg einer vernunft- und freiheitsfeindlichen Orthodoxie über Philosophie und Theologie, die ... die Entwicklung einer modernen Wissenschaft und Technik im Bereich des Islam grundlegend blockierte."[298]

---

297 Küng, H., Der Islam, S. 476.
298 Ebd. S. 478 f; vgl. auch Rhonheimer, M., Antithese zum Christentum, in: „Die Tagespost", 30.10.2014, S. 9: „Der Prozess islamischer Aneignung antiker Wissenschaft und Kultur wurde ... schon früh durch die muslimische Theologie und das islamische Recht definitiv abgeblockt. Diese Geschichte ist leider viel zu wenig bekannt"; ebenso Abdel–Samad, Hamed, Der islamische Faschismus. Eine Analyse, S. 107 f., mit der Feststellung: „Wenn Muslime mit der Geschichte ihres eigenen Zerfalls konfrontiert werden, behaupten sie oft, die christlichen Eroberer seien daran schuld. In den Geschichtsbüchern findet man kaum ein Wort über den Überfall der Mongolen und die totale Zerstörung Bagdads. Dabei haben vor allem sie die Wissenskultur der Araber massiv und nachhaltig zerstört. Die zentralasiatischen Eroberer entfernten im Jahr 1258 alle Bücher aus den Bibliotheken von Bagdad und warfen sie in den Euphrat. Denker und Wissenschaftler wurden hingerichtet, Handwerker nach Zentralasien verschleppt. Doch in den Schulen lernen die jungen Araber mehr über die bösen Kreuzritter und den Kampf um Jerusalem. Das liegt daran, dass die Mongolen später zum Islam übertraten und man ihre Eroberungskriege sozusagen rückwirkend mit einem neuen Etikett versehen konnte. Im Namen des Dschihad und der Ausbreitung des Islam."

die Muslime einen Großteil ihrer oft gepriesenen Kultur, die im Zusammenwirken mit anderen Kulturen Großartiges hervorgebracht hat, insbesondere den Eliten der Dhimmis, den „schutzbefohlenen" Juden und Christen,[295] aber auch Persern und Hindus. Von daher hat also auch die jüdisch-christliche Kultur einen unübersehbaren und gewichtigen Anteil an der islamischen (arabisch-maurischen) Kultur.

Das so oft gepriesene *„Goldene Zeitalter" des Islam* ist jedenfalls weder ein Beleg für die außergewöhnlichen intellektuelle Leistungen von Muslimen noch ein Beweis für ein multikulturelles Paradies unter der Religion Mohammeds. Das vermeintliche „Goldene Zeitalter" des Islam ist offensicht ein Mythos, geschaffen u. a. von Intellektuellen wie Edward Gibbon und Voltaire. Dem verhassten Katholizismus sollte durch die Überhöhung der islamischen Kultur Schaden zugefügt werden.

In diesem Kontext stellt sich auch die Frage: Wie wäre es überhaupt möglich gewesen, dass der Islam eine von allen Kulturen losgelöste *eigenständige Kultur* hätte entwickeln können angesichts der materiellen und geistigen Kräfte, und damit auch der menschlichen Ressourcen, die gebunden waren bei der außergewöhnlich rasanten kriegerischen Ausbreitung der Religion Mohammeds in Afrika, Asien und Europa?

Erwähnt sei an dieser Stelle zugleich: Auch die christliche Kultur ruht *auf den Fundamenten anderer Kulturkreise*, vor allem der jüdischen, griechischen und römischen Kultur,[296] Die europäische Identität wurzelt also in der griechisch-römischen Antike, im Judentum, im Christentum und schließlich in der Aufklärung. Das Werden der europäischen Kultur war jedoch nur möglich *in der*

---

295 Vgl. dazu Ye'or, B., Der Niedergang des orientalischen Christentums unter dem Islam, S. 139, mit Hinweisen auf die Tätigkeitsbereiche der Dhimmis; auch S. 26: „Die Kultur der Dhimmis wurde in andere Formen gegossen und erlaubte es dem Islam, seine Größe auf den Fundamenten zu errichten, welche die Eliten der Schutzbefohlenen geschaffen hatten, bevor sie selbst in Missachtung und Vergessen versanken"; auch ebd., S. 260-268; zur Frage der kulturellen Errungenschaften des Islam; ebenso Stark, R., Gottes Krieger, S. 83-110.

296 Vgl. dazu Brague, R., Europa – seine Kultur, seine Barbarei, S. 128: „Selbst wenn die Kultur in frühester Kindheit erworben wurde, ... bleibt sie eben doch erworben und ist nicht angeboren. Auf kollektiver Ebene ist ... jede Kultur Erbe der vorangegangenen."

(2) Die sogenannten *arabischen Ziffern*[290] sollen ihren Ursprung in Indien haben. In der Astronomie hatten die Inder und die Perser die größten Kenntnisse. Die Medizin war unter den Muslimen eine Domäne der Christen wie auch zahlreiche andere verantwortungsvolle Berufe in der Wissenschaft, im Finanzwesen und in der Verwaltung. Auf vielen technischen Gebieten waren die Muslime „weit im Rückstand".[291]

(3) Mit Rémi Brague kann hinsichtlich der *griechischen Handschriften* gefragt werden: „Wer waren diese Übersetzer?" Seine Antwort: „Je weiter man zeitlich zurückgeht, umso mehr trifft man dabei auf Christen ... Und da es schon vor der islamischen Eroberung eine Übersetzungstradition vom Griechischen ins Syrische gegeben hat, galt es nur, diese fortzusetzen. Die Übersetzer waren somit die Erben des griechischen Wissens, jedoch christianisiert in den syrischen Schulen."[292]

(4) Die *mittelalterliche islamische Kultur* ruht auf dem Fundament der Erkenntnisse und Errungenschaften der persischen und indischen Kultur,[293] ebenso auf dem Fundament der klassischen Antike, die ihr meist von christlichen und jüdischen Gelehrten übermittelt wurde. Auch die Araber hatten lange vor dem Islam bereits eine reiche Geschichte.[294] So verdanken

---

ge ein. Diese Synthese verlieh dem Kloster eine Kraft, die es über Jahrhunderte zu einem der wichtigsten Antriebszentren der abendländischen und christlichen Kulturgeschichte machte"; ebenso Schütz, Bernhard, Klöster. Kulturerbe Europas, München 2004, S. 11-17; auch Stückelberger, H., Europas Aufstieg und Verrat, S. 179; auch Beinert, W., Das Christentum, S. 72-75; schließlich Woods, T. E., Sternstunden, S. 39-65 (Die Mönche – Retter der Zivilisation).

290 Vgl. www.chj.de/Arab-Zahlen html mit dem Hinweis, dass die heute (in der westlichen Welt) verwendeten „arabischen" Zahlen sich in auffallender Weise von den Zahlen unterscheiden, die heute in arabischen Ländern verwendet werden.

291 Stark, R., Gottes Krieger, S. 110; zur technischen Entwicklung vgl. ebd., S. 98-110.

292 Brague, R., Europa – seine Kultur, seine Barbarei, S. 84.

293 Vgl. dazu auch Küng, H., Der Islam, S. 261-264, unter der Überschrift: „Die Kunst wird islamisiert"; auch Warraq, I., Warum ich kein Muslim bin, S. 359-377, mit Ausführungen zum Einfluss der griechischen Philosophie und Wissenschaft auf den Islam; ebenso Thorau, P., Die Kreuzzüge, S. 16 f.

294 Vgl. Al-Ani, Ayad, Araber als Teil der hellenistisch-römischen und christlichen Welt, Berlin 2014.

Nach deren Verständnis ist der Islam die einzig wahre Religion, der sich alle anderen Religionen und Weltanschauungen unterzuordnen, zu unterwerfen haben (s. o.). Daraus leitet sich auch die islamische Überzeugung ab, der Mensch sei als Muslim geboren, und das wahre Menschsein bestehe darin, ein Muslim zu sein. Folglich müsste auch die islamische Kultur die beste aller Kulturen sein.[285] Auch für alle heutigen Probleme habe der Islam die wahre Antwort parat.

Doch stimmt dieses Überlegenheitsdenken, diese eigenartige Selbstüberhöhung auch mit der Wirklichkeit überein?[286] Welchen Beitrag hat der Islam[287] zur Weltkultur tatsächlich geleistet?[288] Ohne die islamische Kultur schmälern zu wollen, seien hier nur einige Problemfelder skizziert. Aus ihnen wird ersichtlich, dass bestimmte kulturelle Errungenschaften keineswegs als Resultat genuin islamischer Kultur reklamiert werden können:

(1) Bereits *vor* Mohammed gab es sowohl im Osten wie auch im Westen *klösterliche Gemeinschaften* als Zentren der Kultur und Bildung mit erheblicher zivilisatorischer und kultureller Ausstrahlung.[289]

---

285 Vgl. dazu Spuler-Stegemann, U., Feindbild Christentum im Islam. S. 27 ff.; zur „Wunschvorstellung von der islamischen Glaubensgemeinschaft als Modellfall für die übrige Menschheit" vgl. Duran, K., Die Muslime und die Andersgläubigen, in: Antes, P., u. a., Der Islam, S. 125; ebenso Raddatz, H.-P., Von Allah zum Terror?, S. 153 f.

286 Vgl. dazu Stolz,R., Die Mullahs in Deutschland, S. 74: „Und diese hemmungslose Umjubelung der Muslime als unbedingte und unfehlbare Elite" steht „in eklatantem Widerspruch zu den vielen realen Unzulänglichkeiten".

287 Vgl. dazu Küng, H., Der Islam, S. 317-323, mit einer Darstellung unter der Überschrift: „Der klassische Islam: eine Weltkultur".

288 Vgl. dazu Brague, Rémi, Europa – seine Kultur, seine Barbarei. Exzentrische Identität und römische Sekundarität, 2., überarbeitete und erweiterte Auflage, hrsg. von Christoph Böhr, Wiesbaden 2012, S. 88 f.; S. 131 ff.

289 Vgl. dazu Lauster, Jörg, Die Verzauberung der Welt. Eine Kulturgeschichte des Christentums, München 2014, S. 150, die Überschrift: „Die Geburt Europas aus dem Geist des Klosters"; unter der Überschrift auf S.14 „Das Kloster als Wiege des Abendlandes" notiert der evangelische Theologieprofessor, der über die Kultur-und Sinngeschichte des Christentums seit Jahren forscht: „Eine der folgenreichsten Institutionen, die im Übergang der Epochen (4. Jahrhundert: ergänzt von U.H.) entstand, war das Kloster. In die Einrichtung der Klöster flossen die vornehmsten Motive antiker Lebensphilosophie, asketischer Spiritualität und ernsthafter Christusnachfol-

(10) Welchen Beitrag hat die Kultur des Islam[281] zur Weltkultur insgesamt geleistet?

Aus der großen islamischen Expansionswelle, die im 7. Jahrhundert von der Arabischen Halbinsel ausging, entwickelte sich die islamische Kultur im Nahen Osten. So wurde „die muslimische Welt des Nahen Ostens zur Nachfolgerin der klassischen Hochkultur des Mittelmeerraumes ..."[282] Allerdings gab es bereits „die Pracht der arabischen Zivilisation vor dem Aufstieg des Islam".[283] Im Kontext der Thematik Kreuzzüge werden häufig das (zeitlich begrenzte) „Goldene Zeitalter", die Blütezeit des Islam sowie die Hochkultur der Abbasiden-Dynastie (749-1258) als „großes und ruhmreiches Erbe" besonders hervorgehoben.[284] Neben dem durchaus berechtigten Stolz schwingt dabei aber nicht selten ein nicht überhörbarer Unterton der Überlegenheit insbesondere gegenüber dem Christentum mit. Ist diese herablassende Verhaltensweise erklärbar mit dem Überlegenheitsdenken der Muslime?

---

281 Vgl. dazu Elias, Jamal J., Islam, S. 36 f. unter der Überschrift „Islamische Kunst"; auch die Fragen des Verfassers dieses Artikels zu den kulturellen und zivilisatorischen Leistungen der islamischen Kultur im Beitrag dieser Veröffentlichung „430 Fragen zum Islam", S. 511-672.
282 Riley-Smith, J., Die Kreuzzüge, S. 23.
283 Seewald, Berthold, Prachtvolles Arabien vor dem Aufstieg des Islam, in: „Die Welt",19.5.2015, S. 21.
284 Vgl. dazu Raddatz, H.-P., Von Allah zum Terror?, S. 92-97; auch ebd., S. 100, mit Bemerkungen zu den Repressalien, denen der große islamische Philosoph Averroes, ein viel genanntes „Aushängeschild" der westlichen Islamophilie, durch den Islam selbst ausgesetzt war; ebenso Rotter, Ekkehart, Mit dem Islam in die Unfreiheit, in: Müller, M. (Hg.), Die leise Diktatur, S. 436 f., mit folgenden geschichtlichen Hinweisen: „Zeiten, die in der islamischen Welt von Vernunftleitung und freiem Denken geprägt waren, blieben stets Intervalle. Nach frühlingshaftem, zukunftsfrohem Erwachen wurden sie jedesmal binnen Kurzem ... erstickt oder gar im Blut ertränkt. Das war im 9. Jahrhundert in Bagdad so, als traditionelle Muslime die auf Aristoteles setzende Bewegung der Mutaziliten niedermachten; das geschah im 12. Jahrhundert in Spanien so, als Muslime die Schriften des Philosophen Ibn Ruschd (Averroes) und alles, was nach Kultur und Kunst aussah, vernichteten. Und bei der Eroberung Konstantinopels 1453 durch kulturferne muslimische Türken sowieso, die mit einzigartigen Bücherschätzen und Kunstwerken nichts anzufangen wussten und sie deshalb verbrannten, sofern sie keine Käufer fanden."

So ergänzt sich auch in diesem Kontext das in anderen Zusammenhängen bereits sichtbare Bild: Die *islamische Erinnerungskultur* wird (auch von westlichen Autoren) nachhaltig gepflegt, in der die angebliche Traumatisierung der Muslime durch die Christen ins Bewusstsein gerufen wird. Gleichzeitig wird aber die *Traumatisierung der Abermillionen von Nichtmuslimen* völlig ausgeblendet, die durch die Religion Mohammeds in langen Jahrhunderten vor und nach der Kreuzzugsbewegung verursacht wurde und zeitaktuell verursacht wird.

(9) Warum begann der europäische Kolonialismus keineswegs mit den Kreuzzügen?[278]

Nicht nur von muslimischer Seite wird der Vorwurf erhoben, die Kreuzzüge seien der Beginn des europäischen Imperialismus und Kolonialismus. Dieser Vorwurf ist aus zwei Gründen unzutreffend:

a) Die Kreuzfahrerstaaten waren politisch völlig unabhängig von irgendeinem Land in Europa. Ihrerseits waren sie jedoch auf „enorme Zuschüsse aus Europa angewiesen". Diese bestanden insbesondere aus Steuern, die in Europa für den Erhalt der Kreuzfahrerstaaten eingezogen wurden. Entsprechende Geldbeträge und materielle Hilfe flossen also „von Westen nach Osten... und nicht umgekehrt".[279]

b) Kolonialismus hat das vorrangige Ziel der wirtschaftlichen Ausbeutung, auch der Ausbeutung vorhandener Ressourcen. Die „Kreuzzügler" dagegen mussten europäische Steuergelder gleichsam ins Land pumpen. Demgegenüber hat der Islam – wie oben dargestellt – bereits Jahrhunderte vor Beginn der Kreuzzugsbewegung mit Gewalt ganze Regionen kolonisiert. Als Imperialisten und Kolonialisten sind somit gewiss viel eher die Muslime selbst mit ihren Expansionskriegen und enormen Landokkupationen seit dem 7. Jahrhundert zu bezeichnen.[280]

---

278 Vgl. Tibi, B., Selig sind die Betrogenen, S. 59.
279 Ebd.
280 Vgl. dazu Meiser, H., Völkermorde, S. 75, mit der auf die „Dhimmitude" bezogenen Feststellung: „Auf der religiösen Grundlage der Scharia schuf der Islam damit als erste Weltreligion eine Apartheid, mit der die christlichen und jüdischen Mehrheiten kolonisiert und allmählich islamisiert wurden"; besonders auch Warraq, I., Warum ich kein Muslim bin, S. 277-297, über den arabischen Imperialismus und den islamischen Kolonialismus.

doch „weder der Kalif von Bagdad noch der seldschukische Sultan ..." militärisch einschritten, „um die Neuankömmlinge zum Kampf herauszufordern".²⁷⁷

Vier Aspekte sprechen somit gegen die angebliche „kollektive Traumatisierung" der Muslime durch die Kreuzzüge bis auf den heutigen Tag:

(1) Das historische Desinteresse der Muslime bzw. der islamischen Geschichtsschreibung an den Kreuzzügen.
(2) Die zahlreichen kriegerischen Auseinandersetzungen zwischen Christen und Muslimen im 19./20. Jahrhundert.
(3) Die erst im 19. Jahrhundert erfolgte Übersetzung des Begriffes „Kreuzzug" ins Arabische.
(4) Das Erscheinen der ersten muslimischen Schrift über die Kreuzzüge erst Ende des 19. Jahrhunderts.

Würde es der Wahrheit entsprechen, dass das angeblich durch die Kreuzzüge entstandene und durch die Jahrhunderte andauernde „Trauma der Muslime" tatsächlich vorhanden war und heute noch ist, dann müssten allerdings die Muslime selbst mit ihren Schuldzuweisungen die eindeutige „Verletzungsursache" zunächst einmal bei ihren eigenen Vorfahren im Glauben suchen. Denn nicht die Christen, sondern die Muslime selbst wären – wie oben dargelegt – mit ihren jahrhundertelangen Eroberungszügen längst vor Beginn der Kreuzzugsbewegung die Erst- und Selbstverursacher dieser beklagten angeblichen „kollektiven Traumatisierung."

In Wahrheit hat das Plündern und Rauben, das Drangsalieren und Diskriminieren, das Zerstören, Vergewaltigen, Versklaven und Töten in fremden Ländern, Völkern und Kulturen durch muslimische Aggressoren viele Millionen nichtmuslimischer Menschen traumatisiert, darunter auch zusammen mit den Christen z. B. Hindus und Buddhisten, unschuldige Muslime mit eingeschlossen. Wenn somit irgendjemand auch heute noch traumatisiert sein müsste, so wäre dies vor allem auch die Christenheit. Und wenn jemand *erstverantwortlich* ist für die angeblich bis auf den heutigen Tag nachhaltig wirkenden Belastungen zwischen Muslimen und Christen bzw. zwischen Muslimen und der westlichen Welt, dann sind es fraglos die Muslime.

---

277 Phillips, J., Heiliger Krieg, S. 62.

pauschalisierenden *Verurteilungspraxis* mutiert. Doch nachweislich gibt es diese Bezeichnung im Arabischen erst seit dem 19. Jahrhundert.[270] Eigenartigerweise zeigten auch die arabischen Geschichtsschreiber *kaum Interesse* an den Kreuzzügen. Für sie waren die Kreuzzüge offensichtlich nur ein kleines Intermezzo in den damaligen kriegerischen Konfrontationen. In weiten Teilen der islamischen Welt wurden die Kreuzzüge nicht einmal realisiert. Jedenfalls waren die Kreuzzüge in der islamischen Welt seit dem 14. Jahrhundert fast in Vergessenheit geraten. Wenn überhaupt, so könnten sie erst viele Jahrhunderte nach ihrem Ende, nämlich im 19. Jahrhundert, *ins kollektive Bewusstsein der Muslime* eingedrungen sein. „Das angebliche muslimische Trauma der Kreuzzüge ist ein spätes, politisch motiviertes muslimisches Konstrukt der Moderne" (M. Rhonheimer).

R. Spencer beschreibt das Aufkommen der Ressentiments der Muslime gegen die Kreuzzüge wie folgt: „Mit dem Verfall der militärischen Macht und der Einheit der islamischen Welt und dem damit zusammenfallenden Aufstieg des Westens wurden sie jedoch zum Brennpunkt muslimischer Ressentiments gegenüber dem, was sie als Übergriff und Ausbeutung empfanden".[271]

In diesem Kontext ist auch der Hinweis auf das Faktum wichtig, „dass 50 Prozent der Kriege zwischen Paaren von Staaten unterschiedlicher Religion zwischen 1820 und 1929 Kriege zwischen Muslimen und Christen waren"[272]. Die erste muslimische Geschichte der Kreuzzüge erschien im Jahre 1899.[273] Die Kreuzzüge sind von den Muslimen also keineswegs „als epochales, existenzbedrohendes Ereignis angesehen worden ..."[274] Die muslimischen Araber verstanden sie „vor allem als Angriffe gegen die verhassten Türken".[275] Von ihnen wurde die Kreuzfahrerherrschaft sogar positiv aufgenommen.[276]

Bemerkenswert ist auch, dass die muslimische Welt bei der Eroberung Jerusalems (1099) zwar empört und bestürzt reagierte,

---

270 Vgl. dazu auch Elizabeth Siberry, Das Bild der Kreuzzüge im 19. und 20. Jahrhundert, in: Riley-Smith, J., Illustrierte Geschichte der Kreuzzüge, S. 418-441.
271 Vgl. Stark, R., Gottes Krieger, S. 342. Spencer, R., in einem Interview, in: http//www.kath.net/detail.php?id=13393
272 Huntington, S. P. Kampf der Kulturen, S. 337
273 Riley-Smith, J., a. a. O., S. 343.
274 Angenendt, A., Toleranz und Gewalt, S. 436.
275 *www.katholisches.info › - Nachrichten*
276 Vgl. ebd.

einige Heilige.²⁶⁷ Eine Statistik des jeweiligen Anteils dieser unterschiedlichen Kategorien von Menschen, die an der Kreuzzugsbewegung teilnahmen, kann es natürlich nicht geben.

(8) Inwiefern sind die Kreuzzüge wirklich ein Trauma der Muslime bis auf den heutigen Tag?

Drei sich einander ähnelnde bizarre Thesen sind weit verbreitet, die Mitleid mit den islamischen Aggressoren und Eroberern signalisieren bzw. evozieren wollen und zugleich die Schuld eindeutig den Christen zuweisen. Sie lauten:

a) Eine besonders schlimme Folge der Kreuzzüge und des Unrechtes, das die Christen den Muslimen zu jener Zeit angetan hatten, ist der heutige Zusammenprall zwischen der islamischen und der westlichen Welt.

b) Durch die Kreuzzüge erlitten die Muslime ein Trauma, das bis heute andauert.²⁶⁸

c) Das Verhältnis zum Islam ist durch die Kreuzzüge nachhaltig belastet.

Gewiss gibt es bedrückende geschichtliche Ereignisse, die Jahrhunderte zurückliegen und dennoch unheilvoll auch in der Gegenwart noch nachwirken. Sie sind gleichsam ins Langzeitgedächtnis der Völker eingebrannt. Man denke nur an das lediglich 12 Jahre dauernde „Tausendjährige Reich", das unser Volk wohl für immer zeichnen wird.

Der Begriff „Kreuzzug" – von christlichen Arabern erst im 19. Jahrhundert ins Arabische eingeführt²⁶⁹ – zählt zum stereotypen Vokabular der antikirchlichen *Vorurteilspraxis*, die meist auch noch zur

---

267 So z. B. die Seligen: Heinrich v. Bonn (gest. 1147), Otto v. Freising (gest. 1158), Konrad v. Würzburg (gest. 1203); der heilige König Ludwig (gest. 1270); nach der Kreuzzugsbewegung: der selige Bernhard II. v. Baden (gest. 1458); vgl. auch: der heilige Bernhard von Clairvaux (1090-1153), dessen Predigten in ganz Europa Begeisterung für die Kreuzzüge auslösten.

268 Vgl. dazu Thorau, P., Die Kreuzzüge, S. 113, mit der These, dass sich die Kreuzzüge ins „kollektive Bewusstsein der islamischen Welt" einprägten „als traumatisierendes Ereignis ..., das dem Verhältnis zwischen Islam und Christentum nachhaltigen Schaden zufügte"; demgegenüber jedoch Möhring, H., Saladin, S. 121, mit der zu dieser These keineswegs kompatiblen Feststellung: „Vor dem 19. Jahrhundert war das Interesse der Muslime an den Kreuzzügen wie auch an den Verhältnissen in Europa sehr gering."

269 Vgl. Stark, R., Gottes Krieger, S. 342.

anschaulichende Bemerkung verwiesen, die illustriert, dass bereits längst bevor „die Ritter überhaupt von Jerusalem träumen konnten, die muslimischen Krieger auf Paris zuritten" (G. Chesterton).

(7) Inwiefern waren keineswegs alle Kreuzfahrer „blutrünstige Barbaren aus dem Norden"?

Zur Verzerrung der Darstellung der Kreuzzugsbewegung gehört auch die Herabsetzung der Motive der Kreuzfahrer. So werden in nicht wenigen Beiträgen zum Thema Kreuzzüge die Kreuzfahrer als beutegierige Horde, barbarische Räuber und blutrünstige Mörder, gleichsam als Monster und Untermenschen unterschiedslos verurteilt und stigmatisiert. Mit der Wirklichkeit dürfte diese diffamierende Generalbeschuldigung jedoch nichts zu tun haben. Wahr ist, dass sich durch bestimmte, aus menschlich-christlicher Perspektive nicht versteh- und entschuldbare Exzesse und entmenschlichte Verirrungen das Bild der Kreuzfahrer verständlicherweise stark verdunkelte. Wahr ist aber auch: „die Kreuzfahrer handelten nach gängigem Kriegsrecht" (E. Flaig) bei der grausamen Eroberung Jerusalems 1099.

Ebenso wahr ist aber auch: Mit der Bereitschaft zur „Kreuznahme" und damit um des Glaubens willen Familie und Heimat für eine ungewisse Zeit zu verlassen und dem Aufruf zu solidarischer Hilfe und Beistand zu folgen, wurde den Kreuzfahrern ein ganz außergewöhnlicher Lebenseinsatz sowie eine hochherzige Motivation abverlangt. Damit waren darüber hinaus verbunden: Erhebliche Risiken und Gefahren für Leib und Leben, Mut und Tatkraft, Opferbereitschaft und Verzicht. Für viele unter ihnen überdies noch der Einsatz von Hab und Gut[266]. All dies spricht eher gegen das Bild von den blutrünstigen Barbaren.

Unter den Kreuzfahrern gab es gewissenlose Abenteurer, auch Räuber und Mörder. Es gab auch tiefgläubige Idealisten, die ihre Ideale verwirklichten – und andere, die davon abkamen und sie teilweise oder auch ganz verrieten. Es gab unter ihnen sogar auch

---

266 Vgl. dazu Riley-Smith, J., Die Kreuzzugsbewegung und die Historiker, S. 19 f., mit der Aussage: „Es kann gar nicht deutlich genug betont werden, dass die Kreuzzüge für die Teilnehmer mühselige, verwirrende, Furcht einflößende, gefahrenträchtige und teure Unternehmungen waren, weshalb die Jahrhunderte währende Begeisterung für sie nicht leicht zu erklären ist"; auch ders., Die Kreuzzüge, S. 15.

beiden genannten Gewaltsysteme in einem vergleichbaren kleinen Zeitabschnitt fast alle Dimensionen des Schrecklichen, die bislang die Menschheitsgeschichte zu verzeichnen hat, von den im Vergleich dazu mehrfachen Millionenopfern der Muslime in langen Jahrhunderten ganz zu schweigen.

Runciman relativiert und bagatellisiert mit seiner fragwürdigen These so auch die Holocaust-Verbrechen der Nazis, gleicherweise die Verbrechen der Kommunisten im Archipel Gulag und in den weniger bekannten Laogais, einem System von Arbeitslagern in China mit Umerziehung und Sklavenarbeit. Interessanterweise wird von diesem und anderen Historikern leichsam in selektiver Wahrnehmung die Plünderung Antiochias durch die muslimischen Mamlukken im Jahre 1268 fast völlig ignoriert. Diese grausame Rück-Eroberung durch die Muslime war jedoch nach B. Burman „das größte Verbrechen der Kreuzzüge".

(6) Waren Christen und Muslime gleichverantwortlich für das Entstehen der Kreuzzüge?

Der Versuch, die Verantwortung für das Entstehen der Kreuzzüge den Christen und den Muslimen quasi gleichgewichtig zuzuschreiben, folgt der Hypothese: Der Ursprung der Kreuzzüge sei wohl in dem über Jahrhunderte (612-1095) andauernden Zwist mit den immer wiederkehrenden Kämpfen zwischen dem Christentum und dem Islam zu erkennen.

Diese Auslegung vergisst, dass alle Auseinandersetzungen mit den kriegerischen Aggressionen in der Wiege des Islam, nämlich mit Mohammed begannen. Denn für die Expansions- und Eroberungsgeschichte des Islam genügen die Verweise auf den koranischen Befund sowie auf das kriegerisch-expansorisch geprägte Leben Mohammeds. Von beiden Elementen sind die späteren Interpretationen in den islamischen Rechtsbüchern und das islamische Selbstverständnis bestimmt.

Diese Geschichte umfasst exakt den hier angegebenen Zeitraum von nahezu einem halben Jahrtausend kriegerisch-aggressiver Unternehmungen des Islam. Die nur gelegentlich siegreichen militärischen Abwehrmaßnahmen der Christen vor der Zeit der Kreuzzüge waren legitime Akte der Selbstverteidigung, des Schutzes und der Rückgewinnung von Territorien, die zuvor vom Islam gewaltsam erobert worden waren. In diesem Kontext sei auf eine bildhaft-ver-

Menschheit gegeben als den Vierten Kreuzzug",[263] bei dem Konstantinopel erobert wurde. Was für ein voluminös-überdimensioniertes Urteil! Es umgreift gleichsam die gesamte Menschheitsgeschichte und missachtet damit in nicht nachvollziehbarer Weise das Prinzip der Verhältnismäßigkeit. Und die Begründung dieser These? Runciman verweist einzig und allein auf „die Zerstörung all der Schätze der Vergangenheit, welche Byzanz so hingebungsvoll aufbewahrt hatte". Zugleich wertet er diesen 4. Kreuzzug als einen „Akt gigantischer politischer Torheit". Wie banal klingt doch in diesem Kontext der Verweis dieses Historikers auf die von Byzanz „hingebungsvoll" aufbewahrten Kulturschätze.

Vor allem aber ist festzuhalten: Bei den unsäglichen Plünderungen Konstantinopels während des 4. Kreuzzuges im Jahre 1204 sollen etwa 2.000 Menschen ums Leben gekommen sein.[264] Selbst wenn auch hier gilt, dass jedes getötete Menschenleben eines zu viel ist und diese Eroberung möglicherweise zu den großen Tragödien der Menschheit zählt, vergisst Runciman bei seinem Resümee offensichtlich die mit nichts zu vergleichenden monströsen Großverbrechen der Totalitarismen des 20./teilweise 21. Jahrhunderts, insbesondere des atheistischen Kommunismus in seinen unterschiedlichen Formen in der Sowjetunion, in China und Nordkorea, aber auch des antichristlichen, antikirchlichen Nationalsozialismus in Deutschland. Er vergisst ebenso die immensen Opferzahlen der jahrhundertelang andauernden islamischen Eroberungen.

Mit ihren menschenverachtenden Methoden sowie den geschätzten insgesamt 125 Millionen[265] Todesopfern überboten die

---

263 Ders., Geschichte der Kreuzzüge, S. 906; vgl. ebd., S. 899, mit der ähnlichen These: „Die Plünderung von Konstantinopel hat in der Geschichte nicht ihresgleichen"; Riley-Smith, J., der international anerkannte Spezialist auf dem Gebiet der Kreuzzüge, widmet in seiner hier bereits öfters zitierten Veröffentlichung „Die Kreuzzüge" dem vierten Kreuzzug auf den Seiten 85 f. vergleichsweise nur geringe Aufmerksamkeit; dabei stellt er lediglich nüchtern fest, dass der vierte Kreuzzug geendet habe „mit der Zerstörung des christlichen Byzantinischen Reiches", die Stadt Konstantinopel sei nach „dreitägigem Morden und Plündern ... am 15. April ..." von den Kreuzfahrern in Besitz genommen worden.
264 Vgl. dazu Stark, R., Gottes Krieger, S. 294.
265 Vgl. dazu Meiser, H., Völkermorde, insbesondere die „Übersicht über Großverbrechen im 20. Jahrhundert", S. 418-420; auch die „Übersicht über die Großverbrechen seit 6 n. Chr.", S. 421-430.

übertrieben haben, um die Christen der barbarischen Gräueltaten zu bezichtigen.[260]
- Analoge Beispiele dieser symbolbehafteten sogenannten *„Blutsprache"*[261] finden sich mehrfach bereits im Alten Testament (vgl. Josua 6;1. u. 2. Buch der Makkabäer, Psalm 58,11; 68,22.24), vereinzelt auch in der Offenbarung des Johannes (vgl. 14,20). In diesem Kontext ist jedoch die Schilderung der Eroberung Konstantinopels, dem Zentrum der orthodoxen Christenheit, durch die Osmanen im Jahre 1453 von besonderem Interesse. Denn diese Beschreibung ist das keineswegs *weniger grausam-blutrünstige Gegenstück* zur Beschreibung vom Wüten der Kreuzfahrer bei der Eroberung Jerusalems im Jahre 1099.[262] Nach der Eroberung Konstantinopels gab der Sultan gemäß islamischem Recht die Stadt für drei Tage zur Plünderung frei. Kinder und Greise, Männer und Frauen waren den osmanischen Eroberern schutzlos ausgeliefert. Wo aber werden diese historischen Vorgänge von 1453 für Konstantinopel thematisiert?

Jedenfalls gibt es, was die Intensität der Grausamkeit betrifft, keinen wesentlichen Unterschied zu dem dortigen Massaker mit anderen Massakern der damaligen Zeit, zu der auf allen Seiten der Grundsatz galt: Wenn eine belagerte Stadt Widerstand gegen die Eroberer leistete, durfte sie geplündert werden. Christliche und muslimische Heere können sich also nachweislich in dieser Frage gegenseitig nichts vorwerfen, womit jedoch keineswegs das exzessive Verhalten weder der Christen noch der Muslime entschuldigt werden soll und darf.

(5) Inwiefern war der 4. Kreuzzug „das größte Verbrechen der Menschheitsgeschichte"?

Der angesehene Historiker Steven Runciman versteigt sich zur Behauptung, es habe „niemals ein größeres Verbrechen an der

---

260 Vgl. Läpple, A., Kleine Kirchengeschichte, S. 72.
261 Vgl. dazu ausführlich Angenendt, A., a. a. O., S. 426 f.; ebenso Elm, K., a. a. O., S. 9.
262 Vgl. Runciman, S., Die Eroberung von Konstantinopel 1453, München 1995, S. 151 f.

- Inwieweit sind diese Berichte der Kreuzzugschronisten als groteske, überdramatisierte Darstellungen zu bewerten sowohl hinsichtlich der Gräueltaten als auch der Opferzahlen?[255]
- Gibt es analoge Berichte über andere kriegerische Auseinandersetzungen vor oder nach den Kreuzzügen, in denen die hier verwendete „Blutsprache" ebenfalls stilistisch genutzt wurde?

– Die Quellen sprechen von zwischen 70.000 – 100.000 Toten. Das muslimische Jerusalem hatte zu jener Zeit jedoch nur maximal 10.000 Einwohner.[256] Im Zuge der Eroberung bzw. der Befreiung kamen etwa 2000 ums Leben.

– Alle Juden seien in einer Synagoge getötet worden. Tatsache ist jedoch: Alle Juden, Christen und Muslime konnten die Stadt frei verlassen, wenn sie es wollten. In Kairoer Archiven sind die Namen vieler Juden aufgelistet, die nach der Eroberung nach Ägypten ausgewandert sind.[257] Arabische Chronisten verweisen darauf, dass für muslimische Flüchtlinge und Vertriebene aus Jerusalem Unterkünfte in Damaskus geschaffen wurden.[258]

– Die Soldaten sollen „bis zu den Knien und dem Zaumzeug im Blut" geritten haben. Eine derartige, im wahrsten Sinne des Wortes unvorstellbare kniehohe Blutflut ist rein physikalisch wie biologisch unmöglich und natürlich eine zeitgenössische Metapher.

– Diese maßlosen, auch grotesken Überzeichnungen[259] haben offensichtlich ihren Grund einmal in der Glorifizierung dieser Eroberung durch die christlichen Kreuzzugschronisten, die damit wohl illustrieren wollten: Die Kreuzfahrer haben mit Gottes Hilfe einen einzigartigen Sieg über die Muslime errungen. Die muslimischen und jüdischen Chronisten hingegen dürften

---

255 Vgl. dazu die Bemerkung von ders., ebd., dass die „von Steven Runciman (gest. 2000) in seinem Klassiker 'Geschichte der Kreuzzüge' vorgegebene Deutung genau" dieser oben genannten Quellenlage folgt, die heute wohlbegründet in Frage gestellt ist.
256 Vgl. dazu Brandmüller, W., Licht und Schatten, S. 99 f.; auch Hesemann, M., Die Dunkelmänner, S. 122 f.; ebenso Elm, K., Die Kreuzzüge, S. 3.
257 Vgl. Hesemann, M. ebd.
258 Vgl. Elm, K., a. a. O.
259 Vgl. Brandmüller, W., a. a. O., S. 99.

(3) Ging es bei den Kreuzzügen um die territoriale Ausbreitung der päpstlichen Macht?

Den „Kreuzzugspäpsten" und der katholischen Kirche insgesamt wird immer wieder vorgeworfen, bei den Kreuzzügen sei es um ein „Re-Christianisierungsprojekt" (B. Tibi) bzw. um die Ausbreitung territorialer Macht gegangen. In den Kreuzzugspredigten von Urban II. vor dem 1. Kreuzzug findet sich jedoch *kein einziger Hinweis* darauf. Aufs Strengste verbot Papst Innozenz III. beim 4. Kreuzzug den Kreuzfahrern jeden Angriff auf das Byzantinische Reich. Zugleich betonte er, dass die Befreiung des Heiligen Landes das ausschließliche Ziel der Kreuzzüge sei. Die Errichtung des Lateinischen Patriarchats von Konstantinopel wurde von den Venezianern gegen den Willen des Papstes durchgesetzt.[250] Auch gilt hier festzuhalten: Der „Heilige Stuhl verlor allmählich die Kontrolle über die eigene Kreation", in späteren Expeditionen standen die „meisten päpstlichen Legaten im Schatten der königlichen Macht und blieben so gut wie unsichtbar".[251]

(4) Ritten die christlichen Eroberer Jerusalems wirklich im Blut der Eroberten?

Nach den jüdischen, christlichen und muslimischen Quellen[252] gleicherweise war diese Eroberung ein einziger Blutrausch, ein Blutbad, angerichtet von Gottfried von Bouillon und seinen Kreuzrittern. Nach fünfmonatiger Belagerung, „deren Mühsal die der vergangenen Jahre noch übertraf",[253] eroberten die Kreuzfahrer am 15. Juli 1099 Jerusalem.

Die Grausamkeit dieser Eroberung, die jedoch keineswegs über das übliche Maß der damaligen Kriegspraxis hinausging, soll hier keineswegs bezweifelt werden.[254] Dennoch stellen sich vor dem Hintergrund dieser Schilderungen folgende Fragen:

- Inwieweit sind diese Berichte realitätsbezogen?
- Werden tatsächliche Sachverhalte wiedergegeben oder handelt es sich hier um literarische Stilisierung?

---

250 Vgl. dazu Phillips, J., Heiliger Krieg, S. 322.
251 Ebd., S. 566.
252 Vgl. Brandmüller, W., Licht und Schatten, S. 99.
253 Elm, K., Die Kreuzzüge, S. 3.
254 Vgl. Angenendt, A., Toleranz und Gewalt, S. 425.

Wirkliche Toleranz steht unter der *Bedingung der Gegenseitigkeit*,[246] *folgt dem Grundsatz der Wechselseitigkeit.* Sie schließt Konfliktsituationen mit ein, will keine moralische Selbstaufgabe und geht grundsätzlich von „der Beibehaltung der eigenen Position" aus.[247] Die angeblich so „toleranten" islamischen Herrscher dürften wohl kaum diese Art von Toleranz gepflegt haben. „Islamische Toleranz hieß: Duldung der Unterworfenen als Gedemütigte und Erniedrigte" – so Egon Flaig.[248] Mit anderen Worten: Islamisches Toleranzverständnis gegenüber Nichtmuslimen war und ist grundsätzlich gekennzeichnet vom Charakter der Diskriminierung.

> Das nur vordergründige Toleranzverhalten muslimischer Herrscher kann im Kontext von Aussagen zum Genozid an den Armeniern im 19. Jahrhundert (s. unten) wie folgt veranschaulicht werden: „Der Grund für die scheinbare Toleranz war offensichtlich, wie der französische Historiker Fréderic Macler ... feststellte: 'Man wollte auf Kosten der christlichen Bevölkerung leben, sie zur Zahlung der Kopfsteuer zwingen ... von Zeit zu Zeit die Zügel anziehen, um jedes ... wirtschaftliche oder politische Erstarken zu verhindern. Das waren die durchaus nicht philanthropischen Überlegungen, die der scheinbar liberalen und toleranten Haltung der türkischen Herrschermacht zugrundelagen'.
>
> Oder wie Yves Ternon es formulierte: 'Die angebliche Toleranz der Osmanen gegenüber den Armeniern, war in Wirklichkeit jedoch Heuchelei. Die Osmanen waren die Herren ... Im Übrigen standen die Unterworfenen nicht unter dem Schutz des Gesetzes. Man konnte sie nach Belieben ausbeuten'. Es gehörte sogar zu den verbrieften Rechten eines muslimischen Türken, die Schärfe seines Schwertes am Hals eines Christen zu testen."[249]

---

246 Vgl. Tibi, B., Der Islam und Deutschland, S. 324, mit dem Slogan: „Einbahn-Toleranz ist keine Toleranz."
247 Diese Aussage folgt einer Definition von Becker, W., zitiert in: ebd., S. 149.
248 www.faz.net › Feuilleton › Medien
249 Hesemann, Michael, Völkermord an den Armeniern. Mit unveröffentlichten Dokumenten aus dem Geheimarchiv des Vatikans über das größte Verbrechen des Ersten Weltkriegs, München 2015, S. 58 f.

In seiner *Ringparabel „Nathan der Weise"*, einem Schlüsseltext der Aufklärung, schrieb auch Gotthold Ephraim Lessing an der Legende vom friedliebenden Saladin mit. Dabei ist die religionsrelativistische Quintessenz dieses Stücks, dass keine Religion die beste ist, sondern alle gleich sind, *eine ausgesprochene Gegenposition* zur islamisch-dschihadistisch geprägten Glaubenseinstellung und dem aus ihr folgenden Herrschaftshandeln des historischen Saladin. In Wahrheit hat nämlich der als „Schwert des Islam" bezeichnete Dschihadist Saladin das Judentum wie auch das Christentum aus seiner Glaubensüberzeugung heraus sicher beurteilt als Formen, die durch die wahre Religion Mohammeds überholt und abgelöst sind.

Auch das weitere Anliegen der aufklärerischen Ringparabel, dass sich das Miteinander der unterschiedlichen Religionen (und Weltanschauungen) durch Toleranz auszeichnen sollte, kann gewiss nicht mit der historischen Gestalt des Sultans Saladin glaubwürdig veranschaulicht werden. Im Übrigen dürfte in heutiger Zeit die Beobachtung zutreffen: „Lessings Ringparabel von Nathan dem Weisen ist ein vorgegaukelter Traum, den heute die Wirklichkeit mehr und mehr in Luft auflöst."[244]

Die muslimische, jedoch islamkritische Bestseller-Autorin Necla Kelek notiert zu Lessings Saladin: „Doch Saladin im Stück hat nichts von dem, was wir von dem Herrscher als historische Gestalt wissen. Saladin ließ die Tempelritter unbarmherzig hinrichten. Dass er einen von vielleicht Tausenden überleben ließ, erscheint im Stück als Güte und Toleranz – ein dramaturgischer Kniff, der nur funktioniert, wenn man die historischen Tatsachen ausblendet."[245]

Allerdings waren bei manchen islamischen Herrschern tatsächlich auch die Haltungen der Toleranz und der Großzügigkeit feststellbar. So gab es durchaus auch Zeiten der gegenseitig fruchtbaren kulturellen Koexistenz zwischen den Religionen. Doch auch diese geschichtliche Wirklichkeit ist nur mit deutlicher Einschränkung positiv zu beurteilen. Denn diese Situationen entwickelten sich immer aus *der jeweiligen machtpolitischen Überlegenheit des Islam* heraus. Jederzeit und willkürlich konnten diese menschlichen Grundhaltungen der Toleranz und der Großzügigkeit sowie die entsprechenden Beziehungen ins Gegenteil umschlagen.

---

244 Horst, Guido, in: „Die Welt", 10.11.2014, S. 2.
245 Kelek, Necla, Himmelsreise, S. 243.

der größten islamischen Mystiker".[238] Gefangene Kreuzfahrer ließ er nicht etwa aus Großmut nicht töten, sondern um sie zurückzubehalten „als Trumpf in etwaigen Verhandlungen."[239]

Der einst so berühmte, glorifizierte Sultan Saladin ist somit als berüchtigter islamischer Gewaltherrscher entlarvt, der „tötete, um dem Islam Leben zu geben." Der ihm vom Kalifen in Bagdad verliehene Ehrentitel „Schwert des Islam" wird ihm und seinem Leben unter seinen vielen Ehrentiteln wohl am ehesten gerecht. Denn sein Leben veranschaulicht, „dass seine Handlungsweise den Geboten und Verboten des Koran entsprach."[240]

Das vor etwa 20 Jahren errichtete Denkmal in Damaskus zeigt den islamischen Sultan Saladin, wie er über den christlichen König Guido mit seinem Pferd hinwegreitet. Joachim v. Fiore (gest. 1202) sah in Saladin einen „Verfolger der Christen".[241] Er soll „den Kampf gegen die Kreuzfahrer als eine ihm von Gott zugewiesene Aufgabe bezeichnet haben."[242] Trotzdem wird der „einsame Despot", der „Held des Dschihad" Saladin, der den „Heiligen Krieg" nicht nur gegen die Ungläubigen, sondern auch gegen seine muslimischen Rivalen propagierte,[243] auch heutzutage immer noch umjubelt – nicht zuletzt von beifallheischenden christlichen Theologen.

---

238 Ebd., S. 116.
239 Ebd., S. 120.
240 Möhring, Hannes, Saladin. Der Sultan und seine Zeit, 2. Auflage, München 2012, S. 114.
241 Vgl. Raddatz, H.-P., Von Allah zum Terror?, S. 119 f.; auch Phillips, J., Heiliger Krieg, S. 276, mit folgender Charakterisierung Saladins: Er „war kein großartiger Feldherr; ... Er war zweifellos ein frommer Mensch, der unbedingt der Pflicht zum Dschihad nachkommen wollte"; ebenso Abdel-Samad, Hamed, Der islamische Faschismus, S. 72: „Während der Kreuzzüge ... wurde die islamische Welt von einer Welle der Orthodoxie regelrecht überrollt. Man träumte von einem gläubigen Herrscher, der alle Muslime unter die Fahne des Islam einen und die christlichen Eroberer zurückschlagen würde. Saladin kam dem ziemlich nahe. Er rief den Dschihad aus, besiegte die Kreuzfahrer und befreite Jerusalem im Jahre 1187 von der christlichen Herrschaft. Der Traum von der Einheit aller Muslime und des Sieges über den Westen durchzieht seitdem die Geschichte, jeder islamistische Führer eifert Saladin nach und träumt von der Renaissance der Goldenen Zeitalter des Islam."
242 Möhring, H., a. a. O., S. 115.
243 Vgl. Thorau, P., Die Kreuzzüge, S. 92, 97.

des Toleranzgedankens der Aufklärung. Der große Gegenspieler der „bösen Kreuzritter" war nach Meinung seiner Bewunderer „eine rationale und kultivierte Figur im Gegensatz zu den leichtgläubigen barbarischen Kreuzfahrern",[233] der auch wegen seiner hohen Bildung, Großzügigkeit und Gastfreundlichkeit gepriesen wird. In romantischer Verklärung war auch der deutsche Kaiser Wilhelm II. ebenfalls von Sultan Saladin fasziniert. Bei seinem Besuch in Damaskus 1898 legte der Kaiser an seinem Grab als Zeichen der Hochschätzung einen Bronzelorbeerkranz nieder. Den hölzernen Sarg des Sultans hielt er für unwürdig und beauftragte deutsche Steinmetze, einen Steinsarkophag als Ersatz zu fertigen.

Saladin konnte im Jahre 1187 Jerusalem und weite Teile des Heiligen Landes zurückerobern, dabei schonte er „großzügig" und in der Haltung „wahrhafter Toleranz" die Bevölkerung – allerdings gegen reiches Lösegeld. Anders als im oben erwähnten Film von Scott dargestellt, wurde etwa die Hälfte der christlichen Bevölkerung versklavt, weil sie nicht bezahlen konnte. Die Erlaubnis für christliche Kaufleute, in den Seehäfen zu bleiben, war nach Saladins eigenen Angaben nur zu deren Nachteil und „zu unserem Vorteil". Die öffentliche Bibliothek in Kairo ließ diese Idealgestalt der Aufklärung schließen und deren „Bücher verscherbeln"[234].

Die Inschrift auf dem Grab der „Ikone des Islam" in Damaskus preist die gelebte Toleranz dieses nicht nur im Islam hochverehrten Sultans als Befreier Jerusalems „vom Schmutz der Ungläubigen"[235]. Der so Gepriesene ließ Abertausende dieser „Ungläubigen" brutal hinmorden. Sein Sekretär, Imad ad-Din, beschrieb auch das grausame Schicksal vieler gefangener Kreuzritter im Jahre 1187.[236] Den „Sufimystikern in seinem Gefolge gewährte der Sultan ... das Privileg, die gefangenen Templer und Johanniter köpfen zu dürfen".[237] Bei deren Hinrichtung half er selbst tatkräftig mit. Der wegen seiner Toleranz gepriesene Saladin verhängte 1191 auch die Todesstrafe über den der Ketzerei angeklagten Suhrawardi, „einen

---

233 Tyerman, Christopher, zitiert in: Stark, R., Gottes Krieger, S. 278.
234 Stark, R., Gottes Krieger, S. 95.
235 Raddatz, H.-P., Von Allah zum Terror?, S. 119.
236 Vgl. Stark, R., a. a. O., S. 279.
237 Irwin, Robert, Der Islam und die Kreuzzüge, in: Riley-Smith, J., Illustrierte Geschichte der Kreuzzüge, S. 273.

modell" der *Dhimmitude* bzw. die angeblich so friedlich verlaufenen „Tributverhandlungen" der Muslime mit den „schutzbefohlenen" Juden und Christen angereiht. Diese Verhandlungen zwischen Eroberern und Besiegten waren keineswegs islamische Vorzeigeübungen an Menschlichkeit und Toleranzverhalten den „Dhimmis" gegenüber. Denn allzu gern wird dabei verschwiegen, dass Tributverhandlungen nach den oft grausamen islamischen Eroberungskriegen alternativlos den „Buchbesitzern" aufgezwungen wurden und die „Dhimmis" höchstens Untertanen zweiter oder dritter Klasse waren. Die diskriminierenden und repressiven Konditionen für die tributpflichtigen „schutzbefohlenen" Juden und Christen wurden oben ausführlicher beschrieben.

c) Zur „Beweiskette" islamischen Toleranzverhaltens zählt vor allem auch der viel gepriesene *Sultan Saladin* (1137-1193),[230] der ständig als ein ritterlich-toleranter Mensch, als „Freigeist mit philosophischen Interessen", als „Paladin der Ritterlichkeit" u. ä. verkauft wird. Er „ist auch in Europa respektiert und gilt als Vorbild eines ritterlichen Menschen"[231], auch als Vorläufer der Aufklärung. Verklärend und romantisierend hat G. E. Lessing in seinem Stück „Nathan der Weise"[232] dem ägyptischen Sultan Saladin das literarische Denkmal des vorbildhaft toleranten islamischen Herrschers gesetzt, auch zum Vorbild für jeden Christen. Von Lessings großem Dichterkollegen Friedrich Schiller wurde der zum Mythos erhobene Saladin allerdings viel skeptischer und zurückhaltender beurteilt.

Saladin wurde zu seiner Zeit von Muslimen als „Zweiter Joseph von Ägypten" gefeiert. In Europa wurde er als der bekannteste islamische Herrscher dargestellt, wenn auch auf „bizarre Weise" idealisiert und mit Bewunderung stilisiert als der „edle Heide", als das „Urbild des edlen Helden", als „Freiheitsheld" bzw. als „der Größte aller Helden der muslimischen Welt", zugleich als der Vorkämpfer

---

230 Vgl. ebd., S. 115-120.
231 Küng, H., Der Islam, S. 37.
232 Vgl. dazu ebd., S. 39 f., mit Küngs Hinweis auf den aufgeklärten Muslim, „der bedeutende Sultan Saladin", der unter vielen anderen auch einen muslimischen Mystiker hinrichten ließ (vgl. ebd., S. 473), der in unserer Zeit zum Vorbild u. a. auch für Saddam Hussein wurde (vgl. ebd., S. 545), ohne dass Küng dazu seine sonst üblichen kritischen Bemerkungen macht: Die Gestalt des historischen „Dschihad-Saladin" scheint ihm nicht so wichtig wie jene des erdichteten „Lessing-Saladins".

rum Granada entspricht etwa der Größe Österreichs und ist die südlichste Region Europas.

a) Mit *„Andalusien"* wird auf eine zeitlich und örtlich recht begrenzte Zeit des Islam auf der Iberischen Halbinsel verwiesen.[227] Geflissentlich wird dabei jedoch übersehen: Von diesem „Beweis" bleiben eigenartigerweise gleichzeitig *alle anderen islamisch gewordenen Länder* im Vorderen Orient, in Asien, Afrika und Europa mit unvergleichlich größeren Bevölkerungen ausgeschlossen. Vor allem aber ist in diesem Kontext festzuhalten, dass die islamische Herrschaft auf der Iberischen Halbinsel (711-1492) keineswegs – wie so oft gepriesen – eine nahezu 800-jährige Friedenszeit der gleichberechtigten Koexistenz und Toleranz war. Toleranz war dort oft genug nur Scheintoleranz.

> „Um das Zusammenleben von Juden und Muslimen in Andalusien rankt sich eine romantische Legende, die erst spät erfunden wurde. ... Muslime, Christen und Juden hätten acht Jahrhunderte lang in Andalusien friedlich und gleichberechtigt miteinander gelebt und eine Oase der Toleranz geschaffen, die jene Hochkultur erst ermöglicht habe. ... Der Mythos von Andalusien als Hort von Toleranz und gegenseitiger Befruchtung der arabischen und jüdischen Kultur hat nur so lange Bestand, wie die Machtposition der arabischen Eroberer unangefochten war".[228] Dieser Mythos ist nichts anderes als „grobe Täuschung und verlogene Geschichtsklitterung"[229] durch politisch interessierte Kreise.

Weithin wird in diesem Kontext einseitig *die Reconquista* der Christen in Spanien gegeißelt. Doch nicht die vorausgegangenen Eroberungen der Iberischen Halbinsel durch die Muslime sind eigenartigerweise Anlass heftigster Kritik und schwerster Vorwürfe, sondern die letztendlich gelungenen Rückeroberungsversuche der Christen, die in etwa drei Phasen erfolgten (1085-1086; 1212-1213; 1492).

b) In diese „Beweiskette" islamischen Toleranzverhaltens werden sodann das oben ausführlicher geschilderte „islamische Toleranz-

---

227 Vgl. dazu Raddatz, H.-P., Von Allah zum Terror?, S. 92-96, unter der Überschrift: „Das 'tolerante' Kalifat in Cordoba".
228 Abdel-Samad, H., Der islamische Faschismus, S. 86, 90.
229 So der Paderborner Romanist Thomas, Johannes, Verklärung der Vergangenheit. Über den Mythos islamischer Herrschaft in Andalusien, in: Die politische Meinung, Nr. 467, 2008, 52-62, hier 59.

Zeichen der Entschädigung wird in diesen Fällen ein spürbares Entgegenkommen erwartet. Dahinter steckt auch das bekannte und von Muslimen häufig praktizierte Motto: „Wer (angeblich) beleidigt, gekränkt und traumatisiert wurde, hat das Recht auf Wiedergutmachung." Bei der Suche nach Schulderkenntnis sowie nach Schuldbekenntnissen der Muslime ob der eigenen schrecklichen Vergehen im Laufe langer Jahrhunderte bis auf den heutigen Tag stößt man bei muslimischen Autoritäten ins Leere.

2. Zehn Beispiele von Geschichtsklitterung

Auf zehn Vorwürfe und Anschuldigungen, die in Frageform dem „Kaleidoskop von Zerrbildern über die Kreuzzüge" zu Beginn dieser Ausführungen entnommen sind, soll hier jeweils eine meist nur kurz skizzierte Antwort gegeben werden:

(1) Inwiefern sind die Kreuzzüge kein spezifisches Problem des Mittelalters?[225]

„Kreuzzüge", „Heilige Kriege" u. ä. sind zu fast allen Zeiten und in nahezu allen Kulturkreisen nachzuweisen. Sie sind also keineswegs auf den abendländischen Kulturkreis, auf das Mittelalter oder auf den Mittelmeerraum begrenzt. Dabei ist es zunächst unerheblich, ob sie im Namen irgendwelcher Götter oder im Namen Gottes oder auch Allahs oder auch für Nation, Rasse oder Klasse geführt wurden bzw. immer noch geführt werden.

(2) War der Islam im Mittelalter tatsächlich „so tolerant"?[226]

Im Islamdialog werden als Beweis islamischer Toleranzfähigkeit immer wieder „Andalusien", sodann die „schutzbefohlenen Juden und Christen" (Dhimmis) und schließlich der vielgepriesene und hochverehrte Sultan Saladin genannt. Andalusien mit dem Zent-

---

225 Vgl. dazu Elm, K., Die Kreuzzüge, S.15 f.
226 Zum Problem der Toleranz im Islam vgl. Ye'or, B., Der Niedergang des orientalischen Christentums unter dem Islam, S. 278-283; vgl. auch Meiser, H., Völkermorde, S. 75: „Islamische Toleranz bedeutet bis auf den heutigen Tag Duldung der Unterworfenen nur als Gedemütigte und Erniedrigte. Wer weiterhin das Märchen von der islamischen Toleranz verbreitet, sollte die Geschichte und die heutige Praxis islamischer Staaten studieren, in denen Christen diskriminiert oder gänzlich unterdrückt werden"; ebenso Warraq, Ibn, Warum ich kein Muslim bin, S. 315 f.

Entsprechend ist die Tendenz in der Meinungsbildung zu erkennen: Man hat großes Verständnis für die durch die Christen bei den Kreuzzügen *angeblich* traumatisierten Muslime. Vollkommen übersehen werden dagegen die Traumata, die Muslime jahrhundertelang in Christen und in Angehörigen anderer Religionen ausgelöst haben und bis auf den heutigen Tag auslösen.

Geflissentlich wird auch weithin die Tatsache ignoriert, dass sich der von unterschiedlicher Seite her angefeindete Kreuzzugsprediger Bernhard von Clairvaux wie auch Bischöfe verschiedenen Judenpogromen energisch entgegengetreten sind, teilweise auch unter Einsatz ihres Lebens.

c) Anklagen, Jammern[223] und Fordern

Anklagend wird versucht, hinsichtlich der Kreuzzüge bei den heutigen Christen, insbesondere in der katholischen Kirche, aber auch in den westlichen Gesellschaften insgesamt Schuldgefühle[224] zu wecken. Gleichzeitig sollen diesen „Zielgruppen" Schulderklärungen gegenüber der islamischen Welt abgerungen werden. Darüber hinaus erwecken Muslime gelegentlich den Eindruck, als wollten sie mit diesen Beschuldigungen und Anklagen auch noch entsprechende Forderungen verknüpfen und Vorteile herausschlagen. Als

---

223 Vgl. dazu Kelek, Nekla, Himmelsreise. Mein Streit mit den Wächtern des Islam, München 2011, S. 284: über Kenan Kolat, SPD-Mitglied und (ehemaliger) Vorsitzender der „Türkischen Gemeinde in Deutschland: er „ist ein klassischer Lobbyist, der gern sein Fähnchen in den Wind hängt ... In der FAZ wurde er ... mit der Auszeichnung 'Jammertürke' bedacht."

224 Vgl. Tibi, Bassam, Selig sind die Betrogenen, in: Spuler-Stegemann, U., Feindbild Christentum im Islam, S. 59 f., mit den Aussagen: „Nicht nur Islamisten, auch orthodoxe Muslime halten die Christen für 'Kreuzzügler' ... und zwar auch dann, wenn diese sich vor dem Islam anbiedernd verbeugen. Christen müssen sich mit dieser feindseligen Einstellung offen auseinandersetzen, statt sie weithin zu verdrängen. Warum geschieht das nicht? Ich sehe dafür drei Gründe. Erstens: die Schuldgefühle der Christen, vor allem der deutschen Protestanten, in Bezug auf die unrühmliche Vergangenheit ihrer Kirche im 'Dritten Reich'. Nie wieder will man in Gefahr kommen, andere Religionen zu diskriminieren ... Zweitens: die gesinnungsethisch verordnete Fremdenliebe der Deutschen, die es verbietet, zwischen demokratischen und undemokratischen Ausländern und Kulturen zu unterscheiden. Drittens: die Angst der christlichen Kirchen von Machtverlust ... Wer den Monopolanspruch der orthodoxen Muslime bestreitet, gefährdet das entsprechende christliche Monopol."

gen. So wird vehement das Unrecht der Kreuzzüge hervorgehoben und betont. Weithin wird vor allem auch ignoriert, dass Juden und Christen jahrhundertelang *vor den Muslimen* auch im Heiligen Land heimisch waren. Tendenziell ist allzu häufig die Zielsetzung zu beobachten: *Die Christen werden diskreditiert, die Muslime absolviert. Geschädigte werden zu Angeklagten, Schadensverursacher zu Anklägern.*

b) Pauschalisieren, Verharmlosen und Übertreiben

Dabei werden die angeblich toleranten, friedfertigen und kultivierten Muslime den angeblich unzivilisierten, fanatisierten christlichen Barbaren aus dem Norden gegenübergestellt bzw. die christlich-abendländische Ignoranz und kulturlose Barbarei der einzigartigen islamischen Kultur.

Die Eroberung fast der gesamten Iberischen Halbinsel (711-719) durch die aus Nordafrika einfallenden muslimischen Heere wird ohne kritisch zu hinterfragen als geschichtliches Faktum einfach notiert. Hart verurteilt wird dagegen die christliche Gegenwehr in Form der sukzessiven, 1492 endenden Wiedereroberungen der Iberischen Königreiche durch die „Reconquista". Auf einen Nenner gebracht, heißt dies: Aggressive Eroberungen von Muslimen werden beinahe stillschweigend akzeptiert, gelegentlich sogar noch ob ihrer außergewöhnlichen Schnelligkeit mit leisem Unterton bewundert – Verteidigungen, Rückeroberungen von Christen werden dagegen mit schärfsten Worten gegeißelt.

Auch die Zeit der Kreuzzüge insgesamt wird echauffiert in grell schreienden Farben geschildert. Im selben Atemzug ist aber nüchtern und emotionslos die Rede von der Ausbreitung des islamischen Glaubens auf der Arabischen Halbinsel, im gesamten Mittelmeerraum, im Vorderen Orient und in Asien, ohne gleichzeitig die Form dieser Verbreitung als Plünderungs-, Raub- und Eroberungszüge usw. entsprechend zu charakterisieren. Auch hier schwingt gelegentlich mit den Schilderungen auch ein deutlich hörbarer Ton der Bewunderung mit. Einwohner- und Opferzahlen werden (auf allen Seiten) aus Propagandagründen ins Maßlose überhöht.

Das schuldhafte, grausam-unmenschliche Verhalten von Muslimen wird verharmlost oder auch vollkommen ignoriert. Umso deutlicher werden die Christen bzw. die katholische Kirche an den Pranger gestellt und deren schuldhaftes Verhalten beschrieben.

G Ein einseitig gefärbtes Geschichtsbild

1. Merkmale selektiver Faktenwahrnehmung

In der (zeit-)geschichtlichen Reflexion finden sich häufig einseitige, auch antichristliche und antikatholische Darstellungen und Bewertungen der Geschichte der Kreuzzüge, nicht selten zugunsten des Islam (vgl. die Dokumentation zu Beginn dieser Ausführungen). Erkennbar sind sie an einigen nachfolgend notierten Merkmalen, die darin jeweils vereinzelt oder auch mehrfach vorkommen. Sie belegen Geschichtsklitterung, selektive Quellenauswahl und Faktenwahrnehmung. Gelegentlich beruhen sie auch schlichtweg auf Unwahrheit.

a) Betrachtung der Geschichte in zusammenhanglosen Abschnitten

Der historische Gesamtzusammenhang, auch die Quellenlage, wird verkannt, übersehen oder bewusst ignoriert, Geschichte wird dreist zurechtgebogen. Dadurch werden Ursache und Wirkung verwechselt,[222] historische Fakten ausgeblendet und/oder verdreht, Täter zu Opfern stilisiert und Opfer als Täter stigmatisiert. Im folgenden „Nonsens-Satz" illustriert ein Internetteilnehmer zutreffend diese *verquere* Art der wahrheitsverfälschenden Geschichtsbetrachtung: *„Spanien wurde 711 deshalb von Moslems erobert, weil Papst Urban II im Jahr 1095 zum Kreuzzug aufrief."*

Konkret herrscht eine Form der Geschichtsamnesie vor mit der Folge, dass eine nahezu fünf Jahrhunderte andauernde gewaltsame *islamische Expansions-, Eroberungs-, Unterwerfungs-, Versklavungs- und Drangsalierungsgeschichte*, die mit Mohammed begann und den Kreuzzügen vorausging, meist einfach ignoriert und ausgeblendet wird. Zugleich wird den Christen geschichtsfälschend unterschoben, sie hätten gleichsam „aus heiterem Himmel" die Muslime ungerechtfertigt angegriffen. Ebenso wird suggeriert, die muslimischen Heere seien in unbewohnte Regionen vorgedrun-

---

[222] Bezeichnend dafür ist z. B. auch der irreführende Buchtitel: Hagemann, Ludwig, Christentum contra Islam. Eine Geschichte gescheiterter Beziehungen, Darmstadt 1999; dieser Buchtitel ist so falsch, wie die Gleichung „Kreuzzug = Christentum versus Islam" falsch ist: der geschichtlich adäquate Titel wäre vielmehr: Islam versus/contra Christentum.

200-jährige Zeit der Kreuzzüge, um die sich somit gleichsam der große Ring muslimischer Expansionen bzw. von Expansionsversuchen gelegt hat. Europa war somit jahrhundertelang „im Zangengriff" des Islam.[219] Die *Balkanvölker* sowie die *Griechen* konnten sich erst ca. 200 Jahre später, nämlich im 19. Jahrhundert, aus dem islamischen Dhimmi-Unterdrückungssystem der Osmanenherrschaft befreien. Damals wurde aus der „Geißel der Christenheit" allmählich der „kranke Mann am Bosporus".[220] Nach 1244 blieb *Jerusalem* noch fast 700 Jahre lang in muslimischer Hand. Im Jahre 1917 wurde die Heilige Stadt von britischen Truppen besetzt

In Afrika, auch auf der Arabischen Halbinsel und in Asien waren und blieben die islamischen Eroberungskriege hinsichtlich der kontinuierlichen islamischen Dominanz insgesamt erfolgreich. Die beiden großen islamischen Anläufe zur Islamisierung Europas sind jedoch durch letztendliches Scheitern gekennzeichnet: der frühmittelalterliche arabische im Süden und der spätmittelalterliche türkische im Südosten.

Gegen „Ende des 21. Jahrhunderts ... (wird) Europa Teil des islamischen Machtbereichs sein" prophezeite der Orientalist Bernard Lewis. Ob es dazu kommen wird, kann im Jahre 2015 natürlich nicht sicher vorausgesagt werden. Wahr ist jedenfalls der Satz des türkischen Kabarettisten Serman Somuncu in der ZDF-Sendung „Die Osmanen": „Die Osmanen sind vor Wien zweimal besiegt worden, aber jetzt sind wir da, in Berlin, London, Paris, Amsterdam."[221]

---

und Christentum"; ders. teilt die Auffassung von Lewis, Bernard, vgl. ebd., S. 335 f., dass „Europa fast tausend Jahre lang ... ständig der Bedrohung des Islam ausgesetzt [war]. Der Islam ist die einzige Kultur, die das Überleben des Westens hat fraglich erscheinen lassen, und zwar gleich zweimal."
219 Läpple, A., Kleine Kirchengeschichte, S. 66 f.
220 Vgl. Huntington, S. P., ebd., S. 336.
221 Zitiert in: Bonner Generalanzeiger, 25./26.7.2015, S. 34.

(1683). Johann III. Sobieski, König von Polen und Großfürst von Litauen, gilt als der Retter Wiens während der Zweiten Wiener Türkenbelagerung. Bei dieser Schlacht am 12. September 1683 hat er als Oberbefehlshaber der Katholischen Liga den entscheidenden, zum Sieg führenden Angriff gegen die Türken geführt.

Das mehrfache und letztlich gescheiterte Vordringen muslimischer Heere und Flotten auf den europäischen Kontinent in den Jahrhunderten *nach Beendigung der Zeit der Kreuzzüge* kann insgesamt als ein kriegerisches Pendant bezeichnet werden zu den häufig erfolgreichen islamischen Angriffs- und Eroberungskriegen in den nahezu fünf Jahrhunderten *vor Beginn* der Kreuzzugsbewegung.

Der islamische Schmerz über den Verlust der Iberischen Halbinsel und anderer süd(ost)europäischer Länder wirkt bist heute nach. Den sehnsüchtigen, von offensichtlich vielen Muslimen auch heutzutage noch geteilten Wunsch nach einer zweiten Eroberung kleidet Hassan al Banna, Gründer der Muslim-Brüderschaft, in die unverblümten Worte: „Dann wollen wir, dass die Fahne des Islam wieder über diesen Landschaften weht, die das Glück hatten, eine Zeitlang unter der Herrschaft des Islam zu sein und den Ruf des Muezzins Gott preisen zu hören. Dann starb das Licht des Islam aus und sie kehrten zum Unglauben zurück. Andalusien, Sizilien, der Balkan, Süditalien und die griechischen Inseln sind alle islamische Kolonien, die in den Schoß des Islam zurückkehren müssen. Das Mittelmeer und das Rote Meer müssen wieder islamische Binnenmeere wie früher werden."[217]

2. Das Ende der 1000-jährigen islamischen Expansionen im Jahre 1683

Betrachtet man die Zeit von der Belagerung Konstantinopels im Jahre 673 bis zur Schlacht am Kahlenberg im Jahre 1683, bedrohten die Muslime den europäischen Kontinent kriegerisch in einem Zeitraum von insgesamt gut *1.000 Jahren.*[218] Dazwischen liegt die

---

217 15.9.2006 *www.faz.net › Feuilleton › Medien*
218 Vgl. Angenendt, A., Toleranz und Gewalt, S. 440; ebenso Huntington, S. P., Kampf der Kulturen, S. 335, mit der Aussage: „Der Konflikt zwischen liberaler Demokratie und Marxismus-Leninismus im 20. Jahrhundert war ein flüchtiges und vordergründiges Phänomen, verglichen mit dem kontinuierlichen und konfliktreichen historischen Verhältnis zwischen Islam

kopolis (Bulgarien) im Jahre 1396 wurden die christlichen Balkanstaaten Serbien, Bosnien und Bulgarien zu Vasallen muslimischer Herrscher gemacht. In Spanien dagegen übergab der letzte arabische Herrscher nach etwa *800 Jahren islamischer Herrschaft* im Jahre 1492 die Schlüssel von Granada dem spanischen Königspaar.[215] Im selben Jahr wurde von Christoph Columbus Amerika entdeckt, als der Spanier versuchte, eine neue Handelsroute in den Osten zu finden. Nachdem die Muslime den Nahen Osten erobert hatten, wollten sie nicht, dass Ungläubige durch ihre Territorien zogen. Deshalb sperrten sie die alte Handelsroute für Nichtmuslime.

Viele *Muslime* wurden während der Reconquista vertrieben oder zwangschristianisiert[216] – ein aus christlicher Perspektive inakzeptables Vorgehen. Bemerkenswert und bezeichnend ist allerdings die Tatsache, dass keineswegs alle *Juden,* die ebenfalls 1492 von der Iberischen Halbinsel vertrieben wurden, der Einladung von Sultan Bayezid II. ins Osmanische Reich folgten. Sie zogen es vor, sich in christlichen Ländern Europas anzusiedeln, so in der Languedoc, im Kirchenstaat, in Italien, auch in Polen und Litauen. Andere ließen sich in den portugiesischen Küstenstädten Nordafrikas nieder und nahmen an deren Verteidigung gegen die dortigen muslimischen Angriffe teil.

Erneut versuchten Araber und Türken, in verschiedenen Angriffskriegen im 16. und im 17. Jahrhundert nach Europa, sogar bis Irland und England vorzudringen. Jedoch sind die „Türkenkriege" bereits bei der ersten Belagerung von *Wien (1529)* gescheitert, sodann auch beim Versuch der Eroberung *Maltas (1556)*, ferner bei der Seeschlacht von *Lepanto (1571)* und schließlich bei der Schlacht am Kahlenberg, erneut vor den Toren *Wiens*

---

215 Vgl. dazu Rotter, Ekkehart, Mit dem Islam in die Unfreiheit, in: Michael Müller (Hg.), Die leise Diktatur. Das Schwinden der Freiheit, 3. Auflage, Aachen 2011, S. 429-454, insbesondere auch S. 450 mit einer Entgegnung auf die weit verbreitete Meinung, ganz Spanien sei 800 Jahre lang unter muslimischer Herrschaft gewesen, verbunden mit dem veranschaulichenden Hinweis auf die recht begrenzte Ausdehnung dieses muslimischen Herrschaftsbereiches: „Das muslimische Andalusien des 13. und 14. Jahrhunderts mit dem Zentrum Granada war vielleicht zweimal so groß wie das Saarland."
216 Vgl. Stückelberger, H., Europas Aufstieg und Verrat, S. 260, mit einem Hinweis auf die Dauer der Reconquista vom 8. bis zum 15. Jahrhundert.

F Die Zeit nach den Kreuzzügen (1291-1683)

1. Der Fortgang der islamischen Expansionen und Invasionen

Im weiteren Verlauf der Geschichte sollte sich zeigen: Dem Wesen und Selbstverständnis des Islam entsprechend, kann die gesamte Entwicklung des Islam von seinen Anfängen an als eine nahezu kontinuierliche, *die Jahrhunderte umfassende Geschichte der Expansionen und Eroberungen*, der Unterwerfung und Erpressung bezeichnet werden. Sie stellt sich als eine Geschichte der Gewalt- und Willkürherrschaft dar. Sie war lediglich unterbrochen von kleinen und örtlich begrenzten Zeitabschnitten, in denen sich Muslime gegenüber Nichtmuslimen eher friedlich zeigten,[213] *Allianzen* der Muslime mit Juden gegen Christen, mit Christen gegen Juden und mit Christen gegen Christen eingeschlossen.

Seit dem Einfall der muslimischen Berber und Araber in das christliche Reich der Westgoten im Jahre 711, bei dem in einem achtjährigen Feldzug die Iberische Halbinsel unter islamische Herrschaft kam, wurde Europa durch den Islam bedroht.

Gleichsam in einer zweiten großen Phase setzten sich die muslimischen Eroberungszüge und Expansionsbestrebungen *nach der etwa zwei Jahrhunderte währenden Kreuzzugsbewegung* fort. Dieses mittelalterliche Bedrohungsszenario verstärkte sich durch die Expansionen des Osmanischen Reiches, das oft auch als „Türkisches Reich" beschrieben wurde (1299-1922). In immer neuen Eroberungsfeldzügen versuchten die Osmanen im 14. bis 17. Jahrhundert ihren Machtbereich zu erweitern. So verdrängten sie weitgehend das Byzantinische Reich in Kleinasien. So wurde der „expandierende Islam erneut zu einer tödlichen Bedrohung des Abendlandes."[214]

Nach den für die Muslime siegreichen Schlachten auf dem Amselfeld (im Gebiet des heutigen Kosovo) im Jahre 1389 und bei Ni-

---

213 Vgl. dazu Meiser, H., Völkermorde, S. 76, mit der Feststellung: Es „stehen den nur sieben Kreuzzügen bis auf den heutigen Tag unzählige, unaufhörliche und weltweite islamische Dschihads gegenüber. Außerdem blieben die Ziele der Kreuzzüge stets begrenzt."
214 Glagow, R., Die Dschihad-Tradition im Islam, in: Meier-Walser, R. C./ Glagow, R. (Hg.), Die islamische Herausforderung – eine kritische Bestandsaufnahme von Konfliktpotenzialen, S. 46.

gewinnbringende Vercharterung ihrer Schiffe an die Kreuzfahrer, auf Förderung des Handels durch ökonomisch effektive Zoll- und Abgabeprivilegien sowie auf den Aufbau eigener Handelsniederlassungen.

(7) Das Zeitalter der Kreuzzüge ist auch gekennzeichnet vom temporären Mit- und Gegeneinander aller Agierenden. Es gab das Gegeneinander nicht nur zwischen *Christen und Muslimen*, sondern auch zwischen den *Kreuzfahrern bzw. den lateinischen Christen untereinander*[211], ebenso auch die Konfrontationen zwischen den *morgen- und abendländischen Christen*. Dazu zählt aber auch das *begrenzte Miteinander* zwischen Christen und Muslimen, allerdings jeweils immer unter islamischen, d. h. die Christen diskriminierenden Vorbedingungen. Die innerislamische Geschichte ist ihrerseits vor, während und auch nach der Zeit der Kreuzzüge gekennzeichnet von Komplotten und Attentaten, von Verrat und Mord.[212]

> Alle historische Erfahrung zeigt:
> Je stärker die Muslime zahlenmäßig sind,
> umso mehr prägen sich islamisches Bewusstsein
> und Identität aus und umso dünner
> wird die Luft für Andersgläubige.
>
> Martin Rhonheimer, Theologieprofessor

---

211 Vgl. ebd., S. 567.
212 Vgl. Stark, R., Gottes Krieger, S. 71; vgl. auch Phillips, J., a. a. O., S. 43.

mal kreuzzugsmüde".[206] Später „nahm ... der Widerstand gegen die immensen Kosten zu, die die Kreuzzüge verursachten".[207] Die Könige, die sich auf dem Kreuzzug befanden, hatten dem Volk, dem Klerus und den Klöstern diese Kreuzzugssteuer auferlegt. Die Besoldung der Kreuzfahrer und das finanzielle Aufrechterhalten der Kreuzfahrerstaaten verschlang so viel an Steuermitteln, dass Europa auszubluten drohte.

(3) Die vielen Misserfolge der Kreuzfahrer ließen zudem die Meinung aufkommen, *Gott zürne* ihnen wegen der schweren Schuld, die sie auf sich geladen hätten.[208] Die riesigen *Entfernungen* zwischen Westeuropa und dem Heiligen Land wurden schließlich auch zu einem logistischen Problem im Blick auf „Nachschub" von Menschen und Mitteln und damit auch ein weiterer Grund für das letztendliche Scheitern.[209]

(4) Bei wechselnder muslimischer und christlicher Oberhoheit blieb *Jerusalem* von jenen insgesamt 200 Jahren der Kreuzzugszeit etwa *100 Jahre in christlicher Hand*. Alles Bemühen war vergeblich, das Heilige Land nach den ursprünglichen Vorstellungen für die Christenheit zu erhalten.

(5) *Woher kamen die Kreuzfahrer?* Unter anderem aus Lothringen, Flandern und dem Rheinland, aus der Normandie, der Provence und aus Südfrankreich, aus Italien, England und Ungarn.[210] Unter ihnen waren Kaiser, Könige und Adlige, Gebildete und Ungebildete, Laien und Kleriker, Bauern, Kaufleute und arme Leute, Fromme und Unfromme.

(6) Die italienischen *Seestädte Genua, Pisa und Venedig* verbanden im Rahmen der Kreuzzüge religiöse mit wirtschaftlichen Motiven. Ihr reges ökonomische Interesse zielte auf möglichst

---

206 Mayer, H. E., Geschichte der Kreuzzüge, S. 169.
207 Stark, R., Gottes Krieger, S. 30; vgl. zu den Kreuzzugssteuern auch ebd., S. 331-334; ebenso Riley-Smith, J., Die Kreuzzugsbewegung und die Historiker, S. 18, mit der Feststellung: „Es gab kritische Äußerungen über Kreuzzüge, doch ... es lässt sich kaum abschätzen, wie repräsentativ diese Äußerungen waren."
208 Vgl. Runciman, S., Geschichte der Kreuzzüge, S. 1259.
209 Vgl. auch Stark, R., Gottes Krieger, S. 335-338, mit Hinweisen auf die Ablehnung und die Opposition gegen die Kreuzzüge.
210 Vgl. dazu auch Phillips, J., Heiliger Krieg, S. 35 f.

In den Verhandlungen mit dem ägyptischen Sultan konnte er jedoch die Rückgabe der Heiligen Stadt an die Christen erreichen. Wenige Jahre später (1244) ging Jerusalem allerdings endgültig für die Christen verloren. Dieser Kreuzzug wird gelegentlich auch als **6. Kreuzzug** gezählt.

Teilnehmer: 70.000; *im Hl. Land Angekommene:* 60.000

Der französische König Ludwig IX., wollte im **6. bzw. 7. Kreuzzug** (1248-1254) das Heilige Land erobern, indem er zunächst Ägypten zu besiegen suchte. In Kairo wurde das französische Heer jedoch 1250 besiegt. Der König geriet in Gefangenschaft. In einem zweiten Zug im Jahre 1270 führte König Ludwig IX. das Heer nach Tunis, verbunden auch in der Hoffnung, den dortigen Sultan zu bekehren. Doch König Ludwig starb in Tunis. So blieb auch dieser Kreuzzug erfolglos wie die weiteren kleineren Züge, die von verschiedenen Königen unternommen wurden. Mit dem endgültigen Verlust von Akko, dem letzten Stützpunkt der Christen, endete im Jahre 1291 die Zeit der Kreuzzüge.

Im 6. und 7. Kreuzzug jeweils Teilnehmer: 25.000; *im Hl. Land Angekommene:* 10.000

9. Weitere Informationen zur Kreuzzugsbewegung

(1) Nach den vorstehenden Angaben gab es bei der Kreuzzugsbewegung insgesamt 1.070.000 Teilnehmer, von denen 490.000 im Heiligen Land angekommen sind. Über die Anzahl derer, die in ihre Heimat zurückkehrt sind, liegen keine Zahlenangaben vor. Quantitativ waren die Kreuzzüge jedenfalls die erste europäische Massenbewegung.

(2) In den 200 Jahren der Kreuzzugsbewegung nahmen Mitglieder der europäischen Adelsgeschlechter, darunter auch Könige,[205] sowie Handwerker, Städter und Bauern teil. Die anfänglich hohen Ideale der Kreuzfahrer traten immer mehr in den Hintergrund. Dazu kamen die in Europa erhobenen *Kreuzzugssteuern,* die auch die ursprüngliche europaweite Begeisterung abflauen ließ. Bereits „nach dem Zweiten Kreuzzug" war Europa „zunächst ein-

---

205 Vgl. dazu Runciman, S., a. a. O., S. 1250: „Während dreier Jahrhunderte gab es in Europa kaum einen Machthaber, der nicht irgendwann einmal mit glühendem Eifer gelobte, in den Heiligen Krieg zu ziehen."

englischen König Richard Löwenherz und dem französischen König Philipp II. gelangen die Zurückeroberung der Heiligen Stadt nicht. Allerdings konnten sie mit Sultan Saladin 1192 einen Waffenstillstand aushandeln, der den christlichen Pilgern einen friedlichen Besuch Jerusalems zunächst ermöglichte.

Teilnehmer: 350.000; *im Hl. Land Angekommene*: 280.000

Der von Papst Innozenz III. ausgerufene **4. Kreuzzug** (1202-1204), der nicht ins Heilige Land führte, sondern bereits in der Katastrophe von Konstantinopel endete, hatte besonders schwerwiegende Folgen. Er kann umschrieben werden als *ein Kreuzzug von Christen gegen Christen*, dessen Wirkungsgeschichte bis in unserer Zeit hineinreicht. Die Stadt wurde verwüstet und geplündert. Von den Venezianern wurde das Lateinische Kaisertum gegen den Willen des Papstes ausgerufen.

Teilnehmer: 30.000; *im Hl. Land Angekommene*: – keine Angaben

Unfassbar ist das Phänomen des päpstlich nicht autorisierten **Kinderkreuzzuges** (1212) mit seinem ebenfalls verhängnisvollen Ausgang bereits in Italien[204]. Die meisten Jungen und Mädchen gerieten in muslimische Sklaverei.

Im **5. Kreuzzug** (1217-1221), der von einem päpstlichen Legaten angeführt wurde, sollte durch einen Sieg über Ägypten auch der Islam besiegt werden. Der erfolglose Kreuzzug endete mit einem Sieg der Muslime bei Mansurah. Das von Friedrich II. angeführte **Kriegsheer in den Jahren** 1228/29 war gleichsam ein „privates Unternehmen" (A. Franzen) des Kaisers, der sich im Bann befand.

---

204 Eine Erklärung zum Zustandekommen dieses Phänomens gibt Franzen, August, Kleine Kirchengeschichte, 5. Auflage, Freiburg 2000, S. 197: „Die Ergebnislosigkeit und Sinnlosigkeit" der Kreuzzüge „hat im Abendland Zweifel an der Fortführung der bewaffneten Kreuzzüge der Männer aufkommen lassen. Der Gedanke brach sich Bahn, Gott werde sich eher der wehrlosen Jungfrauen und Kinder bedienen als der blutrünstigen Krieger"; vgl. auch http://www.zeit./de/2012/15/Jaspert-Kinderkreuzzug: Der Historiker Nikolas Jaspert, Bochum, weist darauf hin, dass das Wort „peregrinatio" sowohl „pilgern" heißen kann als auch „Kreuzzug". Doch „hier war nicht Kreuzzug im eigentlichen Sinne gemeint". Er macht darüber hinaus noch auf einen „zweiten groben Übersetzungsfehler" aufmerksam: Unter „pueri" sind nach mittelalterlichem Verständnis auch „einfache, unschuldige Menschen meist jüngeren Alters" zu verstehen; vgl. auch Mayer, H. E., Geschichte der Kreuzzüge, S. 253-255.

8. Skizze über den Verlauf der Kreuzzüge

Um einen chronologischen Überblick über die Geschichte der Kreuzzugsbewegung zu gewinnen, soll an dieser Stelle zunächst deren Verlauf eher skizzenhaft dargestellt werden.

Der **1 Kreuzzug** (1096-1099) ins Heilige Land mit mehr als 330.000 Personen,[200] darunter 4.500 Adlige,[201] wird als eine außergewöhnliche Leistung und Kraftanstrengung beschrieben. 1099 wurde Jerusalem erobert. Der 1. Kreuzzug gilt mit der Errichtung der Kreuzfahrerstaaten[202] als der erfolgreichste. Alle anderen Kreuzzüge waren gekennzeichnet durch Misserfolge und Niederlagen. So waren auch die von verschiedenen Königen[203] angeführten Kreuzzüge fast alle verhängnisvoll. Jerusalem wurde im Jahr 1141 von den Sarazenen zurückerobert.

Teilnehmer: 330.000; *im Hl. Land Angekommene*: 40.000

Der **2. Kreuzzug** (1147-1149): Bernhard von Clairvaux konnte auch die Könige von Frankreich (Ludwig VII.) und Deutschland (Konrad III.) für die Teilnahme gewinnen. Das deutsch-französische Heer wurde in mehreren Schlachten von den Türken besiegt. Die Katastrophe endete 1187 mit der Schlacht bei Hattin (in Sichtweite vom See Genezareth). Als größte militärische Niederlage der Kreuzfahrer (gegen Saladin) führte diese Schlacht zum Verlust großer Teile der Outremer einschließlich des Königreichs Jerusalem an die Muslime.

Teilnehmer: 240.000; *im Hl. Land Angekommene:* 90.000

Im **3. Kreuzzug** (1189-1192) sollte Jerusalem von Kaiser Friedrich Barbarossa mit einem gut ausgerüsteten Heer zurückerobert werden. Die Türken erlitten bei Ikoneum eine Niederlage. Doch der greise Barbarossa ertrank 1190 im Saleph (Anatolien), wonach das führungslose Heer militärisch erfolglos blieb. Auch dem

---

200 Die folgenden Teilnehmerzahlen an den Kreuzzügen sowie die Anzahl der im Hl. Land Angekommenen sind entnommen:. Läpple, A, Kleine Kirchengeschichte, S. 101.

201 Vgl. Riley-Smith, J., Die Kreuzzüge, S. 14.

202 Vgl. dazu insbesondere Mayer, H. E., Geschichte der Kreuzzüge, mit der differenzierten Darlegung der neueren Forschungsergebnisse zur inneren Struktur der Kreuzfahrerstaaten.

203 Berühmte Namen: König Konrad III., Kaiser Barbarossa, König Richard Löwenherz, König Philipp II., König Ludwig IX. (der Heilige).

die Enklaven, die mit etwa 50 Hauptburgen, kleineren Burgen sowie Verteidigungstürmen ausgestattet waren.[196] Denn diese waren von einer militärisch starken, immer wieder ankämpfenden islamischen Umwelt umgeben. „Für die muslimischen Herrscher stellten diese Bastionen christlicher Macht eine ständige Demütigung und Provokation dar."[197] Auch in Europa unterhielten die Ritterorden Burgen.

Mit dem *Schutz und der Versorgung der Pilger* entfalteten die neugegründeten Ritterorden zugleich aber auch eine nachhaltige *sozial-karitative Tätigkeit*, insbesondere in der Pflege von Kranken und Verwundeten[198], darunter auch von Muslimen. Dabei dürften sie auch Sanitätsdienst auf den Schlachtfeldern geleistet haben. Die mit den Kreuzfahrerstaaten ebenfalls eingerichteten lateinischen Hierarchien waren durchaus eine Belastung zwischen der lateinischen und der griechischen Kirche.

In den Kreuzfahrerstaaten konnte die muslimische Bevölkerung nach ihrem Glauben, ihren Bräuchen und Gesetzen frei und ungehindert leben. Sie konnte u. a. Moscheen bauen sowie auch Land besitzen. Die Wallfahrten nach Mekka wurden zu keinem Zeitpunkt behindert. Wie die Christen in islamischen Ländern, so mussten die Muslime in den Kreuzfahrerstaaten natürlich auch Steuern entrichten,[199] wobei der Steuerdruck jedoch deutlich geringer war als in den umliegenden muslimischen Territorien. Die christlichen Herrscher machten dabei die Muslime nicht zu Dhimmis, wie es die muslimischen Herrscher mit den Juden und Christen taten, was von den arabischen Muslimen durchaus positiv aufgenommen wurde. Die auch heute noch bestehenden Ritterorden Templer, Malteser und Johanniter übernehmen auch heute noch wichtige sozial-caritative und humanitäre Dienste.

---

196 Vgl. dazu Stark, R., Gottes Krieger, S. 267; insbesondere auch die zahlreichen eindrucksvollen Abbildungen in: Kotzur, H.-J., Die Kreuzzüge.
197 Knopp, G., Der Heilige Krieg, S. 120; bei dieser Aussage wird offensichtlich nicht gedacht an die ständigen Demütigungen, Drangsalierungen und Provokationen, die Christen durch die Muslime in den vorausgehenden Jahrhunderten erleiden mussten.
198 Vgl. dazu Jankrift, Kay Peter, Krieger, Kranke und weise Ärzte. Medizin im Zeitalter der Kreuzzüge, in: Kotzur, H.-J.(Hg.), Die Kreuzzüge, S. 297-305.
199 Vgl. ebd., S. 337.

seits des Meeres", „Übersee")[192] genannt. Es umfasste ungefähr das alte Palästina und war ein Lehensstaat mit drei kleineren nördlich von Jerusalem gelegenen Kreuzfahrerstaaten: dem Fürstentum Antiochien sowie den Grafschaften Edessa und Tripolis. Mit den Kreuzfahrerstaaten, die von Christen regiert wurden, sollten die Siege der Kreuzfahrer nach Abzug der Kreuzfahrerheere langfristig abgesichert werden. Denn die ursprüngliche Annahme, der byzantinische Kaiser werde nach Abzug der Lateiner den Schutz und die Verteidigung im Heiligen Land vor den Übergriffen und Angriffen der Muslime übernehmen, ging nicht in Erfüllung.

Mit der Errichtung der Kreuzfahrerstaaten (im heutigen Israel, Palästina, Syrien, Libanon und in der Türkei) entstanden auch verschiedene vom Papst bestätigte *Ritterorden*,[193] so die Templer (1129/30), die Johanniter (1154 – später „Malteser") und der Deutschherrenorden (1221). Diese geistlichen Ritterorden waren sowohl monastisch als auch militärisch ausgerichtet[194], eine Verbindung von mönchischem Leben und ritterlicher Existenz, gleichsam eine „Symbiose von Kutte und Rüstung". Die Angehörigen dieser Orden legten das Gelübde der Armut, Keuschheit und des Gehorsams ab.

> Bernhard von Clairvaux, Protektor der Templerordens, formuliert in seiner Templerschrift eine der Zielsetzungen dieses Ritterordens: „Aus Raubrittern, Weiberhelden, Todschlägern, Meineidigen und Friedensbrechern sollen zutiefst beherrschte, asketische, christliche Ritter werden."[195]

Zusammen mit weltlichen Rittern und den periodisch aus Europa eintreffenden Kreuzfahrerheeren schützten und verteidigten sie

---

192 Vgl. ebd., S. 1261, mit dem Hinweis, dass die Ritterorden „die besten und tapfersten Soldaten stellten".
193 Vgl. dazu ebd.; auch. Stark, R., Gottes Krieger, S. 243-253; ebenso Runciman, S., a. a. O., S. 873; vor allem auch Alan Forey, Die Ritterorden 1120 bis 1312, in: Riley-Smith, J. (Hg.), Illustrierte Geschichte der Kreuzzüge, S. 214-250, mit Hinweisen auf Gründungen, Tätigkeitsfelder, Rekrutierung, Leben im Konvent, auch auf die Zerschlagung der Templer; schließlich auch ders., Die Kreuzzüge, S. 51-54; 125 f.; 129 ff.; 137 f.; S. 155-160, mit detaillierten Schilderungen.
194 Vgl. ebd., S. 464.
195 Heutger, Nicolaus, Die Ritterorden im Heiligen Land: Die Hospitäler und Ordensgemeinschaften, in: Kotzur, H.-J. (Hg.), Die Kreuzzüge, S. 144.

Die verschiedenen mit den Kreuzzügen einhergehenden Exzesse christlicher Kreuzfahrer auf ihrem Weg ins Heilige Land und bei ihrer Ankunft in Jerusalem sowie auch die Plünderungen von Konstantinopel im 4. Kreuzzug[185] sind mit großer Schuld belastet und bleiben ein Schandfleck in der Geschichte der abendländischen Christenheit. Dies gilt unabhängig von der Tatsache, dass trotz „aller Schrecklichkeit des Massakers von Jerusalem" dieses aber „nicht weit über das, was damals allgemeine Praxis war", hinausging (H. Wallenborn).[186] Die tatsächlich begangenen Verbrechen standen aber im diametralen Gegensatz zur Botschaft Jesu und der ihr folgenden kirchlichen Lehre. Auf „den skrupellosen Geschäftssinn"[187] italienischer Seestädte sei hier lediglich verwiesen.

Die Verbrechen[188] beim 1. Kreuzzug sollen Papst Urban II. „mit Abscheu" erfüllt haben, ebenso später Papst Innozenz III. beim 4. Kreuzzug. Bereits während der Zeit der Kreuzzüge wurden kritische innerkirchliche Stimmen laut, die große Vorbehalte und Gegnerschaft gegenüber diesen kriegerischen Unternehmungen zum Ausdruck brachten. Kriege seien nicht das rechte Mittel zur Bekehrung der Muslime. Nur die Verkündigung der Botschaft Gottes und das vorgelebte Beispiel eines christlichen Lebens würden dazu führen.[189]

7. Die Kreuzfahrerstaaten und die geistlichen Ritterorden[190]

Nach dem 1. Kreuzzug (1096-1099), dessen Erfolg an ein Wunder grenzt[191], wurde durch den Grafen Gottfried von Bouillon *das christliche Königreich Jerusalem* gegründet, auch „Outremer" („Jen-

---

185 Lilie, Ralph-Johannes, Christen gegen Christen. Die Eroberung Konstantinopels 1203/04, in: Kotzur, H.-J., Die Kreuzzüge, S. 155-165.
186 Vgl. auch Brandmüller, W., Licht und Schatten, S. 100, mit der Feststellung: „Im Ausmaß, in dem Grausamkeiten geschahen, unterschied sich die Eroberung Jerusalems nicht von anderen vergleichbaren Fällen."
187 Elm, K., Die Kreuzzüge, S. 5.
188 Vgl. dazu den Bericht über den „Blutrausch" von Wilhelm v. Tyrus, einem der bedeutendsten Kreuzzugschronisten, in: Läpple, A., Report der Kirchengeschichte, S. 179; ebenso den „Prolog" in: Thorau, Peter, Die Kreuzzüge, 4. Auflage, München 2012, S. 9 f., mit einem Bericht eines Augenzeugen.
189 Vgl. dazu auch Elm, K., Die Kreuzzüge, S. 15.
190 Vgl. Riley-Smith, J., Die Kreuzzüge, 123 ff.
191 Vgl. Runciman, S., Geschichte der Kreuzzüge, S. 1249.

Die Kultur der Ritter war zu damaliger Zeit auch eine Gewaltkultur, ihre Welt vielfach unchristlich. Fehden und Grenzstreitereien waren an der Tagesordnung. Die martialische Lebensart, in der die zum Kampf erzogenen Ritter und Adligen oft nur der blutigen Fehden und Kämpfe wegen selbst gegen Freunde ins Feld zogen, veranlasste Papst Urban II. in seiner Predigt zum ersten Kreuzzug zu einem nachdrücklichen Aufruf, von Händeln und Fehden abzulassen und stattdessen zu einem gerechten Krieg ins Heilige Land aufzubrechen.

6. Widersprüchliche Verhaltensweisen der Kreuzfahrer

Äußerst widersprüchlich war schon bei der ersten „bewaffneten Wallfahrt" bei vielen Kreuzfahrern und ihren Anführern das Nebeneinander[182] von Frömmigkeit und Grausamkeit, von Verzicht und Habgier, von Martyriumsbereitschaft und skrupelloser Machtpolitik. Diese in sich äußerst konträren Verhaltensweisen[183] empfanden sie offensichtlich als nichts Widersprüchliches. Trotz der ungeheuren Strapazen und Entbehrungen, der Krankheiten, Seuchen und Verluste, die mit der „bewaffneten Pilgerfahrt" verbunden waren, widersprach dieses nicht zu rechtfertigende Verhalten vieler Kreuzfahrer in religiöser und in moralischer Hinsicht allen christlichen und humanen Prinzipien. Es entsprach auch keinesfalls dem drängenden Aufruf von Papst Urban II. vor Beginn des 1. Kreuzzuges. Allerdings ist zu berücksichtigen, dass zu damaliger Zeit eine Grundregel der Kriegsführung hieß: „Die Städte wurden verschont, wenn sie ihre Gegner nicht zwangen, sie im Sturm zu nehmen."[184]

---

182 Vgl. dazu auch Elm, K., Die Kreuzzüge, S. 5; ebenso Angenendt, A., Toleranz und Gewalt, S. 434, mit einem indirekten Zitat des Historikers J. Riley-Smith, in dem das Doppelbödige dieser Haltung markiert wird; ebenso auch die Schilderung des schwer nachvollziehbaren Nebeneinanders von martialischem und „frommem" Verhalten des alttestamentlichen Königs David, in: Jesus Sirach 47,2-11; ebenso Knopp, G., Der Heilige Krieg, S. 115, mit folgendem Zitat des Historikers Gisbert Gemein: „Mittelalterliche Frömmigkeit ist für uns schwer nachvollziehbar. Das unvermittelte Nebeneinander von religiöser Verzückung mit Rationalität und verbrecherischem Handeln, vom Blutrausch nach der Eroberung Jerusalems mit anschließender Prozession und Gottesdienst wirkt auf uns Heutige fremdartig."
183 Vgl. dazu auch Riley-Smith, J., Die Kreuzzüge, S. 17 ff., mit Hinweisen auf „ehrbare und unehrbare" Frauen, die an den Kreuzzügen teilnahmen.
184 Stark, R., Gottes Krieger, S. 287.

Im 13. Jahrhundert sollte noch eine andere große Glaubensgestalt des Mittelalters ebenfalls als *Kreuzzugsprediger* wirken, nachdem er sein Amt als Bischof von Regensburg niedergelegt hatte: der aus einem schwäbischen Rittergeschlecht stammende *Albert der Große* (um 1200-1280). Der Dominikaner predigte im Auftrag von Papst Urban IV. in Deutschland und in Böhmen. Er galt als „Universalgelehrter", der das vorchristliche aristotelische Gedankengut in die mittelalterliche Philosophie einführte. Das gesamte philosophische und naturwissenschaftliche Wissen seiner Zeit soll er umfassend beherrscht und für den christlichen Glauben erschlossen haben. 1931 wurde er heiliggesprochen und zum Kirchenlehrer ernannt.

Die Tatsache, dass auch Geistesgrößen wie Bernhard von Clairvaux und Albert der Große von der Idee der Kreuzzugsbewegung begeistert waren und andere zu begeistern wussten, verweist in spezifischer Weise auf die Bedeutung des umstrittenen Phänomens der Kreuzzüge.

5. Das Abgleiten der Kreuzzugsideale

Die Kreuzzugsbewegung mit ihren Anfangsidealen wurde leider schon bald überlagert von Interessen eher weltlicher und machtpolitischer, auch materieller und wirtschaftlicher Art. Die Verlockungen des verheißenen himmlischen Lohnes verknüpften sich mit jenen der erwarteten irdischen Güter. So war etwa bei einigen (hoch-)adligen Söhnen ohne Erbrecht die Teilnahme an den Kreuzzügen auch mit der Hoffnung verbunden auf den Erwerb eigener Ländereien im Heiligen Land. Allerdings folgten lediglich etwa 10-15 Prozent des Adels dem päpstlichen Aufruf,[180] ein Zeichen dafür, dass materielle Erwartungen in dieser Hinsicht bei einer nur sehr begrenzten Anzahl von Adligen vorhanden waren.

Die Gewalt der mittelalterlichen Epoche „war überall und wirkte vielfältig auf das Alltagsleben ein. Rechtsstreitigkeiten beispielsweise wurden oftmals durch Zweikämpfe oder durch qualvolle und lebensgefährliche Gottesgerichte entschieden ... Die Brutalität war so allgegenwärtig, dass sie rituelle Formen annahm".[181]

---

ligengestalten des Mittelalters, unter dessen Leitung der Zisterzienserorden europäische Bedeutung erlangte. Er wurde 1830 zum Kirchenlehrer ernannt.
180 Vgl. dazu Stark, R., Gottes Krieger, S. 162.
181 Bull, Marcus, Ursprünge, in: Riley-Smith, J., Illustrierte Geschichte der Kreuzzüge, S. 24.

schenmenge den Königspalast, kreuzigte den jüdischen Wesir Joseph ibn Naghrela, Sohn von Schmuel ha-Nagid, und massakrierte den Großteil der jüdischen Bevölkerung der Stadt. Mehr als 1.500 jüdische Familien, rund 4.000 Personen, wurden ermordet."[175]

E. Flaig notiert zu dieser Thematik: „Die Pogrome im christlichen Herrschaftsgebiet sind kein Ruhmesblatt der europäischen Kultur; aber ihre Ausmaße blieben zurück hinter jenen der islamischen Welt ... Nirgendwo unter der Herrschaft des Islam, und auch nicht im spanischen Kalifat, waren Juden Bürger ihrer Stadt; sie blieben stets Unterworfene. In manchen deutschen Städten ... des Hochmittelalters waren die Juden Stadtbürger besonderen Rechts, sie ... waren bessergestellt als ärmere christliche Einwohner."[176]

Schon vor Beginn des ersten offiziellen Kreuzzuges war der begeisterte Ruf „Gott will es", der die Kreuzzugspredigt von Urban II. immer wieder unterbrach, bei zahlreichen Teilnehmern des „Volkskreuzzuges" bis ins Gegenteil pervertiert. Dieser „Kreuzzug vor dem Kreuzzug" endete schließlich im Jahre 1096 in einer großen Katastrophe. Etwa 17.000 Kreuzzugsteilnehmer wurden von den türkischen Seldschuken im Massaker von Konstantinopel getötet. Der Rest schloss sich dem offiziellen Kreuzfahrerheer an.

Den Judenpogromen im Laufe des 2. Kreuzzuges konnte Einhalt geboten werden auch durch Intervention des Zisterzienserabtes und Protektor des Templerordens *Bernhard von Clairvaux* (1091-1153),[177] der zu damaliger Zeit als Oberhaupt des schnell wachsenden Zisterzienserordens und als der bedeutendste Theologe seiner Zeit einen entscheidenden Einfluss auf die abendländische Kirche hatte.[178] Sein Einsatz für den Kreuzzug rief bei manchen seiner Zeitgenossen auch scharfe Kritik und Ablehnung hervor. Denoch: die gesamte Epoche wurde das „Bernhardinische Zeitalter" benannt. Er war „damals unbestritten die profilierteste Figur im geistigen und politischen Leben des Abendlandes".[179]

---

175 de.wikipedia.org/wiki/Massaker_von_Granada
176 Flaig, E., Der Islam will die Welteroberung, S. 35.
177 Vgl. dazu Lauster, J., Die Verzauberung der Welt, S. 187 f.
178 Brandmüller, W., Licht und Schatten, S. 99; vgl. dazu auch Stark, R., a. a. O., S. 245, Bernhards „Ansehen (war) so groß ..., dass er öffentlich Erzbischöfe, Päpste und Könige tadeln konnte, ohne Repressalien befürchten zu müssen."
179 Mayer, E. H., Geschichte der Kreuzzüge, S. 120; der Gründerabt von Clairvaux war geistlicher Schriftsteller, glänzender Rhetoriker, eine der großen Hei-

genannt, mit geschätzten 50.000 – 70.000 Teilnehmern[170] statt, darunter Frauen und Kinder. Auch Diebe und Gewaltverbrecher zogen ganz offensichtlich mit. Dadurch hatten die Kreuzzüge von vornherein etwas Zwiespältiges. Die durch Bevölkerungszuwachs und Missernten in Europa verarmten Teilnehmer glaubten aus den Kreuzzugspredigten dieses bizarr-charismatischen Wanderpredigers das Versprechen herauszuhören, er werde sie aus ihrem gegenwärtigen Elend in das Land führen, in dem „Milch und Honig" fließen.[171]

Dieser überwiegend aus Kleinbauern und niederem Adel bestehende, kirchlich nicht autorisierte Volkskreuzzug, der dem ersten offiziellen Kreuzzug vorausging, war gekennzeichnet durch große Führungs-, Plan- und Disziplinlosigkeit. Er begann im Rheinland mit räuberischen Überfällen und mit der finanziellen Erpressung und Verfolgung von Juden.[172] Dahinter standen das materielle Motiv der Finanzierung des Kreuzzuges durch jüdische Reichtümer sowie auch das alte ideologische Motiv, das in den Juden die Mörder Jesu sah.[173]

Die Bischöfe von Speyer, Worms, Mainz, Trier, Metz und Köln versuchten jedoch, die jüdischen Opfer dieser Pogrome nach Kräften zu schützen und in Sicherheit zu bringen, manchmal auch „unter Einsatz ihres Lebens". Dennoch waren die kirchlichen Autoritäten (bis hin zum Papst) nicht in der Lage, die Massaker und Plünderungen durch fanatisierte Teilnehmer dieses Volkskreuzzuges gänzlich zu verhindern.[174]

> In diesem Kontext sei auf das (oben bereits erwähnte) erste Massaker an den Juden auf europäischen Boden in Granada erinnert, das Muslime zu verantworten hatten, aber gewöhnlich geschichtlich ausgeblendet wird: „Das Massaker von Granada war ein Massaker an Juden, das 1066 in Granada zur Zeit der Herrschaft der Ziriden im islamischen Herrschaftsgebiet stattfand. Es gilt als erstes Pogrom auf europäischem Boden. Am 30. Dezember stürmte eine Men-

---

170 Vgl. Lauster, Jörg, Die Verzauberung der Welt. Eine Kulturgeschichte des Christentums, München 2014, S. 186.
171 Vgl. Runciman, S., ebd., S. 113.
172 Vgl. dazu Phillips, J., Heiliger Krieg, S. 33, mit der Aussage: „Von einer europaweiten und systematischen Judenverfolgung konnte keine Rede sein".
173 Vgl. ebd., S. 32.
174 Vgl. Mayer, H. E., Geschichte der Kreuzzüge, S. 58 f.

Franziskaner zur Missionierung der Muslime in den von den Kreuzfahrern besetzten Gebieten – allerdings erst 100 Jahre später.
- Die Tatsache, dass an den Kreuzzügen Frauen[165], Kinder, Mönche und alte Menschen teilnahmen, weist darauf hin, dass „keine konsequente Institution eines 'Heiligen Krieges' zustande kam".[166]
- „Zu keiner Phase konnte die Idee des Heiligen Krieges im Christentum den Rang einer vorrangigen, geschweige denn einer normativen Glaubenspflicht erlangen"[167] – so wie im Koran für Muslime im Blick auf deren Glauben vorgegeben.
- Die Kreuzzüge hatten ein fest umrissenes, geografisch genau eingegrenztes Ziel.
- Verglichen mit den „unzähligen, unaufhörlichen und ubiquitären Dschihads der islamischen Welt" blieben die Kreuzzüge „sehr selten".[168]
- Die Episoden grausamer und willkürlicher Gewalt durch Kreuzfahrer waren weder Ausgangspunkt noch Antrieb für das mittelalterliche Phänomen der Kreuzzugsbewegung.

4. Der fatale „Volkskreuzzug" vor dem offiziellen 1. Kreuzzug

Gegen die terminliche Anweisung von Papst Urban II. fand bereits vor dem ersten offiziellen Kreuzzug im Frühjahr 1096 unter der Führung des Einsiedlers Peter von Amiens[169] der erste „Volkskreuzzug", auch „Bauernkreuzzug" oder „Kreuzzug der Armen"

---

führen durften –, doch auf der untersten Ebene nahmen die Menschen das Christentum als kraftstrotzende Religion wahr. Immer wieder drangen missionarische Elemente in die Kreuzzugsidee und -propaganda ein".

165 Vgl. dazu Hechelhammer, Bodo, Frauen auf dem Kreuzzug, in: Kotzur, H.-J.(Hg.), Die Kreuzzüge, S. 205-211.
166 Raddatz, H.-P., Von Allah zum Terror?, S. 122.
167 Vgl. ebd.121; auch ders., Von Gott zu Allah?, S. 113.
168 www.faz.net › Feuilleton › Medien
169 Vgl. dazu Mayer, H. E., Geschichte der Kreuzzüge, S. 57, mit folgender Personenbeschreibung: „Von nicht gerade anziehendem Äußeren, meist schmutzstarrend, ritt er auf einem Esel durch die Lande, entfaltete aber infolge seiner offenbar zündenden Beredsamkeit große Ausstrahlung"; auch Runciman, S., Geschichte der Kreuzzüge, S.119-129; ebenso Stark, R., Gottes Krieger, S. 173-178.

feldzügen islamischer Völker seit dem 7. Jahrhundert und den seither andauernden Repressionen.[162]

d) Das Absichern und Offenhalten der Pilgerwege aus Europa ins Heilige Land hinsichtlich der Überfälle und Raubzüge der Muslime auf friedliche Pilgergruppen.

e) Die Befreiung Jerusalems von der islamischen Herrschaft nach der erneuten Eroberung, diesmal durch die islamisch-türkischen Seldschuken im Jahre 1071, und damit verbunden der Schutz der christlichen Stätten im Heiligen Land vor deren Schändungen und der weiteren Zerstörungswut von Muslimen.

f) Das ausdrücklich formulierte Ziel des Papstes: die Hoffnung auf die Wiedervereinigung der lateinischen mit der byzantinischen Kirche nach dem Schisma 1054.[163]

g) Der Schutz des christlichen Europa vor islamischer Bedrohung und Herrschaft vom Südwesten (Spanien), Süden (Italien) und Südosten (Byzanz) her.

In diesem Kontext gilt es ausdrücklich festzuhalten:

– Dem Aufruf von Papst Urban II. zum Ersten Kreuzzug ist *kein Missions- und Bekehrungsgedanke* hinsichtlich der Muslime zu entnehmen.[164] Weitgehend erfolglos blieben die Versuche der

---

162 Vgl. dazu ein Zitat eines EU-Kommissars für das Mittelmeer, in: Tibi, Bassam, Der Islam in Deutschland. Muslime in Deutschland, Stuttgart, München 2012, S. 295, in dem der Eindruck erweckt wird, nicht die Muslime, sondern der Papst bzw. die Kirche habe den Frieden gebrochen: „Am 27. November 1095 hat Papst Urban II. den ersten Kreuzzug ausgerufen, nun wird auf den Tag genau 900 Jahre später … eine neue, friedliche Ära euromediterraner Beziehungen aufgenommen"; diese Aussage mit historisch falschem Zungenschlag bezeichnet B. Tibi als ein „positives Signal am Geist von Barcelona", ebd., S. 294.

163 Vgl. dazu Riley-Smith, J., Wozu heilige Kriege?, S. 28; auch Mayer, H. E., Geschichte der Kreuzzüge, S. 11, mit dem Hinweis: Der „Wunsch nach einer Kirchenunion geht durch die gesamte päpstliche Politik des Mittelalters hindurch und hat auch die Geschichte der Kreuzzüge nachhaltig beeinflusst".

164 Vgl. dazu Kelek, Necla, Himmelsreise. Mein Streit mit den Wächtern des Islam, München 2011, S. 233, mit der verfälschenden Darstellung der Rede Urbans II.: „Der Papst erinnerte die Christen an ihre Pflicht, für die Ausbreitung des Glaubens zu kämpfen"; ebenso Angenendt, A., Toleranz und Gewalt, S. 423; auch Riley-Smith, J., Die Kreuzzugsbewegung und die Historiker, S. 17, mit der Bemerkung: „Beispielsweise sollten die Kreuzzüge stets defensiv ausgerichtet sein – da die Christen keine Bekehrungskriege

lich zugetragen hat. Wie Riley-Smith aufzeigte, belegen jüngste Studien, dass etwa ein Drittel der Ritter und Adeligen im Krieg starb. Man wird die Kreuzzüge nicht begreifen, wenn man nicht ihren Bußcharakter versteht."[159]

Nach Jonathan Riley-Smith, einem der renommiertesten Historiker auf dem Gebiet der Kreuzzüge, ist darüber hinaus vor allem auch ein Dreifaches festzuhalten: „Allen Theorien materialistischer Motivation ist das Fehlen von Belegen gemeinsam ... Für die Behauptung, die große Mehrheit der Kriegstüchtigen war wissentlich an einer kolonialen Unternehmung beteiligt, ist die Beweislage noch unzureichender ... Die einzige Strategie ..., die Familien in Bezug auf die Kreuzzüge entwickelten, war, dass sie, sobald eines ihrer Mitglieder das Kreuz genommen hatte, gemeinschaftlich die Schadensbegrenzung organisierten."[160]

3. Die ursprünglichen Motive der Kreuzzugsbewegung

Zusammenfassend sind als zentrale menschlich-christliche, aber auch als kirchenpolitische Motive und Legitimationsgründe für die Kreuzzugsbewegung bzw. für die Kreuzzugsteilnahme zu nennen:

a) Der Schutz der in ihrer Existenz bedrohten orientalischen Christen.[161]

b) Die Solidarität der abendländischen Christenheit mit dem vom Islam bedrängten byzantinischen Kaiserreich und den orientalischen Kirchen, die durch den Kaiser die westliche Kirche um Beistand baten.

c) Die durch das Prinzip des „gerechten Krieges" legitimierte Selbstverteidigung der Christen zum Schutz ihrer Freiheit, Kultur und Identität gegenüber den aggressiven Eroberungs-

---

159 Ebd.
160 Riley-Smith, Jonathan, Der Aufruf von Clermont und seine Folgen, in: Kotzur, H.-J. (Hg.), Die Kreuzzüge, S. 57 f.
161 Vgl. Runciman, S., Geschichte der Kreuzzüge, S. 1249, mit der Feststellung: „Die Kreuzzüge wurden ins Leben gerufen, um die Christenheit des Ostens von den Muselmanen zu retten"; ebenso Mayr, H. E., Geschichte der Kreuzzüge, S. 15-17, mit Ausführungen über die Beziehungen von Papst Urban II. und dem byzantinischen Kaiser Alexios sowie über dessen Hilfegesuch an den Papst.

Glaube und Religion dürften im Laufe der Zeit bei etlichen Kreuzfahrern allerdings nicht die einzigen Beweggründe zur Teilnahme an den Kreuzzügen gewesen sein. Soziale Motive („Gefühl der Ehre und Familientradition"), ebenso ökonomische Gründe („Lockreiz von Land und Geld") und psychologische Aspekte („Sehnsucht nach Abenteuer") dürften gelegentlich die religiöse Grundmotivation sogar **überlagert haben**.[157] Dennoch: Schwere Verwundungen, den finanziellen Ruin, den Verlust eines großen Vermögens, gar das Leben zu riskieren, werden wohl die wenigsten Kreuzfahrer leichtfertig oder aus Gewinnsucht auf sich genommen haben. Auch die Wüstenregionen des Nahen Ostens waren ganz gewiss kein verlockendes Ziel. „Sie hätten es sich zu Hause bequem machen können. Statt dessen sind sie ausgezogen, haben alles hinter sich gelassen, den eigenen Besitz verkauft oder verpfändet, um den christlichen Brüdern im Osten zu Hilfe zu kommen und in einem fremden Land unter größten Entbehrungen zu kämpfen, das kaum mehr als eine Steinwüste war."[158]

Der Historiker Thomas Madden stellt fest: „Die Historiker wissen seit langem, dass das Bild vom Kreuzritter als Abenteurer auf der Suche nach Glück das genaue Gegenteil dessen ist, was sich wirk-

---

(1232-1316): Katalane, Begründer der katalanischen Literatur, Philosoph, Logiker, Theologe, Mystiker, Franziskanerterziar: Bewunderer des Islam, verbunden mit einer außergewöhnlichen Toleranz gegenüber dieser Religion, die er mit dem Christentum versöhnen wollte, resignierte jedoch am Ende seines Lebens wegen der Auswegslosigkeit seines Vorhabens, wurde von Muslimen gesteinigt, später von Papst Pius IX. als Märtyrer seliggesprochen; vgl. zu R. Lullus auch Raddatz, H.-P., Von Gott zu Allah?. Christentum und Islam in der liberalen Fortschrittsgesellschaft, München 2001, S. 115, wo Lullus als tragische „Symbolfigur der fundamentalen Unvereinbarkeit beider Kulturen" bezeichnet wird; ebenso Schirrmacher, C., Der Islam, Band 2, S. 332 f; auch H. Küng, Der Islam, S. 37, hier bezeichnenderweise ohne Hinweis auf die Steinigung durch Muslime; schließlich auch die Vita des hl. Antonius v. Padua (1195-1231), der als Augustinerchorherr nach einer Trauerfeier für fünf von Muslimen in Marokko ermordete Franziskanermönche in den Franziskanerorden eintrat, dann selbst zur Missionierung dorthin zu reisen beabsichtigte, aber durch eine schwere Krankheit daran gehindert worden war.

157 Vgl. Phillips, J., Heiliger Krieg, S. 11, mit den hier zitierten Zusatzmotivationen.

158 www.katholisches.info › - Christenverfolgung

kehr und Wiedersehen. Wie viele Kreuzfahrer wünschten „sich sehnsüchtig, wohlbehalten zu ihren Familien zurückzukehren"![151]

Die inzwischen bekannt gewordenen Testamente vieler Kreuzfahrer spiegeln die Befürchtungen, die Heimat nicht mehr wiederzusehen.[152] Nicht wenige, die aus dem Heiligen Land heimkehrten, zählten zu den Verarmten. Allerdings gehörte zu den Privilegien der Kreuzfahrer neben dem Ablass auch die Zusicherung, „dass ihre Familien und Besitztümer während ihrer Abwesenheit geschützt würden".[153] Nur jenen Kreuzzugsteilnehmern, die unterwegs zu Wasser oder zu Land starben oder auch „im Kampf gegen die Heiden die Fesseln des Erdenlebens" ablegten, erteilte Urban II. die Absolution aller Sünden.[154] Ein Generalablass wurde erst etwa 100 Jahre nach Kreuzzugsbeginn gewährt. *Bekehrungsversuche an den Muslimen*, gar Zwangsbekehrungen zählten keineswegs zur Ursprungsintention der Kreuzzugsbewegung.

Zu den sehr geläufigen historischen Irrtümern zählt die Meinung, „dass die Kreuzzüge mit dem Ziel geführt wurden, Muslime gewaltsam zum Christentum zu bekehren. Entgegen dieser Behauptung ist das Fehlen jeglichen Aufrufs Papst Urbans II. an die Kreuzfahrer, die Muslime zu bekehren, offensichtlich. In keinem der Berichte über Papst Urbans Erklärung auf dem Konzil von Clermont findet sich irgendeine derartige Aufforderung. Erst im 13. Jahrhundert – über 100 Jahre nach dem ersten Kreuzzug – kam es dazu, dass europäische Christen einen koordinierten Versuch unternahmen, Muslime zum Christentum zu bekehren. Das geschah, als die Franziskaner in jenen Gebieten, die von den Kreuzfahrern besetzt worden waren, mit der Mission unter Muslimen begannen. Allerdings blieb dieser Versuch weitgehend erfolglos",[155] letztlich unter anderem auch das Bemühen von Franz von Assisi (1181/82-1226).[156]

---

151 Ebd., S. 62.
152 Vgl. dazu Hesemann, M., Die Dunkelmänner, S. 119.
153 Riley-Smith, J., Wozu heilige Kriege?, S. 11.
154 Zu den Privilegien der Kreuzfahrer (Ablässe, Befreiung von Steuern und Zöllen, Stundung von privaten Schulden) vgl. ebd., S. 110-114; auch Phillips, J., Heiliger Krieg, S. 26 f.
155 Zitiert von Robert Spencer in einem Interview, in: http//www.kath.net/detail.php?id=13393
156 Vgl. Elm, K., Die Kreuzzüge, S. 15; auch Angenendt, A., Toleranz und Gewalt, S. 432 f.; ebenso das Leben und Wirken von Raimundus Lullus

Hochadels und der Ritterschaft begeistert die ersten vier Kreuzzugsheere. Unter der kirchlichen Gesamtleitung des päpstlichen Legaten gingen sie ihnen als weltliche Anführer voran, ein Kreuz auf ihrer Kleidung aufgenäht. Dazu war von ihnen ein meist hoher materieller Einsatz zur Finanzierung[144] dieser auch militärischen Unternehmungen gefordert. Den völligen Verlust von Hab und Gut mussten sie einkalkulieren.

So vermachte *Gottfried von Bouillon* seine Grafschaft Verdun dem französischen König, um sein Heer aufstellen zu können. Andere Ritter hatten für den langen und entbehrungsreichen Zug ins Heilige Land geschätzte *vier bis fünf Jahreseinkommen* aufzubringen,[145] Wieder andere nahmen ein Darlehen auf. Manche Familien „mussten ... mehr als einen Kreuzfahrer unterstützen, weil Bruder oder Vater und Sohn gemeinsam gingen".[146] Die daheimgebliebenen Familien[147] mussten weiter ernährt werden, das Familienvermögen sollte erhalten bleiben. Die These, dass die Kreuzzüge primär ökonomisch motiviert waren, lässt sich vor diesem Hintergrund ganz gewiss nicht belegen. „Die lange Abwesenheit von der Heimat bedrohte im Gegenteil den Zusammenhalt der Familien und den Bestand des Besitzes."[148]

Für alle, die in der Nachfolge Jesu „das Kreuz nahmen", Adlige und Nichtadlige, Arme und Reiche, zählte die Bereitschaft, bei diesem religiösen Pilgerweg *(peregrinatio religiosa)* außerordentliche Belastungen und Gefahren[149] auf der etwa 4.800 Kilometer langen Reise[150] auf sich zu nehmen. Vor allem mussten sie die eigene Familie und Heimat verlassen, ohne die Sicherheit auf Rück-

---

144 Vgl. ders., Wozu heilige Kriege?, S. 75-83.
145 Vgl. Phillips, J., Heiliger Krieg, S. 36.
146 Ebd.
147 Vgl. dazu Riley-Smith, J., a. a. O., S. 23, mit der Feststellung, „dass kein verheirateter junger Mann ohne Einwilligung seiner Gattin dem christlichen Heer beitreten" durfte.
148 Ders., Die Kreuzzüge, S. 5; vgl. auch ebd. die Feststellung: „Bis vor dreißig Jahren [etwa 1960] glaubten nur wenige Historiker, dass die Kreuzfahrer vornehmlich aus religiöser Absicht handelten. Diese Ansicht erschien so abwegig, dass man zur Erklärung der Kreuzzugsmotive allein den Wunsch nach Landnahme und Bereicherung anführte."
149 Vgl. dazu Pernoud, R., Die Kreuzzüge in Augenzeugenberichten, S. 68-71.
150 Phillips, J., Heiliger Krieg, S. 35.

an das Wort Jesu: „Und wer nicht sein Kreuz auf sich nimmt, ist meiner nicht wert" (Matthäus 10,38).

Mit der „Kreuznahme" war auch die Sehnsucht verbunden, die Heilige Stadt Jerusalem mit eigenen Augen zu sehen, das Zentrum der Heilsgeschichte von Tod und Auferstehung Christi und das Symbol des himmlischen Jerusalem.[137] Das Kreuz zu nehmen, sich ein Kreuz auf die Kleidung aufzunähen,[138] die Waffen anzulegen und nach Jerusalem zu ziehen, bedeutete auch, sich der Gefolgschaft des königlichen Lehnsherrn Jesus Christus und dessen *militia* (Heer) anzuschließen. Zugleich verstanden sich die Kreuzfahrer aber auch „als das auserwählte Volk, die neuen Hebräer und die Kinder Israels, die auf Jahwes Geheiß aufbrachen und sich ... seiner Führung unterstellten ... Ihr Zug war wie der Zug durch das Rote Meer, von Wundern ... begleitet."[139]

Die äußerst strapaziöse und risikoreiche Wallfahrt dorthin mit einer Dauer von etwa drei Jahren[140] (1. Kreuzzug 1096-1099) verstanden die Kreuzfahrer als ein Werk tätiger Liebe, insbesondere auch als einen Bußgang für ihre Sünden,[141] verbunden mit einem Ablass und der Sündenvergebung. Dabei ist zu berücksichtigen: die „sündentilgend-verdienstliche Wirkung" der (bisher unbewaffneten) Wallfahrten war übrigens „schon seit Jahrhunderten selbstverständlich.[142] Jedenfalls dürften viele Kreuzzugsteilnehmer „eine tiefgreifende religiöse Erfahrung" gemacht haben.[143]

Fast ausnahmslos als „Söhne und Erben bedeutender Herzogtümer und Grafschaften" organisierten die Angehörigen des

---

137 Vgl. dazu Riley-Smith, J., Die Kreuzzüge. Kriege im Namen Gottes, aus dem Englischen von Michaela Diers, Freiburg, Basel, Wien 1999, S. 20.
138 Vgl. Elm, K., Die Kreuzzüge, S. 7; das über der Rüstung getragene Stoffkreuz sollte Jahrhunderte später der Kreuzzugsbewegung den Namen geben.
139 Ebd., S. 8.
140 Vgl. ebd., S. 3; ebenso Mayer, H. E., Geschichte der Kreuzzüge, S. 53-80, mit einer Beschreibung des 1. Kreuzzuges (1096-1099); zum Problem der sprachlichen Verständigung vgl. Ciggaar, Krijnie, Sprachliche Verständigung, in: Wieczorek, Alfried, u. a. (Hg.), Saladin und die Kreuzfahrer, S. 425 ff.
141 Vgl. dazu Riley-Smith, J., Wozu heilige Kriege?, S. 93-100.
142 Angenendt, A., Toleranz und Gewalt, S. 421; vgl. auch S. 422 f. mit einer Erklärung des Kreuzzugsablasses; zur Frage des Bußpilgerns und des Kreuzzugsablasses vgl. ebenso Mayer, H. E., Geschichte der Kirche, S. 37-52; auch Riley-Smith, J., Wozu heilige Kriege?, S. 100-107.
143 Riley-Smith, J., Art. Kreuzzüge, in: TRE 20, Berlin, New York, S. 2.

So erfasste sie „Männer und Frauen aus allen Regionen Westeuropas und aus allen sozialen Klassen. Sie sprachen zugleich die Intellektuellen und die einfachen Menschen an, so dass wir vor einem breiten Spektrum von Ideen stehen: von den Raffiniertesten bis zu den Primitivsten, von den Gipfeln der Moraltheologie bis in die Niederungen antisemitischer Blutrünstigkeit."[131]

Es kam zu dieser bislang noch nie da gewesenen religiösen Massenbewegung, zu diesem *mittelalterlichen, nie zuvor dagewesenen Großereignis*. Hinter der Solidarität mit den bedrängten Christen im Orient stand dabei auch das ritterliche Ideal der Hilfe für Schwache, Arme und Bedrängte. Mit Papst Urban II. und vielen Bischöfen[132] verbreiteten hunderte, vielleicht auch tausende kirchlich beauftragte Predigermönche,[133] die Korankenntnisse vorweisen mussten,[134] den Aufruf an die Ritterschaft und an das Volk zur Teilnahme am Kreuzzug. Dazu kamen aber auch selbsternannte, nicht autorisierte Wanderprediger, die zur Teilnahme am Kreuzzug aufriefen. Die subjektive, wohl manchmal auch inhaltlich verfälschende Ausschmückung der Papstrede trug gewiss nicht selten zu deren Erfolg bei.[135]

Die „bewaffneten Wallfahrten" waren also zu Beginn grundlegend gekennzeichnet durch eine *eindeutig geistlich-religiöse Motivation*,[136] dazu kamen unterschiedliche Einzelmotive. Den Teilnehmern boten diese Wallfahrten die Gelegenheit, quasi am Leiden und am Opfertod Christi teilzunehmen (*imitatio Christi*) und das Ideal des Lebens der Apostel in der Kreuzesnachfolge Jesu zu realisieren (*vita apostolica)*, indem man mit und für Christus Strapazen, Hunger und Durst, Armut und Krankheit zu erleiden auf sich nahm. Ein zentraler Motivationsgrund ist mit dem Wort zu umschreiben: „Wo seine Füße standen" (Ubi steterunt pedes eius). Papst Urban II erinnerte in seiner folgenreichen Rede auch

---

131 Riley-Smith, J., Die Kreuzzugsbewegung und die Historiker, S. 17.
132 Vgl. Stark, R., Gottes Krieger, S. 149.
133 Vgl. ebd., S. 148; auch Pernoud, R., S. 25.
134 Vgl. dazu ebd., S. 275.
135 Vgl. Hesemann, M., Die Dunkelmänner, S. 120.
136 Vgl. dazu Brandmüller, Walter, Licht und Schatten, Kirchengeschichte zwischen Glaube, Fakten und Legenden, Augsburg 2008, S. 97; ebenso Elm, E., Die Kreuzzüge, S. 11, mit Verweis auf einige weitere Historiker, die diese Ansicht teilen.

Im Aufruf Papst Urbans II.[127] heißt es wörtlich: „Denn die Gläubigen wurden, wie die meisten von euch bereits gehört haben, von Türken und Arabern angegriffen und das Territorium der 'Romania' (des hellenistischen, also griechischen Imperiums), das im Westen bis zur Mittelmeerküste und dem Hellespont (Dardanellen), der der Arm St. Georgs genannt wird, reichte, wurde erobert. Sie haben immer mehr Länder der dortigen Christen besetzt und diese in sieben Kriegen besiegt. Sie haben viele von ihnen getötet und gefangen genommen, die Kirchen zerstört und das Kaiserreich (von Byzanz) verwüstet. Wenn man sie das weiter ungestraft tun lässt, werden die Gläubigen in einem noch weit größeren Ausmaß von ihnen angegriffen werden."

Der päpstliche Aufruf, begleitet vom begeisterten Rechtfertigungsruf „Gott will es", löste im gesamten Abendland eine außergewöhnliche, von Heilserwartungen erfüllte Welle der Begeisterung und Aufbruchsstimmung aus, die über einen gewissen Zeitraum auch anhielt. Päpste, Kaiser und Könige, Bischöfe und Adelige sowie alle Bevölkerungsschichten im gesamten Abendland waren für längere Zeit vom Gedanken erfüllt, als Pilger Gottes das Heilige Land zu befreien, auch im Kampf für „das Erbe Christi" (*hereditas Christi*)[128] gleichsam die irdischen Hinterlassenschaften des menschgewordenen Gottessohnes zu schützen und zu verteidigen.

Der christliche Glaube war also die „Haupttriebkraft, welche die christlichen Heere nach Osten drängen ließ".[129] Dieser Glaube ließ größte Opfer bringen. Er machte zugleich außergewöhnliche Leistungen möglich. Die Kreuzzüge sollten nicht nur eine Sache des Papstes oder „der" Kirche allein werden. Sie wurden vielmehr „eine absolute Massenbewegung, die von einer ganzen Zivilisation akzeptiert und gestützt wurde ..."[130].

---

127 Zitiert von Robert Spencer in einem Interview, in: http//www.kath.net/detail.php?id=13393
128 Zum spirituellen Hintergrund, der sich im Kontext der Geschichte der Kreuzzüge mit diesem und anderen Begriffen (s. u.) verbindet, vgl. Elm, K., Die Kreuzzüge, S. 7-9.
129 Runciman, S., Geschichte der Kreuzzüge, S. 1259; zur Pilgerfahrt als Kennzeichen der mittelalterlichen Frömmigkeit; vgl. auch Phillips, J., Heiliger Krieg, S. 28.
130 Phillips, J., ebd., S. 11.

ge. Also nicht – wie ständig behauptet – aus Willkür, Habgier, aus Gründen der Glaubensverbreitung u. a. m., sondern aufgrund der flehentliche Bitten der orthodoxen Christen um Beistand wurde die militärische Gegenreaktion eingeleitet.

Papst Urban II., „eine imposante und autoritätsheischende Erscheinung",[123] hielt nach diesen drängenden Anfragen beim Konzil der westeuropäischen Bischöfe im französischen Clermont[124] im Jahre 1095 eine aufrüttelnde Predigt,[125] in der er die „bewaffneten Wallfahrten" bzw. „bewaffneten Pilgerfahrten" zur solidarischen Hilfe für die orientalischen Mitchristen, zur Befreiung Jerusalems „aus den Händen der Ungläubigen" sowie zum Schutz der Pilgerwege ins Heilige Land initiierte und autorisierte.[126] Die Präsenz der Christen an den für sie heiligen Stätten, aber auch deren Lebensexistenz selbst waren höchst gefährdet.

Hinter dem flammenden Aufruf des Papstes standen gewiss auch die Fragen: Sollte die Kirche tatenlos zusehen, wie ein christlich geprägtes Land nach dem anderen von den islamischen Heeren einfach überrannt, erobert und entchristlicht wird? Sollte sie zusehen, wie die Christen in den von Muslimen eroberten Ländern ständig weiteren Diskriminierungen, Drangsalierungen und Repressalien, der Vertreibung und Tötung durch die Muslime ausgesetzt werden? Oder sollten die Christen einfach die Wange hinhalten (vgl. Matthäus 5,39), die Schwerter an ihrem Platz lassen (vgl. ebd., 26,52), Böses nicht mit Bösem vergelten (vgl. 1 Petrus 3,9)?

---

123 Bull, Marcus, Ursprünge, in: Riley-Smith, J., Illustrierte Geschichte der Kreuzzüge, S. 45.
124 Vgl. dazu Phillips, J., Heiliger Krieg, S. 31.
125 Vgl. Riley-Smith, J., Wozu heilige Kriege?, S. 64-74, mit Ausführungen zu den Kreuzzugspredigten.
126 Diese Rede liegt in vier Versionen vor: vgl. dazu S. Runciman, Geschichte der Kreuzzüge, S. 105 f.; auch Hesemann, M., a. a. O., S. 117; vgl. insbesondere die Fassung des Chronisten Fulcher v. Chartres, in: Pernoud, Regine, Die Kreuzzüge in Augenzeugenberichten, Düsseldorf 1961, S. 21 f.; vgl. ebd., S. 363-365, ein Verzeichnis zahlreicher christlicher und muslimischer Chronisten; auch den päpstlichen Aufruf nach den Aufzeichnungen von Wilhelm v. Tyrus (gest. um 1185), in: Läpple, Alfred, Report der Kirchengeschichte, München 1968, S. 178; siehe auch den päpstlichen Aufruf nach den Worten des Robert von Reims, in: Phillips, J., Heiliger Krieg, S. 23.

2. Der Beginn der Kreuzzugsbewegung (1095)

Dem Beginn der Kreuzzugsbewegung gingen die jahrhundertelangen Abwehrkämpfe gegen die Eroberungszüge der muslimischen Araber voraus. Vom 7. Jahrhundert an bis ins 11. Jahrhundert wurde über die Hälfte der christlich besiedelten Regionen erobert und islamisiert. Im 11. Jahrhundert brachten dann muslimische Seldschuken das Byzantinische Reich bei verschiedenen Angriffskriegen immer mehr in Bedrängnis. Bereits im Jahre 1071 bat *der byzantinische Kaiser Michael VII.* nach der gegen die Seldschuken verlorenen *Schlacht von Mantzikert* den römischen Papst dringend um militärische Hilfe gegen den Islam, obwohl die Wunden noch frisch waren, die das Schisma von 1054 geschlagen hatte. Sein Nachfolger, *Alexius I. Kommenos*, überwand „den Stolz und die Vorurteile, die man in Konstantinopel gegenüber der Kirche Roms hegte" und wiederholte in seiner Verzweiflung diese Bitte an die abendländische Kirche um militärischen Beistand.[121]. Es ging jetzt „um das nackte Überleben."[122] Diese historischen Fakten hindern viele Kirchenkritiker nicht daran, wahrheitswidrig vom „unprovozierten Angriff auf die Territorien eines toleranten und friedliebenden Islam" u. ä. zu sprechen.

Das Weströmische Reich hatte nach seinem Untergang seit dem 5. Jahrhundert ein politisches und militärisches Machtvakuum hinterlassen. Bis zur Krönung Kaiser Karls des Großen im Petersdom in Rom im Jahre 800 war das Papsttum die einzige konstante und anerkannte Institution, die mit entsprechenden Befugnissen und Möglichkeiten für Sicherheit und Ordnung ausgestattet war.

Wie noterfüllt und dringlich die Hilferufe der beiden Kaiser von Byzanz waren, lässt sich daran erkennen, dass sich erst wenige Jahre zuvor die Ost- und die Westkirche in der *großen Glaubensspaltung von 1054* voneinander getrennt hatten. Zu jener Zeit gab es also keinerlei Formen „freundschaftlich-ökumenischer Beziehungen" zwischen der morgenländischen und der abendländischen Kirche. Diese Hilferufe von Byzanz waren also keineswegs selbstverständlich, ebenso wenig die von Rom erhoffte Hilfezusa-

---
121 Hesemann, M., Die Dunkelmänner, S. 116.
122 Ebd.

(2) Ein gerechter Grund, der den Krieg rechtfertigt (etwa Notwehr, Nothilfe, Selbstverteidigung), wobei „gerecht" niemals heißen kann, Krieg sei ein anzustrebendes Gut.
(3) Die rechte Intention, die rechte Gesinnung (etwa das Ziel, Frieden zu schließen).

Dabei ergänzte Thomas von Aquin noch: Die Übel eines Krieges müssen in Kauf genommen werden, wenn Unrechttäter und ihre möglichen Nachahmer nur auf diese Weise von weiteren sündhaften, menschenverachtenden Verhaltensweisen abgehalten werden können. Dabei gilt gleicherweise: Krieg ist immer ein Übel, auf das nur nach Ausschöpfung aller auf Frieden ausgerichteten Bemühungen zurückgegriffen werden darf. Auch ein in Notwehr geführter Krieg ist niemals gerecht in dem Sinne, dass niemand dabei ohne Schuld bleibt. Denn auch in diesem Fall gibt es Situationen des „unverschuldet Schuldigwerdens, ... wo die Seele die Qual des Schuldigwerdens auf sich nehmen muss" (Dietrich Bonhoeffer).

Nach der biblisch-neutestamentlichen Botschaft sind Angriffskriege zur Verbreitung des christlichen Glaubens, ebenso die auch im Raum der Christenheit vereinzelt nachweisbaren Zwangsbekehrungen – wie etwa jene bei Karl dem Großen (768-814) – unter keinen Umständen erlaubt.[119] Sie sind mit dem Evangelium unvereinbar. So ist die Feststellung zutreffend:

> „Im Christentum suchen wir vergebens nach einer Definition des Glaubens gegen den Unglauben bzw. die Verpflichtung der Gläubigen auf die Tötung der Ungläubigen um des Evangeliums willen. Wir suchen im Christentum also vergeblich nach genau der Definition, welche die unverzichtbare Existenzgrundlage des Islam ist."[120]

Mit der *bellum-justum*-Lehre konnten/können die Kreuzzüge ethisch und rechtstheoretisch begründet und gerechtfertigt werden. Das Recht auf Notwehr und Selbstverteidigung und die Pflicht der Nothilfe als Naturrecht ist jedoch keineswegs eine Perversion der Friedensbotschaft Jesu, vielmehr deren praktische Umsetzung. Das Postulat des gerechten Krieges dürfte weithin christliches Gemeingut sein.

---

119 Nach dem katholischen Kirchenrecht darf kein Zwang zur Annahme des katholischen Glaubens eingesetzt werden, vgl. can. 748 § 2 CIC, auch can. 586 CCEO.
120 Raddatz, H.-P., Von Allah zum Terror?, S. 121.

E Die Zeit der Kreuzzüge bzw. der „bewaffneten Wallfahrten" (1095-1291)[116]

1. Die Lehre vom „gerechten Krieg" (bellum iustum)[117]

Zunächst soll hier der Frage nachgegangen werden, ob die im Namen Gottes geführten Kreuzzüge („Gott will es") auch mit Recht in seinem Namen geführt wurden. Die Lehre vom gerechten Krieg geht auf den Kirchenvater Augustinus (354-430) zurück, der seinerseits eine Lehre der antiken Stoa aufgriff und theologisch vertiefte. Als Ausgangspunkt seiner Argumentation wählte er Lukas 14,23: „Geh hinaus an die Landstraßen und die Zäune und nötige sie hereinzukommen, damit mein Haus voll werde." In dieser Aufforderung „nötige sie, hereinzukommen" (compelle intrare) erkannte Augustinus[118] die Rechtfertigung eines gerechten Krieges.

Mit diesem lukanischen „Nötigen" kann im Sinne Jesu jedoch keinesfalls ein Zwingen verstanden werden, womöglich gar noch ein Zwingen mit physischer und/oder psychischer Gewalt. Es entspricht vielmehr etwa jenem „Nötigen", mit dem nach Lukas 24,29 die Emmaus-Jünger den von ihnen noch nicht erkannten Herrn (nach orientalischer Sitte eindringlich-freundschaftlich) „nötigten", d. h. ihn inständig baten, bei ihnen zu bleiben. Im Laufe der Kirchengeschichte sollte es bedauerlicherweise immer wieder auch zu Missdeutungen oder gar zum Missbrauch dieser biblischen Aufforderung kommen.

Thomas von Aquin (1225-1274) brachte die bei Augustinus verstreut zu findenden ethischen Kriterien für einen gerechten Krieg in die Reihenfolge:

(1) Die legitime Autorität, die zum Krieg aufruft (kirchliche oder weltliche Autoritäten).

---

116 Vgl. dazu Riley-Smith, J., Wozu heilige Kriege?, S. 147-152, mit einer „Zeittafel" bis 1291 sowie bis 1898, S. 152-157.
117 Vgl. dazu Weisenberg, Timo J., Die Friedenslehre des Augustinus. Theologische Grundlagen und ethische Entfaltung, Stuttgart 2005, insbesondere die Seiten 512, 519, 521; auch Katechismus der Katholischen Kirche (KKK), München 1993, S. 572 (Nr. 2243), S. 586-588 (Nr. 2307-2317); ebenso Elm, K. Die Kreuzzüge, S. 6 f., 15 f.
118 Vgl. dazu auch Rhonheimer, Martin, Christentum und säkularer Staat, Geschichte-Gegenwart-Zukunft, 4. Auflage, Freiburg, Basel, Wien 2014, S. 336 f.

R. Glagow beschreibt diese Divergenzen wie folgt: „Die Verbreitung des Christentums vollzog sich infolge einer Jahrhunderte langen missionarischen Durchdringung der Völker des Imperium Romanum. Der Staat wurde erst christlich, als die Mehrheit seiner Untertanen **durch friedliche Überzeugung** die neue Religion im inneren Widerstand zum heidnischen Staatskult angenommen hatte. **Die Christianisierung der römischen Staatsidee schuf das christliche Reich.** Von Beginn an blieb jedoch das Bewusstsein lebendig, dass **christlicher Glaube und weltlicher Staat zwei unterschiedlich zu bewertende Größen** waren. Jesus hatte gesagt, sein Reich sei nicht von dieser Welt. Im christlichen Westen wurden bereits im Investiturstreit (11. Jh.) beide Sphären voneinander getrennt. Dem päpstlich-theokratischen Herrschaftsstreben wurde spätestens im 14. Jahrhundert durch die westlichen Nationalstaaten ein Ende bereitet.

Die **Verbreitung des Islam geschah infolge der Eroberungen eines islamisch-theokratischen Staates.** Die Religion schuf sich ihren Staat. Der Islam folgte als bestimmende **religiös-politische** Kraft seinen Heeren. Es waren nicht zuletzt kriegerische Ereignisse, die eine große Rolle bei der Entwicklung des islamischen Gesetzes und der islamischen Theologie spielten. Die Umma-Idee, durch das Beispiel des Religionsgründers sakrosankt, legte für immer als wichtigen Glaubensgrundsatz die Einheit von Religion, Staat, Politik und Recht fest."[115] (Hervorhebungen: U. H.)

$$\text{Es gibt}$$
keinen moderaten
oder nicht-moderaten Islam.
Islam ist Islam,
und damit hat es sich.

Recep Tayyip Erdogan, türk. Ministerpräsident (2007)

---

115 Glagow, R., Die Dschihad-Tradition im Islam, in: R. C. Meier-Walser/R. Glagow (Hg.), Die islamische Herausforderung – eine kritische Bestandsaufnahme von Konfliktpotenzialen, S. 45.

Massaker und Versklavung.[112] Aus Mehrheiten wurden so *allmählich Minderheiten im eigenen Land*.

Bei der Islamisierung ging es dabei keineswegs primär darum, durch kollektive Zwangskonversion die Menschen zum Islam zu bekehren, sondern ihnen korankonform *die Ordnung und das Gesetz Allahs* aufzuzwingen und das islamische Territorium zu vergrößern. Es ging also immer um wirtschafliche, politische und gesellschaftliche Ziele. Die Präsenz christlicher Gruppierungen in den verschiedenen Ländern Nordafrikas und des Mittleren Ostens bis heute verweist u. a. auf diese Gegebenheit.

Gelegentlich führte der Weg der Hinwendung der Menschen zum Islam nicht „durch das Schwert" mit Waffengewalt und militärischem Kampf, sondern durch „Herz, Zunge und Hände", nämlich über *friedliche Bekehrungsbemühungen* durch Bekanntgabe der islamischen Glaubensinhalte und Lebensregeln, ebenso auch über die Methoden der Propaganda und Bestechung. Nicht selten wurden Konversionen zum Islam aus Angst und Unsicherheit vollzogen, aber auch, um Vorteile zu gewinnen.[113] Es gab sogenannte Vertragskonversionen, die sich von den Überzeugungskonversionen unterschieden. Auch die Ungleichbehandlung von Nichtmuslimen gegenüber Muslimen durch permanente Diskriminierung und Demütigung sollte zu einer *allmählich auch religiösen Islamisierung* führen. Durch diese Ungleichbehandlung sollte der Übertritt zum Islam schmackhaft gemacht werden. Insgesamt nahmen die Menschen jedoch in den vom Islam usurpierten Ländern die Religion Mohammeds trotz der bedrückenden Bedingungen nur langsam an.[114]

In der differenzierten Betrachtung der jeweiligen geschichtlichen Anfänge und der Verbreitung der beiden Weltreligionen Christentum und Islam kann auf *zwei gegenläufige Fakten* verwiesen werden:

(1) Friedliche Verbreitung des Christentum – Kriegerische Verbreitung des Islam.
(2) Aus der allmählichen Christianisierung entwickelte sich das christliche Reich – Die Islamisierung erfolgte auf der Grundlage der „sakrosankten" Einheitsvorstellung von Religion und Staat.

---

112 Zur Sklaverei vgl. Warraq, I. Warum ich kein Muslim bin, S. 283-286.
113 Vgl. Ye'or, B. Der Niedergang des orientalischen Christentums unter dem Islam, S. 265 f.
114 Vgl. dazu Stark, R., Gottes Krieger, S. 47-51.

Es rühmen sich in der Tat nicht nur England, Frankreich, die Niederlande, Friesland, Dänemark, Deutschland und Skandinavien, sondern auch zahlreiche slawische Länder, von diesen Mönchen, die sie als ihren Stolz und als die ruhmreichen Begründer ihrer Zivilisation betrachten, evangelisiert worden zu sein."[110]

Mit dem *Toleranzedikt von Mailand* gewährte Kaiser Konstantin I. im Jahre 313 allen Menschen die Freiheit, jener Religion anzuhängen, die sie für sich erwählt haben. Durch die „Mailänder Vereinbarung" konnten die Christen ihren Glauben ohne Angst vor Verfolgung leben. Aus den kleinsten Anfängen heraus und über lange Zeiten der Verfolgung hinweg entwickelte sich die Kirche zur prägenden Größe der abendländisch-europäischen Kultur mit heute weltweiter Dimension. Dabei gab es zu späteren Zeiten manchmal auch bestimmte Methoden der christlichen Glaubensverbreitung, die gegen die Botschaft und Lehre Jesu, gegen seine Lebensgesinnung und Lebenspraxis verstoßen haben. Doch christliche Mission, die Ausbreitung des christlichen Glaubens mit Gewalt widerspricht ganz eindeutig der Botschaft und dem Leben Jesu. Auch im Alten Testament wird nirgendwo Krieg und Mission miteinander verbunden.

Völlig andersartig und weltgeschichtlich ohne Beispiel verlief jedoch die (oben bereits beschriebene) außergewöhnlich *rasche und territorial weiträumige, gewaltsame Ausbreitung des Islam.*

„Die Ausbreitung des Islam im 7. Jahrhundert ging mit einer massiven, nach Umfang und Geschwindigkeit beispiellosen Migration arabischer Völker in die Länder des byzantinischen Reiches und des Sassaniden-Reiches einher."[111]

Sie erfolgte nicht allein oder gar primär über die Verbreitung der Lehre, auch nicht in Form des freundlich-einladenden „Verteilens von Blumensträußen", wie ein Blogger mit einer Metapher bemerkt. Die Lehre Mohammeds wurde vielmehr von Anfang an durch eine *Spirale der Gewalt und des Todes, „mit Feuer und Schwert"* verbreitet. Die Bevölkerung in den Städten und Landstrichen wurde dabei meistens zwangsweise der islamischen Herrschaft unterworfen, verknüpft mit Plünderungen, Brandschatzungen und Vergewaltigungen sowie mit deren Ausdünnung durch

---

110 Enzyklika „Fulgens radiatur", 21.03.1947.
111 Huntington, S. P., Kampf der Kulturen, S. 338.

Insbesondere auch *das karitative Wirken der Christen* erwies sich als stabilisierendes Element der Verbreitung des christlichen Glaubens,[109] so auch die auffällige Sorge für die Kranken und Armen, der barmherzige Umgang mit den Schwachen und der Respekt gegenüber den Toten. Die Verkündigung des Glaubens und das Zeugnis der Nächstenliebe zeigten ihre Wirkung trotz, vielleicht sogar wegen der *Verfolgungen,* denen die Christen der ersten drei Jahrhunderte ausgesetzt waren.

Pius XII., Papst von 1939-1958, schildert die Evangelisierung und Kultivierung Europas durch „die Söhne des heiligen Benedikt" mit folgenden Worten: „Wie in vergangenen Jahrhunderten die römischen Legionen auf den konsularischen Straßen ausgezogen sind, weil sie alle Nationen der Herrschaft der Ewigen Stadt unterwerfen wollten, so sind vom Papst unzählige Kohorten von Mönchen, deren Waffen 'nicht irdisch waren, sondern aus der Macht Gottes bestanden' (2 Kor 10,4), ausgeschickt worden, um das Friedensreich Jesu Christi bis an die Enden der Erde aufzurichten, und zwar nicht durch Schwert, Gewalt und Mord, sondern durch Kreuz und Pflug, Wahrheit und Liebe.

Wohin auch immer diese unbewaffneten Truppen, die aus Predigern der christlichen Lehre, aus Handwerkern, Bauern und Lehrern der menschlichen und göttlichen Wissenschaften bestanden, ihren Fuß setzten, wurde der bewaldete oder brachliegende Boden von der Pflugschar aufgebrochen, Künste und Wissenschaften schlugen ihre Wohnstatt auf, die Bewohner legten ihre ungehobelte und unkultivierte Lebensart ab, wurden zu sozialen Beziehungen befähigt und offen für die Kultur; vor ihnen leuchtete als lebendiges Vorbild das Licht des Evangeliums und der Tugend. Zahllose, von der himmlischen Liebe entflammte Apostel durchstreiften die noch unbekannten und unbefriedeten Gebiete Europas; hochherzig haben sie diese mit ihrem Schweiß und ihrem Blut getränkt, ihre Bewohner befriedet und ihnen das Licht der katholischen Wahrheit und der Heiligkeit gebracht ...

---

109 Vgl. Beinert, Wolfgang, Das Christentum. Atem der Freiheit, Freiburg, Basel, Wien 2000, S. 69; ebenso Woods, Thomas E., Sternstunden statt dunkles Mittelalter. Die katholische Kirche und der Aufbau der abendländischen Zivilisation, Aachen 2006, S. 221-242.

Menschensohn aber hat keinen Ort, wo er sein Haupt hinlegen kann" (Matthäus 8,20).

Bei Ablehnung ihrer Botschaft und ihrer Person sollten die Jünger den Staub von ihren Füßen schütteln (Markus 6,10 f.), eine Anordnung, die an den Ritus der Reinigung erinnert, den die Israeliten nach der Rückkehr aus einem heidnischen Land vollzogen. Jesus wollte damit wohl sagen: Geht einfach weiter, schüttelt alles Negative ab, was ihr erfahren habt. Die Jünger wurden von Jesus jedenfalls nicht ausgesandt „mit gefüllten Taschen", sondern mit einfachster Ausrüstung (vgl. Markus 6,8 ff.). Sie wurden von Jesus nicht ausgesandt, um zu streiten, sondern um zu heilen. Selbstverständlich wurden sie auch nicht als hoch aufgerüstete Kämpfer ausgesandt, die Andersdenkende mit ihrem Schwert und ihrer Botschaft bedrängen und unterjochen sollten, vielmehr wie friedfertige, wehrlose Schafe, die damit rechnen müssen, unter Wölfe (vgl. Lukas 10,3) bzw. in Bedrängnis zu geraten (vgl. Johannes 16,33). Hinter diesen Anweisungen Jesu, der auch mit der Ablehnung seiner Botschaft rechnet, steht auch die Überzeugung: Gott will die freie Entscheidung jedes Menschen, auch und gerade in Angelegenheiten des Glaubens.

Der christliche Glaube wurde nach einer „Missionsstrategie" verbreitet, die mit der anschaulichen Redewendung *„Per pedes apostolorum"* umschrieben werden kann. Danach haben die Apostel und die nachfolgenden Glaubensverkünder in den ersten drei Jahrhunderten den christlichen Glauben unbewaffnet und „per pedes" („zu Fuß") in die damals bekannte Welt getragen, natürlich auch per Schiff, wohl auch mit Esel, Pferd und Wagen. „Sie aber zogen aus und predigten überall" (Markus 16,20; vgl. auch Apostelgeschichte 2,14-36 mit der Pfingstpredigt des Petrus). Die Missionsmethode des Völkerapostels Paulus ist u. a. auch gut erkennbar in dessen Rede vor dem Areopag in Athen (vgl. Apostelgeschichte 17,22-34).

Mit der „Mikro-Kommunikation", der „Mund-zu-Mund-Propaganda", kam im Laufe der Zeit ein immer stärker ausgebautes *Briefsystem* hinzu. Es wurde zu einem Kommunikationsnetzwerk, das einen intensiven Gedankenaustausch der an Zahl immer größer werdenden Gemeinden ermöglichte.[108] Briefe wurden unter den Christen zu einem wichtigen Medium der Kommunikation.

---

108 Vgl. http://www.uni.muenster.de/Religion-und-Politik/aktuelles/2012/ju..
Wie sich das frühe Christentum durchsetzen konnte.

kann die Dhimmitude mit ihrer Schutzgelderpressung, die von den Muslimen selbst wie von erklärten Islameuphorikern als „ein islamisches Toleranzmodell" gepriesen wird, charakterisiert werden als *das islamische System der Abhängigkeit und Repression und Willkür, als ein Unrechtssystem der finanziellen und kulturellen Ausbeutung sowie der Versklavung Andersgläubiger*[107]. Es ist ein System, das auf der Grundlage des islamischen Herrschaftsanspruches beruht.

Ohne zu hinterfragen, wird auch in den historischen Darstellungen diese Situation allzu oft als ein Zeichen des großmütigen und toleranten Verhaltens der Muslime den Juden und Christen gegenüber gewertet. In Wahrheit war sie jedoch viel eher Ausdruck islamischer Herrschaft und Unterwerfungsstrategie. Die Institution der „Schutzbefohlenen" war jedenfalls alles andere als ein „Kronjuwel in der Schatzkammer islamischer Toleranz", und islamische „Toleranz hieß: Duldung der Unterworfenen als Gedemütigte und Erniedrigte" (E. Flaig). Der Status der Dhimmis war letzten Endes nichts anderes als eine Form der institutionalisierten Schutzgelderpressung, der ständigen Diffamierung und der religiös motivierten Apartheid.

7. Christentum – Islam: Konträre Methoden der Glaubensverbreitung

Jesus selbst hat seine Botschaft vom Reich Gottes als *Wanderprediger* verkündet, der lehrend „von Stadt zu Stadt und von Dorf zu Dorf" zog (Lukas 13,22; vgl. auch Matthäus 4,23; 9,15; Markus 1,39; Lukas 4,14-44). Außer den 12 Aposteln berief er noch 72 weitere Jünger und sandte sie „zu zweien vor sich her in jede Stadt und Ortschaft, wohin er selbst kommen wollte" (Lukas 10,1; vgl. Markus 6,7). Er wies sie an, ohne Vorratstasche und Geldbeutel die Botschaft vom Reich Gottes zu verkünden, Krankheiten und Leiden zu heilen (vgl. Lukas 10,4-11; Markus 6,8) und zur Umkehr aufzurufen (vgl. Markus 6,12). Von sich selbst sagt Jesus: „Die Füchse haben ihre Höhlen und die Vögel ihre Nester; der

---

107 Zur Dhimmitude vgl. auch Meiser, H., Völkermorde, S. 75: „Auf der religiösen Grundlage der Scharia schuf der Islam damit als erste Weltreligion eine Apartheid, in der die christlichen und jüdischen Mehrheiten kolonisiert und allmählich islamisiert wurden ..."

ten blaue, die Juden gelbe Gürtel tragen. Die Diskriminierung der Juden führte zum Judenstern.
(2) Zahlung höherer Steuern, jeweils verbunden mit einem erniedrigenden Schlag auf den Kopf.
(3) Übergabe von Lebensmitteln und anderen (kriegerischen) Materialien an Durchreisende, insbesondere auch an das Militär.
(4) Vollstreckung der grausamsten Hinrichtungsarten in den meisten Fällen.

c. *Diskriminierungen*

Die „schutzbefohlenen" Dhimmis wurden so von den „toleranten" Muslimen in dreifacher Hinsicht diskriminiert und gesellschaftlich ungleich behandelt:
(1) *ungleich* vor dem Gesetz, (so galt z. B. die Zeugenaussage eines Dhimmi nicht gegen Muslime, die für ein Vergehen an einem Dhimmi nur halbe Strafe zu tragen hatten oder wegen eines Dhimmis nicht hingerichtet werden konnten),
(2) *ungleich* in den persönlichen Rechten und Ehren,
(3) *ungleich* bei der Steuer.

Während ein Muslim, der Christ werden wollte, alles verlor und um sein Leben bangen musste, bedeutete eine Konversion zum Islam dagegen: deutliche Verbesserung der Lebensbedingungen, existentielle Sicherheit, gesellschaftlichen Aufstieg[103] – und noch mehr. Ein Übertritt zum Islam führte „aus einem Dasein als gedemütigter und getretener Helot heraus zu einer Existenz als stolzer und tretender Herr".[104] Doch wie sind diese vom Islam den Vertretern der Buchreligion aufgezwungenen Verbote und Verpflichtungen vereinbar mit der gebetsmühlenartig wiederholten Behauptung, der Islam sei tolerant und friedfertig?

Mit den Steuern wurde den „Schutzbefohlenen" ein Reichtum abgepresst, der „den arabisch-islamischen Staat funktionsfähig"[105] machte. Die Anzahl der Juden und Christen, die als Dhimmis im Laufe der Jahrhunderte das Schicksal der Sklaverei zu erleiden hatten, kann derzeit nicht benannt werden.[106] Insgesamt gesehen

---

103 Vgl. Kleine-Hartlage, M., Das Dschihadsystem, S. 167.
104 Ebd.; vgl. die Definition des Islam als „Herrenreligion" (Max Weber).
105 Ye'or, B., Der Niedergang des orientalischen Christentums unter dem Islam, S. 120.
106 Vgl. ebd., S. 122.

Die durch Schutzgelderpressung angeblich „Beschützten" waren jedoch im Zweifelsfall immer *der Willkür ihrer „Beschützer" ausgeliefert*. Sie lebten in einem Zustand permanenter Verunsicherung. Gegen Übergriffe von Muslimen durften sie sich nicht wehren[101] und mussten sich ihnen gegenüber grundsätzlich unterwürfig zeigen. Allzu häufig wurde die Lebensgeschichte derer, die schönfärberisch als „Schutzbefohlene" bezeichnet wurden, zur Leidensgeschichte durch die jeweilige islamische Herrschaft und durch „das Prinzip der institutionalisierten Demütigung in Geboten und Verboten" (S. Kohlhammer). Im Einzelnen wurden ihnen die nachfolgenden Verbote bzw. Verpflichtungen[102] zwangsweise auferlegt:

a. Verbote:

(1) Das Tragen von Waffen, womit die Wehrunfähigkeit und damit zugleich in damaliger Zeit die Schutzlosigkeit sowie auch die Abwertung der Männer in ihrer Vollwertigkeit verbunden war.

(2) Die Übernahme politischer Ämter.

(3) Das Auftreten vor Gericht als Zeuge gegen einen Muslim.

(4) Das Bauen von Häusern, die höher sind als jene der Muslime.

(5) Das Reiten auf Pferden und Kamelen, wobei das Reiten auf einem Esel als Zeichen der Erniedrigung erlaubt war.

(6) Ein Sich-Wehren bei Schlägen von Muslimen. Beim Zurückschlagen wurde die Hand des „Schutzbefohlenen" abgehackt bzw. dieser hingerichtet.

(7) Die Ausübung der Religion in der Öffentlichkeit.

(8) Das Bauen neuer Kirchen und Kapellen.

(9) Das Läuten der Glocken.

(10) Das Abhalten von Prozessionen.

(11) Das Zeigen von Kreuzen und anderen christlichen Symbolen.

(12) Die Mission unter Muslimen.

(13) Das Tragen muslimischer Vor- und Nachnamen.

b. Verpflichtungen:

(1) Kenntlichmachung als „Dhimmi" („Schutzbefohlene") durch besondere Farben oder Kleidungsstücke. Die Christen muss-

---

101 Vgl. dazu Ye'or, B., a.a. O., S. 87.
102 Vgl. die umfassende Darstellung der Rechte und Pflichten der „Schutzbürger" in: Khoury, A. Th., Christen unterm Halbmond, S. 92-151; ebenso Nagel, T., Die Islamische Welt bis 1500, S. 219.

keinerlei Rechte. Lehnten sie als „Outlaws" eine Konversion zur Religion Mohammeds ab, wurden sie gleichsam zu „Vogelfreien" erklärt.[96] Nach dem Koran gibt es die Dreiteilung der Menschheit in „Gläubige", „Andersgläubige" und „Ungläubige", in der Ausnahme allerdings auch die Zweiteilung in „Gläubige" und „Ungläubige" (vgl. z. B. Sure 5,77).

Unter den rechtlichen Diskriminierungen durch die Muslime hatten die Christen und Juden als „geschützte", „bevorzugte", immer aber unmündige Minderheiten in den unterschiedlichen Epochen manchmal recht massiv, dann wiederum etwas weniger zu leiden.[97] Immer blieben sie jedoch *Menschen zweiter oder dritter Klasse* in tributärer Abhängigkeit und lebten mit den Muslimen im Verhältnis von Unterworfenen und Eroberern,[98] obwohl sie zum Teil „gewaltige" religiöse Mehrheiten bildeten.[99] Sie hatten keine Möglichkeit, am öffentlichen und politischen Leben teilzunehmen.

Neben der Unterordnung und Unterdrückung gab es auf kulturellen Gebieten[100] auch Zusammenarbeit, die ihren Höhepunkt fand im sogenannten „Goldenen Zeitalter", das jedoch beschränkt war auf einen winzigen Ausschnitt der islamisch dominierten Länder und Regionen. Eine gewisse Bevorzugung ist darin zu erkennen, dass nach Vorgabe von Sure 22,40 Kultgebäude, Gottesdienstfeiern und Friedhöfe geschützt waren.

---

weisen auf die Bezeichnung auch der Christen als „Ungläubige" in zahlreichen Koranstellen, vgl. z. B. Sure 5,77.

96 Vgl. dazu Troll, Christian W., Muslime fragen, Christen antworten, 2. Auflage, Kevelaer 2007, S. 128, mit dem Hinweis auf das „heute so oft wiederholte Prinzip: 'Kein Zwang in der Religion' (... Sure 2,256) ..." und die grausame Realität für Polytheisten, die „glauben müssen oder aber zu töten sind" (Sure 9,5; 48,16) bzw. für jene, die sich vom Islam abwenden und deshalb „mit dem Tod bestraft werden" müssen (Sure 2,217).

97 Vgl. Angenendt, Arnold, Toleranz und Gewalt. Das Christentum zwischen Bibel und Schwert, 5. Auflage, Münster 2012, S. 388.

98 Vgl. dazu Meiser, H., Völkermorde, S. 75, mit der Feststellung: „Islamische Toleranz bedeutet bis auf den heutigen Tag Duldung der Unterworfenen nur als Gedemütigte und Erniedrigte."

99 Vgl. Flaig, Egon, Der Islam will die Welteroberung, in: „FAZ", 16.09.2006, S. 35.

100 Vgl. dazu Ye'or, B., Der Niedergang des orientalischen Christentums unter dem Islam, S. 139 f., mit Hinweisen auf die unterschiedlichen Berufe; auch Stark, R., Gottes Krieger, S. 83-90.

„Völker des Buches" bzw. die „Schriftbesitzer", die eine Konversion zum Islam ablehnten, nach den Vorgaben des Koran in den „bevorzugten" Schutzvertrags-Status der „Dhimmis", d. h. der „Schutzbefohlenen". Ihnen, die gewöhnlich in einer sogenannten „Dhimmitude" (B. Gemayel) lebten, wurde „großzügigerweise" zumindest ein Existenzrecht eingeräumt.

Die auf diese Weise Gekennzeichneten waren von den Muslimen zu *Untertanen zweiter bzw. dritter Klasse* degradiert. Sie hatten nur verminderte Rechte,[92] verbunden mit dem Zwang zur Abgabe der oben bereits erwähnten „Kopfsteuer" (Djizya, vgl. Sure 9,29) und zusätzlichen Eigentumssteuern sowie zu Abgaben für den Unterhalt des Heeres. Konnten sie diese Steuern nicht zahlen, blieb ihnen nichts anderes übrig, als ihre Kinder und Frauen zu verkaufen.[93] War auch dies nicht möglich, war der Tod durch Enthauptung das letzte islamische „Angebot" für die Buchbesitzer, es sei denn, sie würden Muslime.

Zum Verständnis der Sure 9,29 bezieht sich A. Hirsi Ali bei ihren Ausführungen auf den islamischen Reformer Hamid, der betont, die vier wichtigsten islamischen Rechtsschulen seien übereinstimmend der Meinung, dieser Vers bedeute, dass die Muslime die Nichtmuslime bekämpfen müssen und nur die folgende Wahl lassen dürfen: Entweder zum Islam überzutreten oder eine erniedrigende Steuer zu zahlen oder getötet zu werden. Zitat: „Tatsächlich ergab eine Durchsicht fast ALLER anerkannten Koran-Interpretationen, dass diese zum selben gewaltsamen Schluss kommen. Die 25 führenden Koran-Kommentare ... unterstützen unmissverständlich das gewaltsame Verständnis dieses Verses."[94]

Grundsätzlich gilt jedoch: Der Koran kennt keine Zwangskonversion für Juden und Christen im Gegensatz zu den Polytheisten. Denn diese wurden – ebenfalls den Weisungen des Koran zufolge – in ihrer menschlichen Würde noch tiefer gedemütigt und erniedrigt als die „Leute des Buches": Als „Ungläubige"[95] hatten sie

---

92 Zur Ungleichheit vor dem Gesetz vgl. Warraq, I., Warum ich kein Muslim bin, S. 318 ff.
93 Stückelberger, H., Europas Aufstieg und Verrat, S. 252; nach der Scharia ist diese Vorgehensweise heute noch geltendes Kriegsrecht.
94 Hirsi Ali, A., ‚Reformiert euch!, S. 115.
95 Vgl. dazu Spuler-Stegemann, Ursula, Feindbild Christentum im Islam. Eine Bestandsaufnahme, Freiburg, Basel, Wien 2004, S. 23-26, mit Hin-

Sie sind a) vom Koran sowie vom Leben und von den Taten Mohammeds her religiös begründet, legitimiert, gewünscht bzw. befohlen. Sie umfassen b) eine immense Zeitspanne von nahezu einem halben Jahrtausend. Sie sind c) gekennzeichnet durch „Maßlosigkeit", „Regelmäßigkeit" und durch den systematischen „Charakter der ... Verwüstungen" (Bat Ye'or). Diese Merkmale sind zugleich wesentliche Unterscheidungsmerkmale zu den im Mittelalter ebenfalls üblichen kriegerischen Unternehmungen der lateinischen, byzantinischen und slawischen Heere.

Der islamischen Behauptung, die Kriege im Islam seien reine Verteidigungskriege[89] gewesen, hält R. Glagow die Fragen entgegen:

„Sind die islamischen Heere in lauterer Verteidigungsabsicht bis an den Indus, bis an die Rhone und die Loire und an die Donau gelangt? Haben die islamischen Eroberer die Ostprovinzen des Byzantinischen Reiches, das christliche Nordafrika, das Westgotische Reich in Spanien, im Zuge reiner Grenzverteidigung in Besitz gebracht? Fiel das neupersische Reich der Sassaniden und der größte Teil des indischen Subkontinents den Muslimen zum Opfer, weil diese nur ihre 'Ehre und menschliche Würde' verteidigten? War es nicht von Beginn an höchstes religiöses Ziel, Konstantinopel für den Islam zu erobern? Welche Verteidigungsstrategie führte die osmanischen Türken zwei Mal vor die deutsche Kaiserstadt Wien?"[90]

6. Die Unrechtssituation der sogenannten „Schutzbefohlenen" [91]

In den Jahrhunderten seit Mohammed bis zum Beginn der Kreuzzüge versetzten die jeweiligen islamischen Herrscher die unterworfenen Juden und Christen als „Leute des Buches" bzw. die

---

89 Vgl. auch die Ausführungen oben S. 280 f., 285 f., 287.
90 Glagow, Rainer, Die Dschihad-Tradition im Islam, in: Meier-Walser, Reinhard/Glagow, Rainer (Hg.), Die islamische Herausforderung – eine kritische Bestandsaufnahme von Konfliktpotenzialen, aktuelle analysen 26, Hanns-Seidel-Stiftung, München 2001, S. 44.
91 Es war jedoch viel eher Ausdruck ihres Herrschers- und Überlegenheitsgebarens: vgl. zu dieser Thematik vor allem Ye'or, B., Der Niedergang des orientalischen Christentums unter dem Islam, insbesondere die S. 71-106; 155-182; 251-278; ebenso Stark, R., Gottes Krieger, S. 83-90; auch Kleine-Hartlage, M., Das Dschihadsystem, S. 159-178; schließlich Khoury, A. Th., Christen unterm Halbmond, S. 92-151.

züge gegen die christlichen Reiche Nordspaniens, versklavend, vernichtend und verwüstend; es traf Zamora (981), Coimbra (987), León, zweimal Barcelona (985 und 1008), dann Santiago de Compostela (997). Am furchtbarsten verwüsteten die Dschihads das damals noch so städtereiche byzantinische Anatolien; das Massaker von Amorium (838) ist lange ein Fanal geblieben; die städtische Kultur Anatoliens hat sich davon nie wieder erholt. Der Seldschuke Alp Arslan ließ ganze armenische Städte massakrieren, am furchtbarsten 1064 die Hauptstadt Ani."[88]

Die gesamte *mittelalterliche Geschichte Spaniens* wurde von der Reconquista (718-1492), dem Kampf des ursprünglich christlichen Spaniens gegen den Islam beherrscht. Die christliche Rebellion gegen die muslimische Herrschaft begann 718 in Asturien. Die teilweise von der französischen Ritterschaft stark unterstützte Reconquista und die Kreuzzugsbewegung (1095- 1296) waren gleichsam zwei Pole der mediterranen Welt in der Gegenwehr der westlichen Kirche beim gewaltsamen Eindringen der Muslime in christlich geprägte Territorien.

Die Reconquista als christliche Rückeroberung der von den Muslimen eroberten Iberischen Halbinsel erfolgte in drei großen Wellen: 1. Welle bis etwa 1000; 2. Welle von 1064-1148; 3. Welle von 1229-1248. Eigenartigerweise wird die Rückeroberung der Christen (Reconquista) gewöhnlich scharf verurteilt, die vorausgegangenen islamischen Eroberungen jedoch einfach kritiklos hingenommen. Ein Vorgang, der seine Parallele in den Kreuzzügen findet.

5. Kennzeichen der islamischen Expansionen

Aus den bisherigen Darlegungen wird ersichtlich: Die Ursachen für die Kreuzzüge liegen letztlich im Koran, in den Verhaltensweisen Mohammeds und in seiner Politik. Die Beute- und Raubzüge, die Eroberungs- und Glaubenskriege der arabischen und türkischen Muslime, die dem Zeitalter der Kreuzzüge in periodisch immer wiederkehrenden Wellen vorausgingen mit dem Ziel der Unterdrückung bzw. der Islamisierung und Machterweiterung, haben folgende menschlich-religiöse Merkmale und zeitliche Dimensionen:

---

88   15.9.2006 www.faz.net › Feuilleton › Medien

Heere. Im Westen mussten die Muslime nach der Schlacht von Tours und Poitiers[86] sowie nach einem zweiten missglückten Versuch der Eroberung drei Jahre später ebenfalls den Rückzug antreten. Ihr Ziel hatten sie nicht erreicht: die Eroberung Galliens. Seit dieser Zeit ist der Mittelmeerraum in einen islamischen Süden und in einen christlichen Norden geteilt.

Zu umfassenden *Pogromen gegen Christen* kam es 889 in Elvira und 891 in Sevilla. Im Jahre 1031 mussten Zehntausende Juden sowie Christen fliehen, wollten sie nicht zum Islam konvertieren. 6000 Juden wurden 1033 in Fez (Marokko) massakriert. Im muslimisch gewordenen Granada fand 1066 auf europäischem Boden das erste große *Pogrom gegen Juden* statt, bei dem 1500 jüdische Familien umkamen.

Im 9. und 10. Jahrhundert unternahmen die im Mittelmeerraum etablierten Kalifate ständig Raubzüge. Begleitet von brutalen Massakern brachten die islamischen Eroberer *Süditalien und Sizilien* für 200 Jahre in ihre Gewalt. Im Jahre 846 wurden auch die beiden Kathedralkirchen *St. Peter sowie St. Paul in Rom* Opfer von Plünderungen. Sogar der Papst war zeitweise tributpflichtig. Aus diesem Jahr datiert auch der erste päpstliche Aufruf zu einem „Kreuzzug". Bei der Plünderung der Stadt *Thessaloniki* im Jahre 903 wurden 22.000 Christen von den Muslimen in die Sklaverei getrieben. Mitte des 10. Jahrhunderts drangen die Muslime bis nach *Chur und St. Gallen* vor.[87] Plünderungen von Klöstern, Verschleppungen von Nonnen und Mönchen auf die Sklavenmärkte der Mittelmeerhäfen sind zu verzeichnen.

> Der Althistoriker Egon Flaig stellt einen Bezug zwischen den Kreuzzügen und den ihnen jahrhundertelang vorausgegangenen islamischen Eroberungszügen her: „Wir pflegen uns darüber zu empören, was die Kreuzfahrer 1099 in Jerusalem anrichteten. Indes, die Kreuzfahrer handelten nach gängigem Kriegsrecht; muslimische Eroberer taten derlei unentwegt und überall: 698 traf es Karthago, 838 Syrakus; der berüchtigte Wesir des Kalifats von Córdoba, Al Mansur, führte in siebenundzwanzig Jahren fünfundzwanzig Feld-

---

86 Vgl. Knopp, G., Der Heilige Krieg. S. 56, mit der Frage: „Wer hätte den weiteren Vormarsch der Muslime noch aufhalten sollen, wenn die Verteidigung von Tours gescheitert wäre?"
87 Vgl. dazu Raddatz, H.-P., Von Gott zu Allah?, S. 112.

Jerusalem von den muslimischen Seldschuken rund 3.000 Christen ermordet. Alle diese Bedrängnisse sind zu sehen vor dem Hintergrund der einzigartigen geistlichen Bedeutung Jerusalems und des Heiligen Landes für die Christen der damaligen Zeit:

> „Hier war der Ort von Gottes irdischem Wirken, wo man in größerer Nähe zum Himmel als anderswo starb. Ja, Jerusalem war in sich selbst eine Reliquie, denn der Boden war von den Füßen Christi berührt und mit dem vom Kreuz strömenden Blut durchtränkt."[81]

4. Die muslimischen Expansionen im Westen und Süden Europas[82]

Nach der kriegerischen Invasion in Spanien über die Meerenge von Gibraltar anno 711[83] und der zügigen Eroberung fast der gesamten *Iberischen Halbinsel* nach etwa sieben bis acht Jahren wurde durch Karl Martell (688-741) das weitere kriegerische Vordringen des Islam nach Europa, „die arabische Flut"[84], verhindert durch seinen Sieg über die arabischen Invasoren in der Schlacht bei *Tours und Poitiers (732).*[85] Ihm ist es zu verdanken, dass der Islam in Westeuropa bereits anfangs des 8. Jahrhunderts verhindert wurde. Deshalb wurde der Großvater Karls des Großen auch als „Retter des Abendlandes" gefeiert. Im Blick auf den ständig und rasch expandierenden Islam und die mit ihm verbundenen Diffamierungen, Repressalien und Bedrohungen standen der christliche Orient und christliche Okzident Jahrhunderte vor (und auch nach) der Kreuzzugsbewegung vor einer schwierigen Entscheidung: *Unterwerfung oder Abwehr.*

Zweimal scheiterte im Osten die muslimische Belagerung Konstantinopels, der „Wächterin Europas am Bosporus", nämlich in den Jahren 674-678 und 717/718 am Widerstand der christlichen

---

81 Riley-Smith, J., a. a. O., S. 20.
82 Vgl. dazu auch Meiser, H., Völkermorde vom Altertum bis zur Gegenwart. Verbrechen gegen die Menschlichkeit, Tübingen 2009, S. 73, mit weiteren Angaben; ebenso Elm, K., Die Kreuzzüge, S. 10.
83 Vgl. Stückelberger, Hansjürg, Europas Aufstieg und Verrat. Eine christliche Deutung der Geschichte, Aachen 2011, S. 259 f.
84 Mayer, H. E., Geschichte der Kreuzzüge S. 12, auch mit weiteren Ausführungen zu den Eroberungen im Westen Europas.
85 Vgl. dazu Stark, R., Gottes Krieger, S. 60-66.

Nach dem Jahre 1.000 war aufgrund muslimischer Aggressionen „die geregelte Durchführung der Wallfahrt nahezu unmöglich"[75] geworden.

Eine Reihe weiterer Bedrängnisse[76] ist vor Beginn der Kreuzzugsbewegung in Jerusalem zu verzeichnen: Eine große Zahl von Christen floh zu Beginn des neunten Jahrhunderts nach Konstantinopel und in andere christliche Städte, vertrieben durch die grausamen Verfolgungen der Muslime. Am Palmsonntag des Jahres 937 plünderten und zerstörten Muslime die Kirche auf dem Kalvarienberg sowie die Auferstehungskirche in der Heiligen Stadt. Im Jahre 1004 ordnete der Kalif an, alle Kreuze zu verbrennen und den Kirchenbesitz zu enteignen. Im Laufe von zehn Jahren wurden aufgrund dieser Anordnung etwa 30.000 Kirchen im Land geplündert und zerstört. Um ihr Leben zu retten, traten zu jener Zeit unzählige Christen zum Islam über. Die Grabeskirche[77] ließ dieser Kalif im Jahre 1009 zusammen mit mehreren anderen Kirchen in Jerusalem zerstören. Unter seiner Herrschaft mussten die Christen ein nahezu zwei Kilo schweres Kreuz tragen. Die Juden hatten in Erinnerung an das Goldene Kalb ein schweres Kalb zu tragen.[78]

Im Jahre 1056 wurden etwa 300 Christen von den Muslimen aus Jerusalem vertrieben. Europäischen Christen wurde der Zutritt zur später wieder aufgebauten Grabeskirche verboten[79]. Das 1060 muslimisch gewordene *türkische Nomadenvolk der Seldschuken* veranstaltete 1071 in der Schlacht bei Mantzikert ein Massaker an den Heilig-Land-Pilgern, eroberte Kleinasien, das Kerngebiet des christlichen Byzanz, nahm Kaiser Romanos IV. Diogenes gefangen und öffnete damit das byzantinische Territorium weiteren islamischen Invasionen und Eroberungen.[80] Im Jahre 1077 wurden in

---

75 Raddatz, H.-P., Von Gott zu Allah?, S. 112.
76 Vgl. auch Stark, R., a. a. O., S. 122; zur Zerstörung von Kirchen, Klöstern und Synagogen vgl. Ye'or, B., Der Niedergang des orientalischen Christentums unter dem Islam, S. 151.
77 Zur außergewöhnlichen Bedeutung des Heiligen Grabes in Jerusalem als „das emotionale Zentrum der christlichen Welt" vgl. Riley-Smith, Jonathan, Die Kreuzzüge. Kriege im Namen Gottes, Freiburg, Basel, Wien 1999, S. 44 ff.
78 Vgl. dazu Stark, R., Gottes Krieger, S. 129 f.
79 Vgl. Hesemann, M., Die Dunkelmänner, S. 115.
80 Vgl. ebd.

Historisch stand die Eroberung Jerusalems durch die Muslime am Anfang jahrhundertelanger Angriffe von Seiten des Islam. Die Christen im Heiligen Land sahen sich einer Spirale der Verfolgung ausgesetzt, die immer bedrohlicher wurde.

Zu Beginn des achten Jahrhunderts wurden 60 christliche Pilger gekreuzigt. In dieser Zeit ließ der muslimische Kommandant von Caesarea eine Gruppe von Pilgern aus Ikonium (Inneranatolien) gefangen nehmen. Alle wurden als Spione hingerichtet, bis auf eine kleine Gruppe, die zum Islam konvertierte.

Jerusalem war für die Christen wie für die Juden gleicherweise von *theologischer, geistlicher und emotionaler Bedeutung*. Ab dem 2. Jahrhundert kamen aus der abendländischen Kirche nur vereinzelte Pilger[72] ins Heilige Land, weitaus mehr jedoch aus dem nahe gelegenen Bereich der morgenländischen Kirche. Von christlichen Theologen wie etwa Hieronymus (um 347-420) und Augustinus (354-430) wurden Pilgerfahrten allerdings skeptisch bis ablehnend betrachtet. Im 5. Jahrhundert boten bereits ca. 300 Herbergen und Klöster Pilgerunterkünfte an. Im 6. Jahrhundert pilgerten immer mehr Christen ins Heilige Land.

Nicht Rom oder Konstantinopel, sondern Jerusalem wurde im Laufe der Jahrhunderte zum „Nabel der Welt", zum *spirituellen Mittelpunkt der christlichen Welt*[73], zur „Mitte des Erdkreises". Bis zur Eroberung durch den islamischen Kalifen Otmat I. im Jahre 637 n. Chr. blieb Jerusalem christlich. Danach blieben Pilgergruppen allerdings weithin aus. Erst im 8. Jahrhundert begann der Pilgerstrom wieder zu fließen. Im 9. und 10. Jahrhundert konnten Pilgerzüge einige Tausend Teilnehmer umfassen. Die räuberischen und oft blutigen Überfälle der Muslime häuften sich. Das Pilgern ins Heilige Land hieß deshalb immer auch: *Leib und Leben riskieren*. Gleichzeitig waren die Pilgerscharen von den muslimischen Behörden durchaus gern als *reich fließende Geldquelle* gesehen[74].

---

72 Vgl. dazu Runciman, Steven, Geschichte der Kreuzzüge, 4. Auflage, München 1995, S. 38-49; auch Mayer, H. E., Geschichte der Kreuzzüge, S. 23-25.
73 Vgl. Hesemann, M., a. a. O., S. 110; auch den Abschnitt „Jerusalem: Zentrum der Welt und Ziel der Pilger", in: Wieczorek, Alfried, u. a. (Hg.), Saladin und die Kreuzzüge", Mainz 2005, S, 288-318.
74 Vgl. dazu Stark, R., Gottes Krieger, S. 125.

erklärt wiederum, warum die Muslime die **finsteren Seiten ihrer Geschichte leugnen** ... Analysen, die nach westlichen Kriterien durchgeführt werden, ... gelten als inakzeptabel bzw. nach dem religiösen Dogma sogar als blasphemisch."[68] (Hervorgehoben: U.H.)

3. Jerusalem und die christlichen Pilgerfahrten ins Heilige Land

Im Koran wird Jerusalem namentlich nicht erwähnt. Mohammed soll nach Sure 17 (vgl. 53,2 ff. und 83,15-24) im Jahre 620 in einer Himmelsreise bzw. Nachtreise mit einem Engel auf einem geflügelten Pferd nach Jerusalem geritten sein. Von dort aus sei Mohammed durch alle sieben Himmel aufgestiegen und dabei Adam, Abraham, Mose und Jesus begegnet. Er sei sogar Allah vorgestellt worden.[69] Eine Legende also als Bestätigung des Prophetentums Mohammeds und der autorisierten Bestätigung seiner Sendung durch die höchstdenkbaren Autoritäten? Nur eine Legende, die womöglich den Anspruch der Muslime auf die Eroberung Jerusalems als drittheiligste Stadt nach Mekka und Medina legitimieren soll?

Zu den häufigsten Irrtümern und verfälschten Darstellungen im Kontext der Kreuzzugsthematik zählt die These: Die Kreuzzüge sind ein unprovozierter Angriff der christlichen gegen die islamische Welt gewesen. Fünf Jahre nach dem Tod Mohammeds wurde im Jahre 637 Jerusalem erobert. Die Christen leisteten keinen Widerstand. Die Religionssteuer, die sie an die Muslime zu zahlen hatten, war geringer als die Steuer für das byzantinische Reich. Zusätzlich wurde ihnen die Sicherheit für Leben und Besitz sowie die freie Ausübung ihrer Religion garantiert.[70] Bis zum 1. Kreuzzug (1099) sollte die Stadt über vierhundert Jahre lang in den Händen muslimischer Machthaber bleiben. Sie gehörten jedoch den unterschiedlichen Glaubensrichtungen der Sunna und der Schia an, die sich gegenseitig bekämpften.[71]

---

68 Ye'or, Bat, Europa und das kommende Kalifat. Der Islam und die Radikalisierung der Demokratie, Berlin 2013, S. 7 f.
69 Vgl. ebd., S. 123; zur „Nachtreise" bzw. „Himmelsreise" Mohammeds vgl. auch Schirrmacher, C., Der Islam, Bd. 2, S. 117-121.
70 Vgl. dazu Hesemann, Michael, Die Dunkelmänner. Mythen, Lügen und Legenden um die Kirchengeschichte, 2. Auflage, Augsburg 2008, S. 113.
71 Vgl. Phillips, J., Heiliger Krieg, S. 43 f.; auch Mayer, H. E., Geschichte der Kreuzzüge, S. 12 ff.

Intrigen am byzantinischen Hof in Konstantinopel ..."[66] Die Muslime setzten jedenfalls die angeblichen Offenbarungen des Koran „in Windeseile" um und griffen dabei viele Länder in der damals bekannten Welt an: in Afrika, Asien und Europa – nach Egon Flaig „der erfolgreichste Imperialismus der Weltgeschichte".

Das in diesem Kontext von Muslimen verwendete, eigenartig klingende Wort „Hinein-Verteidigung" (s. o.) will Legitimation in der Opferrolle des Angegriffenen suggerieren, bedeutet jedoch nichts anderes als *gewaltsame Expansionen, kriegerische Aggressionen und Invasionen*. Gewalt wird nach islamischem Verständnis in Bezug auf die Glaubensverbreitung traditionell als Verteidigung und nicht als Angriff verstanden. Deswegen können Muslime auch „ungeniert" vom „friedfertigen Islam" sprechen.

> Dem Islamologen Prof. Dr. Bassam Tibi zufolge ist das Expansionsstreben der Muslime mit dem Mittel der Gewalt nach dem Verständnis der Muslime „kein Ausdruck von Aggression, sondern die Erfüllung ihres im Koran offenbarten Missionsauftrages, der das Streben nach Verbreitung des Islam dem Streben nach Frieden gleichsetzt, auch wenn hierbei Gewalt in Form des Kampfes/*Quital* angewandt wird."[67]

> Dieses für Nichtmuslime verquere, völlig unverständliche Denksystem der Muslime soll an dieser Stelle durch eine ausführlichere Erklärung von Bat Ye'or noch verdeutlicht werden: „Aus islamischer Sicht ist die ganze Erde eine Stiftung ... ein Territorium, das Allah gehört ... Insofern qualifiziert die Wiederaneignung von Land, das in jedem Fall dem Islam gehört, den Djihad zu **einem defensiven, gerechten und legalen Krieg** der Muslime ... Gemäß dieser religionspolitischen Perspektive gilt die islamische **Eroberung als Wohltat** für die unterworfenen Völker, weil ihnen die Niederlage die Chance öffnet, zum Islam zu konvertieren. Die positive Interpretation des islamischen Krieges gegen den Nichtislam **schließt negative Kritik aus**, weil sie den Djihad beflecken könnte ... Insofern können Muslime **in keinem Fall der Okkupation oder Unterdrückung schuldig** werden, weil Allah ihnen bereits die gesamte Welt zugeeignet hat. Im Dhihad wird lediglich zurückgegeben, was ihnen als den wahren Gläubigen ohnehin gehört. Diese Sichtweise

---

66 Vgl. ebd., S. 71.
67 Tibi, Bassam, Der wahre Imam, München 2001, S. 91 f.

Mit folgenden Worten beschreibt A. Hirsi Ali die Anfänge des islamischen Eroberungen: „Nach Mohammeds Tod im Jahre 632 dehnte eine Reihe von Blitzfeldzügen durch seine Nachfolger die muslimische Herrschaft über ein riesiges Reich aus. Es wurde schließlich zu einem der größten Reiche, das die Welt je gesehen hat. Diese Eroberungen waren äußerst brutal ... Die Muslime hatten ... die Aufgabe, so viel Land wie möglich zu erobern und unter islamische Herrschaft zu bringen, wo es durch das heilige islamische Recht regiert wurde."[63]

Die gewaltsame Islamisierung führte um 800 auch zum fast völligen Ausbluten und zur Marginalisierung der zuvor *blühenden Ortskirchen in den Ursprungsländern der Christenheit* wie Syrien, das Heilige Land mit Jerusalem, Persien (Iran), Mesopotamien (Irak) und Ägypten. Die „Allah-Krieger" überrollten ebenso Nordafrika und dabei auch die Heimat von Tertullian (160-220), Cyprian (200/210-258) sowie der beiden Kirchenlehrer Athanasius (295-373) und Augustinus von Hippo (354-430), die für die christliche Theologie und Kirche von besonderer Bedeutung waren und sind. Zu früheren Zeiten galt Nordafrika als Teil Europas. Mit Afghanistan waren alle anderen Länder entlang der Seitenstaße buddhistisch, Pakistan und Bangladesch buddhistisch und hinduistisch. Heute sind alle diese Länder islamisch.

Zum gewaltsam erweiterten islamischen Herrschaftsbereich zählten um das Jahr 712 Gebiete bis an die Grenzen Chinas und Indiens sowie um das Jahr 719 fast *die gesamte Iberische Halbinsel*, ebenso die Mittelmeerinseln Rhodos und Kreta. Nur Griechenland und Anatolien, das Gebiet der heutigen Türkei, blieben Teile des christlich-byzantinischen Territoriums.

Von der Zeit Mohammeds an bis zum Beginn der Kreuzzüge wurde insgesamt über *die Hälfte der zuvor von Christen besiedelten Territorien erobert* und islamisiert, „äußerlich gesehen für die Christenheit eine Niederlage von historischer Tragweite."[64] Christliche Gegenangriffe und Rückeroberungsversuche („Reconquista") führten im 8. Jahrhundert zur Befreiung einiger von Muslimen eroberter Gebiete[65]. Gleichzeitig war diese Zeit aber auch gekennzeichnet von innerislamischen Konflikten sowie auch „von den ständigen

---

63 Hirsi Ali, A., Reformiert euch!, S. 102 und S. 105.
64 Küng, H., Der Islam, S. 277.
65 Vgl. Stark, R., Gottes Krieger, S. 19.

2. Der Beginn der islamischen Expansionen in Afrika und Asien

Die erste, gleich erfolgreiche Islamisierungswelle begann mit Mohammed[59] selbst und dauerte nur wenige Jahrzehnte bis zum Ende des 7. Jahrhunderts. „Gleichsam aus dem Nichts eroberten arabisch-muslimische Kämpfer innerhalb weniger Jahrzehnte ein Weltreich."[60] Die Muslime sahen sich wie selbstverständlich legitimiert, ihre Überzeugung über die jeweils eigene Grenze hinaus auszubreiten. Nach der Überlieferung hatte Mohammed im Jahre 628 den „byzantinischen Kaiser, den persischen Großkönig und andere Potentaten seiner Zeit ... aufgefordert, sich zu unterwerfen und den Islam anzunehmen."[61] Negative Antworten führten zum Dschihad. So waren fast alle heidnischen Stämme auf der Arabischen Halbinsel beim Tode Mohammeds (632 n. Chr.) bereits islamisiert.

In einer beinahe unvorstellbaren Geschwindigkeit und martialen Dynamik vergrößerten seine Nachfolger durch „Feuer und Schwert" das islamische „Haus des Friedens". In der neuen Religion lag eine „ungeheure politische Stoßkraft ... Beflügelt von der Idee des Dschihad, des heiligen Krieges (der ... vom ersten Moment ein offensives Unternehmen war), stießen die Araber in einer atemberaubenden Expansion nach Osten und Westen vor."[62]

Die Behauptung der Islam habe sich als „Religion des Friedens" friedlich verbreitet, er sei freiwillig und gern angenommen worden, ist nicht lediglich ein historischer Irrtum, sondern eine gezielte Geschichtsfälschung. Von Anfang an stellte die Religion Mohammeds eine massive Bedrohung auch für Europa dar. Erst nach etwa 470 Jahren islamischer Expansion durch das Schwert begannen die etwa zwei Jahrhunderte lang dauernden christlichen Kreuzzüge. So ist erneut festzuhalten: Die vielgeschmähten Kreuzzüge waren nur eine Reaktion auf die islamischen Invasionen und Eroberungen (siehe auch unten).

---

59 Vgl. die Anweisung, die Mohammed auf dem Sterbebett für den Umgang mit Nichtmuslimen in Arabien gegeben haben soll, in: Khoury, A. Th., Christen unterm Halbmond, S. 74.
60 Knopp, Guido, Mohammed, die Kreuzritter und der 11. September, München 2013, S. 32.
61 Ye'or, B., Der Niedergang des orientalischen Christentums unter dem Islam, S. 17.
62 Mayer, Hans Eberhard, Geschichte der Kreuzzüge, 10. Auflage, Stuttgart 2005, S. 11 f.; vgl. auch Nagel, T., Die islamische Welt, S. 1-24.

Welche Prägekraft die islamischen Eroberungskriege bis auf den heutigen Tag entfaltet haben, wird aus folgender Beschreibung ersichtlich: „Der frühe Islam war keine Religion der Katakomben. Stattdessen triumphierten die Muslime bereits zu Lebzeiten des Religionsstifters. Die rasante Expansion des frühen islamischen Weltreichs gewöhnte die Gläubigen an das Schauspiel eines nicht nur religiös, sondern auch politisch triumphierenden Glaubens. Die Muslime wurden durch ihre so überaus glorreiche Frühgeschichte gewissermaßen verwöhnt. Spätere Niederlagen taten dem einmal entstandenen Image wenig Abbruch. Der damals entstandene 'Prinzenkomplex' ist bisher kaum bewältigt worden."[56] E. v. Grunebaum erkennt einen Zusammenhang, den der gläubige Muslim zwischen dem immensen Erfolg Mohammeds und der Wahrheit seiner Lehre sieht: „Dem gläubigen Muslim will Auftreten und Aufstieg seiner Religion als ein Wunder erscheinen; der überwältigende Erfolg der Sendung des Propheten ist ihm die schlagende Bekräftigung ihrer Wahrheit."[57]

In diesem Kontext ist gerade in Blick auf heutige islamische Expansionen besonders zu beachten, worauf H.-B. Gerl-Falkovitz verweist:

a) Auch „Mission mit mehr oder minder nachhelfendem politischen Druck ist erklärtermaßen vorgeschrieben."
b) „Die klassische friedliche Verbreitung geschieht ... durch Migration."[58]

---

56 Duran, Khalid, Die Muslime und die Andersgläubigen, in: Antes, Peter, u. a., Der Islam. Religion – Ethik – Politik, Stuttgart 1991, S. 126; vgl. auch Küng, H. Der Islam, S. 279.
57 v. Grunebaum, Edmund, Der Islam, in: Propyläen der Weltgeschichte. Eine Universalgeschichte, hrsg. von Golo Mann und August Nitschke, 5. Bd., Berlin, Frankfurt, Wien 1963, S. 23.
58 Gerl-Falkovitz, Hanna-Barbara, Gewalt und Religion, in: „Klerusblatt", Zeitschrift der katholischen Geistlichen in Bayern und der Pfalz, 15.2.2015, S. 28.

und Kolonisierungen des Islam, primär zu Lasten der byzantinischen Kirche.

Was in den geschichtlichen Darstellungen unterschiedlichster Art allermeist verschwiegen oder ausgeblendet wird, sei auch hier nochmals nachdrücklich betont: *Die Eroberung christlicher Länder und die Gewalt gegen Christen durch islamische Herrscher und Heere gingen jahrhundertelang den Kreuzzügen voraus.* Folglich gilt auch festzuhalten: Immer wenn in einer Darstellung der Kreuzzugsbewegung die vorausgegangenen islamischen Eroberungskriege unerwähnt bleiben, liegt in der Regel zumindest in diesem Punkt eine Geschichtsfälschung vor.

In ihren unterschiedlichen Formen[54] sind diese islamischen Expansionen – euphemistisch „Sendungen und Expeditionen" genannt – zu beschreiben als Pogrome, als räuberische Erpressungen, Überfälle und Brandschatzungen, als Plünderungen und Piraterie, als Massaker und Deportationen sowie als Beute- und Raubzüge (Razzien), als blutige Verwüstungs- und Unterwerfungs-, als Versklavungs- und Eroberungskriege, und bei allen Formen gleichzeitig immer auch als Glaubenskriege, häufig verbunden mit Zwangsbekehrungen mit dem vom Koran vorgegebenen Ziel der schrittweisen Umwandlung der Welt durch den Dschihad. Der universalistische Charakter der gewaltlegitimierenden Religion Mohammeds geht so auf die (ggf. gewaltsame) Konversion aller Menschen zum Islam aus, zumindest auf das Ziel einer herrschenden muslimischen Mehrheit, an die – wie oben bereits erwähnt – alle Juden und Christen nach Sure 9,29 eine Kopfsteuer zu zahlen haben.

Von Anfang an und z. T. wiederholt wurden großräumig Länder und Regionen in Nordafrika, in Asien und Europa über den Land- und Seeweg[55] von Muslimen mit Kriegen überzogen. Grundmotiv aller kriegerischen Unternehmungen war: politischer und wirtschaftlicher Machtzuwachs – und damit immer aufs Engste verbunden die Ausbreitung des islamischen Glaubens. Der Islam war so von Anfang an ein militärisches, politisches und wirtschaftliches sowie natürlich immer auch ein religiös-theologisches und kultisches Projekt.

---

54 Vgl. Kleine-Hartlage, M., Das Dschihadsystem, S. 148; 154 f.; auch Ye'or, B., Der Niedergang des orientalischen Christentums unter dem Islam, S. 107.
55 Vgl. Ye'or, B., S. 41-52.

D Die Zeit von Mohammed (569/570–632)[49] bis zu den Kreuzzügen (1095)[50]

1. Die verschiedenen Formen der islamischen Expansionskriege[51]

Mohammed hat ein eindeutiges Vermächtnis hinterlassen: Die Erweiterung des islamisch-politischen Machtbereiches – die Reduzierung der Nichtmuslime – die Vergrößerung des Dar al-Islam („Haus des Islam") mit der Herrschaft der Muslime in der Anwendung des islamischen Rechts. So ist die Geschichte der Kreuzzugsbewegung (1095-1291) undenkbar ohne die vorausgehende Geschichte der islamischen Eroberungskriege. Sie dauerten fast ein halbes Jahrtausend.[52] Deshalb war die Kreuzzugsbewegung mit ihren insgesamt sieben bzw. – je nach Zählung – sechs Kreuzzügen[53] auch von ihrem Ursprung her eine *not-wehrende Reaktion der Christen* auf die vorausgegangenen Provokationen und Aggressionen, Expansionen

---

49 Vgl. dazu die „Zeittafel zum Leben Muhammads" in: Schirrmacher, C., Der Islam, Bd. 1, S. 91.

50 Vgl. die umfangreiche Dokumentation von Quellentexten vom 7.–20. Jahrhundert in: Ye'or, B., Der Niedergang des orientalischen Christentums unter dem Islam, S. 303-412; ebenso Huntington, S. P., Kampf der Kulturen, S. 335 f.

51 Zur Ausbreitung des Islam nach Mohammeds Tod vgl. Schirrmacher, C., Der Islam, Bd. 1, S. 92-111; 183-187; vgl. dazu Nagel, Tilman, Die islamische Welt bis 1500, in der Reihe: Oldenbourg – Grundriss der Geschichte, Bd. 24, München 1998, S. 287-294, mit einer „Zeittafel", auf der die islamischen Eroberungszüge, Kriege usw. bis 1517 verzeichnet sind; ebenso: „The Blog of Snaker" hat am 22. Mai 2013 im Internet eine chronologische Auflistung einer Vielzahl islamischer Kriegszüge, Überfälle und anderer militärischer Aktionen von 624 n. Chr. bis 2001 n. Chr. veröffentlicht; auch *derprophet.info/inhalt/anhang34-html* mit einer entsprechenden Auflistung von Kriegen in der Zeit von 632-2000.

52 Vgl. Stark, R., Gottes Krieger, S. 19; auch ebd., S. 335 f., mit Hinweisen auf einen beim Konzil von Lyon vorgetragenen Bericht über die Opposition gegen die Kreuzzüge, in dem bereits dieser Zeitraum angezeigt ist.

53 Vgl. dazu Riley-Smith, Jonathan, Die Kreuzzugsbewegung und die Historiker, in: ders. (Hg.), Illustrierte Geschichte der Kreuzzüge, S. 21, mit dem Hinweis, dass mittlerweile „der Kreuzzugsbegriff soweit ausgedehnt worden (ist), dass er nunmehr sieben Jahrhunderte und viele verschiedene Schauplätze umfasst".

das Streben nach der Islamisierung der Welt werden von vielen Muslimen heute als ein Auftrag Gottes verstanden, der auch 1400 Jahre nach dem Tod des Propheten erfüllt werden muss."[47]

3. Islamisches Märtyrertum: Belohnung von Gewalt

Nach islamischer Lehre wird die Teilnahme am Dschihad belohnt mit entsprechender Beute im *Diesseits* sowie mit dem Paradies im *Jenseits*. So verlieh/verleiht auch die Motivation, für den Glauben zu sterben, um sofort ins Paradies zu gelangen, den Dschihad-Kämpfern eine außerordentliche Kraft. In Hadithen[48] heißt es:

„Allah unterstützt den, der für den Pfad Allahs kämpft. Wenn er überlebt, kehrt er mit Ehre und Beute beladen nach Hause zurück. Wird er aber getötet, wird er ins Paradies gelangen."

„Ich schwöre bei Allah, dass ich auf dem Pfad Allahs getötet werden möchte, dann wieder zum Leben erweckt und wieder getötet und wieder zum Leben erweckt und wieder getötet und wieder zum Leben erweckt und nochmals getötet, so dass ich jedes Mal neue Verdienste erlangen könnte."

„Für den Pfad Allahs zu kämpfen oder dazu entschlossen sein, ist eine göttliche Pflicht. Wenn dein Imam (geistliches Oberhaupt in der Nachfolge des Propheten) dir befiehlt, in den Kampf zu ziehen, dann gehorche ihm."

Ich halte
eine Klärung der Frage
nach der Gewalt im Islam
durch die Geistlichkeit des Islams
für wichtig und ich halte sie für dringlich.
Ihr kann nicht länger ausgewichen werden.

Angela Merkel, Bundeskanzlerin (2015)

---

47 Abdel-Samad, Hamed, Der islamische Faschismus. Ein Analyse, München 2014, S. 127.
48 www.efg-hohenstaufenstr.de/downloads/texte/islamischer_dschihad.htm

der Frauenverachtung und -domestikation, der vorwiegend ritualistische Charakter der religiösen Pflichten, verbunden mit großer Einfachheit der hierher gehörenden Ansprüche und noch größere Bescheidenheit in den ethischen Anforderungen sind ebenso viele Merkmale spezifisch ständischen feudalen Geistes."[45]

Von der die Geschichte prägenden und ihr die Richtung vorgebenden Frühzeit des Islam sagt Abdel-Hakim Ourghi, Leiter des Fachbereichs Islamische Theologie und Religionspädagogik an der Pädagogischen Hochschule Freiburg:

„Das Phänomen der Gewalt zieht sich durch die ganze Frühgeschichte des Islam. Die historischen Wurzeln der Grausamkeit werden jedoch von vielen Muslimen verschwiegen. Ein Prozess kritisch-reflektierender Aufklärung ist nötig."[46]

Der von einer Todes-Fatwa bedrohte deutsch-ägyptische Politologe und Autor Hamed Abdel-Samad verdeutlicht, dass das Gewaltpotential im Koran und in der Biographie Mohammeds begründet ist:

„Überall auf der Welt trifft man auf die gleiche Geisteshaltung und das gleiche Gewaltpotenzial unter radikalen Muslimen. Deshalb kann man das Phänomen Islamismus nicht vom Islam trennen, denn der Dschihad-Virus schöpft seine Sprengkraft aus der Lehre und Geschichte des Islam. Das Konzept des Dschihad haben nicht moderne Islamisten erfunden, es stammt vom Propheten Mohammed. Der Universalitätsanspruch des Islam und die Hetze gegen Ungläubige sind nicht nur in den Schriften von Sayyid Qutb und Maududi zu finden, sondern auch im Koran. Den Islam kann man nicht verstehen, ohne seinen politischen Kern zu begreifen ... Der Islam war schon wenige Jahre nach seiner Gründung politisch erfolgreich und errichtete bereits zu Lebzeiten des Propheten einen Staat. Mohammed führte Kriege zum Ausbau und zur Festigung seiner Macht und versprach den Muslimen die Weltherrschaft. Diese Kriege und

---

45 Weber, Max, Wirtschaft und Gesellschaft. Grundriss der verstehenden Soziologie, 5. Auflage, besorgt von Johannes Winckelmann, Studienausgabe, Tübingen 1980, S. 375 f.
46 www.sueddeutsche.de › Politik 20. Januar 2015.

„Mohammed blieb sein Leben lang ein Krieger, ein Feldherr, der Zwang erfuhr, selbst ausübte und Zwang weitergab. Gerade die kriegerischen Erfolge seiner zahlreichen Beutezüge (Razzien) und Feldzüge galten als Zeichen der Erwählung. Der Aufruf zum Kampf gegen die Ungläubigen oder Götzendiener war daher keine Metapher, sondern in der Tat die Legitimation der Botschaft und selbst gottgefällig. Religionsphänomenologisch ist das Phänomen des Feldherrn als Religionsstifter sicher einzigartig."[43]

Karl Marx (1818-1883), u. a. einflussreichster Theoretiker des Sozialismus und Kommunismus, Kritiker der bürgerlichen Gesellschaft und Religion, betont die Feindschaft schaffende Dualisierung der Welt durch den Islam:

„Der Koran und die auf ihm fußende muselmanische Gesetzgebung reduzieren Geographie und Ethnographie der verschiedenen Völker auf die einfache und bequeme Zweiteilung in Gläubige und Ungläubige. Der Ungläubige ist 'harby', d. h. der Feind. Der Islam ächtet die Nation der Ungläubigen und schafft einen Zustand permanenter Feindschaft zwischen Muselmanen und Ungläubigen. In diesem Sinne waren die Seeräuberschiffe der Berberstaaten die heilige Flotte des Islam."[44]

Der Islam wird von Max Weber (1864-1920), u. a. auch Mitbegründer der Religionssoziologie, als „Herren- und Kriegerreligion" definiert:

So waren diejenigen „Bekenner, deren Übertritt den entscheidenden Erfolg des Propheten darstellte, ... durchweg Anhänger mächtiger Geschlechter". Auch galt das „religiöse Gebot des heiligen Krieges nicht in erster Linie ... Bekehrungszwecken, vielmehr: bis ... der Islam der an sozialem Prestige in dieser Welt Erste gegenüber Tributpflichtigen anderer Religionen sein wird. Nicht nur dies alles in Verbindung mit der Bedeutung der Kriegsbeute ... stempelte ihn zur Herrenreligion, sondern auch die letzten Elemente seiner Wirtschaftsethik sind rein feudal. Gerade die Frömmsten schon der ersten Generation waren die Reichsten ... Die Selbstverständlichkeit der Sklaverei und der Hörigkeit, die Polygamie und die Art

---

43 Gerl-Falkovitz, Hanna-Barbara, Koranlesung, in: „Die Tagespost", 31.1.2015, S. 11.
44 Marx, Karl, Die Kriegserklärung. Zur Geschichte der orientalischen Frage, in: Karl Marx, Friedrich Engels: Werke, Band 10, Berlin 1961, S. 170.

Mit den nachfolgenden Worten, die auch im Kontext der Kreuzzugsthematik von Relevanz sind, wird ein gern übersehener oder geleugneter, doch letztlich nicht zu übersehender unleugbarer Unterschied zwischen Jesus Christus und dem von den Muslimen als Propheten bezeichneten Mohammed aufgezeigt: „Jesus starb als geächteter 'Staatsfeind' am Kreuz. Mohammed als gefeierter Staatsmann im Bett."[40] Insbesondere auch den beiden folgenden Zitaten kann der grundsätzliche Unterschied zwischen Jesus und Mohammed, so auch der Unterschied zwischen der christlichen Lehre – leider nicht immer ihrer Praxis – und der islamischen Lehre entnommen werden:

> Der Stifter des Islam „triumphierte zu seinen Lebzeiten und starb als Souverän und Eroberer ... Christus lehrte und lebte Gewaltlosigkeit bis zur letzten Konsequenz, dem Tod am Kreuz; Muhammad dagegen griff für die Sache Gottes zum Schwert und führte einen erfolgreichen Kampf bis zur völligen Unterwerfung der riesigen arabischen Halbinsel"[41] – darüber hinaus noch Teile Europas, Asiens und Afrikas.
>
> „Während bestimmte unterdrückerische und menschenfeindliche Elemente in der Geschichte des Christentums ... viel mit dessen Kirchenführern und nichts mit dem Mann von Nazareth und seiner Botschaft zu tun haben, sind viele Nachtseiten des Islam als dessen Geburtsfehler von Anfang an durch Charakter und Lebensweg des Religionsbegründers vorgegeben. Der heilige Franziskus von Assisi oder Martin Luther konnten zurückgehen zu den Evangelisten und den Wurzeln des Urchristentums, um die Glaubenslehre von Entstellung und Missbrauch zu befreien. Muslimische Reformatoren dagegen mussten sich stets bewusst oder unbewusst gegen bestimmte Postulate und Praktiken Mohammeds stellen, wenn sie umfassende Gerechtigkeit, Freiheit und Toleranz forderten."[42]

Die Philosophin, Sprach- und Politikwissenschaftlerin Hanna-Barbara Gerl-Falkovitz charakterisiert Mohammed in seiner Funktion als Krieger und Religionsstifter wie folgt:

---

40 Kleine-Hartlage, Manfred, Das Dschihadsystem. Wie der Islam funktioniert, Gräfelfing 2010, S. 102.
41 Bürgel, Johann Christoph, Der Islam und die Menschenrechte, in: Kley, Roland/Möckli, Silvano (Hgg.), Geisteswissenschaftliche Dimensionen der Politik, FS Alois Riklin, Bern, Stuttgart, Wien 2000, S. 32.
42 Stolz, Rolf, Die Mullahs in Deutschland. Der Sprengstoff von morgen, Frankfurt/M, Berlin 1996, S. 11.

> Der Dschihad „ist in der Tat der einzige mit einer Religion verbundene permanente und universelle Angriffskrieg. Gewiss haben unzählige Völker ebenso grausame oder noch viel grausamere offensive oder defensive Religionskriege geführt; das Ziel jener Kriege war jedoch immer zeitlich und räumlich begrenzt."[36]

Zusammen mit dem Koran haben für das religiöse und moralische Verhalten des gläubigen Muslims und des Islam insgesamt das Leben Mohammeds[37] mit seiner Lebensweise, seinen Gewohnheiten, mit seinen normsetzenden Reden sowie mit seiner stillschweigenden Zustimmung z. B. zum Verhalten seiner Gefolgsleute gleicherweise eine entscheidende Vorbildfunktion und eine unverzichtbare Bedeutung. Mohammed gilt als unantastbar.

> „Der Islam gleicht einer Ellipse. Der eine Punkt ist Allah, der andere Mohammed. Der Islam ist eben zugleich 'Mohammedanismus'. Das Leben Mohammeds hat neben dem Koran normative Bedeutung für die muslimische Rechtsfindung ... Konsequente Muslime wollen Mohammed 'nachfolgen' und so leben und handeln wie er. In der frommen Tradition ist aus dem Menschen Mohammed ein 'Übermensch' geworden, ein großer Wundertäter und helles Licht der Menschheit."[38]

So liegen auch die islamischen Eroberungskriege auf der Linie des Koran und zugleich auf der Linie der für die Muslime paradigmatischen Biographie ihres Propheten, des „vollkommenen Menschen" Mohammed, der als „generell sündlos" sowie als „Modell physischer wie spiritueller Schönheit"[39] verehrt wird (vgl. Sure 33,21), dem zu gehorchen ist (vgl. Sure 4,80) und der als unantastbar gilt. Die kriegerischen Erfolge seiner zahlreichen Feldzüge und „Razzien" (Beutezüge) wurden/werden geradezu als Zeichen seiner Erwählung betrachtet.

---

36 Ye'or, Bat, Der Niedergang des orientalischen Christentums unter dem Islam, 7.-20. Jahrhundert. Gräfelfing 2002, S. 252.
37 Zu Koran, Sunna und Hadith vgl. Khoury, Adel Theodor, Christen unterm Halbmond. Religiöse Minderheiten unter der Herrschaft des Islams, Freiburg, Basel, Wien 1994, S. 19-27.
38 Troeger, Eberhard, Wer war eigentlich Mohammed?, in: „ideaSpektrum", Nachrichten und Meinungen aus der evangelischen Welt, 25.3.2015, S. 19.
39 Brunner, Rainer, Mohammed. Wissen, was stimmt, Freiburg, Basel, Wien 2011, S. 65.

islamischen Authentizität. Entsprechend formuliert der Orientalist H.-P. Raddatz in einem komprimierten Kultur- und Religionsvergleich die These:

> „In keiner anderen Kultur geschweige denn Religion findet sich die Kodifizierung von Mord, Raub, Versklavung und Tributabpressung als religiöse Pflicht. In keiner anderen Religion findet sich die geheiligte Legitimation von Gewalt als Wille Gottes gegenüber Andersgläubigen, wie sie der Islam als integralen Bestandteil seiner Ideologie im Koran kodifiziert und in der historischen Praxis bestätigt hat. Nicht zuletzt findet sich kein Religionsstifter, dessen Vorbildwirkung sich wie bei Muhammad nicht nur auf die Kriegsführung, sondern auch auf die Liquidierung von Gegnern durch Auftragsmord erstreckte."[33]

Hans Küng, der durch seine Religionsideologie unverdächtig ist im Blick auf islamkritische Aussagen, betont zwar, dass Krieg nach islamischem Verständnis niemals „heilig" sein kann[34], fährt dann aber fort:

> „Während die Jünger Jesu von Botschaft, Verhalten und Geschick ihres Messias her auf Gewaltlosigkeit verpflichtet sind, so die Nachfolger des Propheten Muhammed von vornherein, falls nötig, auf eine kämpferische Auseinandersetzung, die auch Gewaltanwendung nicht scheut. Der **Krieg als Mittel der Politik** wird bejaht ... So lässt sich kaum in Abrede stellen, dass der Islam vom Ursprung her einen kämpferischen Charakter hat ... Das von Muslimen häufig vorgebrachte apologetische Argument, der bewaffnete *gihad* beziehe sich nur auf Verteidigungskriege, lässt sich freilich nicht aufrechterhalten. Dagegen sprechen allein schon die Zeugnisse der islamischen Chronistik, die belegen, wie der *gihad* politisch-militärisch von größter Bedeutung war."[35]

Bat Ye'or verdeutlicht den Unterschied zwischen den islamischen und den von anderen Völkern geführten Kriegen:

---

33 Raddatz H.-P., Von Allah zum Terror?, S. 71.
34 Vgl. jedoch Schirrmacher, C., Der Islam. Bd. 1, S. 181-187, mit Ausführungen zum *gihad*, (=Dschihad) auch mit den Hinweisen, dass dieser Begriff „in den westlichen Medien meist direkt mit 'Heiliger Krieg' übersetzt", dieser „manchmal" sogar als sechste Säule zu den fünf Säulen des Islam hinzugezählt und somit als zentrales islamisches Konstitutiv verstanden wird.
35 Küng, H., Der Islam, S. 710-711.

Glaubenskrieg Gefallenen – nach islamischer Terminologie Märtyrer – unmittelbar ins Paradies eingehen, ist schon im Koran enthalten (Sure 3,169; 2, 214; 22,58)."[32]

Die Eroberung von Ländern ist im Islam eine Form der legitimierten, „vom Gesetz geheiligten" Mission, wie sie etwa auch im folgenden Hadith beschrieben wird: „Wenn die Ungläubigen, nachdem sie den Ruf zum Glauben erhalten haben, diesen nicht befolgen, und sich auch weigern die Kopfsteuer zu zahlen, ist es die Pflicht der Moslems, Allah um Hilfe anzurufen und die Ungläubigen mit Krieg zu überziehen, denn Allah hilft denjenigen, die ihm dienen, und er vernichtet seine Feinde, die Ungläubigen. Die Moslems müssen nun die Ungläubigen mit allen verfügbaren Kriegsmaschinen angreifen, ihre Häuser in Brand setzen, sie mit Wasser überschwemmen, ihre Felder verwüsten und das Getreide vernichten, denn das schwächt die Feinde und ihre Macht wird gebrochen. Alle diese Maßnahmen sind deshalb vom Gesetz geheiligt." Die islamische Mission ist erst dann erfüllt, wenn das islamische Gesetz der Scharia herrscht und die ganze Welt Allah unterworfen ist.

2. Der Koran, Mohammed, der Islam und die Kreuzzüge

Nicht nur die hier zitierten Koranaussagen, sondern die (Gewalt-)Suren insgesamt haben nach islamischem Verständnis unveränderbar-zeitlosen und universalen Charakter. Folglich bilden der Koran sowie die Aussprüche und die Handlungen Mohammeds auch die dunkle Folie, in die hinein bereits die *Jahrhunderte andauernde leidvolle Vorgeschichte der Kreuzzüge* verwoben ist, sodann auch die äußerst problematische Geschichte der Kreuzzüge selbst. Dabei wird deutlich: Die gesamte Eroberungs- und Unterwerfungsgeschichte des Islam ist keineswegs ein Produkt der Missdeutung oder gar des Missbrauchs dieser Religion. Vielmehr ist diese bedrückende Geschichtswirklichkeit *das historische Resultat der koranischen Dogmatik, Ethik und Programmatik.* Sie ist somit auch ein wesentlicher Teil der

---

32 Ende der 1990-er Jahre musste der Verf. dieses Artikels bei einer Podiumsdiskussion über den Islam in einer mit etwa 400-500 Schülern und Lehrern besetzten Aula eines süddeutschen Gymnasiums erleben, wie von allen ausnahmslos islamophilen Podiumsteilnehmern das Faktum des von ihm aufgezeigten Phänomens des kriegerischen Dschihad schlichtweg abgestritten, geleugnet wurde.

(5) Die Aufforderung zum Glaubenskampf (vgl. Suren 2,190; 2,191; 2.192, 2,193; 2,194; 2,244; 9,29; 9,36; 9,39; 9,40)
(6) Die Aufforderung zum Kampf gegen Verführer (vgl. Sure 8,39-40)
(7) Die Aufforderung zum Kampf gegen Vertragsbrüchige (vgl. Sure 9,12-14, 16)
(8) Die Aufforderung zum Vertragsbruch (vgl. Sure 8,55, 59)
(9) Die Erlaubnis zum Umhauen von Palmen (vgl. Sure 59,5, 6)
(10) Die Aufforderung zum Glaubenskampf trotz innerer Abneigung (vgl. Sure 2,216)
(11) Die Aufforderung zur Härte im Glaubenskampf (vgl. Suren 47,4, 34-35; 9,123)
(12) Die Aufforderung zum Töten (vgl. Sure 9,5, 111)
(13) Die Aufforderung zum Vergießen des eigenen Blutes (vgl. Suren 4,95; 8,72; 9,19-20, 22 ,41 f.; 9, 44, 88; 61,11)
(14) Die Warnung vor Verweigerung des Glaubenskampfes (vgl. Suren 8,14, 16; 9,24, 45, 50)
(15) Die Warnung vor Integration (vgl. Sure 4,88, 91)
(16) Die Schlacht bei Badr (vgl. Sure 3,121, 127)
(17) Das Schicksal der Gegner des Islam (vgl. Sure 5,33, 35; 76,4)
(18) Die Verteilung der Beute (vgl. Sure 8,41)
(19) Die Belohnung der Glaubenskämpfer (vgl. Suren 22,58; 22,60)
(20) Der Weg der Glaubenskämpfer ins Paradies (vgl. Sure 47,4, 6)

Die koranische Lehre vom Dschihad ist in der von den deutschen katholischen Bischöfen herausgegebenen Schrift „Christen und Muslime in Deutschland",[31] der gewiss keine islamophobischen Tendenzen vorzuwerfen sind, so zusammengefasst: „Nach dem klaren Schriftbefund im Koran heißt dschihad an mehr als 80 % der Fundstellen ‚einen Krieg um des Glaubens willen führen'. Darüber hinaus rufen die Verse 5 und 29 der neunten Sure, die als zeitlich letzte und damit alle anderen interpretierende Sure gilt, dazu auf, die Ungläubigen aktiv zu bekämpfen ... Die Vorstellung, dass die im

---

31 Sekretariat der Deutschen Bischofskonferenz (Hg.), Christen und Muslime in Deutschland, Arbeitshilfen 172, Bonn 2003, S.79.

(14) Ihr Gläubigen! Kämpft gegen diejenigen von den Ungläubigen, die euch nahe sind ...! Sie sollen merken, dass ihr hart sein könnt. (Sure 9,12)

(15) Prophet! Führe Krieg gegen die Ungläubigen und die Heuchler ... und sei hart gegen sie! Die Hölle wird sie (dereinst) aufnehmen. (Sure 9,73)

(16) Gott hat den Gläubigen ihre Person und ihr Vermögen dafür abgekauft, dass sie das Paradies haben sollen. Nun müssen sie um Allah willen kämpfen und dabei töten oder (und selber) den Tod erleiden. (Sure 9,111)

(17) Und er ließ diejenigen von den Leuten der Schrift, die sie (d. h. die Ungläubigen) unterstützt hatten, aus ihren Burgen herunterkommen und jagte ihnen Schrecken ein, so dass ihr sie (in eure Gewalt bekamet und) zum Teil töten, zum Teil gefangen nehmen konntet. (Sure 33,26)

(18) Und er gab euch ihr Land, ihre Wohnungen und ihr Vermögen zum Erbe, und (dazu) Land, das ihr bis dahin nicht betreten hattet. (Sure 33,27)

(19) Ein Fluch wird auf ihnen liegen. Wo immer man sie zu fassen bekommt, wird man sie greifen und rücksichtslos umbringen. (Sure 33,61)

(20) Wenn ihr (auf einem Feldzug) mit den Ungläubigen zusammentrefft, dann haut ihnen (mit dem Schwert) auf den Nacken! Wenn ihr sie schließlich vollständig niedergekämpft habt, dann legt (sie) in Fesseln. (Sure 47,4)

(21) Lasst nun (in eurem Kampfeswillen) nicht nach und ruft (die Gegner) nicht (vorzeitig) zum Frieden, wo ihr doch (letzten Endes) die Oberhand haben werdet! (Sure 47,35)

Zahlreiche Aufforderungen bzw. Handlungsanweisungen des Koran zum Glaubenskampf mit Waffengewalt sollen zur Verdeutlichung hier noch in einem Überblick notiert werden:

(1) Allah als der Kämpfende (vgl. Sure 8,17- 19)
(2) Die Aufforderung an Mohammed zum Glaubenskampf (vgl. Suren 4,84; 8,12; 8,1; 9,73; 66,9)
(3) Der Auftrag Mohammeds, zum Kampf aufzufordern (vgl. Sure 8,65, 66)
(4) Die Aufforderung zur Rüstung zum Glaubenskampf (vgl. Suren 8,60; 61,4))

(2) *Und kämpft gegen sie, bis niemand (mehr) versucht, Gläubige (zum Abfall vom Islam) zu verführen, und bis nur noch Allah verehrt wird. (Sure 2,193)*

(3) *Euch ist vorgeschrieben, (gegen die Ungläubigen) zu kämpfen, obwohl es euch zuwider ist. (Sure 2,216)*

(4) *Wir werden denen, die ungläubig sind, Schrecken einjagen (zur Strafe) dafür, dass sie (dem einen) Allah (andere Götter) beigesellt haben, wozu er keine Vollmacht herabgesandt hatte. Das Höllenfeuer wird sie (dereinst) aufnehmen – ein schlimmes Quartier für die Frevler. (Sure 3,151)*

(5) *Und wenn sie sich abwenden (und eurer Aufforderung zum Glauben kein Gehör schenken), dann greift sie und tötet sie, wo (immer) ihr sie findet, und nehmt euch niemand von ihnen zum Freund und Helfer! (Sure 4,89)*

(6) *Und lasst nicht nach (in eurer Bereitschaft), den Feind aufzusuchen (und zum Kampf zu stellen)! (Sure 4,104)*

(7) *Der Lohn derer, die gegen Allah und seinen Gesandten Krieg führen und (überall) im Land eifrig auf Unheil bedacht sind (?), soll darin bestehen, dass sie umgebracht und gekreuzigt werden, oder dass ihnen wechselweise (rechts und links) Hand und Fuß abgehauen wird, oder dass sie des Landes verwiesen werden. (Sure 5,33)*

(8) *Ich werde denjenigen, die ungläubig sind, ... Schrecken einjagen. Haut (ihnen mit dem Schwert) auf den Nacken und schlagt zu auf jeden Finger von ihnen. (Sure 8,12)*

(9) *Und kämpft gegen sie, bis niemand (mehr) versucht, (Gläubige zum Abfall vom Islam) zu verführen, und bis nur Allah verehrt wird! (Sure 8,39)*

(10) *Und diejenigen, die ungläubig sind, sollen ja nicht meinen, sie würden (uns) davonlaufen ... Und rüstet für sie, soviel ihr an Kriegsmacht und Schlachtrossen (?) (aufzubringen) vermögt, um damit Allahs und eure Feinde einzuschüchtern. (Sure 8,59-60)*

(11) *Prophet! Feure die Gläubigen zum Kampf an! (Sure 8,65)*

(12) *Kein Prophet darf (Kriegs)gefangene haben (und sie gegen Lösegeld freigeben), solange er nicht (die Gegner überall) im Land vollständig niedergekämpft hat. (Sure 8,67)*

(13) *Und wenn nun die heiligen Monate abgelaufen sind, dann tötet die Heiden, wo (immer) ihr sie findet, greift sie, umzingelt sie und lauert ihnen überall auf! (Sure 9,5)*

möglich zu erobern und unter islamische Herrschaft zu bringen, wo es durch das heilige islamische Recht regiert wurde."[28]

Die nachfolgend in Auswahl zitierten Koransuren[29] fordern, dass alle zu bekämpfen sind, die der Ausbreitung des Islam im Wege stehen oder sich weigern, den Islam anzunehmen. Das Dschihad-Prinzip steht ganz im Dienst an der Weltherrschaft des Islam, der alle Feinde, alle Ungläubigen bekehren oder auslöschen will. Des Weiteren lassen diese koranischen Kampf- und Tötungsbefehle[30] erkennen: Die „göttlichen Offenbarungen" im Koran mit ihrem ewigen Gültigkeitsanspruch rechtfertigen den Anspruch der Muslime auf das Eigentum und das individuelle und kollektive Leben der „Ungläubigen" zu jeder Zeit.

(1) Und tötet sie (d. h. die heidnischen Gegner), wo (immer) ihr sie zu fassen bekommt, und vertreibt sie, von wo sie euch vertrieben haben! Der Versuch (Gläubige zum Abfall vom Islam) zu verführen ist schlimmer als Töten. (Sure 2,191)

---

28 Hirsi Ali, Ayaan, Reformiert euch! Warum der Islam sich ändern muss. Aus dem Englischen von Michael Beyer u. a., München 2015, S. 105.

29 Die hier aufgezeigten Koransuren werden zitiert nach: Der Koran, Übersetzung von Rudi Paret, Stuttgart, Berlin, Köln 1996; vgl. auch Raddatz, H.-P., Von Allah zum Terror?, S. 28-45 (Die Wurzeln des Djihad); auch Schirrmacher, C. Der Islam, Bd. 1, S. 92-94; zum stereotyp geäußerten Vorwurf, beim Zitieren den Koran von seinem textlichen und historischen Kontext zu lösen, die Frage: Seit wann und von welchen islamischen Gruppierungen wird der Koran unter dem Aspekt seiner historischen Bedingtheit und Begrenztheit gelesen und interpretiert? Wird in den Moscheen nicht auch selektiv zitiert? Vgl. auch den Leser-Kommentar von Weit, Jochen, in: www.focus.de › Kultur › Kino & TV 2.11.2014: „Es geht nicht darum, ob ein Zitat aus dem Zusammenhang gerissen wird, sondern darum, dass all die radikalen Moslems sich auf den Koran beziehen können. Gewalt ist eben ein Teil des Korans. Die vielen Moslems, die angeblich nicht für Gewalt sind, die Islam-Verbände, -Staaten könnten durch einen deutlichen Protest Andersgläubige überzeugen, dass diese Extremislamisten Verirrte sind und den Koran falsch interpretieren. Doch genau dieser Protest bleibt aus. Warum? Sind diese Friedfertigen vielleicht doch innerlich bei den Extremisten? Dieser Eindruck drängt sich auf und verschärft die Spannungen. Es sind nicht nur die Extremisten, sondern auch deren Dulder, Helfer und Verharmloser ..."

30 Vgl. www.efg-hohenstaufenstr.de/.../texte/kampfbefehle_allahs_im_kor.pdf mit einer differenzierten Auflistung; die Friedensverse aus der Medina-Zeit Mohammeds wurden durch das Prinzip der Abrogation irrelevant, wobei es offensichtlich keine Liste der aufgehobenen Verse gibt; ebenso das in Vers 2,106 beschriebene Prinzip der Abrogation.

einer umfangreichen Sammlung seiner tradierten angeblich authentischen Aussprüche, Worte, Taten und Unterlassungen, also Erzählungen darüber, wie Mohammed gedacht und gehandelt hat. Die Sunna ist die Grundlage nahezu aller religiöser Praktiken und Verhaltensregeln, die Muslime zu befolgen haben. Die umfangreiche Sunna (Sira und Hadithe), die sich ausschließlich mit dem Leben Mohammeds beschäftigt, wurde nach dem Koran zur zweiten Quelle der religiösen und politischen Lehre und Rechtsprechung des Islam. Dabei ist zu bemerken, dass die auf Mohammed bezogene Sunna 84 % und der Koran lediglich 16 % der islamischen Glaubenslehren beinhaltet. Auf dieses geschlossene System beziehen sich nahezu alle islamischen Gelehrten.

Von diesen Basistexten, die alle islamischen Regeln und Vorschriften legitimieren, können Muslime insgesamt sagen, was oben bereits erwähnt wurde: sie „gebieten das Rechte und verbieten das Verwerfliche" (vgl. Sure 3,104; 3,110; 9,71). Nur der Islam also gebietet, was recht und was verwerflich ist – nicht nur den Muslimen, sondern – nach muslimischem Verständnis – auch den Nichtmuslimen.

> Das islamische Denk-und Handlungssystem zu Eroberung, Kampf und Krieg beschreibt Bat Ye'or wie folgt: „Aus islamischer Sicht ist die ganze Erde eine Stiftung ..., ein Territorium, das Allah gehört. Der muslimischen Gemeinschaft ist versprochen, es unter die Herrschaft der ... islamischen Ordnung zu bringen ... Insofern qualifiziert die Wiederaneignung von Land, das in jedem Fall dem Islam gehört, den **Djihad zu einem defensiven, gerechten und legalen Krieg der Muslime,** da er den Willen Allahs wiederherstellt und durch die Unterwerfung und Erniedrigung der Nichtmuslime den Frieden bringt ... Gemäß dieser religionspolitischen Perspektive gilt die islamische Eroberung als Wohltat für die unterworfenen Völker, weil ihnen die Niederlage die Chance öffnet, zum Islam zu konvertieren."[27] (Hervorgehoben U. H.)

Die muslimische Dissidentin Ayaan Hirsi Ali notiert in diesem Kontext: „Die Muslime hatten ... die Aufgabe, so viel Land wie

---

27 Ye'or, Bat, Europa und das kommende Kalifat. Der Islam und die Radikalisierung der Demokratie, Berlin 2012, S. 7 f.

C Die Legitimierung der islamischen Eroberungskriege

1. Koran[24] und Sunna: Basistexte des Islam

Die Geschichte des Islam ist von Anfang an gekennzeichnet durch Eroberungskriege zur Verteidigung und/oder Verbreitung dieser Religion mit ihrem universellen Geltungsanspruch und der Vorstellung von der schrittweisen historischen Umwandlung der Welt in das „Haus des Islam" durch Mission (da'wa) oder durch Majorisierung. Kriege und Gewalt gegen *Andersgläubige, Ungläubige und Apostaten* sind durch den Koran selbst, der angeblich „eine fehlerlose Kopie des Wortes Gottes" und Gründungsdokument des Islam ist, religiös legitimiert, sogar auch postuliert. „Die Kriegserklärung steht ... am Anfang des Islam."[25] Nach Auffassung der Muslime ist der *Koran* das „unveränderliche Wort Allahs" und „die Urschrift aller heiligen Bücher." Er ist Allahs eigenes, letztes, ewig und weltweit gültiges Wort. Darin ist an 67 Stellen vom Kampf mit der Waffe mit dem Ziel der Tötung die Rede. Dabei gilt gleichzeitig: „Der Koran erteilt dem Kampf im Namen des Islam keinerlei Absage."[26] Der Muslim hat Allah, der im Koran zu ihm spricht, zu gehorchen, gleicherweise aber auch Mohammed, seinem Gesandten: „Gehorcht Allah und seinem Gesandten" (Sure 3,32; vgl. 3,132, 4,59; 5,92 u .a. m.).

So sind diese Kriege religionsideologisch legitimiert, auch durch die *Sunna* seit Beginn des 8. Jahrhunderts. Diese besteht aus der *Sira*, der Biographie Mohammeds, und der *Hadithsammlung*,

---

24 Vgl. Warraq, I., Warum ich kein Muslim bin, S. 155, mit dem Hinweis: Der Koran „besteht angeblich aus ungefähr 80.000 Worten, die in 6.240 Versen und 114 Suren angeordnet sind".

25 Lewis, Bernard, Drei Phasen des islamischen Kampfes, in: „Die Welt", Die literarische Welt, 20.04.2013, S. 1.; der englische Autor wird hier als „einer der bedeutendsten Islamwissenschaftler der westlichen Welt" bezeichnet; vgl. auch Küng, H, Der Islam, S. 219, unter dem Stichwort „Religiöse Kriegsmotivation"; auch ebd., S. 219-222, woraus zu entnehmen ist: Dem gesamten Duktus dieser Veröffentlichung entsprechend, werden die Eroberungswellen des Islam von Küng gleichsam als selbstverständlich betrachtet und ohne (seine für das Christentum meist üblichen) kritischen Bemerkungen geschildert; auch Zinser, Hartmut, Religion und Krieg, Paderborn 2015, S. 114-136 (Kriegslehren im Islam).

26 Schirrmacher, Christine, in: „Die Tagespost", 4. Oktober 2012, S. 9.

In aktuellen Kommentaren und Talkshows bei uns wurde/wird Obamas schiefer Kreuzzugsvergleich ständig schlagwortartig wiederholt. Die Öffentlichkeit wird mit Halb- und/oder Unwahrheiten über die Kreuzzugsbewegung gefüttert. Allzu viele Diskutanten schwadronieren über diese Thematik, über die sie sich offensichtlich überhaupt nicht oder nicht gründlich genug informiert haben.

Alle Deutschen haben sich mit den Verbrechen
des Nationalsozialismus auseinandersetzen müssen.
Sie mussten sich der Schuldfrage stellen,
mussten lernen, zu trauern und anzunehmen,
was in ihrem Namen geschehen war.
Anders wird es auch für Muslime nicht gehen.
Sie müssen sich mit der Tätergeschichte
des Islam auseinandersetzen,
denn sie können nicht verleugnen,
was gestern und heute
im Namen des Islam geschieht.

Necla Kelek, Soziologin, Publizistin

„Zeit tiefster Finsternis und größter Verblendung ..., die einen Teil der Welt dazu brachte, in einen schmalen unglücklichen Landstrich zu ziehen, um dessen Bewohnern die Kehle durchzuschneiden und ein Felsplateau zu besetzen, das nicht einen Tropfen Blut wert war".[21]

In den Abschnitten F – H dieses Beitrages soll auf eine Reihe jener z. T. sehr massiven Vorwürfe geantwortet werden, die in diesem „Kaleidoskop von Zerrbildern über die Kreuzzüge" zusammengestellt sind.

4. Falsche Kreuzzugsvergleiche zweier US-Präsidenten

Im Verkennen bzw. in Unkenntnis des historischen Phänomens der Kreuzzugsbewegung haben der letzte und der derzeitige US-Präsident auf unterschiedliche Weise Kreuzzugsvergleiche verwendet. Georg W. Bush sprach 2003 vom „Kreuzzug gegen das Böse" bzw. „gegen die Achse des Bösen" (Terrorismus, Irak). Beim Nationalen Gebetsfrühstück in Washington am 5. Februar 2015 hat US-Präsident Barack Obama den islamistischen Terrorismus mit den Kreuzzügen verglichen[22]. Mit Blick auf den Terror von Boko Haram und IS erklärte er, Christen und Vertreter anderer Religionen müssten sich in Bescheidenheit üben. Sie hätten selbst zum Teil eine gewalttätige Vergangenheit. Als Beispiel nannte er die *Inquisition, die Kreuzzüge und die Sklaverei*. Es gebe die Tendenz, den Glauben zu pervertieren. Sein *Kreuzzug-Vergleich* brachte Obama viel Kritik und Widerspruch von christlichen Theologen ein, aber auch von Historikern und Politikern. Öffentlich wurde das Fachwissen des Präsidenten bezweifelt, verbunden mit dem Vorwurf, die Verbrechen von Muslimen in Afrika zu relativieren.

Thomas F. Madden, Leiter des Instituts für Geschichte am *Center for Medieval and Renaissance Studies* an der Saint Louis University, einer der anerkanntesten Experten für die Kreuzzüge und Redakteur des Eintrags zu den Kreuzzügen in der *Encyclopedia Britannica*, schrieb: „Kreuzzüge haben nichts mit modernem islamischem Terrorismus zu tun".[23]

---

21 Zitiert in: Stark, R., Gottes Krieger, S. 15.
22 www.kath.net/news/49388
23 *www.katholisches.info* › - Christenverfolgung

„epidemische Raserei, die zweihundert Jahre währte und stets von jeder erdenklichen Grausamkeit, jeder Perfidie, jeder Lasterhaftigkeit, jeder Verrücktheit, zu der die Natur des Menschen in der Lage ist, gekennzeichnet war",[18]

Als scharfer Kritiker des Christentums und als ein entschiedener Gegner der katholischen Kirche war Voltaire der große Wegbereiter der Französischen Revolution (1789-1799).[19] In dieser Schreckensherrschaft waren innerhalb von nur zehn Jahren geschätzte 315.000 Todesopfer[20] zu beklagen, abgesehen von der Vielfalt der Formen von Drangsalierung und Verfolgung.

Für *Denis Diderot* (1713-1784), Kunsttheoretiker, atheistischer Dichterphilosoph, gleichfalls philosophischer Präparator der Französischen Revolution mit ihrem außergewöhnlich hohen Blutzoll, war die Epoche der Kreuzzüge eine

> sich in den Staub zu legen ihnen besser angestanden hätte – eine Kultur, gegen die sich selbst unser neunzehntes Jahrhundert sehr arm, sehr »spät« vorkommen dürfte. – Freilich, sie wollten Beute machen: der Orient war reich ... Man sei doch unbefangen! Kreuzzüge – die höhere Seeräuberei, weiter nichts! Der deutsche Adel, Wikinger-Adel im Grunde, war damit in seinem Elemente: die Kirche wußte nur zu gut, womit man deutschen Adel hat ... Der deutsche Adel, immer die 'Schweizer' der Kirche, immer im Dienste aller schlechten Instinkte der Kirche – aber gut bezahlt ... Dass die Kirche gerade mit Hilfe deutscher Schwerter, deutschen Blutes und Mutes ihren Todfeindschafts-Krieg gegen alles Vornehme auf Erden durchgeführt hat! Es gibt an dieser Stelle eine Menge schmerzlicher Fragen. Der deutsche Adel fehlt beinahe in der Geschichte der höheren Kultur: man errät den Grund ... Christentum, Alkohol – die beiden großen Mittel der Korruption ... An sich sollte es ja keine Wahl geben, angesichts von Islam und Christentum, so wenig als angesichts eines Arabers und eines Juden. Die Entscheidung ist gegeben; es steht niemandem frei, hier noch zu wählen. Entweder ist man ein Tschandala, oder man ist es nicht ... 'Krieg mit Rom aufs Messer! Friede, Freundschaft mit dem Islam': so empfand, so tat jener große Freigeist, das Genie unter den deutschen Kaisern, Friedrich der Zweite? Wie? muß ein Deutscher erst Genie, erst Freigeist sein, um anständig zu empfinden? Ich begreife nicht, wie ein Deutscher je christlich empfinden konnte ..."

18 Zitiert in: Stark, Rodney, Gottes Krieger. Die Kreuzzüge in neuem Licht, Berlin 2013, S. 15.
19 Vgl. Raddatz, Hans-Peter, Von Allah zum Terror? Der Djihad und die Deformierung des Westens, München 2002, S. 148 ff.
20 Meiser, Hans, Völkermorde vom Altertum bis zur Gegenwart. Verbrechen gegen die Menschlichkeit, Tübingen 2009, S. 180.

Reiterheere – Die tiefgreifende Islamisierung Spaniens nach den ersten arabischen Eroberungsstürmen – Das Zurückschlagen des 2. Kreuzzuges – Das „im Großen und Ganzen" friedliche Zusammenleben von Juden, Christen und Muslimen auf der Iberischen Halbinsel unter islamischer Herrschaft (756-1031) – Die muslimischen Eroberungen als Siegeszug des Islam – „Welch erstaunliche Entwicklung: Keine hundert Jahr" Islamisierung „von Indien bis Spanien, vom Himalaja im Osten bis zu den Pyrenäen im Westen"[15] – „Nie hat die Begeisterung als solche größere Taten vollbracht."[16] (Hegel)

3. Zwei Kritiker[17] der Kreuzzüge – Zwei Wegbereiter einer Schreckensherrschaft

Voltaire (1694-1778), Schriftsteller, Dramatiker, Philosoph und Historiker, bezeichnete die Kreuzzüge als eine

---

15 Küng, H., Der Islam, S. 277; vgl. auch ebd., S. 279, mit zwei bewundernd, beinahe hymnisch klingenden rhetorischen Fragen des christlichen Theologen zu den islamischen Eroberungskriegen: „Gibt es in der Geschichte der Religionen einen Siegeszug, der so schnell, so weitreichend und zugleich so nachhaltig und dauerhaft verlief wie der Siegeszug des Islam? Wohl kaum. Und verwundert es da, wenn bis heute alle Gefühle des Stolzes auf Seiten der Muslime in diesen ... Erfahrungen der Frühzeit wurzeln? Der Islam ist 'eine Religion des Sieges!'"

16 15.9.2006 www.faz.net › Feuilleton › Medien

17 Weitere Kritiker vgl. Elm, Kaspar, Die Kreuzzüge. Kriege im Namen Gottes?, in der Reihe „Kirche und Gesellschaft", hrsg. von der Katholischen Sozialwissenschaftlichen Zentrale, Nr. 231, Mönchengladbach 1996, S. 5; auch Warraq, Ibn, Warum ich kein Muslim bin, Berlin 2004, S. 38-63, mit einer ausführlichen Darstellung verschiedener Islam-Apologeten, die den Islam auch als Waffe gegen Kirche und Christentum benutzten; vgl. der „Antichrist" Friedrich Nietzsche, der auch im Kontext zu Kreuzzugsaussagen seine rückhaltlose Bewunderung des Islam und gleichzeitig seine Verachtung für das Christentum zum Ausdruck brachte, zitiert in:N www.zeno.org/Philosophie/M/Nietzsche,+Friedrich/Der.../51-60: „Das Christentum hat uns um die Ernte der antiken Kultur gebracht, es hat uns später wieder um die Ernte der Islam-Kultur gebracht. Die wunderbare maurische Kultur-Welt Spaniens, uns im Grunde verwandter, zu Sinn und Geschmack redender als Rom und Griechenland, wurde niedergetreten (– ich sage nicht von was für Füßen –), warum? weil sie vornehmen, weil sie Männer-Instinkten ihre Entstehung verdankte, weil sie zum Leben ja sagte auch noch mit den seltnen und raffinierten Kostbarkeiten des maurischen Lebens! ... Die Kreuzritter bekämpften später etwas, vor dem

Erinnerung an die lange Aggression der Europäer – Das erste blutige Kapitel in der langen Geschichte des brutalen europäischen Kolonialismus – Die Eroberungskriege (der Christen) als Vorspiel des Kolonialismus – Das „Kreuzzüglertum" als europäische Expansion – Ein unmittelbarer Grund für die Konflikte im heutigen Nahen Osten – Ein „Urverbrechen", das bis heute Hass, Gewalt und Mord an Nichtchristen legitimiert – Die Wurzel der heutigen Auseinandersetzungen zwischen dem Westen und der islamischen Welt – Die Gräuel der Kreuzzüge werden auch heute noch im Islam wie eine Schändung, eine Schmach empfunden – Die geistigen Wurzeln des Holocaust – Die nachhaltige Belastung des Verhältnisses der Christen zum Islam durch die Kreuzzüge – Die Entstehung des Hasses zwischen Christen, Juden und Muslimen erst durch die Kreuzzüge – Die Kreuzzüge als Anfang antijüdischer Grausamkeiten – Das Hinterlassen einer Schneise der Gewalt, die die Erde und die Erinnerung der Menschen bis zum heutigen Tag erschaudern lassen.

i) ... und der Islam/die Muslime: Faktisch eine tolerante Religion gegenüber Christen und Juden, bis die Christen 1099 Jerusalem eroberten – Die Sarazenen als Paladine der Ritterlichkeit – Der Islam hat sich stets verteidigt, sich auch nach Europa „hineinverteidigt" – Der beachtliche Respekt der Muslime gegenüber den unterworfenen Völkern – Die Muslime haben „von ihren mittelalterlichen Vorfahren bittere Erinnerungen an die Gewalttaten der Kreuzfahrer geerbt" – Die Islamgläubigen in der Geschichte mehrfach als tatsächliche Opfer von kirchlichen Völkermördern – Die überlegene islamische Zivilisation – Die Nötigung der Muslime durch die Kreuzfahrer, ihrer Religion einen eigentlich fremden, nämlich kämpferischen, politischen Zug beizulegen.

2. Die verharmlosende Beschreibung der islamischen Expansionen und Invasionen

Die Entfaltung einer großen Expansionskraft durch den Islam – Der Islam auf dem Vormarsch – Das Vordringen der muslimischen Araber nach Westen und Osten in einer gewaltigen Expansion – Die Eroberung der arabischen Halbinsel – Das Zurückdrängen der Grenzen des Byzantinischen Reiches durch die Muslime – Das Überqueren der Meerenge von Gibraltar durch islamische

e) ... und die Kirche: Das Anzetteln der grausamen Kreuzzüge durch die Kirche – Die Kreuzzüge als große, von religiösem Fanatismus inspirierte Glaubenskriege – Die Kreuzzüge als ein Beleg für die Kirche als einer imperialistischen, machtbesessenen Organisation – Die Kreuzzüge als ein von der römischen Kirche gesteuertes Expansionsunternehmen westeuropäischer Feudalherren – Die brutale Verfolgung der Juden und Häretiker durch die katholische Kirche – Die Kreuzzüge als Hauptsünde der katholischen Kirche und zugleich der ganzen westlichen Welt – Verrat der Kirche an Gott.

f) ... und die Päpste: Ihr Streben nach Vergrößerung ihres Reichtums und ihrer Macht, verbunden mit Ruhmsucht und Gier, begleitet von Fanatismus und Aberglaube – Die Instrumentalisierung der Kreuzzüge durch den Papst, um die Macht der Kirche zu stabilisieren bzw. um die Macht über die Ostkirchen zu gewinnen – Nur gegen die Bibel konnten die Kreuzzüge unter Leitung der Päpste geführt werden – Papst Urban II. als Mordbrenner, der den 1. Kreuzzug „als Antwort auf die angebliche Verfolgung der orientalischen Christen durch die Muslime propagierte".

g) ... und der Westen[14]: Eine Vorübung auf den späteren Imperialismus der westlichen Welt – Der erste imperialistische Eroberungszug des Westens – Der erste räuberische Überfall des christlichen Westens gegen die islamische Welt – Die Provokation, brutale Behandlung und Ausbeutung der Muslime durch den Westen – Eine schändliche Episode in der Geschichte des habgierigen Westens – Die Kreuzzüge als Expansionsdrang herrschsüchtiger Feudalherren und Ausdruck dunkler Machenschaften des europäischen Imperialismus – Die bei den Kreuzzügen aufgeladene Schuld unserer europäischen Vorfahren.

h) ... und ihre Wirkungsgeschichte: Ihre verheerende Wirkung bis heute – Eine geschichtliche, bis heute anhaltende Erinnerung – Eine schwelende Wunde im Gedächtnis der Muslime – Eine

---

14 Vgl. dazu Huntington, Samuel P., Kampf der Kulturen. The Clash of Civilizations. Die Neugestaltung der Weltpolitik im 21. Jahrhundert, München, Wien 1997, 5. Auflage, S. 60 f., mit einer Definition des Begriffes „Westen": „Europa, Nordamerika sowie andere von Europäern besiedelte Länder wie Australien und Neuseeland"; auch ebd., S. 334-354, mit Ausführungen zum Thema „Islam und Westen".

von Barbaren aus einem rückständigen, aber gläubigen Europa – Barbarische und bigotte Kriegstreiber – Meist zerstörerische Proleten, moralisch und kulturell der islamischen Zivilisation weit unterlegen – Die Bigotterie der Frankenkrieger – Die im Namen des Herrn gegen kultivierte Muslime Eroberungskriege führenden Banden profitgieriger, blutrünstiger Schlächter – Die Absegnung der Kreuzritter als Beihilfe am Tod unschuldiger Muslime – Das Wüten barbarischer Invasoren wie Tiere, die auch vor kannibalischen Exzessen nicht zurückscheuten – Das Waten brutaler Primitivlinge aus dem finsteren europäischen Mittelalter bis zu den Steigbügeln im Blut gebildeter, kultivierter Araber – Die weite Unterlegenheit der „Kreuzzügler ... mit ihrem Christianisierungsprojekt der Zivilisation, die sie erobern wollten ..." (Bassam Tibi) – Die Prägung der islamischen Welt bis heute vom Hass auf die Zivilisation der Kreuzzügler – Die Kreuzfahrer als Vorgänger der SS – Die Besiegung der Kreuzfahrer als Akt der Befreiung.

d) ... und die Christen: Reine Eroberungsfeldzüge im Namen der christlichen Religion – Der Heilige Krieg der Barbaren – Die meist zerstörerischen, moralisch und kulturell der islamischen Zivilisation weit unterlegenen Proleten – Eine Ursünde, die Kardinalsünde, der erste räuberische Überfall der Christenheit – Ein Werkzeug des expansionistischen, imperialistischen Christentums bzw. des Imperialismus, Kolonialismus und der Zwangsmissionierung – Eine Perversion der Botschaft Jesu, des wahren Christentums – Ein Akt der Aggression, der religiösen Intoleranz und Eiferung – Das Christentum, die blutigste Religion aller Zeiten – Einmalige Verbrechen durch die Christen durch Brechen des Friedens mit der muslimischen Welt ohne ersichtlichen Grund – Das Losgehen aggressiver Christen auf friedliebende Muslime – Intoleranz und Blutvergießen im Namen Gottes – Höhepunkt der Absurdität des Christentums – Eine der zahlreichen Erscheinungsformen katholischer Bigotterie und Rohheit – Die Berufung auf Gott als Deckmäntelchen für den Machtwillen einer scheinheiligen Priesterclique – Der Expansionsdrang herrschsüchtiger Feudalherren und der Geschäftssinn frühbürgerlicher Kaufleute für die dunklen Machenschaften des europäischen Imperialismus – Die Hetzerei christlicher Würdenträger – Beweis christlicher Intoleranz und Gewaltbereitschaft – Die Kreuzzüge: Von Christen gemacht und nicht von den Moslems.

1. Parteiische Stellungnahmen[13] mit schweren Anschuldigungen

Die Kreuzzüge ...

a) ... waren gegen die Muslime gerichtet: Auf gewaltsame Einnahme Jerusalems gerichtet mit einkalkulierter Vernichtung Fremdgläubiger – Ein militärischer Angriffsschlag, um die Territorien eines friedliebenden und toleranten Islam brutal zu unterwerfen, auszuplündern und zu kolonisieren – Ein Einfall in die kultivierte und urbane Welt des Nahen Ostens – Die brutale Vernichtung Andersgläubiger – Unprovozierte Angriffe des barbarischen Europa gegen eine ruhige kultivierte islamische Welt – Die Ursache unsäglichen Leides unter den moslemischen Völkern – Der Islam als Opfer der Kreuzzüge – Der zweite Kreuzzug ein Generalangriff gegen die nichtchristliche Welt.

b) ... waren voller Grausamkeit: Ein Hinschlachten unzähliger Menschen – Die grausamsten Ereignisse des Mittelalters – Eine unbändige Kreuzzugshysterie – Das schnelle Verschwinden der eigentlichen religiösen Triebkräfte der Kreuzzüge hinter Kriegs- und Abenteuerlust, hinter Blutdurst, Beutegier und Machtsucht – Eine blutrünstige Orgie unerhörten Ausmaßes im Zeichen des Kreuzes – Der Triumph des Kreuzes in einem Meer voll Blut – Ein vulgärer Kriegsrausch – Eine Eruption bestialischer Gewalt – Purer Fanatismus und Gewaltrausch – Ein Handeln im Blutrausch und voller Grausamkeit – Ein blutiges Himmelfahrtskommando – Ein furchtbares Verbrechen, ein Mega-Verbrechen – Der 4. Kreuzzug als das größte aller Verbrechen an der Menschheit sowie ein Ausbund an Verderbtheit und das Werk der Hölle – Die Kreuzzüge vergleichbar mit Hitlers Gräueltaten und der ethnischen Säuberung im Kosovo – Anfang antijüdischer Grausamkeiten.

c) ... und die Kreuzritter/-fahrer/-zügler: Intrigante, intolerante, barbarische und beutegierige Fanatiker – Zu Mordgesellen und Banditen heruntergekommene Ritter, angetrieben von blindem Fanatismus und von Gier nach Beute und Land – Eine Horde

---

13 Vgl. dazu auch Küng, Hans, Der Islam. Geschichte, Gegenwart, Zukunft, München 2004, 3. Auflage, S. 383, mit „Fragen zur Kreuzzugsmentalität", in denen die Problematik der jahrhundertelangen kriegerischen Expansionen des Islam ausgeblendet und einzig das fragwürdige Verhalten der Christen in indirekter Fragestellung moniert wird.

ren islamischen Terroristen den „*Kreuzzüglern und Zionisten*" bzw. den westlichen „*Kreuzzüglerstaaten*", den „*Kreuzzüglernationen*" den Krieg erklärt. Auch islamische Staatsmänner schließen sich ganz aktuell diesem Chor an.

Zu den drei Feindbildern in der islamischen Welt zählen zusammen mit der christlichen *Missionsarbeit* und der westlichen *Orientalistik* gerade auch die *Kreuzzüge*.[11] Als Teil der „chronique scandaleuse"[12] bzw. der „Kriminalgeschichte des Christentums" werden sie bei entsprechenden Diskussionen zusammen mit der Inquisition, der Hexenverfolgung etc. allzu gern thematisiert. Auf eine analoge „Kriminalgeschichte des Islam", auf eine *Schuldgeschichte der Religion Mohammeds* wartet man aus wohlbekannten Gründen mit großer Wahrscheinlichkeit vergeblich.

Nachfolgend wird eine schillernde Palette entsprechender Aussagen verschiedener Autoren zum mittelalterlichen Phänomen der Kreuzzüge dokumentiert. Dabei stimmen die notierten Aussagen weitgehend mit den Zitaten überein, sind jedoch stilistisch der hier gewählten Darstellungsform angepasst.

2002 mit dem tendenziösen Text: „Mit seinem Antikriegsbild ... schlägt Hans Nauheimer den Bogen von den mittelalterlichen Kreuzzügen zur Gegenwart."

11 Vgl. dazu Schirrmacher, Christine, Der Islam. Geschichte – Lehre, Unterschiede zum Christentum, Band 2, Neuhausen/Stuttgart 1994, S. 301; auch ebd., S. 52, mit einem Aufweis der Feindbilder der Muslimbruderschaft.

12 Vgl. dazu Ballestrem, Tommy, Ja, aber die Kreuzzüge ... Ein kurze Verteidigung des Christentums, Kisslegg, o. Jg., S. 31: „Selbstverständlich kann man eine 'Kriminalgeschichte des Christentums' schreiben. Ebenso ließe sich eine Kriminalgeschichte der Rechtsstaaten schreiben, indem man auf diejenigen Politiker und Richter verweist, die ihre Macht missbrauchten. Genauso wenig aber wie ein Richter, der sein Amt missbraucht, ein Argument gegen die Sinnhaftigkeit der Rechtsstaatlichkeit darstellt, genauso wenig ist ein Bischof, der sein Amt missbraucht, ein Argument gegen die Sinnhaftigkeit der christlichen Botschaft"; ebenso Lütz, Manfred, Bluff! Die Fälschung der Welt, München 2012, mit Hinweisen auf verschiedene Fälschungen in der Kirchengeschichte: Inquisition (S. 147 f.), Hexenverfolgungen (S. 147 f., 152), Galileo Galilei (S. 147, 149), die antispanische „Legenda nera" (S. 154 f.). die Konstantinische Schenkung (S. 154).

(4) Die Muslime sind seit den Kreuzzügen *traumatisiert* und hassen deswegen die Christen.

Viele Darstellungen dienen tendenziell eindeutig dazu, die im Raum des Christentums bzw. der katholischen Kirche begangenen Verbrechen herauszustreichen und die katholische Kirche *zu diskreditieren,* aber gleichzeitig die Verbrechen von Muslimen zu relativieren bzw. zu verschweigen und den Islam *zu absolvieren.* Die Grundtendenz dieser Doppelbödigkeit der moralischen Beurteilung lautet: Gewichtung historischer Fakten zugunsten des Islam. Den Erfahrungen der antichristlichen und philo-islamischen Verzerrungen geschichtlicher Fakten entspricht heutiger Beobachtung, dass bestimmte (westliche) Medien Angriffe auf den Islam scharf verurteilen, jedoch gleichzeitig blasphemische Provokationen und Beleidigungen gegen das Christentum rücksichtslos publizieren. Zu beobachten ist ebenso: Kritik an islamischer Gewalt wird empört zurückgewiesen, zur islamischen Gewalt an Christen wird geschwiegen.

> Die Worte von Joseph Kardinal Ratzinger (28. November 2000) vom „Selbsthass des Abendlandes" können auch in Bezug gebracht werden zu dem in Europa verbreiteten, einseitig geprägten Negativbild von den Kreuzzügen: „Hier gibt es einen merkwürdigen und nur als pathologisch zu bezeichnenden Selbsthass des Abendlandes, das sich zwar lobenswerterweise fremden Werten verstehend zu öffnen versucht, aber sich selbst nicht mehr mag, von seiner eigenen Geschichte nur noch das Grausame und Zerstörerische sieht, das Große und Reine aber nicht mehr wahrzunehmen vermag. Europa braucht, um zu überleben, eine neue – gewiss kritische und demütige – Annahme seiner selbst, wenn es überleben will."[9]

Der Begriff „Kreuzzug" selbst ist vielfach zu einem islamischen, antikirchlichen und speziell antikatholischen, aber auch antieuropäischen, antiwestlichen Kampfbegriff geworden. Er wird nicht selten allegorisch verwendet, auch um gezielt Emotionen zu wecken[10]. Entsprechend hatte auch der Terrorist Bin Laden mit ande-

---

9 www.katholisches.info › - Christenverfolgung
10 Vgl. dazu im Katalog zur Ausstellung des Bischöflichen Dom-und Diözesanmuseums Mainz zum Thema „Kreuzzüge" (hg. von H.-J. Kotzur, vgl. Fußnote 8) auf Seite 117 unter der Überschrift „Kreuzzüge gibt es noch immer" die Abbildung zweier Ölgemälde von H. Nauheimer aus dem Jahr

Wie bereits angedeutet, sind die (westlichen) Bibliotheken gefüllt mit Literatur zu den auf den Zeitraum von etwa 200 Jahren begrenzten Kreuzzügen. Der seit 1400 Jahren *ununterbrochen stattfindende islamische Dschihad* blieb und bleibt kaum beachtet und analysiert. Er wurde und wird vielfach einfach ignoriert.

In den Darstellungen wird weithin *die Eroberungsgeschichte des Islam als islamische Vorgeschichte der Kreuzzüge* allzu häufig ausgeblendet und die entscheidende Frage garnicht gestellt: „Was war denn die eigentliche Ursache der Kreuzzüge? Warum waren sie überhaupt notwendig geworden?" Die Geschichte der Kreuzzugsbewegung ist eindeutig bedingt und nur denkbar durch deren Vorgeschichte: die jahrhundertelang vorausgegangenen islamischen Eroberungszüge. Undifferenziert und ohne diese Vorgeschichte zu bedenken, halten auch viele Christen die Kreuzzüge für ein absolut peinliches Kapitel ihrer eigenen Geschichte.

Viele Beiträge zu diesem Themenfeld haben ganz offensichtlich eine religiöse bzw. ideologische Schlagseite. Diese Einseitigkeiten zeigen sich im Ausblenden oder im Verdrehen wichtiger historischer Fakten sowie in nicht nachvollziehbaren Vergleichen und Übertreibungen. In parteiischen Stellungnahmen und Anschuldigungen wird neben „dem Westen" insbesondere gegen die katholische Kirche auch ein „medialer Kreuzzug" geführt.

In seinem *Film* „Königreich im Himmel" (2005) bedient und verstärkt Ridley Scotts die vier alten, längst widerlegten, dennoch immer noch *weitverbreiteten Kreuzzugs-Klischees* der Aufklärung:

(1) Die Anhänger Mohammeds waren *tolerant und kultiviert*, die christlichen Kreuzfahrer waren dagegen *barbarisch und grausam*.

(2) Die friedlichen Muslime wurden von *europäischen Imperialisten und Kolonisten* grundlos überfallen.

(3) Saladin war ein *toleranter, großzügiger Herrscher*, die Kreuzritter dagegen waren *Schurken*.

Mainz 2004; auch in diesem opulenten, reich bebilderten Werk bleibt die Vorgeschichte der Kreuzzugsbewegung in Form der islamischen Expansionen nahezu völlig unberücksichtigt (vgl. S. 252) mit dem Ergebnis z. B. einer Pressestimme (Frankfurter Rundschau), die Geschichtsfakten verdreht, zumindest mit falschen Zungenschlag spricht: „Die Ausstellung 'Die Kreuzzüge – Kein Krieg ist heilig ...' widmet sich dem vor fast 1000 Jahren geführten Kampf der Christen gegen die vermeintlich Ungläubigen." www.amazon.de › ... › Epochen › Mittelalter › Kreuzzüge

B Ein Kaleidoskop von Zerrbildern über die Kreuzzüge

Die Geschichte der Kreuzzüge zählt gewiss zu den besonders brisanten und emotionalen Themen der Weltgeschichte. Sie ist ideologisch hoch aufgeladen, zugleich auch belastend insbesondere für die katholische Kirche, denn die Kreuzzüge gehören zu den dunklen Kapiteln der Kirchengeschichte, in denen jedoch zugleich auch eine Reihe positiver, allerdings meist verschwiegener Seiten aufgezeichnet sind. So ist es nicht verwunderlich, dass in vielen Darstellungen sowie in Gesprächen und Diskussionsrunden zu dieser Thematik fast ausnahmslos auch ein deutlich vernehmbarer antikirchlicher Unterton mitschwingt.[7] Bei manchen Zeitgenossen geht die völlige Unkenntnis der Kreuzzugsgeschichte und ihrer Vorgeschichte einher mit einem heftigen Polemisieren gegen das Objekt ihres Nichtwissens.

Die Kreuzzugsthematik wird behandelt in wissenschaftlichen und volkstümlichen Geschichtswerken, so in der orientalistischen, historischen und theologischen Fachliteratur, in populären Buchveröffentlichungen, in Zeitungs- und Zeitschriftenartikeln, in Film-, Funk- und Fernsehsendungen, in Fortbildungsunterlagen, in politischen Reden und Abhandlungen, in schulischen Geschichts- und Religionsbüchern, in Romanen, in der Kinder- und Jugendliteratur, in künstlerischen Darstellungen und nicht zuletzt in Internetforen. Darunter befinden sich islamische, islamkritische und antiislamische, jüdische und atheistische, antichristliche, antikirchliche und antikatholische Autoren und selbstverständlich auch solche, die von einer christlichen Grundeinstellung geprägt sind. Doch auch so manche innerkatholische Sicht auf die Kreuzzüge ist recht problematisch[8].

---

7   Vgl. dazu aber auch Siberry, Elizabeth, Das Bild der Kreuzzüge im 19. und 20. Jahrhundert, in: Riley-Smith Jonathan, (Hg.), Illustrierte Geschichte der Kreuzzüge, übersetzt von Christian Rochow, Frankfurt, New York 1999, S. 418-441, mit der Darstellung von wohlwollenden bis romantisierend-verklärenden Vorstellungen und Bildern von den Kreuzzügen durch Schriftsteller, Maler, Komponisten, Politiker und Theologen in europäischen Staaten der vergangenen beiden Jahrhunderte.

8   Vgl. dazu Kotzur, Hans-Jürgen (Hg.), Die Kreuzzüge. Kein Krieg ist heilig. Katalog-Handbuch zur Ausstellung im Dom- und Diözesanmuseum,

Kriege wie aller islamischen Unternehmungen letztlich die Weltherrschaft der Religion Mohammeds. „Der Islam will die Welteroberung" – so die Überschrift eines Essays des Althistorikers Egon Flaig[4]. Nach dem Islamwissenschaftler A. T. Khoury erhebt der Islam den Anspruch, „seiner Lebensordnung die Oberhoheit zu verschaffen in aller Welt"[5]. Entsprechend formuliert auch der Muslim Bassam Tibi, emeritierter Professor für Internationale Beziehungen und Begründer der Islamologie: „Die Islamisierung der Welt ist ein fester Bestandteil der islamischen Weltanschauung."[6]

Bei der Islamisierung ging und geht es den Muslimen jedoch nicht nur und nicht in erster Linie darum, die Menschen zum Islam zu bekehren, sondern die Welt in das „Haus des Islam" zu verwandeln, also Allahs Ordnung und Gesetz (Scharia) zu etablieren. Dort aber, wo Allahs Ordnung herrscht, greift es in alle Bereiche der Menschen ein, so auch *in das Leben der Nichtmuslime.*

> Jesus Christus
> war ein gewaltfreier,
> herrschaftskritischer Religionsstifter.
> Er war kein Kriegsherr und kein Kriegstreiber
> wie Mohammed. Der Geburtsfehler des Islam liegt
> in seiner Gründungsfigur, seinem 'Propheten'.
>
> Wochenzeitschrift „Christ in der Gegenwart"

---

4   15.9.2006 www.faz.net › Feuilleton › Medien
5   Khoury, Adel Theodor, Der Koran, Düsseldorf 2007, S. 58.
6   Tibi, Bassam, Selig sind die Betrogenen, Christlich-islamischer Dialog – Täuschungen und westliches Wunschdenken, in: Spuler-Stegemann, Ursula, Feindbild Christentum im Islam. Eine Bestandsaufnahme, Freiburg 2004, S. 54.

Mit welcher Berechtigung, mit welchen Mitteln und Methoden gingen die später Hinzugekommenen gegen die Ansässigen vor? Sollten diejenigen, die zuerst da waren, die verschiedenen Formen des Unrechts, der Gewalt und der Unfreiheit einfach wehrlos akzeptieren, die von jenen praktiziert wurden, die gewaltsam hinzukamen? Ist es berechtigt und zu rechtfertigen, den früheren Rechtszustand, der durch kriegerische Gewalt beendet wurde, wiederherzustellen?

Vor dem Hintergrund heftigster Anschuldigungen kann auch die auf heftige Vorwürfe basierende Frage gestellt werden: Sind da wirklich Zehntausende wildgewordener, barbarischer Abendländer *grundlos und ungefragt* in ein kultiviertes, friedliches und tolerantes Land des Orients eingefallen, um es mit unvergleichbarer Brutalität niederzumachen, zu berauben und überdies den Eroberten auch noch den christlichen Glauben aufzuzwingen?

Zum Auftakt dieses Beitrages wird ein Kaleidoskop einseitig geprägter, doch öffentlichkeitswirksamer Meinungsbilder über die Kreuzzüge vorangestellt. Sie sind verschiedensten Veröffentlichungen entnommen, wobei aus vielen Formulierungen schnell ersichtlich wird: Vielfach werden hier ganz offensichtlich Reaktion mit Aktion, Opfer mit Tätern vertauscht. Sodann wird eine kleine Auswahl gewaltbetonter Koranverse zitiert, die in ihrer Gesamtheit die geistige Grundlage und Legitimation der islamischen Eroberungskriege bilden und somit auch den Urgrund der Kreuzzugsbewegung darstellen.

Hinter den jahrhundertelangen Eroberungskriegen steht das sich in Koranversen spiegelnde islamische Konzept: „Aus euch soll eine Gemeinschaft (von Leuten) werden, die ... **gebieten, was recht ist**, und verbieten, was verwerflich ist" (Koranvers 3,104). Und ähnlich: „Ihr (Gläubigen) seid die beste Gemeinschaft ... Ihr **gebietet, was recht ist,** verbietet, was verwerflich ist ..." (ebd., 3,110; vgl. auch ebd., 9,71). Auch die in einem Hadith tradierte Zielvorstellung Mohammeds „Der Islam herrscht und wird nicht beherrscht" fand Eingang ins islamische Bewusstsein und Recht. (Hervorgehoben: U.H.)

Diese verschiedenen Worte prägen und prägen somit grundlegend die Denk- und Handlungssysteme von Muslimen. Auf der Grundlage des universalistischen Absolutheits- und Totalitätsanspruches des Islam als *beste Gemeinschaft,* die allen anderen *„gebietet und verbiete*t", war und ist so das erklärte Ziel der islamischen

rungszüge nahezu unerforscht ist. Auch die westliche Geschichtsschreibung bagatellisiert, beschönigt, übersieht, negiert oder verleugnet weithin die Wahrheit der Islamisierung zahlreicher Zivilisationen. So scheint die Geschichte der weithin gewaltsamen Islamisierung gar nicht stattgefunden zu haben. Sie wird schlichtweg ausgeklammert. Dadurch ist wohl auch der weit verbreitete Eindruck entstanden, der Beginn der Kreuzzüge sei mit dem Aufruf von Papst Urban II. (1095) wie ein Blitz aus heiterem Himmel gefallen.

Keineswegs geht es darum, bei diesem historischen Phänomen etwas zu entschuldigen, was nicht zu entschuldigen ist. Vielmehr geht es um den Versuch, die *geschichtliche Wahrheit* aufzuzeigen, die auch Voraussetzung ist für jede Diskussion, so auch für jeden weiterführenden Dialog mit Muslimen. Dabei versteht es sich von selbst, dass im Rahmen dieser Darstellung keineswegs alle Facetten der vielschichtigen und weithin negativ konnotierten Kreuzzugsgeschichte[3] mit ihren religiösen, kulturellen, und sozialen, wirtschaftlichen, militärischen, organisatorischen und (kirchen-) politischen Dimensionen ausgeleuchtet werden können, diese Ausführungen also keinen Anspruch auf Vollständigkeit erheben.

Hier geht es darum, die neueren Forschungsergebnissen darzustellen und ansatzhaft auch theologisch zu reflektieren. Dabei lauten einige recht schlichte, doch grundlegende Fragen zu dieser historischen Problematik von Eroberung und Unterdrückung, von kriegerischer Aggression und Verteidigung zwischen Muslimen und Christen etwa in Nordafrika, Südeuropa und im Vorderen Orient:

Wer war denn eigentlich zuerst da, z. B. im Heiligen Land, in Norafrika, in Spanien? Wer ist später dazugekommen? Juden? Christen? Muslime?

---

3 Vgl. dazu Phillips, J., Heiliger Krieg, S. 9, mit einem Aufweis der Rekonstruktionsmöglichkeiten dieser Epoche, wie Chroniken, Lieder, Predigten, Reisetagebücher, Briefe, Geschäftsbücher, Friedensverträge sowie „visuelles Material aus der Welt der Künste, Architektur und Archäologie"; die nachfolgenden Ausführungen beschränken sich auf die „authentischen Kreuzzüge" (1095-1291); auch Riley-Smith, J., Wozu heilige Kriege?, S. 171 f., mit der Unterteilung von vier Schulen mit ihren voneinander abweichenden Definitionen des Begriffes „Kreuzzug".

A Einleitung

„Jedes Mal, wenn wir im Westen mit der Brutalität des 'Islamischen Staats' konfrontiert werden, mit den Massenexekutionen, den Enthauptungen, durchgeführt mit Schlachtermessern, den öffentlichen Verbrennungen von lebenden Menschen, dem Werfen von Homosexuellen von Hochhausdächern, dem Steinigen auf offener Straße und all den anderen barbarischen Akten, festgehalten auf den technischen Geräten des Westens und in die Welt getragen über die Infrastruktur des Westens, findet sich irgendjemand, der sagt: 'Die Christen waren auch nicht viel besser. Denk nur einmal an die Kreuzzüge'."[1]

Die quellenbasierte Erforschung der Kreuzzüge im Hochmittelalter wurde in den letzten Jahrzehnten durch eine Fülle neuer Erkenntnisse bereichert, die möglicherweise auch zu neuen Ein- und Ansichten führen.[2] Dennoch gehen nach wie vor die Sichtweisen, Einschätzungen und Meinungen über Sinn und Sinnlosigkeit, über Berechtigung und Unrecht der Kreuzzüge weit auseinander. Bei den folgenden Ausführungen (insbesondere zu den sogenannten Orientkreuzzügen) geht es keinesfalls um eine *beschwichtigende, gar wahrheitswidrige Kreuzzugsapologetik*.

Es geht also nicht darum, Fehleinschätzungen und Verfehlungen von Päpsten und Königen wie auch Brutalitäten der Kreuzritter und Pogrome an Juden usw. kleinzureden oder gar zu rechtfertigen. Das ist vielfach und in einer großen Breite analysiert und dargestellt worden, während *die Vorgeschichte der Kreuzzüge* in Form der über vier Jahrhunderte dauernden islamischen Erobe-

---
1 *tapferimnirgendwo.com/2015/02/08/das-kreuzzug-argument/*
2 Vgl. dazu Sarnowsky, Jürgen, Kreuzzüge und Ritterorden in der neueren Forschung, in: Goetz, Hans-Werner (Hg.), Die Aktualität des Mittelalters (Herausforderungen. Historisch-politische Analysen 10), Bochum 2000, S. 25-55; auch Riley-Smith, Jonathan, Wozu heilige Kriege? Anlässe und Motive der Kreuzzüge, aus dem Englischen von Michael Müller, 2. Auflage, Berlin 2005, S. 158-166, mit einer umfangreichen Auswahlbibliographie zur Forschungsliteratur; gleicherweise Phillips, Jonathan, Heiliger Krieg. Eine neue Geschichte der Kreuzzüge, München 2011, S. 612-630, (Quellen, Sekundärliteratur).

Ich verstehe Leute nicht, die die Position vertreten,
die Gewalttaten hätten nichts mit dem Islam zu tun.
Sie haben sehr wohl etwas mit dem
Mainstream-Islam zu tun!
In den Vorschriften der vier prägenden Rechtsschulen,
von den Sunniten bis zu den Schiiten, heißt es,
man müsse jene töten, die Gott
und seinen Gesandten beleidigen.
Die Tötung von Homosexuellen wird
in jedem Rechtsgrundwerk des Islams gefordert.
Es heißt, man solle sie von einem Berg stoßen
oder von einer Wand begraben lassen.
Es ist also höchste Zeit,
dass sich muslimische Theologen
kritisch mit ihrer Lehre auseinandersetzen.

Ednan Aslan, Professor für islamische Religionspädagogik

(6) Waren Christen und Muslime gleichverantwortlich für das Entstehen der Kreuzzüge? 360

(7) Inwiefern waren keineswegs alle Kreuzfahrer „blutrünstige Barbaren aus dem Norden"? 361

(8) Inwiefern sind die Kreuzzüge wirklich ein Trauma der Muslime bis auf den heutigen Tag? 362

(9) Warum begann der europäische Kolonialismus keineswegs mit den Kreuzzügen? 365

(10) Welchen Beitrag hat die Kultur des Islam zur Weltkultur insgesamt geleistet? 366

3. Das Leugnen historischer Fakten – Der Armenier-Genozid: Ein eklatantes Beispiel 372

H. Die Kreuzzüge und die Schuldfrage bei Christen und Muslimen 378

1. Ein Schuld-VERWEIGERUNGS-Bekenntnis gegenüber den Muslimen 378

2. Kein Schuldbekenntnis von Johannes Paul II. zu den Kreuzzügen 382

3. Die Gräueltaten von Christen und Muslimen und deren subjektive Schuld 388

Eine Art Resümee 390

1. Sechzehn Feststellungen 390
2. Elf Thesen mit Kurzerläuterungen 396
3. Fünf Wertungen aus Historiker-Sicht 406
4. Schlussbemerkung 410

Literatur 412

6. Die Unrechtssituation
   der sogenannten „Schutzbefohlenen" 306
7. Christentum – Islam:
   Konträre Methoden der Glaubensverbreitung............ 311

E. Die Zeit der Kreuzzüge bzw. der
   „bewaffneten Wallfahrten" (1095-1291)..................... 317
   1. Die Lehre vom „gerechten Krieg" (bellum iustum) 317
   2. Der Beginn der Kreuzzugsbewegung (1095) 319
   3. Die ursprünglichen Motive der Kreuzzugsbewegung... 327
   4. Der fatale „Volkskreuzzug"
      vor dem offiziellen 1. Kreuzzug 329
   5. Das Abgleiten der Kreuzzugsideale.................... 332
   6. Widersprüchliche Verhaltensweisen der Kreuzfahrer ... 333
   7. Die Kreuzfahrerstaaten und
      die geistlichen Ritterorden 334
   8. Skizze über den Verlauf der Kreuzzüge................. 337
   9. Weitere Informationen zur Kreuzzugsbewegung 339

F. Die Zeit nach den Kreuzzügen (1291-1683)................... 342
   1. Der Fortgang der islamischen Expansionen
      und Invasionen.. 342
   2. Das Ende der 1000-jährigen islamischen
      Expansionen im Jahre 1683............................. 344

G. Ein einseitig gefärbtes Geschichtsbild 346
   1. Merkmale selektiver Faktenwahrnehmung................ 346
   2. Zehn Beispiele von Geschichtsklitterung 349
      *(1) Inwiefern sind die Kreuzzüge kein
          spezifisches Problem des Mittelalters?* 349
      *(2) War der Islam im Mittelalter
          tatsächlich „so tolerant"?*........................ 349
      *(3) Ging es bei den Kreuzzügen um die
          territoriale Ausbreitung der päpstlichen Macht?* 356
      *(4) Ritten die christlichen Eroberer Jerusalems
          wirklich im Blut der Eroberten?*................... 356
      *(5) Inwiefern war der 4. Kreuzzug „das größte
          Verbrechen der Menschheitsgeschichte"?* 358

Die KREUZZÜGE und ihre islamische Vorgeschichte

Not-wehrende Reaktionen auf jahrhundertelange
islamische Aggressionen und Invasionen
von

Udo Hildenbrand

A. Einleitung 265
B. Ein Kaleidoskop von Zerrbildern über die Kreuzzüge 269
   1. Parteiische Stellungnahmen
      mit schweren Anschuldigungen 273
   2. Die verharmlosende Beschreibung
      der islamischen Expansionen und Invasionen 276
   3. Zwei Kritiker der Kreuzzüge –
      Zwei Wegbereiter einer Schreckensherrschaft 277
   4. Falsche Kreuzzugsvergleiche zweier US-Präsidenten 279
C. Die Legitimierung der islamischen Eroberungskriege 281
   1. Koran und Sunna: Basistexte des Islam 281
   2. Der Koran, Mohammed,
      der Islam und die Kreuzzüge 287
   3. Islamisches Märtyrertum: Belohnung von Gewalt 293
D. Die Zeit von Mohammed (569/570–632)
   bis zu den Kreuzzügen (1095) 294
   1. Die verschiedenen Formen
      der islamischen Expansionskriege 294
   2. Der Beginn der islamischen Expansionen
      in Afrika und Asien 297
   3. Jerusalem und die christlichen Pilgerfahrten
      ins Heilige Land 300
   4. Die muslimischen Expansionen
      im Westen und Süden Europas 303
   5. Kennzeichen der islamischen Expansionen 305

Das von Muslimen häufig vorgebrachte apologetische Argument, der bewaffnete gihad beziehe sich nur auf Verteidigungskriege, lässt sich freilich nicht aufrechterhalten. Dagegen sprechen allein schon die Zeugnisse der islamischen Chronistik, die belegen, wie der gihad politisch-militärisch von größter Bedeutung war.

Hans Küng, Theologieprofessor, Autor

abschiedete, gebot er, mir als Geschenk Geld, ein kostbares Ehrenkleid und ein Reitpferd zu überreichen.»

Averroës wurde Leibarzt des Sultans und kommentierte in dessen Auftrag die Werke des Aristoteles. Als der Sultan starb, erliess sein Nachfolger Sultan Jakub «al-Mansur» 1195 ein Dekret, in dem die Philosophie und die «griechischen» Wissenschaften verurteilt wurden. Die Bücher Averroës' wurden ins Feuer geworfen, der Philosoph vor der Moschee von Córdoba an den Pranger gestellt und anschliessend für drei Jahre verbannt. Kurz nach seiner Freilassung starb er.

Al-Andalus ist nicht nur für die maurophilen Bildungsbürger ein mythisches Wunschland. In einer der Wohnungen der islamistischen Attentäter, die am 11. März 2004 in Madrider Zügen 191 Leute getötet und Hunderte verletzt hatten, fand die Polizei ein Bekennervideo. Die Terrorislamisten rechtfertigten darauf ihren Anschlag mit dem Verweis auf al-Andalus, das Land, das einst zum Dar al-Islam gehörte.

Literatur:

Siegfried Kohlhammer: «Ein angenehmes Märchen».
In: Merkur, Heft 651, 2003

Bat Ye'or: Der Niedergang des orientalischen
Christentums unter dem Islam. Resch, 2002. 572 S., Fr. 43.70

Richard Fletcher: Moorish Spain. University of
California Press, 1992. 21.50 Euro (über www.amazon.de)

Ibn Warraq: Warum ich kein Muslim bin.
Matthes & Seitz, 2004. 522 S., Fr. 50.50

Arnold Hottinger: Die Mauren.
Verlag Neue Zürcher Zeitung, 2005. 495 S., Fr. 48.–

Quelle:

Die Weltwoche, Ausgabe 35/2005.

Nicht nur die Hofjuden, sondern auch Dichter und Gelehrte, die Wissenschaft und die Kunst generell waren Teil eines orientalischen Klientelsystems.

Der Herrschermäzen erteilte den Auftrag, und er hatte die Macht, den Künstler in den Kerker zu werfen, wenn ihm das Resultat nicht gefiel. Nur er konnte ihn vor den Nachstellungen einer fanatischen Theologie schützen oder vor der Rachsucht eines anderen Mäzens. Wofür er sich entschied, hing ab von seiner Laune oder seiner momentanen Interessenlage. Der Künstler oder Gelehrte war seinem Herrn auf Leben und Tod ausgeliefert, und er hatte allen Grund, diesen bei guter Stimmung zu halten.

Noch prekärer wurde der Status des Gelehrten durch die instabilen politischen Verhältnisse. Die Epoche von al-Andalus war geprägt von Aufständen, Semi-Anarchie, Bürgerkrieg, Vagantentum, Thronkämpfen, Eroberungen und Rückeroberungen. Zeiten der Ruhe waren selten. Der schützende Mäzen konnte plötzlich weg sein, ermordet vom Bruder, verjagt vom Konkurrenten eines anderen Stammes. Die Biografien vieler maurischer Gelehrter widerspiegeln diese Situation. Sie erzählen von Flucht, Neuanfang, Verbannung, von Verstellung, List und Hintersinn. Wie diejenige des grossen Gelehrten Averroës (1126-1198), dem die neuzeitliche europäische Philosophie so viel verdankt.

Von seiner Audienz beim Almohaden-Sultan Jusuf I. berichtete Averroës: «Nachdem der Herrscher der Gläubigen mich nach meinem Namen gefragt hatte, ebenso nach meiner Herkunft, begann er das Gespräch mit den Worten: ‹Was denken sie (das sind die Philosophen) über den Himmel und die Welt? Betrachten sie sie als ewig oder als geschaffen?› Es überkam mich eine Mischung von Scham und Angst. Ich versuchte mich zu rechtfertigen, indem ich sagte, ich befasse mich nicht mit Philosophie [...]. Der Herrscher der Gläubigen bemerkte meine Verwirrung. Er wandte sich an Ibn Tufail [Philosoph und Freund des Averroës] und begann mit ihm über das Problem zu disputieren, das er mir vorgetragen hatte. Er erinnerte an das, was Aristoteles, Platon und die anderen Philosophen darüber gelehrt hatten [...]. Auf diese Weise fand ich zu meiner Gelassenheit zurück, so dass ich am Ende das Wort ergriff und er erfahren konnte, was ich darüber dachte. Als ich mich ver-

Nachdem Samuel Ibn Nagrella 1056 unter ungeklärten Umständen ums Leben gekommen war, übernahm sein Sohn Josef, ebenfalls ein begabter Gelehrter, seine Ämter. 1066 kam es zu einem antijüdischen Pogrom. Die mehreren tausend Mitglieder der jüdischen Gemeinde von Granada wurden erschlagen, mit ihnen auch der jüdische Wesir. Pamphlete und Gedichte wie dasjenige des frommen Rechtsgelehrten Abu Ishaq hatten die Stimmung vorbereitet: «Diese Juden, die früher auf den Abfallhaufen einen Fetzen buntes Tuch suchten, um ihre Toten zu begraben, [...] haben nun Granada unter sich aufgeteilt [...]. Sie ziehen Tribute ein und kleiden sich hochelegant [...], und der Affe Josef hat sein Haus mit Marmor ausgelegt [...]. Eilt, um ihm die Kehle durchzuschneiden; er ist ein feister Hammel, nehmt ihm sein Geld weg, denn ihr verdient es eher als er!»

In unerträglicher Weise entehrt

Der berühmteste Jude des maurischen Spanien, der grosse Philosoph und Arzt Maimonides, verfasste sein Werk in Kairo im Exil. Als er 1149 als Vierzehnjähriger mit seiner Familie vor den Judenverfolgungen aus Córdoba floh, existierten bereits kaum mehr christliche oder jüdische Gemeinden in al-Andalus. Später schrieb er in einem oft zitierten Brief an die Juden des Jemen, die von den dortigen Pogromen berichtet hatten: «Bedenkt, meine Glaubensgenossen, dass Gott uns unserer grossen Sündenlast wegen mitten unter dieses Volk, die Araber, geschleudert hat [...]. Nie hat uns ein Volk so beschwert, erniedrigt, gedemütigt und gehasst wie sie [...], wir wurden von ihnen in unerträglicher Weise entehrt.»

Al-Andalus hat ein reiches lyrisches Vermächtnis hinterlassen. In arabischer und hebräischer Sprache wird die Natur besungen, der Weingenuss, die Liebe zu Jünglingen, die Vergänglichkeit des Lebens. Die Raffinesse, die Schönheit, die Frivolität der Gedichte zeugen von der geistigen Freiheit und Libertinage einer schmalen städtischen und höfischen Elite, welche sich von den starren Vorschriften einer strengen Gotteslehre weit entfernt hat. Auffällig ist aber auch der hohe Anteil an Lobpreisungs- und Schmeichelpoesie: Fast alle Dichter haben viele Hymnen an die Mächtigen verfasst. Dies verweist auf ein anderes Merkmal ihrer Lebensweise.

pellosigkeit hatte Abdurrahman das in Teilreiche zerfallene Land wieder vereinigt und mit Umsicht organisiert. Der wirtschaftliche Aufschwung – nicht zuletzt bewirkt durch die Friedfertigkeit der christlichen Fürstentümer, welche die Heereskosten senkte, und durch eine aussergewöhnliche Serie ertragreicher Ernten – nahm etwas Druck von den Dhimmi weg, ermöglichte eine beispiellos verschwenderische Hofführung und lockte grosse europäische Gesandtschaften und die Spitzen der internationalen Intelligenz und Kunst nach Córdoba. Luxus und Weltläufigkeit erzeugten eine «Scheinblüte multikultureller Toleranz», wie der Orientalist Hans-Peter Raddatz schreibt, «deren Bestand weniger vom Geist des Islam, sondern von seiner Fähigkeit abhing, den Strom der Tribute aufrechtzuerhalten».

Abdurrahman war der erste der Herrscher von al-Andalus, der einen Juden, den Arzt Chasdai Ben Schaprut, in hohe Staatsdienste aufnahm. Dieser wird als einer der fähigsten Männer seiner Zeit geschildert. Noch weitere Juden sollten in höchste Positionen gelangen, so Samuel Ibn Nagrella, der vom Berberkönig Habus von Granada zum Wesir, zum Minister und Hauptberater, ernannt wurde. Samuel Ibn Nagrella war Gelehrter, Heerführer, schrieb Kriegsepen, Lyrik und 22 Werke über hebräische Grammatik und sprach sieben Sprachen. Der bedeutendste Historiker al-Andalus', Ibn Hayyan, schrieb über seinen Zeitgenossen: «Dieser Mann, der verdammt ist, weil Gott ihn nicht die wahre Religion hatte kennen lassen, war ein überlegener Mensch. Er besass ausgedehnte Kenntnisse und duldete mit Langmut unwürdige Behandlung.»

Juden in hohen Stellungen galten als etwas verlässlicher als Christen, welche unter latentem Verdacht standen, verräterische Parteigänger der feindlichen Christenstaaten zu sein. Und gegenüber muslimischen Würdenträgern hatten sie den Vorteil, dass sie dem Kalifen oder Sultan nie bedrohlich werden konnten. Sie hatten keine tribalen oder familiären Verbindungen zum Hof, konnten als Ungläubige nie hoffen, selber die Macht zu erlangen, und verdankten ihre durch die Scharia verbotene Stellung einzig dem willkürlichen Entscheid ihres Herrschers – was eine starke Loyalität schuf.

det, sondern man muss sie hassen, den Verkehr mit ihnen meiden und darf sie nicht mit ‹Der Friede sei mit dir› grüssen, denn ‹der Satan hat von ihnen Besitz ergriffen und sie das Gedenken Allahs vergessen lassen. Sie gehören zur Partei des Satans. Wahrlich, die zur Partei Satans gehören, werden ja (letzten Endes) den Schaden haben› (Sure 58:19). Sie müssen ein Abzeichen tragen, an dem man sie erkennt, das ihnen zur Schande gereicht» (Nr. 169).

«Man darf dem Juden und auch dem Christen kein wissenschaftliches Buch verkaufen, es sei denn, der Verfasser bekenne sich zu ihrer Religion, denn sie übersetzen wissenschaftliche Bücher und schreiben sie ihren Anhängern und Bischöfen zu, während ihre Verfasser Bischöfe sind» (Nr. 206).

Die religiöse «Apartheid» setzte sich in einer scharfen sozialen Schichtung fort. An der Spitze der gesellschaftlichen Hierarchie al-Andalus' stand das Herrenvolk der arabischen Stammesverbände. Aufgebrochen aus den unwirtlichsten Gegenden der Welt, hatten sie sich der fruchtbaren Flusstäler Spaniens bemächtigt. In steter Rivalität untereinander um die lukrativsten Positionen im neuen Reich, waren sie sich einig in der Verachtung der nordafrikanischen Berber. Diese, von den Arabern zwangsislamisiert und ihnen als Klienten unterstellt, mussten mit den trockenen Berg- und Steppengebieten vorlieb nehmen und schauten ihrerseits herab auf die Muwallad, auf die zum Islam konvertierten Einheimischen. Die Herablassung aller wiederum traf die Ungläubigen, die in den Städten in Gettos lebten, deren Zeugnis vor Gericht nichts galt, denen es verboten war, auf einem edlen Tier wie dem Pferd zu reiten oder sexuelle Beziehungen zu muslimischen Frauen zu haben und diese zu heiraten, und die in der ständigen Furcht leben mussten, wegen Gotteslästerung angeschwärzt und zum Tode verurteilt zu werden. Sozial tiefer standen nur noch die Sklaven.

Ein kurze Periode einmaliger und relativer interreligiöser Duldsamkeit erlebte al-Andalus in der zweiten Hälfte des 10. Jahrhunderts unter Abdurrahman III. (912–961), dem Kalifen von Córdoba, und seinem bibliophilen Nachfolger al-Hakam II. (961–976), der eine Bibliothek mit 400000 Bänden angelegt haben soll. Nach Konstantinopel und Bagdad galt die Stadt als wichtigstes politisches und kulturelles Zentrum der damaligen Welt. Mit Skru-

Schutzvertrag wird auch Pakt Umars genannt, nach Umar (...-644), dem zweiten Kalifen, der seine Anhänger aufforderte, die Dhimmi zu schützen, weil es der Wille des Propheten sei und weil «sie für den Lebensunterhalt eurer Familien sorgen». Und einer der Gefährten des Propheten wurde gefragt, so die Überlieferung, wozu die Tributpflichtigen für die Muslime gut seien. «Sie helfen dir», so die Antwort, «deiner Armut zu entkommen, um dich mit dem Reichtum zu versorgen, über den du verfügst.» Das System des Tributs, geleistet in Form von Geld, Naturalien oder Arbeit, wurde denn auch «die erste (und wichtigste) Quelle» (Bat Ye'or) des wirtschaftlichen Wohlergehens der Umma, der islamischen Gemeinschaft.

Nur schon die demografische Realität zwang die Muslime zu einer Bürokratisierung und Verrechtlichung der Mittelbeschaffung. Sie standen als fremde Eroberer während langer Zeit einer riesigen Mehrheit Einheimischer christlichen und jüdischen Glaubens gegenüber. Der machtsichernde Transfer von Ressourcen und Wissen wurde gewährleistet, indem der Kalif die Vorsteher der Dhimmi-Gemeinden, die Rabbiner und Bischöfe mit hohen Positionen in Wirtschaft und Verwaltung betraute. Als Befehlsempfänger und privilegierte Nutzniesser der islamischen Macht waren diese bereit, die eigenen Leute auch dann noch auszupressen, wenn die Tributforderungen längst das erträgliche Mass überschritten hatten.

Gleichzeitig sorgte ein theologisches, politisches und alltägliches Regelwerk für die permanente Erniedrigung und «rituelle Demütigung» (Bernard Lewis) der nichtmuslimischen Bevölkerung. Der hochgeachtete Gelehrte Ibn Abdun beispielsweise, Vertreter der malikitischen Rechtsschule, die sich in al-Andalus durchgesetzt hatte, verfasste um 1100 in Sevilla ein längeres juristisches Gutachten. Darin heisst es unter anderem:

«Ein Muslim darf einen Juden nicht massieren, auch nicht einen Christen. Er darf nicht ihren Abfall beseitigen und nicht ihre Latrine reinigen; es ist angemessener, dass Juden und Christen dieses Gewerbe ausüben, denn es ist das Gewerbe der am meisten Verachteten» (Nr. 153).

«Man darf nicht zulassen, dass ein Steuereintreiber, Polizist, Jude oder Christ, sich wie ein Notabler, ein Jurist oder ein Reicher klei-

der folgenreichsten Verkündungen Mohammeds lautete: «Kämpft gegen diejenigen, die nicht an Allah und den Jüngsten Tag glauben und nicht verbieten, was Allah und sein Gesandter verboten haben, und nicht der wahren Religion angehören – von denen, die die Schrift erhalten haben [Juden und Christen] –, bis sie kleinlaut aus der Hand Tribut entrichten» (Sure 9:29). Sie sanktionierte nicht nur die Pflicht zum Dschihad, sie eröffnete auch die Möglichkeit, den besiegten Feinden eine Art Vertrag, Dhimma, zu gewähren, der sie in den Status von Tributpflichtigen, Dhimmi, versetzte. Gegen das Entrichten einer Kopf- und Landsteuer erkaufte sich der unterworfene Ungläubige das Recht auf Leben, Besitz, Ausübung seiner Religion – als Angehöriger des Dar al-Harb, des aussermuslimischen Kriegsgebietes, hatte er das nicht gehabt.

In allen islamisierten Ländern, auch in al-Andalus, kam die Einrichtung der Dhimma zur Anwendung. Obwohl sie weniger ein Vertrag als ein erpresserisches Arrangement war – Tribut oder Tod –, übte sie eine zivilisierende Wirkung aus. Der Dschihad war aus der Tradition der Beuteökonomie räuberischer Wanderbeduinen hervorgegangen, die auch die Kerntruppen der grossislamischen Okkupationen bildeten. Die Idee nun einer verbindlichen Übereinkunft mit den Unterworfenen, eines auf sakraler Grundlage vereinbarten Verzichts auf übliche Plünderung, Massaker, Versklavung, mässigte die Grausamkeit der Beduinen, «zügelte die Barbarei des Krieges» (Bat Ye'or). Und sie machte den Dschihad effizienter.

Die modernen Liebhaber des maurischen Spanien erblicken, mit erstaunlicher Logik, in der Dhimma einen schlagenden Beweis für al-Andalus' Toleranz. «Die neue islamische Politik», schreibt beispielsweise die Yale-Professorin María Rosa Menocal in ihrem Buch «The Ornament of the World», «hat nicht nur das Überleben der Christen und Juden ermöglicht, sondern sie gemäss koranischem Auftrag im Grossen und Ganzen beschützt.» Doch der «Schutzvertrag» verdankte sich keiner grossherzigen ökumenischen Inspiration, keinem «pankonfessionellen Humanismus», wie ein amerikanischer Journalist neulich träumte. Er gehorchte dem weltlichen Prinzip der Utilitas, der pragmatisch-schlauen Nützlichkeit.

Tribut oder Tod

Um das Jahr 610 war dem damals 40-jährigen, bescheidenen Kaufmann Mohammed aus Mekka zum ersten Mal der Erzengel Gabriel erschienen. Und als er 22 Jahre später starb, war er der mächtigste Mann Arabiens. Mohammed hatte die meisten Stämme der Halbinsel unter dem von ihm gestifteten Islam vereint. Als charismatischer Heerführer hatte er Karawanen überfallen und Oasen geplündert und als Richter über Tod oder Leben der Gefangenen und die Verteilung der Beute verfügt. Er hatte zwei der drei jüdischen Stämme von Medina, die sich nicht bekehren liessen, ausgeraubt und aus der Stadt vertrieben. Als finsterer orientalischer Leviathan hatte er die Ausrottung aller Männer des dritten, des Stammes der Banu Quraiza, angeordnet und deren Frauen und Kinder versklavt. Und als Prophet konnte er für jede seiner Entscheidungen göttliche Offenbarung geltend machen.

«In der Nacht wurden quer über den Marktplatz der Stadt Gräben ausgehoben, gross genug, um die Leichen der Männer [des Stammes der Banu Quraiza] aufzunehmen. Am Morgen befahl Mohammed, der selber zu den Zuschauern der Tragödie gehörte, dass die männlichen Gefangenen in Gruppen von jeweils fünf oder sechs herbeigeführt werden sollten. Jede Gruppe hiess man dann in einer Reihe am Rande des Grabens niedersitzen, der bestimmt war, ihr Grab zu werden; dort wurden sie enthauptet und die Leichen hinabgestossen. Die Schlächterei, die am Morgen begonnen hatte, dauerte den ganzen Tag und wurde bei Fackelschein bis in den Abend fortgesetzt. Nachdem er so den Marktplatz mit dem Blut von sieben- oder achthundert Opfern getränkt und den Befehl erteilt hatte, die Erde über den Leichen zu glätten, liess Mohammed das furchtbare Schauspiel hinter sich, um bei den Reizen Rihanas Trost zu finden, deren Ehemann und männliche Verwandte alle gerade in dem Massaker umgekommen waren.» (Sir William Muir, «The Life of Mohammed», in: Ibn Warraq, «Warum ich kein Muslim bin».)

Ausgehend vom exemplarischen Leben Mohammeds, wie es im Koran und im Hadith, den Überlieferungen seiner Worte und Taten, festgeschrieben stand, entwickelten Generationen von muslimischen Rechtsgelehrten eine Dogmatik des heiligen Krieges. Eine

Die Truppen der Emire und Kalifen bestanden zum Teil aus grossen Kontingenten von Nichtmuslimen. Die Raubzüge stellten – neben dem Auffüllen der Herrscherkasse – den Nachschub an Kampfsklaven sicher, aber ebenso denjenigen an Feldsklaven oder frischen Haremsgespielinnen. Und sie hatten noch einen weiteren Zweck, wie der Historiker al-Maqqari aus dem nordafrikanischen Tlemcen im 17. Jahrhundert erklärte. Der Terror, schrieb er, welchen die arabischen Reiter und Seeleute verbreiteten, habe die spätere Eroberung erleichtert: «Allah, auf diese Weise wurde eine solche Angst unter den Ungläubigen gesät, dass sie es nicht wagten, sich zu rühren und gegen die Eroberer zu kämpfen; nur als Bittsteller näherten sie sich diesen und flehten um Frieden.»

Rohe Brutalität, Versklavung, Brandschatzung waren die Praxis aller Armeen der damaligen Zeit. Aber die «Masslosigkeit, die Regelmässigkeit und der systematische Charakter der Verwüstungen», urteilt die britisch-ägyptische Historikerin Bat Ye'or, unterscheide die islamo-arabische Expansion von kriegerischen Unternehmungen der damaligen griechischen, slawischen, lateinischen Heere, und mache sie zur «vielleicht grössten Plünderungsaktion der Geschichte».

Die muslimischen Kombattanten waren getragen von der Idee des Dschihad, des heiligen Krieges, eines bis heute zentralen Begriffs im Islam. Ihr Glaube unterteilte die Welt in das Dar al-Islam (Haus des Islam), in dem das Gesetz Allahs herrscht, und in das Dar al-Harb (Haus des Krieges), Wohnsitz der Ungläubigen, das heisst aller Nichtmuslime. Das Ziel des Dschihad ist es, die Völker der Erde unter das Gesetz Allahs, unter die Scharia zu bringen. Solange noch Harbi, Ungläubige existierten, konnte es für die Muslime, für «die beste Gemeinschaft, die unter den Menschen entstanden ist» (Koran, Sure 3:110), höchstens vorübergehende Waffenruhe, aber keinen Frieden geben. «Der Dschihad ist eine heilige Aufgabe», schrieb im 14. Jahrhundert Ibn Khaldun, Politiker, Soziologe und Abkömmling einer adligen Araberfamilie aus al-Andalus, «wegen der Universalität der islamischen Mission und der Verpflichtung, jedermann zum Islam zu bekehren, sei es durch Überzeugung oder durch Gewalt.» Und: «Der Islam hat den Auftrag, Macht über die anderen Nationen zu gewinnen.

Von al-Andalus aus lancierten arabische Truppen und Banden regelmässige Razzien (al-ghazw, arab. der Raubzug) bis tief ins Hinterland der christlichen Barbaren. Sie plünderten sich wiederholt durch das Rhonetal, terrorisierten Südfrankreich, besetzten Arles, Avignon, Nîmes, Narbonne, welches sie 793 in Brand setzten, verwüsteten 981 Zamora und deportierten 4000 Gefangene. Vier Jahre darauf brannten sie Barcelona nieder, töteten oder versklavten sämtliche Bewohner, verwüsteten 987 das portugiesische Coimbra, welches daraufhin sieben Jahre lang unbewohnt blieb, zerstörten León mitsamt Umgebung. Verantwortlich für letztere Operationen war der Amiriden-Herrscher al-Mansur, «der Siegreiche» (981–1002), bekannt geworden dafür, dass er alle philosophischen Bücher, deren er habhaft werden konnte, verbrannte, und der während seiner Regentschaft rund fünfzig Feldzüge anführte – regelmässig einen im Frühling und einen im Herbst. Sein berühmtester wurde jener von 997 gegen die heilige Pilgerstadt Santiago de Compostela. Nachdem er sie dem Erdboden gleichgemacht hatte, traten ein paar tausend christliche Überlebende den Marsch in die Sklaverei an. Mit sich schleppten sie die Glocken von Compostela ins tausend Kilometer entfernte Córdoba, wo diese zu Lampen für die Moschee umgeschmolzen wurden. (Ein Vierteljahrtausend später eroberten die Kastilier Córdoba zurück, und die wiederhergestellten Glocken wurden nach Compostela zurückgebracht, auf den Rücken von muslimischen Gefangenen.) Die nordafrikanischen Berberdynastien der Almoraviden und Almohaden, die im 11. und 12. Jahrhundert die Macht in al-Andalus an sich rissen, setzten die Praxis der räuberischen Raids fort.

Während der ganzen Epoche kreuzten auch islamische Seefahrer und Piraten an den Küsten Südfrankreichs, Italiens, Sardiniens, Siziliens, Griechenlands auf. Ihre verheerenden Überfälle hatten die Entvölkerung ganzer Landstriche zur Folge, wie viele zeitgenössische Berichte dokumentieren. Kreta, überliefert eine Chronik, wurde 827 während zwölf Tagen geplündert, und die Einwohner von 29 Städten wurden in die Sklaverei getrieben. Eine andere Chronik erzählt vom Fall von Syrakus nach neunmonatiger Belagerung im Jahre 878: «Tausende Menschen wurden umgebracht, und es fiel dort Beute an wie niemals zuvor in einer anderen Stadt. Einige wenige konnten entkommen.»

und Schriftsteller Disraeli mit mahnendem Unterton lobpries («Coningsby», 1844), in der «die Kinder Ismaels (die Araber) die Kinder Israels mit gleichen Rechten und Privilegien belohnten. Während dieser seligen Jahrhunderte fällt es schwer, die Gefolgsleute Mose von den Anhängern Mohammeds zu unterscheiden. Beide erbauten sie Paläste, Gärten und Brunnen, versahen gleichberechtigt die höchsten Staatsämter, konkurrierten in einem in die Ferne reichenden und aufgeklärten Handel und wetteiferten miteinander an berühmten Universitäten.»

Und in den letzten Jahren schwingt bei der Erwähnung von al-Andalus ein beschwörender Klang mit. Die pazifistischen Eliten Europas sind verschreckt, verwirrt und beleidigt durch nicht enden wollende Gewalt und Krieg im Nahen Osten und durch das Vordringen islamischen Terrors in die eigenen Städte. «Nur Öffnung, nur Kontakt ist fruchtbar», ruft der erwähnte Herausgeber der Gedichtsammlung einer imaginären Öffentlichkeit unter Verweis auf das märchenhafte Maurenreich zu, «Abkapselung und Kampf sind tödlich. Die Symbiose von arabischer und hebräischer Sprachkultur, von muslimischem und jüdischem Geist bringt Wunder hervor – ihre Konfrontation kann nur Ungeheuer gebären. Das ist die Lektion von al-Andalus; sie ist bis heute folgenlos geblieben, in Spanien und überall sonst, zum Schaden der Menschheit.»

Einen Mythos erkennt man nicht in erster Linie am gehobenen, hymnischen Ton, sondern vor allem an der Hartnäckigkeit, mit der er Realität und Zeit widersteht. So ignorieren die maurophilen Verklärungen und die damit einhergehenden Verdammungen der christlichen Intoleranz systematisch, dass sich die arabische Dominanz in Spanien einer kriegerischen Invasion und gewaltsamen Herrschaftssicherung verdankte. Nach einem Verrat des byzantinischen Exarchen von Ceuta hatte im Jahre 711 ein arabisches Heer unter Führung des Berberkommandanten Tarik nach Gibraltar (Dschabal al-Tarik, der Felsen des Tarik) übergesetzt und kontrollierte kurze Zeit darauf grosse Teile Spaniens. Es war der westlichste Teil des islamischen Imperiums, das sich von Lissabon bis an den Indus erstreckte. Nur hundert Jahre hatten die Nachfolger des 632 gestorbenen Glaubensstifters Mohammed gebraucht, um das gewaltige Gebiet zu erobern.

Die Erfindung des muslimischen Spanien als Ort überlegenen Menschtums findet vor 250 Jahren in der Aufklärung statt und wird bis heute in unzähligen Versionen erneuert. Immer bedienen diese die Interessen der jeweiligen Zeit. Der sklerotisch erstarrten katholischen Kirche wird von den französischen Aufklärern eine idealisierte, gleichsam deistisch geläuterte islamische Gegenwelt ohne Papst, Dogma oder Scheiterhaufen vorgehalten. Wie der Rousseausche edle Wilde wird auch die Figur des edlen Muslim oder Orientalen von Pierre Bayle, Montesquieu, Voltaire und anderen zum zivilisa-tionskritischen «Tugendmodell und Beschämungsinstrument» (Siegfried Kohlhammer) ausgeformt. In Herders pädagogisierender Menschheitsutopie schliesslich erscheinen die Hispano-Araber als «Lehrer Europas», die mit dem «orientalischen Genius», mit dem «hellen Licht» ihrer Kultur die abendländische «Dunkelheit» beendet hätten.

Die Romantik wiederum mit ihrer Sehnsucht nach Vergangenem und Verwunschenem findet in den maurischen Überlieferungen und Legenden ein ideales Dekor für Geschichten von Ritterlichkeit, Ehre und selbstloser Liebe. Chateaubriand («Le dernier Abencérage», 1826) und Washington Irving («Tales of the Alhambra», 1832) lösen mit ihren Büchern einen «Granada- und Alhambra-Kult» aus, in dessen Folge ein nicht mehr abbrechender Kulturtourismus mit entsprechenden Reiseberichten entsteht. Noch 1912 lässt sich zum Beispiel Rainer Maria Rilke in einem Brief aus Spanien vernehmen: «Übrigens müssen Sie wissen, ich bin seit Córdoba von einer beinah rabiaten Antichristlichkeit, ich lese den Koran, er nimmt mir, stellenweise, eine Stimme an, in der ich so mit aller Kraft drinnen bin, wie der Wind in der Orgel.»

Paläste, Gärten und Gewalt

Der Orientalist Bernard Lewis hat bemerkt, dass der «Mythos spanisch-islamischer Toleranz besonders von jüdischen Gelehrten gefördert wurde, denen er als Stock diente, um ihre christlichen Nachbarn zu schlagen». Einer der Hauptgründe dafür war die lang anhaltende Weigerung des christlichen Europa, die Emanzipation der Juden anzuerkennen. Jüdische Intellektuelle führten dagegen den historischen Musterfall von al-Andalus ins Feld, «jene schöne und unübertroffene Zivilisation», wie der englische Staatsmann

Islamisches Spanien

Das Land, wo Blut und Honig floss

von

Eugen Sorg

800 Jahre lang stand Spanien unter islamischer Herrschaft. Die maurische Epoche gilt als das goldene Zeitalter der kulturellen Blüte und der religiösen Toleranz unter Muslimen, Christen und Juden. Der Mythos von al-Andalus – zu schön, um wahr zu sein.

Jede Zeit, jede Kultur, ja jede soziale Gruppe schafft sich Mythen, in denen sie sich ihrer selbst vergewissert. Herkunftslegenden, Seinsparabeln, kleiner Aberglauben und grosse Vorsehung laden die kalte Zufälligkeit der Existenz mit Sinn auf, ordnen das Weltchaos in Gut und Böse und verwandeln Menschenhaufen in Gemeinschaften mit Seele und Tradition. Mythen sind wie magische Spiegel, die dem Betrachter jenes Bild zurückwerfen, das er von sich und seinesgleichen haben möchte.

Einer der Lieblingsmythen der gebildeten Stände des Westens ist derjenige vom Glanz und Niedergang des maurischen Spanien. Die fast achthundert Jahre dauernde Epoche von al-Andalus, wie die Halbinsel von ihren arabischen Bewohnern genannt wurde, gilt als goldenes Zeitalter der Wissenschaften und der Künste und der christlich-jüdisch-islamischen Harmonie – unter dem Schutz eines toleranten, milden, von Vernunft durchwalteten Islam. «Für einen kurzen historischen Moment», schwärmt etwa der Herausgeber von «Das Wunder von al-Andalus», einer jüngst publizierten Sammlung arabischer und hebräischer Gedichte aus dem maurischen Spanien, «wurde der Traum von einem friedlichen Miteinander Wirklichkeit.» Ein Traum, der 1492 mit dem Abschluss der inquisitorisch-katholischen Reconquista Granadas und der Vertreibung der Muslime und Juden aus Spanien wieder ausgelöscht worden sei.

Man zeige mir eine Zivilisation,
die die Möglichkeit hat,
auf andere Einfluss auszuüben,
und die nur Gutes gebracht hat.
Stellen Sie sich einmal
den liebsten aller Elefanten
und die böseste aller Mäuse
in einem Porzellangeschäft vor.
Was wird passieren? Gut, Europa war
kein sehr lieber Elefant – aber es war ein Elefant.

Rémi Brague, Philosophieprofessor

Rémi Brague:
Europäischer Denker mit Kenntnis des Orients

1943 in Paris geboren, studierte Rémi Braque Philosophie, klassische Sprachen, später Hebräisch und Arabisch. Seit 1990 ist er Professor für mittelalterliche und arabische Philosophie an der Universität Paris I, am Centre de recherche Tradition de la pensée classique; seit 2002 ist er zudem Inhaber des Guardini-Lehrstuhls für Philosophie der Religionen Europas an der Universität München. Weitere Lehrtätigkeiten auch in Pennsylvania, Boston, Lausanne und Köln.

Schwerpunkte seines Denkens sind die klassische Philosophie der Antike (Platon und Aristoteles) sowie die mittelalterliche hebräische und arabische Philosophie. Er ist auch als Übersetzer aus dem Deutschen, Englischen, Hebräischen und Arabischen tätig. In seinen späteren Werken beschäftigte sich der universal gebildete Religionsphilosoph verstärkt mit der Identität Europas, den Ursprüngen dieses Kontinents und seinen gegenwärtigen Krisen.

Werke auf Deutsch:

„**Die Weisheit der Welt**" (2005), „Europa. Eine exzentrische Identität" (1993),

„**Vaterland Europa**" (1997, mit Peter Koslowski),

„**Das Europa der Religionen**" (1996),

„**Alchemie, Ketzerei, Apokryphen im frühen Islam**" (1994). [Clemens Fabry]

Quelle:
DiePresse.com Startseite Kultur
21.04.2008, 19:10, *Anne-Catherine Simon* (Die Presse)
(„Die Presse", Print-Ausgabe, 22.04.2008)

ohne es zu zerstören, wie es die Römer mit der griechischen Kultur taten. Kann diese „exzentrische Identität" nicht auch selbstzerstörerisch werden, wenn die Standfestigkeit dafür fehlt?

R. Brague: Eine sehr gute Frage. Die Fähigkeit, in sich kulturelle Elemente zu behalten, ohne deren Andersheit zu zerstören, setzt voraus, dass man im Frieden mit sich ist. Sind Sie das nicht, gibt es zwei Möglichkeiten: Entweder Sie schotten sich ab, oder Sie nehmen alles auf, im unbewussten Wunsch, das Fremde möge einen zerstören. Europa nähert sich dem Punkt, wo es nicht einmal mehr akzeptieren kann, dass es anders ist. Lassen Sie mich noch ein Bild verwenden: Im Meer gibt es Quallen, Muscheln, Wirbeltiere. Wenn wir keine Qualle sein wollen, können wir eine Muschel sein. Dann sind wir geschützt, aber unbeweglich, außen hart, innen weich. Oder aber wir sind gescheit genug, den Panzer zu verinnerlichen, ein Wirbeltier zu werden. Das macht uns viel verletzlicher, aber gibt uns auch eine unglaubliche Beweglichkeit. Im Moment fürchte ich, dass Europa entweder Qualle oder Muschel wird.

A.-C. Simon: Boomende Koranlektüre, das Interesse an Mohammed-Biografien deuten darauf hin, dass Europa die Neugier noch nicht vergangen ist.

R. Brague: Was die Religion betrifft, gibt es eine strukturelle Asymmetrie. Das Christentum weiß nicht, wo es den Islam hingeben soll, das führt zu Misstrauen, aber auch Interesse. Der Islam dagegen glaubt genau zu wissen, was das Christentum ist, der Koran sagt es ja. Es ist für ihn ein überwundener alter Hut. Deswegen gibt es auch kaum Muslime, die das Christentum wirklich gut kennen. Den Dialog macht das nicht einfacher.

R. Brague: Ja, das ist sogar ein besonders spannendes Beispiel. Die muslimische Welt hatte die Kreuzzüge völlig vergessen. Erst im 19. Jahrhundert hat eine ins Arabische übersetzte französische Geschichte der Kreuzzüge von einem gewissen Joseph François Michaud sie wieder daran erinnert. Der arabische Übersetzer musste dabei neue Wörter für Kreuzzug und Kreuzfahrer finden, das Arabische hatte gar keine dafür! Ein Grund dafür ist, dass die Araber, Türken, Kurden seinerzeit den neuen Charakter dieser Kriege nicht erkannten. Sie waren seit Jahrhunderten im Krieg mit Byzanz, und in der byzantinischen Armee kämpften auch europäische Söldner – da dachten sie, diesmal sind es halt ein bisschen mehr Europäer als sonst. Der zweite Grund: Nicht die Kreuzfahrer haben den Kalifen von Bagdad schlaflose Nächte bereitet, sondern die Fatimiden in Ägypten. Der Ruhm des Saladin, den wir auch aus Lessings „Nathan der Weise" kennen, kommt in erster Linie von seinem Sieg über die Fatimiden, der Sieg über die Kreuzfahrer war eher Nebensache. Ein großer Teil des Bildes, das man im Mittleren Osten von den Kreuzzügen hat, ist also eine vom Westen inspirierte Rekonstruktion. Völlig absurd wird es, wenn die Kreuzzüge als erste Etappe der Kolonialisierung gesehen werden. Das islamische Volk ist das belogenste Volk der Welt. Und wenn Dummköpfe wie Bush dann auch noch von Kreuzzug sprechen ... Das war, wie immer, genau das, was er nicht hätte sagen sollen.

A.-C. Simon: Meinen Sie, dass Europa den eigenen Selbsthass exportiert?

R. Brague: Ja, Europa ist dazugekommen, sich selbst zu hassen, aufgrund einer, wie ich theologisch sagen würde, Reue ohne Absolution. Sklaverei, Inquisition, Kreuzzüge, Eroberung Südamerikas, die ganze europäische Geschichte wird als eine unendliche Folge von Verbrechen gesehen. Was nicht falsch ist. Aber man zeige mir eine Zivilisation, die die Möglichkeit hatte, auf andere Einfluss auszuüben, und die nur Gutes gebracht hätte. Stellen Sie sich einmal den liebsten aller Elefanten und die böseste aller Mäuse in einem Porzellangeschäft vor. Was wird passieren? Gut, Europa war kein sehr lieber Elefant – aber es war ein Elefant.

A.-C. Simon: Europas historische Eigenart liegt für Sie in seiner „exzentrischen Identität", der neugierigen Aneignung von Fremdem,

A.-C. Simon: *Inwiefern?*

R. Brague: Kein einziger arabischer Übersetzer des neunten Jahrhunderts war Muslim. Es waren alles Christen, bis auf ein oder zwei, die der Gemeinschaft der Sabier angehörten. Auch sonst sind keine Muslime bekannt, die zu Studienzwecken eine nichtislamische Sprache gelernt hätten. Mit einer einzigen Ausnahme im elften Jahrhundert – Alberuni, ein Philosoph, den ich sehr bewundere, dessen Orthodoxie man allerdings bezweifeln kann. Er hielt sich am Hof des afghanischen Prinzen Mahmud von Ghazni auf. Dieser Herrscher sammelte Gelehrte, wie andere Marken sammeln, sie durften seinen Hof nicht verlassen. Als der Prinz in Indien einfiel, profitierte Alberuni aber davon, um Sanskrit zu lernen und mit den dortigen Gelehrten zu diskutieren. Er schrieb sogar ein wunderbares, ganz objektives Buch über die Welt der Hindus. Aber das war die Ausnahme, die die Regel bestätigt.

A.-C. Simon: *Woher kommt die von Ihnen kritisierte neue Überbewertung des „islamischen" Beitrags zur Entwicklung des Abendlands: von muslimischen Wissenschaftlern?*

R. Brague: Im Allgemeinen ist es eher die gegenteilige Bewegung – die islamische Welt holt sich von westlichen Wissenschaftlern die Argumente, die es ihr erlauben, sich selbst ernst zu nehmen. Das war auch schon früher so, bestes Beispiel dafür ist ein Buch der radikal antichristlichen Religionswissenschaftlerin und Nationalsozialistin Sigrid Hunke, die auch für das SS-Ahnenerbe gearbeitet hat. Sie stellte den Islam als virile Religion dem Christentum als verweichlichter Sklavenreligion gegenüber. Was den entscheidenden Beitrag des Islam zur abendländischen Kultur betrifft, erstaunt mich nur, wie sehr sich diese Legende derzeit unter Amateur-Islamexperten verbreitet. Die Zahl der Islamexperten hat sich erstaunlicherweise zwischen dem 10. und 12. September 2001 verzehnfacht. Heute muss man unterscheiden zwischen Islamwissenschaftlern und denen, die sagen, dass sie Islamwissenschaftler sind – das sind ganz und gar nicht dieselben.

A.-C. Simon: *Wenn sich islamische Länder schmeichelhafte Zuschreibungen aneignen, müsste dasselbe auch mit negativen westlichen Selbstbildern funktionieren. Ist nicht auch das Bild des „Kreuzzugs" ein westliches Exportprodukt?*

Vermittlung altgriechischer Philosophie durch Muslime?

Interview

von

Anne-Catherine Simon (Die Presse)
mit dem französischen Philosophen

Rémi Brague

Der Philosoph Rémi BRAGUE spricht im Interview mit der „Presse" über die Neuentdeckung des Begriffs Kreuzzug im 19. Jahrhundert, die Grenzen des arabischen Einflusses auf das Abendland und die Ignoranz des Islam gegenüber dem Christentum.

A.-C. Simon: Vor einiger Zeit gerieten Sie in einer französischen Fernsehsendung in Harnisch, als ein Herr erklärte, der Westen habe einen Großteil des antiken Wissens auf dem Umweg über die islamische Welt kennengelernt. Was hat Sie da so zornig gemacht?

R. Brague: Im neunten Jahrhundert wurden in Bagdad und anderen Gegenden viele griechische Werke zu Mathematik, Medizin, Philosophie, Astronomie und Astrologie ins Arabische übersetzt. Als der Westen Ende des elften Jahrhunderts anfing, sich für diese Dinge zu interessieren, war es in den von den Arabern eroberten Gebieten, in Spanien oder Sizilien, praktisch, die Werke aus dem Arabischen zu übersetzen, wenn man das griechische Manuskript nicht fand. Früher wurde dieser arabische Einfluss vernachlässigt. Jetzt wird er übertrieben. Man sollte aber einen Irrtum nicht durch einen gegenteiligen Irrtum ersetzen, sondern durch das Gegenteil eines Irrtums. Spricht man vom Beitrag des Islam zur Entwicklung der abendländischen Kultur, wie es derzeit geschieht, muss man außerdem klarmachen, was man meint. Meint man die vom Islam geprägte Zivilisation, stimmt es. Meint man den Islam als Religionsgemeinschaft, war der Beitrag gleich null.

Literatur

Angenendt, Arnold, Toleranz und Gewalt. Das Christentum zwischen Bibel und Schwert, 5. Auflage, Münster 2009.

Baumann, Gerlinde, Gottesbilder der Gewalt im Alten Testament verstehen, Darmstadt 2006.

Berger, Klaus, Der „brutale" Jesus. Gewaltsames in Wirken und Verkündigung Jesu, in: Bibel und Kirche 51 (3/1996), S. 119-127.

Bürgerl, Johann Christoph, Allmacht und Mächtigkeit. Religion und Welt im Islam, München 1991.

Ebach, Jürgen, Das Erbe der Gewalt. Eine biblische Realität und ihre Wirkungsgeschichte, Gütersloh 1980.

Feininger, Bernd/Weissmann, Daniela (Hrsg.), Wozu brauchen wir das Alte Testament? Zwölf Antworten von Alfons Deissler, Frankfurt, Berlin u. a. 2004.

Küng, Hans, Der Islam. Geschichte, Gegenwart, Zukunft, 3. Auflage, München, Zürich 2004.

Lohfink, Norbert, Gewalt im Monotheismus. Beispiel Altes Testament (Vortrag, München 2003).

Meiser, Hans, Völkermorde vom Altertum bis zur Gegenwart, Tübingen 2009.

Ritt, Hubert, Rachephantasie, infantiles Weltbild, psychischer Konflikt?, in: Bibel und Kirche 51 (3/1996), S. 128-142.

Schirrmacher, Christine, Der Islam. Geschichte – Lehre. Unterschiede zum Christentum, Band 1, Neuhausen/Stuttgart 1994.

Zenger, Erich, Ein Gott der Rache? Feindpsalmen verstehen, Freiburg 1994.

Zinser, Hartmut, Religion und Krieg, Paderborn 2015.

So wäre letztlich der einzig fruchtbare Gegenstand im interreligiösen Dialog die *Erarbeitung gemeinsamer ethischer Standards*, die dann auf allen gesellschaftlichen Ebenen Geltung haben und in die Tat umzusetzen wären. Von allen Religionsgemeinschaften ist dabei in heutiger Zeit die Realisierung der universalen Menschenrechte (1948) gefordert, und zwar ohne jegliche Einschränkungen durch spezielle religiöse oder theologische Vorgaben, wie sie etwa in den islamischen Menschenrechtsvorstellungen (1990) nachweisbar sind. Dazu zählen vor allem der entschiedene Einsatz für die Würde des Menschen und das gemeinsame Eintreten für Freiheit und Frieden, für Gleichheit und Gerechtigkeit unter den Menschen und die Abwehr von Diskriminierung und Verfolgung Andersdenkender, von Unfreiheit und zerstörerischer Gewalt.

Unabdingbare Voraussetzungen für einen zielführenden Dialog sind dabei seitens der Dialogpartner gegenseitiger Respekt vor der Meinung und Überzeugung des Anderen, Offenheit und Wahrhaftigkeit sowie auch die gegenseitige Toleranz in der uneingeschränkten Anerkennung der Gleichwertigkeit aller Menschen. Diese Gleichwertigkeit und Gleichheit (vor dem Gesetz) gilt unabhängig von der Zugehörigkeit zu einem bestimmten Geschlecht, zu einer bestimmten Religion, Kultur, Weltanschauung oder Rasse – und zwar im Sinne der UN-Menschenrechtsdeklaration von 1948 und den daraus erwachsenen weiteren Erklärungen zum Schutz der menschlichen Würde.

Angesichts der zum Teil äußerst belasteten Beziehungen der Religionen und Weltanschauungen untereinander in vielen Regionen der Erde, angesichts der den grundlegenden Menschenrechten widersprechenden Verhaltensweisen mancher Religions- und Weltanschauungsgemeinschaften gegenüber Andersglaubenden/-denkenden sind wir heute davon noch weit entfernt. So lässt sich mit Recht fragen, ob die Realisierung der bedingungslosen Respektierung der Menschenrechte, auch der Gewaltfreiheit als ethischer Grundlage des Denkens und Handelns aller Religionen und Weltanschauungen doch nur ein schöner Traum bleibt, unrealistisches Wunschdenken, pure Illusion? Oder lässt sich der drohende, mancherorts schon tobende „Kampf der Kulturen", auch der „Kampf innerhalb bestimmter Kulturen", doch noch in einen „Kampf für das Miteinander der Kulturen" verwandeln?

Es gab Angriffs- und Eroberungskriege von Christen zur Ausbreitung ihres Glaubens. Dabei verband sich das religiöse Motiv des universalen Geltungsanspruchs mit machtpolitischen, imperialistischen, dynastischen oder auch mit finanziell-wirtschaftlichen Gründen. Es gab die Verfolgung von Ketzern und Apostaten, es gab die kirchliche (und staatliche!) Inquisition wie auch die Hexenprozesse.

Über das Versagen der katholischen Kirche im Laufe ihrer 2000-jährigen Geschichte liegen eindrucksvolle *Schuldbekenntnisse* vor (siehe oben). Diese Form der Schuldanerkennung dürfte jedoch im Blick auf andere Religionsgemeinschaften, Staaten, Institutionen usw. singulär sein.

Allen dunklen Phänomenen im Raum des Christentums stand und steht ganz eindeutig die *Friedensethik* des Neuen Testaments und damit die Lehre und Lebenspraxis von Jesus Christus selbst entgegen. Unzweideutig verkündete und lebte er das in der Jetzt-Zeit schon beginnende Reich Gottes als das Reich der Liebe, des Friedens und der Gerechtigkeit. So hält die oben erwähnte Theologenkommission fest:

„Der christliche Glaube erkennt in der Aufstachelung zur Gewalt im Namen Gottes die höchste Form der Korruption der Religion. Diese Überzeugung schöpft das Christentum aus der Offenbarung von Gottes innerstem Wesen, das uns durch Jesus Christus erreicht."

An die Religionsgemeinschaften, die Mitverantwortung für den Frieden und die Freiheit der Menschen tragen, stellt sich die Frage, ob sie in der heutigen globalisierten Welt vor dem Hintergrund ihrer jeweiligen Theologie, ihres Gottes- und Menschenbildes überhaupt fähig und auch willens sind, dieser Verantwortung gerecht zu werden, vor allem in jenen Ländern, in denen sie besonderen Einfluss und damit auch besondere Verantwortung haben.

Die Möglichkeit und zugleich die Notwendigkeit des dialogischen Miteinanders der verschiedenen Religionen und Weltanschauungen sowie aller „Menschen guten Willens" liegen dabei keineswegs und primär im „Dialog des theologischen Austausches", in Gesprächen also über spezielle dogmatische, religiöse und weltanschauliche Fragen. Es sei denn, diese sind von unmittelbarer ethischer Relevanz für das friedliche Leben und Zusammenleben der Menschen. Beim interreligiösen Dialog sollte es vorrangig um den „Dialog des Lebens und des Handelns" gehen.

erneut zeigt – keineswegs so tolerant und friedfertig, wie oft angenommen und unkritisch verbreitet wird. Das eigentliche Motiv zur Unterdrückung bzw. Ausrottung religiöser und weltanschaulicher Bewegungen war und ist die Durchsetzung totalitärer, religiös oder weltanschaulich begründeter Machtansprüche.

So hat auch die internationale Theologenkommission des Vatikans, die vom 2.-6.12.2013 in Rom zu einer Plenarsitzung zusammengekommen ist, in einem Dokument[43] den „vermeintlichen Zusammenhang" von Monotheismus und Gewalt zurückgewiesen und sich zugleich gegen die vereinfachende Alternative von „notwendigerweise gewalttätigem Monotheismus" und einem „vermeintlich toleranten Polytheismus" gewandt. Einen Fanatismus, dessen bittere Früchte immer Unrecht und Gewalt, Terror und Krieg sind, gibt es in vielerlei Formen: Den *Fanatismus der (atheistischen) Ideologien* wie auch den *religiös motivierten Fanatismus*.

So sei auch hier nochmals ausdrücklich erwähnt: Auch *die christliche Missionsgeschichte* ist davon nicht gänzlich frei und teilweise von Gewalt geprägt. So haben etwa mittelalterliche Päpste, auch Theologen, in Briefen, Traktaten und Streitschriften ein Gedankengebäude zur Rechtfertigung von Gewalt gegen Ungehorsame und Ungläubige entwickelt und dabei in „bornierter Einseitigkeit" Aussagen der Bibel zur Nächsten- und Feindesliebe einfach ignoriert (G. Althoff).

In Miss-Interpretation bzw. im *Verrat der Heiligen Schrift*, so auch im *Missbrauch ihrer eigenen Religion* verübten auch Christen im Laufe der Geschichte im Namen Gottes ungerechte Gewalt.[44] Es gab Irrungen und Wirrungen, es gab das „unchristliche Morden" (so der Kirchenhistoriker A. Franzen), bei dem viel Blut floss.

---

zu schweren Bedrohungen für Christen werden können"; schließlich Gerl-Falkowitz, H.-B., Stiftet Religion Gewalt?, in: „Die Tagespost", 4.12.2014, mit dem Hinweis auf eine hinduistische Göttin: „Im Hinduismus verkörpert die schwarze Muttergöttin Kali gleichzeitig Leben und Tod: Nach der Befruchtung tötet sie ihren Gatten, tanzt auf seinem Leichnam, mit Totenschädeln behängt, und schlürft seine Eingeweide. Dieses Bild erfasst die Souveränität einer Gottheit, die tötet, ohne sich zu rechtfertigen, oder: die sich am Lebendigen sättigt, das sie hervorbringt … Ihre Gewalt ist numinos, unpersönlich-überwältigend".

43 Vgl. *de.radiovaticana.va/news/2014/01/16/„monotheismus…/ted-764518*
44 Vgl. dazu auch Küng, Hans, Der Islam, S. 707-710.

Papst Benedikt XVI. stellte in Assisi bei einem Treffen im Jahre 2011 mit Vertretern anderer Religionen und Agnostikern fest, dass „das Nein zu Gott ... Grausamkeiten und eine Maßlosigkeit der Gewalt hervorgebracht (hat), die erst möglich wurde, weil der Mensch keinen Maßstab und keinen Richter mehr über sich hat, sondern nur noch sich selbst zum Maßstab nimmt. Die Schrecknisse der Konzentrationslager zeigen in aller Deutlichkeit die Folgen der Abwesenheit Gottes." Nach H. Küng hat sich der Weg der gottlosen „Humanität ohne Divinität zur Bestialität" oft als kurz erwiesen. Dass Grausamkeiten, maßlose Gewalt, Bestialität usw. auch im Namen einer Religion missbräuchlich ausgeübt wurden bzw. werden, widerspricht keineswegs diesen Aussagen.

Kriege mit ihren verheerenden Folgen wurden und werden auch *im Namen einer gleichsam zur Religion überhöhten Nation oder Rasse, Ideologie oder Weltanschauung* geführt. Wenngleich die atheistischen Weltanschauungen im Vergleich zu den Weltreligionen immer in der Minderheit waren, ging von ihren Ideologien allein im vergangenen Jahrhundert eine größere zerstörerische Gewalt aus als von den religiös motivierten Verirrungen aller vorausgegangenen Epochen, mit Ausnahme allerdings der immensen Opferzahlen, die der Islam insbesondere mit seinen unzähligen Dschihads im Laufe der Geschichte zu verantworten hat.

Im Namen irgendeines Gottes bzw. irgendeiner Religion oder atheistischen Weltanschauung wurden im Verlauf der Menschheitsgeschichte und werden auch in der Gegenwart Kriege geführt bzw. weltanschaulich und religiös motivierte Gewalt ausgeübt. Auch die nicht-monotheistischen Religionen wie etwa der *Buddhismus* oder der *Hinduismus*[42] sind – wie sich in jüngster Zeit

---

42 Vgl. dazu Zinser, Hartmut, Religion und Krieg, Paderborn 2015, S. 97-136 (Kriegslehren einzelner Religionen – Begründung und Rechtfertigung); auch Schirrmacher, Thomas, Lage der Christen in Indien, in: Kauder, Volker (Hg.), Verfolgte Christen, Einsatz für die Religionsfreiheit, Holzgerlingen 2012, S. 107-120; ebenso Jeges, Oliver, Islamophobie? Aufklärung! in: „Die Welt", 28.10.2014, S. 2: „Es gab christlichen Terror ... und es gab jüdischen Terror ... Es gibt ... buddhistischen Terror in Myanmar gegenüber der islamischen Minderheit, und es gibt hinduistischen Terror, wie etwa die Form des Massenmords an Muslimen 2002 im indischen Gujarat"; auch ebd., 7.1.2015, S. 6, mit dem Hinweis, „dass auch der Hindu-Nationalismus in Indien ... oder ein aggressiver Buddhismus wie in Laos ...

und Schuld der Menschen fundamentale und so auch bis ans Ende der Menschheitsgeschichte bleibende Menschheitsphänomene. Das Böse ist ein Konstitutiv der Menschheitsgeschichte.

Der gegen die monotheistischen Religionen gerichtete pauschalisierende Vorwurf der (alleinigen) Gewaltursache in der Welt mündet mitunter in das Ansinnen, sie müssten verboten und ausgelöscht werden.[41] Dagegen ist zunächst hinzuweisen auf die antike *polytheistische Welt*, die voller Gewalt und Kriege war. Der Himmel dieser Welt war gleichsam übersät von Göttern. Auch die Bildung antiker, polytheistisch geprägter Großreiche erfolgte meist durch gewaltsame Eroberungszüge.

Zum Widerlegen dieser Pauschalbeschuldigung gegen die monotheistischen Religionen ist vor allem auch auf die horrenden Opferzahlen des staatlich verordneten *Atheismus* sowie der atheistisch bzw. fundamental antichristlich geprägten Ideologien und Gewaltsysteme zu verweisen, auf ihren *Terror*, ihre *Gefängnisse, Konzentrationslager und Gulags*, ihre Hungersnöte und Massengräber, so auf

- die janusförmige **Französische Revolution** (1789-1799: **200.000-300.000 Tote**), noch immer gefeiert als Siegeszug der Menschenrechte und der Demokratie, bei der unzählige Menschen dem Terrorregime rund um Robespierre, Saint Just und Danton durch Folter und Lynchjustiz, durch Enthauptung, Ertränkung und Erschießung zum Opfer fielen,
- den **Kommunismus** mit seinen unterschiedlichen Ausprägungen wie den Stalinismus, den Maoismus, auch des Pol-Pot-Regimes in Kambodscha (1975-1979: **1,7 Millionen Tote**) sowie der nordkoreanischen Juche-Ideologie (1917-1998): Kommunismus insgesamt **100 Millionen Tote**,
- den **Nationalsozialismus** (1933-1945: **25 Millionen Tote**).

Wer kann zu Recht noch vorwurfsvoll und anklagend vom „finsteren Mittelalter" sprechen, ohne gleichzeitig den viel kleineren Zeitraum der Schreckensherrschaften des atheistischen *Bolschewismus* und des antichristlichen *Faschismus* in ihren jeweils unterschiedlichen Formen mit deren unvergleichbaren Opferzahlen zu erwähnen?

---

41 Vgl. dazu Palaver, Wolfgang, Wahre Religion und falscher Götzendienst. Zum Zusammenspiel von Gewalt und Religion, in: „Herder Korrespondenz Spezial", April 2014, S. 21-25.

14. Monotheistische Religionen[39] verbieten? – Atheistische Gewaltsysteme übersehen?

Wie oben angedeutet, sind Kriege in den Formen der inner- und zwischenstaatlichen Auseinandersetzungen ein Phänomen *in allen Kulturkreisen und zu allen Zeiten*. Der in den letzten Jahren ständig wiederholte Vorwurf, monotheistische Religionen neigten von ihrem Wesen her grundsätzlich zu Intoleranz, Unduldsamkeit und Unversöhnlichkeit (Jan Assmann), reicht bis in die Antike zurück. Das Beharren auf dem eigenen Glauben als dem einzig richtigen sowie auch der universale und einzige Geltungsanspruch der monotheistischen Religionen seien die Quellen von Ausgrenzung, Intoleranz, Hass und Gewalt.[40]

Vor dem Hintergrund der (zeit-)geschichtlichen Fakten ist dagegen die These richtig: Religionen *und* atheistische Weltanschauungen *können* Ursache von Unrecht, Gewalt und Angriffskriegen sein. Oder anders ausgedrückt: Menschliches Unrechtsverhalten, Gewalttätigkeiten und Kriege sind aufgrund der Kräfte des individuell und kollektiv wirkenden Bösen, aufgrund von Egoismus, Unzulänglichkeit und Überheblichkeit, von Boshaftigkeit, Sünde

---

Elias, Jamal J., Islam, Freiburg, Basel, Wien 2000, S. 115, mit ausdrücklichem Bezug zu islamischen Gelehrten; ebenso das Interview mit Alboga, Bekir, in: „FAZ", 22.4.2012, S. 12, mit dem Hinweis: „Die Vorstellung von Heiligkeit ist im Islam auf die Gottheit des einen Gottes beschränkt ... Aber es wird weder für den Krieg noch für den Koran das Wort 'heilig' benutzt.".Dieses Verständnis ändert jedoch nichts am Faktum der im Namen des Islam aus dem Selbstverständnis dieser Religion erwachsenen und legitimierten Expansions- und Eroberungskriege; ebenso Küng, Hans, Der Islam. Geschichte, Gegenwart, Zukunft, 3. Auflage, München, Zürich 2004, S. 710-715; schließlich Hesemann, Michael, Völkermord an den Armeniern. Mit unveröffentlichten Dokumenten aus dem Geheimarchiv des Vatikans über das größte Verbrechen während des Ersten Weltkriegs, München 2015, mit Ausführungen zum „Heiligen Krieg", S 140-157, insbesondere S. 152 ff.

39 Die Weltbevölkerung zählt derzeit etwa 7 Milliarden, etwa 32 Prozent (ca. 2,2 Milliarden) sind Christen, darunter etwa 1,2 Milliarden Katholiken. Muslime: 23 Prozent (etwa 1,6 Milliarden), Hindus: 15 Prozent, Buddhisten: 7 Prozent, Juden: 0,2 Prozent. Einer Weltreligion gehören etwa 84 Prozent an; 16 Prozent sind religiös nicht einzuordnen, sind jedoch z. T. religiös bzw. gottgläubig oder religionslos.

40 Vgl. dazu Angenendt, Arnold, Toleranz und Gewalt. Das Christentum zwischen Bibel und Schwert, 5. Auflage, Münster 2009, S. 88-98, mit Ausführungen zu Monotheismus und Religionsfreiheit.

13. Krieg in den Basisbüchern der drei Religionen – Antworten auf einen Blick

	Altes Testament	Neues Testament	Koran
1. Gibt es Kampf und Krieg im übertragenen Sinn dieser Begriffe, nämlich im Sinne einer geistig-religiösen Anstrengung?	ja	ja	
2. Wurde ein Krieg als Angriffs- und Eroberungskrieg geführt?	ja	nein	
3. Wurden mehrere Kriege als Eroberungskriege geführt?	nein	nein	ja
4. Gibt es den Begriff „Heiliger Krieg"?[38]	ja 1x (Joel 4,9)	nein	ja
5. Sind Kriege legitim zur Ausbreitung des Glaubens, zur Errichtung der Gottesherrschaft?	nein	nein	ja
6. Gibt es Kriege in der Vergangenheit als Norm und Legitimation für Kriege in der jeweiligen Gegenwart, so auch in heutiger Zeit?	nein	nein	ja
7. Gibt es expressis verbis das Gebot der Feindesliebe – unabhängig von Religion und ethnischer Herkunft?	nein	ja	nein
8. Kann die urchristliche, von der Französischen Revolution aufgegriffene Forderung nach Freiheit, Gleichheit und Brüderlichkeit unter den Menschen belegt werden – unabhängig von Religion und ethnischer Herkunft?	nein	ja	nein
9. Kann im Interesse des eigenen Glaubens bzw. aus Gründen der Glaubensverbreitung oder aus Eigeninteresse, Täuschung und Betrug toleriert oder gar als legitime Verhaltensweise belobigt bzw. auch unmissverständlich gefordert werden?	nein	nein	ja

---

38 Zur Theorie und Geschichte des Heiligen Krieges im Islam vgl. Schirrmacher, Christine, Der Islam. Geschichte – Lehre. Unterschiede zum Christentum, Band 1, Neuhausen/Stuttgart, 1994, S. 181-187, auch mit dem Hinweis zur Übersetzung des Begriffes jihad mit „Heiliger Krieg" sowie einer Darstellung der vier Arten des jihad im Koran, S. 184; auch

und mit dem christlichen Glauben für vereinbar glaubten,
war es immer christenwidriges Unrechtstun.
Dagegen haben *Muslime* ungerechte Gewalt ausgeübt,
Dschihads, Angriffskriege geführt
in Übereinstimmung mit ihrem Glauben
und der koranischen Lehre,
auch *in Übereinstimmung* mit dem Lebensbeispiel Mohammeds,
dem unüberholten Vorbild der Muslime.
Dabei gilt auch daran zu erinnern:
Christianisierung mit Gewalt war die bibelwidrige Ausnahme,
Islamisierung mit Gewalt war die korankonforme Regel

Desweiteren ist im Blick
auf die entscheidenden Unterschiede
zwischen den alttestamentlichen und den islamischen
Gewalt- und Kriegsberichten festzuhalten:
Die *alttestamentlichen Kriege* waren keine Kriege
zur Glaubensverbreitung.
Sie waren räumlich und zeitlich begrenzt.
Die biblischen Berichte über Gewalt
haben beschreibenden Charakter.
Sie sind nicht dauerhaft vorgeschrieben,
und daher ohne normative Bedeutung
für die nachfolgenden Generationen.
Sie sind nur noch Geschichte.
Dagegen waren die *islamischen Expansionskriege,
Dschihads*, immer auch Glaubenskriege,
vom Koran legitimiert, sogar befohlen
mit normbildenden, zeitlos
gültigen Handlungsanweisungen.

Beim Vergleich zwischen Altem Testament und Koran
sind in der Gewaltfrage folgende gegenläufige
ethische Entwicklungen zu konstatieren.
Im *Alten Testament*: Der Weg der Pazifizierung,
nämlich von der Blutrache hin zur jesajanischen Vision
vom „gewaltfreien Modell- und Mustervolk".
Im *Koran:* Der Weg vom „Mekka-Islam"
zum „Medina-Islam", also vom pazifizierten
zum (verbindlich gewordenen) dschihadisierten Islam.

Menschen sowie auch für die wechselseitige Beziehung von Gott und Mensch entstammen grundverschiedenen geistigen Welten und setzen auch weithin in sich gegensätzliche Denk- und Handlungsmaßstäbe für das Denken und Handeln ihrer Anhänger/innen. Im Blick auf Jesus Christus können Christen entsprechend beten: „Lass uns denken und handeln nach dem Wort und Beispiel Christi."[37]

Verschiedene unüberbrückbare und grundlegende Gegensätze zwischen Christentum bzw. Judentum einerseits und dem Islam andererseits sollen an dieser Stelle resümiert werden:

Über das (Friedens-)Wirken Jesu in fast ausnahmsloser
Gegensätzlichkeit zum Leben, Denken und Handeln *Mohammeds*
und seiner Botschaft kann gesagt werden:
JESUS hat ein Reich verkündet, das nicht von dieser Welt ist
und dabei gesagt: „Gebt dem Kaiser, was dem Kaiser gehört".
Entschieden hat er die Rolle des politischen Messias abgelehnt,
ist nie als militärischer Anführer in einen Krieg gezogen.
JESUS befahl nicht, die Feinde umzubringen,
er lehrte, für sie zu beten,
hat nicht zur Gewalt aufgerufen,
sondern zu Frieden und Versöhnung,
hat nicht verfolgt, er wurde verfolgt,
hat Zwang erfahren, aber keinen Zwang ausgeübt,
hat nicht getötet, er wurde getötet.

Aus der Geschichte des Christentums und des Islam
kann gefolgert werden:
Auch *im Namen des Christentums*
wurden in der Geschichte Gräueltaten verübt,
Angriffskriege geführt:
Es gab Gewalt von Christen gegen Christen,
Christen gegen Andersgläubige.
Was sie taten, taten sie jedoch nicht *wegen*,
sondern immer *trotz* ihres Glaubens,
gegen ihren Glauben und *gegen* die Lehre Jesu,
so auch im schärfsten Widerspruch zu seiner Lebenspraxis.
Auch wenn sie ihr Tun von der Bibel her legitimiert

---
37 Die Feier der Heiligen Messe. Messbuch. Für die Bistümer des deutschen Sprachgebietes. Hochgebete für Messen für besondere Anliegen, Solothurn, Freiburg u. a. 1994, S. 44.

auch was deren Haltung zu Krieg und Frieden angeht. Im Gegensatz zu Jesus „entschied sich Muhammad für den Einsatz von Gewalt zur Durchsetzung seiner Sendung."[35] Trotz mancher menschenfreundlicher Charakterzüge Mohammeds korrespondieren Leben und Wirken von Jesus Christus und Mohammed fundamental nicht miteinander, wohl aber mit ihrer jeweils eigenen Botschaft.

Als Beispiel konträrsten Verhaltens von Jesus Christus und Mohammed sei hier eine Darstellung des muslimischen Theologen Abdel-Hakim Ourghi zur Frage der (Karikaturen-)Beleidigung Mohammeds bzw. der Kritik an ihm notiert mit Hinweisen auf die entsprechende Wirkungsgeschichte:

> „Vom Beginn der Offenbarung, also von 610 bis 624, ist der Prophet immer sehr gelassen damit umgegangen, wenn man ihn beleidigt hat. Der Koran berichtet beispielsweise davon, dass man ihn als Magier bezeichnet hat. Damals war das eine Beleidigung. Der Prophet ging damit recht locker um. Später wiederum wurde im September 624 der jüdische Dichter Ka'b Ibn al-Ashraf laut der arabischen Geschichtstradition auf Befehl des Propheten kaltblütig hingerichtet. Er soll Schmähgedichte über den Propheten und die Ehefrauen der Muslime verfasst haben. In einem theologischen Werk aus dem 14. Jahrhundert mit dem Titel 'Das Schwert, gezückt wider den, der den Gottesgesandten schmäht' wird dann tatsächlich gefordert, dass der, der den Propheten beleidigt, hingerichtet werden soll. Diese Literatur spielt bis heute an den Universitäten in der muslimischen Welt, etwa an der Al-Azhar Universität in Kairo, eine gewisse Rolle."[36]

Lehre, Lebensführung und Lebensbeispiel beider Religionsstifter stehen also in *unüberbrückbarem Gegensatz* zueinander, der nicht größer gedacht werden kann. Mohammed als Krieger und Feldherr ist religionsphänomenologisch ein singuläres Phänomen. Das wenige Gemeinsame, das letztlich nur in ihrer (unterschiedlichen) Religiosität zu erkennen ist, zerbricht an der unübersehbaren Gegensätzlichkeit ihrer Persönlichkeit und ihres Selbstverständnisses. Ihre jeweiligen Botschaften und Lehren für das Zusammenleben der

---

35 Bürgel, Johann Christoph, Allmacht und Mächtigkeit. Religion und Welt im Islam, München 1991, S. 73.
36 Im Interview „Sich dem unangenehmen Thema stellen", in: „Herder Korrespondenz", Heft 3, März 2015, S. 128.

Die Exmuslima und Publizistin Sabatina James (Pseudonym) stellt fest: „Im Gegensatz zur Bibel sind Gewaltaufrufe im Koran meistens keine historischen Erzählungen. Bei einem Vergleich von Bibel und Koran wird vielmehr deutlich, dass die Gewaltaufrufe des Korans Befehle an alle Gläubigen sind, gestern wie heute. Ihre Gültigkeit ist nicht aus einen bestimmten Zeitraum begrenzt, sondern besteht für alle Zeiten."[32]

Mörder werden zu *Märtyrern*[33], denen das Paradies verheißen wird. Die christliche Lehre dagegen verbietet sogar das Drängen zum Martyrium und erst recht die (religiös begründete) Selbsttötung. Im Islam dagegen gilt das *Tötungsverbot* nur innerislamisch. Der Koran enthält kein allgemeines Tötungsverbot. Das Töten bei Berechtigung ist erlaubt, gerade auch aus religiösen Gründen wie Apostasie. Der *militante Dschihad* ist ein unübersehbarer Bestandteil muslimischer Lehre. Gewalt wird im Islam gerechtfertigt, sogar gefordert. Gewaltfreiheit ist der koranischen Lehre also fremd. In diesem Sinne ist das Diktum sicher zutreffend: „Es gibt viele friedlich lebende Muslime, gewiss aber keinen friedlichen Islam."

Die besondere, auch Verwirrung stiftende Problematik liegt darin, dass es im Koran sowohl Verse gibt, die zur Toleranz aufrufen, als auch Verse, die zu Gewalthandlungen gegen Nichtmuslime verpflichten, besonders auch gegen vom Islam Abgefallene. Das ermöglicht den Muslimen, aus den vielfältigen Koranaussagen jene Verse auszuwählen, die ihnen am meisten zusagen und sich für die jeweilige Situation am besten eignen. Nach der islamischen *Lehre der Aufhebung (Abrogation)* haben jedoch die früheren (friedlichen) Koranverse durch spätere mit ihrem von Intoleranz geprägten Charakter ein stärkeres Gewicht. In der Minderheitensituation werden natürlich nur die zum Frieden aufrufenden Koranverse zitiert, um damit die Friedensliebe und Toleranz des Islam zu beweisen.

Auch *die Biographien der beiden Religionsstifter* Jesus Christus und Mohammed sind von äußerst gegensätzlicher Art[34], gerade

---

32 James, Sabatina, Scharia in Deutschland. Wenn die Gesetze des Islam das Recht brechen, München 2015, S. 39.
33 Vgl. dazu Tück, Jan-Heiner (Hg.), Sterben für Gott – Töten für Gott? Religion, Martyrium und Gewalt, Freiburg, Basel, Wien 2015, mit verschiedenen Artikeln.
34 Vgl. dagegen Troll, Christian W., Muslime fragen, Christen antworten, 2. Auflage, Kevelaer 2007, S. 23-31.

me angewendet, erfordert es die Konversion oder Unterwerfung (Dhimmitum). Unter Berufung auf die koranische Pflicht, die Erde zu islamisieren (34 /28), erläutert Tibi, dass es für einen Muslim, der auf dem Wege Allahs den Islam in der Welt verbreitet, **nicht um Krieg, sondern um eine fromme, gerechte Handlung** in Erfüllung einer religiösen Aufgabe geht.. Die **Aggressoren sind die Nichtmuslime**, welche die Islamisierung ihrer Völker zu verhindern suchen. Ihnen ist die 'Schuld' an den Kriegen anzulasten, die sie durch ihren Widerstand gegen die muslimische Eroberung auslösen ...Überall würde Frieden herrschen, wo immer die Nichtmuslime dem Ruf des Islam ... durch Konversion oder Unterwerfung folgen",[30] (Hervorgehoben: U.H.)

Diese Aussagen von Bassam Tibi zum islamischen Friedensverständnis, markieren ein Dreifaches:
1. Frieden ist nur zwischen Muslimen möglich.
2. Dschihad, Krieg zur Ausbreitung des Islam ist eine fromme, gerechte Handlung.
3. Aggressoren sind alle, die der Islamisierung im Wege stehen.

12. Der Islam als Antithese zum Christentum[31] – Mohammed als verleiblichte Antithese zu Jesus Christus

Während *im Leben und in der Lehre Jesu* keine Hinweise auf Rechtfertigung von Gewalt und ebenso keinerlei Aufforderungen zu Gewalt nachweisbar sind, wird in zahlreichen Koransuren der Kampf gegen *die Ungläubigen* wie gegen die vom Islam *Abgefallenen*, zugleich auch der Kampf für die *Verbreitung des Islam* propagiert. So besteht im Islam die zentrale Forderung zur Gewaltanwendung aus der Position der Stärke, wenn es um die Interessen des Islam und um dessen Ausbreitung geht. Dem Koran sind keine delegitimierenden Aufforderungen zur Ausbreitung des islamischen Glaubens mit dem Mittel der Gewalt, auch in Form des Dschihad zu entnehmen.

---

30 Ye'or, Bat, Europa und das kommende Kalifat. Der Islam und die Radikalisierung der Demokratie, Berlin 2013, S. 6, vgl. hier die Anm. 5 mit der Quellenangabe der Veröffentlichung von Tibi in englischer Sprache.
31 Der Islam ist „aufgrund seines Menschen- und Gottesbildes die absolute Antithese zum Christentum", so Martin Rhonheimer, Professor für Ethik und politische Philosophie an der Päpstlichen Universität Santa Croce, Rom, in: „Die Tagespost", 29.9.2014.

(10) War Jesus ein **Pazifist**? Wäre er ein Pazifist gewesen, hätte er wahrscheinlich seinen Jüngern das Tragen von Schwertern verboten. Auch hätte er wohl nicht die Gleichniserzählung vom König gewählt, der in den Krieg zog, um damit die Ernsthaftigkeit und das Durchhaltevermögen der Jüngerschaft zu veranschaulichen (vgl. Lukas 14,31 f.). Jesus wollte mit dem Gleichnis sagen: Wer ihm nachfolgen will, der muss sich sehr wohl überlegen, ob er dazu auch die Kraft und den Willen hat, in Treue sein Jünger zu bleiben. Wäre Jesus ein Pazifist gewesen, hätte er dieses Gleichnis gewiss nicht erzählt. Er hätte möglicherweise auch den Hauptmann, der ihn um Hilfe bat, erst einmal aufgefordert, seinen Dienst als Soldat zu quittieren (vgl. Matthäus 8,5-10). „Eine absolute Verpflichtung auf Gewaltlosigkeit, die den Soldatendienst verbieten würde, fehlt bei Jesus wie in der Urkirche" (Hartmut Zinser).

Auch *Johannes der Täufer*, der Vorläufer und Wegbereiter Jesu, verlangte von den Soldaten, die mit ihren Fragen zu ihm kamen, keineswegs, ihren Soldatenberuf aufzugeben, sondern gab ihnen lediglich die Anweisung, keine Gewalttat und keine Erpressung zu begehen (vgl. Lukas 3,14). In der Tradition der alttestamentlichen Propheten wollte Jesus gewiss auch nicht den Frieden um jeden Preis, den „Friedhofsfrieden", etwa da, wo das Recht gebeugt, die Freiheit der Wehrlosen getreten und der Mensch seiner gottesebenbildlichen Würde beraubt wird.

(11) Fast alle 28 Kapitel der Apostelgeschichte berichten von den **ersten Christenverfolgungen**, die gekennzeichnet waren durch Folter und Mord. Dabei steht nirgendwo, dass sich die Verfolgten mit irgendeiner Waffe verteidigt hätten. (Übrigens lehnten christliche Theologen den Kriegsdienst bis ins 4. Jahrhundert als unvereinbar mit dem Christsein ab.)

Zur Skizzierung des islamischen Verständnisses von Frieden soll hier Bat Ye'or zitiert werden, die ihrerseits Aussagen des muslimischen Islamwissenschaftlers Bassam Tibi zum Friedensverständnis des Islam wiedergibt: „In seinem Essay über Krieg und Frieden im Islam hebt Bassam Tibi die Aussage hervor, dass es **Frieden im Islam nur zwischen Muslimen** gibt, nicht zwischen Muslimen und Nichtmuslimen. Wird das Wort „Frieden" auf Nichtmusli-

(8) Die **Friedensgesinnung Jesu** findet in der Friedensethik der *Bergpredigt* ihre lehrhafte Entsprechung (vgl. Matthäus 5,1-12). In diesem „Kompendium" seiner Lehre vom Zusammenleben der Menschen preist er die Friedensstifter als selig (vgl. ebd., 5,9), ebenso jene, die um der Gerechtigkeit willen verfolgt und alle, die seinetwillen beschimpft „und auf alle mögliche Weise verleumdet" werden (ebd., 5,10 f.). Würden seine Jünger irgendwo vertrieben werden, sollten sie einfach den Staub von ihren Sandalen schütteln und in andere Orte weiterziehen (vgl. Markus 8,11).

Seine Friedensbotschaft bekräftigt Jesus auch auf eindrucksvoll schlichte Weise bei seinem *Einzug in Jerusalem*. Als ein Ausdruck des Verzichts auf äußere Macht und Gewalt reitet Jesus nicht auf einem gefürchteten Streitross in die Stadt ein (vgl. ebd. 11,7), sondern auf einem scheuen, kriegsuntauglichen Esel, der als Reittier zu ausschließlich friedlichen Zwecken genutzt wurde und der bei Sacharja 9,9 f. ein Symbol der Friedensherrschaft des Messias ist. Anstatt Gewalt anzuwenden oder sich von Engellegionen verteidigen und beschützen zu lassen, lässt sich Jesus im *Garten Getsemani* von denjenigen ergreifen, die ihn schließlich umbringen (vgl. Matthäus 26,53-55).

Bis zur letzten Konsequenz in der *Selbsthingabe am Kreuz* lebt Jesus diese Gewaltlosigkeit und bezeugt seine Friedensgesinnung mit dem eigenen Leben (vgl. ebd., 27,32-54). Diese Friedensgesinnung, die sein ganzes Leben umfasst, gibt Jesus als „Hinterlassenschaft" und zugleich als Auftrag seinen Jüngern zur Realisierung in ihrem eigenen Leben und Wirken weiter: „Frieden hinterlasse ich euch, meinen Frieden gebe ich euch" (Johannes 14,27). Allen, die ihm nachfolgen, so auch der Kirche insgesamt, gilt diese Vermächtnis.

(9) Mit seinem **Taufbefehl** (vgl. Matthäus 28,18-20) verbindet Jesus die Verpflichtung, alle seine Gebote und Verbote zu befolgen. In seiner Kernbotschaft vom Reich Gottes verkündet er die Prinzipien, die „Gesetze" des Gottesreiches, die er selbst in seinem Leben beispielhaft vorlebt: Liebe, Frieden, Gerechtigkeit und Wahrheit in ihren persönlich-spirituellen sowie in ihren sozialen und politisch-strukturellen Dimensionen.

gen Waffen zu kämpfen, nämlich mit Treue, Gebet und auch mit Todesbereitschaft.

Zuvor sprach Jesus bereits davon, dass er nicht gekommen sei, „den Frieden zu bringen, sondern das Schwert" (Matthäus 10,34). Auch diese *bildhafte Aussage* ist unter keinen Umständen im Sinne einer von Jesus selbst geplanten oder bereits vollzogenen Gewalthandlung zu verstehen. Genauso wenig kann dieses Wort interpretiert werden als ein Aufruf an seine Anhänger zu kämpferischen oder gar kriegerischen Handlungen, die er selbst legitimieren wollte. Aus dem Kontext geht vielmehr zweifelsfrei hervor, dass Jesus hier *das geistige Schwert der Entscheidung* meint (vgl. ebd., 10,35). Es ist auch das Schwert des Gerichtes, das Glaubende und den Glauben Verweigernde, ebenso die Guten und die Bösen voneinander trennt. Im Hebräerbrief wird in dieser bildhaften Sprache auch das Wort Gottes mit einem „zweischneidigen Schwert" verglichen (4,12)[29].

> „Denkt nicht, ich sei gekommen, um Frieden auf die Erde zu bringen." Das klingt, als ob Christus sagen würde: „Denkt nicht, ich sei gekommen, den Menschen Frieden zu bringen, so wie das Fleisch und die Welt ihn will, Frieden ohne jedwedes Gesetz, wodurch sie einträchtig im Bösen leben könnten und ihnen hier auf Erden Wohlstand garantiert wäre. Nein, sage ich euch. Ich bin nicht gekommen, solch einen Frieden zu bringen, sondern die Spaltung. Und so werden die, die an mich glauben, weil sie eben Gott lieben und den inneren Frieden suchen, in ganz natürlichem Gegensatz zu den Bösen stehen. Sie werden sich von denen absondern, die sie davon abhalten wollen, auf dem geistlichen Weg Fortschritte zu machen und nach einem reinen Herzen zu streben, oder die ihnen nach Kräften Schwierigkeiten bereiten wollen" (Dionysius der Kartäuser (1402-1471).

---

29 In der christlichen Ikonographie wird etwa der Völkerapostel Paulus oft mit einem Schwert dargestellt. Mit dieser Darstellung wird jedoch auch hier keineswegs zum Kampf mit dem Schwert aufgerufen, vielmehr wird damit die Schärfe seiner theologischen Verkündigung mit dem „Schwert des Geistes" symbolisiert. Zugleich wird mit dieser Schwert-Symbolik auf dessen Märtyrertod durch die Enthauptung mit dem Schwert hingewiesen.

greiflichkeit oder durch Überzeugungskraft hinausgetrieben hat.

(c) Die in Johannes 2,15 erwähnte Geißel war eine Art „Tiertreibinstrument", das Jesus wahrscheinlich zum Hinaustreiben einiger Tiere benutzt hat.

(d) Im lukanischen Bericht fehlt der Hinweis auf das Umstürzen von Wechslertischen, was auf eine relative Unwichtigkeit dieser Teilaktion im Tempel schließen lässt.

(e) Nirgendwo steht, dass Jesus mit der Geißel auf Menschen oder auf Tiere eingeschlagen oder sie gar verletzt hätte.

(f) Die große Anzahl der Händler und Wechsler, der Verkäufer und Käufer hätte sich wahrscheinlich eine gewaltsame Vertreibung durch einen einzelnen „Aggressor" keineswegs gefallen lassen.

(g) Auch ist nicht anzunehmen, dass die Tempelwache oder die in Tempelnähe befindliche römische Kohorte von etwa 500 bis 600 Soldaten nicht eingegriffen und ggf. Jesus verhaftet hätte, wäre es tatsächlich zu einer eklatanten „Störung der öffentlichen Ordnung", zu einem größeren Tumult durch ihn gekommen.

(h) Das Ereignis der „Tempelreinigung" war später kein Anklagepunkt bei der Verurteilung Jesu vor Pilatus.

Die Tempelreinigung ist also keineswegs ein aus Zorn und Willkür erwachsener Gewaltakt, der andere Menschen demütigen, entwürdigen und ihnen böswillig schaden wollte, vielmehr wohl eher *eine demonstrative Provokation, eine prophetische Zeichenhandlung*, die das Treiben der Händler, aber auch die Kultpraxis der Tempelpriesterschaft verurteilt, die dem Kommen Gottes zu den Menschen im Weg steht. Sie stellt die symbolische Austreibung eines ungerechten Systems dar, das einer „Räuberhöhle" gleicht. Jesus geht also gegen jene vor, die nicht nur die frommen Tempelbesucher belästigten, sondern auch Gott die Ehre verweigerten.

(7) Mit der sogenannten **„Schwertrede"** beendet Jesus seine Abschiedsrede im Abendmahlsaal (vgl. Lukas 22,35-38). Er will den Jüngern sagen, dass sie mit Ablehnung und feindlichen Angriffen rechnen müssen, ruft sie jedoch keineswegs zum Kampf mit Waffengewalt auf, sondern mahnt sie, mit *geisti-*

→ Die Rückkehr des Ethnarchen zur Rechenschaftsforderung, auch zur gnadenlosen Rache und Vergeltung.

Zur Veranschaulichung seiner Anliegen greift Jesus immer wieder auf die Erfahrungswelt seiner Mitmenschen zurück. Sein Gleichnis von den anvertrauten Minen ist also *keineswegs als Beschreibung seines eigenen Handelns* oder als seine originäre Verkündigung zu verstehen, erst recht ist es keine Gebrauchsanweisung für den Umgang der Menschen untereinander. Ganz eindeutig und klar lehnte Jesus übrigens die Aufgabe des politischen Messias ab, die ihm von Angehörigen seines Volkes zugedacht war (vgl. z. B. Johannes 6,15).

(6) Oft wird die sogenannte **Tempelreinigung** als Hauptargument gegen die radikale Gewaltlosigkeit Jesu vorgebracht. Alle vier Evangelisten berichten davon (vgl. Matthäus 21,12-17; Markus 11,15-19; Lukas 19,45-48; Johannes 2,13-17). Jesus wird nach diesen Schilderungen beim Besuch des Tempels in Jerusalem offensichtlich von einem „heiligen Zorn" gepackt, als er das Treiben der Geldwechsler sieht. Geschildert wird kein *unkontrollierter Wutausbruch, kein Verlangen nach Rache und Vergeltung*, auch nicht die Absicht, anderen Menschen körperlichen und/oder seelischen Schaden zuzufügen. Grund für seinen „heiligen Zorn" ist vielmehr das eigennützige, habgierige und betrügerische Verhalten der Händler, aber auch der Tempelbehörde, die dieses Treiben im Haus Gottes, im Haus des Gebetes genehmigte und selbst darin einbezogen war.

Ein Aggressions- und Gewaltakt Jesu, der angeblich handgreiflich wurde und mit einer aus Stricken zusammengebundenen Geißel auf Menschen und Tiere einschlug, ist aus einer Reihe unterschiedlicher Gründe äußerst unwahrscheinlich:

(a) Der Tempelvorhof mit dem Verkaufsareal war ein Gelände mit der riesigen Fläche von etwa vier Hektar. Eine Tempelaktion mit der vollständigen Vertreibung aller Geschäftsleute, Käufer und Tempelbediensteten und darüber hinaus noch aller Tiere wäre für eine Einzelperson völlig unmöglich gewesen.

(b) Bei den drei Synoptikern wird keineswegs deutlich, ob Jesus (einen Teil) der Verkäufer und Käufer durch Hand-

ler Herkunft" ist Archelaus, einer der drei Söhne von König Herodes dem Großen. Wegen seiner tyrannischen und launischen Art, besonders aber wegen seiner Grausamkeit war er bei den Juden verhasst. Im Jahre 4 n. Chr. zog er nach Rom, um von Kaiser Augustus den Königstitel zu erlangen. Eine fünfzigköpfige jüdische Gesandtschaft vereitelte dort jedoch sein Vorhaben. Nur der Titel eines Ethnarchen von Judäa, Samaria und Idumäa wurde ihm zunächst bewilligt.

Nach dem Willen des Kaisers sollte er sich erst einmal bewähren. Nachdem er ohne erhofften Königstitel zurückgekehrt war, verlangte Archelaus Rechenschaft von seinen Dienern über das ihnen für die Zeit seiner Abwesenheit anvertraute „Kapital". Er bestrafte jenen Diener, der das ihm anvertraute Geld „in einem Schweißtuch verwahrt" und deshalb keine Zinsen erwirtschaftet hatte (vgl. ebd., 19,20-24). Vor allem aber nahm er blutige Rache an seinen Feinden, die gegen ihn opponiert und intrigiert hatten. Jesus zitiert gleichsam die oben notierten grausamen Worte des Mannes „von edler Herkunft", der den Mord an seinen Feinden befohlen hatte (vgl. ebd., 19,27).

Zur Verdeutlichung dieser Gleichnisrede, die zugleich eine Gerichtsrede ist, seien hier die von Jesus gewählten Vergleichsebenen stichwortartig skizziert:

(a) Jesus → Archelaus, der „Mann von edler Herkunft".
(b) Weggehen Jesu nach der Auferstehung → Reise von Archelaus nach Rom.
(c) Versuch der Verhinderung der Königsherrschaft Jesu durch seine Gegner und Feinde → Versuch der Verhinderung des Königstitels von Archelaus durch seine Gegner und Feinde.
(d) Der Umgang mit den anvertrauten Gütern durch die Seinen während der Abwesenheit Jesu, nämlich zwischen Himmelfahrt und Parusie → Der Umgang mit den anvertrauten Gütern durch seine Diener während der Reise und des Aufenthaltes des Archelaus in Rom.
(e) Die Wiederkunft Christi zur Rechenschaftsforderung und zum Weltgericht, auch mit entsprechendem Gerichtshandeln des Weltenrichters (vgl. auch Matthäus 25,30-46)

(vgl. Markus 13,7 f.). Gegenüber den Zeloten und Sikariern seiner Zeit, die gegen die Römer kämpften, lehnt er die von ihm erwartete Rolle des politischen Messias und damit auch jegliche Gewalt deutlich ab. Zur Ausbreitung des Glaubens gibt er seinen Jüngern keine *kriegerischen Handlungsanweisungen, keinen Kampfauftrag*, sondern den Missionsauftrag, in alle Welt zu gehen, den Menschen seine Lehre zu verkündigen und sie zu taufen (vgl. Matthäus 28,18, siehe unten). Der Weg der kriegerischen Auseinandersetzung und Gewalt etwa auch zur Ausbreitung des Glaubens ist für Jesus selbst völlig undenkbar – unabhängig von der Tatsache, dass diese Gesinnung und Haltung im Laufe der Geschichte immer wieder von Christen vergessen bzw. schlichtweg ignoriert und verraten wurde.

(4) Jesus spricht in seiner Reich-Gottes-Verkündigung auch vom **Gerichtshandeln Gottes** sowie von ewigen Strafen als unweigerliche Folgen auch *ungerechter Gewaltanwendung* (vgl. z. B. Matthäus 5,22.29 f.; insbesondere auch 25,31-46; Markus 9,4.45.47). Ungerechte und Gewalttäter werden am *Jüngsten Tag* von Gott selbst zur Rechenschaft gezogen (vgl. Offenbarung 6,10; 19,2).

(5) Am Ende der **Gleichnisrede von den anvertrauten Minen** bzw. über den Umgang mit anvertrautem Geld (Lukas 19,11-27) gibt es Worte Jesu, die auch zu den sogenannten Gewaltversen im NT zählen. Aus seinem Mund klingen sie zunächst wirklich befremdlich, ja sogar kontradiktorisch zu seiner sonstigen Lehre und zu seinem Leben: „Diese meine Feinde aber, die nicht wollten, dass ich König sei über sie, ... macht sie vor meinen Augen nieder" (ebd., 19,27). Mit diesem Gleichnis will Jesus zunächst der enthusiastischen Naherwartung seiner Jünger vom kommenden Reich Gottes entgegentreten und sie auf die eschatologische Zukunft vorbereiten. Dabei will er ihnen sagen, dass er ganz gewiss in seiner Königsherrschaft (auch als Weltenrichter) wiederkommen wird, aber nicht „gleich" (ebd., 19,11).

Jesus wählt dieses Gleichnis möglicherweise, um auf eine Begebenheit anzuspielen, die seinen Zeitgenossen durchaus bekannt war: Der bei Lukas 19,12 genannte „Mann von ed-

säende Allah (vgl. Sure 5,14) prägt das Bewusstsein der Muslime. Zusammenfassend ist festzuhalten: Gewalt ist im Islam erlaubt, wenn sie der Ausbreitung des Islam bzw. der Konsolidierung der muslimischen Gemeinschaft dient, ebenso wenn sie von Muslimen gegen Nichtmuslime, von Muslimen gegen Apostaten, von muslimischen Männern gegen ihre Frauen und Kinder ausgeübt wird.

Unbestritten ist gleichzeitig die Fülle koranischer Aussagen als Aufforderungen und Ermahnungen zu gegenseitiger Rücksichtnahme, Hilfe und Liebe – allerdings immer *eingeschränkt auf die muslimischen Glaubensgeschwister*. In der Praxis gibt es gewiss auch bei Muslimen solidarisches Verhalten, das auch Nichtmuslimen zukommt. Die Problematik liegt jedoch in der Fülle der „ewig gültigen", oben angedeuteten Negativaussagen des Koran, auf die sich jeder Muslim bei seinem Handeln berufen kann.

h) Friedensliebe

Die uneingeschränkte Friedensliebe im Leben und in der Lehre Jesu, die mit der *vollkommenen Ablehnung von Gewalt* korrespondiert, soll mit folgenden neutestamentlichen Perikopen etwas differenzierter veranschaulicht und belegt werden:

(1) Schon bei der **Geburt Jesu** erklingt die Friedensbotschaft der Engel an die Menschen: „Verherrlicht ist Gott in der Höhe, und auf Erden ist Friede bei den Menschen seiner Gnade" (Lukas 2,14). Schon hier findet sich ein Hinweis auf den universalen Charakter der christlichen Friedensbotschaft. Als **der Auferstandene** begrüßt Jesus seine Jünger mit den Worten: „Friede sei mit euch" (ebd., 24,36). Er zeigt damit, dass er selbst der Frieden ist und dass alle, unter denen er gegenwärtig ist, an seinem vollkommen friedvollen Geist Anteil erhalten.

(2) Von Beginn bis zum Ende seines irdischen Lebens muss Jesus **am eigenen Leib Gewalt erleiden**, angefangen mit der Verfolgung durch Herodes und der Flucht mit dem Asyl in Ägypten (vgl. Matthäus 2,13-20), sodann später beim Versuch der Steinigung (vgl. Johannes 10,31), schließlich der Gefangennahme, der Folter, der Verspottung und in seinem gewaltsamen Tod am Kreuz (vgl. Matthäus 14,43-15,37).

(3) **Kriege** sind für Jesus Ausdruck einer verdorbenen Weltordnung, die vom kommenden Reich Gottes überholt sein wird

„Manchmal liest ... man, damit sei der Psalter 'kastriert' worden. Aber solch eine Sprechweise enthält implizit die Behauptung, in den jetzt eingeklammerten Texten stecke die eigentliche Potenz der Psalmen, was doch niemand im Ernst behaupten wird. Auch die Argumentation, das 'Ganze der Hl. Schrift' werde dadurch außer Kraft gesetzt, ist m. E. fragwürdig. Die priesterlichen Reinheitsgesetze des AT gehören auch 'zum Ganzen' der Schrift, sind aber nur in ihrer Grundintention ('Ehrfurcht vor dem Heiligen') für die Jesusgemeinde verbindlich."[28]

Christen können und dürfen durchaus auch das Aggressive und Destruktive ihres Lebens vor Gott aussprechen, ggf. auch mit Kraftausdrücken. Allerdings können und dürfen sie keineswegs im Geiste dieser Rache- und Fluchpsalmen beten. Wohl können sie jedoch versuchen – etwa bei der Lektüre/Meditation der ungekürzten Bibelfassung – diese in ihrem Kontext zu verstehen. Gerade auch beim Beten ist der Christ gerufen, seinen Verstand und sein Herz mit seiner Stimme in Einklang zu bringen.

Wenn auch heute noch orthodoxe Klöster und viele Benediktinerklöster den Psalter ungekürzt mit diesen „Terrortexten" beten, dann wohl nur deswegen, weil diese klösterlichen Gemeinschaften auch noch über das entsprechende Hintergrundwissen verfügen.

Manche behelfen sich damit, dass sie die entsprechenden Psalmverse (als Hilfskonstruktion?) allegorisieren bzw. spiritualisieren. Danach ist z. B. der „Feind" in den Psalmen das/der Böse bzw. die menschliche Leidenschaft, die es zu bekämpfen gilt (vgl. dazu die entsprechende Bildsprache zum Glaubenskampf in Epheser 6,10-18). In dem bereits angesprochenen desaströsen Psalmvers 137,9 interpretiert *Augustinus* die „Tochter Babels" als die gottlose Welt und deren „Kinder" als die bösen Regungen in uns, die wir am „Felsen" Christus zerschmettern sollen.

Im Koran zeigen sich in hoher Anzahl Formen von Hass in den Phänomenen von *Diskriminierung, Verachtung und Erniedrigung, von Feindseligkeit und Drohung* bis hin zur *Gewaltanwendung und zum Dschihad* gegenüber Nichtmuslimen. Dazu zählt insbesondere auch die Judenfeindschaft, der Judenhass bei Muslimen, deren Quellen im Koran und im Leben Mohammeds zu finden sind. Auch der Hass und Feindschaft zwischen den Nichtmuslimen

---

28 Feininger, B./Weißmann, D. (Hgg.), Wozu brauchen wir das Alte Testament?, S. 214.

g) Rache, Hass und Vergeltung

Aus christlicher Perspektive wird gerade auch in diesem Kontext der vorbereitende Charakter der alttestamentlichen Offenbarung deutlich. Fluch und Rache, Hass und Vergeltung widersprechen zutiefst *der Lehre und dem Lebensbeispiel Jesu*. So verbot er z. B. den Jüngern, Feuer vom Himmel auf die Gegner herabzurufen (vgl. Lukas 9,54; 1 Petrus 2,23). Seiner Lehre gemäß gilt darüber hinaus ganz grundsätzlich das Gebot der Nächstenliebe (s. oben) wie auch die Aufforderung zur Überwindung des Bösen durch das Gute (vgl. Matthäus 5,39-40; Römer 12,19-21). Dabei gilt vor allem auch: „Wenn jemand sagt: Ich liebe Gott, aber seinen Bruder hasst, ist er ein Lügner" (1 Johannes 4, 20).

Da Rache und Hass den Normen des Evangeliums zuwiderlaufen, erscheint es auch legitim, dass die Fluch- und Racheverse des Psalters aus den *Gebet- und Gesangbüchern* der jüngsten Geschichte im evangelischen und katholischen Raum „herausgefiltert" wurden. Dass diese Kürzung bzw. Eliminierung entsprechender Psalmverse umstritten ist, sei hier am „Gewaltpsalm" 137,9 verdeutlicht.

Der „skandalöse Schlussvers" (A. Deissler) dieses Psalmes enthält den zutiefst erschreckenden Rachewunsch, Kinder am Felsen zu zerschmettern. Dies mag vor dem Hintergrund der eigenen entsprechenden Leiderfahrung in der babylonischen Gefangenschaft, wo die Israeliten grauenhaft erleben mussten, wie ihre Kinder vor ihren Augen an Felsen zerschmettert wurden, vielleicht noch zu verstehen sein, ihn als Christ *betend nachzuvollziehen* ist jedoch unmöglich.

Andere rufen dagegen zum „Mut zur ganzen Schrift" (N. Füglister) auf und sprechen von „amputierten Fassungen" (J. Ebach), oder nennen die Verstümmelung eine „theologische und poetische Barbarei" (E. Zenger), einen „fatale(n) Irrtum" (U. Silber). Darüber hinaus signalisieren „Textlöcher" dieser Art „auch Gräben zwischen uns und unseren jüdischen Geschwistern" (H. Jauss).

Verbunden mit dem Hinweis auf Papst Paul VI., der aus schwerwiegendem „pastoraltheologischen Grunde ... einzelne besonders krasse Strafwunschtexte aus der Verpflichtung der Brevierbeter herausgenommen"[27] hat, entgegnet A. Deissler diesen Einwänden:

---

27 Feininger, B./Weißmann, D. (Hgg.), Wozu brauchen wir das Alte Testament?, S. 214.

Ohne „Umdeutemöglichkeit" (A. Deissler) fordert er darüber hinaus sogar zum *Gebet für die Verfolger* auf (vgl. Matthäus 5,44). Zugleich preist er jene selig, die „um der Gerechtigkeit willen" verfolgt werden (ebd., 5,10). Trotz höchster Bedrängnis befiehlt er am Ölberg dem Petrus, auf den *Einsatz seines Schwertes* zu verzichten, da „alle, die zum Schwert greifen, durch das Schwert umkommen" werden (ebd., 26,52*).* Mit dem menschlich nur schwer nachvollziehbaren Gebot der Feindesliebe und der Aufforderung zum Gebet für die Verfolger verweist Jesus zugleich auf das Vollkommensein des himmlischen Vaters, dem es nachzueifern gilt (vgl. ebd. 5,48).

Das *jesuanische Gebot der Feindesliebe* schließt Groll, Unversöhnlichkeit und Rache aus und fordert zur Versöhnung unter den Menschen auf. Dieses Gebot war als die vielleicht außergewöhnlichste Form der Verwirklichung und als die letzte Konsequenz von Nächstenliebe schon zur Zeit Jesu eine Provokation und eine Revolution zugleich. Weder im Judentum noch im Islam gibt es das Postulat der Feindesliebe. Dem koranisch-islamischen Denken und Handeln steht dieses diametral gegenüber, es sei denn, entsprechendes Verhalten dient dem Eigennutz bzw. der islamischen Glaubensgemeinschaft.

Für den Koran sind die „Ungläubigen" Feinde, wozu gelegentlich auch Juden und Christen gezählt werden. Feindesliebe gilt für Muslime auch als Zeichen der Unsicherheit im Glauben, ein Gebet für ihre Verfolger scheint nicht vorstellbar.

Allerdings gibt es bereits eine Reihe alttestamentlicher Aussagen zur „Feindeshilfe" gleichsam als eine Vorform der „Feindesliebe", wie etwa die Aufforderung im Buch der Sprüche (25,21): „Hat dein Feind Hunger, gib ihm zu essen, hat er Durst, gib ihm zu trinken; so sammelst du glühende Kohlen auf sein Haupt und der Herr wird es dir vergelten."

Der Koran kennt zwar die auf Muslime bezogenen Begriffe Liebe und Barmherzigkeit, doch den alle Menschen umfassenden Liebesbegriff, der sogar die Feindesliebe einschließt, kennt nur die christliche Botschaft.

Überlegenheit gegenüber den Andersdenkenden/-glaubenden bzw. den sogenannten Ungläubigen. Männer und Frauen, „Schutzbefohlene" und „Ungläubige" haben einen sehr unterschiedlichen ethischen und rechtlichen Status, bis hin zur Sklaverei. Alle diese Arten von Unterschiedlichkeit stehen im klaren Widerspruch zur „Goldenen Regel". Dadurch kann der Koran auch definiert werfen als Gegenentwurf zur „Goldenen Regel".

Dementsprechend anerkennt der Islam weder die Gleichwertigkeit der Menschen und jene von Mann und Frau[26], noch die Gleichberechtigung von Religionsgemeinschaften, auch nicht die allgemeine Meinungsfreiheit. Hinweise auf eine Art *„Goldene Regel islamisch exklusiv"*, eine Regel also, die nur innerislamisch Geltung beansprucht, werden im islamischen Lehrsystem gewiss nachzuweisen sein. Grundsätzlich gilt jedoch: Die Goldene Regel im eigentlichen Sinne einerseits und Islam andererseits ist ein Widerspruch in sich.

f) Feindesliebe

Jesus, der „in seiner Person die Feindschaft getötet hat" (Epheser 2,16), wendet sich gegen die Theologie der Zeloten seiner Zeit, die zum Feindeshass auffordert (vgl. Matthäus 5,43). Er erweitert das Zentralgebot der Gottes- und der Nächstenliebe sogar auf *die Feinde* in seiner menschlich immer nur schwer zu realisierenden Forderung: „Liebet eure Feinde" (vgl. Matthäus 5,44; Lukas 6,27). Das Gebot der Feindesliebe ist „Urgestein und Herzstück der Ethik Jesu" (Thomas Söding).

---

26 Ein biblischer Hinweis auf das christliche Verständnis der Gleichwertigkeit von Mann und Frau ist neben der Vorstellung von der Gottesebenbildlichkeit des Menschen in besonderer Deutlichkeit auch den Auferstehungsberichten zu entnehmen, in denen die zentrale Botschaft von der Auferstehung Jesu überliefert ist: Dem Kontext der wichtigsten Botschaft und Lehre des Christentums ist zu entnehmen: Nicht Männer, sondern Frauen erfahren zuerst diese Botschaft (vgl. Matthäus 28,8-10; Johannes 20, 11-17). Nicht Männer sind die Erstverkünder der Auferstehungsbotschaft, sondern Frauen (vgl. Matthäus 28,10; Johannes 20,17), die vom Auferstandenen selbst den Auftrag erhalten haben, den Aposteln diese Botschaft zu überbringen. Vgl. auch die geschlechtsneutrale Bezeichnung „Kinder Gottes" (Matthäus 5,9), ebenso die Begegnung Jesu mit den Kindern (ebd., 19,13): Jungen *und* Mädchen.

schen auf die Liebe Gottes. Zugleich entspringt sie der Liebe zu Gott, dessen Liebe allen Menschen gilt. So könnte man die Nächstenliebe auch als „Nächstenliebe inklusiv" bezeichnen, als Nächstenliebe, die *alle Menschen* einschließt. In 1 Korinther 13,1-3, dem „Hohelied der Liebe", verdeutlicht Paulus, dass die selbsteste Tat, auch das größte Opfer vor Gott nichtig ist, wenn ihr Beweggrund nicht die Liebe zu Gott und dem Nächsten war.

Aus dem Geist dieser spezifischen Gestalt von Nächstenliebe erwachsen auch die sozialen Werte des zwischenmenschlichen Miteinanders wie jene der *allen Menschen* zukommenden *Toleranz* und *Solidarität*, der *Versöhnung*, des Mitleids und der *Gerechtigkeit*, ebenso die Haltung der *Ehrfurcht* vor allem Geschaffenen.

Mit dem Alten Testament (und anderen Religionen und Kulturen) propagiert auch Jesus die *„Goldene Regel"* (vgl. Matthäus 5,12). Sie wird als „Mutter der Nächstenliebe" bezeichnet und hat so ebenfalls eine uneingeschränkte, alle Menschen einschließende Bedeutung. In diesem Sinne ist sie eine „Goldene Regel inklusiv". Sie wurde zu einer grundlegenden Norm christlicher Ethik und spiegelt sich auch in Kants Kategorischem Imperativ. Als universale Lebensregel der Gegenseitigkeit wird die „Goldene Regel" auch zum immateriellen Weltkulturerbe der Menschheit gezählt.

Der Koran zitiert zwar verschiedene Toragebote, nicht jedoch das Gebot der Nächstenliebe. Hilfe, auch Mitleid mit den Menschen gilt als korankonform, allerdings *nur den eigenen Glaubensgeschwistern* oder jenen gegenüber, die bereit sind, sich dem Islam zu öffnen. Dieses islamische Verständnis von Nächstenliebe sei hier „Nächstenliebe exklusiv" genannt. Eine *universale Dimension der Nächstenliebe*, die sich nach der Lehre und dem Beispiel Jesu auf alle Menschen bezieht, fehlt im Koran gänzlich wie auch die oben genannten, aus ihr sich ableitenden sozialen Werte und Verhaltensweisen *in ihrer universalen Dimension*. Im konkreten Lebensalltag dürften sich jedoch viele Muslime im Blick auf die Realisierung der Nächstenliebe auch über die eigene Glaubensgemeinschaft hinaus nicht immer korangemäß verhalten.

Die *Goldene Regel* ist im Koran weder inhaltlich noch formal nachzuweisen. Im Gegensatz zu Schriften in anderen Kulturkreisen legt der Koran also *keine Version* dieser Regel vor. Im Gegenteil. Der Islam formuliert mit unübersehbarer Deutlichkeit seine

Tafel' im Himmel aufbewahrt wird! So etwas zu glauben wird von Muslimen praktisch erwartet, und wer es etwa wagen sollte, dies **anzuzweifeln**, gerät schnell in den Verdacht des Abfalls vom Glauben – worauf in islamischen Ländern die Todesstrafe steht! Und dieses Denkverbot wurde von westlichen Wissenschaftlern – oft mit der Begründung des Respektes vor den Muslimen – übernommen ... Muslimen ist ein **Zweifel** an der Authentizität der Texte und ihres Inhalts verboten, weshalb die Überlieferungen auch nie wirklich kritisch von ihnen hinterfragt wurden."[25] (Hervorgehoben: U.H.)

Nach der stereotyp vorgetragenen Behauptung von Muslimen gibt es in der islamischen Glaubenspraxis *nichts Zwanghaftes*: „Es gibt keinen Zwang im Glauben" (Sure 2,256). Mit diesem Bruchstücksatz aus dieser Sure soll suggeriert werden, dass es im Islam *Religionsfreiheit* gibt. Doch in Wahrheit geht es in diesem Vers nur um *die Freiheit zur islamischen Glaubenspraxis* (vgl. Sure 3,19): „Der Islam kennt lediglich die Glaubensfreiheit zum Islam hin" (Tilman Nagel). Wo gibt es in islamisch geprägten Staaten Gedankenfreiheit, Religionsfreiheit, Meinungsfreiheit, Redefreiheit und Pressefreiheit?

Dass es im Islam keine Gleichberechtigung der Religionen, keine Religionsfreiheit gibt, wird überdeutlich an der Tatsache, dass auf der Grundlage von Hadithen und Idschma, einer Sammlung von Konsensschlüssen, islamrechtlich der Abfall vom islamischen Glauben auch heute praktizierte *zivilrechtliche* Konsequenzen hinsichtlich Erbrecht und Eherecht hat und *strafrechtliche* Folgen bis hin zur Todesstrafe mit sich bringt. Der Koran selbst sieht für Apostasie keine Strafe im Diesseits, jedoch im Jenseits vor, wenn er nach Sure 18,29 mit massiven Höllenstrafen denen droht, die nicht die „wahre" Religion des Islam wählen.

e) Nächstenliebe

Die alttestamentliche Forderung zur Nächstenliebe (vgl. Deuteronomium 19,18) wurde von Jesus von Nazareth aufgegriffen (Matthäus 5,38-42; Lukas 10,30-37) und zu einem Zentralbegriff des Christentums. Das universalisierte Liebesgebot fordert, jede gruppensolidarische Beschränkung aufzugeben, was eindeutig im Widerspruch zum muslimischen Denken steht.

In der Einheit von Gottes- und Nächstenliebe wird deutlich: Nächstenliebe aus christlicher Sicht ist eine Antwort des Men-

---

25 www.freiewelt.net/author/professor-adorjn-f-kovcs/ *19.2.2015*

Stücken seinen Weg: „Ich habe Macht, mein Leben hinzugeben, und ich habe Macht, es wieder zu nehmen" (Johannes 10,18). Jesus hat also die Passion in freier Entscheidung gewählt, wie er auch den Seinen die freie Entscheidung überließ. Der Islam kennt demgegenüber keine Anthropologie der Freiheit. Nach islamischer Vorstellung erlangt nur jener Mensch Freiheit, der sich Allahs Gesetzen, unterwirft – und d. h. immer: den islamischen Gesetzen.

Zur menschlichen Freiheit zählt wesentlich auch die *Freiheit zum Zweifel*. Der Zweifel mit seinem kritischen Hinterfragen und Suchen, Prüfen, Überprüfen und Nachprüfen gehört zu einem menschenwürdigen Leben und entsprechend auch zum Glauben. Hinter dem (Selbst-)Zweifel steht die Erfahrung der Unsicherheit und Ungewissheit, zugleich die Sehnsucht nach Beweisen, Gewissheit und Sicherheit. Das Zweifeln und das Fragen führen zur Weiterentwicklung und zu Entdeckungen in allen Bereichen des Lebens. So ist der Zweifel auch eine Erkenntnismethode.

In der Bibel wird der Mensch auch als Zweifelnder und Fragender gezeichnet. Weil Jesus die Freiheit des Menschen will, lässt er auch wie selbstverständlich den Zweifel zu (vgl. Lukas 24,38), was besonders eindrücklich in seiner Begegnung mit dem „ungläubigen Thomas" zum Ausdruck kommt (vgl. Johannes 20,24-29). In seiner tiefsten menschlichen Erniedrigung am Kreuz stößt Jesus selbst einen „Verzweiflungs-Schrei" am Kreuz aus: „Mein Gott, mein Gott, warum hast Du mich verlassen?" (Matthäus 27,46). Das Zweifeln und der Zweifel des Menschen haben nach biblischer Lehre bei Gott ihren Platz.

Im Islam gibt es für die Freiheit zum Zweifel im Bereich des Glaubens (auch aus dem oben genannten Grund) keinen Raum und Ort (vgl. Sure 49,15). „Man hat ... kein Recht, überhaupt Fragen zu stellen. Kritische Fragen zu stellen bedeutet zu zweifeln. Und Zweifeln ist Gotteslästerung."[24]

> Adorjan Kovacs, Arzt und Publizist, stellt dazu fest: „Auch ist heute bewiesen, dass der Koran eine Geschichte hat, also eine Entwicklung mit verschiedenen Schichten und 'Lesarten' aufwies. Doch sagen Sie das mal Muslimen, die daran glauben, dass der Koran als 'wörtliche Rede Gottes' unverändert überliefert wurde, deren Original (das umm al-kitab, die 'Mutter des Buches') auf einer 'wohlverwahrten

---

24 Kelec, N., Himmelsreise, S. 69.

d) Freiheit

Bereits das Werden der christlichen Religion im Geschehen der Verkündigung (Lukas 1,26 f.) und das Werden der islamischen Religion in der „Buchwerdung" sind geprägt durch die fundamentalen und signifikanten Unterschiede von *freier Bejahung* einerseits *und von Gewalt und Zwang* andererseits. H.-B. Gerl-Falkovitz führt dazu aus*:*

> „Der Islam kennt ... auch keine Freiheit wie Paulus ... Mohammed selbst hatte seine Berufung zum Propheten 'wider Willen' als Unterwerfung und sogar unter Einwirkung körperlicher Gewalt erfahren. In der 'Nacht der Macht'... erschien der Erzengel Gabriel dem ... gepeinigten Mann. Das Ziel der Erscheinung war die 'Buchwerdung', aber unter gänzlich anderen Bedingungen der Verkündigung wie in Lk 1,26 f. Der Engel befahl zweimal 'Lies', der Prophet weigerte sich (!) zweimal, weil er nicht lesen könne und wurde mit seinem Schal gewürgt, bis er vor dem dritten Würgen nachgab – die 'Buchwerdung' ist die Geschichte der Vergewaltigung eines Unwilligen. Umgekehrt wird die Verkündigung der Menschwerdung des Wortes an Maria durch denselben Engel nicht als Vergewaltigung erzählt, sondern als freie, überlegte Zustimmung: Zweimal fragt Maria nach, zweimal erhält sie Auskunft. Der Souverän erscheint bittend, von der Freiheit seines Geschöpfes abhängig."[23]

Nach Paulus ist die *Freiheit ein Kennzeichen christlicher Existenz*: „Zur Freiheit seid ihr berufen" (Galater 5,13). Dabei wird diese „Freiheit der Kinder Gottes" aus den verschiedensten Formen der Knechtschaft und der Sklaverei erst im vollendeten Reich Gottes zur Letztverwirklichung kommen: „Denn die Schöpfung selbst wird befreit werden von der Knechtschaft der Vergänglichkeit zur Freiheit der Herrlichkeit der Kinder Gottes" (Römer 8,21).

Im Leben Jesu selbst gibt es deutliche Signale der Freiheit. Nach einer Auseinandersetzung im Jüngerkreis fragte er die Zwölf: „Wollt auch ihr weggehen?" (Johannes 6,67). Mit dieser Frage ließ er ihnen die Freiheit, bei ihm zu bleiben, ihm weiter nachzufolgen oder auch zu gehen. Am Ende seines Lebens wurde er *nicht* gezwungen, sein Leben hinzugeben. Er ging vielmehr aus freien

---

23 Gerl-Falkovitz, Hanna-Barbara, Gewalt und Religion, Ethische Grundpositionen des Koran, in: „Klerusblatt", Zeitschrift der katholischen Geistlichen in Bayern und der Pfalz, 15.2.2015, S. 26.

der davon spricht, dass wir „Kinder Gottes" sind, in der eschatologischen Vollendung ihre letzte Wirkkraft entfalten: „Wir wissen, dass wir ihm ähnlich sein werden, wenn er offenbar wird" (ebd., 3,2). Die Erwählung des Menschen zur Gottesebenbildlichkeit ist zugleich auch die höchste Ausdrucksform der Liebe Gottes zum Menschen. In der Gottesebenbildlichkeit des Menschen liegt auch die fundamentale Gleichheit aller Menschen vor Gott und untereinander begründet.

Die Vorstellung von der Gottesebenbildlichkeit des Menschen und damit auch die von der Gleichheit aller Menschen ist dem Islam fremd. Im Islam gibt es weder eine individuelle noch eine interkulturelle Gleichberechtigung der Menschen. So stehen der Begründbarkeit der *gemeinsamen und gleichen Würde aller Menschen* etwa fünf islamische Denk- und Handlungsweisen grundsätzlich entgegen: (1) die Vorstellung, dass wahres Menschsein allein das Muslimsein ist, (2) die Stellung der Frau, (3) die Behandlung der Sklaven, (4) die Unterteilung der Menschheit in „Gläubige" und „Ungläubige", (5) die fehlende Glaubensfreiheit.

Nach dem Koran steht der Mensch, der nur als Muslim wahrer Mensch ist, zu Allah im Verhältnis eines *Dieners bzw. Sklaven*. Danach ist der Mensch lediglich ein Allah unterworfenes bzw. ein sich ihm unterwerfendes Geschöpf.

Schließlich ist auch das koranische Bild von Allah, dem *listenreichen, neidischen und missgünstigen Ränkeschmied* (vgl. Suren 3,54; 7,99; 8,30; 13,13; 86,16), in besonderer Weise ein Gegenbild zum biblischen Gottesbild. Die im Islam erlaubte, sogar gottgefällige Taqiyya (= Täuschung, Verschleierungstaktik usw.) auch um des Glaubens willen entspricht diesem Gottesbild.

c) Der Bund Gottes mit den Menschen

Die besonders enge, personal-partnerschaftliche Beziehung Gottes zu seinem Volk kommt darüber hinaus zum Ausdruck sowohl in den verschiedenen alttestamentlichen Bundesschlüssen (vgl. z. B. Genesis 9,8-17; Exodus 19,5-8; Deuteronomium 26,17-18) als auch in den neutestamentlichen Bundesaussagen (vgl. z. B. Lukas 22,20, 1 Korinther 11,25). Die Christen sprechen vom Alten und vom Neuen (= erneuerten) Bund. Der gemeinsame Glaube von Juden und Christen, dass Gott mit den Menschen einen Bund geschlossen hat, findet im Islam keine Entsprechung.

zur Ernte (Matthäus 13,29 f.). Allah gebietet, Ehebrecher mit 100 Peitschenhieben zu bestrafen und fügt noch an, man solle sich aus Mitleid nicht davon abhalten lassen (Sure 24,2). Mohammed ist einen Schritt weiter gegangen und hat nach islamischer Überlieferung (Hadith) eine Frau wegen Ehebruchs steinigen lassen.

Der Allah des Koran, der sich selbst als barmherzig bezeichnet, scheint Mohammed deswegen nicht einmal gerügt zu haben. Jesus dagegen sagt der Ehebrecherin: „Auch ich verurteile dich nicht. Geh und sündige von nun an nicht mehr!" (Johannes 8,11).

Allah erlaubt nach dem Koran die Versklavung. Dem Sklavenbesitzer erlaubt er, seine Sklavinnen auch sexuell zu nutzen (vgl. Sure 33,50; 23,6; 70,30). Wird eine versklavte und vom Sklavenherrn missbrauchte Frau den Gott des Islam barmherzig nennen? Wird eine getauschte Frau oder eine Frau, die aus der Ehe entlassen ohne ihre (kleinen) Kinder gehen muss, den koranischen Allah, der das alles erlaubt, wohl barmherzig nennen? Werden die Christen und andere Nichtmuslime den Allah des Koran wohl als barmherzig empfinden, wenn Mohammed – angeblich von Allah rechtgeleitet – für alle Andersgläubigen ein erniedrigtes Dasein vorgesehen hat?

b) Die Gottesebenbildlichkeit des Menschen

Das Bild vom liebenden und barmherzigen Gott entspricht auch dem biblischen Glauben, dass der Menschen ein *Abbild/Ebenbild Gottes* ist: *„Gott schuf den Menschen zu seinem Bilde, zum Bilde Gottes schuf er ihn" (Genesis 1,27). Gott schuf sich den Menschen als ein Gegenüber.* Auch der Psalmist bestätigt die göttliche Würde des Menschen in seinem Gebet zum Schöpfergott: „Du hast ihn nur wenig geringer gemacht als Gott, hast ihn mit Herrlichkeit und Ehre gekrönt" (Psalm 8,6). Vor allem aber hat sich der Gottessohn durch seine Menschwerdung mit allen Menschen unlösbar verbunden. Dadurch hat er die einmalige, in der Gottesebenbildlichkeit begründete Würde des Menschen auf eigene und unüberbietbare Weise bestätigt. „Denn einen wunderbaren Tausch hast du vollzogen, dein göttliches Wort wurde Mensch, und wir sterbliche Menschen empfangen in Christus dein göttliches Leben" (kath. Liturgie).

Die beim Schöpfungsgeschehen von Gott selbst gewollte Gottesebenbildlichkeit des Menschen wird nach dem 1. Johannesbrief (3,1),

Im Islam ist die Liebe des Menschen zu Gott bzw. die Liebe Gottes zum Menschen jedoch kein zentrales Thema. Zur Veranschaulichung der personalen Liebe und Nähe Allahs zum Menschen wird von Muslimen gerne der Koranvers 50,16 zitiert:

> „Wir haben doch seinerseits den Menschen geschaffen. Und wir wissen, was er sich selber (an bösen Gedanken) einflüstert, und sind ihm näher als die Halsschlagader."

Ist das nicht eine eigenartige, eher bedrohliche Nähe, die noch verstärkt wird durch die beiden unmittelbar folgenden, in diesem Kontext aber häufig verschwiegenen Koranverse 50,17 f.?:

> „(Nichts bleibt unberücksichtigt) wenn jene beiden (Engel seine Worte und Handlungen) entgegennehmen, einer zur Rechten und einer zur Linken sitzend. Er gibt keine Äußerungen von sich, ohne dass ein Aufpasser bei ihm wäre, bereit (alles aufzuzeichnen)."

Viele hundert Mal wird im Koran die *Gnade und Barmherzigkeit Allahs* als „Allerbarmer" bzw. als „Allbarmherziger" angerufen, so auch zu Beginn jeder Sure – mit Ausnahme von Sure 9. Dabei ist zumindest für Nichtmuslime eine Vielzahl von Suren allzu oft irritierend und erschreckend angesichts ihres äußerst bedrückend-unbarmherzig klingenden Inhalts, der häufig diesem Anruf folgt. „Der Koran selbst ermahnt ausdrücklich zur Unbarmherzigkeit."[22]

Im Jüngsten Gericht kann der Ungläubige nach der Vorstellung von Muslimen jedenfalls keine Gnade und Barmherzigkeit Allahs erwarten. Er wird nicht ins Paradies kommen. Der Muslim selbst kann auf Allahs Barmherzigkeit hoffen, persönlich kann er sich ihrer keineswegs sicher sein. Denn sie wird sich dem Einzelnen erst bei diesem Gericht erweisen – vielleicht aber auch nicht. Allahs Verhalten ist niemals vorhersehbar. Er würde sich sonst menschlichen Wünschen und Vorstellungsweisen unterzuordnen haben. Wer allerdings den Islam bewusst ablehnt, kann unter keinen Umständen auf Allahs Barmherzigkeit hoffen. Denn nur jenen gilt seine Barmherzigkeit, die sich zu ihm bekennen oder sich zu ihm bekehren.

Dazu noch folgende Bemerkungen und Fragen: Der koranische Allah fordert die Muslime auf, die Ungläubigen zu töten (Sure 2,191), sie zu enthaupten (47,4), sie mit der Waffe zu bekämpfen (Sure 47,8), und nicht etwa das „Unkraut" im Weizen stehen zu lassen bis

---

22 Hirsi Ali, A., Reformiert euch!, S. 218.

Allahs ist im Islam auch die Vorstellung undenkbar, dass sich Gott aus Liebe zum erlösungsbedürftigen Menschen in seinem menschgewordenen Sohn in ärmlichsten Verhältnissen als neugeborenes Kind in eine Krippe legen lässt, sich der Obhut gewöhnlicher Menschen anvertraut, sich in deren Verfügungsgewalt begibt, sich erniedrigt, sich zum Diener aller, gleichsam zum Sklaven macht, sich in das Leid des Menschen hineinbegibt, deren Schuldenlast trägt und sich schließlich auch noch als sein größtes Opfer an ein Kreuz schlagen lässt.

Die für das islamische Gottesverständnis nicht nachvollziehbare hingebende Liebe Gottes zum Menschen bezeugt auch der an die gesamte Menschheit gerichtete Satz: „Gott hat die Welt so geliebt, dass er seinen einzigen Sohn hingab, damit jeder, der an ihn glaubt, nicht verlorengeht, sondern das ewige Leben hat" (Johannes 3,16). Im Islam ist der Gedanke unvorstellbar, dass sich der allmächtige, ewige Gott mit uns sündigen und sterblichen Menschen auf eine Stufe stellt (vgl. Sure 5,18; 19,88-93).

So ist auch nicht vorstellbar, dass Gott als der *„Gott mit uns"* (Jesaja 7,14) alle Menschen liebt und deren Freiheit will, dass dieser „Gott mit uns" sogar der *„Gott in uns"* ist: „Denn in ihm leben wir, bewegen wir uns und sind wir" (Apostelgeschichte 17,28).

In seinem großen Abschiedsgebet bittet Jesus um die Einheit der Seinen mit ihm und dem Vater: „Wie du, Vater, in mir bist und ich in dir bin, sollen auch sie in uns sein ..." (Johannes 17,21). Seine Jünger fordert er im Kontext des Weinstockgleichnisses auf: „Bleibt in mir, dann bleibe ich in euch" (ebd. 15,4). So ist auch das „In-Christus-Sein" ein zentraler Gedanke, ein Hauptmotiv der paulinischen Theologie, das an 164 Stellen der Schriften des Apostels zum Ausdruck kommt.

Aus dem Wissen, dass Gott als der Ursprung aller Liebe uns Menschen liebt, ergibt sich nach christlichem Verständnis die Nächstenliebe als notwendige Folgerung. Nach Jesus ist das Gebot der Liebe das wichtigste Gebot im Gesetz (vgl. Matthäus 22,37.39), wobei Gottesliebe und Nächstenliebe aufs Engste zusammenhängen: „Denn wer seinen Bruder nicht liebt, den er sieht, kann Gott nicht lieben, den er nicht sieht" (1 Johannes 4,20). In seiner Gerichtsrede verdeutlicht er noch einmal, wie untrennbar die Gottes- und Nächstenliebe miteinander verbunden sind: „Was ihr den Geringsten getan ... habt, das habt ihr mir getan" (Matthäus 25,40).

Und selbst wenn sie ihn vergessen würde: ich vergesse dich nicht
– Spruch des Herrn" (Jesaja 49,15). Unvorstellbar ist im Islam
weiter die Vorstellung, dass Jahwe ein *Herz für sein Volk* hat, der als
Bräutigam um die Liebe seines Volkes wirbt: „Ich traue mich dir
an auf ewig" (Hosea 2,21).

> Grundsätzlich ist mit Christine Schirrmacher festzuhalten, dass
> auch der Koran „von der Liebe Gottes spricht, dass aber diese Liebe
> weder das Wesen Gottes beschreibt, noch das Zentrum der korani-
> schen Botschaft darstellt ... Obwohl der Koran den Begriff 'Liebe'
> benutzt, unterscheidet sich die Bedeutung und Tragweite des Be-
> griffs 'Liebe' in Bibel und Koran grundlegend voneinander."[19]

Selbst wenn Allah von den Muslimen mit 99 wohlklingenden Namen angerufen wird, ist er doch der ganz andere, der Fremde, der
Unerschütterliche. Er ist von seiner Schöpfung vollkommen los-
gelöst. Unüberbrückbar ist die Kluft zwischen ihm, dem Schöpfer,
und seinen Geschöpfen. Jegliche „Art einer liebenden Einigung
zwischen Gott und Mensch ist strikt ausgeschlossen" (Chr. W.
Troll). Äußerst problematisch sind auch die im Koran verzeich-
neten 25 direkten Tötungsaufforderungen Allahs[20], ebenso jene
Suren, die vom Hass säenden Allah sprechen (vgl. 5,14;5,64).

Die christliche Botschaft ist die Botschaft von der *schranken-
losen personalen Liebe Gottes zum Menschen*. „Gott ist Liebe" (1
Johannes 4,16). Er ist Liebe in sich selbst. Sein innerstes Wesen
und Handeln ist Liebe, die er uns in seinem menschgewordenen
Sohn Jesus Christus unüberholbar geoffenbart hat. Nicht zuletzt
und besonders deutlich auch im Gebet *„Vater unser im Himmel!"*
(Matthäus 5,9).

„Der Islam lehrt, dass Allah nur diejenigen liebt, die gerecht
sind."[21] Nach christlichem Verständnis liebt Gott alle Menschen. Dagegen glauben die Muslime, Allahs Liebe gelte allein den Muslimen.
Er hasst die Ungläubigen. Im Blick auf die Erhabenheit und Größe

---

19 www.islaminstitut.de › Deutsch › Publikationen › Artikel
20 Vgl. die Suren 2,191; 2.193; 2,216; 4,74; 4,76; 4,89; 4,91; 4,104; 5.33;
   8,12; 8,17; 8,39; 8,60; 9,5; 9,29; 9,30; 9,41; 9,52; 9,111; 9,123; 40,25;
   47,4; 47,35; 61,3+4.
21 Basileo, Elias, Zeitzeugen der Christenverfolgung. Sukzessives Verschwinden des Christentums in den islamisch geprägten Staaten. Ausbreitung des
   Islam im Westen. Zeitzeugen berichten, Bad Schussenried 2014, S. 62.

11. Bibel und Koran: Theologische und anthropologische Gegensätze [17]

Das von einer Religion verkündete Gottesbild entfaltet immer auch seine Kraft im Menschenbild, das von ihr verkündet und in ihr gelebt wird. So korreliert das jeweilige Gottesbild immer mit dem jeweiligen Menschenbild, und umgekehrt.

a) Der Gott der Liebe und Barmherzigkeit

Das alttestamentliche Gottesbild von Jahwe als Bundespartner, der in einem *personal-familiär-partnerschaftlichen Verhältnis* zu seinem Bundesvolk steht (Sohn, Braut, Gemahlin) und ihm so auch in seinen Nöten und Auseinandersetzungen mit anderen Völkern helfend an der Seite steht, wird von Jesus übernommen und noch vertieft im Blick auf die Vaterschaft Gottes.[18] In den unvergleichlichen Worten von Hosea 11,3 findet die zärtliche Liebe Gottes zu seinem Volk bzw. zu allen Menschen ihren Ausdruck: „Als Israel jung war, gewann ich ihn lieb, ich rief meinen Sohn aus Ägypten ... Ich war es, der Efraim gehen lehrte, ich nahm ihn auf meine Arme" (vgl. auch Jeremia 31,3).

Dazu zählen auch die von Jesus aufgegriffenen alttestamentlichen und auf sich selbst übertragenen Bilder vom *Guten Hirten* (vgl. Johannes 11,1-16) und vom *Bräutigam* (vgl. Matthäus 25,1-13). Schon von daher ist das biblische Gottesbild keineswegs kompatibel mit dem *Bild, das der Koran von Allah* zeichnet, unabhängig von der Frage nach dem spezifisch trinitarisch geprägten Gottesbild der Christen. Der christliche Glaube von der Dreieinigkeit ist nach koranischer Auffassung Vielgötterei und die schlimmste, unvergebbare Sünde im Islam (vgl. Sure 4,171 f.; 5,72 f.; 5,75; 9,30 f.)

Das Verhältnis von Gott und Mensch in einem *Vater/Mutter-Kind-Verhältnis* der liebenden und verzeihenden Zuneigung zu umschreiben, ist im Islam undenkbar, so auch das Bild von Gott, das im Gottesspruch zum Ausdruck kommt: „Kann denn eine Frau ihr Kindlein vergessen, eine Mutter ihren leiblichen Sohn?

---

17 Durch die Fülle der zitierten Koransuren in den anderen Beiträgen dieser Veröffentlichung werden hier in der Regel keine Suren zitiert.
18 Im Neuen Testament gibt es für den Begriff „Vater" 414 Belege, davon sind 261 auf Gott bezogen.

Im österlichen Pascha-Mysterium feiern die Christen den Exodus des Menschen aus der Sklaverei der Sünde und des Todes. Die Schilderung vom Durchzug Israels durch das Rote Meer ist nach christlichem Verständnis auch ein Bild für die Taufe (vgl. 1 Korinther 10,1-2). Denn im Empfang der Taufe werden die Mächte des Bösen und der Finsternis, der Sünde und des Todes ebenso vernichtet wie zu jener Zeit der ägyptische Pharao und dessen Heer. Zugleich ist die Rettungstat Gottes am Schilfmeer auch ein Vorausbild für sein rettendes und erlösendes Eingreifen am Ende aller irdischen Zeit (vgl. Offenbarung 15,3-4).

Zahlreiche Stellen des Alten Testamentes verweisen darauf, dass Jahwe das von ihm erwählte Volk beschützt, befreit und ihm zum Sieg verhilft. Aus einigen anderen Stellen ist jedoch erkennbar, dass Jahwe mitunter aber auch *gegen sein Volk* Krieg führt als Strafe dafür, dass es in Hochmut von ihm abgefallen ist, sich Götzen zugewandt und gegen die Schwachen Unrecht begangen hat (vgl. Amos 5,18-20). Dennoch sucht er das „demütige und zerschlagene Herz" seines Volkes (Jesaja 2,12-17; 10,12; 57,15; 66,1-2). So hat Israel in seiner langen Geschichte erfahren, dass Gott auf wunderbare Weise und mit starkem Arm immer wieder für sein Volk hilfreich und siegreich eintritt.

In der endzeitlich geprägten Vision der Propheten von der Völkerwanderung zum Berg Zion (vgl. Jesaja 2,2-4; Micha 4,1-5; Sacharja 4,6) erkannte das alttestamentliche Gottesvolk seine eigentliche Bestimmung und Sendung als ein „gewaltfreies Modell- und Mustervolk" für die anderen Völker, als eine „Zivilisation der Liebe, der Gerechtigkeit und des Friedens" (G. Braulik), als ein Volk, in dem die „Schwerter zu Pflugscharen" und „die Lanzen zu Winzermessern" umgeschmiedet werden (Jesaja 2,4). So kann man mit N. Lohfink sagen, „dass Gott sich in der Geschichte ein Volk schafft, durch das es ihm gelingt, in der Welt die Gewalt zu beenden. Und zwar nicht durch wiederum gewaltsame Missionierung, sondern durch die Faszination der Gesellschaftsgestalt dieses Volkes."

nöten bedacht, ist in der Frühzeit Israels eine unangefochtene Vorstellung, die aus den vielerlei Rettungserfahrungen erwuchs und durchaus den zeitgenössischen altorientalischen Vorstellungen entsprach. In dieser Vorstellung spiegeln sich Jahwes alle Götter überbietende Macht, Kraft und Heiligkeit."[16]

Die grausam klingende Schilderung von Exodus 14,15-15,1 soll hier zur Verdeutlichung etwas näher in den Blick genommen werden: der **Durchzug der Israeliten durch das Rote Meer** bei der Flucht aus der Sklaverei Ägyptens. Dieser alttestamentliche Bericht wird auch in der Osternachtsfeier als verpflichtende Lesung vorgetragen, einem besonders geprägten und feierlichen Gottesdienst der katholischen Liturgie. Dabei stößt dieser „Kriegsbericht" – bei Nichtinformierten – immer wieder auf Unverständnis. Er wird als Zumutung und als Misston in der Liturgie empfunden.

Was ist die theologische Deutung der Exodus-Schilderung? Das kleine Volk Israel ist auf der Flucht vor der Kriegsmaschinerie Ägyptens mit seinem als Gott verehrten Pharao. Es ist in eine völlig aussichtslose, lebensbedrohliche Situation geraten. Allein durch das wirkmächtige Eingreifen und Handeln seines Bundesgottes wird es endgültig aus der Sklaverei Ägyptens befreit.

Keineswegs also die eigene Stärke und Kampfeskraft, sondern das vertrauensvolle Befolgen göttlicher Anweisungen führte zur Rettung in höchster Not. In der Befreiung aus dem Sklavenhaus Ägyptens und im rettenden Durchzug durch das Schilfmeer erkennt Israel, dass dieser die Freiheit schenkende und rettende Gott sein Gott ist. Die Ägypter jedoch werden mit ihrem als Gott verehrten Pharao in den Untergang, ins Verderben hineingerissen.

Die Rettungsschilderung am Schilfmeer besagt theologisch: Gott ist ein Gott der Freiheit, der einzig und allein Herr über alle bedrängenden, versklavenden und todbringenden irdischen Mächte, auch über jene von Sünde, Leid und Tod ist. Ägypten, der Pharao und sein Heer sowie auch das Rote Meer sind dabei die entsprechenden negativen Symbolworte. Jahwe ist der Beschützer seines Eigentumsvolkes, wenn es sich ihm ganz anvertraut und seine Weisungen befolgt.

---

16 Feininger, B./Weißmann, D. (Hgg.), Wozu brauchen wir das Alte Testament?, S. 209 f.

als ein einmaliges kriegerisches Geschehen bewertet, das sich allerdings über einen langen Zeitraum hinzog[15]. Die Kriegsgesetze in Deuteronomium 20,10-18 unterscheiden ausdrücklich zwischen den normalen Kriegen Israels und jenem Eroberungskrieg des Anfangs. So wird deutlich: „Zu keiner Zeit ging solche Gewalt weiter, um standardisiert oder im jüdischen Gesetz kodifiziert zu werden ... Die biblischen Berichte über Gewalt sind beschreibender Natur, nicht dauerhaft vorgeschrieben" (R. Ibrahim). Sie sind nur noch Geschichte.

Das Bündnis Israels mit Jahwe in den Kriegshandlungen ist letztlich in der *besonderen Beziehung zwischen Israel und seinem Bundesgott* begründet. Nach eigenem Verständnis ist Israel Geschöpf Gottes (vgl. Jesaja 43,1.7), sein Eigentum (Deuteronomium 4,20), sein persönlicher Besitz (vgl. Exodus 19,5). Es versteht sich selbst als Bundesvolk, als Bundespartner Gottes, wobei diese Bundespartnerschaft am tiefsten in der sogenannten Bundesformel zum Ausdruck kommt: „Ich will ihr Gott sein – sie sollen mein Volk sein" (ebd., 6,7; vgl. Deuteronomium 29,9-12). Dieses personal-familiär-partnerschaftliche Verhältnis kommt auch in verschiedenen Bildworten zum Ausdruck, wie etwa in den auf das altbundliche Gottesvolk übertragenen Begriffen „Sohn", „Braut" und „Gemahlin".

Da Jahwe in den kriegerischen Auseinandersetzungen seinem Eigentumsvolk helfend zur Seite steht, sind Israels Feinde auch Jahwes Feinde (vgl. Richter 5,23.31) und Israels Kriege sind auch Jahwes Kriege (vgl. Exodus 17,16). Er führt den Krieg für Israel (vgl. Josua 10,14), das seinerseits im Krieg Jahwes glühenden Zorn vollzieht (vgl. 1 Samuel 28,18). Als Bundesgott und König seines Volkes kämpft Jahwe für sein sonst unterlegenes Volk (vgl. Exodus 15,18; 19,5-6; Deuteronomium 33,59), das im Bewusstsein lebt: Jahwe ist stärker als die kriegerischen Nachbarvölker. Er ist die Stärke seines Volkes, er ist Hort, Burg, Schild und Zuflucht (vgl. Psalm 18,2.3).

„So ist es nicht verwunderlich, dass man in Israel den Rettergott Jahwe sich auch als Kriegsgott vorstellte und entsprechend verehrte ... 'Jahwe als Krieger', stets auf die Rettung seines Volkes aus Kriegs-

---

15 Vgl. dazu www.bibelwerk.de, mit Ausführungen zu den im 20. Jahrhundert auf der Grundlage archäologischer Befunde und außerbiblischer Schriftdokumente entwickelten Erklärungsmodelle zur Landnahme der Israeliten: 1. „Eroberungsmodell", 2. „Weidewechselmodell" u. ä., 3. „Revolutionsmodell".

Klassen bei schweren Rechtsverletzungen durch die politisch, wirtschaftlich und gesellschaftlich 'Starken' häufig kein Recht zuteil. So blieb ihnen nur der Weg, ihre Sache dem 'Gott des Rechtes' vorzutragen, zunächst in Anklagen der Feinde ... und dann öfter auch in dringlichen Bitten um Ausschaltung der schlimmen Gegner ... Wer diese Sachlage wirklich ins Auge fasst, wird zu einem angemessenen Verständnis der heute so inkriminierten Psalmenteile kommen."[14]

Im Fluchwunsch und in der Rachebitte wird Gott gleichsam zum „Anschreipartner", die Rachebitte ist so auch eine Art „Ersatzjustiz". Denn die „in den Psalmen angelegte Übertragung der Vergeltung auf Gott impliziert den Verzicht auf eigene Vergeltung" (E. Zenger). Es geht den Psalmisten in ihrem Fluchen, Rufen und Schreien nach Rache und Vergeltung immer auch um die Wiederherstellung von Recht, Gerechtigkeit und Befreiung aus Unterdrückung. Unter keinen Umständen sind sie ein Plädoyer für menschlichen Rachedurst oder legitimieren gar Selbstjustiz aus Rachegefühlen heraus.

10. Der Bundesgott Israels als „Kriegsherr"

Der Alte Orient war voller Gewalt. Der Begriff „Heiliger Krieg" wurde von allen Völkern des Orients verwendet. Es gab keinen rein säkularen Krieg, da es auch den Atheismus nur als Phänomen einzelner Personen gab. Alle Kriege wurden damals verstanden „als eine Art Gottesdienst" (N. Lohfink).

In den Schriften des Ersten Bundes ist jedoch der Begriff „Heiliger Krieg" wie auch dessen inhaltliche Bedeutung nur in Joel 4,9 nachweisbar. Nirgends findet sich in der hebräischen Bibel ein Beleg dafür, dass Jahwe seinem Volk etwa den Auftrag erteilt hätte, anderen Völkern den Glauben an ihn aufzuzwingen bzw. diese weltweit seiner Herrschaft zu unterwerfen. Wenn das altbundliche Gottesvolk dennoch gottgewollte Kriege mit anderen Völkern führte, so ging es auch in diesen Fällen *nie um eine Ausbreitung des Glaubens*.

Nach den biblischen Berichten gab es nur *einen einzigen Eroberungskrieg* im alten Israel: die Eroberung (Landgabe – Landnahme) des von Gott verheißenen Landes (vgl. Josua 1-12). Sie wird

---

14 Feininger, B./Weißmann, D. (Hgg.), Wozu brauchen wir das Alte Testament?, S. 213 f.

Das *Fluchgebet als Kontrast zum Segensgebet* war im Alten Orient und somit auch bei den Israeliten ein „normales Abwehrmittel", insbesondere für jene, die sich auf andere Weise nicht zur Wehr setzen konnten. „Vom ganzen Orient kann man behaupten, 'er halle wider von Flüchen'".[13] Die massiven, drastischen Verwünschungen und die oft leidenschaftlichen, auch hasserfüllten Fluchwünsche können darüber hinaus eine Erklärung finden im Hinweis auf die „temperamentvolle Art, die überschwängliche Phantasie und den Sprachreichtum der Orientalen, mit denen gewöhnlich die Bosheit und Ungerechtigkeit der Feinde gezeichnet wird" (P. v. Imschoot).

Diese Aussagen verweisen zugleich auf den theologischen und anthropologischen Hintergrund der von Fluch- und Rachegedanken geprägten Klagelieder: Von betrügerischen, bestechlichen und gottlosen Machthabern oder Einzeltätern geht Unrecht, Bedrückung, Leid und (mörderische) Gewalt aus, denen der Einzelne oder das Volk Israel ausgeliefert ist. Der Betende fühlt sich entrechtet, arm und elend, gedemütigt, ängstlich und verletzt. Er weiß, dass das Tun der Übeltäter auch gegen das Gottesrecht vom Sinai gerichtet ist (vgl. Exodus 22,20).

Ihm ist dabei bewusst, dass nur Gott selbst in seiner Allmacht und Allwissenheit die bedrohende und zerstörerische Kraft von Unrecht und Gewalt verhindern, Recht und Gerechtigkeit durchsetzen und den/die Schuldigen bestrafen kann. Nach seinem Verständnis müsste eine Vergeltung im Diesseits erfolgen, denn der Glaube an eine jenseitige Vergeltung durch Gott war ihm nicht gegeben. Gottes Gerichtswirken ist so für den Entrechteten und Unterdrückten keinesfalls eine Drohbotschaft, vielmehr eine Frohbotschaft.

Alfons Deissler beantwortet die in diesem Kontext verständliche Frage, wie die Psalmisten zu ihren Gerichts- und Strafwünschen kommen, die für viele Menschen schockierend sind:

„Sie gehörten zuallermeist der religiösen Gruppe der 'anawim' (= der 'Gebeugten') an. Der Dekalog und die von den Propheten verkündigte göttliche Willensoffenbarung weisen Jahwe als einen 'Gott der Menschenrechte' aus. Da es kein von der Regierung und Verwaltung unabhängiges Gericht gab, wurde den Angehörigen der untersten

---

13 Ebd., S. 213.

scheitern lässt (vgl. ebd., 6,11) und formuliert Dank und Jubel ob der Überwindung des/eines Feindes (vgl. ebd., 3,8; 23,5; 138,7).

9. Fluchwünsche und Rachebitten als Schreie nach Recht und Gerechtigkeit

Unter den 150 Psalmen des Alten Testaments, die weithin von starken Bildern und Metaphern geprägt sind, finden sich eine Reihe von Psalmen, die Fluch- und Racheverse sowie Strafwunschtexte enthalten. Nach diesen wird gelegentlich klischeehaft und auch fälschlicherweise der alttestamentliche Bundesgott als *„Gott der Rache und Vergeltung"* bezeichnet (vgl. Psalm 5,11; 6,11; 7,10; 10,12; 28,4; 35,4-6; 40,15; 54,7; 58,7-11; 94,1; 109,6-19; 140,9-12; 141; 143,12 f. u. a. m.). Der Gott des Alten Testamentes sei „ein mordender, ekliger, größenwahnsinniger, sadomasochistischer, launig-boshafter Tyrann" (R. Dawkins).

Dieser angebliche „Gott der Rache" ist in Wirklichkeit jedoch der Gott, der gerecht ist, an dem „kein Unrecht" ist (Psalm 92,5), der vielmehr Recht und Gerechtigkeit liebt (ebd., 99,4) sowie Unrechts- und Gewalttaten ahndet. Diese nämlich richten sich gegen seine Schöpfungsordnung sowie gegen seine Weisungen für ein menschenwürdiges Leben und Zusammenleben der Menschen. Gottes „Rache" ist daher immer ein gerechtes Vergelten.

Ähnliches ist zum Bild Jahwes als *„zorniger Gott"* zu sagen (Psalm 2,5; 6,2; 109,5). Denn er ist keineswegs der unbeherrschte, unberechenbar zürnende Gott. Sein Zorn ist nach A. Deissler kein „irrationaler Gefühlsausbruch ..., sondern eine Reaktion auf menschlichen Bundesbruch".[11] Zugleich gilt festzuhalten, „dass der 'Zorn Gottes' nicht das letzte Wort hat"[12] (vgl. Jesaja 54,8).

In entsprechenden Psalmen wird der Fluch auf persönliche Feinde und Gegner herabgerufen, in anderen auf die Feinde Israels (vgl. Psalm 79,6.12; 83,10-19; 129,5-8). Dabei wird auch mit diesen „Rache- und/oder Fluchpsalmen" der Vorwurf der gewaltbetonten Sprache im Alten Testament mit seinen „Terrortexten" (P. Trible) verknüpft.

---

11 Feininger, B./Weißmann, D. (Hgg.), Wozu brauchen wir das Alte Testament? S. 207.
12 Ebd., S. 208.

8. Klagelieder aus der Erfahrung persönlicher Feindschaft

In einigen alttestamentlichen Erzählungen sowie in den individuellen Klageliedern des Psalters wird feindseliges Verhalten auf der Ebene der zwischenmenschlichen Beziehungen beschrieben (z. B. Saul – David; Ahab – Elija). Persönliche Feinde werden im Buch der Psalmen als Bedränger, Widersacher und Hasser, auch als Gottlose/Frevler und Verfolger bezeichnet. Dabei wird der Gottlose nicht nur als ein Mensch verstanden, der die Existenz und Macht Gottes leugnet, sondern auch als einer mit hinterhältigen, ja mörderischen Plänen, der nach Raub und Vernichtung trachtet. Motive sind z. B. Eifersucht und Neid, auch ein zerrüttetes Verhältnis zwischen Freunden oder Familienangehörigen.

Der Psalmist hat aber auch Feinde, mit denen er im Rechtsstreit liegt (vgl. Psalm 27,12; 35,11) und solche, die grundlos gegen ihn vorgehen (vgl. ebd., 69,5). Zudem hat er feindlich gesinnte Mitmenschen, die ihn verleumden und verletzen (vgl. ebd., 55,13), über ihn Schande und Schmach bringen (vgl. ebd., 31,12; 42,11) oder ihn aus der Gemeinschaft ausgrenzen (vgl. ebd., 69,9). Dass Feindschaft auch krank machen kann, kommt in den Klageliedern gleichfalls zum Ausdruck (vgl. ebd., 30 und 41).

Die individuellen Klagelieder spiegeln die unterschiedlichsten Erfahrungen von Not und Leid. Der Betende trägt sie vor Gott, bei dem er Zuflucht sucht, dessen Eingreifen er erbittet und dessen Hilfe er erwartet (vgl. Psalm 4,3.8; 4,2; 10,12). Er bittet ihn aber auch um Rache (vgl. ebd., 17,9). Das Gefühl der Gottverlassenheit ist dem Beter ebenfalls nicht fremd (vgl. ebd., 22,2). Dabei ist sein Beten immer auch ein „Herausbeten aus der Angst" (E. Brünning). In diesen Gebetsliedern werden Feinde verglichen mit

- einem feindlichen Heer, das den Bedrängten umzingelt (ebd., 3,7; 27,3 u. ö.),
- Jägern und Fischern (ebd., 7,16;59,8; 140,6 u. ö.),
- wilden, reißenden Tieren wie Löwen, Hunden und Schlangen (ebd., 3,8; 7,3; 10,9 u. ö.).

Letztlich kann das Wirken der Feinde des Beters als Einfallstor des Bösen, als chaotisch und widergöttlich bezeichnet werden, dem nur Gott selbst ein Ende bereiten kann. So zeigen die Gebets- und Klagelieder auch, dass Gottes Gerichtswirken das Vorhaben der Feinde

zeigen Gewalt (durch die Propheten) auf und nennen sie „schonungslos beim Namen" (A. Ruthofer). Dadurch wird – wenigstens teilweise – Gewalt gebändigt, reduziert und verhindert. Vor allem aber sind diese Darstellungen, „die den Tätern von Gewalt einen Spiegel vorhalten" (E. Zenger), oft auch verbunden mit der Warnung vor Sünde, Schuld und Versagen und den drohenden Konsequenzen und Strafen.

Immer wieder enthalten diese Darstellungen zudem noch einen Aufruf zu Reue und Umkehr, zu Buße und Sühne. Zugleich finden sich darin aber auch Hinweise auf das mögliche Vergeben und Verzeihen seitens des Menschen, insbesondere aber von Gott, der sich als „barmherzig und gnädig, reich an Güte und Treue" erweist (Psalm 86,15). Häufig kommt so auch die Haltung der Versöhnung in den Blick.

7. Von der Blutrache bis zum Verbot von Hass und Gewalt

Was Rache und Vergeltung angeht, ist im Alten Testament eine Entwicklung des religiös-ethischen Gedankenguts zu konstatieren. Die weit verbreitete *Blutrache,* die tödlicher Ausdruck ungezügelter Rachsucht der Urmenschheit ist (vgl. Genesis 4,15.23 ff.), wird im späteren *Talionsrecht* überholt und zurückgewiesen. Um eine Tat zu sühnen, wurde diesem Wiedervergeltungsrecht zufolge nach dem Prinzip „Auge um Auge, Zahn um Zahn" Gleiches mit Gleichem vergolten (vgl. Exodus 21,23-25; Levitikus 24,19-21; Deuteronomium 19,21).

Gegenüber dem „Gesetz der Blutrache" bedeutete dieses Talionsrecht, nach dem durchaus auch eine Geldstrafe in entsprechender Höhe als angemessene Strafe für eine Untat festgesetzt werden konnte, einen ganz erheblichen ethischen Fortschritt.

Eine weitere Stufe der ethischen Entwicklung ist im sogenannten *Heiligkeitsgesetz* zu erkennen (Levitikus 17-26). Nach der „*Goldenen Regel*" der Bruderliebe untersagt es Rache und Hass gegenüber dem Bruder und Volksgenossen und ruft zur Nächstenliebe (vgl. ebd., 19,17 f.) auch gegenüber dem „Fremden" in Form der „Nächstenhilfe" auf (vgl. ebd., 19,33 f.; Exodus 22,20).

rad Zdarsa)⁹. Beide Testamente werden als von Gott inspiriertes Offenbarungswort angenommen und als solches auch verehrt. Beide sind „Wort des lebendigen Gottes" und zwar in dem Sinne, dass Gottes Wort in der Heiligen Schrift enthalten ist.

Dennoch sind viele Wahrheiten des Zweiten Testamentes nur zu verstehen als Fortsetzung, Vertiefung und Vollendung der Wahrheiten des Ersten Testamentes. So entwickelten sich im altbundlichen Gottesvolk in einem Zeitraum von ca. 1.300 Jahren bestimmte Vorstellungen von Gott sowie vom Leben und Zusammenleben der Menschen, die sicherlich zeitbedingt und zeitbegrenzt zu sehen sind. Ebenso sind in der 2.000-jährigen Geschichte des Christentums durchaus markante religiöse, theologische und ethische Entwicklungsstufen zu verzeichnen, die auch mit dem Verheißungswort Jesu zu erklären sind: „Wenn jener aber kommt, der Geist der Wahrheit, wird er euch zur vollen Wahrheit führen"¹⁰ (Johannes 16,13; vgl. auch 14,26).

6. Die Darstellung von Gewalt als Bändigung, Reduzierung und Verhinderung von Gewalt

Vor dem Hintergrund alttestamentlicher Gewaltschilderungen stellen sich folgende Fragen:
- Was ist im Kontext der alttestamentlichen Erzählungen und Gebetstexte überhaupt unter Gewalt zu verstehen?
- Inwiefern ist etwa das Durchsetzen von Recht und Gerechtigkeit oder auch das grausame Bestrafen durch Gott als eine Form des willkürlichen oder gar blutrünstigen Machtmissbrauchs zu verstehen?
- In welchen Fällen ist Gewalt sogar notwendig und legitim?
- Wie ist zu unterscheiden zwischen rechtmäßiger und unrechtmäßiger Gewalt?

Grundsätzlich wollen die biblischen Gewaltschilderungen keineswegs Gewalt im Sinne einer ungerechten Praxis propagieren, sondern sie zunächst einmal nur als Erfahrung wiedergeben. Sie

---

9   Ebd.
10 Die Bibel. Die Heilige Schrift des Alten und Neuen Bundes. Jerusalemer Bibel, hrsg. von Diego Arenhoevel, Alfons Deissler, Anton Vögtle, Freiburg 1968.

Sünden gestorben *gemäß* der Schrift ...Er ist am dritten Tag auferweckt worden *gemäß* der Schrift ...' (1 Kor 15,3-5)."[7]

c) Bereits im 2. Jahrhundert nach Christi Geburt wurde kirchlicherseits der Versuch zurückgewiesen, das Alte Testament aufzugeben und das Neue Testament von seinen jüdischen Wurzeln zu lösen (Markionismus). „Seit Markion (85-160 n. Chr.) sind alle wesentlichen Irrlehren aus der Verleugnung bzw. Vernachlässigung des AT entstanden" – so die These von Ulrich Parzany.

d) Aus christlicher Perspektive enthalten dennoch die alttestamentlichen Schriften „Unvollkommenes und Zeitbedingtes" (2. Vatikanisches Konzil). Vor allem werden sie von den Christen immer gleichsam *im Licht Jesu Christi* und seines Evangeliums sowie der österlichen Ereignisse gelesen, verstanden und interpretiert. Diese Sichtweise ist von Jesus selbst vorgegeben, der von sich sagt: „Alles muss in Erfüllung gehen, was im Gesetz des Mose und in den Propheten und Psalmen über mich geschrieben steht. So steht es geschrieben: Der Messias wird leiden und am dritten Tag von den Toten auferstehen ..." (Lukas 24,44.46; vgl. auch Apostelgeschichte 13,32 f.).

e) Bei gleichzeitigem Wissen auch um die „Eigengewichtigkeit" des Alten Testamentes (B. Feininger) gilt dennoch für die Kirche: Jegliche Interpretation des Lebens und Glaubens, die dem Denken, Verkünden und Handeln Jesu widerspricht, ist für sie ohne Relevanz.[8]

f) Im Blick auf das Verhältnis Altes und Neues Testament formulierte Augustinus den Sinnspruch: „Das Neue Testament ist im Alten verhüllt, das Alte im Neuen enthüllt." Entsprechend gilt: „Das Alte Testament bereitet das Neue vor, während dieses das Alte vollendet. Beide erhellen einander, beide sind wahres Wort Gottes" (Katechismus der Katholischen Kirche, Nr. 140). Beide Schriften bilden so eine Einheit, die sich aus der Einheit des Planes und der Offenbarung Gottes ergibt. „Altes und Neues Testament sind untrennbar verbunden" (Bischof Kon-

---

7 Die Interpretation der Bibel in der Kirche, Päpstliche Bibelkommission, Verlautbarungen des Apostolischen Stuhles 115, hrsg. vom Sekretariat der Deutschen Bischofskonferenz 1993, S. 77.
8 Vgl. Berger, K., ebd.

damit zur christlichen Botschaft und Lehre nicht einfach als von diesem überholt und ersetzt zu betrachten?

Die Antwort auf diese Fragen ist eindeutig und differenzierend zugleich:

a) Zum Christentum gehört schon immer die Verwurzelung des christlichen Glaubens im jüdischen Glauben. Diese Gegebenheit entspricht der Tatsache, dass *das Alte Testament die Bibel Jesu* war, die sein Denken und Handeln grundlegend prägte. So sagt er von sich selbst, er sei nicht gekommen, „das Gesetz und die Propheten aufzuheben, sondern um zu erfüllen" (Matthäus 5,17). So hatten auch die Apostel und Autoren des Neuen Testamentes als Juden mit den ersten Christen keine andere heilige Schrift als die Hebräische Bibel.

Sie ist und bleibt als Ganzes voll gültiger Teil der christlichen Bibel, die ihrerseits eine Auslegung, eine Deutung (Midrasch), aber auch eine Weiterführung des Alten Testaments ist. Unter dem Bildwort von der „Wurzel, die dich trägt" ist nach Paulus das altbundliche Gottesvolk bzw. das Alte Testament zu sehen (vgl. Römer 11,18). Entsprechend formuliert Jan Assmann: „Das Neue Testament ruht auf den Schultern des Alten ... ich würde mich hüten, die Basis zu schwächen, die mich trägt."[6]

b) Auf die Einheit beider Testamente verweisen auch die neutestamentlichen Schriften selbst. Darin finden sich ca. 700 alttestamentliche *Zitate* und über 4.000 *Bezugsstellen* zum Alten Testament, auch etwa 100 Bezugnahmen zu den insgesamt 150 Psalmen. Darunter findet sich kein Hinweis, dass Jesus und die Autoren des Neuen Testamentes das Alte Testament grundsätzlich aufgehoben oder abgelehnt hätten. Unverbrüchlich eng sind also die Beziehungen zwischen dem Alten und dem Neuen Testament:

> „Für die Verfasser des Neuen Testamentes hat das Alte Testament göttlichen Offenbarungswert. Sie verkünden, dass diese Offenbarung ihre Erfüllung im Leben, in der Lehre und vor allem im Tod und in der Auferstehung Jesu gefunden hat, in denen die Quelle der Versöhnung und des ewigen Lebens liegt. 'Christus ist für unsere

---

6 Ebd.. Berger, K., Was ist normativ an der Schrift?

- Kinder, die an einem Felsen zerschmettert werden sollen (Psalm 137,9).
- Der Gerechte, der seine Füße im Blut des Frevlers badet (ebd., 58,11).
- Gewalt gegenüber Kindern und Frauen (Deuteronomium 2,34 f.; 20,16 f.; Jesaja 13,16).
- Jahwe als Gott der Rache, der Vergeltung (Psalm 94), Jahwe als der Angst und Schrecken verbreitende Gott (Deuteronomium 7,20 f.) als Kriegsgott/-herr (Exodus 15,3; Deuteronomium 32,40 ff.; Josua 10,14; Psalm 24,8; Jesaja 10,21; 42,13; Jeremias 32,18; Daniel 9,4).

Auf einige dieser erschreckenden „Gewaltgebete" und Gewaltschilderungen soll hier zumindest ansatzweise eingegangen und deren Kontext aufgezeigt werden.

5. Das Alte Testament als „Heilige Schrift" und die Einheit der beiden Testamente

Sprache und Ausdrucksweise des Alten Testamentes sind gelegentlich in erschreckender Weise von inhumanen, gewaltbetonten und kriegerischen Passagen gekennzeichnet. Bestimmte Gebete sind gar von Fluchwünschen und Rachebitten durchsetzt. Auch das alttestamentliche Gottesbild mit seinem „zornigen und rächenden Gott" scheint davon wesentlich mitgeprägt zu sein. Auf den ersten Blick und ohne Einordnung in ihren Kontext lösen diese Texte heftigen Widerspruch gegen den Anspruch und das Selbstverständnis der hebräischen Bibel als einer „Heiligen Schrift" aus. Bereits im Verlauf der Kirchengeschichte stellte sich so die Frage nach der Einheit beider Testamente[5]:

* Inwieweit sind beide Teile der Bibel überhaupt miteinander vereinbar: das „kriegerische" Alte und das „Frieden verkündende" Neue Testament?
* Inwiefern ist das Alte Testament aufgrund zahlreicher theologischer und ethischer Gegensätze zum Neuen Testament und

---

5 Vgl. dazu Brague, Rémi, Europa – seine Kultur, seine Barbarei. Exzentrische Identität und römische Sekundarität 2., überarbeitete und erweiterte Auflage, hrsg. von Christoph Böhr, Wiesbaden 2012, S. 61-68; S. 71 f.; ebenso Berger, Klaus, Was ist normativ an der Schrift?, in: „Die Tagespost", 12.5.2015, S. 7.

G) **Hellenistische Zeit** {~333-63 v.; Übersetzung der Bibel ins Griechische: Septuaginta [W]}
1. 323-301 v. Chr.: Kämpfe der Nachfolger Alexanders.
2. 301-198 v. Chr.: Fünf Kriege zwischen den syr. Seleukiden und den ägypt. Ptolemäern um Palästina, das schließlich syr. wird.
3. 166-143 v. Chr.: Makkabäeraufstand, Befreiung Judäas von der Syrerherrschaft.
4. 134-104 v. Chr.: Johannes Hyrkan wird von Antiochius VII. besiegt; nach dessen Tod unterwirft Hyrkan Idumäer und Samariter.
5. 103-76 v. Chr.: Alexander Jannäus erweitert sein Reich im Ostjordanland, in Galiläa und in der Küstenebene.
6. 63 v. Chr.: Pompejus erobert Jerusalem.

H) **Römerzeit** {~63 v.-324 n.}
1. 40-37 v. Chr.: Partheneinfall; Herodes d. Gr. erobert Judäa zurück.
2. 66-73 n. Chr.: Erster jüd. Aufstand.
3. 132-135 n. Chr.: Zweiter jüd. Aufstand.

4. Beispiele von Gewalthandlungen im Alten Testament

Aus der Fülle der geschilderten Gewalttaten und dem damit verbundenen menschlichen Leid seien hier nur einige Beispiele genannt, ohne den jeweiligen Kontext aufzuzeigen:
- Jahwe wollte Mose töten (Exodus 4,24).
- Der „erschlagende" Gott, der alles Erstgeborene in Ägypten tötet (ebd., 12,12).
- Der Zorn des Mose, weil nicht alle Frauen getötet worden sind; ebenso dessen Auftrag, männliche Kinder zu töten (Numeri 31,14 ff.).
- Die Todesstrafe für widerspenstige und ungehorsame Söhne (Deuteronomium 21,18-21).
- Die Todesstrafe für jene Mädchen, die bei einer Vergewaltigung nicht laut genug schreien (ebd. 22,23 f.).
- Völker, die ausgerottet werden sollen (ebd. 7, 1.2.16; Josua 11,15 ff.).
- Gottlose Frevler, die sterben sollen (Psalm 139,19).

51. 616 od. 614 v. Chr.: Ägypter unterstützen die Assyrer im Kampf gegen Nabopolassar von Babylon.
52. 612 v. Chr.: Babylonier und Meder erobern Ninive (Nah 2,2-3,19).
53. 610 v. Chr.: Nabopolassar erobert Haran.
54. 609 v. Chr.: Josia von Juda fällt gegen Pharao Necho bei Megiddo (2 Kön 23,29f; 2 Chr 35,20-24). Ägypter und Assyrer belagern Haran; die ägypt. Flotte wird gegen die aram. Küste eingesetzt.
55. 605 v. Chr.: Schlacht bei Karkemisch (Jer 46,1-12); Nebukadnezar vor Jerusalem (2 Chr 36,6 f.; Dan 1,1 f).
56. 604 v. Chr.: Nebukadnezar erobert Aschkelon.
57. 601 v. Chr.: Schlacht zwischen Nebukadnezar und Necho.
58. Abfall Jojakims von Babylon, Einfälle feindlicher Streifscharen (2 Kön 24,2); 597 v. Chr.: Nebukadnezar nimmt Jerusalem (2 Kön 24,10-17; 2 Chr 36,10).
59. 588-587 v. Chr.: Belagerung und Zerstörung Jerusalems durch Nebukadnezar (2 Kön 25,1-21; 2 Chr 36,17-20; Jer 32-34; 37,11-39,14; 52,1-30); (Gefangenschaft).

F) Gefangenschaft und Perserzeit
{Babylonisches Exil ~586-537; Perserherrschaft ~537-332}
1. 585-573 v. Chr.: Nebukadnezar belagert Tyrus (Hes 26-28; 29,17-21).
2. 568 v. Chr.: Nebukadnezar besiegt Ägypten (Jer 43,8-13).
3. 539 v. Chr.: Kyrus erobert Babylon (Dan 5; 1 Mak 6,4; 2 Mak 8,20; St. Dan 1,1; 1,5; 2,2)
4. 525 v. Chr.: Die Perser erobern Ägypten. (2 Chr 36,20; Est 1: 14,19; Hes 38,5; Dan 6: 9,13,16; Jud 16,12; 1 Mak 1,1; 2 Mak 1,33; St. Est 5,8; St. Est 5,9)
5. 332 v. Chr.: Alexander d. Gr. erobert Palästina (Mak 1,1; 1,8; 6,2; 10:1-2,4,5,18,23,46-49,51,55,58-59,68,88; 11:1-2,8-12,14,16-17) [Anmerkung (b)]

Ende des Alten Testaments = Hebräische Bibel mit Nehemia und *Beginn der Neutestamentlichen Zeitgeschichte* [nach Reicke 539 v.]

30. 793 v. Chr.: Amazja von Juda besiegt die Edomiter (2 Kön 14,7; 2 Chr 25,5-13).
31. 792 v. Chr.: Amazjas Niederlage gegen Joasch von Israel (2 Kön 14,8-14; 2 Chr 25,17-24).
32. Jerobeam II. gewinnt das Ostjordanland u. aram. Gebiete für Israel zurück (2 Kön 14,25).
33. Usija (Asarja) von Juda erobert Elat und besiegt Philister und Araber (2 Kön 14,22; 2 Chr 26, 2.6 f.).
34. Menahem von Israel zerstört Tifsach (2 Kön 15,16).
35. 743 v. Chr.: Tiglat-Pileser III. unterwirft Israel (2 Kön 15,19).
36. Ammoniterkrieg Jotams von Juda (2 Chr 27,5).
37. 734 v. Chr.: Tiglat-Pilesers Feldzug nach Philistäa.
38. 733 v. Chr.: Syr.-ephraimitscher Krieg gegen Ahas von Juda (2 Kön 15,37; 16,5f; 2 Chr 28,5-8; Jes 7, 1-9) und Einfälle der Edomiter und Philister (2 Chr 28,17f).
39. 733 u. 732 v. Chr.: Tiglat-Pileser erobert Damaskus, Nordisrael und das Ostjordanland (2 Kön 15,29; 16,9; 1 Chr 5,6.26; 2 Chr 28,20).
40. Salmanassar V. unterwirft Hoschea von Israel (1 Kön 17,3).
41. 724-722 v. Chr.: Belagerung und Zerstörung von Samaria (2 Kön 17,4-6; 18,9-12); (Gefangenschaft).
42. 720 v. Chr.: Sargon II. schlägt einen Aufstand von aram. Städten und Samaria nieder; Schlacht bei Raphia gegen Ägypter und den König von Gaza.
43. Hiskia schlägt die Philister (2 Kön 18,8; Jes 14,28-32).
44. 712 v. Chr.: Die Assyrer erobern Aschdod (Jes. 20,1). [<949]
45. 701 v. Chr.: Feldzug Sanheribs nach Westen; Belagerung Hiskias in Jerusalem (2 Kön 18,13-19,37; 2 Chr 32,1-21; Jes 36-37).
46. Die Simeoniten schlagen Hamiten, Meuniter und Amalekiter (1 Chr 4,39-43).
47. 671 v. Chr.: Asarhaddon erobert Unterägypten.
48. 663 v. Chr.: Asenappar (Assurbanipal) erobert das ägypt. Theben (Nah 3,8-10).
49. 652-648 v. Chr.: Asenappar kämpft gegen Babylon und zerstört es.
50. Gefangennahme Manasses durch die Assyrer (2 Chr 33,11).

7. Krieg zwischen Asa von Juda und Bascha von Israel (1 Kön 15,16 f., 32; 2 Chr 16,1-6).
8. Einfall Ben-Hadads von Aram in Israel (1 Kön 15,18-22; 2 Chr 16,4).
9. 882 v. Chr.: Israel belagert Gibbeton (1 Kön 16,15).
10. 882 v .Chr.: Omri schlägt Tirza, die Stadt des Königsmörders Simri (1 Kön 16,16-18).
11. Ahabs Aramäerkämpfe (1 Kön 20).
12. 853 v. Chr.: Einfall Salmanassars III. ins Aramäerreich, Schlacht bei Karkar.
13. 853 v. Chr.: Ahab und Joschafat vor Ramot in Gilead (1 Kön 22,1-40; 2 Chr 18).
14. Abfall der Moabiter von Israel (2 Kön 1,1; [Meschastein]).
15. Feldzug Jorams von Israel und Joschafats von Juda gegen Mescha von Moab (2 Kön 3; Meschastein). [<948]
16. Einfall der Moabiter, Ammoniter und Meuniter in Juda (2 Chr 20,1-30).
17. 849 u. 848 v. Chr.: Einfälle Salmanassars III. in Aram.
18. Aramäerkämpfe Jorams von Israel (2 Kön 6,8-7,20).
19. Feldzug Jorams von Juda gegen Edom (2 Kön 8,20-22; 2 Chr 21,8-10).
20. 845 v. Chr.: Einfall Salmanassars III. ins Aramäerreich.
21. Einfall der Philister und Araber in Juda (2 Chr 21,16f).
22. 845 v. Chr.: Joram von Israel und Ahasja von Juda vor Ramot in Gilead (2 Kön 8,28f; 2 Chr 22,5 f, Ausrottung des Hauses Ahabs durch Jehu (2 Kön 9-10).
23. 841 v. Chr.: Zug Salmanassars III. gegen Hasael von Damaskus; Tribut von Jehu.
24. 838 v. Chr.: Zug Salmanassars III. gegen Hasael von Damaskus.
25. Hasael erobert das Ostjordanland z. Zt. Jehus (2 Kön 10,32f).
26. Hasael schlägt Israel z. Zt. des Joahas (2 Kön 13,1-3,22).
27. Hasael erobert Gat und zieht gegen Jerusalem (2 Kön 12,18f; 2 Chr 24,23f).
28. 802 v. Chr.: Adadnirari III. richtet die assyr. Herrschaft über Aram wieder auf.
29. Joasch von Israel erobert an Aram verlorene Gebiete zurück (2 Kön 13,25).

E) **Königszeit**
a) **Saul** {~1050-1004}
   1. Sieg über die Ammoniter vor Jabesch (1 Sam 11,1-11); {Jer 39,7; Ri 14,7; Ri 19,29}.
   2. Philisterkämpfe (1 Sam 13,1-14,46).
   3. Amalekiterkrieg (1 Sam 14,48; 15,1-9).
   4. Schlacht im Eichgrund und Philisterkämpfe Davids (1 Sam 17; 18,6 f., 30; 23,5).
   5. Kriege gegen Moab, Ammon, Edom und Aram (1 Sam 14,47).
   6. Kampf von Ruben, Gad und Ostmanasse gegen die Hagariter und andere Araberstämme (1 Chr 5,10.18-22).
   7. Davids Raubzüge ins Südland (1 Sam 27,8-11).
   8. Sieg der Philister auf dem Gebirge Gilboa (1 Sam 31; 1 Chr 10).

b) **David und Salomo** {~1004-926}
   1. Verfolgung der Amalekiter (1 Sam 30).
   2. Krieg zwischen David und Isch-Boschet (2 Sam 2,12-3,1).
   3. Eroberung Jerusalems (2 Sam 5,6-10; 1 Chr 11,4-9).
   4. Davids Philisterkämpfe (2 Sam 5,17-25; 8,1; 21,15-22; 1 Chr 14,8-17; 18,1; 20,4-8).
   5. Kämpfe gegen Moabiter, Aram, Edomiter (2 Sam 8,2-14; 1 Chr 18,2-13).
   6. Ammoniterkrieg (2 Sam 10,1-12,31; 1 Chr 19,1-20,3).
   7. Absaloms Aufstand (2 Sam 15-19).
   8. Schebas Aufstand (2 Sam 20,1-22).
   9. Der Pharao erobert Geser (1 Kön 9,16).
   10. Salomo erobert Hamat-Zoba (2 Chr 8,3).

c) **Von der Reichsteilung bis zum Fall Jerusalems** {~926-586}
   1. Krieg zwischen Rehabeam und Jerobeam I. (1 Kön 14,30; 2 Chr 12,15).
   2. 925 v. Chr.: Pharao Schischak fällt in Juda und Israel ein (l Kön 14,25f; 2 Chr 12,2-12).
   3. Sieg Abijas über Jerobeam I. (1 Kön 15,7; 2 Chr 13,2-20).
   4. 906 v. Chr.: Nadab und Israel belagern das philistäische Gibbeton (1 Kön 15,27).
   5. Omri schlägt Moab und erobert Medeba (Meschastein).
   6. Einfall Serachs in Juda (2 Chr 14,8ff).

3. Die Kriege zur Zeit des Alten Testamentes: Chronologischer Überblick[4]

A) Erzväterzeit {~2000-1700 nach JL}
1. Zug Kedor-Laomors und seiner Verbündeten (1 Mo 14).
2. Simeon und Levi erschlagen die Einwohner Sichems (1 Mo 34,25-31).
3. Raubzug der Söhne Ephraims nach Gat (1 Chr 7,201).

B) Wüstenzug {~1300-1200 nach JL Bd. II, S. Sp 1088-I}
1. Amalekiterschlacht (2 Mo 17,8-1005).
2. Niederlage Israels im S Palästinas (4 Mo 14,39-45; 5 Mo 1,41-44).
3. Sieg über den König von Arad (4 Mo 21,l-3).
4. Sieg über Sihon von Heschbon (4 Mo 21,21-25; 5 Mo 2,26-36).
5. Sieg über Og von Baschan (4 Mo 21,32-35; 5 Mo 3,1-7).
6. Sieg über die Midianiter (4 Mo 31).

C) Eroberung Kanaans {~1300-1200 nach JL Bd. II, S. Sp 1088-I}
1. Kriegszüge unter Josua (Jos 1-12)
2. Weitere Eroberungen nach Josuas Tod (Ri l).

D) Richterzeit {~1200-Saul nach JLBd. II, S. Sp 1088-I}
1. Otniel schlägt Kuschan-Rischatajim (Ri 3,8-10).
2. Ehud schlägt Eglon von Moab (Ri 3,12-30).
3. Schamgar schlägt die Philister (Ri 3,31).
4. Debora und Barak schlagen Sisera und Jabin (Ri 4-5).
5. Gideon schlägt die Midianiter (Ri 6,1-8,21).
6. Abimelechs Kampf gegen Sichem und Tebez (Ri 9,22-55).
7. Jeftah schlägt die Ammoniter (Ri 10,6-11,33).
8. Niederlage der Ephraimiten in Gilead gegen Jeftah (Ri 12,1-6).
9. Simsons Philisterkämpfe (Ri 15-16).
10. Dan erobert Lajisch (Ri 18).
11. Kampf der Israeliten gegen Benjamin (Ri 20).
12. Sieg der Philister bei Eben-Eser (1 Sam 4,1-11).
13. Samuels Sieg über die Philister (1 Sam 7,3-14). [<947]

---

4 Diese Chronologie ist entnommen aus: *www.sgipt.org/sonstig/metaph/bibel/ATkrieg.htm*

... das Alte Testament ein archaisches Buch mit vielen dunklen, ja meist nur schwer annehmbaren Seiten."[3]

In keiner Schrift des Altertums gibt es dem Vernehmen nach so viele Hinweise auf die unterschiedlichsten Formen von Gewalt wie im Alten Testament: Gewalt zwischen Individuen, zwischen Klein- und Großgruppen, auch zwischen sozialen Schichten. Die Liste der Tatmotive ist lang: Sie beginnt bei kleinen Eigentumsdelikten, berichtet etwa von Eifersucht, Krieg und Hass und dokumentiert politisches Kalkül sowie staatlich geplanten Massenmord. Unstrittig ist jedenfalls, dass im Alten Testament keine heile Welt nachgezeichnet, sondern die leidvoll erfahrene Bosheit und Grausamkeit von Menschen im Zusammenleben umfassend und auf realistische Weise dargestellt wird. Doch über Gewalt berichten, heißt *keineswegs Gewalt bejahen oder gar zu Gewalt auffordern*. Ansonsten müsste man auch etwa allen Geschichtsbüchern sowie auch den Tageszeitungen durch ihre Berichte und Informationen über Gewalttätigkeiten Gewaltbejahung unterstellen.

Dabei scheinen die alttestamentlichen Geschichten eine urmenschliche und wohl auch zeitlose Realität wiederzugeben. Unabhängig von ihrer Verifizierbarkeit beschreibt der weitaus größere Teil des Alten Testaments allerdings eine menschlich-religiöse Lebenswirklichkeit, die konträr zu den dunklen Erfahrungswelten steht.

> Solange Juden und Christen
> als minderwertig betrachtet werden,
> solange wird auch die Christenverfolgung
> in islamischen Staaten nicht enden
>
> Ednan Aslan
> islam. Religionspädagoge

---

3 Feininger, Bernd/Weißmann, Daniela (Hgg.), Wozu brauchen wir das Alte Testament?, Zwölf Antworten von Alfons Deissler, Frankfurt, Berlin u. a. 2004, S. 207.

in der Art der Glaubensausbreitung, und schließlich fundamentale Unterschiede auch in ethischen Grundsätzen. In anderen Beiträgen dieses Buches wird auf einige dieser Themen ausführlicher eingegangen.

An dieser Stelle sei bereits *ein wesentliches Unterscheidungsmerkmal* zwischen dem Alten Testament und dem Koran festgehalten: Im Unterschied zur islamischen Tradition, die den Koran versteht als *von Allah selbst diktiert* und damit als ewigen, zeitlich und örtlich *unbegrenzt gültigen Text*, sind etwa die Gewaltberichte aus dem Alten Testament Berichte aus der Vergangenheit. Sie sind Geschichte. Berichte von Gewalt werden hier also nicht zur Nachahmung empfohlen oder gar ein Nachahmen befohlen. Auch waren und sind sie *keine normbildenden und bindenden Handlungsanweisungen* für alle nachfolgenden Generationen.

In dieser Hinsicht haben die Schriften des Alten Testaments primär *narrativen (erzählenden, berichtenden)* Charakter, während die Koransuren vor allem *appellativ-befehlenden* Charakter haben. Das heißt konkret: Unrechts- und Gewalttaten bei der Ausbreitung ihres Glaubens konnten und können Juden und Christen keineswegs mit dem Alten Testament legitimieren, wohl aber Muslime mit dem Koran.

Menschliche Abgründe, konfliktbelastete Situationen werden in den Schriften des Ersten Bundes keineswegs ausgeblendet. Im Gegenteil! Sie finden sich dort in quantitativ wie qualitativ oft erschreckender, ja abstoßender Weise mit der gesamten Palette menschlicher Gewalttätigkeiten. So sollen etwa 600 Stellen in der hebräischen Bibel von Gewaltausübung unter Menschen, und gar 1.000 Stellen von „göttlicher Gewalt" bzw. vom grausamen Handeln Gottes sprechen.

Ist die Bibel also ein Buch voller Gewalt und Grausamkeit? Und ist das letzte Buch des Neuen Testaments, die Offenbarung des Johannes, mit all seinen Grausamkeiten und Absurditäten nicht dazu noch das „schlimmste Buch der Bibel"?[2] Jedenfalls stellt der Alttestamentler Alfons Deissler fest: „Für uneingeweihte christliche Leser ist und bleibt

---

2 Dabei ist jedoch ausdrücklich festzuhalten, dass in diesem neutestamentlichen Buch die Christen an keiner Stelle aufgefordert werden, in die Endzeitkämpfe aktiv kämpferisch einzugreifen, denn die Bestrafung der Gegner Christi ist allein Sache Gottes (vgl. Offenbarung 19,14; 20,9).

1. Gewalt als menschliches Phänomen

Körperliche und seelische Formen von Gewalt in allen Schattierungen und Intensitätsgraden haben vielerlei Namen:

> Rache und Vergeltung – Rivalität und Enteignung – Lüge und Betrug – Hinterlist, Eifersucht und Neid – Zorn, Hass und Verleumdung – Brutalität und Grausamkeit – Ehebruch und Vergewaltigung – Drangsalierung, Repression, Diffamierung und Denunzierung – Feindschaft, Mord und Totschlag – Streit, Kampf und Krieg – Terror, Eroberung und Vernichtung.

Alle diese Formen von Gewalt sind seit Beginn der Menschheitsgeschichte bis auf den heutigen Tag in allen Kulturen beängstigende, immer auch mit Leid verbundene Phänomene. Dabei sind diese menschlichen Verhaltensweisen unübersehbarer Bestandteil der Lebenswirklichkeit der Einzelnen, der Sippe, des Stammes, des Volkes sowie in deren Beziehungen untereinander. Die paradiesischen Zustände völlig gewaltfreier Gesellschaften gab es wegen der Gebrochenheit des Menschen nach dem Sündenfall noch zu keinem Zeitpunkt der Menschheitsgeschichte. Sie werden auch ein Menschheitstraum bleiben. Augenblicklich schaut die Welt etwa im Nordirak, in Syrien und in verschiedenen Ländern Afrikas erneut in Abgründe unvorstellbarer menschlicher Gewalt und Grausamkeit.

2. Das Alte Testament als Spiegel der Lebensrealität

Wenn die Themen „Gewalt im Islam" und „Dschihad" zur Sprache kommen, wird regelmäßig auf das Alte Testament als Beispiel für Grausamkeit und Gewaltlegitimation verwiesen: Das AT habe ein mindestens gleich großes bzw. ein *noch größeres Gewaltpotenzial* als etwa der Koran. In diesem Beitrag soll versucht werden, wenigstens ansatzweise die Frage nach der Gewalt im Alten Testament zu beantworten. Dabei werden in einem eigenen Abschnitt Bezüge zwischen Altem und Neuem Testament einerseits und dem Koran[1] andererseits hergestellt und zugleich entscheidende Unterschiede hervorgehoben: So etwa schwerwiegende Divergenzen im Gottesbild, auch in der Frage von Frieden und Gewalt wie

---

1 Auf islamische Quellen wird in diesem Beitrag verzichtet, da sie umfangreich in anderen Beiträgen dieser Veröffentlichung dokumentiert sind.

12. Der Islam als Antithese zum Christentum
    – Mohammed als verleibliche Antithese
    zu Jesus Christus 228
13. Krieg in den Basisbüchern der drei Religionen –
    Antworten auf einen Blick.. 233
14. Monotheistische Religionen verbieten? –
    Atheistische Gewaltsysteme übersehen? 234
Literatur.. 240

> Aus islamischer Sicht ist
> die ganze Erde eine Stiftung,
> ein Territorium, das Allah gehört.
> Insofern qualifiziert
> die Wiederaneignung von Land,
> das in jedem Fall dem Islam gehört,
> den Djihad zu einem defensiven,
> gerechten und legalen Krieg der Muslime.
> Gemäß dieser religionspolitischen Perspektive
> gilt die islamische Eroberung als Wohltat
> für die unterworfenen Völker,
> weil ihnen die Niederlage
> die Chance öffnet,
> zum Islam zu konvertieren.
>
> Bat Yeór, Autorin

Rache, Gewalt und Krieg im Alten Testament

Bezüge zum Neuen Testament und zum Koran

von

Udo Hildenbrand

1. Gewalt als menschliches Phänomen 185
2. Das Alte Testament als Spiegel der Lebensrealität 185
3. Die Kriege zur Zeit des Alten Testamentes:
   Chronologischer Überblick 188
4. Beispiele von Gewalthandlungen im Alten Testament 193
5. Das Alte Testament als „Heilige Schrift"
   und die Einheit der beiden Testamente............................. 194
6. Die Darstellung von Gewalt als Bändigung,
   Reduzierung und Verhinderung von Gewalt................... 197
7. Von der Blutrache bis zum Verbot
   von Hass und Gewalt 198
8. Klagelieder aus der Erfahrung persönlicher Feindschaft.. 199
9. Fluchwünsche und Rachebitten als Schreie
   nach Recht und Gerechtigkeit 200
10. Der Bundesgott Israels als „Kriegsherr" 202
11. Bibel und Koran: Theologische und
    anthropologische Gegensätze... 206
    a) *Der Gott der Liebe und Barmherzigkeit* 206
    b) *Die Gottesebenbildlichkeit des Menschen* 210
    c) *Der Bund Gottes mit den Menschen* 211
    d) *Freiheit*.. 212
    e) *Nächstenliebe* 214
    f) *Feindesliebe* 216
    g) *Rache, Hass und Vergeltung* 218
    h) *Friedensliebe*... 220

Nach dem klaren Schriftbefund im Koran heißt dschihad an mehr als 80 % der Fundstellen einen „Krieg um des Glaubens willen führen". Darüber hinaus rufen die Verse 5 und 29 der neunten Sure, die als zeitlich letzte und damit alle anderen interpretierende Sure gilt, dazu auf, die Ungläubigen aktiv zu bekämpfen und, falls sie sich nicht ergeben und Muslime werden, zu töten. Die Vorstellung, dass die im Glaubenskrieg Gefallenen... ins Paradies eingehen, ist schon im Koran enthalten (Sure 3, 169; 2, 14; 22, 58).
Die frühe islamische Rechtsgelehrsamkeit entwickelte eine allgemeine Theorie des dschihad, deren Grundzüge sich folgendermaßen skizzieren lassen: Die Welt zerfällt in zwei einander feindliche Teile, nämlich einerseits das „Haus des Islam", d. h. das bereits muslimisch regierte Territorium, in dem die Scharia geltendes Recht ist, und andererseits „das Haus des Krieges", d. h. das noch von Ungläubigen beherrschte Territorium, das prinzipiell so lange zum Gegenstand von Eroberungsfeldzügen gemacht werden muss, bis die Muslime auch dort die Scharia durchsetzen können. Wenn Ungläubige islamisches Territorium angreifen, wenn sie Muslime bei der Ausübung ihrer kultischen Pflichten beeinträchtigen oder die islamische Glaubenspropaganda behindern, muss der Dschihad aufgenommen werden.
In diesen Fällen gilt er als reiner Verteidigungskrieg. Aber auch ohne vorangegangenen Angriff von Seiten der Ungläubigen ist nach vormodernem islamischen Staatsverständnis der Dschihad gegen die Ungläubigen obligatorisch, und zwar bis zur Unterwerfung der ganzen Welt unter islamische Herrschaft, bzw. bis zum Jüngsten Tag. Diesen expansionistischen Dschihad zu führen ist keine individuelle Pflicht eines jeden Muslim. Es genügt, wenn die Staatsführung dafür Sorge trägt, dass er weitergeht.

Deutsche Bischofskonferenz (2003)

Wer den Islam zu den „Abrahamitische Religionen" zählt, kann das nur tun, indem er wesentliche theologische Gegensätze zwischen Bibel und Koran beiseite lässt und ethische Forderungen des biblischen Gottes ignoriert, über die der Allah des Koran das Gegenteil lehrt und fordert.

Der Begriff „Abrahamitische Religionen" bezeichnet keine belastbaren Gemeinsamkeiten von Judentum, Christentum und Islam. Er ist deswegen als Grundlage für religiöse Dialoge zwischen Juden und Christen einerseits und Muslimen andererseits ungeeignet.

> Der Koran ist für die Moslems nicht irgendwann in einer Zeit geschrieben, er ist ein ewiger Text für alle Zeiten. Man kann die Verse daher nicht uminterpretieren und zeitbedingt auslegen.
>
> Amel Shamon Nona
> ehem. Erzbischof im Irak

Ein Muslim kann also den Verheißungen Allahs glauben oder nicht – er ändert nichts an Allahs Vorherbestimmung. Damit fehlt im Koran ein wesentliches Kriterium, das den biblischen Abraham auszeichnet: Glaubendes Vertrauen auf die Zusagen Gottes.

Den Muslimen nutzt ihr Glaube an Allah allenfalls im Diesseits. Sie sind dann vielleicht sicher, dass sie von ihresgleichen nicht als Ungläubige angesehen und folglich nicht getötet oder drangsaliert und zu dhimmis gemacht werden, obschon es ja in Koranvers 30,28 heißt, die Muslime hätten sich auch voreinander zu fürchten.

Sonderbar ist weiter, dass der Allah des Koran öfter in der Wir-Form, also in der Mehrzahl spricht. Wenn er tatsächlich ein einziges Wesen ist, ist das unverständlich. Vielleicht mag jemand daran denken, dass auch Kaiser, Könige und Päpste das „Wir" benutzen (pluralis maiestatis). Aber kommt es dem Allah des Koran zu, diese Attitüde zu übernehmen? Gerade wenn er so darauf aus ist, dass ihm niemand beigesellt wird, wäre zu erwarten gewesen, dass er „Ich" sagt und sich nicht der „Wir-Form" bedient.[37]

Aus islamischer Sicht kann das Christentum nicht nur wegen des Glaubens an den dreieinigen Gott, sondern auch wegen der fehlenden Beschneidung keine abrahamitische Religion sein. Denn bei bzw. an den christlichen Männern fehlt das „Bundeszeichen".

III. Ergebnis

Insgesamt ist festzustellen: Der Allah des Koran und damit des Islam hat mit dem Gott Abrahams und damit des Judentums sowie mit dem Gott und Vater Jesu Christi kaum etwas gemeinsam. Etliche seiner Wesenszüge sind so konträr zu denen des biblischen Gottes, dass sie auch mit Biegen, Dehnen oder Stauchen nicht überein gebracht werden können.

Der Abraham, der im Koran geschildert wird, ist nicht in erster Linie ein Mann des Glaubens an Allahs Verheißungen, sondern Diener eines absolutistischen Herrschers.

---

37 Man spricht auch vom „Plural der Bescheidenheit" (pluralis modestiae). Ein so gedeuteter Plural wäre wohl für den Allah des Koran ebenfalls unangebracht.

(wörtlich: keiner von denen, die (dem einen Gott andere Götter) beigesellen)! Sagt: 'Wir glauben an Allah und (an das) was (als Offenbarung) zu uns, und was zu Abraham, Ismael, Isaak, Jakob und den Stämmen (Israels) herabgesandt worden ist, und was Mose und Jesus und die Propheten von ihrem Herrn erhalten haben.'"

Folglich sind Judentum und Christentum aus muslimischer Sicht keine Abrahamitischen Religionen (mehr), auch wenn es im Koran einige Zeilen weiter heißt:

„Wollt ihr mit uns über Allah streiten? Er ist doch (gleichermaßen) unser und euer Herr." Koranvers 2,139

Ein Weiteres kommt hinzu: Nach Koran und Hadith ist es für das ewige Heil unerheblich bzw. nicht erforderlich, auf Allahs Verheißungen zu vertrauen – etwas, das den Abraham des Alten Testaments ausgezeichnet hat. Denn Allah hat angeblich bereits vor der Geburt jedes Menschen festgelegt, ob jemand ins koranische Paradies oder in die koranische Hölle kommt. In einem Hadith heißt es:

„Nach 'Umar ibn Khattab: 'Umar wurde nach diesem [Koran-]Vers [7,172] gefragt. Er sagte: Ich habe gehört, wie der Gesandte Allahs danach gefragt wurde. Da sagte er: Allah hat Adam geschaffen. Dann strich er ihm auf den Rücken mit seiner rechten Hand, holte daraus Nachkommenschaft und sagte: Ich habe diese da fürs Paradies geschaffen; sie werden auch die Werke der Bewohner des Paradieses tun. Dann strich er ihm auf den Rücken, holte daraus seine Nachkommenschaft und sagte: Diese da habe ich fürs Feuer geschaffen, sie werden die Werke der Bewohner des Feuers tun.

Ein Mann sagte: O Gesandter Allahs, warum soll man noch etwas tun? Da sagte der Gesandte Allahs: Wenn Allah den Diener für das Paradies schafft, lässt er ihn die Werke der Bewohner des Paradieses tun, bis er stirbt, während er ein Werk der Bewohner des Paradieses tut, und so lässt er ihn ins Paradies eintreten. Und wenn er den Diener fürs Feuer schafft, lässt er ihn Werke der Bewohner des Feuers tun, bis er stirbt, während er ein Werk der Bewohner des Feuers tut, und so lässt er ihn ins Feuer eintreten. (Tirmidhi, Abu Dawud)"[36]

---

36 Khoury, Adel Theodor, Der Hadith, Urkunde der islamischen Tradition, Band I, Der Glaube, Gütersloh 2008, Nr. 891, S. 351. Siehe auch den Hadith in Fußnote 16.

Im Koran wird Allah zwar wiederholt als allmächtig bezeichnet, aber ohne Frau kann er laut Koran und somit auch nach der Meinung von Muslimen nicht an einen Sohn bzw. an Kinder kommen. So weit reicht seine Allmacht nach eigenem Bekunden dann doch nicht. Jesus ist denn auch gemäß Koran nicht gezeugt worden, sondern Adam gleich, und der sei aus Erde geschaffen worden.

„Jesus ist (was seine Erschaffung angeht) vor Allah gleich wie Adam. Den erschuf er aus Erde." Koranvers 3,59

Anzumerken ist noch: Das Alte und das Neue Testament kennen keine Mischwesen wie die Dschinn.[34] Deswegen kämen Juden und Christen nie darauf, sie als Gefährten oder gar als Söhne und Töchter Gottes zu bezeichnen. Hat der Allah des Koran das nicht gewusst?

Zur islamischen Fehldeutung der Lehre von der Dreifaltigkeit schreibt Muhammad Salim Abdullah (alias Herbert Krawinkel), der Koran wende „sich nicht gegen den christlichen Glaubenssatz 'Vater-Sohn-Heiliger Geist'", sondern er bekämpfe „vielmehr die Formel 'Vater-Mutter(Maria)-Sohn', den Tritheismus, der zuzeiten des Propheten Muhammad unter den Christen Arabiens weit verbreitet war".[35] Abdullah nennt aber kein einziges Dokument, in dem dieser angeblich auf der arabischen Halbinsel weit verbreitete Tritheismus vertreten wird. Außerdem wäre zu erwarten gewesen, dass der im Koran wiederholt als allwissend bezeichnete Allah seine Kritik am „Tritheismus" präzisiert und den Sachverhalt richtig gestellt hätte und nicht die Dreifaltigkeitslehre, die auf Selbstaussagen Jesu im Neuen Testament beruht, in Bausch und Bogen verwirft. So aber ist zu fragen: Kannte bzw. kennt der Allah des Koran die Trinitätslehre der Christen nicht?

Auch aus dem Koranvers 2,135 geht hervor, dass Muslime sich mit Juden und Christen nicht wirklich auf eine Basis namens 'Abrahamitische Religion' zu verständigen vermögen. Denn Juden und Christen werden im Koran als „nicht rechtgeleitet" bezeichnet.

„Und sie (d. h. die Leute der Schrift) sagen: 'Ihr müsst Juden oder Christen sein, dann seid ihr recht geleitet' Sag: Nein! (Für uns gibt es nur) die Religion Abrahams, eines Hanifen – er war kein Heide,

---

34 „Wir haben ja viele von den Dschinn und Menschen für die Hölle geschaffen." Koranvers 7,179
35 Abdullah, Muhammad Salim, Islam – Muslimische Identität und Wege zum Gespräch, Düsseldorf 2002, S. 160.

wenn der Islam unter dem Gesichtspunkt des Monotheismus mit dem Christentum auf eine Ebene gestellt wird? Gibt es solch einen muslimischen Protest? Bleibt er aus Gründen der taqiya aus?

An den Koranversen 23,90 ff. ist weiter bemerkenswert, dass Allah bekundet, wenn er Mit-Götter hätte, und sei es auch nur ein einziger Sohn, käme es unweigerlich zwischen ihnen zu Auseinandersetzungen. Das zeigt deutlich, dass der Allah des Koran in menschlichen Kategorien und Verhaltensweisen denkt bzw. sich selbst darstellt oder vom Engel Gibriel dargestellt wird bzw. von Mohammed so verstanden worden ist. Nach dem Koran verhält sich Allah so, wie es bei Menschen durchaus zu beobachten ist.

Zum Vorwurf des Tritheismus ist noch anzumerken: Aus dem Koranvers 5,116[33] geht hervor, dass Allah meint, mit der Dreifaltigkeit seien Gott, Jesus und Maria gemeint. Nach christlicher Lehre aber hat Maria nie zur Trinität gehört. Bereits im Missionsauftrag Jesu an die Jünger heißt es: „... tauft sie auf den Namen des Vaters und des Sohnes und des Heiligen Geistes" (Matthäus 28,19), nicht etwa (auch) auf den Namen Marias. Maria ist nach christlicher Lehre ein Geschöpf des dreifaltigen Gottes. Maria zur Trinität zu zählen, ist nach christlichem Verständnis Gotteslästerung.

Für Muslime scheint es undenkbar und deswegen ein Frevel zu sein, dass Allah einen Sohn gezeugt haben könnte. Offenbar können sie sich die Zeugung eines Kindes nur durch Geschlechtsverkehr mit einer Frau (einer Göttin?) vorstellen. Die Koranverse 6,100 f. legen den Muslimen die biologistische Denkweise allerdings nahe. Denn darin heißt es:

„Aber sie (d.h. die Ungläubigen) haben die Dschinn zu Teilhabern Allahs gemacht, wo er sie doch erschaffen hat. Und sie haben ihm in (ihrem) Unverstand Söhne und Töchter angedichtet. Gepriesen sei er! Er ist erhaben über das, was sie (von ihm) aussagen. (Er ist) der Schöpfer von Himmel und Erde. Wie soll er zu Kindern kommen, wo er doch keine Gefährtin hatte (die sie ihm hätte zur Welt bringen können) und (von sich aus) alles geschaffen (was in der Welt ist)."

---

33 Koranvers 5,116: „Und (damals) als Allah sagte: 'Jesus, Sohn der Maria! Hast du (etwa) zu den Leuten gesagt: 'Nehmt euch außer Allah mich und meine Mutter zu Göttern!?'"

b) „Tritheismus" im Christentum

Aus islamischer Sicht ist auch das Christentum keine abrahamitische, nämlich keine monotheistische Religion. Nach dem Koran sind die Christen wegen ihres Glaubens an den dreieinigen Gott vielmehr „Tritheisten". An mindestens 15 Stellen im Koran wird den Christen vorgehalten, dass Allah keinen Sohn bzw. keine Kinder habe und auch nicht haben könne[31] und wegen dieser christlichen Lehre schier die Berge zusammenstürzten.[32]

Im Koran werden die Christen wegen ihrer Trinitätslehre sogar als Lügner bezeichnet.

„In ihrer Lügenhaftigkeit sagen sie ja (geradezu): 'Allah hat (Kinder) gezeugt'. Sie sind eben Lügner." Koranvers 37,151

An einer anderen Stelle des Koran heißt es:

„Wir [!] haben ihnen die (volle) Wahrheit gebracht. Sie aber lügen. Allah hat sich kein Kind (oder: keine Kinder) zugelegt (wie sie von ihm behaupten), und es gibt keinen (anderen) Allah neben ihm. Sonst würde jeder (einzelne) Allah das, was er (seinerseits) geschaffen hat, (für sich) beiseite nehmen (wörtlich: wegnehmen), und sie würden gegeneinander überheblich (und aufsässig). Allah sei gepriesen! (er ist erhaben) über das, was sie aussagen, ... Er ist erhaben über das, was sie (ihm an anderen Allahs) beigesellen." Koranverse 23,90-92

Was könnte Muslime bewegen, diese „Lügner" als Angehörige der abrahamitischen Religion anzusehen und Kontakt zu ihnen zu suchen? Sollten bzw. müssten nicht vielmehr Muslime protestieren,

---

31 Siehe z. B. die Koranverse 4,171; 5,17; 5,72 f.; 9,30 f.; 10,68; 17,111; 19,88-92; 21,26; 25,2; 39,4; 43,81; 72,3; 112,3.

32 „Sie (d.h. die Ungläubigen, oder: die Christen?) sagen: 'Der Barmherzige hat sich ein Kind zugelegt.' (Sag: Da (d. h. mit dieser eurer Behauptung) habt ihr etwas Schreckliches begangen. Schier brechen die Himmel (aus Entsetzen) darüber auseinander und spaltet sich die Erde und stürzen die Berge in sich zusammen, dass sie dem Barmherzigen ein Kind zuschreiben. Dem Barmherzigen steht es nicht an, sich ein Kind zuzulegen." Koranvers 19,88-92. Siehe weiter die Koranverse 72,3; 37,151; 10,68 f..
Wegen des Glaubens der Christen an den dreifaltigen Gott ist bisher der Himmel nicht auseinander gebrochen, hat sich deswegen nirgends die Erde gespalten und ist noch kein Berg in sich zusammengestürzt. Damit ist klar, dass diese Mitteilungen im Koran allenfalls als „Bildwort" oder als Wunschdenken zu verstehen sind.

können und woher ergibt sich die Möglichkeit, dass Muslime das Judentum als abrahamitische Religion anerkennen können? Außerdem will Allah über die Ungläubigen Satane gesandt haben.

> „Hast du nicht gesehen, dass wir [!] die Satane über die Ungläubigen gesandt haben, ..." Koranvers 19,83.

Auch das legt den Muslimen nahe, zu allen Nichtmuslimen Abstand zu halten. Allah stellt im Koranvers 4,101 fest, die Ungläubigen seien den Muslimen „ein ausgemachter Feind". Und im Koranvers 8,55 ist zu lesen:

> „Als die schlimmsten Tiere gelten bei Allah diejenigen, die ungläubig sind und (auch) nicht glauben werden (?) (oder: und (um alle Welt) nicht glauben wollen?)."

Im Koranvers 98,6 teilt der Allah des Koran weiter mit:

> „Diejenigen von den Leuten der Schrift und den Heiden, die ungläubig sind, (oder: Diejenigen, die ungläubig sind, die Leute der Schrift und die Heiden?) werden (dereinst) im Feuer der Hölle sein und (ewig) darin verweilen. Sie sind die schlechtesten Geschöpfe."

Im Koranvers 3,71 heißt es über Juden und Christen:

> „Ihr Leute der Schrift! Warum verdunkelt ihr die Wahrheit mit Lug und Trug (wörtlich: mit dem, was nichtig ist) und verheimlicht sie, während ihr (doch um sie) wisst?"

Lohnt es sich für Muslime, mit solchen Leuten – 'den schlechtesten Geschöpfen' – einen Dialog zu beginnen?

Selbstverständlich hat es im Lauf der Geschichte auch ein Miteinander von Muslimen und Juden gegeben. Es deutet aber Einiges darauf hin, dass Muslime ein Zusammenleben mit Juden nicht aus Achtung vor deren auf Abraham fußenden Glauben angestrebt haben, sondern Nützlichkeitserwägungen zugrunde lagen, und zwar im Sinne von: hier die muslimische Herren, dort die nützlichen dhimmis.[30]

---

dem Feuer versprochen. Im Gegensatz dazu sind diejenigen von ihnen, die an Muhammad glauben – Allahs Segen und Heil seien auf ihm – nicht mehr Juden, sondern Muslime geworden. Dass die Juden eine Rasse sind, ist eine falsche Behauptung. Denn sie stammen von verschiedenen Rassen ab, wie wir im Rechtsgutachten Nr. 49581 geschildert haben." Quelle: www.islamweb.net/fatwa/index.php?page=showfatwa&Option=FatwaId&Id=156641

30 Siehe dazu z. B. in diesem Buch den Beitrag von Eugen Sorg „Das Land, wo Blut und Honig floss".

a) Juden, Allahs Feinde

Bemerkenswert ist, dass die Juden, das Bundesvolk des Alten Testaments, im Koran wiederholt verflucht werden, vgl. z. B. die Koranverse 2,88; 5,13; 4,46; 4,52; 5,64; 23,44. Was könnte Muslime veranlassen, mit Leuten einen Dialog zu führen, die Allah höchstselbst verflucht hat bzw. die für die Hölle geschaffen worden sind?

Entsprechend den koranischen Mitteilungen über die Juden soll denn auch bereits bei Mohammed die Praxis ausgesehen haben: Er habe die zwei jüdischen Stämme Qainuqa und Nadir aus Medina vertrieben und sich ihr Vermögen angeeignet, den dritten, nämlich Banu Quraizah, habe er zudem ausgelöscht, indem er alle Männer und Jugendlichen habe köpfen lassen – von 700 Personen ist die Rede. Die Frauen und Kinder habe er versklavt.[27]

In einem Hadith heißt es, sogar der Stein würde, wenn sich ein Jude hinter ihm versteckt habe, dem Muslim zurufen: „Komm herbei! ... Töte ihn!"[28] In einer Fatwa wird ebenfalls ein Verdikt über die Juden gesprochen.[29] Wie sollen da Gemeinsamkeiten bestehen

---

27 Einzelheiten siehe bei: Michael Steiner, Die islamischen Eroberer, Langen 2001, S. 63 ff. sowie S. 79 ff.; siehe auch: Ishak/Hischam, Das Leben Mohammed's, Aus dem Arabischen übersetzt von Dr. Gustav Weil, Zweiter Band, Stuttgart 1864, S. 104 ff..

28 'Abdullah Ibn 'Umar (R a) berichtet, der Gesandte Allahs (S) habe gesagt: Ihr werdet die Juden bekämpfen, bis einer von ihnen Zuflucht hinter einem Stein sucht. Und dieser Stein wird rufen: „Komm herbei! Dieser Jude hat sich hinter mir versteckt! Töte ihn!" Sahih al-Buhari, Nachrichten von Taten und Aussprüchen des Propheten Muhammad, Stuttgart 1991, Nr. 18, S. 310.

29 Das Institut für Islamfragen der Evangelischen Allianz hat am 12. August 2011 folgende Fatwa ins Internet gestellt:
Die Verfluchung der Juden ist kein Fehler – Von dem Rechtsgutachtergremium des qatarischen Religionsministeriums unter www.islamweb.net (Institut für Islamfragen, dh, 12.08.2011) Rechtsgutachten-Nr: 156641
Frage: „Vor einiger Zeit habe ich die Juden verflucht. Aber als ich dies tat, hatte ich unüberlegt erst gedacht, die Juden wären eine Rasse. Allerdings hatte ich die Juden, die zum Islam übergetreten sind, von der Verfluchung ausgenommen, weil ich dachte, diese wären ebenfalls eine Rasse, nicht eine Religion. Später habe ich meinen Fehler eingesehen und erkannt, dass die Juden eine Religion[sgemeinschaft] sind und keine Rasse. Selbstverständlich sind alle Juden Ungläubige. Habe ich mich dadurch versündigt?"
Antwort: „Sie haben dadurch nichts Falsches getan. Denn die Juden, die die Botschaft Muhammads – Allahs Segen und Heil seien auf ihm – erreicht hat und die nicht daran [an den Islam] glauben, sind verhasste Ungläubige und

Denn Allah will sogar selbst dafür gesorgt haben, dass Mohammed weitere Offenbarungen vergessen hat. Aber wie sinnvoll sind bzw. was nutzen Offenbarungen, die anschließend dem Vergessen anheim gegeben werden? Zudem wird ein eigenartiges Verständnis von „Urschrift" sichtbar und klingt ein sonderbares Verständnis vom Überbringen der Offenbarungen an.

Auch wenn Mohammed bei Muslimen als „Siegel der Propheten" gilt und Allah angeblich mit dem Koran seine Offenbarungen abgeschlossen haben sollte, besteht keine Gewähr, dass Allah nicht zwischenzeitlich doch erneut Texte des Koran der Vergessenheit anheim gegeben und sogar die Urschrift geändert hat. Denn wer könnte Allah daran hindern bzw. ihm das verbieten?

Im Koran heißt es, die Muslime hätten in Abraham ein schönes Beispiel für den Umgang mit Ungläubigen. Aber gemeint sind nicht etwa Toleranz und Dialog oder Dialogbereitschaft, sondern so wie Abraham den Kontakt zu seinen andersgläubigen Landsleuten abgebrochen hat, so sollen die Muslime den Kontakt zu den Nichtmuslimen abbrechen.

> „In Abraham und denen, die mit ihm waren, habt ihr doch ein schönes Beispiel. (Damals) als sie zu ihren Landsleuten sagten: 'Wir sind unschuldig an euch und an dem, was ihr an Allahs Statt verehrt. Wir wollen nichts von euch wissen (wörtlich: Wir glauben nicht an euch). Feindschaft und Hass ist zwischen uns offenbar geworden (ein Zustand, der) für alle Zeiten (andauern wird), solange ihr nicht an Allah allein glaubt.'" Koranvers 60,4

Wenn sich daher Muslime korangemäß an Abraham orientieren, ist zu erwarten, dass sie mit Juden und Christen keinen Dialog führen wollen. Der Begriff „Abrahamitische Religionen" aber suggeriert Gemeinsamkeiten, die nach dem Koran nicht gegeben sind. Im Koran stehen noch weitere Verdikte über Juden und Christen, die es Muslimen nicht geraten erscheinen lassen dürften, Juden und Christen als Gesprächspartner zu suchen bzw. zu akzeptieren. Allah teilt z. B. mit:

> „Wir [!] haben ja viele von den Dschinn und Menschen für die Hölle geschaffen." Koranvers 7,179

Die Juden gelten im Koran als Feinde Allahs. Die Christen sind es als „Tritheisten" ebenfalls.

Eine Ermunterung zum Dialog mit Juden und Christen und weiteren Andersgläubigen ist der Koranvers 40,56 für Muslime nicht.

Ein Disput über koranische Offenbarungen könnte aber auch deswegen für Muslime, Juden und Christen verlorene Zeit zu sein, weil Allah den angeblich ewigen Koran immer mal wieder geändert haben will. Allah relativiert seine Mitteilungen sogar selbst. So will er dem Mose am Sinai zwar allerlei aufgeschrieben haben, Mose aber soll den Israeliten befehlen, sie sollten sich „an das Beste davon halten", Koranvers 7,145.

Im Koranvers 39,55 wird das auch den Muslimen gesagt. Dort heißt es:

„Und folgt dem Besten, was von eurem Herrn (als Offenbarung) zu euch herabgesandt worden ist."

Der Allah des Koran teilt aber nicht mit, was das Beste von dem ist, was er jeweils herabgesandt haben will. Er stellt vielmehr Israeliten und Muslimen frei, was sie von seinen Mitteilungen beherzigen wollen. Ein sonderbarer Gott! Aber das hat im Rahmen der islamischen Lehre von der Vorherbestimmung durchaus einen Sinn. Denn danach hat Allah bereits bei der Geburt jedes Menschen festgelegt, wer ins koranische Paradies oder in die koranische Hölle kommt. Somit kommt es letztlich nicht darauf an, ob jemand sein Leben an Allahs Koran bzw. an dem Besten ausrichtet, was Allah herabgesandt hat. Allah sorgt dafür, dass jeder kurz vor seinem Tod je nach Vorherbestimmung „Werke des Paradieses" oder „Werke der Hölle" begeht. Beim biblischen Gott ist das anders.

Fraglich ist weiter, ob der Koran in der derzeit vorliegenden Version noch Allahs neuester Koranfassung entspricht. Denn möglicherweise hat Allah nach seinen Mitteilungen an Mohammed, die in den Jahren 610-632 n. Chr. erfolgt sein sollen, den Koran weiter geändert bzw. Einiges davon wieder geheimgehalten.

„Und Allah löscht (seinerseits), was er will, aus, oder lässt es bestehen. Bei ihm ist die Urschrift (in der alles verzeichnet ist)." Koranvers 13,39

„Wir werden dich [Mohammed] (Offenbarungstexte) vortragen lassen, und du wirst nichts (davon) vergessen, außer was Allah will! Er weiß, was verlautbart, und was geheimgehalten wird (wörtlich: was verlautbart wird, und was verborgen ist)." Koranverse 87,6-7

Allah hat also dem Mohammed möglicherweise mehr geoffenbart als Mohammed nachher mitgeteilt hat bzw. mitteilen konnte.

falls Vorbehalte angesagt und Unvereinbarkeiten gegeben. Im Koran heißt es öfter Allah habe seit Urzeiten seine Propheten gesandt und dem Mose (und Aaron) die Tora gegeben (vgl. Koranverse 25,35; 32,23; 41,45; siehe auch 5,44) und durch Jesus das Evangelium gebracht (vgl. Koranvers 19,30). Aber die Juden hätten die Schrift verfälscht (vgl. Koranverse 4,46; 5,13; 5,41) und die Christen hätten einen Teil von dem vergessen, woran sie erinnert worden seien (vgl. Koranvers 5,14).

Nach Koranvers 4,51 glauben diejenigen, „die einen Anteil an der Schrift erhalten haben", zusätzlich auch „an den Dschibt[25] und die Götzen". Die Botschaft Allahs liege erst seit Allahs Mitteilungen an Mohammed (wieder) in der ursprünglichen Fassung vor, vgl. Koranvers 5,48.

Als verderbt gelten bei Muslimen alle Texte der Bibel, die mit den Schilderungen im Koran nicht übereinstimmen. Juden, die sich am Alten Testament und Christen, die sich am Neuen Testament ausrichten, orientieren sich aus muslimischer Sicht zumindest teilweise an Irrlehren und nicht mehr am unverfälschten Wort Allahs.

Muhammad Rassoul, ein Übersetzer des Koran ins Deutsche, erklärt: „Nur im Qur'an ist Allahs Botschaft an die Menschen unverfälscht erhalten geblieben und wird es auch weiterhin bleiben."[26] Ob Muslime daher Judentum und Christentum noch zu den abrahamitischen Religionen zählen bzw. zählen können und dürfen, ist zumindest zweifelhaft. Nicht umsonst fordert der Allah des Koran ja die Muslime auf, gegen Juden und Christen ggf. gewaltsam vorzugehen und nicht etwa mit ihnen zu disputieren. Zwar steht im Koran auch: „Und streitet nicht mit dem Volk der Schrift, es sei denn auf die beste Art und Weise." (Koranvers 29,46) Wie die aber aussehen soll, wird nicht mitgeteilt. Vielmehr heißt es an einer weiteren Stelle:

> „Diejenigen, die über die Zeichen Allahs streiten, ohne dass sie Vollmacht (dazu) erhalten hätten, sind vollkommen größenwahnsinnig (wörtlich: haben in der Brust nichts als Größe, die sie nicht erreichen können). Such (vor ihnen) Zuflucht bei Allah!" Koranvers 40,56

---

25 Was mit „Dschibt" bezeichnet wird, scheint nicht eindeutig zu sein. Es könne Magie, Zauberei gemeint sein, aber auch Götze bzw. Götzenverehrung.
26 Rassoul, Muhammad, Die ungefähre Bedeutung des Qur'an Karim in deutscher Sprache, Köln, 5. Auflage, März 2012.

ments könne man beiseite lassen. Das ist so, wie wenn jemand bei Diskussionen über das Universum um einer gemeinsamen Basis willen davon ausgeht, die Erde sei eine Scheibe und die Sonne umkreise die Erde. Welche naturwissenschaftlichen Erkenntnisse können wohl von solch einer Grundannahme aus möglich sein? Und welche theologischen Erkenntnisse und Verhaltensweisen können Christen für das Glaubensleben, für das gesellschaftliche und staatliche Miteinander und das Weltverständnis gewinnen, wenn trotz Jesu Offenbarungen beim Allah des Koran mit seinen Kampf- und Vernichtungsbefehlen, seinen Prügel- und Verstümmelungsstrafen und seiner Erschaffung von Menschen für Himmel oder Hölle angeknüpft wird?

In der Handreichung „Klarheit und gute Nachbarschaft – Christen und Muslime in Deutschland", herausgegeben vom Rat der Evangelischen Kirche in Deutschland (EKD), heißt es:

> „Die Feststellung des 'Glaubens an den einen Gott' trägt nicht sehr weit. Der Islam geht von einem eigenen Glauben und Gottesbild aus, auch wenn er auf die Bibel und ihre Lehren verweist. Deren Darstellungen ordnet er seiner neuen Lehre unter, die weder die Trinitätslehre noch das Christusbekenntnis und die christliche Heilslehre kennt."[23]

Papst Franziskus schreibt:

> „Ein versöhnlicher Synkretismus wäre im Grunde ein Totalitarismus derer, die sich anmaßen, Versöhnung zu bringen, indem sie von Werten absehen, die sie übersteigen und deren Eigentümer sie nicht sind. ... Eine diplomatische Offenheit, die zu allem Ja sagt, um Probleme zu vermeiden, nützt uns nichts, da dies eine Art und Weise wäre, den anderen zu täuschen ..."[24]

3. Koranaussagen gegen Juden und Christen

Aus muslimischer Sicht sind im Blick auf den im Koran geschilderten Abraham und die sonstigen Mitteilungen über Judentum und Christentum zum Thema „Abrahamitische Religionen" eben-

---

23 EKD-Texte Nr. 86, Hannover 2006, S. 18.
24 Apostolisches Schreiben „Evangelii Gaudium", Nr. 251, S. 170, in: Verlautbarungen des Apostolischen Stuhls, Nr. 194, hrsg. vom Sekretariat der Deutschen Bischofskonferenz, Bonn 2013.

Wenn Muslime ihre Glaubensgeschwister töten, müssen sie mit der Rache der Angehörigen rechnen (vgl. Koranvers 17,33). Wenn Muslime Christen töten, wissen sie, dass die Christen sich auf Grund ihres Glaubens nicht rächen dürfen.

Im Hebräerbrief (6,13) heißt es: „Als Gott dem Abraham die Verheißung gab, schwor er bei sich selbst, da er bei keinem Höheren schwören konnte". Der Allah des Koran dagegen bezieht sich bei Beteuerungen

- auf Nacht und Tag, vgl. Koranverse 92,1 f.,
- auf die Orte, an denen die Sterne herabfallen bzw. untergehen, vgl. Koranvers 56,75,
- auf die Abenddämmerung sowie auf das, was die Nacht verhüllt, auf den zunehmenden Mond, vgl. Koranverse 84,16 ff.,
- auf Sonne und Mond, Himmel und Erde, vgl. Koranverse 91,1 ff.,
- auf die stiebenden Hufe der Pferde, vgl. Koranverse 100,1 ff.,
- bei dem, was die Menschen sehen bzw. nicht sehen, vgl. Koranvers 69,38; siehe weiter Koranvers 51,1 ff.

alles geschaffene vorübergehende Situationen, aber nichts „Beständiges".

Allahs Bezug auf diese Naturgegebenheiten ist auch deswegen sonderbar, weil Abraham lt. Koranverse 6,74 ff. gerade nicht bei den „aufgehenden" und „untergehenden" Gestirnen stehen geblieben ist, sondern nach dem Schöpfer all dieser Begebenheiten gefragt hat.

Der Allah des Koran soll auch Zuflucht gewähren vor dem Unheil, das ausgehen mag „von (bösen) Weibern, die (Zauber-)Knoten bespucken" (Koranvers 113,4). Beim Gott der Bibel ist solch sonderbares Beschwören und Beteuern nicht zu finden.

Was könnte Christen veranlassen anzunehmen, dieser Allah des Koran sei identisch mit dem Gott, der sich dem Abraham geoffenbart hat und der nach dem Neuen Testament der Vater Jesu Christi ist?

Jene Christen, die meinen, der Abraham, der im Koran geschildert wird, sei mit dem Abraham des Alten und des Neuen Testaments identisch und könne eine Grundlage für ein friedliches und gleichberechtigtes Miteinander von Juden, Christen und Muslimen sein, begeben sich auf eine Ebene, die im Neuen Testament als nicht maßgeblich und nicht tragfähig erklärt wird. Solche Christen bekunden letztlich, die Gottesoffenbarungen des Neuen Testa-

Auch nach Paulus kann der Islam nicht als abrahamitische Religion bezeichnet werden. Paulus schreibt im Brief an die Galater: „Von Abraham wird gesagt: Er glaubte Gott, und das wurde ihm als Gerechtigkeit angerechnet. Daran erkennt ihr, dass nur die, die glauben, Abrahams Söhne sind." (Galater 3,6 f.) Wo aber im Koran wird berichtet, dass von Abraham ein Glaubensakt verlangt worden ist wie Paulus ihn im Hinblick auf die Botschaft Jesu für erforderlich hält?

Ein „Siegel der Propheten" a la Mohammed ist vom Neuen Testament her und damit aus christlichem Verständnis ausgeschlossen. Denn nach Hebräerbrief 1,1 ff. ist Jesus, der Sohn Gottes, das ewige Wort des ewigen Vaters. Jesus Christus ist „für alle, die ihm gehorchen, der Urheber des ewigen Heils geworden" (vgl. Hebräerbrief 5,9). Die Muslime aber wollen Jesus nicht gehorchen, nämlich seiner Friedensbotschaft nicht nachkommen und ihn nicht als den Sohn Gottes anerkennen. Alle Christen, die dennoch den Islam als abrahamitische Religion bezeichnen, erklären damit indirekt, auf das Kriterium, das der Hebräerbrief und Paulus nennen, nämlich „an Jesus Christus glauben", komme es nicht an.

Die Botschaft des Neuen Testaments ist mit den angeblichen Weisungen Allahs im Koran zudem in wesentlichen Punkten nicht vereinbar. Erwähnt sei nur, dass Jesus seine Jünger lehrt: „Liebt eure Feinde; tut denen Gutes, die euch hassen. Segnet die, die euch verfluchen; betet für die, die euch misshandeln." (Lukas 6,27 f.). Der Allah des Koran dagegen fordert die Muslime wiederholt auf, die Andersgläubigen zu meiden bzw. zu bekämpfen. Der Allah des Koran schleudert selbst so manchen Fluch gegen andere und geht insofern den Muslimen voran.[22]

---

22 Koranstellen, in denen zum Beispiel von Allahs Fluch die Rede ist: 2,88 f.; 4,44 ff.; 4,51 f.; 5,13; 5,64; 9,68; 23,44; 33,64.
Im Evangelium nach Matthäus 5,22 heißt es: „Ich aber sage euch: Jeder, der seinem Bruder auch nur zürnt, soll dem Gericht verfallen sein; und wer zu seinem Bruder sagt: ,Du Dummkopf!, soll dem Spruch des Hohen Rates verfallen sein; wer aber zu ihm sagt: Du (gottloser) Narr!, soll dem Feuer der Hölle verfallen sein."
Bereits im Buch der Weisheit 11,24 heißt es: „Du [Gott] liebst alles, was ist, und verabscheust nichts von allem, was du gemacht hast; denn hättest du etwas gehasst, so hättest du es nicht geschaffen."
Gott verabscheut die Sünde, aber nicht den Sünder.

Nach Koranvers 2,258 hat Abraham mit einem Herrscher darüber gestritten, wer lebendig macht und sterben lässt. „Abraham sagte: 'Allah bringt die Sonne vom Osten her. Bring du sie vom Westen!' Da war jener Ungläubige verdutzt (und konnte nichts mehr erwidern)." Solch eine Art Argumentation vermag zu verblüffen, aber nicht zu überzeugen. Genau so könnte jemand sagen: Mein Gott bringt die Sonne von Osten her; der Allah des Koran möge sie vom Westen bringen oder: Mein Gott lässt das Wasser bergab fließen. Sag Du deinem Gott, er möge es bergauf fließen lassen.

Die Weisungen Gottes an Abraham, die im Alten Testament berichtet werden, entsprechen in wichtigen Bereichen nicht den späteren angeblichen Weisungen und Forderungen des Koran-Allah. Die koranischen Schilderungen über Abraham sind in mancherlei Hinsicht mit den Berichten über den alttestamentlichen Abraham nicht vereinbar.

2. Unvereinbarkeiten zwischen Neuem Testament und Koran

Im Evangelium nach Johannes (vgl. 8,39 f.) sagt Jesus zu jenen Juden, die ihm feindlich gesinnt sind: „Wenn ihr Kinder Abrahams wärt, würdet ihr so handeln wie Abraham. Jetzt aber wollt ihr mich töten ... So hat Abraham nicht gehandelt." Dieser Vorwurf trifft auch auf Muslime zu. Natürlich konnten und können Muslime Jesus nicht töten, denn Mohammed soll von etwa 570 bis 632 nach Christi Geburt gelebt haben.[21] Aber Christen werden in etlichen islamischen Staaten von Muslimen bis zum heutigen Tag diffamiert, drangsaliert, gefoltert, vergewaltigt, versklavt, vertrieben, getötet – entsprechend den Weisungen im Koran und in Hadithen und damit nach muslimischem Verständnis gemäß den Weisungen Allahs, und die gelten nach muslimischer Ansicht für alle Zeit.

Jesus hat bekanntlich keine Kriege geführt und seine Anhänger nicht aufgefordert, mit der Waffe für ihn zu kämpfen. „Steck dein Schwert in die Scheide" ist seine Weisung bei der Festnahme am Ölberg (vgl. Matthäus 26,52). Jesus setzt die auf Frieden und Ausgleich bedachte Haltung des alttestamentlichen Abraham fort.

Jesus begegnet mit Achtung und Mitgefühl den Frauen und diskriminiert sie nicht.

---

21 Einige Islamexperten bezweifeln, dass es den Mohammed des Koran als historische Person gegeben hat.

willkürlich schaltenden Herrscher.[17] Wenn es im Koran heißt, Allah sei zufrieden, dass die Muslime den Islam als Religion angenommen hätten (vgl. Koranvers 5,3[18]), ist daran zu erinnern, dass „Islam" bekanntlich Unterwerfung bedeutet, nicht etwa Bundesschluss oder Kindschaftsverhältnis oder Frieden, – auch nicht inklusive. Der Muslim ist Allahs Untertan, nicht Allahs Kind.

Nach dem Alten Testament unternimmt Abraham keinen Versuch, andere zu seinem Gott zu bekehren. Gott fordert ihn auch nicht dazu auf. Der Allah des Koran dagegen verlangt von den Muslimen, die Menschen, die nicht bereit sind, Muslime zu werden, entweder zu töten oder zu dhimmis, zu Unterworfenen zu machen, zu Menschen, die unterwürfig den Muslimen eine Sondersteuer zu entrichten haben und weitgehend rechtlos sind.[19] Was hat dieser Allah des Koran mit dem Gott der Bibel gemeinsam?

Der Abraham des Alten Testaments lehnt Kriegsbeute ab, damit niemand sagen könne, er sei auf diese Weise reich und mächtig geworden (vgl. Genesis 14,22 ff.). Auch in dieser Hinsicht setzt der alttestamentliche Abraham sein Vertrauen allein auf Gott. Der Allah des Koran dagegen will selbst dafür gesorgt haben, dass Mohammed und die Muslime reiche Beute gemacht haben (vgl. Koranvers 48,20) und Mohammed seinen Anteil davon bekommen hat. Zur Kriegsbeute zählten auch Frauen und Kinder – und zumindest Frauen hat auch Mohammed von Allah höchstselbst als Kriegsbeute bekommen und seinem Harem eingefügt, siehe Koranvers 33,50.

Weiter ist unverständlich, dass Abraham und Ismael die Kultstätte der Ka'aba wiederherrichten sollen, Abraham aber später in ein fernes Land versetzt wird und folglich anderen die Ka'aba überlassen bleibt.[20]

---

17 Vgl. z. B. Koranvers 5,40: „Weißt du denn nicht, dass Allah ... bestraft, wen er will, und vergibt, wem er will?"
18 Muslime, die behaupten, „den Islam" gebe es nicht, sollten sagen, wieso ihr Allah ihnen mitteilt, dass er zufrieden sei, dass die Muslime „den Islam als Religion" hätten.
19 Siehe die Koranverse 4,89; 9,29; 8,12 f.; 66,9; 9,73; 9,123; 9,5; 58,5; 47,8 f.; 48,29.
20 Bemerkenswert ist im Hinblick auf die Auseinandersetzungen in Palästina, dass der Allah des Koran selbst den Juden das Heilige Land zugewiesen hat, siehe die Koranverse 5,21 ff. und 17,104.

Die koranischen Schilderungen über Abraham passen auch sonst in das Gottesbild des Koran. „Verdienste" durch ein glaubendes Vertrauen auf Allahs Verheißungen gibt es nicht und kann es auch nicht geben. Denn nach einem Hadith – also einer Auskunft des nach koranischer Lehre von Allah rechtgeleiteten Mohammed – legt Allah bereits vor der Geburt jedes Menschen bis ins Einzelne fest, wie sein Leben verläuft, wohl auch, ob er Nachkommen haben wird und wie viele und ob er nach seinem Tod ins koranische Paradies oder in die koranische Hölle kommt.[16] Das Vertrauen auf eine Zusage Allahs, das dem Abraham als „Gerechtigkeit" angerechnet werden könnte – vgl. Genesis 15,6 –, ist damit im Koran obsolet.

Ein Bundesschluss bzw. die Erweiterung des Bundes auch auf Frauen und Kinder ist nach den Mitteilungen Allahs über die mindere Ausstattung der Frauen nicht angesagt (vgl. die Koranverse 2,228 und 4,34). So werden denn auch weder Sara, die Mutter Isaaks, noch Hagar, Saras ägyptische Magd und Mutter des Ismael, im Koran namentlich genannt, auch Ketura nicht.

Der Allah des Koran teilt mit, er sei der Schöpfer aller Menschen. Er bezeichnet sich aber meines Wissens nirgends als Vater aller Menschen und nennt die Menschen nicht seine Kinder. Vielmehr dominiert die Vorstellung von einem allmächtigen und

---

16 Nach einem Hadith durchläuft der Mensch bis zu seiner Geburt folgende Stufen: „Nach 'Abd Allah ibn Mas'ud: Die Erschaffung eines jeden von euch verläuft wie folgt: Er wird im Schoß seiner Mutter im Laufe von vierzig Tagen und vierzig Nächten (oder: von vierzig Nächten) zusammengesetzt. Desgleichen wird er dann zu einem Embryo; desgleichen zu einem Fötus. [Fußnote bei Khoury: Vgl. Koran 23,12-14; 32,7-9; 75,36-39; 86,5-7.] Dann sendet Allah einen Engel zu ihm, der ihm vier Worte zu verkünden hat. Er bestimmt seinen Lebensunterhalt, seine Lebensfrist, seinen Wandel, sein Ende, ob er unglücklich oder glücklich wird. Dann bläst er in ihn den Geist hinein. Der eine von euch mag dann auch handeln, wie die Leute des Paradieses handeln, so dass er davon nur noch eine Elle entfernt ist. Dann ereilt ihn die Bestimmung, und da handelt er nun, wie die Leute des Höllenfeuers handeln, und er tritt ins Höllenfeuer ein. Und der andere von euch mag auch handeln, wie die Leute des Höllenfeuers handeln, so dass er davon nur noch eine Elle entfernt ist. Dann ereilt ihn die Bestimmung, und da handelt er, wie die Leute des Paradieses handeln, und er tritt ins Paradies ein." Bukhari, Muslim, Abu Dawud, Tirmidhi, aus: Khoury, Adel Theodor, So sprach der Prophet, Gütersloh 1988, Nr. 106, Seite 99 f..

Nicht erwähnt wird, warum Allah den Abraham einer 'offensichtlichen Prüfung' unterzogen hat.

Nach dem Koran stehen jene Personen Abraham am nächsten, die ihm damals gefolgt sind, und darüber hinaus Mohammed und die Muslime.[14]

II. Unterschiede zwischen Bibel und Koran

Die biblischen Berichte über Abraham unterscheiden sich, wie schon angeklungen ist, in etlichen Punkten von den Berichten im Koran über Abraham.

1. Differenzen zwischen Altem Testament und Koran

Aus alttestamentlicher Sicht fällt auf, dass Abraham in den Schilderungen des Koran nicht aufgefordert wird, in ein unbekanntes Land zu ziehen. Er wird einfach mit Lot dorthin versetzt. Von Saras Unfruchtbarkeit und von ihrem fortgeschrittenen Alter ist nur in Koranvers 51,29 die Rede. Der Abraham, von dem der Koran berichtet, erhält von Allah keine Zusage, ihn zu einem großen Volk zu machen, sodass er darauf durch gläubiges Vertrauen antworten könnte. Er braucht seinerseits auch nichts weiter zu unternehmen, etwa seine Heimat zu verlassen oder alle männlichen Personen seiner Familie und seines Gesindes zu beschneiden (vgl. Genesis 17,10 ff.).[15]

Die vom biblischen Gott initiierten Bundesschlüsse bzw. deren Erweiterungen beginnen jeweils mit einer Selbstoffenbarung und einer Verheißung Gottes. Im Koran dagegen ist nirgends ausdrücklich davon die Rede, dass sich der Allah des Koran dem Abraham geoffenbart und ihm z. B. seinen Namen genannt und damit etwas über sein Wesen mitgeteilt habe.

---

14 „Die Menschen, die Abraham am nächsten stehen, sind diejenigen, die ihm (und seiner Verkündigung seinerzeit) gefolgt sind, und dieser Prophet (d. h. Mohammed) und die, die (mit ihm) gläubig sind." Koranvers 3,68

15 Bereits im Alten Testament teilt Gott mit, dass das Wegschneiden der Vorhaut nicht ausreiche bzw. unwesentlich sei. Er werde vielmehr eine Beschneidung der Herzen vornehmen (Deuteronomium 10,16 und 30,6). Im Koran ist die Beschneidung der Herzen kein Thema.

damit allein ließen. Als seine Landsleute gegangen sind, zerschlägt Abraham die Götzenbilder bis auf das besonders große Bildnis eines Götzen. Von seinen Landsleuten zur Rede gestellt, behauptet er, nicht er, sondern der größte Götze habe die Bildnisse der anderen Götzen zerstört. Das glauben ihm seine Landsleute nicht, sondern sehen in Abraham den Zerstörer und werfen ihn zur Strafe für den Frevel ins Feuer. Der Allah des Koran aber befiehlt dem Feuer, dem Abraham nicht zu schaden.[11] Allah rettet Abraham aus dem Feuer und versetzt ihn und Lot „in das Land, das wir [!] für die Menschen in aller Welt gesegnet haben." (Koranvers 21,71)

An der zweiten Stelle, an der von Abrahams Bemühen berichtet wird, seine Landsleute zu Allah zu bekehren (vgl. Koranverse 37,83 ff.), sagt Abraham ihnen nach einem Blick zu den Sternen, er werde krank. Als die Umstehenden – offenbar aus Furcht vor einer Ansteckung[12] – gegangen sind, fragt er die Bildnisse der Götter, warum sie nicht äßen, was man ihnen vorgesetzt habe, und warum sie nicht sprächen.[13] Schließlich schlägt er auf die Götterbildnisse ein – diesmal möglicherweise auch auf das größte Bildnis. Zur Strafe für die Zerstörungen wollen ihn seine Landsleute verbrennen. Sie wenden eine List gegen ihn an, sind aber unterlegen. Warum sie zu einer List greifen, um welche List es sich gehandelt hat und warum sie unterlegen sind, wird nicht mitgeteilt.

Nach den Koranversen 37,83 ff. greift Allah diesmal nicht ein und versetzt Abraham nicht in ein gesegnetes Land. Abraham erbittet aber von Allah einen Rechtschaffenen, einen Leibeserben (vgl. Koranvers 37,100) und ist später auf Grund eines Traumes bereit, ihn zu opfern. Die im Traum erhaltene Weisung, diesen Sohn zu opfern, wird bezeichnet als „die offensichtliche Prüfung (die wir Abraham auferlegt haben)", Koranvers 37,106. Dieser Sohn ist, wie schon erwähnt, nach Meinung von Muslimen nicht Isaak gewesen, sondern Ismael.

---

11 Hier scheint die Erzählung von den drei Jünglingen im Feuerofen aus dem alttestamentlichen Buch Daniel 3,49 f. Pate gestanden zu haben.
12 Ullmann/Winter, Der Koran, München 1959, merken zu Koranvers 37,90 an: „Abraham nutzte ihren Aberglauben, dass man alles in den Sternen lesen könne, und gab vor, dass er in diesen eine ihm bevorstehende Krankheit sehe, um sich so auf gute Weise ihnen zu entziehen."
13 Vgl. dazu im Buch Daniel das Kapitel 14,1-22.

Mohammed wird im Koran angewiesen:

> „Folg der Religion Abrahams, eines Hanifen, – er war kein Heide (wörtlich: keiner von denen, die (dem einen Gott andere Götter) beigesellen)." Koranvers 16,120

Nach Koranvers 2,124 hat der Allah des Koran den Abraham mit Worten bzw. Geboten auf die Probe gestellt. Welche Worte und Gebote das gewesen sein sollen, wird nicht mitgeteilt. Allah werde Abraham zu einem Vorbild für die Menschen machen. Abraham seinerseits bittet darauf Allah, in seine Verheißung auch Leute von seiner Nachkommenschaft einzubeziehen – nicht alle. Erwähnt wird weiter, Abraham habe sich als treuer Diener bewährt.

Dann ist von einem Bund die Rede. Nicht mitgeteilt wird, welche Rechte bzw. Vorteile und welche Pflichten sich aus diesem Bund für Abraham ergeben. Aber der Allah des Koran stellt klar: „auf die Frevler erstreckt sich mein Bund nicht". Allah verpflichtet in diesem Zusammenhang sowohl Abraham als auch Ismael, sein Haus[10] – gemeint ist angeblich die Ka'aba im heutigen Mekka – für jene zu reinigen, „die die Umgangsprozession machen und sich dem Kult hingeben, und die sich verneigen und niederwerfen ..." (Koranvers 2,125). Abraham wiederum bittet Allah, aus seinen Nachkommen einen Gesandten auftreten zu lassen, der ihnen Allahs „Zeichen" verlese, „die Schrift und die Weisheit" lehre „und sie von der Unreinheit des Heidentums" läutere (Koranvers 2,129). Allah seinerseits fordert Abraham auf: „Sei (mir) ergeben." (Koranvers 2,131). Abraham ist dazu bereit und verlangt auch von seinen Söhnen Ismael und Isaak sowie seinem Enkel Jakob, Allah ergeben zu sein.

An zwei Stellen im Koran wird berichtet, wie Abraham versucht hat, seine Mitbürger von der Vielgötterei weg zu Allah zu bekehren. In der ersten Erzählung (vgl. die Koranverse 21,51 ff.) bemüht er sich, seinen Landsleuten zu beweisen, dass ihre Götter nichts taugen. Er sagt ihnen, er werde ihre Götzen überlisten, sobald sie ihn

---

10 Die Soziologin und Muslimin Dr. Necla Kelek schreibt in: Himmelsreise – Mein Streit mit den Wächtern des Islam, Taschenbuchausgabe, München 2011, S. 43: „Als der Prophet Jahre später Mekka zurückeroberte, erhebt er die Kaaba zum islamischen Heiligtum, nimmt heidnische Riten in den islamischen Kult auf, erklärt Abraham und seinen Sohn Ismail zu Mekkanern, denen er den Bau der Kaaba zuschreibt, und ernennt die Hadsch, die Pilgerreise nach Mekka, zur Pflicht eines jeden Muslims. Das sollte sich als die beste Geschäftsidee des Kaufmanns Mohammed herausstellen."

folge genannt. Andere übersetzen, Allah habe von Mohammed und von den Propheten eine feste Verpflichtung entgegengenommen.[8] Nach der ersten Version bleibt offen, wer den Bundesschluss initiiert hat. Folgt man der zweiten Lesart, ging die Initiative wohl von den „Gesandten" aus. Worin die feste Verpflichtung bestanden hat, wird nicht mitgeteilt. Es heißt lediglich, Allah werde beim letzten Gericht die Wahrhaftigen fragen, ob sie ihre Verpflichtungen ihm gegenüber erfüllt hätten – für den im Koran immer wieder als allwissend bezeichneten Allah allenfalls eine rhetorische Frage.

Laut Koran ist Abraham ein Hanif gewesen, nämlich Allah ergeben.[9] Er habe Allah keine anderen Götter beigesellt (vgl. Koranverse 2,135; 3,67; 16,120).

Nach den Koranversen 6,74 – 81 hat Allah dem Abraham seine Herrschaft über Himmel und Erde gezeigt. Abraham sieht wie Stern, Mond und Sonne am Himmel aufgehen und am Horizont wieder verschwinden, also unstete Dinge sind. Abraham wendet sich deswegen dem zu, der Himmel und Erde erschaffen hat und sieht sich von Allah rechtgeleitet. Er tadelt seinen Vater und all jene, die Götzen anbeten. Allah seinerseits hat sich „Abraham zum Freund genommen", und Abraham nennt Allah seinen Freund. Allah halte „mit den Rechtschaffenen Freundschaft" (Koranvers 7,196). Auch nach den Koranversen 16,120 ff. hat Allah den Abraham „erwählt und auf einen geraden Weg geführt" und „ihm im Diesseits Gutes gegeben" und ihn „zum Freund genommen" (Koranvers 4,125). Einzelheiten über diese Freundschaft werden nicht berichtet. Möglicherweise ist mit der Freundschaft nichts Exklusives gemeint. Denn nach Koranvers 5,55 ist Allah (und auch Mohammed) der Freund aller Muslime.

In den Koranversen 21,51-73 wird mitgeteilt, Allah habe Abraham die rechte Einsicht gegeben und ihn aufgefordert: „Geselle mir nichts (als Teilhaber an meiner Göttlichkeit) bei ..." (Koranvers 22,26). In den Koranversen 16,120 ff. heißt es, Abraham sei Allah demütig ergeben und dankbar gewesen.

---

8 Paret, Rudi, Der Koran, Stuttgart, Berlin, Köln Mainz 1979, Khoury, Adel Theodor, Der Koran, 3. Auflage, Gütersloh 2001, Ullmann, Ludwig/Winter, L.W., Der Koran, München 1959.
9 Siehe Koranverse 6,79; 16,123; 4,125; 3,95; 2,135.

ranvers 37,107). Warum Allah den Sohn durch das Opfern eines Tieres auslöst, bleibt unklar.

Nach dem Alten Testament hat Abraham einen Schafbock geopfert, der sich im Gestrüpp verfangen hatte (vgl. Genesis 22,13). In Koran-Übersetzungen dagegen ist von einem großen Schlachttier die Rede (Rassoul), von einem herrlichen Opfer (Henning), einem edlen Opfer (Ullmann/Winter), von einem großen Schlachttier (Khoury). Was da genau geopfert worden sein soll, wird im Koran offensichtlich nicht mitgeteilt. Unverständlich aber ist, warum Allah selbst für ein gewaltiges oder großes oder edles oder herrliches Opfer gesorgt haben will. Er hätte ja lediglich dafür gesorgt, dass ihm das „gewaltige" Opfer dargebracht wurde, also eigennützig gehandelt. Dann heißt es an dieser Stelle im Koran weiter:

> „Und wir verkündeten ihm Isaak, (und) dass er ein Prophet sein werde, einer von den Rechtschaffenen." Koranvers 37,112

Weil vor dieser Ankündigung des Isaak – auch hier wieder ohne ersichtlichen Grund – von der geforderten Schlachtung des Sohnes die Rede war, gehen Muslime davon aus, dass nicht Isaak, sondern Ismael geopfert werden sollte.

Anschließend ist von einem Segen für Abraham und Isaak die Rede (vgl. Koranvers 37,113), aber nicht von einem Bund und auch nicht davon, dass Abraham der Vater vieler Völker werden solle[6] und seine Nachkommenschaft so zahlreich werde wie die Sterne am Himmel (vgl. Genesis 15,5). Folglich kann auch keine Rede davon sein, dass Abraham auf die Zusage Allahs vertraut, ihn zu einem großen Volk zu machen, mit ihm einen Bund zu schließen und den Bund mit dem verheißenen Sohn fortzusetzen. Die weitere Vertrauensprobe, nämlich diesen verheißenen Sohn zu opfern, entfällt, weil sich nach Meinung von Muslimen diese Zumutung Allahs auf Ismael bezogen hat.

Von einem Übereinkommen Allahs mit Propheten wird im Koranvers 33,7 berichtet. Einige Übersetzer des Koran sprechen von einem Bund, den der Allah des Koran mit Mohammed, Noah, Abraham und Jesus geschlossen habe[7] – im Koran in der Reihen-

---

6 Nach Genesis 17,5 bedeutet Abraham „Vater der Menge".
7 Rassoul, Muhammad, Die ungefähre Bedeutung des Al Qur'an Al Karim, 5. überarbeitete Auflage, Köln 2012. Henning, Max, Der Koran, Aus dem Arabischen übersetzt von Max Henning, Durchgesehene und verbesserte Ausgabe, Stuttgart 1991.

Hier ist Abraham der Adressat der Ankündigung, und es wird von nur einem Sohn berichtet. Seine Frau wird nicht erwähnt. Ein Anlass für das Ankündigen eines Sohnes ist nicht ersichtlich. Abraham seinerseits spricht von Allahs Barmherzigkeit, auf die er hoffe.

An einer weiteren Stelle im Koran ist erneut von Isaak und Jakob die Rede, die dem Abraham geschenkt werden sollen:

> „Nachdem er [Abraham] sich nun von ihnen [seinem Vater und seinen Landsleuten] und dem, was sie an Allahs statt verehrten, ferngehalten hatte, schenkten wir ihm den Isaak und den Jakob." Koranvers 19,49

Die Ankündigung der beiden Kinder klingt nach einer Belohnung für Abrahams „Rechtgläubigkeit". Auch in diesem Koranvers wird nicht unterschieden zwischen Sohn und Enkel. Von einem unerschütterlichen Vertrauen auf Allahs Zusage wird ebenfalls nichts gesagt. Im Gegenteil. Abraham sagt im vorausgehenden Koranvers zu seinem Vater, der an den überkommenen Göttern festhält:

> „'Und ich halte mich von euch und von dem fern, wozu ihr betet, statt zu Allah, und bete (allein) zu meinem Herrn. Vielleicht habe ich, wenn ich zu meinem Herrn bete, keinen Misserfolg (wörtlich: Vielleicht bin ich mit meinem Gebet zu meinem Herrn nicht unglücklich).'" (Koranvers 19,48)

Solch eine „Vielleicht"-Haltung zeugt nicht von einem unbedingten Vertrauen Abrahams zu Allah und ist denn auch bei dieser Ankündigung des Isaak kein Thema.

Erhält Abraham nach den vier zitierten Koranversen den Isaak sozusagen grundlos bzw. als Belohnung für seine Treue zu Allah, bittet Abraham an einer weiteren Stelle (Koranvers 37,99 f.) Allah ausdrücklich um einen Sohn.

> „Herr! Schenk mir einen von den Rechtschaffenen (als Leibeserben). Und wir [!] verkündeten ihm einen braven (wörtlich: milden) Jungen."

Der Name dieses erbetenen Sohnes wird nicht genannt. Als der Erbetene herangewachsen ist, sieht sich Abraham im Traum aufgefordert, ihn zu schlachten und zu opfern. Der Sohn erklärt sich einverstanden (vgl. Koranverse 37,102 f.). Allah lässt es dann aber nicht bis zum Äußersten kommen. Vielmehr heißt es weiter: „Und wir [!] lösten ihn ... mit einem gewaltigen Schlachtopfer aus." (Ko-

159

In den Koranversen 11,69-73 heißt es:

> „Unsere Gesandten sind doch (seinerzeit) zu Abraham mit der frohen Botschaft gekommen, (dass er Nachkommenschaft haben werde). Sie sagten: 'Heil!' er [Abraham] sagte (ebenfalls) 'Heil!' und brachte alsbald ein gebratenes Kalb herbei. Und als er sah, dass sie nicht zugriffen, kamen sie ihm verdächtig vor, und er empfand Furcht vor ihnen. Sie sagten: 'Hab keine Angst! Wir sind zu den Leuten von Lot gesandt.' Seine Frau, die dabeistand, lachte. Da verkündeten wir ihr den Isaak, und nach Isaak den Jakob. Sie sagte: Wehe! Ich soll (noch) gebären, wo ich doch eine alte Frau bin, und der da, mein Mann, ist ein Greis? Das ist doch merkwürdig.' Sie sagten: 'Findest du die Entscheidung Allahs merkwürdig?'"

An dieser Schilderung fällt auf: Die Boten erklären, sie seien zu den Leuten des Lot gesandt, und Abrahams Frau beginnt darauf ohne erkennbaren Grund zu lachen. Dann wird mitgeteilt, dass Sara den Isaak bekommen werde, danach den Jakob. Nicht Abraham wird also Nachkommenschaft verheißen, sondern seiner Frau. Von Abrahams unerschütterlichem Glauben an die Zusage Allahs bzw. seiner Boten, von dem die Bibel berichtet, ist keine Rede. Zudem klingt es so, als wenn Sara zwei Söhne angekündigt würden. Jakob aber ist nach der Bibel einer der Zwillingssöhne des Isaak, geboren von Isaaks Frau Rebekka (vgl. Genesis 25,24 f.). Warum Jakob verheißen wird, nicht aber auch sein Zwillingsbruder Esau, geht aus dem Koran nicht hervor. Dabei ist nach Genesis 25,25 Esau sogar der Erstgeborene.

In den Koranversen 15,51-56 wird Mohammed angewiesen:

> „Gib ihnen Kunde von den Gästen Abrahams! (Damals) als sie bei ihm eintraten. Da sagten sie 'Heil!' Er [Abraham] sagte: 'Wir haben Angst vor euch.' Sie sagten: 'Hab keine Angst! Wir verkünden dir einen klugen Jungen.' Er sagte: 'Ihr verkündet mir (dass ich einen Jungen bekommen werde), wo ich doch hochbetagt geworden bin? Was verkündet ihr mir (in Wirklichkeit)? (oder: Was verkündet ihr (mir) da!).' Sie sagten: 'Wir verkünden dir die Wahrheit. Darum gib die Hoffnung nicht auf!' Er sagte: 'Wer würde die Hoffnung auf die Barmherzigkeit seines Herrn aufgeben! (Das tun) nur diejenigen, die irregehen.'"

Weder die Abstammung ist also maßgeblich noch die Beschneidung. Worauf es ankommt, ist die Zugehörigkeit zu Jesus Christus, der Glaube an ihn, und zwar unverrückbar und fest, dass er nämlich der eingeborene Sohn des himmlischen Vaters ist, der die Menschheit erlöst hat, „der kommen wird zu richten die Lebenden und die Toten" und der alle Menschen zu dem einen großen Gottesvolk berufen hat.

Abraham kann, was den Glauben an Gottes Verheißungen anbelangt, nach wie vor für alle Menschen ein Beispiel sein. Hinsichtlich seines Umgangs mit Sara einschließlich seines Verhaltens zu Hagar und Ketura ist er aus christlicher Sicht dagegen kein Vorbild.

3. Abraham im Koran:
Diener Allahs und Ankündigung von Nachkommenschaft

Im Koran wird Abraham ebenfalls öfter erwähnt. Die Sure 14 ist sogar nach ihm benannt. Über Abraham wird darin aber nicht viel berichtet. Von den 52 Versen der Sure 14 handeln nur 6 ausdrücklich von ihm, nämlich die Verse 35 bis 41. Abraham bittet darin Allah, den Ort mit der Ka'aba zu einem sicheren Ort zu machen (siehe auch die Koranverse 2,125 f.) und ihn und seine Söhne vor Götzendienst zu bewahren. Außerdem dankt er Allah, dass er ihm trotz seines hohen Alters den Ismael und den Isaak geschenkt habe. Damit sind die beiden Themen benannt, die im Hinblick auf Abraham im Koran mehrfach angesprochen werden: die Frage der Nachkommenschaft und die Verehrung eines einzigen Gottes, im Koran „Allah" genannt.

Zum Thema „Nachkommenschaft des Abraham" gibt es im Koran unterschiedliche Darstellungen. Sie stehen teilweise im Widerspruch zu den Berichten der Genesis. Das Thema „unerschütterliches Vertrauen auf die Zusagen Gottes" spielt eine untergeordnete Rolle.

Im Koranvers 14,39 sagt Abraham:

> „Lob sei Allah, der mir trotz meines hohen Alters den Ismael und den Isaak geschenkt hat."

Nach der Genesis ist nur Isaak ein „Spätgeborener", nicht aber der mit Saras Magd Hagar gezeugte Ismael.

erlangen können (vgl. Genesis 12,3), können durch Jesus Christus alle Geschlechter der Erde die Gotteskindschaft erlangen. Sie werden mit Jesus und durch ihn zu Erben des Himmels.

Nach dem Neuen Testament kommt es nicht darauf an, leiblicher Nachkomme Abrahams zu sein, sondern an Jesus Christus zu glauben (vgl. Johannes 8,30 ff.). Bereits Johannes der Täufer hatte in seinen Bußpredigten zu Pharisäern und Sadduzäern gesagt: „Bringt Frucht hervor, die eure Umkehr zeigt, und meint nicht, ihr könntet sagen: Wir haben ja Abraham zum Vater. Denn ich sage euch: Gott kann aus diesen Steinen Kinder Abrahams machen." (Matthäus 3,8 f.)

Auch Paulus kommt wiederholt auf Abraham zu sprechen. Im Römerbrief legt er dar, welche herausragende Bedeutung jener unbedingte Glaube an die Verheißungen Gottes hat, der bei Abraham sichtbar wird.

„Gegen alle Hoffnung hat er [Abraham] voll Hoffnung geglaubt, dass er der Vater vieler Völker werde ... Ohne im Glauben schwach zu werden, war er, der fast Hundertjährige, sich bewusst, dass sein Leib und Saras Mutterschoß erstorben waren." Römerbrief 4,18 f..

Gott rechnet das dem Abraham als Gerechtigkeit an (vgl. Römerbrief 4,22). Abrahams Vertrauen auf Gottes Wort gilt deshalb auch für alle Jünger Jesu Christi als beispielhaft, sofern dieses glaubende Vertrauen auf Jesus Christus übertragen wird.

Im Galaterbrief 3,14 schreibt Paulus: „Jesus Christus hat uns freigekauft, damit den Heiden durch ihn der Segen Abrahams zuteil wird und wir so aufgrund des Glaubens den verheißenen Geist empfangen." Und weiter: „Wenn ihr aber zu Christus gehört, dann seid ihr Abrahams Nachkommen, Erben kraft der Verheißung." (Galaterbrief 3,29) An die christliche Gemeinde in Ephesus schreibt Paulus, dass die Christen „jetzt nicht mehr Fremde ohne Bürgerrecht, sondern Mitbürger der Heiligen und Hausgenossen Gottes" sind (Epheserbrief 2,19).

Die Beschneidung ist nach dem Neuen Testament nicht mehr maßgeblich und als Bundeszeichen überholt. Beim sog. Apostelkonzil (vgl. Apostelgeschichte 15) wird darauf hingewiesen, dass Gott auch Unbeschnittenen seinen Heiligen Geist gesandt hat und mithin eine Beschneidung nicht mehr erforderlich ist, um zum Gottesvolk zu gehören.

samten Schöpfung stiften. Zu den Juden, die sich auf Abraham berufen, sagt Jesus: „Ehe Abraham wurde, bin ich" (Johannes 8,58). Wer Jesus sieht, „sieht" Gott, den Vater (vgl. Johannes 12,45 und 14,8).

Paulus schreibt im Brief an die Kolosser über Jesus: „Er ist das Bild des unsichtbaren Gottes, der Erstgeborene der ganzen Schöpfung." Jesus kehrt zum Vater zurück (vgl. Johannes 16,5), in die Herrlichkeit, die er bereits hatte, „bevor die Welt war" (vgl. Johannes 17,5). Er sendet den Heiligen Geist (vgl. Johannes 15,26 und 16,7) und wird einst richten die Lebenden und die Toten (vgl. Johannes 5,22).[5]

Der Auferstandene sendet seine Jünger zu allen Völkern. Alle sollen eingeladen werden, Jünger Jesu zu werden (vgl. Matthäus 28,19). Durch Jesus Christus sollen alle in das Kindschaftsverhältnis zum himmlischen Vater aufgenommen werden. Jesus Christus eröffnet eine Beziehungsebene, die weit über Abrahams Gottesverhältnis hinausgeht. Denn ein Bund kann beendet werden, ein Kindschaftsverhältnis nicht.

Jesus selbst zeigt, wie unerschütterlich sein Vertrauen zum himmlischen Vater ist. Er betet unmittelbar vor seiner Verhaftung im Garten Getsemani in höchster Not: „Vater, wenn du willst, nimm diesen Kelch von mir! Aber nicht mein, sondern dein Wille soll geschehen." (Lukas 22,42) In seiner Todesnot am Kreuz sind seine letzten Worte: „Vater, in deine Hände lege ich meinen Geist." (Lukas 23,46) Dieses unbedingte Vertrauen ist nicht mehr überbietbar. Nicht mehr überbietbar sind auch Jesu Worte am Kreuz: „Vater, vergib ihnen, denn sie wissen nicht, was sie tun." (Lukas 23,33)

Das Vertrauen auf Gott, das Abraham auszeichnet, kommt bei Jesus in überragender Weise zum Ausdruck. Geht es bei Abraham um ein Weiterleben in seiner Familie und den Fortbestand seiner Sippe auf Erden – der ja schon durch Ismael und die Söhne mit der Ketura einigermaßen gesichert war – so geht es bei Jesus um ein Fortbestehen über den Tod hinaus, nämlich um das ewige Leben. Während durch Abraham alle Geschlechter der Erde Segen

---

5 Siehe auch „Apostolisches Glaubensbekenntnis": „Ich glaube ... an Jesus Christus ... er sitzt zur Rechten Gottes, des allmächtigen Vaters; von dort wird er kommen, zu richten die Lebenden und die Toten."

2. Abraham im Neuen Testament: Vom Bund zur Gotteskindschaft

Im Neuen Testament wird mehrmals auf Abraham verwiesen bzw. bei ihm angeknüpft. Wie bei Abraham und zuvor schon bei Noach[3] sowie am Berg Horeb wird Gott erneut initiativ und beginnt, seinen weitergehenden Heilsplan für Israel und die gesamte Menschheit zu verwirklichen: Er sendet, als die Zeit erfüllt ist (vgl. Markus 1,15; Galaterbrief 4,4), den im Alten Testament wiederholt angekündigten Retter, Jesus Christus, seinen Sohn. Der Engel Gabriel wird nach Nazareth zu Maria gesandt, überbringt ihr den Entschluss Gottes zur Menschwerdung seines Sohnes und fragt sie nach ihrer Zustimmung (vgl. Lukas 1,26 – 38).[4] Im Evangelium nach Matthäus (vgl. 1,1 ff.) wird im Hinblick auf den Stammbaum Jesu bei Abraham angeknüpft, also bei einem Mann des Glaubens.

Der nun von Gott vorgesehene Bund beginnt wie bei Abraham (und Mose) mit einer Selbstoffenbarung Gottes, diesmal in Jesus Christus. Jesus Christus verkündigt: „Ich bin der Weg und die Wahrheit und das Leben; niemand kommt zum Vater außer durch mich." (Johannes 14,6). Er lehrt seine Jünger zu beten: „Unser Vater im Himmel" (Matthäus 6,9; Lukas 11,2). Jesus schließt am Ende seines Erdenlebens mit seinen Jüngern im Abendmahlssaal einen neuen Bund. Es ist Gottes Bund in seinem Blut (vgl. Markus 14,24; Matthäus 26,28; Lukas 22,20). Durch diesen neuen Bund werden alle, die an den Sohn Gottes, nämlich an Jesus Christus glauben, in seine Beziehung zum himmlischen Vater hineingenommen. Aus der Bundespartnerschaft wird ein Sohnschafts-, ein Kindschaftsverhältnis.

In Genesis 12,3 heißt es, dass durch Abraham „alle Geschlechter der Erde Segen erlangen". Durch Jesus Christus aber sollen alle Völker der Erde nunmehr das ewige Heil erlangen.

Jesus vollbringt Taten, die nur Gott wirken kann: Menschen an Leib und Seele gesund machen, Sünden vergeben (vgl. Markus 2,7), Versöhnung zwischen Gott und den Menschen und der ge-

---

[3] Etwa 75 mal soll im Neuen Testament die Rede von Abraham sein. Er dürfte damit die am häufigsten erwähnte Gestalt aus dem Alten Testament sein.

[4] Im Koran dagegen kommt es auf Marias Zustimmung nicht an. Dort heißt es lapidar: „'Es ist eine beschlossene Sache.' Da war sie [Maria] nun schwanger mit ihm (d.h. dem Jesusknaben.)", Koranvers 19,21 f..

17,19). Diesen Bund setzt Gott mit Abrahams und Saras Enkel Jakob fort (Genesis 35,10 ff.).[2]

Als „Bundeszeichen" soll alles, „was männlich ist" an der Vorhaut beschnitten werden, Genesis 17,10 ff..

Beim Wüstenzug der Israeliten erweitert Gott seinen Bund ausdrücklich auf alle Nachkommen der Abstammungslinie Abraham-Isaak-Jakob und bezieht nicht nur alle Männer ein, sondern ausdrücklich auch Frauen und Kinder und sogar die Fremden im Lager der Israeliten, einschließlich „Holzarbeiter" und „Wasserträger" (Deuteronomium 29,9 f.). Weiter heißt es: „Nicht mit euch allein schließe ich diesen Bund" ..., sondern auch „mit denen, die heute nicht hier bei uns sind" (Deuteronomium 29,13 f.). Das mag ein Hinweis darauf sein, dass nicht alle Israeliten beim Bundesschluss am Berg Horeb anwesend sind wie möglicherweise Wöchnerinnen und Kranke, darf aber sicher auch dahin verstanden werden, dass Gott den Bund nicht nur mit den damaligen Israeliten und ihren Nachkommen schließt, sondern dass er darüber hinaus den Bund für alle Menschen öffnet. Begonnen hat es erneut mit einer Selbstoffenbarung Gottes, nämlich gegenüber Mose im brennenden Dornbusch (vgl. Exodus 3,13) mit der anschließenden Befreiung aus dem „Sklavenhaus" und der Flucht durch das Rote Meer.

Im Lauf der Geschichte wenden sich israelische Könige und viele aus dem Volk von Gott ab. Sie verstoßen gegen Geist und Buchstaben des Bundes. Aber Gott hält am Bund fest und sendet seinem Volk immer wieder Propheten, die es im Auftrag des liebenden, strafenden und barmherzigen Gottes zur Umkehr und zur Bundestreue aufrufen. Immer wieder ist es Gott, der – wie bei Abraham – initiativ wird und sein Volk durch die Zeiten geleitet. Die Israeliten ihrerseits lassen sich durch die Propheten zur Umkehr zu Gott bewegen. Sie wissen, dass auf ihren Bundesgott Verlass ist und dass sie als Nachkommen Abrahams Gottes besondere Gunst genießen.

Bereits im Alten Testament wird mehrmals gesagt, dass Gott seinem Volk Vater sein will und ist, vgl. z. B. Deuteronomium 32,6; Jesaja 63,16 und 64,7; Jeremia 31,9.

---

2   Gott hat bereits nach der Sintflut mit Noah einen Bund geschlossen, vgl. Genesis 9,8 ff..

Abraham schließlich nach Kanaan kommt, können er und seine Frau auch aufgrund ihres Alters nicht mehr mit Nachwuchs rechnen (Genesis 15,1-6). Gott aber verheißt ihm erneut einen Sohn. Abraham glaubt erneut dieser Zusage und Gott rechnet es ihm „als Gerechtigkeit an".

Von der Verheißung eines Nachkommen aus seiner Ehe mit Sara wird weiter in Genesis 17,16 f. berichtet und ebenso in Genesis 18,10 ff..

Sara wird dann – wie angekündigt – trotz ihres inzwischen hohen Alters und ihrer bisherigen Unfruchtbarkeit schwanger und gebiert dem Abraham einen Sohn, Isaak.

Einige Jahre später wird Abraham aufgefordert, diesen Sohn der Verheißung zu opfern (Genesis 22,1-19). Er ist dazu bereit und glaubt dennoch weiter daran, dass Gott ihn zu einem großen Volk machen werde.

Abrahams Glaubensbekenntnis steht in Genesis 14,22. Abram, so heißt er zu dem Zeitpunkt noch, erhebt seine „Hand zum Herrn, dem Höchsten Gott, dem Schöpfer des Himmels und der Erde". In Genesis 21,33 wird hinzugefügt, dass dieser Gott „der Ewige" ist.

Als Isaak geboren wird, hat Abraham bereits mit Saras ägyptischer Magd Hagar einen Sohn, Ismael (Genesis 16,4), und er hat mit Ketura sechs Söhne gezeugt (Genesis 25,1 ff.). Wann sie geboren worden sind, wird nicht mitgeteilt. Als weiteren möglichen Erben gibt es außerdem den Elieser aus Damaskus (Genesis 15,2).

Abraham ist ein Vorbild für glaubendes Vertrauen. Doch als er wegen einer Hungersnot nach Ägypten gezogen ist, befürchtet er, wegen seiner hübschen Frau umgebracht zu werden und empfiehlt deshalb Sara, sich bei den Ägyptern als seine Schwester auszugeben. Er lässt es zu, dass sie in den Palast des Pharao geholt wird (Genesis 12,10 ff.). Durch Gottes Eingreifen wird Weiteres verhindert.

Gott segnet auf Abrahams Bitte hin nicht nur Isaak, sondern auch Ismael (Genesis 17,20; siehe auch 16,10). Aus Ismael will Gott zwölf Fürsten hervorgehen lassen. Die Söhne der Ketura dagegen werden von Abraham abgefunden und ins Morgenland (zurück-)geschickt (Genesis 25,1-6).

Gott schließt mit Abraham einen Bund (Genesis 15,18 und 17,2 ff.) und ebenso mit Isaak und bezeichnet ihn im Hinblick auf Isaak „als einen ewigen Bund für seine Nachkommen" (Genesis

Vorbemerkungen

Öfter ist zu hören und zu lesen, Judentum, Christentum und Islam seien Abrahamitische Religionen. Was damit gemeint ist, bleibt unklar.

- Ist damit gemeint, dass Abraham gleichsam eine „Ur-Religion" begründet hat und Judentum, Christentum und Islam daraus entstanden sind?
- Ist damit gemeint, dass Judentum, Christentum und Islam sich auf Abraham als Urbild eines glaubenden Menschen beziehen?
- Soll damit gesagt werden, dass Judentum, Christentum und Islam monotheistische Religionen sind?

Was steht im Alten Testament und im Neuen Testament sowie im Koran über Abraham und welche Bedeutung wird ihm in den drei Büchern beigemessen? Dabei ist neben Abrahams Verhalten auch das Handeln des biblischen Gottes bzw. des koranischen Allah in den Blick zu nehmen.

I. Schilderungen über Abraham

1. Abraham im Alten Testament: Verheißung und Glaube

Im Buch „Genesis", dem ersten Buch des Alten Testaments, wird berichtet, dass Gott sich dem Abraham offenbart. Gott fordert Abraham auf, seine Heimat zu verlassen und in das Land zu ziehen, das er ihm zeigen werde. Er werde ihn zu einem großen Volk machen (Genesis 12,1 f., 13,14-17 und 15,1-6). Das Paradoxe: Abraham hat keinen ehelichen Nachkommen. Seine Ehe mit Sara ist kinderlos, Sara ist unfruchtbar (Genesis 11,30). Abraham glaubt dennoch der Verheißung Gottes und begibt sich mit Sara und seinem Neffen Lot sowie mit Hab und Gut auf Wanderschaft bzw. setzt diese „Wanderschaft" fort, nachdem er sich zuvor – aus Ur in Chaldäa kommend – mit seinem Vater in Haran angesiedelt hatte und sein Vater dort verstorben war (Genesis 11,31).[1] Als

---

1 Nach Genesis 11,31 war es ursprünglich Terach, Abrahams Vater, der beschlossen hatte, mit seiner Familie und seinen Herden nach Kanaan zu ziehen.

Wolkenkuckucksheim

Eine Kurzgeschichte von Reinhard Wenner

In der Stadt Wolkenkuckucksheim des Landes Utopia herrschte die Meinung vor: Tiere, die vier Beine und ein Fell haben, sind die idealen Geschöpfe. Deswegen sei es selbstverständlich, dass solche Lebewesen gut miteinander auskämen – alle! Wenn das bisher noch nicht zu beobachten gewesen sei, liege es wohl daran, dass solche Tiere noch nicht zusammengefunden hätten. Durch Dialogveranstaltungen solle das nunmehr geschehen.

Vermittelt durch den Wolkenkuckucksheimer Oberbürgermeister und mit Beifall bedacht von den im Stadtrat vertretenen Parteien sowie unterstützt durch den katholischen Pfarrer, den evangelischen Pastor und den Vorsitzenden der Atheistenvereinigung trafen sich schließlich ein Schaf, ein Esel und ein Löwe. Solange der Löwe von Gittern umgeben war, gab es zwischen den Dreien einen interessanten Gedankenaustausch über Gott und die Welt. Schließlich gelang es dem Löwen, die Wolkenkuckucksheimer davon zu überzeugen, dass die Schutzgitter entbehrlich seien.

Der Dialog ging weiter bis der Löwe Appetit bekam und nicht nur über seine Dialogpartner herfiel, sondern anschließend auch über die Wolkenkuckucksheimer. Der Oberbürgermeister hielt dem Löwen zwar das Grundgesetz entgegen. Aber der Löwe konnte nicht lesen und brach ihm das Genick. Der katholische Pfarrer besprengte den Löwen mit Weihwasser. Der schüttelte sich kurz und biss ihn tot. Der evangelische Pastor kam mit ausgebreiteten Armen auf den Löwen zu und ihn wollte umarmen. Solch eine Geste war dem Löwen nicht geheuer. Er sprang ihn an und zerriss ihn. Der Vorsitzende der Atheistenvereinigung trat ihm mit Friedenstaube und Palmzweig entgegen. Der Löwe fraß die Taube als Vorspeise und den Atheisten als Hauptgericht.

Die Stadträte beriefen sich auf die UN-Menschenrechtserklärung und drohten dem Löwen mit einer Klage beim Internationalen Strafgerichtshof. Der Löwe setzte sie dennoch auf seine Speisekarte.

Die meisten Stadtbewohner konnten sich in ihren Häusern in Sicherheit bringen. Aber den Freiraum der Wolkenkuckucksheimer bestimmt nun der Löwe.

Er hat inzwischen im Rahmen einer Familienzusammenführung seine Frauen und Kinder nach Wolkenkuckucksheim kommen lassen.

Die Wolkenkuckucksheimer haben ihm und seiner Familie täglich frisches Fleisch zu liefern und den Ruheplatz des Rudels in Ordnung zu halten.

Auf Grund seiner guten Erfahrungen mit dem Dialog in Wolkenkuckucksheim hat sich der Löwe bereiterklärt, in weiteren Städten mit Tieren, die ein Fell und vier Beine haben – z. B. mit einer Ziege und einer Kuh oder einem Zebra und einem Gnu – einen Gedankenaustausch zu beginnen. Auch seine Frauen und seine erwachsenen Kinder sind dazu bereit.

Abrahamitische Religionen?

Abraham in der Bibel und im Koran

von

Reinhard Wenner

Vorbemerkungen	151
I. Schilderungen über Abraham	151
1. Abraham im Alten Testament: Verheißung und Glaube	151
2. Abraham im Neuen Testament: Vom Bund zur Gotteskindschaft	154
3. Abraham im Koran: Diener Allahs und Ankündigung von Nachkommenschaft	157
II. Unterschiede zwischen Bibel und Koran	164
1. Differenzen zwischen Altem Testament und Koran	164
2. Unvereinbarkeiten zwischen Neuem Testament und Koran	167
3. Koranaussagen gegen Juden und Christen	170
a) Juden, Allahs Feinde	174
b) „Tritheismus" im Christentum	176
III. Ergebnis	180

wird, ist im Blick auf die Menschheitsproblematik „Gewalt und Versöhnung" die einzig verbindliche Richtschnur der islamischen Doktrin.

Zum friedlichen Miteinander der Kulturen und Religionen ist folgende Feststellung und Forderung des Freiburger Islamologen R. Brunner zutreffend: „Weder der Export unseres (genau genommen nur nordwesteuropäischen) Modells der Aufklärung noch die Abschaffung des Islams kann das Ziel des vielbeschworenen 'Dialogs der Kulturen' sein. Eine säkularisierte, 'aufgeklärte' Religiosität, die auf die Durchsetzung ewiggültiger und universaler Absolutheitsansprüche verzichtet, ist ... auch im Islam die einzige sinnvolle Möglichkeit, ein friedliches Zusammenleben mit anderen Kulturen und Religionen zu gewährleisten."[204]

In dieser versöhnten Gestalt des Islam, dessen Lehre von menschenrechtswidrigen Inhalten gereinigt ist, wäre für den größeren Teil der Menschheit die muslimische Zielvorstellung von der „umma" gewiss kein Alptraum mehr. Trotz fundamentaler und unüberbrückbarer theologischer Unterschiede etwa zwischen Christentum und Islam wäre in Zukunft *in weiten Teilen der islamischen und nichtislamischen Welt* ein menschliches, gefahrloses Miteinander und Zusammenleben aller Religionen und Weltanschauungen möglich im *Respekt vor der gleichen Würde und der Gleichwertigkeit aller Menschen*. Dann wäre überall ein Leben in Freiheit, Gerechtigkeit und im Frieden möglich, in dem sich jeder Mensch zwanglos und angstfrei auch für oder gegen eine bestimmte Religion oder Weltanschauung entscheiden kann.

Gibt es einen *Hoffnungsschimmer* oder bleiben alle Überlegungen dieser Art nur realitätsferne *Wunschvorstellungen*, Utopien ohne Aussicht auf Verwirklichung, weil der Koran und die Sunna bzw. die islamischen Autoritäten (in den islamischen Ländern), die überwiegend tradtionell ausgerichtet und letztlich allesentscheidend sind, eine Entwicklung in diese Richtung grundsätzlich nicht zulassen?

Literatur: vgl. Literaturverzeichnis S. 668-670

---

[204] PD Dr. Brunner, Rainer, Directeur de recherche am Centre national de la recherche scientifique, Paris, in: *gazette.de/Archiv/Gazette-November2001/Brunner.html*

Dennoch sei hier gefragt: Wäre nicht Entscheidendes erreicht, wenn sich alle Weltreligionen und Weltanschauungsgemeinschaften auf die eine große Regel einigten, sich auf die *Goldene Regel* (lateinisch: „*regula aurea*", englisch: „*golden rule*") verpflichteten? Sie ist bereits im 7. Jahrhundert v. Chr. nachgewiesen, in zahlreichen Kulturen beheimatet und beinhaltet die Forderung zur *Wechselseitigkeit im Sozialverhalten:* „Behandle andere so, wie du von ihnen behandelt werden willst" (vgl. Tobit 4,15; Matthäus 7,12; Lukas 6,31). Die uneingeschränkte, nämlich auf alle Menschen, nicht nur auf Muslime bezogene Akzeptanz dieses Grundsatzes der praktischen Ethik durch den Islam würde gewiss auf effektive Lösungswege der Islamproblematik führen. Doch steht nicht das Überlegenheitsdenken im Islam diesem Prinzip der Wechselseitigkeit und damit auch dem Prinzip der Gleichheit aller Menschen als unüberwindbare Barriere im Weg?

Auch die „Goldene Regel" kann jedoch ihre Tücken haben. Maßgeblich ist nämlich immer, wer die Grundlagen bestimmt und damit auch den Vergleichspunkt (tertium comparationis). Beispiel: Wenn man einen Muslim fragt, der sich streng an den Koran (vgl. Sure 4,89) und an die islamische Tradition (Hadithe) hält, ob Leute, die dem Islam „den Rücken kehren", zu töten sind, würde/müsste er das wohl bejahen und – nach der „Goldenen Regel" – hinzufügen: „Auch mich dürft ihr töten, sollte ich dem Islam den Rücken kehren."

Berechtigterweise wird der Islam jedenfalls erst dann mit dem Prädikat „Religion des Friedens und der Barmherzigkeit" ausgezeichnet werden können, wenn alle muslimischen Autoritäten und Rechtsschulen, alle einzelnen muslimischen Staaten sowie die „Organisation islamischer Staaten" (in Verbindung mit den anderen, oben bereits genannten Grundsätzen) vor der Welt glaubwürdig dem Inhalt nach erklären:

1) Das *Gewaltpotenzial des Koran* und der muslimischen Lehrschriften ist ausdrücklich nur noch unter historischen Aspekten zu verstehen.
2) Alle Formen ungerechter physischer und psychischer Gewalt sind als unislamisch abzulehnen, weil sie im Widerspruch zum heutigen Verständnis des Islam stehen.
3) Das *Versöhnungspotenzial des Koran,* das nach dem neuen islamischen Verständnis ausnahmslos auf alle Menschen bezogen

ist nicht heilbar, nicht umerziehbar, nicht wegfinanzierbar. Es ist die Bedingung der menschlichen Freiheit ... Die Kraft des Bösen ist gewaltig."[202]

Es ist jedoch ein entscheidender Unterschied, ob die Menschen subjektiv ein moralisches Gebot oder Verbot übertreten (und damit sündigen), oder ob dieses Gebot/Verbot in ihrer Religion oder Weltanschauung überhaupt nicht existiert, oder aber, ob sie durch entsprechende Gebote/Verbote zu Unrechtstaten angeleitet werden, ihnen diese gar befohlen werden. So ist bzw. wird es immer besonders gefährlich, wenn *eine Lehre oder Ideologie* gewaltsame Haltungen und Handlungen legitimiert und dazu aufruft und motiviert.

Nach dem Eindruck kritischer und besorgter Beobachter, auch moderater Muslime ist die „Verkehrssicherheit" an vielen Kreuzungen dieser Welt wegen der islam-immanenten Gewaltbereitschaft und Gewalt (noch?) keineswegs gewährleistet. Sie ist vielmehr außergewöhnlich stark belastet durch die Vielzahl von „Schäden", insbesondere durch die zahlenmäßig noch nicht exakt erfasste hohe Anzahl von „Verkehrstoten".

Zweifelhaft bleibt, ob die islamischen Konfessionen mit ihren Autoritäten und Rechtsschulen vor allem im Zentrum des Islam, aber auch in der nichtislamisch geprägten Peripherie doch noch ernsthaft *nach theologischen und juristischen Lösungswegen* suchen, um in Zukunft für alle Menschen einen möglichst hohen Grad an Sicherheit an diesen „Kreuzungen" zu erreichen. Dabei müssten gemeinsame innerislamische Lösungen gefunden werden für grundsätzlich *alle „Kreuzungen"* überall in der Welt, also *nicht nur in nichtislamischen*, sondern gleicherweise *in islamischen Ländern*. Isolierte „Kreuzungslösungen", wie sie etwa unter dem Namen „Euro-Islam" versucht werden, bleiben eine trügerische Vision und Illusion.

Das Projekt „Weltethos", das nach den Vorstellungen seines Initiators Hans Küng ein gemeinsames Ethos aller Weltreligionen mit verbindenden und verbindlichen Normen und Werten, Idealen und Zielen konzipieren soll, bringt nach Meinung des Benediktiner-Abtprimas Notker Wolf „für die Praxis nichts. Ein strenger Muslim denke anders als ein Christ. Man dürfe nicht erwarten, dass aus religiösen Überzeugungen abgeleitete Werte automatisch von anderen als solche anerkannt würden."[203]

---

202 Sorg, E., Die Lust am Bösen, S. 154.
203 „KNA", Katholische Nachrichten Agentur, 29.4.2015, S. 7.

Zugleich weist die Bestsellerautorin auf das „grundlegende Problem, dass die Mehrheit der ansonsten friedlichen und gesetzestreuen Muslime nicht bereit ist einzugestehen, dass die theologische Rechtfertigung für Intoleranz und Gewalt in ihren eigenen religiösen Texten verwurzelt ist, und schon gar nicht, sich von diesen Texten zu distanzieren."[200] An die Adresse der friedlichen, gemäßigten Muslime richtet sie auch die Fragen: „Wo bleiben die Proteste der Muslime gegen Blasphemie- und Apostasiegesetze? Wo sind die Muslime, die sich gegen die strenge Auslegung der Scharia auflehnen?"[201]

Im Alltagsleben ist das buchstabengetreue Interpretieren und Befolgen der Gewaltsuren gewiss für viele Muslime irrelevant. Sie hören wohl eher auf ihr *Gewissen* als auf den Koran. Oder sie orientieren sich ausschließlich am *Versöhnungspotenzial* des Koran/Islam, das sie jedoch zugleich auf alle Menschen ausweiten, wodurch sie gleichzeitig dessen dschihadistisches *Bedrohungs- und Gewaltpotenzial* neutralisieren bzw. ignorieren. Es gibt gewiss Abermillionen Muslime, die friedlich, gewaltfrei und ohne Mordabsichten leben. Schon zu Mohammeds Zeiten haben übrigens Muslime offensichtlich gespürt, dass die Kriegs- und Vernichtungsbefehle des Koran nicht richtig sein können, was sich nach der auf der Titelseite dieses Buches abgedruckten Sure 2,216 in Allahs Vorschrift zum Kampf gegen die Ungläubigen spiegelt: „Euch ist vorgeschrieben, (gegen die Ungläubigen) zu kämpfen, obwohl es euch zuwider ist."

Zugunsten vieler Muslime ist auch anzunehmen, dass ihnen die koranischen Gewaltpassagen und die islamische Gewaltgeschichte *nur sehr verschwommen oder überhaupt nicht bekannt* sind. Dennoch ist damit keineswegs das schwerwiegende Problem der wortwörtlichen Befolgung der Weisungen des bei Muslimen als überzeitlich, ewig geltenden Koran und der damit verbundenen Folgen weder für Muslime noch für Nichtmuslime gelöst.

Die Geschichte zeigt: Menschen werden – selbst wenn sie einer auf Frieden bedachten Religion oder Weltanschauung angehören – bis ans Ende der Menschheitsgeschichte immer wieder Unfrieden stiften, Kriege auslösen, Unrechtsgewalt ausüben und Verbrechen begehen. Denn das „Böse begleitet die Humangeschichte. Es

---

200 Ebd., S. 21.
201 Ebd., S. 247.

Koran – nach dem Verständnis von Muslimen das zeitlich und örtlich unbegrenzt gültige Offenbarungsbuch des Islam – Aussagen enthält, die auch in unserer Zeit *Diskriminierung, Verfolgung, Versklavung und Tötung Andersglaubender/-denkender* legitimieren bzw. zu solchen Taten auffordern oder sie gar befehlen, die dann auch jederzeit von Muslimen – gleichsam göttlich legitimiert – in die Tat umgesetzt werden können, auch wenn sie damit etwa auch nach der deutschen Rechtsordnung Straftaten begehen.

A. Hirsi Ali stellt dazu fest: „Es gibt viele Millionen friedlicher Muslime auf der Welt ... Ich sage ..., dass der Ruf nach Gewalt und deren Rechtfertigung in den heiligen Texten des Islam explizit enthalten sind. Und dass diese theologisch gerechtfertigte Gewalt als Sanktion für alle möglichen Vergehen ausgeübt werden kann, aber nicht nur bei Glaubensabfall, Ehebruch, Gotteslästerung und selbt etwas so Vagem wie die Bedrohung der Familienehre oder der Ehre des Islam selbst."[199]

17.12.2014, S. 2, mit einer zwar weithin richtigen, das Grundproblem aber keineswegs lösenden Beschreibung, da die zahlreichen problematischen Koranaussagen darin ausgeblendet und die durchaus möglichen koranorientierten Verhaltensweisen einer (beachtlichen) muslimischen Minderheit ignoriert werden: „Eine Unterscheidung zwischen Islam und Muslime halte ich jedoch für viel sinnvoller. Denn es geht um Menschen, die aus mehreren Identitätsschichten bestehen und nicht immer mit ihrem Glauben identisch sind. So wie nicht jeder Christ bibelfest ist, ist auch nicht jeder Muslim ein Koran auf zwei Füßen. Im Gegenteil, die meisten Muslime halten sich nicht an die Rituale und moralischen Vorstellungen des Islam. Auch viele gläubige Muslime halten ihre Religion für Privatsache und haben die politischen Komponenten des Islam längst neutralisiert. Gerade diese Muslime braucht man im Kampf gegen Phänomene wie IS-Sympathisanten und einsame Wölfe"; Abdel-Samad beantwortet jedoch die Frage nicht, was mit jener Minderzahl von Muslimen ist, die sich ganz bewusst „an die Rituale und moralischen Vorstellungen des Islam" hält, für die ihre Religion keineswegs „Privatsache" ist und die auch zu keinem Augenblick „die politischen Komponenten des Islam längst neutralisiert" hat; irreführend ist die vergleichende Aussage des deutsch-ägyptischen Publizisten (nicht jeder Christ ist „bibelfest"- „nicht jeder Muslim ein Koran auf zwei Füßen"): Der bibelfeste Christ kann sich niemals auf biblisch legitimierte Gewaltaufforderungen berufen, weil es in der Bibel keine Legitimation zu ungerechter Gewaltausübung gibt, wohl aber der sich am Koran orientierende Muslim auf Gewalthandlungen, die im Koran legitimiert, auch gefordert werden.
199 Hirsi Ali, A., Reformiert euch!, S. 15.

sich für einen Patchwork-Islam entschieden, bei dem sich jeder das herauspickt, was ihm gefällt."[195] Der Islamwissenschaftler Peter Heine bestätigt diesen Sachverhalt der Beliebigkeit: „Das Fehlen von Hierarchien hat ... Auswirkungen. Zu ihnen gehört, dass im Grunde jeder Muslim den Anspruch erheben kann, für sich zu definieren, was Islam ist. Dieses Recht ist ihm nicht zu nehmen."[196]

Entsprechend können sich friedlich lebende Muslime und mordende Muslime gleicherweise auf den *einen*, von ihnen als zeitlos gültig geglaubten Koran berufen. Denn der Islam lässt sich durchaus auch als eine Friedensreligion darstellen, wenn zahlreiche Koran-Texte einfach ausgeblendet werden. Aber er hat sich im Laufe seiner Geschichte bis in die Gegenwart hinein gleichzeitig als eine Religion der Gewalt gezeigt, einer Gewalt, die durch die islamischen Basisschriften legitimiert ist. Durch diese fundamentale Widersprüchlichkeit kann der Islam mit Recht auch als *eine Religion der Diskrepanzen und der inneren Widersprüche* bezeichnet werden.

Mit dem Hinweis auf die „überwiegende Anzahl friedliebender Muslime" will man die Friedensliebe des Islam „beweisen" und zugleich allen Bedenken den Wind aus den Segeln nehmen, ohne dabei die Frage zu beantworten: Was ist denn eigentlich mit der großen Anzahl der gewaltbereiten und freiheitsfeindlichen Muslime in Deutschland, in Europa? Laut einer aktuellen Umfrage bekennen sich etwa 10 Prozent der Muslime in Deutschland (also über 300.000!) nicht zu Demokratie und Grundgesetz.[197] Was sagen diese Zahlen den gesellschaftspolitischen Verantwortungsträgern und der demokratisch orientierten, freiheitlich gesinnten Bevölkerung? Hat nicht die Anzahl von etwa „nur" 60-80 RAF-Mitgliedern in den letzten drei Jahrzehnten des 20. Jahrhunderts die Bundesrepublik Deutschland immer wieder in Atem gehalten, ja sogar in beachtliche Bedrängnis gebracht?

Die Frage ist jedenfalls zunächst nicht, wie viele Muslime die Vorgaben des Koran realisieren und dessen Handlungsanweisungen und Aufrufen folgen.[198] Entscheidend ist vielmehr, ob der

---

195 „Die Tagespost", 10.10.2015, S. 8.
196 Heine, Peter, Terror in Allahs Namen. S. 17.
197 Vgl. dazu „Der Spiegel", 17.1.2015, S. 133.
198 Vgl. dazu Abdel-Samad, Hamed, IS, selbst gemacht, in: „Die Welt",

einz Buschkowsky (SPD) hat einmal aus seinem Arbeitsalltag ntegrationsproblematik die Frage gestellt, „... woran man die Verkehrssicherheit einer Kreuzung misst: an der Zahl der Fahrzeuge, die sie reibungslos passieren, oder an den Unfällen, zu denen es dort kommt."[190] Selbstverständlich wird die Verkehrssicherheit einer Kreuzung primär an *der Anzahl der dort festgestellten Unfälle* gemessen.

Auch in unserem Kontext sind weniger entscheidend *jene Aussagen des Koran* und anderer muslimischen Schriften, die den (innerislamischen) Frieden fördern, also *Versöhnungspotenzial* haben, sondern vielmehr die zahlreichen *Texte* mit unübersehbarem *Bedrohungs- und Gefährdungspotenzial,* die insbesondere gegen Nichtmuslime religiös motivierte Gewalt rechtfertigen oder gar vorschreiben. Sie sind nicht nur Grundlage für verbrecherisch militant-dschihadistisches Verhaltens in einigen Ländern, sondern auch für so manche Freitagspredigt in Deutschland.[191] So kann man nach Ednan Aslan, islamischer Religionspädagoge, sagen: Es reicht nicht aus, „die Gräueltaten des 'Islamischen Staats' zu verurteilen und die dahinter stehende religiöse Lehre unangetastet zu lassen ..."[192]

Die *Ambivalenz und Widersprüchlichkeit des Koran* mit seiner „Wirrtextur" zeigt sich darin, dass fast zu jedem gewichtigen Thema negative und positive, zerstörerische und versöhnliche Aussagen vorliegen. Sie ermöglichen sich widersprechende Textinterpretationen. „Keinem aufmerksamen Leser werden die vielen widersprüchlichen Verse im Koran entgehen, vor allem die Art und Weise, wie friedliche und tolerante Verse fast unmittelbar neben gewalttätigen und intoleranten stehen."[193]

Für Necla Kelek besteht das „islamische Dilemma" darin, „dass im Namen des Islam alles behauptet und alles bestritten werden kann."[194] Nach Sabatina James, aus Pakistan stammende Ex-Muslimin und praktizierende Katholikin, würden die einen Muslime Mohammeds Befehle konsequent ausführen, „die anderen hätten

---

190 Buschkowsky, Heinz, Neukölln ist überall, 4. Auflage, Berlin 2012, S. 381, vgl. auch S. 10.
191 Vgl. dazu Troll, Ch. W., Koran, Gewalt, Theologie, S. 485.
192 „Christ in der Gegenwart", 26.4.2015, S. 178.
193 Hirsi Ali, A., Reformiert euch!, S. 119.
194 Kelek, N., Himmelsreise, S. 22.

Oder wie es der deutsch-ägyptische Politologe und Publizist Hamed Abdel-Samad formuliert: „Man braucht Mut, Ehrlichkeit, Wachsamkeit, Entschlossenheit und Fingerspitzengefühl."[188]

Dies gilt gerade auch im Blick auf die langfristig angelegten bedrohlichen Versuche, ein absolutistisch islamisches, theo-kratisches – besser: „allah-kratisches" – Gesellschaftssystem mit Hilfe der Scharia schrittweise auch in unsere freiheitlich-demokratische Gesellschaftsordnung zu implementieren. Auch hier gilt die Devise: „Wer nicht bzw. mit falscher Rücksichtnahme handelt, wird behandelt." Zum Einsatz für die freiheitlich demokratische Grundordnung aber gehören Kompetenz, Engagement und Ausdauer. Wer die Probleme schönreden, ausklammern, übersehen, tabuisieren will, fördert *eine immer stärker um sich greifende Angst,* die sich schließlich verwandeln wird in die erzwungene Haltung der „Unterwerfung" (= Islam).

Obwohl die Schriftstellerin Ingeborg Bachmann wahrscheinlich auch um den Aphorismus wusste: „Geschichte wiederholt sich nicht", zitierte sie offensichtlich gern das zunächst zwar resigniert klingende, doch eigentlich warnend-auffordernde Wort: „Die Geschichte lehrt dauernd, aber sie findet keine Schüler". Diese These zunächst einschränkend, jedoch letztendlich bestätigend, gab einmal ein britischer Wissenschaftler zu bedenken: „Historische Parallelen hinken, ... aber sie bewegen sich doch."[189] Bedenkenswert ist in diesem Kontext auch die Erkenntnis des US-amerikanischen Philosophen und Schriftstellers George Santayana: „Wer sich nicht an die Vergangenheit erinnern kann, ist dazu verdammt, sie zu wiederholen."

VI. „Woran misst man die Verkehrssicherheit einer Kreuzung?"

Wie bereits dargelegt, sind viele Zeitgenossen geneigt, das Konfliktpotenzial des Islam u. a. mit floskelhaft zitierten Hinweisen auf den „an sich doch toleranten und friedlichen Islam" und den „weit überwiegenden Teil der friedliebenden Muslime" klein- und/ oder sogar schönzureden. Der frühere Berliner Bezirksbürgermeis-

---

188 Ebd., 17.12.2014, S .2.
189 Ebd., 2.4.2014, S. 2.

(6) Unislamisch, unmoralisch und kriminell ist die Todesstrafe für Konvertiten.
(7) Keine Religion und kein Einzelner haben das Recht, aufgrund eines angeblich objektiven Absolutheitsanspruches gegen Andersglaubende/-denkende gerichtete Rechtsansprüche zu reklamieren.
(8) Muslime trennen zwischen staatlich-weltlicher und geistlich-religiöser Ordnung. Da Staat und Religion voneinander getrennte, eigenständige, jedoch aufeinander bezogene Bereiche sind, ist die Dominanz der Religion über den Staat und die Dominanz des Staates über die Religion verboten.
(9) Menschen anderen Glaubens werden im Islam nicht als „Ungläubige" bezeichnet.

Alles nur Utopie?
Solange jedenfalls eine derartige Deklaration *in der Breite der islamischen Welt* inhaltlich nicht hörbar ist, sogar entschieden abgelehnt bzw. nicht entsprechend umgesetzt wird,

- *solange* Unrechtsgewalt in jeder Form zur Erreichung irgendwelcher islamischer Zwecke und Ziele nicht unzweideutig als islamwidrig erklärt wird,
- *solange* die Gewaltausbrüche im Raum des Islam zwar verurteilt werden, jedoch nicht die sie hervorrufenden religiös-ideologischen Grundlagen und Anschauungen dieser Religion,
- *solange* das bisherige fatale Märtyrerverständnis nicht neu definiert wird,
- *solange* der „Medina-Islam" nicht vom „Mekka-Islam" abgelöst ist,
- *solange* sich die „Medina-Muslime" nicht zu „Mekka-Muslimen" bekehren,
- *solange* also auch die Kampfaufrufe Mohammeds, die für Hassprediger und Terroristen die theologische Grundlage bilden, von islamischen Theologen nicht für alle Zeiten für ungültig erklärt werden und damit durch sie allen Nichtmuslimen die „Vergangenheit zur abscheulichen Gegenwart zu werden droht" (so der Althistoriker Egon Flaig),

solange ist *Wachsamkeit, Vorsicht und Vorsorge* auch bei uns dringend angesagt. „Nur wer wachsam ist und vorbereitet, wird der islamistischen Bedrohung mit Gelassenheit begegnen können."[187]

---

187 „Die Welt", 24.10.14, S. 1.

„Revolution" im Sinne einer NEO-FORMATION, einer NEU-GESTALTWERDUNG, bzw. einer NOVATION, einer NEU-WERDUNG, eine NEU-BESTIMMUNG in Richtung eines friedlichen „Mekka-Islam" unter ausdrücklicher Überwindung und Ablehnung des dschihadistischen „Medina-Islam".

In diesem „Mekka-Islam" dürften die kämpferischen, zu Gewalt aufrufenden Koransuren keine Bedeutung im Sinne von *heute und zu jeder Zeit geltenden Handlungsanweisungen* mehr haben, sondern nur noch die versöhnlich-friedfertigen Korantexte. Wenigstens Ansatzpunkte dazu finden sich bereits in der islamischen Geistesgeschichte. Am Ende dieses gewiss sehr schwierigen Entwicklungsprozesses könnten/müssten die islamischen Autoritäten in der gesamten islamischen Welt etwa folgende konkrete Grundsätze inhaltlich verkünden:

(1) Alle inkriminierenden Koransuren, die gegen Nichtmuslime, aber auch im Verhältnis von Mann und Frau Formen von Gewalt, von Ungleichheit und Unfreiheit fordern oder gestatten, sind ausschließlich unter historischen Bedingungen und Umständen zu betrachten. Sie werden als zeitbedingt und als geschichtlich überholt erklärt. Sie haben heute und in Zukunft keinerlei Bedeutung mehr, weder in unserem Land noch in irgendeinem anderen Land der Welt.

(2) Im Islam sind verboten:
  a) alle Handlungen, die gegen Leben sowie Eigentum und Besitz von Muslimen und Nichtmuslimen gerichtet sind,
  b) die ideelle, finanzielle, organisatorische und logistische Unterstützung aller Formen des Terrorismus,
  c) Selbstmordanschläge und die Verherrlichung der Schreckenstaten durch die Bezeichnung „Märtyrer",
  d) Angriffskriege.

(3) Das koranische Prinzip des militanten Dschihad ist als nur noch historisch zu qualifizieren.

(4) Alle Nichtmuslime haben auch in islamisch geprägten Ländern ganz selbstverständlich das Recht, im Rahmen der UN-Deklaration der Menschenrechte von 1948 in Freiheit nach ihrem Glauben bzw. nach ihrer Weltanschauung zu leben.

(5) Unmoralisch sind die Verhaltensformen von Doppelzüngigkeit sowie das Vertrauen zerstörende bewusste Täuschen und Verschleiern (Takiyya).

entwickeln kann. Für sie könnte eine der wichtigsten Forderungen an die muslimischen Verantwortungsträger auch im Sinne des obigen Zitats lauten, endlich zu einer eindeutigen *theologischen und politischen Neupositionierung* zu kommen: für eine *radikale Entpolitisierung des Islam* und für die *historisierende Interpretation* des Koran und der islamischen Quellen und gegen eine *wortwörtliche, radikale Auslegung*. Dabei müssten die islamischen Theologen und sonstigen Autoritäten auch zu *einheitlichen Kriterien* für die Koran-und Islaminterpretationen kommen.

Doch kann sich der Islam wirklich erneuern, wie sich das Christentum erneuert hat? Der katholische Theologieprofessor Martin Rhonheimer stellt dazu fest:

> „Da gibt es einen zentralen Unterschied. Das Christentum konnte sich immer wieder auf seine Ursprünge zurückbesinnen. Die Kirche hat es stets geschafft, historischen Ballast abzuwerfen, sich im Lichte des Evangeliums und der apostolischen Tradition auf das genuin Christliche neu auszurichten. Wenn Christen auf ihre Ursprünge zurückgehen, stoßen sie auf Jesus, der davon spricht, man solle dem Kaiser geben, was dem Kaiser gehört, und Gott, was Gott gehört. Und der dem Apostel Petrus sagt, er solle sein Schwert in die Scheide stecken. Solche Rückbesinnung hat zu immer wieder neuen Reinigungsprozessen und Reformschüben geführt. Wenn hingegen Muslime zu den Ursprüngen ihrer Religion zurückgehen, kommen sie zum politisch-religiösen Führer Mohammed und da sieht es doch eher kriegerisch aus. Der Islam kann nicht einfach historischen Ballast abwerfen, er muss seine religiösen Ursprünge und Grundlagen in Frage stellen, wenn er sich reformieren will."[186]

So kann gerade auch im Blick auf das Miteinander der Muslime mit Nichtmuslimen wohl nicht an eine RE-FORMATION des Islam gedacht werden, also an eine ZURÜCK-FÜHRUNG auf dessen als ideal angesehene Ursprungsgestalt. Denn ein Zurück auf den Koran bzw. auf das Leben Mohammeds bedeutet immer: Gewaltsame Verfolgung der „Ungläubigen", gewaltsame Ausbreitung des Glaubens, Kampf gegen Juden und Christen usw.

Aus gleichem Grunde kann wohl auch nicht an eine RE-NOVATION, eine ERNEUERUNG gedacht werden. Vielmehr sollte/müsste angestrebt werden eine Art Transformation bzw. eine

---

186 „Die Tagespost", 29.9.2014.

den traditionellen islamischen Lehren gegenüber konträre Handlungen vollziehen, indem sie ihrem Gewissen folgen.

Würde sich die Denkweise einer verschwindend kleinen Minderheit muslimischer Reformtheologen zum *Koranverständnis*, wie sie etwa im nachfolgenden Zitat von A.-H. Ourghi zum Ausdruck kommt, generell an den islamischen Universitäten und Rechtsschulen in den islamischen Ländern und universal durchsetzen, wäre ein entscheidendes theologisches Grundproblem der Islamdiskussion gelöst. Der islamische *Mainstream* weltweit läuft jedoch (wohl für immer?) in die entgegengesetzte, nämlich in die traditionelle Richtung, deren Denk- und Handlungsweise im dunklen Schlusssatz dieses Zitats realistisch und die islamische Lehre und Geschichte bestätigend dargestellt wird. Dieser kurze Schlusssatz, der wie beiläufig, wie „angehängt" klingt, offenbart das ganze Dilemma der Problematik. Es scheint jedoch auch in dieser Darstellung von Ourghi das Bedürfnis zu fehlen, die Konsequenzen dieses Mordes zumindest in Andeutung zu reflektieren.

> „Es geht darum, den Koran als Text zu verstehen. Einerseits impliziert dieser kanonische Text eine identitätsstiftende Erinnerung. Andererseits ist der Korantext Gegenstand nicht abschließbarer Verstehensakte des muslimischen Korandiskurses. Der Koran muss sich immer wieder neu den jeweiligen Realitäten anpassen. Man kann nicht einfach einzelne Suren beziehungsweise Verse ohne hermeneutische Vermittlung auf unsere Zeit anwenden. Die Muslime müssen sich der Tatsache stellen, dass der Islam des siebten Jahrhunderts nicht mehr unser Islam ist – und auch nicht sein kann. In diesem Sinne gibt es eine Autonomie des Textes, angesichts dessen aber auch die Freiheit besteht, aus unserer Sicht heute unangemessene Koranstellen zu kritisieren. Das hat bereits der Mystiker Mahmud Taha so gesagt. Taha hat die Hälfte des medinensischen Korans abgelehnt, weil er lediglich jener Zeit verhaftet sei. Nur die ethisch akzentuierten Weisungen seien für alle Zeiten gültig. Bedauerlicherweise wurde er 1985 wegen des Vorwurfs der Apostasie gehängt."[185]

Informierte Muslime und Nichtmuslime sehen jedenfalls im Blick auf die zahlreichen Gewaltaussagen im Koran ein bedrückendes *Bedrohungspotenzial*, das sich auch bei uns – trotz aller Beteuerung der Friedfertigkeit des Islam – zum konkreten *Gefahrenpotenzial*

---

185 Ourghi, Abdel-Hakim, in: ebd., S. 127.

der kleinen Minderheiten muslimischer Reformtheologen bzw. Reformmuslime – stellt sich die Frage, welcher Islam mit diesen Kulturkreisen kompatibel ist, welcher Islam auch zu Deutschland gehören kann:

> Jener „Islam, der seinen Ursprüngen bei Mohammed treu bleibt und also Terrorismus im Programm hat, oder der Islam, der die Menschen achtet, zwischen Politik und Glaube unterscheidet und unsere Kultur als Chance für seine Erneuerung begreift?"[183]

Die vom ägyptischen Präsidenten angemahnte „Revolution" im Islam müsste von den islamischen Rechtsschulen und Universitäten in den islamisch geprägten Ländern ausgehen, die den „Mainstream-Islam" entscheidend prägen. Denn dort allein spielt „die islamische Musik", nicht etwa an den für den globalen Islam vergleichsweise völlig unbedeutenden islamischen Lehrstühlen in Deutschland, auch nicht die offensichtlich „wachsende Anzahl an aktiven Dissidenten und Reformkräften rund um die Welt."[184]

So sind theologische Aussagen von islamischen Reformtheologen wie z. B. Prof. Mouhanad Khorchide in Deutschland für den Islam insgesamt ungefähr so bedeutsam, wie wenn sich eine nordelbische evangelische Bischöfin gegenüber weltweit verbindlichen Lehraussagen des Papstes in Rom bzw. der katholischen Kirche ablehnend äußert. Ohne den theologischen und juristischen Hintergrund des „Mainstream-Islam" dürfte (leider) alles Bemühen muslimischer Reformtheologen, Islamologen, Politologen, Journalisten usw. auch hier in Deutschland um eine Neuwerdung des Islam letztlich nichts anderes als ein Scheingefecht sein.

So bleibt jede regional- oder landesspezifische Interpretation bzw. Ausprägung des Islam (vgl. oben den Abschnitt „Euroislam") immer eine trügerische Version dieser Religion, wenn sie in den theologischen und ethischen Grundfragen im Gegensatz steht zum traditionellen islamischen „Mainstream". Jedenfalls wird der Islam insgesamt und in seinen weltweiten Dimensionen keineswegs friedlicher, wenn eine vergleichsweise äußerst kleine Minderheit von Muslimen bzw. muslimischer Theologen dem Koran und

---

183 Baschang, Klaus, Oberkirchenrat, Der Mensch lebt nicht vom Brot allein, in „ideaSpektrum", 5.3.2015, S. 25.
184 Hirsi Ali, A., Reformiert euch!, S. 271; vgl. ebd., S. 271-285 mit Namen von Dissidenten und reformorientierten Muslimen, auch mit Berichten über sie.

lims erneut die Ohren verschließen, sodass aufgrund eines falschen Toleranzverständnisses weiterhin menschenverachtende Handlungen geschehen können?

Wenn der „überwiegende Teil der Muslime" weltweit – in muslimisch geprägten und in nichtmuslimischen Ländern – tatsächlich friedliebend ist und friedlich lebte, dann sollte eigentlich dieser von einem muslimischen Staatspräsidenten geforderten „islamischen Revolution" nichts mehr im Wege stehen. Doch inzwischen ist bereits über ein halbes Jahr nach dieser denkwürdigen Rede ins Land gezogen: „Revolutionäre Schritte" in die von Präsident Sisi angezeigte Richtung sind bislang nicht wahrzunehmen. Es sieht ganz danach aus, dass sich bereits nach kurzer Zeit der Schleier des Vergessens über die dringlichen Forderungen des muslimischen Staatspräsidenten gelegt hat.

Das grundlegende, bereits erwähnte Problem ist bei dieser „religiösen Revolution" die *Neuinterpretation des Islam mit der Möglichkeit der historischen Auslegung, der kontextbezogenen Interpretation des Koran.*[181] Der Islam kommt nicht daran vorbei „seine religiösen Ursprünge und Grundlagen in Frage zu stellen, wenn er sich reformieren will."[182] Wäre aber ein reformierter Islam aus muslimischer Sicht noch der Islam Mohammeds? Aus der Perspektive von nichtislamischen, demokratisch geprägten Kulturen – gewiss auch

---

181 Vgl. dazu www.ditib.de/.../Diskussionsbeitrag_zu_den_zentralen_glaubensrelevant...: „Eine Aufteilung des Korans in mekkanische und medinensische Suren ist innerhalb der islamischen Theologie bekannt. Diese Benennung dient dazu, zu unterscheiden, ob der Vers vor oder nach der Hidschra herab gesandt wurde. Zahlreiche Gelehrte wiesen bereits darauf hin, dass die mekkanischen Suren hauptsächlich Prinzipien des Islams beinhalten, während die medinensischen Suren die Umsetzung dieser Prinzipien darlegten. Jedoch ist diese Aufteilung nur allgemein zu verstehen, denn eine graduelle Differenzierung wird weder im Koran gefordert, noch nahm der Prophet solch eine Unterscheidung in seinen Verkündigungen vor. Im Koran ist eine Bevorzugung oder Höherstufung einzelner Verse oder Suren gegenüber anderen Versen/Suren nicht zu finden. Im Gegenteil, sie wird als eine Ganzheit bezeichnet. Dabei wird betont, dass die gesamte Offenbarung von Gott vervollständigt wurde und keiner in der Lage ist, diese zu verändern. Die sunnitischen Gelehrten heben immer wieder hervor, dass das Wort Gottes als ein Ganzes zu verstehen ist und nicht voneinander getrennt werden kann und darf"; auch die Suren 6,115; 15,9; 41,42; 56,78.
182 Rhonheimer, Martin, Antithese zum Christentum, in: „Die Tagespost", 30.9.2014, S. 9.

ein Krebsgeschwür im Körper des Islam, das die Muslime selbst herauschneiden müssen."[179]

In diesem Kontext bleibt deutlich zu vermerken, dass weder der ägyptische Staatspräsident noch die deutsche Bundeskanzlerin und auch nicht der Patriarch von Jerusalem bei ihren jeweiligen Aussagen zur Gewalt im Islam irgendeine islamische Gruppierung besonders hervorheben, sondern ganz offensichtlich *den Islam generell* im Fokus ihrer z. T. äußerst massiven Kritik haben. In dieser Hinsicht wird ein Wort des türkischen Staatspräsidenten Erdogan bestätigt: „Es gibt keinen moderaten oder nicht-moderaten Islam. Islam ist Islam, und damit hat es sich."

Wer die Pauschalbehauptung von der Friedfertigkeit, Barmherzigkeit und Toleranz des Islam ständig mündlich oder schriftlich vorträgt und verbreitet,

– verhöhnt die zig *Millionen Opfer islamischer Dschihads* einschließlich der Opfer der jahrhundertelangen *Sklavenjagden* von Muslimen in Schwarzafrika und anderen Ländern, einschließlich der „Knabenlese" im Osmanischen Reich,
– beleidigt die Urteilsfähigkeit all jener, die den *Koran* gelesen haben und um die brutalen *Expansionskriege der Muslime* wissen,
– versucht die *Gräueltaten heutiger Muslime* als dem Islam widersprechende Auswüchse darzustellen, obschon jeder Lesekundige die menschenverachtenden „Gebrauchsanweisungen" zum Umgang mit den Juden und den angeblich Ungläubigen im Koran und in der Sunna nachlesen kann.

Selbst wenn es keine pauschale Schuldzuweisung gegen die Muslime geben darf: Auch nach den Worten des muslimischen Staatspräsidenten Al Sisi haben die Muslime bzw. der Islam zweifellos eine *große, unaufschiebbare Bringschuld*. Doch wird der Präsident in den islamischen Ländern einer der vergleichsweise wenigen einsamen Rufer bleiben?[180] Wird in der nichtmuslimischen Welt auch dieser Mahnruf nach kurzer Zeit wieder verhallen? Werden die unkritischen islamophilen Nichtmuslime auch in unserem Land vor diesem unüberhörbaren Warn- und Mahnruf eines hochrangigen Mus-

---

179 „Die Tagespost", 22.8.2015, S. 1.
180 Vgl. dazu Maksan, Oliver. Muslime am Scheideweg, in: „Die Tagespost", 8.1.2015, S. 1: „Ein solcher Reform-Islam, der seine Quellen historisiert, kommt derzeit über einige Solitäre nicht hinaus."

Weg."[176] Sie „war lange Zeit das Bollwerk der konservativen Geistlichen, die sich dagegenstemmten, über sinnvolle Reformen des Islam überhaupt zu diskutieren."[177]

Das Staatsoberhaupt Ägyptens wird jedenfalls mit dieser erstaunlichen und auch mutigen Rede, in der er die Vertreter des Islam in Verantwortung nimmt, zu einem außerordentlich wichtigen *muslimischen Kronzeugen der islamkritischen, auch innerislamkritischen Stimmen*, die vor Jahren noch eher zaghaft vernehmbar waren, heute jedoch unüberhörbar geworden sind. Denn aus seiner weltweit vernehmbaren Forderung sind vier Thesen abzuleiten:

a) Mit seinem universalistischen, totalitären Anspruch der auch *gewaltsamen Weltbeherrschung* erklärt der Islam der gesamten nichtmuslimischen Welt permanent den Dschihad.

b) Der Islam ist *keine friedfertige und tolerante*, sondern *eine gewaltlegitimierende Religion*.[178] Zum Ziel der Friedfertigkeit und Toleranz muss der Islam erst noch kommen durch die grundlegende Änderung des bestehenden „religiösen und heiligen Erbes".

c) *Kritik am Islam*, dessen Gewaltpotenzial weltweit als Realität mit hohem Bedrohungsgrad erlebt wird, *ist durchaus berechtigt und sogar notwendig*. Bedenken und kritische Äußerungen sind keinesfalls Falschmeldungen oder gar bösartige, „islamophobe" Unterstellungen.

d) Das Gewaltproblem im Islam duldet keinen Aufschub. Die Zeit *drängt*.

Die wohl weltweit wahrgenommene staunenswerte Einsicht und Erkenntnis des islamischen Staatspräsidenten widerlegt die oft überaus selbstbewusst vorgetragene Behauptung hiesiger islamischer Verbandsvertreter, islamophiler Gutmeinender und alles verstehender Sozialromantiker, der Islam sei eine Religion des Friedens, der Toleranz und der Barmherzigkeit. Viel eher trifft die drastische Metapher zu, die der lateinischen Patriarch von Jerusalem, Fouad Twal, wenige Monate nach der aufrüttelnde Rede des ägyptischen Präsidenten zur Veranschaulichung seiner Auffassung und Erfahrung von Gewalt im Islam gewählt hat: „Muslimische Gewalt ist

---

176 Hirsi Ali, A., Reformiert euch!, S. 262; vgl. auch S. 265.
177 Ebd., S. 261.
178 Ebd., S. 10: „Der Islam ist keine Religion des Friedens."

diesem Jahr mit dem Geburtstag Mohammeds zusammenfiel.
Der umstrittene sunnitische Muslim Sisi, der zugleich als „fromm und gläubig" beschrieben wird, forderte in der Azhar-Universität eine „religiöse Revolution" und eine Neuinterpretation des Islam.

Die vom ägyptischen Staat unterhaltene und so auch abhängige Universität ist eine der ältesten islamischen Hochschulen der Welt, die weltweit höchste religiös-rechtliche Instanz im sunnitischen Islam, eine wissenschaftliche Institution von internationalem Rang, auch als „theologische Denkfabrik" des Islam bezeichnet. Umso gewichtiger erscheinen vor diesem Hintergrund die folgenden drastischen Worte des Staatspräsidenten vor 600 religiösen Führern und Koranstudenten[174]:

> „Das Werk der islamischen Texte und Ideen, die wir über Jahrhunderte als heilig erklärt haben, erzürnt die gesamte Welt ..." Im Bericht heißt es weiter, es „könne nicht sein, dass 1,6 Milliarden Muslime die restliche Weltbevölkerung töten wollen, nur um selbst leben zu können". Al-Sisi stellt fest und fordert: „Die islamische Weltgemeinschaft (Umma) wird zerrissen und ist verloren – durch unsere eigenen Hände"; es „sei unfassbar, dass das, was die Muslime als ihr religiöses und heiliges Erbe betrachten, für sie selbst und den Rest der Welt als Quelle der Angst, der Gefahr des Mordens und der Zerstörung wahrgenommen wird. Unmöglich!". Den anwesenden Rechtsgelehrten rief er dann zu: „Wir brauchen eine religiöse Revolution. Und Ihr Imame seid dafür verantwortlich. Die ganze Welt wartet auf Ihren nächsten Schritt'."

Dieser aufrüttelnden Rede des ägyptischen Staatspräsidenten steht allerdings *die konträre Aussage* des Großscheichs der Kairoer Al-Azhar-Universität, Ahmad Mohammad al Tayyeb, gegenüber. Entgegen vereinzelten Wünschen auch islamischer Gelehrter nach Reformen stellt er klar: „Der Koran ändert sich nicht. So wie ihr nicht fordert, dass sich die Bibel ändern muss, fordert bitte auch nicht, dass sich der Koran ändern muss."[175] So dürfte die Feststellung von A. Hirsi Ali zutreffen: „Gerade Einrichtungen wie die Azhar-Universität stehen der muslimischen Reformation im

---

[174] „Die Welt", 6.1.2015, S. 7 ; vgl. auch die Version von Hirsi Ali, A., Reformiert euch!, S. 88 f.
[175] Zitiert in: „Christ in der Gegenwart", 10.5.2015, S. 211.

mus und des Opportunismus, nach denen „der Zweck die Mittel heiligt" bzw. die Zweckmäßigkeit und Nützlichkeit über der Grundsatztreue steht (z. B. Minderheitensituation, Taqiyya = Verschleiern/Täuschen um des Glaubens willen).

Darüber hinaus besteht das Problem, dass es *keinen innerislamischen theologischen Konsens* gibt über die sehr zahlreichen widersprüchlichen Koraninhalte, auch keine Autorität, die für alle Muslime verbindlich sagt, welche Lesart des Koran möglich bzw. nicht möglich ist.

Zu diesen Problemfeldern zählen auch *die Trennung von Religion und Politik, von Religion und Gesellschaft,*[172] und damit zugleich *die Überwindung der Scharia,* des islamischen Rechts, das sich über die fundamentalen Menschenrechte erhebt und diese negiert.

Alle diese Probleme können nur *innerhalb des Islam selbst* gelöst werden.[173] Bemerkenswerte Schritte in diese Richtung ging der ägyptische *Präsident Abdel Fattah al-Sisi* am Neujahrstag 2015, der

---

172 Im Christentum ist die (nicht immer realisierte) Trennung von Religion und Politik, Staat und Kirche grundgelegt im Neuen Testament. Als die Pharisäer Jesus fragten, wie sie es mit dem Zinsgroschen halten sollen, zeigt er auf eine Münze mit dem Abbild des Kaisers: „So gebt dem Kaiser, was dem Kaisers gehört, und Gott, was Gott gehört" (Matthäus 22,21; vgl. auch Römer 13,1-8).

173 Vgl. dazu. Troll, Ch. W., Koran. Gewalt, Theologie, S. 485: Islamische „Gelehrte, die die geschichtliche Bedingtheit der genannten Aussagen ernst nehmen und daraus wissenschaftliche Konsequenzen ziehen, bilden immer noch die seltene Ausnahme und werden in mehrheitlich muslimischen Ländern und von ihren religiösen Institutionen kaum (eher „wohl nirgendwo": U. H) anerkannt"; zu diesen Gelehrten zählt Dr. Mouhanad Korchide, Professor für islamische Religionspädagogik an der Universität Münster, dessen Absetzung islamische Verbandsvertreter wegen verbreiteter Irrlehren seit Ende 2013 fordern: Er tritt für eine historisch-kritische Koranexegese ein; ebenso seine Aussage bzgl. seiner Schwierigkeiten mit muslimischen Gemeinden, in: „Stern", 15.1.2015, S. 51: „Gehetzt haben ... nicht Salafisten und Extremisten, sondern normale islamische Gruppierungen, denen ich nicht konservativ genug bin. Sie haben mich härter bekämpft als einen Salafisten wie Pierre Vogel. Das hat andere motiviert, mir Drohbriefe zu schicken"; auch „Die Tagespost", 13.1.2015, S. 8, mit der Aussage von Bassam Tibi: „Es gibt eine Reihe von Koranversen, die man heute nicht vertreten kann. Das sind Texte aus dem 7. Jahrhundert, die muss man im historischen Zusammenhang sehen." Tibi sieht selbst seine Vorstellung vom sogenannten Euro-Islam „noch weit von einer Umsetzung entfernt" (vgl. ebd.).

richtig einzuordnen, auch im Einbezug dieser schwerwiegenden Vorgänge mit weltweiter Relevanz.

Die Forderung, zur Versöhnung einen Schlussstrich zu ziehen, könnte schnell und im Sinne der beiden ersten Fragen gern positiv beantwortet werden, wäre der Islam nicht eine Religion, die in den wesentlichen Aspekten, auch des menschlichen Miteinanders, gekennzeichnet ist *von einem spezifischen theologischen Grundkonsens fast der gesamten islamischen Welt*. Dabei ist maßgeblich der Glaube der weit überwiegenden Mehrheit aller Muslime, dass der *Koran* als unmittelbar geoffenbartes Wort ihres Gottes Allah *absolut unveränderlich, universal sowie uneingeschränkt-ewig gültig* sei, verbunden mit einer vollständig „allah-zentrisch" determinierten Gesellschafts- und Werteordnung mit ihren schwerwiegenden Folgen auch für alle Nichtmuslime. Jene Muslime, die etwas anderes fordern, gehören zu den letztlich unbedeutenden als sektiererisch geltenden islamischen Strömungen.

Nach gängiger Meinung der meisten Rechtsschulen im Islam stehen die Grundzüge der Gesetze Allahs seit Abschluss der Offenbarung des Koran unveränderlich fest. Der Koran gilt als ein *von Allah selbst diktiertes, göttliches, unerschaffenes Werk mit Ewigkeitswert* und soll Wort für Wort mit seinem Urtext im Himmel übereinstimmen. „Koranworte werden daher wesentlich unhistorisch aufgefasst und sind trotz ihrer nicht seltenen Widersprüche nicht relativierbar."[171]

Im Koran hat demnach Allah der Welt seine überzeitliche, *endgültige und abschließende Botschaft* vorgelegt – mit entsprechenden Konsequenzen auch für alle Nichtmuslime bis auf den heutigen Tag. Dazu kommt: Mit der Unantastbarkeit des Koran korrespondiert die Unantastbarkeit Mohammeds, für Muslime das unerreichbare Vorbild gottgewollter menschlicher Vollkommenheit.

So liegt in der unantastbaren moralischen *Vorbildfunktion Mohammeds* (vgl. z. B. Koransure 33,21) noch ein weiteres, wohl unlösbares Kardinalproblem. Denn die meisten Muslime dürften von ihrer Mohammedverehrung wohl kaum abrücken.

Eine zusätzliche schwerwiegende Problematik ist die *islamische Dualität, nämlich der ethischen Zweigleisigkeit* des Utilitaris-

---

171 Gerl-Falkovitz, Hanna-Barbara, Koranlesung, in: „Die Tagespost, 31.1.2015, S. 11; die historisch-kritische Methode geht davon aus, dass ein Text nicht vom Himmel gefallen ist, vielmehr eine menschliche Geschichte hat.

sen sein? Oder muss man – einer Feststellung von H. M. Brode folgend – die Frage stellen: Ist der Westen, der „den Kommunismus und Faschismus besiegt" hat, „im Begriff, im Kampf gegen die dritte totalitäre Ideologie des 20. Jahrhunderts, den Islamismus, zu scheitern"?[170]

V. „Die Geschichte lehrt, aber sie hat keine Schüler!"

Viele Probleme mit der Religion Mohammeds ergeben sich aus *aktuellen Ereignissen*, andere aus bedrückenden *Vorgängen in der Geschichte*. Dabei stellt sich mit Recht die Frage: Sollte nicht in unserer globalisierten Welt im Geist des Friedens und der Versöhnung ein Schlussstrich gezogen werden unter die Vielzahl der jahrhundertelangen *Feindschaftsgeschichten, der historischen Dilemmata, Tragödien und Dramen* im Leben Einzelner und ganzer Völker? Müssten nicht alle, gerade auch Christen und Muslime mit ihrer gegenseitig belasteten Geschichte, bemüht sein, „das Vergangene beiseite zu lassen, sich aufrichtig um gegenseitiges Verstehen zu bemühen ..." (Zweites Vatikanisches Konzil, Nostra Aetate, Nr. 3)?

> Oder ist es doch eher angebracht, sich der biblischen Mahnung zu erinnern: „Denk an die Tage der Vergangenheit, lerne aus den Jahren der Geschichte! Frag deinen Vater, er wird es dir erzählen, frag die Alten, sie werden es dir sagen" (Deuteronomium 32,7)? Es liegt jedenfalls nahe, diese biblische Mahnung nicht gänzlich zu vergessen angesichts der problematischen geschichtlichen Vorgänge, insbesondere aber auch angesichts der Ereignisse, die in unserer Zeit weltweit im Zusammenhang mit dem Islam von vielen Menschen traumatisch erlebt und von der nicht unmittelbar betroffenen Weltöffentlichkeit entsetzt beobachten werden.

Die Beschäftigung mit der Geschichte und der Theologie des Islam bei gleichzeitiger Beobachtung der bedrückenden zeitgenössischen Vorgänge lässt hinsichtlich weiterer Entwicklungen mit berechtigter Sorge und Skepsis in die Zukunft blicken. Die oben genannte Konzilsaussage, in der vor einem halben Jahrhundert die nachfolgenden Entwicklungen nicht im Blick sein konnten, ist deshalb

---

170 Aus einem Zitat von Hendryk M. Broder, in: „Die Welt", 14.7.2014. S. 2.

behauptet, den eigentlichen, den „authentischen", den „allein wahren Islam" zu vertreten[168]?

Der Islam ist nicht nur eine *Religion*, sondern zugleich auch ein *Rechts-, Sozial- und Herrschaftssystem*, das eine auf Dominanz ausgerichtete islamische Gesellschaftsordnung anstrebt. In islamisch dominierten Ländern umgreift es das gesamte Leben nicht nur der Muslime, sondern – in unterschiedlicher Intensität – auch das Leben der Nichtmuslime. Islamische Herrschaftsordnung, islamische Lebens- und Moralvorstellungen sollen auch Andersgläubigen aufgezwungen werden. So sind insbesondere auch in den Großstädten *nichtislamisch geprägter Länder* die Muslime bemüht, auf das gesellschaftliche Leben entsprechend einzuwirken. Dabei versucht man, gelegentlich auch mit den Methoden der Einschüchterung und der Drohung den eigenen Wertvorstellungen Geltung zu verschaffen.

> Der Islamwissenschaftler Adel Theodor Khoury umschreibt diese Gegebenheit wie folgt: „Der Islam meldet seinen Anspruch an, seinen Glauben, seine moralischen Normen, seine gesetzliche Bestimmungen und allgemein seine umfassende Lebensordnung allen Menschen zugänglich zu machen, mehr noch: **seiner Lebensordnung die Oberhoheit zu verschaffen in aller Welt.**"[169] (Hervorgehoben: U.H.)

Zur überzeugenden Beantwortung der obigen Frage zum Zusammenleben der Menschen mit ihren unterschiedlichen Religionen und Weltanschauungen müsste der Islam „seine religiösen Ursprünge und Grundlagen in Frage stellen" und „historischen Ballast abwerfen" (M. Rhonheimer). Dabei müsste er beispielsweise *zugeben*, dass der Koran neben seiner Widersprüchlichkeit *ganz offensichtliche Irrtümer* enthält und das Verhältnis der Muslime zu Toleranz und Gewalt ungeklärt und vielfach nur taktischer Natur ist. Vor allem müsste er auch *zulassen*, dass Muslime *gefahrlos* zu einer anderen Religion bzw. Weltanschauung konvertieren können.

Skeptisch ist daher zu fragen: Werden die mit dem Islam verbundenen, kaum lösbar erscheinenden Probleme überhaupt zu lö-

---

168 Übrigens stellt sich diese Frage nach der authentischen Religion ganz ähnlich auch den christlichen Konfessionen sowie allen Religionen und Weltanschauuungen – die Religions- und Weltanschauungsrelativisten wohl eher ausgenommen.
169 Khoury, Adel Theodor, Der Koran, Düsseldorf 2007, S. 58.

den Ländern mit muslimischer Minorität, sondern auch in jenen, die islamisch dominiert werden:

> Inwieweit ist aus der Perspektive des Islam nach Maßgabe
> der universalen UN-Menschenrechte (1948)
> ein freiheitliches, gleichberechtigtes Zusammenleben,
> ein humanes und tolerantes, von Gerechtigkeit
> und gegenseitigem Respekt getragenes Miteinander
> von Menschen unterschiedlichen Glaubens,
> unterschiedlicher Weltanschauungen und
> divergierender Lebenseinstellungen
> überhaupt möglich, und zwar überall in der Welt,
> also auch in den islamisch regierten Staaten?

Die Beantwortung dieser Frage dürfte keineswegs einfach sein, auch gerade hinsichtlich der islamischen Dogmatik und Ethik und des daraus erwachsenen islamischen Selbstverständnisses, aber auch im Blick auf den innerislamischen Pluralismus mit seinen vielfältigen strukturellen, kulturellen und theologischen Ausprägungen, mit seinen heterogenen, oftmals verfeindeten Strömungen, Gesellschaften, Theologie- und Rechtsschulen und Organisationsformen. Jede der in sich z. T. recht divergierenden Gruppierungen mit ihren vielfach radikal-religiösen Einstellungen behauptet doch, den *eigentlichen, ursprünglichen, den alleinigen, wahren, authentischen Islam* zu vertreten. Doch welche dieser recht unterschiedlichen muslimischen Denominationen vertritt nun *tatsächlich* die normative Form des Islam[167], wenn doch jede Gruppierung, auch jede extrem fundamentalische, von sich selbst

---

167 Vgl. dazu Afschar, Moussa, Der Islam. Wie er wirklich ist, Villach 2001, S. 69: „Weil der Islam keine zentrale Lehrautorität kannte und eine solche auch heute nicht besitzt, gibt es nicht zuletzt in Glaubensfragen Unterschiede von Land zu Land. Dieser Umstand fördert nicht nur Meinungsunterschiede innerhalb der islamischen Welt, sondern dient den Muslimen als guter Ausweg. Sobald der Muslim mit einer unangenehmen Ansicht seiner Religion konfrontiert wird, kann er sagen, dass dies mit dem Islam nichts zu tun habe, sondern lediglich für die Person so und so verbindlich sei."
Die Tatsache, dass es innerhalb des Islam keine hierarchischen Strukturen, kein Lehramt mit der Autorität der verbindlichen Festlegung von Koraninterpretationen gibt, vermittelt einen basisdemokratischen Eindruck mit einer gewissen Faszination für bestimmte nichtmuslimische Intellektuelle.

diesem Zusammenhang sei lediglich noch auf Tilman Nagel wiesen, der nach einer längeren Abhandlung den Schluss zieht: „Sure 2.256 zeugt also gerade nicht für die Religionsfreiheit, sondern formuliert unmissverständlich den Ausschließlichkeitsanspruch des Islam ..."[164] Der Islamwissenschafter Rainer Brunner bestätigt: „Religionsfreiheit bedeutete im Islam immer und ausnahmslos die Freiheit, den Islam auszuüben, zu ihm zu konvertieren und für ihn zu werben."[165] Nagel zitiert an dieser Stelle eine sehr ausführliche, hier nur verkürzt wiedergegebene Stellungnahme eines führenden Mitglieds eines Gremiums der OIC, das sich mit Schariafragen befasst. Darin wird auch aus muslimischer Perspektive unzweideutig die *im Islam nicht bestehende Religionsfreiheit* bestätigt, die insbesondere die Apostaten des Islam leidvoll erfahren müssen:

> „Der Islam hat nicht die Glaubensfreiheit verkündet. Der Islam verkündigte das Verbot des Polytheismus ... Der Islam hat nicht die Glaubensfreiheit der falschen ... Religion verkündet. Dies ist eine Lüge ... Die Aussage 'Es gibt keinen Zwang in der Religion' meint keine Meinungsfreiheit, sondern, dass dieser Koranvers nicht die Menschen zwingen kann, an die Religion (des Islam) im Herzen zu glauben ... Wir kämpfen ... gegen die Ungläubigen und die Polytheisten, denn Allah hat uns das vorgeschrieben ... Wir zwingen den Menschen nicht zum Glauben, aber wir bestrafen denjenigen, der die Religion (des Islam) verlassen hat."[166]

IV. Die Frage nach dem gleichberechtigten Zusammenleben in Freiheit

Hinter allen Fragen zum Islam steht (insbesondere für Nichtmuslime) *die entscheidende Frage* nach den *Interaktionen* zwischen Muslimen und Nicht-Muslimen bzw. nach der *gleichberechtigten Koexistenz*, gar der *Konvivenz* von Christen und Muslimen bzw. von Muslimen mit allen Nicht-Muslimen, und zwar nicht nur in

---

164 Nagel, T., Angst vor Allah?, S. 364-368.
165 Brunner, Rainer, Mohammed. Wissen, was stimmt, Freiburg, Basel, Wien 2011, S. 93.
166 Ebd., S 367 f.

mischen Konferenz die alleinige Grundlage von Menschenrechten. Sie steht im klaren Gegensatz zu den Allgemeinen Menschenrechten der Vereinten Nationen, obwohl sie sich an Inhalt und Form deutlich an diesem Dokument orientiert. Die im Westen verbreiteten Versionen der islamischen Erklärung sollen dem Vernehmen nach gegenüber dem Original „erheblich gekürzt" sein.

Interessant ist in diesem Kontext die Beantwortung der Frage durch *die muslimischen Verbände* in Deutschland, ob sie sich nachweislich von diesem Scharia-Dokument expressis verbis und vorbehaltlos distanziert haben. Solange dies nicht der Fall ist, sind alle Treuebekundungen ihrer Verbandsvertreter zu Freiheit, Demokratie und Grundgesetz nichts als Schall und Rauch.

3. Kein Zwang im Glauben?

Um die vorbildhafte und umfassende Toleranz des Islam und die durch den Islam angeblich tolerierte Religions- und Glaubensfreiheit zu beweisen, wird die Sure 2,256 – wiederum nur als Bruchstück – bei jeder nur möglichen Gelegenheit von Muslimen zitiert.

Koranvers 2,256: „Es gibt keinen Zwang im Glauben."

Diese Behauptung ist schon eine Chuzpe angesichts der verschiedenen *massiven innerislamischen Zwänge* (z. B. zum Glauben, zum Gebet, im Blick auf die Frauenproblematik und im Blick auf die Apostasie). Schon *systemintern* gibt es also keine wirkliche Freiheit im Islam. Insbesondere aber zielen auf die „Ungläubigen" zahlreiche Drohungen und Strafen, die ganz zweifelsfrei diesem Bruchstücksatz vom zwangfreien islamischen Glauben diametral widersprechen. Man lese dazu nur beispielhaft „den krönenden Abschluss" des Anschlussverses von 2,256:

Koranvers 2,257: „Sie (d. h. die Ungläubigen) werden Insassen des Höllenfeuers sein und (ewig) darin weilen."

Ein weiteres Beispiel (unter vielen anderen), das der scheinbar gewährten (innerislamischen) Freiheit des Glaubens eindeutig widerspricht ist der

Koranvers 33,36: „Und weder ein gläubiger Mann noch eine gläubige Frau dürfen, wenn Allah und sein Gesandter eine Angelegenheit (die sie betrifft) entschieden haben, in (dieser) ihrer Angelegenheit (frei) wählen. Wer gegen Allah und seinen Gesandten widerspenstig ist, ist (damit vom rechten Weg) offensichtlich abgeirrt."

..gemeinen Erklärung der Menschenrechte der Vereinten Nationen (1948) übernommen, doch bei nahezu jedem Verweis auf die Menschenrechte macht die Kairoer Erklärung die Einschränkung: Die Rechte und Freiheiten dürfen nur im Einklang mit der Scharia ausgeübt werden. In den Artikeln 24 und 25 der „Kairoer Erklärung der Menschenrechte" wird zum Schluss noch einmal ausdrücklich festgehalten: die Scharia ist die „einzig zuständige Quelle für die Auslegung oder Erklärung jedes einzelnen Artikels dieser Erklärung". Unabhängig von zahlreichen Koranaussagen ist allein schon durch diese Erklärung die islamische Rede von der gleichen Würde, von der Gleichheit und der Gleichwertigkeit ausnahmslos aller Menschen in der Gesamtheit der Rechte und Verantwortungsbereiche de facto als inexistent zu betrachten. Daher kann man sagen: Im Islam sind die verschiedenen Formen von Apartheid angelegt: Geschlechter-Apartheid, Religions-Apartheid, Menschheits-Apartheid.

* So wird zwar die *Gleichheit von Männern und Frauen* bzgl. ihrer Würde im Islam postuliert, keineswegs jedoch im Blick auf ihre Rechte.
* Die *Überlegenheit* des Mannes gegenüber der Frau wird festgestellt.
* Es gibt den *Unterschied* von Sklaven und Freien.
* Das *Werben für eine andere Religion als den Islam* ist in manchen Ländern mit islamischer Staatsreligion ein mit Höchststrafe sanktionierter Straftatbestand.
* Die *religiöse Freiheit* wird ferner so verstanden, dass zwar Nichtmuslime ihre Religion wechseln können, keineswegs jedoch Muslime. Apostasie vom Islam bedeutet für „Abtrünnige" höchste Lebensgefahr.
* Zwar dürfen muslimische Männer z. B. christliche Frauen heiraten. Diese Frauen dürfen aber *ihren Glauben nicht an ihre Kinder weitergeben*.
* Auch die *Freiheit des Wortes* ist unter den Vorbehalt des islamischen Blasphemieverbotes gestellt.
* Die Meinungs- und Redefreiheit wird auf jene Meinungsäußerungen beschränkt, die dem muslimischen Recht nicht widersprechen.

Die Scharia, der alle Rechte und Freiheiten der Menschen unterliegen, ist seit 1990 für 56 Mitgliedsstaaten der Organisation der Isla-

(4) Der Vers deutet an, dass das Töten in bestimmten Fällen *zugelassen oder sogar vorgeschrieben ist*. So sind sich die Rechtsschulen des Islam einig, dass der Abfall vom Islam und die Schmähung Mohammeds zum „unheilstiftenden Tun" zählen und somit todeswürdige Verbrechen sind.

(5) Bereits im folgenden Vers 5,33 wird eindeutig zum *religiös begründeten Töten* aufgerufen, verbunden mit dem *Aufruf zu Gewalthandlungen* grausamster Art, wie Kreuzigen oder Verstümmeln, nämlich eine Hand und einen Fuß abzuschlagen oder doch zum Landesverweis. Zusätzlich werden ewige Höllenstrafen angekündigt.

(6) Nur das unverkürzte Zitieren der beiden *formal und inhaltlich eng miteinander verbundenen Koranverse 5,32* und *5,33* führt zum eigentlichen Sinn der Koranaussage. Gleichzeitig wird deutlich, dass der als Vers 5,32 bezeichnete Satz „Wer einen Menschen tötet, tötet die ganze Welt" als Argumentationshilfe zum Beweis der Gewaltlosigkeit des Islam völlig unbrauchbar ist, zumal Vers 5,33 unmissverständlich davon spricht, dass Muslime zur religiös legitimierten Gewaltanwendung nicht nur befugt, sondern sogar aufgerufen sind.

2. Gleiche Würde aller Menschen?

In kürzerer Ausführung soll auf ein weiteres Zitat verwiesen werden, mit dem Muslime häufig auf die im Islam betonte *gleiche Würde aller Menschen*[162] verweisen, aber den Kontext der „Kairoer Erklärung der Menschenrechte im Islam" (1990)[163] dabei ausblenden. Es geht um den

> **Koranvers 17,70:** „Und wahrlich, Wir zeichneten die Kinder Adams aus und trugen sie zu Land und Meer und versorgten sie mit guten Dingen und bevorzugten sie hoch vor vielen Unsrer Geschöpfe" (vgl. auch ebd., 6,151; 33,72).

Mit diesem Koranvers soll muslimischerseits belegt werden, dass alle Menschen die gleiche Würde haben. In 25 Artikeln der Kairoer Erklärung werden zwar zahlreiche Termini und Formalia der

---

162 Vgl. Artikel 1 des deutschen Grundgesetzes: „Die Würde des Menschen ist unantastbar."
163 Die Vorgängerversion von 1981 lautet: „Allgemeine Erklärung der Menschenrechte im Islam."

Koranvers 5,33: „Der Lohn derer, die gegen Gott und seinen Gesandten Krieg führen und (überall) im Land eifrig auf Unheil bedacht sind (?), soll darin bestehen, dass sie umgebracht und gekreuzigt werden oder dass ihnen wechselweise (rechts und links) Hand und Fuß abgehauen wird, oder dass sie des Landes verwiesen werden. Das kommt ihnen als Schande im Diesseits zu. Und im Jenseits haben sie (überdies) eine gewaltige Strafe zu erwarten."

In diesem Koranvers geht es nachweisbar keineswegs um frohstimmende Ausdeutungen des Vorgängerverses, sondern um *Androhungen* „gewaltiger Strafen" im Diesseits und im Jenseits. Konkret geht es um Aufrufe zum *Landesverweis* sowie zur *Verfolgung, zu grausamer Verstümmelung und zum Mord* gegen alle, die „auf Unheil bedacht sind",[160] d. h. nach den Rechtsschulen des Islam: Schmähung des Propheten und Abfall vom Glauben als todeswürdige Verbrechen. Bei diesem Koranvers handelt es sich für Muslime somit um das Gegenteil eines Tötungsverbotes. Im Islam gibt es *kein generelles Tötungsverbot*.

Zusammenfassend seien hier sechs Beobachtungen zu den Koranversen 5,32 und 5,33 notiert:

(1) Der Koranvers 5,32 berichtet von einer an die Juden gerichteten Vorschrift und verwendet dazu ein Zitat aus der jüdischen Lehrtradition: Ein Zitat also von Juden für Juden.

(2) Dieser Vers richtet sich nicht an die Muslime, auch nicht an die Menschheit insgesamt. Er stellt somit keinerlei Anforderungen an die Muslime und erhebt auch keinen Anspruch auf universelle Gültigkeit.

(3) Der Koranvers 5,32 ist ein ansprechender Aphorismus mit hohem moralischem Anspruch, beinhaltet jedoch *kein ausdrückliches und generelles Tötungsverbot*[161] für Muslime.

---

160 Eine ebenfalls hör- und lesbare Variation des oben zitierten wohlklingenden Satzes lautet keineswegs mehr so wohlwollend: „Wer ein menschliches Wesen tötet, ohne dass es einen Mord begangen oder **auf der Erde Unheil gestiftet** hat, so ist es, als ob er alle Menschen getötet hätte"; doch „auf der Erde Unheil stiften" heißt ja – für Nichtinformierte nicht erkennbar –: Mohammed schmähen bzw. vom muslimischen Glauben abfallen; (Hervorgehoben: U. H.).

161 Vgl. dazu Nagel, Tilman, Mohammed. Leben und Legende, München 2008, S. 31, mit der Feststellung, die Behauptung, der Koran enthalte ein allgemeines Tötungsverbot, sei ein „Propagandamärchen".

Islam"¹⁵⁸ zu tun, wird dieser auch in der Kairoer Menschenrechtserklärung herangezogene Koranvers in Kurzform derzeit von Muslimen beinahe inflationär zitiert. Der oben zitierte Bruchstücksatz wird als Koranvers 5,32 ausgegeben, ohne zugleich auch den Kontext zu erwähnen. Dabei ist in 5,32 eindeutig die Rede von einer Vorschrift, die konkret und gezielt an die „Kinder Israels", also an *die Juden* und keineswegs *an die Muslime* und ebenso wenig *an die gesamte Menschheit* gerichtet ist. Den Muslimen wird in Vers 5,32 *kein Tötungsverbot* auferlegt. Die Koranaussage wird erst im oben zitierten ungekürzten, vollständigen Zitat von 5,32 ersichtlich und noch deutlicher im folgenden Koranvers 5,33.

Denn der an „die Kinder Israels" gerichtete Koranvers 5,32 hat – wie von Muslimen und Anderen gern suggeriert wird – *keinerlei Relevanz für Muslime* und erhebt auch keineswegs den Anspruch auf universale Gültigkeit und Akzeptanz. Überdies kommt in diesem Koranvers auch *kein koranischer Originalgedanke zum Ausdruck*. Bereits in der jüdischen Lehrtradition (Mischna)¹⁵⁹ aus dem 2. Jahrhundert nach Chr. heißt es:

> „Denn jeder, der eine Seele Israels tötet, der gelte nach der Schrift wie einer, der eine ganze Welt getötet hat. Und jeder, der das Leben einer Seele Israels rettet, der gelte nach der Schrift wie einer, der eine ganze Welt gerettet hat."

Mit dem Zitieren des verkürzten, kontextisolierten Koranverses 5,32 soll offensichtlich ein hoher moralischer Anspruch des Koran signalisiert werden: *Der Islam ist friedliebend. Im Islam gilt generell das Tötungsverbot.* Bei der muslimischen Verteidigungsstrategie mit Hilfe des Koranverses 5,32 (in verfälschender Kurzform) insbesondere in Diskussionen über Fragen von islamischer Gewalt und islamischem Dschihad werden dessen jüdische Herkunft und Zielbestimmung, vor allem aber auch der anschließende Koranvers 5,33 argumentationstaktisch weggelassen bzw. verschwiegen bzw. geleugnet.

---

158 Vgl. dazu Hirsi Ali, A., Ende des Appeasements, in: „Die Welt", 9.1.2015, S. 2: „Wir müssen erkennen, dass die heutigen Islamisten von einer politischen Ideologie angetrieben werden, die in den grundlegenden Texten des Islam eingebettet ist. Wir können nicht länger so tun, als sei es möglich, die Taten zu trennen von den Idealen, die sie inspiriert haben".

159 Vgl. das Zitat in: www.regina-berlinghof.de/faz77-Koran+Mischna.htm

1. Absolutes Tötungsverbot?

Zum oben angezeigten Problem des Verschweigens und Ausblendens sei exemplarisch zunächst der durchaus wohlklingende, in sich auch zutreffende Koranvers 5,32[157] genannt, der Bezug nimmt auf die in Genesis 4,8 berichtete Ermordung Abels durch seinen Bruder Kain. Dieser Vers wird jedoch immer mal wieder im gänzlich verkürzten Wortlaut zitiert: „Wer einen Menschen tötet, tötet die ganze Welt."

Ungekürzt lautet der

> **Koranvers 5,32**: „Aus diesem Grund (d. h. aufgrund dieses Brudermordes) haben wir den Kindern Israels vorgeschrieben, dass, wenn einer jemanden tötet, (und zwar) nicht (etwa zur Rache) für jemand (anderes, der von diesem getötet worden ist) oder (zur Strafe für) Unheil (das er) auf der Erde (angerichtet hat), es so sein soll, als ob er die Menschen alle getötet hätte. Und wenn einer jemand (w. ihn) am Leben erhält (w. lebendig macht), so soll es so sein, als ob er die Menschen alle am Leben erhalten (w. lebendig gemacht) hätte. Und unsere Gesandten sind doch (im Lauf der Zeit) mit den klaren Beweisen zu ihnen (d. h. den Kindern Israels) gekommen. Aber viele von ihnen gebärden sich nach (alle)dem maßlos (indem sie) auf der Erde (Unheil anrichten)."

Im Zusammenhang mit der Behauptung, der Terrorismus hätte nichts mit dem Islam, also nichts mit „der noblen Botschaft des

---

157 Vgl. auch Elliesie, Hatem, Gihad und Gewalt gegen Ungläubige im islamischen Recht, in: Plasger, G./Stobbe H.-G. (Hgg.), Gewalt gegen Christen, S. 341, ohne Kontext Sure 5,33; auch die Einführung von Rüdiger Seeman in den Begriff „Dschihad", in: „Die Welt am Sonntag", 8.2.2015, S. 46: der Autor verschweigt ebenfalls den unmittelbar folgenden Vers 5,33; in der ZDF-Sendung „Markus Lanz", 30.4.2015, 23.15 Uhr, glaubte auch der ehemalige CDU-Bundestagsabgeordnete und Autor Jürgen Todenhöfer nahezu schwärmerisch, mit diesem Koranvers 5,32 die Friedensliebe des Islam beweisen zu können. Jedoch hat auch er, willentlich oder aus Unkenntnis, „vergessen", den nachfolgenden Vers zu zitieren; ebenso hanelislam.com/2014/09/24/unser-standpunkt-seit-eh-und-je/ die 13-seitige Fatwa der Fiqa Council von Amerika und der Islamischen Gesellschaft von Nordamerika, veröffentlicht im Jahr 2014: auch hier ist nur Koransure 5,32 als erste Sure im Abschnitt „Relevante Verse aus dem Qur'an" von 5,33 isoliert notiert.

jeweiligen islamischen Anliegen wie z. B. der gesellschaftlichen Anerkennung des Islam in nichtmuslimischen Gesellschaften als abträglich angesehen werden.

Bevor zu einigen Koranversen Stellung bezogen wird, seien hier folgende Anmerkungen bzw. Fragen notiert im Blick auf die (Un-)Fähigkeit, den Koran in klassischem Arabisch zu lesen. Wer dazu nicht in der Lage ist, muss mit dem Vorwurf rechnen, er könne demzufolge gar nicht wissen, wovon er rede, wenn er zum Koran bzw. zu Fragen des Islam Stellung nehme. Wenn jedoch nach muslimischem Selbstverständnis der Koran als allgemeingültige Botschaft Allahs an die gesamte Menschheit tatsächlich allgemeingültig ist, sollte sie auch von allen verstanden werden können.

Auch ist die Frage zu stellen: Wie sollen die weit über eine Milliarde Muslime den Koran verstehen, die kein Arabisch sprechen, wenn das Beherrschen der arabischen Sprache für das Verständnis des Koran notwendige Voraussetzung ist? Entsprechend kann auch gefragt werden: Kann man die biblische Botschaft nur verstehen und über sie nur dann legitimer Weise Aussagen machen, wenn man der hebräischen, der aramäischen oder des griechischen Sprache aus der biblischen Epoche mächtig ist? Und schließlich steht hier die Frage im Raum: Sollte der Koran das einzige Buch in der gesamten Weltliteratur sein, das in seiner Übersetzung nicht zu verstehen ist?

In diesem Kontext ist noch das früher bestehende Verbot von Koranübersetzungen zu erwähnen: „Über viele Jahrhunderte hinweg durfte der Koran in keine andere Sprache übersetzt werden, denn das Dogma der islamischen Theologie von der 'Unnachahmlichkeit' des Korans wurde von muslimischen Theologen dahingehend ausgelegt, dass ein Koran nur in der Sprache seiner ursprünglichen Offenbarung existieren dürfe. Dieses Verbot der Übersetzung bedeutete für die islamische Mission, dass viele nichtarabischsprachige islamisierte Völker über lange Zeit hinweg keinen unmittelbaren Zugang zum Koran besaßen. Erst in neuerer Zeit – vor allem in den vergangenen drei, vier Jahrzehnten – ist dieses Verbot der Übersetzung gelockert worden. Zu Missionszwecken werden heute zahlreiche Übersetzungen des Korans verbreitet, die vor allem aus Saudi-Arabien finanziert werden."[156]

---

[156] www.islaminstitut.de › Deutsch › Publikationen › Artikel

die Tradition, den eigenen Tod in Kauf zu nehmen, um das Leben anderer zu retten. Dagegen lehrt der Islam, dass es nichts Ruhmreicheres gebe, als Ungläubigen das Leben zu rauben, und wenn die Mordtat das eigene Leben kostet, umso besser."[154] Wo ist da der Respekt vor dem menschlichen Leben? Nur wer im umfassenden Sinn des Wortes Respekt hat, hat auch entsprechenden Respekt verdient.

Wo bleibt übrigens der *Respekt und die Sensibilität der hiesigen muslimischen Verbände vor Deutschland,* wenn sie ausgerechnet den „Tag der deutschen Einheit", 3. Oktober, in den „Tag der offenen Moschee" umzufunktionieren und damit den an die deutsche Wiedervereinigung erinnernde Nationalfeiertag zu instrumentalisieren versuchen? Mit welchen Folgen müssten christliche Kirchen etwa in der Türkei rechnen, würden sie den türkischen Nationalfeiertag zum „Tag der offenen Kirchen" deklarieren? Wo bleibt der Respekt vor der christlich geprägten Kultur des Gastgeberlandes, wenn Kurden ausgerechnet am 2. Weihnachtsfeiertag 2015 eine Großdemonstration in Düsseldorf durchführen?

III. Drei viel zitierte Koranverse mit verschwiegenem Kontext

Ein Problem in der Diskussion mit Muslimen über die Gewalt im Islam ist deren Behauptung, bestimmte Verse des Koran seien von Islamkritikern falsch übersetzt, aus dem Zusammenhang gerissen oder einfach falsch verstanden. Besonders problematisch ist auch das *Verschweigen von Fakten der islamischen Lehre,* obschon sie im Koran stehen und für jeden Lesekundigen überprüfbar sind.[155] Eine Folge ist eine desinformierte bzw. verunsicherte oder auch eine getäuschte Öffentlichkeit. Denn ein bewusstes Verschweigen ist gewöhnlich auch ein bewusstes Täuschen. Die irreführende Methode des Ausblendens und Verschweigens wird von Muslimen etwa dann eingesetzt, wenn *Koran-Aussagen inopportun,* d. h. dem

---

154 Ebd., S. 139.
155 Nach einer längeren Diskussion über verschiedene Themen der Islamproblematik mit einem Theologen stellte der Verf. dieses Artikels die Frage: „Hast du das eigentlich mal im Koran nachgelesen?" Antwort: „Ich hab' keinen."

andere Religion oder Weltanschauung „hochachten" und wertschätzen. Er muss sie freilich akzeptieren, tolerieren, und auf sie Rücksicht nehmen, ohne sie gutzuheißen. Es gilt hier wie überall, wo es um Überzeugungen von Menschen geht, zu unterscheiden zwischen dem Respekt, der Achtung vor dem einzelnen Muslim und seinem religiösen Engagement einerseits und dem Inhalt seines Glaubens, der islamischen Lehre andererseits. Wer aber im Sinne der Wertschätzung respektiert werden will, muss den Respekt zuvor erwerben und verdienen. Lediglich die *Achtung und Wertschätzung, der Respekt vor der Würde eines jeden Menschen* ist allen Menschen gemeinsam aufgetragen.

Muslime müssen sich jedoch fragen lassen, ob der Islam gerade in islamisch geprägten Ländern die Würde Andersgläubiger und Andersdenkender „respektiert", aber auch, ob sie, die Muslime, in nichtislamischen Ländern auf die Gefühle und Werte der nichtmuslimischen Mehrheitsbevölkerung genügend Rücksicht nehmen. Letztlich kann nur der für sich selbst und seine Überzeugung Respekt erwarten, der seinerseits *Respekt hat vor dem gleichberechtigten Leben* der anderen, so z. B. auch vor dem Leben der Islam-Apostaten und der sogenannten „Ungläubigen". Bei ihrem Einfordern von Respekt von der nichtmuslimischen Welt sind die Muslime vor allen auch zu fragen nach dem *innerislamisch gelebten Respekt* angesichts der blutigen islamischen „Bruder-Kämpfe" seit Anbeginn dieser Religion bis auf den heutigen Tag.

> Die Problematik der Spannung zwischen *„Respekt vor dem Koran"* und *„Respekt vor dem Leben des Menschen"* illustriert A. Hirsi Ali mit folgenden Worten: „Wenn ein Muslim sieht, wie jemand dieses Buch liest und behauptet, dieses würde ihn kränken und seine religiösen Gefühle verletzen, dann sollte die Antwort lauten: 'Was ist wichtiger? Deine heilige Schrift? Oder das Leben des Autors dieses Buches? Deine heilige Schrift? Oder der Rechtsstaat? Menschenleben, menschliche Freiheit, menschliche Würde: Sie sind alle wichtiger als jeder heilige Text'."[153]

Auch die *islamische Vorstellung vom Martyrium* ist das pure Gegenteil dessen, was „Respekt" vor der Würde und erst recht vor dem Leben Andersdenkender/-glaubender bedeutet. „Im Abendland gibt

---

[153] Hirsi Ali, A., Reformiert euch!, S. 265 f.

Jugendliche muslimischer Migranten *keinerlei Respekt* zeigen z. B. gegenüber Polizei, Lehrerinnen und Frauen allgemein.

Diese Forderung nach Respekt ist darüber hinaus auch der Versuch, jegliche Kritik am Islam zu blockieren und dadurch die gesellschaftlichen Verhältnisse durch islamische Vorgaben zu beeinflussen bzw. möglichst zu bestimmen. Doch von den Muslimen ist wie von allen Zuwanderern zunächst einmal und grundlegend *Respekt vor unserem Wertesystem und unserer Kultur, Achtung vor unseren freiheitlichen Verfassungswerten* zu fordern. Respekt und Achtung heißen in diesem Kontext: Beachten, Realisieren, Umsetzen. Dabei gilt: Nicht unser freiheitliches Land muss sich verändern, sondern manche, die hier leben wollen, werden sich verändern müssen, wenn sie hier bleiben wollen.

Es ist eine muslimische Gewohnheit, unter den Etiketten „Respekt" und „Toleranz" nicht nur Sonderrechte für sich einzufordern, sondern sich ebenso auch über die Benachteiligung des Islam zu beschweren. Gekränkt- und Beleidigtsein sind Teil des Islam, weil sie die logische Folge des islamischen Überlegenheitsdenkens sind. Nach Necla Kelek hat sich im Islam regelrecht „eine Beleidigungskultur entwickelt"[151]. Mit Rücksicht auf muslimische Empfindlichkeiten bzw. Befindlichkeiten werden dann von „toleranten" Verantwortungsträgern in der Haltung „vorauseilender Entchristlichung" sogar Kreuze aus öffentlichen Gebäuden entfernt.[152]

> Dazu Ayaan Hirsi Ali, Bestseller-Autorin: „Im Besonderen müssen wir gekränkten Muslimen (und ihren liberalen Unterstützern) sagen, dass es nicht unsere Aufgabe ist, uns ihren Glaubensvorstellungen anzupassen und Rücksicht auf ihre Empfindlichkeiten zu nehmen, sondern das sie es lernen müssen, mit unserem Bekenntnis zur Redefreiheit zu leben."

Eine Wertschätzung, gar eine „Hochachtung" kann man jedoch nicht gebieten oder gar zwanghaft einfordern. Niemand muss eine

---

151 Ebd., S. 76.
152 Vgl. auch „Focus", 11.7.2015, S. 130, unter der Überschrift: „Aus Rücksicht auf Asylbewerber: keine Shorts und Miniröcke" mit der Thematisierung der Kleiderordnung in der Schule, verbunden mit der Frage: „Wer muss sich wem anpassen?" Unabhängig von der Frage nach der angemessenen Kleidung in der Schule ist eine von Schulleitungen im Sommer 2015 intendierte Kleiderordnung, die sich an muslimischen Vorstellungen und Maßstäben orientiert, völlig inakzeptabel.

Sie bitten uns, Gewalttaten nicht mit der Religion des Islam in Verbindung zu bringen, weil sie uns versichern, dass es eine Religion des Friedens sei. Und wir machen das mit. Und was bekommen wir dafür? Kalaschnikows im Herzen von Paris. Je mehr wir mitmachen, je mehr wir uns selbst zensieren, je mehr wir beschwichtigen, desto dreister wird der Feind."[148]

11. „Respekt"

In regelmäßigen Abständen und mit mit eigenartigem Nachdruck, gelegentlich auch unter heftigsten Protesten und sogar unter Strafandrohung, fordern Muslime von Nichtmuslimen Respekt ein gegenüber ihrer Religion, gegenüber dem Propheten Mohammed und dem Koran, auch gegenüber den (religiösen) Gefühlen, der spezifischen Sensibilität der Muslime, dem muslimischen Brauchtum usw. Wie aber können Hinweise auf Fakten, die in islamischen Basistexten z. B. über den Koran und über Mohammed „schwarz auf weiß" nachlesbar sind, eine Herabwürdigung des Islam sein?

> Die muslimische Forderung nach Respekt „beruht auf dem Prinzip, dass die Muslime nicht wie die anderen seien ... Im Namen des 'Respekts' werden ... in den demokratischen Ländern besondere Gesetze für die 'muslimische Gemeinschaft' gefordert. Man bräuchte ein Recht für Muslime, Lehrpläne für Muslime, Krankenhäuser für Muslime, Schwimmbäder für Muslime. Es fehlt nur noch die Forderung nach Bussen für Muslime und Straßen für Muslime."[149]

Hinter der Forderung nach Respekt dem Islam gegenüber steht auch der Anspruch dieser Religion, dass ihre Gesetze und Regeln für die gesamte Gesellschaft zu gelten haben, wie es in islamisch dominierten Ländern nach dem koranischen Motto „Der Islam gebietet und verbietet" auch praktiziert wird. So bedeutet „Respekt" nach islamischem Verständnis „nichts anderes als Unterwerfung – wie auch das Wort 'Islam' im Wortsinn 'Unterwerfung' und 'Hingabe' bedeutet. 'Respekt haben' beinhaltet, ... auch das Prinzip dieser Religion zu akzeptieren."[150] Dieser islamische Anspruch dürfte auch einer der Gründe dafür sein, dass auffallend viele Kinder und

---

148 „Die Welt", 9.1.2015, S. 2.
149 Ebd., 19.9.2015, S. 2.
150 Kelek, N., Himmelsreise, S. 68.

Kontext gilt das Wort des Johannes-Evangeliums: „Die Wahrheit wird euch freimachen" (8,32). Zwei Tage nach dem Anschlag auf das World Trade Center in New York am 11. September 2001 – Anlass für viele Palästinenser, Syrer, Iraker, Pariser Vorstadt-Muslime auf den Straßen zu jubeln und zu tanzen – hat Wolfgang Günter Lerch bereits mit Recht festgestellt:

> „Im Westen haben eine unselige 'political correctness' und öffentlich erwünschte Sprechverbote erreicht, dass Unterschiede zwischen den Kulturen, zumindest gewissen Ausformungen derselben, gar nicht mehr wahrgenommen, sondern pauschal als bloße Vorurteile und 'Panikmache' denunziert werden."[147]

Nach den Attentaten in Paris am 7. Januar 2015 schrieb die Bestsellerautorin und ehemalige niederländische Politikerin Ayaan Hirsi Ali auch im Blick auf eine Selbstzensur:

> „Nach jeder Attacke von Islamisten heißt es, sie habe nichts mit dem Islam zu tun, der eine Religion des Friedens sei. Dieses Beschwichtigen muss aufhören ... Wir beschwichtigen die muslimischen Regierungschefs, die uns drängen, unsere Presse zu zensieren, unsere Universitäten, unsere Geschichtsbücher, unsere Lehrpläne. Sie bedrängen uns und wir machen das mit ...

Konvertiten sowie Glaubens- und Meinungsfreiheit als Einbahnstraße; vgl. auch unter der Überschrift: „Dschihad 2015" die Zeitschrift „Christ in der Gegenwart", 4.1.2015: S. 1: „Die Unruhe nicht weniger Bürger wächst, ob die radikalislamische Terrorwelle, die sich von Afrika über Arabien und Mittelasien bis nach Australien ausgebreitet hat, nicht doch auch Europa trifft, mitten ins zivile Leben hinein. Das ist der Grund für Irritationen angesichts einer politisch korrekten Beschwichtigungsrhetorik, die im Widerspruch steht zu dem, was weltpolitisch der Fall ist und was aus Polizei- und Geheimdienstkreisen über die immens hohe Zahl an Dschihadisten und Sympathisanten mitten unter uns an die Öffentlichkeit dringt. Werden wir über die Realitäten im Unklaren gelassen? Der islamische Untergrund scheint mächtiger zu sein als einst die für die Bundesrepublik brandgefährliche linke Terrororganisation Rote Armee Fraktion. Dass 'Heilige Krieger' unter dem Deckmantel von Kriegsflüchtlingen bei uns untertauchen und quasi unbehelligt Aktivisten rekrutieren, weckt berechtigte Sorgen. Diese naiv oder einfach nur frech als 'Rassismus' zu brandmarken und nachdenkliche, gebildete Demokraten pauschal medial in die rechte Ecke der 'Fremdenfeindlichkeit' zu stellen, dient weder der Aufklärung der Tatsachen noch dem Kampf gegen die Ewiggestrigen".

147 „FAZ", 13.9.2001, S. 16.

Korrektheit"[143] (P. Piasecki) der Diskurs unliebsamer Theme hindert werden.[144] Missliebige Meinungen werden einfach di tiert. Wer sich nicht in die Ideologie einer bestimmten Gruppierung einreiht, wer sein Denken und Reden nicht bestimmten vorgegebenen Bahnen anpasst, wird eingeschüchtert oder auch mundtot gemacht.[145] Wir sind geradezu „umzingelt von Tabus und politischen Korrektheiten" (H. Völkel). Dabei ist merkwürdigerweise schon die Verwendung des Begriffes „*political correctness*" ein Verstoß gegen sie.

„Wir preisen die offene Gesellschaft und verweigern die offene Diskussion." Diese Beobachtung der Schriftstellerin Monika Maron, die damit wie viele Bürger/innen eine „offene Diskussion über den Islam" fordert, trifft häufig genug gerade auf jene zu, die für sich selbst alle Freiheiten der offenen Gesellschaft reklamieren, sich ihrer Liberalität rühmen, Andersdenkende aber ins Fadenkreuz ihrer Kritik nehmen und ihnen meinungsdiktatorisch *Sprechverbote* erteilen möchten. Doch auch „politisch unkorrekte" Wahrheiten müssen in einem freien Land artikuliert werden.

Gerade auch im Blick auf den Islam gibt es *Tabus, Denkverbote und Sprachregelungen*: Entsprechend den sprachlichen „Säuberungskommandos" darf nicht ausgesprochen werden, was allen, die über den Koran, Mohammed und die Geschichte des Islam sowie über die heutigen, weltweit mit dem Islam zusammenhängenden Probleme informiert sind, evident ist.[146] Doch auch in diesem

---

143 Vgl. zu Herkunft und Bedeutung des Begriffes „Political Correctness": Sarrazin, Thilo, Der neue Tugendterror. Über die Grenzen der Meinungsfreiheit in Deutschland, München 2014, S. 35 ff., mit einer Reihe weiterer Beispiele.
144 Vgl. dazu „KNA", 21.1.2015, S. 3, mit dem Hinweis auf den Vorwurf des CDU-Politikers Wolfgang Bosbach, „dass eine offene Debatte über den Koran-Glauben hierzulande zu oft von der Politik behindert worden sei".
145 Ein Sturm der Entrüstung brach im Oktober 2013 los, als ein Politiker einer eher konservativen Partei unbedacht von „Entartung" sprach. Als Claudia Roth von den Grünen etwa zwei Jahre später angesichts der Flüchtlinge, die an den Bahnhöfen ankamen, in einer sprachlichen Entgleisung, von „Verwertbarkeit" sprach, war von Seiten der politisch Korrekten kein empörter Ton zu hören. In Zeiten der Political Correctness dürfen offensichtlich manche Zeitgenossen alles und andere wiederum fast nichts sagen, ohne Entrüstung auszulösen.
146 Dazu zählen die problematischen Quellen des Islam, seine Geschichte der gewaltsamen Expansionen, die Diskriminierung von Andersgläubigen und -denkenden, von Minderheiten, von Frauen, ferner die Verfolgung von

Im Blick auf die „friedlichen Muslime" ist mit A. Hirsi Ali in diesem Kontext dennoch ein gern übersehenes Problemfeld anzusprechen, nämlich deren Schweigen zum Problem der Gewalt im Islam: „Das grundlegende Problem ist, dass die Mehrheit der ansonsten friedlichen und gesetzestreuen Muslime nicht bereit ist, einzugestehen, dass die theologische Rechtfertigung für Intoleranz und Gewalt in ihren eigenen religiösen Texten verwurzelt ist, und schon gar nicht, sich von diesen Texten zu distanzieren ... Die Mörder des IS und von Boko Haram zitieren dieselben religiösen Texte, die jeder andere Muslim auf der Welt als sakrosankt betrachtet."[141]

Eine weitere islamkritische Islam-Insiderin, N. Kelek, legt unter der Überschrift „Im Land der 'Ungläubigen'" folgende Situationsanalyse zur Integration vor: Es gibt „eine große Gruppe aus der Türkei stammender Migranten, die sich ... für Deutschland und nicht für die Türkei als Heimat entschieden haben. ... Ein anderer Teil ist seit Jahrzehnten schon in Deutschland und dennoch hier nie heimisch geworden ... Ihr Leben ist hier vorrangig bestimmt, sich abzugrenzen. ... Deswegen meiden sie den Kontakt zu den Deutschen ... Sie haben ihre Dörfer verlassen, weil es ihnen dort oft an den elementarsten Dingen fehlte. ... Trotzdem gibt es auch für die meisten Migranten nichts, was sie mit ihrem neuen Lebensort in Deutschland verbindet. ... Sie sind hier, weil ihnen dieses Land, soziale und rechtliche Sicherheiten bietet, weil sie hier ein nahezu kostenloses Gesundheitssystem nutzen können ..." Es empört die Autorin, „dass manche trotz der vielen Vorteile, die ihnen dieser Staat im Vergleich zu ihrer früheren Heimat bietet, weder Dankbarkeit zeigen, noch Anstrengungen unternehmen, ihm dafür etwas zurückzugeben, sondern die Gesellschaft, die ihnen ein solches Leben ermöglicht, auch noch verachten ... In Sachen Bildung sind bei den Türken die schlechtesten Werte zu registrieren."[142]

10. Politische Korrektheit

Seit Jahren scheint es, als solle auch bei uns mit der „Unkultur" der „politischen Korrektheit" bzw. mit dem „Kodex der politischen

---

141 Hirsi Ali, A., Reformiert euch!, S. 21.
142 Kelek, Nekla, Himmelsreise, München 2007, S. 135 f.

Mit Recht fordert Hamed Abdel-Samad: „Den neu Zugewanderten muss schon bei ihrer Ankunft klargemacht werden, wie eine offene, demokratische Gesellschaft funktioniert. Ihnen muss erklärt werden, dass Religionsfreiheit Teil eines Konzepts der Freiheit ist, das jedem das Recht gibt, ... zu sagen und zu schreiben, was man will, solange man nicht zu Gewalttaten und anderen Straftaten aufruft."[139]

Die *Gastarbeitergenerationen der vergangenen Jahrzehnte* aus Italien, Spanien, Jugoslawien und Griechenland, auch aus dem asiatischen Raum, haben ganz offensichtlich um diese menschlichen Grundhaltungen gegenüber dem Gastland weithin gewusst. Jedenfalls kann unter keinen Umständen geduldet werden, dass die Menschen, die nach ihren Bedrängniserfahrungen (in ihren muslimischen) Heimatländern bei uns Aufnahme suchen und auch finden, dann aber in unserem Land die Freiheit Andersglaubender in Frage stellen oder gar bedrohen.

9. Muslime in Deutschland – eine „zweigeteilte" Situation

Wie in vielen Teilen der islamischen Welt, so streiten sich auch in Deutschland orthodoxe und fundamentalistische, liberale und reformorientierte Muslime über die Frage, wie der Koran zu lesen sei und welcher Islam der authentische ist. Doch diese disharmonische Vielstimmigkeit ist hier nicht Gegenstand der Darstellung. Vielmehr soll hier mit den Worten von Tilman Nagel die *Bejahung* der freiheitlichen Demokratie bzw. deren *Ablehnung* durch die in Deutschland lebenden Muslime wie folgt beschrieben werden:

„Glücklicherweise ist es eine Tatsache, dass nicht wenige Muslime zu Bürgern unseres Staates geworden sind und dessen rechtliche, politische und kulturelle Grundlagen uneingeschränkt bejahen. Es ist aber auch eine Tatsache, dass ein erheblicher Prozentsatz muslimischer Zuwanderer das Land, dass sie aufgenommen hat und allzu oft auch alimentiert, schroff ablehnt und diese Ablehung mit Prinzipien des muslimischen Glaubens begründet. Hierin werden sie durch Imame bestärkt, die, meistens des Deutschen nicht mächtig, sich als Pioniere der Islamisierung der „Ungläubigen" begreifen und den kulturellen, gesellschaftlichen und politischen Gegebenheiten Deutschlands im besten Fall verständnislos gegenüberstehen."[140]

---

139 „Die Welt", 26.9.2015, S. 2.
140 Nagel, T., Angst vor Allah?, S. 27.

Recht und Gesetz des Gastlandes zu beachten und zu befolgen haben. Wenn Gesetze aber aus ideologischen Gründen im Gastland nicht mehr durchgesetzt werden, nützen sie bald nichts mehr.

Im September 2015 forderte Julia Glöckner (CDU) empört ein Gesetz zur Integrationspflicht für Flüchtlinge, verbunden mit der Feststellung: „Wir sind ein liberales und freies Land. Wenn wir die Grundfeste unserer Liberalität aufgeben, wachen wir woanders auf."[137] Dass ihr ein Imam den Handschlag bei einem Besuch einer Flüchtlingsunterkunft nach bewusster Ansage verweigerte und damit gegen den Grundsatz der Gleichberechtigung von Mann und Frau verstieß, war der Anlass ihrer Empörung. Doch bereits seit Jahren gibt es eine Fülle solcher weithin kleingeredeter oder meist ignorierter Anlässe.

Für jene Migranten kann hier kein Platz sein, die – offensichtlich als Novum in der Migrationsgeschichte – ganz offen unter Berufung auf ihren muslimischen Glauben ihre Respektlosigkeit und Verachtung, ihre Aggression und Feindseligkeit für die gastgebende und für sie sorgende Aufnahmegesellschaft an den Tag legen, verbunden mit offenem Regelbruch, mit Behinderung der Arbeit z. B. der Polizei und mit Angriffen auf die Beamten bis hin zu Vergewaltigungsandrohungen.

Vor allem ist hier kein Platz für jene, die ihre *ethnisch-religiösen Konflikte in Deutschland gewaltsam austragen* wollen oder die als streng gläubige Muslime der Meinung sind: „Wo wir sind, herrscht die Scharia, unser Gesetz" u. ä. So wird berichtet, dass die „Spannungen in den Asylunterkünften steigen. Viele Christen werden von Muslimen bedroht."[138] Eindeutig sollte jedoch Konsens zumindest darüber bestehen, dass muslimische Asylbewerber das Recht auf Asyl verwirkt haben, wenn sie Menschen anderen Glaubens und anderer Überzeugung, die insbesondere vor muslimischer Unterdrückung und Unfreiheit aus ihrer Heimat geflohen sind, in unserem Land diskriminieren, drangsalieren, angreifen oder gar mit dem Tod bedrohen.

---

137 „Die Tagespost", 26.9.2015, S. 14.
138 „Welt am Sonntag", 27.9.2015, S. 1; vgl. ebd., S. 6, unter der Überschrift: „Verfolgt in Deutschland": „Christen sind in hiesigen Asylbewerberheimen Übergriffen durch fanatische Muslime ausgesetzt. Dabei flohen sie in der Hoffnung, hier endlich ihren Glauben offen praktizieren zu können."

gefragt, ob es diese dramatische Veränderung durch aktive Steuerung überhaupt will, ob es ein Vielvölkerstaat werden will? Wird das Volk als Souverän in dieser Schicksalsfrage danach gefragt, ob seine Grenzen unterschiedlicher Art wirklich grenzen- und bedingungslos offen sind, angefangen von den Staatsgrenzen, über die Grenzen der immensen finanziellen Aufwendungen bis hin zur Grenze, hinter der sich das Aufgeben von Demokratie und Freiheit verbirgt?

> Die Fundamente des Rechtsstaates „sind nicht bloß finanzieller Art. Weitaus bedeutsamer sind die kulturellen, geistigen, religiösen Prägungen und Traditionen. Es mag in einer Gesellschaft und in einem offenen Staat unpopulär sein, an derart Verbindliches zu erinnern. Aber es ist notwendig und wahrhaftig, damit ein demokratischer Rechtsstaat, eine funktionierende Zivilisation nicht aus den Fugen gerät …"[135]

Die folgende Feststellung sollte eigentlich selbstverständlich sein, dürfte jedoch keineswegs überall in unserem Land unterschrieben werden: Gäste und/oder Flüchtlinge sind bei uns nur dann willkommen, wenn sie sich auch *wie Gäste* verhalten. Wenn sie nämlich vor allem unsere *freihheitlich-demokratische Grundordnung, unser Wertesystem akzeptieren, wenn sie unsere demokratischen, für alle geltenden Spielregeln, die Verfassung und die offene Gesellschaft, wenn sie die Religionsfreiheit, die Gleichberechtigung und die Trennung von Staat und Religion* respektieren.

Sie sind willkommen, wenn sie sich an *unser nicht verhandelbares Recht und Gesetz* halten und nicht – auch nicht langfristig – darauf aus sind, auf der Grundlage ihrer religiösen oder ideologischen Überzeugung unseren Staat, unsere Gesellschaft und Rechtsordnung nach ihren Vorstellungen allmählich und schlussendlich vollständig umzuformen[136] und damit der Mehrheitsgesellschaft ihr Gesellschaftsbild aufzuzwingen. Im Übrigen heißt es im Artikel 2 der Genfer Flüchtlingskonvention, dass Flüchtlinge

---

135 „Christ in der Gegenwart", 20.9.2015, S. 416.
136 Vgl. dazu Regisseur Eric Toledano im Interview „Houellebecq ist Frankreichs Prophet", in: „Die Welt", 25.2.2015, S. 22: „Die Trennungslinie läuft zwischen Leuten, die eine offene Gesellschaft wollen, … und denen, die ihre Kultur importieren und uns zwingen wollen, das zu glauben, woran sie glauben"; auch die Beobachtung von Hirsi Ali, A., in ebd., 23.4.2015, S. 8: „Es ist zumindest eine Art von kulturellem Relativismus, die ich vor allem in linken Kreisen entdecke. Da wird das hohe Lied auf die Freiheit gesungen, nur von muslimischen Einwanderern will man diese Freiheit nicht einfordern".

wohnen kann. Potenzielle Terroristen benötigen daher keine eigene Wohnung, kein eigenes Geld, kein eigenes Handy, kein eigenes Auto, keine eigenen Papiere, da sie dies auf Empfehlung alles gestellt bekommen können." Offensicht haben auch die Sicherheitsbehörden „Angst davor ..., dass die Radikalen sich unter den unkontrolliert nach Europa einströmenden Flüchtlingen verstecken, um hier Anschläge zu verüben."[133]

In einem Leserbrief heißt es zutreffend: „ Und nur sehr unbedarfte Menschen glauben, dass unter den vielen jungen und finanziell gut ausgestatteten Männern keine Terroristen eingeschleust werden. Es ist eine Tragödie, dass unsere Politiker total unfähig sind, die akuten Probleme zu lösen."[134]

So steht auch die Frage im Raum: Inwieweit kann die große Anzahl muslimischer Flüchtlinge und Asylsuchender zu einem Problem werden, das weit über die finanziellen Aspekte hinausgeht und das für die Zukunft Europas von grundsätzlicher und entscheidender Bedeutung werden könnte mit unabsehbaren Negativfolgen? Konkreter ist weiter zu fragen: Ist es angesichts der Millionen muslimischer Migranten, die aus Afrika und Vorderasien nach Europa drängen, erfahrungsgemäß nicht zu erwarten, „dass sie aufgrund ihrer Kultur und Religion nicht integrierbar sind, sondern über kurz oder lang die Machtfrage stellen, denn sie betrachten Deutschland als Allahs Erde, die ihnen gehört?" (Th. M. Illmaier).

Sind nicht Destabilisierung, wirtschaftlicher Niedergang, Verteilungskämpfe inbesondere an den sozialen Brennpunkten, sogar Bürgerkrieg die mögliche Folge? Die gesellschaftspolitischen Verantwortungsträger stehen jedenfalls vor der Alternative, die Verbindlichkeit der europäischen Kultur durchzusetzen oder in absehbarer Zeit durch die demografische Entwicklung *ein anderes, ein möglicherweise nicht mehr freiheitlich-demokratisches Europa* fatalistisch zu akzeptieren.

„Unser Land wird sich durch die Flüchtlingsströme dramatisch verändern!", so tönt es derzeit wie selbstverständlich aus Politikermund. Erwartungsvoll, verheißungsvoll, auch drohend, je nach politischer Richtung. Wird eigentlich das deutsche Staatsvolk danach

---

133 „Die Welt", 5.9.2015, S. 3.
134 Ebd. 10.9.2015, S. 3.

pumpt", ist nicht Hauptschuld an dieser Fluchtbewegung, sondern ersehntes Ziel, mit dem sich für viele Flüchtlinge und Asylsuchende trügerisch-paradiesische Vorstellungen verbinden. Welchen Schuldanteil die westlichen Länder an dieser Flüchtlingskatastrophe durch die verschiedenen Militäreinsätze in afrikanischen Ländern haben, sei hier kein Gegenstand der Erörterung.

Erstmals war Ende Juni 2015 von Bundeskanzlerin Angela Merkel etwas zu hören von der Gefahr des Eindringens islamistischer Kämpfer unter dem Deckmantel von Kriegsflüchtlingen: „Wir wissen, dass wir gerade mit Blick auf die Migrationspolitik aufpassen müssen, dass nicht islamistische Kämpfer eindringen in die EU." Zugleich betont sie, dass die „Registrierung und die Einhaltung der Standards bei der Aufnahme von Migranten von äußerster Wichtigkeit" sei.[130] Offensichtlich wird diese Forderung bis dato keineswegs generell erfüllt. Laut der englischen Zeitung „Sunday Express" sollen bereits 4000 bewaffnete IS-Terroristen mit den Flüchtlingen nach Europa eingeschleust worden sein.[131]

Es wird darauf hingewiesen, dass im 1. Halbjahr 2015 über 80 % der Flüchtlinge ohne Pässe nach Deutschland kamen. Wieviele radikale Muslime sind wohl unter den Flüchtlingen, die aus Ländern mit einem hohen antidemokratischen und terroristischen Potenzial kommen und jetzt massenweise unkontrolliert und unregistriert über die offenen Grenzen eindringen, begleitet auch von fröhlich-naiven Willkommensgrüßen und den verheißungsvollen Worten der deutschen Bundeskanzlerin: „Es gibt beim Asylrecht keine Obergrenze"? Bei den aktuellen unkontrollierten Flüchtlingsströmen wird manchem Informierten das Drohwort des tunesischen Islamisten Rached Ghannouchi in Erinnerung kommen: „Der Islam wird nicht nur an allen Türen pochen, er wird sie auch aufbrechen."

Im Blick auf die sich durch die Migrationsbewegung verschärfende Sicherheitslage zitiert „Die Welt"[132] den bayrischen Verfassungsschutz: „Da sich Islamisten als Angehörige der islamischen Gemeinschaft mit allen Moslems verbunden fühlen, können sie sich sehr unauffällig bewegen. Es findet sich immer ein Bruder, bei dem man

---

130 „Die Welt", 29.6.2015, S. 6.
131 *pressejournalismus.com/.../4000-bewaffnete-is-terroristen-unter-den-flue...*08.09.2015
132 www.welt.de/print/die_welt/debatte/article140456453/Leserbriefe.html

Der evangelische Pfarrer Dr. Michael Stollwerk verweist auf das gleichgültige Verhalten des „real existierenden Islam" angesichts der derzeitigen Flüchtlingsströme: „Allein dass Tausende von Muslimen ausgerechnet im 'gottlosen' Europa Zuflucht vor ihren Glaubensgenossen suchen, stellt nicht weniger als ein Bankrotterklärung des real existierenden Islam dar. Das angesichts des tausendfachen Elends apathisch gleichgültige Verhalten der gemäßigten arabischen Welt kann nur als ein Totalversagen einer religiös abgehalfterten Glaubensgemeinschaft verstanden werden. Und wenn selbst führende Köpfe deutscher Moscheeverbände ihren Gemeinden mangelndes Engagement in der Flüchtlingsfrage vorwerfen, so setzt das dem Ganzen die Krone auf."[128]

In einem CIG-Kommentar mit der Überschrift „Die Schande"[129] wird die Frage nach der Schuld „am Elend der Welt" auch angesichts der Flüchtlingsdramatik im Mittelmeer gestellt und dabei ebenfalls auf die „superreichen Muslim-Herrscher" verwiesen: „Über ein schweres Entwicklungshemmnis spricht man nicht: den Radikalislam. Sein dschihadistischer Eroberungsfeldzug hat ganze Erdregionen ins Verderben gestürzt, gigantische Flüchtlingsströme verursacht. An der Schande des Islam haben die superreichen Muslim-Herrscher über das Öl Anteil. Wegen der Rohstoff-Grenzen legen sie ihr Kapital lieber in deutschen Autokonzernen an als in palästinensischen Flüchtlingslagern oder zum Aufbau von Industrie, Handwerk und Landwirtschaft unter armen Glaubensgenossen. Das Geld jener Protzkönige, Protzprinzen und Waffenhändler schwimmt höher als die Wellen des Mittelmeeres. Sie kommen zum Shoppen, Urlauben, zur Gesundheitsbehandlung überall hin, in die besten Hotels, Kliniken und Wellness-Tempel der Nordhalbkugel, im Tross ihre verschleierten Frauen. Eine Schande für Europa? Oder für wen noch?"

In diesem Kontext bleibt noch zu vermerken: Wenn derzeit Millionen Afrikaner nach Europa drängen, so liegt der Grund dafür primär im Versagen vieler afrikanischer Regierungen und der dort herrschenden korrupten und verschwenderischen Klassen. Europa, das seit Jahrzehnten immense staatliche und kirchliche Summen von Entwicklungsgeldern in die afrikanischen Länder „hinein-

---

128 „ideaSpektrum", 16.9.2015, S. 5.
129 „Christ in der Gegenwart", 26.4.2015, S. 177.

kommenden Jahrzehnten erwartet",[124] dass die Zahl der Muslime auch in Europa bzw. in Deutschland ansteigt und so die Islamisierung weiter Fuß fasst.

Zusätzlich ist die Problematik des nachfolgenden *Familiennachzugs* der ankommenden, überwiegend jungen Muslime einzukalkulieren, was die Anzahl der Muslime signifikant erhöhen wird. Vor allem aber: Die Europäer müssen „auch das Einsickern von islamistischen Terroristen unter den unkontrollierten Migranten befürchten."[125] Daraus ergibt sich die oben unter der Thematik „Islamisierung" bereits artikulierte Frage: Warum suchen die muslimischen Flüchtlinge z. B. an Küsten Tunesiens nicht Hilfe und Zuflucht in ihren muslimischen Bruderländern mit ihren unvorstellbaren Reichtümern?

> H. M. Broder stellt dazu fest: „Und man muss sehr lange warten, bis jemand einmal die Frage stellt, warum die reichen arabischen Staaten wie Saudi-Arabien und Kuwait nicht intervenieren, die Flüchtlinge aufnehmen und für Ordnung vor der eigenen Tür sorgen. Sie haben genug Platz und viel Geld, allein, es fehlt der Wille. Wo bleibt die muslimische Solidarität, die sich immer dann machtvoll entfaltet, wenn Mohammed beleidigt wird?"[126]

Die vom Islam zum Christentum konvertierte Menschenrechtlerin Sabatina James verweist auf einen spezifischen Aspekt dieser Thematik: „In der weltweiten Krise durch ISIS bzw. den radikalen Islam haben die reichen arabischen Länder wie Saudi-Arabien fast keine Flüchtlinge aufgenommen ... Warum nimmt Europa massenweise muslimische Flüchtlinge auf, aber kaum Christen? Diese sind unter dem Islam viel mehr bedroht als Muslime. Meiner Meinung nach sollte man auch die Araber auffordern, ihre muslimischen Brüder mehr zu schützen und ihnen Asyl zu geben. Europa sollte mehr verfolgte Christen aufnehmen. Denn diese können kein Asyl in islamischen Staaten erwarten. Warum hat keiner den Mut solche Wahrheiten auszusprechen?"[127]

---

124 Basileo, E., Zeitzeugen der Christenverfolgung, S. 72.
125 Ebd.
126 https://de-de.facebook.com/FPOESteiermark/posts/847446971971644
127 https://www.facebook.com/SabatinaJames/posts/922220327836461?fref...

Dahinter steht womöglich auch die Angst, die M. Rhonheimer in der Feststellung zum Ausdruck bringt: „Alle historische Erfahrung zeigt: Je stärker die Muslime zahlenmäßig sind, umso mehr prägen sie islamisches Bewusstsein und Identität aus und umso dünner wird die Luft für Andersgläubige."[121] Der Libanon ist dafür ein warnendes Beispiel. Bis in die 1960-er Jahre war er ein zu 80 % christliches Land und wurde als „die Schweiz des Nahen Ostens" bezeichnet. Wie sieht nun heute der Libanon aus nach den verschiedenen primär islamischen Flüchtlingswellen? Weiter kann gefragt werden: Was ist geblieben z. B. von der koptischen Kultur in Ägypten, von der buddhistischen Kultur in Afghanistan, von der christlichen Kultur im Irak, von der vorislamischen Kultur der Berber und von der Kultur Zaratustras im heutigen Iran? Jedenfalls sind die christlichen Kirchen im Orient nahezu ausgerottet.

> Helmut Markwort, Herausgeber des „Focus", bemerkt: „Von den grünen Politikern, die alle Migranten als 'Bereicherung' bezeichnen, bis zum Bundespräsidenten Gauck, der für eine Änderung unserer Nation plädiert, gibt es viele Schwärmer, die sich selbst und der Öffentlichkeit Illusionen vorgaukeln. Jeder freut sich an den Idealbildern von Migranten ... Es kommen aber auch viele Analphabeten. Es sind schon Menschen eingereist, die auf Grund ihrer Herkunft antisemitisch und homophob sind, die Frauen unterdrücken und Andersgläubige verachten und verfolgen ... Nur schwer kann die Polizei erkennen, wie viele potenzielle Terroristen sich mit den politisch Verfolgten ins Land schleichen ... Dass diejenigen, die darauf hinweisen, von der herrschenden Sprachpolizei als rechtsaußen diffamiert werden, löst keines der Problem. Es schafft nur welche."[122]

Ein spezifischer Aspekt der friedlichen Ausbreitung des Islam durch Migration ist – neben der Problematik der zusätzlichen Belastung unsere Sozialsystems – die auch in Deutschland verbotene, aber im Islam erlaubte und von Muslimen praktizierte *Polygamie*[123] (vgl. Suren 4,3; 4,129). Denn mit „Polygamie, Kinderreichtum und finanzieller Förderung durch Ölstaaten wird in den

---

121 Rhonheimer, M., Christentum und säkularer Staat, S. 342.
122 „Focus", 12.9.2015, S. 158.
123 In Deutschland ist grundsätzlich die Bigamie, also das Eingehen mehrerer Ehen, gemäß § 1306 BGB (vgl. Doppelehe) verboten und wird mit Freiheitsstrafe bis zu drei Jahren oder Geldstrafe bestraft (siehe § 172 StGB).

Im Koran werden die Muslime ermutigt, auszuwandern: „Diejenigen, die glauben und ausgewandert sind und mit ihrem Vermögen und in eigener Person um Allahs willen Krieg geführt haben, stehen bei Allah in höherem Ansehen ... (als die anderen)" (Sure 9,20). Und: „Wenn einer um Allahs willen auswandert, findet er auf der Erde viel Gelegenheit, sich (aus der bisherigen Umgebung) zurückzuziehen, und Spielraum genug. Und wenn einer sein Haus verlässt, um zu Allah und seinem Gesandten auszuwandern, und ihn hierauf der Tod ereilt ... fällt es Allah anheim, ihn zu belohnen" (Sure 4,100). In Sure 22,58 heißt es in der Verbindung von Auswanderung und Dschihad: „Und diejenigen, die um Allahs willen ausgewandert sind und hierauf (im Kampf) getötet werden oder ... sterben, denen wird Allah bestimmt einen schönen Unterhalt bescheren."

So überrascht auch nicht die bedrückend-drohende Nachricht in Verbindung mit der Flüchtlingskatastrophe: „Einer der führenden Imams von Jerusalem, Scheich Mohammed Ayad, hat bei seinem Auftritt in einer Moschee Jerusalems muslimische Migranten offen dazu aufgerufen, sich mit den Europäern zu verschmelzen, um den ganzen Kontinent zu erobern. 'Wir werden sie fruchtbar machen! Wir werden Kinder mit ihnen zur Welt bringen, weil wir ihre Länder erobern werden', erklärte Ayad in aller Öffentlichkeit."[120]

Das Problem der „friedlichen Ausbreitung des Islam durch Migration" sowie der nicht zu übersehenden Islamisierung Europas und Deutschlands, wird nach Eindruck des Verfassers dieses Artikels vor dem Hintergrund der aktuellen Migrationsproblematik (bis ca. Ende September 2015) nur andeutungsweise etwa in Leserbriefen, jedoch von keiner offizieller Seite thematisiert und diskutiert. Dennoch besteht die begründete Vermutung, dass sich viele Menschen in den europäischen Ländern bedroht fühlen durch die insbesondere aus muslimischen Migranten bestehende, bereits wochenlang anhaltende massenhafte Zuwanderung. Sie haben Angst vor intensivierter Islamisierung und fragen sich, wann wir Zustände bekommen werden wie in den Vorstädten Frankreichs, auch in bestimmtem deutschen Großstädten. Manche unter ihnen wissen auch um den Koranvers 33,27: „Und er (Allah) gab euch ihr Land und ihr Vermögen zum Erben, und (dazu) Land, das ihr (bis dahin noch) nicht betreten hattet. Allah hat zu allem Macht."

---

120 de.sputniknews.com/panorama/20150922/304458497.html 22.09.2015

Die türkischstämmige baden-württembergische Integrationsministerin B. Öney (SPD) stellt fest: „Unsere Grenzen sind derzeit zu durchlässig."[114]

> „Europa kann und will sich nicht abschotten. Doch der wohlhabende Kontinent ist auch nicht in der Lage alle aufzunehmen, die vor Verfolgung, Terror, Krieg und bitterster Armut fliehen. Denn es sind schlicht zu viele, und es werden im rasanten Tempo immer mehr".[115] Auch der durch eine ungeregelte Migrationswelle entstandene soziale Sprengstoff in den Ländern Europas kann dieser Bemerkung entnommen werden. Denn ein „Europa als Spiel ohne Grenzen führt ins Chaos."[116] Für politisch und religiös Verfolgte sowie für Kriegsflüchtlinge muss es jedoch in Europa selbstverständlich Platz geben. Dabei ist immer und in allen Fällen die Feststellung von Papst Benedikt XVI. zu berücksichtigen: „Jeder Migrant ist eine menschliche Person, die als solche unveräußerliche Grundrechte besitzt" (Enzyklika Deus caritas est, Nr. 15).

Wie gegensätzlich die bedrängende aktuelle Flüchtlingssituation seitens katholischer Bischöfe bewertet wird, ist zwei verschiedenen Berichten in ein und derselben Ausgabe der „Tagespost" zu entnehmen. Darin wird von der Warnung des Bamberger Erzbischofs Ludwig Schick berichtet, von „Flüchtlingsströmen und Masseneinwanderung"[117] zu reden. Auf der übernächsten Seite titelt diese Zeitung: „Die Völkerwanderung hat Österreich erreicht. Bei der Flüchtlingsunterbringung herrscht zunehmend Chaos." Entsprechend wird in diesem Artikel der Wiener Kardinal Christoph Schönborn mit dem Satz zitiert: „Es ist eine Völkerwanderung."[118] Was trifft nun zu: Ist der eine etwa blind oder dramatisiert nur der andere?

Die Geschichte des Islam ist wesentlich geprägt von seiner gewaltsamen Ausbreitung (Dschihad). H.-B. Gerl-Falkovitz weist zugleich darauf hin: „Die klassische friedliche Verbreitung geschieht ... durch Migration."[119]

---

114 „Die Welt", 30.4.2015, S. 4.
115 Ebd., 4.5.2015, S 1.
116 Ebd., 18.5.2015, S. 3.
117 „Die Tagespost", 18.8.2015, S. 1.
118 Ebd., S. 3.
119 Gerl-Falkovitz, Hanna-Barbara, Gewalt und Religion, in: „Klerusblatt", Zeitschrift der katholischen Geistlichen in Bayern und der Pfalz, 15.2.2015, S. 28.

gionen nach Europa noch mehr durch finanzielle Anreize *stimulieren* oder doch eher *regulieren*?
* Können die schwerwiegenden Probleme Afrikas dadurch gelöst werden, dass sie nach Europa verlagert werden?
* Ist Europa in der Lage, alle Menschen aufzunehmen, die vor Verfolgung, Krieg, Terror und bitterer Armut aus den Ländern Afrikas, des Nahen Ostens und des Balkan fliehen?
* Inwiefern wird gegen die auch berechtigten Interessen der Herkunftsländer der Flüchtlinge und Asylsuchenden gehandelt, wenn die europäischen Tore insbesondere auch für die gut ausgebildeten Mittelschichten schrankenlos, sogar einladend geöffnet werden, die dann aber beim Aufbau ihres Heimatlandes, das sie ausgebildet hat, fehlen werden?
* Ist es nicht paradox, „wenn man Ärzte hierzulande arbeiten lässt, die aus Ländern kommen, in die Deutschland wiederum Ärzte schickt, um die medizinische Grundversorgung der armen Bevölkerung zu sichern" (I. Moldenhauer)?
* Was passiert eigentlich, sollten Deutschland bzw. die Länder der Europäischen Union in absehbarer Zeit von Konjunkturkrisen geschüttelt werden?
* Was geschieht mit den Menschenströmen, die keinerlei Qualifikationen mitbringen, wenn in den nächsten Jahren Millionen von Arbeitsplätzen bei uns möglicherweise wegfallen werden?
* Welche Anstrengungen werden unternommen, um die Armut in den betreffenden Ländern effektiver lindern zu helfen, so etwa in der Beseitigung der Fluchtursachen, auch in der Verhinderung von Korruption?
* Was ist zu tun im Blick auf die rund 800.000 meist hoch qualifizierten jungen Menschen in Deutschland, die hier unter erheblichen Kosten ausgebildet werden und danach wegen besserer beruflicher Chancen ins Ausland gehen?
* „Wo verläuft die Grenze zwischen humanitärer Verantwortung und nationalem Eigeninteresse? Bei Zehntausend, Hunderttausend oder erst ab einer Million Flüchtlingen, die den ebenso gefährlichen wie teuren Transfer ins gelobte 'Paradies Europa' schaffen?" (Wolfgang Bok)

Mit Recht wird die Neujustierung der Asyl- und Einwanderungspolitik gefordert, gerade auch im Interesse der tatsächlich bedrohten Menschen. Dabei ist grundsätzlich zu berücksichtigen: Durch Überdehnen des Grundrechtes auf Asyl, indem man es nicht nur auf die politisch und religiös Verfolgten bezieht, wird es letztlich ausgehöhlt und zerstört. Ebenso gilt: Wenn der Rechtsstaat es zulässt, dass seine Gesetze ignoriert werden dürfen und er die Grenzen sowie die innere und auch die äußeren Sicherheit seiner Bürger nicht mehr garantieren kann bzw. will, führt dies unweigerlich zum Vertrauensverlust seiner Bürger/innen mit unabsehbaren Folgen. Die Außengrenzen in Südeuropa existieren seit längerer Zeit nicht mehr.

Nach Thomas v. Aquin ist „Humanität ohne Regeln die Mutter der Auflösung." Ohne Gewaltmonopol, ohne wirksame Grenzsicherung, Justiz und Militär sind jedenfalls Demokratie und Freiheit nicht zu halten. Bei weiterer unkontrollierter Masseneinwanderung werden unerwünschte politische Gruppierungen in unserem Land und in Europa den größten politischen Einfluss gewinnen, wenn von den etablierten Parteien nicht umgehend gegengesteuert wird.

Erst etwa mehr als vier Wochen nach Beginn der Flüchtlingsströme wurde (endlich!) die kritische Stimme des ehemaligen Bundesverfassungsrichtesr Udo Di Fabio vernehmbar: „Sollten die Migrationsströme anhalten oder sich verstärken, kann dieser Zustand nicht von Dauer sein, ohne das Fundament und die Funktionsfähigkeit Europas sozialer Rechtsstaaten zu zerstören."[112]

Hinzu kommt ein grundlegendes Problem: Wenn überhaupt, werden nur im Ausnahmefall ausdrücklich und unmissverständlich auch *grundlegende Anforderungen an Armutsflüchtlinge, Bürgerkriegs- und Religionsflüchtlinge/Asylanten* gestellt. Vor der Hintergrundaussage, dass „unkontrollierte Zuwanderung kein Menschenrecht" ist, sondern in „den unerklärten Bürgerkrieg"[113] führt, müssten/sollten sich die politischen (und kirchlichen) Verantwortungsträger in Europa bzw. die europäische Bevölkerung etwa folgende konkrete Fragen stellen:

* Wollen wir die Fluchtbewegungen Auswanderungswilliger, die ungebremste Zuwanderung aus Afrika und anderen Armutsre-

---

112 Zitiert in: „Christ in der Gegenwart", 20.9.2015, S. 415.
113 Ebd., 18.5.2015, S. 3.

Flüchtling eine „Bereicherung" sehen und die unter Hinweis den hiesigen Wohlstand noch größere Aufnahmebereitschaft verlangen, legen dar, *wieviele Flüchtlinge wie lange* noch aufgenommen werden sollen und welche Folgekosten noch entstehen werden.

Weithin unwidersprochen galten längere Zeit die Worte von Bundeskanzlerin Merkel: „Das Grundrecht auf Asyl kennt keine Obergrenze" und „Wir schaffen das". Es sind in autokratischer Manier gesprochene, zugleich auch fatale Worte, weil sie im Kontext eine weitere Sogwirkung erzeugten. Ist hier nicht „ein moralischer Größenwahn am Werk"? (Roger Köppel). Das Volk als Souverän, vertreten durch das Parlament, wurde eigenartigerweise auch lange Wochen nach dieser Kanzlerin-Entscheidung nicht befragt, wie es zu dieser und der damit verbundenen Ankündigung der Veränderung in unserer Gesellschaft steht. Dabei ist abzusehen: Wenn Deutschland das „soziale Netz" für alle Armutsflüchtlinge dieser Welt werden soll, wird dieses Netz in absehbarer Zeit unweigerlich reißen. Sollten dabei zugleich die staatlichen Strukturen ins Wanken geraten, wird auch keine hilfreiche Asylpolitik mehr möglich sein. Haben nicht unsere Politiker bei ihrer Ernennung einen Eid auf das Wohl des deutschen Volkes geschworen?

> Zu den vorausgegangenen Gedanken hier die Meinung eines Leserbriefschreibers: „Das Traumland Deutschland, bewohnt von weltfremden Träumern, wird für Einwanderung erst unattraktiv werden, wenn hier die gleichen Zustände herrschen wie in den Herkunftsländern: also Armut, Elend, Zusammenbruch der öffentlichen Ordnung, Bürgerkrieg. Wie viele können wir hierzulande noch versorgen, 10, 50, 300 Millionen Menschen? Verteilungskämpfe werden dann nicht mehr auf dem Niveau eines Habermas'schen Diskurses entschieden, sondern mit Waffengewalt.
>
> Das Geld, das hierzulande für den Bau einer Wohnung für einen Flüchtling, seinen Unterhalt, medizinische Versorgung und mehr aufgewandt wird, würde in den Herkunftsländern beziehungsweise deren Nachbarstaaten reichen, mindestens zehnmal so vielen Menschen zu helfen. So lange sich aber Politik, Medien und Kirchen als Komplizen der kriminellen Menschenhändler gefallen, ist weder uns noch den Menschen in Afrika und anderswo geholfen, im Gegenteil"[111] (W. Pfaller).

---

[111] „Die Tagespost", 8.9.2015, S. 12.

bzw. schon längst überschritten." Dagegen stellt die Flüchtlingssituation nach der eigenartigen Meinung des deutschen Innenministers keine „Überforderung"[108] dar. Eine renommierten Tageszeitung stellt zudem fest: „Niemand weiß, was das Flüchtlingschaos kostet."[109] Niemand weiß, welche Folgekosten noch entstehen werden.

Dazu kommen die *Armuts- bzw. Wirtschafts- bzw. Arbeitsflüchtlinge aus den Ländern des Westbalkans*, in denen es keine Diktatur und keinen Krieg gibt. Es sind schließlich Länder, die sich auf einen Beitritt in die EU vorbereiten! Dabei gilt es, in Erinnerung zu rufen: „Bei uns gibt es Schutz vor Krieg und Verfolgung, nicht aber einen Anspruch auf Arbeitsimigration" (Th. Oppermann, SPD-Fraktionsvorsitzender). Auch gibt es kein Recht auf Einwanderung in ein bestimmtes Land, auch wenn es das Recht auf Flucht und Auswanderung gibt.

Die Anerkennungsquote für tatsächlich Schutzbedürftige beträgt lediglich zwischen 0,1 bis 0,2 Prozent. Mittel- und langfristig könnte es in den europäischen Staaten zur Überforderung, sogar zum Kollaps der sozialen Sicherungssysteme mit entsprechenden sozialen und innenpolitischen Spannungen und Auseinandersetzungen kommen. Jedenfalls fehlt (auf deutscher, insbesondere auch auf europäischer Ebene) bislang *ein schlüssiges Konzept zur Regulierung der Migrantenströme*.[110]

Das geltende Asyl- und Einwanderungsrecht ist als Regelung für die heutigen Probleme der Einwanderung und des Asyls ganz offenkundig völlig ungeeignet. So gibt es schon seit Monaten keine Regeln, wer kommen und wer bleiben darf. Auch gibt es keine Bestimmungen, unter welchen Bedingungen die Aufnahme von Flüchtlingen begrenzt oder nicht mehr möglich sein wird. Doch bislang reagiert die Politik ohne Plan und eher hilflos, statt vorausschauend zu agieren und dabei auch die Öffentlichkeit zu informieren. Keine jener Gruppierungen, die in jedem Migranten und

---

108 Ebd., 27.8.2015, S. 4.
109 Ebd., 24.8.2015, S. 9, mit dieser Überschrift.
110 Vgl. ebd., 10.7.2015, S. 4, mit einem Beleg für die Unschärfe und Unlogik der aktuellen deutschen/europäischen Flüchtlingspolitik im Zitat von Olaf Scholz, SPD, 1. Bürgermeister von Hamburg: „Länder, die eine Beitrittsperspektive für die Europäische Union haben, können nicht Länder sein, aus denen viele Flüchtlinge kommen."

Roger Köppel, Schweizer Journalist, Chefredakteur und Verleger des Wochenmagazin „Die Weltwoche", verweist auf die Gefahr des „Nächstenhasses": „Es ist grundsätzlich falsch, wenn Behörden den grossräumigen Bruch der Asylgesetze dulden. Ein Staat, der seine eigene Rechtsordnung nicht mehr ernst nimmt, schafft sich ab. Wer die heutige Asylpraxis falsch findet, soll 'Flüchtlinge' bei sich zu Hause aufnehmen oder die Gesetze ändern. Eine Fremdenliebe, die sich auf Kosten Dritter auslebt, wurzelt oder mündet oft in Nächstenhass. Wer das Signal aussendet, alle Wirtschaftsmigranten dieser Welt seien willkommen, macht sich zum Helfer der illegalen Schlepperindustrie und damit mitschuldig an den Toten, die im Mittelmeer ertrunken sind. Asyl heisst Schutz für konkret Verfolgte. Asyl ist kein Menschenrecht auf freie Niederlassung."[106]

Die auch auf Facebook werbende internationale Schleusermafia ermöglicht die *Flüchtlingsströme über das Mittelmeer,* ohne dass sie von der Politik daran spürbar gehindert werden. Diese Mafia soll dadurch zu einem milliardenschweren „märchenhaften Reichtum" gekommen sein. Zwischenzeitlich (Oktober 2015) werden durch die immensen Zahlen ankommender Asylsuchender die Probleme auch in unserem Land, in den Bundesländern, in Städten und Gemeinden im Blick auf die finanziellen, personellen, logistischen und sicherheitspolitischen[107] Herausforderungen immer größer. Auch von chaotischen Zuständen wird berichtet. Das Erstarken extremer Kräfte ist zu befürchten. Mit der Bildung weiterer Parallelgesellschaften und neuer Arbeistlosenheere ist zu rechnen. Etwa zwei Drittel der Flüchtlinge sind Muslime, die bekanntlich unter den bisherigen Zuwanderen die meisten Schwierigkeiten bei ihrer Integration machen.

„Angesichts der weiter ansteigenden Asylbewerberzahlen gerät der Staat an die Grenze der Belastbarkeit" (Innenminister J. Hermann, CSU). Andere sagen bereits in vielerlei Variationen: „Die Grenzen der Belastbarkeit und der humanitären Möglichkeiten sind erreicht

---

106 9.7.2015 www.weltwoche.ch/.../editorial-sozial-ist-wer-begrenzt-die-weltwoche-au...
107 Vgl. dazu „Die Welt", 3.8.2015, S. 5, mit dem Zitat eines Ermittlers zur Entwicklung von Gewalttaten: „Jeder Konflikt im Nahen Osten landet auf unseren Straßen"; ebenso zahlreiche Berichte über Auseinandersetzungen zwischen religiösen und ethnischen Gruppen der Flüchtlinge, aber auch über Angriffe Einheimischer auf Flüchtlingsunterkünfte.

gierungen, „möglichst viele Flüchtlinge aufnehmen zu wollen, und fordern stattdessen die westlichen Staaaten auf, einen nachhaltigen Friedensprozess in Gang zu setzen ..."[104] Den nur scheinbar großherzigen und keineswegs christlichen, weil in Wahrheit selbstzerstörerischen Appell (insbesondere von grünen und linken Politikern) „Lasst alle rein" steht die (scheinbar?) hartherzige, in Ungarn bereits praktizierte Forderung „Alle Grenzen schließen" gegenüber.

„An das jesuanische Doppelgebot der Liebe wird im Kontext der aktuellen Flüchtlingsproblematik von Christen, aber auch von Nichtchristen gelegentlich mahnend beziehungsweise vorwurfsvoll erinnert. Es bezieht sich auf die Liebe zu Gott und zu den Menschen: 'Du sollst den Herrn, deinen Gott, lieben mit ganzem Herzen, mit ganzer Seele und mit all deinen Gedanken. Das ist das wichtigste und erste Gebot. Ebenso wichtig ist das zweite: Du sollst deinen Nächsten lieben wie dich selbst' (Matthäus 22, 37-40).

Der in diesem Gebot beinhaltete vergleichende Hinweis ('wie dich selbst') macht zwar aus dem Doppelgebot kein Dreifachgebot, das die Selbstliebe vorschreiben würde. Doch schließt dieses Doppelgebot den Selbstschutz, auch die Sorge und Verantwortung des Menschen für sich selbst ausdrücklich ein. Was aber für das individuelle Leben gilt, hat logischerweise auch eine soziale, gesellschaftspolitische Relevanz.

So kann auch die Forderung zur bedingungslosen Willkommenskultur und grenzenlosen Offenheit eines Staates gleichsam 'für alle Not der Welt' aus leicht nachvollziehbaren Gründen keineswegs vorschnell mit dem christlichen Doppelgebot der Liebe begründet werden. Mit der Haltung der 'grenzenlosen Offenheit' wird auch kein flüchtlingsfreundliches Klima geschaffen, vielmehr schrittweise einer Sozialkatastrophe die Wege gebahnt. Auch jenen Ländern Europas, die keine gesinnungsethisch, sondern eine verantwortungsethisch geprägte Politik verfolgen und dabei keineswegs so undifferenziert 'willkommensfreudig' sind wie etwa derzeit das offizielle Deutschland, kann vorschnell Inhumanität und Unchristlichkeit vorgeworfen werden."[105]

---

104 Ebd.
105 „Die Tagespost", 20.10.2015, S. 12: Leserbrief des Verfassers mit der Überschrift: Grenzenlose Willkommeskultur? Schrittweise in die Sozialkatastrophe.

stimmungsrecht des Souveräns, des Staatsvolkes, das diese Art der „Willkommenskultur" auch finanziell und gesamtgesellschaftlich mittragen muss. Die Problematik der mehrheitlich nicht gewünschten verstärkten Islamisierung sei hier nur angedeutet. Begründet wird diese Willkommenskultur mit einem Mix aus humanitären und/oder christlichen sowie aus demografischen Gründen, aber auch aus (national-egoistischen?) finanziellen, wirtschaftlichen, sprich „arbeitsmarktoptimierenden" Interessen. Die Migranten, unter denen offensichtlich 15-20 % Analphabeten[100] sind, sollen „Deutschlands Wohlstand retten"[101]. Viel eher ist damit zu rechnen, dass die kommende demografisch bedingte Krise unseres Sozialstaates durch die überbordende Masseneinwanderung keineswegs abgewendet, vielmehr verschärft werden wird. Doch das *Asylrecht als Instrument der humanitären Hilfe* darf niemals und unter keinen Umständen zu einem *Arbeitsmarktinstrument* degenerieren. Auch wird der Eindruck erweckt, als ob den Asylsuchenden nichts Besseres passieren kann, als nach Deutschland zu kommen – ganz nach dem äußerst fragwürdigen, weil nach deutsch-nationaler Hybris klingenden politischen Schlagwort: „Am deutschen Wesen soll die Welt genesen."

Doch das durch Kindermangel entstandene Nachwuchsproblem in Deutschland kann und darf nicht – wie viele „Wohlmeinende" glauben – im Blick auf die Sicherung künftiger Generationen auf Kosten armer Länder gelöst werden. Es wäre eine inhumane, unchristliche Lösung. Denn eines Tages werden viele von ihnen für den Wiederaufbau ihrer Herkunftsländer dringend gebraucht.

Der Lateinische Patriarch von Jerusalem, Fouad Twal, der schwere Vorwürfe gegen den Westen erhebt, stellt fest, dass Europa eine Lösung der Flüchtlingsproblematik nur dann herbeiführen könne, „wenn es sich für Frieden, Sicherheit und Arbeit in den jeweiligen Heimatländern einsetze."[102] Es muss darum gehen, die Lebenbedingungen der Menschen in ihren Herkunftsländern zu verbessern. Auch für den syrisch-katholischen Erzbischof em. Flavien Joseph Melk (Beirut) ist „Flucht keine Lösung"[103]. Die Bischöfe des Nahen Ostens kritisieren die Verlautbarungen der europäischen Re-

---

100 Vgl. „ideaSpektrum", 9.9.2015. S. 3.
101 „Die Welt", 24.8.2015, S. 9.
102 „Die Tagespost", 29.8.2015, S. 1.
103 Ebd., 12.9.2015, S. 5.

dass jede Gesellschaft gleichsam von A-Z nach den Gesetzen des koranischen Allahs zu gestalten und alle Gesetze des Menschen aus Allahs Gesetzen abzuleiten sind.

Bei dieser Haltung der *Realitätsverweigerung bzw. der Realitätsverleugnung* werden die harten Konturen des Islam einfach weichgespült. Doch nach Kurt Schumacher (SPD) beginnt Politik und somit jedes verantwortungsbewusste Handeln mit dem Betrachten der Wirklichkeit. Von Wladimir Iljitsch Lenin stammt der in diesem Falle zutreffende Aphorismus: „Schlimmer als blind sein ist, nicht sehen wollen." Mit dieser Haltung des Nicht-Sehen-Wollens geht gelegentlich auch noch einher jene der „*vorauseilenden kulturellen Selbstaufgabe*", bzw. der „*vorauseilenden Entchristlichung*".

Der Islamwissenschaftler T. Nagel zeigt sich nach „langjähriger Erfahrung" enttäuscht „über die mangelnde Bereitschaft vieler, wenn nicht der meisten Mitglieder unserer politisch-medialen Klasse zur nüchternen, wirklichkeitsnahen Wahrnehmung des Islams und derjenigen seiner Charakterzüge, die unserer Kultur zuwiderlaufen ... Indem sich die Mehrheit unserer politisch-medialen Klasse auf die politische Korrektheit beruft, verbittet sie sich die kritische Auseinandersetzung mit dem Islam. Ein solcher Versuch der Einschränkung der Wissenschafts- und Meinungsfreiheit ist nur damit zu erklären, dass man sehr wohl weiß, dass die Kritiker einen wunden Punkt ansprechen."[99]

8. Migration

Kennzeichen für die Situation Mitte September 2015 im völlig undurchsichtigen *Migrationskomplex* ist die ständig offiziell geforderte (offensichtlich bedingungslose) „*Willkommenskultur*", die keinerlei Wert legt auf eine „*Ankommenskultur*" und zugleich die für die einheimische Bevölkerung verbundenen Konsequenzen verschweigt bzw. wieder einmal tabuisiert. Die nun schon seit Wochen auch staatlicherseits praktizierte und tolerierte grenzen- und bedingungslose „Willkommenskultur" ist nicht mit humanem oder/oder christlichem Pathos zu begründen. Denn sie ist unnatürlich, inhuman und grenzt an Staatsgefährdung. In eklatanter Weise verstößt sie nämlich gegen bestehende Rechtsvorschriften und berechtigte Sicherheitsinteressen. Sie ist zudem gerichtet gegen das Selbstbe-

---

99 Nagel, T., Angst vor Allah?, S. 9.

ren Gesellschaftsvorstellungen sehen wollen, und nicht so, *wie er sich selbst mit seinen eigenen Grundlagen und Zielsetzungen sieht.*[96] *Unliebsame Wahrheiten werden einfach ignoriert.* Der Islam hat so zu sein, wie man ihn sich erwünscht und vorstellt, und nicht, wie er sich selbst versteht und täglich erfahrbar ist.

Auch im politischen Bereich ist diese Verhaltensweise anzutreffen. Denn wenn es sein muss, „backt sich die Politik ihren Islam notfalls selbst."[97] Vor den (Integrations-) Problemen der wachsenden islamischen Gemeinschaften stecken auch Medienvertreter mit vielen Verantwortungsträgern und Sozialromantikern gleichsam den Kopf in den Sand, indem sie der autosuggestiven Redensart zu folgen scheinen: „Es kann nicht sein, was nicht sein darf."[98] Verharmlosen, Wegducken und Leisetreterei sowie illusorische Schönfärberei sind allzu oft Verhaltensweisen, die bei problembeladenen Islamthemen beinahe an der Tagesordnung sind.

Um kritische Punkte nicht anzusprechen, wird gelegentlich auch auf die hohe Anzahl der rund 4 Millionen muslimischen Gläubigen in Deutschland verwiesen, deren Religion Respekt entgegenzubringen sei. Doch die Anzahl von Menschen kann keinesfalls ein Kriterium sein für die Beurteilung einer Weltanschauung oder Religion. Auch wird z. T. bewusst übersehen und trotz eigenen Wissens verschwiegen, dass der Islam in der Mehrheitssituation immer den bevormundenden, totalitären Anspruch hat,

---

96 Vgl. ein Wort von Ferdinand Lassalle (1825-1864): „Alle große politische Aktion besteht in dem Aussprechen dessen, was ist, und beginnt damit. Alle politische Kleingeisterei besteht im Verschweigen und Bemänteln dessen, was ist"; auch de.radiovaticana.va/news/2014/10/.../kardinal_tauran.../ted-832996 mit der irritierenden, zwiespältigen Aussage: Religion sei nicht Ursache von Konflikten, sondern könne zu ihrer Lösung beitragen. Doch waren bestimmte Religionen nicht allzu oft Ursache von Konflikten? Ist auch heute der Islam als Religion nicht Ursache von weltweit zahlreichen Konflikten?

97 „Welt am Sonntag", 26. Juli 2015, S. 5.

98 Vgl. dazu Rhonheimer, Martin, Christentum und säkularer Staat. Geschichte-Gegenwart-Zukunft, 3. Auflage, Freiburg, Basel, Wien 2014, S. 343 f., mit der Feststellung: Angesichts der bestehenden „Herausforderungen und der damit verbundenen Risiken ist es entscheidend, ... jegliche Blauäugigkeit gegenüber den religiösen Vorstellungen des Islam zu vermeiden. Man muss ihn zunächst einmal so verstehen, wie er sich selber versteht, und nicht, wie wir oder 'aufgeklärte' westlich orientierte säkulare Muslime oder im interreligiösen Dialog engagierte Christen ihn gern sehen möchten".

ch in unseren Medien „um des lieben Friedens willen" nem falsch verstandenen Liberalitäts- und Toleranzverschöngeredet, gerechtfertigt, bagatellisiert, „wegbeschwichtigt", bewusst übersehen, ausgeklammert bzw. einfach „unter den Tisch gekehrt"[94], gelegentlich auch wider besseres Wissen.

In Richtung dieser Verhaltensweisen geht auch folgende Beobachtung, die auf einseitig islambegünstigende Wertungen bestimmter Vorgänge auch durch die hiesigen Medien hinweist:

> „Hier bei uns wird die katholische Kirche wegen ihrer 'Unbarmherzigkeit' in den Talkshows in die Mangel genommen, die worin besteht? Dass sie Homosexuellen nicht das Sakrament der Ehe spenden will. Soll das ein Witz sein? Dort unten werden Schwule an Kränen gehenkt, und keiner rührt sich."[95]

Viele wohlmeinende, aber die Probleme ignorierende Zeitgenossen sehen in der Fülle sowohl der publizierten Meinungsbeiträge als auch der Gesprächs- und Diskussionsforen den Islam offensichtlich so, wie sie ihn durch die Brille ihrer persönlichen säkula-

---

93 Vgl. dazu „Die Tagespost", 24.6.2014, S. 7, mit dem Bericht über eine Ansprache von Papst Franziskus: „Der Papst machte ... ein falsches Verständnis von Toleranz in der westlichen Welt aus. In deren Namen würden oft jene verfolgt, 'die die Wahrheit über den Menschen und die daraus entstehenden ethischen Konsequenzen verteidigen'".

94 Vgl. dazu www.emma.de/.../necla-kelek-jede-zweite-tuerkin-einer-zwangsehe-2653... mit folgender Beobachtung der türkischstämmigen Sozialwissenschaftlerin und Publizistin Necla Kelec: „An den Universitäten wie in der Politik ist inzwischen die Generation der 68er in ihrem Marsch durch die Institutionen ganz oben angekommen. Sie sind Minister, Staatssekretäre, Bundesbeauftragte, Gleichstellungsbeauftragte; sie haben Lehrstühle, hohe Posten in Verwaltung und Forschung und erwecken doch den Eindruck, als hätten sie auf dem Weg nach oben vergessen, wofür sie dereinst losmarschiert sind. Während viele von ihnen auf der einen Seite für die gleichgeschlechtliche Ehe eintreten, Diskriminierung von Frauen in Beruf, Gesellschaft und Familie aufs Schärfste geißeln, scheinen dieselben Leute gegenüber dem Islam mit Blindheit geschlagen zu sein. Da protestiert kaum einer, wenn Schwule im Islam gesteinigt werden; da wird Verständnis für kulturelle Eigenheiten aufgebracht, wenn Mädchen von Teilen des Schulunterrichts ferngehalten werden; da wird nicht eingegriffen, wenn Sechsjährige das Kopftuch tragen müssen oder Frauen wie Sklavinnen verschachert werden."

95 Matussek, Matthias, Religion ist keine Talkshow, in: „Welt am Sonntag", 26.10.2014, S. 13.

So sind etwa folgende Töne zu hören: „Täglich werde ich mit dem Islam konfrontiert und bombardiert. Man hört fast nichts anderes mehr. Islam, Islam, Muslime, Terroristen: 'Hat alles nichts mit dem Islam zu tun'. Islam ist das beherrschende Thema in allen Varianten. Ich kann es einfach nicht mehr hören – will es nicht mehr hören."

Manchen Beobachtern dieser verschiedenartigen Vorgänge stellt sich die Frage, ob z. B. der Historiker H.-U. Wehler mit seiner These recht hat, dass die „muslimische Diaspora ... im Prinzip nicht integrierbar" ist,[91] oder auch, ob die viel zitierte These von S. P. Huntington vom „Kampf der Kulturen" lediglich „ein pessimistisches und verantwortungsloses Geschwätz" ist oder eher doch eine nüchtern-realistische Analyse. Wenn übrigens der Westen unter keinen Umständen einen „Kampf der Kulturen" will bzw. in den derzeitigen Vorgängen im Zusammenhang mit dem Islam keinen „Kampf der Kulturen" erkennen kann, dann ist damit keineswegs gesagt, dass dies die islamische Welt ebenso sieht.

Die erheblichen Probleme anderer Länder mit dem Islam könnten auch hierzulande noch intensiver drohen, wenn wir nicht umfassende Vorsorge treffen.[92] Leider drängt sich jedoch allzu oft der Eindruck auf, bestimmte Problemthemen und -situationen

---

91 Wehler, Hans-Ulrich, in: „Der Spiegel", Nr. 29, 2014, S. 135, mit Informationen zu seiner Person: Ehemaliger, dem linken Parteienspektrum zuzuordnender Lehrstuhlinhaber in Bielefeld für Allgemeine Geschichte des 19. und 20. Jahrhunderts; Veröffentlichung einer fünfbändigen „Darstellung der Entwicklung Deutschlands von 1700 bis 1990".

92 Vgl. dazu „Die Welt", 3.11.2014, S. 2, mit Berichten über die Zusammenstöße im Herbst 2014 zwischen Islamisten und Kurden in Deutschland, auch über das Problem der Rückkehr von IS-Kämpfern mit dem drohenden Import gefährlicher Konflikte, ebenso mit dem Leserbrief eines Muslims mit der Androhung eines Bürgerkrieges in Deutschland; auch Klonovsky, Michael, Ein Glaube zum Fürchten, in: „Focus", 3.11.2014, S. 21 f., mit der Beschreibung: „Deutsche ziehen in den Dschihad, Muslime liefern sich bei uns Straßenschlachten, ein Kabarettist soll den Mund halten: Der Islamismus ist ein deutsches Problem geworden. Doch vieles, worauf sich die Extremisten berufen, ist im Islam angelegt ... Ausläufer des Kriegs in Nahost haben uns längst erreicht. Antiisraelische muslimische Demonstrationen zogen mit 'Juden ins Gas'-Rufen durch deutsche Innenstädte. Im Hamburger 'Moscheeviertel' Sankt Georg fielen Hunderte Kurden und Salafisten mit Messern und Knüppeln übereinander her. In Celle machten Tschetschenen Jagd auf Jesiden. Bis zu tausend junge Männer aus Deutschland kämpfen und töten inzwischen als Dschihadisten im Irak und in Syrien."

Gerade auch im Kontext der „Phobien-Thematik" ist *das Phänomen der einseitigen Beurteilung* christlich-kirchlicher Sicht- und Verhaltensweisen einerseits und islamischer Sicht- und Verhaltensweisen andererseits durch bestimmte (deutsche) Politiker und Medien festzustellen.

So macht David Berger, Theologe und Publizist, folgende Beobachtung: „Wenn ich den Papst, die katholische Kirche und deren Fundamentalisten wegen ihrer Homophobie heftig kritisiere, bekomme ich fast einhellige Zustimmung. Wenn ich auf die Homophobie im Islam und den tödlichen Hass bei den Islamisten hinweise, höre ich regelmäßig den Vorwurf, ich sei islamophob und rechtspopulistisch. Was stimmt da in unserer Wahrnehmung nicht?"[89]

7. Medien

In den (europäischen) Großstädten sind bezeichnender Weise die Einwanderer der zweiten und dritten Generation am anfälligsten für demokratiefeindliche Ideologien von Islamisten. Dazu kommt der „Machtwahn nicht weniger Muslime, ihre gesellschaftlichen Ideen, der Mehrheitsgesellschaft aufdrücken zu wollen."[90] Deren Ziel ist es nicht, den Islam in den demokratischen Gesellschaften demokratiekompatibel zu machen, sondern umgekehrt: diese schrittweise

    a) zunächst *islamkompatibel* zu gestalten,
    b) sie dann *islamkonform* umzugestalten,
    c) ihnen schließend *die Scharia aufzuzwingen,*
    d) sie schlussendlich islamisch *zu beherrschen*.

Diese Vorgehensweisen werden auf eigene Weise durch *die fast unübersehbare Anzahl von Veröffentlichungen* mit problembeladenen Informationen, Erfahrungsberichten und Fragestellungen zum Thema Islam dokumentiert. Seit Jahren vergeht kaum ein Tag, an dem nicht bestimmte, mit dem Islam mehr oder minder eng zusammenhängende Konfliktfelder in den Medien kolportiert, diskutiert und/oder kommentiert werden. In der ersten Hälfte des Jahres 2015 besteht sogar durch die entsprechende Nachrichtenschwemme die Gefahr der „medialen Überfütterung".

---

89 freiraum-magazin.com/2015/05/21/von-der-menschlichen-gewalt/
90 Schuster, Jacques, Kommentar, in „Die Welt", 2.3.2015, S. 2.

Nichtmuslime mehr als genug."⁸⁶ Der Vorwurf der Islamophobie wird von Muslimen besonders gerne auch dann erhoben, wenn etwa bei Diskussionen unangenehme Fragen im Raum stehen, denen man sich nicht stellen will, oder wenn man die Debatte über den Islam zum Verstummen bringen will.

Mit T. Nagel gilt es gerade auch im Blick auf die unübersehbaren bedrückenden Verhaltensweisen von Muslimen, die insbesondere auch Christen angreifen, schmähen und beleidigen, gar mit dem Tod bedrohen, festzuhalten:

> „Zur unantastbaren Würde des einzelnen Menschen gehört es, jegliches Gedankengebäude ... zu kritisieren. Ich meinerseits muss hinnehmen, dass das Christentum oder die säkulare Staats- und Gesellschaftsordnung in islamischen Publikationen grob verzeichnet oder geschmäht werden. Nicht hingegen darf ich billigen, dass, wie mit der Verwendung des Begriffs 'Islamophobie' beabsichtigt, ein religiös-politisches System, das bedingungslose Anerkennung und kritiklose Unterwerfung fordert, für unantastbar erklärt werden soll. Einen solchen Schutz haben nicht einmal die Verfechter des Marxismus-Leninismus für ihre Ideologie erreichen können."⁸⁷

Unter der Überschrift „Die Praxis des Dschihad: Der weltweite Krieg gegen Christen" stellt A. Hirsi Ali den Begriff Islamophobie jenem der Christophobie gegenüber. Dabei konstatiert sie: Über das „Phänomen der Christophobie wird in den westlichen Medien (im Gegensatz zu der weitaus häufiger diskutierten 'Islamophobie') erstaunlich wenig berichtet. Für diese Zurückhaltung mag unter anderem die Angst, weitere Gewalt zu provozieren, verantwortlich sein." Aber auch verschiedene islamische Organisationen „haben in den vergangenen zehn Jahren westliche Journalisten und Redakteure mit erstaunlichem Erfolg davon überzeugt, jedwedes Beispiel einer vermeintlichen Diskriminierung von Muslimen ... als Ausdruck einer tief verwurzelten Islamophobie zu betrachten. Doch jede unparteiische Bewertung ... führt zum Schluss, dass das Ausmaß der Islamophobie gering ist im Vergleich zu der Christophobie, die in sämtlichen Ländern der Welt mit einer muslimischen Mehrheit herrscht."⁸⁸

---

86 Ebd., S. 329.
87 Ebd., S. 331.
88 Hirsi Ali, A., Reformiert euch!, S. 221 f.

werden, wenn ahnungslose Ignoranten sich dafür stark machen, dass in Weihnachtsgottesdiensten muslimische Lieder gesungen werden, wenn die Generalsekretärin der SPD den Begriff 'Islamischer Staat' mit einem Bann belegen möchte, weil er die Ehre der Muslime verletzt (der Begriff und nicht, was der Islamische Staat anstellt), dann kann von der Gefahr einer Islamisierung nicht die Rede sein, dann ist sie bereits voll im Gange."

b) *Islamophobie als Islamfeindlichkeit*: In seinen Ausführungen über Islamophobie zitiert T. Nagel eine Definition dieses Kampfbegriffes. Bei Islamophobie handle es sich um eine „unbegründete Feindschaft gegenüber dem Islam und daher um Furcht oder Antipathie gegenüber allen oder den meisten Muslimen."[85] Muslimischerseits wird die „Krankheit der Islamophobie" als „schlimmste Form des Terrorismus" verurteilt, die deshalb auch zu bestrafen sei.

Alles, was Kritik und Unbehagen am Islam artikuliert, wird als „Hassrede" und als krankhaft gebrandmarkt, was an die bedrückenden Zeiten der Sowjetunion erinnert: Kritiker des Kommunismus wurden in psychiatrischen Anstalten weggesperrt und mit Medikamenten „ruhig gestellt". Islamophobie wird gleichgesetzt mit Rassismus, Fremdenfeindlichkeit, Intoleranz, Diskriminierung, Vorurteil und Stereotypisierung. Der Begriff wir als Vorwurf eingesetzt, um Menschen zu kriminalisieren, zu pathologisieren und zu dämonisieren.

Bei uns in Deutschland wird der Kampfbegriff Islamophobie auch von nichtmuslimischer Seite z. B. im „Kampf gegen Rechts" verwendet. Islamophobie wird dabei oft auch gleichgesetzt mit Antisemitismus, Homophobie und anderen Vorurteilen, die es nach diesen Zeitgenossen zu verurteilen und zu verabscheuen gilt.

Von „der krankhaften und boshaften Islamophobie" sind von der entsprechenden muslimischen Seite her alle gekennzeichnet, die von der Gewalttätigkeit, Aggressivität, Bedrohlichkeit usw. des Islam sprechen oder schreiben. Doch „Gründe für eine generelle Ablehnung des Islams als eines religiös-ideologischen Gedankensytems mit absolutem Wahrheits- und politischem und gesellschaftlichem Machtanspruch gibt es ... für

---

85 Nagel, T., Angst vor Allah, S. 328.

des Islam in Deutschland und auf der ganzen Welt diffamiert – gar mit dem Tode bedroht."[83]

Immerhin haben laut einer Umfrage im Oktober 2014 42 Prozent der Deutschen große *Sorgen* davor, dass sich der Islam ausbreitet. Dahinter steht sicher auch die Sorge, dass der Weg der *Islamisierung* ein Weg der *Entdemokratisierung* unserer Gesellschaft ist. Sogar 18 Prozent der (Herkunfts-)Muslime halten den Islam für eine Bedrohung (2013). Nach dem Religionsmonitor der Bertelsmann-Stiftung (2015) empfinden 57 Prozent der befragten Nicht-Muslime den Islam als Bedrohung – im Jahr 2012 waren es 53 Prozent. 61 Prozent meinen, der Islam passe nicht in die westliche Welt (2012: 52 Prozent). 40 Prozent geben an, sich wegen Muslimen fremd im eigenen Land zu fühlen und 25 Prozent wollen muslimische Zuwanderung stoppen.

Die Befürchtungen weiter Teile der Bevölkerung artikuliert Hendryk M. Broder[84] wie folgt: „Trotz der Blutbäder in Syrien und im Irak, trotz des Aufstiegs des Islamischen Staates und der Ausrufung eines Kalifats, trotz der zahllosen Anschläge und Selbstmordattentate, die im Namen Allahs und seines Propheten begangen werden, trotz aller Umtriebe einheimischer Salafisten, die ihre Verachtung für die 'Ungläubigen' ganz ungeniert ausleben, trotz allem nimmt die Bereitschaft, sich mit dem Islam zu arrangieren, nicht ab, sondern zu ... Zugleich überbieten sich Politiker aller Parteien darin, dem leicht irritierten Volk zu versichern, eine 'Islamisierung' finde nicht statt. Es ist, als würden Metereologen angesichts eines heraufziehenden Gewitters den Leuten raten, ihre Regenmäntel daheim zu lassen.

Seit ... dem 11. September 2001 wird der öffentliche Diskurs zu einem erheblichen Teil von *einem* Thema und seinen vielen Facetten dominiert ... Heute geht es um Ehrenmorde und Intensivtäter, um das Kopftuch im Unterricht und die Burka im Supermarkt, um die Befreiung von Klassenfahrten, um Gebetsräume in Schulen, um 'kultursensible Pflege' in Kliniken, um die Grenzen der Meinungsfreiheit, um Respekt vor religiösen Gefühlen.

Wenn über die Umwidmung von Kirchen in Moscheen geredet wird, wenn Weihnachtsmärkte in Wintermärkte umbenannt

---

83 www.cicero.de/berliner-republik/muslimischer-aufruf...islam.../58879
84 „Die Welt", 29.12.2014, S. 2.

nerationen, auch auf ihre Kultur?[82] Was muss eigentlich noch alles passieren, damit die Menschen „Angst haben dürfen"? Ist es verwunderlich, dass Menschen „islamophob" sind, d. h. im eigentlichen und ursprünglichen Sinne: Angst haben vor Entwicklungen, die im Zusammenhang mit dem Islam stehen?

Mit der fragwürdigen Art der Beschwichtigung von Ängsten und Sorgen wird zugleich übersehen, dass die Angst auch eine *Schutzfunktion für den Menschen* hat. Sie schützt ihn vor Gefahren und verhindert, dass er sich zu unachtsamen Handlungen verleiten lässt. Es gibt eine notabwendende, notverhindernde Angst.

In diesem Kontext dürfen auch jene Angstzustände nicht übersehen werden, die in den Reihen moderater, nach Änderung und grundlegender Neuorientierung suchender Muslime herrschen, die in Deutschland leben. So spricht die türkischstämmige Muslimin Güner Yasemin Balci unter der Überschrift „Der Islam ist eine geladene Waffe" von dieser Angst:

„Gerade die Gewalt hervorhebenden Verse werden genutzt, um auch Muslimen und Andersgläubigen Gewalt anzutun. Es bringt uns nichts, die Diskussion über die Reformierbarkeit des Islam in die gepflegte Atmosphäre wissenschaftlichen Gedankenaustauschs zu verlegen. Die Angst vieler Muslime, die es wagen, einen analytischen Blick auf den Koran und die Hadithen zu werfen, ist verständlich, denn sie werden von den meisten Vertretern

---

82 Vgl. dazu Schneider, Peter, Besuch bei Pegida, in: „Die Welt", 3.1.2015, S. 8: „Es geht um die Ahnung und die Angst, dass sich die Gesellschaften Europas angesichts der Kriege und der Flüchtlingsströme rund um Europa grundlegend verändern. Und sie fürchten, dass die zivilen Gesellschaften Europas ihre eigenen Regeln nicht mehr verteidigen ... Wer will denn im Ernst leugnen, dass Europa Probleme mit palästinensischen Migranten hat, die einen neuen, wütenden Antisemitismus entfesseln; dass muslimische Mädchen in Europa zwangsverheiratet und beschnitten werden; dass europäische Frauen sich durch das Frauenbild des Islam und die Versuche von islamischen Verbänden, es in europäischen Schulen durchzusetzen, bedroht fühlen? Ganz zu schweigen vom Erfolg von IS, der bereits Hunderte halberwachsener Kinder aus europäischen muslimischen Familien und konvertierte Jugendliche in einen barbarischen Krieg gelockt hat. Sind das alles nur Chimären, paranoische Ängste der 'Dummen' in Europa?"; ebenso „Der Spiegel",1.1.2015, S. 86, mit der Feststellung: „Terroranrufe und Warnmeldungen versetzen die Behörden in Sorge. Niemand will Panik schüren – aber es gibt viele gewaltbereite deutsche Islamisten."

Ednan Aslan, Professor für islamische Religionspädagogik, stellt klar: „Deutschland hat eine Rechtsgrundlage, auf der man Papst, Jesus und die Kirche kritisieren darf – Warum also nicht den Islam? Ich möchte als Muslim keine Extra-Behandlung. Man muss klar sagen: Für viele Muslime ist Mohammed eine historische Persönlichkeit, kein Prophet. Es ist also eine unsinnige Erwartung von Gläubigen, dass alle ihn so verehren, wie sie selbst. So viel Überheblichkeit ist krank."

6. Islamophobie als doppeldeutiger Begriff

a) *Islamophobie als Angst vor dem Islam*: Zu den mit der Islam-Problematik verbundenen Ängsten und Sorgen der Bevölkerung zählen: die „Angst, die Kontrolle zu verlieren, Wohlstand zu verlieren, die Angst um die eigene Identität und Kultur."[80] Die Angst vor einer schleichenden Islamisierung bzw. vor einem totalitär erlebten Islam versucht man, als irrational und als grundlos abzutun oder mit der beschwichtigenden Äußerungen zu zerstreuen: „Ihr braucht doch wirklich keine Angst zu haben."

Angst ist neben Freude, Trauer, Wut, Schuld und Scham eines der Grundgefühle, die bei jedem Menschen lebensbegleitend sind. Dass es bei Menschen grundlose, aber auch krankheitsbedingte leichte oder schwere Ängste (Phobien) vor Menschen und Tieren, vor Dingen, Ereignissen usw. gibt, muss hier nicht eigens ausgeführt werden. Die Liturgie der katholischen Kirche kennt jedenfalls das Bittgebet: „Mach uns offen für das, was die Menschen bewegt, dass wir ihre Trauer und Angst, ihre Freude und Hoffnung teilen ..."[81] Also nicht zum *Ausreden der Ängste*, sondern zum *Teilen der Angst* will dieser Gebetstext motivieren.

Doch sind die weltweit und auch in unserem Land zu beobachtenden oben skizzierten Ereignisse, mit denen die Menschen seit Jahren fast ausnahmslos täglich konfrontiert werden, nicht Anlass und Grund genug zu Beunruhigung, zu Sorge und Angst ob der drohenden massiven Auswirkungen auf ihr Leben, auf das Leben ihrer Kinder und der kommenden Ge-

---

80 So die türkischstämmige baden-württembergische Integrationsministerin B. Öney (SPD), in: „Die Welt", 30.4.2015, S. 4.
81 Die Feier der Heiligen Messe. Messbuch. Hochgebet für Messen für besondere Anlässe, Solothurn, Freiburg, Linz u. a., 1994, S. 36.

5. Islamkritik

Mit der (Selbst-)Tabuisierung bestimmter Islam-Themen geht seit langen Jahren die Kritik an jenen einher, die grundlegende Ideen des Islam kritisch analysieren und etwa auch den Blick auf die ungebrochenen *gesellschaftspolitischen Zielvorstellungen des Islam* lenken: die Neuordnung der Welt nach den koranischen Werten des 7. Jahrhunderts. Islamkritische Personen werden häufig auch medial ausgegrenzt, auch „in die rechte Ecke gestellt" und bekämpft. Wie oft schon wurde versucht, sie zum Stillhalten, zum Schweigen zu bewegen! Wenn aber negative Fakten nicht mehr benannt werden dürfen, kann weder eine sachliche Bestandsaufnahme erfolgen noch können Probleme gelöst werden.

Von muslimischer Seite ist immer wieder die Forderung zu hören nach *gesellschaftlicher Ächtung jeglicher Kritik am Islam*. Doch hinter einer solchen Forderung, die islamischem Denken entspringt, das kritisches Hinterfragen oder Selbstzweifel kaum bzw. gar nicht kennt, wohl aber Denkverbote, steht letzten Endes nichts anderes als das Ziel der gesellschaftlichen Tyrannei.

Bezeichnenderweise werden auch *muslimische Reformer, ehemalige Muslime bzw. Dissidenten* wie beispielsweise Hamed Abdel-Samad, Saleem Ahmed, Seyran Ates, Ayaan Hirsi Ali, Sabatina James, Necla Kelek, Bassam Tibi und andere mit ihrer innerislamischen Kritik nicht nur von islamischer Seite entweder einfach ignoriert oder sogar als „Störenfriede im Dialog" oder als „Verräter" abqualifiziert. Einige von ihnen werden auch in unserm Land bedroht, sind im Opferschutz und müssen um ihr Leben fürchten. Müssten da nicht schon längst alle Alarmglocken schrillen?

> Aus eigener Erfahrung kann der Verfasser dieses Artikels folgende Beschreibung bestätigen: „Wenn man die grundlegenden Unterschiede des Islams gegenüber den abendländischen Religionen mit Muslimen ... diskutiert, stellt man ... eine unerhörte Aggressivität und eine unbeschreibliche religiöse Intoleranz fest. Dieses Verhalten erklärt sich dadurch, dass es per se verboten ist, den Islam zu kritisieren. Jede, selbst konstruktive Kritik gegen den Islam, wird negativ bewertet. Darüber hinaus fehlen bei den Muslimen fundierte Kenntnisse über die abendländischen Religionen."[79]

---

79 Basileo, E., Zeitzeugen der Christenverfolgung, S. 73.

Um diese Fragen zu beantworten, sei nachfolgend eine begrenzte Anzahl von Feststellungen notiert, die sich zwar auf dem Klappentext dieses Buches bzw. auf Aussagen und Schilderungen Ulfkottes beziehen, aber das genaue Gegenteil zu den Thesen seines Buches zum Ausdruck bringen. Sind die unten nach Ulfkotte formulierten Feststellungen zutreffend und wahr, kann man ihm mit Recht Unwahrhaftigkeit, Demagogie und bewiesene „Islamophobie" vorwerfen.

Was aber geschieht, wenn die nachfolgend formulierten Sätze *nicht* der Wahrheit entsprechen, die originären Feststellungen Ulfkottes sich dagegen als wahr und faktenbezogen erweisen?

- Von islamischen Ländern wurden *noch nie* Politiker unter Druck gesetzt und Journalisten für positive Berichterstattung über den Islam geschmiert (vgl. auch S. 188).
- *Zu keinem Zeitpunkt* haben deutsche Richter jemals davor gewarnt, dass die Scharia, die islamische Paralleljustiz, unseren Rechtsstaat gefährdet (vgl. Klappentext).
- Da in Deutschland die Vielweiberei offiziell verboten ist, gilt dieses Verbot auch für Muslime, die bei uns *unter keinen Umständen* bis zu vier Frauen haben dürfen, und natürlich auch *keinen Anspruch* auf entsprechende (vierfache) Witwenrente haben (vgl. auch S. 31 ff.).
- In den Kantinen der Bundeswehr gibt es *keine Vorschriften*, dass islamgerecht gekocht werden muss und die Speisen für Muslime getrennt vom Essen der „Ungläubigen" zubereitet werden müssen (vgl. auch S.43 f.).
- Im Jugendarrest Berlin-Neukölln sind *weitaus weniger als 70 Prozent* der Häftlinge Muslime (vgl. auch S. 113).
- Der Aufruf zum Dschihad war und ist in Deutschland *selbstverständlich* strafbar (vgl. Klappentext).
- In vielen großen Museen wurden *noch nie* Kunstwerke abgehängt, weil sie Muslime möglicherweise beleidigen könnten (vgl. auch 49 f.).
- Laut MAD wird die Bundeswehr *auf keinen Fall* von Islamisten als »Ausbildungscamp« genutzt (vgl. auch 45 f).
- SPD und Grüne möchten *unter keinen Umständen*, dass den Muslimen zuliebe in den Schulen Mädchen und Jungen wieder getrennt unterrichtet werden (vgl. S. 47 f.).

* dem Druck islamischer Institutionen nachgegeben wird zur Aufführung bestimmter *Film-* oder *Theaterstücke* (z. B. „Idomeneo" 2006 in Berlin),
* die muslimische Forderung nach *Schutz der muslimischen Minderheit* in nichtmuslimischen Ländern bei hiesigen Verantwortungsträgern auf offene Ohren und „volles Verständnis" stößt, die ihrerseits allerdings keinerlei Anlass sehen, gleichzeitig *ebendiese Behandlung für die nichtmuslimischen Religionsgemeinschaften* in islamisch dominierten Ländern von den muslimischen Verantwortungsträgern einzufordern,
* Muslime von Nichtmuslimen unter Strafandrohung „Respekt" vor dem Islam verlangen, ohne dafür umfassend Sorge zu tragen, dass z. B. ihre eigenen Kinder zum „Respekt" vor den nichtmuslischen Religionen, Gesellschaften, Autoritäten usw. angeleitet werden bzw. dass Muslime generell „Respekt" vor dem Leben z. B. auch der Islam-Apostaten haben,
* der Rechtsstaat keine eindeutigen Grenzen zieht bei muslimischen Verstößen gegen seine eigene Rechtsordnung,
* von EU-Beamten „Respekt" vor der islamischen Religion und den Bräuchen der islamischen Immigranten sowie die Vermeidung einer Sprache, die Muslime reizt, angemahnt wird (52 f.), ohne dabei die Notwendigkeit wechselseitiger Verhaltensweisen anzuzeigen.

Die Publizistin Monika Maron vertritt die These: „Die Islamisierung beginnt nicht erst, wenn der Islam in Deutschland Staatsreligion geworden ist, sondern wenn er unsere rechtsstaatlichen und zivilisatorischen Grundsätze mit seinen religiösen Ansprüchen unterläuft."

Der umstrittene islamkritische Bestsellerautor Udo Ulfkotte thematisierte in seinem 2015 veröffentlichten Buch[78] die Islamisierung Europas. Die Fülle der darin dokumentierten (tatsächlichen?) Islamisierungsprozesse dürfte auch viele erschrecken, die sich mit dieser Problematik bereits zuvor beschäftigt haben. Bei dieser Veröffentlichung stellen sich Fragen wie: Handelt es sich hier um Fakten oder um islamophobe Fantasiererereien? Können die von Ulfkotte aufgestellten Behauptungen widerlegt und somit als unwahr entlarvt werden?

---

78 Ulfkotte, Udo, Mekka Deutschland: Die stille Islamisierung, 2. Auflage, Rottenburg 2015.

Diese „für den Westen geschneiderte Islamstrategie" (138) mit ihren Ansprüchen und Forderungen der Weltöffentlichkeit zu präsentieren, ist geradezu dreist angesichts der Tatsache, dass im Einfluss- und Machtbereich der 56 OIC-Länder bei umgekehrten Vorzeichen keine der relevanten Forderungen und Ansprüche erfüllt wird (vgl. 50, 181). In diesen Verlautbarungen steht übrigens keineswegs das, was islamophile Nichtmuslime von Muslimen gerne hören und wahrscheinlich auch nicht das, was sie vom Islam selbst erträumen. Sie sprechen auch in diesem Kontext lieber von einer „Bereicherung unserer Kultur", ohne allerdings zu verraten, worin diese Bereicherung besteht.

Jedenfalls vollzieht sich der Prozess der Islamisierung in Deutschland bzw in den westlichen Ländern in kleinen, recht unterschiedlichen Schritten bereits überall dort, wo

* problematische Islamthemen von Muslimen oder auch von nichtmuslimischen Islameuphorikern *tabuisiert* werden, (z. B. Dschihad, islamische Eroberungen, Frauen- und Sklavenfrage),
* islamische *Denk-, Werte- und Handlungssysteme* (stillschweigend) übernommen werden, die gegen die Rechtsordnungen der freiheitlich-demokratischen Staaten gerichtet sind,
* auch im „vorauseilenden Gehorsam" Wünsche und Forderungen von Muslimen bzgl. etwa der Abschaffung von (christlichen) *Brauchtumsformen* oder europäischen *Ess- und Trinkgewohnheiten* (Schweinefleisch, Alkohol) erfüllt werden,
* zu Lasten der (geschichtlichen oder religiösen) *Wahrheit* falsche Rücksicht genommen wird auf die Sensibilität, die Muslime für sich selbst von Nichtmuslimen fordern oder auf diplomatische Erwägungen – wie etwa in der Armenierfrage,
* dem Versuch von Muslimen zur *Implementierung der islamischen Scharia* in unser freiheitliches Gesellschaftssystem kein entschiedener Widerstand seitens der Politik und der Justiz entgegengebracht wird,
* bei Angriffen von Muslimen bei *berechtigter und begründeter Islamkritik* geschwiegen und den Angegriffenen auch noch (von Nichtmuslimen) eigenes schuldhaftes Verhalten vorgeworfen wird,
* *muslimischen Straftätern* (z. B. für Ehrenmorde, Zwangsehen) ein „Islam-Bonus", ein „Islam-Rabatt" eingeräumt wird,

i) ***Religiöse und andere Zielsetzung:*** Weitergabe der islamischen Weltbotschaft an den Westen als eigentliche universale Islam-Mission (137) – Die Aufrichtung des Islam als oberster Dauerplatz „in der Prioritätenliste der Muslimgemeinden" (134) – Alle „Maßnahmen in Bildung, Kultur und Sozialem" als Instrumente der „eigentlichen, universalen Islam-Mission" (135) – Ziel: Die Konversion des Westens zum Islam (ebd.) – Bekämpfung von Rassismus, Fremdenfeindlichkeit und Intoleranz (56 !!) – Stimme des Islam verstärken (54) – Verfügbarmachung der „Hilfen, Finanzierungen und technologischen Knowhow-Transfers" auch durch westliche Länder (55) – Zurückweisung der Gleichsetzung des Islam mit Terrorismus (ebd,) – Vermeidung von „Konfrontation als auch Kapitulation im Umgang mit westlichen Kräften" (55)

j) ***Schulen und Bildung (im Westen):*** Anpassung der Lehrpläne in der Grundschule im Blick auf die Immigrantenkinder (65/134) – Revision der Bildungsprogramme und Lehrpläne (48) – Verhinderung der Indoktrination muslimischer Kinder mit westlichen Kulturwerten (134) – Einführung des Islam in die Schulfächer, Lehrpläne und in den Geschichtsunterricht (ebd.) – Forderung zur Verbesserung des islamischen Images in den europäischen Schulbüchern (77/134) – Forderung nach Entfernung von Voreingenommenheiten gegen Muslime und gegen den Islam (54) – Mitfinanzierung des Staates von islamischen Schulen (136) – Schaffung islamischer Privatschulen, die mit islamischen Hilfsorganisationen und Regierungen „kollaborieren" (sic!! -136) – Schaffung eines islamischen Beobachtungspostens in Europa zur Kontrolle der Kindererziehung (137) – Islamischer Einfluss auf Schulen und Universitäten (188 f.)

k) ***Ziele der Forschungsstudien:*** Herausarbeiten der Übereinstimmung der islamischen Werte mit den menschlichen Werten, und das Herausstellen muslimischer Denker als *„Pioniere des Dialogs zwischen den Zivilisationen"* (56) – Respektieren des Rechtes auf Wissen nur „solange es sich auf den Wirkungskreis der Scharia beschränkt." (137) – Bewahren des muslimischen Kulturerbes in nichtmuslimischen Ländern (50) – Verhindern der Versuche, eine Verbindung zwischen Terrorismus und Islam herzustellen (52)

145) – Verhinderung des Aufzeigens der Verbindung zwischen Islam und Terrorismus (137)

f) ***Islam und Europa:*** „Integraler Teil der europäischen Vergangenheit, Gegenwart und Zukunft" (65) – Beitrag des Islam zum Entstehen des modernen Europa (ebd., auch 55, 101, 149)

g) ***Medien:*** Aufruf zum Entgegenwirken der anti-islamischen Propaganda, der Islamophobie (49/56) – Medienstrategien zur Verbesserung des Islam-Images (56) – Weltweite Verbreitung der Lehre und Werte des Islam (ebd.) – Errichtung von Radio- und Satellitenstationen mit Rund-um-die-Uhr-Programmen in verschiedenen Sprachen mit Informationen über islamisches Erbe, Kunst und Literatur usw. (135) – Islamische Informationspolitik im Dienst der islamischen Weltbotschaft (137) – Berücksichtigung der spezifischen Sensibilitäten der Muslime (52) – Publikationen „über die zivilisatorischen Vermächtnisse des Islam" (Spanien, Balkan, Zentral- und Südasien usw.) und seine Beiträge zur modernen Wissenschaft und Technik (55/65/101) – Propagierung der positiven Aspekte der Scharia (56/97) – Permanente Verkündigung der islamischen Toleranz und Perfektion sowie der Übereinstimmung des Islam mit den Werten des Westens und den universalen Werten der Humanität (138) – Vermittlung eines glänzenden Bildes der wahren Werte des Islam mit allen Möglichkeiten (55) – Nutzung der westlichen Medien zur Förderung der Umma und der islamischen Werte (51) – Aufklärung der westlichen Öffentlichkeit bzgl. der konstruktiven Rolle des Islam „im Aufstieg der modernen westliche Zivilisation" (149) – Medienplan/strategie gegen Israel (115-129)

h) ***Muslimische Immigranten in Europa:*** Durch sie Stärkung der definitiven und unumkehrbaren islamischen Präsenz in Europa (133) – Immunisierung der islamischen Identität und Verwurzelung der Muslime im Glauben (ebd.) – Keine Integration und Assimilation in die europäische Kultur (ebd.) – Doch bei den Immigranten Interesse wecken an der europäischen Kultur als den Quellen der islamischen Kultur (133) – Selbstorganisation bei strikter Orientierung am islamischen Wertesystem (132) – Einrichtung eines islamischen Gerichtshofes mit Jurtisdiktion und politische Einflussnahme auf alle Muslime in nicht islamischen Ländern, aber auch auf Nichtmuslime (177)

Die OIC, die für sich in Anspruch nimmt, die islamische Welt zu repräsentieren, veröffentlicht in zeitlichen Abständen Verlautbarungen, in denen *Motive, Konzepte, Methoden und Ziele der Islamisierung des Westens* erkennbar sind. Zugleich dokumentieren diese Verlautbarungen deutlich, dass die Religion Mohammeds grundlegend geprägt ist von der unzertrennbaren Einheit von Staat und Religion. Inwieweit eine planmäßige Rückgewinnung „verlorener" Gebiete in Europa (z. B. „Andalusien"), die allerdings vor der islamischen Zeit christlich geprägt waren, in diese Konzeption der OIC hineinspielt, soll hier nicht vertieft werden.

Den Ausführungen von Bat Ye'or[77] folgend, sollen an dieser Stelle in kompakter Darstellung einige strategische Aspekte und Zielsetzungen der OIC im Blick auf den größeren Einfluss des Islam für Deutschland und den gesamten Westen und den Schutz der Muslime „vor dem teuflichen Einfluss Europas" (132) stichwortartig und in alphabetischer Folge wiedergegeben werden:

a) *Bestrafung:* Aufforderung an den Westen, Gesetze gegen Islamophobie zu erlassen (49) – Bei unfairen und tendenziösen Vorurteilen gegenüber dem Islam Bestrafung durch die jeweiligen (westlichen) Regierungen (137) – Ächtung der Verunglimpfung Mohammeds (57) – „Einrichtung eines angemessenen und effizienten Maßnahmekatalogs" als Vorsorge bei religiöser Diffamierung (ebd.) – Einfluss des islamischen Gerichtshofes auf Muslime und Nichtmuslime auch in nichtislamischen Ländern (177)

b) *Dialog:* Einrichtung des Dialogs auf allen Ebenen und mit allen Möglichkeiten (48)

c) *Gesellschaftlicher Einfluss:* Politische Einflussnahme in etablierte politische Strukturen – Übernahme von Positionen z. B. in Stadverwaltungen (134) – Wahl muslimischer Parlamentarier durch die Muslime (134 f.)

d) *Immigration nach Europa:* Muslimische Immigration „im großen Stil" (41)

e) *Islamophobie:* Forderung zu deren Bekämpfung, Gesetze des Westens gegen Islamophobie (49 ff./59/86-97/137/139/141-

---

77 Ye'or, Bat, Europa und das kommende Kalifat. Der Islam und die Radikalisierung der Demokratie, Übersetzung, Hindergründe und Kommentierung von Hans-Peter Raddatz, Berlin 2014, – (Quellenangaben hier: die Seitenzahlen hinter den einzelnen Punkten).

ten des Islams' anreden lässt. Sie bauen die größten Moscheen, die höchsten Gebäude und die prächtigsten Paläste. Der Flüchtlingsstrom fließt jedoch nach Norden, nach Europa, nicht nach Süden, auf die Arabische Halbinsel."[75]

Einer der entscheidenden Gründe der Abschottung dieser reichen, ja vor Geld strotzenden muslimischen Ölstaaten gegenüber den eigenen Glaubensgeschwistern dürfte die islamische Strategie der „friedlichen Ausbreitung des Islam" sein. So ist Riad gern bereit, quasi „aus der Portokasse" 200 Moscheen für die syrischen Flüchtlinge in Deutschland zu finanzieren. Muslimische Immigration „im großen Stil" nach Europa bzw. nach Deutschland ist ein Wunschtraum vieler Muslime, der mit der aktuellen Flüchtlingswelle in Erfüllung gehen kann.

Wer diese Strategie der Islamisierung übersieht oder negiert, ist entweder naiv, blind oder ideologisch verblendet, oder aber er zielt bewusst zusammen mit den Muslimen auf eine Islamisierung Deutschlands. Manche Politiker und politische Gruppierungen erwecken tatsächlich den Eindruck, ein islamisiertes Europa/Deutschland zu begrüßen oder es zumindest in Kauf zu nehmen. Allerdings wird das Ansinnen der Saudis, in Deutschland 200 Moscheen zu bauen, überraschenderweise sogar von Cem Özdemir als ein „Okkupationsversuch"[76] deutlich zurückgewiesen. Von den Saudis großzügig finanziert, verteilen Salafisten auf unseren Straßen und Plätzen kostenlos in allen westlichen Sprachen hochwertig gedruckte Koranausgaben.

Muslimischerseits sind schon seit langen Jahren entsprechende auf Islamisierung hinweisende Anstrengungen nachweisbar. So etwa in den ständigen und unmissverständlichen Forderungen *hiesiger muslimischer Verbände*, insbesondere aber und überdeutlich erkennbar in den *Verlautbarungen der Organisation für Islamische Zusammenarbeit* (OIC). Diese Organisation ist ein zwischenstaatlicher Zusammenschluss von derzeit 56 Staaten, die Mitglieder der UN-Vollversammlung sind. In diesen Staaten ist der Islam Staatsreligion bzw. Religion der Bevölkerungsmajorität bzw. Religion einer großen Minorität.

---

75 Hermann, Rainer, ebd.
76 „Welt am Sonntag", 13.9.2015, S. 5.

Die damit verbundene Gefahr für die Identität Europas darf nicht aus falsch verstandener Rücksicht ignoriert werden."[72] Ähnlich die indirekt formulierte Meinung von Karekin Bekdjian, dem in Köln residierenden Erzbischof der armenisch-apostolischen Kirche: „Unübersehbar wende sich Europa langsam, aber kontinuierlich dem Islam zu. Der christliche Glaube gehe in Europa schweren Zeiten entgegen."[73] Ein unübersehbares Zeichen der Islamisierung dürfte jedenfalls der Bau von Moscheen in Deutschland und in bestimmten Ländern Europas in den letzten Jahrzehnten sein. Dabei wird der meist von islamischen Staaten (mit)finanzierte Moscheebau von vielen als „Instrument der Islamisierung" betrachtet.

Wie eine reife Frucht, die in den Schoß des Islam fällt, dürfte der derzeitige bedrängende Flüchtlingsstrom von Muslimen nach Europa sein: Ein hochwillkommener Anlass für Saudi-Arabien, zu versuchen, „großzügig" für die syrischen Flüchtlinge in Deutschland den Bau von 200 Moscheen[74] zu finanzieren. „Die arabischen Golfstaaten sind reich, sie sind muslimisch, und sie schotten sich gegenüber ihren Glaubensbrüdern aus Syrien mit einer Kälte ab, die immer mehr zu einem Skandal wird. Europäische Länder nehmen aber großzügig Flüchtlinge aus den arabischen Bürgerkriegsregionen auf, viele auf dem christlichen Kontinent scheuen keine Lasten, um ihrem humanitären Anspruch gerecht zu werden. Gegenüber diesem Leiden stellen sich die arabischen Golfstaaten jedoch taub, obwohl sich der saudische König als 'der Hüter der beiden Heiligen Stät-

---

72 www.kathnews.de/sekretaer-des-emeritierten-papstes-warnt-vor-islamisie...; dieser Feststellung steht die Beobachtung gegenüber von Röser, Johannes, Operation Jesus, in: „Christ in der Gegenwart", 11.1.2015, S. 23: „Nicht einmal die Kirchenführer hierzulande haben in ihren Weihnachts- und Neujahrsansprachen die Fakten, den realen schleichend wie rasant sich ausbreitenden islamischen Dschihadismus als eine der größten weltpolitischen Bedrohungen der Gegenwart benannt ... Stattdessen beteiligen sich Bischöfe und Landesbischöfe uniformistisch an der von den Medien ebenso einförmig geschürten Hysterie gegen die im Grunde wenigen Demonstranten ... Den vielen schweigenden Bürgerinnen und Bürgern, die sehr differenziert, aber mit nachdenklicher realpolitischer Wachsamkeit sehen, was weltweit als Gewalt-Islamisierung abläuft und welches Potenzial an Dschihadismus bei uns längst ... Fuß gefasst hat, wird indirekt kirchlich und medial pauschal gleich mit unterstellt, fremdenfeindlich, rassistisch, ja geradezu der Antichrist in Person zu sein."

73 Indirektes Zitat, in: „Christ in der Gegenwart", Nr. 15, 2015, S. 162.

74 Vgl. *www.faz.net* › *Politik* › *Flüchtlingskrise* 8.9.2015

vom „Universal-Islam" theologisch/ideologisch abgekoppelte „Euro-Islam" als „Light-Islam" ein Sektiererprojekt bleibt, das sich zur Beruhigung ausschließlich an die westliche, nichtmuslimische Öffentlichkeit wendet. Auch könnte es ein islamisches *Projekt in Form einer Durchgangsversion* sein für die Zeit der Minderheitensituation in Europa. Jedenfalls zieht B. Tibi, der Begründer des Projekts „Euro-Islam", nach etwa einem Vierteljahrhundert im Jahre 2015 in realistischer Einschätzung der Gegebenheiten ernüchtert die Bilanz: „Die Idee vom 'Euro-Islam' ist weit entfernt von einer Umsetzung. Das ist eine Vision. Leider ist sie das immer noch." Was für den „Euro-Islam" gilt, trifft noch mehr zu auf das Projekt „Deutscher Islam" und ähnliche Projektversuche.

In der heutigen *globalisierten Welt* ist ein Partikular-Islam – wie in den Projekten „Euro-Islam" oder gar „Deutscher Islam" erdacht – aus verschiedenen Gründen in sich äußerst fragwürdig, nicht zuletzt auch im Blick auf jene Nichtmuslime, die in einem islamisch dominierten Land leben. Für ihr Leben hat der „Euro-Islam" keinerlei Bedeutung im Sinne einer Erleichterung ihrer Lebenssituation.

B. Tibi stellt im Zusammenhang seines Euro-Islam-Projekts die Frage, ob die Funktionäre des Zentralrates der Muslime, die von einem „europäischen Islam" sprechen und Bekenntnisse zum Grundgesetz ablegen, dieses „Bekenntnis zu Demokratie und religiösem Pluralismus aufrichtig" aussprechen oder es „bloß *Iham*, also bewusste Täuschung der Ungläubigen" ist, „die nach dem Koran ausdrücklich erlaubt ist ..."[71]. Dieser Frage kann noch eine weitere hinzugefügt werden: Warum haben die fundamentalistischen Salafisten in Deutschland vergleichsweise so großen Zulauf, nicht aber die Anhänger eines für demokratiekompatibel angesehenen „Euro-Islam"?

4. Islamisierung durch ausländische Staaten

Strittig ist die Frage, ob *in Deutschland und in Europa* derzeit bereits eine Islamisierung stattfindet. Mit vielen anderen Realisten hat z. B. Erzbischof Dr. Georg Gänswein, Rom, am Ende des Jahres 2014 vor einer drohenden Islamisierung Europas gewarnt: „Die Islamisierungsversuche im Westen sind nicht wegzureden ...

---

71 Tibi, B., Selig sind die Betrogenen, in: Spuler-Stegemann, U., Feindbild Christentum im Islam, S. 59.

Schwarz-Rot-Gold", der sowohl mit dem traditionellen Islam als auch mit dem westlichen Demokratieverständnis kompatibel[67] ist, dürfte nichts anderes sein als eine Utopie und zudem noch ein Widerspruch zur islamischen Zielvorstellung von der „Umma".

Elias Basileo begründet wie folgt diese Feststellung: „Ebenso ist der Begiff 'Euro-Islam' irreführend. Denn es müssten zahlreiche Suren des Koran an westliche Grundsätze wie auch an das Grundgesetz jedes europäischen Landes angepasst werden. Eine solche grundlegende Reform ist für den Islam unvorstellbar und möglicherweise unwahrscheinlich."[68] In seinem Artikel mit der Überschrift „Der fromme Wunsch nach einem modernen Islam" bestätigt Henryk M. Broder die von Ayaan Hirsi Ali in ihrer Streitschrift „Reformiert euch!" (2015) geäußerte Kritik am Islam „in allen Punkten", stellt aber zugleich fest: „Reformierbar ist diese Religion so wenig wie der Kommunismus."[69]

Kritische Fragen stellt auch Ralf Giordano: „Ist der Islam reformierbar, modernisierbar? Sind er und die Scharia, das islamische 'Rechtssystem', in Übereinstimmung zu bringen mit Demokratie, Menschenrechten, Meinungsfreiheit, Pluralismus und, dies die Schlüsselfrage überhaupt, Gleichstellung der Geschlechter? Fragen, die den Islam auf den Prüfstand der Geschichte stellen – und die überraschenderweise am negativsten von kritischen Muslimen selbst beantwortet werden. Und das so punktgenau und tabulos, wie es kein Europäer oder Amerikaner je auszusprechen wagen würde – Zitat: 'Kaum ein islamischer Geistlicher, geschweige denn ein frommer Laie ist willens und in der Lage, das Kernproblem in der Denkstruktur des eigenen Glaubens zu sehen. Sie sind nicht bereit zur kritischen Analyse der eigenen Tradition, zu einer schonungslosen Gegenüberstellung ihres Glaubens mit der Lebenswirklichkeit in modernen Gesellschaften.' So der große türkische Lyriker Zafer Senocak."[70]

Aufgrund der islamischen Doktrin und der geschichtlichen Erfahrungen ist auch der Verdacht nicht ganz auszuräumen, dass der

---

67 Vgl. dazu die Aussage des iranischen Reformtheologen Mohammed Shabestari: „Die Frage ist nicht, ob der Islam mit der Demokratie vereinbar ist, sondern ob die Muslime heute diese Vereinbarkeit entstehen lassen wollen", zitiert in: „Herder Korrespondenz", Heft 3, März 2015, S. 129.
68 Basileo, E., Zeitzeugen der Christenverfolgung, S. 65.
69 www.welt.de › Feuilleton › Literarische Welt
70 *www.focus.de* › *Politik* › *Cicero exklusiv*

Unter der Überschrift „Islamistische Missionierung im Priesterseminar" wird über folgenden Fall (als Extrem- und Ausnahmefall?) von kirchlicher „Dialogoffenheit" gegenüber dem Islam berichtet: „Als im Frühjahr 2008 an der Uni Trier eine Veranstaltungsreihe mit islamistischen Propagandavorträgen angekündigt war, mit Vogel als einem der Referenten, untersagte die Unileitung nach Protesten von Studierenden das Vorhaben wegen der antidemokratisch-menschenrechtswidrigen Positionen der meisten Referenten. Jetzt bietet der katholische Teil der Trierer Hochschullandschaft genau diesen Kräften nicht nur ein Forum, sondern wertet sie explizit zu Dialog- und Bündnispartnern auf.

Die auf dem Infostand ausgelegten Traktätchen hatten es in sich. In einem als 'Ermahnung an die Christen' ausliegenden Faltblatt wurden diese massiv beleidigt, als Lügner bezeichnet und mit Höllenstrafen bedroht. Dass dieses getrost als Hetze gegen Andersgläubige zu bezeichnende Pamphlet in den Räumen einer Hochschuleinrichtung des Bistums Trier in Umlauf gebracht werden konnte, verstehe ich – als dem Christentum kritisch gegenüberstehender Atheist! – nicht. Um mit dem Islam ins Geschäft zu kommen, nimmt man anscheinend jede Entwürdigung in Kauf."[65]

3. Euro-Islam

Seit den neunziger Jahren des 20. Jahrhunderts sind liberale/säkulare/moderate Muslime und auch viele Nichtmuslime angetan vom *Projekt „Euro-Islam"*. Der Politikwissenschaftler muslimischen Glaubens, Professor Dr. Bassam Tibi, prägte im Jahre 1992 diesen Begriff mit der Absicht, die Prinzipien des Islam mit den Werten der europäischen Kultur und Aufklärung zu vereinbaren.

Tibi verlangt vom Islam die endgültige Abkehr von der Scharia und vom Dschihad. Mit diesem Projekt wurden einst und werden heute noch unrealistische Erwartungen geweckt. Doch auch hier gilt: Ein von menschenrechtswidrigen Inhalten befreiter moderater, aufgeklärter „europäischer Islam"[66] oder gar ein „deutscher Islam in

---

65 17.12.2008 www.a3wsaar.de/uploads/media/Bericht_Theofak.pdf
66 Vgl das Interview mit dem islamischen Theologen Mouhanad Khorchide, in: „Der Spiegel", 28.2.2015, S. 40: „Ich bin froh, dass die Bundesregierung deutschlandweit vier Zentren für islamische Theologie eingerichtet hat. Auf diese Weise lässt sich ein 'europäischer Islam' effektiv fördern."

Der muslimische Sozialwissenschaftler und Islamologe Bassam Tibi stellte dazu bereits vor über 10 Jahren fest: „Weder brauchen wir interreligiöse Schmusestunden noch einen Austausch von Beweihräucherungen oder verlogenen Zusicherungen des guten Willens. Ehrlichkeit gibt es nur, wenn man ohne Selbstzensur, ohne Tabus und ohne Duckmäuserei miteinander reden kann. Geschäftsgrundlage muss die Akzeptanz des religiösen Pluralismus sein, also die Anerkennung der Gleichberechtigung der Religionen. Weder Beschuldigungen noch Selbstbezichtigungen helfen da weiter."[62] Nach Tibi beruht der christlich-islamische Dialog auf „Täuschungen" und fördert „ westliches Wunschdenken."[63]

Vom syrisch-katholischen Erzbischof Flavien Joseph Melki, der unter muslimischen Mehrheitsverhältnissen in Beirut lebt, wird der muslimisch-christlichen Dialog sehr nüchtern und mit vorsichtig-diplomatischen Worten eingeschätzt: „Mit einer Mehrheit von Muslimen erweist es sich als eher schwierig, in ein respektvolles und gewinnbringendes Gespräch einzusteigen"[64].

Beim Thema „Islam" irrlichtern bis auf den Tag in Dialogforen und in Fernsehdiskussionen Verantwortungsträger aller Couleur im Ignorieren bzw. im Nichtwissen der islamischen Faktenbasis. Zugleich wird einfach ausgeblendet, dass in grundlegenden Fragen des Zusammenlebens (noch?) *kein Wertekonsens* besteht bzw. ein *gemeinsamer Wertekanon* hinsichtlich der Fragen von Vielfalt und Freiheit, von Gleichheit, Toleranz und Demokratie schlichtweg fehlt.

Bedenkenswert ist in diesem Zusammenhang die Aussage des Journalisten Nicolaus Fest, „dass man durch Gutgläubigkeit die Demokratie verspielen kann: durch Feinde, die man sich ins Land holt, durch törichte Toleranz, durch Preisgabe eigener Werte." Zutreffend ist auch das Diktum der Islam-Kritikerin Ayaan Hirsi Ali: „Wenn Toleranz die Intoleranten schützt, dann ist das eine falsch verstandene Toleranz."

---

62 Tibi, Bassam, Selig sind die Betrogenen, Christlich-islamischer Dialog – Täuschungen und westliches Wunschdenken, in: Spuler-Stegemann, Ursula, Feindbild Christentum im Islam. Eine Bestandsaufnahme, Freiburg 2004, S. 60.
63 Ebd., S. 54.
64 „Die Tagespost", 12.9.2015, S. 5.

auf staatlicher, gesellschaftlicher und kirchlicher Ebene – bereits abwertend als „Dialog-Industrie" oder „Dialogeritis" bezeichnet. Doch die Konflikt- und Spannungsfelder sind in diesem Zeitraum aufgrund der wachsenden Zuwanderung, der Geburtenfreudigkeit und des Familienzuzugs von Menschen muslimischen Glaubens, auch aufgrund veränderter Verhaltensweisen insbesondere der jüngeren muslimischen Generation noch größer geworden.

Die Dialogveranstaltungen mit Muslimen, die in Deutschland auf die frühen 1980er-Jahre zurückgehen, sind vor allem als *„Dialog des Lebens"* und als *„Dialog des Handelns"*[59] aufgrund der zahlreichen Konfliktsituationen zwar grundsätzlich wichtig und notwendig.[60] Aber eine breitere Öffentlichkeit schien/scheint an diesen Dialogveranstaltungen kaum interessiert zu sein. Allzu oft sind sie gekennzeichnet durch *Hindernisse und Abbrüche, durch Widersprüche, Missdeutungen und Zweideutigkeiten,* durch *opportunistische Erwägungen und Forderungen,* auch durch *illusionäre Absichtserklärungen* und durch das *Verschweigen historischer Wahrheiten.*

Die *vorauseilende Rücksicht auf muslimische Befindlichkeiten und Empfindlichkeiten* seitens der nicht muslimischen Diskussionsteilnehmer ist ein Merkmal vieler Dialogveranstaltungen. Ebenso zählt die gegenseitige Bescheinigung des guten Willens und der Toleranz fast schon zum Beschwichtigungsritual solcher Veranstaltungen. So warnte z. B. Kardinal Walter Kasper schon vor Jahren vor *Blauäugigkeit im Dialog* mit den Muslimen,[61] also davor, unbedarft und ahnungslos, gutgläubig und blindgläubig einen Dialog mit Muslimen zu beginnen und zu führen.

Konflikt und Dialog, Wiesbaden 2005, insbes. S. 321 f.; ebenso Kelek, N., Himmelsreise, S. 285-288, unter der Überschrift:: „Experiment Islam-Konferenz".

59 Sekretariat der Deutschen Bischofskonferenz (Hg.), Christen und Muslime in Deutschland, Arbeitshilfen 172, Bonn 2003, S. 142 f.

60 Vgl. dazu ein Interview in: „Die Tagespost", 29.9.2014, mit Martin Rhonheimer, Professor für Ethik und politische Philosophie an der Päpstlichen Universität Santa Croce, Rom, mit der Meinung, dass es sich beim „interreligiösen Dialog um eine Illusion handelt. Zumindest wenn man damit bezweckt, zu theologischer Gemeinsamkeit oder einem gemeinsamen 'Weltethos' zu gelangen."

61 18.9.2006 www.spiegel.de › DER SPIEGEL

(f) Die Ursache für die Gewalttätigkeit von Muslimen liegt in ihrer Armut und Unterdrückung, veruracht durch den europäischen Kolonialismus und den amerikanischen Imperialismus.
(g) Das „Goldene Zeitalter" in Bagdad und Spanien als „zivilisatorischer Höhepunkt der Menschheit" ist ein Beweis für die Größe des Islam.
(h) Das Verbrechen der Kreuzzüge haben ausschließlich die Christen verursacht und auch zu verantworten. Bis heute sind die Muslime durch die Kreuzzüge traumatisiert.
(i) Im Islam gibt es keinen Zwang im Glauben.
(j) Im Islam gilt das Tötungsverbot nach den Worten: „Wer einen Menschen tötet, tötet die ganze Welt."
(k) Im Islam gibt es – wie im Judentum, Christentum sowie in anderen Religionen und Kulturen – die sogenannte „Goldene Regel", nach der sich Menschen gegenseitig so behandeln, wie sie selbst behandelt werden wollen.
(l) Auch im Islam gibt es die universalen Menschenrechte (Kairorer Erklärung).
(m) Vom Islam erhielt der Westen sein geistiges Fundament. So ist er als Teil der europäischen Kultur zugleich eine Bereicherung dieser Kultur.
(n) Die Ausbreitung des Islam war ein Gewinn und Fortschritt für die bezwungenen Völker.
(o) Der Dschihad ist die Verkündigung des Glaubens mit Worten und der innere Kampf gegen Egoismus und Begierde, keineswegs jedoch der Kampf mit den Waffen.

e) Weitere Hinweise auf Desinformationen sind im Abschnitt III. (Drei viel zitierte Koranverse mit verschwiegenem Kontext) zu finden (S. 118-126).

2. Dialogveranstaltungen

Die Zahl grundsätzlicher Probleme ist auch hierzulande in den vergangenen drei Jahrzehnten nicht geringer geworden. Es gab zwar endlose Debatten und eine Vielzahl von *Dialogzirkeln, Dialog-Initiativen und Dialog-Projekten, Dialog- und Integrationsveranstaltungen*[58]

---

58 Vgl. dazu Kandel, Johannes, „Dialog" mit Muslimen – ein kritischer Zwischenruf, in: Zehetmair, Hans (Hg.), Der Islam. Im Spannungsfeld von

publizistischen und wissenschaftlichen Veröffentlichungen zum Thema Islam sind inzwischen nahezu unüberschaubar. Wer sich informieren will und aufgrund seiner besonderen Verantwortung auch muss, hat heute viele Möglichkeiten dazu.

In der aktuellen Euro-Krise des Jahres 2015 werden in einer renommierten Wochenzeitschrift unter der Überschrift „Die größten Euro-Lügen"[57] eine Reihe dieser Lügen benannt, so z. B.: „Ein Mitgliedstaat haftet nicht für die Verbindlichkeiten eines anderen Mitgliedstaats", „Deutschland bekommt sein Geld zurück – und zwar mit hohen Zinsen" usw. In diesem Artikel ist weiter zu lesen: „Getäuscht, geschummelt, getrickst: Um das politische Projekt der Gemeinschaftswährung nicht zu gefährden, schoben Europas Politiker **unbequeme ökonomische Wahrheiten** immer wieder beiseite." Ist eine Parallelisierung der Verhaltensweisen dieser Art auch von Politikern und anderen gesellschaftlichen Verantwortungsträgern im Blick auf **unbequeme Wahrheiten über den Islam** zu befürchten?

d) In der westlichen Welt werden weithin etwa folgende *beschönigende, z. T. auch geschichts- bzw. wahrheitswidrige Vorstellungen vom Islam* vertreten, forciert von muslimischer Seite und von nichtmuslimischen Islam-Apologeten. Dabei wird dieser geschönte bzw. verfälschte Islam in islamisch dominierten Ländern nur mit einem kleinen Teil der hier notierten „Lehraussagen" gelehrt, das Gegenteil wird in anderen praktiziert:

(a) Die drei Weltreligionen Judentum, Christentum und Islam sind einander dadurch sehr ähnlich, dass sie zu dem einen und demselben Gott beten und einen gemeinsamen Ursprung im abrahamitischen Glauben haben.

(b) Islam heißt Frieden, und die überwältigende Mehrheit der Muslime sind friedliebend – ein Beweis für die Friedens- und Gerechtigkeitsliebe des Islam.

(c) Der Islam ist eine Religion der Toleranz, des Friedens, der Barmherzigkeit und der Freiheit.

(d) Kritik am Islam ist lediglich Voreingenommenheit.

(e) Für die Gewalt sind ausschließlich die Extremisten verantwortlich, die Gewaltpassagen und andere „hässlichen Passsagen" des Koran entstehen durch die falsche Interpretation.

---

57 „Focus", 27.6.2015, S. 25.

ben nämlich in Teilen der islamischen Tradition kein Existenzrecht. Zum Wissensstand insbesondere auch der nichtmuslimischen Verantwortungsträger, aber auch aller, die sich in Sachen Islam engagieren, zählt im Hinblick auf die Fähigkeit zum faktenbasierten Argumentieren zumindest *ein solides Grundwissen über*

(a) jene muslimischen Lehren, die von unmittelbarer Bedeutung sind für alle Nichtmuslime,
(b) die in der islamischen, koranischen Lehre vorgegebenen Verhaltensweisen der Muslime gegenüber den Nichtmuslimen,
(c) die verschiedenen Formen des islamischen Dschihads und die Legitimation der gewaltsamen Ausbreitung des Islam auf dem Hintergrund der islamischen Geschichte,
(d) die dazu korrespondierenden Aspekte aus christlicher Perspektive bzw. aus der Perspektive freiheitlich-demokratischen Denkens.

Grundlegend wäre übrigens dabei die sorgfältige, wenn auch gelegentlich recht mühsame und zudem noch „größtenteils schwerverständliche Lektüre" des Koran (Ch. Schirrmacher). Darin sind bedrohliche Szenarien nachzulesen, die muslimischerseits weithin nicht als historische Berichte verstanden werden, sondern als zu jeder Zeit gültige Handlungsanweisungen. Um den Islam zu verstehen, ist vor allem auch eine gewisse Kenntnis der Biographie sowie der „Worte und Taten" des Religionsstifters Mohammed wichtig.

Niemand sollte sich – insbesondere kein gesellschaftlicher Verantwortungsträger – später einmal nach *Verschweigen, Fehleinschätzungen und Tatenlosigkeit* oder auch nach ausschließlicher *Orientierung an der Wählerrekrutierung* mit jener fadenscheinigen Redewendung herausreden können, die in anderem Kontext schon so oft zu hören war: „Es tut uns leid. Wir entschuldigen uns. Das haben wir alles nicht gewusst. Das hat uns niemand gesagt."[56] Die

---

[56] Vgl. dazu Orth, Stefan, Islam in Deutschland?, in: „Herder Korrespondenz", Januar 2013, S. 3, mit dem Hinweis, „dass man sich lange nicht genug um die anstehenden Probleme gekümmert hat, weil man davon ausgegangen ist, dass sie sich von alleine lösen werden, um sie dann jahrzehntelang zu leugnen"; „Wir waren zu blauäugig!": Wie oft wird wohl dieses „Geständnis" des Innenministers Thomas de Maizière in einigen Jahren in unterschiedlichsten Varianten zu hören sein, das im Kontext eines Hinweises auf die wahabitisch ausgerichtete König-Fahd-Akademie, Bonn, in einer Fernsehsendung am 5.3.2015 von ihm vernehmbar war?

hacken bei Diebstahl, Steinigung aus verschiedenen Gründen, Ungleichbehandlung der Frau, Enterbung beim Abfall vom Islam ... Wer meint, der Islam gehöre zu Deutschland, weil dieser uns die sogenannten arabischen Zahlen (waren es nicht vielmehr persische?) vermittelt habe, der müsste logischerweise auch behaupten: Das christliche Abendland gehört zu den islamisch dominierten Ländern, weil dort heute Automobile fahren, die im christlich geprägten Abendland entwickelt wurden ... Eine abstruse Beweisführung!" (Wilfried Puhl-Schmidt).

Nach der neuesten repräsentativen Umfrage im Oktober 2015 stimmen nur 22 Prozent der Bundesbürger der These von der Zugehörigkeit des Islam zu Deutschland zu. Sogar unter den Anhängern der Grünen ist diese These eine Minderheitsmeinung.[53]

Mitunter lassen sich auch „Mitdiskutanten", darunter auch besondere Verantwortungsträger[54] von den unterschiedlichen Desinformationskampagnen täuschen oder zeigen sich über den Islam völlig desinformiert.[55] Für die Letztgenannten müssten entsprechende Informationen selbstverständlich sein im Blick auf die z. T. weitreichenden gesellschaftlichen und kulturellen Entscheidungen, die sie zu treffen haben.

Erwähnt sei in diesem Kontext lediglich, dass bei vielen Christen neben den Problemen der offensichtlich immer größer werdenden Glaubensschwäche, der Selbstentchristlichung bzw. der Selbstsäkularisation, das Wissen über den eigenen christlichen Glauben immer mehr schwindet, der Glaube gleichsam „verdunstet". Den Atheisten und jenen, die sich als ungläubig bezeichnen, sei dringend empfohlen, sich über ihre Position im Islam nicht nur oberflächlich zu informieren und dieses Problem nicht zu leichtfertig abzutun. Sie ha-

---

53 Vgl. ebd., 7.10.2015, S. 8.
54 Vgl. dazu www.bundesregierung.de/.../DE/Interview/.../2015-01-21-maasstern.ht. mit der Frage des Reporters an Bundesjustizminister Heiko Maas: „Schon mal in den Koran geguckt?" und seine vielsagende Antwort: „Flüchtig"; ebenso eine inhaltlich ähnliche Aussage von Renate Künast, ehemalige Bundesministerin und Bundesvorsitzende der Grünen, zu ihrer eigenen Unkenntnis über den Koran in der ARD-Talkshow „Die Vorurteilsfalle – gute Muslime, böser Islam?" am 11.3.2015.
55 Vgl. Nagel, T., Angst vor Allah?, S. 38 f., mit der hoffentlich nicht generell zutreffenden Feststellung: „Die hohen und höchsten Vertreter der politischen Klasse sind nicht zuletzt aus Zeitmangel nicht in der Lage, sich über ein Thema wie den Islam ... eine sachlich fundierte Meinung zu erarbeiten."

Vom 8. bis zum 17. Jahrhundert hat diese Religion gegen Europa und seine Kultur angekämpft. So gesehen, hat sich die europäische Kultur weithin geradezu *im Widerstand gegen die Religion Mohammeds* entwickelt. Jedenfalls ist die Entwicklung der Kultur Europas hin zu ihrer heutigen freiheitlich geprägten Form mit den Prinzipien der rechtlichen Gleichheit der Geschlechter, der Rassen, der Religionen, der Freiheit der Ideen, der Gedanken-, Meinungs- und Pressefreiheit unter einer bestimmenden Einflussnahme dieser Religion völlig undenkbar. Die islamisch dominierte Welt des 21. Jahrhunderts ist der sprechende Beweis dafür. So gesehen ist der Islam definitiv kein Teil unserer christlich-abendländisch geprägten Kultur.

Nach Auffassung von Kardinal Karl Lehmann ist die These „Der Islam gehört zu Deutschland ... ein unbestimmtes Schlagwort: Europa ist bis in viele geistige und gesellschaftliche Eigenheiten hinein tief und nachhaltig geprägt vom Judentum-Christentum. Die simple Gleichung der Zugehörigkeit des Islam ist historisch und im Blick auf die aktuelle geistig-gesellschaftliche Situation unzureichend und sogar falsch."[52]

Auf die Frage, ob der Islam zu Deuschland gehöre, stellt Hans-Jürgen Papier, ehemaliger Präsident des Bundesverfassungsgerichtes, eine Reihe von Gegenfragen mit indirekter, doch eindeutig verneinender Antwort: „Gehört die Aufteilung der Welt in Gläubige und Ungläubige auch zu Deutschland? Was ist mit Dschihad? Was ist mit Polygamie? Was ist mit der Todesstrafe für Apostaten? Was ist mit Körperstrafen für Diebe und Ehebrecher und Alkoholtrinker und anderes Denkende? Was ist mit Frauenrechten, die im Islam kaum vorhanden sind? Was ist mit Sklaverei, die im Islam nicht verboten ist? Was ist mit dem Recht der Kinder, angstfrei erzogen zu werden und nicht mit der Drohung mit Höllenqual aufzuwachsen? Gehört das alles auch zu Deutschland und Europa?"

Auch folgende Antwort ist auf die Frage nach der Zugehörigkeit des Islam zu Deutschland/Europa bedenkenswert: „Wer meint, der Islam gehöre zu Deutschland, muss konsequenter Weise damit einverstanden sein, dass unser Grundgesetz sowie unsere freiheitlich-demokratische Rechtsordnung insgesamt durch das 'göttliche Gesetz Allahs' (Scharia) allmählich mit allen Konsequenzen abgelöst werden. Dies hätte zur Folge: Auspeitschen bei Ehebruch, Handab-

---

52 www.faz.net › Politik › Inland 3.02.2015

Dabei vergessen sie meistens, die Frage zu beantworten, welcher Islam denn eigentlich zu Deutschland gehören soll, etwa auch der „Scharia-Islam", der alle staatlichen Gesetze unter den Vorbehalt des islamischen Rechts sieht? Natürlich ist der Islam keine homogene Gruppe, aber *alle muslimischen Gruppierungen orientieren sich gemeinsam* am Koran, an den Hadithen und an der Biographie Mohammeds.

Am Tag der deutschen Einheit des Jahres 2010 hielt Bundespräsident Christian Wulf eine Ansprache, in der er die heftig umstrittene Aussage formulierte: „Aber der Islam gehört inzwischen auch zu Deutschland."[49] Dazu schreibt der Islamwissenschaftler T. Nagel: „Der Bundespräsident machte sich auf diese Weise die islamische Sicht der Weltgeschichte zueigen: Der Islam ist von Allah dazu bestimmt, die Herrschaft über die ganze Erde zu gewinnen; zuerst war Deutschland christlich-jüdisch, jetzt aber ist der Islam, die endgültige Wahrheit, ein Teil Deutschlands geworden."[50] Aber der Ausspruch „Der Islam gehört zu Deutschland" wird von vielen Muslimen nicht so verstanden, dass sie jetzt zur deutschen Gesellschaft gehören, sondern umgekehrt: dass Deutschland jetzt zur islamischen Welt gehört.

Ohne das Christentum, ohne das christliche Menschenbild ist Europa nicht denkbar. Der Islam dagegen hatte und hat im weit überwiegenden Teil dieses Kontinents zu keiner Zeit eine kulturprägende, identitätsstiftende Kraft. Er ist kein Teil jenes kulturellen Erbes, das Europa prägte und immer noch prägt. Im Gegenteil! Europa als christliches Abendland wäre unter dem Islam nie entstanden oder längst untergegangen. So stellt der Historiker Bernard Lewis fest: Fast 1000 Jahre lang war Europa „ständig der Bedrohung des Islam ausgesetzt", nämlich „von der ersten Landung der Mauren in Spanien bist zur zweiten Belagerung Wiens durch die Türken ... Der Islam ist die einzige Kultur, die das Überleben des Westens hat fraglich erscheinen lassen, und zwar gleich zweimal."[51]

---

49 Vgl. „ideaSpektrum", 28.1.2015, S. 9: „Der Islam gehört nicht zu Deutschland" – sagen 56 % der Deutschen, auch zwei Drittel der CDU-Bundestagsfraktion und deren Vorsitzender Volker Kauder.
50 Nagel, Tilman, Angst vor Allah?, Auseinandersetzungen mit dem Islam, Berlin 2014, S. 31.
51 Huntington, S. P., Kampf der Kulturen, S. 335 f.

Denn gläubige Christen können nicht an einen Gott glauben, der sich angeblich geoffenbart hat in einem Bild, das ihrem eigenen durch Jesus Christus verkündeten (trinitarischen) Gottesbild zutiefst widerspricht, an einen Gott, der Anweisungen zu einem persönlichen und zwischenmenschlichen Leben und Handeln gibt, die der Ethik des Neuen Testaments und christlichen Lebensvorstellungen weithin diametral entgegenstehen.

Umgekehrt gilt aber ebenso: Kein einziger gläubiger Muslim will und kann an einen dreieinen Gott glauben, den die Christen im Apostolischen Glaubensbekenntnis bezeugen. Er müsste sich sofort als Abtrünniger verstehen und beim Öffentlichwerden seiner Abwendung vom Islam mit Gefahren für Leib und Leben rechnen. Richtig ist dagegen die These: Christen und Muslime sind Monotheisten. Sie haben eine monotheistische Religion, einen Ein-Gott-Glauben, weil sie zwar **an einen** (monos), aber keineswegs **an den denselben einen Gott** (deus unus) glauben. Wer anderes sagt, streut Sand in die Augen.

Mit Berufung auf den Koran betonen Muslime ständig, meist mit der Pose großzügigen Entgegenkommens, dass Jesus als „einer der fünf Propheten" sowie auch dessen Mutter Maria von den Muslimen besonders hoch geschätzt werden, was uninformierte anwesende Christen sodann dankerfüllt und mit Beifall quittieren. Diese muslimischen „Komplimente" leugnen jedoch unausgesprochen, z. T. auch aggressiv den genuin christlichen Glauben (Gottessohnschaft, Kreuzestod usw.). In der Regel gibt es dazu von christlicher Seite keinen Widerspruch, kein Glaubenszeugnis.

c) In diesem Kontext soll auch die für den Islam entlastend gedachte, häufig zu hörende Feststellung reflektiert werden, die sich mit einer anderen verbindet: *„DEN Islam gibt es nicht"* – ein Binsenwahrheit, die genau so richtig und zugleich banal ist wie etwa die Feststellung: „DAS Christentum gibt es nicht." Doch gerade auch jene, die behaupten, *den* Islam gibt es nicht, vertreten häufig höchst widersprüchlich im selben Atemzug die häufig diskutierte These: *„DER Islam gehört zu Deutschland"*, die H. Abdel-Samad eine „Leerformel"[48] nennt.

---

48 „Die Welt", 26.9.2015, S. 2.

1. Desinformationen über den Islam

In Deutschland besteht eine weit verbreitete bruchstückhafte Informationslage bzw. eine *„gnadenlose Desinformation"* bzw. sogar ein *„schierer Analphabetismus"* unter den Nichtmuslimen, was deren Kenntnis der theologischen, ethischen und historischen, der rechtlichen und politischen Dimensionen des Islam betrifft.

a) Gezielte Desinformationskampagnen seitens der Muslime etwa unter dem Slogan vom „friedfertigen Islam", verbunden mit dem Zukleistern fundamentaler Unterschiede, tragen zusätzlich zur verzerrten Realitätswahrnehmung bei. So wird in Diskussionen auch mit nichtmuslimischen Islam-Apologeten behauptet, dass *Islam Frieden heißt*. Einige von ihnen haben offensichtlich noch aus ihrer Karl-May-Lektüre-Zeit die freundliche Begrüßung der beiden Helden Hadschi Halef Omar und Kara Ben Nemsi „salam aleikum" im Ohr, zwei Wörter, die wie „Islam" klingen. Während jedoch „Salam" Frieden bedeutet, heißt das ähnlich klingende „Islam" in Wahrheit: Hingabe, Ergebung und Unterwerfung. Die muslimische Interpretation „Islam heißt Frieden" kann höchstens so verstanden werden: Durch die Unterwerfung unter den Willen des koranischen Allahs, d. h. unter den Islam, gelangt der Mensch zum Frieden. Dann aber ist die Formel „Islam heißt Frieden" nichts anderes als eine bewusste Täuschung.

b) *„Christen und Muslime glauben doch alle an denselben Gott"* – so ein von Muslimen und Christen oft zitierter Satz, in islamischen Ländern allerdings gewiss kaum zu hören. Dieser Satz belegt Nichtwissen oder gezielte Desinformation bzw. Augenwischerei. Ohne hier auf die eindeutigen biblischen, aber auch koranischen Aussagen eingehen zu wollen, sei hier lediglich festgehalten: Wer behauptet, dass Christen und Muslime **gemeinsam an denselben einen Gott** glauben, zwingt den jeweils Andersgläubigen sein eigenes Gottesbild auf. Mit einer Behauptung dieser Art vereinnahmt ein Christ einen Muslim, aber auch umgekehrt. So dürfte es eigentlich keine Christen geben, die an einen Gott glauben, der sich Mohammed geoffenbart und den dieser verkündet hat. Sie wären keine Christen mehr.

Meinungs- und Pressefreiheit gibt, in dem es tödlich sein kann seine Meinung zu sagen.[45] Die Christen gelten als die *Gruppe der Meistverfolgten*. Verbunden mit dem Begriff „Europäische Blauäugigkeit" konnte man lange Zeit den Eindruck haben: „Europäer treten für alle Minderheiten ein außer für die christlichen."[46]

Inzwischen zeigte sich auch das *Europaparlament in Straßburg* bereits im Jahe 2013 „besorgt über die Tatsache, dass sich die Fälle manifester Intoleranz gegenüber christlichen Gemeinden und von Repressionen und Gewalt vor allem in den Ländern Afrikas, Asiens und des Nahen und Mittleren Ostens häufen." Das Parlament äußerte sich zugleich betroffen über „den Exodus von Christen aus diversen Ländern des Nahen Ostens."[47] Dieser Zustand setzt sich seitdem ununterbrochen fort.

II. Fakten, keine Fiktionen

Wer zum Thema Islam in die deutsche Gesellschaft, Rechtsordnung und Medienlandschaft blickt, wird Erstaunliches feststellen. So sollen in diesem Abschnitt Beobachtungen bestimmter Vorgänge und Verhaltensweisen, Hinweise auf spezifische Denk-und Handlungssysteme von Muslimen und Nichtmuslimen insbesondere in Deutschland notiert werden, die im Zusammenhang mit problematischen Islamthemen wahrzunehmen sind. Ebenso soll ansatzhaft informiert werden über den unverblümten Versuch der Einflussnahme islamisch dominierter Staaten auf die Politik und Gesellschaft, auf die Medien sowie auf die Rechts- und Bildungssysteme unseres Landes bzw. der Länder Europas. Die verschiedenen Themen stehen unter alphabetisch geordneten Stichworten.

---

45 Der 31-jährige saudische Blogger Raif Badawi wurde im Sommer 2014 von den Saudis zu zehn Jahren Gefängnis, einer hohen Geldstrafe und zu archaischen 1000 Peitschenhieben verurteilt. Im Januar 2015 wurden unter dem Jubel der Zuschauer: „Allahu Akbar – Gott ist groß" die ersten 50 öffentlich vollstreckt. Der Grund seiner Verurteilung: Seine Forderung nach Meinungsfreiheit wurde als Gefährdung des öffentlichen Friedens bewertet.
46 Tellia B./Löffler, B., Deutschland im Werte-Dilemma, S. 207 f.
47 „Die Tagespost" vom 12.10.2013.

litischer Seite[41] de facto überhaupt nichts: nämlich von *Einschränkungen bzw. vom Verweigern des Menschenrechts der Religions- und Weltanschauungsfreiheit durch staatliches* Handeln in vielen Teilen der Welt.

Verstöße gegen die Religions- und Weltanschauungsfreiheit finden derzeit in 157 Staaten[42] statt. Sie äußern sich in schweren sozialen Benachteiligungen, Drangsalierungen und Diskriminierungen, in behördlicher Willkür, in Massakern und Gewaltexzessen, in Verfolgungen, Exekutionen und Vertreibungen von weltweit geschätzten *100 Millionen Christen*[43] gerade auch in islamischen Ländern, wobei die Hauptgefahr vom Islamismus ausgeht.[44] *Neun der zehn schlimmsten Verfolgerländer sind islamische Staaten.*

Deutschland unterhält mit diesen Staaten z. T. intensive Handelsbeziehungen. Saudi-Arabien beispielsweise ist ein milliardenschwerer Handels- und Rüstungspartner, ein Land mit menschenrechtsfeindlichen Strukturen, in dem es keine Religions-,

---

41 Vgl. jedoch Kauder, V. (Hg.), Verfolgte Christen: Der CDU-Politiker und evangelische Christ zeigt seit einigen Jahren ein hohes Engagement für weltweite Religionsfreiheit; ebenso Weimer, Wolfram, Wer demonstriert für Christen? Christliches Medienmagazin pro, I/2012, S. 12, mit der Feststellung: „Die neue Welle von Gewalt gegen Christen macht die einen wütend, die anderen traurig, manche beten – mit den meisten aber macht es gar nichts. Sie schauen einfach weg. Die Reaktion des christlichen Westens auf diesen Skandal ist in aller Regel blanke Gleichgültigkeit"; ebenso „Die Tagespost", 2.8.2014: „Wo bleibt der Aufschrei? Sie leiden, sie sterben und die Welt schaut zu"; ebenda vom 19.8.2014 mit dem Hinweis auf das „ohrenbetäubende Schweigen" der westlichen Welt, „die immer bereit ist zu demonstrieren, wenn es um 'politisch korrekte' Anliegen geht"; auch Stobbe, Heinz-Günther, Christenfeindliche Gewalt: Opfer und Täter. Christen im Interessens- und Machtgeflecht von Gesellschaft, Staat und Kirche, in: Plasger, G./Stobbe, H.-G. (Hgg.), Gewalt gegen Christen. Formen, Gründe, Hintergründe, Leipzig 2014, S. 9-71, bes. S. 9-21.
42 Vgl. „KNA", Nr. 27, vom 3.7.2013, S. 3; ebenso die Spezialausgabe von „ideaSpektrum", Spezial. Christenverfolgung 2014, ohne Datum.
43 Vgl. dazu Breuer, R., Im Namen Allahs?, S. 7; ebd.; S. 8 f., auch ein Hinweis auf islamisches Ausnahmeverhalten gegenüber Christen.
44 Vgl. „Die Welt", 7.1.2015, S. 6: „Gleichwohl gehen Gefahren für Christen am häufigsten von jenen Machthabern, Milizen oder Mobs aus, die sich dem Islam verschrieben haben. 'In nicht weniger als 18 der 20 am höchsten eingestuften Länder gilt islamischer Extremismus als Haupttriebkraft der Verfolgung'... ".

„Der Islam hat mit dem islamistischen Terrorismus zu tun. Auch die Extremisten sind Muslime. Sie beten in Moscheen, erkennen den Koran und die Tradition des Propheten als kanonische Schriften an. Sie begründen ihre Taten mit dem Koran. Alles andere ist eine naive Betrachtung und entspricht einem frommen Wunschdenken, mit dem man sich die Dinge schönredet ...

Tatsächlich gibt es neben der kanonischen Quelle des Koran auch die Tradition des Propheten mit Aufrufen zum Heiligen Krieg. 'Mir wurde befohlen, die Menschen zu bekämpfen, solange sie sich nicht zum Islam bekehren', soll der Prophet Mohammed gesagt haben. Die dritte Quelle für Gewalttaten ist schließlich die klassische islamische Theologie. Der militante Islamismus beruft sich auf eine theologisch fundierte Theologie, die vor allem bis zum 14. Jahrhundert entstand ...

Es darf jedenfalls nicht dazu kommen, dass solche Verse ohne Differenzierung bei Predigten in den Moscheen oder anderen Versammlungen von Muslimen zitiert werden. Auch die muslimischen Dachverbände, die die Moscheegemeinden in der Öffentlichkeit vertreten, sprechen sehr ungern über die Problematik. Wir Muslime müssen uns jedoch mit diesem unangenehmen Thema noch viel gründlicher auseinandersetzen. Eine kultur- und religionsgeschichtlich orientierte Gewaltdebatte ermöglicht es, die Gewalt im Frühislam zu benennen, differenzierter wahrzunehmen und besser zu verstehen. Man muss sich schon mit der Wirkungsgeschichte dieser Verse auseinandersetzen."

Entsprechend stellt auch Ednan Aslan, Professor für islamische Religionspädagogik in Wien, fest: „Die klassisch islamisch-theologische Lehre ist nicht friedliebend ... ich denke ... auch an jene Studien des islamischen Rechts, die die Grundlagen für soche Anschläge (auf die Charlie-Hebdo-Redaktion: U. H.) bilden und immer noch an vielen theologischen Fakultäten der islamischen Welt vermittelt werden ... Wenn in diesen Tagen Homosexuelle von Hochhäusern in Syrien geschmissen werden, dann werden dort genau diese tradierten Rechtsvorschriften in die Praxis umgesetzt."[40]

Von einem der bedrückendsten Probleme der Gegenwart war bis vor wenigen Jahren auch von Vertretern der christlichen Kirchen nur selten etwas zu vernehmen, von gesellschaftlicher, staatlich-po-

---

40 4.2.2015 *www.general-anzeiger-bonn.de/.../islamische-theologie-fusst-auf-gewalt-*

denen Verbänden gegen Steinigung und Auspeitschen, Verstümmelungen und Hinrichtungen, gegen Folter, Fatwas und Todesurteile in bemerkenswertem Umfang protestiert und demonstriert? Auch ist zu fragen: Wo sind die islamischen Rechtsschulen, die Islamismus, Gewaltausübung gegen Andersdenkende und Andersgläubende, gegen Konvertiten als „unislamische" Ketzerei verwerfen?[37]

Erst nach dem Anschlag in Paris im Januar 2015 forderte Bundeskanzlerin Angelika Merkel nachdrücklich die Muslime zur Klärung der Frage der Rechtfertigung von Gewalt und der Einschränkung der Menschenrechte auf: „Ich halte eine Klärung dieser Frage durch die Geistlichkeit des Islams für wichtig. Und ich halte sie für dringlich. Ihr kann nicht länger ausgewichen werden." Mit diesen wohl erstmals von ihr in der Öffentlichkeit gehörten Forderungen bestätigt die Bundeskanzlerin, dass die Gewaltfrage im Islam tatsächlich besteht und sogar „dringlich" von den Muslimen zu klären ist.

Zugleich bestätigt sie mit dieser mahnenden Aufforderung, dass das Gewaltproblem im Islam *keineswegs eine Fiktion oder gar eine bösartige Unterstellung der „Islamophoben"*, sondern harte Realität ist. Es wird sich bald zeigen, wie nachhaltig und wirksam diese Mahnungen von Bundeskanzlerin Merkel sind, ob sie ernst genommen oder einfach ignoriert werden, wie die Fülle entsprechender Forderungen, die bereits seit Jahren auch in den unterschiedlichsten Publikationen vorliegen. Noch deutlichere Worte fand wenige Tage zuvor der ägyptische Staatspräsident Al-Sisi.[38]

Muslime müssen sich dem für sie unangenehmen Thema Gewalt[39] stellen, so wie es der muslimische Theologe A.-H. Ourghi fordert, der zugleich bestätigt, dass islamische Extremisten mit dem Koran bzw. dem Islam zu tun haben, d. h. ihre religiös-ideologische Grundlage ist der Koran, die islamische Geschichte und Rechtsprechung:

---

37 In diesem Kontext ist zu fragen, warum bislang keine islamischen Autoritäten oder Institutionen die Barbareien der Zerstörung unersetzbarer Kulturgüter im Jahre 2015 verurteilten, nämlich der altorientalischen Skulpturen in Mossul und der Ausgrabungsstätten in Nimrud „im Namen Allahs" durch den „Islamischen Staat".

38 Vgl. dazu die Seiten 129-133.

39 Vgl. das nachfolgende Zitat von Ourghi, Abdel-Hakim, in: „Herder Korrespondenz", Heft 3, März 2015, S. 125.

dem Attentat in New York am 11. September 2001 zu hören war. Sie riefen schließlich dann doch zum Protest gegen Gruppen auf, die im Namen des Islam mit abgrundtiefem Hass Verbrechen begehen. Ihr überlanges Schweigen allerdings spricht Bände.

Dabei ist auch von Interesse, dass bei muslimischem Eigeninteresse schnell eine massenweise Mobilisierung von Muslimen möglich ist. Durch die Veröffentlichungen von Mohammed-Karikaturen 2005 kam es in vielen islamisch geprägten Ländern sofort zu Demonstrationen und gewalttätigen Ausschreitungen, auch zu diplomatischen Konflikten zwischen der dänischen Regierung und Regierungen islamischer Staaten. Auf den Wink des türkischen Staatspräsidenten Erdogan gingen hierzulande Zehntausende Muslime auf die Straßen. Die menschenverachtenden, im Namen des Islam begangenen Terrorakte führten dagegen nur zu einem eher lauen Protest der Muslime. In den schließlich doch erfolgten offiziellen muslimischen Erklärungen wurde von den islamischen Verantwortungsträgern bezeichnenderweise *das koranische Prinzip des militanten Dschihad aber keineswegs verurteilt.*[36] Jedenfalls ist in diesem Kontext die Frage zu stellen: Wann und wo haben jemals die in Deutschland lebenden, friedliebenden Muslime mit ihren verschie-

---

36 Der Wiener Professor für islamische Religionspädagogik Ednan Aslan nimmt wie folgt Stellung: „Ich verstehe Leute nicht, die die Position vertreten, die Gewalttaten hätten nichts mit dem Islam zu tun. Sie haben sehr wohl etwas mit dem Mainstream-Islam zu tun! In den Vorschriften der vier prägenden Rechtsschulen, von den Sunniten bis zu den Schiiten, heißt es, man müsse jene töten, die Gott und seinen Gesandten beleidigen ... Die Tötung von Homosexuellen wird in jedem Rechtsgrundwerk des Islams gefordert. Es heißt, man solle sie von einem Berg stoßen oder von einer Wand begraben lassen ... Es ist also höchste Zeit, dass sich muslimische Theologen kritisch mit ihrer Lehre auseinandersetzen."
Vgl. dazu Troll, Ch. W., Koran, Gewalt, Theologie, S. 485, mit der Feststellung: „Es sind Muhammads Anordnungen und seine Regeln, welche die Dschihadisten weltweit umfassend wortgetreu umzusetzen versuchen. Wer diesem Auftrag folgt, beweist, dass er ein guter Muslim ist. Diejenigen, die die öffentlichen Verurteilungen der Terrororganisationen des 'Islamischen Staates' verfassten, haben ... das Prinzip des militanten Dschihad, des Kampfes und Tötens auf dem Weg Gottes, in diesen Erklärungen nicht mitverurteilt"; vgl. auch Heinz Buschkowsky, SPD-Bürgermeister von Berlin-Neukölln, Die andere Gesellschaft, Berlin 2014, S. 65, mit der Bemerkung: „Im Namen keiner anderen Religion wird in unserer Epoche mehr Leid unter die Menschen gebracht als im Namen Allahs."

te findet ein *Clash of Civilisations* statt, aber weniger zwischen den Zivilisationen der Welt als innerhalb einer, der islamischen. Der Krieg dreht sich um die Zukunft des Islams, und nur Muslime können ihn entscheiden."[34] Erinnert sei in diesem Zusammenhang lediglich an den ersten und den zweiten Golfkrieg (1980-1988; 1990-1991) mit schätzungsweise insgesamt bis zu 1,5 Millionen Toten. Der Friedenspreisträger des Deutschen Buchhandels aus dem Jahre 2015, der islamische Islamwissenschaftler und Buchautor Navid Kermani, zieht das Fazit: „Der Islam führt einen Krieg gegen sich selbst."

Erst *nach monatelangem Zögern und nach mehrmaligen Aufforderungen* von nichtmuslimischer Seite zur Distanzierung von Terrorismus im Namen des Islam behaupteten islamische Religionsvertreter, Verbände, Gelehrte und Bildungsinstitutionen stereotyp, die grausam und unmenschlich agierenden Terrorgruppen hätten nichts mit dem Islam zu tun,[35] – eine Behauptung, die schon nach

---

34 Hermann, R., Endstation Islamischer Staat?, S. 110.
35 Vgl. dazu Broder, Hendryk M., Vom Islam lernen?, in: „Die Welt", 12.1. 2015, S. 2, mit der ironischen Bemerkung: „Al-Qaida, Boko Haram, der Islamische Staat und die Taliban haben mit dem Islam nichts zu tun. Das Regime des Ajatollahs hat mit dem Islam nichts zu tun. Die blutigen Kämpfe zwischen Schiiten und Sunniten haben mit dem Islam nichts zu tun. Wenn in Saudi-Arabien Gotteslästerer ausgepeitscht und Ehebrecherinnen gesteinigt werden, hat das mit dem Islam nichts zu tun. Auch das, was in London, Madrid, Mumbai, Bali, Boston, Sydney, Brüssel und Toulouse geschah, hat mit dem Islam nichts zu tun. Denn Islam heißt 'Frieden', und Dschihad, so hören wir immer wieder, bedeutet nicht 'Heiliger Krieg', sondern 'innere Anstrengung', wozu auch immer"; auch www.faz.net › Politik , 10.1.2015: „Das Muster ist bekannt: Wenn irgendwo auf der Welt mit der Begründung, Allah sei groß, Köpfe abgeschnitten oder Frauen vergewaltigt werden, wenn Selbstmörder sich und andere zum Ruhme dieser Größe in Fetzen sprengen, dauert es nicht lange, bis jemand sagt, all das habe nichts mit dem Islam zu tun. Recep Tayyip Erdogan, der türkische Staatspräsident, könnte ein ganzes Poesiealbum mit solchen Aussagen füllen ... Die Behauptung, das Massaker von Paris habe nichts mit dem Islam zu tun, hat die Qualität der Feststellung, der Archipel Gulag habe nichts mit dem Stalinismus zu tun, da Stalin die Befreiung, nicht die Einsperrung der Arbeiterklasse propagiert habe ... Solange sich all die Imame und Scheichs nicht fragen, warum ihre Religion so viele Perverse hervorbringt und warum die Lehren ihres Propheten so viele Menschen gebären, die sich mordend auf ihn berufen, solange werden sich Verbrechen wie das von Paris wiederholen – einmal auch in unserer Nähe; ebenso *www.die-tagespost. de/.../Gewalt-in-den-Suren-des-Koran-Zur-Diskussion..*

fen, welche Muslime unterstützen sie mit Geld? Welche islamisch geprägten Staaten lassen „Kämpfer" aus westlichen Staaten zu den Dschihadisten gelangen?

Im Fadenkreuz islamischer Fanatiker stehen in der Regel „Ungläubige", d. h. Nichtmuslime, gelegentlich aber auch (liberale, säkulare) Muslime, in letzter Zeit auch viele Muslime, die nicht mit dem Koranverständnis der Extremisten übereinstimmen. Jedenfalls verging auch im ersten Halbjahr 2015 bis dato wohl kaum ein Tag ohne Schreckensnachrichten in den Medien über Massaker islamisch-fundamentalistischer Gruppierungen an ihren Glaubensbrüdern, die einer anderen Glaubensrichtung angehören.[32] Für alle diese Terrorgruppen sind diplomatische Bemühungen um friedensfördernde Lösungen aufgrund ihres fundamental-islamischen Denkens und des daraus resultierenden Handlungswillens völlig irrelevant.

Erbitterte *Kämpfe im innerislamischen Raum*, die religiös begründete Feindschaft insbesondere zwischen den islamischen Hauptrichtungen der Sunniten und Schiiten, zeigen sich etwa im Irak, auch in der Türkei zwischen strenggläubigen Muslimen der derzeitigen Regierungspartei AKP und der konservativen Gülen-Bewegung, besonders dramatisch im bürgerkriegserschütterten Syrien und in verschiedenen Ländern Afrikas.

Angesichts der verschiedenartigen Aktivitäten islamischer Gruppen, Parteiungen und Organisationen, die *sich gegenseitig im Namen Allahs töten,* stellt sich auch die Frage: Wo bleibt wenigstens der innerislamische Frieden im Herrschaftsbereich der vielfach und gebetsmühlenartig beschworenen „Religion des Friedens, der Toleranz und der Barmherzigkeit"[33]? Stehen nicht blutige Bruderkriege bezeichnenderweise schon am Beginn der islamischen Geschichte? So dürfte auch die Feststellung zutreffend sein: „Heu-

---

32 In der Tageszeitung „Die Welt" sind am 24.10.2014 allein acht unterschiedlich lange Artikel entsprechenden Inhaltes dokumentiert, vgl. ebd., 3.8.2015, S. 5, mit der Information des FDP-Politikers Tobias Huch, der 2014 Demonstrationen für Israel und gegen die Ermordung von Kurden und Jesiden durch den IS organisierte: „Allein in den vergangenen Tagen habe ich 30 Todesdrohungen bekommen."
33 Mit Ausnahme der Sure 9 beginnen alle 114 Koransuren mit der Formel: „Im Namen Allahs, des Barmherzigen"; doch die Barmherzigkeit des koranischen Allahs gilt – wenn überhaupt – ausschließlich den Muslimen.

Staaten, die zu Mitgliedern der großen Allianz gegen die IS zählen, landeten."[29]

Ferner wird berichtet: „Religiöser Hass hat Hochkonjunktur, was den christlichen Chaldäern im Irak geschehen ist, ist ein Massenexodus von historischem Ausmaß, ganze Diözesen wurden vom 'islamischen Staat' ausradiert."[30]

Die *häufig untereinander verfeindeten islamischen Gruppierungen* sind weithin geprägt von einer im Koran begründeten tödlichen Extremistenideologie, von Menschen, die hassen und vergewaltigen, entführen, versklaven und morden, von Menschen, die keinen Respekt haben vor den Rechten und vor dem Leben ihrer Mitmenschen. Die Haltung der Menschlichkeit und der Toleranz ist ihnen fremd. Ihr menschenunwürdiges Treiben ist nur möglich durch muslimische *Unterstützerkreise,* die für finanzielle, logistische und propagandistische Hilfe sorgen. Seit Jahren fragt man sich: Wo bleiben denn die Fatwas der islamischen Welt gegen diese Terrorgruppen und ihre Helfershelfer, wenn diese – wie ständig behauptet wird – doch nichts mit dem Islam zu tun haben?[31] Welche islamisch regierten Länder versorgen die Extremisten mit Waf-

---

29 „Die Welt", 8.10.2014, S. 3; vgl. auch ebd., 13.12.2014, S. 7, mit der Aussage: „Die Muslime werfen uns vor, einen Fetisch des Welt-Dschihadismus konstruieren zu wollen. Doch all diese Gruppen, mögen sie regional oder lokal noch so unterschiedlich sein in Zielsetzung und Struktur, verbindet ein ideologischer Überbau, in dem es keine Musik, keine Wahlen, strikte Geschlechtertrennung und Enthauptungen nach den Gesetzen der Scharia gibt."
30 „Die Tagespost", 20.12.2014, S. 19.
31 Vgl. dazu Tellia, Bruno/Löffler, Berthold, Deutschland im Werte-Dilemma. Kann der Islam wirklich zu Europa gehören? München 2013, S. 160: „Solange sich terroristische Verbrecher auf den Islam berufen, ihre Taten mit Koran und Sunna begründen und solange noch fast jeder Terrorist irgendwo in einer Moscheegemeinde ein rühriges Mitglied war, müssen sich Muslime mit der Frage auseinandersetzen, ob die Ursachen für Gewalt und Terror nicht doch mit ihrer Religion oder wenigstens mit dem traditionellen Verständnis des Islam zu tun haben"; nach einer weit verbreiteten Meinung auch von Nichtmuslimen haben die Gräueltaten, die im Namen des Islam ausgeübt werden, eigenartigerweise nichts mit dem Islam selbst zu tun, wohl aber jene Verbrechen, die Christen in der Geschichte zu verantworten haben, ganz selbstverständlich mit dem Christentum bzw. mit der/den Kirche(n). Ausgerechnet Muslime fordern ständig etwa von der katholischen Kirche ein Schuldeingeständnis wegen der Vergehen und der Schuld in der Geschichte.

schen Ideologie eine neue „Dimension des Schreckens" (Frank-Walter Steinmeier). Sie zeigt „im Namen Allahs" eine „entfesselte Unmenschlichkeit, die ihresgleichen sucht" (Rainer Wendt), überzieht Landschaften und Regionen mit monströsen Gewalttaten und will einen Kalifat-Staat errichten, in dem die Rechte aus der Zeit Mohammeds gelten[25]. Im Frühjahr 2014 entführte die Terrororganisation Boko Haram in Nigeria 276 Schülerinnen. Eugen Sorg notiert:

> „Dies ist der Kern des radikalen Islam: Er ist ein Todeskult. Seine Krieger sind Partisanen des Nichts. Ihr Kalifat ist die Verneinung der Schöpfung, ... die Herrschaft des Antihumanen. Ihre Religion ist Sadismus ... Die Jihadisten ... vergotten die eigene Allmacht ... Der radikale Islamismus verkörpert die zeitgenössische Ideologie des Bösen."[26]

In großer Sorge beschreibt auch Papst Franziskus die Situation: „Wir erleben einen Terrorismus von einer zuvor unvorstellbaren Dimension."[27] Da sind „Gemeinschaften und Einzelne, die sich barbarischer Gewalt ausgesetzt sehen: aus ihren Häusern und ihrer Heimat vertrieben; als Sklaven verkauft, getötet, enthauptet, gekreuzigt und lebendig verbrannt – unter dem beschämenden und begünstigenden Schweigen vieler".[28] Entsprechend lautet auch eine der vielen Schreckensnachrichten:

> „Die Christenverfolgungen im neu eroberten Reich des IS nehmen immer schauderhaftere Formen an. Laut einer verlässlichen Quelle hätte man in mehreren Orten alle männlichen Christen geköpft oder gekreuzigt und Frauen und Töchter in die Sklaverei entsandt. Man weiß, dass eine beträchtliche Anzahl dieser unglücklichen Frauen und Mädchen in Harems oder Bordellen in gewissen arabischen

---

25 Vgl. dazu „DER SPIEGEL", 27.6.2015, S. 11-17, unter der Überschrift: „Was Gott zulässt": „Vor einem Jahr haben Islamisten in Syrien und im Irak ihr Kalifat ausgerufen. Seitdem überziehen sie die Welt mit Propagandabildern des Grauens. Der Alltag, der dahinter steht, ist akribisch organisierter Horror"; auch ebd., S. 11: „Horror in Zahlen" mit einer Auflistung von „ausgeführten Operationen", sowie ebd., S. 13: „Horror in Bildern".
26 Sorg, Eugen, Die Lust am Bösen. Warum Gewalt nicht heilbar ist, München 2011, S. 148.
27 „KNA, Katholische Nachrichten-Agentur GmbH", 22.10.2014, S. 6.
28 Aus der Ansprache von Papst Franziskus im Europäischen Parlament in Straßburg am 25.11.2014, in: „Die Tagespost", 27.11.2014, S. 6.

Mit diesen Menschenrechtsverletzungen verbunden sind Namen *muslimischer Organisationen* unterschiedlicher Ausrichtung und Struktur insbesondere in Ländern mit islamischer Dominanz.[21] Zu erwähnen sind: *Salafisten* und *Dschihadisten,* afghanische *Taliban* und die international präsente *Muslimbruderschaft,* der saudi-arabische *Wahabismus,* die Terrororganisationen *Al Qaida* und *Boko Haram* (Nigeria),[22] die *palästinensische HAMAS*, die *schiitisch-libanesische „Partei Gottes"*, auch der iranisch-schiitische, von Khomeini geprägte *Gottesstaat.*

Seit etwa 2014 verbreitet *die radikalislamische Terrororganisation IS* (Islamischer Staat) bzw. ISIS (Islamischer Staat Irak, Syrien),[23] „in deren Todeskult der Mord an Andersgläubigen und Andersdenkenden eine lobenswerte Tat ist",[24] mit ihrer barbari-

---

21 Vgl. dazu Heine, Peter, Terror in Allahs Namen. Hintergründe der globalen islamistischen Gewalt, Freiburg 2015, mit Ausführungen zur Muslimbruderschaft (S. 70-82), zu den Salafisten (S. 104-127), zu Al-Qaida (S. 128-166), zu ISIS/IS (167-215).

22 Vgl. ebd., 13.11.2014, unter der Überschrift „Dieses Ungeheuer Boko Haram" mit einer Erklärung der Bischöfe und Sprecher der christlichen Kirchen im Nordosten Nigerias: „Wir sehen uns zu der Annahme gezwungen, dass der ganze Angriff ein wohldurchdachter Plan ist, um Christen ... zu vernichten"; auch ebd., 20.12.2014, S. 24, mit einer Situationsbeschreibung des Vorsitzenden der nigerianischen Bischofskonferenz: „Tausende sind aus ihren Häusern vertrieben und zu Flüchtigen in ihrem eigenen Land geworden ... Man hat die Menschen gezwungen, zu konvertieren, zu flüchten oder zu sterben, und sie haben ihren gesamten Besitz verloren und sind nun heimatlos, hilflos und am Verhungern"; ebenso ebd., 26.3.2015, S. 1, mit einer „ Bilanz des Terrors: 13000 Tote, 1,5 Millionen Flüchtlinge" sowie mit dem Hinweis auf die verschleppten „ ... mehr als 200 überwiegend christliche Schülerinnen. Von ihnen fehlt weiter jede Spur."

23 Vgl. dazu Troll, Christian W., Koran, Gewalt, Theologie, in: „Christ in der Gegenwart", Nr. 43/2014, S. 486, mit der kritischen (rhetorischen?) Frage: Ist diese Terror-Organisation „tatsächlich auch Feind des Islam, wie nicht wenige politisch und religiös-theologisch führende Muslime zu behaupten nicht müde werden?"; der Islamwissenschaftler Prof. Dr. Troll SJ ist Mitglied der Unterkommission der Deutschen Bischofskonferenz für den Interreligiösen Dialog und Berater der bischöflichen Arbeitsstelle CIBEDO, sowie Ehrenmitglied der Christlich-Islamischen Gesellschaft; auch „Die Welt", 13.12.2014, S. 7, mit einem Bericht über die erste „umfassende Studie zu Dschihadisten-Opfern", nach dem allein im November 2014 durch Mordanschläge von Muslimen 5042 Menschen in 14 Ländern starben.

24 „Die Welt", 24.10.2014, S. 1.

Schändung, Vergewaltigung und Exekution, zu Vertreibung und Verfolgung, zu Zerstörung und Mord:

* Christen müssen wegen der dauernden Repressionen aus ihrer Heimat fliehen.[19]
* Mädchen aus christlichen Familien werden verschleppt und mit Muslimen zwangsverheiratet.
* Kirchen stehen in Erwartung der Angriffe muslimischer Eiferer unter Polizeischutz.
* Gegen christliche Einrichtungen werden schwere Anschläge verübt.
* Christliche Kirchen werden zerstört oder in Moscheen umgewandelt.
* Christen werden Opfer von gewaltsamen Ausschreitungen.
* Rücksichtslos wird für Nichtmuslime die Scharia eingeführt.
* Bei „Märtyrer-"(Selbstmordattentaten) werden „Menschen ... getötet, nur weil sie Christen sind, sogar Kinder ... Menschen (werden) nur aufgrund ihrer religiösen und nationalen Zugehörigkeit hingerichtet ..." (Hamed Abdel-Samad).

Andreas Knapp, Dr. theol., katholischer Priester und Autor, Leipzig, beschreibt die Begegnung mit christlichen Flüchtlingen aus Syrien und dem Irak und verweist dabei auf einen der Gründe für Terror und Vertreibung, nämlich auf islamische Rechtsgutachten *höchster* Autoritäten im Islam:

> „Hinzu kommt, dass 2012 der sunnitische Großmufti von Saudi-Arabien, Scheich Abdul Asis bin Abdullah, ein Rechtsgutachten, eine Fatwa, erlassen hat, in der er dazu aufforderte, sämtliche Kirchen auf der Arabischen Halbinsel (also auch in Syrien und im Irak!) zu zerstören. Im selben Jahr erließ der schiitische Großayatollah des Irak, Ali al-Sistani, eine Fatwa, in der er die Christen des Landes aufforderte, zum Islam überzutreten, und sie andernfalls für todeswürdig erklärte. Durch solche Lehräußerungen werden der Terror gegen die Christen und ihre engültige Vertreibung von höchsten muslimischen Autoritäten gerechtfertigt."[20]

---

19 Vgl. „Die Tagespost", 5.8.2014, S. 12: „Nach 1800 Jahren gibt es in Mossul keine Christen mehr"; sie wurden „durch barbarische, islamische Fanatiker komplett ihrer seit Jahrtausenden angestammten Heimat beraubt ..."
20 www.christ-in-der-gegenwart.de/aktuell/artikel_angebote_html

massiv verschärft. Ängste verbinden sich in manchen islamischen Ländern dabei häufig mit dem Wissen, dass etwa bei Angriffen die Polizei nicht an Hilfe interessiert ist und womöglich noch die bedrohten und angegriffenen Opfer inhaftiert.

Ayaan Hirsi Ali ist als muslimische Dissidentin/Häretikerin dennoch dem Islam verbunden, stellt aber gleichzeitig fest, dass diese Religion „keine Religion des Friedens" ist. Sie beschreibt die Gewaltsituation aus ihrer Erfahrung:

> „In einigen Ländern unterstützen Regierungen und ihre Repräsentanten offen antichristliche Gewalt, Kirchen werden niedergebrannt und praktizierende Christen inhaftiert. In anderen haben Rebellengruppen und selbst ernannte Bürgerwehren die Sache in die Hand genommen, ermorden Christen und vertreiben sie aus Regionen, in denen sie seit Jahrhunderten zu Hause sind. Oft unternehmen regionale Führer oder Regierungen wenig, um sie aufzuhalten, oder schauen einfach weg."[16]

Bereits im Jahr 2007 schrieb eine überregionale Tageszeitung: „Auch wenn die meisten Muslime es nicht wahrhaben wollen, der Terror kommt aus dem Herzen des Islam, er kommt direkt aus dem Koran. Er richtet sich gegen alle, die nicht nach den Regeln des Koran leben und handeln, also gegen Demokraten, abendländisch inspirierte Denker und Wissenschaftler, gegen Agnostiker und Atheisten. Und er richtet sich vor allem gegen Frauen. Er ist Handwerk des männerbündischen Islam, der mit aller Macht verhindern möchte, dass Frauen gleichberechtigt werden und ihre Jahrhunderte lange Unterjochung ein Ende findet. Dem wahren Gesicht des Islam begegnet man nicht auf der deutschen Islamkonferenz. Man begegnet ihm in Ländern wie Pakistan. Dieser Islam hat einen Weltkrieg angefangen ..."[17]

Das Spektrum der Bedrängnisse[18] reicht von Einschüchterung und gesellschaftlichem Mobbing über familienrechtliche Einschränkungen, soziale Ausgrenzung, administrative Schikanen und systematische, staatlich organisierte Attacken bis hin zu Verleumdung, Verrat und Christenhass („Christophobie"), zu Entführung,

---

16 Hirsi Ali, A., Reformiert euch!, S. 221.
17 www.welt.de › Politik 29.12.2007
18 Vgl. dazu insbesondere auch Hermann, R., Endstation Islamischer Staat?, S. 83-93: Der Jihad gegen die Christen.

erneut auch die Meinung bestätigt: „Lessings Parabel von Nathan dem Weisen ist ein vorgegaukelter Traum, den heute die Wirklichkeit mehr und mehr in Luft auflöst."[12]

Die wachsende *De-Säkularisierung, Ideologisierung und Politisierung des Islam,*[13] die oft in gewalttätigen Gegensätzen aufbrechen, der zunehmende *Extremismus*, der Prozess der *individuellen und kollektiven Radikalisierung* und die größer werdende *Intoleranz* in der arabischen, türkischen, afro- und asiatisch-islamischen Welt haben insgesamt leidvolle Konsequenzen gerade auch für Christen, die in islamisch dominierten Staaten leben, auch in *urchristlichen Territorien* wie Irak, Syrien und Ägypten. Dabei werden die Christen zunehmend mit „dem Westen" identifiziert, der angeblich einen Krieg gegen die Islam führt.[14] Vom vermeintlichen Feind des Islam infiltriert, werden sie vielfach „als westlich infiltriert und nicht dazugehörig betrachtet."[15]

Ihre Diskriminierungs- und Verfolgungssituation hat sich in einigen dieser Länder in den letzten Jahrzehnten erheblich bis

---

12 Horst, Guido, „Kirche in Not" schlägt Alarm, in: „Die Tagespost", 8.11.2014, S. 2; auch ebd. mit Bezug auf den Bericht „Religionsfreiheit weltweit 2014": „Religiöse Intoleranz oder aktive Verfolgung Andersgläubiger ist in zwanzig Ländern als hoch zu beschreiben, in vierzehn Ländern steht die religiöse Verfolgung im Zusammenhang mit islamistischem Extremismus, und zwar in Afghanistan, in der Zentralafrikanischen Republik, in Ägypten, in Iran, Irak, in Libyen, auf den Malediven, in Nigeria, Pakistan, Saudi-Arabien, Somalia, Sudan, Syrien und Jemen."
13 Vgl. Huntington, S. P., Kampf der Kulturen, S. 338 f. und 350, mit Hinweisen auf diese Entwicklung.
14 www.zeit.de › DIE ZEIT Archiv › Jahrgang: 2015 › Ausgabe: 09: „Zuerst sollten wir uns das Ausmaß der uns erklärten Feindschaft (der Islamisten – U. H.) eingestehen. Denn wenn der IS 'Christen' sagt, meint er nicht nur die jüngst in Libyen hingerichteten Kopten, nicht nur die Aramäer, sondern, wie es in einer IS-Gräuelbotschaft hieß: die 'Nation des Kreuzes'. In der Logik des Dschihad: den gesamten Westen."
15 Vgl. „Die Tagespost", 10.1.2015, S. 13: „Im Visier der islamischen Verschwörungstheorien sind ... auch die christlichen Mitbürger, die im Verdacht stehen, 'dass sie in ganz enger Verbindung mit außen stehen, dass sie die Vorhut kolonialistischer oder imperialistischer Kräfte sind, die neben ihren finsteren Plänen auch ein Projekt der Rechristianisierung in petto haben'"; auch ebd., 20.12.2014, S. 2: „Zwischen 2003 und 2013 habe bereits über die Hälfte der 1,2 Millionen Christen vor allem wegen der Sicherheitslage den Irak verlassen."

Nach Worten des lateinischen Patriarchen von Jerusalem, Fouad Twal, herrscht in Syrien „arabischer Winter in seiner furchtbarsten Form".⁷ So kann man auch mit Recht sagen: „Der Arabische Frühling hat ... die Re-Islamisierung der arabischen Welt begünstigt ... Ursprünglich sollten diese 'Revolutionen' der Demokratie, den Menschenrechten und der Meinungsfreiheit analog zu den westlichen Ländern dienen."⁸

Ein kleines Hoffnungslicht ist seit Oktober 2014 nach einem friedlichen Verlauf der Parlamentswahlen lediglich das kleine *Tunesien* am Nordrand Afrikas. In der neuen Verfassung wurde die Scharia als politisches Ordnungsprinzip ausgeschlossen. Doch bereits im Juli 2015 ist zu lesen, dass aus Tunesien, dem „Mutterland" des Arabischen Frühlings, die meisten Kämpfer des IS in Irak und Syrien kommen.⁹ Von Indonesien (etwa 87 % Muslime) berichtet P. Franz Magnis-Suseno SJ:

> „In Indonesien ist der Islam in seiner Intensität und Ausrichtung ganz unterschiedlich. Es gibt extreme Formen, aber der 'Mainstream-Islam' ist eher gemäßigt und pluralistisch, das heißt, es wird anerkannt, dass es im Land auch andere Religionen gibt."¹⁰

In *Malaysia* werden Christen als „Stellvertreter kapitalistischer jüdischer Gruppen" beschimpft. Sie seien auf die Zerstörung der „islamischen Identität" des Landes aus. Die Benutzung des Wortes Allah in christlichen Schriften ist verboten.

In *Pakistan* stehen religiöse Minderheiten wegen des Blasphemiegesetzes unter Druck. Auf jede als Herabsetzung empfundene Äußerung über Mohammed oder den Islam steht die Todesstrafe. Wer sich „offen gegen diese meist willkürlich angewandten Gesetze wendet", wobei die Situation sich weiter „zum Negativen"¹¹ wendet, riskiert sein Leben. Die „Kultur der religiösen Toleranz" befindet sich weltweit im freien Fall. Mit dieser Feststellung wird

---

7 „Die Tagespost", 22.8.2015, S. 1.
8 Basileo, E., Zeitzeugen der Christenverfolgung, S, 143 f.
9 Vgl. „Focus", 4. 7.2015, S. 48.
10 Backes, Reinhard, Begegnung mit dem Islam in Indonesien, in: „Kirche heute", April 2015, S. 26.
11 Vgl. die Aussage des pakistanischen Dominikaners P. J. Channan, in: „Konradsblatt", Wochenzeitung für das Erzbistum Freiburg, 19.10.2014, S. 10; ebenso das hoffnungsvermittelnde Interview mit dem pakistanischen Premier N. Sharif, in: „Die Welt", 10.11.2014, S. 6.

fundamentalen inneren Widersprüchen. Deshalb wird vielfach die Religion Mohammeds auch als Bedrohung der kulturellen Identität Europas und der freien Welt erlebt.

Mit der *„Rückkehr des Islam auf die weltpolitische Bühne"* – auch als *Re-Islamisierung* oder als *„Resurgens"* [3] *(„Wiederauferstehung")* des *Islam* bezeichnet – haben sich die Rahmenbedingungen für Nichtmuslime in Ländern mit islamischen Mehrheitsgesellschaften[4] erheblich bis dramatisch verschlechtert. Das politische und gesellschaftliche Klima ist dort vielfach insbesondere Christen gegenüber intoleranter geworden. Der sogenannte „Arabische Frühling" (2011) ist schnell einem eisigen Winter, nach Bassam Tibi „einem tödlichen Winter", gewichen und droht zu einem „islamistischen Alptraum" zu werden.[5] Oder wie auf dem Klappentext einer Veröffentlichung[6] in realistischer Beschreibung vermerkt: „Doch aus der hoffnungsvollen Aufbruchsstimmung des 'Arabischen Frühlings' ist nicht die erträumte Freiheit entstanden, sondern ein verheerendes Krisengebiet, ein grausamer Religionskrieg." Offensichtlich soll der islamisch dominierte Orient sukzessive „christenfrei" gemacht werden.

---

3   Vgl. Huntington, Samuel P., Kampf der Kulturen. The Clash of Civilizations. Die Neugestaltung der Weltpolitik im 21. Jahrhundert, 5. Auflage, München, Wien 1997, S. 168-189, die entsprechenden Ausführungen unter diesem Begriff.

4   Vgl. dazu Basileo, Elias, Zeitzeugen der Christenverfolgung. Sukzessives Verschwinden des Christentums in den islamisch geprägten Staaten. Ausbreitung des Islam im Westen. Zeitzeugen berichten, Bad Schussenried 2014, mit historischen Darstellungen und aktuellen Berichten; ebenso eine Tabelle mit Angaben des prozentualen Anteils christlicher Bevölkerungsgruppen in islamischen Ländern, in: Breuer, Rita, Im Namen Allahs?, Christenverfolgung im Islam, Freiburg, Basel, Wien 2012, S. 154 f.; auch Kauder, Volker (Hg.), Verfolgte Christen, Einsatz für die Religionsfreiheit, Holzgerlingen 2012, u. a. mit Berichten verschiedener Autoren zur Christenverfolgung in zahlreichen islamischen Ländern; ebenso ders., in: „ideaSpektrum", 12.8.2015, S. 6, mit der Feststellung: „Die Verfolgung der Christen hat dramatisch zugenommen"; ebenso Plasker, Georg/Stobbe, Heinz-Günther (Hgg.), Gewalt gegen Christen. Formen, Gründe, Hintergründe, Leipzig 2014.

5   Vgl. dazu „Die Welt", 13.12.2014, S. 7, mit der Feststellung: „Jeder dachte der 'arabische Frühling' werde in Frieden und Demokratie münden … Doch jetzt haben wir eine weltumspannende Dschihadisten-Bewegung selbst in Winkeln, in denen wir das nie vermutet hätten. Man kann wohl sagen, dass sie stärker als je zuvor ist."

6   Hermann, Rainer, Endstation Islamischer Staat? Staatsversagen und Religionskrieg in der arabischen Welt, München 2015.

I. Der Islam im aktuellen Weltgeschehen

Bis heute sind weltweit die Probleme, die ein friedliches und gleichberechtigtes Zusammenleben von Angehörigen verschiedener Religionen, Glaubensrichtungen und Weltanschauungen behindern, noch keineswegs gelöst. Ganz im Gegenteil. Seit Jahren ist eine folgenreiche *„Renaissance des Islam"* festzustellen. Die daraus entstehenden Probleme sind kompliziert wegen der verschiedenen islamischen Konfessionen und deren politischen Machtansprüchen, unterschiedlichen theologischen Dogmen und spirituellen Ausdrucksformen, rechtlichen Prinzipien und kulturellen Ausprägungen sowie durch die Vielzahl religiöser Schulen, Richtungen und Bewegungen. Islamische Orthodoxie, islamische Reformbewegungen und islamischer Fundamentalismus stehen gegeneinander.

Drei verschiedene Gruppen[1] der weltweit etwa 1,6 Milliarden Muslime können unterschieden werden:

a) Islamische *Fundamentalisten*, die auch als „Medina-Muslime" oder als militante Muslime bezeichnet werden, zu denen schätzungsweise 48 Millionen (!!) Muslime zählen.

b) Muslime, die als *„Mekka-Muslime"* die eindeutige Mehrheit der Muslime darstellen und in einer schwierigen Spannung stehen zwischen dem eher als friedlich geltenden „Mekka-Islam" und dem kämpferisch-kriegerischen „Medina-Islam".

c) *Reform-Muslime* bzw. die muslimischen Dissidenten als eine zahlenmäßig völlig unbedeutende, „vernachlässigte, ja weitgehend unbekannte Gruppe"[2].

Das romantisch verklärte Bild vom Islam, wie es unter Deutschen etwa seit dem 19. Jahrhundert bis in die 60er-Jahre des 20. Jahrhunderts feststellbar ist, hat sich bei vielen seit den 1980er-Jahren grundlegend geändert. Verunsicherungen, Sorgen und Ängste sind entstanden. Im 21. Jahrhundert wird Terror und Krieg primär assoziiert mit dem Islam. So erscheint der Islam vielen informierten (Nicht)muslimen als eine gewaltlegitimierende Religionen mit

---

1 Vgl. dazu die sich zur dritten Gruppe zählende Bestsellerautorin Hirsi Ali, Ayaan, Reformiert euch! Warum der Islam sich ändern muss. Aus dem Englischen von Michael Beyer u. a., München 2015, S. 24-27.
2 Ebd., S. 28.

„Der Islam gehört zu Deutschland."
Mit diesem Satz kann nicht gesagt werden,
dass der Islam die deutsche Staatsordnung,
Rechtsordnung , Gesellschaftsordnung
und Kultur geprägt hat.

Hans-Jürgen Papier, ehem. Präsident
des Bundesverfassungsgerichts (2015)

Der Islam – Konflikte ohne Lösungswege?

Situation – Verhaltensweisen – Strategien

von

Udo Hildenbrand

I. Der Islam im aktuellen Weltgeschehen 47
II. Fakten, keine Fiktionen 62
    1. Desinformationen über den Islam 63
    2. Dialogveranstaltungen 70
    3. Euro-Islam 73
    4. Islamisierung durch ausländische Staaten 75
    5. Islamkritik 84
    6. Islamophobie als doppeldeutiger Begriff 85
    7. Medien 90
    8. Migration 94
    9. Muslime in Deutschland – eine „zweigeteilte" Situation 111
   10. Politische Korrektheit 112
   11. „Respekt" 115
III. Drei viel zitierte Koranverse mit verschwiegenem Kontext 118
IV. Die Frage nach dem gleichberechtigten Zusammenleben in Freiheit 126
V. „Die Geschichte lehrt, aber sie hat keine Schüler!" 129
VI. „Woran misst man die Verkehrssicherheit einer Kreuzung?" 141

Literatur 148

Man muss den Islam zunächst einmal
so verstehen, wie er sich selbst versteht,
und nicht, wie wir oder „aufgeklärte"
westlich orientierte säkulare Muslime
oder im interreligiösen Dialog
engagierte Christen
ihn gern sehen möchten.

Martin Rhonheimer
Philosophieprofessor

C Ausblick

Der Dialog zwischen den Religionen und Weltanschauungen ist nicht sinnlos und überflüssig, sondern sogar dringend geboten. Jede Religion, jede Weltanschauung sollte darlegen, welches Menschenbild sie vertritt und welche Rechte und Pflichten sich aus ihrer Sicht daraus für Staat und Gesellschaft ergeben und damit für das Miteinander der Einwohner eines Staates und der Staaten untereinander.

Das bei Muslimen anzutreffende Denken in Kategorien wie „Haus des Friedens" (= muslimische Welt) und „Haus des Krieges (= nichtmuslimische Welt) muss aufgegeben werden. Solch ein Freund-Feind-Denken ist einem Dialog abträglich.

Erforderlich ist weiter, die Ursachen für die vielen Kriege, die von Muslimen geführt worden sind, zu analysieren und zu publizieren und die entsprechenden Konsequenzen daraus für das künftige Miteinander zu ziehen. Das verlangt ein intensives Studium der Kampf- und Vernichtungsbefehle im Koran.

Dialoge können dazu beitragen, innerstaatlich und auf internationaler Ebene auf einen fairen Interessenausgleich hinzuarbeiten. Denn Orthopraxie baut auf der Orthodoxie auf.

Die Situation im und mit dem Islam ist wegen der Weisungen im Koran schwierig und zeigt, welcher Denkprozess und welch praktisches Verhalten insbesondere bei Muslimen noch anstehen bzw. eingeübt werden müssen, bevor es bei ihnen zu einem fruchtbaren Dialog im Sinne von Wahrheitssuche kommen kann.

eine echte Wahrheitssuche einlassen, müssen damit rechnen, von anderen Muslimen als Abweichler bezeichnet zu werden. Als Leute mit einer Krankheit im Herzen stehen sie in Gefahr, von der islamischen Gemeinschaft (umma) ausgeschlossen und ggf. getötet zu werden.

Beim Dialog mit Muslimen sollte immer auch auf die Probleme von Nichtmuslimen in muslimischen Ländern hingewiesen werden. Für sie sind dieselben Möglichkeiten der Teilhabe am staatlichen und gesellschaftlichen Leben einzufordern wie muslimische Verbände und einzelne Muslime es für sich selbst in Europa ständig mit Nachdruck tun. Denn ein erstes Prüfkriterium für die Glaubwürdigkeit ist die Gegenseitigkeit. Muslime, die in Deutschland bestimmte Rechte für sich fordern, müssen nachweisbar bereit sein, diese Forderung in islamisch geprägten Staaten auch für Andersgläubige zu stellen und entsprechend tätig zu werden.

> Wenn wir die unbeschränkte Toleranz
> sogar auf die Intoleranten ausdehnen,
> wenn wir nicht bereit sind,
> eine tolerante Gesellschaftsordnung
> gegen die Angriffe der Intoleranz zu verteidigen,
> dann werden die Toleranten vernichtet werden
> und die Toleranz mit ihnen.
>
> Karl Popper, Philosoph

Hans Küng schreibt in seinem Buch „Projekt Weltethos"[24]

> „Kein Friede unter den Nationen ohne Frieden unter den Religionen. Kein Friede unter den Religionen ohne Dialog zwischen den Religionen. Kein Dialog zwischen den Religionen ohne theologische Grundlagenforschung."

Das sind bedenkenswerte Ansagen, beginnend mit der Forderung nach theologischer Grundlagenforschung, die von jeder Religion vor einem Dialog zu leisten ist und zwar im doppelten Sinne: sich der eigenen Grundlagen zu vergewissern und dann auch die Grundlagen der Religion bzw. der Weltanschauung des Dialogpartners in den Blick zu nehmen. Im Blick auf einen Dialog mit dem Islam ist es z. B. bedeutsam zu wissen, dass im Koran das Infragestellen seiner Grundlagen abgelehnt wird,[25] zumal der Islam gemäß Koranvers 3,19 bei Allah als die einzig wahre Religion gilt. Ein Dialog über Glaubenswahrheiten dürfte von Muslimen nicht als offener Diskurs angesehen werden, sondern als Möglichkeit zur Missionierung und bei Ablehnung des Islam als Legitimation für gewalttätiges Vorgehen (vgl. Koranverse 9,5 und 4,89).

VI. Schwierige Verständigung

Auf Grund der „Kontakt"-Warnungen im Islam ergibt sich die Frage: Ist eine Forderung nach einem Dialog über Glaubensfragen zwischen Christen und Muslimen und den daraus sich entwickelnden Konsequenzen von muslimischer Seite her überhaupt möglich und erlaubt? Hinzu kommt: Muslime, die sich mit Christen auf

---

Der Sprecher der Kairoer Universität dürfte die vielen Aufrufe im Koran zum Kampf kennen und wissen, dass Mohammed, dessen Leben für Muslime als beispielhaft gilt, etliche Kriege geführt hat. Er dürfte wissen, dass ein oder zwei Araberstämme den Islam freiwillig angenommen haben und, wie es heißt, auch Teile der Bevölkerung Indonesiens. Andere Staaten aber, die heute islamisch sind, sind von Muslimen erobert und unterworfen worden. Ein großer Teil der Bevölkerung hat sich nach und nach veranlasst gesehen, den Islam anzunehmen.

Der Apostolische Stuhl will den Dialog mit der Al Azhar-Universität dennoch fortsetzen.

24 Küng, Hans, Projekt Weltethos, München 1990, S. 135.
25 Belegstellen: Fußnote 16 dieses Beitrages.

Adams Hinweis auf „bisweilen gute geschichtliche Beziehungen" klingt an, dass Muslime gerade nicht durchweg auf Dialoge mit Juden und Christen aus waren und auch heute möglicher Weise noch nicht sind. Eugen Sorg z. B. schildert die Situation der Christen und Juden in Andalusien in seinem Artikel „Das Land, wo Blut und Honig" floss, anders als sie bei Baki Adam anklingt.[22]

Außerdem können Muslime auch ohne Dialog mit Juden und Christen davon ausgehen, dass der Islam über alle Religionen siegen werde, heißt es doch im Koran:

> „Er [Allah] ist es, der Seinen Gesandten mit der Rechtleitung und der wahren Religion geschickt hat, um ihr (d. h. der wahren Religion (des Islam)) zum Sieg zu verhelfen über alles, was es (sonst) an Religion gibt." Koranvers 48,28

Einem Dialog der Muslime mit Juden und Christen stehen also Koranaussagen entgegen.

Der iranische Staatspräsident Chatami hat im November 2005 anlässlich eines Besuchs beim Wissenschaftskolleg in Berlin zum Thema Dialog zwischen Religionen im Hinblick auf den Islam kurz und bündig formuliert: „Ein Dialog der Religionen ist nicht möglich!" Im Blick auf Mitteilungen im Koran und in den Hadithen hat er damit zutreffend eine bzw. die islamische Position zum Thema Dialog beschrieben.[23] Sie dürfte von etlichen Muslimen geteilt werden.

---

22 Der Artikel ist in diesem Buch abgedruckt.
23 Bemerkenswert ist z. B. die Reaktion der Kairoer Al Azhar-Universität, auf Papst Benedikts XVI. Forderung an den ägyptischen Staat, die koptischen Ägypter besser vor Verfolgungen zu schützen. Radio Vatikan berichtete 9. Juni 2013 im Newsletter:
„2011, kurz vor dem Sturz Mubaraks, hatte sich die Universität über Rufe von Papst Benedikt XVI. nach einem besseren Schutz für die koptische Minderheit geärgert. Sie wertete diese als Einmischung in die inneren Angelegenheiten des mehrheitlich islamischen Landes. Dem Appell des damaligen Papstes vorausgegangen war ein Massaker an christlichen Kopten nach dem Neujahrsgottesdienst in Alexandria. Die Muslime warteten nun auf ein Zeichen von Papst Franziskus, so Abdel Gawad: 'Wenn er in einer Rede sagt, dass der Islam eine Religion des Friedens [ist], dass die Muslime weder Krieg noch Gewalt suchen, wäre das schon ein Fortschritt.'"

zu einem Wort zwischen uns und euch auf gleicher Basis! Dass wir keinem dienen außer Gott, dass wir ihm nichts beigesellen<' (3/64).

Diese im Koran enthaltenen Anweisungen haben dazu geführt, dass Muslime, Juden und Christen bisweilen gute Beziehungen miteinander anknüpften und es zu einem Austausch kam. In den Quellen der islamischen Geschichte finden sich dafür Beispiele. So hatte Muhammad nach der Hidschra nach Medina Kontakt zu anderen Glaubensgemeinschaften, insbesondere zu Juden. Er begründete durch dass Abkommen von Medina eine politische Gemeinschaft mit ihnen.

Darüber hinaus fand im Jahr 631 zwischen einer aus dem Gebiet Nadschran (Jemen) kommenden sechzigköpfigen Abordnung von Christen und Muhammad ein Meinungsaustausch statt u. a. über das Wesen von Jesus. Muhammad soll lange mit ihnen gesprochen haben, sehr gastfreundlich gewesen sein und ihnen gestattet haben, in der Moschee einen Gottesdienst abzuhalten /s. Ibn Sad). Außerdem ist bekannt, dass sich während der Herrschaft der Abbasiden im Königspalast Gelehrte unterschiedlicher Religionen einfanden, um theologische Diskussionen zu führen. Auch unter den andalusischen Umayyaden in Spanien herrschte eine Kultur des Miteinanders, die auf dem Dialog zwischen Muslimen, Juden und Christen basierte.

Dies alles zeigt, dass die Muslime in der Lage sind, mit Angehörigen unterschiedlicher Religionen in Dialog zu treten und auf politischer, wirtschaftlicher, kultureller Ebene mit ihnen zu kooperieren und zusammenzuleben. Interreligiöser Dialog wird heute in vielen Ländern mit wachsender Intensität auf verschiedenen Ebenen und durch unterschiedliche Organisationen ... geführt und in die Praxis umgesetzt."[21]

Die Koransuren, die Baki Adam zitiert und aus denen sich die angeblich muslimische Bereitschaft zum Dialog ergibt, geben das aber nicht her. In ihnen wird nämlich nicht zum Gedankenaustausch und zum gemeinsamen Suchen nach Wahrheit aufgefordert, sondern es geht darum, dass Juden und Christen kommen sollen und die koranischen Aussagen als wahr anzuerkennen haben. In Prof.

---

21 Adam, Baki, Artikel „Dialog, interreligiöser (isl.)" in: Lexikon des Dialogs. Grundbegriffe aus Christentum und Islam, Band 1, im Auftrag der Eugen-Biser-Stiftung hrsg. von Richard Heinzmann in Zusammenarbeit mit Peter Antes u. a., Freiburg, Basel, Wien 2013, S. 133 f..

Nach dem Islamwissenschaftler Tilman Nagel ist im Koranvers 2,256 überhaupt nicht die Religionsfreiheit im eigentlichen Sinne angesprochen, sondern die Ritualpraxis und erst indirekt die Religionsfreiheit. Prof. Nagel schreibt:

> „Indem man aus Vers 256 die Formulierung '... kein Zwang in der Ritualpraxis (din)' herauslöst und so begreifen möchte, als lautete sie: '... kein Zwang zu einem (bestimmten) Glauben', gewinnt man einen Scheinbeleg für eine in der koranischen Botschaft angeblich enthaltene Religionsfreiheit. Weder sonst im Koran noch im Hadith oder in den Überlieferungen zur Prophetenvita findet man einen Hinweis darauf, dass Mohammed mit diesem Gedanken gespielt habe. Er sah sich vielmehr berufen, mit allen denkbaren Mitteln die Befolgung der von ihm für wahr erkannten Riten durchzusetzen, die, da erstmals von Abraham verkündet, älter als Judentum und Christentum seien und schon allein deshalb richtig (3,64 f.).“[19]

Der Religionswissenschaftler Baki Adam, Geschichtslehrer an der Universität in Ankara (Türkei) nennt im „Lexikon des Dialogs" im Artikel „Dialog, interreligiöser (isl.)" folgende Grundsätze:

> „Gottes Einsheit, der Glaube an das Jenseits und an gute Taten werden im Koran als die drei Grundprinzipien der Religion benannt (2/62). Vor dem Hintergrund dieser Prinzipien werden Ähnlichkeiten zwischen Muslimen und den Anhängern der Buchreligionen aufgewiesen, und die Muslime werden zum Dialog mit diesen aufgerufen: 'Sprecht: >Wir glauben an das, was auf uns herabgesandt und was auf euch herabgesandt wurde. Unser und euer Gott sind Einer. Ihm sind wir ergeben<' (29/46);[20] 'Sprich: >Ihr Buchbesitzer! Kommt her

---

Falschheiten von sich geben, sind Betrunkene und Drogenabhängige [die unter dem Einfluss von Alkohol oder Haschisch stehen].
Quelle: www.youtube.com/watch?v=NiJ0DT6LMSg

19 Nagel, Tilman, in: „Kämpfen bis zum endgültigen Triumph", Neue Zürcher Zeitung, 25. November 2006. Islam: *„Keiner von Euch ist ein Gläubiger, solange er nicht seinem Bruder wünscht, was er sich selber wünscht."* – An-Nawawi, Kitab Al-Arba'in (Vierzig Hadithe), 13.256. Koran *Kein Zwang in der Religion*: „In der Religion gibt es keinen Zwang." https://de.wikipedia.org/wiki/Weltethos Do., 7. August 2014, 15.45 Uhr. „Bruder" aber ist nur ein Muslim, alle anderen sind „Kuffar", Ungläubige, denen allenfalls ein dhimmi-Status zukommt.

20 In den Koranübersetzungen von Rudi Paret, Adel Theodor Khoury, Max Henning, Ludwig Ullmann/L.W. Winter und Muhammad ibn Ahmad ibn Rassoul heißt es „ist" statt „sind".

Manche Muslime und Christen werden vielleicht darauf hinweisen, dass es im Koran heiße:

> „In der Religion gibt es keinen Zwang (d. h. man kann niemand zum (rechten) Glauben zwingen)." Koranvers 2,256

Aber damit ist keine freie Wahl der Religion gemeint, sondern nur das Recht, Muslim zu werden.[18]

---

18 Veröffentlichung des Instituts für Islamfragen der Evangelischen Allianz: Kategorie: Fatawa (Rechtsgutachten) 05. März 2014, 04.00 Uhr
Fatwa zur Bedeutung des Koranverses „Es ist kein Zwang im Glauben" (Sure 2, 256)
Kein „Zwang im Glauben" bedeutet nicht, den Islam verlassen zu dürfen
Von dem in Ägypten geborenen Rechtsgutachter Abi Ishak al-Huwaini, einem in arabischsprachigen Ländern sehr populären muslimischen Religionsgelehrten, Prediger und Rechtsgutachter
(Institut für Islamfragen, dh, 05.03.2014)
Frage: „Was bedeutet es, dass es „Keinen Zwang im Glauben" bei Muslimen gibt?
Antwort: „'Kein Zwang im Glauben' (Sure 2,256) – ja, das ist richtig. Und ebenso: 'Darum lass den gläubig sein, der will, und den ungläubig sein, der will.' (Sure 18,29). Ja, das stimmt ebenfalls, allerdings nur unter einer Bedingung: Es gilt, solange man nicht zum Islam übertritt. Solange man kein Muslim ist, ist man frei. Keiner zwingt jemand, dem Islam anzugehören oder zum Islam überzutreten.
Wenn du Christ bist, sei ein Christ. Wenn du ein Jude bist, sei ein Jude. Wenn du irgendeiner Religion angehörst, tu dies. Aber eines muss dir klar sein: Der Islam ist eine Religion, die ihre Vorschriften und Grenzen [d.i. Strafen] hat. Eine der festen Vorschriften des Islam ist, über die alle muslimischen Religionsgelehrten sich einig sind: Wer freiwillig zum Islam konvertiert und nicht gezwungen wurde, darf den Islam nicht [wieder] verlassen. Falls er das tut, gilt für ihn die Todesstrafe.
Falls du bei Geltung dieser Vorschrift [als Summe der gesamten Vorschriften des Islam] übertreten möchtest, herzlich willkommen! Falls du es nicht möchtest [zum Islam übertreten], brauchen wir ... dich nicht. Das ist die Vorschrift des Islam.
Einige propagieren die Freiheit zum Unglauben [indem sie behaupten]: Ein Muslim kann ungläubig werden, er ist frei in seiner Entscheidung, denn [angeblich] gibt es keinen Zwang im Glauben. Ein Mensch [ein Muslim] braucht nicht zu beten – es gibt ja keinen Zwang im Glauben. Ein Muslim braucht keine Almosen zu geben, keine Pilgerfahrt zu verrichten und muss nicht fasten, denn es gibt ja keinen Zwang im Glauben.
Nun, welcher muslimische Religionsgelehrte hat denn das gesagt?
Gar keiner hat diese Falschheiten [falsche Auslegungen des o.g. Koranverses] je behauptet und keiner darf sie aussprechen. Diejenigen, die diese

Nach dem Koran sollen die Muslime Andersgläubige nicht zu Vertrauten nehmen, nicht einmal, wenn es ihre nächsten Angehörigen sind, vgl. Koranvers 3,118. Jeder Muslim, der dagegen verstößt, gibt Allah einen Grund, gegen ihn vorzugehen, vgl. Koranverse 4,144; 5,57. In Fatwas wird zusätzlich dargelegt, dass Muslime sogenannte Ungläubige nicht zuerst grüßen sollen, Ungläubige den Muslimen auf Straßen und Plätzen Platz zu machen haben, dass die Reichtümer dieser Erde in erster Linie für die Muslime bestimmt sind (vgl. Koranvers 33,27) und Ungläubigen in islamischen Gesellschaften eine erniedrigte Stellung zuzuweisen ist. Ein Gespräch auf Augenhöhe mit Andersgläubigen ist wegen dieser koranischen Weisungen daher bei Muslimen nicht ohne Weiteres zu erwarten, es sei denn, sie sind in der Minderheit.

Aus islamischer Sicht ist für Andersgläubige charakteristisch, dass sie die doch so einleuchtenden Wahrheiten des Koran nicht einsehen wollen. Andersgläubige, die zur Hinkehr zum Islam aufgefordert worden sind und dies ablehnen sowie auch Atheisten stehen aus muslimischer Sicht mit der Wahrheit auf Kriegsfuß und sind zu bekämpfen. Deswegen ist aus islamischer Sicht ein Dialog im Sinne von Wahrheitssuche mit solchen Personen sinnlos. Mit ihnen ist nicht zu reden, sie sind zu unterwerfen, sobald sich dazu Gelegenheit bietet. Das praktizieren offenbar die verschiedenen islamischen Gemeinschaften auch untereinander. Jede von ihnen dürfte davon ausgehen, dass sie diejenige ist, die den wahren, den authentischen Islam vertritt. Daher sind die anderen islamischen Gemeinschaften zur Konversion aufzufordern oder als Ungläubige zu bekämpfen.[17]

Die alsbald nach Mohammeds Tod begonnenen und immer wieder aufflammenden Kämpfe/Kriege zwischen Sunniten und Schiiten, aber auch gegen Aleviten und andere islamische Denominationen zeigen, dass vom Dialog unter Muslimen der verschiedenen Glaubensrichtungen noch nicht viel zu bemerken ist. Eine Dialog-Kultur über Glaubensfragen mag es zwischen den acht allgemein anerkannten Koranschulen geben; wenn es sie geben sollte, scheint sie aber auf der Ebene der Moschee-Gemeinden noch nicht angekommen zu sein.

---

17 In Deutschland gibt es Zusammenschlüsse von islamischen Gemeinschaften wie den „Koordinierungsrat der Muslime" (KRM) und den „Zentralrat der Muslime" (ZMD). Einig sind sich die darin vertretenen islamischen Gemeinschaften möglicherweise bisher nur, wenn es um Forderungen an den Staat geht.

9,30. Beim Koran aber habe Allah dafür gesorgt, dass er unverfälscht zu den Menschen gelangt sei.

> „So (wie er dir vorliegt) haben wir ihn (d. h. den Koran) als eine arabische Entscheidung hinab gesandt." Koranvers 3,37
>
> „(Dies ist) eine Schrift, die wir (als Offenbarung) zu dir [Mohammed] hinab gesandt haben, damit du die Menschen ... aus der Finsternis ins Licht hinausbringst." Koranvers 14,1

Deswegen sei es nicht erlaubt, die koranischen Offenbarungen in Zweifel zu ziehen. Vielmehr habe jeder, der zweifelnde Fragen an den Koran stelle, ein krankes Herz[15] und sei bereits dabei, innerlich vom Islam abzufallen. Um jedem Glaubenszweifel vorzubeugen, fordert Allah die Muslime auf, sich auch nur so weit wie erforderlich mit Ungläubigen einzulassen und ggf. taqiya zu üben, nämlich ihren Glauben und ihre wahren Absichten zu verbergen, zu verschleiern. Wie Muslime bei dieser Ausgangslage überhaupt zu einem Dialog bereit sein können, ist deshalb insbesondere von Muslimen zu klären und zu erläutern, zumal es im Koran etliche Widersprüche und damit Anlass zum Fragen gibt. Necla Kelek meint dazu:

> „Dass Widersprüche im Koran bestehen, wird auch von Mohammed eingestanden. Es stehe ihm aber nicht zu, sagt er, dies zu ändern; er gäbe nur wieder, was ihm geoffenbart worden sei. Diese Sowohl-als-auch-Argumentation erlaubt den Islamgelehrten bis heute, den Koran mal wörtlich, mal im historischen Kontext, mal dem Sinn nach, auf jeden Fall aber ganz nach Belieben oder Interesse zu deuten."

Und weiter schreibt sie, als Muslim und erst recht als Ungläubiger habe man kein Recht,

> „die göttliche Ordnung infrage zu stellen. Man hat auch kein Recht, überhaupt Fragen zu stellen. Kritische Fragen zu stellen bedeutet zu zweifeln. Und Zweifel ist Gotteslästerung. Der türkische Ministerpräsident Tayyip Erdogan gebrauchte in diesem Sinne in einem Interview die Formel: 'Unsere Religion ist ohne Fehler'."[16]

---

15 „Er dachte nach und wog ab, (was gegen die göttliche Botschaft vorzubringen sei?). Verflucht (wörtlich: Getötet sei er!), wie wog er ab! Noch einmal (wörtlich: Hierauf): wie wog er ab!" Koranverse 74,18-20; siehe auch die Koranverse 26,89; 22,53 f..

16 Kelek, Necla, Himmelsreise – Mein Streit mit den Wächtern des Islam, Taschenbuchausgabe, München 2011, S. 58 und 69.

h. auf dem Wege der freien Forschung, mit Hilfe des Lehramtes oder der Unterweisung, des Gedankenaustausches und des Dialogs, wodurch die Menschen einander die Wahrheit, die sie gefunden haben oder gefunden zu haben glauben, mitteilen, damit sie sich bei der Erforschung der Wahrheit gegenseitig zu Hilfe kommen; an der einmal erkannten Wahrheit jedoch muss man mit personaler Zustimmung festhalten."[14]

Die Suche nach der Wahrheit ist demnach nicht ins Belieben der Menschen gestellt, sondern gehört zu ihren Aufgaben.

2. Koranische Grundlagen für einen Dialog

a) Koranische „Grundwahrheiten"

Zu den unabänderlichen Wahrheiten zählt bei Muslimen:
- Allah ist ein einziger und der einzige Gott. Er hat das Weltall und die Menschen erschaffen und wird alle Menschen richten.
- Allah hat keinen Sohn gezeugt. Allah hat Jesus wie Adam aus Erde erschaffen (Koranvers 3,60).
- Jesus, der Sohn der Maria, ist nur ein Gesandter, dem etliche andere Gesandte vorausgegangen sind (Koranvers 5,76) und dem Mohammed als Siegel der Propheten gefolgt ist.
- Im Koran steht die endgültige Offenbarung Allahs.
- Frauen und Nichtmuslime haben eine mindere Rechtsstellung.
- Alle Muslime sind zum Dschihad verpflichtet, bei Bedarf auch mit der Waffe.

b) Islamische Stellungnahmen zum Dialog

Der Koran gilt bei Muslimen als die abschließende Offenbarung Allahs. Mit dem Koran seien die endgültigen Weisungen erfolgt und deswegen auch verbindlich für alle Völker und für alle Zeit. Die Offenbarungen dagegen, die die Juden und Christen erhalten hätten, lägen nicht mehr in den ursprünglichen Mitteilungen vor, sondern seien teilweise verfälscht worden, vgl. Koranverse 5,17;

---

14 Zweites Vatikanisches Konzil, Erklärung über die Religionsfreiheit, in: Rahner, Karl/Vorgrimler, Herbert, Kleines Konzilskompendium, 2. Auflage, Freiburg i. Br. 1966, Nr. 3, S. 661 [663].

Überhaupt ist die gesamte Heilige Schrift des Alten und des Neuen Testaments auf „Dialog" angelegt. Der Gott der Bibel spricht von Anfang an mit Adam und Eva. Bei Noach und Abraham kommt Gottes Angebot zu einem immerwährenden Bund hinzu. Der Gott der Bibel nimmt den Menschen ernst, spricht mit ihm und geht schließlich so weit, dass er ihm sein „ewiges Wort", den „logos", als Mensch sendet, Jesus Christus (vgl. Johannes 1,1 ff.).

Im Neuen Testament steht, dass zwar alle notwendigen Heilswahrheiten mitgeteilt, aber noch längst nicht von allen Christen verstanden worden sind und praktiziert werden. Jesus verheißt deswegen den Seinen den Heiligen Geist, den Beistand und Tröster, der sie in alle Wahrheit einführen wird (vgl. Johannes 16,13). Das beginnt mit Jesu „Heimkehr" zum Vater und dauert immer noch an. Deswegen können Christen mit allen Menschen einen Dialog beginnen und mit ihnen um vertiefte Kenntnis der Wahrheit ringen – in der Gewissheit, dass der von Jesus verheißene Beistand, der Heilige Geist, sie leitet.[13]

Die römisch-katholische Kirche äußert sich im 2. Vatikanischen Konzil in der „Erklärung über die Religionsfreiheit" (Dignitatis humanae) sowohl zum Recht auf Suche nach der Wahrheit als auch zur Pflicht dazu:

> „Deshalb hat ein jeder die Pflicht und also auch das Recht, die Wahrheit im Bereich der Religion zu suchen, um sich in Klugheit unter Anwendung geeigneter Mittel und Wege rechte und wahre Gewissensurteile zu bilden.
>
> Die Wahrheit muss aber auf eine Weise gesucht werden, die der Würde der menschlichen Person und ihrer Sozialnatur eigen ist, d.

---

13 Vgl. Johannes 14,15 ff. und 15,26. Muslime behaupten, mit dem Beistand, dem Tröster, sei Mohammed gemeint. Denn im griechischen Original stehe nicht parakletos (~ Herbeigerufener, Sachwalter, Tröster), sondern periklytos (~ Berühmter, Herrlicher). Im Arabischen aber heiße „Berühmter" „Achmad" und schon sind sie bei Muachmad und Muhammad. Ihr Fazit: Muhammad werde im Neuen Testament angekündigt. Diese muslimische Deutung passt jedoch nicht mit dem jeweiligen Kontext im Johannesevangelium zusammen. Jesus verspricht den Seinen, den Parakletos, den Heiligen Geist (pneuma ton hagion) zu senden, sobald er zum Vater heimgekehrt ist und nicht erst im Jahr 612 n. Chr.. In dem Jahr will nämlich Mohammed erstmals Offenbarungen erhalten haben. Außerdem verheißt Jesus den Parakletos nicht für 20 Jahre, sondern bis zum Ende der Zeit. Mohammed aber ist im Jahr 632 n. Chr. gestorben.

V. Vorgaben aus Bibel und Koran

1. Biblische Grundlagen für einen Dialog

a) Biblische „Grundwahrheiten"

Zu den christlichen Grundwahrheiten gehört nicht nur, dass der biblische Gott das Universum geschaffen hat und die Menschen als sein Ebenbild, sondern dass er in Jesus Christus seinen Sohn nach dem Sündenfall zur Erlösung der Menschheit gesandt hat und Jesus Christus einst kommen wird zu richten die Lebenden und die Toten.[11]

Jesus Christus verkündigt:

- „Ich bin der Weg und die Wahrheit und das Leben; niemand kommt zum Vater außer durch mich." Johannes 14,6[12]
- „Wer mich gesehen hat, hat den Vater gesehen." Johannes 14,9
- „Mir ist alle Macht gegeben im Himmel und auf der Erde. Darum geht zu allen Völkern, und macht alle Menschen zu meinen Jüngern; tauft sie auf den Namen des Vaters und des Sohnes und des Heiligen Geistes, und lehrt sie, alles zu befolgen, was ich euch befohlen habe." Matthäus 28,18 f.
- Jesus Christus ist der „logos", das Wort Gottes in Person, vgl. Johannes 1,1 ff. und Hebräer 1,1 ff.

Diese und andere Glaubenssätze sind für Christen nicht verhandelbar; aber sie sind befragbar.

b) Christliche Stellungnahmen zum Dialog

Die Christen werden im Neuen Testament zum Gespräch, zum Dialog ermuntert. So heißt es im ersten Petrusbrief 3,15 f.:

> „Seid stets bereit, jedem Rede und Antwort zu stehen, der nach der Hoffnung fragt, die euch erfüllt."

Und Paulus schreibt an die Kolosser 4,6:

> „Eure Worte seien immer freundlich, ...; denn ihr müsst jedem in der rechten Weise antworten können."

---

11 Vgl. Apostolisches Glaubensbekenntnis.
12 Alle Bibelzitate in diesem Beitrag stammen aus: Die Bibel, Einheitsübersetzung der Heiligen Schrift, Altes und Neues Testament, 1. Auflage, Aschaffenburg 1980.

von Göttern gegründeten oder auf einer Weltanschauung fußenden Gemeinwesens infrage und gefährdet dadurch dessen Bestand.

Einige Religions- und Weltanschauungsgemeinschaften werden sich wohl weigern oder mindestens schwer tun, sich, und sei es auch nur in Dialogen, infrage stellen zu lassen, insbesondere durch Gemeinschaften, zu denen sie im Konkurrenzverhältnis stehen und deren Grundlagen sie wegen ihres eigenen Glaubens insgesamt oder teilweise für falsch halten und deswegen ablehnen. Solch ein Infragestellen kann dann als „Angriff" auf das eigene Gemeinwesen gesehen und als „Gotteslästerung" vehement zurückgewiesen werden. Wer daher von religiösen oder weltanschaulichen Gemeinschaften fordert, sie sollten mit anderen ebenso strukturierten Gemeinschaften oder mit Atheisten in einen Dialog treten, in einen Dialog, in dem es um die Wahrheit ihres eigenen Fundaments geht, verlangt große intellektuelle Redlichkeit von diesen Gemeinschaften.

Aber lässt sich bei einer weltweit vernetzten Menschheit die Frage nach der Stellung des Menschen in der Welt, nach seiner Verantwortung für Recht und Gerechtigkeit, die Frage nach der Teilhabe aller an den Gütern der Erde sowie die Frage nach verbindlichen Regeln für das Miteinander von Staaten und Wirtschaftsunternehmen mit Drohungen oder mit Mitteln des Strafrechts aus der Diskussion heraushalten?

Durch Abschotten, Tabus, Verbote lässt sich ein offenes Wort zu Grundfragen zwar behindern, aber auf Dauer nicht verhindern. Alle Religions- und Weltanschauungsgemeinschaften tun daher gut daran, sich ihrer religiösen Grundlagen zu vergewissern, um sich anschließend den Fragen Anderer umso leichter stellen zu können.[10] Das gilt auch für das Christentum und ebenso für den Islam. Und wie stehen diese beiden Religionsgemeinschaften selbst zum Dialog, zur Suche nach der Wahrheit?

---

10 Die muslimische Soziologin Necla Kelek schreibt: „Ein Dialog darüber, was der Islam eigentlich ist, woran geglaubt wird, was ihn ausmacht und vom Juden- oder Christentum unterscheidet und womit er unsere Gesellschaft bereichern könnte, darüber gibt es keinen Diskurs", in: Himmelsreise – Mein Streit mit den Wächtern des Islam, Taschenbuchausgabe, München 2011, S. 23.

'die Partei immer recht' hat,[7] gilt daher als abtrünnig und wird von dieser Religions- bzw. Weltanschauungsgemeinschaft ausgeschlossen, manchmal gesellschaftlich gemieden und geächtet, evtl. bekämpft, inhaftiert und sogar liquidiert. Denn andernfalls sieht sich der „Rest" möglicherweise in Gefahr, die Gunst seines Gottes/seiner Götter zu verlieren und dafür bestraft oder gar verstoßen zu werden.

In dieser Situation sieht sich das biblische Israel und auch der Islam. Nach dem Alten Testament steht die Existenz Israels als Staat und Volk auf dem Spiel, wenn es sich von Jahwe abwendet und fremden Göttern huldigt.[8] Jahwe gibt sein Volk dann öfters seinen Feinden preis, zieht aber nie endgültig seine Hand von ihm zurück.[9] Nach dem Koran sind jene Muslime von Strafe bzw. Verwerfung betroffen, die es ablehnen, für Allah zu kämpfen, sowie jene, die sich von seiner Botschaft abwenden.

„Ihr Gläubigen! ... Wenn ihr nicht ausrückt, lässt er [Allah] euch eine schmerzhafte Strafe zukommen und ein anderes Volk eure Stelle einnehmen ... Allah hat zu allem die Macht." Koranverse 9,38 f.

„Wenn ihr euch abwendet (und der Heilsbotschaft kein Gehör schenkt), lässt er [Allah] ein anderes Volk eure Stelle einnehmen. Die werden dann nicht so sein, wie ihr (zeitlebens gewesen seid, vielmehr dem Ruf zum Heil Folge leisten)." Koranverse 47,36-38

Deswegen hat ein Abweichen von wesentlichen Forderungen der Religion oder Ideologie in solchen Gemeinschaften gewöhnlich auch auf staatlicher Ebene Konsequenzen. Der Glaubensabfall bzw. das Verneinen ideologischer Maxime kann als „crimen laesae maiestatis" (Majestätsverbrechen) angesehen oder als Vaterlandsverrat (Hochverrat) gewertet und strafrechtlich verfolgt werden. Denn wer am Glauben, an der herrschenden Weltanschauung seiner Gemeinschaft zweifelt und seine Zweifel auch noch verbreitet, stellt aus Sicht der „Gläubigen" das Fundament des von einem Gott oder

---

7   Erinnert sei an „Das Lied der Partei" von Louis Fürnberg, in dem es im Refrain heißt: „Die Partei, die Partei, die hat immer recht."
8   In Jesaja 9,7 ff., Ezechiel 12, Richter 6,1, Klagelieder 1,14 ff. und insbesondere im 2. Buch der Könige wird das immer wieder resümierend festgestellt, siehe 2 Könige 13,1 ff., 15,27 ff., 17,7, 17,19 ff., 18,12, 21,10, 24,1 ff., 24,20.
9   Zur Frage, ob Gott das Volk Israel verstoßen hat, siehe u. a. Römerbrief 11,1 ff. und die dadurch ausgelösten Diskussionen.

- „Der Dialog des theologischen Austausches" (christliche und nichtchristliche Theologen tauschen sich aus, informieren sich gegenseitig über Inhalte ihres jeweiligen religiösen Erbes).
- „Der Dialog der religiösen Erfahrung" (Menschen tauschen sich aus über ihre geistlichen Erfahrungen und ihren spirituellen Reichtum).

Schon beim „Dialog des Lebens und des Handelns" ist als Erstes zu klären, was denn das Wohl des Menschen ist und welches Verhalten, welche Regeln dieses Wohl fördern.

IV. Besonderheiten bei Religionen und Weltanschauungen

Charakteristisch für Religionen und Weltanschauungen ist, dass sie gemeinhin ihre Lehren und Grundsätze für die absolute Wahrheit halten, insbesondere dann, wenn sie diese als von einem Gott geoffenbarte Wahrheiten glauben. Weiter ist zu beobachten:

> „Religion ist oft Ausdruck der tiefsten Gefühle und Empfindsamkeiten von Menschen und Gemeinschaften."[6]

Göttliche Offenbarungen verknüpfen gleichsam Himmel und Erde, Zeit und Ewigkeit miteinander und sehen das Verhalten im Erdenleben als maßgeblich für das ewige Leben oder eine Wiedergeburt an. Ähnliches gilt von Weltanschauungen, sofern sie Jenseitserwartungen haben oder auf eine Vervollkommnung von Staat und Gesellschaft hoffen.

Eine Gemeinschaft, die sich als von einem Gott oder von Göttern gegründet sieht bzw. auf einer Ideologie gegründet ist, wird dazu neigen, ihre Grundsätze auch in Dialogen nicht selbst zur Disposition zu stellen oder sie von der Gegenseite in Frage stellen zu lassen. Abweichler werden häufig nicht geduldet. Jedes Mitglied einer Religions- bzw. Weltanschauungsgemeinschaft, das göttliche Offenbarungen oder die Gründungs-Ideologie seiner Gemeinschaft in Frage stellt oder ihnen/ihr gar widerspricht und eben nicht glaubt, dass z. B.

---

6 Ökumenischer Rat der Kirchen, Ökumenische Erwägungen zum Dialog und zu den Beziehungen mit Menschen anderer Religionen, 2002, im Internet in der Fassung vom 11.11.2014; aufgerufen am 17.09.2015.

mutigung oder auch Beifall zur Ermutigung eines Dialogpartners. Auf diese Weise kommen noch gruppendynamische Effekte in den Blick, sofern ein Dialog in einer öffentlichen Veranstaltung stattfindet und die Wahrheitssuche dadurch mitgestaltet bzw. beeinflusst wird. Aber auch zustimmende Äußerungen oder Missfallensäußerungen können falsch verstanden, nämlich auf unterschiedliche Sachverhalte bezogen werden.

Drohgebärden und öffentlichkeitswirksamer Druck haben bei einem Dialog nichts zu suchen.

II. Dialog erfordende Themen

Eine weitere Frage ist, welche Einsichten im Dialog gefunden werden können. Im Wesentlichen sind es sogenannte Seins-Fragen, nämlich Fragen nach dem Woher und Wohin der Welt und des Menschen sowie Fragen zu Ethos und Moral.

Dialog erfordernde Themen sind beispielsweise Fragen zur sozialen Gerechtigkeit, zur Bioethik, zur Anerkennung der Religion als Menschenrecht im Sinne der UN-Menschenrechtserklärung und damit auch als Recht der Christen auf Religionsfreiheit in islamischen Ländern, weiter Fragen des Friedens zwischen Völkern und Staaten, zwischen den Religionen und Weltanschauungen sowie Fragen der Beteiligung aller Völker an der Nutzung der Bodenschätze und der Wasservorräte der Erde.

III. Anwendungsorientierte Einteilung von Dialogen

Bei den genannten Dialogen lassen sich folgende Arten unterscheiden, die aber miteinander verknüpft bleiben:[5]

- „Der Dialog des Lebens und des Handelns" (die praktische Ebene der zwischenmenschlichen Begegnung von Christen und Nichtchristen im Alltag).

---

5   Siehe dazu auch: www.erzbistum-koeln.de/seelsorge_und_glaube/kirche_imdialog/interreligioeser-dialog/, 05. September 2014.

Bei Verstellung und Täuschungsabsicht, z. B. bei taqiya, ist es wichtig, dass der Dialogpartner sie erkennt. Täuschung passt nicht zur Wahrheitssuche und zu Vereinbarungen über das gesellschaftliche Miteinander. Bereits jeder Täuschungsversuch zeigt, dass die Suche nach Wahrheit und daraus folgend ein friedliches Miteinander nicht vorrangiges Ziel des Gesprächs ist.

Zum Thema „Verstellung" schreibt die Islamwissenschaftlerin Ursula Spuler-Stegemann: Die Orientalen haben

> „unter bestimmten Umständen ein anderes 'Wahrheitsverständnis' als wir. Zwei völlig unterschiedliche Aspekte führen zu dieser Einschätzung. Der erste Aspekt ist kultureller, der zweite religiöser Art. ... Taqiya bedeutet, dass ein Muslim seine religiöse Identität oder seine wahren Absichten im Fall der Bedrohung zu verschweigen hat. Für die Schiiten ist taqiya vor allem dann geboten, wenn das eigene Leben oder das eines anderen Schiiten in Gefahr ist, aber auch, wenn sein Eigentum oder das Eigentum eines anderen Schiiten gefährdet ist ... [S. 52]
>
> Taqiya kann sogar so weit gehen, dass er [der Schiit] die religiösen Riten von Nichtmuslimen mitpraktiziert, um nicht als Schiit erkannt zu werden. Obgleich taqiya nur für Schiiten obligatorisch ist und die Sunniten die Schiiten deshalb immer wieder wegen ihrer 'Falschheit' anprangern, wird sie auch bei den Sunniten angewandt. Im nicht-muslimischen Umfeld ist eine solche Haltung also auch Sunniten nicht verboten und gegebenenfalls sogar religiös legitimiert, für die Schiiten aber ist sie religiöse Pflicht. [S. 53 f.]"[4]

3. Bedeutung des Umfeldes

Wer die Grundlagen eines Dialogs benennt, kann sich auf das unmittelbare Geschehen zwischen den Dialogpartnern beschränken. Er kann aber zusätzlich noch die gesellschaftliche Umgebung in seine Betrachtungen einbeziehen, in die ein Dialog eingebettet ist, z. B. Publikumsreaktionen mit Pfiffen und Buhrufen zur Ent-

---

[4] Spuler-Stegemann, Ursula, Muslime in Deutschland. Informationen und Klärungen, 3. Auflage, Freiburg, Basel, Wien 2002, S. 52-54; vgl. auch Hans-Peter Raddatz, Von Gott zu Allah?, München 2001, S. 283. Raddatz bezeichnet die muslimische taqiya als „islamische Praxis, die [die] Glaubensverleugnung als Nutzenkalkül und pragmatisches Alternativkonzept zum Märtyrertum betreibt".

eine Situation kann bei kontroversen Diskussionen leicht auftreten und damit das Gespräch beenden.

Weiter wird bei einem als Wahrheitssuche im aufgezeigten Sinn verstandenen Dialog vorausgesetzt, dass Wahrheit bzw. Konsens grundsätzlich im Rahmen eines Dialoges findbar ist und die Wahrheitssuche vorrangiges Ziel ist und bleibt.

Wer eine dieser Voraussetzungen ablehnt, braucht sich nicht in einen Dialog zu begeben. Es wäre für ihn und für den bzw. die Dialogpartner verlorene Zeit.

2. Begriffsklärungen

Bereits auf der Ebene der Begriffe können Missverständnisse auftreten, wenn nämlich Begriffen unterschiedliche Bedeutungen beigelegt werden oder Aussagen doppeldeutig sind.[2] Insbesondere im Hinblick auf den Islam ist mit unterschiedlichen Bedeutungen von Begriffen zu rechnen. Bassam Tibi schreibt:

„Um ehrlich miteinander sprechen zu können, müsste man sich zunächst eingestehen, dass nicht einmal die gemeinsam benutzten Begriffe für beide Seiten dasselbe bedeuten. So bezeichnet das Wort 'Friede' im Islam nichts anderes als die Ausweitung der dar- al islam auf die gesamte Welt – etwas ganz anderes also als der aufgeklärte ewige Friede Immanuel Kants. Auch unter Toleranz versteht der Islam etwas anderes als die westliche Aufklärung, nämlich die Duldung nichtislamischer Monotheisten – also nur von Juden und Christen – als dhimmi (Gläubige, jedoch zweiter Klasse), das heißt: als geschützte, aber unmündige Minderheiten. Es führt kein Weg daran vorbei, von den Muslimen zu fordern, ihr Verständnis von Toleranz und von Frieden im Sinne einer Akzeptanz des Pluralismus zu revidieren und auf die Doktrin des Dschihad als Eroberung zu verzichten."[3]

---

2 Krösus, König von Lydien, soll sich beim Orakel von Delphi erkundigt haben, ob er einen Krieg gegen den Perserkönig gewinnen werde. Die Auskunft der Pythia, wenn er den (Grenzfluss) Halys überschreite, werde er ein großes Reich zerstören, hat sich bewahrheitet. Krösus hatte nur nicht bedacht, dass es auch sein eigenes sein könnte und dann auch war.

3 Tibi, Bassam, Selig sind die Betrogenen. Christlich-islamischer Dialog – Täuschungen und westliches Wunschdenken, in: Spuler-Stegemann, Ursula, Feindbild Christentum im Islam. Eine Beschreibung, Freiburg, Basel, Wien 2004, S. 57.

B Einige Voraussetzungen, Möglichkeiten und Grenzen eines Dialogs

I. Formale Aspekte eines Dialogs

1. Allgemeine Regeln für eine Gesprächsführung

Ein Dialog, verstanden als Suche der Beteiligten nach Konsens über eine „Wahrheit", aus der dann ein bestimmtes Verhalten folgt (Orthopraxie), setzt voraus, dass die Dialogteilnehmerinnen und -teilnehmer sich gegenseitig grundsätzlich für dialogfähig halten bzw. dahin gelangen können, dialogfähig zu werden.

Ein Dialog kann weiter nur gelingen, wenn jeder Teilnehmer die anderen Kommunikationspartner als gleichberechtigt anerkennt, sie auf Augenhöhe akzeptiert, mit ihnen Informationen austauscht, nämlich Sachverhalte mitteilt, Erwartungen formuliert, Forderungen stellt etc.. Zu den „Spielregeln" gehört auch, dass die Dialogbeteiligten einander zuhören, sich ausreden lassen und sich gegenseitig die gleiche Redezeit zugestehen. Bedeutsam ist ferner, dass sich die Dialogbeteiligten darüber verständigen, was gleichsam die „Geschäftsgrundlage" für ihre Suche nach einem guten Miteinander ist. In Deutschland sollte es das „Grundgesetz für die Bundesrepublik Deutschland" sein.

Die Diskussionsthemen müssen in der Form sinnvoller Aussagen vorliegen, d. h. für sie muss ihre Charakterisierung als „richtig" oder „falsch" möglich sein. Für eine Aussage der Art „Die blaue Melancholie des Sphärengesangs der durchsichtigen Vierbeiner umschlang lustvoll die Morgenröte des Weltgipfels" ist dies nicht der Fall. Es handelt sich zwar um einen formal korrekt gebauten Satz, aber er ist weder als richtig noch als falsch charakterisierbar. Aussagen dieser Art nennt man sinnlos.

Auch wenn Dialoge abgrenzbar sind von anderen Formen des Gedankenaustausches, können gleitende Übergänge zwischen den Kommunikationsformen vorkommen. So kann ein Dialog zu einem Monolog entarten, wenn ein Dialogpartner sich nicht regelkonform verhält und, nachdem er „das Wort hat", dieses nicht mehr abgibt und ein ggf. anwesender Moderator nicht willens oder in der Lage ist, das Einhalten der Regeln zu erzwingen. Solch

Die Suche nach diesen „Wahrheiten" erschöpft sich dabei nicht in der Suche nach dem rechten Glauben und der richtigen Weltanschauung (Orthodoxie), sondern schließt immer auch die ethische Dimension des verantwortlichen Handelns (Orthopraxie) mit ein. Denn Religionen und Ideologien haben Auswirkungen auf das Verhalten der Menschen.

Dogmen und andere zentrale Glaubensaussagen sowie auch die daraus abgeleiteten ethischen Grundsätze einzelner Religionen und Weltanschauungen, die von ihren Anhängern als nicht zur Disposition stehend angesehen werden, sollten daher spätestens dann Gegenstand des Dialogs werden, wenn deren Inhalt auch Mitglieder anderer Religions- und Weltanschauungsgemeinschaften tangiert, nämlich auf deren Möglichkeiten zur Lebensgestaltung einzuwirken beginnt.

Dazu zählt die Frage nach dem Gottes- und Menschenbild z. B. im Christentum und im Islam, die Frage nach dem Verhältnis von individueller Freiheit und von Pflichten gegenüber der Gemeinschaft, nach dem Recht auf Meinungsäußerungs- und Informationsfreiheit, dem Schutz der persönlichen Ehre und die Frage nach der Lebensweise gemäß der Glaubenslehre bzw. nach der als wahr geglaubten Weltanschauung. Entsprechend ist in Dialogen zu fragen: Welche negativen oder positiven Auswirkungen haben bestimmte Glaubensvorstellungen und ethische Forderungen einer Religions- bzw. Weltanschauungsgemeinschaft auf Andersgläubige, Andersdenkende und damit auf die gesamte Gesellschaft und den Staat sowie auf die Staatengemeinschaft?

Auch wenn bei Dialogveranstaltungen zentrale religiöse Wahrheiten und ethische Grundsätze zunächst nur im Hinblick auf ein gedeihliches Miteinander erörtert werden sollten, können Glaubensfragen darüber hinaus durchaus Gesprächsgegenstand sein, um sich gegenseitig über die je eigene Staats- und Gesellschaftsphilosophie und über die ihr zugrunde liegende Weltanschauung zu informieren. Sie können zum besseren gegenseitigen Verständnis beitragen.

A Vorbemerkungen

Die Gesellschaft in der Bundesrepublik Deutschland hat sich in den letzten 40 Jahren durch den Zuzug vieler sogenannter Gastarbeiter, insbesondere von Muslimen aus der Türkei, sowie durch Kriegs-, Armuts- und „Religions"-Flüchtlinge zunehmend in Richtung einer multikulturellen Gesellschaft entwickelt. Dadurch sind in Staat und Gesellschaft Probleme entstanden, zu deren Lösung „Dialoge" gefordert werden. Das Wort „Dialog" scheint sogar zu einer Zauberformel geworden zu sein, wenn es darum geht, zu einem harmonischen oder doch wenigstens passablen gesellschaftlichen Miteinander zu kommen.

Inzwischen gab und gibt es eine Fülle von Dialogveranstaltungen. Aber bei zentralen Problemen sind trotz aller Dialoge offensichtlich keine Fortschritte zu verzeichnen. Etliche Dialog-Veranstaltungen sind, so scheint es, ergebnislos geblieben und schließlich versandet, weil sich die Gesprächspartner weder über die Voraussetzungen noch über die Inhalte eines Dialogs Gedanken gemacht haben.

Bei jedem Gedankenaustausch geht es um Rede und Gegenrede. Aber jeder Gedankenaustausch hat seine Besonderheit. Bei einem Gespräch von Nachbarn am Gartenzaun sind z. B. keine Regeln erforderlich, bei einer Debatte zwischen mehreren Personen dagegen sehr wohl.[1]

In diesem Beitrag werden mit „Dialog" nur solche Gespräche bezeichnet, bei denen es um die Beschäftigung mit jenen Fragen geht, die für das Zusammenleben von Menschen mit unterschiedlichen Religionen und Weltanschauungen von Bedeutung sind. Dazu u. a. gehören Fragen nach der Verwirklichung von Recht und Gerechtigkeit, von Freiheit, Gleichheit und Menschenwürde. Solche Dialoge haben immer auch mit dem Suchen und Finden von speziellen „Wahrheiten" für bestimmte Anwendungsfelder in der menschlichen Gesellschaft zu tun.

---

1 Bei Debatten z. B. im Deutschen Bundestag wird gewöhnlich die Reihenfolge der Rednerinnen und Redner festgelegt und ebenfalls die Redezeit. Zwischenfragen können nur mit Zustimmung des Redners gestellt werden.

Wage es, frei zu sein, und achte
und beschütze die Freiheit aller Anderen.
Können die Islamverbände, ihre politischen
und religiösen Führer diesen Satz unterschreiben?

Jacques Schuster, Chefkommentator

Dialog zwischen Religionen und Weltanschauungen

Einige Voraussetzungen, Möglichkeiten und Grenzen – dargestellt am christlich-islamischen Dialog

von

Friedrich Rau / Reinhard Wenner

A Vorbemerkungen 23
B Einige Voraussetzungen, Möglichkeiten
   und Grenzen eines Dialogs 25
   I.   Formale Aspekte eines Dialogs 25
        1. Allgemeine Regeln für eine Gesprächsführung 25
        2. Begriffsklärungen 26
        3. Bedeutung des Dialog-Umfeldes 27
   II. Dialog erfordernde Themen 28
   III. Anwendungsorientierte Einteilung
        von Dialogen 28
   IV. Besonderheiten bei Dialogen zwischen
        Religionen und Weltanschauungen 29
   V.   Vorgaben aus Bibel und Koran 32
        1. Biblische Grundlagen für einen Dialog 32
           a) Biblische „Grundwahrheiten" 32
           b) Christliche Stellungnahmen zum Dialog 32
        2. Koranische Grundlagen für einen Dialog 34
           a) Koranische „Grundwahrheiten" 34
           b) Islamische Stellungnahmen zum Dialog 34
   VI. Schwierige Verständigung 41
C Ausblick 43

Die Kultur Europas ist aus der Begegnung
von Jerusalem, Athen und Rom
– aus der Begegnung zwischen
dem Gottesglauben Israels,
der philosophischen Vernunft der Griechen
und dem Rechtsdenken Roms entstanden.

Papst Benedikt XVI.

Teil I
Beiträge

Bei den Koranübersetzungen gibt es unterschiedliche Verszählungen. Wenn daher ein in diesem Buch zitierter Koranvers in einer anderen Koranübersetzung am angegebenen Ort nicht zu finden ist, steht er dort wohl davor oder danach.

Der Koranübersetzer Rudi Paret hat öfter weitere Übersetzungsmöglichkeiten in runden Klammern eingefügt. Das mag den Lesefluss beeinträchtigen, sollte aber immer auch als Hinweis gesehen werden, dass bereits der Korantext nicht eindeutig ist bzw. unterschiedlich verstanden werden kann.

e) Namentliche Beiträge

Namentlich gezeichnete Beiträge geben die Ansichten des jeweiligen Autors wider. Sie werden von ihm allein verantwortet, auch z. B. hinsichtlich stilistischer Eigenheiten.

Dank und Bitte

Die Herausgeber danken Prof. Dr. Rémi Brague, der von 2002-2012 Inhaber des Romano-Guardini-Lehrstuhls für Philosophie der Religionen Europas an der Universität München war, sowie dem Journalisten und Preisträger des Deutschen Reporterpreises 2011, Dr. Eugen Sorg, für ihren jeweiligen Beitrag. Dank sagen sie auch dem Theologen Wilfried Puhl-Schmidt für Anregungen und Hinweise.

Mit diesem Buch wollen die Herausgeber das Problembewusstsein schärfen, zur Wahrheitsfindung beitragen und zur Verantwortung für unsere freiheitlich-demokratische Ordnung ermutigen.

Sollten in den einzelnen Beiträgen und im Dokumententeil Sachverhalte nachweislich inkorrekt oder falsch dargestellt worden sein, sind sie für sachlich begründete Hinweise dankbar.

29. September 2015, Gedenktag des Erzengels Michael

Dr. theol. Udo Hildenbrand
Dr. phil. Friedrich Rau
Ass. jur., Dipl. Theol. Reinhard Wenner

offensichtlich von Muslimen bevorzugt wird, während in Deutschland allgemein von „Mohammed" gesprochen wird.

In dieser Publikation wurden in einigen Zitaten zum besseren Verständnis Wörter eingefügt. Sie stehen in eckigen Klammern. Einige dieser eckig eingeklammerten Wörter wurden in den zitierten Texten aber bereits vorgefunden. Wer die Zitate nachschlägt, kann schnell feststellen, von wem Wörter in eckigen Klammern stammen. Nachgeschlagen werden sollten aber möglichst alle Zitate. Denn ein beliebtes Verwirrspiel besteht bei Diskussionen mit Muslimen auch darin, dass diese behaupten, die Zitate seien nur deswegen so brisant und/oder unverständlich, weil sie aus dem Zusammenhang gerissen worden seien – ein Vorwurf, der auch bei der Lektüre dieses Buches erhoben werden könnte. Wer die Zitate jedoch im Zusammenhang liest, wird alsbald feststellen, dass sie auch im Textzusammenhang keineswegs harmlos sind.

Die Rechtschreibung ist bei älteren Zitaten der derzeit geltenden Rechtschreibung angepasst, offensichtliche Schreibfehler sind korrigiert worden.

d) Koranübersetzungen

Im Dokumententeil sind die Koranverse sowohl in der Übersetzung des Islamwissenschaftlers Prof. Dr. Rudi Paret als auch des Muslims und zeitweiligen Imams in einer Kölner Moschee Abu-r-Rida' Muhammad ibn Ahmad ibn Rassoul[8] notiert. Wenn nämlich bei einer Diskussion eingewandt werden sollte, die von Prof. Paret erstellte Übersetzung des Koran sei ungenau oder gar falsch, lässt sich die weitere Diskussion ggf. mit der Koranübersetzung führen, die der Muslim Rassoul erstellt hat.

---

8   Im *Leitfaden „ORIENTierung"* des Instituts für Islamwissenschaft der Freien Universität Berlin wird Rassouls Übersetzung, die auch vom Zentralrat der Muslime in Deutschland online über dessen Website islam.de angeboten wird, wegen ihrer starken „Anlehnung an die arabische Ausdrucksweise und mit Hang zur beschönigenden Apologetik" als „eher weniger empfehlenswert" beurteilt.
Siehe: Johann Büssow, Stefan Rosiny und Christian Saßmannshausen: *ORIENTierung: Ein Leitfaden für (werdende) IslamwissenschaftlerInnen an der FU Berlin*. 7. Auflage, Sommer 2013, Berlin, S. 26, https://de.wikipedia.org/wiki/Muhammad_Rassoul, Zitat herunter geladen am 08.09.2015, 9.00 Uhr.

Jeder kann somit selbst prüfen, ob im Islam Verhaltensweisen gefordert oder gebilligt werden, die mit den Grund- und Freiheitsrechten in der Bundesrepublik Deutschland sowie mit internationalen Rechtsnormen und Verträgen vereinbar bzw. unvereinbar sind.

Alle Beiträge, der Fragenkatalog und die Dokumente sind geeignet, bei Dialogveranstaltungen, Konferenzen und Diskussionen mit Vertretern muslimischer Organisationen und Verbände, aber auch sonst im Umgang mit Muslimen alsbald zu den wesentlichen Problemen zu kommen, um zielorientiert handeln zu können.

b) Problemlösungen, Handlungsanweisungen?

Aus den Fakten über den Islam ergeben sich Forderungen. Die Herausgeber bieten dennoch keine Problemlösungen und regen keine Vorgehensweisen an. Danach zu suchen und entsprechend zu handeln, ist vielmehr Aufgabe aller Bürgerinnen und Bürger. In erster Linie sind dabei die politischen, kirchlichen und sonstigen gesellschaftlichen Verantwortungsträger und Meinungsführer gefragt.

Dieses Buch will dazu beitragen, die Dinge beim Namen zu nennen, damit alle befähigt werden, sich zu informieren, zu orientieren und sachgerechte Lösungen zu finden. Dazu sehen sich die Herausgeber als Christen und Demokraten aufgerufen und verpflichtet.

c) Doppelungen, Wörter, Zitate, Rechtschreibung

Jeder Artikel ist möglichst so abgefasst worden, dass er auch ohne Kenntnis der „Dokumente" und der anderen „Beiträge" verständlich ist. Daher sind in diesem Buch einige Belegstellen und Argumente öfter zu finden.

Um den Unterschied zwischen dem Gott der Bibel und dem Allah des Koran nicht zu verwischen, ist in nahezu allen Texten, in denen auf den Gott des Koran und damit des Islam Bezug genommen wird, ggf. das Wort „Gott" in „Allah" rückübersetzt worden.

In der arabischen Sprache ist der Plural des Wortes hadith „ahadith", des Wortes fatwa „fatawa". Da im deutschen Sprachraum inzwischen die Pluralformen „Hadithe" und „Fatwas" gebildet worden sind, verwenden die Verfasser diese eingedeutschten Begriffe. Ähnlich verhält es sich bei dem Namen „Muhammad", der

– Wenn eine Ordensfrau den unter islamischer Verwaltung stehenden Felsendom in Jerusalem besichtigen will, wird sie gezwungen, ihr Ordenskreuz zu verstecken.
– Wer den Staat Israel besucht hat und anschließend mit demselben Pass in ein islamisches Land reisen möchte, erhält möglicherweise den Hinweis, dass ein Pass mit einem israelischen Visum in diesem islamischen Staat nicht akzeptiert und ihm die Einreise verweigert werde und er sich einen zweiten Pass ausstellen lassen möge.

Zu diesem Buch

a) **Beiträge und Dokumente**

Dieses Buch bietet Anregungen für die argumentative Auseinandersetzung mit dem Islam. Es besteht aus zwei Teilen: zehn Aufsätzen mehrerer Autoren und einem umfangreichen Dokumententeil.

In den Aufsätzen geht es um
– *theologische Fragen* (Abrahamitische Religionen – Gewalt im Alten Testament),
– *historische Sachverhalte* (Andalusien – Kreuzzüge – Vermittlung altgriechischer Philosophie),
– *gesellschaftspolitische Aspekte* (Dialoggrundsätze – Aktuelle Situation – Demokratiefähigkeit des Islam – Islamische Feiertage in Deutschland).
– Im „*Fragenkatalog*" wird eine Vielzahl von Fragen zu 28 problematischen Islam-Themen vorgelegt.

Der Dokumententeil ermöglicht es, sich durch „Quellenstudium" über wichtige Grundlagen und Forderungen des Islam zu informieren. Dazu sind in neun Problemkreisen unkommentiert Koranverse, Hadithe, Gesetze islamischer Staaten sowie Fatwas zusammengestellt und durch Nachrichten ergänzt und dann jeweils Bestimmungen aus dem Grundgesetz für die Bundesrepublik Deutschland, aus Strafgesetzbüchern, aus der UN-Menschenrechtserklärung sowie aus weiteren internationalen Übereinkommen (Erklärungen und Vereinbarungen) angefügt.

Alltagserfahrungen

Neben der argumentativen Auseinandersetzung mit Forderungen im Koran, in Hadithen und Fatwas sollten sich viele Bürgerinnen und Bürger Europas möglichst auch mit dem real erfahrbaren Islam beschäftigen. Das kann geschehen, indem sie an sogenannten Dialogveranstaltungen und islamischen Festen teilnehmen sowie Moscheen besuchen und in Stadtteile gehen, in denen überwiegend Muslime wohnen. Wer außerdem wissen will, wie es Animisten, Atheisten, Baha'i, Buddhisten, Christen, Hindus, Juden, Konfuzianern und Anhängern sogenannter Naturreligionen unter dem Islam tatsächlich ergeht, sollte in islamische Länder reisen und Kontakt zu Andersgläubigen und Atheisten aufnehmen. Überraschungen werden dabei nicht ausbleiben:

– Ein Aha-Erlebnis erwartet wohl manchen Andersgläubigen oder Atheisten, der nach Mekka reisen will. Bis nach Mekka wird er wohl nicht kommen, erst recht nicht bis zur Ka'aba, dem höchsten Heiligtum im Islam. Denn wer sich auf dem Landweg nach Mekka begibt, wird wohl etliche Kilometer vor der Stadt über der Autobahn große Schilder sehen, auf denen alle Nichtmuslime angewiesen werden, von der Autobahn abzubiegen, Mekka also nicht anzusteuern und zu betreten.[6]

Auf der Internetseite der Deutschen Botschaft in Riad (Saudi Arabien) heißt es:[7]

> „Die Heiligen Stätten in Mekka und Medina sind für Nicht-Muslime gesperrt. Auch mit einem saudischen Ausweis ist ein Besuch nicht möglich. Bei Zuwiderhandlung drohen empfindliche Strafen, bis hin zur Todesstrafe."

Wenn dagegen Muslime in Jerusalem zur jüdischen Klagemauer oder zur christlichen Grabeskirche wollen oder sich in Rom für den Petersdom interessieren, werden sie nicht zurückgewiesen, obschon sie aus jüdischer oder christlicher Sicht als Ungläubige bezeichnet werden könnten.

---

6   Ein entsprechendes „Bild" ist unter www.lachschon.de/item/17490-autobahn_nach_mekka/ im Internet aufrufbar.
7   http://www.riad.diplo.de/Vertretung/riad/de/04__RK__Visa/Leben_20und_20Arbeiten/Leben__und__Arbeiten.html – gelesen am 29. Januar 2014, 20.30 Uhr unter dem Stichwort: „Arbeiten in Saudi Arabien".

Gewissenskonflikte

Im Koran und in den Hadithen gibt es selbstverständlich nicht nur Texte, die die freiheitlich-demokratischen Rechtsordnungen z. B. abendländisch-christlich geprägter Staaten und Gesellschaften bedrohen und der UN-Menschenrechtserklärung von 1948 widersprechen. Aber diejenigen Texte im Koran, die zum Frieden und zum Miteinander aufrufen, scheinen durchweg von den kämpferischen Befehlen des Allah der Muslime aufgehoben worden zu sein bzw. nur in ihrem Licht zu gelten.

Werden Muslime, gerade auch solche mit einer doppelten Staatsbürgerschaft, bei einem Gewissenskonflikt gemäß den Forderungen ihres Gottes Allah handeln oder gemäß der UN-Menschenrechtsdeklaration und gemäß den damit übereinstimmenden Verfassungen und Gesetzen? Wem werden sie den Vorrang geben?

Rushdie. Der Journalist Marcel Pott schreibt, bei iranischen Mullahs heiße es, Khomeini sei verstorben und deswegen könne das Urteil nicht kassiert werden. Zwar habe sich „die Regierung des Reformers Khatami im September 1998 ausdrücklich von der Todesdrohung gegen Salman Rushdie distanziert," aber damit sei „die Todesdrohung gegen Rushdie keineswegs aus der Welt geschafft", in: Allahs falsche Propheten – Die arabische Welt in der Krise, 3. Auflage, Bergisch Gladbach 2001, S. 165 f..
Im Jahr 2012 soll der Vorsitzende einer staatsnahen iranischen Stiftung das Kopfgeld auf Rushdie um 500.000 US-Dollar auf 3.3 Millionen US-Dollar erhöht haben.
Radio Vatikan berichtete am 19. September 2014 in seinem Newsletter aus „Pakistan: In Karachi ist am Donnerstag [18. 09. 2014] ein prominenter Islam-Theologe ermordet worden. Der 54-jährige Universitätsprofessor Muhammed Shakil Auj war für seine gemäßigten Positionen und seine ablehnende Haltung gegenüber dem islamischen Fundamentalismus bekannt. Nach einem Vortrag in den USA 2012 hatte er dem vatikanischen Fidesdienst zufolge immer wieder Todesdrohungen erhalten. Ein Imam von Karachi schrieb eine Fatwa, ein religiöses Rechtsgutachten, das dem Professor 'Blasphemie' vorwarf und seinen Tod forderte. Unbekannte Täter erschossen den Gelehrten nun von einem fahrenden Motorrad aus. Fides zufolge ist es der zweite ähnliche Mord binnen einer Woche. (fides)"

teils unterschiedlichen Ergebnissen. Inzwischen sollen acht dieser Rechtsschulen bei den Muslimen allgemein anerkannt sein.[3] Eine Fülle von Forderungen (Gebote und Verbote) des Koran sind mit der UN-Menschenrechtserklärung und mit der freiheitlich-demokratischen Grundordnung z. B. in Deutschland nicht zu vereinbaren. Erstaunlich ist, dass dies selten deutlich gesagt wird. Aber eine Leisetreterei und eine Verharmlosung im Sinne einer „political" oder „clerical correctness" führen im Ringen um ein friedliches Miteinander nicht weiter, ebenso kein Ausblenden offensichtlicher Probleme. Vielmehr ist es für eine Zukunft in Freiheit und Gerechtigkeit auch in unserem Land geboten, aufzuzeigen und zu diskutieren, was Koran, Hadithe und Fatwas fordern und billigen und was Muslime deswegen, wo immer sie leben, zu verwirklichen haben und etliche von ihnen offenbar auch gern verwirklichen wollen.

Diese Situation hat unter anderem zu diesem Buch geführt. Denn islamische Gesetze und Fatwas sowie Nachrichten zeigen, dass die archaischen Weisungen des Koran in islamischen Staaten und Gesellschaften heute noch als maßgeblich angesehen und befolgt werden. Auch in abendländisch-christlich geprägten Demokratien versuchen Muslime nach ihrem Scharia-Recht zu leben, es dem staatlichen Recht als gleichwertig darzustellen, in dessen Rechtsordnung einzufügen und das staatliche Recht in Konfliktsituationen zu unterlaufen. Sie stellen z. B. das Strafmonopol des Staates infrage, indem sie sogenannte Friedensrichter engagieren und eine „Scharia-Polizei" einzusetzen suchen. Gleichzeitig signalisieren sie dadurch ihr Desinteresse an einer Integration in die Rechtsordnung des Staates, in dem sie leben.[4]

Bereits die begrenzte Zahl von Gesetzen und Fatwas, die den Herausgebern zugänglich geworden ist, vermittelt ein erschreckendes Bild von der diskriminierenden Art, wie Muslime nach diesen Rechtsauskünften mit Nichtmuslimen umgehen können und wohl auch sollen. Außerdem ist nach wie vor jeder Muslim aufgefordert, Fatwa-Strafen zu vollstrecken, bis hin zum Töten von Menschen.[5]

---

3 Einzelheiten siehe bei Wikipedia: https://de.wikipedia.org/wiki/Madhhab
4 Siehe z. B. Wagner, Joachim, Richter ohne Gesetz – Islamische Paralleljustiz gefährdet unseren Rechtsstaat, 2. Auflage, Berlin 2012.
5 Erinnert sei an die „Todes-Fatwa" des iranischen Staatspräsidenten und Ayatollah Khomeini aus dem Jahr 1989 gegen den Schriftsteller Salman

Vorwort

Gehört der Islam zu Deutschland? Der kurzzeitige Bundespräsident Christian Wulff[1] sowie die Bundeskanzlerin Dr. Angela Merkel[2] haben diese Frage bejaht. Dafür sind sie gelobt, aber auch kritisiert worden. Ob Herr Wulff, Frau Dr. Merkel und all jene, die ihnen zugestimmt haben, den Koran und wenigstens einige Hadithe sowie neue und neueste Fatwas kennen? Im Blick auf die geistigen Grundlagen unserer staatlichen Ordnung und im Blick auf etliche Forderungen im Koran und in Hadithen sind zu Wulffs und Dr. Merkels Meinung erhebliche Bedenken geäußert worden.

Aber was ist der Islam? Eine Religion oder gar eine Politreligion, die zur Weltherrschaft drängt? Bekanntlich ist der „Islam" kein monolithischer Block, sondern es gibt mehrere islamische Religionsgemeinschaften. Einige von ihnen bekämpfen sich nicht nur verbal, sondern auch mit Waffen und schrecken dabei vor Attentaten auf die Zivilbevölkerung nicht zurück.

Alle islamisch dominierten Staaten, Gesellschaften und Vereinigungen berufen sich in ihren grundlegenden Normen auf den Koran. Der Koran gilt bei Muslimen als die letzte und endgültige Offenbarung Allahs. Er sei deswegen für alle Menschen überall und für alle Zeiten verbindlich. Aber manches im Koran ist widersprüchlich und unverständlich. Daher weisen Muslime bei Diskussionen über den Islam immer wieder mal darauf hin, dass neben dem Koran die Worte und Taten Mohammeds (Sunna) für die Muslime beispielhaft und damit nachahmenswert seien (vgl. z. B. Koransure 33,21). Denn Allah habe Mohammed „rechtgeleitet". Islamische Rechtsschulen (madhahib) bemühen sich, aus den unterschiedlichen Weisungen im Koran und den vielen Hadithen die maßgeblichen Bestimmungen für die Lebensgestaltung der Muslime zusammenzustellen und Antworten auf neue Situationen zu geben, mit

---

1 In seiner Rede in Bremen zum 20. Jahrestag der Deutschen Einheit am 3. Oktober 2010.
2 Bundeskanzlerin Dr. Merkel bekundete bei einer Pressekonferenz mit dem türkischen Ministerpräsidenten Davutoglu am 12. Januar 2015 erneut ihre Ansicht, dass der Islam zu Deutschland gehöre, ohne zu sagen, welchen Islam sie meint. Sollen sich etwa Al Kaida, der Islamische Staat (IS), Boko Haram und andere islamische Terrororganisationen ebenfalls in Deutschland beheimatet fühlen?

Teil II Aus Dokumenten

Koranverse, Hadithe, Gesetze, Fatwas,
contra
**Deutsches Grundgesetz,
Deutsches Strafrecht und Internationales Strafrecht
Internationale Verträge, Deklarationen**

* * *

Nachrichten

zusammengestellt von
Reinhard Wenner

A. Aufruf zu Mord, Totschlag, Körperverletzung, Krieg........ 677
B. Sklaverei 707
C. Volksverhetzung, Beschimpfung von Bekenntnissen 724
D. Anweisung zu Verstümmelungen und Züchtigungen 730
E. Billigung von Hausfriedensbruch und Diebstahl............... 746
F. Verstoß gegen den Gleichheitssatz 750
G. Verstoß gegen allgemeine Persönlichkeitsrechte............... 758
H. Verweigern der Glaubensfreiheit 772
I. Umgang mit der Wahrheit 811

Anhang

Glossar 829
Findex 831
Herausgeber 845
Begleitbuch: Wortmeldungen zum Islam............................ 846
Auswahl der Zitate: *Udo Hildenbrand*

Inhalt

Vorwort 11

Teil I Beiträge

Friedrich Rau / Reinhard Wenner
Dialog zwischen Religionen und Weltanschauungen
Einige Voraussetzungen, Möglichkeiten und Grenzen 21

Udo Hildenbrand
Der Islam – Konflikte ohne Lösungswege?
Situationen – Verhaltensweisen – Strategien 45

Reinhard Wenner
Abrahamitische Religionen?
Abraham in der Bibel und im Koran 149

Udo Hildenbrand
Rache, Gewalt und Krieg im Alten Testament
Bezüge zum Neuen Testament und zum Koran 183

Rémi Brague
Vermittlung altgriechischer Philosophie durch Muslime?
Interview 241

Eugen Sorg
Islamisches Spanien
Das Land, wo Blut und Honig floss 247

Udo Hildenbrand
Die Kreuzzüge und ihre islamische Vorgeschichte
Not-wehrende Reaktionen auf jahrhundertelange
islamische Aggressionen und Invasionen 261

Reinhard Wenner
Demokratie und Islam
Unvereinbarkeiten 415

Reinhard Wenner
Islamische Festtage staatlich anerkennen?
Forderung ohne religiöse Verpflichtung 503

Udo Hildenbrand
Ohne Tabus – 430 Fragen zum Islam
Zur Reflexion und Diskussion in 28 Themenfeldern 511

Für alle Christen
und für jene Menschen
überall in der Welt,
denen die Menschenrechte
im Sinne der UN-Deklaration
von 1948 durch Benachteiligung
und Diskriminierung, durch Raub
von Hab und Gut, durch Vertreibung
und Verfolgung, durch Versklavung
und Ermordung verweigert werden.

FREIHEIT und ISLAM

Fakten – Fragen – Forderungen

Anregungen und Materialien
zur argumentativen Auseinandersetzung
mit dem Islam

erarbeitet und herausgegeben von

Dr. theol. Udo Hildenbrand
Dr. phil. Friedrich Rau
Ass. jur., Dipl. Theol. Reinhard Wenner

Gerhard-Hess-Verlag

Freiheit und Islam
Fakten – Fragen – Forderungen
erarbeitet und herausgegeben von
Dr. theol. Udo Hildenbrand
Dr. phil. Friedrich Rau
Ass. jur., Dipl. Theol. Reinhard Wenner

Titel: Koransure 2,217 in Arabisch,
aus: Verlag Der Islam (Hg.),
Koran/Der Heilige Qur-ân
Frankfurt 2012, S. 33.

1. Auflage 2016
© Copyright dieser Ausgabe by
   Gerhard Hess Verlag
   88427 Bad Schussenried
   Gesamtherstellung Gerhard Hess Verlag
   www.gerhard-hess-verlag.de

ISBN 978-3-87336-565-0

Freiheit und Islam

Fakten – Fragen – Forderungen

erarbeitet und herausgegeben
von
Dr. theol. Udo Hildenbrand
Dr. phil. Friedrich Rau
Ass. jur., Dipl. Theol. Reinhard Wenner

Euch ist vorgeschrieben,
(gegen die Ungläubigen)
zu kämpfen,
obwohl es euch zuwider ist.

Koransure 2,216

Übersetzung: Rudi Paret, Der Koran, Stuttgart 1976